organisa militairement le pays ; chaque commune donnait un certain nombre d'hommes ; ces miliciens se divisaient en régiments, en bataillons et en compagnies ; on s'exerçait, on passait périodiquement des revues locales les jours de fête et on se réunissait une fois dans l'année, en un camp présentant une force disponible de 30,000 fantassins. Lorsqu'on prend en considération l'état du Piémont à cette époque, on doit regarder Emmanuel-Philibert comme le véritable fondateur de la monarchie et de la puissance piémontaises. Les plus grands souverains de l'Europe avaient appris à le connaître par son épée et ne pouvaient maintenant qu'en admirer les hautes qualités sur le trône. Il acquit et légua à ses successeurs cette influence morale qui est un des éléments les plus essentiels de l'existence et de l'indépendance d'un corps politique. Il mourut en 1580 et laissa, dans Charles-Emmanuel Ier, un fils digne de lui. La guerre se renouvela de 1580 à 1601, et bien qu'elle ne lui fût pas favorable, Charles-Emmanuel sut amener enfin un traité qui lui assurait la possession de Saluces. La France renonçait à ce marquisat et recevait en compensation la Bresse, le Bugey et le pays de Gex. Peu de temps après, le duc de Savoie signait, avec Henri IV, un nouveau traité d'alliance. Ces deux princes avaient de vastes desseins politiques, et leur union aurait probablement été suivie de grands événements source eux-mêmes de grands résultats futurs, surtout pour l'Italie, si Henri IV n'avait pas été assassiné en 1610. Charles-Emmanuel Ier n'avait rien de plus à cœur que l'acquisition du Montferrat, et il envahit cette contrée en 1612 à la mort de François Gonzaga, duc de Mantoue, son parent.

Cette invasion amena une longue lutte : forcé de céder momentanément à d'impérieuses circonstances, le duc de Savoie ne manquait jamais de saisir une occasion pour recommencer le combat ; il guerroya avec des succès divers, et il se montra constamment valeureux sur le champ de bataille. Il renouvela ses liens de parenté avec la maison de Bourbon, en mariant le prince de Piémont à la sœur de Louis XIII ; il aspira, en 1619, à l'empire, mais Ferdinand d'Autriche fut son heureux compétiteur. Il eut tour à tour, pour lui et contre lui, le pape, l'empereur, la Suisse, la France, l'Espagne. Contrarié dans ses vues et impatient de les réaliser, il eut recours à des alliés dont il n'eut pas à s'applaudir, et il mourut, en 1628, le cœur navré. Victor-Amédée Ier lui succéda. Bientôt après, en 1631, fut conclu le traité de Querasque, portant que quatre-vingt-quatre terres formant partie du Montferrat seraient réunies au Piémont, que Pignerol resterait à la France, à condition que le duc de Savoie garderait Alba et Trino. Le règne de Victor-Amédée ne fut pas long : en 1637, l'Etat fut exposé aux dangers d'une minorité. Après les grands projets de Charles-Emmanuel Ier sur les pays voisins, les autres princes paraissaient en ce moment regarder le Piémont comme leur proie, et des troubles à l'intérieur venaient aggraver la situation. Cependant l'édifice fondé par Emmanuel-Philibert reposait sur des bases si solides, que le jeune duc Charles-Emmanuel II ne fut pas oublié dans la paix des Pyrénées. L'Espagne lui rendit Verceil, et le traité de Querasque, portant la division du Montferrat, fut solennellement sanctionné. Dès que le jeune duc prit les rênes du gouvernement, commença une de ces périodes trop courtes et trop rares dans l'histoire, et particulièrement dans celle du Piémont, où l'on a peu d'exploits de guerre à mentionner et de grands progrès à signaler dans la marche de la civilisation des peuples. Les lettres et les arts furent en honneur : Charles-Emmanuel II créa une société littéraire et une Académie de peinture ; mais ce qu'il fit de plus remarquable et digne de passer à la postérité, c'est d'avoir ouvert le premier les Alpes au commerce, entre l'Italie et la France, par de prodigieux travaux que les plus puissants monarques n'auraient peut-être entrepris qu'avec hésitation : il mourut en 1675, et une minorité vint peser encore sur le Piémont. En 1684, Victor-Amédée II prenait la direction des affaires de l'Etat, à l'âge de 17 ans, et dans les circonstances les plus difficiles. La guerre ne se fit pas attendre, mais elle sembla d'abord devoir se terminer par la paix signée en 1696 avec la France et par la paix de Ryswick en 1697. Ce fut un vain espoir ; deux ans après, on voyait commencer la grande guerre de la succession d'Espagne. L'Italie allait être de nouveau ensanglantée ; le duc de Savoie ne pouvait l'empêcher. Dans une position aussi délicate, il ne pouvait sauver le Piémont qu'en agissant avec une grande circonspection ; il lui fallait contracter des alliances selon le besoin, en changer selon l'opportunité : il fut donc d'abord l'allié de la

France, qui ne manqua pas de lui promettre, comme elle l'avait fait dans les précédents traités, le Montferrat tout entier et la Lombardie. En 1703, il se sépara de la France, et s'allia avec l'Autriche, qui lui promit également le Montferrat, les villes et les territoires lombards d'Alexandrie, Valence, Laumeline et Val-de-Sesia. Le siége de Turin fut un des événements de l'époque; nous nous bornerons à citer un acte de patriotisme digne des plus beaux temps des républiques de l'antiquité. La ville était au moment d'être prise, et l'Etat n'avait jamais couru de plus grand danger; il n'y avait d'autre moyen de salut que de mettre le feu à une mine, et de s'ensevelir sous les ruines d'un souterrain avec cet entreprenant ennemi qui allait essayer un coup décisif. Un simple ouvrier mineur de Bielle, pauvre père de famille, après s'être assuré que tous ses compagnons se trouvaient hors de péril, fait jouer la mine fatale; un instant après, il n'était plus, mais Turin était sauvé. Enfin en 1712 fut signé le traité d'Utrecht. La France rendait au duc la Savoie et le comté de Nice; elle lui cédait les vallées d'Oulx, Césanne, Bardonèche, le fort d'Exiles et le château Dauphin, et recevait Barcelonnette en échange. Par cet arrangement, on voulait surtout fixer les limites entre les deux Etats d'une manière conforme à leur division géographique naturelle. Les plaines situées au sommet des Alpes devaient être partagées par moitié entre les deux parties contractantes. On donnait également à Victor-Amédée II le royaume de Sicile, le Montferrat et les provinces lombardes qui lui avaient été promises par l'Autriche. Ainsi, d'après le traité d'Utrecht, devenu la base du droit commun des puissances de l'Europe, le duc de Savoie prenait le titre de *roi;* et généralement les historiens, confondant le titre avec la chose, ont répété que Victor-Amédée fut le fondateur de la monarchie; mais cet honneur, ainsi que l'a justement remarqué l'historien que nous avons déjà cité, appartient proprement à Emmanuel-Philibert. Le nouveau roi de Sicile prit possession de son royaume en 1713; mais ce pays était difficile à gouverner. On rencontra, dès le comencement, un grand nombre d'obstacles qui ne firent qu'augmenter de 1713 à 1820, et qui amenèrent enfin l'échange de la Sicile avec la Sardaigne, cédée en 1714 à l'empereur; dès lors Victor-Amédée devint définitivement roi de Sardai-

gne.—Nous n'avons pas ici à nous arrêter sur les singulières destinées de cette île. Convoitée depuis les temps les plus reculés par tous les peuples qui ont dominé les rives de la Méditerranée, elle a été successivement le lot des Pelasges, des Phéniciens, des Etrusques, des Carthaginois, des Romains; après la chute de l'empire d'Occident, elle a retrouvé de nouveaux maîtres dans les Goths, les Vandales, les Arabes, et puis dans les Génois et les Pisans. Soumise, par l'autorité du pape, aux rois d'Aragon, elle faisait partie de la monarchie espagnole jusqu'au commencement du XVIIIe siècle où, comme on vient de le voir, elle passa, en peu de temps, de l'Espagne à l'Autriche, de l'Autriche à la maison de Savoie. Elle avait toujours appartenu à une puissance maritime, elle se voyait, pour la première fois, rattachée à un Etat tout continental. La Sardaigne, loin de suivre la marche progressive de la moderne civilisation européenne, avait suivi une marche rétrograde, et Victor-Amédée la retrouva dans un désordre complet et près de la barbarie; il essaya d'y introduire une administration régulière par la création d'une intendance générale et par d'autres sages mesures; mais, dans une pareille situation, les améliorations ne pouvaient s'opérer que très-lentement. Ce fut en Piémont que le roi brilla par ses hautes qualités. Il réunit autour de lui les Italiens les plus illustres, Zeno, Maffei, Muratori et un grand nombre de savants professeurs de physique et de mathématiques; il créa une direction suprême des études sous la dénomination de *magistrat de la réforme*, institution qui s'est maintenue jusqu'à nos jours; le président de ce magistrat, qualifié de chef de la réforme, fut, en quelque sorte, un ministre de l'instruction publique; le Piémont eut un corps universitaire, et l'université de Turin, depuis longtemps renommée, acquit une grande célébrité. Victor-Amédée ne mit pas moins d'empressement à favoriser le commerce et les arts et particulièrement l'industrie de la soie : on ne trouvait alors nulle part les belles soies moulinées du Piémont. Plusieurs lois furent aussi publiées, ayant pour objet une juste répartition des charges publiques et l'égalité de l'impôt compatible avec l'état de la propriété à cette époque. Enfin, en 1730, âgé de 75 ans, il prit la détermination d'abdiquer le pouvoir en faveur de son fils. En vain il voulut ensuite remonter sur le trône; ce prince, qui, le premier de sa famille, avait porté une couronne royale, mourut confiné dans une prison, triste exemple des vicissitudes humaines. — Charles-Emmanuel se trouva, comme ses prédécesseurs, engagé dans les querelles entre la France et l'Autriche, et il ne montra pas moins d'habileté que son père. Ses vues se portaient, avant tout, sur l'acquisition du Milanais. En vertu d'un traité signé en 1738, il eut le bas Novarais et le Tortonais. Marie-Thérèse d'Autriche, voulant se ménager son alliance, lui céda Vigevano et le haut Novarais, et cette cession fut confirmée en 1748 par le traité d'Aix-la-Chapelle. Après qu'il eut ainsi considérablement augmenté ses Etats de terre ferme, ce prince s'occupa sérieusement de l'île de Sardaigne, fonda les universités de Cagliari et de Sassari; il y appela des colons et prit des mesures pour assurer la subsistance du peuple au moyen de dépôts annonaires, *monti frumentarii*. Il fut secondé dans ses vues économiques, par le comte Bogino, un des hommes d'Etat les plus habiles de son temps sous le rapport principalement de la finance. Charles-Emmanuel III mourut en 1773, et Victor-Amédée III, appelé à monter sur le trône, trouva dans les économies faites par son père un moyen de satisfaire à ses penchants tout militaires; il ne négligea pas cependant les affaires de l'Etat. En 1775 fut publié un règlement général pour l'administration des communes. Une Académie d'agriculture, nouvellement créée, remplit dignement sa mission, et la fertilité naturelle du sol fut développée et augmentée par l'établissement de plusieurs canaux d'irrigation. C'est aussi pendant ce règne que le chemin de Turin à Nice fut amélioré, l'éclairage de la capitale introduit, et que, par des mesures de police sanitaire, l'enterrement dans les églises fut défendu et la formation des cimetières décrétée. Victor-Amédée III fonda l'Académie des sciences de Turin, en donnant sa royale sanction à une simple réunion privée, formée d'abord sous les auspices de trois hommes illustres, Lagrange, Saluces et Cigna. Il fut également le fondateur de l'Académie piémontaise des beaux-arts. A cette époque, les autres Etats d'Italie, Naples, la Lombardie et particulièrement la Toscane, sous le mémorable règne du grand-duc Léopold, semblaient prendre l'initiative d'importantes modifications dans leurs institions intérieures, comme pour éloigner d'une main pacifique et bienfaisante les calamités

d'une violente révolution qui menaçait déjà l'Italie et l'Europe entière. Le Piémont, exposé le premier à ce danger, ne retentissait que du bruit des armes. La guerre éclata en 1792; deux ans après, Victor-Amédée III signait un traité d'alliance avec l'Autriche. Dans tous les traités du même genre, conclus avec cette puissance jusqu'à ce jour, on avait constamment stipulé en faveur de la maison de Savoie une augmentation de territoire en Italie, dans toute la Lombardie autrichienne; le traité de 1794 portait le contraire. — Le roi de Sardaigne devait garder les conquêtes qui auraient été faites en commun sur la France, et, en compensation de la moitié des terres conquises auxquelles l'Autriche aurait eu droit, il devait lui restituer, dans une juste proportion, les diverses parties de territoire successivement démembrées du Milanais : ce fait caractéristique, généralement peu remarqué, suffit, à lui seul, pour signaler une grande époque de transition dans l'histoire du Piémont. En 1796, le sort des armes amena la cession de la Savoie et du comté de Nice à la république française. Victor-Amédée III mourut la même année, et Charles-Emmanuel IV, son successeur, forcé d'abdiquer en 1798, quitta ses Etats de terre ferme et se réfugia en Sardaigne. Arrivé à Cagliari, il assura le maintien de ses droits en protestant contre les violences dont il avait été l'objet. Dès ce moment, le Piémont, bien qu'il n'ait été définitivement réuni à la France qu'en 1802, n'a plus d'histoire à lui; ses destinées se confondent avec celles de la France républicaine, consulaire et impériale, jusqu'à la restauration. Charles-Emmanuel IV, voulant consacrer entièrement sa vie à la piété, avait spontanément abdiqué en 1802, et son frère Victor-Emmanuel lui avait succédé. Ce prince fut rendu au Piémont en 1814; un an après, il était rentré en possession de toutes ses anciennes provinces, des deux côtés des Alpes, excepté le petit territoire de Carouge cédé à la république de Genève. Il avait reçu, d'ailleurs, un agrandissement considérable en Italie. Gênes, qui n'avait été réunie à l'empire français qu'en 1805, et qui avait recouvré en 1814 son ancienne et légitime existence (*voy.* GÊNES [*Etat de*]), fut cédée au roi de Sardaigne par une décision du congrès de Vienne, et passa, le 1er janvier 1815, dans les mains de l'autorité sarde. — Depuis 1815, la paix s'est maintenue et le royaume sarde a été généralement tranquille, à l'exception d'un mouvement éphémère en 1821, connu sous le nom de *révolution de trente jours*; c'est dans l'histoire des malheurs de l'Italie une triste page de plus qui ne peut qu'exciter les regrets des hommes sensés de toutes les opinions. Ce fâcheux accident amena l'abdication du roi Victor-Emmanuel en faveur de son frère Charles-Félix. qui mourut en 1831, et eut pour successeur le roi Charles-Albert actuellement régnant.

Nous venons de parcourir trois grandes périodes de l'histoire piémontaise : la première date du moment où le nom de Piémont commence à s'employer dans le sens d'une principauté, d'un Etat souverain, et se termine à l'époque où Emmanuel-Philibert jeta les fondements de la monarchie; la deuxième s'étend de la fin du xvi° siècle au commencement du xviii°, et la troisième, de l'année où fut signé le traité d'Utrecht jusqu'aux guerres de la révolution française. Une quatrième période a commencé en 1814, mais elle n'est pas encore du domaine de l'histoire. Il ne nous reste plus qu'à jeter un regard sur ce qui s'est passé de plus remarquable dans le royaume de Sardaigne, depuis 1815 jusqu'à ce jour.

Le Piémont a dû prospérer sous la bienfaisante influence d'une longue paix. Le système militaire, qui avait nécessairement prévalu dans cet Etat par la nature même de sa position, s'est adouci. Les différentes branches de législation et d'administration publique, le commerce et l'industrie ont principalement attiré l'attention du gouvernement. Les anciennes lois avaient été plusieurs fois réunies dans des recueils intitulés *constitutions*. En 1814, ces lois furent remises en vigueur, ainsi que les anciennes coutumes des différentes localités, dans les provinces de terre ferme. On ne tarda pas à sentir le besoin de travailler à une législation uniforme et plus en harmonie avec les besoins de la société actuelle; pendant vingt ans plusieurs commissions se sont succédé dans ce but, jusqu'à ce que les nouveaux codes civil, criminel et de procédure aient paru et aient été mis en vigueur en Savoie, en Piémont et dans le duché de Gênes qui avait gardé le code civil français. Les degrés de juridiction dans la magistrature n'ont pas changé depuis la restauration : on a des juges de *mandements* ou de canton, un tribunal dans chaque chef-lieu de province; et des sénats, ou cours d'appel, résident à Chambéry, Nice, Turin, Gênes et Casal. Le sénat de Casal est de nouvelle créa-

tion. Les tribunaux relèvent des sénats pour la juridiction ordinaire et pour tout ce qui touche à l'Etat, aux finances, à l'administration, de la chambre des comptes, cour suprême de justice exceptionnelle, instituée très-anciennement en Savoie et passée ensuite en Piémont. Un édit du 18 août 1831 a créé un conseil d'Etat divisé en trois sections : une pour les affaires de l'intérieur, l'autre pour celles de grâce et justice et pour les affaires ecclésiastiques, et une troisième pour les finances. — Les tribunaux de commerce, introduits sous l'empire français dans les provinces génoises, y ont été conservés avec les mêmes attributions. Les fonctions des tribunaux de commerce sont exercées à Turin et à Nice par des *consulats* et déléguées, en Savoie, aux tribunaux ordinaires et au sénat. — Les Etats de terre ferme se divisent en six grands gouvernements militaires tels qu'ils ont été établis à l'époque de la restauration, en 1815, ayant pour chefs-lieux Chambéry, Turin, Gênes, Nice, Alexandrie et Novare. Chaque province a un commandant, et les gouverneurs ainsi que les commandants, qui dépendent, en général, du ministère de la guerre, sont particulièrement chargés de la police sous les ordres du département de l'intérieur. La division administrative des provinces a changé. Une loi du 25 août 1842 a augmenté le nombre des intendances générales; une autre loi du 31 décembre, même année, a créé des conseils d'intendance (conseils de préfecture) pour le contentieux de l'administration, relevant de la chambre des comptes. Ces lois déterminent les attributions respectives des intendants et des conseils d'intendance. Les provinces d'Ossola et de Val-de-Sesia, qui avaient été supprimées, ont été rétablies en 1844. Le territoire se divise donc actuellement en quatorze intendances générales : trois de première classe, Chambéry, Turin et Gênes; quatre de deuxième classe, Nice, Alexandrie, Coni et Novare; sept de troisième classe, Annecy, Casal, Chiavari, Ivrée, Saluces, Savone, Verceil, et en vingt-cinq intendances particulières, dont neuf de première et seize de seconde classe. Une loi du 11 avril 1840 porte l'établissement d'une caisse centrale intitulée *caisse de dépôt et d'anticipation de fonds pour travaux publics*. Une commission a été nommée en 1841 pour examiner les demandes en anticipation faites à la caisse précitée. On avait introduit auprès des intendances une réunion de plusieurs notables de chaque province pour procéder à la formation du budget provincial des ponts et chaussées, à la proposition des travaux et des moyens d'y pourvoir et à la classification des routes. Ces congrès provinciaux ont été réorganisés sur une large base par la loi du 31 août 1843. La législation forestière du Piémont ne diffère pas essentiellement de celle de la France, et l'administration des eaux et forêts y est organisée à peu près de la même manière. — Les lois relatives au commerce extérieur, à la marine et à la navigation ont subi plusieurs modifications. Une ligne douanière de séparation, que l'on avait laissée subsister, en 1815, entre Gênes et le Piémont, a été supprimée deux ans après, et, depuis lors, un grand nombre de changements partiels ont eu lieu successivement dans le tarif des douanes, flottant entre un système fiscal et un système protecteur. Une loi remarquable, publiée en 1843, institue un conseil d'amirauté pour la marine marchande. Une banque d'escompte, de dépôt et de comptes courants a été établie dans la ville de Gênes, en 1844, sous la dénomination de *banque de Gênes;* les statuts en ont été approuvés, et d'autres mesures ont été publiées de 1844 à 1846, ayant pour objet d'en régler l'administration et d'en favoriser le développement dans l'intérêt du commerce. — Les graves inconvénients de la diversité des poids et mesures ayant fixé depuis longtemps l'attention du gouvernement, une loi, publiée en 1845, annonce que le système métrique, déjà adopté par l'administration des douanes, sera mis exclusivement en vigueur, dans tous les Etats du continent, à dater du 1er janvier 1850. — On sait que le système monétaire piémontais est le système décimal, avec les mêmes divisions qu'en France, pour les monnaies d'or et d'argent ; seulement le franc s'appelle *livre de Piémont.* Par une loi du 14 août 1844, les universités en corporations d'arts et métiers sont supprimées, leurs statuts et règlements abolis ; il sera néanmoins permis aux individus qui exercent un même métier de faire en commun des actes de religion, de bienfaisance et de charité. C'est également en 1844 qu'une école normale a été fondée à Turin, dans le but de former des maîtres pour les écoles primaires ; une institution qui ne mérite pas moins d'être citée est la création, en 1846, d'une société royale pour le patronage des

jeunes libérés. Ces diverses mesures législatives, où l'on peut voir, jusqu'à un certain point, l'expression des besoins du pays, ont été accompagnées d'autres améliorations et d'un grand nombre de travaux. — En Sardaigne, on a construit une grande route sur toute la longueur de l'île, de Cagliari à Sassari, et on a donné, en même temps, des dispositions efficaces pour rendre à la production ces terres dont la fertilité naturelle est passée en proverbe, et qui, possédées, en grande partie, par des étrangers, restaient en dehors de la sphère active de l'agriculture. — Sur le continent, des travaux d'une grande importance ont contribué à faciliter les voies de communication à l'intérieur et avec les peuples limitrophes ; on a vu, dans quelques vallées de la Savoie, les terres décupler de valeur par la simple ouverture d'une nouvelle route qui les a mises à la portée des principaux marchés. Sur la grande route de Chambéry à Genève par Annecy, on remarque un pont suspendu en câbles de fil de fer, d'une seule travée, sur deux rochers à pic de 560 pieds d'élévation, ayant une longueur en ouverture de 170 mètres et, avec les supports accessoires, une longueur totale de 292 mètres. Ce pont, qui mérite d'être vu, commencé en 1837, a été achevé en 1839. Le projet fait sous l'empire français de rendre la grande route de Gênes en Lombardie et en Piémont praticable aux grands moyens de transport, par un passage plus facile que celui de la *Bocchetta* à travers les Apennins, a été exécuté. Bien qu'il n'existe pas encore, dans le royaume, de chemin de fer livré au public, les principales lignes de communication, en partant du point commercial de Gênes, ont été arrêtées et sont en voie d'exécution. On parle même du percement des Alpes et de projets gigantesques qui seraient d'ailleurs assez en rapport avec la belle position maritime de Gênes, au moment surtout où l'on vient de reprendre le chemin des Indes par la mer Rouge. Indépendamment des travaux sur les routes, il n'y a guère de villes en Piémont qui n'aient été plus ou moins embellies. La ville de Turin a prodigieusement augmenté ; on y a vu surgir de nouveaux quartiers comme par enchantement. Dans la ville de Gênes, on a ouvert de nouvelles rues, soit pour faciliter, en général, la circulation intérieure, soit pour la commodité du commerce ; et, parmi les nouvelles constructions les plus remarquables, le théâtre Charles-Félix tient le premier rang et fait l'admiration des étrangers. —Essayons maintenant de donner une idée de l'état actuel du Piémont par rapport aux productions du sol, à l'industrie, au commerce et à la popution. — La variété du climat, depuis Nice, où règne un printemps perpétuel, jusqu'à la vallée de Chamouny, que les glaciers du Mont-Blanc empêchent de visiter pendant neuf mois de l'année, admet une grande variété dans les produits de la terre. En Savoie même, le pays qui avoisine la Suisse du côté de Genève offre de beaux pâturages et des terrains propres aux prairies artificielles et à différentes espèces de fruits et de céréales; d'un autre côté, dans la vallée de l'Isère, à proximité de la France, on remarque une quantité considérable de vignobles, et Montmélian produit les vins les plus spiritueux des Etats sardes de terre ferme. En allant du sud au nord de la Savoie, on peut reconnaître les limites de la région des vignes, tracées quelquefois par la nature d'une manière en apparence capricieuse, sur un espace très-resserré. Du reste, c'est à tort qu'on représente la Savoie comme un pays pauvre et stérile; les terres des cantons de la Suisse ne se trouvent pas assurément dans une meilleure condition que celles de la Savoie, et l'agriculteur savoisien peut y trouver un exemple bon à suivre pour la culture du sol, et principalement pour l'entretien du bétail. Les forêts occupent une étendue de plus de 194,000 hectares, c'est-à-dire 1/5 de la superficie totale du duché, évaluée à 960,000 hectares. Un bon aménagement de ces forêts peut devenir une grande source de richesses pour le pays. — Au delà des Alpes, on trouve peu de contrées où l'état de culture soit plus avancé, la distribution des eaux par des canaux d'irrigation mieux réglée que dans le Piémont proprement dit, et particulièrement aux environs de Turin. Les fourrages, le froment, le maïs, les légumes, les arbres fruitiers, les mûriers y viennent à merveille; les provinces lombardes de Laumeline, de Novare, de Verceil possèdent la riche culture du riz qui a déjà reçu des améliorations et qui en attend encore dans l'intérêt de la salubrité publique; plusieurs provinces, et notamment celles d'Asti et du Montferrat, produisent des vins excellents. Sur les côtes maritimes, la rivière du Levant se fait remarquer par une culture mixte et variée et, à l'ouest de Gênes jus-

qu'au Var, on trouve d'immenses forêts d'oliviers; on y fabrique les huiles si renommées de Diano et de Nice. La superficie des Etats de terre ferme peut être estimée à 4,500,000 hectares, et, sur cette étendue, les forêts se maintiennent dans la même proportion que nous avons déjà indiquée en parlant de la Savoie. — Le Piémont offre également un grand intérêt sous le rapport des manufactures. Plusieurs mines de fer y sont exploitées; les plus abondantes se trouvent dans les provinces d'Aoste, d'Ivrée et de Maurienne. On compte plus de soixante hauts fourneaux où se produit la fonte et deux cents usines réparties dans les diverses parties du royaume; on porte à plus de dix mille le nombre des ouvriers employés à l'industrie du fer. On voit dans le Piémont proprement dit d'importantes fabriques de draps; les papeteries, les dentelles, l'orfèvrerie et de beaux travaux en corail se font remarquer dans le duché de Gênes; mais l'industrie de la soie est la principale des Etats sardes : c'est une grande source de richesse pour l'agriculture et pour les manufactures à la fois. 16 à 17 millions de rubs de feuilles de mûrier employées annuellement à la nourriture des vers à soie laissent supposer l'existence de plus de quatre millions d'arbres en plein rapport, sans compter les pépinières et les plantations nouvelles; les marchés intérieurs sont animés, tous les ans, par la vente de 50,000 rubs de cocons, évalués à 10 millions de francs, qui se distribuent entre les classes agricoles. Douze mille fourneaux, plus de cent édifices à l'usage des filatures représentent, avec tous les objets et ustensiles indispensables pour le filage, un capital périodiquement renouvelé de plus de 5 millions de francs; des salaires pour une somme de 1 million et demi à 2 millions de francs se partagent entre vingt-six mille ouvriers, produisant 800,000 livres de ces belles soies filées, si improprement qualifiées de *soies brutes* ou *grèges* : 300,000 livres de ces soies sont moulinées dans le pays; elles s'exportent en partie, et le reste alimente la manufacture indigène. Le Piémont proprement dit est renommé par ses tissus de soie, Gênes par ses velours et ses rubans. Une fabrique de tissus de soie unis, établie à Faverges, en Savoie, et entretenant des rapports suivis avec l'Amérique du Nord, mérite d'être citée comme un établissement modèle, au double point de vue de l'économie industrielle et de la moralité. — Le Piémont n'a pu acquérir une importance commerciale maritime que par la réunion de Gênes en 1815. Gênes ne peut plus faire aujourd'hui le commerce de commission qu'elle exerçait anciennement par des maisons génoises établies à Cadix et à Lisbonne, où se concentraient alors les importations des colonies espagnoles et portugaises, c'est-à-dire de toute l'Amérique méridionale; mais l'approvisionnement de la haute Italie, le transit pour une partie de la Suisse et de l'Allemagne, appartiennent naturellement à la place de Gênes, qui, d'ailleurs, par sa position centrale sur la Méditerranée, est appelée à prendre part au commerce du Levant et à voir une grande quantité de marchandises, venant de toutes les contrées du globe, déposées dans ses magasins, devenir l'objet de nouvelles transactions et être ensuite réexportées à diverses destinations par la voie de mer. Ce n'est qu'à l'aide d'une liberté commerciale sans bornes que Livourne et Trieste ont pu faire concurrence à Gênes, jouissant seulement d'un entrepôt limité, soumis à des précautions, à des formalités et, par conséquent, à des frais et à des pertes de temps inévitables dans un système quelconque de douanes. On a, dans les Etats sardes, à Nice, l'exemple d'un port franc à l'instar de ceux de Livourne et de Trieste; cependant les avantages en sont nécessairement restreints au commerce qui peut se faire au moyen du cabotage avec les côtes voisines et notamment avec Marseille. Du reste, la marine marchande a considérablement augmenté, des relations directes se sont établies entre Gênes et le midi de l'Amérique, et, lorsque cette partie du nouveau monde pourra jouir de la paix à l'intérieur et d'un ordre de choses légal, solide et durable, ces relations ne peuvent que devenir beaucoup plus importantes. — La population des Etats sardes était estimée, en 1826, à 3,800,000 habitants; en 1836, elle paraissait avoir augmenté d'un dixième, ce qui l'aurait portée à plus de 4 millions; en ajoutant un dixième encore, pendant les dix années qui viennent de s'écouler, elle serait aujourd'hui d'environ 4 millions et demi d'habitants, évaluation à peu près en rapport avec les renseignements statistiques les plus récents. Cette population offre d'abord deux divisions bien marquées. La Savoie, sur une étendue de plus de 960,000 hectares, contient environ 600,000 âmes ; la angue maternelle des Savoisiens est la lan-

gue française : c'est la langue écrite, employée dans l'administration et auprès des tribunaux, la langue parlée dans la bonne société. Bien que des dialectes avec différentes nuances soient en usage dans les campagnes, les paysans, en général, comprennent le français, le parlent avec facilité et assez correctement. C'est une chose remarquable que la langue italienne soit généralement moins connue en Savoie qu'en France et dans les cantons français voisins de la Suisse. La Savoie est la patrie du grammairien français Vaugelas, du grand jurisconsulte Favre, du savant chimiste européen Berthollet; Eustache Chappuis, célèbre par ses rapports avec Charles V, et le cardinal de Brogny, élevé de la plus humble condition à la pourpre, ont fondé de mémorables institutions non-seulement en Savoie, mais à Lyon et à Louvain, et leurs compatriotes en ont longtemps profité jusqu'à ce que ces fondations aient été atteintes et presque détruites par les vicissitudes des temps. — Au delà des Alpes, les dialectes piémontais, lombard, génois offrent de remarquables différences; mais la langue écrite et celle qui commence à être parlée généralement par les personnes ayant reçu une éducation soignée, c'est la langue italienne. Dans la Sardaigne, peuplée d'environ 600,000 habitants, l'italien est aussi employé dans les actes officiels et dans les établissements publics; on peut remarquer néanmoins, dans la langue du peuple, un mélange bizarre de mots et d'expressions qui rappellent le souvenir des différentes races de dominateurs arrivés, dans l'île, des rives opposées de la Méditerranée. La population italienne du royaume, sur le continent, est de 2 millions et demi à 3 millions d'habitants. Il serait trop long d'énumérer tous les hommes qui ont illustré cette contrée dans les sciences, la littérature et les arts. Le Piémont a vu naître dans son sein Gerdil, Lagrange, Alfieri, Denina, Botta, dont les ouvrages sont connus de toute l'Europe; Gênes n'a pas moins fourni sa part d'hommes illustres à l'Italie, à l'Europe et au monde entier; c'est la patrie de Christophe Colomb, de Doria, de Chiabrera, et l'école génoise des beaux-arts n'est pas assurément sans prix parmi les meilleures écoles italiennes.

Tel est le royaume sarde, monarchie fondée et élevée entre deux puissances ennemies, qui se sont disputé pendant trois siècles la domination de l'Italie et de l'Espagne. Par la

force même des choses, chaque province porte le cachet des événements qui l'ont associée aux destinées du Piémont : on aperçoit tour à tour les anciennes traces de l'hérédité et des droits librement acquis, les impressions de la conquête et des traités ou des décisions des grands cabinets européens, qui ont eu jusqu'ici le sort de l'Italie entre leurs mains. Cependant les provinces qui composent actuellement cette monarchie, considérées dans leur ensemble, renferment de nombreux éléments d'une durable prospérité ; sur les côtes maritimes de la Ligurie, un des premiers ports de la Méditerranée, un golfe renommé par ses nombreux bassins, un peuple sobre et endurci à la fatigue, des armateurs entreprenants, des ouvriers éminemment propres à la construction des navires, des marins possédant au plus haut degré la connaissance pratique des mers ; à l'intérieur, un pays baigné et fécondé par les eaux du grand fleuve qui fait du nord de l'Italie une seule vallée abondante en céréales et en fourrages ; de fertiles et riantes collines, de belles forêts, d'importantes richesses minérales, et, en général, une population qui réunit les meilleures conditions des habitants des plaines et des montagnes.

Nous venons de résumer l'avenir du Piémont ; il est dans le développement ultérieur de ces éléments de force et de richesse, sous la bienfaisante influence d'une longue paix et sous l'empire d'un ordre légal solidement établi ; il est aussi dans l'union des diverses parties de l'Etat, cimentée au moyen d'une sage législation propre à faire pénétrer dans tous les esprits et à faire naître dans tous les cœurs l'idée et le sentiment d'un bonheur commun.   DE LENCISA.

PIÉRIDES (*myth.*). — Nom donné aux Muses et consacré par Hésiode lui-même. Il venait, selon les uns, du nom de la Piérie, contrée située au pied du mont Olympe, d'où le culte des Muses était originaire ; selon d'autres, les neuf sœurs avaient été ainsi appelées à cause de Piérus, roi de Macédoine, qui avait introduit leur culte à Thespies. L'antiquité nous a transmis, au sujet de ce nom, un mythe qui, au dire de quelques mythologues, semble avoir été imaginé après coup et être moins ancien que le titre de *Piérides* donné aux muses : Piérus, roi d'Emathie, et son épouse Evippé ou Antiope eurent neuf filles qui osèrent défier les neuf Muses du Parnasse et leur disputer le prix de la

poésie. Le combat fut accepté, et les nymphes, prises pour juges, prononcèrent en faveur des Muses. Les Piérides, furieuses, insultèrent leurs rivales triomphantes; mais, pour les punir de cette nouvelle audace, Apollon les changea en pies, ou, suivant la version d'Antonius Liberalis, il donna à chacune d'elles la forme d'un oiseau différent. Le nom de *Piérides*, conservé aux Muses, fut une des récompenses de leur victoire. Ce mythe n'est, selon M. Parisot, que l'expression de la rivalité de deux systèmes musicaux, ou plutôt de deux écoles poétiques, dont l'une fut vaincue par l'autre.

PIÉRIDES (*entom.*), ordre des *lépidoptères*, famille des *diurnes*. Ce genre, qui renferme de nombreuses espèces, présente les caractères suivants : tête courte, assez petite, yeux nus, médiocres; palpes assez longues, peu comprimées, presque cylindriques, parallèles ou un peu divergentes, hérissées de poils roides, peu serrés, de longueur inégale; le dernier article, grêle et aussi long que le précédent, forme une petite pointe aciculaire, saillante au milieu des poils qui l'environnent; antennes moyennes ou un peu allongées, à articulations distinctes, terminées par une massue comprimée; abdomen peu développé et un peu plus court que les ailes inférieures; ailes médiocres, robustes, à cellule discoïdale fermée, les inférieures embrassant plus ou moins le dessous de l'abdomen. Les chenilles sont cylindriques, pubescentes ou même poilues, allongées et atténuées aux extrémités. — La chrysalide, anguleuse et terminée antérieurement par une seule pointe plus ou moins longue, est attachée par la queue et par un lien transversal en forme de ceinture.— Les piérides se trouvent par tout le globe, mais surtout dans les contrées intertropicales de l'ancien continent. Les espèces dont les chenilles sont connues se nourrissent sur les crucifères, les résédacées, les capparidées. Linné avait rangé ces lépidoptères dans sa division des *danaïdes blanches ;* en effet, la couleur dominante est le blanc plus ou moins pur, avec une bordure noire, qui n'a pas toujours la même largeur, mais qui manque rarement. Dans quelques espèces, le fond est jaune ou de couleur orangée.—Les femelles ne se distinguent des mâles que par une bordure plus large ou par les ailes inférieures plus arrondies au sommet. M. Boisduval, dans son *Iconographie des lépidoptères*, a rangé dans vingt groupes les espèces de ce genre, d'après le *facies* et la distribution géographique. Nous ne pouvons entrer dans ces descriptions spéciales, d'autant plus que les espèces les plus remarquables sont décrites dans d'autres articles.   A. G.

PIERRE (*min.*). — Les anciens minéralogistes, c'est-à-dire tous ceux qui ont précédé la naissance de la chimie moderne, désignaient par ce nom toutes les substances minérales offrant, pour *caractères communs*, d'être solides, non combustibles, d'avoir un éclat différent du brillant métallique et de ne pas se laisser dissoudre par l'eau ; ce qui distinguait ces substances de tous les autres minéraux connus alors et désignés sous les noms de *sels*, de *métaux* et de *bitume*. Joint à quelque épithète capable d'en préciser le sens, le même mot a encore été employé par les mêmes auteurs comme nom de variété, et appliqué dès lors à une foule de substances différentes. Comme beaucoup de ces dénominations sont encore en usage dans le langage vulgaire, nous allons passer en revue celles dont l'emploi est le plus commun. — *Pierre d'aigle.* Fer hydroxydé géodique ; Pline en admet quatre espèces et Gesner quinze ; il a été fait un traité tout entier sur cette pierre, qu'on prétendait que l'aigle allait chercher jusque dans les Indes pour la *mettre dans son nid* afin de faciliter l'éclosion de ses œufs ; on lui attribuait la faculté d'aider les accouchements. — *Pierres des amazones.* Jade d'un vert sombre : il présente cette circonstance singulière d'avoir été trouvé en Amérique, taillé en forme de vases ou de figures d'animaux, sans qu'on ait pu se rendre compte du moyen qu'avaient pu employer ces populations pour travailler une pierre aussi dure. On a cru qu'elle guérissait la pierre, etc. ; elle a été fort recherchée. Le feldspath vert est employé, sous le nom de *pierre des amazones*, comme pierre de rapport pour les placages et petits ornements. — *Pierre d'arquebuse.* Pyrite de fer sulfuré qui a été employée pour les armes à feu avant la pierre à fusil. — *Pierre atmosphérique* ou *météorique* (*voy.* AÉROLITHE). — *Pierre de Bologne.* C'est de la baryte sulfatée radiée. — *Pierre à chaux* (*voy.* CALCAIRE et CHAUX). — *Pierre divine* (*voy.* JADE BLANCHATRE). — *Pierre d'étoile.* Marbre composé uniquement de madrépores étoilés, changés en matière grise ou blanche, et qui reçoit un poli très-brillant ; il se trouve dans le nord de l'Italie.

— *Pierre de fer.* C'est le basalte noir. — *Pierre de Florence* ou *marbre ruiniforme.* Il présente des dessins d'une couleur bistrée sur un fond plus clair, et que l'on peut prendre, en les regardant d'une certaine distance, pour des représentations d'édifices ruinés.— *Pierre à Jésus.* Le sulfate de chaux cristallisé, réduit en lames, ainsi que le mica, doivent ce nom à ce qu'ils ont été employés, à défaut de verre, pour clore des reliquaires (*voy.* PIERRE SPÉCULAIRE). — *Pierre de lard* et *pierre à magot.* Elle se laisse couper à la manière du savon et nous vient de la Chine sous la forme de *magots.*—*Pierre de liais* (*voy.* PIERRE A BATIR).—*Pierre noire.* Nom que les ouvriers de plusieurs professions *donnent* à un schiste argileux noir (ampélite graphique), qui sert à tirer des lignes sur le bois et sur la pierre (*voy.* CRAYONS). — *Pierre ollaire.* Elle doit son nom au mot latin *olla*, marmite, parce qu'elle est facile à travailler et qu'il a été très-facile d'y tailler des ustensiles de cuisine avant la connaissance des arts céramiques. On a compris sous ce nom toutes les pierres tendres, qui, en général douces et savonneuses au toucher, ont pu facilement être travaillées et durcir au feu (*voy.* TALC, STÉATITE). La pierre ollaire est exploitée par l'industrie, notamment dans les Grisons ; elle sert à tailler une poterie, commode et durable, fort usitée. On en trouve notamment en Corse et dans la partie des Alpes qui fait face à l'Italie. — *Pierre spéculaire.* Pierre transparente avec laquelle les anciens garnissaient leurs fenêtres et les ouvertures de leurs litières. Cette pierre fut exclusivement employée jusque vers le Ve siècle, époque à laquelle se trouve, dans saint Jérôme, la première mention de fenêtres garnies de verre. On suppose que la pierre à laquelle l'antiquité donnait le nom de spéculaire était, soit le talc soit le mica, ou peut-être le gypse laminaire (sulfate de chaux) (*voy.* ces mots). — *Pierre de taille* (*voy.* PIERRE A BATIR). — *Pierre de touche.* C'est le nom qu'on donne aux pierres sur lesquelles se fait l'essai de l'or et de l'argent, appelé essai aux *touchaux* : ces pierres doivent être telles que le métal y laisse une trace et que leur substance propre ne puisse être attaquée par l'acide qu'il faut, pour l'essai, répandre sur la trace métallique. La plupart de ces pierres sont de couleur noire et d'un grain fin ; le basalte, le jaspe et plusieurs silex sont très-propres à cet usage ; mais le plus ordinairement on emploie un schiste noir qui vient presque toujours de Bohême, de Saxe ou de Silésie, quelquefois d'Italie: les anciens l'appelaient *pierre lydienne*, du nom du pays d'où ils la tiraient exclusivement. Le trapp noir uni est généralement connu sous le nom de *pierre de touche*.

PIERRE (*méd.*). (*Voy.* CALCULS.)

PIERRE A BATIR. — La pierre est le premier et le plus précieux élément de construction. Son existence et son emploi paraissent avoir été révélés à l'homme dès les temps les plus reculés, ainsi que l'attestent les traditions de la Bible et les récits de l'histoire grecque. L'élévation, au milieu des plaines de la Mésopotamie, de la tour de Babel, la construction, au pied du mont Olympe, des fameux murs cyclopéens, représentent la première phase de l'art architectural et de l'emploi de la pierre à bâtir. — Les pierres propres à l'édification offrent une telle diversité qu'il est difficile d'en donner une définition générale; on peut dire cependant que ce sont des corps solides, durs, le plus souvent sans éclat, formés de particules terreuses, qui, en se combinant avec l'eau, ont pris différents degrés de liaison et de densité. Ces corps varient, du reste, à l'infini pour la consistance, la couleur, la forme et les autres propriétés : aussi est-il indispensable à l'architecte d'étudier avec soin les innombrables variétés que présentent les pierres, afin d'approprier chacune d'elles à l'usage auquel elle convient le mieux. — La pierre à bâtir est un composé de carbonate de chaux, de silice et d'alumine; elle contient, selon les gisements, toutes sortes de sels différents, de la potasse; de la magnésie, des oxydes de fer; on la rencontre, soit dans les entrailles de la terre à des profondeurs plus ou moins grandes, par couches ou par lits horizontaux, soit à la surface par rochers, ou bien sur le sommet des montagnes. En France, la pierre à bâtir est très-abondante, mais les lits en sont inégalement répartis; jusqu'ici, par suite de la difficulté et de la cherté des transports, chaque contrée en était réduite à utiliser les produits plus ou moins avantageux que lui donnait la nature, et même dans certaines localités, dans les pays qu'on appelle *de terre franche*, où le sol, à quelque profondeur qu'on le sonde, ne recèle aucun gisement solide, on est obligé de recourir à des matériaux artificiels qui remplacent la pierre naturelle, à la brique et au béton; mais, dans ces pays, la terre, par une sorte de compensation naturelle, présente des qualités particulières qui la rendent propre à la construction : elle est onctueuse, grasse, argileuse, et peut, lorsqu'elle est convenablement préparée, être employée avec succès pour édifier des murs ou même des bâtiments assez considérables. Nous nous occuperons plus particulièrement, dans cet article, des diverses espèces de pierres que produit, pour la construction, tout le périmètre qui avoisine la capitale. — Il n'est peut-être pas, sur tout le territoire de la France, un sol plus riche en produits minéralogiques que celui sur lequel Paris s'est élevé; sous ce point de vue le territoire de l'antique Lutèce, qui recélait des carrières inépuisables, semblait se désigner naturellement comme l'emplacement futur d'une des plus grandes cités du monde. Actuellement Paris est assis, ou plutôt suspendu sur un banc de pierre, dont la masse immense se trouve presque entièrement évidée, en sorte qu'on peut dire sans métaphore que la ville est sortie de dessous terre. Au Paris en relief correspond, à une profondeur quelquefois considérable, un Paris en creux; et la cité souterraine a aussi ses rues qui répètent exactement celles de la cité extérieure. Tous ceux qui ont visité les catacombes ont pu se convaincre que cette position n'est pas exempte de périls : les bancs de pierre qui forment le ciel de la ville ténébreuse se brisent, se crevassent de toutes parts, et les piliers qui le soutiennent s'écrasent en maint endroit sous le fardeau énorme qui surplombe; aussi, depuis quelques années, ne tire-t-on plus de pierres de ces carrières riches encore, mais dont l'exploitation présente trop de dangers pour la sécurité publique. Nous ne dirons donc rien de la qualité de ces pierres; si on veut l'apprécier, qu'on visite tous nos monuments publics, Notre-Dame, le Panthéon, le Louvre, etc. — Les carriers, chassés de Paris, ont attaqué l'enceinte extérieure, en commençant par les points les plus rapprochés; ils se sont mis à fouiller la butte Montmartre et toute la plaine qui s'étend au sud, depuis Ivry jusqu'à Meudon. Avant d'entrer dans le détail des nombreuses espèces qui se rencontrent sur cet espace et des propriétés particulières à chacune de ces espèces, nous devons dire que toute la pierre extraite des plaines d'Arcueil, de Montrouge et de Vaugirard est ce qu'on appelle de la *pierre de taille ;* sa dureté est très-variable, mais susceptible enfin d'être équarrie et taillée avec parements. — La première *distinction* que font les architectes consiste à classer les pierres en *pierres dures* et *pierres tendres :* les premières sont plus estimées, et sans contredit préférables aux secondes ;· la pierre tendre a cependant cet avantage qu'elle se taille aisément, que, parfois aussi, elle résiste mieux à la gelée que la pierre dure ; mais il importe bien d'en ôter le *bousin ,* c'est-à-dire la partie tendre du lit de la pierre, qui ne doit jamais être employée en maçonnerie, et qu'on peut comparer à l'*aubier* dans le bois.

Rien n'est plus facile que de reconnaître la bonne qualité d'une pierre : lorsqu'elle est bien pleine, d'une couleur égale, sans veines, qu'elle a un grain fin et uni, que les éclats en sont nets et qu'ils ont quelque sonorité, alors la pierre est certainement bonne. — La pierre dure et la meilleure nous vient d'Arcueil ; il faut cependant distinguer, parmi les pierres d'Arcueil, celles que les maçons appellent de *Belle-Hache* et de *Saint-Leu ;* ce sont des pierres dures, renfermant un peu de caillou, mais d'un beau grain et de *haut appareil,* c'est-à-dire présentant 55 à 70 centimètres de hauteur de banc : elles se rencontrent près la montagne d'Arcueil. — Plus près de Paris, en sortant de la barrière Saint-Jacques, on trouve une pierre dite de *liais* et fort estimée, dure, compacte, d'un grain très-fin, comportant dans l'exécution le plus beau fini : elle offre des bancs d'une dimension avantageuse. On s'est beaucoup servi de cette espèce de pierre dès le xv° et le xvi° siècle. La chapelle du palais de Versailles est construite toute en pierre de liais. Elle s'emploie aussi très-favorablement pour la sculpture , témoin les superbes bas-reliefs de Jean Goujon à la fontaine des Innocents ; enfin elle est employée avec succès pour toutes sortes d'ouvrages domestiques : pour dalles, pour carreaux d'antichambre ou de salles à manger. Façonnée en chambra.les de cheminée, elle reçoit facilement le poli du marbre qu'elle imite avec avantage quand elle est habilement peinte ; on s'en sert enfin à la fabrication des pierres à chocolat. — Autrefois on distinguait le *liais franc* et le *liais ferrant,* qu'on disait plus dur que le *franc;* aujourd'hui la distinction ne se fait plus, parce que l'exploitation des carrières qui donnent cette espèce est arrivée à des

régions où la densité des produits paraît égale. A Saint-Cloud, on trouve également une pierre de *liais rose,* qui est douce et reçoit un beau poli au grès : le banc ne dépasse guère 22 centim. de hauteur en moyenne.— Le territoire de Vanves et de Vaugirard donne des pierres généralement de haut appareil et estimées dans le commerce : on les désigne, dans les chantiers, sous le nom de *pierres de bon banc.* A Meudon , on rencontre deux espèces bien distinctes : la première est une pierre dite simplement de *Meudon,* de 42 à 55 centimètres ; la seconde, appelée communément la *rustique de Meudon,* est plus dure que la première, mais poreuse, trouée, et offre une grande analogie avec la *meulière* dont il est parlé plus bas. Nanterre produit la pierre dite de *Montesson,* de 30 centimètres de hauteur en moyenne. — Ces diverses sortes, à l'exception de la rustique de Meudon, sont, en général, des pierres *pleines,* ne présentant ni coquillages, ni cailloux ; elles sont *franches,* n'ayant ni la dureté de ce qu'on appelle le *ciel* (de la carrière), ni le tendre du moellon , tandis que, au contraire, la pierre de *cliquart,* au nord-est d'Arcueil, de bas appareil, est grosse, humide, sujette à la gelée. — La *lambourde,* qui vient des mêmes parages et se trouve aussi à la sortie du faubourg Saint-Jacques, est graveleuse, se cassant par écailles, s'égrenant sous la pression, se feuilletant au froid. Il est prudent de l'exposer, avant l'hiver, sur un terrain humide et de ne l'employer que si elle résiste aux intempéries de l'air. A Bougival , il vient également une pierre dite de la *Chaussée,* qui est peu avantageuse, trop tendre, *moyée,* c'est-à-dire pleine de trous, et qui ne peut être taillée qu'avec perte. Souvent même il n'est guère possible de la tailler que grossièrement ou de la *smiller,* comme on le dit en terme du métier. — Les environs de Paris fournissent , en outre, de ces nombreuses variétés qui appartiennent toutes à la catégorie des pierres de taille, plusieurs espèces de pierres *tendres ;* telles sont 1° les pierres *grasses* dites *à chaux* et *à plâtre,* qui proviennent des roches calcaires de Montmartre, de Meudon , de Belleville, de Saint-Chaumont, et aussi des coteaux qui bordent la Seine , de Triel, d'Andresy, etc., dont l'utilité est inappréciable. On soumet ces pierres à un feu égal et modéré, dans des fours à chaux ; on les dessèche ainsi progressivement ; puis , lorsqu'elles sont arrivées à un certain degré de cuisson, on les pulvérise et on les réduit à l'état de plâtre (*voy.* PLATRE). 2° Le *moellon*, pierre tendre et moelleuse, d'un emploi usuel pour la construction des maisons dont il sert à former les murs et les cloisons, et pour mille autres usages : quand c'est ce qu'on appelle du *moellon d'appareil,* c'est-à-dire équarri et à parements, il sert pour la construction des voûtes, pour celle des puits, pour les tunnels de chemins de fer, etc.; et, dans ce cas, il est piqué au marteau. Le *moellon bloqué* est celui qui ne peut être régulièrement taillé : on ne l'emploie qu'à bain de mortier ou dans les garnis des gros murs, ou enfin dans le remplissage des piles ou culées ; il n'est pas soumis au droit d'octroi. 3° La *craie,* pierre très-tendre dont on se sert pour dessiner ou tracer au cordeau. Dans certains pays, en Flandre notamment, la craie acquiert assez de consistance pour permettre de l'employer en construction. 4° Enfin le *tuf* qui ne se rencontre pas près Paris : c'est une roche poreuse, le plus souvent volcanique, quelquefois calcaire et entremêlée de silice. Le tuf est employé, surtout en Italie, pour la construction des temples antiques et les monuments modernes; il affecte la couleur blanchâtre ou jaunâtre et abonde dans les carrières de la Toscane. — La pierre se travaille d'une manière toute différente, selon qu'elle est dure ou tendre : la pierre tendre se débite avec la scie à dents et à sec ; la pierre dure, au contraire, se débite à la scie sans dents, avec l'eau et du grès pilé; elle est ensuite débarrassée du *bousin,* atteinte au vif et *hachée,* c'est-à-dire travaillée avec la tête du marteau bretelé; puis les parements sont piqués à la pointe et les ciselures relevées; puis enfin elle est polie et frottée au grès pour effacer les aspérités laissées par le marteau.

Il est enfin, en dehors de la nomenclature indiquée plus haut, deux autres sortes de pierres qui se rencontrent non loin de Paris, et dont l'importance et l'usage sont fort appréciés en construction : c'est d'abord la pierre *meulière,* ainsi nommée parce qu'on l'emploie pour les meules de moulins. Elle est tirée de roches poreuses, rocailleuses, d'un ton rougeâtre; il y en a des gisements considérables près d'Orsay et de Palaiseau : on les exploite d'ordinaire en fragments de 25 à 30 cent. cubes, qui prennent le nom de *moellons de meulière.* Les cavités nombreuses que présente la surface de cette espèce de pierre,

en s'imprégnant de mortier ou de plâtre, la rendent très-adhérente ; aussi l'emploie-t-on d'ordinaire pour les ouvrages qui exigent une grande force de résistance : pour les voûtes, pour les fondations. L'enceinte continue des fortifications de Paris a tous ses revêtements en pierre meulière. Elle est aussi d'un très-bon effet et d'un aspect pittoresque, employée dans les constructions d'agrément, dans les kiosques et les pavillons des jardins : on obtient, dans ce cas, des contrastes pittoresques en l'entremêlant de pierres blanches aux reflets cristallisés. — La seconde variété est la pierre *de grès,* dont les roches grisâtres et inexploitées remplissent les horizons de la forêt de Fontainebleau. Taillée en petits quadrilatères, elle sert surtout au pavage des rues de Paris. On l'emploie aussi pour bâtir, dans certains pays, et nous pouvons affirmer que, employée par gros blocs soigneusement taillés, elle peut faire de bonnes constructions : c'est ainsi que certaines parties du palais de Fontainebleau sont en grès ; tous les visiteurs auront remarqué notamment le grand escalier extérieur qui ouvre sur la cour du Cheval blanc. Le grès a pris là le brillant du marbre; mais, à l'état de moellon, le grès ne saurait être d'un usage utile, par son défaut d'adhérence avec le mortier. — On emploie aussi à Paris une pierre granitique qu'on tire, en partie de la Bourgogne et de la Bretagne et qui forme des trottoirs. Le plus magnifique bloc qu'on ait amené à Paris est celui qui sert de piédestal à l'obélisque de Louqsor, sur la place de la Concorde. — Pour compléter ce qui est relatif à la pierre de Paris, nous devons entrer dans quelques détails sur la manière dont on l'extrait. Les carrières qui environnent la capitale sont de deux sortes : quelques-unes sont exploitées *à découvert;* le plus grand nombre est *à puits.* Au-dessus de l'orifice de la carrière est alors établi un grand treuil avec une énorme roue à chevilles; sur ces chevilles se placent un ou plusieurs hommes qui emploient l'effort de leurs bras et le poids de leur corps pour faire tourner la roue. On ne saurait, du reste, trop protester contre ce mode d'exploitation des carrières à puits, qui compromet l'existence des ouvriers et ne permet pas d'extraire la pierre avec suite et avec autant d'avantage que dans les carrières à ciel ouvert. — Pour détacher les blocs de pierre on se sert de *coins,* de *pics* et de *mailloches :* avec les pics on fait des entailles pour loger les coins, qu'on enfonce à coups de mail ou de mailloche ; et, quand les coins ne suffisent pas, on se sert encore, pour faire partir la masse, d'un grand levier de fer. Quelquefois on a recours à la poudre à canon. — Souvent l'architecte ou le maître maçon vont directement à la carrière choisir la pierre et la faire débiter en blocs dont ils indiquent à l'avance les dimensions, afin d'éviter le déchet en les équarrissant. La pierre se vend, en général, au pied cube; la pierre tendre se vend, à Paris, *au tonneau :* cette mesure équivaut à 14 pieds cubes. Nous ne dirons rien du prix, car il est des plus variable : chaque carrier vend un prix différent; cela dépend de mille conditions. Dans ces derniers temps, les grands travaux qui se sont exécutés autour de Paris ont fait hausser de plus d'un tiers la valeur de la pierre à bâtir : elle est assujettie à un droit d'octroi. — En dehors du rayon de Paris se trouvent, en France, de remarquables et précieux gisements ; nous ne citerons que les plus importants : ceux de Senlis, ceux de Tonnerre, en Bourgogne, qui profite de la voie d'eau pour expédier beaucoup à Paris. — En Normandie on trouve des qualités de pierre supérieures à celles de Paris ; à Caumont, près Rouen, se rencontrent des pierres de taille d'un grain admirable qui offre la dureté et la solidité du métal, et remarquables surtout par l'éclat de la cristallisation : les carrières qui produisent ces pierres présentent, du reste, des merveilles de cristallisation qui les font visiter par tous les voyageurs. — Les carrières de Caen nous donnent une pierre onctueuse qui, par la couleur, se rapproche beaucoup de l'ardoise, mais qui, plus dure que celle-ci, est précieuse en ce qu'elle est susceptible de recevoir le poli et de servir à carreler les appartements. — Le sol volcanique de l'Auvergne produit une pierre dite *fusilière,* dure et sèche, aux teintes grises et noirâtres, et qui tient de la nature du caillou. Si on s'avance davantage vers le midi, on rencontre les gisements pyrénéens, si riches en marbres (*voy.* ce mot). Les villes de Tarbes et surtout celles de Bagnères-de-Bigorre et de Bagnères-de-Luchon n'offrent pas une seule construction qui ne soit en marbre, ainsi que la chose se voit dans quelques contrées de l'Italie et notamment en Corse; on ne connaît pas, dans ces pays, d'autre pierre de construction. — L'étranger nous fournit diverses variétés de pierres de luxe : tel est, par

exemple, le *tuf,* le porimos-lithos des Grecs, pierre assez tendre formée d'un sablon noir, et qu'on emploie principalement pour daller les appartements et les terrasses : il en était fait un grand usage à Rome. — Le *stuc,* pierre artificielle remarquable par sa solidité, sa dureté et son poli : les stucs que les anciens nous ont transmis sont encore de la plus grande beauté. — La pierre *ponce,* qui n'est autre chose que des scories volcaniques, et qu'on emploie aussi dans le bâtiment : la légèreté de cette dernière est telle qu'elle nage sur l'eau comme une éponge. C.

PIERRES CELTIQUES, DRUIDIQUES, GAULOISES (*archéol., hist.*). — On désigne par ces différents noms des pierres brutes, de dimensions quelquefois gigantesques, plantées isolément, ou groupées de diverses manières par la main de l'homme, qu'on trouve en grand nombre encore dans l'ancienne Germanie, la Sarmatie, le Danemarck, la Suède, la Russie, et surtout en Angleterre, dans les Hébrides, les Orcades, et en France, principalement dans les anciennes provinces de Bretagne, du Bourbonnais, de l'Auvergne. Sous le rapport de l'art, ces rustiques monuments sont dépourvus de toute espèce d'intérêt; ils n'offrent pas même cette sorte de pittoresque qui résulte quelquefois de l'assemblage fortuit de roches entassées par un écroulement. Sous le rapport de l'histoire, l'archéologue, le chronologiste, l'historien les consultent vainement. Ici *les pierres se taisent,* car l'épigraphie n'existe pas plus que l'iconographie, et quand il faudrait la reconnaître dans quelques rares délinéations creusées à la pointe, ou quelques reliefs, encore plus rares, exécutés si grossièrement sur des surfaces brutes, qu'on n'est jamais bien sûr d'en saisir les formes, quelle oreille comprendrait son langage? Quels souvenirs nous restent de celui que parlaient Bellovèse, Brennus, Camulogène, les vierges de Sains, les prêtres de Dreux? Est-on certain, quoi qu'on ait dit, que ce fut celui des Gaëls d'Ecosse, et que l'antique dialecte conservé, à l'extrémité de la péninsule armoricaine, ne soit pas un reste de la langue importée par ces Bretons qui, chassés de leur pays par les Angles et les Saxons vers le vi⁰ siècle, vinrent y chercher une patrie plutôt qu'un souvenir de celle du peuple qui leur donna un asile forcé? Ceux qui, dans leur fuite, étaient assez puissants encore pour imposer leur nom au pays qui les recevait l'étaient suffisamment pour imposer aussi leur langue à des habitants. On ne peut donc aujourd'hui former que des conjectures sur les motifs de l'érection, de même que sur la destination de ces monuments, et sur les moyens qui ont dû être employés pour leur érection. Leur nom primitif même est inconnu, puisqu'on ne se sert aujourd'hui, pour les désigner, que d'appellations tirées de leur forme ou de leur combinaison, même en langue bretonne, ce qui pourrait être une preuve que cette langue n'est pas celle des hommes qui les ont érigés. — Le *menhir* ou *peulvan*, le plus simple de tous, n'est rien de plus qu'une pierre longue dressée ou plantée sur l'un de ses bouts. Le premier de ces deux noms est composé des deux mots bretons *mæn* ou *men* (pierre), et *hir* (long) ; le second est formé de *peul* (pilier), et de *væn*, qui a la même signification que *mæn*. — Le *dolmen* est, dans sa forme la plus simple, un assemblage de trois pierres plates, dont deux plantées face à face, et la troisième posée à plat sur ces deux. Il y en a de plus considérables, ainsi que nous le verrons. *Dolmen* est composé de *daul* (table), et de *men* (pierre). — Le *cromlech*, dont le nom est l'union de *croumm* ou *crom* (courbe), et de *lech* (lieu), est un assemblage de treize menhirs, dont douze décrivent une enceinte circulaire, au milieu de laquelle s'élève le treizième. — Le *lechaven*, ou *lech'ven* (de *lech*, et *ven*), est aussi une enceinte circulaire, mais où les pierres debout sont reliées de deux en deux par d'autres pierres posées transversalement en manière d'architraves ou de linteaux : c'est une espèce de portique grossier.— Le *témène* (du grec *temenos* (enceinte), et qui était aussi connu, par conséquent, des peuples étrangers à la Gaule, diffère du cromlech en ce que l'enceinte qu'il décrit paraît être essentiellement quadrangulaire, d'une étendue beaucoup plus considérable, formée d'un nombre de pierres illimité, et ne servir, en quelque sorte, que de parvis à un autre monument. Ces monuments offrent beaucoup plus de variétés que ne semblerait l'annoncer l'extrême simplicité de leurs éléments : leurs noms mêmes varient singulièrement selon les localités et l'idée qu'elles attachent à ces choses d'origine et de destination inconnues. On remarque enfin, parfois, des accessoires qui caractérisent un second ordre de variétés; c'est ce que

nous allons essayer de faire connaître.

Le *peulvan* ou *menhir*, ce dernier nom est le plus usité, n'a ni dimensions ni configuration particulières : c'est toujours une pierre longue, et rien de plus, érigée dans l'état où elle a été arrachée de la carrière, ou plutôt du rocher, ou détachée de la surface du sol. Cependant la figure du menhir offre le plus communément le rudiment grossier de l'obélisque; mais, par l'effet d'un caprice aussi évident qu'il est inexplicable, souvent ces monolithes pyramidaux reposent sur l'extrémité la plus mince, disposition antilogique et qui devait augmenter singulièrement les difficultés de l'opération, surtout quand il s'agissait de masses pesant 10, 20, 50, et jusqu'à plus de 100,000 kilogrammes. En effet, si l'on en voit qui n'ont guère plus de 1 mètre ou 1 mètre et demi hors terre, on en trouve presque autant dont la hauteur moyenne peut être évaluée de 4 à 5, et il en est où elle s'élève à 15, 20 mètres et au delà, sans que rien paraisse indiquer si ces différences de hauteur sont emblématiques ou systématiques, ou dépendent entièrement soit du hasard qui a produit les blocs, soit du peu de sûreté des moyens d'extraction, ou de tout autre motif local ou accidentel. Les menhirs ne sont pas tous, d'ailleurs, plantés verticalement sur leur axe; on en trouve dont la direction est notablement inclinée, sans qu'il soit possible de supposer que leur déclivité est due à l'action du temps, ou à un mouvement occasionné par un mauvais aplomb primitif. Il faudrait donc voir, dans cette bizarrerie, une sorte de symbole, sinon une espèce de tour de force dans le genre de celui qui a produit la tour penchée de Pise, et plus remarquable peut-être, si l'on fait attention à la distance énorme qui sépare les deux civilisations, à l'infériorité des connaissances mathématiques et mécaniques que pouvaient posséder les ingénieurs celtes chargés d'ériger ces monolithes.

Les *menhirs* se rencontrent ou complétement isolés, ou voisins d'un ou plusieurs dolmens, ou assemblés tantôt circulairement comme on les voit dans les cromlechs, tantôt en longues files régulières comme nous les montrent les allées de Carnac, dans le département du Morbihan. — On a pensé que les menhirs dressés au point de jonction de deux routes étaient des monuments publics servant à la fois d'indicateurs pour les voyageurs, de limites entre des peuples ou des tribus diverses; on donne, entre autres preuves de ces interprétations, l'inscription qui se trouve sur un menhir appelé *la haute borne*, conservé dans le département de la Haute-Marne, et qui indique, en effet, les limites des anciens *Leuci;* mais cette inscription, qui est en langue latine, appartient incontestablement à une époque postérieure à l'érection des monuments celtiques. Il est donc possible ou qu'elle ait changé la destination de celui-ci, ou même que le pilier soit aussi contemporain de l'invasion romaine; car il est probable que, s'il était plus récent, le goût romain l'eût au moins dégrossi. Les autres menhirs isolés ont été considérés comme des signes commémoratifs soit de la mémoire de quelque héros, soit de quelque grande bataille; c'est l'idée qu'en donnent les poëmes d'Ossian, où il parle sans cesse de la pierre qui élève sa tête grisâtre au-dessus de la sépulture d'un héros, ou qui doit la recouvrir; et, en effet, on a, parfois, trouvé des ossements et des armes au pied ou auprès de ces pierres; mais on sent bien que ces découvertes durent être moins fréquentes sur le sol granitique de la Bretagne, par exemple, où aucune inhumation n'est possible, à moins qu'on ne creuse des tombes dans le roc, ou qu'on n'élève, sur sa surface, quelques-uns de ces monuments d'une autre espèce qu'on nomme *barrows*, *galgals* ou *tombelles*, et dont ce n'est pas ici le lieu de parler (*voy.* Tumulus). Cependant la Bretagne n'est pas plus dépourvue de menhirs qu'aucune autre contrée la plus riche en monuments de ce genre; on peut même dire que c'est la terre classique du *menhir*, car nulle autre part, pas même au fameux *Stone-Henge* de la plaine de Salisbury, ni à Stromeness, dans les Orcades, on n'en rencontre une réunion capable de donner une idée de celles qu'on voit sur les landes de Carnac. Quant au fait des combats, comme on peut en livrer partout, il n'a rien que d'assez vraisemblable, mais nous ignorons sur quoi s'appuie la supposition, que la verticalité du menhir indique que l'issue du combat a été glorieuse (pour le peuple qui l'a élevé), et que sa déclivité marque qu'elle a été funeste. Les commentateurs n'ont pas encore essayé d'expliquer, que nous sachions, pourquoi les menhirs ne sont pas toujours posés sur leur base naturelle, c'est-à-dire sur l'extrémité la plus ample. Ossian nous apprend bien qu'on élevait une

pierre même aux guerriers dont le nom devait être condamné à l'oubli par le silence des bardes, seuls en possession de transmettre la mémoire des morts par leurs chants et de leur ouvrir les palais aériens où étaient reçues les âmes des héros, condamnés, sans cette consécration, à errer éternellement sur les nuages. De cette différence devait en résulter une dans la forme de leurs tombes; mais comment savoir si cette différence consistait dans la pose du menhir sur le bout large ou sur le bout étroit? Les pierres posées de l'une ou de l'autre manière sont respectivement trop nombreuses pour qu'il soit possible, à moins de preuves, d'attribuer celles-ci plutôt que celles-là à des guerriers déshonorés.—Il n'est pas moins difficile de donner une explication plausible sur l'objet de cette immense assemblée de peulvans convoqués dans les bruyères de Carnac et d'Ardevon. La légende et les savants y ont employé tous leurs efforts. Selon la première, la légion romaine, dans laquelle commandait le centurion saint Corneille, étant venue dans l'Armorique et ayant reconnu que Corneille s'était fait chrétien, voulut le tuer; celui-ci s'enfuit vers les bords de la mer, espérant y trouver un moyen de salut; mais arrivé à Carnac, à l'endroit même où, depuis, a été construite l'église encore placée sous son invocation, et s'apercevant que les soldats qui le poursuivaient allaient l'atteindre, il fit une courte prière à Dieu qui les changea en pierres.

Des écrivains qui, apparemment, n'ont jamais vu les lieux et ne savent point ce que c'est qu'un menhir, ont prétendu, ceux-ci, que les pierres de Carnac sont les restes d'un camp établi par César lorsqu'il vint faire la guerre aux Vénètes, supposition absurde s'il en fut, car, outre le peu de rapports qu'il y a entre cette forêt de pierres et les nécessités d'un camp, il eût fallu aux soldats romains, pour la planter, dix fois plus de temps qu'ils n'en mirent à terminer la guerre; d'autres, que cette multitude de menhirs, dont beaucoup ont 4 à 5 mètres de hauteur hors terre, ont été répandus sur le sol par l'armée victorieuse après la réduction des Vénètes pour les contenir désormais par la misère et la famine, en rendant le pays impraticable à la charrue. Or les menhirs, distants entre eux, dans l'ordre de l'alignement, de 7 à 10 mètres, étant disposés de manière à former des allées de 3 ou 4 mètres à 7 ou 8 de large, on conçoit qu'ils n'auraient pas empêché des centaines de charrues gauloises de circuler, quand même ces charrues auraient eu le volume et l'attelage des nôtres, et, d'autre part, c'eût été une lourde peine prise bien gratuitement dans un pays où le roc n'est recouvert que d'une mince couche de terre végétale, à peine suffisante pour produire une maigre bruyère et quelques chardons. D'autres ont voulu ne voir dans ces vastes champs de pierre qu'un immense cimetière où les plus considérables d'entre les Gaulois étaient inhumés au pied des menhirs ou au moins sous les *tumuli* (*voy.* TUMULUS), et les dolmens qui s'y trouvent aussi en certain nombre. Suivant ce système, les différentes hauteurs des menhirs caractériseraient les différents degrés de considération attachée à la mémoire des défunts : il fallait que les Gaulois fussent très-riches en grands hommes pour peupler un tel panthéon ; notre civilisation, dont nous sommes si fiers, est loin de produire de tels résultats. — D'autres voient dans ces deux localités voisines de Carnac et d'Ardevon, qui paraissent n'en avoir fait qu'une autrefois ou du moins avoir été reliées par des monuments intermédiaires dont partie subsiste encore, un rendez-vous pour quelqu'une de ces grandes assemblées dont parle César, où toutes les nations celtiques qui couvraient la surface de la Gaule venaient assister soit à des délibérations, soit à des mystères communs. Ce n'était pas, du moins, à la coupe du gui sacré, car on y chercherait vainement le moindre chêne, et des raisons logiques nous déterminent à croire qu'il n'a jamais pu exister là de ces sombres forêts si vénérées par nos ancêtres, et qui, depuis Lucain, ont fourni tant de lieux communs à la poésie terrible ; nous sommes persuadé qu'une forêt de pierres a seule pu prendre racine sur ce sol ingrat et désolé. Cela ne détruit pas la possibilité d'un lieu de rendez-vous général ; ce qui tend à la confirmer, au contraire, c'est l'existence d'un énorme bloc au centre du dernier rang de pierres, où l'on voit une sorte de chaire grossièrement taillée dans le vif, servant probablement de siége au chef des druïdes, qui, suivant César, présidait ces assemblées. Dans cette hypothèse, les innombrables menhirs qui s'élèvent de toutes parts perdraient à peu près leur caractère de monument pour prendre celui plus modeste de piliers ou de jalons servant à tracer des es-

pèces de parcs dans lesquels les diverses nations convoquées pouvaient camper sans se confondre. Les allées centrales, plus spacieuses que les allées latérales, auraient servi à la circulation commune, peut-être au passage des victimes destinées aux sacrifices, et le grand espace libre ménagé vers le milieu, qu'on appelle *le bal*, aurait été comme la place publique. — Enfin une dernière opinion, que des savants plus profonds ont essayé d'accréditer, est que cet ensemble de pierres n'est autre chose qu'un immense temple sans toit et sans clôture, élevé au culte du serpent (*voy.* GNOSTIQUES, OPHITES). Ces savants donnent comme un signe symbolique de cette destination la ligne ondulée que la plupart des allées semblent tracer sur le plan. Ce qui ressort le plus clairement de ces diverses suppositions, c'est l'incertitude absolue où l'on est et où l'on sera éternellement, selon toute probabilité, sur les causes et les fins de cette agglomération mystérieuse de pierres, suffisantes pour construire une ville. — Tout le monde pouvant se faire une idée à peu près exacte d'une pierre grossière, à quatre faces naturelles, quelquefois aussi arrondie naturellement, plantée debout, variant en hauteur depuis celle d'un enfant jusqu'à celle de l'obélisque de Louqsor, nous nous bornerons à donner deux figures représentant, la première, un

FIGURES 1 ET 2.

menhir existant au Mans, où les superstitions dont il était l'objet décidèrent à le transporter dans un des angles de la façade occidentale de la cathédrale. C'est un énorme grès dont la configuration est remarquable en ce qu'elle offre, selon le peuple, l'image de draperies de différentes couleurs, retombant en ondulations et paraissant entourer un cercueil; des yeux moins prévenus n'y voient qu'une sorte d'imitation naturelle de ces congélations stratifiées que nous offrent, en hiver, certaines chutes d'eau arrêtées par le froid. — La seconde figure qui se voit près de Rennes, au lieu appelé le Champ dolent, n'est remarquable que par sa hauteur de plus de 7 mètres et par l'espèce de calvaire qui la surmonte. Ce calvaire annonce que ce menhir fut aussi jadis l'objet de pratiques ou de terreurs superstitieuses que l'Eglise entreprit de faire cesser en arborant à son sommet le signe révéré du christianisme; c'est par un moyen semblable qu'elle nous a conservé une foule de monuments de l'antiquité païenne. Parmi les menhirs les plus considérables, on doit citer celui de Kerlooz ou de Plouarzel (Finistère), qui s'élevait hors la terre à 13 mètres, réduit à 11 par le tonnerre. On voit au bord du Morbihan, près de Locmariaquer, quatre pierres couchées sur le sol, qui sont évidemment les fragments d'un ancien menhir gigantesque que la tradition du pays prétend avoir été renversé par la foudre, sans dire à quelle époque. Le plus gros de ces fragments a 8 mètres 50 centimètres de longueur, 2 mètres d'épaisseur et 4 mètres de largeur à sa base. La longueur des quatre morceaux réunis est de 20 mètres 10 centimètres. Cet énorme monolithe a dû être apporté de 3 lieues au moins, car on ne connaît point de banc de pierre de même nature plus rapproché. On en citait un plus colossal encore, de 25 mètres environ, qui existait dans le département de la Charente-Inférieure et qui a été renversé et scié pour faire de la pierre de taille. Les paysans de Carnac brisent de même les innombrables menhirs qui sont à leur portée pour réparer leurs moulins ou pour se former, au milieu de ceux demeurés sur pied, des enclos où ils cultivent quelques légumes, et l'administration permet, autre part, qu'on les concasse pour servir à l'empierrement des routes. — On a rencontré enfin quelques menhirs dont la partie supérieure était grossièrement arrondie; on ne sait si ce fut originairement, comme si l'on avait voulu ébaucher la forme de la tête d'une statue; c'est probablement ce qui a porté à croire à l'existence du menhir-idole, et cette

supposition a puisé un argument dans les anathèmes prononcés par des conciles contre le culte rendu aux pierres. Ce n'est pas ici le lieu de discuter cette question, qui nous paraît au moins fort hasardée, lorsque nous remarquons que les dolmens n'ont pas été l'objet de moins de superstitions que les menhirs; que les conciles ne parlent que des pierres en général; que, après l'extinction du druidisme, les pierres ont subi beaucoup de transformations; que les évêques ayant été jusqu'à faire tailler la sommité de quelques peulvans en croix, il est donc très-difficile de décider que les menhirs à tête (s'il en existe, nous n'en connaissons pas) soient de production primitive. Cependant, si les Germains adoraient, en effet, leur terrible Irminsul dans un tronc d'arbre dépouillé de ses branches, si la statue de la bonne déesse de Rome n'était qu'une pierre brute noirâtre, on peut bien admettre que les Gaulois étaient capables de personnifier quelqu'un de leurs dieux par un menhir de forme singulière, tel, par exemple, que celui du Mans (fig. 1re), ou portant quelque signe particulier comme celui de Plouarzel, qui fait voir sur deux de ses faces opposées une bosse ronde offrant assez bien la figure d'une mamelle de 10 à 12 centimètres de diamètre, taillée par la main de l'homme à 1 mètre environ du sol. Cet emblème de la nature, qu'on retrouve dans les monuments mythologiques de toutes les nations de l'antiquité, peut et doit avoir eu une signification religieuse. — Les pierres fichées, ou pierres-fiches, ou pierres-fites participent du menhir par leur position verticale et leur érection isolée; cependant elles semblent faire une classe à part; elles n'offrent plus le rudiment prismatique de

FIGURE 3.

l'obélisque; ce sont des pierres plates, carrées, dressées sur l'un de leurs côtés. La figure 3 représente celle qui existe encore près de Connerré, département de la Sarthe; elle a 12 pieds ½ de hauteur, 10 de largeur et seulement 2 d'épaisseur, et se distingue entre les autres monuments de ce genre par un trou qui la traverse et qui l'a fait nommer aussi *pierre percée*. Ce trou, par lequel on pourrait passer le bras, est-il accidentel ou fait à dessein, et dans quel but? Ces questions sont demeurées jusqu'ici sans réponse. L'opinion que cette ouverture pouvait avoir servi à marquer la méridienne, que la pierre n'était qu'une espèce de gnomon, est contredite par le défaut d'orientation et par l'impossibilité de faire passer un rayon du soleil par un conduit horizontal de 2 pieds de long si le soleil n'est lui-même sur l'horizon. Ces sortes de pierres ont donné leur nom à un assez grand nombre de localités en France. — Le *dolmen*, qu'on appelle aussi, dans le langage de quelques localités, *table* ou *pierre levée*, nous l'avons déjà dit, est toujours composé de trois pierres pour le moins; mais ces trois pierres ne sont pas toujours disposées dans le même ordre; quelquefois les deux pierres de support, au lieu d'être parallèlement opposées, sont dressées d'un même côté; alors la grande pierre de recouvrement, au lieu d'être soutenue en manière de table, a un de ses grands côtés reposant sur le sol, et sa position est inclinée comme un toit. La figure 4 représente un de ces monuments (existant aux environs de Chartres) qu'on est convenu de désigner sous le nom de *demi-dolmens*.

FIGURE 4.

Il est impossible de dire, on le comprend bien, si le demi-dolmen, qui ne se compose pas de moins de pierres que le dolmen simple, était, en effet, un monument incomplet et fait aussi dans un dessein quelconque, ou si l'on doit y voir seulement l'absence des moyens qui ont permis d'ériger ailleurs les dolmens qu'on pourrait appeler *réguliers*, explication qui tendrait à faire con-

sidérer le demi-dolmen comme étant le dolmen primitif, le premier pas fait par l'industrie de nos aïeux dans l'art de lever des pierres d'un gros volume. On trouve peu de dolmens réguliers composés seulement de trois pierres; ordinairement le nombre des pierres de soutenement est plus considérable, ainsi qu'on le voit par la fig. 5, repré-

FIGURE 5.

FIGURES 6 ET 7.

sentant le grand dolmen appelé *la table des marchands* et *la table de César*, à Locmariaquer. La grande pierre, la table proprement dite, qui a 5ᵐ,80 de long sur 4ᵐ,80 dans sa plus grande largeur, et moins de 1 mètre d'épaisseur, porte sur quatre pierres, et il est probable que les autres pierres qu'on voit à côté ne sont aussi que des supports renversés par le temps ou par les curieux. Peut-être le tout était-il fermé au moins sur trois côtés. Ce dolmen est très-bas, et l'on ne peut s'y introduire qu'avec difficulté; mais il en est de beaucoup plus élevés et de plus considérables: ceux-ci, selon leurs dispositions, prennent les noms d'*allées couvertes*, de *grottes*, et leurs formes varient ainsi que leur importance. — On cite une de ces grottes, située près de Candes (Indre-et-Loire), d'une dimension telle, quoique la grotte soit recouverte d'une seule pierre, qu'on a pu y établir un cellier et que des charrettes y peuvent entrer par une porte à deux vantaux maintenue par deux pieds-droits en maçonnerie élevés dans œuvre. *La roche aux fées* (fig. 8), de Bagneux, près Saumur, occupe aussi une place honorable parmi les *grottes*: sa largeur, prise extérieurement, est de 7 mètres, sa longueur de 19^m,30 ; la hauteur de la salle ou grotte quadrilatère qu'elle décrit est

Figure 8.

de 3 mètres. Nous citerons, parmi les *allées couvertes*, celles de l'île de Gavrinnis ou Gavrené, dans le Morbihan, et de Locmariaquer, ainsi que la roche aux fées d'Essé, près Rennes :

Figure 9.

la première (fig. 9) se compose de vingt-neuf pierres debout, disposées de manière à former une espèce de galerie, précédant une cellule carrée plus large (dans le rapport de 2^m,60 à 1^m,75) et plus élevée (dans le rapport de 1^m,80 à 1^m,40) que la galerie. Celle-ci est recouverte par neuf pierres, et la cellule par une seule, offrant une superficie intérieure de 10 mètres carrés. On ignore encore les dimensions en épaisseur de ces pierres, parce que tout le monument, qui paraît être une espèce de tombelle, quoiqu'on n'y ait trouvé ni ossements ni objets quelconques, est enseveli sous une butte assez considérable de terre et de cendres. — La seconde allée, celle de Locmariaquer, plus considérable encore, est un assemblage de quarante-quatre pierres, dont quatorze pour chaque côté, quatorze formant la couverture, une formant l'extrémité de l'allée, une autre placée parallèlement à celle-ci, c'est-à-dire en travers de la galerie et isolément, pour réserver au fond une très-petite cellule : le monument a 60 pieds de longueur. — Celui d'Essé offre une antichambre de 4^m,50 de long sur 2^m,10 de large ; par une ouverture ménagée au milieu, on passe dans une galerie de 9^m,50 sur 3^m,35, divisée en trois parties sur sa longueur, sur un de ses côtés seu-

lément. Au bout est une arrière-pièce ou sanctuaire de 3^m,71 sur 4^m,25, dont l'entrée est placée sur le côté, de manière à cacher ce qui se passe dans l'intérieur aux spectateurs demeurés dans le vestibule : la hauteur sous plafond du monument est de 2^m,10 ; il est recouvert par huit pierres et se compose en tout de quarante-deux. — Ces diverses dispositions dénotent de la manière la plus certaine la diversité des destinations des dolmens, mais ne jettent aucune lumière sur ce qu'elles ont pu être. Les sculptures, les peintures, les inscriptions, qui ont offert des ressources si précieuses pour l'explication des monuments, des antiquités égyptiennes, grecques et romaines, manquent ici absolument : quelques pièces néanmoins, nous l'avons dit plus haut, portent des signes grossièrement tracés à la pointe ou quelques figures en relief ; mais leurs formes barbares, sans relation avec les caractères des médailles appelées *gauloises*, les ont dérobés jusqu'ici à toute espèce d'interprétation. Quelques-uns, en effet, comme ceux de la fig. 10,

Figure 10.

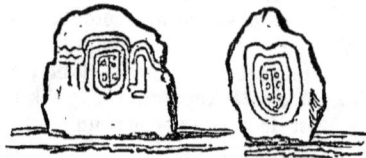

qu'on trouve dans la grande *allée couverte* de Locmariaquer, semblent annoncer, par leur régularité plus ou moins symétrique, qu'ils ne sont que de simples ornements ; d'autres, comme ceux de la fig. 7, représentant une des pierres debout de la table des marchands,

Figures 11 et 12.

et des fig. 11 et 12, choisies parmi les vingt pierres des dolmens de Gavrinnis, sur lesquelles on démêle de ces étranges sculptures, permettent également de douter si la main inhabile qui a tracé ces traits grossiers a voulu y attacher quelque sens. Au moins ne paraît-il pas qu'on puisse songer à y voir des caractères exprimant des sons : ce seraient donc tout au plus des signes symboliques, et ce qui pourrait porter à le penser, sans en donner la clef, c'est que, d'autre part, on trouve gravée sur la face inférieure de la table des marchands (fig. 6) la représentation non douteuse d'une hache, dont la partie tranchante donne assez bien l'idée de ces haches de silex, appelées *celtes* ou *kelts*, dont se servaient les Gaulois ; c'est que, au fond du dolmen de Gavrinnis, une autre pierre (fig. 13) laisse découvrir, parmi les

FIGURE 13.

traits capricieux en apparence dont elle est couverte, ceux d'une tête de vieillard barbu, à l'aspect farouche, telle qu'on aurait pu s'attendre à en trouver dans un semblable lieu. Ceux qui élevaient des dolmens savaient donc tracer, ou, pour le moins, avaient quelquefois l'intention de tracer des représentations. Ces sortes de gravures ou de sculptures sont fort rares, ce qui empêche d'arriver à quelque solution par le moyen des comparaisons. Les dolmens offrent encore d'autres singularités. Une des pierres de la grotte ou allée de Gavrinnis est percée, jusqu'à la profondeur de 15 centimètres, de trois trous correspondant entre eux par un refouillement, de manière que les deux séparations de ces trous forment des espèces d'anses non saillantes, dont l'usage ne se manifeste en aucune manière, ce qui n'a pas manqué de provoquer les commentaires les plus étranges. On a voulu que ces anses servissent, ce qui eût été matériellement impossible, vérification faite, à passer les bras de victimes immolées dans ce lieu ténébreux. Ailleurs, c'est la pierre de recouvrement du dolmen qui est creusée à la surface supérieure d'une es-

pèce de cuvette, d'où s'échappent des rigoles aboutissant souvent à des trous pratiqués dans la même surface. De là sont venues la présomption et, ensuite, l'affirmation que les dolmens furent des autels destinés à des sacrifices (humains, bien entendu ; le terrible sied toujours bien en pareille matière). Les cuvettes, alors, servaient à recevoir le sang de la victime, et les rigoles le conduisaient aux trous, qui le laissaient distiller dans l'intérieur du monument où il arrosait, en manière de satisfaction, les restes du héros qui y gisait; mais, si quelquefois ces cuvettes ont assez de profondeur, ainsi qu'on le voit sur un dolmen du département de l'Allier, pour qu'un homme puisse y entrer jusqu'à la ceinture, le plus généralement elles n'ont pas plus de 2 à 3 centim. de creux, et les trous, faits de main d'homme, traversent rarement la pierre. C'est ce que nous avons pu remarquer de nouveau sur les débris d'un dolmen découvert, il y a deux ans, dans l'avenue du château de Meudon. Toute la partie dramatique du système croule devant des faits si simples, et, d'ailleurs, s'il existe des *dolmens* gigantesques, il y en a aussi où la surface restreinte n'aurait pu permettre de semblables exécutions, tandis que, d'autre part, l'irrégularité des surfaces des autres, quand le recouvrement se compose de plusieurs pierres, est telle, qu'elle ne se prête pas davantage à la supposition.— Comme on trouve quelquefois des tables calcinées par le feu, on en a conclu que c'était là que se dressaient (on ne dit pas comment) ces fameuses mannes d'osier dans lesquelles les farouches druides livraient plusieurs victimes à la fois au plus horrible des supplices. Ici encore la possibilité nous paraît manquer complétement, et l'on reconnaîtra que deux mille ans ont dû fournir bien des occasions d'allumer du feu sur ces pierres abandonnées. — Les ossements et les objets funéraires trouvés dans plusieurs dolmens, au pied de plusieurs menhirs, ne laissent aucun doute sur l'usage qui en a été fait comme monuments sépulcraux; mais des auteurs prétendent que ce sont les Romains qui les ont ainsi convertis en sépultures. On s'est aussi demandé sérieusement, nous sommes fâché d'être obligé de le dire, si ces vastes grottes ne seraient pas ces écoles où les druides réunissaient leurs silencieux élèves pour les initier aux mystères et aux sciences dont ils étaient les dépositaires exclusifs. Ce sont sans doute les grottes de la Thébaïde qui ont conduit à de semblables suppositions, que l'aspect des monuments, des lieux, et leur situation topographique ne permettent pas même de discuter. Nous faisons grâce à nos lecteurs des autres systèmes plus ou moins ingénieux que chacun s'est efforcé de faire prévaloir, et dont aucun ne saurait être, dans l'état actuel des connaissances, fondé sur une base certaine.

Le *cromlech* n'a pas une histoire plus claire : il répond assez bien à l'idée d'un temple découvert, ayant son idole placée au centre. On dit qu'il y en a dont les pierres formant l'enceinte portent, à leur sommet, des trous destinés, en apparence, à recevoir des traverses de charpente, ce qui permet de supposer que, en certaines circonstances, on fermait l'enceinte avec des voiles ou des peaux pour cacher aux regards du peuple assemblé extérieurement ce qui s'y passait : il semble que, en effet, ce lieu a dû être redoutable. Ossian appelle la pierre centrale la *pierre du pouvoir* et en fait toujours un symbole ou un objet menaçant qui s'anime et *s'émeut* aux chants d'un vieux druide; ou bien l'*esprit de Loda* vient s'y placer sous la forme d'un fantôme qu'environnent la terreur et les feux, dont les yeux semblent des flammes, dont la voix est comme le roulement lointain du tonnerre, dont la main agite une lance énorme. Des traditions prétendent qu'on n'élevait les *cromlechs* que sur des lieux qui avaient été frappés de la foudre; c'était une sorte de consécration, qui disposait, d'ailleurs, merveilleusement les esprits superstitieux à la terreur dont les druides se plaisaient à environner leur culte. —Les seuls *cromlechs* dont on ait conservé la mémoire en France sont au nombre de deux : l'un, situé aux environs de Saumur, et appelé le *pierre de saint Julien*, est mentionné sur la carte de Cassini; l'autre se trouve dans les bois de Baugé, même département de Maine-et-Loire : nous doutons qu'ils existent encore. — Il ne faut pas confondre le *cromlech* avec le *témène*, qui en diffère sous plusieurs rapports, ainsi que nous l'avons fait remarquer. L'origine antique du *témène* semblerait devoir l'exclure d'un article sur les PIERRES CELTIQUES, si quelquefois il n'y avait pas union de ces deux sortes de monuments. Une note nous apprend qu'il existe (ou qu'il a existé) deux de ces enceintes quadrilatères sur une colline du côté de Montfabert, dans l'ancien pays angevin. La superficie de l'une est de 1 hectare et demi environ, celle de l'autre de 50 à 60 ares; toutes deux sont bordées de pierres de 60 centimètres à 1 mètre de hauteur. Onze menhirs et dolmens sont à côté; on ignore s'il y en avait davantage. — Le *lechaven* semble n'être

FIGURE 14.

qu'une sorte de témène dont on ne s'explique pas les dispositions particulières : il ne paraît pas avoir de pierre centrale; nous ne sachons pas qu'il en existe en France, mais on en voit beaucoup en Angleterre, notamment au lieu célèbre de *Stone-Henge*, le *Carnac* de la Grande-Bretagne, et qui fut évidemment un des foyers de druidisme.— Les *roulers* ou pierres tournantes ou branlantes sont rares aussi; il s'en trouve quelques-uns en France : on en cite un dans le département du Morbihan, près Pontivy ; un dans le département de Maine-et-Loire, aux environs de Beaupréau ; un enfin dans celui de la Sarthe, près de Volnay, connu sous le nom de *la pierre mobile*, se compose d'une pierre plate comme la table d'un dolmen posée sur une pierre debout et susceptible d'être mise en mouvement. La plus remarquable pierre tournante que nous connaissions est celle que nous reproduisons (fig. 14), et qu'on voit en Angleterre, où l'on donne à ces monuments les noms de *logan-stone* et *rocking stone*, équivalents à ceux de pierre mobile ou tournante. — Peut-être faut-il classer, parmi ces monuments singuliers, le *dolmen* de Livernon (département du Lot), appelé *pierre martine*, composé de trois pierres, dont la principale, qui a plus de 7 mètres de long et de 2 de largeur, sur une épaisseur de 60 centimètres environ, ce qui suppose un poids de 15 à 16,000 kil., est posée dans un si parfait équilibre sur la partie la plus saillante de deux pierres debout, qu'une légère pression exercée avec la main, suffit pour imprimer à cette masse un mouvement d'oscillation assez prolongé. Deux hommes font tourner, sans beaucoup d'efforts, le *logan-stone*, dessiné ici, quoiqu'il pèse 9 tonneaux (9,000 kilogr.) (le texte anglais dit *ninety tons*, ce qui donne 90 tonneaux [90,000 kil.], erreur évidente, d'après la dimension du bloc). — Si, comme on le suppose, à tort ou à raison, ces pierres étaient des monuments probatoires, on peut voir, du premier coup d'œil, tout le parti qu'une adroite imposture en pouvait tirer au bénéfice d'un accusé réduit à se justifier par des épreuves formidables pour qui n'était pas dans le secret. Croyons, une supposition de plus ne coûte rien, que nos ancêtres ne faisaient servir ces pieuses jongleries qu'au profit des innocents.—Ce qu'il y a de plus positif, c'est l'incroyable déploiement de forces et d'adresse qui était nécessaire pour l'érection de ces monuments gigantesques.

Si les explications manquent à nos savants sur les moyens employés pour obtenir ces étonnants résultats et sur le but ou l'usage de ces menhirs, de ces dolmens, de ces cromlechs, le peuple s'est chargé d'y suppléer; ce sont les fées, les sorcières, les gnomes, les lutins qui les ont élevés et qui les habitent encore. Dans les derniers temps du paganisme, les habitants des campagnes, non-

seulement attribuaient des vertus spécifiques à certaines de ces pierres, mais la superstition même les personnifiait, et aujourd'hui, en Bretagne, les paysans n'ont pas cessé de croire au grand *menhir qui va boire*, pendant une certaine nuit de l'année, au ruisseau voisin, laissant à découvert le trésor qu'il revient aussitôt cacher sous son large pied. Heureux l'audacieux qui aurait assez de dextérité pour aller l'enlever pendant la courte absence du géant de granit, au hasard de se faire broyer ; mais les conditions du succès sont si difficiles, qu'aucun téméraire n'a encore osé risquer l'aventure. La tradition des trésors cachés sous les vieilles pierres est comme un fait répandu par le monde; elle est un des auxiliaires les plus actifs du vandalisme qui fouille et renverse les tombeaux, et les pyramides d'Egypte ne sont, pour la crédulité orientale, que d'immenses coffres-forts où reposent toutes les richesses de Salomon, sous la garde des génies attachés à son sceau. — Les efforts de l'Eglise pour anéantir la superstition des vieilles pierres n'eurent qu'un demi-succès; si l'on ne leur fait plus d'offrandes ni de vœux, le peuple ne continue pas moins à penser qu'elles servent de retraite à une foule d'esprits malfaisants qu'il ne faut pas irriter, qu'il faut surtout se garder d'aller troubler dans les danses qu'ils exécutent à minuit, au clair de la lune, sur la bruyère environnante. Néanmoins les esprits forts commencent à s'essayer contre eux, même en basse Bretagne, et c'est à leur scepticisme cupide qu'on a dû déjà la disparition d'un grand nombre de ces monuments qui avaient échappé à tant de siècles. — Indépendamment des noms sous lesquels nous avons désigné les pierres celtiques, et qui sont les plus usités parmi les archéologues, elles en reçoivent un grand nombre d'autres suivant les localités, tels que la *haute borne*, la *pierre aux nains*, la *roche*, la *cuisine*, la *chaire du diable*, la *pierre de minuit*, la *grotte* ou *la roche aux mères*, les *pierres couvertes*, le *palet de Gargantua*, la *pierre de Brunehaut*, ou plutôt la *pierre Brunehaut*, etc. (*Voy.* PIERRES SACRÉES). J. P. SCHMIT.

PIERRES DEBOUT. (*Voy.* PIERRES CELTIQUES.)

PIERRES GRAVÉES. (*Voy.* GLYPTIQUE, CACHET, SCEAU.)

PIERRES LEVÉES. (*Voy.* PIERRES CELTIQUES.)

PIERRE PHILOSOPHALE (*scienc. oc-*

cult., *alch.*). La science hermétique avait un triple objet, but constant des recherches des adeptes : c'était 1° la pierre philosophale, 2° l'élixir de vie, 3° l'âme du monde. — On appelait *pierre philosophale* une substance mystérieuse à laquelle on supposait la vertu de transformer les métaux en or. La découverte de cette substance devait donc procurer à l'initié la richesse, le pouvoir, les plaisirs, tous les biens matériels dont l'or est le prix.—On appelait *élixir de vie* ou *élixir philosophal* une autre substance hypothétique, au moyen de laquelle on se flattait de pouvoir prévenir ou guérir toutes les infirmités, toutes les maladies du corps humain. Avec cette merveilleuse panacée, on vivait toujours jeune et toujours en état de jouir des biens dont la pierre philosophale devait assurer la possession. — Enfin on appelait *âme du monde* l'être spirituel qui, dans l'opinion des maîtres, présidait aux changements et aux métamorphoses de l'univers. Etait-ce Dieu même ou un esprit inférieur? on ne sait. Dans tous les cas, cette âme du monde avait sous ses ordres les anges, les démons, tous les principes ou, si l'on veut, tous les esprits de l'air, des eaux, de la terre et du feu. Dès qu'on était parvenu à se mettre en rapport avec elle, on vivait dans le commerce familier des puissances invisibles, et la nature ne vous cachait plus aucun secret. — Tels étaient, à l'origine, les trois mystères de l'*art sacré*, les trois degrés de l'initiation. Ils se lient entre eux d'une manière inséparable. En effet, la pierre philosophale est l'instrument qui nous donne toute puissance sur la matière, mais exclusivement sur la matière. Elle nous procure la richesse, rien de plus. Mais qu'est-ce que la richesse sans la santé? Personne n'eût voulu consumer sa vie à chercher le secret de faire de l'or pour mourir après l'avoir trouvé. Tous ceux qui étaient en quête de ce fameux secret ne devaient donc pas tarder à s'apercevoir de la vanité de leurs travaux s'ils ne parvenaient à trouver aussi un remède contre la vieillesse. Or l'élixir de vie, second mystère, second problème, second degré de l'initiation, devait, comme nous l'avons dit, permettre à l'homme d'exercer sur la matière organisée ou vivante le même empire que la pierre philosophale lui assurait sur la matière brute. Il effaçait les rides du visage, il rendait la vigueur aux membres affaiblis, il convertissait en adolescent le vieillard caduc, il lui restituait les grâces et l'amabilité de la jeunesse; en un mot,

sans l'élixir, l'adepte eût ressemblé à ce roi de Phrygie qui avait aussi le don de tout changer en or, mais qui, n'ayant que ce don-là, mourait de faim devant une table bien servie. La Fable dit qu'il transmuait en or jusqu'à ses aliments. Ce n'est là qu'une figure. La vérité est que Midas était usé, rassasié, blasé, et qu'il n'est pas de bonne table si l'on n'a de bonnes dents, ressource indispensable qu'il eût trouvée, avec bien d'autres, dans l'élixir de vie. Cependant les disciples d'Hermès, tout en soufflant leurs fourneaux, tout en mêlant, triturant, alambiquant les minéraux et les plantes, voyaient insensiblement blanchir leurs cheveux et leurs biens s'en aller en fumée. Ils soufflaient, soufflaient toujours; puis, de temps en temps, ils découvraient le creuset, débouchaient la cornue, impatients de juger des progrès de l'œuvre. Alors ils assistaient à ces étranges phénomènes si connus dans nos laboratoires. Il se dégageait des cornues des corps subtils, aériformes, qui les suffoquaient, qui les brûlaient, qui leur jouaient cent mauvais tours, qui s'enflammaient d'eux-mêmes et s'évanouissaient au bruit d'une détonation. Ils trouvaient dans leurs creusets des cendres, des alcalis, des cristaux de toute forme et de toute couleur; ils voyaient, avec plus ou moins de ravissement, ces mutations miraculeuses; mais d'élixir de vie, mais de pierre philosophale, point, pas de trace! tout était à recommencer sur de nouveaux frais. Par malheur, la mort approchait et déjà la misère était à la porte. — Cela mettait nos gens sur la voie d'un troisième secret, plus important que les deux premiers, je veux dire le secret de leur ignorance. C'est là, en effet, la dernière chose dont on s'aperçoive; mais à tout mal il y a un remède, et, s'il n'y en a pas à certains maux, si, du moins, la raison l'atteste, si l'expérience le démontre, l'espérance trouve aisément moyen de nous persuader le contraire. Les souffleurs désappointés, sentant pousser sur leurs tempes les oreilles de Midas, s'avisèrent donc de chercher un remède à leur ignorance. Ils crurent le trouver dans ce qu'ils appelaient l'*âme du monde*. C'était là le troisième et dernier degré de l'initiation. On cherchait l'âme du monde comme on avait d'abord *cherché* la pierre philosophale, puis l'élixir de vie, et elle devait opérer, dans la sphère intellectuelle, les mêmes prodiges que l'élixir dans la sphère des sens, que la pierre philosophale sur la matière inerte ; en d'autres ter-mes, elle devait changer nos ténèbres en lu-mière, nos tâtonnements en assurance, et d'un fou faire un sage. Cette métamorphose, comme on voit, n'était pas la moins merveil-leuse ; mais on était sûr d'y arriver, et il le fallait bien, puisqu'elle était indispensable, et qu'elle seule pouvait donner la clef des deux autres. Une fois uni à l'âme du monde, on avait pour serviteurs les démons et l'on commandait en maître aux éléments. Tirer l'or du caillou, extraire des plantes les sucs vivifiants et rajeunissants, tout cela n'était plus qu'un jeu ; en remuant le petit doigt, on allait remuer la nature entière. — Telle était la dernière et folle illusion dans laquelle se rejetaient, en désespoir de cause, les adeptes mystifiés : beaucoup la prenaient au sérieux ; quelques-uns y trouvaient un sens plus raisonnable, ils comprenaient qu'ils avaient commencé par où ils auraient dû finir, que ce n'est pas le tout d'avoir un but, qu'il faut encore savoir quel chemin y con-duit, et que, avant de songer à imiter la na-ture, il faut premièrement l'étudier. Alors et tandis que les premiers s'abîmaient en ex-tases afin de s'unir plus vite à l'âme du monde, ceux-ci, plus clairvoyants, mais imbus néan-moins des préjugés de leur époque, cher-chaient à découvrir, dans l'observation directe et dans les leçons des maîtres, les principes de la science. Ils tâchaient de pénétrer les sym-boles, les hiéroglyphes, les allégories sous lesquelles Hermès et ses disciples avaient en-veloppé la sagesse ; ils s'initiaient à la philo-sophie, à la magie, à la cabale, à l'astrologie, voyageaient, interrogeaient, écoutaient, cal-culaient la marche des étoiles, pensant que tout cela devait les mener un beau jour à la pierre philosophale et à l'élixir de vie ; mais tout cela ne les menait qu'au cimetière.

En somme, un chercheur de pierre philo-sophale cherchait ordinairement trois cho-ses à la fois, l'or, la santé et la science, et ces trois choses réunies étaient presque tou-jours sous-entendues dans un seul terme, principalement dans celui de *pierre philoso-phale*. — Nous voudrions donner au lecteur quelques idées claires sur ce sujet. Cela est malaisé ; autant vaudrait courir après la pierre philosophale que d'en faire l'histoire et de prétendre y mettre de la clarté. Si un pareil travail était possible, on le trouverait résumé, non dans cet article, mais dans les **cinquante-deux volumes** de cette *Encyclopé-*

die, car l'histoire de la pierre philosophale embrasse tout, excepté la pierre philosophale. C'est, à vrai dire, l'histoire de l'esprit hu-main à la recherche de l'inconnu ; voyage intéressant, plein de curieux épisodes, mais dont le but, la seule chose qui doive ici nous occuper, ne se montre jamais qu'au milieu des brouillards et disparaît, quand on en approche, comme l'île d'Ithaque aux regards d'Ulysse. Nous ne pouvons cependant nous dispenser d'en dire quelques mots. — Cette histoire nous paraît se diviser en trois épo-ques : la première époque comprend les temps antérieurs au christianisme. Nul doute, selon nous, que la pierre philosophale ne fût un des arcanes de la théurgie orientale. Elle est si conforme aux mythes moraux et reli-gieux de l'antique panthéisme, que la seule incertitude, à notre avis, consisterait à savoir si elle en découle, si elle en est la conclusion pratique ou si elle n'en est pas le germe gros-sier. En d'autres termes, est-ce en exploitant aveuglément la matière que l'homme a été conduit à observer les lois qui la régissent ? Dans ce cas, est-ce par voie d'induction qu'il a imaginé la loi de transformation ? A-t-il en-suite transporté cette imagination dans le domaine théologique, ou bien les rêves cos-mogoniques ont-ils été conçus de prime saut et ne doivent-ils rien à l'observation plus ou moins judicieuse du monde matériel ? Dans ce cas, la pierre philosophale n'en serait que la déduction, mais la déduction très-logique. Dans l'un et l'autre cas, on ne saurait douter, nous le répétons, qu'elle ne jouât son rôle dans l'initiation sacerdotale. — La seconde époque nous est un peu mieux connue ; elle se rattache à la première par les thaumaturges qui affluèrent à Rome après la conquête de l'Egypte et par les philosophes néo-platoni-ciens de l'école d'Alexandrie, qui, au IIe et au IIIe siècle de notre ère, enseignaient les mystères de l'*art sacré*. On trouve dans Por-phyre et Jamblique la théorie de l'extase, celle de l'âme du monde, celle des esprits, en un mot, toute la métaphysique des souf-fleurs. Au IVe siècle, les livres des adeptes deviennent plus explicites, en ce sens qu'il y est parlé, en termes positifs, de la trans-mutation des métaux, et comme d'une science mystique et traditionnelle. « Les *anciens*, dit « Olympiodore, ont l'habitude de cacher la « vérité sous le voile des allégories... Sachez « maintenant, amis qui cultivez l'art de faire « de l'or, qu'il faut préparer les sables con-

« venablement et suivant les *règles de l'art ;*
« sans cela, l'œuvre n'arrivera jamais à bonne
« fin. Les *anciens* donnent le nom de *sable*
« aux sept métaux, etc. » Voici maintenant
un fragment de Zosime, par lequel le philosophe *divin, comme on* l'appelait, termine
une longue et inintelligible allégorie : « Ne
« révèle rien de tout cela à d'autres; garde
« ces choses pour toi-même; le silence en-
« seigne la vertu. Il est très-beau de con-
« naître les transmutations des quatre mé-
« taux, et comment ils se changent en or
« parfait. — Prends du sel et arrose le sou-
« fre brillant; fais intervenir la fleur d'ai-
« rain..... Dans tout cela, tu dompteras le
« cuivre blanc, tu le distilleras et tu trouve-
« ras, après la troisième opération, un pro-
« duit qui donne naissance à l'or. » Selon le
savant M. Hœfer, à qui j'emprunte ces fragments, ce produit devrait être de l'acide sulfurique. Il s'ensuit que l'acide sulfurique serait la pierre philosophale, au moins dans
l'opinion de Zosime; mais il ne faut jamais
prendre à la lettre ce que disent les adeptes.
Chaque mot est détourné par eux de son sens
naturel ; chaque coterie a une clef à son
usage. On écrivait non pour être entendu,
mais pour faire l'entendu. Outre cette première difficulté, on rencontre, à chaque pas,
des allégories, des énigmes, des signes, de vrais
hiéroglyphes. C'est le galimatias à la plus haute
puissance. Tout cela cachait-il une science
vraie ou une profonde ignorance? L'un et
l'autre quelquefois, mais l'ignorance plus
souvent. — Voici un autre passage de Zosime qui montre le fond panthéistique de la
doctrine : « Le mystère que l'on cherche à
« découvrir est grand et divin, car *tout est de*
« *lui et par lui. Il y a deux natures et une*
« *seule substance... C'est le tout dans le tout;*
« *il a une vie et un esprit.* » Il parle du mercure et ajoute : Tout homme qui entend ce
mystère a de l'or et de l'argent. Sa puissance
« est cachée. » Suit dans le manuscrit une
figure astrologique dans laquelle sont inscrits
ces mots : « *La tout un, par lequel le tout; et*
« *par lui le tout; et en lui le tout.* » J'ai cru
devoir citer ces fragments comme une preuve
de la liaison entre les adeptes des IIIe et
IVe siècles et ceux des anciens sanctuaires.
Même doctrine, mêmes préjugés, même langage symbolique. J'ajoute, mais il serait fas-
tidieux d'entrer, à cet égard, dans de nouveaux détails, que l'initiation se pratiquait
dans les mêmes formes, avec les mêmes pré-

cautions, les mêmes serments, les mêmes
cérémonies superstitieuses. — Cette seconde
période, moins obscure que la première,
nous a laissé une multitude de traités sur la
transmutation. La seule liste de ces ouvrages
dépasserait les bornes de cet article. Du
reste, il en est un grand nombre d'apocryphes, tels que ceux qui sont attribués à Hermès et qui datent de cette seconde époque.
Il n'en est pas un dont l'auteur ne prétende
avoir trouvé la fameuse pierre philosophale.
En rapprochant tous ces dires, au lieu d'une,
on en a par douzaines. C'est le mercure, c'est
le cinabre, c'est le soufre, c'est l'arsenic,
c'est la cadmie, c'est *tout ce que tu voudras,*
expression familière aux adeptes, et qui cachait ou un mot connu d'eux ou quelque
triste ironie. Il faut rapporter à cette même
époque une prétendue *épître d'Isis, reine
d'Égypte, à son fils Horus*, et qui se termine
ainsi : « Va trouver l'agriculteur et demande-
« lui quelle est la semence et quelle est la
« moisson. Tu apprendras de lui que celui
« qui sème du blé moissonne du blé, que
« celui qui sème de l'orge moissonne de
« l'orge. Ces choses, mon fils, te conduiront
« à l'idée de la création et de la génération ;
« et rappelle-toi que l'homme engendre un
« homme, que le lion engendre un lion et le
« chien un chien ; c'est ainsi que l'or produit
« de l'or : *et voilà tout le mystère.* » — L'art
sacré et les adeptes disparurent au milieu du
chaos qui suivit les invasions des barbares.
Du Ve au IXe siècle, impossible d'en suivre
la trace ; cependant, s'il est des erreurs essentiellement passagères, il en est d'autres, et
ce sont les plus vieilles, qui ne mourront
guère qu'avec l'homme. La pierre philosophale est de ce nombre, car il y a encore
des souffleurs, et il y en aura tant que du-
reront ici-bas la soif de l'or, l'amour déréglé
des jouissances, la sotte crédulité, le charla-
tanisme qui l'exploite et une philosophie panthéiste pour justifier tout cela. On vit donc,
un beau jour, naître l'alchimie ; c'est le troisième âge de la pierre philosophale. Ce ne
fut pas, à proprement parler, une résurrection, non plus que l'apparition des thaumaturges des IIe et IIIe siècles ne fut vraiment
une naissance. Les mêmes secrets se trans-
mirent dans l'ombre par les mêmes moyens.
Nous ne répéterons pas ici ce qui a déjà été
dit à l'article ALCHIMIE. On sait que la pierre
philosophale fut le grand objet des recherches de tous les savants du moyen âge; ils

trouvèrent ainsi, chemin faisant, le médecine, la physique, la chimie, l'astronomie;
ils jetèrent du moins les fondements de presque toutes les sciences. Quant aux doctrines
primitives, quelques-uns les adoptèrent,
quelques autres les modifièrent : ainsi il est
curieux de voir certains adeptes chercher
naïvement dans l'Evangile des arguments en
faveur de la pierre philosophale, et, dans les
paraboles du Sauveur, le secret de la trans-
mutation. L'idée mère de la pierre philosophale, savoir, l'unité de substance de la matière jointe au principe de transformation,
cette idée si voisine du panthéisme qu'elle l'a
peut-être engendré, quoique, par elle-même,
elle n'ait rien d'hétérodoxe, cette idée, dis-
je, n'était plus entendue dans un sens aussi
absolu. Roger Bacon s'en défend. « Vouloir,
« dit-il, transformer une espèce dans une
« autre, faire de l'argent avec du plomb ou de
« l'or avec du cuivre, c'est aussi absurde que
« de prétendre créer quelque chose de rien.»
On regardait alors les métaux comme un mélange de soufre et de mercure; la différence
des proportions constituait la différence des
métaux; l'or était considéré comme le plus
parfait : c'était le chef-d'œuvre de la nature.
Il s'agissait de trouver la combinaison qui
l'avait produit. Mais tous les alchimistes n'é-
taient pas des Roger Bacon, et ce grand
homme lui-même n'était pas exempt des préjugés de l'astrologie et d'autres rêveries, héritage de l'Egypte. Divers articles biographi-
ques, répandus dans ce recueil, feront connaître les travaux, les déceptions, les folies,
les découvertes et les mensonges des alchimistes. Un grand nombre qui vivaient sur la
paille prétendaient avoir trouvé la pierre
philosophale; quelques-uns furent assez habiles pour s'enrichir, entre autres Nicolas
Flamel. Il connaissait non-seulement la trans-
mutation des métaux, mais l'élixir de vie, et
le bruit court qu'il vit encore avec sa femme
Pernelle dans je ne sais quel royaume du
Levant. Cagliostro et le comte de Saint-Germain sont les derniers adeptes qui aient joui
de quelque célébrité.

A part un petit nombre de souffleurs répandus en Europe, tout le monde aujour-
d'hui, savants et ignorants, rit de la *pierre philosophale*. Nous trouvons qu'on a grand tort :
c'est rire de notre propre misère. Sans doute
la pierre philosophale n'est, ne fut et ne sera
jamais qu'une hypothèse; mais, entre savants, c'est de la bonne monnaie; on s'en

contente tous les jours. L'hypothèse est la
mère toujours féconde de nos inventions et
de nos systèmes; et celle-ci, à l'examiner
d'un œil purement philosophique, n'est pas
plus invraisemblable que bien d'autres qui
ont cours à l'Académie; elle n'a même rien,
si je ne m'abuse, que contredisent absolument les sciences expérimentales. La chimie
ne nous enseigne qu'une chose, c'est à savoir comment les corps se forment et vivent
aux dépens les uns des autres. Nos chimistes,
à la vérité, croient qu'il existe dans la matière divers éléments simples dont les combinaisons enfantent toutes les variétés que
nous voyons : cela est possible, déjà les alchimistes l'avaient entrevu; mais cela cependant n'est pas certain. Ce qui nous paraît certain, c'est 1° l'impuissance où nous sommes
de décomposer certains corps que, par cette
raison, nous nommons *simples*, non qu'ils le
soient en effet, mais parce qu'ils nous paraissent tels; nous leur avons donné un nom
qui satisfait notre vanité, mais qui marque
la limite plutôt que l'étendue de nos connaissances, notre ignorance plutôt que notre
savoir. Ce qui nous paraît encore et plus fortement démontré, c'est 2° notre impuissance
absolue à recomposer, à l'aide des corps
simples ou prétendus tels, les corps organisés dans la composition desquels nous avons
constaté leur présence. — Toute la différence
entre la nouvelle théorie et l'ancienne est donc,
si nous pouvons parler ainsi, limitative plutôt qu'essentielle; elle résulte non de la con-
trariété des principes, mais de la restriction
des termes : il ne faut pas trop nous en glo-
rifier. Cela vient de l'expérience que nous
avons acquise que la nature oppose à la curiosité de l'homme des barrières infranchis-
sables, que la création a des mystères où
notre esprit va plus avant que nos yeux,
mais sans en voir le fond et sans en rapporter de notions certaines. En somme et sous
ce rapport, nous ne connaissons pas mieux
la vérité que les anciens ne la connaissaient;
mais nous connaissons mieux notre faiblesse.
Il a fallu de longs siècles pour nous en convaincre; la pierre philosophale n'y a pas peu
contribué : c'est le meilleur côté de la pierre
philosophale. AUG. CALLET.

PIERRES PRÉCIEUSES (comm.). —
Parmi les objets employés à la parure de
l'homme, à l'ornement de ce qu'il veut entourer du prestige du luxe ou des objets sur
lesquels il s'efforce d'attirer le respect, il faut

placer en première ligne les pierres précieuses ou *gemmes*. Ces pierres, qui ne se rencontrent que rarement et surtout sous un petit volume, attirent l'attention par leur éclat, charment par la beauté de leur couleur , étonnent par leur dureté et leur inaltérabilité. Toutes ces qualités et la difficulté du travail pour tailler les pierres et les mettre en œuvre ont toujours fait attacher un très-grand prix à leur possession, et l'histoire a conservé le nom d'un sénateur romain qui préféra subir l'exil plutôt que de céder à Marc-Antoine une très-belle opale. La valeur même de ces pierres leur a fait prêter une foule de propriétés extraordinaires. Bornons-nous à faire remarquer , comme preuve de l'ancienneté de leur emploi, que le grand prêtre , dans l'ancienne loi, en portait douze sur la poitrine : parmi ces douze pierres, Moïse n'avait pas mis le diamant; celui-ci était, selon saint Epiphane, porté par le grand prêtre seulement aux trois grandes fêtes de Pâques, de la Pentecôte et des Tabernacles. — Dans tous les temps, on a cherché des caractères certains pour reconnaître , parmi les pierres brillantes, celles qui réunissaient toutes les qualités constitutives des véritables gemmes, et ces caractères ont échappé, en grande partie, jusqu'au moment où la chimie, la cristallographie et la physique ont fourni des lumières positives à la minéralogie pour lui faire distinguer avec une certitude complète les différents minéraux , quelle que fût leur ressemblance apparente. Mais, d'une part, certains caractères empruntés à la chimie, et qui détruiraient ou altéreraient les substances qu'il faut apprécier, ne peuvent être à l'usage du commerce; d'autre part, certaines qualités que la science peut négliger ont une importance capitale quant à la beauté des gemmes et à leur prix , soit que ces qualités dépendent de la nature, comme la netteté de la pierre, la perfection de la couleur, etc., soit qu'elles proviennent de l'art, comme tout ce qui tient à la taille, etc. Nous avons donc pensé que , pour avoir une idée suffisante de la valeur intrinsèque des pierres précieuses, il était indispensable d'indiquer, en général, les propriétés physiques les plus saillantes que la science a reconnues dans les gemmes , les qualités purement commerciales qui constituent leur valeur, et celle résultant de la taille; renvoyant, pour l'analyse chimique et pour les détails, à l'article spécial de chaque pierre.

La taille, qui, en général, fait perdre à la pierre brute, et particulièrement au diamant, la moitié de son poids, suivant qu'elle est bien ou mal entendue, fait, en outre, perdre ou gagner considérablement à l'aspect, à l'éclat et au feu de cette pierre; elle peut donc lui ôter ou lui donner au delà ou en deçà de sa véritable valeur. Telle pierre à laquelle on aura laissé trop de poids vaudra moins , malgré la plus grande pesanteur , que si elle avait été plus diminuée : il suit de cette observation que ce n'est pas le poids seul qui doit déterminer la valeur d'une pierre, mais bien le poids comparé avec la grandeur. La forme la plus avantageuse à donner aux pierres étant exposée au mot LAPIDAIRE , nous nous bornerons à donner pour point de comparaison quelques exemples de l'étendue que doivent présenter des pierres bien proportionnées relativement à leur poids. Le tableau ci-dessous indique seulement le côté pour les brillants et les diamètres pour les roses, parce que l'épaisseur est ordinairement dans un rapport régulier avec la surface.

BRILLANTS BIEN PROPORTIONNÉS.		ROSES BIEN PROPORTIONNÉES.	
poids.	côté.	poids.	diamèt.
carats ou décigr.	millim.	carats ou décigr.	millim.
1 2	6	1 2	6,5
2 4	7	2 4	9
3 6	8,5	3 6	10
4 8	9,5	4 8	11
5 10	10	5 10	12
100 200	26	100 200	31

Qualités et défauts au point de vue commercial. — La pâte des gemmes doit être d'une homogénéité si parfaite que l'œil ne puisse y rien distinguer qui ne soit identique à la masse, la couleur franche, quelle que soit la teinte, l'éclat velouté, le poli et la forme parfaits : la transparence appartient à toutes les pierres fines. Toute tache, paille, veine, de quelque forme que ce soit, toute incertitude dans la couleur, tout défaut du poli ou de la forme, que la pierre soit cendreuse, veineuse, raboteuse, etc., diminuent, en proportion de leur importance, le prix d'une gemme : lorsqu'une pierre ne vaut pas la moitié du prix moyen de sa classe, il est rare qu'elle vaille la taille.

DISTRIBUTION DES PIERRES PRÉCIEUSES AVEC LEURS CARACTÈRES.

	ACCIDENTS DE LUMIÈRE.	PESANTEUR spécifique.	DURETÉ.	RÉFRACTION.	ÉLECTRICITÉ par LA CHALEUR.	PRIX.
PREMIER GENRE, *pierres incolores.*						
a. DIAMANT.	Éclat extrêmement vif, dit adamantin.	3,5	Raye tous les corps.	Simple.	Nulle.	Poids de 6 décigr. Brillant, 1,500 fr. Rose, 1,000 fr.
b. SAPHIR BLANC, variété du corindon hyalin.	Très-vif.	4	Raye fortement le cristal de roche.	Double faiblement.	Nulle.	300 fr.
c. TOPAZE DU BRÉSIL, variété de la topaze.	Très-vif.	3,55	Idem, mais moins que le spinelle.	Double moyennement.	Sensible dans celles de Sibérie et dans une partie de celles du Brésil.	100 fr.
d. CRISTAL DE ROCHE, variété du quartz hyalin.	Éclat du verre dit cristal.	2,65	Raye fortement le verre blanc.	Idem.	Nulle.	
e. FELDSPATH-ADULAIRE, variété de feldspath.	Éclat du quartz.	2,5	Raye le verre presque comme le quartz.			
DEUXIÈME GENRE, *pierres rouges, quelquefois avec mélange de violet.*						
a. RUBIS ORIENTAL, variété du corindon hyalin.	Rouge cramoisi, rouge girofflée ou cochenille, quelquefois reflets laiteux et toujours violet par transparence.	4,2	Raye fortement le cristal de roche.	Double faiblement.	Nulle.	1,200 fr.
b. RUBIS SPINELLE, variété du spinelle.	Rouge ponceau clair ou rouge de rose foncé, jamais de reflets laiteux, ni de violet par transparence.	3,7	Idem, moins que le corindon.	Simple.	Nulle.	600 fr.
c. RUBIS BALAIS, variété du spinelle.	Rouge rose ou de vinaigre, point de reflets laiteux.	Id.	Id.	Id.	Nulle.	300 fr.
d. RUBIS DU BRÉSIL, variété de la topaze.	Rouge de rose faible.	3,5	Idem, mais moins que le spinelle.	Double moyennement.	Sensible.	100 fr.
e. GRENAT SYRIEN, variété du grenat.	Rouge violet velouté.	4	Raye médiocrement le cristal de roche.	Simple.	Nulle. M	100 fr.
f. GRENAT DE BOHÊME, var. du grenat.	Rouge vineux mêlé d'orangé.	Id.	Idem.	Idem.	Idem. M	40 fr.
g. GRENAT DE CEYLAN, variété du grenat.	Idem.	Id.	Idem.	Idem.	Idem. M	20 fr.
h. TOURMALINE, sibérite.	Rouge pourpre aux États-Unis, rouge rose au Brésil, rouge violet en Sibérie.	3	Idem, faiblement.	Double moyennement.	Sensible. M	10 fr.
i. HYACINTHE DE CEYLAN, variété de zircon.	Rougeâtre.	4,4	Raye le verre difficilement.			
TROISIÈME GENRE, *pierres bleues.*						
a. SAPHIR ORIENTAL, variété du corindon.	Bleu barbeau, quelquefois reflets laiteux.	4,2	Raye fortement le cristal de roche.	Double faiblement.	Nulle.	Poids de 12 décig. 900 fr.
b. SAPHIR INDIGO, variété du corindon.	Bleu très-foncé.	Id.	Idem.	Idem.	Idem.	
c. BÉRYL ou AIGUE-MARINE, variété de l'émeraude.	Bleu de ciel clair.	2,7	Raye faiblement le cristal de roche.	Idem.	Idem.	160 fr.
d. TOURMALINE DES ÉTATS-UNIS, variété de la tourmaline.	Bleu clair.	3	Idem.	Double moyennement.	Sensible.	

Suite de la distribution des pierres précieuses.

	ACCIDENTS DE LUMIÈRE.	PESANTEUR spécifique.	DURETÉ.	RÉFRACTION.	ÉLECTRICITÉ par LA CHALEUR.	PRIX.

Suite du troisième genre.

e. SAPHIR D'EAU, variété du dichroïte.	Par réfraction, bleu violet ou jaune brunâtre, suivant le sens du rayon visuel.	3	Raye faiblement le cristal de roche.	Double faiblement.	Nulle.	Poids de 12 décig. 60 fr.
f. LAPIS ou lazulite.	Bleu plus ou moins vif.	2,7 à 3				
g. SAPARE ou disthène.	Bleu clair passant au bleu céleste avec reflets nacrés.		Raye le verre.		Sensible.	

QUATRIÈME GENRE, *pierres vertes.*

a. ÉMERAUDE ORIENTALE, variété du corindon.	Vert plus ou moins obscur.	4,2	Raye fortement le cristal de roche.	Double faible ment.	Nulle.	1,500 fr.
b. ÉMERAUDE DU PÉROU, variété de l'émeraude.	Vert pur.	2,8	Raye faiblement le cristal de roche	Idem.	Idem.	
c. ÉMERAUDE DU BRÉSIL ou des États-Unis, variété de la tourmaline.	Vert tirant sur l'obscur.	3	Idem.	Double.	Sensible.	450 fr.
d. CHRYSOPRASE ou PRASE, variété du quartz agate.	Vert-pomme ou vert blanchâtre.	2,6	Raye médiocrement le verre blanc.	Nulle.	Nulle.	Poids de 20 décigr. 100 fr.
e. HYACINTHE ou gemme du Vésuve, idocrase.	Vert foncé et vert jaunâtre, toujours un reflet noirâtre.	3 à 3,4	Raye le verre.	Double.		
f. CYMOPHANE.	Vert tirant sur le jaunâtre, relevé par un petit globule de lumière vacillant ou fixe.	3,8	Raye le quartz plus fort que la topaze.			
g. FLUOR ou prime d'émeraude, chaux fluatée.	Vert.	3,1	Raye le verre.		Phosphorescente par frottement et par chaleur.	
h. PIERRE DES AMAZONES ou prime d'émeraude, feldspath vert.	Vert clair, vert blanchâtre, vert-de-gris.	2,5				

CINQUIÈME GENRE, *pierres bleu verdâtre.*

a. AIGUE MARINE ORIENTALE, variété du corindon.	Éclat très-vif.	4	Raye le cristal de roche fortement.	Double faiblement.	Nulle.	600 fr.
b. AIGUE-MARINE DE SIBÉRIE, variété de l'émeraude.	Couleur peu intense, éclat vif.	2,6	Raye le cristal de roche faiblement.		Idem.	300 fr.

SIXIÈME GENRE, *pierres jaunes.*

a. TOPAZE ORIENTALE, variété du corindon.	Jaune-jonquille, jaune nuancé de verdâtre, éclat très-vif.	4	Raye le cristal de roche fortement.	Double faiblement.	Nulle.	Poids de 12 décig. 800 fr.
b. TOPAZE DU BRÉSIL, variété de la topaze.	Jaune f ce, jaune roussâtre.	3,5	Idem, mais moins que le spinelle.	Double moyennement.	Sensible.	120 fr.
c. AIGUE-MARINE-JONQUILLE ou émeraude miellée, variété de l'émeraude.	Jaune peu élevé.	2,6	Raye le cristal de roche faiblement.	Double faiblement.	Nulle.	100 fr.
d. JARGON DE CEYLAN, variété du zircon.	Jaune-souci, jaune faible, jaune grisâtre, éclat presque adamantin.	4,4	Idem, médiocrement.	Double à un très-haut degré.	Idem.	
e. TOPAZE OCCIDENTALE ou de Bohême, variété de quartz.	Jaune pâle ou jaune roussâtre.	2,65	Égal au quartz blanc.			
f. FAUSSE TOPAZE, variété de chaux fluatée.	....		Raye le verre.			

Suite de la distribution des pierres précieuses.

	ACCIDENTS DE LUMIÈRE.	PESANTEUR spécifique.	DURETÉ.	RÉFRACTION.	ÉLECTRICITÉ par LA CHALEUR.	PRIX.
SEPTIÈME GENRE, *pierres jaune verdâtre ou vert jaunâtre.*						
a. PÉRIDOT ORIEN-TAL, variété du corindon.	Vert jaunâtre.	4	Raye le cristal de roche fortement.	Double faiblement.	Nulle.	Poids de 12 décig. 200 fr.
b. CHRYSOBÉRIL ou CHRYSOLITHE ORIENTALE, variété de la cymophane.	Jaune verdâtre, quelquefois reflet blanc laiteux mêlé de bleuâtre, éclat très-vif.	3,8	Idem.	Double moyennement.	Idem.	200 fr.
c. BÉRIL ou AIGUE-MARINE-PÉRIDOT, variété de l'émeraude.	Jaune verdâtre ou vert jaunâtre, éclat vif.	2,6	Raye faiblement le cristal de roche	Idem.	Idem.	90 fr.
d. JARGON DE CEY-LAN, variété du zircon.	Jaune verdâtre, éclat presque adamantin.	4,4	Raye le cristal de roche médiocrement.	Double à un très-haut degré.	Idem.	
e. PÉRIDOT.	Vert jaunâtre.	3,4	Raye le verre blanc médiocrement.	Idem.	Nulle. M	50 fr.
f. PÉRIDOT DE CEY-LAN, variété de la tourmaline.	Jaune verdâtre.	3	Raye le cristal de roche faiblement.	Double.	Sensible.	
HUITIÈME GENRE, *pierres violettes.*						
a. AMÉTHYSTE ORIENTALE, variété du corindon.	Violet ordinairement, faible, mais éclatant.	4	Raye le cristal de roche fortement.	Double faiblement.	Nulle.	Poids de 20 décig. 300 fr.
b. AMÉTHYSTE, variété du quartz hyalin.	Celles de Sibérie et d'Espagne ont la couleur inégalement répandue, peu d'éclat.	2,7	Raye le verre fortement.	Double moyennement.	Idem.	50 fr.
c. FAUSSE AMÉTHYS-TE, variété de chaux fluatée.		3,1	Raye le verre.			
NEUVIÈME GENRE, *couleur mélangée de rouge aurore et brun.*						
a. HYACINTHE, variété de l'essonite.	Par réfraction, rouge ponceau si la pierre est loin de l'œil, et jaune pur si elle est très-près.	3,6	Raye le cristal de roche faiblement.	Simple.	Sensible. M	Poids de 12 décig. 120 fr.
b. VERMEILLE, variété du grenat.	Par réfraction, rouge ponceau si la pierre est loin de l'œil, et rouge faible si elle est très-près.	4,4	Idem.	Idem.	Sensible. M	90 fr.
c. HYACINTHE ZIR-CONIENNE, variété du zircon.	Rouge ponceau souvent fortement teinté de brun, éclat analogue à l'adamantin.	4,4	Idem.	Double très-fortement.	Nulle.	
d. TOURMALINE DE CEYLAN, variété de tourmaline.	Brun mêlé de rouge aurore.	3	Idem.	Double.	Sensible.	36 fr.
DIXIÈME GENRE, *pierres caractérisées par des reflets particuliers.*						
a. ASTÉRIE, corindon étoilé. Les reflets forment une étoile à six rayons.		4	Raye fortement le cristal de roche.	Nulle.	Nulle.	
1. Astérie rubis.	Fond rouge.					
2. Astérie saphir.	Fond bleu.					Prix de fantaisie.
3. Astérie topaze.	Fond jaune.					
b. OPALE, quartz résinite opalin à couleurs d'iris.						

Suite de la distribution des pierres précieuses.

	ACCIDENTS DE LUMIÈRE.	PESANTEUR spécifique.	DURETÉ.	RÉFRACTION.	ÉLECTRICITÉ par LA CHALEUR.	PRIX.
	Suite du dixième genre.					
1. Opale à flammes.	Fond laiteux, couleurs disposées par bandes parallèles.					À la grosseur d'un pois, l'opale vaut de 60 à 1000 fr., suivant la multiplicité des reflets et surtout suivant que le rouge domine.
2. Opale à paillettes.	Fond laiteux, couleurs distribuées par taches.	2,1	Raye le verre blanc légèrement.	Nulle.	Nulle.	
3. Opale jaune.	Fond jaunâtre.					
4. Opale noirâtre.	Reflets sombres, brillant comme un charbon près de s'éteindre.					
5. Opale vineuse.	Fond tirant sur le rouge.					
c. GIRASOL ORIENTAL, corindon girasol.	Fond savonneux, reflets jaunâtres et bleuâtres faibles.	4	Raye le cristal de roche fortement.	Double faiblement.	Idem.	
d. QUARTZ GIRASOL, quelquefois dit astérie.	Fond blanc bleuâtre, légèrement laiteux, aspect un peu gras, reflets rouges et bleus.	2,65	Raye le verre blanc fortement.		Idem.	
e. PIERRE DE LUNE ARGENTINE ou œil de poisson feldspath nacré.	Fond blanchâtre, reflets blanc nacré ou bleu céleste semblant flotter dans la pierre.	2,6	Raye le cristal de roche très-légèrement.	Nulle.	Idem.	Prix de fantaisie.
f. PIERRE DU SOLEIL ou aventurine orientale, feldspath aventurine.	Fond jaune d'or à points d'un jaune rougeâtre, éclat très-vif.	2,6	Idem.	Idem.	Idem.	
g. PIERRE DE LABRADOR, feldspath opalin.	Fond gris sombre, reflets bleus et verts, rarement aurores, jamais rouges, presque aussi brillants que ceux de l'opale.	Idem.	Idem.	Idem.	Idem.	
ONZIÈME GENRE, *pierres opaques de couleurs entre le bleu et le vert.*						
a. TURQUOISE DE LA VIEILLE ROCHE, turquoise pierreuse.	Bleu céleste, vert céladon; elle conserve le ton de sa couleur à la bougie.	2,4	Raye le verre blanc très-légèrement.	Nulle.	Nulle.	Poids de 6 décigr. 300 fr.
b. TURQUOISE DE LA NOUVELLE ROCHE, turquoise osseuse.	Bleu foncé, bleu clair ou vert bleuâtre, couleur s'altérant à la bougie.	3	Ne raye pas le verre.	Idem.	Idem.	150 fr.

Pour les qualités physiques, reconnues par la science, nous avons dressé le tableau ci-dessus. Ce tableau, en partie emprunté à Haüy, classe les pierres suivant leur couleur et donne, à la suite du nom usité parmi les joailliers le nom minéralogique : il n'a pas besoin d'explication, sauf pour la colonne intitulée *électricité par la chaleur.* La lettre M, qui se rencontre en face de quelques substances, indique qu'elles ont une action sur l'aiguille aimantée. On trouve aussi, en face du fluor, qu'il est phosphorescent : cette mention, qui ne paraît qu'une seule fois, ne pouvait motiver une colonne. La colonne du prix a pour but de donner une idée de la valeur relative des différentes pierres; cependant il faut remarquer que cette valeur relative peut varier suivant les temps et les lieux. Il en est de même de celle des pierres elles-mêmes, suivant la mode ou d'autres circonstances : c'est ainsi que, en Angleterre, en 1733, lors d'une importation considérable de diamants du Brésil, le diamant véritable baissa de 50 francs, le double décigramme, à 25 francs : le double décigramme équivalant au carat qui servait autrefois à peser les pierres précieuses. La méthode la plus généralement admise pour estimer le prix des pierres précieuses et surtout celui du diamant et des gemmes qui en approchent le plus est de faire le carré du poids de la pierre et de multiplier ce produit par le prix attribué à l'unité de poids des pierres de même qualité; si le prix connu était celui de la pierre brute, il faudrait le doubler pour avoir celui de la pierre taillée. On doit faire, dans ce calcul, abstraction de la dépense de la taille, puisque cette dépense ne suit pas la même progression : en effet, si, pour tailler un brillant bien proportionné, il faut payer, pour le poids de 2 décigrammes, 55 francs, il n'en coûterait que 34 pour 8 décigrammes.

Plusieurs pierres précieuses peuvent être modifiées dans leur couleur par l'emploi du feu; les unes prennent une nuance plus intense, d'autres se décolorent. Indépendamment de ces modifications, connues de toute antiquité, on parvient à faire des imitations dont l'éclat surpasse souvent celui des pierres naturelles; mais ce qu'on n'a pu obtenir, c'est la dureté et la persistance du poli. (*Voy.* le mot STRASS.)

PIERRES SACRÉES (*archéol.*).— Nous comprendrons, sous ce titre, toutes les pierres *vénérées* par nos pères, ou *adorées* par les païens; nous diviserons ces pierres en plusieurs catégories : 1° les *pierres commémoratives;* 2° les *pierres* ou *autels de sacrifice;* 3° les *pierres de témoignages;* 4° les *pierres sépulcrales;* 5° les *pierres de limites.* Nous réunirons enfin dans une dernière division, que nous désignerons sous le simple titre de *pierres*, toutes celles qui, sous différents noms et à différents titres, ont obtenu la vénération et le respect des peuples.

PIERRES COMMÉMORATIVES. — L'usage d'élever des pierres en signe de souvenir remonte à la plus haute antiquité, et se retrouve chez tous les peuples anciens et modernes. On comprend facilement que dans les temps anciens, où l'écriture cursive était ignorée, les monuments tenaient lieu d'inscription et rappelaient à la mémoire les choses importantes, les événements extraordinaires. Jacob, allant en Mésopotamie vers Padan-Aram, fait un songe, et, pour en perpétuer le souvenir, il prend la pierre contre laquelle il est couché, l'érige comme monument, et la sanctifie en y répandant de l'huile (*Genèse*, XXVIII, 18). C'est de cette pierre, dit Clément d'Alexandrie, que les païens prirent la coutume de répandre de l'huile sur certaines pierres qu'ils adoraient, et auxquelles ils rendaient un culte religieux (CLÉMENT D'ALEX., *Stromat.*, VII). Moïse ordonne à son peuple d'élever, sur le mont Hébal, après le passage du Jourdain, de grandes pierres, de les blanchir avec la chaux pour y inscrire les paroles de la loi (*Deutér.*,

XXVII). Jacob en revenant chez son père, par l'ordre de Dieu, fait paix et alliance avec Laban qui le poursuivait; il dresse alors une pierre commémorative (*Genèse*, XXXI, 45, 46). Josué fait enlever du lit du Jourdain, par chacune des tribus, douze pierres, et les fait dresser au lieu où il campe. « *Si, dans l'avenir, vos enfants vous demandaient ce que veulent dire ces pierres, vous leur répondrez : Les eaux du Jourdain se sont séchées devant l'arche..... C'est pourquoi ces pierres ont été mises en ce lieu pour servir aux enfants d'Israël d'un monument éternel* (JOSUÉ, IV, 5, 6). » On rencontrait, au dire de Strabon, de ces sortes de pierres en Egypte : elles sont, dit-il, élevées, rondes et presque de figure cylindrique; elles sont noires et dures; elles sont posées debout sur une plus large pierre qui leur sert comme de base, et surmontée d'une plus petite; quelques-unes sont seules et isolées (STRABON, XVII). On en voyait également sur le Liban. Les Syriens et les Egyptiens avaient pour ces pierres un respect qui allait jusqu'à l'adoration. Apulée nous apprend qu'on les baisait, qu'on les saluait, qu'on les oignait d'huile; c'est sans doute ce culte que Moïse voulut interdire à son peuple quand il défend aux Hébreux d'ériger sur leurs champs des pierres élevées et remarquables pour les adorer. Le sens du mot hébreu, que nous rendons ici par *élevées*, peut être traduit également par *pierre de vue, qu'on voit de loin.* Sésostris érige des pierres sur tous les pays conquis par lui. Tavernier, dans ses *Voyages* dans l'Inde, parle d'une pierre dressée, de 35 pieds de haut. Il en existait plusieurs à Persépolis; il y a encore, en Syrie, deux monuments fort remarquables de cette espèce : l'un ressemble à une grande tour, et ne consiste cependant qu'en une grosse pierre qui forme piédestal surmonté d'une immense pierre cylindrique. — L'usage de dresser des pierres, comme souvenir, a été retrouvé par le capitaine Cook et lord Anson, dans les îles de la mer du Sud et dans l'île de Tinian. Hawkesworth écrit que dans l'île de Son ou Saon on élevait une pierre à l'avénement de chaque roi, et qu'une assemblée générale avait lieu, à sa mort, près de cette même pierre (HAWKESWORTH'S *Voyages*, VIII). Quand les Indiens de la Virginie faisaient un traité de paix, ils enterraient un casse-tête et élevaient un monticule de pierre en souvenir de cet événement.— Ces pierres se sont enrichies plus tard de tous les ornements qu'ont pu leur fournir le progrès des beaux-arts, et ont été converties en obélisques surchargés d'hiéroglyphes, en pyramides monstrueuses, en élégantes colonnes plus ou moins hautes, et plus ou moins chargées de sculptures. La France est parsemée de pierres commémoratives; la Bretagne et la Normandie offrent surtout l'étonnant assemblage de pierres dites celtiques (voy. PIERRES CELTIQUES).—Les pierres commémoratives servaient encore de point de réunion. L'usage des chefs de monter sur une pierre ou de se placer près d'elle est fort ancien; quand Abimelech fut élevé à la dignité royale, il fut fait roi près de la pierre commémorative qui était à Sichem (Juges, IX, 6); c'était la même grande pierre qui avait été élevée par Josué sous un chêne. — Lorsque Adonijah fut choisi avec l'assistance de Joab et d'Abiathar, pour être élevé au trône, il rassembla ses frères et ses amis près de la pierre de Zoheleth (I, Reg. I, 9). Fehoash reprenant la couronne est placé également près d'une pierre commémorative entourée par les princes (II, Reg., XIV, 17). Homère, dans la description du bouclier d'Achille, représente les vieux de la nation assis en rond sur des pierres (HOM., Iliad., XVIII). Alcinoüs assemble le conseil des anciens et des sénateurs sur le bord de la mer; tous sont assis sur d'énormes pierres (HOM., Odys., VIII). On rencontre dans presque tous les pays de semblables places de rassemblement. Chardin dit que, entre Taures et Sultanée, en Médie, on trouve de grands cercles composés d'énormes pierres brutes; on raconte qu'elles furent placées en ce lieu par les Caous, anciens géants persans, leur usage étant, dit-on, que chaque chef entrant au conseil devait apporter une semblable pierre pour lui servir de siége; il est probable que les cirques et les forums tirent leur origine de ces places de rassemblement.

PIERRES OU AUTELS DE SACRIFICES.— Les pierres employées par les Hébreux comme autels sont brutes; elles étaient regardées comme plus propres aux usages sacrés. « Vous dresserez au Seigneur votre Dieu, dit Moïse, un autel de pierre où le fer n'aura pas touché, » c'est-à-dire brute et non polie (Exod., 20, 25; — Deutér., XXVII, 5, 6). L'autel du temple de Jérusalem que l'on éleva au retour de la captivité était en pierre brute (I, ESDR., V, 8); il en fut de même pour celui que Judas Machabée rétablit après la profanation

d'Antiochus Epiphane (I, Mac., IV, 46, 47), pour rendre grâce à Dieu de son apparition, Jacob dresse une pierre, il y offre du vin et y répand de l'huile (Gen., XXXV, 14, 15); Moïse, après avoir rassemblé toutes les lois du Seigneur, se lève de grand matin, dresse un autel au pied de la montagne, et l'entoure de douze pierres, égales en nombre aux tribus d'Israël (Genèse, XXIV, 4, 5, 6). — Les pierres de sacrifices étaient presque toujours dressées près d'une pierre commémorative : auprès de Bethel et de Mizpeh, où furent dressées des pierres de sacrifices, l'une par Jacob (Gen., XXXV, 7, 14), quand il revint de Sichem, et l'autre par Samuel (SAMUEL, VII, 9), nous voyons qu'il existait des pierres commémoratives, l'une érigée par Jacob, dans son voyage en Mésopotamie, et l'autre par Samuel, après la victoire obtenue par les Israélites sur les Philistins. A Gilgal, où Saül et Samuel élèvent une pierre sur laquelle ils offrent des sacrifices, se trouvent, tout près, les douze pierres dressées en souvenance du passage du Jourdain.

PIERRES DE TÉMOIGNAGES. — On nommait ainsi un amas de pierres rassemblées au pied de la pierre commémorative, et quelquefois une seule pierre remplissait le double office. Jacob, après avoir élevé une pierre comme souvenir de la paix et de l'alliance contractées avec Laban, dit à ses frères : « Apportez des pierres. » En ayant ramassé plusieurs ensemble, ils en firent un lieu élevé : Laban le nomma le monceau du témoin, et Jacob, le monceau de pierres du témoignage (Genèse, XXXI, 14, 15). Après avoir écrit à Sichem ses préceptes et ses lois, il les délivra à son peuple; il prit ensuite une très-grande pierre, qu'il mit sous un chêne qui était dans le sanctuaire du Seigneur, et il dit : Cette pierre servira de souvenir et de témoignage qu'elle a entendu toutes les paroles que le Seigneur nous a dites (JOSUÉ, XXIV, 26, 27).

PIERRES SÉPULCRALES. — Quand Rachel meurt pendant le voyage de Bethel à Ephrath, elle est enterrée à Bethléem, et Jacob place une pierre sur l'endroit où repose son corps (Genèse, XXXV, 19, 20). Les annotateurs hébraïques de la Bible prétendent que l'endroit où fut déposée l'arche du Seigneur était la pierre sépulcrale d'Abel, grande pierre, disent-ils, élevée par des mains humaines. Quand Ilus, fils de Dardanus, ancien roi troyen, fut enterré dans la plaine qui entoure la ville de Troie, une large pierre fut placée sur le lieu de sa sépulture (Hom., Iliad., xi). Selon Plutarque, il y avait également une pierre sur la tombe d'Achille, où avaient déjà été déposées les cendres de Patrocle. Alexandre le Grand, selon le même auteur, visitant les ruines de Troie, s'arrêta au tombeau d'Achille, et répandit de l'huile sur la pierre qui le recouvre. Des pierres furent placées sur les cendres d'Hector et sur celles d'Elpenor (Hom., Odys., xii). Cet usage s'est perpétué, d'âge en âge, jusqu'à nous. — On amassait aussi quelquefois des tas de pierres sur les sépultures des personnes odieuses : on en agit ainsi à l'égard d'Hai (Josué, viii, 29), d'Absalon (II, Reg., xviii, 17), d'Achan (Josué, vii, 24, 25) (voy. Tumulus). — Les Israélites modernes déposent une pierre sur une tombe toutes les fois qu'ils vont la visiter.

Pierres de limites.— Ces pierres étaient sacrées ; elles servaient de démarcation aux propriétés : leur usage est établi par la loi de Dieu : Maudit celui qui change les bornes de l'héritage de son voisin, et tout le peuple répondra Amen (Deutéron., xxxvii, 17). On plaçait dans les champs une grosse pierre et l'on ajoutait au pied un amas d'autres pierres qui servaient de témoignage. Cette manière de borner les limites contestées des héritages est encore en usage dans beaucoup de parties de la France : les deux propriétaires voisins, ainsi que leurs arbitres, enterrent chacun une petite pierre avec la borne servant de limite; ces pierres, nommées les témoins, servent souvent à prouver, par leur absence ou par leur position, si la borne a été changée de place. On lit dans Homère que Minerve lança à la tête de Mars une pierre qui reposait dans les champs : elle etait, dit-il, noire, ronde et pesante, et de celles que les hommes plaçaient comme limites de leurs propriétés (Hom., Iliad., xxi). Plus tard les païens changèrent le respect que l'on avait pour ces pierres en adoration, et ils honorèrent d'un culte ces bornes-limites; ils en firent les dieux Termes, représentés par des pierres carrées. — Les colonnes d'Hercule, que l'on a confondues, plus tard, avec deux montagnes situées d'un côté et d'autre du détroit de Gibraltar, étaient des pierres servant de limites et commémoratives de ses voyages de ce côté; car Quintus Curtius déclare positivement que des colonnes avaient été réellement élevées à Cadix en Espagne, et le souvenir s'en est perpétué par une ancienne médaille tyrienne repré-

sentant deux pierres dressées, avec une figure d'Hercule entre elles (Stukely's Stonehenge). Pline et Solinus affirment que ces colonnes, ou, pour mieux dire, ces piliers, furent élevés pour indiquer les limites de ses excursions dans l'ouest; il a dû également en exister de semblables pour marquer les bornes de ses courses dans l'Est. Festus Avienus parle de semblables piliers ou pierres dressées par Bacchus.

Pierres. — Les anciens Phéniciens adoraient certaines pierres qu'ils appelaient béthulées : ces pierres étaient consacrées au culte divin (Eusèb., propos., i, 10). Sanchoniathon en donne l'invention au dieu Cœlus; on leur attribuait, dit-il, des oracles, et on croyait qu'elles recevaient une certaine animation de la présence de quelque déité ou de quelque génie. Quelques-unes de ces béthulées étaient consacrées à Saturne ou au soleil, comme celle qui était à Emèse dont Héliogabale était grand prêtre, etc., etc. Hesychius dit que les poëtes nomment béthule la pierre que Saturne dévora à la place de Jupiter. Dom Calmet trouvant une certaine analogie entre ces béthules ou bétules et Bethel, le lieu où Jacob éleva et oignit une pierre en mémoire du vrai Dieu, croit que les Phéniciens donnèrent à leurs pierres le nom de l'endroit où Jacob éleva la première. (Dom Calm., Dict. bibl., iv.) Les mahométans disent que cette pierre de Jacob fut transportée dans le temple de Salomon et qu'on la conserve encore à présent dans la mosquée de Jérusalem, à l'endroit où l'on croit qu'était autrefois le temple. Ils appellent cette pierre sakra ou pierre de l'onction. Le cadi Gimaleddin, fils de Vassel, écrit qu'en passant à Jérusalem pour aller en Egypte il vit des prêtres chrétiens qui portaient des fioles de verre pleines de vin sur cette pierre, près de laquelle les musulmans avaient bâti leur mosquée, qu'ils nomment pour cette raison le temple de la pierre. Ce vin était, sans doute, destiné au sacrifice de la messe. (Herbelot, Biblioth. orient.) — Les musulmans appellent hagiar al assovad une pierre noire qui se trouve attachée à un des piliers du portique du temple à la Mecque. On ignore son origine. Abdallah, fils de Zobaïr, la fit transporter de ce lieu dans le sanctuaire, mais Hégiage la fit remettre à sa première place. Les Carmalthes, après avoir pillé la Mecque sous le califat de Moctader, enlevèrent cette pierre. On leur offrit 5,000 dinars d'or pour sa rançon, mais ils refusèrent et gardèrent l'*hagiar al assoad* pendant vingt-deux ans, c'est-à-dire depuis l'an 317 de l'hégire jusqu'en 339 qu'ils la rapportèrent à Couffah, sous le califat de Mothi. Pour s'attirer une grande vénération et forcer les musulmans à s'agenouiller en leur présence, ils firent enchâsser un morceau de cette pierre sacrée dans le seuil de la porte de leur palais.

Les pierres ont été adorées par les peuples anciens; les Hébreux eux-mêmes avaient du penchant pour le culte des pierres et pour les pratiques superstitieuses qui s'y rattachent, puisque Moïse leur défendait de les adorer. *Nec insignem lapidem ponetis in terra vestra ut adoretis eum* (*Lév.*, XXVI, 1). Les saints personnages ont élevé des pierres dans les endroits où l'Eternel s'est révélé à eux, soit par sa présence, soit par une faveur insigne; mais les gentils, sans aucune raison, ont érigé des pierres dans tous les lieux, et ils n'y ont été conduits que par la plus absurde superstition. Arnobe avoue qu'il était tombé lui-même dans ce genre d'idolâtrie avant qu'il eût embrassé le christianisme. *Si quando conspexeram lubricatum lapidem, et exolevi unguine lubricatum, tanquam inesset vis præsens, adulabar, affabar* (ARNOB. *contra gent.*, I.) — Les pierres ont été, en France, l'objet d'un culte superstitieux longtemps après l'introduction du christianisme, aussi bien que les arbres et les fontaines. « Si des « infidèles, dit un canon du concile d'Arles, « tenu vers 452, allument des flambeaux ou « révèrent des arbres, des *pierres* ou des « fontaines, et que l'évêque néglige d'abo- « lir cet usage dans son diocèse, il doit sa- « voir qu'il est coupable d'un sacrilége. » Le vingt-deuxième canon du concile tenu à Tours en 567 enjoint aux pasteurs « de « chasser de l'Eglise tous ceux qu'ils verront « faire, *devant certaines pierres*, des choses « qui n'ont pas de rapport aux cérémonies « de l'Eglise et ceux qui gardent les obser- « vances des gentils. » Plusieurs autres conciles se prononcent à peu près de la même manière contre l'adoration des pierres; et celui de Nantes, dans le VIIe siècle, ordonne d'enfouir *ces pierres profondément pour qu'elles ne puissent jamais être retrouvées.* Malgré toutes ces recommandations, les mêmes abus existaient encore au IXe siècle, ainsi que le prouvent les Capitulaires de Charlemagne.

On trouve indiqués dans la Bible plusieurs pierres ou rochers remarquables dont nous croyons devoir donner l'indication.— *Pierre de séparation*, rocher ou colline situé dans le désert de Maon, qui était une partie de la tribu de Juda. David s'y était retiré lorsque Saül le poursuivait. — *Pierre du désert*, rocher de Pétra fort escarpé, du sommet duquel les Juifs précipitèrent 10,000 Iduméens après la victoire d'Amasias (II, *Paral.*, XXV, 11 et 12).—*Pierre de division :* c'est le rocher où David et ses gens étant assiégés par Saül, ce prince fut obligé de lever le siége pour aller s'opposer à une irruption des Philistins (I, *Reg.*, XXIII, 28, etc.). — La *pierre d'Ethan*, rocher dans lequel Samson resta caché pendant qu'il faisait la guerre aux Philistins (*Judic.*, XV, 8).—La *pierre d'Oreb*, rocher sur lequel Gédéon fit mourir Oreb, prince de Madian (*Judic.*, VII, 25). — La *pierre d'Odolam*, rocher où il y avait une caverne dans laquelle David se retira (I, *Paral.*, XI, 15). — La *pierre d'Ezel* ou rocher près duquel David devait aller attendre la réponse de son ami Jonathas (I, *Reg.*, XX, 19).— La *pierre du secours*, lieu où les Israélites taillèrent en pièces les Philistins (I, *Reg.*, VII, 12).—La *pierre angulaire*, celle que l'on met à l'angle du bâtiment ou qui sert de clef à une voûte. Jésus-Christ est la *pierre angulaire* rejetée par les Juifs et devenue le fondement de l'Eglise qui réunit la synagogue dans l'unité d'une même foi (*Psalm.* 117, 22; — *Act.*, IV, 11 ; — *Ephes.*, II, 20 ; — I, *Petr.*, II, 6). — La *pierre de Zohaleth* était celle qui, selon les rabbins, servait à éprouver la force des jeunes gens en la levant, la roulant ou la jetant (III, *Reg.*, I, 9 ; — *Zach.*, XII, 3). Les Hébreux donnaient quelquefois le nom de *pierre* aux rois et aux princes, à Joseph, en Egypte, par exemple, qui devint la *pierre d'Israël* (*Genès.*, XLIX, 24); ils le donnent également aux poids dont ils se servaient dans le commerce (*Levit.*, XIX, 36;— *Deut.*, XXV, 13). *Pierre de Jacob :* c'est celle qui servit de chevet à ce patriarche lors du songe mystérieux rapporté au vingt-huitième chapitre de la *Genèse.* — On a appelé *pierre de paix*, au moyen âge, un marbre ou une pierre qu'il était dans l'usage de présenter à baiser aux fidèles au lieu de la patène. — On nomme *pierre d'autel* une pierre consacrée par l'évêque sur le monument où doit se dire la messe. Sans cette pierre, il n'y a pas d'autel possible. AD. V. PONTÉCOULANT.

PIERRE (*accept. div.*).— Dans le moyen âge, on appelait *pierre* une mesure pour les grains ; sa capacité est ignorée : on disait une *perrée* aussi bien qu'une *pierre*. Elle a été plus généralement employée comme mesure de pesanteur, qui variait suivant les pays. On trouve dans les anciennes lois anglaises la *pierre* de plomb de 12 livres, de chacune 15 onces ; le sac de laine de 26 pierres, chacune de 14 livres ; la pierre de cire de 12 livres, et celle pour peser tous autres objets, de 15 livres. Une charte du roi Philippe, de l'an 1288, dit : « Pour chaque sac de laine contenant un poids de 22 pierres de Provins. » Cette même pierre pesait, en 1578, 7 pesons ½ ou 14 ½ petites livres de Provins. — Dans un registre des péages de Paris, on trouve : « Laine qui vient d'Angleterre ; le vendeur doit, pour chascun sac vendu, 18 deniers, et, s'il poise 36 pierres au poids de 9 livres la pierre, » etc. Au xv° siècle, on rencontre : « Certaine quantité de cire, que l'on nomme une *pierre*, pesant 13 livres..., une pierre de cire pesant 6 livres. » On disait aussi *perrée*. Le mot *pierre* s'employait encore dans le sens de droit perçu pour le pesage public.—La *pierre* est restée comme mesure de poids à Anvers, où elle est de 8 livres, qui en valent 7 de France ou 3 kilog. 43. A Hambourg, elle a 10 livres, valant 9 livres 12 onces 6 gros et un peu plus, soit 4 kilog. 8 ; à Lubeck, elle est aussi de 10 livres, mais qui ne valent que 9 livres 8 onces 3 gros ou 4 kilog. 662. A Dantzick et à Revel, il y a la petite et la grosse pierre : la première vaut 24 livres ou 21 livres 5 onces 5 gros de France, c'est-à-dire 10 kilog. 452 ; la seconde vaut 34 livres ou 30 livres 4 onces 1 gros, aujourd'hui 14 kilog. 811. A Stettin, il y a aussi la petite et la grosse pierre : la petite est de 10 livres, valant 9 livres 14 onces anciennes, et 4 kilog. 533 ; la grosse est de 21 livres ou 20 livres 11 onces 6 gros anciens, un peu plus, soit 10 kilog. 150. A Kœnigsberg, la pierre est de 40 livres ou 32 livres anciennes, et 15 kilog. 664. — La *pierre de scandale* portait l'image gravée d'un lion. Tout homme qui voulait faire cession de biens était obligé de frapper trois fois cette pierre à derrière découvert, en criant autant de fois à haute voix : *Cedo bonis*. Cette action, en le débarrassant des poursuites, le rendait incapable de tester et de porter témoignage. Il est remarquable que cet usage, introduit par Jules César à la place des prescriptions de la loi des Douze Tables, qui permettaient aux créanciers de prendre chacun un membre de leur

débiteur ou de le réduire en servitude, ait été conservé, jusqu'à nos jours, comme pénitence dans nos jeux enfantins, où l'on oblige celui qui veut racheter un gage à se laisser tomber trois fois assis à terre, en prononçant une certaine formule. Il n'y a pas plus de rapprochement entre cette parodie et l'action si grave du débiteur romain qu'entre l'homme fait qui nie ses dettes et l'enfant qui retire le gage qu'il avait donné pour une faute commise dans un jeu de son âge ; mais l'analogie était d'un grand sens et d'une haute portée avant que le fil en fût perdu. — La *pierre de cens* était une pierre sur laquelle il était d'usage de payer les cens dus à un fief qui ne se composait pas d'immeubles ou dont le chef-lieu avait été détruit. On trouve encore, dans quelques rues de Provins, des pierres blanches et cylindriques, d'un diamètre de 4 ou 5 décimèt. avec autant d'élévation, qui avaient été destinées à cet usage. — *Pierre de supplices*. On trouve, dans la charte de la commune de Bruxelles, que, si une femme est convaincue d'en avoir battu une autre, elle payera 20 sols ou portera les pierres enchaînées de sa paroisse à l'autre. Une charte de 1247, dans les coutumes de Champagne, dit : « La fame qui dira vilenie à une autre... paiera 5 sols ou portera la pierre toute nue en sa chemise à la procession, etc. » On trouve ailleurs qu'une peine analogue était imposée à la femme adultère, mais avec des circonstances qui indiquaient parfaitement au public l'action qui l'avait réunie criminellement à son complice.

PIERRE (SAINT). — Saint Pierre, prince des apôtres fils de Jean, et frère de saint André, naquit à Bethzaïde, bourg de la tribu de Nephtali, dans la Galilée. Il se nommait d'abord Simon, mais le Sauveur du monde, en l'appelant à l'apostolat, changea son nom en celui de Céphas, mot syriaque qui signifie *pierre, rocher*. André, son frère, ayant vu Jésus et ayant entendu sa divine parole, vint en avertir Simon ; ils se rendirent tous les deux près de lui, puis retournèrent à leur occupation de tous les jours : ils étaient pêcheurs. Quelque temps après, ils lavaient leurs filets sur le bord du lac de Génésareth : Jésus les rencontra et dit à Pierre de jeter ses filets en pleine mer, ils n'avaient rien pris pendant toute la nuit ; cependant, sur la parole du Sauveur, ils jetèrent le filet et, de ce seul coup, ils prirent tant de poissons qu'ils en emplirent leurs barques. Pierre, étonné de ce prodige, se prosterna aux pieds de Jésus, qui lui ordonna de quitter ses filets pour le suivre; Pierre obéit, et depuis ce jour il lui resta toujours intimement attaché. Il avait à Capharnaüm une maison où Jésus vint; il y rendit la santé à sa belle-mère. Lorsque Jésus choisit ses apôtres, il assigna à Pierre la première place et le mit à leur tête. Nous démontrerons par des preuves invincibles, après avoir écrit la biographie de ce saint, qu'il eut sur tous la primauté d'honneur et de juridiction. — Une nuit que les apôtres traversaient le lac de Tibériade, Jésus vint à eux marchant sur les eaux; saint Pierre le pria de lui permettre d'aller à lui, de la même manière. Pierre se jeta aussitôt hors de la barque, mais effrayé par une vague, il commençait à s'enfoncer dans la mer; Jésus lui tendit la main et lui reprocha de n'avoir pas eu une confiance inébranlable. Cet apôtre donna une grande preuve de son attachement et de son dévouement parfait à la personne de Jésus-Christ, lorsque plusieurs ayant cessé de le suivre, parce que les vérités qu'il prêchait étaient en opposition avec leur orgueil, le divin Sauveur du monde demanda à ses apôtres s'ils voulaient, eux aussi, l'abandonner; Pierre répondit promptement pour tous : Seigneur, à qui irions-nous? vous avez les paroles de la vie éternelle. Jésus demanda en une autre occasion ce qu'on pensait de sa personne sacrée; les uns disaient qu'il était Jean-Baptiste, d'autres Elie, d'autres Jérémie ou quelqu'un des prophètes. A l'interpellation faite aux apôtres, Pierre répondit encore avant tous : Vous êtes le Christ, le fils du Dieu vivant; et cette illustre confession lui fit mériter le titre de bienheureux, la confirmation du nom de Pierre et les clefs du ciel, emblème de l'immense pouvoir qui lui était conféré. — Lorsque Pierre eut entendu Jésus prédire sa mort avec toutes les circonstances qui devaient l'accompagner, son cœur en frémit; il voulut lui persuader de ne pas s'exposer aux barbares tourments qui l'attendaient. Jésus lui fit sentir qu'il ne comprenait pas encore les avantages que le monde entier devait retirer de ses souffrances; cette réprimande lui dessilla les yeux et rectifia ses idées. Quelques jours après, Pierre fut choisi pour être témoin de la transfiguration et de la gloire de Jésus-Christ sur le Thabor, et dans un saint transport d'amour il s'écria : Il est bon pour nous d'être ici. — A Capharnaüm, ceux qui rece-

vaient l'impôt pour le temple ayant demandé à Pierre si son maître le payait, l'apôtre, par l'ordre de Jésus-Christ, jeta sa ligne et prit un poisson, dans la gueule duquel se trouva un sicle qu'il donna pour son maître et pour lui. — Jésus adressait souvent la parole à Pierre; ce fut lui qu'il envoya avec saint Jean pour disposer ce qui était nécessaire à la célébration de la pâque, et après la Cène, Jésus voulant, pour donner l'exemple de l'humilité la plus profonde, laver les pieds de ses apôtres, s'adressa d'abord à Pierre, qui ne voulut y consentir qu'après avoir entendu le Sauveur lui dire que sans cela il n'aurait point de part avec lui. — Quelque temps, après, Jésus, qui le connaissait mieux qu'il ne se connaissait lui-même, lui prédit qu'il le renierait trois fois; il lui prédit en même temps sa conversion. Saint Pierre eut le privilége d'accompagner son maître au jardin de Gethsémani, et, lorsque les soldats vinrent pour l'arrêter, Pierre, plein d'une ardeur trop vive, tira l'épée et coupa l'oreille à Malchus, l'un des serviteurs du grand prêtre, chez lequel il suivit son maître. Ce fut là qu'il le renia trois fois et qu'il jura ne pas le connaître; mais un regard du Sauveur lui rappela ce qui lui avait été prédit et toucha son cœur; il sortit de la salle et pleura amèrement la faute qu'il venait de commettre. Le jour de la résurrection de Jésus, il courut au tombeau avec Jean, et, ce même jour, le Sauveur ressuscité se montra à Pierre : il l'honora encore de cette faveur lorsqu'il pêchait dans le lac de Tibériade avec quelques autres disciples, et c'est alors que, pour lui fournir l'occasion de réparer son infidélité, il lui demanda trois fois s'il l'aimait plus que les autres. Pierre, par une triple protestation d'amour, répara hautement la faute qu'il avait commise, et s'appuyant sur la connaissance que Jésus avait de son cœur plus que sur sa propre conviction; il répondit: Oui, Seigneur, vous savez que je vous aime. Jésus lui donna alors la conduite de tout son troupeau, en lui disant de faire paître les agneaux et les brebis, c'est-à-dire les fidèles et les pasteurs, et, en ce moment, il lui prédit qu'il terminerait sa vie par le martyre. — Pierre fut témoin de la glorieuse ascension du Sauveur, et, revenu à Jérusalem, il présida à l'élection de Mathias à la place de Judas. Le jour que le Saint-Esprit descendit sur les apôtres, la multitude étant étonnée du prodige qui s'opérait sous ses yeux, Pierre prêcha avec tant de véhémence la résurrection de J. C., que trois mille personnes, touchées de son discours, se convertirent et demandèrent à recevoir le baptême. — Quelques jours après, il guérit miraculeusement un paralytique qui demandait l'aumône à la porte du temple. Le peuple accourut à ce miracle, et Pierre profita de cette nouvelle occasion pour annoncer l'Evangile : il parlait encore lorsque les prêtres et les saducéens se saisirent de sa personne et le menèrent en prison. Le lendemain il comparut devant eux, ainsi que saint Jean, qui avait été arrêté avec lui. Pierre fut interrogé et fit une réponse pleine de fermeté qui déconcerta ses ennemis, qui, après délibération, ordonnèrent aux deux apôtres de s'abstenir de parler de Jésus et de prêcher en son nom; ils répondirent qu'il ne pouvaient obtempérer à cet ordre, et Pierre continua ses prédications avec un grand succès.— Il opérait les plus étonnants prodiges, son ombre guérissait les malades; le grand prêtre et les saducéens le firent incarcérer de nouveau; délivré par un ange, il se rendit au temple et prêcha avec une nouvelle ardeur. On se saisit encore de sa personne; on était sur le point de le condamner à mort, lorsque Gamaliel parla en faveur des apôtres : ses paroles firent changer de sentiments les juges, qui ordonnèrent qu'ils seraient battus de verges. — Les triomphes de la parole de Dieu occasionnèrent une persécution à Jérusalem. Lorsque le calme fut rétabli, saint Pierre se rendit à Lydde, où il guérit Enée, paralytique depuis huit ans : cette guérison miraculeuse convertit les habitants de cette ville; la résurrection de Tabithe produisit le même effet à Joppé. C'est dans cette ville que saint Pierre eut cette vision emblématique qui lui faisait connaître qu'il ne devait plus y avoir de distinction entre les Juifs et les gentils; il vit entrer à cet instant les envoyés du centenier Corneille; ils le prièrent de venir les initier leur maître à la connaissance des vérités de la foi. Pierre partit le lendemain, et, trouvant chez Corneille beaucoup d'hommes qui s'y étaient assemblés, il leur annonça la divine parole et les baptisa. Peu de temps après, il fonda l'Eglise d'Antioche, dont il fut le premier évêque; il parcourut ensuite les provinces de l'Asie Mineure, vint à Rome et y établit son siège épiscopal. Nous donnerons, après cette biographie, les preuves de ce dernier fait; il revint à Jérusalem, où Hérode Agrippa le fit arrêter, mais l'ange lui ouvrit les portes de sa prison ; c'est cette délivrance que l'on solennise sous le nom de fête de saint Pierre ès liens. On pense qu'alors il alla pour la seconde fois à Rome, et que ce fut à cette époque qu'il écrivit sa première épître. — Chassé de Rome avec tous les autres Juifs, par l'empereur Claude, revint en Judée et y présida le concile de Jérusalem; quelque temps après, il visita l'Eglise d'Antioche, et, par condescendance pour les Juifs, il ne voulut pas manger avec les gentils. Ce fut à cette occasion que saint Paul lui adressa ce reproche, qui nous fournira l'occasion de quelques observations critiques renvoyées à la fin de la biographie du prince des apôtres. — Saint Pierre revint à Rome pour la dernière fois vers l'an 65, et ayant appris, par révélation, qu'il devait bientôt mourir, il composa sa seconde épître. Le cruel Néron persécutait alors l'Eglise de la manière la plus barbare ; saint Pierre fut arrêté et jeté avec saint Paul dans la prison Mamertine, où ils restèrent jusqu'à l'instant de leur supplice. Une tradition fort ancienne dit que les deux apôtres furent conduits ensemble hors de la ville par la porte d'Ostie; un grand nombre de Pères de l'Eglise rapportent que, quand saint Pierre fut arrivé au lieu du supplice, il demanda à être crucifié, la tête tournée vers la terre, et ils attribuent cette demande à l'humilité du saint apôtre; il fut mis à mort sur le chemin d'Ostie. Saint Grégoire dit que les corps de saint Pierre et de saint Paul furent inhumés aux catacombes, à deux milles de Rome, et leur fête *aux catacombes* est marquée au 29 juin dans le calendrier romain, publié par Bucherius. Les chefs des deux apôtres, renfermés dans des bustes d'argent, sont conservés dans l'église de Saint-Jean-de-Latran ; la grande église de Saint-Paul, sur le chemin d'Ostie, possède une moitié du corps de chaque saint, l'autre moitié se trouve dans un souterrain magnifique de l'Eglise du Vatican, lequel est appelé la *confession de saint Pierre*, et en latin *limina apostolorum;* on s'y rend en pèlerinage de toutes les parties du monde chrétien. — Nous devons maintenant établir, par des preuves irrécusables, 1° la primauté de la juridiction de saint Pierre; 2° le fait de son séjour et de l'établissement de son siége épiscopal à Rome; 3° faire quelques observations critiques sur le reproche adressé à saint Pierre par saint Paul; 4° parler, en peu de mots, des épîtres du prince des apôtres.

1° Jésus-Christ a donné à saint Pierre une primauté d'honneur et de juridiction. Ce glorieux privilége lui a été concédé d'abord par ces mémorables paroles : « *Vous êtes Pierre, sur cette pierre je construirai mon Eglise; les portes de l'enfer ne prévaudront point contre elle. Je vous donnerai les clefs du royaume des cieux; ce que vous lierez ou délierez sur la terre sera lié ou délié dans le ciel.* » Sous ces deux emblèmes, saint Pierre est établi comme le fondement et le chef de toute l'Eglise, puisqu'il est à la société chrétienne ce qu'est la pierre fondamentale à l'édifice, et que, dans le langage de l'Ecriture, les clefs sont le symbole de l'autorité et du gouvernement. Des expressions analogues se trouvent dans Isaïe, ch. XXII, v. 22, et dans l'*Apocalypse*, ch. III, v. 7, et ailleurs. — Lier et délier, c'est le caractère de la magistrature; l'un et l'autre pouvoir sont donnés à saint Pierre; voilà donc sa juridiction établie par ce texte. — Après sa résurrection, Jésus-Christ confirma la puissance donnée au prince des apôtres : « *Paissez mes agneaux, paissez mes brebis,* » lui dit-il. Il avait souvent désigné son Eglise sous la figure d'un bercail, dont il était lui-même le bon pasteur; il met saint Pierre à sa place, il le fait donc dépositaire de l'autorité suprême qui résidait en sa personne sacrée. Aussi saint Matthieu, dans l'énumération des membres du collége apostolique, place-t-il saint Pierre à la tête des autres apôtres : « *le premier,* dit-il, *est Simon surnommé Pierre.*» — Dès que Jésus-Christ a quitté la terre, c'est saint Pierre qui prend la direction de l'Eglise, et les actes de son autorité, exercée sans aucune réclamation et avec une parfaite soumission de la part de ses collègues, prouvent la légitimité de ses pouvoirs. — C'est lui qui préside à l'élection de Mathias, successeur de Judas; c'est lui qui, après la descente du Saint-Esprit, parle le premier et annonce aux Juifs la résurrection de Jésus-Christ. Plusieurs sont traduits devant le conseil des Juifs, c'est Pierre qui rend raison de la conduite de tous; c'est encore lui qui, au concile de Jérusalem, porte la parole et, comme président, énonce la décision du concile. — Depuis l'origine de l'Eglise jusqu'à nos jours, une tradition constante a interprété, dans le sens que nous leur avons donné, les textes qui établissent la juridiction de saint Pierre, et les Pères ont appelé sa puissance la « *principauté de la*

chaire apostolique, la principauté principale, la tête de l'épiscopat. » Ainsi ont parlé saint Optat, saint Augustin, saint Cyprien, saint Irénée, saint Prosper, les Pères du concile de Chalcédoine. Le concile de Florence, en définissant l'autorité suprême du chef de l'Eglise, dit qu'elle lui avait été conférée *dans la personne de saint Pierre.* C'est donc à juste titre que tout l'enseignement catholique reconnaît, dans le prince des apôtres, la primauté d'honneur et de juridiction.

2° Le séjour de saint Pierre et l'établissement de son siége épiscopal à Rome sont deux faits établis par les documents historiques les plus certains. Tous les écrivains ecclésiastiques ont enregistré ces deux faits, qui ont été accueillis par toute la tradition : saint Clément, saint Ignace, Papias, tous trois disciples de saint Pierre, en sont les témoins. Au IIe et au IIIe siècle, la même vérité a été proclamée par Caïus, prêtre de Rome, saint Denis de Corinthe, saint Clément d'Alexandrie, saint Irénée et Origène. Eusèbe dit en termes formels : « Pierre part pour Rome, il prêche et, pendant vingt-cinq ans, il occupe le siége épiscopal de cette ville. » Les Pères des siècles suivants, tous les conciles ont supposé ce fait prouvé et en ont déduit comme conséquence nécessaire la primauté de juridiction des pontifes qu'ils regardent comme successeurs de saint Pierre, évêque de Rome. Au reste, c'est la croyance générale de l'Eglise catholique qui célèbre, chaque année, une fête solennelle en l'honneur de saint Pierre, évêque de Rome. Comment cette croyance se serait-elle introduite, comment serait-elle parvenue jusqu'à nous, comment tous les chronologistes auraient ils dressé la liste nominative des papes et les auraient-ils considérés comme succédant à saint Pierre siégeant à Rome, si ce fait n'eût reposé sur les bases solides de preuves irrécusables et d'une tradition qui a traversé tous les âges et qui nous en a transmis la vérité?

3° Les ennemis de la religion catholique se sont servis d'un texte de l'épître de saint Paul aux Galates, ch. II, v. 1 et suiv., pour accuser ces deux apôtres d'orgueil et d'hypocrisie et pour arguer contre l'indéfectibilité de saint Pierre. Voici ce texte : « *Céphas étant venu à Antioche, je lui résistai en face, parce qu'il était répréhensible..... Depuis l'arrivée de quelques Juifs, il se tenait à l'écart, de peur de déplaire aux circoncis.* » Saint Augustin et saint Grégoire le Grand ont vengé les deux apôtres des reproches qu'on leur adresse à cette occasion. Il n'y a, disent-ils, ni orgueil ni hypocrisie dans leur conduite; il y a zèle dans l'action de saint Paul; il y a modestie, humilité dans la manière dont saint Pierre reçoit la réprimande faite par son inférieur, *posteriorem;* modestie dont il a donné une grande preuve en louant les épîtres de saint Paul comme pleines de sagesse, quoiqu'on y lise la réprimande qui lui est adressée. Au reste, saint Pierre n'avait eu d'autre but que de ménager la faiblesse des Juifs nouvellement convertis. Saint Paul lui-même, par condescendance pour eux, avait fait circoncire Timothée. Ceux qui ont voulu se servir de ce texte pour porter atteinte à la foi de saint Pierre n'ont pas fait attention qu'il ne s'agissait pas là d'un enseignement erroné. Saint Pierre, pour une cause grave, pouvait se relâcher un peu de la sévérité de la discipline; si sa condescendance fut trop grande, cela prouverait tout au plus qu'il n'était pas impeccable, mais cela ne prouverait pas qu'il ait fait erreur dans la foi. Des auteurs ont prétendu que Céphas, dont il est ici question, n'est pas l'apôtre saint Pierre (*voy.* CÉPHAS).

4° Saint Pierre a écrit deux épîtres; la première est datée de Babylone, nom allégorique par lequel Eusèbe, saint Jérôme et d'autres interprètes entendent la ville de Rome, qui était alors le centre de l'idolâtrie. Elle est adressée aux Juifs convertis; cependant l'apôtre y donne aussi des instructions aux gentils. Le style, suivant les plus habiles critiques, est noble, majestueux et plein de cette vigueur qui convient au prince des apôtres. Elle a toujours été regardée, d'un consentement unanime, comme authentique. Il n'en a pas été toujours ainsi de la seconde, laquelle, d'après un passage de saint Isidore de Séville, n'a pas été reçue sans difficulté, au VIIᵉ siècle, par quelques églises d'Espagne; mais tous les doutes ont été dissipés, et cette épître est comptée, par les protestants eux-mêmes, au nombre des livres canoniques. Elle fut écrite peu de temps avant la mort de saint Pierre, et elle peut être considérée comme son testament spirituel. Il y exhorte les fidèles à travailler sans relâche à leur sanctification et les prémunit contre les pièges de l'hérésie. — Les autres ouvrages attribués à saint Pierre par les anciens hérétiques sont apocryphes. L'abbé A. M. Touzé.

PIERRE (*hist. de Russie*). — Trois empereurs de Russie ont porté ce nom : — 1° PIERRE Iᵉʳ, ALEXIOWITZ, surnommé *le Grand*, né, en 1674, d'Alexis Michaelowitz. Il n'avait encore que huit ans lorsque le czar Fédor, son frère aîné, sentant sa fin approcher, le désigna pour lui succéder, au préjudice d'Ivan, son autre frère, prince aussi faible d'esprit que de corps. Sophie, leur sœur, avait espéré pouvoir régner sous le nom d'Ivan : trompée dans son attente, elle souleva les strélitz, corps indiscipliné qui jouait alors, en Russie, le rôle des prétoriens de Rome, et Ivan fut associé à Pierre, sous la tutelle de Sophie. Cette princesse ambitieuse, voyant le génie naissant de Pierre, comprit que le pouvoir ne resterait pas longtemps entre ses mains, et, en 1689, elle résolut de le faire assassiner. Il était alors âgé de 15 ans; ayant été averti du projet de sa sœur, il gagna une partie des strélitz et renferma Sophie dans un couvent. Le dessein de civiliser ses sujets était entré dès lors dans son esprit. Un Genevois, nommé Lefort, qui était venu en Russie pour chercher fortune, l'encouragea dans cette résolution, et devint bientôt son confident intime et son ami. Pierre commença par former ses soldats à la discipline européenne, sous la direction de Lefort; il voulut lui-même faire son apprentissage comme un simple soldat, se fit tambour et vécut de la paye attachée à cet humble emploi, jusqu'à ce qu'il eût mérité un grade plus élevé. En 1695, il mit ses troupes à l'épreuve et s'empara d'Azof, sur le Don, position importante qui lui servit de rempart contre les Turcs et les Tartares. Son frère Ivan mourut l'année suivante, et Pierre, qui voulait policer à toute force les peuplades barbares de son empire, fit venir, pour l'aider dans sa glorieuse entreprise, des hommes distingués de toutes les parties de l'Europe, et envoya, en Italie, en Hollande et en Allemagne, plusieurs jeunes seigneurs russes pour s'instruire dans les sciences et dans les arts ayant rapport à la guerre et à la marine. Mais ce n'était pas assez; le czar voulait s'initier lui-même à tous les secrets de la civilisation, et, après avoir organisé un corps de 15,000 étrangers dont le dévouement lui était connu, il partit pour la Hollande et se rendit aux chantiers maritimes de Sardam. Là, vêtu en ouvrier, vivant et mangeant avec des ouvriers, il se fit enrôler, sous le nom de

Baaspetter (maître Pierre), parmi les charpentiers de la compagnie des Indes. Il devint bientôt habile dans cet art et apprit en même temps le métier de pilote, la chirurgie, l'astronomie, les mathématiques, l'horlogerie et la physique. Il passa ensuite en Angleterre (1698), où il n'avait pas moins à voir et à apprendre qu'en Hollande; il se préparait à visiter aussi l'Italie, lorsque la nouvelle d'une révolte, fomentée par de vieux boyards qui ne pouvaient souffrir ses innovations, et les strélitz mécontents le forcèrent à retourner en toute hâte en Russie. Il fut impitoyable; deux mille séditieux périrent au milieu des supplices les plus horribles, et Pierre lui-même, une hache à la main, abattit un grand nombre de têtes. Vers la même époque, il institua l'ordre de Saint-André, et, en 1699, réforma le calendrier, de sorte que le commencement de l'année, qui jusqu'alors avait eu lieu en septembre, fut fixé au 1er janvier, comme dans le reste de l'Europe. Il déclara ensuite, à l'instigation d'Auguste, roi de Pologne, la guerre à la Suède, gouvernée par Charles XII, prince jeune encore, mais doué d'un grand génie militaire et d'un courage à toute épreuve. Pierre fut souvent vaincu; mais les défaites ne l'abattirent point, et, en 1703, il acheva en cinq mois la ville de Pétersbourg, dont il avait déjà jeté les premiers fondements. Cependant le roi de Suède, aussi actif que brave et ambitieux, ne lui laissait aucun relâche; il le poursuivit jusqu'au Borysthène, et Pierre, qui commençait à concevoir de sérieuses inquiétudes, lui fit faire des propositions de paix. Charles les repoussa avec dédain en répondant qu'il ne voulait traiter qu'à Moskou. *Mon frère Charles fait l'Alexandre*, s'écria Pierre; *mais il ne trouvera pas en moi un Darius.* En effet, Pierre eut autant de constance dans le revers que son adversaire dans la fortune, et la bataille de Pultawa, en Ukraine (1709), vint changer la face des affaires. Charles, battu et blessé, fut réduit à prendre la fuite, et le czar s'empara de la Carélie, de la Livonie, de l'Ingrie, de la Finlande et d'une partie de la Poméranie suédoise. — En 1711, il tourna ses armes contre les Turcs; mais cette expédition faillit lui coûter cher. La moitié de son armée l'abandonna, et il se vit entouré, sur les bords de la Pruth, par 200,000 ennemis. Il se croyait perdu et ne songeait plus qu'à terminer glorieusement sa vie par une mort digne d'un héros, lorsque Catherine,

paysane de Livonie dont il avait fait sa femme, parvint à conclure un traité avec le général ennemi. En 1717, Pierre résolut de visiter de nouveau la Hollande et de voir la France, qu'il ne connaissait pas encore. Il fut partout reçu avec les plus grands honneurs, et, à Paris, on frappa devant lui des médailles où on lui donnait, pour la première fois, le titre de *grand*. Son retour en Russie fut signalé par un événement que les historiens ont diversement jugé. Alexis, son fils, qui devait régner après lui, haïssait tout progrès, désapprouvait la conduite de son père et avait formé une conspiration; Pierre, persuadé que ce prince replongerait, après lui, la Russie dans la barbarie dont il cherchait, avec tant d'efforts, à la tirer, le fit condamner à mort, et Alexis, frappé de la rigueur de cet arrêt, mourut, le lendemain, d'une attaque d'apoplexie. Pierre, dit-on, versa des larmes sur la mort de son fils; mais ses complices n'en payèrent pas moins de leur tête la part qu'ils avaient prise à la rébellion. Pierre continua son œuvre; il fonda des hôpitaux pour les enfants trouvés et les orphelins, proscrivit les jeux de hasard, fit ouvrir des canaux, établit des manufactures de toutes sortes, des fonderies, des collèges, des académies, un observatoire, un jardin des plantes, des écoles d'interprètes et des bibliothèques; il organisa la justice, décida que tout soldat acquerrait le droit de gentilhomme avec le grade d'officier, et que tout boyard flétri par la justice perdrait sa noblesse. Son armée était forte et disciplinée; ses flottes commandaient dans la Baltique; son autorité était respectée au dehors; un calme profond régnait dans tout son empire; il prit le titre d'autocrate (1721). L'année suivante, un traité qu'il conclut avec la Suède lui assura la possession de la Livonie, de l'Estonie, de l'Ingermanie et de la moitié de la Carélie. Il porta ensuite la guerre en Asie, où les facteurs d'un comptoir russe avaient été massacrés, et réunit à son empire, déjà si vaste, le Daghestan, le Ghilan et le Mazenderan. Il n'avait encore que 53 ans, lorsque la mort le surprit au milieu de nouveaux projets de réforme (1725). — Catherine, sa femme, lui succéda. — Pierre Alexiowitz, on ne saurait le nier, fonda la puissance de son empire; mais, bien qu'il ait accompli de grandes choses, l'histoire ne doit pas le louer et lui accorder le titre de *grand* sans restriction. Sa cruauté, dont les mœurs de l'époque ne sauraient être une excuse; l'acharnement barbare avec lequel il poursuivit l'accomplissement de certaines réformes puériles; le sang de ses sujets versé à flots pour le contraindre à raser leur barbe et au bénéfice de l'habit court sont, avec la mort de son fils, des taches qui terniront toujours sa mémoire. S'il anéantit la puissance des boyards, ce fut autant peut-être pour la confisquer à son profit personnel qu'au profit de la civilisation; enfin, par un autre trait de despotisme, il abolit la dignité de patriarche, sous prétexte de réformes à apporter dans l'organisation du culte, et s'empara de la suprématie spirituelle. On ne saurait trop blâmer l'ignoble bouffonnerie par laquelle ce prince, devenu chef suprême de l'Eglise dans ses Etats, tourna en dérision le pape et le sacré collège, qu'il fit représenter d'une manière burlesque dans une mascarade publique, et cela après avoir prêté l'oreille à des propositions de réunion entre les Eglises grecque et romaine, et avoir même entamé des négociations à ce sujet. Disons encore qu'il couvrit souvent les cruautés du tyran sous les dehors du législateur. — 2° PIERRE II, fils d'Alexis, petit-fils de Pierre le Grand, succéda, en 1727, à Catherine. Son règne, qui dura trois ans seulement, ne fut signalé que par la chute de Menzikof, favori de Pierre le Grand. —3° PIERRE III, fils d'Anne Petrowna et de Charles-Frédéric, duc de Holstein-Gottorp, naquit en 1728, embrassa la religion grecque et fut déclaré, en 1742, par l'impératrice Elisabeth, sa tante, grand-duc de Russie et héritier du trône, où il parvint en 1762. Il se fit d'abord aimer des boyards en les déclarant libres; mais sa mollesse et son amour pour le plaisir lui attirèrent le mépris des Russes. Il avait publiquement désavoué pour son fils l'héritier du trône, depuis Paul Ier, et voulait faire enfermer sa femme, Catherine II. Celle-ci le prévint. Une révolte fut excitée, et, tandis que l'empereur allait la réprimer, il fut arrêté par trahison, et le poison qu'on lui avait fait prendre n'opérant pas assez promptement au gré de ses assassins, il fut enfin étranglé.

PIERRE (*hist. de Portugal*).—Le Portugal eut deux rois de ce nom. — PIERRE Ier, *le Cruel* ou *le Justicier*, naquit à Coimbre en 1320, et se rendit célèbre par son mariage secret avec Inès de Castro et aussi par la vengeance qu'il tira de la mort de cette mal-

heureuse épouse qu'Alphonse IV avait fait assassiner en 1355. Ses rigueurs contre les assassins d'Inès, qu'il réclama du roi de Castille pour les envoyer au supplice, et l'inexorable sévérité avec laquelle il réprima les révoltes des grands, lui méritèrent le surnom de *Sévère* ou de *Justicier*. Sa bienfaisance, ses soins à diminuer les impôts ne le recommandèrent pas moins à l'amour du peuple. Il mourut, le 18 janvier 1367, à 48 ans. — PIERRE II, né en 1648, était le troisième fils de Jean IV. Il s'unit d'intérêt avec la reine Marie Elisabeth de Savoie, épouse du roi Alphonse son frère, et contribua puissamment, sur les prières de cette princesse, à faire rompre son mariage avec Alphonse et à faire déclarer celui-ci incapable de régner. Après que, le 23 novembre 1667, Alphonse eut signé son abdication, Pierre IV gouverna le Portugal avec le titre de régent que lui avaient confirmé les états généraux; puis, ayant obtenu dispense du saint-siége, il épousa sa belle-sœur; mais, pour se faire déclarer roi, il attendit qu'Alphonse, d'abord confiné aux îles Tercères, puis revenu à Lisbonne, y fût mort en 1685. Il régna jusqu'en 1706, époque de sa mort.

PIERRE (*hist. de Sicile*). — Deux rois de ce nom gouvernèrent la Sicile: le premier, qui régna de 1282 à 1285, est le même que Pierre III d'Aragon (*voy.* ce nom). — PIERRE II, fils de Frédéric Ier, à qui il succéda en 1337, ne régna que cinq ans, mais signala ce court espace de temps par des cruautés vengées par des révoltes. Deux frères, Martin et Damien Palices, prirent sur son esprit un ascendant fatal, et, faisant de l'autorité royale l'instrument de leurs haines personnelles, contribuèrent puissamment à faire maudire le nom de Pierre II. Les plaintes et les révoltes des Siciliens le forcèrent à fuir de Palerme, et Pierre II lui-même allait peut-être devenir la victime de ces dissensions protégées secrètement par les rois voisins, quand la maladie le surprit à Calaxibetta et l'emporta en 1342. ED. F.

PIERRE (*hist. d'Aragon*). — Quatre rois d'*Aragon* ont porté ce nom. Le premier, fils de Sanchè Ramire, fut proclamé roi, en 1094, dans son camp devant la ville d'Huesca qu'il assiégeait et dont, grâce aux efforts du Cid, il s'empara en 1096. Cette prise fut le principal gain de la victoire d'Alcazar remportée par Pierre. La ville de Barbastro céda bientôt elle-même, et les avantages remportés sur les Maures continuèrent jusqu'au mois de septembre 1304, époque de sa mort. C'est Pierre Ier qui, en souvenir de ses victoires contre les musulmans, fit mettre, dès l'année 1100, quatre têtes noires dans les armes d'Aragon. C'est lui aussi qui abolit l'humiliante cérémonie du serment que les rois d'Aragon prêtaient tête nue aux pieds du grand justicier. Son successeur fut son frère Alphonse le Batailleur. — PIERRE II, fils d'Alphonse II, commença à régner en 1196. Le premier d'entre les rois d'Aragon, il se fit couronner en 1204; ses premières guerres furent contre la Navarre, avec l'aide d'Alphonse IV de Castille. Ses efforts se tournèrent ensuite contre les Maures, et, en 1212, ayant réuni son armée à celles des rois de Navarre et de Castille, il remporta, au pied de la Sierra-Morena, cette sanglante bataille *de las Navas de Toloza*, qui décida des destinées de l'Espagne chrétienne. L'année suivante, s'étant imprudemment immiscé dans la querelle des Albigeois, il vint au secours de Raymond de Toulouse et périt à la bataille de Muret. — PIERRE III, *le Grand*, naquit en 1229 et succéda, en 1276, à Jayme Ier, son père. Ayant épousé Constance, fille de Manfred, dernier roi de Sicile, détrôné par Charles d'Anjou, il voulut faire valoir des droits sur ce pays. On prétendit même que le massacre des Vêpres siciliennes fut organisé à son instigation. Il chercha du moins à en tirer profit en faisant, en 1282, une descente en Sicile; mais le pape Martin IV, favorable aux intérêts de la France, le frappa d'excommunication, mit ses Etats en *interdit*, et alla même jusqu'à donner à Charles de Valois, fils de Philippe le Hardi, l'investiture du royaume d'Aragon. Pierre III fit tête à l'orage : pendant que son amiral Roger battait la flotte de Philippe le Hardi, il repoussait lui-même les 100,000 hommes que Charles de Valois menait à la conquête de l'Aragon, et, obtenant enfin l'absolution des censures ecclésiastiques, il mourut, en 1285, reconcilié avec le pape. — PIERRE IV, *le Cérémonieux*, né en 1319, succéda, en 1336, à son père Alphonse VI. Il s'unit aux rois de Navarre et de Castille contre les Maures, puis à la France, à la Navarre et à Venise contre les Génois qui, en 1362, battirent la flotte confédérée. Cette même année commença la longue guerre de l'Aragon et de la Castille qui occupa la plus grande partie du règne de Pierre IV. Ses efforts se tournèrent aussi contre le roi de Majorque,

Jayme II, qu'il dépouilla, et dont les Etats, ainsi que le Roussillon furent dès lors annexés à l'Aragon. C'est pour soutenir toutes ces guerres que Pierre introduisit, en 1283, les troupes mercenaires dans ses armées. Il mourut le 5 janvier 1387, après un règne de cinquante ans.   ED. F.

PIERRE DE SAVOIE était le septième fils du comte Thomas et avait reçu en apanage le comté de Romont. En 1265, il succéda à son neveu Boniface le Roland, en dépit de l'opposition des enfants de Thomas, son frère aîné : déjà alors il était célèbre comme guerrier et comme homme d'Etat. Le roi d'Angleterre, Henri III, qui avait épousé sa sœur, Léonore de Provence, l'avait eu longtemps pour ministre et pour principal conseiller. C'est Pierre de Savoie qui avait organisé et hâté la révolte du Poitou en faveur de l'Angleterre; revenu en Savoie, il ne s'était pas moins distingué par son habileté et son courage. Devenu duc, il punit Turin des outrages que cette ville avait faits à son prédécesseur, et l'annexa pour jamais à son duché. Son neveu, l'empereur Richard de Cornouailles, lui donna le titre de vicaire général de l'empire, avec l'investiture des duchés de Chablais et d'Aoste et du comté de Kibourg : cette dernière possession lui étant disputée par Eberhard de Hapsbourg, il combattit pour soutenir ses droits et gagna sur Eberhard deux victoires qui lui valurent le titre de protecteur de la ville de Berne, dont son rival inquiétait les habitants. Pierre fut digne de ce choix, il agrandit cette ville, et, par les bienfaits qu'il répandit sur elle, mérita d'être appelé le père et le second fondateur de Berne. Son règne fut trop court. Pierre mourut, épuisé par ses fatigues, le 9 juin 1268, à Chillon, dans le pays de Vaud : ses qualités brillantes, ses mérites de guerrier civilisateur lui ont fait donner le surnom de *Petit Charlemagne*.   ED. F.

PIERRE DE COURTENAY. (*Voy.* COURTENAY.)

PIERRE D'ALCANTARA (SAINT) (*hist.*) naquit à Alcantara, en 1499, d'Alonzo Garavito, gouverneur de cette ville et jurisconsulte célèbre. Il prit l'habit de l'ordre de Saint-François en 1515, et, étant bientôt devenu un modèle de piété et d'austère pénitence, il fut élu, en 1538, provincial de son ordre. Plus tard, en 1544, il établit, chez les conventuels ou nouveaux observantins, une réforme sévère qui fut approuvée par le pape Jules III. Il mourut le 18 octobre 1582. Béatifié par Grégoire XV en 1622, il fut enfin canonisé par Clément IX en 1669. On a de Pierre d'Alcantara un *Traité de l'oraison mentale* et un autre de *la Paix de l'âme*. Ed. F.

PIERRE D'ALEXANDRIE (saint) succéda à Théonas sur le siége d'Alexandrie en 300 de notre ère et fut regardé comme l'un des plus illustres prélats de son siècle. C'est lui qui déposa, dans un synode, l'évêque de Nicopolis, Melitius, convaincu d'hérésie. En 311, pendant la persécution de Dioclétien, et de Maximien, saint Pierre d'Alexandrie souffrit le martyre et mourut dans les souffrances. Il avait composé, pendant son épiscopat, des *canons pénitentiaux*, un livre *de la Divinité*, et plusieurs homélies. Les lettres qui nous sont restées de ce saint évêque se trouvent dans le livre IV de l'*Histoire de Théodoret*. Ed. F.

PIERRE DE BLOIS (*biogr.*). — L'un des plus savants écrivains ecclésiastiques du XIIᵉ siècle, naquit dans la ville dont il devait illustrer le nom. Il étudia à Paris, où il eut pour maître Jean de Salisbury. Etant ensuite passé en Italie, il acheva de s'instruire aux écoles de Bologne et dut à ses nombreux mérites d'être choisi, vers 1167, pour précepteur, puis pour secrétaire du roi de Sicile, Guillaume II. Plus tard, il refusa l'archevêché de Naples qu'on lui offrait et se rendit en Angleterre sur l'invitation du roi Henri II; il y devint secrétaire de la reine Eléonore d'Aquitaine, puis chancelier de l'archevêque de Cantorbéry, Richard, avec le titre d'archidiacre de Bath. Sur la fin de sa vie, il fut nommé à l'archidiaconé de Londres. Il mourut en Angleterre, la première année du XIIIᵉ siècle. La bibliothèque des Pères contient de lui cent quatre-vingt-trois *lettres*, soixante-cinq *sermons*, et dix-sept *opuscules* sur divers points du dogme catholique, et dans lesquels, ainsi que dans ses autres ouvrages, il s'élève avec force contre les abus qui régnaient de son temps dans l'Eglise. On a encore de lui la continuation de l'abbaye de Croyland, commencée par l'abbé Ingulphe et poursuivie par lui de l'année 1091 jusqu'en 1118. Pierre de Goussainville a donné une édition complète de ses ouvrages (1667, in-fol.).

PIERRE CHRYSOLOGUE (saint), célèbre évêque de Ravenne vers 433, se distingua surtout par ses vertus et par sa rare éloquence qui lui mérita le surnom de *Chrysologue* (dont les paroles sont d'or). Il défendit avec force le mystère de l'incarnation contre l'hérésie d'Eutychès et de Nestorius. Le premier de ces hérésiarques lui ayant écrit, en 449, pour se plaindre de saint Flavien de Constantinople, il lui répondit la lettre célèbre qui commence par ces mots : « *Tristis, legi tristes litteras tuas*, » et qu'on peut lire dans ses œuvres. C'est entre les bras de saint Pierre Chrysologue qu'expira saint Germain d'Auxerre, pendant son voyage en Italie. Il mourut lui-même vers 458. La biblioth. des PP. a publié cent soixante-seize de ses *sermons* ou *homélies*; et Pierre d'Achery, en ayant retrouvé cinq nouveaux, les fit entrer dans son spicilége. Le style de saint Pierre Chrysologue sait allier la clarté et la brièveté; on lui reproche quelquefois seulement des phrases trop fleuries et des sentences prétentieuses. Une dernière édition de ses œuvres a été publiée à Augsbourg (1758, in-fol.). Ed. F.

PIERRE DE CLUNI ou le Vénérable (*hist. ecclés.*), nommé aussi quelquefois Maurice, du nom de son père. Il naquit en Auvergne en 1092 ou 1094. Sa mère, qui, selon quelques auteurs, était de l'illustre famille des Montboissier, l'avait voué à Dieu dès sa naissance, et il prit, à l'âge de 16 ou 17 ans, des mains de saint Hugues, l'habit des religieux de Cluni. Après avoir été nommé successivement prieur de Vézelay et de Domné, il fut élu, en 1122, abbé de Cluni et général de son ordre. L'abbé de Cluni était alors un personnage important : il entretenait correspondance avec tous les rois et les hommes marquants de l'Europe; sa juridiction s'étendait sur toutes les maisons de l'ordre, à l'étranger comme en France. Pierre n'avait que 28 ou 30 ans lorsqu'il fut élevé à cette insigne dignité; mais sa haute intelligence, son profond savoir et ses vertus, qui lui valurent, plus tard, le glorieux surnom de *Vénérable*, le rendaient, plus que tout autre, digne de cette éminente position. Son premier soin fut de rétablir dans l'abbaye la discipline et les bonnes mœurs qui s'étaient tout à fait relâchées sous ses prédécesseurs. Il se croyait près d'atteindre ce but lorsque Pons, qui avait été, avant lui, abbé de Cluni, profita d'une tournée qu'il faisait dans l'Aquitaine seconde, pour se rétablir à force ouverte dans l'abbaye. Pierre en déféra au pape Honorius II et obtint gain de cause. En 1130, il reçut à Cluni le pape Innocent II, à qui l'antipape

Anaclet disputait le trône pontifical, mit tout en œuvre pour faire triompher son parti et fit deux fois, à ce sujet, le voyage d'Italie. Il parcourut ensuite l'Espagne pour y visiter les couvents de son ordre, et c'est alors qu'il fit faire, par quatre interprètes, une traduction du Coran. — Pierre le Vénérable combattit avec avantage les erreurs de Pierre de Brys et de Henri ; il donna asile au malheureux Abailard, qui trouva en lui un père et un ami, et, le 24 ou 25 décembre 1156, il mourut, comme il l'avait souvent souhaité, le jour où Jésus-Christ était venu au monde. — Ses ouvrages sont parvenus jusqu'à nous; ses épîtres en forment la partie la plus considérable et la plus intéressante.

PIERRE L'HERMITE (*hist.*) naquit en Picardie, vers le milieu du xɪᵉ siècle. On ne sait rien de positif sur la première partie de la vie de cet homme célèbre; on ignore même quel était le nom de sa famille. Anne Comnène l'appelle Cocupètre ; mais ce mot, composé de *Petrus* (Pierre) et de *cucullus* (capuchon de moine), ne paraît être qu'un sobriquet. D'autres l'appellent Pierre d'Achéris (peut-être du nom d'un village près de Laon), et Guillaume de Tyr prétend que l'Hermite était son vrai nom de famille. Quoi qu'il en soit, il reçut, selon le jésuite Outreman, son historien, une éducation soignée et alla finir en Italie ses études qu'il avait commencées à Paris. Il embrassa d'abord la carrière des armes, qu'il abandonna bientôt pour se marier, et, étant devenu veuf, il se voua à l'état ecclésiastique et partit vers 1093 pour la terre sainte. Les souffrances des chrétiens dans la Palestine touchèrent son cœur, et Siméon, archevêque de Jérusalem, l'engagea à solliciter, lorsqu'il serait de retour en Europe, le secours des princes catholiques contre les infidèles, en faveur des pauvres pèlerins. Pierre accepta cette mission avec enthousiasme et se rendit à Rome, où il obtint d'Urbain II, qui le reçut avec les plus grands égards, la permission de prêcher la croisade dans toute la chrétienté. Il commença ses prédications en Italie, passa les Alpes et, pieds nus, tête nue, une ceinture de cuir sur les reins, monté sur un âne, il parcourut la plus grande partie de l'Europe, au milieu d'un concours immense de peuples accourus de toutes parts pour le voir, l'entendre et applaudir à ses paroles. La croisade fut enfin décidée à Clermont, en Auvergne (1095), et une armée de 80 ou 100,000 hommes, suivie d'une multitude prodigieuse de femmes, d'enfants, de vieillards et de malades, se trouva bientôt réunie sous les ordres de Pierre, qui la divisa en deux corps, donna le commandement de l'un à Gautier-sans-Avoir, et se mit à la tête de l'autre. Mais cette bande indisciplinée fut taillée en pièces dans l'Esclavonie, près de Semlin, par les populations irritées de ses brigandages. Il se trouva heureux lui-même de pouvoir gagner Constantinople avec ceux de ses compagnons qu'il put rassembler. Gautier, plus prudent et plus habile, traversa heureusement l'Allemagne avec son corps d'armée. L'empereur Alexis fournit aux défenseurs de la croix des vaisseaux pour traverser le Bosphore, et ils foulaient avec orgueil le sol de l'Asie, lorsque, à peine arrivés à Nicée, Soliman tomba sur eux et en fit un carnage horrible. — A partir de cette époque, le rôle de Pierre l'Hermite devint tout à fait secondaire. Les princes chrétiens débarquent en Palestine, s'y couvrent de gloire, et l'apôtre de la guerre sainte, dont la mission était désormais accomplie, reste confondu parmi les croisés vulgaires. En 1097, on le retrouve au siége d'Antioche. La disette régnait dans le camp, les infidèles ne parlaient point de se rendre; Pierre, ne pouvant se résoudre à partager les souffrances des soldats chrétiens, prend la fuite avec les mécontents. Tancrède l'atteint, le ramène, et on lui fait jurer sur l'Evangile qu'il n'abandonnera plus une entreprise dont il avait été l'instigateur. Deux ans après, on le trouve au milieu des chrétiens rangés en bataille sur la montagne des Oliviers et se préparant à donner l'assaut à Jérusalem ; on le voit, plus tard, remplir, en l'absence de l'évêque de Jérusalem, les fonctions de vicaire général dans cette ville. Ici se perdent ses traces et on ne sait plus rien de lui, si ce n'est qu'il mourut en 1115, près de Liége, dans un monastère qu'il avait fondé.

PIERRE LOMBARD, surnommé ainsi parce qu'il était né près de Novare, dans la Lombardie, fut envoyé en France pour achever ses études dans les écoles de Reims et de Paris, où il fut entretenu par les secours de saint Bernard, à qui l'évêque de Lucques l'avait recommandé. Ses succès furent si brillants, qu'il devint bientôt écolâtre ou président de l'école de Paris, et fut nommé ensuite à l'évêché de cette ville. On prétend que Philippe, frère du roi Louis le Jeune, ayant été élu pour cet évêché, le refusa et le fit donner à ce savant docteur dont il avait été le disciple. Pierre Lombard mourut, après cinq ans seulement d'épiscopat, l'an 1164. On a de lui des commentaires sur les psaumes et sur les Epîtres de saint Paul ; mais il est surtout connu par ses livres des Sentences, qui sont un recueil de passages des Pères, principalement de saint Augustin, sur les divers points de la doctrine chrétienne. Cet ouvrage est un corps entier de théologie divisé en quatre livres, dont le premier traite de Dieu et de la Trinité ; le second, de la création, puis de la grâce et du péché ; le troisième de l'incarnation et ensuite des vertus théologales et des commandements de Dieu ; enfin le quatrième, des sacrements et de la fin de l'homme. Le but de Pierre Lombard, en recueillant ainsi les passages des Pères sur l'ensemble de la théologie, fut principalement, comme il le dit lui-même dans' la préface, de combattre ceux qui s'attachaient à soutenir leurs propres pensées au préjudice de la vérité, c'est-à-dire ceux qui négligeaient la tradition pour établir des systèmes et expliquer les dogmes chrétiens par les subtilités de la dialectique, au risque de les dénaturer, comme l'avaient fait Roscelin, Abailard et Gilbert de la Porée. Aussi n'ajoute-t-il que peu de choses aux textes qu'il cite, et n'emploie-t-il le raisonnement que pour en concilier les contradictions apparentes. On lui reproche néanmoins quelques erreurs ; il traite d'ailleurs plusieurs questions assez frivoles et omet des matières importantes, telles que l'Eglise, la primauté du pape et l'autorité de l'Ecriture et de la tradition. Malgré ces défauts, son ouvrage eut un si grand succès, que pendant plusieurs siècles la plupart de ceux qui enseignèrent la théologie le prirent pour texte de leurs leçons, et l'auteur ne fut désigné que par le titre de *maître des sentences*. On compte plus de deux cent quarante théologiens les plus célèbres de leur temps, qui ont fait des commentaires sur cet ouvrage. Quelques maîtres continuèrent pendant quelque temps à suivre l'ancienne méthode, c'est-à-dire prendre quelques livres de l'Ecriture sainte pour texte de leurs explications ; mais, comme leurs leçons ne pouvaient pas offrir un ensemble et un ordre suivis, elles furent presque abandonnées. Ces maîtres, nommés *docteurs bibliques*, s'élevèrent fortement contre la nouvelle méthode des autres, qu'on nomma *docteurs sententiaires*, et

dont plusieurs ne tardèrent pas à introduire dans la théologie les subtilités que Pierre Lombard avait voulu en bannir.　　　R.

PIERRE (SAINT-) (*géogr.*), ville de la Martinique située, par 14° 14' latitude nord et 63° 32' 54" longitude ouest, sur la côte ouest, au fond d'une baie circulaire et à 28 kilomètres nord-ouest de *Fort-Royal* ; c'est la plus ancienne de la colonie. Elle renferme quelques édifices remarquables et possède un collége royal dit des *Pères-Blancs* et un jardin botanique. La rade de Saint-Pierre, défendue par trois batteries, est peu sûre pendant l'hivernage, et les navires la quittent ordinairement à cette époque pour le bassin de Fort-Royal. — Peu d'industrie, mais un grand mouvement commercial, le plus important des Antilles françaises. Population, 20,000 habitants environ, dont la moitié en esclaves. Elle était d'un tiers plus forte avant le tremblement de terre qui, en 1839, exerça de si grands ravages dans la colonie. (*Voy.* MARTINIQUE.) — SAINT-PIERRE est également le nom d'une île de l'océan Atlantique, située avec les deux *Miquelon*, grande et petite, à l'entrée du golfe Saint-Laurent, au sud, par 40° 46' latitude nord et 58° 30' longitude ouest, et à quelques milles de l'établissement anglais de *Terre-Neuve*. Ces trois îles forment une petite colonie dite *Saint-Pierre et Miquelon*, qui, après différentes alternatives de possession française et anglaise, nous appartient définitivement depuis 1814. Elle offre, sur une superficie de quelques lieues seulement, une population qui ne dépasse guère 1,500 habitants résidants et 4,000 environ pendant la pêche : la végétation y est à peu près nulle, mais sa situation dans les parages les plus poissonneux peut-être de tout le globe en font une station des plus précieuses pour les navires expédiés, de nos ports de l'ouest surtout, à la pêche de la morue ; il s'y forme, en outre, d'excellents matelots, au milieu d'une industrie maritime très-développée. En 1835, les exportations de cette petite colonie ont atteint le chiffre de 2,201,380 francs, dont 452,260 fr. pour la France, en morue verte, morue sèche et huiles de poisson, et 1,746,120 fr. pour les colonies françaises, en morue sèche. Les importations, pour la même année, se sont élevées, en sel pour la pêche, viande salée, boissons, farines et légumes secs, sucre, tabac, beurre, cordages, plomb, toile à voile, etc., à 1,047,212 fr., dont 777,313 fr.

de France, 21,064 fr. des colonies françaises et 248,834 fr. des pays étrangers.

PIERRE-ENCISE (*géogr.*), nom d'une roche coupée à pic qui s'élève aux portes de Lyon, sur la rive droite de la Saône ; elle était jadis couronnée d'un château fort, démoli en 1793 et servant de prison d'Etat ; Cinq-Mars et le président Dupaty y furent renfermés.

PIERRIER (*art milit.*). — Le pierrier est une bouche à feu assez semblable au mortier. Il a sensiblement le même diamètre, 1 pied 6 pouces 8 lig., et la même longueur, 2 pieds 5 pouces 6 lignes ; mais il est moins fourni en métal, car il ne pèse que 750 kilogrammes. Il y en a de deux modèles, le *gribeauval* et celui de 1822. Sa charge de poudre est, en moyenne, de 0 k. 7 ; il lance de 40 à 50 kilogrammes de pierres ou de grenades à des distances comprises entre 50 et 200 mètres. Il se tire ordinairement sous l'angle de 60 à 33 degrés. Les pierres, comme les grenades, se posent sur un plateau mis au-dessus de la charge ; ces projectiles, en tombant, battent d'une manière efficace un cercle dont le rayon varie de 20 à 50 mètres, mais toujours plus considérable pour les pierres que pour les grenades. — Les pierriers sont fort usités, surtout dans l'attaque des places ; ils se placent en avant de la troisième parallèle et dans le couronnement du chemin couvert à 100 ou 130 mètres des objets à battre, et, autant que possible, sur les capitales et les prolongements des faces et des flancs des ouvrages de la place, et aussi contre les places d'armes.   **L. Lebas.**

PIERROT. — Ce nom, qui est le diminutif de *Pierre*, fut d'abord donné comme sobriquet moqueur aux paysans niais et grossiers ; il devint ensuite le surnom communément donné aux soldats des gardes françaises ; enfin il servit à désigner l'un des rôles de la comédie italienne. Dans les premières troupes italiennes qui vinrent à Paris (*li Gelosi*), se trouvait déjà un personnage dont le nom, *Petrolin* (en italien *Pedrolino*, petit Pierre), se rapportait à celui de *pierrot* ; mais ses attributions comiques n'ayant pas été les mêmes que celles qui furent plus tard le partage de ce dernier rôle, il faut se garder de les confondre. Le *pierrot* ne fut réellement créé à la comédie italienne, selon l'abbé de Laporte, qu'au temps du fameux Dominique Biancolelli ; jusqu'alors les rôles de valets niais avaient été dévolus à arlequin, mais

Dominique ayant, à force d'esprit, changé les allures de ce personnage, qui, de niais qu'il était, devint avec lui spirituel et moqueur, il fallut, pour conserver à la comédie le type des valets balourds, imaginer un nouveau rôle ; c'est alors que le *pierrot* fut créé. Le fils de Dominique lui-même, Biancolelli fils, qui déjà remplissait auparavant les rôles de *Trivelin*, fut le premier *pierrot* ; et, dès lors, ce personnage, né Français sur le théâtre italien, comme le dit Riccoboni dans sa requête au duc de Parme, ne cessa d'exister à la comédie italienne et dans les loges de la foire. Il servit surtout sur ces dernières scènes, dans les parodies qu'on y multipliait contre les tragédies et les opéras ; tout héros grec ou romain mis en tragédie sur le théâtre de l'hôtel de Bourgogne, ou en opéra sur celui des chanteurs du roi, se travestissait en *pierrot* aussitôt qu'il passait sur les tréteaux forains. C'est ainsi que le Sage et Fuzelier y donnèrent, en 1722, *Pierrot-Romulus*, parodie du *Romulus* de la Motte ; *Pierrot-Roland*, parodie d'un opéra de Quinault, et que Panard y fit jouer quelques années après ; *Pierrot-Tancrède*, critique joyeuse de la tragédie de Voltaire. Ces rôles parodiés n'étaient pas la seule attribution du *pierrot*, il servait aussi parfois de valet au beau Léandre, et c'est à ce titre qu'il dut d'être immortalisé par Marmontel et Grétry dans leur opéra du *Tableau parlant*. De tous les héros du théâtre de la foire, *pierrot* fut le seul qui survécut. Quand les loges des foires Saint-Laurent et Saint-Germain eurent été fermées, il passa au théâtre des Funambules avec les lazzis qui avaient fait sa fortune ; son masque blanchi et son costume traditionnel, large pantalon blanc, large veste blanche à longues manches et boutons énormes. Mais tout dernièrement ce type réjouissant vient de s'éteindre avec Debureau, l'homme qui l'avait le mieux personnifié.   **Ed. F.**

PIÉTÉ (*philos.*). — La *piété* se confond assez communément avec la *dévotion*. Ces deux choses, cependant, ne sont pas identiques, et les deux mots ne sauraient dès lors être naturellement synonymes. La dévotion mal réglée peut devenir minutieuse, puérile même, et conduire à la superstition ; ou ardente, emportée, farouche, elle mène alors au fanatisme. La piété offre une idée plus paisible, plus limpide, si nous osons nous exprimer ainsi, et nécessairement mêlée d'amour et de confiance, ce que la dévotion ne suppose pas toujours. La piété, d'ailleurs, n'a pas toujours la Divinité pour but direct; à côté de la *piété religieuse* se classent la *piété filiale*, la *piété envers les morts, envers les étrangers, envers les malheureux*. Aucune de ces différentes sortes de piété ne se grave dans le cœur de l'homme sans un mélange de cette affection touchante que le christianisme a baptisée du doux nom de *charité*. Elle n'est pas, non plus, exempte de dévotion, puisqu'elle est un commandement divin. — La piété n'est particulière ni à la société moderne, ni à la religion du Christ; elle existait dans l'antiquité. Elle est propre à tous les cultes, à toutes les croyances; mais il appartenait à l'Evangile de la perfectionner et de l'élever autant au-dessus de ce que les hommes l'avaient faite, que le christianisme s'élève au-dessus des religions de leur invention. La piété des païens consistait à craindre et à respecter les dieux. La loi du Sinaï fut la première qui enseigna l'amour; celle du Calvaire lui donna sa dernière consécration en offrant l'exemple d'un Dieu revêtant par amour la forme humaine et expirant sur la croix pour sauver l'humanité. Comment l'homme n'aimerait-il pas la Divinité, qui a consenti à subir pour lui le sacrifice d'humiliation et de sang ! comment n'aimerait-il pas l'homme, lorsque Dieu a daigné donner un si grand exemple d'amour pour lui ! L'amour est donc, dans le christianisme, un des attributs essentiels de la piété, et celle-ci n'est, au fond, que l'assemblage, le résumé des trois vertus théologales, la foi, l'espérance et la charité, car on ne peut croire et aimer sans espérer.

Deux personnages célèbres de l'antiquité, l'un quasi fabuleux, l'autre historique, ont obtenu le surnom de *pieux* : le premier, de Virgile, caution assez suspecte; l'autre, des peuples reconnaissants et des historiens. Antonin comprenait la piété comme il était permis à un païen de la comprendre; il mérita mieux, au reste, sa réputation, par sa conduite, que ce Périandre, mis autrefois, par la Grèce, au nombre de ses sages, titre à peu près équivalent à celui de pieux, ne mérita la sienne. Nous ne consulterons pas sérieusement les vertus d'Enée; mais c'est Virgile que nous interrogerons sur l'idée la plus élevée qu'on se faisait alors de la piété. Il semble que celle du lâche transfuge qui, au lieu de s'ensevelir en combattant sous les ruines de Troie, ne sut que sauver du dé-

sastre ce qui lui appartenait, sa femme exceptée, ne se révèle guère que par le soin qu'il prit d'emporter ses pénates et son vieux père. Cette piété égoïste envers les dieux domestiques, tandis qu'il abandonnait ceux de la patrie, était suffisante, à ce qu'il paraît, pour assurer la réputation de *pieux*, et pour permettre à celui qui se l'était acquise d'en exploiter hautement les bénéfices en tous lieux, et d'écrire en quelque manière, sur le cimier de son casque, pour que personne n'en ignorât : *Sum pius Æneas*. On voit, par la glorification que Virgile accorde à son héros, que les Romains du temps d'Auguste n'étaient pas trop exigeants sur les titres, pas plus que les Grecs du temps de Périandre. Du reste, cette piété toute spéciale n'entraînait l'accompagnement nécessaire d'aucune vertu étrangère à son objet. On pourrait être pieux et séduire sans remords, sans perdre sa gloire, une malheureuse reine trop confiante, la tromper et l'abandonner aux flammes du bûcher élevé par son désespoir. La piété sèche des anciens ne ressemblait pas du tout à cette piété pleine de suavité et d'onction que leur prête l'âme tendre de Fénélon, dans son immortel poème de Télémaque. Mais le pieux précepteur du duc de Bourgogne, qui connaissait l'antiquité comme s'il y eût vécu, avait en vue de former l'âme de son royal élève aux vertus du trône auquel il semblait destiné, plutôt que d'en faire un archéologue. La piété filiale fut mieux comprise des anciens que la piété religieuse; elle fut du moins plus complète, parce qu'elle n'était point séparée de l'amour : aussi les types qu'ils nous ont transmis de cette piété sont-ils extrêmement touchants. C'est Antigone qui consacre sa tendre jeunesse à guider les pas, à partager la misère, à soulager les souffrances de son malheureux père, aveugle volontaire et dévoué aux Furies ; c'est Cléobis et Biton qui s'attellent au char de leur mère Théano, la prêtresse de Cybèle; c'est enfin ce même Enée, sauvant sur ses épaules, au péril de sa vie, son père Anchise à travers les décombres de Troie embrasée et les Grecs altérés de vengeance et s'enivrant de carnage. Ces traits de piété filiale sont puisés dans les plus nobles instincts de la nature; heureux si les anciens n'en avaient pas glorifié de moins louables ! C'est dans l'Ecriture, c'est sous l'empire de la religion révélée qu'il faut en aller chercher, puisés dans un ordre d'idées plus élevé encore. Le respect des deux fils de Noé pour la pudeur de leur père nous offre le sentiment de la piété filiale porté à une hauteur, à une délicatesse que les païens étaient hors d'état d'atteindre ou de comprendre. Si le paganisme a eu ses héros de la piété filiale, il est à peine nécessaire de remarquer que le christianisme n'a pas pu lui être inférieur sous ce rapport plus que pour le reste. Nous nous bornerons à citer deux modèles de caractères bien différents empruntés à notre histoire nationale, saint Louis et mademoiselle de Sombreuil : celui-ci, guerrier intrépide, législateur supérieur à son siècle, demeurant docile, comme un enfant, aux ordres, aux volontés, nous dirons même aux caprices de sa mère ; cette autre buvant sous les massues et les couteaux des égorgeurs, pour sauver les jours de son père, un verre de sang encore fumant des victimes massacrées sous ses yeux.— La *piété envers les morts* a existé dans tous les temps, s'est manifestée sous toutes les formes, a été encouragée par tous les moyens possibles. Les Égyptiens, les Grecs et les Romains croyaient que les âmes des morts privés de sépulture erraient sur les bords du Styx, jusqu'à ce que ce devoir eût été rempli à leur égard. L'Ecriture nous montre Tobie se dévouant au soin pieux d'ensevelir les Juifs mourant sur la terre de l'exil. Dans l'Eglise catholique, l'ensevelissement des morts est mis au nombre des œuvres de miséricorde. Les païens avaient des imprécations, et les chrétiens ont des excommunications contre les violateurs des tombeaux. La loi romaine mettait leur méfait au nombre des grands crimes. De simples sauvages répondaient aux Anglais qui voulaient acheter leur pays : « Abandonnerons-nous les os de nos pères, ou leur dirons-nous : levez-vous et nous suivez ? » A quel ordre de civilisation, ou, si l'on veut, de barbarie, appartient donc une société où l'on voit tous les jours des espèces de vampires, troublant la paix du sépulcre, ouvrir, briser, fouiller les cercueils, remuer, bouleverser le peu de cendre ou d'os qui s'y trouvent, excités les uns soi-disant par amour de la science, les autres par simple curiosité, d'autres enfin par une cupidité impie, pour tâcher de découvrir quelque lambeau d'étoffe, quelques armes rongées par la rouille, quelque médaille ou quelque joyau de cuivre, quelque bière conservant l'empreinte douteuse de larmes desséchées depuis

bien des siècles ?—La *piété envers les étrangers* se manifesta par l'hospitalité, l'une des vertus primitives des sociétés, qui décroît au fur et à mesure que la civilisation se perfectionne et que les mœurs se corrompent, moins encore par l'effet du refroidissement des cœurs que par la faute du trop grand nombre d'êtres méprisables qui cherchent, dans l'exploitation de cette vertu, un moyen de vivre dans la paresse aux dépens des hommes laborieux ou des riches. Mais si l'organisation ou plutôt la forme des sociétés modernes, si différente de celle des sociétés anciennes, en accroissant sans limites et sans bornes le nombre de ces frelons, a tué réellement, dans le cœur des populations, l'hospitalité, bien moins nécessaire, au reste, qu'autrefois, en raison des commodités que l'industrie offre au voyageur, il était donné au christianisme d'en perpétuer la tradition et l'exercice avec une charité que ne pouvait même soupçonner la société antique. Jupiter Hospitalier recommandait bien d'accueillir favorablement l'étranger suppliant, et, pour encourager à l'observation de ce précepte, salutaire et saint par lui-même, la mythologie racontait les dieux voyageant souvent parmi les mortels sous des formes humaines, punissant les cœurs durs qui oubliaient, à leur égard, les lois de l'hospitalité, et récompensant ceux qui s'y montraient fidèles ; mais la touchante fable de *Philémon et Baucis*, que notre bon la Fontaine nous a racontée avec une si attendrissante sublimité, n'empêchait pas de vouer à l'esclavage le malheureux navigateur naufragé et l'étranger fait prisonnier régulièrement ou par surprise. Jupiter Hospitalier n'a jamais pu inventer ces saints religieux du grand Saint-Bernard, vedettes avancées de la charité, qui ne se contentent même pas d'attendre que le voyageur, menacé par la tourmente, se présente à la porte de leur tente hospitalière, mais qui courent au-devant de lui, bravant l'horreur des ténèbres, les dangers des précipices, les fureurs de la tempête, pour guider ses pas vers l'abri protecteur qui lui est préparé au séjour des aigles et des neiges. — La *piété au malheur* ne fut pas absolument inconnue des anciens ; l'homme frappé par les dieux était environné d'un certain respect non dépourvu, peut-être, de terreur, à peu près comme les lieux frappés par la foudre. C'est ainsi que les poëtes nous montrent Oreste et OEdipe errant par le monde après leur crime. Il y a quelque chose d'analogue dans la destinée de Caïn, comme eux criminel, mais criminel tout volontaire, et maudit de Dieu.«Je serai fugitif et vagabond sur terre, dit-il au Seigneur, et quiconque donc me trouvera me tuera?» Et le Seigneur lui répondit : « Non, cela ne sera point; mais quiconque tuera Caïn en sera puni très-sévèrement, et le Seigneur *mit un signe sur Caïn*, afin que ceux qui le trouveraient ne le tuassent point. » Mais autre chose est de respecter le malheur, ou d'aller au-devant du malheureux, de le rechercher pour le soulager, de dévouer son existence entière à ce soin généreux, de ne reculer devant aucun sacrifice de fortune, d'orgueil, de délicatesse, de santé, pour venir au secours de tout être souffrant, connu ou inconnu, de son ennemi peut-être, sans autre stimulant que le désir de plaire à Dieu, sans autre récompense, dans cette vie, que l'espoir de celle qu'il accordera dans l'autre à quiconque se sera acquitté de ces œuvres de miséricorde avec un cœur pur. Voilà, certes, encore un genre de piété que les anciens ne soupçonnaient pas. Ils eurent cependant leurs Hercules et leurs Thésées, grands redresseurs de torts, si on en croit les poëtes et les mythologues dont nos chevaliers errants du moyen âge, qu'on ne rencontre guère, non plus, que dans les romans, ne sont que d'assez pâles copies. L'amour des aventures, le besoin d'éprouver leurs forces, la renommée que leur donnaient leurs exploits entraient dans leur vocation au moins autant, on peut le croire, que le désir de protéger le faible, de secourir la veuve et l'orphelin ; car il leur arrivait bien, parfois, d'être oppresseurs à leur tour, et ils faisaient certainement plus de veuves et d'orphelins qu'ils n'en secouraient : la massue des uns, l'épée des autres, n'étaient, d'ailleurs, acquises qu'à une certaine classe; le vulgaire n'y avait point droit. Est-ce que des héros comme Thésée ou Pyrithoüs songeaient à de vils esclaves? Un noble baron eût-il pu penser à intervenir entre des vilains, des serfs et leur seigneur, quelle que fût la cruauté de celui-ci à leur égard? Ce n'est donc point dans l'esprit de la chevalerie errante de l'antiquité ou du moyen âge, plus ou moins défiguré par les poëtes et les romanciers, que nous devons chercher la vraie piété envers les malheureux, mais dans celles de ces institutions religieuses qui ne se formèrent que de ces vocations puissantes, qui ne se manifestèrent que

sous l'empire de l'Evangile pour la délivrance ou la visite des captifs, pour le soulagement des malades, pour l'entretien des pauvres, pour l'adoption des enfants trouvés. Qui a osé ou su dire avant Jésus-Christ : « Venez vous qui avez été bénis par mon père; possédez le royaume qui vous a été préparé dès le commencement du monde, car j'ai eu faim et vous m'avez donné à manger, j'ai eu soif et vous m'avez donné à boire, j'ai eu besoin de logement et vous m'avez logé, j'ai été nu et vous m'avez revêtu, j'ai été malade et vous m'avez visité, j'ai été en prison et vous m'êtes venus voir... Je vous le dis, en vérité, autant de fois que vous l'avez fait à l'égard de l'un de ces plus petits de mes frères, c'est à moi-même que vous l'avez fait. » Aussi le monde ancien n'offre-t-il rien de comparable à ces religieux de la Morée, consacrés au rachat des captifs et qui si souvent se chargèrent de leurs chaînes lorsque les autres moyens de les en délivrer leur manquaient ; à ce saint apôtre de la charité qui se fit le père des enfants abandonnés, dont les parents n'eussent su faire que des esclaves; à ces filles, à ces vierges angéliques qui, bravant, avec l'aide de Dieu, toutes les répugnances de la nature, se dévouent, par choix, au soulagement des plus repoussantes misères. Les païens les plus vertueux n'entrevirent pas même l'idée de ces vertus; leur piété stérile ne sut pas inventer les hospices. Nous avons dit ce que devenaient les enfants abandonnés; l'homme libre poursuivi par l'indigence n'avait point d'autre ressource que de se faire esclave, et, à Rome, les maîtres embarrassés des esclaves, mis hors d'état de servir par l'âge ou les infirmités, n'imaginaient rien de mieux que de les envoyer mourir de faim dans une île destinée à cet odieux sacrifice.

On trouve, aux mots COUVENT, MONASTÈRE, SOLITUDE, THÉBAIDE, tout ce que nous pourrions dire ici de ces asiles créés par la piété, où les âmes dégoûtées des vains bruits du monde pouvaient aller chercher un abri contre les convulsions d'une société en proie aux déchirements de toutes sortes, refuges précieux qu'on s'est complu, chez nous, à enlever aux âmes brisées de nos jours. Vainement l'ingratitude ou l'ignorance reprochent-elles, à ces pieux reclus des temps passés, ce qu'elles appellent l'égoïsme d'une piété inutile pour cette société à laquelle ils refusaient l'exemple des vertus qu'ils se contentaient de pratiquer pour eux-mêmes, in-

justement leur fait-on un crime des libéra-
lités que la piété des rois et des seigneurs
leur prodiguait ; l'histoire impartiale montre, en réponse à leurs détracteurs, les fruits
palpables de cette poésie ensevelie au milieu
des solitudes, des déserts défrichés et conquis à l'agriculture, le dépôt des connaissances humaines conservé, d'innombrables
et précieux documents historiques accumulés, le goût des arts entretenu, d'admirables
monuments érigés, des millions de pauvres
vêtus et nourris ; tant il est vrai que la piété
est comme ces arbres qui, plantés en apparence pour le seul avantage du propriétaire,
sont secondairement une source de bienfaits
pour les étrangers, abritant la cabane du
pauvre contre l'ouragan, offrant au voyageur fatigué, dont ils jalonnent la route, un
frais abri contre les ardeurs du soleil sous
leur voûte de feuillage, un apaisement à sa
soif irritée par les fruits qu'ils laissent tomber pour les mettre à portée de sa main, servant même quelquefois, par leur action sur
l'atmosphère, à ramener la fertilité dans un
sol trop desséché. — Ce fut aussi la piété qui
inventa ces *monts* destinés à protéger le
pauvre contre l'avidité éternelle des prêteurs
sur gages, et qui n'ont pas voulu dénier leur
sainte origine dont le souvenir se conserve
encore dans leur nom (*voy.* MONTS-DE-PIÉTÉ).
Pourquoi sommes-nous obligé de dire qu'en
France, à Paris surtout, l'institution chari-
table, sous l'enveloppe de cette religieuse
dénomination, s'est tellement écartée de son
but primitif, que peu d'usuriers des plus
éhontés oseraient exiger des malheureux qui
ont encore recours à eux, au delà de l'intérêt
exorbitant que perçoit le mont-de-piété. Le
mot *piété* ici, désormais dénué de sens, n'est
plus qu'un vain leurre qui ne trompe personne. — Le mot *piété* s'emploie, dans le langage héraldique, pour désigner le *pélican
s'ouvrant les entrailles*, qu'il est censé, suivant
l'opinion vulgaire, donner en pâture à ses
petits. — L'iconographie du moyen âge explique différemment cet emblème, sans lui ôter
rien de son caractère religieux et symbolique.
— *Piété* se dit encore, en terme de statuaire,
d'un groupe représentant la Vierge tenant le
corps du Sauveur mort appuyé sur ses genoux. Cette dénomination est une traduction
corrompue du mot italien *pieta* (pitié),
expression syncopée de *dona di Pieta*, qu'on
traduit en français par *Notre-Dame-de-Pitié*.
C'est la crainte d'un mauvais quolibet qui

a fait adopter, par nos artistes, le terme
piété, véritable barbarisme qui n'offre aucun
sens.   P. S.

PIÉTISTES (*hist.*), sectaires qu'on nomme aussi *séparatistes*, parce que, séparés de
l'Eglise catholique, ils ne sont pas moins en
dissidence avec les deux communions protes-
tantes. La secte des piétistes prit naissance
vers l'an 1689 et eut, suivant l'opinion
générale, pour premier auteur et pour pro-
pagateur, le docteur Spénérus, de Francfort ;
de là vient que les piétistes sont quelquefois
appelés *spénériens*. Leur croyance est fondée
sur les mêmes erreurs que celles des ana-
baptistes, des rhatmanniens et des quakers ;
renouvelant aussi quelques-unes des hérésies
propagées par les donatistes et les hussites,
ils prétendent que l'effet des sacrements dépend de la probité et de la vertu du ministre ; que les créatures sont des émanations
de la substance de Dieu, que l'état de grâce
est une possession réelle des attributs de
Dieu, une véritable déification ; qu'on peut
être uni à Dieu quoiqu'on nie la divinité de
Jésus-Christ ; que nulle erreur ne nuit au salut, pourvu que la volonté ne soit pas déré-
glée ; que la grâce prévenante est naturelle,
et que la volonté commence l'ouvrage du salut ; qu'on peut avoir la foi sans aucun secours surnaturel, et, dès cette vie, posséder
le royaume de Dieu ainsi que la béatitude
des saints, etc. Il était naturel que les piétistes fussent portés par de telles croyances au
mépris de toute juridiction ecclésiastique et
de la théologie scolastique ; ils n'estiment
donc que la contemplation et la théologie
mystique. Quelques-uns nourrissent même
les illusions les plus grossières et poussent
leurs erreurs jusqu'au renversement de la
plupart des vérités chrétiennes et même jusqu'à l'athéisme ; d'autres sont visionnaires, et
comme les quakers ne suivent, pour l'interprétation des saintes Ecritures, d'autre autorité que l'inspiration. Ainsi, dans leurs réunions, où l'on ne reconnaît ni chefs ni prêtres,
c'est celui qui est inspiré qui parle et instruit
les autres.

Les piétistes sont nombreux en Alsace,
auprès de Strasbourg ; ils y forment presque
toute la population de la petite ville de Bisch-
willer dans laquelle ils vinrent s'établir au
commencement du XVIIIe siècle. En 1825,
leurs réunions étaient si nombreuses, si
bruyantes, que l'autorité civile fut forcée d'y
intervenir. Scheguigisius a laissé une histoire

des piétistes ; matière amplement traitée aussi dans un livre publié à Rostock au commencement du XVIIIᵉ siècle et ayant pour titre, *Manipuli observationum antepietisticarum.* Le plus célèbre d'entre ces sectaires a été le docteur Godefroid Arnold, ministre de Perlberg, et auteur de l'*Histoire de l'Eglise et des hérésies* (Leipsick, 1700). ED. F.

PIETRO DE CORTONE. (*Voy.* BERETTINO.)

PIGALLE (JEAN-BAPTISTE) , célèbre sculpteur, né à Paris en 1714. Il entra, dès l'âge de 18 ans, chez le Lorrain et fut ensuite élève de Lemoyne. Ses premiers essais ne faisaient pas présager ce qu'il serait un jour, et, à moitié découragé par un échec éprouvé en concourant pour le grand prix de l'Académie, il partit pour Rome. En présence des modèles admirables du beau antique, il sentit l'espérance renaître dans son cœur, et bientôt un travail opiniâtre, que la nuit interrompait à peine, et une inspiration vraie l'initièrent à tous les mystères et à toutes les délicatesses de l'art. Son *Mercure*, le premier ouvrage qu'il fit après son retour en France, fut un chef-d'œuvre : l'Académie, à laquelle il le présenta, admit l'auteur au nombre de ses agréés et le chargea d'exécuter cette statue en marbre. Son nom commençait à se répandre ; mais le talent et la réputation même ne sont pas toujours accompagnés de la fortune, et Pigalle, poussé par la misère, dut se résoudre à remplir dans l'atelier d'un autre sculpteur des fonctions qui se rapprochaient beaucoup de celles de manœuvre. Ce temps d'épreuves dura cinq années. A cette époque, une statue de *la Vierge*, qu'il avait exécutée pour les Invalides, le mit en relation avec le comte d'Argenson, qui lui commanda une statue de Louis XV. Madame de Pompadour voulut, bientôt après, être représentée en pied, et Pigalle s'acquitta avec bonheur de cette tâche délicate. Le groupe bien connu de *l'Amour et de l'Amitié* augmenta encore sa réputation. Il exécuta ensuite, par ordre du roi, son *Mercure* en grand, et, pour lui servir de pendant, une statue de *Vénus*, qui fut son morceau de réception à l'Académie (1744) et qu'on envoya, ainsi que *le Mercure*, en présent au roi de Prusse. *Le petit Enfant qui tient une cage d'où s'est échappé un oiseau*, chef-d'œuvre de grâce naïve et piquante, montra sous un autre jour le talent de Pigalle ; mais un travail plus important, *le Tombeau du maréchal de Saxe*, vint mettre le comble à sa réputation. Ce morceau magnifique, commencé en 1756, ne fut placé que vingt ans après dans l'église luthérienne de Saint-Thomas de Strasbourg, à laquelle il était destiné et où il se voit encore. En 1762, Bouchardon, à son lit de mort, désigna Pigalle pour achever le monument que la ville de Paris faisait élever au roi sur la place Louis XV. Une *statue nue de Voltaire* et le *Tombeau du duc d'Harcourt* occupèrent ensuite successivement son ciseau ; mais ces deux morceaux, quoique habilement travaillés, pèchent par la pensée qui présida à leur création. Pigalle, en effet, s'étudie à y peindre la nature ; il la prend sur le fait ; mais ces corps, amaigris par la vieillesse et altérés par les approches de la mort, attristent les yeux, qui, dans les arts, aiment à retrouver la nature dans ce qu'elle a de beau, de noble et de gracieux, et non dans ce qu'elle produit de laid et de repoussant. — Quels qu'aient été les succès de Pigalle dans les grandes compositions, c'est peut-être dans le portrait qu'il a excellé : ceux de Diderot, de Raynal, de Perronnet et de Gougenot sont d'une exécution qui ne laisse rien à désirer. *La Jeune fille qui se retire une épine du pied* fut son dernier ouvrage et, pour la finesse des détails et de l'expression, rappelle *l'Enfant qui tient une cage*. Pigalle, qui avait été successivement professeur, recteur et chancelier de l'Académie, mourut le 20 août 1785, à l'âge de 71 ans.

PIGAMON, *thalictrum* (*bot.*). — Grand genre de plantes de la famille des renonculacées, tribu des anémonées, de la polyandrie-polygynie dans le système de Linné. Les végétaux dont il se compose sont des herbes vivaces répandues en grand nombre dans les contrées tempérées de l'hémisphère boréal : leur rhizome souterrain émet, chaque année, des tiges herbacées, le plus souvent fistuleuses, qui portent des feuilles alternes, à pétiole d'ordinaire dilaté inférieurement ; leurs fleurs, apétales, souvent dioïques ou polygames, sont réunies en inflorescences composées de divers genres et dépourvues d'involucre ; leur calice est formé de quatre ou cinq sépales colorés, très-fugaces ; leurs étamines sont nombreuses ; leurs ovaires nombreux également, uniloculaires, libres, uniovulés, donnent de quatre à quinze achaines et souvent rétrécis à leur base de manière à paraître stipités. — Ce genre compte, en France, au moins quinze espèces, qui, en grande majorité, se trouvent dans les lieux herbeux des montagnes, particulièrement dans les Pyrénées et les Alpes. L'une de ces espèces a été introduite dans les jardins comme plante d'ornement; c'est le PIGAMON A FEUILLES D'ANCOLIE, *thalictrum aquilegifolium*, Lin., vulgairement désigné sous le nom de *colombine plumacée*. C'est une belle plante de 8 décimètres à 1 mètre de hauteur, à tige droite, cylindrique, légèrement striée, colorée en rouge violacé; ses feuilles sont grandes, trois fois pennées, à folioles ovales, trilobées ou crénelées au sommet et glauques; ses fleurs se développent aux mois de mai et juin, et forment une panicule terminale, serrée, d'un effet assez remarquable à cause de leurs aigrettes d'étamines à longs filets blancs terminés par des anthères jaunes ou purpurines dans une variété. Ses fruits sont des capsules pendantes, à trois angles longitudinaux presque ailés. Cette plante se cultive en pleine terre, dans un sol léger et substantiel, à une exposition un peu ombragée; on la multiplie par division de ses touffes.

PIGAULT-LEBRUN (GUILLAUME-CHARLES-ANTOINE), romancier et auteur dramatique, né, à Calais, en 1763, mort à Lucelle, près Saint-Germain, en 1835. — Les romans de Pigault-Lebrun ont eu une vogue immense sous l'empire et la restauration; des scènes comiques et populaires, triviales même parfois, un pathétique facile et un peu vulgaire, beaucoup de gaieté et de verve bouffonne leur ont valu ce succès. Pigault appartenait à l'école de Voltaire et ne respectait pas plus que lui la religion et les mœurs; plusieurs de ses ouvrages furent saisis, pour cette cause, par la police de l'empire et de la restauration. Dans sa vieillesse, il entreprit une histoire de France calquée sur les idées de Voltaire, qui ne fit et ne méritait de faire aucun bruit. Son style facile et coulant est trop souvent vulgaire et commun comme ses idées.

PIGEONS (*ornith.*).— Les ornithologistes ne sont pas d'accord sur la place à assigner à ces oiseaux : tandis que les uns les rangent parmi les passereaux, d'autres en font des gallinacés. En effet, les pigeons font le passage entre ces deux ordres, et ont, par conséquent, des caractères communs avec l'un et avec l'autre. Mais de quel côté doit pencher la balance? Là est la difficulté et peut-être devrait-on, ainsi que l'a fait Brisson, faire des pigeons un ordre qui serait aussi bien caractérisé et aussi distinct que plusieurs autres. Quoi qu'il en soit, suivant la méthode la plus généralement acceptée, nous les considérerons comme une famille de l'ordre des *gallinacés*, qui a pour caractères : bec faible, grêle, comprimé latéralement, couvert, à sa base, d'une membrane voûtée sur chacun de ses côtés et étroite en devant; la mandibule supérieure est plus ou moins renflée vers le bout, crochue ou simplement inclinée à sa pointe; des narines oblongues, ouvertes vers le milieu du bec, dans un cartilage qui forme une protubérance membraneuse plus ou moins épaisse; des pieds marcheurs; quatre doigts dont trois devant et un derrière articulé au niveau des doigts antérieurs; des ailes médiocres ou courtes. La famille des pigeons renferme trois genres : les *colombes* ou *pigeons* proprement dits, les *columbi-gallines* et les *colombars*. Entrons dans quelques détails sur l'histoire naturelle de ces animaux. Presque tous sont essentiellement granivores ; quelques-uns seulement mêlent des baies à ce régime. On dit en avoir vu d'insectivores, probablement dans les temps de disette. Les aliments, ingérés dans un sac membraneux, ou *jabot* (*voy.* ce mot), très-extensible, y subissent une sorte de macération qui rend leur digestion plus facile : l'estomac est toutefois très-musculeux et, par conséquent, très-susceptible d'agir puissamment par lui-même. Il est à peu près certain que, dans l'état de nature, ces oiseaux ne doivent contracter qu'une union, à moins qu'un accident funeste à l'un des deux ne laisse celui qui reste libre de s'engager dans de nouveaux liens; c'est du moins ce que doit faire penser la ponte de deux œufs desquels naissent un mâle et une femelle. Mais il est loin d'en être ainsi pour les pigeons réduits à l'état de domesticité, et nous avons vu le mâle, ce modèle de douceur, de constance et de fidélité si vanté par les poëtes et même par certains naturalistes, non-seulement être infidèle à sa compagne, mais la forcer, de plus, à vivre en commun avec une rivale préférée. La manière dont les pigeons font leur nid n'offre rien de caractéristique : les uns choisissent, pour l'établir, un arbre élevé au fond d'une forêt solitaire, d'autres préfèrent les jeunes taillis et les bosquets; on en voit encore le déposer dans les crevasses des rochers, dans les trous poudreux des vieux bâtiments; quelques-uns même le font à terre. Il est toujours informe et presque plat, composé de petits rameaux, de gramen, de bûchettes légères, et assez large pour contenir le mâle et la femelle réunis. Ceux-ci se partagent les soins de l'incubation et de l'éducation des petits, auxquels ils donnent pour premier aliment une sorte de bouillie, offrant, par sa nature et sa destination, une grande analogie avec le lait des mammifères et sécrétée, en grande partie, par les cryptes muqueux qui criblent la face interne des parois de l'œsophage, au moment où cet organe se dilate pour former le jabot. Leur façon de donner la becquée est toute particulière : les petits, au lieu d'ouvrir largement le bec, afin de laisser leurs parents y introduire la nourriture, comme le font la plupart des autres oiseaux élevés dans un nid, l'introduisent tout entier dans celui de leurs nourriciers, afin de saisir les matières à moitié digérées que ceux-ci chassent de leur jabot par un mouvement convulsif qui paraît assez pénible : cette opération est, du reste, toujours accompagnée d'un tremblement rapide des ailes et du corps. Les jeunes n'abandonnent leur nid que fort tard et alors qu'ils peuvent suffire eux-mêmes à leurs besoins. Vers la fin de l'été, les pigeons se réunissent en troupes nombreuses soit pour aller chercher ensemble une nourriture et un climat plus convenables, soit pour errer dans les champs et les bois voisins, vivant pêlemêle durant l'automne et l'hiver ; mais, au printemps, les couples se forment de nouveau pour aller cantonner isolément et vivre d'une existence tout exclusive. — On trouve ces animaux répandus dans toutes les parties du globe. Le nombre de leurs espèces s'est prodigieusement multiplié et s'accroît encore chaque jour ; aussi ne nous occuperons-nous que des plus curieuses.

Parmi les COLOMBI-GALLINES, l'espèce qui se rapproche le plus des gallinacés est le CO-LOMBI-GALLINE proprement dit, *columba carunculata*, Temm. Il tient aux pigeons par la forme de son bec, absolument le même que dans ces derniers, et par la nature de ses plumes ; mais il en diffère par le barbillon rouge qui pend sous le bec, par ses tarses plus longs, la forme arrondie de son corps, le port de sa queue courte, qu'il tient pendante comme les perdrix, enfin par ses ailes arrondies. Il a été trouvé dans le pays des Namaquois, près des monts Hérésies. Les espèces qui, au contraire, se rapprochent le plus des colombes ou pigeons ordinaires sont le COL-GAL POI-

GNARDÉ, *C. cruenta*, Sonn., habitant les îles Philippines. Son plumage est gris sur le dos et blanc sur l'estomac, au milieu duquel on remarque toutefois une tache rouge comme une plaie fraîche ; et le COL-GAL A TÊTE BLEUE, *C. cyanocephala*, Lath. Il a le dessus de la tête, la gorge, les oreilles et le devant du cou d'un bleu éclatant changeant en violet et en noir, et une bande blanche transversale sur le sommet de la tête ; le dessous du cou, le dos, le croupion, les couvertures supérieures des ailes et de la queue, ainsi que la poitrine, d'un brun vineux passant au roussâtre sur le ventre. Buffon le considère comme une variété de la tourterelle tourte, par la raison qu'ils se rencontrent dans les mêmes contrées : c'est ordinairement sur les montagnes de la Provence qu'il habite de préférence.

Parmi les *colombes* ou *pigeons* proprement dits se remarquent surtout les espèces suivantes : le PIGEON RAMIER, *C. palumbus*. La couleur de son plumage est ordinairement le cendré plus ou moins bleuâtre, avec les côtés et le dessous du cou d'un vert doré changeant en bleu et couleur de cuivre rosette. La poitrine est d'un roux vineux, et du blanc se remarque sur l'aile. La femelle diffère peu du mâle. Les jeunes sont, avant leur première mue, privés du demi-collier blanc qui, chez les adultes, occupe les côtés du cou. Cette espèce est répandue dans toute l'Europe ; les climats chauds et tempérés lui conviennent mieux cependant que les pays septentrionaux, aussi sont-ils en bien moins grande abondance dans les Etats russes et suédois que partout ailleurs. Ils abondent en France, surtout en automne ; l'hiver nous en enlève une grande quantité. Les ramiers se nourrissent de glands, de faînes et même de fraises, et, à défaut de ces aliments, s'attaquent à diverses graines, ainsi qu'aux pousses tendres de différentes plantes. Leur ponte est ordinairement de deux œufs entièrement blancs : l'incubation dure quatorze jours, et il ne faut pas davantage pour que les jeunes soient en état de voler et de se suffire eux-mêmes. Le ramier est naturellement défiant, soupçonneux et farouche ; cependant ceux pris au nid et élevés en domesticité ne sont pas aussi sauvages qu'on l'a dit ; mais ils ne se reproduisent pas, ce qu'il faut regretter, car cet oiseau constitue un excellent gibier. — Le PIGEON COLOMBIN, *C. anas*, Linn. Son nom vulgaire de *petit ramier* indique assez l'analogie existant entre lui et l'espèce précédente. Il en a, sinon la taille, le port, les allures et presque les couleurs. Ses mœurs n'offrent rien de particulier. Comme le grand ramier, il vit dans les bois ; on le rencontre en abondance dans les contrées méridionales de l'Europe et même en Afrique. Il fait, tous les ans, son passage régulier en France vers la fin d'octobre.— Le PIGEON BISET, *C. livia*, Linn., encore appelé *pigeon de roche*. Il a les parties inférieures et supérieures d'un bleu cendré, les côtés du cou d'un vert chatoyant, le croupion d'un blanc pur, deux bandes transversales blanches sur les ailes et du blanc sur la barbe extérieure de la penne latérale de la queue. Cette espèce, considérée par Buffon comme la souche commune dont sont provenues toutes nos races domestiques, se trouve, dans les contrées les plus peuplées de l'Europe, presque toujours en état de captivité volontaire dans les demeures spéciales que l'homme lui consacre sous le nom de *colombier* (*voy.* ce mot). En état de liberté complète, le biset vit au milieu des rochers qui lui servent d'asile, se livrant, quand la saison l'y invite, à des migrations lointaines. Quelques contrées rocailleuses et montueuses de plusieurs îles de la Méditerranée, et surtout Ténériffe, en nourrissent un bon nombre. Cet oiseau vit de toutes sortes de semences et de graines : sa ponte est de deux œufs entièrement blancs. Il émigre en octobre, époque à laquelle on en voit arriver des bandes nombreuses dans les départements méridionaux de la France. Les grandes espèces de ce sous-genre passent aux plus petites d'une manière si insensible et en conservant des caractères tellement identiques, que les ornithologistes s'accordent généralement à reconnaître comme tout à fait inutile la distinction communément reçue entre les pigeons et les tourterelles. Quoi qu'il en soit, le PIGEON TOURTERELLE, *C. turtur*, Lin., connu en France sous le nom de *tourterelle des bois*, est la plus petite des espèces que nous possédions. Elle a la tête et la nuque d'un cendré vineux ; sur les côtés du cou un croissant composé de plumes noires terminées de blanc ; le devant du cou, la poitrine et le haut du ventre d'un vineux clair ; le dos d'un brun cendré ; les tectrices alaires d'un roux de rouille et tachées de noir à leur centre ; l'abdomen et les couvertures de la queue d'un blanc pur. Le plumage de la femelle ne diffère que par un peu

moins de vivacité. La tourterelle des bois ne vit dans nos climats que pour se reproduire et nous quitte de bonne heure, à la fin de l'été, pour passer en des pays plus chauds. La partie des bois la plus sombre et la plus silencieuse est l'endroit qu'elle préfère. Quoique d'un naturel sauvage, elle s'apprivoise aisément, et, prise jeune, devient même familière. On la rencontre dans presque tous les pays de l'Europe, mais plus particulièrement dans le midi que dans le nord, et aussi en Afrique ; en France, où elle est fort commune, la nourriture abondante qu'elle trouve dans les champs, vers l'arrière-saison, en fait un mets fort succulent. — La *tourterelle à collier* ou *rieuse*, *C. risoria*, Lin., originaire d'Afrique, est connue de tout le monde et fort souvent élevée chez nous en domesticité comme oiseau d'agrément. Hors le temps de la mue, elle donne une couvée par mois ; son roucoulement, bien différent de celui de la tourterelle des bois, est d'une monotonie d'autant plus ennuyeuse qu'elle le fait entendre même pendant la nuit. Ces oiseaux sont l'objet d'un soin tout particulier en Egypte, principalement à Alexandrie et au Caire, où ils vivent en toute liberté et dans une familiarité extrême. Cette espèce, comme la précédente, ne peut vivre dans nos contrées réduite de la sorte en état de demi-domesticité comme le pigeon biset. La tourterelle rieuse se rencontre à l'état de nature en Afrique et aux Indes. — La COLOMBE A CROUPION D'OR, *C. porphyrio*, Reinw., que l'on rencontre aux îles de la Sonde et aux Moluques, a les parties supérieures d'un vert brillant ; la tête, le cou et le haut de la poitrine d'un rouge rose très-vif ; une double ceinture blanche et noire sépare la poitrine du ventre, qui est d'un cendré bleuâtre ; les parties inférieures sont vertes et jaunâtres ; les rectrices, grises et terminées par une nuance plus claire. — Le PIGEON VOYAGEUR, *C. migratoria*, Lath. Son plumage est d'un gris bleuâtre à la tête, au cou, au dos, au croupion et sur les ailes, d'un brun jaunâtre à la gorge, se nuançant de vineux sur la poitrine, et d'un blanc pur à l'abdomen ; les plumes des ailes et de la queue sont d'un brun plus ou moins foncé ; la femelle porte du brun cendré sur la poitrine. Cet oiseau est originaire de l'Amérique septentrionale, où il est fort nombreux ; il traverse, au printemps et à l'automne, les pays situés entre le 20e et le

60° **degré** de latitude nord. On en voit alors une si grande quantité, que leurs troupes réunies couvrent près de 2 milles d'étendue en longueur et 1 demi-mille en largeur ; ils voyagent matin et soir, se reposant, vers le milieu du jour, dans les forêts, et de préférence dans celles abondantes en chênes. Leur nourriture principale consiste en de très-petits glands qu'ils détachent d'une façon toute particulière ; chacun monte à son tour sur l'arbre, donne deux ou trois coups d'ailes pour abattre le gland, puis descend pour aller manger ceux qui se trouvent par terre abattus par lui ou ses compagnons ; l'activité avec laquelle ils se succèdent présente un mouvement perpétuel. La chair de cette espèce est fort délicate ; chaque couple ne fait que deux ou trois couvées par an, et chaque ponte est de deux œufs blancs.—Toutes les espèces précédentes sont à tarse nu ; nous citerons, parmi celles chez lesquelles cette partie est recouverte de plumes, le PIGEON A COURONNE POURPRE, *C. purpurata*, Tem. Sa taille est celle d'une tourterelle ; le front et la moitié de la tête sont d'une couleur pourpre peu vigoureuse, le reste de la tête, le cou et le dessus du corps d'un beau vert très-brillant et foncé ; les pennes alaires noires, les principales, à l'exception des deux premières, bordées de vert, les secondes lisérées de jaune ; queue d'un noir verdâtre. Toutes ces nuances sont plus ou moins foncées, selon les pays que le sujet habite ; on le trouve dans plusieurs des îles de la mer Pacifique, vivant de bananes et s'apprivoisant facilement ; les habitants de Tangataboo l'appellent *kurukuru*, et ceux d'Otaïti *oopara*. — Le PIGEON ORIGOU, *C. auricularis*, Tem., a les joues dénuées de plumes, la peau du devant du cou nue et garnie de trois barbillons pendants. Une carnosité arrondie, d'un beau rouge, tuberculée et de la grosseur d'une noix, s'élève au-dessus des narines ; le plumage est généralement d'un blanc uniforme, à l'exception de la queue grise à sa base et noire vers le bout. Sa patrie est douteuse, l'on soupçonne seulement qu'il habite les îles de la mer Pacifique.

Les COLOMBARS ne présentent qu'un petit nombre d'espèces, qui toutes appartiennent à la zone torride de l'ancien continent. Nous citerons seulement le PIGEON WAALIA, *C. abyssinica*, Lath., de tous les pigeons le plus gros et le meilleur comme aliment ; il a tout le dessus de la tête et du cou d'un vert olive plus ou moins foncé, le haut de l'œil d'un beau rouge, l'abdomen d'un jaune vif, les pennes caudales d'un bleu pâle et sale : cette espèce se rencontre en Abyssinie et au Sénégal. — Le PIGEON VERT D'AMBOINE ou COLOMBAR AROMATIQUE, *C. aromatica*.

Disons, en terminant, que les pigeons domestiques ont été divisés en vingt-quatre races, savoir : les *pigeons bisets*, dont nous avons déjà parlé. — Les *pigeons mondains*, les plus recommandables par leur fécondité : ce sont eux qui peuplent la plupart des colombiers économiques, et qui, avec les bisets, fournissent les marchés de Paris. On ne peut guère leur appliquer de caractères tranchants et exclusifs, attendu qu'ils doivent leur origine à la confusion de toutes les races abandonnées à elles-mêmes et croisées au hasard. — Les *pigeons pattus* se reconnaissent aux plumes plus ou moins longues qui recouvrent leurs doigts. Ils sont maintenant peu estimés, quoique produisant beaucoup. — Les *pigeons tambours*, caractérisés par des pieds extrêmement chaussés, une couronne sur le front, mais surtout par une voix singulière offrant de l'analogie avec le bruit du tambour. — Les *pigeons grosse gorge* ou *roulants*, ainsi nommés de la facilité plus grande qu'ils ont d'enfler leur jabot. Ces oiseaux sont fort négligés par suite des inconvénients qu'amène, chez eux, cette extrême dimension du jabot qui, pendant l'éducation de leurs petits, entraîne souvent une maladie mortelle.— Les *pigeons lillois*, parmi lesquels nous citerons le *lillois élégant*, d'une très-grande fécondité. — Les *pigeons maillés*, espèce fort productive. — Les *pigeons cavaliers*, race précieuse par sa beauté et surtout par sa fécondité, offrant des narines épaisses et charnues : son plumage est ordinairement blanc. — Les *pigeons bagadais*, reconnaissables à leur bec long et crochu, au développement de leurs narines tuberculeuses, au large ruban rouge caronculeux entourant l'œil et à la longueur plus qu'ordinaire du cou et du tarse ; la plupart de leurs variétés sont très-fécondes, mais d'un naturel farouche et intraitable qui les fait négliger.— Les *pigeons turcs*, ayant, comme les précédents, les narines fortement tuberculeuses, un ruban caronculeux autour des yeux, mais en différant par des jambes plus courtes qui leur donnent un port tout différent. Cette espèce commence à devenir rare, quoique d'une grande fécondité.—Les *pigeons romains* se distinguent facilement de tous les autres par leur petit cercle rouge du tour de l'œil, et par deux fèves formant leur morille : cette race est très-répandue en Italie et assez féconde. — Les *pigeons miroités*, ayant les formes générales des mondains, dont ils ne diffèrent guère que par la beauté merveilleuse de leur plumage et l'absence de filet autour des yeux; ils sont, du reste, peu connus, quoique fort productifs.—Les *pigeons nonnains* tirent leur caractère principal d'une fraise de plumes relevées, partant de la partie postérieure de la tête pour descendre le long du cou et s'étendre sur la poitrine comme un capuchon. La variété la plus répandue est le nonnain capucin. — Les *pigeons coquilles*, offrant, pour caractère, une simple touffe de plumes à rebours, formant, sur le derrière de la tête, une sorte de coquille ; ils sont, en général, d'une grande fécondité.— Les *pigeons hirondelles*, tirant leur nom de la ressemblance qu'ils offrent avec l'hirondelle de mer; c'est une de nos plus jolies espèces domestiques. — Les *pigeons carmes*, très-petits et bas sur jambes; ils sont assez féconds, mais la petitesse de leurs pigeonneaux fait qu'ils ne sont élevés que comme oiseaux d'agrément. — Les *pigeons polonais*, se distinguant des autres par un bec très-gros, excessivement court et une bande rouge autour des yeux, quelquefois si large que les cercles qu'elle forme se joignent sur le sommet de la tête.— Les *pigeons à cravate*, caractérisés par une ligne de plumes rebroussées, s'étendant depuis la gorge jusqu'à la poitrine ; ces oiseaux, quoiqu'un peu lourds, soutiennent cependant très-longtemps leur vol en ligne droite et reviennent toujours à leur colombier, quelle que soit la distance qui les en éloigne; aussi les emploie-t-on de préférence comme messagers : ils peuvent faire, dit-on, jusqu'à 72 lieues en quatorze heures. — Les *pigeons volants*, race des plus anciennes et de très-petite taille, avec des narines entièrement dépourvues de tubercules : c'est peut être la plus féconde de toutes les espèces domestiques et celle qui montre le plus d'attachement pour son colombier.—Les *pigeons culbutants*, race fort petite et ainsi appelée par la singulière habitude qu'ont les espèces qui la composent de tourner quatre à cinq fois sur elles-mêmes, la tête en arrière, comme un corps jeté en l'air. On les appelle aussi *pigeons pantomimes;* ils sont très-féconds. — Les *pigeons tournants* ou *batteurs* :

on renonce de plus en plus à cette race turbulente qui porte constamment le désordre dans les colombiers en dérangeant les couveuses par son vol tournant et désordonné et en battant les mâles des autres espèces. — Les *pigeons heurtés* offrent pour caractère essentiel d'avoir la mandibule inférieure blanche et une petite tache bleue, rouge, jaune, ou noire qui se prolonge de la mandibule supérieure sur la tête : cette race est fort insignifiante d'ailleurs. — Les *pigeons trembleurs* ou *paons*, aisément reconnaissables aux ailes pendantes, à la queue épanouie et relevée comme celle d'un paon; ils sont presque toujours agités de mouvements convulsifs. On ne peut guère les élever que comme objet d'agrément et dans des cages. — Les *pigeons suisses*, à plumage ordinairement panaché de rouge, blanc ou jaune sur un fond blanc satiné. — Enfin on pourrait ajouter une vingt-cinquième race formée par le *pigeon tourterelle* offrant pour seule variété la tourterelle blanche ou blonde.

PIGEON (*écon. domest.*). — Les pigeons domestiques, les seuls dont il soit question dans cet article, forment deux divisions : les pigeons bisets, fuyards ou de colombier, regardés comme la souche primitive de toutes les races ou variétés si nombreuses de cette espèce, et les pigeons privés ou de volière, qui sont d'une plus grande taille, produisent davantage de couvées dans l'année, mais qui doivent toujours être nourris à la maison et présentent une multitude de variétés remarquables par leur plumage, l'élégance et la bizarrerie de leurs formes, la vivacité de leurs couleurs. Les pigeons bisets offrent l'avantage de se nourrir eux-mêmes dans les champs pendant presque toutes les saisons et de n'exiger d'autres soins qu'un logement sûr, tranquille et propre, tandis que les autres consomment beaucoup et demandent des soins nombreux. Lorsqu'on veut peupler de pigeons bisets un *colombier* (*voy.* ce mot), on se procure, d'un lieu éloigné, vers la fin de l'hiver, de jeunes couples de l'année précédente, on les met dans le colombier et on tient fermées les trappes de sortie, en ayant soin de donner souvent de la nourriture et de l'eau. Dès que les pontes sont faites et qu'il y a des œufs éclos, on ouvre les trappes; les pigeons vont aussitôt dans les champs chercher leur nourriture, qu'on diminue insensiblement au colombier pour la cesser bientôt tout à fait. Les pigeons de colombier font trois pontes dans le courant de la belle saison ; mais ceux de volière en font beaucoup plus et durant toute l'année, lorsqu'ils sont bien soignés. Chaque ponte se compose de deux œufs blancs, qui produisent ordinairement un mâle et une femelle. Après avoir garni de quelques menus objets le trou ou boulin dont le couple a fait choix pour son nid, la femelle pond, avec un jour d'intervalle, et couve assidûment ses œufs, pendant dix-sept à dix-huit jours, depuis trois heures de l'après-midi jusqu'au lendemain vers onze heures, époque où elle est remplacée par le mâle, qui, dans ces fonctions, aussi bien que dans les soins de nourriture des petits, montre que chez lui le sentiment de la paternité est uni à l'amour conjugal. Le bon moment pour prendre les jeunes pigeonneaux, c'est avant qu'ils soient sevrés et qu'ils quittent le nid : ils sont alors plus gras et plus tendres et ont environ un mois. Dès qu'ils sont en état de voler, ils apprennent à chercher et ramasser les graines et quittent leurs parents quand ceux-ci sont occupés d'une nouvelle couvée. Ce n'est guère qu'à 5 ou 6 mois que les jeunes pigeons commencent à roucouler et songent à leur reproduction ; au bout de deux ans, ils ont atteint toute leur vigueur. Les pigeons sont très-faciles à nourrir et vivent de presque toutes les graines sauvages et des insectes qu'ils rencontrent dans les champs ; ce n'est que quand ils n'y trouvent plus rien, c'est-à-dire durant l'hiver et même seulement durant les neiges et les fortes gelées, qu'il faut les nourrir à la maison. Les criblures, les pepins de raisin, les vesces, le sarrasin, l'orge, les pois, les lentilles, le chènevis servent à cette nourriture, qu'on doit leur servir dans un lieu proche du colombier, à l'abri de la volaille de basse-cour ; on doit entretenir cet emplacement uni et propre : on appelle les pigeons en les sifflant. On évite trop de régularité dans les repas pour ne pas attirer les autres pigeons du voisinage qui viendraient partager la ration : il est nécessaire aussi de fournir aux pigeons de l'eau propre en abondance. Ces oiseaux, comme presque tous les animaux, ont un grand faible pour le sel ; aussi, parmi les moyens indiqués pour fixer les pigeons au colombier, recommande-t-on principalement d'y placer des pièces de marée ou des pains de sel. Ces pains sont formés d'une farine grossière quelconque, à laquelle il est bon d'ajouter un cinquième de cumin ; on

fait aussi dissoudre dans de l'eau un cinquième de sel de cuisine et on pétrit le tout avec de l'argile ou de la terre franche bien corroyée : on fait dessécher ces pains au soleil ou dans un four modérément chaud, on les conserve dans un lieu sec et on a soin qu'il y en ait toujours dans le colombier. — Depuis les lois de la révolution, on ne voit partout que des colombiers et fort peu de pigeons : il n'est cependant pas certain qu'ils causent de grands dommages aux cultivateurs ; le pigeon ne gratte jamais la terre, et ainsi ne déterre pas les semences confiées au sol : naturellement très-timide, à peine le voit-on escamoter, à la dérobée, derrière les semeurs, quelques grains avant que la terre les ait recouverts, ou profiter de ceux que les épis desséchés ont abandonnés au moment de la moisson. A quelque époque de l'année qu'on ouvre un pigeon, même pendant le temps de la moisson ou des semailles, comme cela a été constaté par Beffroy et Parmentier, lorsqu'ils prirent la défense de ces innocents oiseaux, on trouve toujours dans son estomac au moins huit fois autant de graines de plantes parasites que de blé ou autres céréales : on peut donc le regarder comme un excellent sarcleur, et, indépendamment de sa fiente, qui est un engrais très-énergique, on peut dire qu'il rend plus de services à l'agriculture qu'il ne lui fait de tort. Aussi, dans les départements où les préfets veulent faire renfermer les pigeons pendant le temps des semailles et de la moisson, l'exécution de cette loi révolutionnaire, non abrogée, mais à peu près tombée en désuétude, rencontre-t-elle une vive opposition et beaucoup d'obstacles ; ce serait, en effet, condamner à une extinction totale une race d'animaux offrant d'utiles ressources aux habitants de la campagne et qui, si elle consomme quelques grains utiles, qui, pour la plupart, eussent été perdus pour le cultivateur et pour le pays, purge sûrement les champs d'une foule de plantes parasites dont les procédés de culture les plus perfectionnés ne peuvent jamais les débarrasser complétement.   C. B. D. M.

PIGNATELLI (FAMILLE), maison napolitaine des plus illustres. — Dès le temps des rois normands, elle figure parmi les baronnies du royaume, et un diplôme de 1190 mentionne comme décurion un Jean Pignatelli. Un autre Pignatelli devint vice-roi de la Pouille vers 1326 ; mais le membre le plus célèbre de cette famille est, sans contredit,

Antoine **Pignatelli**, né à Naples le 13 mars 1615, et mort, en 1700, chef de la catholicité sous le nom d'Innocent XII (*voy.* ce mot). Cette maison a continué de subsister avec éclat jusqu'à nos jours et s'est mêlée à tous les grands événements de l'empire. On peut citer, pendant cette dernière période , **François Pignatelli**, né à Naples en 1732. Il tua en duel le chevalier de Pollatrelli, perdit la faveur de Charles III et gagna celle de la reine et de son fils. Chargé de la police du royaume, il s'attira, par ses rigueurs et ses exactions, l'aversion publique. Lors de l'occupation française , il s'enfuit en Sicile , fut arrêté et n'évita la mort que par l'intercession de son neveu, le prince de Strongoli. A l'avénement de Joachim, il revint à Naples et y mourut en 1812.　　　　P. V.

PIGNE (*bot.*). — Nom vulgaire du *cône* ou fruit du *pin*. (*Voy.* ce mot.)

PIGNEROL, *Pinerolo* (*géog.*), ville des Etats sardes, située près du *Clusone*, au débouché des hautes vallées alpines, et à 40 kilomètres S. O. de Turin; elle est le siège d'un évêché et d'un tribunal de grande judicature, et possède un collège royal; on y remarque la cathédrale, la place d'armes et un bel hôpital. Papeteries, tanneries, filature de soie, fabriques de draps communs, etc. Population, 6,200 habitants environ. Pignerol tire son origine d'une abbaye fondée, vers le milieu du XI⁰ siècle, par la comtesse Adélaïde de Savoie, et autour de laquelle un village ne tarda pas à s'élever; cent ans plus tard , ce village était devenu une ville que le comte Thomas fit fortifier; François Iᵉʳ s'en empara , en 1536 , mais, en 1574, elle fut rendue, par Henri II, à la maison de Savoie. En 1632, Pignerol fut cédé à la France , avec la vallée de Pérouse, et son château devint prison d'Etat; c'est là que fut renfermé le mystérieux *masque de fer* et que mourut Fouquet (1680). Rendue de nouveau à la Savoie en 1696 , mais démantelée, cette ville, après être rentrée une troisième fois sous la domination française, de 1801 à 1814, fut définitivement réunie aux Etats sardes dont elle fait partie depuis lors. Pignerol est le chef-lieu d'une province du même nom, peu étendue, mais très-fertile.

PIGNON (*accept. div.*). — On donne communément le nom de *pignon* au mur d'une maison qui s'amortit par un angle plus ou moins aigu, portant l'extrémité d'un comble à deux égouts, c'est-à-dire à deux rampants; mais, dans le langage technique et dans le langage archéologique surtout, le mot *pignon*, qu'on remplace quelquefois par celui de *gable*, ne désigne proprement que cette extrémité qui figure un triangle couronnant le quadrilatère rectangle du mur. Le *pignon* est un fronton incomplet; il n'entre pas dans l'architecture antique et ne convient, en effet, par la rapidité de ses pentes, qu'à des climats où les toitures ont besoin d'une forte inclinaison pour n'être point écrasées par les neiges ou pour faire écouler promptement des pluies abondantes et continuelles. Il est donc un des membres essentiels de l'architecture, un des éléments de la construction des pays occidentaux et septentrionaux; c'est là qu'on le voit régner impérieusement au haut des édifices privés, des temples et des palais. La propension des architectes du moyen âge à en multiplier l'usage fut , chez eux , moins l'effet d'un caprice que celui d'une nécessité; c'est pourquoi l'on peut dire qu'ils avaient créé une architecture vraiment nationale, caractère que ne saurait avoir l'architecture grecque ou romaine transplantée sous un soleil autre que celui qui la fit éclore. — L'art multiplia bientôt ses richesses sur la face des pignons. Dans certaines provinces du midi de la France, par exemple, il les couvrit d'espèces de mosaïques, de grosses marqueteries multicolores; ailleurs il y jeta des réticulaires, en sema le champ de fleurettes, y perça des roses à riches meneaux, y traça des arcatures, y incrusta des niches garnies de leurs saints, mais partout , à la différence de l'art classique, il se montre avare de moulures sur leurs côtés et ne les encadre tout au plus que de simples cordons ou de grêles corniches. En revanche, de leurs arêtes saillent souvent de gracieuses ou riches efflorescences qui semblent jaillir des joints des pierres comme les giroflées et autres plantes parasites que le temps accroche aux murailles. Ces efflorescences diverses varient encore de direction, de forme et de nature, selon les époques. D'autres fois l'encadrement formé par la corniche du pignon est surencadré lui-même par une rampe ou galerie, ou par une crête découpée à jour , dont le dessin et le caractère offrent également des différences caractéristiques, selon le temps, la province ou le pays. — Les artistes gothiques ne se contentèrent point de ces sortes de décorations pour le *pignon;* ils imaginèrent de le découper entièrement, le réduisant au seul encadrement de moulures et traçant dans son champ ouvert des trèfles, des rosaces ou des rangs de meneaux verticaux, supportant de petites arcades ogives ou trilobées, le tout pareillement à jour. On voit de ces *pignons*-dentelles servir de couronnement aux fenêtres et même quelquefois aux baies des portails, passant par-dessus ou tout à travers les moulures de la façade. — L'angle du pignon est le plus ordinairement celui d'un triangle équilatéral, souvent un angle plus aigu; jamais il ne descend à l'angle droit, moins encore à l'angle obtus.—En fait d'architecture domestique, on ne connaît guère de constructions plus anciennes que le XIII° siècle. Elles nous montrent généralement le pignon faisant face sur la rue, renvoyant l'eau des pluies dans les cours, lorsqu'il y en avait, ou dans un chéneau qui la déversait ensuite au dehors par une gouttière, inondant les passants et dégradant profondément le pavé. La police urbaine a supprimé les gouttières, et les architectes, au lieu de continuer à mettre le *pignon* de face, ce qui ne pouvait plus se concilier d'ailleurs avec la grande dimension des demeures modernes, l'ont transporté sur le côté, lorsqu'ils ne font point leurs combles en croupe (*voy.* COMBLE). — Sur la plupart des vieilles maisons du XVI° et du commencement du XVII° siècle que nous voyons encore, la partie supérieure du *pignon* offre une forte saillie, qui quelquefois n'a pas moins de 1 mètre, servant à protéger la tête du mur et à abriter, pour ainsi dire, l'habitant de cet étage aérien. Dans les départements de l'ancienne Flandre française, dans la Belgique et dans beaucoup d'autres contrées, les *pignons* des maisons de cette époque sont découpés par leurs côtés en gradins ou terminés par un fronton arrondi, flanqué d'un ou de plusieurs étages de consoles renversées (*voy.* CONSOLE). — *Pignon*, en terme de mécanique, est encore le nom d'une petite roue dentée dont les dents engrènent dans celles d'une plus grande, de façon à ce que le mouvement de l'une entraîne celui de l'autre. J.-P. SCHMIT.

PIGNONS (*bot.*). — On donne vulgairement les noms de *pignons*, *pignons doux*, aux graines du pin-pignon, *pinus pinea* (*voy.* PIN), et celui de *pignons d'Inde*, ou *noix des Barbades*, aux graines fortement purgatives d'une espèce de médicinier, le *jatropha curcas*, Lin. (*Voy.* MÉDICINIER.)

PIGNORATIF (CONTRAT). — C'était une vente à réméré fictive, dont l'usure se servait pour voiler son illégalité. Le débiteur vendait l'immeuble, à lui appartenant, avec faculté de rachat; le créancier acceptait la vente, et louait l'immeuble à son débiteur moyennant un loyer ordinairement égal à l'intérêt du prix de rachat : à l'expiration du délai fixé, il y avait prorogation et relocation, ou bien expropriation de l'immeuble. Cette vente n'était donc, en réalité, qu'un gage différant de l'antichrèse en ce que le créancier recevait non pas les fruits de la chose, mais des loyers ou fermages. Du 2 octobre 1789 au 3 septembre 1807, laps de temps pendant lequel le taux de l'intérêt fut illimité en France, le contrat pignoratif n'était plus regardé comme illicite, et fut exécuté comme contrat de vente proprement dit; mais depuis on a dû revenir aux anciens principes. P. V.

PIGNOTTI (LORENZO), médecin et poëte; né, en 1739, à Figline, petite ville de Toscane, mort, à Pise, en 1812. — Son père, qui était négociant, éprouva des pertes et mourut de chagrin en le laissant dans la misère; un oncle le recueillit et lui fit faire ses études dans un séminaire; il s'y distingua tellement que l'évêque d'Arezzo lui offrit une chaire de littérature dans cet établissement; mais il eût fallu entrer dans les ordres, Pignotti refusa; son oncle s'en montra fort irrité et l'abandonna. Un de ses beaux-frères l'appela près de lui à Pise; il lui fit apprendre la médecine, et, peu d'années après, le grand-duc Léopold lui offrit une chaire de physique dans l'Académie qu'il venait de fonder à Florence. Pignotti passa toute sa vie dans ces fonctions, soit à Florence, soit à l'université de Pise, publiant tour à tour un ouvrage de physique et un recueil de poésies. Il entreprit, dans sa vieillesse, une histoire complète de la Toscane, qu'il enrichit de laborieuses et profondes recherches sur la renaissance et les progrès des arts et des sciences, mais qu'il ne put pousser au delà du XVI° siècle. L'ouvrage qui lui fait le plus d'honneur est son recueil de *Fables et nouvelles*, publiées en 1782. Ces petits récits n'ont ni la simplicité de Phèdre, ni la gracieuse naïveté de la Fontaine. C'est une suite de tableaux champêtres, ravissants de fraîcheur et de grâce; la plupart sont en stances de petits vers. Le récit n'est pas rapide, mais semé de détails inattendus et paré des plus brillantes couleurs; il y a surtout une richesse de mélodie et de rhythme à laquelle personne n'avait atteint dans l'Italie, sans en excepter Métastase, et très-sensible même à ceux qui ignorent la langue du poëte. Pignotti appartient, du reste, à l'école française, et il imite souvent nos écrivains du XVIIIᵉ siècle.　　　　　**J. FLEURY.**

PILASTRE (*archit.*). — Le *pilastre* est originairement plutôt un contre-fort de l'architecture antique qu'une imitation ou un reflet de la colonne, dont il n'a emprunté la base et le chapiteau que tardivement. Les monuments grecs ne nous le montrent qu'engagé dans le mur et n'ayant qu'une saillie variant en épaisseur du tiers au sixième de la largeur de sa surface. Les deux côtés de celle-ci, sauf de très-rares exceptions, sont parallèles, à la différence du profil de la colonne, dont le diamètre supérieur, moindre que le diamètre inférieur, lui est uni par une courbe. — Lorsque les Grecs donnèrent un chapiteau et une base au *pilastre*, qui en fut longtemps privé, ces deux membres différaient essentiellement par leur forme et leurs ornements de ceux de la colonne; autre preuve que les architectes de ces temps en faisaient deux objets parfaitement distincts. — Le pilastre se place ordinairement sur une façade, en arrière d'une colonne; quelquefois aussi on le voit simuler un *périptère* (*voy.* ce mot) sur les murs d'un édifice: il en existe de semblables au pourtour du Panthéon d'Agrippa. Il ne faut point le confondre avec l'*ante* (*voy.* ce mot), qui ne se place qu'aux angles pour les renforcer, quoique celui-ci emprunte quelquefois la figure du pilastre.—Il semble que c'est aux Romains que le pilastre doit le chapiteau et la base semblables à ceux de la colonne; ce n'est du moins qu'à l'époque d'Auguste qu'on croit devoir attribuer les plus anciens. C'est à la même époque qu'on voit quelquefois le *pilastre* se détacher entièrement du mur et se transformer en colonne carrée. Il se décore aussi de cannelures, mais il conserve toujours sa forme parallèle : on trouve cependant deux curieux exemples de pilastres s'amincissant; l'un grec, à l'ancien temple dorique de *Pæstum*, l'autre romain, à l'arc de triomphe de Trajan. — Quelques architectes modernes, entre autres Desbrosses et Mansard, ont donné au pilastre un autre trait de ressemblance avec la colonne en galbant son profil de la même manière; cette innovation peu heureuse, ainsi qu'on peut le voir encore au portail de Saint-Gervais, à Paris, n'a pas eu de succès. —L'architecture gothique n'a fait qu'un usage extrêmement rare du pilastre, qu'elle n'a guère placé que dans le remplissage ou sur la face de quelque pilier, comme on en peut voir à la cathédrale de Paris. — Le mauvais goût des deux derniers siècles a placé quelquefois un pilastre au fond d'un angle rentrant où il se trouve plié en deux, dans toute sa hauteur, y compris son chapiteau; ce pilastre en a en effet reçu le nom de pilastre plié.

On donne encore le nom de *pilastre* 1° à des montants de serrurerie à jour, servant à diviser une grille par travées et même à la consolider ; 2° à des bandes verticales d'ornements formant encadrement à un panneau de verrière; 3° à des montants de treillage employés dans la décoration des portiques et cabinets de verdure qu'on avait coutume, il n'y a pas longtemps encore, de multiplier dans les jardins. La face du pilastre qui peut recevoir des cannelures et des rudentures comme la colonne est très-propre aussi à recevoir soit des arabesques peintes ou sculptées, qui s'exécutent sur un champ renfoncé, encadré de moulures, soit des incrustations de marbres de couleurs variées, dans un intérieur dont les murs ou les plafonds sont décorés d'une manière analogue.　**J. P. S.**

PILATE (PONCE), gouverneur de la Judée pendant le règne de Tibère, fameux par la part qu'il prit au jugement et au supplice du Sauveur. Selon une tradition, il était né en Espagne, et son nom de Pontius lui venait de l'île *Pontia*. En l'an 27, il succéda à Valerius Gratus dans le gouvernement de la Judée. Ses premiers actes furent des violations de la loi judaïque et des atteintes aux priviléges du peuple de Jérusalem : ayant voulu faire construire un aqueduc, il dépouilla le temple de son trésor, et plus tard, selon saint Cyrille, des Galiléens ayant refusé de faire dans le temple l'oblation due à l'empereur, il les envoya au supplice et s'attira ainsi l'indignation du peuple et la haine d'Hérode, qui, en sa qualité de tétrarque de Galilée, réclamait ces hommes comme justiciables de sa juridiction. Ces murmures du peuple et ces plaintes d'Hérode furent une leçon pour Pilate ; se gardant bien désormais d'empiéter sur les principes du sanhédrin ou grand conseil des Juifs, et sur les prérogatives du tétrarque; il se maintint dans les seules limites de son droit de procurateur romain. Sa conduite pendant le jugement de Jésus-Christ en fut la preuve ; il laissa les saducéens et les pharisiens unis aux hérodiens s'emparer de Jésus qu'ils traînèrent devant Caïphe et son conseil; il ne troubla point même l'infâme tribunal soumettant Jésus aux premières épreuves de sa sublime passion et prononçant contre lui la sentence qui le condamnait à la mort. Pilate ne prit un rôle actif dans ce procès inique que lorsque les princes des prêtres, traînant le Sauveur devant son prétoire, vinrent soumettre à son arbitrage la sentence, que, comme gouverneur romain, il pouvait seul sanctionner et rendre exécutoire. Jésus avait été condamné par le sanhédrin, en vertu de la loi du Deutéronome punissant de mort quiconque se disait fils de Dieu : or le principe de cette loi étrangère n'était pas dans la législation romaine; il ne pouvait donc avoir aucune force aux yeux de Pilate, qui refusa de ratifier l'arrêt : c'est alors que les Juifs recoururent à des accusations plus spécieuses, capables de séduire et d'entraîner la conviction du gouverneur. Connaissant sa haine pour les Galiléens, ils crièrent que Jésus était de cette nation, mais Pilate ne se souvint alors que de sa querelle avec Hérode, et, pour ne pas mettre entre le tétrarque et lui une nouvelle cause de discorde, il renvoya Jésus devant son tribunal. Hérode déclina sa compétence, et, redevenu ainsi seul juge du Sauveur, Pilate se vit de nouveau assiégé par les clameurs des Juifs. Cette fois, abandonnant encore le chef d'accusation auquel, en secret, ils tenaient le plus et que Pilate ne pouvait admettre, ils ne lui présentèrent plus Jésus que comme un factieux s'attaquant à l'autorité de César et se disant roi des Juifs en dépit de la souveraineté de Rome. « Si vous ne le faites pas crucifier, crièrent-ils à Pilate, vous n'êtes pas l'ami de César. » Ces obsessions d'une logique haineuse, ces avis de tout un peuple qui en appelait hautement à sa conscience de Romain, à sa fidélité de gouverneur, firent céder Pilate, il signa l'arrêt qui condamnait Jésus ; mais, toutefois, il voulut rester innocent du sang qu'il permettait de répandre. « Je suis innocent du sang de ce juste, » dit-il au peuple, et, consacrant par un symbole cette parole de récusation, il se lava publiquement les mains. Jamais il ne démentit cette conduite; comme s'il eût voulu même rendre les Juifs seuls responsables de cet injuste jugement, il en référa l'exécution à leurs magistrats; et, pour constater ensuite, d'une manière irrécusable, que le titre de roi des Juifs était à ses yeux le seul crime de Jésus, il ordonna, malgré les réclamations des prêtres, que ces seuls mots : *Jésus, roi des Juifs*, fussent écrits au sommet de la croix. C'est encore Pilate qui permit que Joseph d'Arimathie détachât le corps de la croix et l'ensevelît ; si l'on en croit même le témoignage d'Eusèbe et celui de Tertullien et de Justin, il écrivit à Tibère une lettre dans laquelle il racontait la mort de Jésus, les miracles de sa résurrection, et demandait les honneurs divins pour celui dont il avait permis le supplice. Sa coupable condescendance aux cruautés des Juifs ne l'avait pas rendu plus populaire à Jérusalem ; et il suffit d'une plainte portée contre lui par les Samaritains, dont ses soldats avaient troublé une assemblée à Garizim, pour que le gouverneur de Syrie, Vitellius, lui ordonnât d'aller se justifier à Rome. L'empereur ne lui rendit pas son gouvernement ; il le relégua, suivant une tradition, à Vienne en Dauphiné, où, cédant bientôt à ses remords, il se tua, en l'an 40. On a rejeté comme apocryphe, d'après les conclusions de Fabricius et de M. Thilo de Tubingue, l'écrit connu sous le nom d'*Actes de Pilate ;* quant à la pièce ayant pour titre, *Trésor admirable de la sentence de Ponce Pilate*, traduite de l'italien en 1581 et réimprimée en 1839, il est prouvé plus expressément encore que c'est un écrit supposé.

PILATE (**mont**) (*géog.*), chaîne de montagnes de la Suisse et ramification des *Alpes bernoises ;* elle est située près du lac de Lucerne, entre le canton de ce nom et celui d'Underwald, et doit sa désignation aux nuages qui lui forment constamment une sorte de coiffure (*pileatus*, coiffé). Le *mont Pilate* est fort escarpé et compte un grand nombre de pics, dont le plus élevé, le *Tomlishorn*, n'a pas moins de 2,343 mètres au-dessus du niveau de la mer. Sa composition géologique est la pierre calcaire mêlée de quartz et d'argile ; on y rencontre fréquemment des débris de coquillages et de poissons fossiles. — Une montagne de France, appartenant à la chaîne des *Cévennes*, porte également le nom de **mont Pilate** ; elle est située partie dans le département de la Loire et partie dans celui du Rhône ; le *Gier* y prend sa source.

PILATRE DU ROZIER (**Jean François**), physicien né à Metz en 1756. Il montra de bonne heure des dispositions pour les sciences, apprit, dans la boutique d'un pharmacien chez lequel il avait été mis en aprentissage, les premiers éléments de la chimie et de la botanique, et se sauva de chez son père, qui le traitait avec trop de rigueur, pour venir à Paris, où il se livra avec ardeur à l'étude. Ses progrès furent rapides. Il présenta quelques observations à l'Académie, fut nommé successivement professeur de chimie à Reims, intendant des cabinets de physique de Monsieur, depuis Louis XVIII, et inventa un appareil propre à garantir des effets du méphitisme. La découverte des aérostats par les frères Montgolfier échauffa son imagination et donna un nouveau cours à son activité. La première ascension d'un ballon seul avait eu lieu au champ de Mars, le 25 août 1783; quelques jours après, Pilâtre annonce qu'il s'élèvera lui-même dans les airs, et, le 25 octobre suivant, il s'élance, en compagnie du marquis d'Arlandes, dans une montgolfière, au château de la Muette; en moins de vingt minutes, il traverse Paris et va descendre sur la butte aux Cailles, à 4 ou 5,000 toises de son point de départ. En 1784, il se rendit à Lyon pour tenter une nouvelle ascension avec Montgolfier, et, l'année suivante, il répéta cette expérience à Versailles, devant la cour. Pilâtre avait conçu le projet de traverser la Manche et d'aller s'abattre sur les côtes d'Angleterre. Le gouvernement mit à sa disposition 40,000 fr. pour la construction d'un ballon, et il eut l'imprudence de combiner les procédés de Montgolfier avec ceux de Charles ; *ce qui*, disait ce dernier, *était placer un réchaud sur un baril de poudre*. Pendant qu'il travaillait à son aérostat, il apprit que Blanchard était parti de Douvres, et était descendu près de Calais. Piqué d'avoir été devancé, il hâta ses préparatifs, et le 15 juin 1785, à sept heures du matin, il s'élança à Bologne, pour passer en Angleterre; mais le fragile esquif avait à peine atteint la hauteur de 2 ou 300 toises qu'il s'enflamma, et Pilâtre du Rozier, précipité à terre, périt sur le coup.

PILE (*accept. div.*). — « *Pelote, estueuf, taverne, ou pilier de pont, ou pile à piler froment,* » dit un ancien glossaire, bien incomplet encore sur ce mot, car il signifie aussi tout pieu ou bâton armé de fer et même tous les traits ou dards qui se décochaient à l'armée; acception très-fréquente dans Joinville : c'est de là que vient sans doute le terme de *pile* employé dans le blason pour signifier un pal aiguisé, qui s'étrécit depuis le chef et va se terminer en pointe vers le bas de l'écu, et les mots *pilot*, *pilotis*. Le monnayeur au marteau appelait *pile* le coin sur lequel étaient gravées les armes ou autres figures qui devaient faire le revers des pièces. De là est venue l'expression *pile ou face* et *croix ou pile* pour désigner les deux différentes faces des pièces de monnaie. — PILE était encore un poids, ou un assemblage de poids s'emboîtant l'un dans l'autre. On trouve le premier sens, dans ce passage « *comme Olivier Pignée, maistre particulier de nostre monnaie de Tours, eust par certain temps pesé en icelle monnaie à (avec) une* PILE *de cuivre pesant xxxij marcs...* »—Toutes ces acceptions, excepté celle qui s'applique aux piliers de ponts, sont tombées en désuétude ; cependant, si nous ne disons plus pile à piler le froment, si nous n'appelons plus pile une sorte de vase pour conserver le vin et l'huile, ni la cavité de la table d'autel, dans laquelle sont renfermées les reliques, nous avons conservé une acception bien voisine lorsque nous appelons *pile* l'espèce d'auge dans laquelle agissent des pilons, soit pour fouler les tissus ou les peaux chamoisées, soit pour réduire les écorces à l'état de tan, ou pour réduire en pâte le chiffon qui deviendra du papier. — *Pile* est surtout employé aujourd'hui pour signifier un amas d'objets semblables superposés régulièrement. On dit une pile de pièces de monnaie, une pile de livres ou de paquets, etc.   EM. L.

PILE DE VOLTA ou **GALVANIQUE** (*phys.*). — C'est à l'article GALVANISME que l'on trouvera l'histoire complète de l'électricité développée au contact des corps. L'appareil dont nous avons à nous occuper ici, dû à un physicien de Pavie, Volta, est une application de cette propriété. La pile galvanique est une suite de paires d'éléments hétérogènes mis convenablement en rapport de façon à concentrer sur le dernier élément de chaque extrémité toute l'intensité d'action développée par leur ensemble. Si l'on place, par exemple, un disque de zinc z sur un disque de cuivre de pareille forme c, en communication avec le sol, ce dernier disque sera dans l'état normal, puisque l'électricité de la terre neutralisera celle développée à sa surface, et le disque de zinc, au contraire, se recouvrira de fluide positif dans une proportion que nous représenterons par *e* ; plaçons ensuite sur le disque de zinc un cercle de carton mouillé et sur celui-ci un second disque de cuivre *c'*, le zinc partagera son électricité avec le disque *c'* et en reprendra au disque inférieur *c* qui, lui-même, en recevra du sol. Il est visible que ce partage ne s'arrêtera que lorsque le disque *c'* aura aussi une quantité *e* de fluide positif. Plaçons un second disque de zinc *z'* sur le disque de cuivre *c'* ; les deux métaux agissant toujours de la même manière, quel que soit leur état, il en résultera évidemment que la lame de zinc *z'* devra se recouvrir d'une quantité *e* d'électricité de plus que la lame *c'* qui en contient déjà *e*. La lame de zinc *z'* se chargera donc de 2 *e* de fluide positif. En continuant ainsi les superpositions, on voit par le raisonnement que la dernière lame de zinc contiendra *n e* de fluide *positif*, et la dernière lame de cuivre *n e* de fluide *négatif*, lorsque l'on représente par *n* le nombre des lames d'une même espèce. Ainsi donc les quantités de l'électricité du zinc seront *e*, 2 *e*, 3 *e*... *n e* et celles du cuivre correspondant 0, *e*, 2 *e*... (*n* — 1) *e*, ce qui donne pour la somme de ces deux progressions arithmétiques $\frac{(e + n\,e)}{2} + \frac{(n\,e - e)\,n}{2}$ ou $n^2\,e$; ce qui exprime que la somme totale de l'électricité est proportionnelle au carré du nombre des éléments. De plus, la tension *n e* du dernier élément est proportionnelle au nombre de ces derniers et ne dépend nullement de leurs dimensions : ainsi deux piles dont les éléments seront très-inégaux en grandeur comparativement sur chaque, mais égaux en nombre, auront absolument la même tension ; quant à la quantité de l'électricité développée, elle est proportionnelle à l'étendue des plaques.

La pile que nous venons de construire est totalement chargée d'électricité positive ; elle n'aurait offert que de l'électricité négative si c'eût été l'extrémité zinc que l'on eût mise en communication avec le sol. Sans l'emploi des conducteurs humides, tous les éléments auraient la même charge électrique bornée à celle développée par le contact de deux éléments seulement.—Si, au lieu de faire communiquer la pile avec le sol, nous l'isolons complètement, une moitié est alors chargée d'électricité positive et l'autre moitié d'électricité négative, et, dans cet état, il est évident que toutes les quantités de l'électricité des différents éléments étant réunies se dé-

truisent, puisqu'elles proviennent de la décomposition d'une portion d'électricité naturelle de cette pile, opérée sans concours des corps environnants. Soit, par exemple, une paire isolée ; la différence entre les deux éléments étant constante et la somme totale nulle, le disque de zinc aura $+\frac{e}{2}$ d'électricité positive et celui de cuivre la même quantité d'électricité négative que l'on exprime par $-\frac{e}{2}$. Si nous ajoutons ensuite une nouvelle paire en la séparant de la première par un cercle de carton mouillé, cette pile devra satisfaire alors à la condition de donner une somme nulle par la réunion de toute l'électricité développée ; mais cette pile de quatre éléments aura à son extrémité zinc + *e* d'électricité positive et à son extrémité cuivre une même quantité d'électricité négative, tandis que les deux éléments du milieu seront dans l'état naturel. Il résulte encore évidemment, de ce qui précède, que, quel que soit le nombre des paires, les éléments situés à égale distance du milieu ont des quantités d'électricité égales et de signes contraires, et que, quand leur nombre est divisible par deux, les éléments formant la paire du milieu sont dans l'état naturel. — En établissant une communication entre plusieurs piles semblables, on compose une *batterie galvanique* ou *voltaïque;* la réunion peut se faire de deux manières : les piles ayant, par exemple, chacune cent paires, de 1 décimètre carré chaque, si l'on en réunit deux en faisant communiquer ensemble d'une part les deux pôles négatifs et de l'autre les deux pôles positifs, on aura pour résultat une batterie de cent couples ayant chacun 2 décimètres carrés ; si, au contraire, la réunion a lieu par la communication du pôle positif de la première avec le pôle négatif de la seconde, on obtiendra une batterie de deux cents couples ayant chacun 1 décimètre carré. On voit donc que, par l'arrangement des piles en batterie, on peut multiplier à volonté soit la tension, soit la quantité de l'électricité produite.

Les premières piles construites, ainsi que nous venons de le dire, étaient verticales, d'où leur nom de *piles à colonnes;* mais cette disposition fut bientôt abandonnée, parce que le poids des disques supérieurs faisait sortir le liquide des conducteurs humides et mettait bientôt ainsi la pile hors de service : c'est pour éviter cet inconvénient que l'on imagina les piles dites *à auge*. Cet appareil est composé de plaques rectangulaires, soudées par paires de façon à fournir le nombre voulu d'éléments ; tous ces derniers sont disposés de champ et parallèlement dans une caisse de bois dont les parois doivent être revêtues d'un mastic non conducteur. L'intervalle de deux couples forme une petite auge dans laquelle on met de l'eau acidulée ; c'est cette lame d'eau de 1 centimètre d'épaisseur qui remplace la rondelle humide de la pile à colonnes. Les auges successives n'ont entre elles aucune communication, ni par les bords ni par la tranche supérieure des couples ; mais, si l'expérience a fait connaître que les acides puissants sont nécessaires pour faire produire à la pile des effets énergiques, ces corps attaquent et usent promptement les plaques ; il était donc utile de les soustraire, dans l'intervalle des expériences, à l'action du liquide ; c'est ce que l'on obtient dans la pile à auge par le moyen d'une barre en bois enlevant les plaques ou les abaissant toutes à la fois. Le bois, étant mauvais conducteur du calorique, n'affaiblit que très-peu l'action de la pile par la communication qu'il établit entre les extrémités ; on pourrait, d'ailleurs, le recouvrir d'une couche d'enduit isolant.—Wollaston a imaginé un système de pile qui porte son nom. Dans sa construction, l'extrémité zinc *z* est une bande de ce métal soudée à une bande de cuivre *c ;* cette dernière bande est large et enveloppe l'élément zinc de la seconde paire : il va sans dire que cette enveloppe de cuivre ne touche pas le zinc, une séparation étant établie par du liége. A ce second élément de zinc est soudée une bande de cuivre *c'*, qui va envelopper l'autre élément de zinc de la troisième paire, et ainsi de suite. Ce système a l'avantage de faire passer l'électricité du premier zinc sur le deuxième cuivre par la couche d'eau qui les sépare, puis du deuxième zinc au troisième cuivre, et ainsi de suite. De plus, le fluide qui est sur le zinc peut en sortir par tous les points de la surface et n'a à traverser, pour se porter sur le cuivre, qu'une couche très-mince de liquide, et cette couche, qui, dans la pile à auge, se trouve si promptement altérée, peut ici se renouveler en se mélangeant avec le liquide du vase. Il est facile de comprendre combien cette disposition doit augmenter

l'énergie de l'appareil. Un seul couple de cette espèce ayant seulement quelques centimètres carrés de surface est capable de produire des phénomènes étonnants, par exemple, de faire rougir un fil de platine ; avec une pile d'une vingtaine de couples convenablement disposés, on peut faire toutes les expériences galvaniques. — *La pile en hélice* n'est, en réalité, qu'une modification de la précédente ; elle est surtout destinée à produire de grandes quantités d'électricité sans donner de grandes tensions. Pour sa construction, soit un cylindre en bois de 1 décimètre de diamètre et de 3 à 4 décimètres de longueur, sur lequel on enroule deux lames, l'une de zinc et l'autre de cuivre, séparées par des bouts de lisière de drap joints au moyen de petites ficelles dont l'épaisseur est un peu moindre que celle de la lisière ; on forme ainsi des couples dont les deux éléments ont chacun 5 à 6 mètres carrés de surface. Un seul de ces couples est capable de produire des effets physiques très-prononcés, et la réunion de vingt couples pareils seulement donne une batterie d'une puissance suffisante pour fondre de véritables tiges de métal. — Les piles dont nous venons de parler ont d'abord une assez grande puissance, mais la détérioration en est rapide ; on a donc cherché s'il ne serait pas possible d'avoir des appareils qui, étant mis en action sans le concours des acides, pourraient se conserver pendant très-longtemps. Deluc, en 1809, et Zamboni, en 1812, construisirent des piles dites *sèches* avec des disques de papier légèrement humide argenté ou plutôt zingué sur une des surfaces et recouvert d'oxyde de manganèse sur l'autre. Plusieurs milliers d'éléments pareils réunis ensemble forment une colonne que l'on entoure ordinairement de soufre fondu pour l'isoler et la préserver de l'humidité. On conçoit que ces piles puissent conserver leur action pendant fort longtemps, mais il n'est pas moins évident que la production de l'électricité doit y être fort lente et qu'alors il leur faut un certain temps pour réparer leurs pertes après qu'on leur a enlevé l'électricité développée.

Avant la découverte de l'électromagnétisme, les trois dispositions principales que nous venons de décrire étaient, pour ainsi dire, exclusivement employées à la construction des piles ; mais, de nos jours, les physiciens donnent assez généralement la préférence à d'autres appareils que nous allons faire connaître. — *Pile de Smée*. Son élément se compose d'une large lame de *platine platiné*, comprise entre deux lames de *zinc amalgamé* dont la largeur est seulement un peu plus du tiers de celle de la lame de platine ; celle-ci est pincée à son bord supérieur entre deux règles de bois dont les prolongements reposent sur les bords du vase dans lequel plonge l'élément et servent ainsi à le soutenir ; la partie supérieure des zincs s'appuie et se presse contre ces règles de bois, dont l'épaisseur détermine, par conséquent, la distance devant exister entre elles et la lame de platine. Une pince métallique qui presse les deux bords supérieurs des zincs contre les règles de bois porte le *fil négatif*, et une pareille pince pressant la lame de platine porte le *fil positif*. Quand la communication n'est pas établie entre les fils, l'acide sulfurique du liquide n'agit pas sensiblement sur le zinc amalgamé, car on ne voit pas de dégagement d'hydrogène; mais, aussitôt cette communication établie directement par les fils ou bien par l'intermédiaire de divers conducteurs métalliques ou liquides, l'action devient plus ou moins vive. Les avantages de ce système consistent, d'un côté, en ce que l'amalgamation du zinc l'empêche d'être attaqué directement par les acides qui n'ont d'action que pendant la communication avec le platine, et, de l'autre, le platine platiné paraît être meilleur conducteur et donne beaucoup plus d'énergie au courant. — On a encore imaginé une foule de combinaisons analogues dont il serait hors de propos de donner ici la description ; toutes ont pour caractère commun d'être à un seul liquide, que l'électricité s'y trouve produite par la décomposition de l'eau résultant de l'affinité du zinc pour l'oxygène ; que les deux métaux qui les composent s'y trouvent également *l'un et l'autre à l'état négatif*, par la communication plus ou moins conductrice qu'ils ont entre eux en dehors du liquide et que l'hydrogène qui est positif ne vient à l'élément non oxydé, platine, cuivre, etc., que parce que cet élément est chargé de l'électricité négative qu'il a reçue du zinc et peut ainsi, par la décomposition de l'eau en sens inverse, c'est-à-dire en prenant l'hydrogène, compléter la chaîne des décompositions successives entre toutes les molécules liquides qui séparent les deux métaux, d'où résulte une énergie beaucoup plus grande que dans les piles primitives.

Un autre système repose sur l'emploi simultané de deux liquides ; nous en donnerons pour exemple l'appareil connu sous le nom d'*élément de Daniel*. Il se compose d'un cylindre creux de cuivre rouge très-mince, fermé de toutes parts et lesté ; son extrémité inférieure est plate et la supérieure conique ; au-dessus de la base de celle-ci s'élève un rebord percé de plusieurs trous. Ce cylindre s'engage dans une vessie qui vient se lier autour du rebord, mais au-dessus des trous, de telle sorte qu'une dissolution saturée de sulfate de cuivre, versée dans le rebord faisant office d'entonnoir, tombe par les trous pour venir remplir tout l'espace compris entre la vessie et le cylindre. On met, en outre, sur le même cône des morceaux de sulfate de cuivre, que l'on renouvelle à mesure qu'ils se dissolvent dans le liquide qui doit toujours les baigner un peu. Un manchon de zinc, fendu sur sa longueur pour s'élargir à volonté, est plongé dans un vase non conducteur (verre en faïence) contenant une dissolution de sulfate de zinc ou de chlorure de sodium ; le cylindre de cuivre est enfin plongé dans le manchon de zinc, ce qui constitue alors une paire galvanique, et deux bandes de cuivre, soudées l'une au cylindre et l'autre au manchon, représentent les deux pôles de l'élément ; aussitôt que l'on établit entre elles une communication métallique, on obtient un courant d'une grande intensité pendant des heures et même des journées entières. Cet appareil retirerait son degré de force plus grand, suivant certains physiciens, d'une décomposition double et simultanée, celle de l'eau, d'une part, et celle du sulfate de cuivre, de l'autre ; mais ici tout est hypothèse quant à la théorie de l'explication. Contentons-nous donc de signaler le fait. Ajoutons qu'une foule d'arrangements divers ont été imaginés d'après ce système pour approprier les piles aux différents besoins. — Enfin l'on a imaginé, dans ces derniers temps, une *pile à gaz*. Elle se compose de petites cloches, en partie pleines d'hydrogène ou d'oxygène, plongeant dans de l'eau pure légèrement acidulée avec de l'acide sulfurique : un même verre contient deux de ces cloches, l'une d'oxygène et l'autre d'hydrogène, et dans chacune est une petite bande de platine occupant à peu près toute la hauteur pour sortir ensuite par le haut de la cloche où elle est hermétiquement scellée. La pile se compose en faisant communiquer, par exemple, la bande hydrogène du premier verre avec la bande oxygène du second, puis la bande hydrogène de celui-ci avec la bande oxygène du suivant, et ainsi de suite, les deux bandes extrêmes appartenant à des gaz différents, celle d'oxygène formera le *pôle positif* de la pile, et celle d'hydrogène son pôle négatif. Lorsque ces pôles se trouvent mis en communication, ils constituent un courant d'une intensité remarquable. Cette découverte ingénieuse est due à M. Grove.

Nous n'avons à nous occuper ici d'aucun des effets de la pile voltaïque en général, renvoyant, pour cet objet, aux articles ELECTRICITÉ et GALVANISME. Disons seulement que cet appareil rend depuis longtemps et chaque jour encore des services éminents à la science et aux arts industriels.: c'est par son secours que l'on est arrivé à la décomposition de l'eau, à celle des alcalis et d'une foule d'autres corps, à l'étude des courants électriques; c'est encore par son moyen que l'on pratique, tous les jours, la *galvanoplastique*. (*Voy.* ce mot.)

PILENTUM. — On nommait ainsi, à Rome, une litière destinée, selon Servius (liv. v), à conduire les matrones aux jeux et aux sacrifices. Horace et Virgile en ont parlé, et, suivant leurs commentateurs, il ne faut pas confondre, comme on le fait d'ordinaire, le *pilentum* dont la mode venait d'Espagne avec le *petoritum*, char d'origine gauloise. Au dire de Varron, le *pilentum* ne commença à être en usage à Rome que dans les derniers temps de la république : il était de forme élégante, et, à en croire même la description qu'en donne le même historien, « si bien suspendu sur des ressorts (*ita libratum*), que les personnes reposant sur ses moelleux coussins semblaient flotter dans l'air. » Cette litière, que nos carrosses suspendus rappellent au mieux, roulait sur quatre roues, et son extérieur était ordinairement peint de diverses couleurs. ED. F.

PILEUM ou **PILEUS.** — C'était le bonnet de laine dont les Romains de condition libre se couvraient la tête. Son nom venait du grec πιλος (bonnet de feutre), parce que, comme cette coiffure des Grecs, il était fait de laine foulée. Les esclaves n'avaient le droit de se coiffer du *pileum* que le jour des saturnales et quand on les affranchissait. Dans cette dernière circonstance, le maître déposait le *pileum* sur leur tête rasée, et c'était la

meilleure preuve de leur mise en liberté : de là vient l'expression, consacrée par Tite-Live (liv. xxiv) et Suétone (*in Tiberio*), *servos ad pileum vocare*, pour signifier des esclaves appelés à la liberté. La *plebs* romaine, pour se distinguer des esclaves, prenait le *nom* de *gens pileata*. Le jésuite italien Théophile Raynaud a fait un long traité *de pileo*, compris par Grævius dans son recueil des antiquités romaines. ED. F.

PILIER (*accept. div.*). — Le mot *pilier*, dans le langage de l'architecture, indique un corps dressé, massif, sans ornements, destiné à soutenir une arcade, une voûte, un toit, un plafond. Dans les constructions rustiques, sa forme, ses proportions et même sa matière sont entièrement arbitraires ; ainsi il peut être carré, à pans, arrondi, prendre en hauteur plus ou moins de développement, le tout selon les besoins, être fait de pierre, de brique ou de bois ; dans ce dernier cas, il prend le nom de *poteau* lorsqu'il est construit d'une seule pièce. Dans l'architecture de style, le *pilier* s'emploie comme membre, au lieu de la colonne, lorsque celle-ci n'offrirait pas assez de solidité réelle ou apparente pour résister au poids de la charge à supporter, ou lorsque des arcades, par exemple, doivent laisser entre elles un certain espace ; alors la dimension du chapiteau de la colonne étant insuffisante pour recevoir les archivoltes, il faut recourir au *pilier* s'il n'entre pas dans le dessein de l'architecture de prendre pour support des colonnes couplées, disposition considérée comme peu classique. Au lieu de base et de chapiteau, on donne au *pilier* un pied qui n'est autre chose qu'une saillie sans moulure, et une corniche qui reçoit les archivoltes des arcades. Dans l'architecture romane, lorsque le *pilier* reste carré, il se couvre ordinairement sur chacune de ses quatre faces, ou d'une colonne plus ou moins engagée (fig. 1re), ou d'une colonne légèrement détachée (fig. 2). Les deux colonnes de flanc reçoivent les archivoltes des arcades latérales, celle de la face antérieure se prolonge jusqu'à la voûte supérieure, et celle de la face postérieure reçoit l'arc-doubleau de la voûte basse. D'autres fois le *pilier* s'arrondit et se cantonne pareillement de quatre colonnes (fig. 3), ou bien il se cave sur les quatre faces (fig. 4). On rencontre plus fréquemment que ces deux derniers, qui appartiennent déjà à l'époque gothique, le *pilier-colonne*, gros cylindre lourd et trapu s'appuyant sur une base qui rappelle la base toscane, et portant un chapiteau analogue (fig. 5). Plus tard il s'élance, et son chapiteau s'enrichit de toutes parts d'ornements, même de figures et de

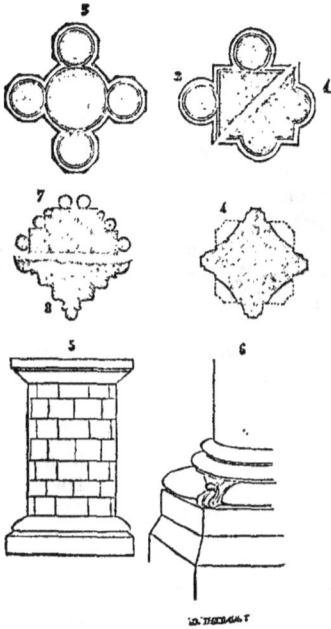

sujets historiques ou allégoriques, c'est une petite imagerie; sa base porte alors sur un socle à pans inégaux qu'elle compense par des feuilles formant empatement (fig. 6). Dans les édifices gothiques, les conditions et les formes du pilier changent d'une manière absolue. La masse, devenue d'autant plus considérable en épaisseur que le pilier a crû singulièrement en hauteur, se découpe ou plutôt se profile dans toute cette hauteur en colonnes, en colonnettes intermédiaires, et même en moulures ou arêtes apparaissant à leur tour entre ces corps cylindriques. Les deux plans fig. 7 et 8 donnent une idée de ces découpures qui se multiplient au fur et à mesure qu'on s'éloigne de la fin du xiie siècle et du commencement du xiiie, époque que l'on considère comme la période *classique* de ce genre d'architecture. Chacune de ces colonnes ou colonnettes, qui sont toutes égales en hauteur, nonobstant les différences de leur diamètre, a sa base et son chapiteau, mais toutes portent sur un socle commun et

sont dominées par une moulure générale plus ou moins volumineuse qui forme le couronnement du faisceau, d'où le pilier prend le nom de *pilier-faisceau* ou de *pilier fasciculé*. — La masse de ce pilier est toujours le carré (on en trouve cependant dont la masse est ronde, mais rarement en France), mais ce carré ne s'offre jamais par sa face; comme le pilier de l'architecture antique ou imité de l'antique, c'est toujours par l'angle qu'il se présente, et cette disposition est à la fois un des principaux caractères de l'architecture dite gothique, une des principales causes des illusions d'optique qu'elle produit, un des principaux éléments de la stabilité surprenante de ses hardis édifices.— Plus le moyen âge tire vers sa fin, plus les découpures du pilier s'altèrent, jusqu'à ce qu'elles se fondent, au xvie siècle, en simples moulures, qui ne sont que la continuation de celles des archivoltes non interrompues par des chapiteaux ou des corniches.

Le *pilier* employé à l'extérieur, comme moyen non plus de support, mais de résistance, est appelé *pilier butant*; il se confond avec le *contre-fort* (voy. ce mot). Ce pilier est quelquefois si considérable qu'il devient une véritable tour dans laquelle on pratique un escalier : on en trouve dans les intérieurs de plus considérables encore; tels sont, entre autres, les *piliers de dôme*, qui servent à porter la tour d'un dôme, d'une coupole, comme les quatre piliers du *transceps* des cathédrales de Coutances, d'Evreux, de Rouen et de beaucoup d'autres; ceux du dôme du Panthéon à Paris et de l'église des Invalides. — *Pilier* est aussi le nom des *poteaux* qui servent à établir les stalles des chevaux dans les écuries, et de ceux entre lesquels on met un cheval au manége pour commencer à le dresser. — *Pilier* se dit pareillement des poteaux de justice et des fourches patibulaires que le roi et à son exemple les seigneurs faisaient établir dans leurs domaines, ceux-ci en signe de juridiction, ceux-là comme lieu d'exécution. — Autrefois, un des piliers de la grande salle du palais de justice de Paris portait le nom de *pilier des consultations*, parce que les avocats consultants se tenaient autour de ce pilier à l'heure des audiences, attendant les clients auxquels ils donnaient à leur tour audience particulière dans une chambre voisine, appelée la *chambre des consultations*. J. P. SCHMIT.

PILLAGE *(art. milit.).* — Ce mot désigne

les déprédations et dépouillements commis, en temps de guerre, par une troupe ennemie dans une ville ou un pays envahis. L'étymologie en est fort incertaine ; des auteurs le font cependant dériver, avec quelque apparence de raison, de l'italien *pigliare*, prendre. Pour les peuples anciens, qui faisaient, en quelque sorte, du butin le principal objet de la guerre, le pillage était rationnel : les Grecs et les Romains, dont l'histoire militaire est d'ailleurs si brillante, n'entraient pas en pays ennemi sans piller, et, chez les derniers, soumis aux lois d'une discipline toute puissante, une lance rougie de sang, arborée en guise d'étendard, était le signal que nul ne devait devancer. A la prise de *Regium*, 4,000 hommes, une légion entière, qui ne l'avaient pas attendu, payèrent de leur vie cette infraction. En Europe, à des époques plus rapprochées de nous, tant que les armées, sans discipline, sans unité, mal et souvent pas du tout payées, ne furent, pour ainsi dire, que des masses composées d'éléments hétérogènes, cette coutume barbare subsista comme une nécessité. Aujourd'hui que les troupes ont une organisation et une solde régulières, s'il est des circonstances où le pillage puisse ou doive même être autorisé par un chef militaire, elles sont rares et tout exceptionnelles. — Le pillage, abstraction faite de la question morale et philosophique, bien négativement résolue, est, généralement parlant, l'un des plus grands abus de la guerre, et ses inconvénients sont sans nombre. Dans une ville ou une contrée que l'on pille, un général a-t-il toujours eu le temps ou les moyens d'imposer à ses soldats des restrictions de lieux et de personnes, souvent commandées par les plus simples lois de l'équité, du respect pour la religion du pays et les arts ou les sciences, qui n'ont pas de nationalité? Les habitants, que l'on ruine, que l'on déshonore, s'exaltent et opposent parfois une énergique défense qui peut coûter cher aux agresseurs, ou bien ils fuient les lieux que l'on a ravagés, laissant pour conquête un désert, et vont accroître l'armée que l'on aura par la suite à combattre : parfois encore la misère à laquelle on les aura réduits fera naître parmi eux des épidémies qui gagneront les troupes victorieuses et les décimeront; l'histoire en offre des exemples. En outre, si l'on considère le pillage comme une récompense, le butin est presque toujours fort inégalement partagé, et le meilleur soldat sera presque toujours le plus mauvais pillard, parce qu'il sera plus esclave de l'honneur du drapeau et de sa consigne. Et puis, que d'exemples n'a-t-on pas de soldats, de troupes, d'armées entières rendus lâches par le butin qui les chargeait et qu'ils pensaient, avant tout, à conserver : le moindre inconvénient qui puisse résulter du pillage, c'est l'indiscipline et la débauche. (*Voy.* GUERRE et MARAUDE.) F. DE B.

PILLAGE (*jurispr.*). — La loi pénale protége les propriétés publiques et privées tout à la fois contre les entreprises individuelles et contre celles de bandes qui agissent par les armes ou par la force ouverte. Le code pénal désigne sous le nom de *bandes* toutes les associations organisées et armées dans le but soit d'envahir des domaines, des propriétés ou de s'approprier des deniers publics, soit de piller ou partager des propriétés publiques ou privées. — L'article 96 du code pénal punit de mort le pillage organisé des propriétés publiques ou nationales et des propriétés appartenant à une généralité de citoyens. — Tout pillage, tout dégât de denrées ou de marchandises, effets, propriétés mobilières, commis ainsi en réunion ou bande, et à force ouverte, est puni, par l'article 440, de la peine des travaux forcés à temps; chacun des coupables est, en outre, condamné à une amende de 200 francs à 5,000 francs. Le fait de bande peut exister, quoique la réunion n'ait été que de trois personnes, car la loi n'a point déterminé le nombre des individus qui la constituent. L'article 440 est également applicable aux individus qui, réunis en bande armée, forcent les marchands de blés à leur livrer ces grains à des prix arbitrairement fixés ; la loi admet les accusés à prouver qu'ils ont été entraînés par des provocations à prendre part à ces violences; et, s'ils font cette preuve, ils peuvent n'être punis que de la peine de la reclusion.—Dans l'ancienne coutume de Bretagne, on appelait *droit de pillage* celui qu'avait tout fils aîné de la roture, ou, à son refus, le second fils, de prendre sur le lot de l'un des puînés, dans les successions paternelle ou maternelle, la principale habitation de ville ou de campagne à charge d'en compenser la valeur.

PILLAU (*géog.*), ville et place forte du royaume de Prusse, à 8 lieues de distance de Kœnigsberg ; elle est bâtie sur une presqu'île baignée par la mer Baltique et le lac maritime dit *le Frische-haff.* — C'est le port où mouillent les gros navires se rendant à Kœnigsberg, chef-lieu de la province. La ville, qui n'est protégée que par son fort, renferme une population de 5,000 habitants environ, presque tous d'origine allemande et protestante. Ses environs, couverts d'arbres fruitiers, de jardins potagers, et où l'on remarque le bassin de *Frische-haff,* présentent, vus du haut de la tour d'observation de la ville, un aspect vraiment pittoresque.

PILLNITZ (*géog.*), château royal aux environs de Dresde, sur la rive droite de l'Elbe. Il n'offre rien de remarquable sous le rapport de l'architecture ; mais sa situation pittoresque attire les regards du voyageur, auquel d'ailleurs il rappelle une époque mémorable de notre histoire : c'est là, en effet, que fut conclue, vers la fin du mois d'août 1791, la fameuse *convention de Pillnitz* entre l'électeur de Saxe Frédéric-Auguste, le roi de Prusse Frédéric-Guillaume II et l'empereur Léopold II. L'intention de ces trois princes était d'abord de s'entendre au sujet des affaires de la Pologne, qui venait d'appeler au trône la famille de Saxe ; mais bientôt les progrès de la révolution française les occupèrent tout entiers. A la suite de ces conférences, un traité fut conclu à Berlin, le 17 février 1792, par lequel l'Autriche et la Prusse déclaraient que, la position du roi de France Louis XVI intéressant tous les souverains de l'Europe, elles prendraient, de concert avec eux, les mesures qu'elles jugeraient propres à mettre ce monarque en état de rétablir dans son royaume l'intégrité du gouvernement monarchique. On sait quel fut le résultat de cette première coalition contre la France.

PILON (GERMAIN), l'un des quatre grands statuaires français de la renaissance, né à Loué, dans le Maine. Après s'être acquis une renommée en province par plusieurs ouvrages considérables, il vint, en 1550, à Paris, où il rivalisa de goût et de talent avec Jean Goujon, l'Italien Primatice, et Jean Juste de Tours. Il mourut en 1550 à Paris. Ses travaux sont très-nombreux ; nous ne citerons que les principaux. Tombeau de *Catherine de Médicis et de Henri II,* à Saint-Denis, en marbre avec un vase cinéraire couvert d'arabesques ; autre tombeau des mêmes, dans la même cathédrale, orné d'architectures et de statues de bronze représentant *la Foi, l'Espérance, la Charité et les bonnes œuvres.* — Tom-

beaux de *Guillaume Langei du Belloy,* au Mans ; du *chancelier de Birague,* où l'on remarque deux génies éteignant le flambeau de la vie ; *les trois Grâces,* au Louvre, une statue de *Diane de Poitiers* et plusieurs bas-reliefs sur divers sujets historiques. Le style de Germain Pilon, puisé aux sources de l'antique et encore un peu mêlé des traditions du moyen âge, est à la fois pur, fort, gracieux et naïf. Ce sculpteur sait jeter hardiment les draperies, accuse les muscles avec science, pose noblement ses personnages et donne à leur physionomie un caractère sévère qui ne manque pourtant jamais de charme et d'élégance. GEORGES OLIVIER.

PILORI (*piba, pilier*). — C'était, avant l'abolition des tortures en France, un appareil composé de charpentes à jour, roulant sur une base en pierre, au moyen duquel le peuple pouvait voir le condamné qui y était enfermé. On y plaçait ordinairement les concussionnaires et les banqueroutiers frauduleux. — Cet appareil était surmonté des armes du seigneur haut justicier ; il était généralement placé sur les places publiques ou dans les carrefours, tandis que les gibets où se faisaient les exécutions à mort étaient relégués hors des villes. — Le pilori n'avait pas une forme semblable et déterminée dans toute la France : dans quelques villes, c'était un simple poteau, auquel tenait un carcan ; telle était la forme des piloris soumis à la justice directe du roi. — Il n'y en avait pas à Lyon, ni dans quelques autres villes. A Paris, le condamné était exposé pendant trois jours aux regards du peuple. On disposait aussi, au bas du pilori, le corps des suppliciés destinés à servir d'exemple ; ils y restaient jusqu'à l'inhumation. — Cette peine était connue des peuples de l'antiquité ; elle avait été, suivant Diogène Laërce, introduite par l'empereur Adrien. JULES DUBERN.

PILOSELLE (*bot.*). — Espèce de plantes du genre ÉPERVIÈRE, *hieracium.* (*Voy.* EPERVIÈRE.)

PILOTAGE, PILOTE (*marine*). — La réunion des connaissances théoriques et pratiques nécessaires pour diriger et mesurer la route des vaisseaux, en mer, constitue la science du *pilotage.* Déterminer la variation de la boussole sous les diverses latitudes ; apprécier la vitesse progressive d'un bâtiment, sa dérive et les effets des courants, dans les différents parages où l'on se trouve ; savoir rectifier, comme il convient, ces déterminations par les observations astronomiques ; en conclure, pour toute circonstance prévue ou imprévue, le lieu précis du bâtiment sur la surface des mers, et rapporter ce lieu (*faire le point*) sur la carte de la mer que l'on parcourt, tel est le résumé de ces connaissances. Le pilotage comprend donc principalement le grand problème du navigateur, qui est de connaître, à un instant donné, le point qu'il occupe sur la surface du globe terrestre, c'est-à-dire la latitude et la longitude de ce point. (*Voy.* NAVIGATION.) — Le pilotage comprend aussi les connaissances théoriques et pratiques qui se rattachent à l'hydrographie, telles que la méthode des relèvements, le dessin des plans et vues de côtes, de rades, etc., la reconnaissance des récifs, des bancs, des écueils, et la désignation précise des lieux où ces dangers sont situés, etc. (*voy.* HYDROGRAPHIE); enfin, mais dans des limites beaucoup plus restreintes, le pilotage consiste dans l'application usuelle de la connaissance essentiellement pratique des gisements des baies, des rades, des anses et des ports, des bas-fonds ou autres dangers de toute sorte qui se trouvent dans les passes et sur les côtes : c'est même dans cette application que consiste presque exclusivement de nos jours la profession de PILOTE. Celui-ci sera donc, pour nous, d'après cela, le marin expérimenté qui, à la suite d'une longue pratique et de l'étude assidue d'un parage maritime quelconque, en connaît parfaitement tous les dangers topographiques, ainsi que les circonstances de vents, de marée, etc., susceptibles d'y favoriser ou contrarier la navigation. On conçoit, en effet, que le commandant d'un navire, quelque habile et instruit qu'il soit, s'il n'a fait une étude spéciale du parage où il se trouve, ne puisse avoir une connaissance suffisante de ces circonstances et doive recourir, dès lors, à l'expérience du marin pratique de la localité. Aussi la loi, dans sa prévoyance, a-t-elle imposé aux capitaines des navires marchands l'obligation d'appeler et d'employer les pilotes partout où elle en a institué, et ceux qui, par insouciance ou pour tout autre motif, commettent l'imprudence de ne point recourir à cette garantie de sécurité que les commandants des bâtiments de guerre ne manquent jamais de réclamer, n'en sont pas moins tenus de payer les droits de *pilotage,* indépendamment de leur responsabilité personnelle en-

vers leurs commettants. Les maîtres au cabotage commandant des navires français au-dessous de 80 tonneaux sont seuls exceptés de l'obligation de recourir à un pilote lorsqu'ils font habituellement la navigation de port à port et pratiquent l'embouchure des rivières. Mais le rôle des pilotes n'a pas toujours été aussi restreint et aussi secondaire. Dans le principe, ils étaient les seuls guides réels des vaisseaux; à eux seuls était confiée leur direction pour tout ce qui concernait la navigation proprement dite; les commandants n'étaient que des officiers militaires chargés de la direction de l'expédition quant à son but, ou des administrateurs dirigeant les affaires matérielles : alors les pilotes formaient, pour ainsi dire, une classe à part versée dans tout ce qui concerne la conduite d'un vaisseau et pour cela fort considérée chez les peuples maritimes. Ainsi, sans parler des pilotes célèbres dans l'antiquité, nous voyons Venise, après avoir recours à ceux de la grande Grèce pour fonder sa puissance sur les mers, fournir, à son tour, d'habiles pilotes, parmi lesquels nous nous bornerons à citer *Cabot*, qui, devenu *grand pilote* d'Angleterre, observa après Christophe Colomb, mais moins fortuitement que lui, la dérivation de l'aiguille aimantée, suivant les latitudes. Les marines de Gênes et de Pise se montraient au même moment comme rivales de Venise avec le concours de pilotes expérimentés que ces Etats surent se procurer. Ajoutons qu'aux connaissances astronomiques transmises d'âge en âge s'était joint, depuis longtemps déjà, l'emploi des cartes plates, dites *cartes-pilotes,* désignation qui suffit pour établir que c'est à ces marins d'élite que l'invention de ces cartes doit être rapportée. La tradition attribue au pilote d'Amalfi, *Flavio Gioja,* l'honneur d'avoir doté la boussole de perfectionnements qui en centuplèrent l'utilité pratique. On ne peut douter que l'instruction des pilotes n'ait suivi les progrès introduits dans l'astronomie et les sciences exactes, depuis la première partie du XVIIe siècle, puisqu'à la fin de ce siècle et pendant la première moitié du XVIIIe on les retrouve, en France même, où les sciences hydrographiques étaient le plus avancées, en possession de diriger, dans les excursions importantes, non-seulement les navires du commerce, mais encore les bâtiments de la marine royale. Si l'on excepte, en effet, un certain nombre de marins de cette époque, demeurés justement célèbres, tels que, dans le domaine de la science, Borda , Fleurieu, Puységur, etc., et, dans la navigation active, Tourville, Duguay-Trouin, Jean Barth, etc., la haute instruction nautique des officiers de la marine était, en général, peu avancée : l'on sait encore qu'à ces mêmes époques les vaisseaux étaient souvent commandés par des généraux ou des colonels de l'armée de terre, d'où la conséquence que la responsabilité de la navigation pesait sur le pilote seul, et se résumait dans l'ordre qu'il recevait de conduire le vaisseau à tel ou tel lieu déterminé. Ce n'est qu'à mesure que le corps des officiers de la marine militaire a acquis des connaissances de plus en plus élevées que l'importance des pilotes a naturellement décru, et s'est peu à peu effacée, quant aux bâtiments de l'Etat , tout en se conservant, pendant longtemps encore, pour les navires du commerce. Plus tard, des écoles d'hydrographie ayant été instituées dans les ports principaux, les capitaines de ces navires ont dû, pour continuer de les commander, justifier, en subissant des examens, qu'ils possédaient une instruction suffisante, et les *pilotes au long cours*, dits aussi *pilotes hauturiers*, qui sont ceux dont nous venons de parler, n'ont plus été, en France du moins, employés comme tels qu'exceptionnellement et, par exemple, pour le grand cabotage. Nous n'aurons donc à nous occuper ici que du pilotage restreint dans les limites indiquées plus haut.

Nul ne peut être reçu *pilote côtier* ou *pilote lamaneur*, suivant les distinctions que nous établirons bientôt, s'il n'est âgé de 24 ans, s'il n'a six ans au moins de navigation pendant lesquels il doit avoir fait deux campagnes de trois mois au moins pour chacune sur un bâtiment de l'Etat, et s'il n'a satisfait à un examen sur la manœuvre en général, et en particulier sur la connaissance des marées, des courants, des bancs, des écueils, etc., qui facilitent ou contrarient l'entrée ou la sortie des ports et rivières du lieu de son établissement. Le nombre des pilotes de chaque localité est fixé par le ministre de la marine. Il y a, de plus, des aspirants-pilotes ; leur nombre ne peut excéder le quart de celui des pilotes en exercice ; ils sont destinés à les seconder et à les remplacer au besoin : ces aspirants doivent avoir subi le même examen que les pilotes titulaires. Lorsqu'un de ces derniers se trouve,

par son âge ou ses infirmités, hors d'état de faire complétement son service, le commissaire de l'inscription maritime l'autorise ou même l'astreint, s'il y a lieu, à s'adjoindre le plus ancien des aspirants, lequel fait le service et remet au pilote le tiers des bénéfices. Les places vacantes sont données aux aspirants les plus anciens dans le service.

Les pilotes sont obligés de tenir constamment leurs chaloupes en état de service et d'être toujours prêts eux-mêmes à se mettre en mer au premier signal, soit pour piloter les navires entrants ou sortants, soit pour aller à leur secours lorsqu'ils les voient en danger, sauf à faire taxer par le tribunal de commerce le supplément de salaires qui leur serait dû en cas de tempête, eu égard au travail qu'ils auront eu à faire et aux risques qu'ils auront courus.—Le signal qui, chez nous, annonce le besoin d'un pilote est le pavillon français à la tête du grand mât, pour un bâtiment de l'Etat ; à la tête du mât de misaine, pour les navires du commerce ; de plus, pour les uns et les autres, le pavillon en berne à la poupe. Le signal pendant la nuit est fait, pour les navires de commerce, au moyen de fanaux, et, pour les bâtiments de guerre, par des fusées et, au besoin, par des coups de canon. — Aussitôt qu'un pilote est à bord d'un navire, il doit faire amener les pavillons ; faute de quoi il payerait 12 fr. à chaque pilote qui se présenterait après lui. Si un bâtiment amené par un pilote dans un port ne peut être admis à la libre pratique, le pilote doit le conduire à l'endroit fixé pour les visites et précautions sanitaires, sans communiquer avec lui, si cela est possible. Avant l'entrée du navire dans le port, le pilote avertit le capitaine de faire éteindre tous les feux à bord, et, à peine de huit jours de prison, il doit, avant de le mettre à quai, lui faire décharger toutes ses pièces à feu, puis envoyer ses poudres à terre. — Lorsqu'il y a plusieurs stations successives desservies par divers pilotes, celui qui conduit un navire de l'une à l'autre doit faire les manœuvres les plus convenables pour faciliter l'abordage de la chaloupe du pilote par lequel il va être relevé ; si le navire ne doit pas mouiller à la station en vue, le pilote est tenu de faire le signal voulu, afin que le pilote de tour vienne au-devant du navire. Au surplus, tout pilote convaincu d'avoir fait faire au navire qu'il conduit une manœuvre tendant à blesser les intérêts de ses collègues ou d'avoir négligé sciemment celles dont l'omission produit le même effet, est tenu de restituer ce qu'il a indûment perçu, et, en cas de récidive, condamné à un mois de suspension. Tout pilote de tour qui ne se présente pas vis-à-vis la station pour aborder le navire qui a fait le signal perd son tour, et le pilote prêt le premier le remplace ; à défaut, le pilote qui est à bord conduit le navire jusqu'à la station suivante. — Les pilotes appartenant aux stations doivent porter, dans la partie supérieure de leurs voiles, la lettre initiale du nom de leur station et leur numéro personnel sur les registres de l'inscription maritime; cette lettre et ce numéro sont, de plus, peints en gros caractères blancs, sur fond noir, à l'arrière de leur chaloupe. — Dans certaines localités et selon les divers arrondissements, les pilotes, pour se faire reconnaître de loin, arborent, de la manière la plus apparente, soit un pavillon blanc portant, en couleur noire ou bleu foncé, la lettre initiale du nom du port dont ils dépendent, soit un pavillon bleu ou rouge portant cette lettre en couleur blanche.

Dès qu'un pilote commissionné monte sur un navire, il y commande d'une manière pour ainsi dire absolue pour tout ce qui concerne la conduite du vaisseau : aussi les peines les plus rigoureuses sont-elles appliquées à celui qui perd ou seulement échoue même par ignorance le navire qu'il s'est chargé de piloter. — Il est défendu aux pilotes de quitter les navires avant qu'ils soient convenablement ancrés dans les rades ou amarrés dans les ports, ainsi que d'abandonner ceux qu'ils font sortir avant qu'ils soient en pleine mer, au delà de tout danger, lors même que l'éloignement serait assez considérable pour qu'ils ne pussent être ramenés à terre. De leur côté, les capitaines ne doivent point les retenir au delà des dangers, à peine de dommages-intérêts plus ou moins considérables, selon les circonstances. — Le pilote qui conduit un bâtiment à vapeur naviguant soit dans un port, soit dans une rivière, ne doit pas permettre que les escarbilles provenant du chauffage des machines soient mises sur le pont et à portée d'être jetées à l'eau ; s'il s'aperçoit qu'il en a été jeté, il doit, sous peine de huit jours de prison, en rendre compte, dès que le bateau aborde quelque part, à l'officier chef du pilotage ou à celui

du port de commerce. De même, le pilote qui conduit un navire sur lest ne doit pas souffrir qu'il soit versé de ce lest dans les passes, rades, ports et rivières, et, s'il reconnaît qu'il en a été jeté, il doit, aussitôt sa mission remplie, en faire le rapport à qui de droit.

L'un des premiers devoirs des pilotes est de visiter continuellement, pendant le temps qu'ils ne sont pas employés à la conduite des navires, les passes et entrées des ports et rivières où ils sont établis ; de lever les ancres qui y ont été laissées sans bouées, pour en faire, dans les vingt-quatre heures, leur déclaration ; de vérifier, par des examens exacts, s'il s'est opéré quelques changements dans la situation des bancs, et s'il en doit être apporté, par suite, dans la position des balises et bouées qui les indiquent. — La plus grande surveillance à cet égard est recommandée, dans chaque localité, au pilote major, qu'on nommait autrefois *pilote-amiral*, et qui est choisi parmi les anciens pilotes ou parmi les anciens officiers soit de la marine militaire et retraités, soit de la marine du commerce ; il règle le tour du service des pilotes, maintient l'ordre et la discipline, etc. Tous les pilotes, au surplus, sont sous les ordres directs du commissaire de l'inscription maritime, sous l'inspection des directeurs des mouvements du port dans les ports militaires, et sous celle des officiers des ports de commerce. Il y a journellement et à tour de rôle, à moins de temps forcé, une embarcation de pilote de service en rade ou en dehors des passes, depuis le lever jusqu'au coucher du soleil. A moins aussi de temps forcé, les pilotes de service doivent se tenir en croisière en dehors des passes, afin d'aller le plus loin possible au-devant des navires. Tout pilote qui manquerait à son tour de corvée, ou qui refuserait de sortir au premier ordre donné, ou enfin qui resterait à terre plus de trois jours de suite, serait, à moins d'empêchement légitime, puni de la prison, de l'interdiction ou de peines plus sévères s'il résultait de ce manquement de service ou de sa désobéissance quelque accident grave.

Lorsque plusieurs pilotes sont en concurrence pour aborder un navire au large, le premier qui a *parlé* au navire est pilote de droit, quand même il aurait manqué l'abordage, à moins que le capitaine ne constate que le retard apporté par cet incident pourrait compromettre sa sûreté ou rendre indécise son entrée à la marée, auquel cas il peut prendre le pilote qui l'aborde ou celui qui lui a *parlé* le second. — Lorsque deux pilotes parlent en même temps, celui du côté du vent est pilote de droit; s'ils sont deux au vent, le premier qui aborde le navire a le droit de le piloter; si le bâtiment abordé provient de pays suspectés de contagion, le pilote peut y monter, mais les marins qui se trouvent dans son bateau doivent éviter soigneusement toute communication, hors le cas d'une absolue nécessité, qui est constatée par le capitaine, sous peine, pour les contrevenants, d'être mis en quarantaine, sans qu'il leur soit attribué aucun salaire; dès qu'un pilote a abordé un navire destiné pour le port, il lui fait arborer son pavillon et manœuvre de manière à faciliter, dans le plus court délai possible, l'abordage des embarcations de l'administration des postes; ces embarcations portent d'ailleurs un signal connu des pilotes. Lorsqu'un capitaine, déclarant que son navire est d'échouage, veut entrer dans le port par marée douteuse ou baissée, il doit en donner l'ordre par écrit au pilote.

Droits de pilotage. — Les salaires attribués aux pilotes ne peuvent être les mêmes dans les divers ports ou stations, en raison des trajets à parcourir, des difficultés à vaincre, des risques à affronter dans la navigation; aussi existe-t-il des tarifs spéciaux pour chaque localité. Nous renvoyons donc, pour cet objet, à l'article spécial NAVIGATION (*droits de*). Les navires étrangers, assimilés, pour les droits de pilotage, aux navires français, en vertu des traités de commerce, sont les navires américains, anglais, espagnols, brésiliens, mexicains, mecklembourgeois, néerlandais et danois. — Tout capitaine de navire qui, sa sortie effectuée, cesse d'avoir besoin d'un pilote doit, en le congédiant, lui fournir les moyens de retourner à terre; si, au contraire, il veut emmener le pilote au delà de la grande rade, il traite avec lui de gré à gré, sans toutefois que ce dernier puisse exiger un prix supérieur à ceux que l'usage a consacrés. Si, le navire arrivé à la limite fixée par les conventions, le pilote ne peut plus être congédié, quel qu'en soit le motif, il cesse à l'instant même ses fonctions de pilote, mais est considéré et traité à bord comme officier, en fait le service si le capitaine l'exige, et jouit, pendant tout le temps de

son séjour à bord, de 150 francs par mois, avec droit à la conduite de retour, fixé de 2 francs par myriamètre. Enfin, si le pilote est emmené outre mer, il a droit aux mêmes allocations jusqu'au jour où il est débarqué; le capitaine doit le rapatrier, aux frais du navire, dans le plus bref délai, et lui payer sa conduite du lieu de son débarquement jusqu'au port de départ. Dans les mêmes circonstances, le pilote, à bord des bâtiments de l'Etat, est, en tout, traité comme premier maître.

Il y a un service d'un autre ordre dont nous n'avons point encore parlé et qui s'adjoint nécessairement à celui de pilotage, pour l'entrée et la sortie des navires, dans tous les ports précédés par des jetées plus ou moins longues, et où il importe beaucoup de profiter activement des heures de haute mer, afin de préserver les bâtiments des inconvénients de l'échouage, comme du danger qu'ils peuvent courir en rade, c'est le service du *halage* qui s'exerce de terre le long des jetées; voici les dispositions principales qui règlent ce service. Le maître haleur est tenu de se trouver sur la jetée pendant toutes les marées, afin de fournir aux navires entrants ou sortants le nombre de haleurs que le pilote de chaque navire juge nécessaire, et, pour les bateaux qui n'ont point de pilote, le nombre demandé par le maître ou patron. Les officiers du port peuvent cependant faire augmenter ces nombres, à raison de l'état du temps, pour que les bâtiments qui ont besoin d'entrer ou de sortir à l'aide de haleurs ne soient point retardés. La taxe du halage est fixée par un tarif. Pour les diverses circonstances, enfin, où les navires entrants ou sortants ont besoin d'assistance, il y a, dans toutes les fortes marées, un service organisé de *bateaux d'aide*. Chacun de ces bateaux, armé de cinq hommes, est tenu de porter les amarres et de faire toute manœuvre nécessaire au navire pour lequel il a été requis. — Les prix sont déterminés en raison des distances à parcourir. — Il est exercé une retenue de 5 pour 100 sur les salaires, tant en principal qu'en augmentation, payés aux pilotes, aspirants-pilotes, matelots lamaneurs ou de bateaux d'aide, employés au service du pilotage; le montant de cette retenue est versé à la caisse d'épargne des pilotes, laquelle est administrée gratuitement par une commission qui se compose des commissaires de l'inscription maritime, de l'officier de marine chargé de la direction du port, de trois négociants désignés par la chambre de commerce et de deux pilotes choisis parmi ceux de la localité; un négociant et un pilote sont renouvelés chaque année.

Il nous reste à établir, quant aux pilotes, les distinctions que nous avons annoncées. A un point de vue général, il y a en France trois classes de marins chargés de la conduite des navires le long des côtes, dans les rades, dans les ports et sur les rivières : le pilote *côtier*, le pilote *lamaneur* et le *pratique*. Le pilote côtier est essentiellement le pilote juré des bâtiments de guerre et de commerce ; dans quelques ports, à Dunkerque, par exemple, le pilote lamaneur, nom dérivé de *loci manens*, selon des commentateurs, et de *lama*, fosse, fondrières, etc., selon d'autres, n'est considéré que comme pilote d'occasion que l'on prend à l'entrée des rivières dangereuses pour conduire les bâtiments, alors même qu'il a déjà un pilote côtier ; le pratique, enfin, d'après ce classement, serait le pêcheur de bonne volonté, que l'on rencontre à la mer, qui n'a aucune responsabilité légale et qui consent, aux risques et périls du navire, à le conduire, jusqu'à ce qu'un pilote côtier ou un pilote lamaneur se présente. — Disons, en terminant, que, conformément au décret de 1806, les pilotes, pour se faire reconnaître en cette qualité, doivent porter constamment, à la boutonnière de leur habit ou de leur veste, une petite ancre en argent de 0ᵐ,029 (1 pouce) de hauteur.   Rigault de Genouilly.

PILOTES, *naucrates*, Rafin. (*poiss.*). — Le nom donné à ce genre de poissons lui vient de l'habitude que l'on observe chez une espèce de suivre les navires pour se nourrir de ce que l'on en jette à la mer. C'est cela surtout qui a fait depuis si longtemps remarquer ce petit animal, désigné vulgairement sous le nom de *conducteur de requin*, parce que l'on suppose que c'est à son exemple que ce dernier poisson suit les vaisseaux en mer. — Les caractères principaux du genre se tirent de la présence d'épines entièrement libres sur le dos, de la forme du corps qui est sensiblement en fuseau, de la carène existant aux côtes de la queue, pareille à celle que l'on observe chez les maquereaux, enfin de l'existence de deux épines libres au devant de la nageoire anale. Ce genre fait partie de l'ordre des acanthoptérygiens et de la famille des scombéroïdes. Il comprend, outre l'espèce dont nous avons déjà parlé (*naucrates ductor*, *scomber ductor*, Bl.), laquelle est bleue avec de larges bandes verticales d'un bleu plus foncé, et dont la longueur est d'un pied environ ; il comprend, disions-nous, une autre espèce beaucoup plus grande, atteignant jusqu'à 9 pieds de longueur, qui habite les mers du Brésil. C'est le *pilote noir*, ainsi nommé à cause de sa couleur (*scomber niger*, Bl.).

PILOTIN (*mar.*). — On donne ce nom, à bord des bâtiments de guerre, à des jeunes gens le plus ordinairement engagés volontaires, et qui, supérieurs par leur éducation aux novices matelots, sont spécialement employés au service de la timonerie. Un officier du bord leur fait, de plus, un cours de *pilotage*, et leur apprend à se servir des divers instruments de marine. Sur les grands navires du commerce naviguant au long cours, les *pilotins* sont des élèves-officiers.

PILOT, PILOTIS (*techn.*). — Rien n'est plus important, dans l'art de bâtir, que de bien connaître, c'est-à-dire de connaître à fond le terrain sur lequel on se propose d'édifier ; or le fonds d'un terrain est très-variable : la terre se compose de couches d'une nature si différente, qu'il est rarement donné de prévoir ce que sera définitivement le sol sur lequel il faudra fonder. Beaucoup de terrains offrent des fonds de sable, de glaise, de vase d'une densité peu consistante, et sur lesquels il y aurait imprudence à asseoir des constructions de quelque importance sans les avoir préalablement sondées, quelque bons, d'ailleurs, que ces terrains s'annoncent à la surface. Ce n'est qu'après avoir sondé le sol au moyen d'un gros tarier dont les bras de fer, de 1 mètre environ de longueur, s'emboîtent les uns dans les autres au moyen de fortes clavettes, et s'être convaincu du peu de solidité qu'il peut présenter dans certaines couches, qu'alors on doit recourir au *pilotis* avant de jeter les fondations.—On appelle ainsi un ensemble de *pilots* ou pièces de bois enfoncées plus ou moins profondément dans le sol. On ne doit employer, pour cet usage, que des pièces de chêne équarries sur toute leur longueur et dont un bout est soigneusement affilé et armé, au besoin, d'un fer pointu qui empêche le bois de s'émousser, tandis que l'autre extrémité, destinée à recevoir les coups de *mouton* qui doivent l'enfoncer en terre, est frettée d'une sorte de couronne en fer. Un grand nombre d'architectes ont également pour habitude de soumettre les pieux ou pilots à l'action des préparations ferrugineuses, afin de durcir le bois et de prolonger sa durée.—Ces pieux sont enfoncés en terre à l'aide d'une machine appelée *sonnette*, composée de deux montants à plomb avec poulies soutenues de deux arbres, le tout porté sur un assemblage de soles. — Cette machine, par le moyen d'une *hie* ou d'un *mouton*, est enlevée, à force de bras, avec des cordages. Une telle manœuvre demande à être opérée en mesure et avec une parfaite régularité. A chaque corvée que les hommes font pour frapper, on leur crie après un certain nombre de coups : *au renard !* pour les faire cesser en même temps ; — et, *au lard !* pour les faire remonter tous ensemble. — Si la densité du terrain dans lequel on pilote est uniforme, l'enfoncement croît en proportion du nombre de coups égaux que reçoit le pilot ; si cette densité varie selon les couches, on arrive toujours à l'apprécier, selon le plus ou moins grand nombre de coups nécessaires pour produire un enfoncement égal. La rapidité des percussions est généralement dans la proportion de trois minutes par corvée, y compris les temps d'arrêt. — Pour obtenir un résultat utile des pilotis, il convient de disposer les pilots d'une certaine manière : ainsi on commence par enfoncer un certain nombre de pieux en dehors de l'espace que doit occuper l'édifice : ce sont là des pilots dits *de retenue*, destinés à maintenir les terres latérales et à prévenir un éboulement. Quant à l'espace sur lequel doit reposer la fondation, il doit être rempli par dix-huit à vingt pilots par toise superficielle. Cette proportion peut varier cependant selon les appréciations diverses que l'architecte est appelé à faire du terrain de fondation. — Parfois on supplée à ce mode de pilotis par l'établissement de fondations en pierres dures ; c'est ainsi que, pour l'arc de triomphe de l'Etoile, l'architecte n'a pas eu recours aux pieux de bois ; il les a remplacés par 8 mètres de maçonnerie. Il est impossible cependant de renoncer à l'usage des pilotis pour certaines constructions, par exemple pour l'établissement d'un pont, pour celui d'une voie ferrée dans les terrains marécageux. Nous citerons l'exemple du chemin de fer du Nord établi sur pilotis dans toute la traversée de la Picardie. Cette précaution toujours utile, souvent indispensable, avait malheureusement été négligée sur certains points de la ligne, notamment d'Albert à Fampoux ; la compagnie a senti elle-même le besoin de remédier à cet état de choses.

PILSEN (*géog.*), ville de Bohême, dans les Etats autrichiens, située entre les rivières de *Misa* et de *Radbuse*, à 40 kilom. N. de Klattau ; elle possède une école de philosophie et un gymnase ; son commerce consiste en acier, lainage, cotonnade, etc. Population, 7,000 habitants environ. — Cette ville est le chef-lieu d'un *cercle* du même nom ayant pour bornes, au nord celui d'Elnbogen, ceux de Klattau au sud, de Beraun à l'est et à l'ouest la Bavière. Le cercle de Pilsen renfermait autrefois des mines d'argent et de fer : les premières sont maintenant épuisées ; les autres, toujours en activité, donnent des produits abondants. Sol généralement fertile, excellents pâturages. Population, 190,000 habitants répartis sur une superficie de 100 kilomètres sur 70.

PILULAIRE, *pilularia* (*bot.*). — Vaillant a donné ce nom à une plante très-curieuse qui croît dans les lieux marécageux, au bord des marais et des étangs d'une grande partie de l'Europe, ou qui flotte plus rarement à la surface des eaux. Elle présente un rhizome très-grêle et allongé duquel naissent des rameaux distiques en apparence, mais qui ne sont en réalité que des ramifications dichotomiques dont une branche reste toujours plus courte et moins développée. De chaque bifurcation partent des feuilles linéaires, allongées, d'un beau vert, souvent rapprochées en touffe, et au côté inférieur des racines nombreuses. Ces feuilles ont une structure remarquable : leur centre est occupé par un faisceau de vaisseaux entourés de cellules, autour duquel se trouve un cercle de lacunes ; leur épiderme est pourvu de stomates ; elles sont roulées en crosse dans leur jeunesse. En été, à l'aisselle de ces feuilles se développent des corps globuleux à peu près du volume d'un pois, et dont la ressemblance avec des pilules a valu à la plante le nom qu'elle porte. Ces petits corps sont les enveloppes des corps reproducteurs ou les sporanges. Leur intérieur présente quatre cavités distinctes, séparées par deux cloisons en croix, dont chacune a son enveloppe propre ; leur surface externe est couverte d'un feutre épais. La paroi externe de chaque cavité présente une ligne saillante longitudinale ou un placentaire qui supporte, dans sa longueur, des corps ovoïdes de deux sortes : les supérieurs, au nombre d'une trentaine environ, sont petits, remplis d'une poussière fine qui se forme, dans l'origine, par groupes de quatre grains chacun, comme le pollen des fleurs ordinaires ; les inférieurs sont plus gros et renferment chacun un seul corps aigu à son extrémité, susceptible de germer et de reproduire la plante. Les opinions ont varié relativement à la nature de ces corps ; les uns ont voulu voir, dans les supérieurs, à contenu pulvérulent, de véritables étamines dont la poussière intérieure serait le pollen, et, dans les inférieurs, des organes femelles, analogues à des pistils ; les autres ont regardé les corps inférieurs comme des corps reproducteurs analogues à ceux de beaucoup de cryptogames, ou des sporanges bien formés et fertiles, tandis qu'ils ont pris les petits corps supérieurs pour des sporanges imparfaits. Il règne encore beaucoup d'obscurité sur ce point.—La PILULAIRE GLOBULIFÈRE, *pilularia globulifera*, Lin., est l'espèce unique du genre. Elle a été l'objet de travaux importants, parmi lesquels on peut surtout citer celui de Bernard de Jussieu (*Act. Ac. paris.*, 1739, p. 240, t. XI) et celui de M. L. G. Agardh (*Dissertatio de pilularia*, Lundæ, 1833, in-8).

PILULES (*méd.*). — Les pilules sont des médicaments internes d'une consistance de pâte ferme, que l'on divise en petites masses sphériques pour en rendre l'ingestion plus facile. Leur poids ne dépasse pas 30 centigrammes. Elles ne diffèrent des *bols* que par leur moindre volume et une consistance plus grande. Elles peuvent être composées d'une infinité de substances telles que des poudres, des extraits, des sirops, des conserves, des résines, des gommes-résines, des sels, etc., le tout mélangé dans les proportions voulues pour donner à la masse la consistance convenable. Une fois la masse divisée en globules, on roule ordinairement ceux-ci dans une poudre inerte telle que celles de lycopode ou de réglisse, ou bien encore on les enveloppe d'une feuille mince d'or ou d'argent, lorsqu'ils ne contiennent ni sels mercuriels, ni préparations de soufre. Par cette précaution, on empêche les pilules d'adhérer entre elles, et, de plus, on dissimule, jusqu'à un certain point, leur saveur au malade. — Les pilules sont souvent composées extemporairement, suivant les prescriptions variées des médecins ; il en est toutefois dites *officinales*, et qui doivent se trouver *toutes préparées*, dans les pharmacies, d'après une formule constante : ce n'est pas sous forme de pilules qu'elles sont conservées, ce qui favoriserait leur altération, mais en masse dont on fait au besoin celle-ci, et dite *masse pilulaire*.
—La division en pilule se fait par un procédé fort ingénieux : sur une planche parfaitement polie se trouvent enchâssées plusieurs bandes de fer surmontées d'arêtes tranchantes, à égale distance les unes des autres sur une même plaque, mais plus ou moins éloignées sur chacune. Le pharmacien arrange la masse à diviser en un cylindre de grosseur uniforme et d'une longueur correspondant, sur la plaque, à un nombre de divisions égal à celui des pilules désirées ; il suffit alors de faire passer le cylindre une ou deux fois sur les arêtes pour que la division se trouve faite en pilules de poids égal.—Les principales masses pilulaires indiquées par le Codex sont les suivantes : *Pilules de savon*, composées de : savon médicinal, 125 parties; poudre de racine de guimauve, 16 parties; nitrate de potasse, 4 parties. — *Pilules stomachiques* ou *antecibum*, formées de : aloès, pour 1/4 ; quinquina, pour 1/8, unis à une faible proportion de cannelle et à du sirop d'absinthe : elles sont toniques et légèrement laxatives; on les donne une heure avant le repas, à la dose de 50 centigrammes.—*Pilules écossaises* ou *d'Anderson*, composées de : poudre d'aloès, 24 parties; poudre de gomme-gutte, 24 parties; huile volatile d'anis, 4 parties; sirop simple, quantité suffisante. On divise en pilules de 20 centigrammes qui se prennent à la quantité de trois ou quatre par jour. Leurs effets sont analogues à ceux des pilules aloétiques, mais un peu plus laxatifs par suite de la présence de la gomme-gutte. *Pilules hydragogues de Bontius* ; parties égales d'aloès, de gomme-gutte et de gomme ammoniaque : c'est un moyen drastique, et, comme tel, employé, dans l'hydropisie, à la dose de 60 centigrammes à 2 grammes. — *Pilules mercurielles :* mercure, 24 parties ; poudre d'aloès, 24 parties; rhubarbe, 12 parties ; scammonée, 8 parties; poivre noir, 4 parties; miel, quantité suffisante; cette préparation, qui se rapproche beaucoup des pilules dites *de Belloste*, est tonique ou purgative suivant que la dose en est de 40 centigr., ou de 2 à 3 gram.—*Pilules de Méglin :* extrait de jusquiame, de valériane et oxyde

de zinc en parties égales : elles sont employées avec avantage dans les névralgies douloureuses ; la dose en est de 15 centigr. une ou deux fois par jour. — *Pilules asiatiques* : acide arsénieux, 5 centigr.; poivre noir, 60 centigr.; gomme arabique, 10 centigr. ; on divise en douze pilules, dont la dose est d'une et rarement deux par jour (*voy.* Arsenic). — *Pilules balsamiques de Morton*, composées de cloportes, de gomme ammoniaque, d'acide benzoïque, de safran, de baume de Tolu sec et de baume de soufre anisé; la dose en est de 5 à 30 centigr. : elles ont été préconisées dans le catarrhe pulmonaire, l'asthme, etc. — *Pilules de cynoglosse*, composées de poudre de racine de cynoglosse, de semence de jusquiame, d'extrait aqueux d'opium, de myrrhe, d'oliban, de safran, de castoréum et de sirop d'opium pour intermède ; elles sont assez usitées comme calmantes; l'opium y entre pour 1/8; on les donne à la dose de 15 à 20 centigr. et plus. — *Pilules toniques de Bacher*. Cette préparation, formée d'ellébore et de myrrhe, n'est plus guère employée de nos jours; on la donnait jadis à la dose de 5 centigrammes chaque soir comme un stimulant utile dans l'hydropisie et les affections de la peau.

PILUM. — Javeline pesante qui, suivant Varron, était l'arme nationale des Romains. Végèce, qui décrit le *pilum*, nous dit que la hampe en était longue d'environ 5 pieds et demi, et que le fer, d'une forme triangulaire (*trigonalis*), n'avait pas moins de 9 pouces de hauteur. Le bois de la hampe, primitivement carré, fut arrondi plus tard à son extrémité supérieure. Les *triaires*, vieux soldats auxquels était confiée la garde des aigles, étaient armés du *pilum*, dont leur centurie, la première de l'armée, prenait le nom. Le centurion, commandant 400 hommes (*Végèce*, liv. ii), s'appelait *primipilus ;* et les hastaires qui, ainsi que les princes, précédaient les soldats armés du *pilum*, prenaient le nom d'*antepilani.* Ed. F.

PIMÉLÉE, *pimelea* (*bot.*). — Joli genre de la famille des daphnoïdées ou thymélées, de la diandrie-monogynie dans le système de Linné. Les végétaux qui le forment sont des arbrisseaux de la Nouvelle-Hollande et des îles voisines, dont plusieurs sont aujourd'hui cultivés dans nos collections, où ils se font remarquer par l'élégance de leurs fleurs. Leurs feuilles simples, lancéolées ou ovales, sont presque toujours opposées ; leurs fleurs,

hermaphrodites ou dioïques, sont réunies en têtes terminales, auxquelles les feuilles supérieures, semblables aux autres ou élargies à leur base, forment ordinairement une sorte d'involucre; ces fleurs ont un périanthe simple, en entonnoir, à tube presque toujours divisé, dans son milieu, par une articulation en deux parties dont l'inférieure persiste après la floraison, à limbe quadrifide; deux étamines insérées à la gorge du périanthe et opposées à ses deux divisions extérieures ; un pistil à ovaire uniloculaire; uniovulé, à style latéral, terminé par un stigmate en tête. Le fruit est une petite noix monosperme, à couche externe sèche, rarement charnue. — On cultive aujourd'hui, comme plantes d'ornement, quatre ou cinq espèces de ce genre. La plus répandue est la PIMÉLÉE A FEUILLES EN CROIX, *pimela decussata*, R. Br., joli petit arbrisseau de 5 ou 6 décimètres de haut, à feuilles ovales, opposées en croix ; à rameaux terminés par un capitule de fleurs roses qu'entourent, à sa base, quatre feuilles modifiées ou quatre bractées disposées en involucre. Cet arbuste se cultive en serre tempérée et en terre de bruyère. On le multiplie par boutures et marcottes. Tout récemment une nouvelle espèce, la PIMÉLÉE BRILLANTE, *pimelea speciosa*, a été introduite dans nos cultures, où elle s'est rapidement multipliée à cause de son élégance. Elle est plus haute que la précédente, à branches longues et un peu grêles, à feuilles lancéolées, et ses fleurs blanches, très-légèrement teintées de rouge en dehors, sont groupées, en grand nombre, en têtes terminales, auxquelles les feuilles supérieures, élargies à leur base et modifiées en bractées, forment un involucre. On cultive encore la PIMÉLÉE DRUPACÉE et la PIMÉLÉE A FEUILLES DE LIN, etc.

PIMÉLIAIRES (*entom.*), ordre des *coléoptères*, section des *hétéromères*, famille des *mélasomes*. — Cette tribu, qui renfermait d'abord les *blapsides* et les *ténébrionites*, était trop étendue pour qu'on ne cherchât pas à la restreindre; Latreille en a séparé les insectes dont les maxillaires sont terminées par un article notablement plus grand que les précédents, et d'une façon triangulaire ou sécuriforme, sous le nom de *blapsides*, et ceux dont les ailes et les étuis sont libres sous le nom de *ténébrionites*. Telle qu'elle reste constituée, cette tribu, qui a pour type le genre *pimélie* (*voy.* ce mot), présente les caractères suivants : pas d'ailes; étuis soudés et embrassant l'abdomen ; palpes maxillaires filiformes, quelquefois terminées par un article un peu plus grand que les précédents, mais n'offrant jamais la forme d'une massue triangulaire ou en hache. Latreille a subdivisé cette tribu en deux sections : dans la première, le onzième et dernier article des antennes, à peine saillant dans quelques genres, est, en général, très-petit, comparé au précédent et en forme de cône très-court ; elle renferme les genres *pimélie platyope, eurychore, akis, élénophore, érodie.* Dans la deuxième, le dernier article des antennes est très-distinct, soit un peu plus petit, soit de la même longueur ou plus grand que le précédent, de forme ovoïde ou de cône allongé. Cette section renferme les genres *zophose, moluris, psammode, tentyrie, tagone, tagénie, sépidie, diésie, scaure, læna.* Les insectes qui composent cette tribu sont tous d'une couleur sombre et unie, vivant dans la terre, qu'ils fouissent au moyen de leurs pattes ; ils habitent les contrées méridionales, et surtout les terrains sablonneux et salés.

PIMÉLIE (*entom.*), ordre des *coléoptères*, section des *hétéromères*, famille des *mélasomes*, tribu des *piméliaires.* — Ce genre, qui a été considérablement restreint dans ces derniers temps, se distingue par les caractères suivants : menton transverse, élargi et anguleux latéralement près de sa base, rétréci vers son extrémité, et ayant dans son milieu un sillon profond ; pédoncule échancré en arc ; palpes maxillaires grossissant légèrement vers leur extrémité ; labre saillant, rétréci à sa base ; tête le plus souvent rétrécie en trapèze à sa partie antérieure ; antennes à dixième article court, subnoduleux ; le troisième plus grand que les deux suivants réunis. Les pimélies habitent les terres sablonneuses et salines des contrées méridionales de l'Europe, celles de l'Afrique, situées au nord de l'équateur, et la partie occidentale de l'Asie ; elles s'y creusent, au moyen de leurs pattes, des trous qui leur servent de retraite ; on ne sait rien de leurs métamorphoses. Parmi les espèces du genre, nous citerons la *pimélie ponctuée,* longue de 14 à 15 millimètres, large de 8 à 10 ; d'un noir obscur, un peu clair dans les intervalles des élytres ; tête fortement ponctuée ; élytres couvertes de petites rides transversales, très-serrées, entremêlées de très-fines granulations, à peine sensibles et d'un duvet court, grisâtre ; tous les tibias antérieurs prolongés

en dehors, à leur extrémité, en une dent plus ou moins longue ou aiguë.   A. G.

PIMENT, *capsicum* (*bot.*), genre de la famille des solanées, de la pentandrie-monogynie dans le système de Linné. Les plantes qu'il réunit sont des herbes annuelles ou vivaces (rarement des arbrisseaux), originaires des parties tropicales de l'Asie et de l'Amérique, mais répandues par la culture sur presque toute la surface du globe. Leurs feuilles sont alternes, solitaires ou géminées, entières ou sinuées ; leurs fleurs, solitaires sur des pédoncules souvent extra-axillaires, sont d'un blanc sale ou jaunâtre : elles se composent d'un calice à cinq ou six divisions ; d'une corolle rotacée, régulière, également à cinq ou six divisions ; de cinq ou six étamines à filet très-court, à anthères conniventes, s'ouvrant par une fente longitudinale, et non par des pores terminaux comme dans les *solanum*, genre très-voisin ; d'un ovaire à deux, trois ou quatre loges multiovulées. A ces fleurs succède une baie sèche, globuleuse, ou ovoïde, ou irrégulièrement pyramidale, de saveur aromatique très-piquante, et, le plus souvent, comme poivrée, de couleur orangée, rouge ou pourpre, dans laquelle les loges se réunissent vers le haut, par suite de la liquéfaction de la matière des cloisons. — Parmi les diverses espèces de piment, nous en citerons une très-répandue dans nos jardins potagers et une seconde communément cultivée comme plante d'ornement. — 1° Le PIMENT ANNUEL, *capsicum annuum,* Linn. Cette plante porte un grand nombre de noms vulgaires différents, tels que *poivron, poivre long, poivre de Guinée, corail des jardins,* etc. Elle est originaire de l'Amérique méridionale, et annuelle ; sa tige, herbacée et épaisse, s'élève, en moyenne, de 3 à 5 décimètres ; ses fleurs sont solitaires et donnent un fruit de forme oblongue assez variable, pendant et d'un rouge vif. C'est pour ce fruit que la plante est presque généralement cultivée. Il renferme une matière résineuse balsamique, âcre, nommée *capsicine,* qui lui donne une saveur très-piquante et agit à la manière des substances aromatiques âcres en irritant le tube intestinal, provoquant le vomissement et, à plus forte dose, déterminant l'inflammation de l'estomac, enfin en produisant les effets des substances vénéneuses âcres et narcotiques. Le fruit du piment annuel est d'un usage habituel dans l'Inde et en Amérique comme condiment et en guise de poivre ; en

Europe, on l'emploie moins fréquemment; la consommation en est encore assez considérable, surtout parmi le peuple et dans les parties méridionales. Cette espèce a donné par la culture plusieurs variétés que distinguent les modifications de forme et de couleur du fruit, et qu'il est presque toujours très-difficile de caractériser nettement. Dans nos jardins, on le sème sur couches, aux mois de février et mars, ou dans du terreau, au mois d'avril. Sous le climat de Paris, on repique le jeune plant, vers le milieu du printemps, à une exposition chaude et méridionale, soit en plate-bande, soit en pots qu'on enterre dans le fumier d'une couche; mais, dans nos départements méridionaux, on se borne à le mettre en pleine terre sans précaution particulière. — 2° Le PIMENT-CERISE, *capsicum cerasiforme*, Linn., est un joli arbuste dont on ne connaît pas bien l'origine et qu'on cultive communément à cause de l'effet que produisent ses fruits globuleux, de la grosseur et de la couleur d'une cerise, persistant sur le pied et se succédant pendant longtemps. Cette espèce est assez peu délicate et passe sans difficulté tout l'hiver dans les appartements. On la multiplie par semis faits sur couche et sous châssis.

PIMOLISÈNE (*géog. anc.*), ancienne contrée de l'Asie, s'étendant sur les deux rives de l'Halys, entre la *Saramène* et la *Domanitide*, et formée de la partie orientale de la Paphlagonie et de la partie occidentale du Pont; elle tirait son nom de Pimolis, sa capitale, aujourd'hui *Osmandgick*.

PIMPRENELLE, *poterium* (*bot.*).—Genre de plantes de la famille des rosacées, section des sanguisorbées. Il se compose d'herbes, de sous-arbrisseaux et d'arbrisseaux qui croissent spontanément dans les parties moyennes de l'Europe et dans la région méditerranéenne; leurs feuilles sont composées, pennées avec foliole impaire, à folioles dentées en scie, à stipules adhérentes au pétiole; leurs fleurs, polygames ou monoïques, petites et apétales, sont réunies en épis serrés dont les femelles occupent la partie supérieure; elles présentent un calice à tube turbiné inférieurement, à limbe quadriparti; des étamines au nombre de vingt à trente, insérées sur un disque annulaire qui garnit et resserre la gorge du calice; deux ou rarement trois pistils distincts, enfermés dans le tube du calice sans adhérer avec lui, à ovaire uniovulé et auxquels succèdent tout autant d'achaines en

veloppés par le tube du calice devenu subéreux ou presque charnu. — Ce genre renferme, entre autres, une espèce intéressante, la PIMPRENELLE SANGUISORBE, *poterium sanguisorba*, Lin., plante commune dans les prés secs et montagneux, sur les tertres, dans toute la France, et qui porte vulgairement les noms de *pimprenelle*, *petite pimprenelle*. Sa tige herbacée, légèrement anguleuse, un peu rameuse, s'élève à environ 5 décimètres; ses feuilles glabres sont formées de onze à quinze folioles ovales, presque arrondies, dentées assez profondément, glabres; ses fleurs sont réunies en épis terminaux, globuleux ou un peu ovoïdes, dans lesquels les mâles occupent la partie inférieure, les femelles la supérieure. Il en existe une variété à tige et feuilles plus ou moins pubescentes. Cette plante est regardée comme astringente; elle figurait dans l'ancienne matière médicale; mais aujourd'hui elle est à peu près inusitée sous ce rapport : elle a une certaine importance comme espèce oléracée et potagère. Sous le premier rapport, on en mêle les feuilles, dont la saveur est aromatique, piquante et même un peu âcre, à la salade comme assaisonnement ou fourniture. Pour cet usage, on la sème, dans les jardins potagers, soit au printemps, soit à l'automne, ordinairement sous forme de bordure; comme fourrage, la pimprenelle a déjà rendu des services importants par la faculté qu'elle a de végéter dans les terres les plus mauvaises, les plus sèches, même sur les coteaux calcaires, tels que ceux de la Champagne, et de supporter, sans périr, les froids les plus rigoureux comme les plus grandes sécheresses. On conçoit néanmoins sans peine que sa végétation est plus vigoureuse dans les bonnes terres; mais là elle peut être remplacée par des plantes plus avantageuses. On la sème, pour ce second usage, au mois de mars, dans la proportion d'environ 30 kilogrammes de graine par hectare. Elle est surtout propre à être pâturée pendant l'hiver; son foin ne peut guère servir de nourriture pour les chevaux et le gros bétail, mais il est très-bon pour les moutons.

PIN, *pinus* (*bot.*). — Genre très-important de la famille des abiétinées (*voy.* CONIFÈRES), de la monœcie-monadelphie dans le système de Linné, auquel appartiennent environ cinquante espèces, presque toutes recommandables par leur utilité. Il est formé d'arbres pour la plupart de haute taille, quelquefois

peu élevés, à feuilles linéaires-subulées, roides, persistantes, groupées par petits faisceaux de deux à cinq, entourés, à leur base,
d'une gaîne scarieuse. Leurs fleurs sont monoïques, les mâles et les femelles portées sur
des rameaux différents. Les fleurs mâles forment des chatons globuleux ou ovoïdes nombreux, agglomérés en une sorte d'épi ovoïde;
chacune d'elles se compose d'une seule étamine à filet court, à loges s'ouvrant longitu-
dinalement, au delà desquelles le connectif
se prolonge en une sorte de crête; plusieurs
botanistes voient dans chacune de ces étamines deux anthères soudées entre elles dans
leur longueur. Les fleurs femelles forment
des chatons qui naissent à l'extrémité des
branches au nombre d'un, deux, trois ou
quelquefois davantage, et qui sont formés
d'écailles, dont chacune en porte une autre
plus petite à son côté extérieur et supporte,
à sa base, deux fleurs de structure extrèmement simple. Ces chatons se développent en
un cône ou strobile de forme variée, à écailles ligneuses, épaissies au sommet, imbriquées et abritant entre elles des graines nues
à test osseux ou coriace, prolongé presque
toujours sur un côté en une aile membraneuse. Le développement de ces fruits est
très-lent. Pendant la première année, le chaton de fleurs femelles qui doit le former se
développe fort peu; ce n'est qu'au printemps
de la seconde année que les pistils y deviennent visibles; dès cet instant, le développement devient rapide, et la maturité arrive
souvent dès l'automne de la deuxième année;
mais parfois aussi les cônes, quoique entièrement développés à cette époque, ne s'ouvrent
qu'au printemps ou vers la fin de la troisième
année. Même chez le pin-pignon, ils ne mûrissent que vers la fin de la troisième année et ne
s'ouvrent pour la dissémination des graines
qu'au printemps de la quatrième. La plupart
de ces arbres rendent de très-grands services
soit par leur bois qui joue un si grand rôle
dans toutes nos constructions, dans la menuiserie, la marine, etc., soit par leurs produits résineux. (*Voy.* TÉRÉBENTHINE.) — La
multiplication des pins se fait habituellement
par le moyen des semis, ces arbres ne reprenant ni de boutures, ni de marcottes; mais
depuis quelques années on a tiré un très-grand
parti de la greffe herbacée ou greffe Tschudy
pour propager certaines espèces et particulièrement pour introduire des espèces délicates dans des terres où elles se refuseraient

à croître. On sait que cette greffe doit son
nom à ce qu'on l'exécute seulement sur des
rameaux encore très-jeunes ou à l'état herba-
cé, et que par elle on substitue à l'extrémité
d'une branche celle de l'espèce qu'on veut
multiplier. Depuis peu d'années, l'application en a été faite en grand dans la forêt de
Fontainebleau, et elle a permis d'y multiplier,
au moyen du pin silvestre, des espèces plus
précieuses qu'il eût été à peu près impossible d'y acclimater de toute autre manière.
Les espèces de pin les plus connues et les
plus répandues sont les suivantes :

1. PIN SILVESTRE, *pinus silvestris*, Linn.
— Ce bel arbre est l'un des plus précieux du
genre, à cause des qualités qui distinguent
son bois. Il s'élève jusqu'à plus de 30 mètres
de hauteur; son front droit, dégarni dans
une grande hauteur, lorsqu'il croît en masse,
acquiert jusqu'à 1 mètre et plus de diamètre;
il est revêtu d'une écorce épaisse, de couleur
ferrugineuse, au moins dans le bas; ses branches horizontales, verticillées, au nombre de
3 à 7, forment une cime pyramidale. Ses
feuilles géminées persistent pendant trois et
quatre ans; ses chatons mâles, longs d'environ 1 centimètre, sont groupés par 30 et 40
au sommet des branches; ses chatons femelles sont ovoïdes, rougeâtres. Les cônes
qui leur succèdent varient de forme et de
grosseur; leur surface est d'un brun grisâtre, non luisante; la partie saillante de
leurs écailles varie beaucoup de convexité.
Les graines sont ovoïdes, comprimées, petites, terminées par une aile allongée, lan-
céolée. Le pin silvestre croît naturellement
dans toute l'Europe, mais dans ses parties
méridionales il se tient à une assez grande
hauteur sur les montagnes; il arrive très-
avant vers le nord; on le retrouve sur le
Caucase et en Sibérie. Son bois est solide, résistant et plus durable que celui de la plupart des autres pins et des sapins; aussi est-
il très-recherché pour les constructions maritimes, pour la mâture des navires, particulièrement celui des parties froides de
l'Europe qui, à cause du peu d'épaisseur
des couches qui le forment, a beaucoup de
force et d'élasticité. Il se conserve pendant
longtemps sous terre et dans l'eau. Son poids
varie beaucoup suivant les circonstances de
sol et de climat sous lesquelles s'est effectuée la végétation de l'arbre; généralement
il varie de 54 à 74 livres par pied cube lorsqu'il est vert, et de 31 à 41 livres lorsqu'il

est sec. Il est doux et facile à travailler : aussi l'emploie-t-on pour presque tous les ouvrages dans lesquels on a besoin d'un bois à la fois léger et résistant. Son charbon est estimé pour les forges. Les branches de ce pin fournissent de bons échalas ; ses racines, qui renferment beaucoup de résine, servent à faire des torches ; enfin son écorce est assez astringente pour remplacer celle du chêne pour le tannage dans les contrées septentrionales, et ses jeunes pousses servent, en place du houblon, à la préparation d'une bière antiscorbutique. A ces nombreux et importants avantages, cet arbre joint celui de réussir même dans des sols secs et très-pauvres, dont il permet de tirer ainsi un excellent parti. — Suivant les principaux lieux où il croît en abondance, et où il forme des variétés plus ou moins caractérisées, le pin silvestre reçoit vulgairement les noms de *pin du Nord, pin de Riga, pin de Russie, pin d'Haguenau, pin de Genève.*

2. PIN MARITIME, *pinus maritima*, Lam. (*P. pinaster*, Ait.). — C'est cette espèce qui couvre aujourd'hui les landes de Gascogne, et de là lui vient son nom vulgaire de *pin de Bordeaux.* Elle forme un grand et bel arbre, à pivot plus prononcé que chez les autres pins, à tronc droit et à branches étalées, formant une cime pyramidale. Ses feuilles géminées, épaisses, d'un vert foncé, se distinguent parmi nos espèces européennes par leur longueur, qui varie de 15 centimètres jusqu'à 3 décimètres ; leur gaîne, à l'état jeune, se montre panachée de blanc et de roux ; ses cônes sont ovoïdes ou coniques, longs de 1 à 2 décimètres, presque sessiles, luisants, verticillés de trois à six ; leurs écailles ont leur extrémité très-saillante, épaisse, bombée ou pyramidale ; ses graines sont luisantes, ovoïdes, assez petites, terminées par une aile oblongue, rousse, longue d'environ 3 décimètres. — Cet arbre est surtout utile pour ses produits résineux qui forment la matière d'un commerce important ; son bois est un peu mou et médiocrement durable, aussi est-il beaucoup moins estimé que celui du précédent ; néanmoins on en fait usage pour la charpente, pour les caisses d'emballage ; on l'emploie même à Toulon pour le doublage des embarcations. Dans plusieurs parties de la France, notamment dans l'Agénois, le Quercy, le Périgord, etc., on le cultive pour l'employer, jeune encore, en perches et échalas ; il réussit très-bien dans les

sols siliceux et même dans le sable pur, ce qui le rend précieux dans les landes et sur le littoral de nos mers ; son accroissement est rapide, au point que, dix ans après le semis, il a déjà 3 et 4 mètres de hauteur; qu'en vingt ans il arrive déjà à 10 mètres.

3. PIN-LARICIO, *pinus laricio*, Poir. — Ce pin, le plus grand de tous ceux d'Europe, est connu sous les noms vulgaires de *pin de Corse, pin de Calabre, pin d'Autriche,* etc. Il atteint une hauteur de 40 à 50 mètres, avec un diamètre de 2 et même 3 mètres ; son tronc, droit et finalement dégarni de branches jusqu'à une grande hauteur, est revêtu d'une écorce grisâtre, crevassée ; ses branches sont fortes, étalées, et portent une grande quantité de feuilles souvent contournées, assez épaisses, d'un vert noirâtre, géminées, un peu plus longues que celles du pin silvestre, moins que celles du pin maritime. Ses cônes, le plus souvent opposés par paires, n'atteignent guère au plus qu'une longueur de 1 décimètre ; ils sont droits ou courbés au sommet, à extrémité des écailles généralement peu saillante et parfois presque plane. Ses graines sont assez grosses, terminées par une aile trois ou quatre fois plus longue qu'elles. Il croît naturellemet en Corse, en Italie, dans les Pyrénées, en Autriche, etc.; mais la culture l'a propagé jusque dans les parties un peu froides de l'Europe, où il résiste aux hivers les plus rigoureux. C'est principalement lui qu'on a multiplié à Fontainebleau par la greffe herbacée. Son accroissement est très-rapide, mais son bois est de qualité médiocre et son aubier fort volumineux; néanmoins on l'emploie encore en assez grande quantité, même dans la marine, surtout après l'avoir dépouillé de son aubier, son bois de cœur étant beaucoup plus durable. Ce bois est, au reste, facile à travailler ; il est employé assez fréquemment même par les sculpteurs ; il sert, par exemple, à faire la plus grande partie des figures dont on décore la proue des navires. Les divers noms vulgaires que nous lui avons assignés ici comme synonymes distinguent des variétés, ou même, quelques-uns, des espèces, selon les horticulteurs et beaucoup de forestiers.

4. PIN-PIGNON, *pinus pinea*, Lin. — C'est l'espèce connue sous les noms de *pin pinier, pin cultivé, pin bon.* Il s'élève droit, à une hauteur de 18 ou 20 mètres; son tronc paraît souvent comme tors, et il est revêtu

d'une écorce brunâtre, crevassée; il se termine par une cime étalée en parasol. Ses feuilles, ordinairement droites, sont géminées, épaisses, d'un vert foncé; ses cônes sont ovoïdes ou ovales-globuleux, gros, obtus au sommet, luisants; l'extrémité de leurs écailles est très-saillante, le plus souvent pyramidale; ses graines sont grosses, à aile plus courte qu'elles. — Le pin-pignon appartient à l'Europe méridionale, à l'Orient, au nord de l'Afrique; on le cultive surtout pour ses graines, qu'on nomme *pignons*, *pignons doux*, et qu'on recherche pour leur saveur, assez semblable à celle de la noisette. Son bois est léger, propre aux ouvrages de menuiserie; Olivier dit que les Turcs n'en emploient pas d'autre pour les mâtures. Quoique originaire des parties chaudes de l'Europe, cet arbre végète sans difficulté sous le climat de Paris; il demande un sol profond, sec, sablonneux et une exposition un peu ombragée. — Parmi les autres espèces de pins les plus répandues, nous nous bornerons à mentionner le PIN D'ALEP ou PIN DE JÉRUSALEM, *pinus halepensis*, Mill., le PIN DU LORD, *pinus strobus*, Lin., le PIN CEMBRO, *pinus cembra*, Lin., le PIN CHÉTIF, *pinus inops*, Lin., etc.

PINACLE (archéol., archit.). — Comble élevé angulairement et fermé par un fronton que les anciens affectaient spécialement aux temples, pour les distinguer des édifices d'habitation dont les toits aplatis ne comportaient pas cette décoration interdite aux particuliers. Son attribution était tellement consacrée que Cicéron dit quelque part que, si les dieux avaient eu à *construire un temple* dans l'Olympe, où il ne pleut jamais, ils n'eussent pu s'empêcher de lui donner un fronton. Malgré le caractère sacré du pinacle, César obtint, de la reconnaissance ou de l'adulation du sénat, le privilège d'en placer un sur sa maison. — Le pinacle était décoré de statues des dieux, de victoires ou d'autres ornements en proportion du degré d'illustration de ceux qui partagèrent plus tard cet honneur; car le sénat en fut bientôt à ne savoir plus rien refuser à qui jouissait de quelque crédit. — Il est probable que le temple de Jérusalem, qui existait à l'époque de Jésus-Christ et avait été reconstruit par Hérode, était bâti selon les formes usitées par les Romains, maîtres de la Judée, et par conséquent surmonté d'un pinacle, puisqu'il est dit par les évangélistes que le démon,

ayant transporté le Sauveur sur le pinacle du temple, lui dit : « Si vous êtes le Fils de Dieu, jetez-vous en bas, et les anges vous soutiendront. » Cette explication, tirée de l'influence toute naturelle de Rome sur l'art d'un pays qui lui était soumis, nous paraît beaucoup plus simple que la supposition de certains savants, purement gratuite, qu'à Jérusalem on donnait le nom de *pinacle* soit à la galerie qui entourait la toiture du temple, soit à une tour élevée au-dessus du vestibule.

Dans l'architecture gothique, on appelle plus particulièrement *pinacles* de petits édicules affectant la forme de tabernacles ou même d'églises et qui couronnent un contrefort, une tourelle. Quelquefois ils sont entièrement à jour, renferment une statuette, souvent s'amortissent en petite flèche ou clocheton. On en voit même dont le plan allongé permet de mettre cet ornement aux deux extrémités de l'édicule ou de l'élever sur son milieu, comme le clocher de quelques églises. — La renaissance a fait usage aussi de ces pinacles en leur donnant les formes particulières de son époque. — On appelle enfin du même nom, 1° cette espèce de broderie ou de crête découpée en pierre, en bois, mais plus ordinairement en métal, qui règne le long des arêtes des grands combles des anciennes églises, que l'art du moyen âge emprunta à quelques monuments de la Grèce antique et dont l'art moderne cherche à introduire l'usage; 2° cette sorte d'acrotère à tige prismatique particulière à l'architecture gothique, plus ou moins prolongée, terminée tantôt par une crosse de feuillage surmontée d'un bouton, figurant au loin, par sa masse, une croix, sous quelque aspect qu'on la regarde, tantôt une simple corniche, tantôt une figurine; 3° les dais (*voy.* ce mot) qu'on voit dans les monuments de la même époque placés au-dessus de la tête des statues des saints et autres personnages qu'on veut honorer.   J. P. SCHMIT.

PINASSE (mar.), sorte d'embarcation marchant à voiles et à rames; il s'en construit, dans les ports basques, de fort légères, de forme allongée et étroite. Dans la marine anglaise, on donne le même nom, mais avec deux *n*, *pinnasse*, au canot d'état-major bordant 8 avirons à pointe et souvent gréé en goëlette. — Anciennement, les pinasses étaient de grands bâtiments à poupe carrée fort en usage dans les ports de Hollande surtout; il ne s'en fait plus de nos jours. On croit que leur nom vient du pin, dont le bois était anciennement employé dans leur construction.

PINCE (*techn.*). — Cette dénomination s'applique à deux genres d'instruments fort distincts : le premier se compose de barres rigides en fer ou en acier, droites ou recourbées, pointues à leur extrémité ou amincies en un biseau qui est quelquefois fendu. Elles se distinguent du levier, surtout par l'amincissement de leur extrémité qui permet de saisir, pour le soulever ou l'arracher de sa place, tout objet qui échapperait à une autre application de la force. Les pinces qui ont leur biseau fendu s'appellent *pied-de-biche*, *pied-de-chèvre* ; celles qui sont destinées à être manœuvrées d'une seule main, *pinces à main*. Tous ces instruments agissent comme leviers simples. — Le second genre renferme de véritables outils, composés de deux branches entre lesquelles on saisit les objets. C'est un assemblage de deux leviers ; cet assemblage est combiné de deux façons différentes. — Dans l'une, les deux branches sont réunies par une de leurs extrémités ; elles peuvent jouer sur une simple articulation ou être assujetties de manière à constituer un ressort qui tende constamment à écarter les extrémités opposées : ce cas est ordinaire dans les instruments de petites dimensions ; la forme varie suivant l'usage auquel on les destine ; ces pinces sont quelquefois garnies d'un anneau coulant à l'aide duquel on peut maintenir les branches serrées. Parfois cette espèce de pince a pour usage de tenir écartées deux parties qui, naturellement, se rapprocheraient. — L'autre cas ne se rencontre guère que dans la pince de BOURRELIER (*voy.* ce mot). — L'autre combinaison consiste à assembler les deux branches par une charnière qui est d'autant plus près d'une des extrémités que l'on destine l'instrument à agir avec plus de vigueur. L'extrémité avec laquelle on saisit les objets, et qui s'appelle *mâchoire*, est de forme variable suivant l'usage auquel on la destine. Cette sorte de pince reçoit quelquefois, entre les branches, un ressort qui les tient ouvertes naturellement, et un anneau qui les maintient fermées au besoin. Elles portent souvent, lorsqu'elles sont d'une dimension un peu forte, les noms de *tenailles*. — Est-ce par suite de la ressemblance avec l'extrémité en biseau d'une pince, ou bien à cause de son usage, qui consiste à saisir vigoureusement le sol,

que, chez les quadrupèdes, la partie antérieure du sabot s'appelle *pince?* Quoi qu'il en soit, le terme est consacré, surtout chez les chasseurs, les vétérinaires et les maréchaux ; même ceux-ci en étendent le sens à la partie du fer à cheval qui y correspond. — Les fondeurs appellent *pince* le bord de la cloche où frappe le battant : c'est là que commence le biseau.

PINCE se dit encore de l'effet produit par l'action de pincer ; les tailleurs et couturières font des *pinces* aux vêtements pour les resserrer. — Cette acception s'étendait autrefois à l'action de s'approprier certains objets, et particulièrement l'argent, d'une manière que la probité n'approuve nullement, quoique la loi ne le réprime pas. Marot disait :

> « Car votre argent, trop débonnaire prince,
> Sans point de faute, est sujet à la *pince.* »

Notre langue est trop honnête pour avoir conservé une expression aussi peu parlementaire. Dans un sens très-rapproché, on disait *pince-maille* (du nom d'une ancienne et petite monnaie), pour indiquer un homme saisissant les plus petites occasions d'épargne.

PINCE, dans la marine, s'entend du plein bois qui se trouve à l'étrave vers l'angle du brion, et à l'étambot, vers le talon, où le vaisseau offre des faces latérales presque planes ; on appelle encore *pince* plusieurs pièces de rapport destinées à augmenter la largeur du brion, sur le tour et à l'angle.

PINCE (*arachn.*). — Ordre des *trachéennes*, famille des faux scorpions, établi par Geoffroy aux dépens du genre *faucheur* de Linné. Ce genre offre les caractères suivants : corps ovoïde et déprimé ou oblong et presque cylindrique ; il est revêtu d'un derme un peu coriace et presque glabre ou peu velu, et se compose 1° d'un segment antérieur beaucoup plus grand, presque carré ou triangulaire, tenant lieu de tête et de corselet, portant deux ou quatre yeux lisses situés latéralement, les organes de la manducation, deux pieds-palpes en forme de serres, terminés par une pince didactyle et les six premières pattes ; 2° de onze autres segments transversaux et annuliformes, et sur les premiers desquels la quatrième et la dernière paire des pattes paraissent insérées ; les autres segments représentent l'abdomen. Les pinces vivent, en général, dans des lieux écartés et humides, sous les pierres et les pots à fleurs des jardins ; elles se nourrissent de petits insectes ;

suivant Roësel, la femelle pond des œufs petits, d'un blanc verdâtre, qu'elle rassemble les uns près des autres. Comme type du genre, nous citerons la pince cancroïde; cette espèce a environ 1 ligne et 1/2 de longueur; le corps et les pattes sont d'un brun rougeâtre; les palpes ont une étendue double de celle du corps; elle se trouve, en Europe, dans les vieux livres, les herbiers, et se nourrit des insectes qui les rongent.

PINCEAU (*accept. div.*). — Dans le sens propre, le pinceau est un instrument qui sert à étendre la couleur ou tout autre liquide. Il est composé de poils assemblés en paquets solidement liés, et quelquefois ajustés à un manche de bois. Les pinceaux dont l'extrémité libre forme une surface plus ou moins plane portent spécialement le nom de brosses; ils sont, en général, faits de poils grossiers, comme ceux du sanglier; leur préparation ne demande pas de grands soins. Après avoir assorti les poils de longueur, on en prend telle quantité que l'on veut, suivant la grosseur qu'on se propose d'obtenir; on les lie, avec du fil ou de la ficelle, par un simple tour; on y introduit le manche appointé et entaillé, et on fait un nombre suffisant de tours pour donner la solidité nécessaire, enfin on recouvre le lien de colle forte. Les pinceaux proprement dits doivent faire parfaitement la pointe lorsqu'ils sont mouillés; ils sont faits avec des poils très-fins, tels que ceux de blaireau. Après avoir, au moyen d'eau alunée, soigneusement dégraissé les *queues* dont on veut se servir, on les coupe avec soin, puis on les range par grandeurs; on y parvient en mettant le poil dans de petits vases cylindriques en fer-blanc; la base se range exactement sur le fond du vase, et on enlève successivement, en les pinçant avec deux doigts, tous ceux qui s'élèvent à la même hauteur. Chaque poil étant terminé par une pointe très-déliée et régulièrement conique, il est important que le faisceau qui doit constituer un pinceau soit composé de poils parfaitement égaux et ayant conservé leur pointe naturelle, puisque c'est la juxtaposition de tous ces cônes qui, lorsqu'on les force de se réunir en les mouillant, forme une pointe parfaite au pinceau. Le faisceau étant réuni, on le lie avec soin et on l'introduit dans un tuyau de plume de grosseur convenable. Ce tuyau, détaché, d'une part, de la plume, et, de l'autre, coupé par son petit bout de manière à laisser un orifice plus

petit que le diamètre général, est d'abord dégraissé, puis trempé, autant pour l'empêcher de se fendre, lors de l'introduction du poinçon, que pour obtenir qu'il se resserre en séchant. Les pinceaux de dimension plus forte sont ajustés dans des tubes de fer-blanc. Les bonnes ouvrières en pinceaux sont extrêmement rares. On fabrique aussi des pinceaux plats; les plus petits, ceux pour dessins par exemple, sont assemblés entre deux cartes, les plus gros entre deux plaques de fer-blanc.   Em. L.

PINÇON ou **PINSON** (*ornith.*), ordre des *passereaux*, famille des conirostres. Ce genre renferme les espèces dont le bec, de forme conique, est plus droit, moins fort et moins arqué que celui des moineaux. La plus commune de celles que l'on rencontre en Europe est le *pinçon ordinaire*, dont le front est noir, le haut de la tête et la nuque d'un bleu cendré; le croupion vert; toutes les parties inférieures d'une couleur lie de vin roussâtre, qui passe au blanc à l'abdomen; les ailes et la queue noires avec deux bandes transversales blanches sur les rémiges, et une tache conique de la même couleur sur les deux rectrices latérales : après la mue, toutes les couleurs deviennent plus claires. Cette espèce est bien connue dans nos pays, et la vivacité de son chant la fait élever en captivité; prise à l'âge adulte, elle s'y habitue difficilement. A l'état de liberté, la femelle construit son nid avec beaucoup d'art. Comme la saison des amours commence avec le printemps, alors que le feuillage est rare encore, la mère choisit pour sa construction une branche assez grosse pour servir d'abri; le nid est formé par différentes, mousses et de petites racines recouvertes à l'intérieur par des lichens semblables à celui qui tapisse les branches de l'arbre; l'intérieur est garni de crin, de laine et de plumes. C'est sur ce lit que la femelle dépose de quatre à six œufs d'un bleu verdâtre avec des taches et de petites bandes couleur de café. Le mâle partage avec la femelle les soins de l'incubation qui dure de treize à quatorze jours, et pendant les premiers temps les parents dégorgent la nourriture aux jeunes oiseaux, qui dès leur naissance sont recouverts de duvet. — Une espèce qui se rapproche de la précédente est le pinçon des Ardennes, mais elle est seulement de passage dans nos pays.

PINDARE (*biog.*), le chantre de l'aristocratie hellénique, le plus éminent des lyriques grecs, naquit à Cynocéphales, village situé près de Thèbes, l'an 522 avant J. C. Sa famille était de la tribu des égides ; elle avait le privilége, quelques-uns disent le droit héréditaire, de fournir des joueurs de flûte pour les solennités religieuses. Le jeune Pindare cultiva, dès sa première jeunesse, la musique et la poésie, et fut élevé, en quelque sorte, dans le temple des dieux. Ses dispositions étaient telles qu'on ne négligea rien pour les développer : Lasus, d'Hermione, et Corinne lui donnèrent des leçons. Ses progrès furent rapides ; à 16 ans, il fut chargé de la conduite d'un chœur. — Les événements de sa vie sont en petit nombre : il en est de même de tous les vrais poëtes ; ils demeurent étrangers aux soins et aux agitations stériles qui s'emparent des autres hommes. —La gloire de Pindare ne tarda pas à se répandre dans toute la Grèce : une victoire à Olympie était incomplète si une ode de Pindare ne la célébrait ; les villes de la Grèce, si jalouses de leur illustration, se disputaient le poëte et ses chants. Athènes, Egine et Céos s'estimèrent heureuses de le posséder et de trouver place en ses vers ; Thèbes fut blessée des éloges donnés à la ville de Minerve, que Pindare, dans deux de ses dithyrambes, représentés à Athènes après les guerres puniques, avait présentée comme le bouclier de la Grèce : le poëte fut condamné par sa patrie à une amende de 1,000 drachmes. Athènes paya l'amende et décerna, en outre, de splendides honneurs à celui qui avait été persécuté pour elle.

La renommée de Pindare s'étendit bien vite hors de la Grèce ; la Sicile, cette île grecque, non moins amoureuse de musique et de poésie que la mère patrie, applaudit et admira le poëte. En 472, Hiéron, qui avait remporté des victoires à Olympie et à Delphes, s'adressa à Pindare pour les célébrer et le fit venir à sa cour. Hiéron, tyran d'Agrigente, brigua et obtint aussi l'amitié du lyrique. Après cette époque, la Macédoine commençait à s'initier aux arts d'Athènes ; son roi, Alexandre, fils d'Amyntas, sut attirer le poëte auprès de lui. C'est au milieu de cet éclat, de cette gloire, au sein des fêtes, que Pindare passa sa vie et s'éteignit ; il mourut, en effet, à Argos, à l'âge de 80 ans, dans une fête donnée au théâtre. Cette mort fut un deuil pour la Grèce.

La renommée de Pindare était immense, elle fut durable, le temps ne l'altéra en rien.

On se rappelle que, longtemps après la mort du poëte, lors de la prise de Thèbes par Alexandre, une simple inscription suffit à sauver sa maison, déjà épargnée une fois par Pausanias. Une statue qui lui avait été élevée par ses concitoyens subsistait encore au II° siècle de notre ère, six cents ans après sa mort. Cette renommée n'était pas usurpée et s'explique par un fait : Pindare était le représentant du genre hellénique. Ses vers sont pleins d'allusions aux anciennes croyances, aux mœurs de la Grèce ; il chante les vieux héros, les dieux antiques ; l'inspiration dorique règne d'un bout à l'autre de ses œuvres : c'est de là que Pindare a pris sa puissance. Les villes l'aimaient et l'admiraient parce qu'il savait être à la fois national et religieux et, tout en célébrant les vainqueurs du jour, rappeler et faire revivre leur gloire et leurs souvenirs. Pindare est l'homme du passé : si on le compare à ses contemporains, ce caractère apparaît dans toute son étendue ; la vieille civilisation grecque revit en lui avec ses croyances, ses dogmes et ses tendances. —Pindare, outre ses odes, avait composé des hymnes, des parthénies, des tragédies, des épigrammes ; le temps n'a laissé parvenir jusqu'à nous qu'une partie des odes et quelques fragments. PHILARÈTE CHASLES.

PINDE (*géogr.*), longue chaîne de montagnes (appelée aujourd'hui *Mezzovo*, à cause d'une ville de ce nom qui y est située), qui, courant du nord au sud, divise en deux parties à peu près égales le continent de la Grèce. C'est dans la Macédoine (partie de la Roumélie) que cette chaîne commence à être désignée sous ce nom. Le Lacmos (Zygo) en est le mamelon le plus remarquable, parce qu'il sert de point de départ à l'Aous (Voioussa), à l'Arachtus ou Inachus (Arta), à l'Haliacmon (Indge Karasou), au Pénée (Salambria) et à l'Achéloüs (Aspro-Potamo), les cinq rivières les plus considérables de la Grèce continentale. Au sud du Zygo s'élève le mont Tymphrestus (Velukhi), d'où le Pinde, sans cesser de s'allonger vers le midi, fait rayonner en tous sens un grand nombre de chaînes secondaires, qui portent différents noms, selon les pays qu'elles parcourent. Les plus importants de ces prolongements sont, à l'est, les monts Cambuniens, terminés par l'Olympe (Elymbo), la chaîne de l'Otryx, qui s'étend jusqu'au golfe d'Iolchos (de Volo), et celle de l'OEta, qui va former, vers le golfe Maliaque (de Zeitoun),

.e défilé fameux des Thermopyles ; au sud-est, la chaîne Etéenne, et à l'ouest les monts Agréens. — A la hauteur du Velukhi, le Pinde perd son nom et continue de courir vers le sud-est, en prenant successivement les noms de Parnasse en Phocide, d'Hélicon en Béotie, de Brilessus, Pentélique et Hymette en Attique, jusqu'à ce qu'il aille enfin, à l'extrémité la plus méridionale de cette contrée, mourir au cap Sunium (capo Colonni). — Cette montagne jouait un grand rôle dans la mythologie des Grecs. Elle avait vu naître à ses pieds les Lapithes, hardis dompteurs de chevaux, et la sauvage tribu des centaures avait appris, sur ses cimes les plus élevées, à lancer la flèche et le javelot et à manier la massue. Le Pinde était, en outre, consacré à Apollon et aux Muses, et Pégase aimait à se nourrir de l'herbe qui croissait dans ses vallons.

PINDEMONTE (HIPPOLYTE) est un des plus gracieux poëtes de l'Italie moderne : quelques traductions d'Homère et de Virgile, en vers italiens, commencèrent sa réputation ; ses *sermoni*, mais surtout ses *Prose e poesie campestri*, et son poëme sur la fée Morgane, sont des ouvrages délicieux où la campagne est admirablement comprise et rendue avec une naïveté de couleur, un mélancolique amour qu'on n'est pas accoutumé à rencontrer dans la poésie italienne. Né en 1753, Hippolyte Pindemonte est mort en 1828. J. FL.

PINEL (PHILIPPE), médecin célèbre, né à Saint-Paul (Tarn), au mois d'avril 1745, mort à Paris le 26 octobre 1826, à l'âge de 81 ans. Il fut successivement médecin en chef de Bicêtre (1792), médecin en chef de la Salpêtrière, professeur de physique médicale, puis de pathologie interne à la faculté de médecine de Paris, membre de l'Institut (Académie des sciences, section de zoologie). — Les premiers ouvrages que Pinel fit paraître furent des traductions de la *Médecine pratique* de Cullen et des œuvres de Baglivi. Les ouvrages originaux qui ont illustré son nom sont le *Traité médico-philosophique sur l'aliénation mentale*, in-8, deuxième édition, Paris, 1809 ; *Nosographie philosophique*, 3 vol. in-8, sixième édition, Paris, 1818 ; enfin *Médecine clinique*, 1 vol. in-8, Paris, 1815. — Pinel fut à la fois un grand observateur, un écrivain distingué, un penseur érudit et, par-dessus tout, un homme d'une grande bonté d'âme et d'un noble caractère. Ses travaux relatifs à l'aliénation mentale témoignent autant des qualités de son cœur que de son habileté comme praticien ; ses travaux sur l'enseignement et la théorie médicale témoignent plutôt de l'étendue de son intelligence et de ses opinions philosophiques. Les premiers ont jeté une lumière féconde dans le champ jusqu'alors inculte de cette partie de la médecine ; les seconds, combinés aux travaux de Bichat, commencèrent cette révolution médicale qui s'accomplit sous l'influence de Broussais. Autant nous avons à louer les uns, autant nous avons à blâmer les autres : on est surpris de voir des hommes d'un mérite si incontestable mettre toute la force de leur esprit au service d'une idée fausse. Pinel, par exemple, a voué une partie de sa vie et de ses ouvrages à démontrer la nécessité de ramener la médecine aux principes de l'observation exacte, prétention aussi absurde qu'impossible à réaliser. C'est encore à Pinel qu'on doit ce singulier problème, qu'ont cherché à résoudre les hommes sortis de son école : *Une maladie étant donnée, déterminer son vrai caractère et le rang qu'elle doit occuper dans un tableau nosologique*. Se proposer pour but de classer les maladies, c'est suivre l'exemple des botanistes et des anatomistes ; mais, à coup sûr, c'est détourner la médecine de son but légitime, car la classification, quelque perfectionnée qu'on la suppose, ne peut pas conduire logiquement au traitement approprié à une maladie. La classification n'est qu'un moyen, et le traitement et la guérison le seul et véritable but de la médecine. Dr BOURDIN.

PINGOUIN (ornith.), ordre des *palmipèdes*, famille des *brachyptères* ou *plongeurs*. Ce genre se distingue par les caractères suivants : bec droit, large, comprimé, très-courbé vers la pointe ; mandibule supérieure crochue, l'inférieure formant un angle saillant ; narines placées de chaque côté du bec, au milieu, linéaires et presque entièrement fermées par une membrane emplumée ; pieds courts, retirés dans l'abdomen ; pas de pouce, trois doigts antérieurs tout à fait palmés ; ongles peu crochus ; ailes courtes. Les mœurs de ces oiseaux, qui vivent continuellement sur les vastes mers qui avoisinent les deux pôles, sont très-peu connues ; ils viennent à terre seulement au moment de la ponte et déposent, dans des creux de rochers presque inaccessibles, un seul œuf, très-gros par rapport au volume de leur corps. Les femelles alors sont réunies en grand nombre et couvent avec une grande assiduité, qui est à peine troublée lorsque le hasard amène quelque voyageur dans les parages qu'elles ont choisis. La nourriture des pingouins est en rapport avec leur séjour habituel; elle se compose exclusivement des produits maritimes, plantes marines, crustacés, poissons. Bien que leurs ailes soient presque rudimentaires, on les voit quelquefois raser avec rapidité la surface des eaux; mais ils nagent surtout et plongent avec facilité. Chaque année, ils sont assujettis à une double mue. Quelques naturalistes ont élevé les pingouins au rang de tribu, dans laquelle ils font entrer les genres *macareux* et *pingouins* proprement dits; mais, malgré les analogies que la connaissance imparfaite que l'on possède des mœurs et des habitudes de ces oiseaux a fait remarquer, nous pensons qu'on doit, jusqu'à plus ample informé, laisser isolés ces deux genres (*voy.* le mot MACAREUX), et nous ne nous occuperons, dans cet article, que des espèces qui rentrent dans le genre *pingouin* proprement dit. Ces espèces sont au nombre de deux, le *pingouin macroptère* ou *pingouin commun*, et le *pingouin brachyptère* ou *grand pingouin.* — Le *pingouin commun*, d'une taille de 15 à 16 pouces, a le sommet de la tête, la nuque et toutes les parties supérieures d'un noir profond; une bande de blanc entrecoupée de taches brunes du milieu du bec aux yeux; gorge, devant du cou et parties inférieures d'un blanc pur; une bande noire étroite se dessine derrière les yeux; bec noir, marqué de trois à quatre sillons, dont celui du milieu présente une bande d'un blanc pur. Cette espèce, qui habite les mers arctiques des deux pôles, visite, pendant l'hiver, les côtes de France, d'Angleterre, de Norwége et de Hollande. Sa nourriture se compose d'insectes, de petits crustacés, de poissons et surtout de jeunes harengs. L'œuf unique que pond, chaque année, la femelle est très-gros, oblong, d'une teinte blanc jaunâtre, marqué de taches brunes irrégulières. — Le *pingouin brachyptère* ou *grand pingouin*, beaucoup plus grand que le précédent, atteint la taille de 26 pouces; toutes les parties supérieures sont noires, avec une grande tache blanche entre l'œil et l'angle du bec; le dessus et les côtés du cou et la gorge tirent sur le brun; des plumes courtes, noires et terminées de

blanc remplacent les rémiges; les flancs sont de couleur cendrée, le bec est noir; les parties inférieures sont entièrement blanches. Cette espèce habite toujours les glaces flottantes du pôle arctique et ne se rend à terre que pour la ponte. Comme le *macroptère*, le *grand pingouin* ne pond qu'un œuf très-gros, mais qui diffère par la couleur; il est isabelle, marqué de raies et de taches noires irrégulières. L'espèce est assez commune au Groenland.   A. G.

PINGRÉ (ALEXANDRE-GUY); astronome, né à Paris le 4 septembre 1711. Il entra, jeune encore, dans la congrégation des génovéfains, où il avait été élevé, et y professa la théologie à l'âge de 24 ans. Les querelles du jansénisme lui ayant fait perdre sa chaire, il se vit réduit à enseigner la grammaire dans un collège obscur. Lecat, son ami, fondateur de l'Académie de Rouen, l'engagea à se livrer à l'étude de l'astronomie, et Pingré, qui avait alors atteint sa trente-huitième année, suivit ce conseil et fit d'étonnants progrès dans cette science. Il démontra bientôt à la Caille une erreur qu'il avait commise en annonçant l'éclipse de 1749, et son observation du passage de Mercure, en 1753, lui valut le titre de correspondant de l'Académie des sciences. Il fut ensuite nommé successivement bibliothécaire de Sainte-Geneviève, chancelier de l'université et associé libre de l'Académie. Il composa, pour les années 1754 et 1755, un almanach nautique, basé sur la méthode des angles horaires de la lune et calculé sur les tables des *Institutions astronomiques*, ouvrage d'une utilité plus que douteuse et qu'il n'acheva pas.—La Caille avait dressé un tableau des éclipses visibles en Europe depuis J. C.; Pingré, qui aurait pu mieux employer son temps, refit tous les calculs de son rival : cependant il ne se borna pas à cette ingrate révision, et il composa un tableau analogue, pour les dix siècles qui ont précédé notre ère. En 1760, il partit pour l'île Rodrigue (océan Indien), où, l'année suivante, il observa le premier passage de Vénus. Il observa le second, en 1769, au cap Français (Saint-Domingue), avec Fleuriau, dans le second des trois voyages qu'il avait entrepris, de concert avec d'autres savants, pour essayer les montres marines de Ferdinand Berthoud et de Leroi. C'est en 1783 que parut sa *Cométographie*, ou traité historique et théorique des comètes. Ce livre, plein d'une science profonde, est, sans contredit, le meilleur de ses ouvrages. Il fit paraître, en 1786, une traduction des cinq livres qui nous restent du poëte Manilius, et qui traitent des étoiles fixes. On lui doit aussi la publication des mémoires de l'abbé Arnaud et la onzième édition de la *Géographie universelle* de Claude Buffier Quant à ses *Observations astronomiques du* XVIᵉ *siècle*, en remontant jusqu'à Tycho-Brahé, et dont l'assemblée constituante avait ordonné l'impression, la première partie seule a vu le jour. Pingré mourut, le 1ᵉʳ mai 1796, à l'âge de 84 ans.

PINGRES (*accept. div.*). — On donnait ce nom, au moyen âge, à des arêtes de poisson et à de longues épingles. Au XIIᵉ siècle, quand on accusa les juifs de recevoir en gage, pour les profaner, les vases sacrés de l'Eglise, et même de crucifier des enfants chrétiens, la nuit du vendredi saint, on prétendit qu'ils accomplissaient cet affreux sacrifice en enfonçant des *pingres* dans la chair de leurs victimes. Le sang recueilli de leurs plaies devenait un philtre propre à accroître l'amitié entre ceux qui le mêlaient à leur repas; il servait même, disait-on, de levain pour la fabrication des pains azymes. C'est sur ce chef d'accusation, le plus violent de ceux portés contre les juifs, que Louis le Jeune les chassa de Paris, en 1182, et confisqua leurs biens. — Le nom de *pingre*, faisant toujours allusion aux juifs, est resté pour désigner un usurier, un homme d'une avarice sordide. C'est ainsi que les marins nomment encore un bâtiment de pauvre apparence, dont l'arrière est arrondi et sans ornement. ED. F.

PINGUIPES (*poiss.*). — Genre de poissons de l'ordre des acanthoptérygiens, famille des percoïdes, subdivision des P. jugulaires, c'est-à-dire à nageoires ventrales attachées sous la gorge, en avant des pectorales. Ce genre a été créé par Cuvier pour une espèce habitant les mers du Brésil; ses caractères se tirent principalement de ses dents, qui sont fortes et coniques, de ses lèvres charnues et de ses ventrales épaisses : elle a aussi des dents au palais. Ce genre est placé près des vives, auxquelles il ressemble sur plusieurs points.

PINNATIPÈDES (*ornith.*), ordre des *échassiers*. — Vieillot avait proposé ce nom de famille, qui n'a pas été adopté, et dans laquelle il faisait rentrer les genres *foulque, phalarope* et *grèbe*, avec les caractères suivants : bec médiocre, droit, courbé à la pointe; pieds peu robustes; tarse grêle et comprimé; trois doigts devant et un derrière, offrant des rudiments de membrane; pouce articulé intérieurement avec le tarse.

PINNE, *pinna* (*moll.*). — Les mollusques acéphales, constituant le genre pinne de Lamarck, ne diffèrent qu'assez peu de beaucoup d'animaux de la même classe quant à l'organisation générale; ils ressemblent surtout beaucoup aux moules, si communes sur toutes les côtes de la France, et que l'on apporte en grandes quantités sur les marchés de Paris : seulement certaines pinnes ont, en arrière, un tube particulier pour les excréments; leur pied est, en outre, plus allongé que celui des moules. Nous laisserons de côté les autres différences légères existant entre ces mollusques, pour nous occuper d'un produit des plus singuliers, que l'on trouve chez les acéphales du genre *pinne* à son plus grand état de développement; nous voulons parler du *byssus*, au moyen duquel ils se fixent aux rochers sous-marins. Ce byssus est produit à la base de leur pied et se présente à nous comme une sorte de paquet de fils soyeux d'une assez grande solidité; aussi a-t-on, à plusieurs reprises, cherché à utiliser cette production singulière, et en a-t-on fait des étoffes d'une assez grande consistance pour pouvoir être employées; mais le haut prix auquel elles revenaient a bientôt démontré l'impossibilité d'en faire autre chose qu'un objet de curiosité. Quoi qu'il en soit, la production de ce byssus n'en est pas moins un fait physiologique très-intéressant et parfaitement caractéristique. — La coquille des pinnes est toujours mince, de forme triangulaire, régulière et équivalve; sa charnière ne présente aucune dent; le ligament est étroit et allongé. Comme chez les moules, l'une des deux impressions musculaires, trace des attaches des muscles servant à relier les valves, n'existe déjà presque plus; aussi la famille comprenant ces deux genres fait-elle passage des acéphales monomyaires ou à un seul muscle à ceux munis de deux muscles ou dimyaires. — Nos mers nourrissent plusieurs espèces de pinnes, dont certaines acquièrent de grandes dimensions. La Méditerranée en contient qui atteignent plus de 1 mètre de longueur. Fixées aux rochers au moyen de leur byssus, elles ont le gros bout en haut et l'extrémité pointue vers le bas. On en connaît une quinzaine d'espèces environ.

PINNOTHÈRE (*crust.*). — Ordre des

décapodes, section des brachyures, famille des catométopes, tribu des quadrilatères de Latreille, qui a établi ce genre avec les caractères suivants : antennes intermédiaires très-distinctes, bifides à leur extrémité, et le premier article plus transversal que longitudinal ; pieds-mâchoires extérieurs, n'offrant distinctement que trois articles; test mou, presque orbiculaire. Ces animaux, qui n'ont pas, pour ainsi dire, d'enveloppe résistante pour les protéger, ont l'instinct de se loger dans l'intérieur de certaines coquilles bivalves; cette particularité de leurs habitudes avait fait imaginer aux anciens des fables qu'il a fallu retrancher de la science quand l'observation pure a pris la place de l'imagination. Ainsi, quand ce petit crustacé établissait sa demeure dans la coquille des moules, il payait son asile par la vigilance qu'il déployait pour avertir son hôte des dangers qui pouvaient le menacer. Cette idée n'est pas plus vraie que l'opinion qui attribue à la présence des pinnothères les propriétés malfaisantes que possèdent les moules dans certaines saisons ; leur ingestion dans l'estomac ne paraît pas avoir été suivie d'accidents. La femelle présente quelques caractères qui la distinguent du mâle : d'une taille ordinairement plus grande, sa carapace, au lieu d'être orbiculaire, est presque carrée, plus molle, presque membraneuse et souvent autrement colorée. On connaît cinq ou six espèces de pinnothères; la plus connue est le *pinnothère des moules* ou *pinnothère-pois*, dont la taille est de 2 lignes chez le mâle et de 4 chez la femelle. La carapace est molle; chez le mâle elle est blanchâtre, marbrée de roux; elle ne se rencontre que dans les moules.   A. G.

PINNULE (*accept. div.*). — Nom donné à deux petites pièces de cuivre minces, rectangulaires, élevées perpendiculairement aux deux extrémités de l'alidade d'un demi-cercle, d'un graphomètre, d'une boussole, d'une planchette ou de tout autre instrument semblable. La pinnule que l'on approche de l'œil est fendue bien perpendiculairement avec une scie excessivement mince, et celle qui est tournée vers l'objet a une ouverture carrée assez large, afin de donner un grand champ pour apercevoir les objets environnant le point fixe : au milieu de cette ouverture se trouve adapté verticalement soit un filet de cuivre très-délié, soit un crin servant de visière pour aligner l'objet et qui répond exactement à la fente de l'autre pin-

nule; mais, afin que l'on puisse indifféremment observer des deux côtés opposés de l'instrument avec l'une et l'autre pinnule, on exécute sur chacune d'elles les différentes ouvertures que nous avons indiquées pour les deux séparément, en ayant soin de les mettre en opposition, c'est-à-dire que la fente de l'une se trouve vis-à-vis l'ouverture de l'autre. Ces pinnules doivent être exactement posées aux extrémités et dans la ligne de foi aussi bien des instruments que des alidades. Ces pinnules sont suffisantes pour mesurer les angles dont les sommets sont peu éloignés ; mais, quand on a besoin d'une grande précision et que l'on opère sur un vaste terrain, pour les instruments qui servent à relever les angles, on remplace les pinnules par le télescope.   AD. DE P.

PINSSON (FRANÇOIS), jurisconsulte, né à Bourges en 1612, se fit recevoir avocat à Paris en 1633, et fut une des célébrités du barreau; il se montrait surtout habile et profond dans les affaires qui avaient rapport aux matières bénéficiales. On lui doit les ouvrages suivants : *Pragmatique sanction de saint Louis, avec un commentaire* (1666) ; *Note sommaire sur les indults accordés par Alexandre VII et Clément IX ; Traité des régales, ou droits du roi sur les bénéfices ecclésiastiques* (1688). Il continua le traité des bénéfices, composé en latin par Antoine Bengi son aïeul, et revisa les œuvres de Mornac et de Dumoulin. Pinsson mourut à Paris le 10 octobre 1691; il faut éviter de le confondre avec Pinsson de la Martinière, avocat comme lui et auteur d'un *Traité de la connétablie et maréchaussée de France*, qui mourut en 1778.

PINTADE ou **PEINTADE** (*ornith.*). — Ordre des gallinacés. Ce genre offre pour caractères distinctifs : bec court et robuste; mandibule supérieure courbée, convexe et couverte, à sa base, d'une membrane verruqueuse; barbillons charnus au bas des joues; tête ordinairement nue et parsemée, ainsi que le haut du cou, de poils rares, et garnie, sur le sommet, d'une espèce de casque ou d'un panache; narines divisées par une pièce cartilagineuse, latérales et percées dans la membrane ; tarse lisse; trois doigts en avant réunis par des membranes et un en arrière articulé sur le tarse; plumes du croupion très-fournies et donnant au corps une forme bombée; queue assez courbe et penchée vers la terre. Cet oiseau, originaire de l'Afrique, était connu et acclimaté en Europe du temps d'Aristote, et sa chair était très-recherchée. Depuis il paraît avoir disparu pendant un temps assez long, et n'a été rapporté dans nos contrées que vers le temps des premières expéditions des Portugais sur les côtes d'Afrique. On a essayé de l'élever en domesticité ; mais son caractère bruyant et querelleur en fait un hôte désagréable dans les basses-cours. Vers le mois de mai, la femelle fait une ponte assez considérable, mais elle met tant de négligence dans l'incubation, qu'on est obligé d'avoir recours à la poule : aussi, malgré la bonté de la chair de cet oiseau, l'élève-t-on dans les exploitations rurales plutôt comme objet d'ornement que comme produit. Parmi les espèces de ce genre nous citerons la *pintade huppée*, dont le plumage est noir, parsemé de petits points d'un blanc bleuâtre entourés d'un cercle étroit bleu clair ; le cou et la poitrine sont noirs ; le sommet de la tête est garni d'une grosse touffe de plumes noires ; les rémiges sont d'un brun noirâtre ; le cou, la gorge et l'occiput recouverts d'une membrane bleuâtre, nuancée de gris sur les côtés et rouge à la partie antérieure du cou ; le bec est cendré ; la cire bleuâtre sans caroncules ; les pieds sont bruns. La taille de cet oiseau est d'environ 18 pouces. — La *pintade mitrée*, qui a le sommet de la tête garni d'une espèce de casque conique, rouge. La membrane qui recouvre sa tête est rouge-sang sur le sommet, tandis que la partie qui descend vers le cou est rouge violet, nuancé de bleu clair. Sa taille est de 20 pouces. — Cette espèce se trouve à Madagascar.   A. G.

PINTADINE, *meleagrina* (*moll.*). — Peu de genres de mollusques présentent autant d'importance que le genre pintadine. Dire que c'est à l'une des espèces qui le composent que l'on doit les perles orientales et la nacre de perle, c'est le prouver suffisamment. Ces coquilles sont arrondies, auriculées à leur partie supérieure, mais faiblement cependant. Leur charnière n'a pas de dent, et le ligament qui rattache les deux valves l'une à l'autre est fixé dans une fossette conique assez profonde. La texture de ces coquilles est feuilletée et leur surface hérissée de lamelles, surtout dans leur jeune âge : adultes, elles sont à peu près lisses ; elles sont munies d'un byssus au moyen duquel elles se fixent aux rochers. — La plus intéressante de ces espèces est, sans contredit, la *pintadine*

mère perle, celle précisément qui produit les perles et la plus belle nacre. Elle atteint d'assez grandes dimensions et une épaisseur proportionnellement fort considérable. Les perles, pour lesquelles principalement on la recueille, sont ou libres dans l'intérieur du corps du mollusque, ou entre son manteau et les valves, ou, au contraire, fixées plus ou moins à celles-ci. — Les pintadines, celle surtout qui produit les perles, sont toutes des mers des pays très-chauds : ainsi on en trouve en plus ou moins grande quantité dans le golfe Persique, sur les côtes de l'Arabie Heureuse, du Japon, de Californie, d'Otaïti, mais surtout dans les parages de l'île de Ceylan.

PINTE (*mesure*). — Mesure de capacité ; elle a cessé d'être légale en France, mais elle l'est encore en Angleterre : elle vaut dans ce pays $\frac{1}{8}$ de gallon impérial et en litres 0ˡ,576932. En France, il y avait des pintes de plusieurs grandeurs suivant les localités ; la pinte de Saint-Denis était presque le double de celle de Paris ; cette dernière vaut 0ˡ,931318. Elle se composait de 2 *chopines*, quelquefois appelées *setiers*, et, dans le moyen âge, *pintot* ou *pintat*; la chopine contenait 2 *demi-setiers*; le demi-setier 2 *poissons* ou *possons*; le posson 2 *demi-possons* de chacun 2 *roquilles*. Deux pintes faisaient une *quarte* ou *quœstrace*, ou un *pot*. La pinte passait pour contenir 48 pouces cubes et pour peser environ 2 livres d'eau ; on la regardait comme $\frac{1}{6}$ du *conge* romain. Lors de l'établissement du système décimal, on a jaugé avec soin les anciens étalons, et ils se sont trouvés ne contenir en pouces cubes que 46,95. Mais, quoi qu'il en soit, la pinte ne servait habituellement qu'à la mesure des liquides ; cependant on l'employait en beaucoup de pays pour vendre les légumes secs, tels que pois, lentilles, haricots. La coutume de Châlons-sur-Saône dit que si le *marc au vin*, mesure double de la pinte, était perdu, on le retrouverait en prenant *le sixième de la mesure au blef et le douzième pour la pinte*.   EM. L.

PINTELLI BACCIO. — Architecte florentin du XVᵉ siècle. Il étudia l'architecture dans les œuvres de Léon Battista Alberti et Brunelleschi, et vint à Rome sous le pontificat de Sixte IV, où il y exécuta des travaux d'une grande importance. On admire encore la fameuse église de Santa-Maria della Pace, bâtie d'après ses dessins, et sa forme octogone fut imitée dans plusieurs églises modernes ; mais son chef-d'œuvre est la construction du dôme de l'église Saint-Augustin, élevée à Rome en 1483, par les soins du cardinal français Guillaume d'Estouville, archevêque de Rouen : ce dôme fait époque dans l'histoire de l'art. Pintelli fut le premier qui plaça sur les arcs d'un quadrilatère et sur les pendentifs destinés à rattacher les angles, non un simple tambour, mais un tour de dôme complet, portant une coupole à plein cintre. Michel-Ange l'a imité dans l'élévation du dôme de l'église de Saint-Pierre. L'année de sa mort est incertaine.

PINTO (Ferdinand-Mendez) fut un de ces hardis navigateurs portugais qui, dans le XVIᵉ siècle, s'embarquèrent pour les Indes dans l'espoir d'y trouver la fortune. Né à Monte-Moro-Velho, vers 1510, de parents pauvres, il embrassa la carrière maritime dès sa plus tendre jeunesse, après avoir été, dit-on, réduit à la condition de laquais. Il serait trop long de le suivre à travers ses nombreuses pérégrinations. Nous dirons, toutefois, que, au lieu des richesses qu'il attendait, il n'en retira que des embarras et des déboires. En effet, dans les vingt et un ans qu'il consacra à ses voyages, de 1537 à 1558, il fut treize fois esclave et seize fois il changea de maître. Quoi qu'il en soit, il nous en a laissé une relation, et, dans la peinture qu'il fait de ses souffrances et des naufrages qu'il essuya, on trouve une foule de faits curieux et pleins d'intérêt ; malheureusement, quelques-uns nous paraissent manquer de vérité ; mais c'est le reproche qu'on adresse à presque tous les voyageurs qni explorèrent le Japon dans le XVIᵉ siècle. Pinto était l'ami de saint François Xavier, qu'il avait accompagné dans ces contrées lointaines.

PINTO-RIBERO (Jean), littérateur distingué et jurisconsulte profond, naquit à Lisbonne vers la fin du XVIᵉ siècle. L'influence qu'il exerça sur ses concitoyens, par son immense savoir, le mit à même de rendre de grands services à sa patrie, lorsqu'en 1640 le Portugal, secouant le joug de l'Espagne, appela au trône la famille de Bragance : aussi son nom se trouve-t-il mêlé à toutes les discussions qui s'agitèrent longtemps entre les deux pays. Ce fut lui qui répondit au manifeste de Philippe IV ; dans cette réponse, il établit victorieusement les droits de la maison de Bragance ; il concilia à sa cause les sympathies des peuples, et il

sut exciter l'enthousiasme des Portugais, en rappelant, dans un style plein de chaleur et de patriotisme, les dispositions de la loi des Etats de Lamégo qui excluent du trône tous les princes étrangers. Jean IV, reconnaissant de tels services, auxquels il devait en partie son élévation, le combla d'honneurs et de bienfaits ; il lui confia successivement les fonctions de membre du conseil royal et de premier président de la chambre des comptes. Pinto ne jouit pas longtemps de ces faveurs ; il mourut en 1643, trois ans après la révolution, dont il avait été l'un des plus ardents promoteurs.

PIOMBINO (géog.), l'ancienne *Populonia*. —Ville de Toscane, avec un port sur la mer Tyrrhénienne, et qui s'étend vis-à-vis de l'île dont la sépare le canal de son nom, à 110 kilom. S. O. de Sienne ; elle est défendue par une citadelle. Population, un peu plus de 1,200 habitants. Piombino est le chef-lieu d'une petite principauté formant la partie méridionale de la province de Pise et bornée, au nord, par cette dernière, au sud et à l'est par celle de Sienne, au sud-ouest par la mer Tyrrhénienne et à l'ouest par la Méditerranée proprement dite. Possédée du XIIIᵉ au XVIᵉ siècle par la maison d'*Appiano*, qui l'avait échangée contre celle de Pise, cette principauté fut, depuis (1589-1619), séquestrée par l'Espagne et passa ensuite aux *Mendoza*, au *Ludovici* et aux *Buoncompagni*, ducs de Soria. Elle fut, en 1799, conquise par les Français, et Napoléon, qui la donna à son beau-frère Bacciochi, en forma, en la réunissant à une partie de celle de Lucques, la principauté de *Lucques* et *Piombino*. La principauté de Piombino fut rendue en 1814 à Ludovici Buoncompagni sous la suzeraineté de la Toscane. C'est une contrée fertile en céréales, vins, fruits, huiles, etc., et riche de carrières de fort beau marbre. Population, 18,000 habitants environ.

PIONNIERS (art milit.), du mot *pion* qui, en langue indoue, signifie un valet ou un soldat combattant à pied ; ce mot, sans doute apporté en France du temps des croisades, a longtemps servi à désigner les fantassins, qui, en effet, à l'époque de la chevalerie, n'étaient plus que des *varlets* suivant leurs seigneurs à la guerre et traînant ou portant avec eux pelles, pioches et haches pour aplanir les fossés, couper les haies, en un mot pour frayer le passage aux véritables combattants, ou bien encore, au besoin, pour créer des obstacles afin de protéger les camps. Mais, au *commencement du* XVIe *siè*cle, quand on songea à créer une véritable infanterie, l'emploi de *pionnier*, ou de *fossier*, fut une spécialité qui, quoique souvent modifiée, n'a cessé d'exister depuis, non-seulement en France, mais aussi à l'étranger : en effet, les travaux du pionnier sont, à l'armée, d'une utilité de tous les instants. Dans les guerres de *Louis* XIV, comprenant qu'il importe souvent que les pionniers prennent l'avance sur le gros de l'armée pour aplanir les obstacles et qu'ils la rejoignent ensuite au plus tôt pour être à portée de recommencer le même service, M. de Turenne avait fait décider que les grenadiers à cheval et les dragons, pourvus de pelles et de haches, feraient le service de pionniers. Il en fut ainsi jusqu'au 2 juillet 1776, époque à laquelle on créa deux bataillons de pionniers. Cette institution fut conservée sous la république et l'empire; on avait même alors formé plusieurs compagnies de pionniers portugais, espagnols et hollandais, qui, en 1814, furent licenciés et renvoyés dans leur patrie, par arrêté du comte d'Artois, frère du roi.— Le 28 octobre de la même année, une ordonnance du roi *Louis* XVIII prononça la dissolution des compagnies de pionniers français. En 1818, le même souverain, par ordonnance du 1er avril, établit quatre compagnies de pionniers de discipline, qui, de nos jours, ne forment plus un corps militaire, suivant ou précédant l'armée, et ne sont, en quelque sorte, que le complément obligé des huit compagnies de fusiliers de discipline constituant un deuxième degré de la pénalité. On y fait passer 1° les jeunes soldats qui se mutilent pour se soustraire à la loi du recrutement; 2° les fusiliers de discipline qui, par leur persévérance dans la mauvaise conduite, ne peuvent prétendre à rentrer dans l'armée : toutefois, s'ils s'amendent, ils repassent dans les fusiliers, et de là dans leur ancien corps. — Ces compagnies de pionniers, comme les autres compagnies de discipline, sont aujourd'hui presque toutes en Afrique; une seule est dans les Pyrénées : on les emploie à divers travaux d'utilité publique. Ces hommes ne sont point armés; leur uniforme est de drap beige-gris. Ils sont commandés par des officiers et des sous-officiers choisis dans l'armée, et dont la tenue est semblable, aux boutons près, à celle des officiers et sous-officiers d'infante-

rie. Depuis cette création, l'armée s'est partagé le service qui était fait autrefois exclusivement par les pionniers : ainsi les sapeurs des régiments d'infanterie, créés par Napoléon en 1806, marchent en tête et servent à aplanir les premiers obstacles.— L'artillerie, sous ce rapport, comme sous tant d'autres, se suffit à elle-même dans la marche de son matériel, et, quant aux travaux de plus d'importance, comme lorsqu'il s'agit d'improviser un pont ou de le détruire, etc., ils sont exécutés par une compagnie de sapeurs ou mineurs du génie, qui, en campagne, précède toujours chaque division d'infanterie : s'il s'agit d'élever un camp, toute l'armée s'en occupe, aidée par les troupes du génie, qui sont exercées spécialement à tous les travaux d'art et d'adresse. — Les puissances étrangères ont conservé leurs pionniers; les Allemands ont même des pionniers de la garde; les Russes ont des pionniers à cheval, idée imitée des dragons d'autrefois : ils sont, en cela, d'accord avec l'expérience, qui démontre que ces travailleurs étant appelés tantôt à précéder la colonne, tantôt à la rejoindre précipitamment, leur service ne peut être bien fait que par des hommes essentiellement mobiles, c'est-à-dire par des cavaliers. L. LE BAS.

PIPE (*accept. div.*).—Mot employé dès le moyen âge sous sa forme actuelle et sous la forme *pipa* pour signifier un objet allongé, soit plein comme un bâton, soit creux comme un tuyau ou comme un instrument de musique, soit encore d'une capacité plus grande, de manière à constituer un vase ou une mesure. — Dans le premier sens, nous trouvons ce passage dans un manuscrit de 1391. « *Icellui Girart, feri l'exposant de son plançon ou pipe un grant cop.* » On l'employait aussi pour désigner le petit goujon attaché à la couverture des livres pour arrêter et fixer le fermoir. — Dans le second cas, les exemples abondent où l'on parle de pipes ou tuyaux de plomb pour la conduite des eaux, et surtout de la pipe à l'aide de laquelle on prenait la communion sous l'espèce du vin. Cette pipe ou tuyau était souvent de métal précieux et richement orné. Ils sont aussi nombreux dans le sens de *musette* ou *cornemuse*. « *La pipe du ménestrel :* » « *il avait desirié ou souhaidié* LA PIPE ou MUSETTE *de un varlet.* » Dans le dernier sens, il y avait deux acceptions, l'une comme vase ou mesure de capacité pour les liquides, l'autre comme mesure pour les grains. — Cette dernière mesure était particulièrement usitée en Bretagne, elle contenait dix charges ; chaque charge était composée de 4 boisseaux, elle devait peser 600 livres de blé. C'était environ 3 1/2 à 4 hectolitres. — Quant à la mesure pour les liquides, mesure encore tolérée aujourd'hui malgré la loi, sous le prétexte que c'est non pas une mesure, mais seulement un vase qui sert à transporter les liquides ; cette mesure, disons-nous, était une des neuf espèces de futailles ou vaisseaux réguliers reconnus autrefois ; elle était particulièrement usitée en Anjou et en Poitou, et se composait de 2 bussards ou busses, ce qui est égal à 2 demi-queues d'Orléans, de Blois, de Dijon, de Nuys et de Mâcon, qui font 1 muid et demi de Paris, le muid composé de 36 setiers, chaque setier de 8 pintes. Elle contenait donc 54 setiers, qui font 432 pintes de Paris, ou 402 lit. 33. — Toutes ces acceptions rendent raison des diminutifs *pipeau* et *pipette*, et nous conduisent à une acception plus nouvelle, qui va bientôt rester la seule usitée lorsque celle de *pipe*, dans le sens de tonneau, la seule dont nous usions encore, sera abandonnée. Nous voulons parler du petit appareil destiné à fumer le tabac ; mais, avant d'entamer cet article, nous devons mentionner une acception que nous ne savons rattacher à aucune des précédentes. — Les meuniers appellent *pipe* un petit coin de fer qu'ils enfoncent entre la tête de l'arbre en fer qui porte la meule et l'anille dans laquelle entre cet arbre ; elle sert à assujettir la meule et à l'équilibrer, ce qu'ils appellent la *dresser.*

PIPE (*techn.*). — Dès que l'homme a pris plaisir à aspirer la fumée du tabac, il a cherché à construire un appareil qui lui rendît ce plaisir facile. Quelle fut la série de tentatives qui le conduisirent à inventer et à fabriquer la pipe, quelle fut celle plus difficile encore à imaginer, qui lui donna l'idée de chercher le plaisir dans une action qui a toujours causé, au début, les nausées les plus fatigantes, l'ivresse la plus douloureuse, nous l'ignorons. L'inventeur de ce passe-temps, celui de la pipe, partage, avec les inventeurs des arts les plus utiles à l'humanité, le privilège, nous allions dire l'honneur, de voir sa vie enveloppée d'un mystère impénétrable. Ce que nous savons, c'est que la pipe et le tabac étaient inconnus à la civilisation antique. Rome et la Grèce, l'Afrique, l'Asie, berceau de la race humaine, elle qui, chez les brames, dans la Chine et en Judée, a conservé mystérieusement les plus anciens usages, n'ont jamais connu parmi les jouissances de leur prospérité, ni dans les orgies de leur décadence, l'art de fumer ! La civilisation moderne, qui a doté l'humanité du sucre et de l'imprimerie, a été emprunter à de pauvres sauvages d'Amérique le tabac et son usage. — Quoi qu'il en soit, la pipe existe, sa fabrication donne lieu à un commerce considérable; plusieurs industries, tous les arts concourent à la création de ce précieux meuble, pour lequel il n'y a nul métal, nulle matière trop précieuse.

Disons d'abord ce qui constitue essentiellement la pipe. Une cavité, un fourneau, c'est le terme propre, dont le fond se continue en tuyau plus ou moins long, voilà une pipe. Le fourneau et le tuyau sont quelquefois séparés, quelquefois le tuyau est composé de plusieurs pièces ; d'autres fois encore, on peut ajouter à ces deux parties essentielles divers appareils ; mais la véritable pipe, celle dont tout fumeur se sert, s'est servi ou se servira, la pipe par excellence, c'est la pipe de terre, hors de laquelle il n'y a pas, dit-on, de véritable fumeur. Sa forme a peu varié pendant longtemps; le fourneau, qui s'appelle alors la *tête*, se rapprochait toujours de la forme d'un petit œuf, dont le gros bout aurait été enlevé. Le tuyau, toujours cylindrique et d'un très-petit diamètre, était droit et formait avec la tête un angle droit ou obtus. Dans ces limites, le consommateur trouvait déjà une très-grande variété dont chacune attirait des préférences, à cause de sa tournure, de sa plus ou moins grande épaisseur ou de la qualité de la terre. Une des différences capitales de cette pipe est d'être pourvue ou non d'un talon au sommet de l'angle fait par la tête et le tuyau. Celles qui n'ont point de talon s'appellent, en fabrique, *cajottes* ou *cachottes*, *baurainnes*, *flamandes* ou *capucines*. Le seul ornement que supportent quelquefois ces pipes est un très-léger dessin imprimé en creux sur une partie de la tête ou du tuyau. Depuis on a introduit une grande diversité dans les formes; on a fait des tuyaux plus ou moins courbés, plus ou moins aplatis, surtout dans la portion qui se met dans la bouche; on a donné à la tête une figure, on en a fait qui représentaient une botte ou toute autre chose aussi agréable à tenir à la bouche; il y a peu de sujets qui n'aient été reproduits en terre pour en faire des pipes ; cependant, lorsque ces sujets sont devenus un peu compliqués ou lorsqu'ils ont pris un volume un peu considérable, ils ont toujours été fabriqués sans tuyau. — La fabrication des pipes blanches de terre donne lieu à une industrie et à un commerce assez importants. Les pipes hollandaises et belges jouissent d'une certaine réputation ; celles de France se fabriquent spécialement dans les départements du Pas-de-Calais, de la Seine-Inférieure, de la Moselle et des Ardennes. Givet fournit par jour jusqu'à 30,000 *pipes*, dont une partie, connue sous le nom d'*écume de terre*, est fort recherchée. Le prix des pipes varie de 2 à 5 francs la grosse de 12 douzaines. La terre avec laquelle on fait les pipes est une argile figuline, très-fine, naturellement exempte ou facile à purger de graviers ou autres matières dures qui pourraient, lors de la cuisson, éclater ou faire déformer l'ouvrage. Sa qualité la plus indispensable est de cuire parfaitement blanc. Cette argile s'extrait, se trempe et se prépare soit à la main, soit avec dès machines, comme dans tous les arts analogues. Pour faire une pipe, l'ouvrier roule un morceau en forme de petit cylindre proportionné à la sorte spéciale qu'il veut faire et laisse à une extrémité une petite boule qui deviendra la tête. Lorsque chacun de ces rouleaux a pris assez de consistance, on le perce dans toute sa longueur avec une broche ; on donne à la petite boule terminale l'inclinaison que doit avoir la tête et on la pose dans un moule de métal préalablement huilé. Lorsque les deux parties du moule sont rapprochées, on introduit le doigt dans la partie où doit se former la tête, et on contraint l'argile à en prendre à peu près la forme. Cela fait, on place dans ce vide, préparé grossièrement, un mandrin métallique se rajustant exactement au moule ; puis un coup de presse auquel le moule est soumis termine la pipe. A la sortie du moule, on retire la broche qui était dans le tuyau, et, après une dessiccation convenable, la pipe est réparée, c'est-à-dire que les bavures sont enlevées et le tuyau taillé de longueur. Plus tard, on la polit avec des silex portant des canelures du diamètre du tuyau et de la tête, et on adoucit les bords de l'orifice avec un morceau de corne. Enfin on pose la marque de la fabrique et les ornements légers que l'on appelle *dentelle*, et qui s'impriment à l'aide d'une lame métallique dentée en scie. Pour ces dernières opérations, il a fallu replacer les mandrins dans le tuyau et dans le fourneau. Ce travail se fait avec une grande rapidité ; les deux points les plus difficiles sont d'abord de faire le rouleau d'un volume tellement exact qu'il ne se trouve dans le moule ni trop ni trop peu de matière, puis de percer le tuyau sans que la broche le crève. L'ouvrier, pour diriger cette broche, doit, avec ses doigts, en sentir la marche dans l'épaisseur de la terre. Un homme peut faire 3,500 pipes par semaine.

Les pipes, étant suffisamment sèches, se cuisent dans de petits fours contenant dix-neuf à vingt grosses, soit 2,880 pipes, ou dans de grands fours qui en peuvent tenir soixante à soixante-dix mille. Le petit four se compose d'une seule chambre cylindrique, exactement fermée et autour de laquelle la flamme circule sans y pénétrer. Elle a, au centre, une colonne en terre contre laquelle s'appuient les bouts des tuyaux des pipes dont les têtes sont disposées circulairement par lits superposés. Une fois cette chambre remplie, on en couvre la partie supérieure, qui était seule ouverte, avec de gros papier que l'on enduit d'argile. Cette couverture ne dure que pour une fournée. Les grands fours sont comme tous les fours à poterie ; on y range les pipes de la même façon, dans des gazettes cylindriques, dont plusieurs sont superposées en colonnes et recouvertes par des tuiles faites exprès. Le feu se conduit avec les précautions convenables : on redoute surtout la fumée. Cependant il est un cas où cette même fumée est d'une bien grande utilité, c'est lorsque l'argile, réunissant du reste, toutes les qualités, tombe à cuire rouge. Alors on tient alternativement ouverts et fermés les carneaux supérieurs du four lorsqu'on y met du combustible. Quand ils sont fermés, il se dépose sur les pipes une couche de noir de fumée qui se brûle lorsqu'on les ouvre ; on finit par donner le dernier feu, tous les carneaux ouverts, et les pipes se trouvent blanches. Il est probable que le charbon, ainsi déposé à la surface de la terre, agit comme réduisant l'oxyde de fer qui aurait pu se former, ou peut-être l'empêche-t-il de naître, en absorbant constamment la portion d'oxygène qui a échappé à la combustion directe du foyer. — Avant de livrer les pipes à la consommation, on trempe l'extrémité du tuyau dans une dissolution très-claire de la plus belle terre, et, après les avoir fait sécher à l'air, on les frotte avec une étoffe un peu rude. Cette préparation, outre qu'elle les blanchit et leur donne une espèce de vernis, les empêche de happer à la bouche. C'est à cela que l'on se borne pour les sortes communes; mais, pour les pipes fines, on prépare ainsi une dissolution : de savon 125 grammes, cire blanche 625, gomme arabique ou colle de parchemin 31, que l'on fait bouillir trois à quatre minutes, en prenant soin, lors du refroidissement, de l'agiter pour opérer la division de la cire : après les y avoir trempées et laissées sécher, on les lustre en les frottant avec de la flanelle. Les belles pipes doivent être sonores, régulières, fines, lustrées, blanches, et, par-dessus tout, exactement percées, pour que la circulation de la fumée soit facile.

Toutes les pipes, à bien loin près, ne sont pas faites comme celles dont nous venons de parler; souvent le fourneau est distinct du tuyau. Cette disposition est même la seule usitée en Orient. Le fourneau isolé porte le nom de *pipe*. Quand il est fait avec la terre de pipe blanche, il est toujours plus ou moins chargé d'ornements. Toute forme, tête, console, etc., dans laquelle on peut creuser d'un côté le fourneau, de l'autre un orifice propre à recevoir le bout du tuyau, peut devenir une pipe. Il suffit, lorsqu'un modèle est créé, d'en faire le moule pour le reproduire. Cette fabrication n'a pas besoin d'être détaillée. Les pipes turques sont habituellement en terre rouge; les plus communes ont une forme très-simple; les plus belles, à cause d'une espèce de collerette au centre de laquelle est assis le fourneau, se rapprochent beaucoup de la forme de nos bougeoirs, elles sont très-souvent dorées. — La porcelaine blanche ou peinte, l'argent ou le cuivre, le bois et notamment la racine de buis sculptée ou non, sont employés pour faire de ces sortes de pipes. Celles de porcelaine viennent, pour la plupart, d'Allemagne; il en était autrefois de même pour celles de bois, mais il s'en fabrique aujourd'hui beaucoup à Strasbourg. Les Ardennes et la Moselle ont aussi des fabriques de pipes en bois.

Une sorte de pipe très-recherchée est celle qui porte le nom d'*écume de mer;* la matière qui la compose, et que l'on n'a jusqu'ici rencontrée d'une consistance convenable que dans l'Anatolie, est la magnésite (1 atome de silicate triple de magnésie pour 3 atomes d'eau). On taille ces pipes à la main, puis on les soumet à la cuisson; ensuite on les fait bouillir dans du lait, et on les polit à la prèle. Avec les déchets résultant de cette manipulation, on fait une pâte avec laquelle on moule d'autres pipes un peu moins estimées. Ces pipes sont toujours garnies en métal dans la partie qui reçoit le tuyau, et souvent aussi à l'orifice du foyer. Cette dernière garniture porte, en général, un couvercle. Il se vend des imitations d'écume de mer; un brevet pris en 1839 indique la composition que voici : plâtre très-fin ou albâtre, délayé dans de l'eau qui tient en dissolution de la crème de tartre, de l'alun, de la gomme adragante ou de la colle de poisson. Après avoir coulé dans un moule, on fait sécher, on répare, puis on fait tremper la pièce dans un bain soit de cire pure, soit de cire et d'huile de lin, soit de suif de mouton. Après avoir fait sécher avec soin, on lave dans une eau de savon contenant une petite quantité d'eau forte, et on polit avec un morceau d'étoffe.

Les tuyaux que l'on adapte à toutes ces pipes sont de différentes longueurs, depuis 1 décimètre jusqu'à 1 mètre et demi ou 2; ils sont rigides et composés d'un tube de bois, de corne ou d'os, et quelquefois garnis, à l'extrémité supérieure, soit d'un tube recourbé pour plus de facilité à le tenir dans la bouche, soit d'un bout d'ambre qui a, dit-on, la propriété de pouvoir être passé de bouche en bouche sans inconvénient. Souvent encore ces tuyaux reçoivent un appendice destiné à arrêter le liquide fétide qui suinte du tabac pendant la combustion lente à laquelle il est soumis. Cet appareil se compose quelquefois d'une petite sphère creuse placée à la partie inférieure du tuyau et pouvant se détacher à volonté pour être vidée; quelquefois il consiste en une cavité ménagée dans l'intérieur du tuyau lui-même, transformé alors en véritable pipette.

Quant aux pipes qui ne sont pas garnies de cet appareil, le jus est absorbé par leur substance même, ce qui les colore en brun plus ou moins foncé. Dans cet état, elles sont dites *culottées* et acquièrent du prix pour un certain nombre d'amateurs. Le plus souvent, le jus est absorbé par le fumeur lui-même, et cela ne tarde pas à arriver lorsque le tuyau n'est pas fort long. Au surplus, cette âcreté et la chaleur assez vive de la fumée font rechercher par plusieurs, les pipes à tuyau fort court, tandis que d'autres, et surtout les Orientaux, disposent tout pour que la fumée leur vienne la plus froide possible et la plus dépouillée de substances huileuses. L'appareil le plus ingénieux pour arriver à ce résultat est le narguilé : le fourneau repose sur un vase fermé et presque rempli d'eau; son tuyau plonge verticalement, et au travers du bouchon, jusque près le fond du vase. Un autre tuyau flexible pénètre aussi au travers du bouchon jusque dans le vase, mais sans atteindre l'eau. En aspirant par ce tube, le fumeur fait le vide dans le vase au-dessus du liquide, et ce vide détermine la fumée de la pipe à traverser l'eau pour être ensuite aspirée. On comprend qu'elle n'arrive dans la bouche que dépouillée de chaleur et de toute matière empyreumatique.— Le tuyau flexible que l'on emploie, du reste aussi, pour d'autres pipes n'est autre chose qu'un fil métallique roulé en spirale, recouvert d'abord de caoutchouc et orné extérieurement de telle étoffe que l'on désire.   EM. LEFÉVRE.

PIPEAU (*acc. div.*).—On donne ce nom à l'instrument champêtre formé de l'assemblage de plusieurs tiges creuses bouchées à leur extrémité inférieure et disposées ensemble par longueurs inégales suivant des rapports harmoniques. Le pipeau qu'on nomme aussi *flûte de Pan*, parce que ce dieu passait pour en être l'inventeur, se compose ordinairement de huit et même de douze tuyaux, dont le premier est, avec le douzième, en proportion de trois à un. Le pipeau que Virgile met le plus souvent aux mains de ses bergers est le plus cher attribut de la poésie bucolique. — Le nom de *pipeau* est aussi donné à l'instrument dont se servent les chasseurs à la *pipée*, pour imiter la voix, ou, comme le dit le vieux Nicod, contrefaire le *pippis* des oiseaux et les faire ainsi tomber dans le piége où ils s'engluent. Le *pipeau* se compose ordinairement d'une tige creuse au bout de laquelle on adapte une feuille servant d'anche. Une feuille de laurier ajustée à l'extrémité d'un pipeau permet de contrefaire le cri du vanneau, et la pellicule du poireau, la voix du rossignol. Mais le meilleur pipeau est celui qui imite le cri de la chouette; c'est l'appel le plus sûr pour attirer les oiseaux toujours poussés, par une antipathie naturelle, à venir tourmenter la chouette quand elle s'expose à la clarté du jour. « Les plus petits, les plus faibles de ses ennemis, dit

Buffon, les mésanges, les pinsons, les rouges-gorges, sont les plus ardents à la tourmenter, les plus opiniâtres à la huer. » Mais, pour que le pipeau imitant la chouette soit écouté, il faut le faire entendre une heure au moins avant la nuit; car, si l'on s'y prend plus tard, au lieu d'attirer les oiseaux, il les fait fuir : la chouette, si facile à tourmenter pendant le jour, étant devenue redoutable avec les ténèbres.   ED. F.

PIPÉRACÉES, *piperaceæ* (*bot.*). — Famille de plantes dicotylédones intéressante par le grand nombre des végétaux utiles qu'elle renferme. (*Voy.* POIVRIER et POIVRE.) Elle se compose d'espèces soit herbacées annuelles ou vivaces, soit frutescentes ou même arborescentes, dont la tige présente une organisation remarquable. Chez les espèces herbacées elle est formée d'une masse celluleuse dans laquelle les faisceaux fibro-vasculaires semblent épars et disséminés sans ordre; chez les espèces ligneuses, ces mêmes faisceaux sont rangés en séries rayonnantes dans lesquelles il est souvent difficile de reconnaître des couches annuelles, et une portion d'entre eux se montrent isolés dans l'épaisseur de la moelle. (Pour plus de détails sur cette structure, on peut consulter le beau mémoire de M. F. Unger : *Ueber den Bau und das Wachsthum des Dicotyledonen-Stammes;* chap. V, in-4, Saint-Pétersbourg, 1840.) Ces tiges sont simples ou rameuses, noueuses-articulées, et leurs branches sont axillaires, solitaires ou opposées aux feuilles, jamais verticillées. Les feuilles sont opposées ou verticillées, quelquefois alternes par suite de l'avortement de l'une des deux dans chaque paire, toujours simples, entières, à pétiole engaînant, sans stipules. Les fleurs hermaphrodites ou dioïques, par l'effet d'un avortement, manquent de périanthe; elles sont accompagnées d'une bractée ordinairement peltée, et se montrent le plus souvent sessiles sur un spadix presque cylindrique, fréquemment charnu, dans lequel même elles s'enfoncent à moitié. Leurs étamines sont au nombre de deux, trois, six ou un plus grand nombre; dans ce dernier cas, quelques-unes restent rudimentaires; leur anthère est extrorse. Le pistil est unique, sessile; son ovaire renferme dans une seule loge un ovule unique basilaire, sessile et droit; il est surmonté d'un stigmate sessile de forme variable. A ces fleurs succède une baie peu charnue, renfermant une seule graine presque globuleuse, à tégument cartilagineux, mince, à double albumen, et dont l'embryon présente deux cotylédons très-courts et une radicule supère.

— Toutes les pipéracées habitent les contrées comprises entre 35° de latitude nord et 42° de latitude sud; la plupart d'entre elles se trouvent dans les parties chaudes de l'Amérique, depuis le tropique du Capricorne jusqu'à 35° de latitude nord; elles sont, au contraire, très-peu nombreuses en Afrique. La plus haute latitude où quelques-unes arrivent est celle de la Nouvelle-Zélande (42° lat. sud). En général, leur distribution géographique est remarquable en ce que leurs espèces sont propres à telle ou telle contrée. On remarque également qu'elles se plaisent surtout dans les lieux frais et humides, à température douce; aussi s'élèvent-elles souvent sur les montagnes à des hauteurs assez grandes, et, d'après M. de Humboldt, jusqu'à 1,700 toises, c'est-à-dire jusqu'à des points où la température descend souvent à + 5° c. Les pipéracées ligneuses habitent généralement l'Asie, tandis que les espèces herbacées ou les pépéromies appartiennent à l'Amérique. — Très-peu connue il y a peu d'années, la famille des pipéracées a été récemment l'objet de beaux travaux qui ont jeté beaucoup de jour sur son histoire; les plus importants, sans contredit, sur ce sujet sont ceux de M. Miquel.

PIPÉRIN ou **PIPÉRINE** (*chim.*). (*Voy.* POIVRE.)

PIPERINE (*min.*). — Roche composée de vake, d'une texture bréchiforme, celluleuse, graveleuse, arénacée, terreuse, ordinairement friable, tendre et même meuble. Elle renferme presque toujours des fragments de ponce, de téphroïne, de pyroxène, de basalte, de mica, etc.; son origine est volcanique, mais résulte de l'agglomération de substances de cette espèce remaniées ensuite par les eaux. La piperine présente plusieurs variétés de couleur, de mélange et de texture. Nous citerons, sous le premier rapport, la *piperine grisâtre*, telle que celle d'Albano, près de Rome; la *piperine brunâtre*, dont les anciens se servaient dans leurs constructions; la *piperine rougeâtre*, dont est formée la roche tarpéienne à Rome. Parmi les variétés de mélange, la principale est la *piperine ponceuse*, qui renferme des grains de ponce blanchâtre ou grisâtre, assez commune en Hongrie. Les variétés de texture nous offrent la *piperine pisolithique*, dont la pâte pulvé-

rulente enveloppe des grains arrondis, mais non roulés, et la *piperine arénacée*, qui n'est autre chose que la pouzzolane des environs de Naples. La piperine est désignée parfois dans les auteurs sous les noms de *tuf volcanique*, *tuf basaltique*, *tufa*, *tufaïte*, *conglomérat ponceux*, *bruciole trapéenne*, etc.

PIPETTE (*techn.*). — Petit tube effilé par une de ses extrémités et habituellement renflé vers la partie moyenne. Cet instrument est employé pour transporter les liquides d'un vase dans un autre, sans courir le risque d'en laisser perdre. Pour les opérations chimiques, il est en verre. — Pour s'en servir, après avoir plongé dans le liquide la pointe la plus fine, on opère un mouvement de succion faible et intermittent, en prenant soin de fermer avec la langue l'extrémité supérieure pour n'y pas laisser rentrer d'air. Quelques essais faits sur un liquide non dangereux mettent bientôt au fait. Lorsque la partie renflée est pleine et avant que le liquide la dépasse, on transporte la pipette au-dessus du vase qui doit recevoir le liquide, en ayant soin de tenir toujours l'extrémité supérieure fermée, puis on permet l'accès à l'air petit à petit pour laisser écouler le liquide. — Dans le traitement des vins, on emploie, sous le nom de *pompe à bouche*, une véritable pipette, pour retirer par la bonde des tonneaux une petite portion de vin. Cet instrument n'est rien autre chose qu'un tube en fer-blanc de la grosseur du doigt et long de 20 à 30 centimètres; il est terminé, en bas, par un petit cône réduisant l'ouverture à quelques millimètres; la partie supérieure est fermée par une plaque de ferblanc percée, au centre, d'un trou égal à celui de l'autre extrémité. A l'aide d'une petite anse latérale, on plonge le tube dans le tonneau en appuyant et relevant alternativement le pouce placé au-dessus de l'ouverture supérieure; puis, après l'y avoir appliqué exactement, on enlève, et on vide le liquide en levant définitivement le pouce. Dans l'un et dans l'autre cas, le liquide entré dans le tube, soit au-dessus de son niveau lorsque le vide est fait, soit jusqu'à la hauteur de ce niveau si on ne fait pas le vide, ne peut retomber que lorsqu'on permet l'accès à l'air par l'extrémité supérieure : cela tient au peu de diamètre de l'ouverture inférieure. E. L.

PIPISTRELLE. (*Voy.* CHÉIROPTÈRE.)

PIQUANTS (*bot.*). — Sous ce nom on désigne, en botanique, toutes les productions dures et piquantes qui servent en quelque sorte d'armes aux végétaux. Ces productions sont de deux sortes, les épines et les aiguillons. (*Voy.* AIGUILLON et ÉPINES.)

PIQUE. (*Voy.* ARMES.)

PIQUET (*accept. div.*). — Dans le sens propre, c'est un petit pieu, c'est-à-dire un bâton pointu que l'on enfonce en terre pour fixer quelque chose à la partie qu'on laisse saillante. Quelquefois, cependant, les piquets servent seulement à dessiner sur le terrain un tracé ou un nivellement. — Dans l'art militaire, les chevaux s'attachent au piquet lorsque l'on est campé ; c'est probablement parce que les chevaux, ainsi attachés, sont très-facilement disponibles, que l'on a appelé PIQUET une certaine quantité de cavaliers et, par extension, des hommes de toute arme désignés pour un service particulier qu'ils doivent être constamment prêts à faire de suite. — Le *piquet* est une punition usitée dans les colléges et qui oblige l'enfant mis au piquet à se tenir droit à une place déterminée, souvent auprès d'un arbre ou d'un piquet. — On dit *lever le piquet, planter le piquet* pour dire s'en aller ou s'établir momentanément chez quelqu'un, comme si on attachait ou détachait la monture avec laquelle on avait voyagé. — *Piquet*, sorte de faux pour faucher ou piquer le blé.— *Piquet*, jeu de cartes se jouant à deux ou à quatre personnes avec un jeu de cinquante-deux cartes. (*Voy.* JEUX.) EM. LEF.

PIQUETTE. — Boisson acidule qu'on obtient en jetant de l'eau sur le marc de la vendange et en la laissant fermenter avec le peu d'alcool qu'on y a laissé. Quelquefois, pour donner de la couleur à ce mélange, on y ajoute des prunelles, et l'on obtient ainsi une boisson dont les pauvres gens faisaient grand usage au moyen âge et qu'ils appelaient *despense*. Une ordonnance de Henri, duc de Brabant, en 1229, en défendit la vente dans les tavernes. A Paris, on fait aussi de la piquette avec des pommes et des poires de toute espèce, découpées et séchées moitié au soleil, moitié au four. Cette boisson, que l'on renouvelle sans cesse en versant sur les fruits une quantité d'eau égale à celle qu'on vient de tirer, se nomme *boitte* dans le Berry et dans la Sologne. On doit, ainsi que la précédente, ne la boire qu'en hiver ; l'été venu, elle aigrirait. On a donné, par extension, le nom de *piquette* à un petit vin usé et bas percé. Les Romains nommaient leur piquette *posca* ; c'était, selon Pline, un mélange d'eau et de vinaigre en certaines proportions.

PIQUEUR (*acc. div.*).—On appelle ainsi, en terme de chasse, le valet à cheval, *venaticus agitator*, qui fait courir les chiens, conduit la meute d'attaque, les relais ou la meute de secours. Par suite, ce nom a été donné à tout valet à cheval envoyé en coureur devant les voitures des princes ou des seigneurs pour éclairer leur route ou annoncer leur arrivée ; et, dans les manéges, au domestique chargé de dresser les chevaux. — Dans les ateliers, celui qui tient le rôle des ouvriers et y *pique* d'un point chaque absence et chaque chômage s'appelle aussi *piqueur*. Les anciens chapitres avaient le leur chargé de noter les absences des chanoines, et à la chambre des comptes le premier huissier chargé du même soin à l'égard de ses collègues prenait aussi ce nom. — On nomme *piqueur*, en cuisine, celui qui pique et qui larde les viandes. Sous la régence, avant que la duchesse de Berry eût assuré la mode des piqués, cette industrie était peu répandue à Paris, et Marais nous apprend, dans son journal, qu'en 1722 il n'y avait dans Paris que quatre-vingts hommes qui sussent piquer. L'ouvrier et l'ouvrière employés à coudre des ouvrages de cordonnerie, et le carrier qui travaille à l'extraction du grès, sont aussi appelés *piqueurs*. ED. F.

PIQURE (*accept. div.*). — C'est, en général, l'ouverture pratiquée au moyen d'une pointe aiguë, et, par suite, les traces laissées par l'action de la piqûre ou même celles qui leur ressemblent. — Dans ces deux derniers sens, on appelle *piqûre* l'effet produit sur le drap ou sur d'autres étoffes par les traces, formant souvent dessin, que forme une série de points réguliers. Cette opération a presque toujours pour but de donner à l'ouvrage une certaine consistance qui l'empêche de se déformer. — Lorsqu'une étoffe est tachée de petits points, on dit qu'elle est *perdue de piqûre*, qu'elle est *piquée*. — Dans le premier sens, on a appelé *piqûre* les dessins exécutés sur des étoffes à l'aide d'emporte-pièce. — On nomme encore *piqûre* l'orifice de petites galeries que certaines larves pratiquent dans le bois. EM. LEF.

PIRATE (*hist. mar.*) (de πειρᾶν, *attaquer*). — Dès la plus haute antiquité, la *piraterie* infesta les mers. Les premiers navigateurs grecs furent de vrais pirates ; les Argonautes si vantés n'étaient que les dignes ancêtres des corsaires de Psara et des *Uscoks* de l'Adriatique; leur fameux voyage ne fut qu'une expédition de forbans. Les héros de la guerre de Troie n'étaient riches eux-mêmes que du butin pillé sur les mers. Nous voyons, dans l'*Iliade*, Ménélas se vanter fièrement des 122 talents qu'il a recueillis dans ses courses; et l'*Odyssée* nous montre Ulysse ravageant, avec toute l'avide férocité d'un corsaire, la ville des Ciconiens. La piraterie comme le vol étaient, chez les Grecs, un penchant inné et avoué, Aristote ne le dissimule point, et Thucydide, racontant avec complaisance les courses et les ravages de ses ancêtres, ne craint pas d'écrire : « Les Grecs embrassaient autrefois avec ardeur la profession de pirates; ils reconnaissaient l'autorité absolue de leurs chefs, choisis constamment parmi ceux qui possédaient les plus hautes qualités. Ces chefs devaient à la fois enrichir les aventuriers qui se confiaient à leur sagesse, et pourvoir à la subsistance des pauvres de la communauté : aussi honorait-on la piraterie comme un exercice qui menait souvent à la gloire. » Les lois d'Athènes, à ses commencements, autorisèrent même les associations de pirates, souvent, pour grossir ses flottes, la république faisait appel à leurs vaisseaux; mais plus tard, quand ils purent se procurer, par les seules transactions du commerce, les richesses que la force conquérait seule pour eux autrefois, les Athéniens cherchèrent à réprimer les moyens illicites de la piraterie. Les croisières furent défendues sévèrement, et, de peur que les vaisseaux marchands ne s'armassent en pirates, le conseil des amphictyons régla quelle devait être la force de chaque équipage. Les pirates n'en furent pas moins nombreux dans l'Archipel, et traitant désormais en ennemis les Athéniens, leurs anciens alliés, ils inquiétèrent les côtes de l'Attique et poussèrent même jusqu'au Pirée; il fallut, pour se garder de leurs attaques, recruter dans la jeunesse d'Athènes la milice particulière des *déripoles*. Les autres côtes de la Grèce et tous les rivages de l'Afrique n'étaient pas infestés avec moins d'audace, si bien que, dans sa sollicitude pour le commerce, Ptolémée Philadelphe voulut que deux escadres tinssent continuellement la mer pour protéger la navigation.

Rome souffrit elle-même des incursions de ces pirates sortis par innombrables flottilles des ports de l'Archipel, de la Carie et de la Cilicie dans l'Asie Mineure. Ce sont des pirates ciliciens qui, rencontrant, dans le golfe de Pharmacusa, César revenant de Nicomède, le prirent et le gardèrent prisonnier jusqu'à ce qu'il eût payé une rançon de 20 talents. La destruction des flottilles ciliennes et le supplice des pirates furent, comme on sait, sa vengeance; mais la Méditerranée n'en fut point purgée pour cela. Les escadres des Ciliciens se joignirent aux derniers débris de la marine de Mithridate dans le Pont-Euxin, aux navires errants que la ruine de Carthage et de Corinthe laissait sans abri; puis cette flotte formée de tant d'éléments divers sortit du port de Seleuce où elle s'était réunie, et commença ses affreux ravages. Les pirates attaquèrent la flotte romaine dans le port d'Ostie et la brûlèrent; ils interceptèrent les convois de grains venant d'Afrique, et Rome fut menacée d'une disette. Alors Publius Servilius, commandant une escadre puissante, vint tenir la mer et les repoussa jusqu'en Crète; mais ils se vengèrent de cet échec sur Marc-Antoine qui lui succéda; ils détruirent sa flotte, rentrèrent avec plus d'audace que jamais dans la mer d'Etrurie, et le commerce de Rome eût été pour toujours anéanti si Pompée n'eût été choisi par le sénat pour repousser cet imminent danger. En quarante jours il nettoya la mer, et, sur les côtes d'Afrique, dans le voisinage de la Sardaigne ou de la Sicile, on ne vit plus un seul pirate. La puissance des corsaires ne se releva un instant dans la Méditerranée que pendant le triumvirat, avec l'aide et sous les ordres de Sextus Pompée, le fils de leur premier vainqueur. Leur défaite fut le plus beau triomphe d'Agrippa.

Quand la puissance romaine commença à déchoir, les pirates reparurent; mais ceux-là étaient des brigands barbares menaçant l'empire à ses frontières : c'étaient ces pirates goths ou germains, *Germaniæ prædones*, dont deux siècles auparavant Pline s'était contenté de signaler l'existence, et qui, cette fois, ne devaient disparaître qu'après avoir été détruits et s'être partagé le monde romain. Tandis que les Goths s'emparaient du Bosphore et de ses côtes, de la mer Noire et de l'Adriatique, les Vandales, venus de Scandinavie, s'établissaient à Carthage, et, maîtres de la Méditerranée, ravageaient sans succès les côtes d'Espagne, de France et d'Italie. — Plus tard, de ces mêmes races de pirates scandinaves et de Vandales africains devaient sortir de nouvelles générations de brigands. Les Normands, dont il n'est pas

besoin de rappeler les ravages en France au
IXe siècle, les *Warèghes*, qui s'établirent en
Russie, venaient tous de la Scandinavie, des
côtes de Norwége, des îles Danoises et des
côtes nord-ouest de la Germanie. Quant aux
Barbaresques, les plus hardis pirates des
temps modernes, s'ils ne sont pas les descendants directs des Vandales de Carthage,
ils continuèrent du moins en dignes successeurs leurs traditions de vol et de cruauté.

L'histoire moderne consigne à chacune de
ses pages les sanglantes déprédations des
pirates barbaresques, et les héroïques efforts
des chevaliers de Rhodes et de Malte pour
en purger la mer. Au XVIe siècle, la puissance de Charles-Quint lui-même échoua
contre l'audace intrépide de Barberousse
(*voy.* ce mot); et au XVIIe siècle, les forces
imposantes de la marine française ne purent
tenir en respect les forbans de Maroc, d'Alger, de Tunis, de Tétouan, de Salé et de
Tripoli. Avant que Louis XIV eût organisé
nos forces navales, les attaques de ces pirates
étaient si incessantes, que les vaisseaux marchands ne tenaient la mer qu'armés en
guerre, et qu'à la Ciotat un homme faisait
le guet jour et nuit pour annoncer l'arrivée
des corsaires. Et ce n'étaient pas là de
vaines précautions : en moins d'une année,
les Barbaresques avaient enlevé dans ce port
vingt-quatre barques et mis à la chaîne environ cent cinquante mariniers. Ailleurs, à
Martigues, quatre-vingts matelots avaient été
pris en quatre mois. De funestes connivences
et d'infâmes trafics encourageaient ces pil-
leries des Barbaresques. M. de Séguiran
nous apprend, dans son *Voyage sur les côtes
de Provence* à cette époque (III, p. 234), que
des chrétiens résidant à Alger achetaient à
vil prix des marchandises volées sur la côte
de France et les y expédiaient de nouveau
à un prix au-dessous de leur valeur ; de telle
sorte que, pour réprimer ces brigandages,
il fallait courir sus aux navires *recéleurs*
aussi bien qu'aux vaisseaux des pirates. Sous
Louis XIV, pendant l'administration de Colbert et de Seignelay, ces ravages cessèrent
d'inquiéter nos côtes; mais la disparition
des pirates algériens fut moins due à la présence de nos forces maritimes qu'aux oné-
reuses concessions de nos traités avec eux.

Pendant la révolution et l'empire, l'anéantissement de notre marine et la destruction
de l'ordre de Malte laissèrent la mer libre
aux flottes algériennes. L'Angleterre ne son-

gea qu'en 1814 à réprimer leurs brigandages. Lord Exmouth (*voy.* ce nom) n'ayant
pu obtenir du dey d'Alger ce qu'il avait obtenu des beys de Tunis et de Tripoli, c'est-à-
dire l'abolition de l'esclavage des prisonniers chrétiens, sut l'y forcer par une vigoureuse attaque, le bombardement d'Alger et
l'incendie de toute la flotte. Quelques années
auparavant, l'audace croissante des pirates
algériens et le nombre effrayant de leurs
ravages avaient inspiré à Sidney Smith, amiral anglais habitant Paris, le projet d'une
société antipirate dont tous les membres auraient pris le titre de *libérateurs des esclaves
blancs en Afrique.* Sidney Smith avait même
demandé aux membres du congrès de Vérone
l'autorisation de croiser avec une escadre
dans la Méditerranée; « aucun marin, disait-
il dans sa lettre, ne peut naviguer aujour-
d'hui dans la Méditerranée ni même dans
l'Atlantique, sur un bâtiment marchand, sans
éprouver la crainte d'être enlevé par des pirates et conduit esclave en Afrique. » Cette
société philanthropique de Sidney Smith fut
un instant constituée; 153 Grecs et 3 Autrichiens durent la liberté à ses efforts, puis on
n'en parla plus; Smith renonça à cette entreprise qui visait, dit-on, au rétablissement de
l'ordre de Malte, dont il serait devenu le
grand-maître. La prise d'Alger (juillet 1830)
par les Français, et les deux traités successifs
avec les beys de Tunis et de Tripoli, ont
anéanti pour jamais la puissance des Africains. En Asie, la piraterie n'est pas moins au-
dacieuse et entreprenante qu'en Europe. Les
Malais y font, sur les côtes de l'empire chinois, des ravages qui rappellent ceux des pirates ciliciens sur les côtes d'Italie. Six flottilles de ces pirates réunies pour une seule
expédition dans les eaux de Canton ne formaient pas moins de 600 bâtiments, 1,000 jon-
ques et 70,000 hommes d'équipage. Par
bonheur le chef de cette flotte mourut, et la
défection des autres anéantit peu à peu
cette puissance qui avait longtemps effrayé
l'empire. Les forces combinées aujourd'hui
des Chinois et des Européens auront bientôt
raison de ses derniers débris.   ED. F.

PIRATERIE (*législ. marit.*).— Justement
assimilée au brigandage exercé à main armée sur une grande route, la piraterie a, dès
son origine et universellement, été reconnue
comme devant entraîner la peine de mort.
C'est en vertu de ce principe qu'à diverses
époques, déjà reculées il est vrai, tout pirate

capturé était, sans jugement et sur-le-champ, pendu à la grande vergue de son propre navire. Des actes d'une justice aussi expéditive ont cessé depuis longtemps d'être nécessaires, et la civilisation moderne n'a pas eu à les écarter de ses lois ; mais du fait seul qu'elle a autorisé, encouragé même la course maritime (*voy.* CORSAIRE) naissait l'obligation de consacrer les règles destinées à maintenir la distinction entre la course et la piraterie, comme à assurer l'accomplissement exact des formalités à remplir par les armateurs et capitaines des bâtiments armés pour la course. A ces règles ont été rattachées celles qui ont pour objet les contraventions graves à la haute police des mers, commises par des commandants et des équipages de bâtiments de guerre français, hors le cas de guerre déclarée, envers des bâtiments étrangers, et réciproquement. D'après les deux principaux articles de la loi du 10 avril 1825, ces actes constituent le crime de piraterie. Il en serait de même à l'égard du capitaine et et des officiers de tout navire qui aurait commis des actes d'hostilité sous un pavillon autre que celui de l'Etat dont il aurait commission. Poursuivis et jugés comme pirates, ce capitaine et ses officiers encourraient la peine des travaux forcés à perpétuité. Pour les cas de déprédations ou de violences commises, comme nous l'avons dit ci-dessus, hors l'état de guerre déclarée, soit par des bâtiments de guerre français envers des bâtiments étrangers, soit par des bâtiments de guerre étrangers envers des navires français, si ces actes spécifiés ont eu lieu sans homicide ni blessure, la peine de mort est prononcée contre les officiers seulement, celle des travaux à perpétuité contre les hommes de l'équipage ; mais, s'il y a eu homicide ou blessure, la peine de mort est, sans distinction, prononcée contre tous. — Selon les principales dispositions de la même loi, qui sont destinées plus spécialement à réprimer les actes d'hostilités commises par des bâtiments quelconques, armés et naviguant soit sans passe-port ou commission régulière, soit avec des commissions doubles, seront pareillement poursuivis et jugés comme pirates 1° tout individu faisant partie d'un navire ou bâtiment de mer quelconque, armé et naviguant sans être ou avoir été muni, pour son voyage, de passe-port, rôle d'équipage, commission ou autres actes constatant la légitimité de l'expédition : cet article, qui prononce

la peine des *travaux forcés à perpétuité* contre les capitaines et officiers, celle des *travaux forcés à temps* contre les autres hommes de l'équipage, établit, comme on le voit, tant pour les corsaires français que pour les corsaires de la puissance belligérante, les cas où la course est assimilée à la piraterie ; 2° tout commandant d'un navire ou bâtiment de mer quelconque, armé et porteur de commissions délivrées par deux ou plusieurs Etats différents : les capitaines, les officiers et les équipages encourent, tous indistinctement, pour ce cas, la peine des *travaux forcés à perpétuité.* — Divers autres articles concernent les bâtiments exclusivement commandés par des Français : ainsi 1° tout Français ou naturalisé Français qui, sans l'autorisation du roi, prendrait commission d'une puissance étrangère pour commander un navire armé en course serait passible de la réclusion ; 2° la peine de mort est prononcée contre tout Français ou naturalisé Français qui, ayant obtenu, même avec l'autorisation du roi, commission d'une puissance étrangère pour commander un bâtiment armé, commettrait des actes d'hostilité envers des navires français ; 3° la même peine serait encourue par tout individu faisant partie de l'équipage d'un bâtiment français et qui le livrerait à des pirates ou à l'ennemi. Dans les cas, enfin, d'actes de trahison ou d'indiscipline grave, à bord d'un bâtiment français, tout individu, faisant partie de l'équipage, qui, par fraude ou par violence envers le capitaine, s'emparerait dudit navire serait de même poursuivi et jugé comme pirate. Le capitaine, s'il est coupable de trahison, les officiers, s'ils sont complices, ou les chefs, quels qu'ils soient, d'un complot contre le capitaine, quand il n'y a pas eu homicide ou blessure, encourent seuls la peine de mort ; les autres hommes de l'équipage sont condamnés aux travaux forcés à perpétuité : lorsqu'il y a eu homicide ou blessures, la peine de mort est prononcée contre tous les coupables et complices indistinctement. — Il y a donc, en résumé, crime qualifié de piraterie et application égale des peines prononcées par la loi de 1825, tant aux capitaines et aux équipages des bâtiments étrangers qu'aux capitaines et équipages des bâtiments français, pour les actes de déprédation ou de violence réciproquement commis, hors les cas de guerre déclarée, soit sans être pourvus de lettres de marque ou commissions régulières, soit sous un pavillon autre que celui de l'Etat auquel appartiennent les bâtiments, et, de même, réciproquement commis dans le cas de guerre déclarée, soit encore sans être pourvus de lettres de marque ou bien avec des commissions délivrées par deux ou plusieurs Etats différents. — Quant aux bâtiments pirates capturés, le produit de leur vente est réparti conformément aux lois et règlements sur les prises maritimes (*voy.* PRISE). Si la prise a été faite par des navires du commerce, ces navires et leurs équipages sont, pour l'attribution et la répartition de cette prise, assimilés aux bâtiments armés pourvus de commissions.

PIRÉE (*géogr. anc.*), de πειρᾶν, *faire un trajet:* port de l'Attique, à l'embouchure du Céphise.—C'était, dans l'antiquité, le plus considérable et le plus imposant des trois ports que possédait Athènes, dont il était éloigné de plus de 1 lieue; circonstance à laquelle, sans aucun doute, il devait son nom. Deux murailles de 20 mètres d'élévation, bâties, l'une par Thémistocle et l'autre par Périclès, et que l'on avait surnommées μακρὰ τείχια, *les longues murailles*, le reliaient à la ville. C'est sur leur parcours que fut élevé le tombeau de Thémistocle. Le Pirée était formé de trois bassins, dont l'un, l'*Aphrodion*, tirait son nom du voisinage d'un temple de Vénus; l'autre, le *Cantharon*, du héros Cantharus; et le troisième le *Zena*, du blé que l'on y déchargeait : ces trois bassins pouvaient contenir jusqu'à quatre cents vaisseaux. La partie la plus curieuse des fortifications, dont les Athéniens entourèrent le Pirée, était une tour gigantesque en bois, enduite d'une préparation qui la rendait incombustible et que le temps seul a pu détruire. L'importance commerciale de ce port est consignée par Isocrate : «On y trouvait, dit-il, plus de denrées de chaque espèce que les autres ports de la Grèce réunis n'en fournissaient d'une seule.» Il était, de plus, enrichi de temples et de portiques de la plus grande beauté, avait un théâtre à part et une place immense appelée l'*Hippodamie.* — Le Pirée, dont les murailles avaient été rasées une première fois par Lysandre (404 av. J. C.), et qui fut entièrement détruit par Sylla, porte aujourd'hui le nom de *Porto-Leone*, d'un lion de marbre, de 10 pieds de haut, trouvé au fond du port et qui fut jadis une fontaine. C'est un lieu abandonné, presque désert, et où il ne reste, des constructions de l'ancienne Athènes, que

quelques vestiges des fondations des *longues murailles.*

PIRITHOUS (*myth.*), fils d'Ixion et roi des Lapithes. La réputation de Thésée lui ayant inspiré le désir de se mesurer avec lui, il lui enleva un troupeau pour le forcer à le poursuivre. Thésée ne manqua pas de le faire, et ils conçurent, pendant le combat, tant d'estime l'un pour l'autre qu'ils se jurèrent une amitié éternelle. Pirithoüs s'étant ensuite marié avec Hippodamie, les centaures, qu'il avait invités à la noce, se prirent de vin et se portèrent à des excès envers les femmes qui assistaient à cette réunion. C'est alors qu'eut lieu le célèbre combat où Pirithoüs, Thésée et Hercule les battirent et en tuèrent un grand nombre. Pirithoüs marcha ensuite avec Thésée contre les Amazones qu'ils vainquirent. Plus tard, ils enlevèrent Hélène, et c'est encore ensemble qu'ils descendirent dans les enfers pour enlever Proserpine; mais cette expédition fut moins heureuse que les précédentes, et Pirithoüs fut étranglé par Cerbère. Les auteurs qui expliquent la mythologie par l'histoire disent que Pirithoüs et Thésée voulurent, en effet, enlever Proserpine, mais que cette Proserpine était fille d'un roi des Molosses ou des Thesprotiens, qui vainquit Pirithoüs et le fit dévorer par ses chiens.

PIROGUE (*mar.*). — Légère embarcation, fort longue en proportion de sa largeur et très-commune dans les deux Indes, dans les archipels du Sud et sur les côtes d'Afrique. Un tronc d'arbre creusé, des écorces cousues, quelques peaux tendues sur un *bâti* léger font souvent tous les frais de leur construction, qui offre généralement assez d'analogie avec la forme d'une navette. Une sorte de pirogue fort curieuse est employée par quelques tribus sauvages du Brésil : entièrement recouverte de peaux et comme pontée, elle n'offre, à sa partie supérieure, qu'une ou deux ouvertures circulaires (selon qu'elle doit être montée par un ou deux hommes), munies d'un rebord et d'un diamètre proportionné à celui du corps humain. Les naturels, une fois engagés dans les ouvertures au-dessus desquelles le buste seul reste apparent, semblent ne faire qu'un avec l'embarcation qu'ils dirigent en tous sens avec une adresse et une rapidité surprenantes. A une époque déjà reculée, ces pirogues donnèrent lieu, de la part des navigateurs, à une foule de récits bizarres sur une espèce particulière d'*hommes marins* dont il fut écrit et dessiné des descriptions. Il sera question, dans un article séparé, du *prao* des *Mariannes*, autre pirogue aussi fort singulière (*voy.* PRAO). Les pirogues de grande dimension (il y en a qui atteignent 50 pieds de longueur) ont une membrure et sont rehaussées par des planches. De même que les petites, on les manœuvre le plus souvent à l'aide de *pagaies* (*voy.* ce mot); il en est cependant qui portent hardiment la voile. Bien que la forme et la disposition de ce genre d'embarcation le rendent, en apparence, peu propre à naviguer autrement que par un temps calme, il n'est pas rare de voir des sauvages affronter, avec leurs pirogues, la mer la plus orageuse; nageurs aussi habiles qu'intrépides, ils les relèvent autant de fois que les fait chavirer la violence des vagues ou du vent.

PIROLL (*ornith.*), ordre des *passereaux*, famille des dentirostres. — Ce genre a été établi par Temminck, qui lui assigne les caractères suivants : bec court, robuste, dur, déprimé à la base, courbe, à pointe échancrée; mandibule inférieure forte, renflée vers le milieu; narines basales, latérales, rondes, ouvertes et cachées seulement en partie par les plumes arrondies de la base du bec; pieds robustes; tarse plus long que le doigt du milieu, qui est uni à l'extérieur jusqu'à la première articulation; doigts latéraux inégaux; ongle postérieur fort et courbé; ailes médiocres, les trois premières rémiges étagées, la quatrième et la cinquième plus longues. Ce genre ne renferme qu'un petit nombre d'espèces qui ne se rencontrent que dans les îles des grands archipels indien et océanique et dont les mœurs sont presque tout à fait inconnues; ainsi on ignore complétement ce qui a rapport à la construction du nid, à la ponte et à l'incubation. L'espèce que l'on peut considérer comme le type du genre est le *piroll velouté*, dont le plumage est d'un bleu noirâtre, irisé et brillant; il a les rémiges et les rectrices d'un noir mat, le bec et les pieds jaunes, la base du bec ornée d'une double rangée de plumes soyeuses et veloutées d'un noir brillant; sa taille est de 13 pouces. La femelle a les parties supérieures d'un vert olive, les rémiges et les rectrices d'un brun roux, les parties inférieures verdâtres. Cet oiseau se trouve dans l'Australie, et l'on n'en connaît guère que les caractères extérieurs.   A. G.

PIRON (ALEXIS), poëte et auteur dramatique. Son père, apothicaire à Dijon, écrivait en patois, et ce fut lui qui détermina, par un défi, la Monnoye à écrire ses fameux *Noëls*. Il mit cependant tout en œuvre pour détourner son fils de la carrière poétique, mais la nature capricieuse et artistique du jeune Alexis l'emporta; il se fit recevoir avocat, il est vrai, mais il déserta le barreau à la première bonne cause qu'il perdit; il entra tour à tour comme scribe ou copiste, d'abord chez un financier poëte, qui lui donnait 200 livres par an, moyennant lesquelles il voulait être admiré; puis chez le maréchal de Belle-Isle, qui le payait 40 sous par jour pour mettre au net des plans de batailles. Vers ce temps le théâtre de la foire Saint-Germain eut des démêlés avec le Théâtre-Français, et il lui fut interdit d'introduire sur la scène plus d'un acteur parlant. Piron, qui fréquentait cette scène, fut prié de tirer le directeur d'embarras : en deux ou trois jours il écrivit *Arlequin Deucalion*, désopilante pochade qui fit la fortune du théâtre et fut payée 600 francs à l'auteur. Piron était dès lors lancé dans la carrière dramatique, il ne s'arrêta plus, et se prit à brocher, pour vivre, une foule d'opéras-comiques dont la gaieté est souvent forcée, et quelque peu licencieuse; de là il s'élança au Théâtre-Français, où il débuta par une comédie larmoyante, de ce genre qu'il devait percer plus tard de tant d'épigrammes. La pièce tomba; il se rejeta sur la tragédie, où il ne réussit qu'une fois, avec *Gustave Wasa*, pièce fort médiocre, mais supérieure encore à la plupart de celles qui s'écrivaient alors. Il découvrit enfin qu'il portait en lui le germe d'une belle et franche comédie, d'une seule à la vérité, il enfanta la *Métromanie*. Cet ouvrage, qui est tout simplement un chef-d'œuvre, et la première comédie du XVIIIᵉ siècle, fut peu goûté d'abord; on ne pouvait pourtant pas reprocher à l'auteur de n'avoir pas sacrifié au préjugé. Son Damis est charmant sans doute, riche de verve, d'amabilité, d'esprit, et ses quelques travers, ses distractions ne font que le rendre plus sympathique à l'auditeur; mais l'auteur l'a placé dans une situation ridicule en le faisant dupe du bas-bleu breton, derrière lequel se cache son ami Francaleu. Cette situation n'a pas dû sourire d'abord à Piron, qui ne manqua jamais à faire valoir les titres du poëte à la considération et au respect. On sait ce trait de lui : reconduit un jour en même temps qu'un personnage titré, celui-ci s'arrêta pour lui laisser prendre le pas. — Passez, dit l'hôte au personnage, ce n'est qu'un poëte. — Les qualités étant connues, dit Piron, je passe le premier. — Ce n'est donc pas à l'auteur qu'il faut reprocher cette situation qui nous fait aujourd'hui l'effet d'une note fausse dans une symphonie, mais aux spectateurs accoutumés à voir les poëtes vilipendés sur la scène, et ils auraient dû lui en savoir plus gré. La pièce obtint, du reste, un éclatant succès, mais plus tard seulement. La forme de cette œuvre est aussi remarquable que le fonds, ce qui est rare chez l'auteur.— Piron s'exerça dans tous les genres, de l'épopée à la chanson; mais la poésie grave convenait peu à sa tournure d'esprit; il a mieux réussi dans le conte, et il a excellé dans l'épigramme: le vers chez lui est souvent rocailleux et le style prosaïque, mais le mot est vif et inattendu. Ses bons mots sont trop connus pour que nous les rappelions; sa réputation en ce genre lui en a, du reste, fait prêter beaucoup dont il n'est pas coupable. On sait ses démêlés avec les habitants de Beaune, avec Desfontaines et avec Voltaire, dont il avait le travers d'être jaloux. Une ode licencieuse, composée à la suite d'une sorte de défi, alors qu'il n'avait que 20 ans, et d'autres écrits du même genre, ont souillé son nom. Piron avait fondé, avec Gallet, Collé et d'autres chansonniers, cette société du Caveau qui devint célèbre plus tard. Il s'était marié à une femme jouissant d'une pension viagère qui le faisait vivre; mais, devenu veuf, il se vit obligé d'accepter les bienfaits qui lui venaient de diverses mains. Il mourut à Paris, en 1773; il était né en 1689. Rigoley de Juvigny a publié une édition de ses ouvrages qui a été plusieurs fois reproduite.   **J. FLEURY.**

PIRRO LIGORIO. (*Voy.* LIGORIO.)

PISAN (CHRISTINE DE). (*Voy.* CHRISTINE.)

PISANI (*hist. du moyen âge*). — Deux personnages de ce nom se rendirent célèbres au XIVe siècle, à l'époque où les Vénitiens et les Génois se disputaient l'empire de la mer. Le premier, Nicolas, fut chargé par la république de Venise du commandement d'une flotte qui, composée d'abord de vingt galères, était forte de soixante-dix lorsqu'il vint attaquer l'amiral génois Paganino Doria, à l'entrée du Bosphore de Thrace (1352). Il perdit vingt-six galères, mais fit beaucoup

de mal aux Génois et prit sa revanche, l'année suivante, en battant leur escadre devant la pointe de la Lojera en Sardaigne. Il se trouvait en 1354 à Porto-Longo, près de Modon, avec sa flotte, posté lui-même à l'entrée du port, lorsque P. Doria vint lui présenter le combat. Pisani eut la témérité de laisser entrer une partie de la flotte ennemie dans le port, croyant l'y détruire plus à l'aise, mais ses vaisseaux furent brûlés, lui-même fut pris avec son escadre et orna le triomphe du vainqueur.

Victor PISANI, son fils ou son neveu, fut chargé du commandement de la flotte des Vénitiens lors de leur quatrième guerre avec les Génois (1378). Il battit les Génois à Antium, les chassa de l'Adriatique, protégea les convois de la Pouille, punit les révoltés de Dalmatie et reprit sur les Hongrois Cattaro, Sebenico et Arbo. Il demanda alors du repos pour ses marins et pour lui-même; sa demande fut refusée; il garda la mer, mais il fut battu par Lucien Doria en 1379, et, quand il rentra dans Venise avec les débris de sa flotte, il fut mis en prison. Mais les défaites des Vénitiens se multiplièrent, les matelots réclamaient Pisani; le sénat se décida à le tirer de la prison et à le replacer à la tête de la flotte. Les Génois s'étaient emparés de Chiozza: Pisani les y enferma et les força de se rendre avec tous leurs vaisseaux. Il mourut la même année (1380) à Manfredonia; sa mort, considérée comme un malheur public, décida les Vénitiens à rechercher la paix.

PISCINE, réservoir où l'on nourrissait et conservait le poisson; les riches Romains avaient presque tous des *piscines* auprès de leurs *villas*. Ces bassins étaient d'un grand rapport et augmentaient beaucoup la valeur d'une maison de campagne. Les Romains firent des dépenses énormes en de semblables constructions, mais ce fut Lucullus qui les surpassa tous; car, si la piscine de C. Herius fut vendue 775,000 francs, le poisson seul contenu dans celle de Lucullus fut livré pour le même prix (Pline, IX, 54, 55). Les Romains donnaient également le nom de *piscine* au bassin qui se trouvait dans les bains au milieu du *caldarium* (*Voy.* BAINS), ainsi qu'à un réservoir construit dans les aqueducs et qui interrompait la continuité des canaux, ce qui permettait aux eaux d'y déposer les matières terreuses dont elles étaient chargées; ce réservoir prenait alors le nom de *pis-*

cina limaria. Les Hébreux donnaient le nom de *beth-ezda, piscine probatique,* à un bassin où l'on lavait les victimes destinées aux sacrifices; ces brebis en grec s'appellent *probata* (Joan., 5, 2). Eusèbe et saint Jérôme disent que, de leur temps, on montrait deux *piscines* ou espèces de réservoirs doubles à Jérusalem; l'un de ces réservoirs se remplissait, tous les ans, par les eaux de la pluie, et l'autre était rempli d'une eau entièrement rouge, comme si elle eût encore conservé quelque chose du sang des victimes que l'on y lavait autrefois. L'Evangile nous apprend qu'autour de cette piscine il y avait cinq galeries; c'est là que se fit le miracle du paralytique. Elle était située à l'orient de Jérusalem. Il y avait toujours une très-grande quantité de malades qui attendaient que l'eau fût remuée pour s'y baigner; car l'ange du Seigneur descendait, dit-on, en certain temps et remuait l'eau, et le premier malade qui y était jeté après que l'ange en avait troublé l'eau était guéri; c'est ce qui fait dire à Fléchier : « Combien de paralytiques languissent et meurent sur les bords de la piscine, faute d'un homme qui les y jette lorsque l'ange la remue. » — Chez les Turcs, la *piscine* est un bassin placé au milieu de la cour d'une mosquée ou sous les portiques qui l'environnent, construit en pierre ou en marbre, où ils vont faire l'ablution avant de commencer la prière. — Dans quelques monastères, on donne le nom de *piscine* à la fontaine du réfectoire où les moines vont se laver les mains avant et après chaque repas. — On nomme également *piscine* l'endroit de la sacristie où l'on jette l'eau qui a servi à nettoyer les vases sacrés et les linges servant à l'autel, etc.   A. de P.

PISE (*géogr. hist.*), célèbre ville de Toscane, située sur les bords de l'Arno, dans une belle plaine, à 2 lieues de la mer. C'est la seconde cité de la Toscane et l'une des plus anciennes de l'Italie; *Strabon* et *Virgile* en attribuent la fondation à une colonie arcadienne. Elle prit probablement son nom de celui d'une autre *Pise*, aux bords de l'Alphée, dans le Péloponèse. Suivant *Tite-Live*, elle était au nombre des douze principales villes du royaume fédératif d'Etrurie. Elle fut déclarée colonie romaine par Auguste. Après la chute de l'empire romain d'Occident, Pise fit successivement partie de l'Etat des Ostrogoths et de celui des Lombards; sous ces derniers elle devint la capitale d'un duché. Charlemagne la soumit au royaume franco-italien fondé par lui et lui donna des *comtes* qui prirent plus tard le titre de *marquis.* Au milieu des guerres sanglantes des prétendants allemands et italiens au titre d'empereur et de possesseur de l'Italie, Pise se rendit presque indépendante. Elle était déjà puissante par sa marine et son commerce lorsque l'empereur *Othon II* y établit, en 983, un conseil de sept barons de l'empire, qui y devinrent le noyau de l'aristocratie devant y prédominer dans la suite. Après l'extinction de la puissante maison saxonne des Othons (1024), Pise se rendit complétement indépendante et donna une des premières l'exemple du retour au régime municipal. A l'époque des croisades, elle prêta, à l'égal de Venise et de Gênes, le secours de ses flottes pour le transport des croisés en Orient; elle enleva la Sardaigne aux Sarrasins et alla attaquer ces derniers jusque dans leurs possessions d'Afrique. Lors de la formation de la ligue lombarde (1162), elle prit parti pour les *Gibelins* ou pour les empereurs contre les *Guelfes,* qui soutenaient la puissance des papes, ce qui lui attira des guerres sanglantes avec les républiques guelfes de l'Italie, entre autres avec Gênes et Florence. Sa rivalité avec les Génois lui fut surtout fatale; ceux-ci, par leurs succès, affaiblirent considérablement sa marine et son commerce. Florence, devenue aussi rivale de Pise, en profita pour achever sa ruine. Les divisions intestines des Pisans accélérèrent encore leur chute; ils subirent le joug de Florence au commencement du XVe siècle et disparurent entièrement de la scène politique qu'ils avaient longtemps occupée avec éclat. La popution de Pise, qui s'élevait, au temps de sa splendeur, jusqu'à 150,000 habitants, est à peine aujourd'hui de 20,000, et la ville paraît d'autant plus dépeuplée qu'elle est très-grande et magnifiquement bâtie. Parmi plusieurs ponts sur l'Arno qui la décorent, on remarque celui de marbre. Sa cathédrale et la fameuse tour penchée qui est auprès sont des chefs d'œuvre d'architecture comme les portes en bronze du baptistère sont des modèles de goût. On ne sait si l'on doit attribuer l'inclinaison si considérable de la tour penchée à quelque conception bizarre de l'architecte ou à l'affaissement du terrain qui sert de fondement. Un des plus curieux édifices de Pise est le *campo Santo,* vaste enceinte avec un portique pavé de marbre et orné de peintures à fresque de *Giotto*, d'*Or-gagna* et de *Simon Memmi*. On y voit, en outre, une collection de tombeaux fort anciens, trouvés parmi les ruines des Etrusques. Le cimetière situé au centre et qui a donné son nom à l'édifice entier contient de la terre apportée de Jérusalem par la flotte pisane en 1228; on attribuait à cette terre la propriété de consumer les corps dans vingt-quatre heures, ce qui venait sans doute d'une grande quantité de chaux qui s'y trouvait mêlée. C'est à Pise que se voit la célèbre tour dite *de la Faim*, située sur la place des *Chevaliers;* là s'accomplit, comme on sait, l'horrible supplice d'*Ugolin*, si connu par les vers du Dante. On doit mentionner encore, parmi les curiosités de Pise, l'église de *Saint-Etienne* ou *des Chevaliers*, remarquable non-seulement par son architecture imposante, mais aussi par la multitude des drapeaux et des bannières suspendus à la voûte comme un monument de la valeur et de la gloire de la république.

PISÉ (*architect.*). — Genre de construction économique en usage dans certaines provinces. Il s'exécute avec des espèces de moellons ou grandes briques faites de terre franche plus ou moins argileuse, bien corroyée et refoulée dans des moules de bois où elles prennent la forme convenable pour la place qu'elles doivent occuper. Bien que leurs dimensions varient, elles ont toujours, en épaisseur ou en longueur, suivant le sens dans lequel on veut les disposer, l'épaisseur et la hauteur d'une assise. On laisse sécher ces briques hors du moule et on les pose ensuite par assises en les reliant avec de la terre semblable à celle dont elles sont fabriquées, qu'on emploie en manière de ciment. On fait ainsi un mur d'une seule pièce, pour des habitations ou des usages rustiques, qui ne manque pas d'une assez grande solidité, si la terre est de bonne qualité, si les moellons ou briques ont été fabriqués avec soin, et surtout si la construction n'est point exposée sans abri aux fortes pluies. Une construction en *pisé*, revêtue d'un enduit de ciment romain bien posé, échapperait aux inconvénients de l'humidité, et pourrait durer autant qu'un bâtiment construit en moellon ordinaire. Elle ne redouterait point les dangers d'incendie qui menacent continuellement les constructions en pans de bois.   J. P. S.

PISIDIE (*géogr. anc.*), contrée de l'Asie Mineure située entre la Lydie, la Phrygie, la Carie et la Pamphylie, au nord de cette dernière, et presque entièrement renfermée dans les montagnes. Pline et Strabon la placent à l'extrémité ouest du mont Taurus; une foule d'écrivains qui en ont parlé varient sur ses limites, mais il demeure prouvé qu'elle ne dépassait pas celles du Taurus. — La Pisidie et la Pamphylie, que réunissent toujours les anciens géographes, furent, au IVe siècle, séparées en deux provinces distinctes du diocèse d'Asie; *Selga, Baris et Antioche de Pisidie* étaient les villes les plus importantes de la première. Ses habitants passaient pour les restes d'anciennes peuplades maritimes chassées par les colonies grecques ou autres; ils étaient farouches et à demi sauvages.

PISISTRATE, général athénien descendant de Codrus, se signala de bonne heure par son courage, qui brilla de tout son éclat à la prise de l'île de Salamine; mais, après avoir été le défenseur de sa patrie, il voulut en être le tyran. Tout favorisait son projet : il avait une naissance illustre et une politesse affable qui prévenait tout le monde en sa faveur; au talent, si nécessaire dans une république, de s'énoncer avec facilité, il joignait l'artifice et le masque du patriotisme. C'est ainsi que, avec le vif désir de gouverner, il se montrait ardent défenseur de l'égalité et ennemi de toute innovation. Ses vues ambitieuses ne purent cependant échapper à Solon, qui les dévoila aux yeux des Athéniens. Pisistrate, se voyant découvert, eut recours à une ruse qui lui réussit. S'étant blessé lui-même à diverses parties du corps, il se fait porter tout ensanglanté sur la place publique. Le peuple assemblé, il montre ses blessures, accuse ses ennemis d'avoir voulu l'assassiner et se plaint d'être la victime de son zèle pour la république. Le peuple est ému, et lui donne cinquante gardes pour veiller à sa conservation. Peu à peu Pisistrate augmente ce nombre de cinquante, et, un jour, se mettant à leur tête, il se rend maître, les armes à la main, de la citadelle d'Athènes l'an 560 avant J. C. La ville, saisie de crainte, reconnaît le tyran qui, pour gagner l'amitié du peuple, ne déroga en rien aux usages de la république. Cependant Lycurgue et Mégaclès parviennent à soulever contre lui une partie de la population et le chassent d'Athènes, qui redevient république, mais pour bien peu de temps. La mésintelligence ne tarde pas à se mettre entre Lycurgue et Mégaclès, et ce dernier, jaloux de l'autorité que prenait Lycurgue, propose à Pisistrate de le remettre en possession du pouvoir souverain, s'il voulait épouser sa fille. Celui-ci y consent, et, ayant réuni les forces dont il disposait à celles de Mégaclès, il obligea Lycurgue à se retirer. Pour s'emparer de l'esprit du peuple, il eut recours à de nouveaux artifices ; il choisit une femme grande et forte, à laquelle il donne les habits de la déesse Minerve, et qui, montée sur un char splendide, courait dans les rues d'Athènes en criant que Minerve, protectrice d'Athènes, ramenait le sage Pisistrate. Le peuple, en effet, surpris par ce spectacle, et croyant voir la déesse elle-même, accueillit avec de grandes acclamations Pisistrate, qui n'eut aucune peine à reprendre le pouvoir souverain. Le tyran régnait paisiblement depuis quelques années, lorsqu'il s'avisa de répudier la fille de Mégaclès. Ce dernier, pour venger sa fille, gagna, à prix d'argent, les soldats, et Pisistrate, abandonné de tous, fut obligé de s'enfuir et de se cacher dans l'île d'Eubée. Ce ne fut qu'au bout de onze ans et par les intrigues de son fils Hippias qu'il sortit de son exil, se rendit maître de Marathon, à la tête d'un corps de troupes, surprit les Athéniens, et entra victorieux dans sa patrie. Tous les partisans de Mégaclès furent sacrifiés à sa tranquillité ; mais, dès qu'il fut affermi sur le trône, il fit oublier ses cruautés par sa modération. Dès ce moment, la vie de Pisistrate peut être offerte pour exemple à tous les rois ; sa vie est pleine de traits qui prouvent ce mot de Solon, que Pisistrate eût été le meilleur citoyen d'Athènes, s'il n'en eût pas été le plus ambitieux. Il ordonna que les soldats blessés seraient nourris aux dépens de l'Etat ; il assigna à chaque citoyen indigent des fonds de terre dans les campagnes de l'Attique : Il vaut mieux, disait-il, enrichir la république que de rendre une ville fastueuse. Il éleva dans Athènes une académie, qu'il enrichit d'une bibliothèque publique. Enfin Pisistrate, à ce que pense Cicéron, fut le premier qui mit en ordre les œuvres d'Homère et en gratifia les Athéniens. Après trente-trois années d'un règne florissant, il mourut l'an 528 avant J. C. Hipparque, son fils, lui succéda.

PISON (*hist. rom.*). — Surnom sous lequel se sont illustrés plusieurs membres de la famille Calpurnia. Le plus ancien (Lucius Calpurnius), surnommé *Frugi* à cause de son économie, fut tribun du peuple l'an 149 avant l'ère vulgaire, puis consul. Il fit une loi sur la concussion, *de pecuniis repetundis*, et termina heureusement la guerre de Sicile. Ses *Harangues* étaient perdues dès l'époque de Cicéron ; on a également perdu ses *Annales.*—Un autre Pison (*C. Calp.*) fit une loi sur l'accession aux magistratures (*de ambitu*) ; il fut consul l'an 67 avant J. C. et se montra un des membres les plus ardents de la faction patricienne à son déclin. Les écrivains du patriciat le louent surtout d'avoir réussi à empêcher la nomination d'un consul aimé du peuple ; mais ils avouent la lenteur de son esprit et l'opiniâtreté de son caractère. Accusé par Cicéron pour ses dilapidations et ses crimes dans son proconsulat de Macédoine, il ne dut qu'à sa parenté avec César d'échapper à une condamnation méritée. — Le troisième Pison (*Cneius Calp.*) passa au parti populaire quand ce parti devint puissant. Il fut consul sous Auguste et gouverneur de Syrie sous Tibère dont il était le confident. On raconte de lui un trait qui montre que, s'il dégénéra de ses ancêtres pour la noblesse de conduite, il ne dégénéra pas pour la violence et l'opiniâtreté. Il avait condamné à mort un soldat accusé d'en avoir tué un autre qui avait disparu. Comme on allait exécuter la sentence, l'absent reparaît. Le centurion s'arrête et va trouver Pison, qui les fait décapiter tous trois, le premier pour avoir été condamné, le second pour avoir motivé la condamnation, le troisième pour n'avoir pas exécuté un ordre. Ami de Tibère, il empoisonna Germanicus par son ordre, de complicité avec sa femme Plancine. L'empereur s'empressa de séparer sa cause de celle de l'empoisonneur, et Pison, désavoué et honni de tous, même de sa femme, finit par se donner la mort (l'an 20). Plancine en fit autant, mais plus tard. Tibère la laissa vivre tant que vécut Agrippine dont elle était la mortelle ennemie ; il voulait les faire souffrir l'une par l'autre. (*Voy.* GERMANICUS.) — Un autre Pison (*Caïus*) fut chef d'une conspiration contre Néron. La conspiration fut découverte par le moyen d'un affranchi, ce qui entraîna la mort du chef, celle de Lucain, de Sénèque et d'un grand nombre de sénateurs. Pison se fit ouvrir les veines dans un bain.

PISSASPHALTE (*min.*), variété de bitume mou et noirâtre, intermédiaire entre le bitume pétrole et l'asphalte.

PISSELEU (Anne de), duchesse d'Etampes, un des noms les plus célèbres dans cette longue liste des maîtresses avouées des rois de France, qui commence à Agnès Sorel, pour finir à la Dubarry. Cette femme, née en 1508, avait été d'abord demoiselle d'honneur de la mère de François Ier, Louise de Savoie, qu'elle accompagna à Bayonne quand la cour alla y recevoir le roi, à son retour de la captivité de Madrid. C'est là que François s'éprit pour elle d'une passion funeste (1526); il la maria bientôt à un certain Jean de Brosse, auquel il donna en récompense le comté d'Etampes, érigé en duché. La nouvelle duchesse gouverna le roi pendant vingt-deux ans, au grand détriment du royaume. On prétend que sa jalousie contre Diane de Poitiers, la maîtresse du Dauphin, depuis Henri II, la porta à trahir l'Etat, et que, pour faire battre le jeune prince, qui commandait l'armée, elle entra en relation avec Charles-Quint et Henri VIII, et leur révéla les secrets du conseil. Il est plus certain qu'elle profita largement de son crédit pour enrichir sa famille; elle fit donner, entre autres, à trois de ses frères des évêchés bien rentés. Les protestants trouvèrent en elle beaucoup d'appui ; c'est son crédit qui leur ouvrit les portes de la cour, et c'est sous ses auspices qu'ils commencèrent à se faire des amis dans la plus haute noblesse. On sait que, par opposition, Diane de Poitiers se rangea du côté des catholiques : triste époque, où ces courtisanes devenaient ainsi les arbitres de la religion !

Après la mort de François Ier, la duchesse d'Etampes fut disgraciée et se retira dans ses terres, où elle vécut obscurément. On ignore la date précise de sa mort, qu'on suppose être arrivée vers 1576.　　H. F.

PISSENLIT, *taraxacum* (bot.). — Genre de plantes de la famille des composées-chicoracées, de la syngénésie-polygamie égale dans le système de Linné ; il se compose d'un petit nombre d'espèces herbacées, fort communes dans toutes les parties tempérées de l'Europe et de l'Asie. Leurs feuilles, toutes radicales, sont extrêmement polymorphes, tantôt entières, tantôt roncinées ; leurs fleurs sont jaunes, portées sur des hampes nues, fistuleuses ; elles forment des capitules solitaires, entourés d'un involucre à écailles imbriquées, dont les intérieures égales dressées, les extérieures plus courtes, étalées, toutes finissant par se réfléchir ; le réceptacle est nu, fovéolé. Les fruits ou achaines qui succèdent à ces fleurs sont uniformes dans tout le capitule ; ils se rétrécissent brusquement au sommet en un bec filiforme qui supporte une aigrette pileuse. — L'espèce type de ce genre est le PISSENLIT COMMUN, *taraxacum dens leonis*, Desf. (*leontodon taraxacum*, Lin.), très-connu sous son nom vulgaire de pissenlit. C'est une des plantes les plus communes de nos contrées, dans tous les lieux incultes, dans les pelouses, les prairies, etc. Sa racine est vivace, pivotante, brune ; elle se rattache à un rhizome épais, duquel part une touffe de feuilles radicales, roncinées, à lobes triangulaires, aigus, simplement sinuées, ou même entières dans certaines variétés. La hampe (ou pédoncule radical) est simple, nue, haute de 1 à 2 ou même 3 décimètres, et se termine par un assez large capitule de fleurs jaunes. — Cette plante figure parmi les espèces officinales ; elle renferme une assez forte proportion de suc laiteux, amer, mais dont l'amertume est fortement tempérée par les sucs aqueux qu'elle renferme en même temps et qui sont d'autant plus abondants que la plante est plus jeune ou qu'elle a végété dans un sol plus gras ou plus humide. En médecine on l'emploie à l'état adulte et l'on fait usage de ses feuilles et de sa racine ; le suc exprimé des premières est très-fréquemment usité dans le traitement des maladies de la peau, des affections chroniques du foie, des hydropisies, etc. ; on fait également usage de l'extrait de la plante. — On mange vulgairement en salade, vers la fin de l'hiver, les feuilles de pissenlit, lorsqu'elles sont encore jeunes, aqueuses, et que leur suc laiteux n'est pas encore assez abondant pour leur communiquer autre chose qu'une légère amertume. On a même essayé, dans ces derniers temps, de le cultiver pour salade, et de l'améliorer par le choix des graines et par les soins de la culture ; déjà des résultats assez avantageux ont été obtenus, et il n'est presque pas douteux qu'on n'arrive assez promptement à produire des variétés à feuilles larges, peu découpées, qui puissent figurer avantageusement parmi les salades d'hiver et de printemps.　　P. Duchartre.

PISTACHIER, *pistacia* (bot.). — Genre de plantes de la famille des anacardiacées, de la diœcie-pentandrie, dans le système de Linné. Les végétaux qui le forment sont des arbres généralement peu élevés, qui croissent naturellement dans la région méditerranéenne ; leurs feuilles sont alternes, ternées ou pennées, sans stipules ; leurs fleurs, groupées en grappes ou panicules axillaires, sont dioïques ; les mâles présentent un calice petit, quinquéfide ; pas de corolle ; cinq étamines insérées sur le calice et opposées à ses lobes ; un rudiment d'ovaire. Les femelles ont un petit calice à trois ou quatre divisions appliquées sur l'ovaire ; pas de corolle, ni d'étamines, ni de disque ; un ovaire unique à une seule loge renfermant un seul ovule suspendu à un funicule qui s'élève du bas de la cavité ovarienne : cet ovaire est surmonté d'un seul style que terminent trois stigmates. A ces fleurs succède un drupe sec, à noyau dur renfermant une seule graine sans albumen. A ce genre appartiennent, entre autres, trois espèces intéressantes que nous devons faire connaître. 1° Le PISTACHIER FRANC, *pistacia vera*, Lin., petit arbre ou grand arbrisseau d'Orient, que la culture a répandu et naturalisé dans tout le midi de l'Europe ; sa tige s'élève de 4 à 6 mètres ; ses feuilles sont pennées avec foliole impaire, formées de trois ou plus ordinairement de cinq folioles ovales, obtuses, un peu rétrécies à leur base, légèrement mucronées au sommet, coriaces et glabres ; ses fleurs mâles forment une grappe rameuse, entremêlée de bractées ; les femelles sont réunies par trois en petits épis simples ; son fruit est de la grosseur d'une olive, ovoïde, allongé, à chair mince ; il renferme une graine dont l'embryon présente deux gros cotylédons charnus, d'un joli vert clair, dont la nuance a fourni à la langue usuelle l'expression de *vert-pistache*. C'est pour cette graine bien connue sous le nom de *pistache* que le pistachier franc est cultivé ; son goût est très-agréable, aussi les confiseurs en font-ils grand usage pour la confection de dragées et de plusieurs autres friandises. En médecine, on en prépare des émulsions qu'on administre à peu près comme celles d'amandes douces. Elles renferment une proportion assez forte d'huile grasse. Sous le climat de Paris, cet arbre peut être cultivé avec succès dans une terre légère et à une exposition méridionale, contre un mur et en espalier ; il donne alors de bons fruits. Ainsi on l'a cultivé de cette manière avec plein succès, pendant longtemps, à la pépinière du Luxembourg. On le multiplie de marcottes, ou, mieux encore, de semis faits sur couche et sous châssis. — 2° PISTACHIER TÉRÉBINTHE, *pistacia terebinthus*, Lin. Cette espèce croît naturellement dans les îles de l'Archipel, particulièrement à Chio, dans le midi de l'Europe ; en France, elle arrive jusque dans le haut Agenais. Elle forme un arbre de taille moyenne ; ses feuilles, pennées avec foliole impaire, sont formées de sept, plus rarement de neuf folioles ovales-lancéolées, larges, arrondies à la base, aiguës et mucronées au sommet, d'un vert foncé et luisantes en dessus, blanchâtres en dessous. Ses fruits sont à peu près globuleux, violacés, petits. En faisant des incisions au tronc de cet arbre, on en obtient un suc résineux, épais, translucide, de couleur jaune verdâtre, d'une odeur suave assez analogue à celle du citron, d'une saveur douce et agréable ; ce suc constitue la *térébenthine de Chio* (voy. TÉRÉBENTHINE). — 3° PISTACHIER LENTISQUE, *pistacia lentiscus*, Lin. Ce pistachier, le plus petit des trois qui nous occupent, croît naturellement dans le midi de l'Europe, dans l'Archipel, et plus généralement dans toute la région méditerranéenne. Il forme un grand arbrisseau à branches nombreuses et tortueuses, à feuilles pennées sans foliole impaire, formées de huit folioles lancéolées, ou même linéaires dans une variété, que porte un pétiole commun élargi et ailé ; ses fruits sont petits et rouges à leur maturité. Dans les îles de l'Archipel, et particulièrement à Chio, on cultive le lentisque afin d'en obtenir, au moyen d'incisions, le suc résineux qui, durci à l'air, est connu sous le nom de *mastic* (voy. ce mot).

PISTIACÉES, *pistiaceæ* (bot.). — A. L. de Jussieu, dans son *Genera*, pag. 69, rangeait à la suite de ses hydrocharidées le genre *pistia*, en se demandant s'il n'aurait pas plus d'affinité avec les aroïdes ou les aristolochiées, si son embryon est mono ou dicotylédoné. Les botanistes modernes ont cru, en effet, pour la plupart, que ces plantes seraient mieux placées parmi les aroïdes, et c'est dans cette famille que nous les trouvons rangées dans le *Genera* de M. Endlicher, formant, sous le nom de pistiacées, une tribu distincte pour laquelle cette place ne peut encore être regardée comme définitive, et qui ne comprend que les genres *pistia*, Lin., et *ambrosinia*, Bass. Ces plantes sont pour la plupart aquatiques ; elles ont un rhizome traçant ou tubéreux, des feuilles entières, à nombreuses nervures, des fleurs inodores, réunies en un spadice soudé avec sa spathe et indistinct. Les fleurs mâles sont éloignées de la fleur femelle, qui est solitaire ; elles se composent d'anthères sessiles sur le sommet et sur les côtés du spadice ; la fleur femelle a un ovaire uniloculaire, à ovules nombreux, dressés et orthotropes, portés sur un placentaire basilaire ou presque latéral, surmonté d'un style distinct, sans le moindre rudiment d'organes mâles; les graines sont pourvues d'albumen.

PISTIL (*bot.*). — Le pistil est l'organe femelle de la fleur, celui qui, s'accroissant et se développant après la floraison, doit donner naissance au fruit et aux graines. Sa place est toujours au centre même de la fleur, où il constitue la terminaison de l'axe et où il se montre *unique* ou *multiple*, c'est-à-dire sous la forme d'un seul corps ou de plusieurs corps distincts et séparés, groupés sans intermédiaire. Si nous examinons une fleur de lis, par exemple, nous reconnaîtrons aisément, à son centre, entouré par les six étamines et le périanthe, un corps allongé formé 1° d'une portion inférieure renflée, à trois angles longitudinaux, creusée intérieurement de trois cavités ou *loges;* 2° d'un prolongement en forme de colonne assez grêle, allongée, cylindrique, surmontant le renflement inférieur ; 3° un épaississement papilleux à sa surface et trilobé. Ce corps central tout entier est le *pistil* du lis ; son renflement inférieur est l'*ovaire;* sa portion moyenne allongée est le *style;* l'épaississement trilobé qui termine celui-ci est le *stigmate*. Ces trois parties se retrouvent dans tous les pistils complets; mais, parmi elles, deux seulement sont indispensables, l'ovaire et le stigmate; le style n'a qu'une importance très-secondaire ; aussi manque-t-il assez souvent ; et, dans ce cas, on voit le stigmate reposer immédiatement sur l'ovaire, comme dans la tulipe ; on le nomme alors *stigmate sessile*. Nous avons dit que l'ovaire du lis présente, intérieurement, trois loges ; en examinant chacune de ces loges, nous verrons que son angle interne est occupé par deux rangées longitudinales et juxtaposées de petits corps fort remarquables par l'importance du rôle qu'ils sont destinés à remplir; ces petits corps sont les *ovules* ou les jeunes graines (*voy.* OVULES) dont la connaissance complète celle des parties du pistil.—La fleur du lis ne nous a montré qu'un pistil à son centre; mais, si nous examinons une fleur de renoncule, ou si nous ouvrons le tube du calice d'une rose, nous remarquerons que le centre de la première est occupé par une petite masse arrondie ou conique, formée par la réunion d'un grand nombre de petits pistils, et que le tube calicinal de la seconde est comme tapissé intérieurement par un nombre assez considérable de petits pistils; mais, dans l'un et l'autre cas, nous verrons que l'ovaire de ces pistils n'est creusé que d'une seule loge dans laquelle se trouve un seul ovule. Nous trouverons donc là déjà des exemples d'une organisation pistillaire entièrement différente de la première; de plus, chacun des petits pistils de la rose nous présentera une irrégularité de forme qui n'existait pas chez le lis, irrégularité qui consiste en ce que l'un de ses côtés est plus renflé et plus convexe que l'autre, et que son style part, non de son sommet *réel* ou *géométrique*, mais d'un point latéral et presque basilaire, qui en est le sommet *organique*. Nous allons essayer d'expliquer maintenant ces différences, afin de rendre compte de l'organisation du pistil en général et des nombreuses modifications qu'elle présente.—D'après la doctrine de la métamorphose, telle qu'elle a été exposée par Ch. F. Wolff, Batsch, Gœthe et telle que l'adoptent les botanistes modernes, le pistil, comme les autres parties de la fleur, résulte de la modification plus ou moins profonde d'une ou plusieurs feuilles qui se sont courbées et creusées de manière à former une cavité close par le rapprochement et la soudure de leurs bords ; cette cavité n'est autre que celle de l'ovaire; un prolongement de la nervure médiane de cette feuille forme le style et le stigmate; chaque feuille ainsi ployée et modifiée prend le nom de *feuille carpellaire* ou de *carpophylle;* elle forme un *pistil simple* ou un *carpelle*, ou un *carpidie*. Ces carpelles sont nombreux, mais distincts, dans la renoncule et la rose; trois se sont, au contraire, réunis pour former le pistil du lis, qui, comme tous ceux formés par la réunion de plusieurs carpelles, prend le nom de *pistil composé* ou *syncarpé*.—Cette formation du pistil, par le ploiement ou la modification plus ou moins profonde d'une ou plusieurs feuilles, est souvent mise en évidence par des monstruosités dans lesquelles on voit l'ovaire s'ouvrir, ses parois s'étaler et reprendre l'apparence d'une feuille normale. L'exemple le plus commun de ce retour à l'état primitif est celui que nous représente le merisier à feuille double : dans cet arbre, si fréquemment cultivé pour sa rare élégance, le centre de la fleur est occupé, non par un pistil normal, mais par une petite feuille de structure, de texture, de couleur et de forme analogues à celles des feuilles ordinaires, qui ne diffère de celles-ci qu'en ce qu'elle est ployée sur sa nervure médiane prolongée elle-même en un filet que termine un petit renflement. — Examinons maintenant la formation d'un carpelle ou d'un pistil simple ; nous en déduirons ensuite sans difficulté celle des pistils composés. — Lorsque le limbe de la feuille carpellaire se ploie sur la nervure médiane pour former un carpelle, ses bords s'infléchissent vers le centre de sa fleur, où ils se soudent l'un à l'autre, et sa côte ou sa *nervure médiane* reste, par suite, placée vers l'extérieur ; or ce dernier côté forme le *dos* du carpelle, tandis que le premier constitue son *ventre* ou sa *portion ventrale ;* celle-ci est dès lors marquée par une ligne qui résulte de la soudure des deux bords infléchis et par laquelle le carpelle s'ouvrira à la maturité pour laisser sortir les graines : cette ligne se nomme la *suture.* — Les deux moitiés d'une même feuille ployées ne peuvent, on le conçoit aisément, donner naissance à un corps parfaitement régulier et arrondi ; aussi tous les carpelles simples présentent une différence appréciable entre leurs portions ventrale et dorsale: en d'autres termes, ils sont toujours irréguliers; seulement leur irrégularité est plus ou moins prononcée et se montre à peu près au maximum dans les carpelles de la rose, que nous avons pris pour un de nos exemples, surtout des alchimilles, des *chrysobalanus.* — Dans les cas les plus simples, les bords infléchis de la feuille carpellaire se bornent à se souder entre eux tout le long de la suture ventrale sans se recourber ni s'avancer bien sensiblement dans l'intérieur de la cavité ovarienne du carpelle ou de la loge, qui reste ainsi unique; on dit alors que le carpelle est *uniloculaire.* Comme le plus souvent chacun des deux bords porte une ligne d'ovules, il en résulte, le long de la suture, deux rangées de ces petits corps, comme on le voit très-bien dans le haricot, le pois, etc.; mais, ailleurs, ces bords se recourbent en s'avançant plus ou moins dans l'intérieur de la loge, sous la forme de lames quelquefois assez prononcées pour partager la cavité en deux loges distinctes; ces lames sont désignées sous le nom de *fausses cloisons;* on doit les distinguer soi-

gneusement des vraies *cloisons*, qui n'existent que dans l'ovaire des *pistils composés* ou *syncarpés,* dont ce qui précède fera comprendre la nature et la formation. — Supposons, en effet, trois carpelles placés au centre d'une fleur, leur ligne ventrale en occupant le centre, et se soudant entre eux par ces lignes ventrales ainsi que par leurs faces latérales en contact, il en résultera le pistil composé du lis. Les trois stigmates et les trois styles, se confondant, donneront le stigmate trilobé et le style de ce pistil composé, tandis que les trois ovaires partiels formeront l'ovaire composé : or, comme chacun de ces ovaires primitifs avait sa cavité propre et ses deux rangées d'ovules, leur réunion expliquera très-bien l'organisation que nous avons décrite dans l'ovaire à trois loges ou *triloculaire* du lis. De même deux, quatre, cinq, six, ou un nombre quelconque de carpelles donneront des pistils à ovaires *bi, quadri, quinque,* etc., *pluriloculaires.* Suivant que la soudure sera plus ou moins complète dans les diverses parties des carpelles ainsi réunis, on aura des stigmates *entiers,* ou *lobés,* ou *multiples ;* des styles également entiers ou *fendus, partagés* (du moins en apparence) ou *multiples;* des ovaires à contour *circulaire* ou *lobé.*— Lorsque les carpelles se soudent en un pistil composé, la soudure porte sur leurs parois latérales dont les deux adjacentes se confondent en une seule lame; or ces lames séparent les cavités ovariennes des carpelles et forment ainsi les *cloisons* qui, dans l'ovaire composé ou syncarpé, distinguent les loges. Ce sont là les vraies cloisons qu'il faut soigneusement distinguer des fausses cloisons qui nous ont déjà occupé et qui résultent soit, le plus souvent, de l'introflexion des bords des carpelles, soit, quelquefois, de simples productions de la nervure médiane de ces mêmes carpelles : or ce que nous avons déjà dit montre que les vraies cloisons doivent toujours alterner avec la nervure médiane des carpelles ou avec les stigmates, et ce fait fournit un moyen sûr de les distinguer dans tous les cas. Comme exemples de pistils réunissant des cloisons vraies et fausses, nous citerons le fruit du *datura stramonium* ou pomme épineuse, qui en a deux vraies et deux fausses, et celui des lins, qui en présente cinq vraies et cinq fausses plus ou moins complètes.—Nous avons toujours parlé, jusqu'ici, d'ovules attachés sur l'un et l'autre bord des feuilles carpellaires ; mais, dans quelques cas rares, on observe des dispositions différentes : ainsi, chez le *butomus umbellatus* ou jonc fleuri, les ovules naissent de toute la face interne des carpelles; chez les *nymphœa*, ils s'attachent à la surface des cloisons.— La portion de l'ovaire qui porte les ovules est le *placenta* ou *placentaire*, dont la position fournit des caractères d'une haute importance. Dans les cas analogues à celui du lis, où ces placentaires occupent l'axe d'un ovaire à deux, trois ou plusieurs loges, on les nomme *axiles*, et l'on dit que la *placentation* est *axile*; au contraire, lorsqu'ils sont situés sur les parois de l'ovaire, on emploie les mots de *placentaires pariétaux*, *placentation pariétale*. — Il sera facile de se rendre compte de cette dernière disposition. Jusqu'ici, nous avons vu les feuilles carpellaires infléchir leurs bords de manière à former chacune un cornet fermé, mais souvent leur inflexion est beaucoup moindre; elles restent alors plus ou moins étalées, et, se soudant par leurs deux bords avec leurs voisines de droite et de gauche, elles circonscrivent une cavité ovarienne unique. Dans les ovaires à placentation axile, les carpelles représentent autant de cornets; dans ceux à placentation pariétale, dont nous parlons maintenant, ils représentent comme les douves d'un tonneau. Il résulte, de ce mode de formation, que les ovules, s'attachant sur les bords soudés des carpelles adjacents, suivent des lignes plus ou moins saillantes à la paroi interne de cet ovaire composé, ou que leurs placentaires sont pariétaux et que l'ovaire entier est uniloculaire. Enfin, dans les familles des primulacées, des myrsinées et quelques autres, l'ovaire, quoique formé comme le dernier qui vient de nous occuper, ne porte pas d'ovules sur ses parois; mais à son centre se trouve une prolongation de l'axe entièrement indépendante des parois ovariennes, sur laquelle naissent ces petits corps. On désigne cette disposition par les mots de *placentaire central libre*, *placentation centrale libre*.— Un point de vue très-important dans l'histoire du pistil est celui de ses rapports avec le calice. Dans beaucoup de cas, l'ovaire est entièrement distinct et séparé d'avec lui; on le nomme ovaire *libre* ou *supère*; ailleurs, au contraire, il se soude dans une longueur variable ou même entièrement avec le tube calicinal; dans ce dernier cas, il semble situé au-dessous des autres organes floraux, et de là on le nomme improprement ovaire *infère*, ou mieux, ovaire *adhérent*; on le dit demi-

adhérent lorsque sa soudure n'est que partielle. Ces notions sont d'autant plus importantes qu'elles constituent une des bases de la méthode naturelle. Comment se produit cette adhérence de l'ovaire avec le calice? c'est une question sur laquelle les botanistes ne sont pas d'accord; ils ont même discuté sur la nature de l'ovaire adhérent considéré en lui-même, et M. Schleiden a émis, à cet égard, l'opinion, fort peu adoptée encore, que ce n'est autre chose qu'un pédoncule creusé et dilaté de manière à loger les ovules. La plupart des botanistes admettent, aujourd'hui, qu'il existe une couche intermédiaire entre la paroi externe de l'ovaire et la paroi interne du tube calicinal, couche qui joue, entre les deux, le rôle de ciment, et qui, d'après les uns, est une expansion de l'axe destinée à produire plus haut la corolle et les étamines, tandis qu'elle n'est, aux yeux des autres, que la base même des pétales et des étamines. — Il nous resterait encore, pour compléter cette histoire très-abrégée du pistil, à donner quelques autres notions beaucoup moins importantes; mais elles ne nous paraissent pas de nature à figurer dans un ouvrage de la nature de celui-ci, et, dès lors, nous les passerons sous silence.   P. D.

PISTOLE (*accept. div.*). — Nom d'une monnaie d'or frappée en Espagne, dans quelques parties de l'Italie et même de la Suisse. Indiquer les variations de valeur qu'elle a subies dans les différents lieux et à différentes époques serait chose fort longue et fort difficile; le tableau suivant fera connaître ce que sont de nos jours 1° sa valeur en francs, 2° son poids, 3° son titre, dans les pays ou villes où elle est monnaie courante.

PAYS OU VILLES.	VALEUR EN FRANCS.	POIDS.	TITRE.
Espagne. . . .	20,3775	6,76125	0,909
Roy. lombardo-vénitien. . .	19,76	6,32	0,906
Piémont. . .	28,45	9,117	0,906
États romains. .	17,28	5,471	0,917
Parme. . . .	21,53	7,144	0,875
Florence. . . .	21,09	6,692	0,915
Bâle.	23,47	7,649	0,889
Berne	23,76	7,649	0,902
Genève. . . .	21,13	6,772	0,906

En Espagne on trouve des pièces de 4 pistoles (*quadruples*), de 2, d'une demie et même d'un quart de pistole (*piastre d'or*) ; à Parme il y a également des pièces de 4 et même de 8 pistoles. — En France, le mot *pistole*, pris dans l'acception de numéraire et dans le langage familier, désigne communément une valeur de 10 francs, n'importe en quelle monnaie ; ainsi un sac de 100 pistoles est un sac de 1,000 francs, etc. L'emploi de cette locution remonte au règne de Louis XIV, époque à laquelle, par suite de l'alliance intime avec l'Espagne, la *pistole* de ce pays, qui valait alors 10 francs, avait eu cours en France. — Dans les prisons, le détenu que ses ressources pécuniaires mettent à même de se procurer, en dehors du régime de la maison, quelques améliorations dans le coucher, l'ameublement et la nourriture, est dit à la *pistole*. Anciennement, celui qui voulait jouir de cette faveur était tenu, dit-on, de consigner d'avance la valeur d'une pistole ; de là l'expression consacrée de nos jours. — La ville de *Pistoie* vit, dit-on, la première fabriquer dans ses murs une arme à laquelle fut attaché son nom ; c'était une arquebuse plus courte et moins pesante que les autres, et que l'on tirait à la main, la *pistole*, devenue en se modifiant encore le *pistolet* de nos jours.

PISTOLET. (*Voy.* ARMES.)

PISTOLET DE VOLTA (*physiq.*). —Appareil destiné à recevoir des gaz susceptibles de détoner, pour leur faire produire une explosion. Les appareils analogues, mais qui ont pour but de faire agir des gaz les uns sur les autres, sans avoir égard à l'explosion, sont des EUDIOMÈTRES. (*Voy.* ce mot.) Le pistolet de Volta est un flacon ordinairement en métal. Vers sa partie inférieure, il reçoit une tige de cuivre terminée à chaque extrémité par une petite boule. L'une d'elles reste à l'extérieur ; l'autre, renfermée dans l'intérieur, est près de la paroi, sans toutefois la toucher. Cette tige, dans la partie où elle perce le vase, est exactement enveloppée d'un tube de verre qui l'isole de la paroi. Si dans ce vase on introduit de l'air atmosphérique, mélangé d'environ un tiers de son volume de gaz hydrogène, ou, mieux, un mélange d'une partie d'oxygène contre deux d'hydrogène, et que, après avoir exactement fermé l'orifice avec un bouchon de liége, on présente la boule extérieure de cuivre à celle d'une bouteille de Leyde chargée, ou bien à un électrophore électrisé, l'étincelle élec-

trique, reproduite entre la boule et la paroi intérieure, détermine une explosion qui fait sauter au loin le bouchon. EM. L.

PISTON (*techn.*). — Organe mécanique remplissant exactement une certaine portion de la capacité d'un tube dans lequel il exécute un mouvement de va-et-vient. Un même tube est partagé par ce moyen en deux capacités indépendantes l'une de l'autre, dont chacune peut alors contenir des fluides de différentes densités et voir varier sa capacité suivant la course du piston. — L'emploi le plus fréquent du piston se rencontre dans les *pompes* (*voy.* ce mot) ; il peut y être entièrement plein ou percé pour donner passage à des tiges ou à des fluides ; dans ce dernier cas, il est garni de soupapes. Construit en métal ou en bois, il est ordinairement revêtu de cuir, de liége ou d'autres substances élastiques, pour lui faire remplir plus exactement la capacité du corps de pompe. Le même but a été atteint par plusieurs constructions différentes : deux d'entre elles sont connues depuis longtemps et s'appliquent à des pistons entièrement métalliques ; elles ont pour effet non-seulement d'obliger le piston à remplir exactement le corps de pompe, qui doit alors être parfaitement alésé, mais encore de conserver cette faculté malgré l'usure des surfaces. — Soit un disque de métal ; nous lui enlevons trois segments égaux, ayant pour cordes les côtés du triangle équilatéral inscrit ; nous détachons ensuite de ce triangle les trois angles dessinés par un cercle qui lui est inscrit. Nous avons alors un disque composé de six parties indépendantes et mobiles sans compter le cercle intérieur, et chacun des segments peut être éloigné du centre en faisant agir chacun des angles contre lesquels il est appuyé ; ceci s'obtient à l'aide de ressorts à boudin appuyés sur le cercle intérieur. Ce disque, placé dans l'intérieur d'un corps de pompe, en remplira toujours le vide, malgré l'usure, même inégale, de sa surface, tant que les ressorts, poussant les coins, agiront sur les segments ; cependant, à mesure que les segments seront éloignés de leur centre, il se manifestera un vide entre eux vers leur point de contact. On remédie à cet inconvénient en composant le piston de deux disques semblables posés l'un sur l'autre, de manière à ce que les parties pleines de l'un couvrent les parties vides de l'autre. Ces deux disques sont placés entre deux rondelles qui en maintiennent toutes les parties et sont fixées à la tige. — L'autre construction consiste à circonscrire à un disque plein un anneau de même épaisseur, en laissant entre eux une partie circulaire vide. L'anneau est découpé en un certain nombre de secteurs égaux, suivant la grandeur de son diamètre, et chacun de ces secteurs est poussé au dehors par un ressort plat, disposé dans le vide qu'on a réservé et appuyé par ses deux extrémités contre le secteur, tandis que sa partie moyenne est fixée au disque central. Deux appareils semblables se posent l'un sur l'autre entre deux rondelles, en ayant soin de contrarier les joints. — L'autre sorte de piston est bien plus simple, moins coûteuse et offre de grands avantages, principalement lorsque la pompe agit sur des eaux chargées de boue et surtout de gravier. Il consiste en un simple cornet de cuir fort, monté sur une carcasse de fer, et dont la pointe est tournée en bas. Lorsque ce cornet est tiré vers le haut, la charge de l'air et de l'eau force le bord à s'appliquer, exactement contre les parois du corps de pompe, et, lorsqu'il est abaissé, ce même bord cède et laisse passage à l'eau et à tous les corps durs qu'elle peut entraîner. Des modèles de cette construction si simple ont figuré à la dernière exposition. — Le piston peut transmettre l'action d'une force initiale extérieure aux fluides contenus dans le corps de pompe, c'est le cas des pompes proprement dites, ou transmettre l'action de la force développée par les fluides contenus dans les tubes où le piston est placé, c'est le cas des machines à vapeur et du tube propulseur des chemins de fer atmosphériques.

PITCAIRNIE, *pitcairnia* (bot.), genre de plantes de la famille des broméliacées, de l'hexandrie-monogynie dans le système de Linné. Les végétaux qui le composent croissent naturellement dans les parties tropicales de l'Amérique; certains d'entre eux sont cultivés comme espèces d'ornement. Leurs feuilles linéaires ou étroites-allongées sont souvent bordées de dents épineuses; leurs fleurs terminent une tige simple sur laquelle elles forment une grappe; chacune d'elles est accompagnée d'une bractée et présente l'organisation suivante : son périanthe, à demi supère, a six divisions profondes, dont les trois extérieures, ou calicinales, sont vertes, lancéolées, carénées, acuminées, droites, soudées entre elles à leur base; dont les in-

térieures, ou corollines, sont colorées, plus longues que les extérieures, rapprochées en tube à leur base, et portent le plus souvent, sur leur côté intérieur, à leur base, des écailles plus ou moins développées; six étamines à anthère sagittée s'attachent sur un anneau périgyne; le pistil se compose d'un ovaire demi-adhérent, à trois loges, surmonté d'un style filiforme que terminent trois stigmates linéaires, contournés en spirale. — Toutes les pitcairnies se cultivent en serre chaude; les plus remarquables et les plus répandues d'entre elles dans les collections d'agrément sont les deux suivantes : PITCAIRNIE A FEUILLES LARGES, *pitcairnia latifolia*, Ait. Cette espèce est originaire des Antilles; elle s'élève à environ 6 décimètres; de sa partie inférieure part une touffe de feuilles linéaires-lancéolées, aiguës, bordées, vers leur base, de dents épineuses; ses fleurs, d'un rouge brillant, sont groupées, au sommet de la tige, au nombre d'environ cinquante, en une grappe d'un brillant effet; les trois divisions intérieures de leur périanthe sont deux fois plus longues que les extérieures. Cette pitcairnie donnant de bonnes graines dans nos serres, on la multiplie soit par semis faits sur une couche chaude couverte d'un châssis, soit par ses rejets. — PITCAIRNIE ÉCLATANTE, *pitcairnia splendens*. Celle-ci a été introduite plus récemment, et sa première floraison en France ne date que de 1835. C'est une très-belle plante, à cause de la multiplicité de ses tiges, longues de 7 ou 8 décimètres, dont chacune se termine par une grappe de fleurs d'un beau rouge. Elle forme une touffe qu'on divise pour la multiplier.

PITCARN (ARCHIBALD), médecin célèbre, naquit à Edimbourg, le 25 décembre 1652. L'ardeur avec laquelle il se livra d'abord aux études de la théologie et de la jurisprudence faillit lui être fatale; et, pour rétablir sa santé gravement menacée, il se vit forcé de faire un voyage à Montpellier. Là une nouvelle vocation se révéla en lui; les sciences physiques et médicales devinrent sa seule étude. Retourné à Edimbourg, il s'appliqua à la botanique, à la pharmacie, et il vint ensuite à Paris pour compléter ses études. Sa réputation de praticien savant était déjà grande en 1692, et les curateurs de l'université de Leyde lui rendirent un éclatant hommage en lui offrant une chaire de médecine; il accepta, et, dès sa première année de professorat, se montra l'un des plus rudes adversaires de la chimiatrie, et en même temps l'un des plus fermes champions de la secte iatro-mathématique. Ses ouvrages continuèrent la lutte que ses leçons avaient commencée. Ce sont 1° *Oratio in qua ostenditur medicinam ab omni philosophandi secta liberam esse*, 1692, in-4 ; 2° *De sanguinis circulatione in animalibus genitis et non genitis*, 1693, in-4. Pitcarn mourut le 20 octobre 1713. Quatre-vingts ans après sa mort, ses œuvres étaient encore assez estimées pour qu'on en publiât successivement deux éditions complètes, l'une à Venise, en 1793, l'autre à Leyde, en 1794, in-4. Dans la onzième leçon de son cours d'histoire des sciences naturelles, Cuvier a jugé le système de Pitcarn. Selon lui, le médecin écossais procède, dans ses traités, à la manière d'Euclide, par théorèmes et par problèmes, sans pourtant mettre de rigueur dans ses résultats. ED. FOURNIER.

PITÉLEMUR (*mamm.*). (*Voy.* LÉMURIENS.)

PITHECIA. (*Voy.* SAKI.)

PITHÈQUE. (*Voy.* ORANG.)

PITHIVIERS (*géogr.*), anciennement *Pluviers*, ville de France et chef-lieu d'arrondissement dans le département du Loiret, située sur la rivière d'*OEuf*, à 40 kil. nord-est d'Orléans, son chef-lieu de préfecture. Tanneries, filatures de laine, commerce de miel, cire et safran. Ses pâtés de mauviettes jouissent d'une grande réputation près des gourmets, de même que ses gâteaux d'amandes ; pop. 4,000 hab. environ. L'arrondissement de Pithiviers comprend cinq cantons : *Beaune, Malesherbes, Outarville, Puiseaux* et *Pithiviers*, divisés en cent trois communes et renfermant 60,600 habitants. Le mathématicien Poisson était de Pithiviers.

PITHON (*hist. anc.*), Parthe de naissance et l'un des généraux d'Alexandre, eut, après la mort de ce prince, le gouvernement de la Médie. Mécontent de Perdiccas qu'il avait accompagné dans son expédition d'Egypte, il se révolta contre ce général et fut l'un des officiers qui le massacrèrent au passage du Nil après la défaite de Memphis (322 ou 320 avant J. C.). Désigné par Olympias comme régent et tuteur du fils d'Alexandre, il se démit peu de temps après en faveur d'Antipater et retourna dans son gouvernement. S'étant joint ensuite à Antigone contre Eumnène, il le trahit et fut,

par son ordre, arrêté et mis à mort (vers 316 avant J. C.). — Un autre Pithon, également l'un des principaux officiers d'Alexandre, eut en partage la *Paropamisade* ; il fut tué dans une bataille où il servait sous les ordres de Démétrius Poliorcète (vers 312).

PITHOU (PIERRE) (*biog.*), célèbre jurisconsulte et magistrat du XVIe siècle. Né à Troyes en 1539, d'un père qui avait puissamment contribué au mouvement de la renaissance, Pierre fut initié dès l'enfance à l'étude des langues et de la jurisprudence, et, adolescent, il se fit remarquer à l'école de Cujas par sa sagacité à résoudre les questions de droit les plus ardues. Reçu avocat, il ne plaida qu'une fois, par timidité disent les uns, par probité disent les autres, et pour n'avoir pas à prostituer sa parole à la défense de mauvaises causes ; mais il donna des consultations qui faisaient autorité. Il avait déjà publié plusieurs ouvrages de jurisprudence lorsque parut l'édit de 1567 contre les protestants. Pierre Pithou professait la religion calviniste, qui était celle de son père ; il fut obligé de quitter Paris, mais il ne suspendit pas ses travaux. Il fit, pour le bailliage de Sedan, une législation qui a été appliquée jusqu'à l'époque de la révolution française ; puis, retiré à Bâle, il entreprit la publication d'une histoire latine d'Allemagne, dont les premiers volumes seuls furent édités. Rentré en France, Pithou continua ses publications d'ouvrages de jurisprudence, d'histoire et de littérature, et se convertit au catholicisme. Son nom était tellement respecté que cette conversion ne lui fut pas reprochée par ses coreligionnaires, dont il ne cessa pas, d'ailleurs, de demeurer l'ami. Pierre Pithou, sans cesser d'être l'ami personnel des principaux membres de la Ligue, les combattit par l'arme du ridicule dans cette fameuse *Satire Ménippée* qui, comme on l'a dit, fit plus, pour le Navarrais, que le gain de vingt batailles. Ses sarcasmes tombaient surtout sur ce parti, qui voulait appeler un prince d'Espagne au trône de la France, et ce fut lui qui détermina le parlement à cet acte qui excluait du trône tout prince étranger. — On voit ainsi Pierre Pithou prendre une position élevée aux époques de troubles et retourner à ses fonctions d'avocat, le danger passé ; son occupation favorite alors était de fouiller dans la curieuse bibliothèque de son père et de donner des éditions des grands écrivains de tous les siècles. C'est ainsi qu'il entreprit à la fois une collection des Pères de l'Eglise, qu'il publie un Pétrone, et déterre, en les ornant de commentaires, des documents sur le droit et l'histoire de toutes les nations, écrit des traités théologiques, des traités de jurisprudence et des traités historiques. Une de ses dernières publications fut celle d'un manuscrit de Phèdre, dont l'authenticité fut si longtemps contestée (*voy.* PHÈDRE). Après une belle vie, consacrée tout entière à l'étude et à la recherche du bien en pratique aussi bien qu'en théorie, Pierre Pithou mourut, en 1596, à Nogent, où il s'était retiré. Sa vie a été écrite par Grosley, 2 vol. in-12.   J. FLEURY.

PITIÉ (*morale*), sentiment naturel, involontaire, qui fait que nous souffrons pour ainsi dire du mal d'autrui, quand ce mal frappe nos regards ou qu'il se représente vivement à notre imagination. Tout le monde l'a éprouvé. Il se passe en nous, à la vue du sang qui coule, par exemple, quelque chose de douloureux : le cœur se trouble, la nature crie ; on a besoin de soulager le blessé. Helvétius, je crois, et *si ce n'est lui, c'est son frère*, c'est-à-dire quelque moraliste de la même étoffe, Helvétius prétend qu'il faut voir là un mouvement d'égoïsme, que cet attendrissement qui nous saisit en pareille occasion prend sa source dans un retour qu'on ferait sur soi-même, et que le secours qu'on donne ensuite n'est qu'un placement usuraire. Ainsi l'on voit un homme qui se noie : ce fait, suivant le philosophe, nous est en soi parfaitement indifférent ; mais voilà l'imagination, cette folle, qui s'en empare ; on se figure qu'on est à la place de cet homme qui se débat contre la mort ; alors, et bien qu'on soit sur le rivage et à l'abri de tout danger, on tressaille, on est ému ; non de la triste réalité qu'on a sous les yeux, mais de la chimérique supposition qu'on a faite ; on se voit mourant, et l'on se pleure d'avance. Volontiers on appellerait à son secours le pauvre diable qu'on laisse lutter tout seul contre les flots ; mais l'illusion ne va pas jusque-là. Ordinairement la raison reprend le dessus ; alors on se dit : Si je ne suis pas en ce moment à la place de cet homme, j'y serai peut-être demain. Il faut lui tendre une perche ; ce sera d'un bon exemple : quelqu'un peut-être se jettera à l'eau pour moi. — Voilà, suivant Helvétius et la plupart des matérialistes, le fondement de la pitié. Quand cela serait vrai, ce serait encore un fait étrange, et

l'imagination remplirait, dans cette hypothèse, un rôle qui, tout ridicule qu'il soit, attesterait la prévoyance du Créateur ; mais cela n'est pas : le ridicule revient au philosophe. La pitié est un mouvement spontané et qui précède toute réflexion, tout calcul, tout jeu d'esprit ; qui nous arrache même et violemment à la réflexion, aux préoccupations personnelles et aux illusions les plus douces. Il s'en faut tellement qu'elle procède d'un retour de l'âme sur elle-même, que c'est ordinairement ce retour qui tue en nous la pitié. La réflexion lui est plus contraire qu'utile ; l'imagination même ne sert qu'à nous distraire des impressions que la pitié nous cause. Le premier mouvement, lorsqu'on voit souffrir, c'est de souffrir, mouvement instinctif et, à sa naissance, irrésistible. C'est bien au dedans de soi-même que l'on souffre ; mais ce n'est point soi que l'on considère, et cependant il semble alors qu'on n'ait qu'une âme avec l'infortuné qu'on voudrait soulager, qu'on pâtisse et qu'on saigne avec lui, qu'on sente dans tout son corps le contre-coup de ses douleurs, qu'on ait mal à l'endroit où il a mal ; mais cette illusion, si c'en est une, n'est pas du même genre que celle dont parle Helvétius ; elle ne provient pas, du moins, d'une abstraction ; elle ne sépare point celui qui souffre réellement de celui qui ne souffre qu'en peinture, pour accorder ensuite à la peinture ce qu'on refuse à la réalité : au contraire, elle unit et identifie celui qui ne souffre pas à celui qui souffre, de telle sorte que, pour un moment, ils ne font qu'un. Ce n'est pas là, j'espère, de l'égoïsme ; j'y verrais plutôt une marque de la parenté charnelle qui unit entre eux tous les hommes. La pitié serait un lien qui nous rappellerait la communauté de notre origine et la solidarité de nos misères. Dans la joie, l'homme est plus égoïste. Le plaisir n'est pas contagieux ; souvent même il irrite ceux qui ne le partagent point, et l'on a besoin de la réflexion pour tempérer la tristesse qu'il nous inspire : mais, dans la souffrance, l'homme se reconnaît ; c'est presque son état naturel. Le cœur fraternel s'émeut ; on se sent porté à soulager le membre souffrant de la grande famille, et, bien qu'on se soulage réellement soi-même en agissant ainsi, il n'y a là, je le répète, rien qui tienne de l'égoïsme : on appelle ainsi ce qui divise, non ce qui unit les hommes. — La pitié est donc un sentiment noble, grand, élevé ; mais, comme tous les sentiments naturels, il est imparfait : c'est un rayon de l'amour divin, rayon obscurci par la chute et qui ne brille plus que sur nos misères, moins pour les guérir que pour nous les montrer. Le mal ôté d'ici-bas, la pitié s'appellerait *amour;* au contraire, dans notre condition mortelle, tout amour pur qui a l'homme pour objet n'est jamais sans mélange de pitié, n'étant jamais sans mélange de douleur ni de crainte pour l'objet aimé. — Je dis que c'est un sentiment imparfait ; je dis, de plus, que c'est même ici-bas un sentiment insuffisant. Dans le fait, j'ai beau consulter mes souvenirs, et, pour aider ma mémoire paresseuse, j'ai beau feuilleter Chompré, je ne vois pas que les anciens aient élevé nulle part un autel à la pitié. Si l'on m'en citait quelques exemples, cela prouverait qu'il y a au monde des gens bien savants. Mais que la pitié eût ou n'eût pas quelque autel dans quelque coin ignoré du globe, il n'en est pas moins vrai qu'elle n'inspira, ni à l'Egypte, ni à la Grèce, ni à Rome, aucune de ces institutions de bienfaisance dont le christianisme a couvert le monde. C'est que, par sa nature, la pitié n'est ni prévoyante, ni, s'il faut tout dire, très-clairvoyante ; elle s'éveille au contact du mal présent et qui lui crève les yeux, et ne voit rien à côté, ni au delà, si ce n'est quand on l'excite par quelque tableau ou quelque récit pathétique : elle a besoin de cet aiguillon pour agir. Hors de là, elle est sourde, elle est muette, elle est aveugle, elle dort ; elle ne va point au-devant de la douleur, si ce n'est des douleurs fictives qui se lamentent au théâtre ; en un mot, c'est un instinct plutôt qu'un sentiment éclairé. Vienne la réflexion, au lieu de réchauffer, d'entretenir, de féconder ce noble instinct, elle l'étouffe. — Après tout, se dit-on, ce n'c'' pas de moi qu'il s'agit, ni d'un des miens ; que le pauvre diable s'arrange ! — Ainsi parle la réflexion ; ainsi naît l'égoïsme. Ordinairement la pitié l'emporte ; mais on se hâte de poser le premier appareil sur la blessure ; on cache le mal dont la vue offense et l'on s'éloigne. Se sent-on incapable de secourir, on ferme les yeux, on détourne la tête et l'on court aux distractions. — Voilà la pitié et ses effets. Si le monde en était encore réduit à cela, la société actuelle verrait beau jeu. Heureusement le christianisme nous a donné la charité, qui est le complément, le guide, la lumière de la pitié, qui est à la pitié ce que la grâce est à la nature, ce que Jésus-Christ est à Adam. A. CALLET.

PITON (*accept. div.*). — En technologie, un piton est une tige métallique terminée en anneau ; cette tige est pointue comme un clou, filetée en vis ou aplatie en patte suivant qu'on veut la fixer à demeure ou momentanément, ou la sceller. L'anneau a pour but de supporter ou d'arrêter passagèrement les objets qu'on y ajuste : c'est ainsi que les tringles des rideaux reposent, par leurs extrémités, dans des pitons, que les cadenas ferment les meubles ou les portes à l'aide des pitons dont on ne peut plus les détacher sans la clef. — En géographie, on appelle *pitons* certaines montagnes dans les colonies.

PITT (WILLIAM), connu plus tard sous le nom de lord Chatam, fut l'un des plus grands ministres d'Angleterre. Né, le 15 novembre 1708, à Westminster, sur la paroisse de Saint-James, il était d'une famille alliée aux familles aristocratiques de Villiers et de Ridgway : son grand-père, Thomas Pitt, avait été gouverneur de la Jamaïque. Le jeune Pitt, débile et maladif dans sa première jeunesse, commença son éducation à Eton, ce collége d'où sont sortis tant d'hommes remarquables en Angleterre ; de là il passa à Oxford, où il continua à se faire distinguer par ses études et ses succès. En quittant Oxford, Pitt visita le continent ; de retour en Angleterre, n'ayant pour patrimoine qu'un médiocre revenu de 100 livres sterling, le futur lord Chatam se vit réduit à solliciter le grade de cornette dans le *régiment des Bleus.* Heureusement pour lui, les Syttleton et les Cobham étaient alliés à sa famille : par leur influence, il fut envoyé au parlement comme représentant du bourg pourri d'Old-Sarum.

William Pitt entra au parlement lorsque Walpole était à la tête des affaires. Le ministre était encore tout-puissant ; mais les jours de sa chute n'étaient pas éloignés, et nul ne se doutait que l'élu d'Old-Sarum en serait le principal instrument. Pitt passa une année entière à la chambre des communes, observant le jeu des institutions, les mouvements des partis, étudiant le terrain. En 1736, il parla pour la première fois, à propos du mariage du prince de Galles avec la princesse de Saxe-Gotha. Ce premier discours révélait l'orateur et fit impression. Cette première manifestation parlementaire de Pitt était favorable au ministère, ou plutôt était une déclaration de principes en faveur de la branche protestante; mais, dans tous ses votes, il ne tarda pas à prendre parti contre le ministère. Walpole, irrité, le destitua et, par cette mesure violente, jeta Pitt dans l'opposition.

L'Angleterre se trouvait alors en présence de l'Espagne. Orgueilleuse de sa puissance, forte de l'alliance de la France, l'Espagne se plut à humilier le pavillon anglais. Walpole, qui répugnait à la guerre, ne sut pas repousser ces insultes; un cri général s'éleva de toute l'Angleterre; Walpole négocia avec l'Espagne et conclut avec elle, en 1738, des conventions de paix. Ces conventions, soumises au parlement, furent vivement attaquées par Pitt; le ministre l'emporta, mais sa victoire fut une défaite. Le jeune orateur avait établi son influence sur la chambre, et Walpole, accusé une première fois sans succès devant le parlement, se vit contraint de sortir du pouvoir en présence du résultat des élections de 1741.

Pendant les diverses administrations qui succédèrent à Walpole, Pitt resta dans l'opposition; lord Carteret lui offrit en vain un emploi; le duc de Newcastle fut plus heureux. Pitt accepta les places de vice-trésorier, de conseiller privé, de payeur général des troupes, mais n'hésita pas à les résigner sur un dissentiment qui s'éleva entre le ministre et lui.

En 1756, après la retraite du duc de Newcastle, Pitt entra au ministère en qualité de principal secrétaire d'Etat. Le roi d'Angleterre était en même temps électeur de Hanovre : inquiet sur la possession de ses Etats allemands, il voulut entrer dans la confédération des princes germaniques et prendre part à la guerre. Cette guerre était contraire aux intérêts de l'Angleterre, Pitt refusa et se retira. Georges II prit des ministres plus complaisants; mais six mois ne s'étaient pas écoulés que Pitt rentrait aux affaires, imposé à la couronne par l'opinion publique : Pitt gouverna cinq ans. Sous son administration, l'Angleterre fut partout victorieuse, le commerce florissant, les finances prospères; les colonies s'accrurent du cap Breton, de Gorée, du Sénégal; la France, dont il avait fait en quelque sorte son ennemie personnelle, fut abaissée en Europe et ruinée dans l'Inde; mais Georges II mourut, et l'opposition, jusque-là réduite au silence, reprit courage. Quand le pacte de famille fut signé, Pitt voulut immédiatement déclarer la guerre à l'Es-

pagne; ses collègues furent d'avis contraire, et, le 5 octobre 1761, Pitt donna sa démission et rentra dans la vie privée, reparaissant seulement de temps en temps dans le parlement, quand il y avait quelque liberté ou quelque intérêt à défendre. Dans la lutte entre l'Angleterre et ses colonies de l'Amérique du Nord, William Pitt défendit les libertés des colonies, tout en maintenant les droits de la métropole. En 1766, les affaires se compliquant, Georges III le chargea de composer un nouveau cabinet; il s'en défendit longtemps; sa santé devenait de plus en plus mauvaise; enfin il céda, mais ne garda pour lui que le poste de garde des sceaux. En 1768, ses souffrances croissantes, son opposition aux mesures prises à l'égard de l'Amérique l'éloignèrent définitivement du ministère. Ce fut alors qu'il prit place à la chambre des pairs. Quand le ministère Worth, vaincu par ses fautes et la nécessité, vint proposer au parlement de reconnaître l'indépendance de l'Amérique, le vieux Chatam reparut à la chambre, appuyé sur ses deux fils, et combattit la mesure avec une éloquence qui n'a jamais été surpassée. Excité par une interpellation du duc de Richemond, il essaya de se lever une dernière fois, mais il retomba évanoui et mourut un mois après, le 11 mai 1778, comme s'il ne voulait pas survivre au coup porté à la puissance anglaise par l'émancipation de l'Amérique.

William Pitt, entre tous les ministres de l'Angleterre, se distingue par un caractère particulier. Le premier il a osé opposer son influence à l'influence royale; il a fait plus, il a su triompher et contraindre Georges II à céder. Cette puissance, qu'il puisait dans l'opinion, ne lui fut jamais pardonnée par le roi, dont il contrariait les projets favoris; mais la faveur populaire le dédommageait des hostilités de la cour.

Le parlement n'opposait pas de résistance; Pitt s'en était rendu maître par la parole; son éloquence n'a rien de sonore et d'emphatique; ses discours sont graves, serrés précis, convenables à l'homme d'Etat; leur mérite est spécial et tient à une connaissance approfondie des intérêts de l'Europe, à une minutieuse exactitude de détails statistiques. Comme tous les hommes forts, Pitt rechercha l'isolement, dédaigna les coteries, les louanges des partisans; il a imposé ses idées. Membre de l'opposition, il a battu le ministère en brèche, mais sans subir aucune loi; ministre, il a dirigé l'Etat par l'activité, par la pénétration, par l'habileté, par la fermeté, par l'éloquence; c'est ce qui le distingue de la plupart des hommes d'Etat. Il n'a point formé son armée, enrégimenté ses troupes; il a marché, on l'a suivi.

PITT (WILLIAM), second fils de *lord Chatam*, est né à Hayes, dans le comté de Kent, le 28 mai 1759; son éducation fut forte et sévère. Le jeune Pitt, en dehors du cercle universitaire, s'était adonné aux mathématiques; il étudia même les lois. Reçu avocat en juin 1780, il plaida avec succès quelques causes; déjà son instinct politique le poussait aux affaires, et il consacrait une grande partie de son temps à suivre les débats parlementaires. Lors des élections générales de 1780, Pitt, qui avait perdu son père depuis deux ans et n'était alors âgé que de 21 ans, se présenta à Cambridge; il y échoua, mais fut nommé par le bourg d'Appleby, grâce au patronage de lord Lowther, et alla siéger dans les rangs de l'opposition. Pitt fit son *maiden speech* le 26 février 1781, à propos d'une motion de Burke, ayant pour objet de restreindre l'influence de la couronne. Du premier coup, il se plaça parmi les orateurs les plus éloquents. Barke et Fox reconnurent un rival dans ce jeune homme, qui ne comptait pas encore 22 ans. Pitt n'eut en quelque sorte qu'à se montrer pour établir son influence. A la chute du ministère North, la place de vice-trésorier d'Irlande, jadis occupée par son père, lui fut offerte; mais il refusa. — Pitt occupait au parlement une position trop élevée pour rester longtemps éloigné du ministère. Le 1er juillet 1782, il y entra en qualité de chancelier de l'échiquier; son apprentissage fut laborieux. Fox et Cavendish, qui venaient d'abandonner l'administration, faisaient au cabinet une opposition formidable; Pitt ne s'effraya pas et, nonobstant la retraite du chef du ministère, lutta seul près de deux mois. Enfin, le 31 mars 1783, neuf mois après son entrée dans l'administration, il résigna son portefeuille et partit pour un court voyage en France; il revint bientôt, attendant l'occasion de rentrer aux affaires. Fox la lui fournit en présentant son bill sur le gouvernement de l'Inde; ce bill transportait au parlement un des plus puissants moyens d'action de la couronne. Pitt s'empara de la question et, en attaquant le ministère, eut l'art de paraître défendre la prérogative royale. Le roi renvoya ses ministres, et, le 18 décembre 1783, Pitt, âgé de 24 ans, fut nommé premier lord de la trésorerie, chancelier de l'échiquier, et chargé de former un nouveau cabinet. — C'était chose difficile. Pitt voyait armés contre lui tous les orateurs du parlement; en trois mois, il subit jusqu'à quatorze votes défavorables. Une telle situation ne pouvait se prolonger. Pitt étudia sa position, pesa ses chances, et eut raison de ses adversaires en prononçant la dissolution du parlement. — Voyant son existence assurée, il se consacra alors au gouvernement de son pays; il releva le commerce, abaissa certaines taxes pour décourager la contrebande, et s'occupa activement des finances. L'établissement d'une caisse d'amortissement de la dette et la substitution du papier dans les payements de la banque sont dus à son initiative. Un bill sur le gouvernement de l'Inde, rejeté d'abord, fut ensuite adopté en 1784, avec des amendements introduits par Burke et par Fox. Les élections de Westminster, les affaires d'Irlande, les procès d'Hastings, les débats sur la proposition de révoquer la loi du test, c'est-à-dire de rendre les droits civiques aux catholiques et aux dissidents, remplirent les années 1785 à 1787. Pitt conclut, en outre, un traité de commerce avantageux avec la France, et forma avec la Hollande, en 1788, une alliance dirigée contre la cour de Versailles. — Cette même année 1788, le pouvoir sembla sur le point de lui échapper. Georges III fut frappé d'aliénation mentale. Fox et l'opposition, liés avec le prince de Galles, cherchèrent à faire prévaloir le droit de l'héritier présomptif à la régence. Pitt fit voter par les communes un bill qui réservait, au contraire, le libre choix du parlement, et le rétablissement du roi empêcha seul que ce bill ne fût consacré par la chambre haute. — Quand la révolution française éclata, elle trouva en Pitt, dès son début, un irréconciliable ennemi. Toutefois ce ne fut qu'après la mort de Louis XVI que le ministre anglais rappela son ambassadeur et commença les hostilités; depuis ce moment jusqu'à l'heure de sa mort, sa haine, toujours en éveil, s'attache à triompher de la France. De 1793 à 1800, il noue trois coalitions contre elle et épuise son pays pour soutenir la lutte; il suspend l'*habeas-corpus*, palladium de la liberté anglaise, proclame l'*alien-bill* et la loi martiale, négocie deux emprunts et crée l'*income-tax*.

La destinée de la France l'emporta, et l'Angleterre haletante se vit contrainte à la paix d'Amiens (27 mars 1802); Pitt, tout en reconnaissant la nécessité de cette paix, ne voulut pas la signer; il se retira et remit le pouvoir au ministère Addington.—Ce n'était qu'une trève; les difficultés renaissant entre les deux pays, la paix ne tarda pas à être rompue : le camp de Boulogne menaçait l'Angleterre d'un immense péril.

Pitt reprend le pouvoir, forme contre la France une quatrième coalition et, en créant une diversion en Allemagne, détourne sur l'Europe le danger qui planait sur sa patrie. La campagne d'Austerlitz renversa ses espérances et fut pour lui le dernier coup. Déçu dans son attente et doutant de l'avenir, William Pitt mourut le 23 janvier 1806, à l'âge de 47 ans, dans sa maison de campagne de Putney. Ce grand homme était sans fortune. L'Angleterre reconnaissante paya ses dettes et lui vota un tombeau à Westminster.—Pitt est le grand ouvrier de la politique anglaise à la fin du XVIIIᵉ siècle; il représente à lui seul toute la force de résistance opposée au mouvement de la révolution française.

Pas de nom plus difficile à déchiffrer parmi les noms contemporains. Né dans la roture, homme du pouvoir, ministre à 22 ans, sans ambition de richesse, car il mourut pauvre; d'une activité rivale de celle de Bonaparte et de Mirabeau; d'une patience qui lassait les plus obstinés; doué de la faconde de d'Aguesseau, du froid sarcasme de Junius et de l'opiniâtreté de Robespierre; subtil comme Mazarin, et ne se faisant pas bannir comme lui; ambitieux comme Richelieu, mais aimé du roi, — sa destinée ne peut se séparer de celle de l'Europe, et tous ses actes portent coup.

William Pitt était un homme peu remarquable par la figure; mince et svelte, au front proéminent, à l'œil clair et limpide, aux traits aiguisés, à la physionomie d'acier, exprimant le dédain, le calcul et la persévérance. Son sang-froid et son habileté avaient forgé l'éloquence propre à son combat; une éloquence polie, solide, brillante et impénétrable. Sans essayer d'émouvoir, il affectait la simplicité, faisait parler l'utilité, invoquait l'intérêt, dissipait les doutes, réfutait les faits, présentait les preuves, et, lorsqu'il avait enfin ramené les esprits dans la sphère de la logique pure, bien au delà des passions

irritées, alors il saisissait ses flèches les plus aiguës, appelait à son aide la dialectique pressante, enlaçait l'ennemi, le terrassait, raillait, détruisait, s'armait de dédain, de fureur, de sarcasme, devenait à son tour impétueux et inexorable, et réduisait ses adversaires à l'impuissance. — Pitt arriva au pouvoir par la prudence, l'expérience, l'exactitude, le courage d'attendre, le génie du silence, l'inflexibilité des desseins, l'art de les préparer, le talent de les cacher, le dédain des hommes et la force de les conduire; il gouverna en s'isolant; sa finesse sut sacrifier aux vanités, pactiser avec les intérêts. Pitt n'éveilla ni haines, ni dévouements; les animosités qui s'envenimèrent contre lui s'adressèrent à l'homme politique, jamais à l'homme. On l'a fort peu aimé, et il a gouverné pendant trente ans. Homme d'Etat avant tout, il disposait des choses et agissait sur les hommes. Pitt était de la race des Richelieu et des Cromwell, de ces hommes qui comprennent les faits et s'y soumettent, les devinent et les pétrissent, et se font esclaves du destin pour le dominer. **PH. CH.**

PITTACUS (*biogr.*), né à Mitylène, dans l'île de Lesbos, s'unit aux frères d'Alcée pour délivrer son pays de la tyrannie. Etant à la tête des Lesbiens dans la guerre contre la république d'Athènes, il proposa au général ennemi Phrynicus de la terminer par un combat singulier. L'offre ayant été acceptée, Pittacus enveloppa son adversaire d'un filet caché sous son bouclier et le tua. La Troade tomba en son pouvoir et ne fut reprise par les Athéniens que pendant la guerre du Péloponèse. — A la suite de cette campagne, Pittacus fut nommé roi de Mitylène; après dix ans d'un règne paisible, il rentra volontairement dans la classe des simples citoyens, et mourut dix autres années après son abdication, à l'âge de 70 ans. Rangé parmi les sept sages de la Grèce, Pittacus avait cultivé la poésie et l'éloquence, et composé des élégies et des discours. On rapporte de lui des maximes qui révèlent ses droits au titre de sage. « La prudence, disait-il, sert à prévenir le mal, mais, une fois advenu, le courage doit le faire supporter; dans la prospérité il faut acquérir des amis et les éprouver dans l'adversité. » L'auteur du recueil intitulé, *Septem sapientium dicta*, Paris, Morel, 1551-53, in-8°, en relate une foule de ce genre. On peut encore consulter le *Ludus septem sapientium* d'Ausone et le

Banquet des sept sages de Plutarque. — Une médaille de Pittacus nous est parvenue ; elle a été gravée dans l'*Iconographie grecque* de Visconti.   **P. V.**

PITTORESQUE (*beaux-arts*). — Le plus sûr moyen de s'assurer des modifications bonnes ou mauvaises qu'ont subies les idées est de recourir à l'histoire des mots au moyen desquels on les a successivement formulées. *Pittoresque* est un adjectif d'origine italienne qui, nous en sommes certain, ne figure pas dans le dictionnaire de la Crusca, ce qui prouve que cette expression ne remonte pas plus haut qu'à la moitié du XVIe siècle, et l'on ne s'en est servi que vers le commencement du XVIIe, lorsque les successeurs des Carrache, ayant donné des recettes pour toutes les parties de la peinture, firent du *pittoresque* une qualité, un attribut à part. Depuis ce temps, ce mot, à force d'avoir été employé sans réflexion, en est arrivé à l'état de substantif, et l'on dit communément aujourd'hui, quoiqu'à tort, le *pittoresque*, le *genre pittoresque*. — Pris adjectivement comme il doit l'être, *pittoresque* s'entend de tout ce qui prête à faire une peinture bien caractérisée, et qui frappe et charme tout à la fois les yeux et l'esprit. — Devenu substantif, *pittoresque* exprime d'une manière abstraite la qualité que je viens d'indiquer, et ce mot, après avoir été employé dans cette acception par les peintres, a fini par être adopté par les écrivains, en sorte que, depuis trente ou quarante ans, on dit d'un livre ou d'une œuvre poétique qu'ils sont pittoresques ou qu'ils ont du pittoresque, comme on le dit d'un pays, d'un site, d'une physionomie, d'un habillement ou d'un tableau. — Cette expression n'est pas absolument fautive, puisqu'elle indique, en effet, une qualité précise ; mais l'abus que l'on en fait usuellement la rend souvent telle, parce que, en l'appliquant aux œuvres d'art et de littérature elles-mêmes, au lieu de ne l'employer qu'à l'égard des objets que ces arts peignent ou décrivent, on transforme en principe, en cause première ce qui n'est réellement qu'un résultat. — En peinture, le *pittoresque* naît d'un choix de lignes et de couleurs, de masses de lumière et d'ombre, et d'attitudes et d'expressions dont les contrastes habilement présentés frappent assez vivement les yeux et l'imagination du spectateur pour lui faciliter et lui rendre agréable la compréhension d'un sujet. Mais, pour que le *pittoresque* produit par ces op-

positions ne blesse pas le goût, il faut qu'il découle du sujet même, sans affectation, sans exagération, et surtout que l'on n'y sente pas la recherche expresse de cette qualité par l'artiste. — Mais, lorsqu'un peintre, quel que soit le mode du sujet qu'il doit traiter, se dit d'avance qu'il fera une composition *pittoresque* ou dans le *genre pittoresque*, il entre dans une voie fausse, car du moyen il fait la fin et sacrifie volontairement l'idée de son sujet au développement abusif des qualités matérielles de son art. — Ce que l'on appelle plus particulièrement, depuis un demi-siècle, le *pittoresque* est ce qui résulte, en peinture, de l'opposition exagérée des lignes et du contraste brusque de la lumière et des ombres. Ce système mis en pratique et préconisé depuis Michel-Ange le Caravage et Salvator Rosa ; que l'école espagnole a adopté et qui fut si aveuglément suivi par les élèves de l'école de le Brun en France ; cet art matérialisé par les Jouvenet et les Restout, qui réduisaient l'excellence de toute composition à la solution du double problème d'enfermer des groupes dans des pyramides et de ne distribuer de la lumière que sur un tiers de la superficie de ces groupes ; ce travail *pittoresque*, dis-je, rabaissé à l'état de fausse science et de procédés grossièrement pratiques, date du commencement du XVIIe siècle, et fut entièrement inconnu aux grands maîtres italiens et allemands qui ont précédé cette époque. Et en effet, si l'on remonte jusqu'à Masaccio pour revenir à Léonard de Vinci, à Raphaël et à André del Sarto, jusqu'à Michel-Ange Buonarotti, la prétention au *pittoresque* n'apparaît même pas dans leurs tableaux. Bien plus, on la chercherait en vain dans les productions des grands coloristes de cette époque, tels que Giorgion et le Titien, et, en allant plus avant, on ne la découvre même pas encore dans les tableaux de Rubens, quoique les compositions de cet homme soient si pittoresques, selon la véritable acception de ce mot. — Prétendre faire du *pittoresque* une qualité particulière et abstraite comme du dessin et du coloris est donc une idée fausse. — On peut dire avec raison d'une physionomie, d'une attitude, d'un vêtement ou d'un site, qu'ils sont *pittoresques*, lorsque, en effet, leur beauté ou leur caractère bien prononcés les rendent dignes ou, du moins, heureusement susceptibles d'être représentés en peinture, et alors le mérite de l'artiste consiste en grande partie dans le choix plus ou moins heureux qu'il fera des objets propres à être reproduits sur la toile; car personne n'ignore aujourd'hui que tel objet naturel dont la vue nous cause une espèce de ravissement ne produit souvent qu'un très-médiocre effet lorsqu'il est représenté même fidèlement, tandis que, au contraire, telle tête ou tel paysage, qui, en réalité, nous laissaient inattentifs, froids, prennent parfois un caractère éclatant, fort ou gracieux, lorsqu'ils ont été soumis aux lois les plus simples de l'imitation pittoresque. — Ces observations, qui ont pour objet le choix des formes visibles, peuvent s'appliquer également à celui des couleurs, et ce n'est pas une raison de ce qu'un assortiment d'étoffes variées de tons plaît à la vue dans une promenade ou un salon, pour que l'œil soit également flatté en retrouvant cette combinaison reproduite dans un tableau. Il y a pour le choix des couleurs et leur rapprochement une coquetterie *pittoresque* qui ne s'accorde pas avec celle du monde et dont un peintre a toujours tort de s'écarter. — On voit donc que rien n'est absolument *pittoresque*, et que, comme je l'ai dit en commençant, ce mot ne peut que causer du trouble dans les idées lorsqu'on le prend comme substantif. — Dans ces derniers temps, on a singulièrement tiraillé les mots sous prétexte d'en étendre le sens et d'exprimer des idées nouvelles. On a même usé de ce droit d'une manière si fantasque que l'on en est venu à appliquer, par transposition, les mots techniques d'un art à un autre. Partant du rapprochement qu'Horace a fait de la poésie et de la peinture, on a dit d'abord d'un poëme ou de quelques-unes de de ses parties que c'était un *tableau;* puis d'un tableau que c'était un *poëme.* Enfin, peu à peu, on prit le parti d'écrire qu'un édifice, une église, un palais sont des *poëmes;* que tel écrivain est *dessinateur* ou *coloriste;* que tel autre *cisèle* sa prose ou ses vers à la manière de Benvenuto Cellini, et que tout écrivain qui peint avec fidélité les mœurs observe la *couleur locale.* — Il en est des mots trop fréquemment employés comme des galets qui ont roulé longtemps dans la mer; les uns perdent leur véritable sens, les autres leur forme première, et nous craignons bien que ce croisement, cette confusion des langages ne fassent faire aucun progrès à l'art de la peinture, à la langue française et même à la critique. On en est arrivé, de nos jours, à désigner par le mot *pittoresque* tout ce qui pa-

raît nouveau, singulier, original ou bizarre, en un mot ce qui est imprévu. L'extension vague donnée à cette expression, dont le sens est, au contraire, très-net et assez restreint, ne peut donc manquer de jeter de la confusion et, par suite, de l'obscurité dans les idées : aussi sommes-nous persuadé que les écrivains qui s'occupent de la critique des arts feront bien de lui conserver sa signification primitive et de la dépouiller de sa dignité de substantif. — Quoi qu'il en soit, la librairie industrielle de nos jours a usé de ce mot d'une manière si persistante, que la langue commerciale lui a fait prendre une large place dans la langue familière : le *Magasin pittoresque*, la *Médecine pittoresque*. — Et une foule de publications *illustrées*, c'est-à-dire surchargées de gravures ou de lithographies à chaque page, ont, en effet, donné naissance à une foule de livres et même à des journaux beaucoup plus *pittoresques* que *littéraires*. Le besoin de distinguer ce genre de livres, pour lesquels on a montré une passion folle depuis quelques années, de ceux qui sont purement littéraires, leur a fait donner le surnom de *pittoresques*, et, par suite des habitudes de marchands qui estropient les mots et les phrases pour les abréger et gagner du temps, on dit aujourd'hui dans le monde comme dans le commerce : le *pittoresque*, faire le *pittoresque*, publier le *pittoresque*. Tel est le point extrême et extrêmement ridicule jusqu'où a été étendue l'acception de ce mot si net, si simple et si raisonnable à son origine. DELÉCLUZE.

PITTOSPORE, *pittosporum* (*bot.*), genre de plantes qui donne son nom à la famille des pittosporées, de la pentandrie-monogynie, dans le système de Linné. Les végétaux qui le forment sont de petits arbres et des arbrisseaux qui croissent naturellement aux îles Canaries, au cap de Bonne-Espérance, à l'île Bourbon et à l'île de France, surtout à la Nouvelle-Hollande, la Nouvelle-Zélande et dans les Indes, dont quelques-uns sont aujourd'hui assez répandus dans nos jardins. Leurs caractères consistent dans un calice à cinq divisions; une corolle à cinq pétales, rapprochés ou même soudés en tube inférieurement, étalés ou réfléchis dans leur portion supérieure; cinq étamines incluses; un ovaire incomplètement divisé en deux, trois ou cinq loges, auquel succède une capsule anguleuse ou un peu comprimée, à parois épaisses, coriaces, qui s'ouvre, à sa maturité, par deux à cinq valves portant, sur. leur ligne médiane, une demi-cloison au bord de laquelle sont fixées des graines nombreuses, résineuses-visqueuses. — Parmi les cinq espèces de pittospores aujourd'hui cultivées dans nos jardins, les plus répandues sont les deux suivantes : 1° le PITTOSPORE ONDULÉ, *pittosporum undulatum*, And., joli arbuste des Canaries, qui s'élève à environ 2 mètres, dont les feuilles, verticillées et alternes, persistantes, sont ovales-lancéolées, aiguës, luisantes, ondulées sur leurs bords, et exhalent une odeur aromatique, lorsqu'on les froisse ; ses fleurs, portées par trois sur des pédoncules ternés eux-mêmes, blanches, odorantes, se développent au printemps. On le multiplie de graines : c'est sur lui qu'on greffe d'ordinaire les autres espèces du genre pour les multiplier. — 2° Le PITTOSPORE CORIACE, *pittosporum coriaceum*, Ait., originaire de Madère, à peu près de même hauteur que le précédent, à rameaux verticillés, à feuilles persistantes, obovales, obtuses, coriaces; ses fleurs, blanches, odorantes, se montrent au mois de mai. Cet arbrisseau est plus recherché pour son joli feuillage, toujours d'un beau vert lustré, que pour ses fleurs : sa culture est, au reste, peu difficile, et il se montre assez peu sensible au froid. — Enfin une troisième espèce assez répandue est le PITTOSPORE TOBIRA, originaire de Chine, dont on possède une variété à feuilles panachées.

PITTOSPORÉES, *pittosporeæ* (bot.). — Famille de plantes établies par M. Rob. Brown pour des genres qui rentraient auparavant parmi les rhamnées d'A. L. de Jussieu. Elle se compose d'arbres et d'arbrisseaux les uns droits, les autres grimpants, à feuilles alternes, pétiolées, simples, presque coriaces, dépourvues de stipules. Leurs fleurs sont complètes, régulières, axillaires ou terminales, disposées de manières diverses; elles présentent les caractères suivants : calice libre, à cinq sépales tombants; corolle à cinq pétales dressés ou rarement étalés, tombants; cinq étamines insérées sur le réceptacle comme les pétales avec lesquels elles alternent, à anthères introrses, biloculaires; pistil unique, à ovaire libre, formé de cinq carpelles qui portent autant de demi-cloisons sur leur ligne médiane, présentant quelquefois deux cloisons complètes : cet ovaire est surmonté d'un style que termine un seul stigmate obtus ou presque en tête, échancré

ou presque bilobé, rarement bifide. Le fruit qui succède à ces fleurs est tantôt une capsule membraneuse, coriace ou presque ligneuse, ayant de deux à cinq valves, tantôt une baie sèche ou charnue, indéhiscente; il renferme des graines en nombre variable, le plus souvent entourées d'un liquide résineux aromatique, qui parfois les colle l'une contre l'autre, dont l'embryon très-petit, à cotylédons à peine distincts, est situé près du hile et dans un albumen abondant, charnu et dur. — Les pittosporées abondent dans les parties de la Nouvelle-Hollande situées en dehors du tropique; un nombre moindre se trouve dans les îles de l'océan Pacifique, au Japon, dans les parties intertropicales de l'Asie, à l'île de France et à Bourbon, au cap de Bonne-Espérance et aux Canaries. Jusqu'à présent on n'en a trouvé aucune en Amérique, le seul genre *koeberlinia*, du Mexique, qu'on rapporte à cette famille, appartenant plus vraisemblablement, selon M. Endlicher, à celle des rutacées. Ces plantes sont résineuses et amères; néanmoins aucune d'elles ne paraît être employée comme médicinale. Le fruit charnu de quelques-unes, malgré sa saveur acerbe et résineuse, fournit un aliment aux misérables indigènes de la Nouvelle-Hollande. Quelques-unes d'entre elles, appartenant aux genres *pittosporum*, *sollya*, sont cultivées comme plantes d'ornement.

PITUITAIRE (anat.). — Ce mot, dérivé de *pituite*, mucosité, se donne, par habitude, à tout ce qui est regardé comme ayant rapport à l'humeur de ce nom : 1° la *fosse pituitaire* est un enfoncement qui se rencontre sous la face cérébrale de l'os sphénoïde et correspond à la proéminence de l'organe nommé *glande pituitaire;* c'est ce même enfoncement que les anatomistes ont appelé, en raison de sa forme, *selle turcique*. 2° La *glande* ou *corps pituitaire* est un organe situé à la base du cerveau, arrondi, allongé transversalement; de sa partie supérieure part un prolongement conique nommé *tige pituitaire;* le corps pituitaire varie de grosseur absolue et de proportion relative avec le développement du cerveau, chez les différentes classes d'animaux. Malgré les recherches et les théories des physiologistes de toutes les époques à son égard, on ne connaît pas encore à cet organe de fonction spéciale bien définie. 3° On appelle *membrane pituitaire*, ou tout simplement *la pituitaire*, la membrane muqueuse qui tapisse les fosses nasales dans toute leur étendue. Ainsi revêtues par la pituitaire, ces cavités prennent une configuration qui diffère, à beaucoup d'égards, de celle qu'elles offrent sur le squelette. (*Voy.* FOSSES NASALES.)

PITUITE (*méd.*). — Les anciens ont fait jouer un grand rôle à l'humeur désignée par eux sous ce nom et qui, à leurs yeux, comprenait à peu près tous les fluides de notre économie, mais plus spécialement cependant ce que nous appelons aujourd'hui le *mucus*. On a cru longtemps que la pituite était fournie par un petit corps glanduleux placé dans le crâne, d'où lui a été donné le nom de *glande pituitaire*. (*Voy.* MUCUS et PITUITAIRE.)

PITYRIASIS (*médec.*). — Inflammation chronique de la peau, caractérisée par la production de taches rouges qui deviennent le siège d'une desquamation de l'épiderme sous forme de farine ou de pellicule d'une certaine dimension. — Le malade éprouve d'abord un sentiment de cuisson ou plutôt de fourmillement dans la partie qui doit, plus tard, devenir le siège de chaque tache. Bientôt apparaissent divers points d'un rouge variable plus ou moins foncé, et, au bout de quelques jours seulement, le dépouillement de la peau commence; alors la chaleur et la démangeaison sont très-fortes, bien que le gonflement du tissu cellulaire sous-cutané ait complétement disparu. Lorsque l'épiderme est tombé, la peau présente une surface rouge, donnant un suintement séreux, jaunâtre, assez abondant, dans certains cas, pour imprégner les vêtements. Dans toute l'étendue de la peau occupée par la maladie, l'épiderme se renouvelle constamment et tombe sous forme d'écailles minces et très-petites, ou bien sous celle de lamelles foliacées de 2, 4 et même 8 lignes de diamètre. On a fait la remarque que la desquamation se faisait plutôt sous forme de farine à la partie antérieure du tronc, et aux membres dans la partie correspondant au sens de la flexion, tandis qu'elle s'opérait plutôt sous forme d'écailles dans le dos et dans le sens de l'extension des membres. — Le pityriasis peut être accompagné de fièvre et provoquer une réaction générale vive lorsqu'il est abondant; toutefois il faut dire que cette complication est exceptionnelle. — Lorsque le pityriasis survient à la tête, il se forme une agglutination particulière des cheveux à l'aide des squammes qui se détachent et de la sérosité qui se sécrète constamment. Alors chaque mèche de cheveux, se trouvant comme feutrée et blanchie par les écailles, présente une apparence qui a quelque analogie de couleur et d'aspect avec l'amiante. De là le nom de *teigne amiantacée*, donnée par Alibert à cette forme de pityriasis. Lorsque cette maladie persiste longtemps, elle peut amener la chute des cheveux. Cette forme de l'affection peut se guérir spontanément. — Le pityriasis des lèvres, de la paume des mains, de la plante des pieds a été souvent confondu avec le psoriasis des mêmes parties, dont il se distingue cependant par le mode de développement et l'aspect. Ainsi le psoriasis commence par des papules dont le sommet se recouvre d'écailles épaisses, sèches et d'un blanc mat. Les plaques formées par cette dernière maladie sont circulaires, et la guérison s'opère du centre à la circonférence. — Les causes du pityriasis sont à peu près inconnues. Cette maladie est excessivement tenace et opiniâtre, elle est très-sujette à récidive et, par conséquent, elle doit être considérée comme grave; cependant ce pronostic dépend plutôt de la forme et de la ténacité que du danger réel de l'affection. M. Rayer dit avoir observé un pityriasis qui s'est terminé par la mort. Si cette maladie a été la cause réelle de la mort, au moins doit-on reconnaître que cette terminaison est peut-être la seule connue. — Le traitement antiphlogistique modéré, consistant spécialement dans l'emploi d'une ou de deux saignées générales, les bains mucilagineux, les potions adoucissantes, la diète, les tisanes émollientes, conviennent dans le psoriasis aigu. Si le psoriasis récidive sur-le-champ, les antiphlogistiques sont contre-indiqués, parce qu'ils ne seraient plus utiles; si les démangeaisons sont assez fortes pour interrompre le sommeil, il faut recourir aux préparations opiacées. Les préparations sulfureuses donnent, en général, de mauvais résultats; les alcalins ne réussissent pas mieux que les sulfureux, à moins, cependant, qu'on ne les applique en lotions pour le traitement de la teigne amiantacée. — Le pityriasis se complique fréquemment d'accidents graves du côté des organes viscéraux, par exemple de diarrhées rebelles. Dans ce cas le traitement est difficile, mais il ne diffère pas de ce qu'il serait dans d'autres conditions.   D^r B.

PIVOINE, *pæonia* (*bot.*).—Beau genre de plantes de la famille des renonculacées, tribu des pæoniées à laquelle il donne son nom, de la polyandrie-digynie dans le système de Linné. Les espèces dont il se compose sont de grandes herbes vivaces et des sous-arbrisseaux, parfois d'assez haute taille, qui croissent dans les parties tempérées de l'hémisphère boréal en Europe et en Asie. Leur rhizome horizontal, chargé de faisceaux de fibrilles et quelquefois renflé en tubercule, émet des tiges qu'embrassent, à leur base, des écailles engaînantes; leurs feuilles sont alternes, pétiolées, biternées; leurs fleurs terminales, grandes, rouges, rosées, blanches ou même jaunes dans une espèce récemment découverte; elles se distinguent par un calice à cinq sépales inégaux, persistants; par une corolle à cinq pétales, quelquefois six à dix, sans onglet; par des étamines très-nombreuses; enfin par deux à cinq pistils libres, uniloculaires, à stigmate sessile, épais, papilleux, auxquels succèdent autant de follicules coriaces, polyspermes, qui s'ouvrent, à leur maturité, par leur ligne ventrale ou intérieure. Suivant que leur tige est herbacée ou frutescente, on divise ces plantes en *pivoines* proprement dites et *moutans*. Plusieurs de leurs espèces sont fort répandues dans les jardins, et la culture de certaines d'entre elles a fait beaucoup de progrès depuis peu d'années. Aussi ce genre est-il devenu l'un des plus importants pour l'horticulture. Parmi les espèces ligneuses, la plus intéressante est la PIVOINE MOUTAN OU PIVOINE EN ARBRE, *pæonia moutan*, Lin., plante de la Chine que la culture a perfectionnée au point d'en faire l'un des plus beaux ornements de nos jardins. Sa tige rameuse et irrégulièrement flexueuse s'élève à 1 mètre environ; elle forme ordinairement des touffes serrées et arrondies; ses feuilles ont leurs segments ou, selon le langage ordinaire, leurs folioles ovales-oblongues et glauques en dessous; leur pétiole est rougeâtre et velu aux articulations; ses fleurs nombreuses et très-belles, surtout dans les individus cultivés, ont près de 2 décimètres de diamètre; les fruits qui leur succèdent sont velus. Les horticulteurs considèrent comme espèces distinctes ce que les botanistes regardent comme autant de variétés de la pivoine en arbre. Ce sont les suivantes : 1° la PIVOINE PAPAVÉRACÉE, *pæonia moutan papaveracea*, que distingue une fleur simple, très-large,

ayant de huit à treize pétales blancs, marqués, à leur base, d'une tache pourpre; ses ovaires et, plus tard, ses fruits sont enveloppés presque entièrement par un disque très-développé et façonné en une sorte d'urcéole; 2° la PIVOINE DE BANKS OU PIVOINE MOUTAN A FLEUR DOUBLE, *pæonia moutan Banksii*, qui ressemble à la précédente pour son port et ses feuilles, mais dont les fleurs sont pleines, avec leurs pétales roses, d'une couleur rougeâtre assez vive à leur centre, plus ou moins déchirés au sommet et disposés irrégulièrement; 3° la PIVOINE ROSÉE OU PIVOINE EN ARBRE ODORANTE, *pæonia moutan rosea*, dont les folioles et les sépales sont un peu plus larges que chez les deux précédentes, mais que caractérise surtout une fleur double et presque pleine d'un rose assez vif, remarquable par son agréable odeur de rose. — Les efforts des horticulteurs ont amené la production de nombreuses sous-variétés de ces belles plantes, et, chaque jour, ils tendent encore à en augmenter le nombre. C'est seulement au commencement de ce siècle que la pivoine en arbre a été importée de Chine et, pendant plusieurs années, elle a été peu répandue dans nos cultures d'agrément; mais, depuis quelque temps, les horticulteurs ont porté sur elle l'attention qu'elle mérite à tant d'autres titres, et déjà ils l'ont considérablement perfectionnée et multipliée. Sous le climat de Paris, cette belle espèce et ses diverses variétés réussissent très-bien en pleine terre, composée d'un mélange de terre de bruyère et de terre d'oranger, qu'on doit renouveler tous les deux ou trois ans, pour avoir ces plantes dans toute leur beauté. Elles demandent une exposition un peu ombragée, beaucoup d'eau au moment où elles vont fleurir, fort peu, au contraire, pendant le repos de la végétation. Elles résistent aux froids de nos hivers sans autre abri qu'un peu de litière sur leur pied. On réussit aujourd'hui à les multiplier soit par graines, moyen précieux auquel on est redevable de plusieurs belles variétés, soit par la division de leurs racines, par éclat, par marcottes qu'on a le soin de ne détacher qu'à la deuxième année, par boutures faites, dans le nord, sous cloche ou châssis et en été, enfin par greffe sur les tubercules des espèces herbacées.

Toutes les autres pivoines cultivées dans les jardins sont herbacées; leur nombre est considérable, la grandeur et la beauté de leurs fleurs et leur facilité à doubler faisant de toutes les espèces du genre de belles plantes d'ornement. Faute d'espace, nous nous bornerons ici à quelques mots sur les plus répandues d'entre elles. La PIVOINE OFFICINALE OU PIVOINE DES JARDINS, *pæonia officinalis*, Lin., croît naturellement en diverses parties de l'Europe; elle a donné, dans nos jardins, plusieurs variétés de couleur parmi lesquelles on cultive très-communément celles à fleurs pleines qui produisent un effet magnifique. C'est une grande et belle plante en touffe serrée, à folioles inégalement laciniées, glabres, ovales-lancéolées, à ovaires et fruits cotonneux. Elle réussit dans toute terre et à peu près à toute exposition; on la multiplie, de même que ses congénères, soit par graines, soit par la division de son rhizome. Elle figure également dans le catalogue de nos plantes médicinales; on l'a beaucoup vantée comme antispasmodique, on l'a même employée autrefois contre l'épilepsie. Enfin on cultive encore, dans beaucoup de jardins, la PIVOINE CORAIL, *pæonia corallina*, Retz, autre espèce indigène, à fleur rouge, grande et belle, mais simple; la PIVOINE ANOMALE, *pæonia anomala*, Lin., espèce peu élevée, à fleur pourpre violacé; la PIVOINE A FLEUR BLANCHE OU DE SIBÉRIE, *pæonia albiflora*, Pallas, à fleur d'abord rose en dehors avant son épanouissement, plus tard entièrement blanche; et la PIVOINE DE CHINE.

PIVOT (*accept. div.*). — Toutes les acceptions de ce mot se résument ainsi : point central d'appui, autour duquel gravite une force matérielle ou vitale. — En mécanique, le pivot est un corps, dont l'extrémité plus ou moins conique, reposant dans une cavité d'une courbure appropriée, rend aussi facile que possible le mouvement circulaire d'une masse quelconque. La meule d'un moulin est traversée et supportée par un arbre en fer dont l'extrémité inférieure, terminée en pivot, repose et tourne sur un crapaudin fixe. Le poids total repose sur deux surfaces courbes se touchant par une partie d'un très-petit diamètre, ce qui réduit le frottement et la résistance à vaincre. Ici le pivot tourne, d'autres fois il est immobile et c'est le crapaudin qui se meut. Cette disposition est très-usitée : les fiches à vases avec lesquelles sont montées les portes de nos appartements en sont un exemple. Quelquefois, dans l'horlogerie, par exemple, on appelle *pivots* les tourillons. Les tourillons diffèrent des pivots en ce qu'ils reposent

et tournent sur leur côté et non sur leur pointe. — Dans l'art militaire, on dit que l'homme autour duquel s'exécute un mouvement de conversion en est le pivot, ou sert de pivot. Dans le langage ordinaire, on dit qu'un homme est le pivot d'une affaire lorsque c'est sur lui que s'appuie principalement le fardeau de cette affaire. — En botanique, on appelle *pivot* une racine qui, s'enfonçant verticalement, est sans bifurcation, ou ne se divise qu'après avoir été d'abord simple.

PIZARRE (FRANÇOIS), l'un de ces conquérants rapides et improvisés qui soumirent l'Amérique à la domination espagnole. Bâtard d'un gentilhomme de Truxilla, et, quoique portant déjà le nom de son père, réduit, dès l'enfance, à la plus ignoble domesticité, il fut, jusqu'à l'âge de 20 ans, gardeur de pourceaux. Un jour, l'un de ses porcs s'égara et craignant une punition sévère, Pizarre aima mieux fuir que de l'affronter. On était au temps de ces heureuses courses où tout aventurier qui tournait hardiment la voile vers l'orient trouvait un monde nouveau au bout de son voyage : Nunez de Balboa, l'un de ces plus entreprenants coureurs, appareillait dans un port d'Espagne ; Pizarre se laissa enrôler au nombre de ses compagnons, et, brave autant qu'aventureux, il l'aida vaillamment dans sa conquête du Darien. Il le suivit aussi dans ses explorations sur les côtes de la mer du Sud, puis, profitant pour lui-même des renseignements donnés à Balboa, par un cacique transfuge, sur un pays situé à quelques journées de Panama, abondant en mines d'or et encore inexploré, il eut l'adresse de se faire désigner par le gouverneur de Darien pour en tenter la découverte, et le bonheur d'y aborder sans naufrage : il venait de découvrir le Pérou. Les richesses de cette heureuse terre, véritable patrie de l'or, l'éblouirent ; mais, quoique Almagro, qu'il avait associé à son entreprise, fût venu le rejoindre avec un navire, il n'osa pas en tenter la conquête ; il se contenta d'explorer la contrée, et, convaincu plus que jamais de son importance et de ses richesses, il attendit que de nouvelles forces fussent arrivées de Panama. L'expédition qu'il tenta alors n'eut encore rien de positif; une longue et pénible navigation lui permit seulement de reconnaître toutes les côtes du Pérou et de juger par leur étendue de la grandeur du pays qu'il convoitait. C'est alors qu'il revint à Panama, et que, désespérant bientôt d'obtenir de nouveaux secours du gouverneur, jaloux de ses premiers succès, il partit pour l'Espagne. Charles-Quint fit droit à ses demandes, et, par lettres signées, à Tolède, le 26 juillet 1529, lui accorda, pour lui-même, le titre de *capitan general* et de *adelantado* de tous les pays découverts ou à découvrir; pour Almagro, la charge de gouverneur du fort de Tumbez; pour Fernand de Lucques, son autre associé, la dignité d'évêque dans toutes ces contrées nouvelles; et enfin, pour tous ses compagnons, le titre de *chevaliers de l'Eperon d'or*. Quelques nobles d'Estramadure, 125 soldats castillans se laissèrent séduire par ces premières faveurs, et, avec cette poignée d'hommes, sa seule armée pour conquérir un monde, Pizarre s'embarqua à Séville. Les mécontentements d'Almagro ne le découragèrent point à son arrivée, et, brusquant une conquête trop longtemps ajournée, il entra sur les terres de l'Inca Atabaliva avec 520 fantassins, 60 cavaliers et 12 canons. Près de Quito, il rencontra l'Inca avec 40,000 hommes, armés de piques d'or et d'argent. Quelques coups de canon lui firent raison de cette multitude : l'Inca fut pris et, quand il eut livré ses trésors, massacré sans pitié. Cependant, à travers des multitudes qu'il fallait écarter au passage, Almagro avait pénétré jusqu'à Cusco et jusqu'au Chili : le Pérou tout entier était conquis; mais alors la discorde se mit entre les vainqueurs. Almagro, jaloux, contesta à Pizarre l'autorité souveraine; la guerre civile éclata dans Cusco même, la capitale des Incas vaincus. Pizarre, dont cette lutte dérange les projets, quitte Lima, qu'il vient de fonder, et livre bataille à son rival; il est vaincu, mais un nouveau combat lui rend bientôt l'avantage et lui livre Almagro prisonnier. Ses frères le poussent à la rigueur, et, inexorable pour son rival, il lui fait trancher la tête sur la grande place de Cusco. Rien ne s'oppose plus aux desseins de Pizarre, et, pour signaler son pouvoir, il commence le partage des terres, donnant sans équité les plus vastes territoires à ses frères et à ses partisans. Les amis d'Almagro, exclus du partage, conspirent alors et se donnent pour chef le fils de leur ancien général; puis, le 26 juin 1541, réunis tous à Lima et conduits à l'attaque par Herreda, le plus hardi d'entre eux, ils assiégent Pizarre dans son palais et le massacrent. Il avait 70 ans.   ED. FOURNIER.

PIZZICATO (*mus.*), expression italienne employée dans la musique des instruments de la famille du violon. Les notes qu'elle désigne doivent se *pincer* avec les doigts et non s'exécuter avec l'archet. La reprise de ce dernier est ordinairement indiquée par une autre expression de la même langue, *coll'arco* (avec l'archet).

PLACAGE (*technol.*). — Opération qui a pour but de fixer, en l'y appliquant, une feuille très-mince de bois sur de la menuiserie d'assemblage. Des opérations analogues sont pratiquées dans beaucoup d'industries, mais elles portent des noms différents. Fixer une feuille de métal précieux sur un autre métal s'appelle *plaquer*, et le produit est du PLAQUÉ (*voy.* ce mot). Couvrir les murs de nos appartements de papier, c'est l'y *coller*; d'étoffes, c'est les *tendre*. Le cartonnier et le relieur *couvrent* le carton brut de papiers de couleur, de peaux ou d'autres matières plus riches. Le placage a pour but, non-seulement de ménager des bois précieux, mais encore de permettre la création de dessins symétriques, plusieurs feuilles présentant toujours, à cause de l'extrême division d'une seule bille, des dispositions semblables. Ce travail est du ressort de l'EBÉNISTERIE (*voy.* ce mot); mais, si, au lieu de se borner à un effet aussi simple, on désire obtenir, par l'emploi de bois de couleurs variées, de métaux ou d'autres substances, des dessins plus ou moins finis, c'est de la MARQUETERIE (*voy.* ce mot). Le placage est fort répandu aujourd'hui; la plupart des meubles, sauf dans leurs parties sculptées, sont plaqués. Cet art donne à l'opulence des meubles plus flatteurs à l'œil, à la petite fortune des meubles au prix desquels elle n'eût pu atteindre s'ils eussent été massifs, et, par-dessus tout, du travail à une nombreuse classe d'ouvriers. Il a été traité des bois propres au placage, exotiques ou indigènes, naturellement ou artificiellement colorés, au mot BOIS D'ÉBÉNISTERIE, et de la manière de les réduire en feuilles convenables, au mot SCIERIE. Le placage se fixe sur les panneaux de menuiserie construits par l'ébéniste à l'aide de la colle forte.

L'opération du collage est extrêmement importante, puisque c'est d'elle que dépend sinon la durée du meuble lui-même, au moins la conservation de sa beauté; nulle précaution ne doit donc être ménagée pour obtenir la perfection. La colle doit être excellente, parfaitement fondue sans être trop liquide, chaude sans être bouillante ; la surface des panneaux, parfaitement plane ou courbe sans aucune irrégularité ; non polie, mais, au contraire, finement rayée, lorsque la dureté du bois l'exige, par un rabot à fer denté. La feuille de placage, préalablement taillée de dimensions convenables, est, à l'aide d'un marteau approprié, rendue légèrement concave dans toute sa partie intérieure. Cette opération, qu'on appelle *mouler*, a pour but de rendre plus parfait le contact des bords de la feuille sur le bâti, sans quoi ils seraient exposés à se décoller. La place à occuper par la feuille est tracée sur le bâti ; plusieurs pointes enfoncées sur les lignes du tracé maintiendront la feuille dans sa position pendant le collage. Cette feuille, préalablement mouillée intérieurement avec de l'eau tiède ou mieux avec de la colle très-claire, est prête à être posée sur le bâti convenablement chauffé. Il ne reste plus qu'à obtenir une adhérence parfaite. Il ne suffirait pas d'appuyer avec la main, l'action ne serait ni assez forte ni surtout assez soutenue. On promène donc sur toute la surface, et en commençant par un bout, la panne d'un marteau dit à *plaquer;* cette opération fait entrer la colle et surtout repousse vers les bords, par où elle s'échappe, la portion superflue. Lorsque les différentes feuilles nécessaires pour couvrir un panneau entier sont appliquées, que l'on s'est assuré qu'il n'y a de soufflure nulle part ou qu'on y a remédié en y appuyant un fer chaud, après avoir ménagé, par une piqûre faite au placage, une issue à l'air qui pourrait avoir été enfermé, on met la pièce en presse pendant plusieurs heures. Pour les surfaces planes, après les avoir recouvertes d'un parquet parfaitement dressé, on opère la pression à l'aide soit de presses à vis, soit de coins ou de tiges de bois agissant sur un corps solide et fixe. Pour les surfaces convexes, on emploie des sangles qui se conforment exactement aux courbures et sont ensuite tendues convenablement. Les colonnes sont enveloppées très-serré à l'aide d'un tour particulier. Les surfaces convexes sont maintenues à l'aide de mandrins ou de sacs de sable, etc. Le placage est toujours poli et verni comme les autres ouvrages d'ébénisterie. EMILE LEFÉVRE.

PLACARD (*accept. div.*). — On nomme ainsi une feuille de papier étendue propre à afficher et à appliquer contre une muraille,

ou sur une *plaque* de bois, pour donner au public un avis ou un renseignement. Du mauvais usage qu'on fit de ces sortes d'affiches, dans l'intérêt de la malignité des libellistes et des factieux, est venu le nom de *placard*, donné à tout écrit séditieux ou diffamatoire appliqué au coin des rues ou même répandu parmi la foule. — En terme de chancellerie, on dit qu'une lettre est scellée en *placard* quand le parchemin est laissé dans toute son étendue et non plié. — Les typographes nomment *placard* la composition non encore mise en pages, et qui, imprimée sans pagination, par colonnes et sur le recto seul du papier, est destinée à la correction des épreuves. — Le *placard* est aussi une armoire à compartiment pratiquée dans l'enfoncement d'un mur, et servant surtout à masquer les irrégularités d'une chambre.

PLACE (*accept. div.*). — Mot formé du latin *platea*, dérivé lui-même du grec πλατεῖα, large. Dans le sens le plus général et le plus abstrait, il signifie un espace large, libre et découvert ; mais dans une acception plus restreinte, il désigne tout lieu public d'une certaine étendue, découvert, environné de bâtiments et même d'une ou plusieurs rangées d'arbres, et servant à l'embellissement d'une ville, et comme point central de circulation, à la commodité de son commerce ; c'est le *forum* des Romains et l'*agora* des Grecs. On ne compte pas moins de soixante-quinze places, petites ou grandes, à Paris ; les principales : la *place* de la Concorde, celle du Carrousel, la place Royale, etc., sont célèbres. Après celles-ci, les *places* les plus belles de l'Europe sont : les places Saint-Pierre et Navone à Rome ; la place Saint-Marc à Venise ; la Plaza-Mayor et la Puerta-del-Sol à Madrid ; les places Wilhem et de la Belle-Alliance à Berlin ; le Hof, le Hohen-Markt, le Burg-Platz et le Graben à Vienne ; quelques-uns des soixante-dix squares de Londres ; les places de Pierre-le-Grand, de l'Amirauté et du Champ-de-Mars à Saint-Pétersbourg, etc. — En terme de négociants, le mot *place* se dit du lieu où se tient la banque et où se fait le négoce d'argent. Le mot *bourse* commence, il est vrai, à le remplacer dans ce sens, mais on n'en dit pas moins toujours : négocier un billet *sur la place*, avoir du crédit *sur la place*, et aussi faire des traites de *places en places*, pour faire tenir de l'argent de ville en ville par le moyen des lettres de change. Par suite, le mot *place* a

34

servi à désigner le corps des marchands et des banquiers d'une ville. —Place, en technologie, signifie l'ustensile de fer enfoncé par le pied dans un gros bloc de bois, et servant d'établi au cloutier.

PLACE D'ARMES (*art milit.*). — Dans l'acception générale du mot, une place d'armes est un lieu où se réunissent habituellement des troupes pour un service militaire quelconque. C'est ainsi que, dans une ville de guerre, la parade de la garde montante, l'exécution des sentences militaires se font sur la place d'armes ; on y passe les revues, - et les troupes de passage s'y forment en bataille, etc. — En fortification on dit, en parlant des parties plus ou moins avancées du chemin couvert : la *place d'armes saillante* du chemin couvert de la demi-lune, la *place d'armes saillante* du chemin couvert du bastion, et *les places d'armes rentrantes* de gauche ou de droite de tel ou tel front. Ces espaces libres du chemin couvert sont toujours limités par les traverses extrêmes des branches de ce dernier, et servent à rassembler les troupes pour les sorties contre l'assiégeant, ou bien encore à le tenir en échec lors du couronnement du chemin couvert. On établit souvent dans ces places d'armes des réduits en bois ou *blokhaus* qui, entre des mains énergiques, donnent une valeur incroyable à cette partie de la fortification. Au siége de Dantzick, de semblables réduits, défendus par les Prussiens, offrirent les plus grandes difficultés aux troupes françaises. Dans les places d'armes rentrantes, les réduits sont ordinairement en maçonnerie avec fossé ; on y communique au moyen de *pas-de-souris*, dont l'accès, du côté de la campagne, est couvert par une palissade disposée d'une manière défensive, ordinairement en forme de V, pour permettre aux défenseurs d'abandonner la place d'armes sans crainte d'être suivis de trop près. On donne aussi le nom de *places d'armes* ou *demi-places d'armes* dans les travaux d'attaque d'une place à des portions de tranchées de 120 mètres environ, que l'on établit à moitié distance de la deuxième parallèle à la queue des glacis, à gauche et à droite de la capitale de l'ouvrage attaqué, pour soutenir les ouvrages qu'on pousse en ayant contre les entreprises d'une garnison hardie. On y place la garde de tranchée rangée sur deux hommes de hauteur, et prête à faire feu ou à franchir le parapet de la tranchée pour se porter en avant sur les assaillants. (*Voy.* SIÉGE et TRANCHÉE.)
L. L

PLACE FORTE (*fortific.*).—Expression générique qui, comme forteresse, s'applique à toute ville ou poste fortifié. Les peuples de l'antiquité apportaient un soin particulier dans le choix de l'emplacement des places ou camps qu'ils voulaient fortifier ; jamais ils n'en eussent placé ailleurs que sur des points réellement stratégiques, par exemple au confluent des rivières, à la réunion des principales communications, au nœud des montagnes qui traversent le pays, en profitant des obstacles offerts par la nature ; jamais ils ne perdaient de vue que, dans chaque Etat, il y a des points qui peuvent décider de son sort et dont l'occupation rend maître du pays et de ses ressources ; cela est tellement vrai que, aujourd'hui encore, en Europe, les places fortes les mieux situées sont d'anciens camps romains devenus des villes, mais qui, primitivement, n'avaient d'autres habitants que les militaires chargés de les défendre. Après l'invasion des barbares, au commencement du vᵉ siècle, ces bons principes s'oublièrent, parce que ces peuples étaient si nombreux, qu'ils pouvaient impunément laisser derrière eux les villes fortifiées ou même les bloquer sans s'affaiblir, et arriver ainsi, sans se compromettre, à les réduire par les privations et la famine. Quand, au moyen âge, l'équilibre s'étant rétabli, on dut songer à couvrir un pays sans le secours d'une armée permanente, on tomba dans l'abus contraire en donnant des fortifications à toutes les villes ou bourgades offrant quelque avantage sous le rapport de la richesse ou de l'industrie plutôt que sous le rapport de la position ; dès les xvᵉ et xvıᵉ siècles, et surtout dans le xvıɪᵉ, le retour aux armées permanentes bien organisées changea les idées sur le système de défense des Etats, mais sans faire disparaître encore toutes ces places situées dans les pays ouverts, partout praticables et que l'ennemi peut tourner sans obstacles. C'est bien certainement l'existence de ces forteresses sans valeur, qu'une poignée d'hommes peut cerner et dont l'empereur Napoléon semblait, en quelque sorte, se jouer en les laissant sur les derrières, qui a porté une foule de militaires contemporains, éminents d'ailleurs par leurs lumières et leurs talents, à condamner comme inutile tout système de forteresse pour la défense des Etats, en s'appuyant sur les guerres de Napoléon en Russie, en Saxe et dans le Nord, ainsi que sur la double invasion de la France par les étrangers. Napoléon, cependant, plein sans doute des souvenirs de la défense énergique de Saint-Jean-d'Acre, qui l'arrêta dans ses projets sur l'Orient, et de la résistance héroïque de l'Espagne contre une armée française aguerrie, tout en faisant la part du fanatisme de ces deux peuples et des circonstances politiques qui les aidèrent, pensa toujours que les places fortes sont indispensables dans la guerre offensive comme dans la guerre défensive; dans la première, pour servir de base aux opérations en y déposant les approvisionnements de l'armée expéditionnaire ou pour venir s'y refaire en cas de revers; dans la seconde, au contraire, pour *retarder*, *entraver*, *inquiéter*, dit-il, *un ennemi vainqueur*. Mais ce qu'il veut, ce sont de grandes places, comme toutes celles auxquelles il fit travailler; car, pour investir ou faire le siége d'une place de l'importance de celles de Lille, Metz, Strasbourg, Grenoble, etc., il faudrait un corps d'armée dont la force fût égale à cinq ou six fois celle de la garnison, et il suffirait, alors, qu'une armée s'affaiblît de deux détachements semblables pour empêcher le général en chef de continuer sa marche vers le point décisif, qui est ordinairement la capitale de l'Etat envahi, surtout si ce but était lui-même fortifié; tandis que si, au contraire, il se décidait à passer outre, il courrait risque de voir sa ligne coupée par les garnisons de ces places qui, en cas de jonction possible, le mettraient entre deux feux. Cela serait, en effet, arrivé en 1814 aux alliés, si Paris eût alors été fortifié, et si la France n'eût été divisée par les factions politiques et épuisée par une guerre de vingt-deux ans contre l'Europe coalisée; cela arriverait certainement aujourd'hui que, dans cette même et grande pensée, le gouvernement a fait fortifier Lyon et Paris.

Si les places fortes couvrent les Etats et abritent, en cas de guerre, la fortune des citoyens, en revanche elles imposent certaines sujétions, certains devoirs, et grèvent les propriétés privées de différentes servitudes établies dans l'intérêt général. Ces servitudes, qui se ressemblent dans toute l'Europe à peu près, consistent principalement à ne bâtir autour de telle ou telle place, dans un rayon maximum de 900 à 1,000 mètres, que sous certaines conditions, variables suivant la zone dans laquelle se trouvent ces propriétés : par exemple, *dans la première zone*, qui, en France, s'étend à 250 mètres de rayon, il ne peut être bâti aucune maison ni clôture, on ne peut élever aucune construction quelconque, à l'exception de fermetures en haies sèches, ou en planches à claire-voie sans pans de bois ni maçonnerie. Les reconstructions totales de maisons, clôtures et bâtisses sont également prohibées dans la même zone, quelle qu'ait été la cause de leur destruction. Il est permis de placer dans la première zone des baraques en bois sur roulettes, mais ces baraques doivent être assez légères pour que deux hommes puissent facilement les mouvoir et les changer de place. — *Dans l'étendue de la deuxième zone*, qui est de 480 mètres seulement, il ne peut être bâti ni reconstruit aucune maison ni clôture *en maçonnerie;* mais il est permis d'y élever des bâtiments et clôtures en bois et en terre sans employer à ces constructions ni pierres ni briques, ni même de la chaux ou du plâtre, autrement qu'un crépissage, et avec la condition expresse de démolir immédiatement et d'enlever les décombres et matériaux sans indemnité, à la première réquisition de l'autorité militaire, dans le cas où la place serait menacée d'un siége ou d'un blocus. Néanmoins, dans les bâtiments en bois on tolère la maçonnerie strictement nécessaire pour l'établissement des fours et des cheminées; on permet également l'établissement des haies vives : enfin on tolère le remplacement des couvertures en bardeaux ou en chaume par des toitures en tuiles ou en ardoises. — Autour des places de troisième classe et des postes militaires, il peut être permis d'élever des bâtiments et des clôtures ou des constructions quelconques, au delà de la distance de 250 mètres ; toutefois il faut remarquer qu'en cas de siége les démolitions qui seraient jugées nécessaires à la distance de 500 mètres ne donnent lieu à aucune indemnité en faveur des propriétaires. — *La troisième zone*, en France, s'étend à 974 mètres pour les places et 584 pour les postes fortifiés; dans cette étendue, il ne peut être fait aucun chemin, levée ou chaussée, ni creusé aucun fossé sans que leur position ou leur alignement ait été auparavant concerté avec les officiers du génie. Dans le même rayon on ne doit déposer les décombres provenant des bâtisses et autres travaux quelconques que dans les lieux indiqués par les officiers du génie. Il n'y a d'exception qu'en faveur des détritus ou débris qui peuvent servir d'engrais, encore est-il défendu de les entasser. Enfin, dans cette même étendue, il est défendu d'exécuter aucune opération de topographie sans le consentement de l'autorité militaire; ce consentement ne saurait être refusé quand il ne s'agit que d'opérations relatives à l'arpentage des propriétés.

Le ministre de la guerre peut, par exception, permettre la construction de moulins et autres usines semblables, même en maçonnerie, dans les zones de servitude, à condition que lesdites usines ne soient composées que d'un rez-de-chaussée, et à charge, par les propriétaires, de ne réclamer aucune indemnité pour démolition en cas de guerre : toutefois les permissions de cette nature ne peuvent être accordées qu'après que le chef du génie, l'ingénieur des ponts et chaussées et le maire de la commune ont reconnu de concert et constaté par procès-verbal que l'usine qu'on se propose de construire est d'utilité publique, et que son emplacement est déterminé par quelque circonstance qui ne peut se rencontrer ailleurs. — Le roi a le droit d'étendre cette tolérance, lorsqu'il n'en résulte aucun inconvénient pour la défense, à des bâtiments ou clôtures de toute espèce, sur des emplacements et dans des limites que lui-même désigne. — Ces différentes autorisations ne peuvent avoir leur effet qu'après que les parties intéressées se sont engagées, par une soumission écrite, à remplir les conditions qui sont prescrites, et notamment celle de démolir, en cas de guerre, les constructions autorisées, sans prétendre à aucune indemnité. Ces soumissions sont faites en triple expédition sur papier timbré, et enregistrées moyennant le droit fixe de 1 franc (en France). — La signature du soumissionnaire doit être légalisée par le maire, et celle du maire par le sous-préfet. — L'une des expéditions reste déposée dans les archives du chef du génie, l'autre dans celles de la direction ; enfin la troisième est transmise au ministre de la guerre, chaque trimestre, sauf les cas particuliers. — La réparation et l'entretien des bâtiments dans le rayon de la défense sont soumis, comme leur construction, à certaines règles prohibitives : ainsi les bâtiments ne peuvent être réparés que partiellement et avec des matériaux de même nature que ceux qui ont servi à la construction primitive; ni les dimensions extérieures, ni les dispositions intérieures ne peuvent être changées; aucune addition ne peut être faite dans les cours ou jardins ; les bâtiments en saillie sur la rue militaire ne peuvent être entretenus qu'à la condition expresse de n'y point faire de reprise en sous-œuvre ou autres travaux confortatifs ; enfin, dans les différents cas de réparations, entretien ou améliorations à opérer dans toutes les circonstances, il faut préalablement faire sa déclaration au chef du génie, qui délivre, s'il y a lieu, un certificat constatant que ces réparations peuvent être autorisées sans aucun préjudice pour la défense. — Les gardes du génie, sous l'autorité des officiers du génie, sont chargés de constater par des procès-verbaux les délits commis contrairement aux ordonnances sur la conservation du domaine militaire, agissant en tout comme officiers de police judiciaire. **L. LE BAS.**

PLACENCIA (*géogr.*), ville d'Espagne, dans l'Estramadure, située dans une plaine fertile entourée de montagnes, et sur le Xérès, à 64 kilom. de Cacérès; sa population est d'environ 5,000 habitants. Placencia est le siége d'un évêché, et l'on y remarque un ancien château et un magnifique aqueduc qui n'a pas moins de quatre-vingts arches. — Il ne faut pas confondre cette ville avec celle de *Placentia*, située aussi en Espagne, sur la Deva, à 35 kilom. sud-ouest de Saint-Sébastien. Elle fut fondée par Alphonse XI de Castille en 1337, et ne compte pas plus de 1,800 habitants.

PLACENTAIRE, *placenta* (*bot.*). — On donne ce nom à la partie de l'ovaire sur laquelle s'attachent les ovules ou jeunes graines, et que distinguent une modification de tissu, des saillies plus ou moins prononcées dans l'intérieur de la cavité ovarienne, etc. Quelques botanistes modernes, voulant mettre beaucoup de rigueur dans leur langage, donnent le nom de *placenta* au point où se fixe chaque ovule en particulier, et, à l'exemple de M. de Mirbel, ils réservent celui de *placentaire* à l'ensemble des placentas qui se trouvent dans chaque loge ovarienne. Des questions très-importantes se rattachent à l'histoire des placentaires; mais nous les renverrons à l'article PISTIL.

PLACET (*accept. div.*). — En procédure, c'est un acte qui se compose des qualités et des noms des parties entre lesquelles le procès va s'engager, des motifs et des conclusions du demandeur; il est rédigé et signé par l'avoué qui poursuit l'audience, et remis au greffier qui l'inscrit à son rang sur un registre. C'est cet enregistrement qu'on appelle *la mise au rôle*. Au jour indiqué pour se présenter, les avoués déposent le placet avant l'audience et dans l'auditoire sur le bureau de l'huissier audiencier de service. A l'ouverture de l'audience, celui-ci fait à haute voix l'appel des placets, en désignant les noms des parties et des avoués constitués : si, à l'appel du placet, le défendeur ne répond pas, il peut être pris contre lui un jugement par défaut. — Les placets sont rédigés sur papier libre, de même que les conclusions du défendeur. Ce mot vient du latin *placeat*, à cause de l'ancienne formule, toujours observée, *il plaise au tribunal*. — On appelle aussi *placet* une requête abrégée présentée aux rois pour leur demander une grâce, une faveur. Autrefois les souverains traversant la foule du peuple recevaient gracieusement les placets qui leur étaient présentés à leur passage. Mais, aujourd'hui que les rois ne sortent plus qu'entourés de gardes qui les rendent inaccessibles, celui qui veut faire parvenir un placet au roi doit l'adresser au chef de bureau du secrétariat (pétitions et secours) au cabinet du roi.

PLAFOND (*archit., archéol.*). — Le *plafond* est proprement le dessous du soffite d'un *plancher droit;* cependant on dit aussi, abusivement, le *plafond d'une voûte*. On ne parlera ici que du premier; le lecteur recherchera, à l'article VOUTE, ce qui regarde le second. — Le *plafond* est ordinairement, surtout dans nos usages modernes, un lambris de plâtre ou de mortier de bourre étendu et fixé par le moyen d'un lattis sur la partie inférieure de la charpente ou plancher formant le couvert d'un appartement, ou la séparation de deux étages. Dans l'usage vulgaire, on se contente de revêtir ce crépissage, bien dressé et fait par des ouvriers spéciaux qu'on nomme *plafonneurs*, d'une peinture en blanc d'impression; dans les appartements un peu plus élégants, on encadre le *plafond* de quelques moulures, et l'on place au centre une rosace en demi-relief et en carton-pierre : le luxe des simples particuliers ne s'élève guère au delà, quelque riches que soient la tenture et l'ameublement. — Le *plafond* est d'invention antique; les anciens l'employaient dans leurs temples, dans leurs palais : quoique les Grecs et les Romains connussent très-bien l'art de construire des voûtes, ils ne l'appli-

quaient que rarement à cette destination. Leur plafond, appelé *lacunar*, était assez volontiers orné de *caissons* dont le fond se trouvait occupé par une rosace. Le goût du luxe, qui s'introduisit à Rome après la prise de Corinthe, fit bientôt dorer ces moulures et ces rosaces non-seulement dans les temples et les palais, mais jusque dans les maisons des riches. — Lorsque le *plafond* demeurait uni, on le décorait de stucs colorés ou en bas-relief; cependant le faste de la décoration ne paraît pas avoir atteint sur ces plafonds droits celui qui s'étalait sur les plafonds voûtés, où l'art employait l'or, l'ivoire, le verre, les mosaïques dans ses compositions décoratives. — Pausias fut le premier qui, au dire de Pline, ait imaginé de peindre les plafonds. Les Romains ne manquèrent pas d'imiter les Grecs, et cette imitation était d'autant plus naturelle que, pendant longtemps, le génie de Rome, peu fait pour les arts d'agrément, les cultivant par ostentation plus que par inclination, fut réduit à emprunter des artistes à la Grèce, comme il lui avait emprunté ses arts. La villa Adriana, les bains de Titus et de Livie nous ont conservé de magnifiques et précieux spécimens du style employé à ce genre de décoration : ce sont des arabesques tantôt monochromes, tantôt polychromes, d'une légèreté et d'une richesse de composition qui ont mérité de demeurer comme modèles. — Les anciennes églises latines, byzantines et romanes furent communément couvertes par des plafonds, lorsqu'on ne laissait pas apercevoir les charpentes mêmes des combles; c'était aussi l'usage pour les palais. Il semble que ces plafonds n'offraient, au lieu de caissons, que des travées formées par les saillies des solives transversales apparentes : ces solives étaient peintes, dorées ou garnies d'ornements d'étain doré, appliqués, ainsi qu'il est dit encore de la chambre du roi Charles VI, à l'hôtel Saint-Paul, où ces ornements postiches étaient des fleurs de lis. La renaissance, qui couvrait de bas-reliefs et de peintures les parois de ses édifices, ne pouvait oublier leurs *plafonds;* cette grande surface blanche et froide, couronnant ces murs animés par le ciseau, le pinceau, ou couverts soit de riches tapis aux vives couleurs de l'Orient, soit de tentures d'or basané, eût paru, à cette époque peut-être un peu plus sensible que la nôtre à l'harmonie, former un contraste d'autant plus choquant que le plancher même (*voy.* ce mot) était richement décoré de marqueterie ou de mosaïque ; aussi les plus grands artistes s'occupèrent-ils de peindre des *plafonds*, ou au moins de les faire peindre sur des cartons composés par eux-mêmes avec d'autant plus de succès qu'ils n'étaient pas architectes moins habiles que peintres illustres : nommer entre eux Raphaël, Jules Romain, le Corrége, c'est en dire assez. — Ce goût devait passer d'Italie en France, où il se naturalisa, en effet, promptement et où des artistes célèbres aussi, le Primatice, Lanfranc, Bourdon, le Brun, le Sueur, Jouvenet, Bon-Boullongne, la Fosse, Lemoine et leurs successeurs firent des plafonds qui ne sont pas au nombre de leurs moindres chefs-d'œuvre. — Mais la peinture des plafonds, tombée entre les mains des peintres d'histoire, dut nécessairement prendre un caractère autre que celui que l'antiquité lui avait donné ; si l'arabesque s'y montra encore, ce ne fut plus guère que comme accessoire ; les sujets historiques ou allégoriques firent le motif principal de la décoration, et ici le génie de l'artiste se trouva pris entre deux difficultés desquelles il ne se tira pas toujours avec bonheur, il faut avoir le courage de le dire sans se laisser éblouir par l'éclat des grands noms. — Ces difficultés étaient celles-ci : convient-il de ne considérer le tableau peint sur un plafond que comme un tableau dérobé à la muraille et suspendu en l'air, la face renversée ? ou le peintre ne doit-il pas avoir égard à la situation du tableau par rapport au spectateur, et traiter ses sujets en conséquence ?

Dans la première hypothèse, il est certain que les monuments, les personnages, les animaux représentés ici comme sur un tableau fait pour être posé verticalement empruntent la position horizontale et offrent le plus criant contre-sens qu'il soit possible d'imaginer, puisque aucun de ces objets ne saurait, s'il était réel, tenir à sa place un seul instant ; or, le but de la peinture étant l'imitation la plus parfaite de la nature, il est évident que plus un tableau approchera de cette perfection, plus il tendra à faire illusion au spectateur, plus aussi il mettra celui-ci à la gêne par l'appréhension de le voir englouti sous la chute de ces montagnes, de ces palais, de ces hommes, de ces chevaux. Cette crainte n'est pas sérieuse un seul moment, on en convient, par suite de l'habitude ; mais elle serait réelle et plus ou moins durable pour l'homme moins familiarisé avec les œuvres de l'art, et cela suffit pour démontrer que cette manière de traiter les sujets en plafond est absolument contre nature : nous en dirons plus loin un autre motif qui n'est pas moins péremptoire. — . Ces inconvénients ont fait penser à d'autres artistes qu'il était nécessaire, pour la composition de ces sujets, d'avoir égard à la position du spectateur et de ne lui offrir les figures et les objets que sous l'aspect, à peu près, qu'ils prendraient pour lui s'il les apercevait en réalité à travers le plafond ouvert, c'est-à-dire de bas en haut ; mais alors il a fallu, d'une part, multiplier les raccourcis, au risque de devenir peu gracieux, quelquefois presque inintelligible, de perdre les plus beaux développements de la figure humaine, et, d'autre part, se condamner à ne représenter que des sujets aériens, des empyrées, des figures volant ou planant.

— Ces limites ont paru trop restreintes à ceux-ci ; le goût ou le défaut de connaissances suffisantes en perspective de ceux-là leur ont fait condamner la multiplicité des raccourcis, et, comme ce système négatif était le plus commode, il en est résulté que la presque totalité des peintres modernes, surtout ceux du siècle actuel, ont pris bravement le parti de faire les tableaux de plafond absolument de la même manière qu'un tableau ordinaire. La torture qu'on éprouve à regarder ces sortes de peintures, qui ne pourraient être bien vues que par un homme couché sur le dos, qui n'offrent *aucun point de vue perspectif* (*voy.* PERSPECTIVE, POINT DE VUE) commun avec celui où peut se placer le spectateur, est une dernière preuve incontestable que les sujets traités à la manière historique ne conviennent point pour les plafonds : aussi les anciens, dont le goût était si sûr, ne paraissent-ils pas les avoir employés à cette destination, ainsi qu'on l'a déjà fait observer ; ils semblent y avoir affecté l'arabesque, le bas-relief, les figures monochromes, tous sujets, en effet, infiniment mieux appropriés : l'arabesque, par sa diversité et sa frivolité, le bas-relief, le sujet privé de plans perspectifs, causent, par leur simplicité de couleur, moins de fatigue à celui qui les regarde, et offrent un plus grand nombre de points de vue suffisamment convenables, d'ailleurs, avec les tableaux dont les murs peuvent être couverts. Les deux architectes célèbres de l'empire, Perrier et Fontaine, essayèrent de rappeler l'art de la décoration du plafond à son origine antique, au style arabesque. Leur succès, qui fut d'abord universel, n'a pas été durable. On en est revenu à la peinture historique, à la peinture du tableau vertical qui s'est trompé de place, et c'est ainsi qu'ont été exécutés, sous la restauration et depuis, tous les plafonds des grandes salles du Louvre.

Quoiqu'il ait été annoncé, en commençant, qu'il ne serait question, dans cet article, que des plafonds droits, nous ne pouvons cependant nous empêcher de dire un mot des peintures des coupoles, parce qu'il est à craindre que ces observations ne puissent trouver place ailleurs. La coupole est un des membres importants de l'architecture ; ce n'est point pour la dissimuler ensuite que l'architecte se livre à d'innombrables et pénibles calculs de construction et multiplie les dépenses de temps et d'argent dans une proportion énorme. La coupole est un type caractéristique qui est fait pour le dedans aussi bien que pour le dehors ; en altérer la forme d'une manière, par un procédé quelconque, c'est évidemment altérer aussi le caractère, le style de l'édifice. Si donc un artiste peint le dessous d'une coupole de manière à lui donner le simple apparence d'un tableau de plafond ; en d'autres termes, si sa composition eût pu être rendue sur un tableau plat avec le même effet, par le simple secours de la perspective linéaire et de la perspective aérienne, il est évident que la forme hémisphérique ou hémisphéroïde de la coupole n'y ajoute rien ; que cette forme disparaît et n'a produit d'autre résultat qu'un accroissement inutile de peines et de travaux pour l'architecte et pour le peintre lui-même. Il ne faut pas avoir des connaissances bien approfondies en perspective pour comprendre que, si l'on traçait une figure quelconque d'une certaine dimension sur la paroi d'une coupole de la même manière que sur une surface plane, l'effet de la double courbure de cette paroi la tordrait, la caverait à l'œil du spectateur. On ne peut prévenir ces déformations que par de savantes combinaisons de lignes que la perspective enseigne, mais qui souvent sont fort embarrassantes pour tout autre artiste que pour un peintre de panoramas, exercé à la pratique de cette partie de la perspective qui prend le nom de *perspective curieuse* (voy. PERSPECTIVE). Si l'on ajoute à ces difficultés celles de diriger,

sur le fond naturellement obscur de la coupole, par des moyens artificiels d'une réussite souvent douteuse, la lumière suffisante pour rendre les parties les plus éloignées de la peinture aussi visibles à l'œil que celles des plans inférieurs, on demeurera convaincu que le double but de tant d'efforts est absolument manqué, puisqu'on pourrait obtenir le même effet avec moins de peines, moins de dépenses et moins de temps par un simple plafond droit ou d'une courbe légère établi à la naissance de la coupole. — Les peintures sur plafond s'exécutent comme toutes les peintures murales à la fresque, à la détrempe, à l'encaustique, à l'huile, sur l'enduit propre à chacun de ces genres de peinture (voy. PEINTURE), ou sur une toile marouflée. — L'ancien système de construction des planchers (voy. ce mot) laissait toujours apercevoir au plafond d'un appartement une ou plusieurs grosses poutres transversales parallèles dont un décorateur habile savait tirer parti, quelquefois en les ornant elles-mêmes, d'autres fois en les reliant symétriquement entre elles par des bouts de bois d'égales saillies, dessinant des espèces de caissons en polygone, réguliers ou irréguliers, et plus ou moins variés. Dans le logis du petit bourgeois, ces énormes saillies n'étaient dissimulées par aucun agrément. Dans les splendides palais de la renaissance, ce n'est point le dessous du plancher de l'étage supérieur qui fait *plafond*; celui-ci est une construction à part, une espèce de calotte isolée, à dispositions capricieuses nullement correspondantes avec les combinaisons de la charpente du plancher, à laquelle elle se rattache par des ancres de fer, ainsi qu'on peut le voir par la figure ci-après, empruntée au palais Massimi, à Rome ; c'est ainsi que sont faits ceux du Louvre.

Pour diminuer le poids énorme de ces calottes, les gros ornements sculptés, tels que les figures, les trophées, etc., sont exécutés, du moins ceux du Louvre, en moulage d'une espèce de carton composé d'un certain nombre de feuilles de fort papier unies avec de la colle animale. Ces moulages, revêtus d'une bonne dorure du temps, ont traversé ainsi plusieurs siècles sans altération, et ont passé pour des sculptures en bois jusqu'à ce que des travaux entrepris de nos jours pour opérer des changements aient fait reconnaître la vérité. Les ornements postiches se font aujourd'hui en carton-pierre, et même en fonte de fer, si le lieu ou le membre à décorer est exposé à l'humidité. — Le nouveau système plus économique, et beaucoup moins nuisible à la maçonnerie, introduit pour la construction des *planchers* (*voy.* ce mot), a fait disparaître les grosses poutres des pla-

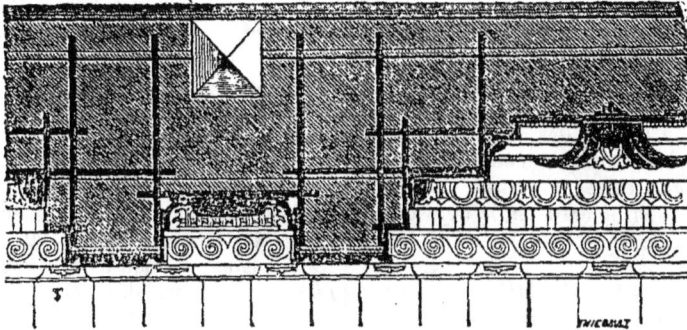

fonds des plus modestes habitations ; ce changement a produit des avantages certains, mais il a aussi son inconvénient ; il n'existe pas un appartement, de quelque étendue, dont les plafonds, si l'étage supérieur est habité, ne se lézardent ou ne se fendillent assez promptement par suite du mouvement de tremplin que des bois de trop longue portée reçoivent inévitablement, quelle que soit leur position, de la circulation continuelle de plusieurs personnes. — Les *plafonds* de bois ont été employés généralement par les architectes de l'antiquité aussi bien que par les architectes des temps modernes ; cependant les uns et les autres ont fait aussi des *plafonds droits* de pierre, de marbre, ou voûtes plates (*voy.* VOUTE), dont le système de construction est le même que celui des voûtes cylindriques ou des coupoles ; c'est-à-dire une combinaison de claveaux, lorsque l'étendue du plafond ou la nature des matériaux ne permettent point de procéder par plates-bandes. Nos porches d'église, de palais montrent des *plafonds droits* de pierre enrichis de sculptures. Ces *plafonds*, lorsqu'ils offrent une surface unie, sont susceptibles de recevoir tous les genres de peintures applicables sur les murailles. — Aucun *plafond* ne prête davantage à la décoration que celui d'une salle de spectacle ; cependant un point désagréable nuit souvent à son centre, où il est indispensable de réserver le passage du lustre. Ce lustre lui-même, malgré l'éclat qu'il jette du milieu de l'espace, et surtout à cause de cet éclat, présente un autre inconvénient, celui de fatiguer horriblement la vue des spectateurs, sans parler du danger incessant dont il menace ceux qui se trouvent placés au-dessous. On avait pensé depuis longtemps à le supprimer en substituant à la clarté qu'il répand celle d'un *plafond lumineux*. Le problème cherché à Paris a été résolu à Bruxelles, dans la salle du nouveau théâtre des Nouveautés, ouvert en 1844 : le *plafond* est un immense vitrail peint, soutenu par une charpente de fer et produisant une lumière douce au moyen d'un éclairage à réflecteurs établis au-dessus. Cependant l'insuffisance de cette lumière pour le parterre, où elle n'arrive pas assez abondante à cause du trop d'opacité des verres ou de l'insuffisance de l'éclairage même, ou de la défectuosité des réflecteurs, a obligé de donner, comme auxiliaires au plafond, des girandoles de gaz placées au premier rang de loges.   J. P. SCHMIT.

PLAGE (*accept. div.*).—Ce mot, formé du grec πλάγιος, *oblique*, désigne tout rivage plat et découvert, mais surtout la portion de terre qui s'incline vers la mer par une pente douce et insensible. On distingue des *plages* de quatre sortes : les plages de *rochers*, celles de *galets* ou *cailloux*, celles de *sable* et celles de *vase*. Presque toutes les côtes du golfe de Gascogne, surtout dans le département des Landes, sont des *plages* de sable : on en trouve encore de semblables au nord de la France ; mais, là, leurs fréquentes inégalités et leurs monticules de sable en font de véritables *dunes* (*voy.* ce mot). — Par extension, on a donné le nom de *plage* à tout espace de terre considéré dans son rapport avec quelque partie du ciel, les zones, les climats, et surtout avec les points cardinaux. Le nombre des *plages* étant aussi infini que celui des points de l'horizon, on l'a borné à trente-deux principales, dont quatre grandes *plages* correspondent directement avec les quatre grands points : le septentrion ou le nord, le midi ou le sud, l'orient ou l'est, l'occident ou l'ouest; les vingt-huit autres plages ont des noms qui tiennent des deux grandes *plages* entre lesquelles elles sont placées : ce sont le nord-est, le nord-ouest, le sud-est, le sud-ouest, le nord-nord-est, etc.

PLAGIAT, PLAGIAIRE. — Cacus, ce brigand qui vole les bœufs du voisin et qui les traîne, par la queue, dans sa caverne, voilà le plagiaire! — On compare aussi le plagiaire à la poule qui couve les œufs qu'elle n'a pas pondus; mais, en fait de comparaison, Cacus vaut mieux; car c'est l'usage, depuis des siècles, de crier harol sur les plagiaires, et l'on ne saurait croire à quelles déclamations sans nombre a donné lieu cette piraterie innocente : je dis innocente; car, si le plagiat est malhabile, à quoi bon? on le reconnaît tout de suite. Si, au contraire, le plagiaire est un homme de génie, s'il s'appelle Voltaire, la Fontaine, Fénélon, Molière, Regnier, Corneille, Despréaux, Bossuet, si nous lui devons le *Cid*, l'*Avare*, *Télémaque*, les *Satires*, *Andromaque*, l'*Art poétique*, *Electre* et les plus beaux passages de l'*Histoire universelle*, de quel droit osez-vous crier : *au plagiat?* à quoi bon toutes ces plaintes? Il est permis de voler ceux que l'on tue; c'est une des lois de cette forêt de Bondy qu'on appelle *les belles-lettres;* et d'ailleurs la chose était déjà vraie au temps de Salomon : *rien de nouveau sous le soleil !* — On appelait, parmi les Romains, *plagiaire* celui qui achetait, qui vendait ou qui retenait, comme esclave, un homme libre : c'était, en effet, un grand crime, et le coupable était condamné *au fouet*, par la loi *Flavia ad plagas.* — Les Athéniens, grands défenseurs de la liberté des citoyens, condamnaient à mort le marchand d'hommes libres. — De la vente des hommes, le mal a passé à l'exploitation des idées, et depuis tantôt deux mille années les taille-plume et les taille-vent n'ont pas cessé d'envoyer *ad plagas*, au fouet, les grands

esprits qui rentraient dans leur bien, et les petits esprits qui grappillaient, à la suite, des semences d'idées. — Nous serons plus indulgents, nous autres, et plus sages; nous comprendrons très-bien cette imitation légitime qui, de tout temps, a été la vie des lettres, de la philosophie, des beaux-arts, chaque époque léguant au siècle suivant les tentatives commencées, les conquêtes entreprises et le chemin nouvellement tracé, pour aller du connu à l'inconnu. Ainsi Rome naissante emprunte ses lois à la Grèce, et avec ces lois elle emprunte à la ville de Minerve sa poésie, son éloquence, sa sagesse, ses passions même, jusqu'à ce que les Romains, à leur tour, à force de conquêtes, de domination et de génie, imposent leurs goûts, leur force, leur bon sens à toutes les littératures à venir. Et de même que les Romains ont copié les Grecs, les Français copient les Romains, et, à son tour, le génie français, merveilleusement aidé par cette langue latine si limpide, claire, subtile, savante, élégante, correcte et fière, qui possède tous les caractères de l'universalité, a produit des chefs d'école qui ont été copiés, imités, traduits, à leur tour *plagiés* pour tout dire, à la plus grande gloire de cette nation. — Il faut donc voir et juger le plagiaire de très-haut et ne pas trop s'irriter d'une nécessité glorieuse. Montesquieu, qui copiait avec tant de grâce les molles élégies de l'antiquité païenne et qui ramassait, avec tant de génie, dans l'arsenal de nos vieilles lois, son grand livre de l'*Esprit des lois*, Montesquieu n'entre pas dans ce grand courroux contre les plagiaires; au contraire, il les excuse quand ils sont heureux, quand ils sont habiles. C'est bien tôt dit : plagiat! mais encore faut-il démontrer que cet emprunt dont on vous fait un crime est purement et simplement un vol. L'emprunteur, tant accusé, n'a-t-il donc rien changé, rien ajouté à l'idée empruntée? n'a-t-il pas trouvé un sens nouveau à cette idée déjà vieillie? ne lui a-t-il pas donné une forme nouvelle, une grâce nouvelle? ne l'a-t-il pas entourée d'une suite inspirée d'idées accessoires qui emportaient la vieille idée dans un chemin tracé d'hier, pour la mener à un but inconnu? — Il faut juger toutes ces choses pour bien en juger. «*Plagiat*, dit Montesquieu, à la bonne heure! mais avec très-peu d'esprit le premier venu peut crier au plagiat. » Eh! d'ailleurs, de quoi vivraient les commentaires, les commentateurs, les critiques qui s'en vont sans cesse à la suite des idées, des poésies, des livres, des chefs-d'œuvre, s'ils ne pouvaient s'écrier à chaque page, à chaque ligne : C'est de l'*Horace !* c'est du *Virgile !* c'est de l'*Homère !* Les critiques crient : au plagiat, et ils en vivent! Leur métier consiste à trouver forcément des points de comparaison et de ressemblance entre le présent et l'avenir : là est leur droit, mais aussi il est de leur devoir d'applaudir aux belles choses hardiment ressuscitées. Quand le grand Corneille eut emprunté son *Cid* à l'Espagne, Scudéri fit la préface d'*Octavie* pour se vanter, seulement (il n'y avait pas de quoi se vanter), qu'il n'avait rien pris aux Italiens ni aux Espagnols. La Mothe le Vayer, plein de larcins grecs et romains, crie, par-dessus les toits, que c'est un crime de *tireur de laine sur le Pont-Neuf* d'emprunter aux littérateurs vivants. Il rayait ainsi d'un mot, pour l'avenir, la *Mérope* et la *Zaïre* de Voltaire. Au contraire, pour peu que vous ayez du talent, du génie, de l'art et du goût, le monde tout entier est de votre domaine, et vous pouvez puiser à pleines mains dans ces trésors illustres; tout vous appartient, si vous savez vous servir de toutes choses : le poëme vous donne ses drames, l'histoire vous donne ses héros, le roman fournit un sujet à vos comédies; les poëtes d'autrefois vont au-devant de votre poésie, qu'ils entourent de leurs guirlandes toujours fraîches ; pas un grand homme des temps passés qui ne soit prêt à adopter le nouveau venu qui se trouve être digne de l'adoption; Phèdre tend la main à la Fontaine et l'appelle son maître ; Plaute et Térence saluent Molière avec respect ; Euripide et Sophocle marchent, superbes, à la suite de Jean Racine ; Juvénal, grondeur, va dîner chez Regnier, son ami, mais il attend que la nuit soit tombée; l'Arioste s'indigne que Voltaire lui emprunte sa folie et ses amours vagabondes, pour en affubler la sainte héroïne de Vaucouleurs. Du petit au grand, la protection s'élève, pendant que, du grand au petit, l'adoption descend aussi bas qu'elle peut descendre. Virgile trouve des perles dans le fumier d'Ennius; Plutarque, lorsqu'il écrit les *Vies des hommes illustres,* copie en entier et sans façon dans les anecdotes contemporaines de longs passages de ces biographies excellentes. Aristophane a fait un chapitre des belles choses que Ménandre avait pillées. Philostrate d'Alexandrie a soumis à cette recherche patiente même les tragédies de Sophocle, ce relief brillant du festin d'Homère. Prenez les moralistes et lisez-les, non pas avec le sens critique, mais avec une mémoire fidèle, et vous trouverez qu'ils ont tous, ou à peu près, les mêmes idées, tout comme leur sagesse est la même. Voltaire, qui s'est beaucoup occupé des plagiaires, avoue qu'à tout prendre, les plus célèbres moralistes, Sénèque, Lucien, Montaigne, Bacon ont vécu sur les mêmes pensées, — *la rencontre des pensées,* disait un Grec dont le livre n'est pas venu jusqu'à nous. — A la renaissance des lettres, ceux-là eurent beau jeu qui, avec peu d'idées de leur cru, purent apprendre assez de latin et de grec pour composer des livres en copiant obstinément les livres des anciens ; mais il faut reconnaître que ce jour-là ne fut pas de longue durée, et que bientôt le chef-d'œuvre, étouffé sous le boisseau de ces copistes, fut remis en lumière par la seule force éternellement triomphante du génie de l'inventeur. En général, on ne prend rien à ceux qui savent défendre leur honneur et leur fortune. Le malencontreux poëte qui s'attribuait la gloire d'un distique que Virgile adressait à l'empereur Auguste *partageant avec Jupiter le sceptre du monde,* car il avait plu dans la nuit et le soleil avait paru le matin pour la fête de l'empereur, n'eut pas la joie de conserver plus de deux jours ce malencontreux distique ; le vrai poëte se révéla et enleva au triste Bathylle la récompense de cette élégante flatterie, écrite sur les murs du palais impérial. — Qui saurait, si notre poëte Horace ne s'en était pas occupé, que Celsus était un plagiaire; qui saurait même le nom de Celsus, cette corneille parée des plumes du geai ? — Par Jupiter ! le nom des plagiaires remplirait une liste aussi longue, pour le moins, que la liste des poëtes originaux; mais à quoi servirait-elle, et que nous importent maintenant les plagiats du père Labbe, et que l'*Histoire des Goths* n'ait pas été, en effet, le légitime travail de Léonard Arétin Bruni? — Bayle s'en fâchait tout rouge, de son temps, et il appelait l'indignation de l'univers sur la tête coupable de cet Arétin Bruni. — De nos jours, on trouve que le sieur Bruni est à plaindre d'avoir volé l'*Histoire des Goths.*

On m'a volé, mon cher. — Que je plains ton malheur !
Tous mes vers manuscrits. — Que je plains le voleur !

Même l'Académie française, cette mère nourrice, généreuse et timide maîtresse du bien dire et du bien penser, elle a commencé, ou à peu près, par un plagiat. Nous ne voulons pas parler ici de ce terrible plagiaire, M. le cardinal de Richelieu, qui signait de son nom omnipotent les vers de Corneille, de Colletet et de Boisrobert, et qui eût acheté le *Cid* un grand prix, si on eût voulu lui vendre cette gloire ; nous voulons parler tout simplement de la *Recherche des Dictionnaires*, et du *Dictionnaire* de Furetière, de Furetière chassé, pour ce rapt, du sein de l'Académie française, et prouvant, avec un esprit digne de son *Dictionnaire*, que les mots d'une langue ne sont pas soumis, Dieu merci ! aux procès en revendication. Les mots d'une langue sont du domaine public, comme le soleil, comme l'air, comme l'eau pure des fontaines ; ils appartiennent à tous et à chacun ; le portefaix de la rue a le droit de se servir de tous les mots qui paraissent faits uniquement pour la bouche de messieurs de l'Académie. — La science a ses plagiaires, plus encore peut-être que les belles-lettres ; on copie les recherches de l'érudit avec autant de sans-gêne que les découvertes du penseur. Tel a passé sa vie à faire des recherches dans les livres.....; aussitôt les savants à la suite se rendent à ses indications et s'emparent, sans remords et sans peur, de ces nouveaux sentiers qui n'ont pas été frayés par eux. Tel autre s'est occupé d'ôter la rouille d'un chef-d'œuvre ; soudain son voisin, plus habile, s'empare de ce chef-d'œuvre remis en honneur, et le voilà qui règne dans cette découverte qu'il n'a pas faite.— On pille les livres, on pille les titres ; on pille au théâtre, on pille au barreau, on pille surtout dans la chaire de vérité, on pille partout. Vous vous rappelez cet homme d'esprit assistant à une lecture ; il saluait chaque passage de sa connaissance : aujourd'hui, pour bien faire, il faudrait tenir son chapeau à la main. De nos jours, une idée bonne ou mauvaise, une idée ou non, une apparence d'idée est traitée comme une trouvaille dans la rue ; seulement, au lieu de dire : *part à deux !* on dit : *part à vingt ! part à cent ! part à tous !*..... On se précipite sur cette nouveauté comme sur les actions d'une mine d'or ; on la flaire, on la retourne dans tous les sens ; on l'imite, on la copie, on la contrefait. Le chapeau Gibus ne compte pas moins de cent contrefaçons ; les trompettes Sax, qui font tant de bruit dans le monde, cuivre inspiré destiné à sonner tant de batailles, ont été défendues, en plein tribunal, par M. Chaix-d'Est-Ange en personne ; M. Ruolz, qui, lui-même, ne fait guère qu'une contrefaçon de l'argent ou de l'or, tous les matins est forcé d'intenter un nouveau procès pour châtier des contrefaçons de sa contrefaçon. — Dans la musique contemporaine, effacez les copies de Rossini, et vous verrez ce qui restera des œuvres modernes !... Dans la guerre, effacez les plagiaires de l'empereur Napoléon, vous n'aurez guère que des officiers à la demi-solde. Quoi de plus juste ? quoi de plus naturel ? Les maîtres emportent toutes les volontés, ils dominent toutes les âmes :

Regis ad exemplum totus componitur orbis.

Ceci est le plagiat imposé par les grandes âmes, sur toutes les âmes environnantes. Vous avez vu, dans une promenade de l'été, passer quelque belle personne, bien vêtue, vêtue au gré de sa beauté, de sa jeunesse ; elle a consulté, dans la couleur de ses étoffes, la couleur de ses cheveux, l'éclat de son teint, l'éclair de son regard... Le lendemain, elle a des copistes, elle a des plagiaires, et toute femme qui l'a vue se demande : Où donc cette belle a-t-elle choisi ses étoffes ? Ceci, c'est du plagiat encore.— Dans les tableaux, dans les statues de l'artiste, que de plagiats ! On pourrait citer plus d'un grand peintre, parmi les plus célèbres, qui ne marche jamais sans une immense collection de gravures d'après les plus grands maîtres ; dans cette grande variété de compositions intimes, notre homme choisit, il dispose, il arrange, met à droite ceci, et cela à gauche, il arrange une forme, il change la couleur d'une draperie, et ainsi il compose un *tableau original*. — Plagiaire, mais plagiaire habile, — copiste, oui, mais un savant copiste ; il prend, lui aussi, *son bien où il le trouve*. — Il fait comme Charron, qui prenait à toutes mains, même dans son ami Montaigne ; Montaigne, de son côté, ne se gênait guère. Il fait comme tant de prédicateurs qui copient non-seulement dans les Pères de l'Église d'Orient ou de l'Église d'Occident, ces hommes illustres de la parole chrétienne, mais qui copient les plus beaux passages des sermonnaires, qu'ils accouplent à leur prose inculte; — *unus et alter, assuitur pannus;* — ou comme cet illustre évêque qui disait à Diderot : — « Avez-vous lu mon mandement? — Non, monseigneur; et vous? » — disait l'autre. — Mais quoi! la parole de Dieu est si belle, qu'il est permis de puiser à ces sources divines, et jamais ni Massillon, ni Bourdaloue, ni Bossuet, cet aigle de feu aux ailes déployées, ne se sont fâchés d'être copiés par quelque orateur plus humble qui se met à l'ombre salutaire de leur génie. — Quant aux pauvres petits poëtes qui veulent rimer malgré Minerve, et qui s'en vont compilant, cherchant, furetant, dans les recueils, dans les nouvelles, dans les *Beautés*, dans les almanachs poétiques, plus ou moins poétiques, quelque petit lambeau de poésie sur lequel ils gravent, d'une main tremblante, leur petit nom propre, que personne ne redit, — eh bien, où est le mal? Ces braves gens aiment la gloire, et ils se contentent de si peu! Ils dénichent quelques vers passables, ma foi! ils ont eu assez de mal pour ne pas leur envier leur trouvaille.

Allez, fripiers d'écrits, imprudents plagiaires!

s'écrie Molière, dans les *Femmes savantes*. Molière se met trop en fureur contre ce pauvre Trissotin, et je préfère de beaucoup le sourire bienveillant du bon la Fontaine :

Il est assez de geais, à deux pieds, comme lui,
Qui se parent souvent des dépouilles d'autrui,
Et que l'on nomme *plagiaires*.

Pour nous résumer, nous disons que le *plagiat* est de droit naturel; c'est la querelle de ceux qui n'ont pas d'idées contre ceux qui en ont : nous disons aussi que le plagiat ne vaut pas la peine qu'on l'accable de ces malédictions, de ces exécrations, de ces commentaires; car, de deux choses l'une : ou votre plagiat est habile, et alors vous avez bien fait, ami plagiaire! vous avez donné la vie à une chose morte, vous avez fait nouvelle une idée vieillie, vous avez rendu possible un chef-d'œuvre oublié, vous avez remis en honneur une pensée étouffée sous le luxe ou sous la pauvreté de son entourage primitif; ou bien, si votre plagiat n'a pas réussi, eh bien! ce sera tout ce fait comme si vous n'aviez volé personne. — Mais quel courage, quelle persévérance, que de zèle, que de travail, que de journées sans pain,

que de nuits sans sommeil, pour arriver à ces plagiats heureux que la foule salue en passant! Je sais un homme qui, pendant trois ans de sa vie, nuit et jour, s'est attaché à copier, à réparer, à abréger, à écrire, d'un bout à l'autre, la *Clarisse Harlowe* de Samuel Richardson : il a refait le livre en entier; il a étudié son plagiat page par page et ligne par ligne; il a passé en revue, dans une revue minutieuse, tous ces fiers sentiments, toutes ces grandes vérités, tous ces paradoxes chastes ou futiles, et, de toutes les vertus et de tous les vices entassés dans ce livre immense, notre plagiaire a composé une *Clarisse Harlowe* qu'il a signée de son nom. Tentative hardie! plagiat solennel!... Certes, un livre original lui eût beaucoup moins coûté.

Charles Nodier a fait un livre sur le *plagiat*. Ce livre est tout rempli d'aperçus fins, ingénieux, délicats, charmants; c'est du vrai *Nodier :* mais nous nous abstenons de le lire pour ne pas être plagiaire, en parlant de *plagiat*, bien que Voltaire lui-même, dans son *Dictionnaire philosophique*, ait permis le *plagiat* dans les dictionnaires, « à condition, « pendant, » et c'est Bayle qui parle, Bayle qui a le plagiat en horreur, « que le compi- « lateur ait assez de science et de conscience « pour corriger les fautes de l'auteur qu'il « copie. Mais, hélas! c'est le propre de ceux « qui composent aux dépens de leur prochain; « ils enlèvent les meubles de la maison et « les balayures aussi; ils prennent le grain, « la paille, la balle et la poussière en même « temps. » JULES JANIN.

PLAGIODONTE, *plagiodontia* (mamm.). — F. Cuvier a établi sous ce nom un genre de rongeurs voisin des utias ou capromys, présentant à la fois quelques analogies avec celui-ci et les myopotames. L'espèce unique qui le compose est un peu moins grosse qu'un chat, brune, à queue médiocre et nue; ses dents molaires, au nombre de quatre de chaque côté et à chaque mâchoire, comme celles des capromys, ont leurs replis disposés comme dans le myopotame, à peu près obliques, et faisant saillie sur le bord de la dent. Cet animal vit à Haïti : F. Cuvier lui a donné le nom de PLAGIODONTE DES HABITATIONS, *P. œdium*.

PLAGIOSTOMES (poiss.). — M. Duméril a réuni sous le nom de *plagiostomes* la plus grande partie des poissons cartilagineux, ceux qui présentent le plus d'intérêt dans cette division du règne animal. Les caractères qui distinguent les plagiostomes (*sélaciens*, Cuv.) des autres cartilagineux sont surtout anatomiques. Leurs branchies, d'abord, au lieu d'être, comme celles des sturioniens, libres sur leur bord extérieur, sont, au contraire, attachées à la peau, disposition exceptionnelle qui en entraîne une autre dans les parties qui les recouvrent : ainsi, l'eau, après avoir rempli son rôle sur le sang, par son contact avec les divisions branchiales, ne se réunit pas dans une cavité commune et ne sort pas par une ouverture unique, comme chez les poissons ordinaires, elle est, pour ainsi dire, emprisonnée entre deux des arcs branchiaux et doit sortir par un trou correspondant ; il y a donc autant de trous que d'intervalles branchiaux. Ainsi, chez les raies, voit-on cinq trous de chaque côté à surface ventrale du corps. De plus, les os constituant la mâchoire supérieure chez les autres vertébrés n'existent ici qu'en vestige et sont remplacés dans leurs fonctions par les palatins et les postmandibulaires, qui seuls sont armés de dents. — Les pièces de l'opercule qui, dans les poissons ordinaires, forment une sorte de battant destiné à clore, en grande partie, la cavité branchiale n'existent plus chez les plagiostomes. Cette absence des pièces operculaires est la conséquence forcée de la disposition que nous avons fait connaître pour ce qui concerne les branchies. — Chez beaucoup de poissons ordinaires, chez les maquereaux, par exemple, il existe, dans la région stomacale du tube intestinal, un nombre plus ou moins considérable de petits tubes ou cœcums diversement configurés, destinés à verser une humeur analogue à celle qui est produite par le pancréas des mammifères. Ici ces cœcums ont totalement disparu et sont remplacés par une glande conglomérée analogue à. celle des animaux les plus élevés. Enfin les intestins présentent une particularité curieuse destinée à retarder la marche des aliments et à faciliter, par suite, une digestion complète : nous voulons parler d'une lame descendant en spirale autour d'une partie du canal alimentaire. Grâce à cette disposition, l'assimilation des matières digestives peut se faire à merveille, encore bien que l'intestin soit très-court.

La famille des plagiostomes comprend un grand nombre de genres qui, à cause de leur importance, ne peuvent être indiqués ici que d'une manière sommaire. Le premier de ces genres est celui des squales de Linné, formant, à lui seul, toute une famille, subdivisée aujourd'hui en divisions génériques renfermant de nombreuses espèces. Cuvier en sépare d'abord les roussettes (*scyllium*), qui se distinguent des autres squales par leur museau court et obtus et par la présence d'un sillon continuant les narines jusqu'à la bouche. Toutes les roussettes ont des évents destinés à rejeter au dehors l'eau qu'elles ont avalée par la bouche en trop grande quantité. Nous citerons comme appartenant à ce genre la grande roussette et le rochier. — Sous le nom de *squales* proprement dits, Cuvier réunit les nombreuses espèces dont le museau est allongé et qui manquent des sillons nasaux que nous avons dit exister chez les roussettes. Certaines espèces de ce genre ont des évents qui manquent aux autres. Les requins (*carcharias*, Cuv.), les lamies (*lamnæ*, Cuv.), les milandres (*galei*, Cuv.), les émissoles (*musteli*, Cuv.), les grisets (*notidani*, Cuv.), les pèlerins (*selache*, Cuv.), les lestracions, les aiguillats (*spinaces*, Cuv.), les humantins (*centrinæ*, Cuv.) et les leiches (*scymni*, Cuv.) constituent autant de sous-genres qui méritent, à beaucoup d'égards, d'être élevés au rang de divisions génériques.— Le deuxième grand genre ou la deuxième famille des plagiostomes, le genre marteau (*zygæna*, Cuv.), est reconnaissable à la forme de sa tête allongée transversalement, tronquée en avant, figurant assez bien l'instrument que son nom rappelle. L'espèce la plus commune se trouve dans nos mers. — Les anges (*squatinæ*, Dum.) diffèrent de tous les précédents parce que leur bouche est fendue à l'extrémité du museau, et non en-dessous comme chez les squales. Leur corps est large et aplati horizontalement. Celle de ces espèces que l'on connaît vulgairement sous le nom d'*ange de mer* se trouve communément dans la Méditerranée. — Nommer le quatrième genre, celui des scies, c'est rappeler à tous les lecteurs ces poissons dont les défenses, aplaties et dentées sur les bords, sont un objet d'ornement dans tous les cabinets d'amateurs. — Viennent ensuite les raies, genre très-nombreux, remarquable par la forme aplatie et presque circulaire des poissons qui le composent. Les espèces de ce genre servent à la nourriture de nombreuses populations. La raie bouclée (*raia clavata*, L.) est celle que l'on porte le plus fréquemment sur les marchés de l'intérieur. —Les patenagues, les anacanthes, les mourines, les céphaloptères constituent les dernières divisions que nous indiquerons ici. E. D.

PLAGIOSTOME, *plagiostoma* (*moll.*).— Le genre plagiostome a été créé par Sowerby pour des coquilles fossiles très-analogues aux limes, et qui en diffèrent surtout par leurs valves, qui sont plus bombées, et par la petitesse de l'ouverture ayant dû donner passage au byssus : ce sont, au reste, des coquilles très-obliques, plus même que les limes, aplaties d'un côté et à oreillettes presque nulles. Leurs valves ne présentent pas d'écailles, ce qui vient peut-être de leur état fossile et des frottements même légers qu'elles ont dû subir ; leur test est assez épais et sillonné comme celui des limes ; enfin le ligament qui sert à relier les deux valves l'une à l'autre est placé dans une cavité conique du dessous des crochets, de même que chez les limes et peignes. La charnière ne présente aucune dent. — Le genre plagiostome pourrait sans inconvénient être réuni à celui des limes et passer à l'état de sous-genre : ses caractères, comme on vient de le voir, ne sont pas, en effet, de grande valeur. — Les espèces de plagiostomes connues aujourd'hui se trouvent toutes dans les terrains inférieurs à la craie.

PLAID (*hist. anc.*).—On donnait ce nom aux assemblées nationales sous les rois francs des deux premières races. Le mot *plaid*, en latin *placitum*, venait, selon quelques étymologistes, de *a placendo*, parce que les lois rendues dans ces assemblées commençaient par cette formule : *Placuit et convenit inter Francos*. D'autres le dérivent plus simplement de l'allemand *platz*, champ. Sous les premiers Mérovingiens, les *plaids* étaient de simples réunions de guerriers venant passer une sorte de revue militaire, se partager le butin, ou décider quelques expéditions nouvelles. Les hommes libres y venaient tous ; aussi les lois qu'on y décidait portaient-elles pour préambule ordinaire ces mots : « Les Francs, tous les Francs, le peuple, tout le peuple, tous les hommes libres. » Toutefois ces réunions, qu'il ne faut pas confondre avec les assemblées annuelles du *champ de mars* (*voy.* ce mot), ne furent d'abord qu'accidentelles et provoquées par des nécessités momentanées ; elles étaient même trop peu régulières pour qu'on puisse les regarder comme une institution publique, une intervention directe de la nation dans les affaires du gouvernement. Pépin tenta le premier de régulariser ces plaids généraux; et d'abord, ne comprenant plus tous les hommes libres dans leur convocation, il ne voulut réunir que les évêques, les ducs, les comtes, les grands bénéficiers et aussi les chefs des nations lointaines incorporées à la monarchie franque. Les assemblées y gagnèrent en importance ce qu'elles perdirent en nombre, et des lois meilleures, des mesures inspirées par une plus saine politique en furent le résultat. Dans la grande réforme administrative tentée par Charlemagne, les plaids ne furent point oubliés ; soumis à une régularité depuis longtemps nécessaire, et prenant dès lors une importance jusque-là inconnue, ils devinrent la base du vaste ensemble gouvernemental que l'empereur avait créé. Il y eut deux assemblées par chaque année, la première à la fin du printemps (*circa æstatem*), la seconde à la fin de l'été (*circa autumnum*). (*Cap. Carol. Mag. apud Baluz.*, I, 192.) Tous les grands (*majores*), tant ecclésiastiques que laïques, se réunissaient dans la première assemblée. « Les plus considérables (*seniores*), dit Hincmar, prenaient et arrêtaient les décisions ; les moins considérables (*minores*) recevaient ces décisions et quelquefois en délibéraient et les confirmaient, non par un consentement formel, mais par leur opinion et l'adhésion de leur intelligence. » La seconde réunion (*placitum autumnale*) se tenait seulement avec les plus considérables de l'assemblée précédente et les principaux conseillers. « On commençait, dit encore Hincmar, à y traiter des affaires de l'année suivante, s'il en était dont il fût nécessaire de s'occuper d'avance, comme aussi de celles qui pouvaient être survenues dans le cours de l'année qui touchait à sa fin, et auxquelles il fallait pourvoir provisoirement et sans retard.» Ces affaires se traitaient hors de la présence de l'empereur, qui pendant ce temps-là, se tenant au milieu de la multitude venue à l'assemblée, recevait les dons de ses leudes. C'est dans l'un ou l'autre de ces deux *plaids* qu'on soumettait à l'examen et à la délibération des grands les *Capitulaires* rédigés par l'empereur lui-même. Plus de trente de ces assemblées furent convoquées par Charlemagne et associées aux plus importantes entreprises de son règne. Louis le Débonnaire et Charles le Chauve réclamèrent souvent aussi leur sanction et leurs conseils;

mais, pendant ces règnes de décadence, les plaids ne furent plus que des occasions de discorde entre des partis que ne ralliait plus la force d'une autorité suprême. Au milieu de ces luttes de prétentions individuelles, le clergé seul continua à faire corps, et si les plaids conservèrent quelquefois leur caractère d'utilité générale et se signalèrent encore par quelques mesures, quelques règles vraiment publiques, ils le durent à la sagesse et à l'union constante et énergique des évêques. Après Charles le Chauve la dissolution fut complète. Tout gouvernement public, toute institution centrale représentés par les *plaids* disparurent. Le mot cependant survécut et resta dans notre langue. «Et de fait, dit Etienne Pasquier, du mot latin *placitum*, dont ils usoient pour parlement, nous avons fait celuy de *plaid*, et de cestuy *exploicter* et *plaider*. » Ce ne fut plus qu'un terme de jurisprudence. Au singulier, forme sous laquelle il ne tarda pas à vieillir, il se prit pour débat et défense présentée par un avocat; au pluriel, il devint synonyme d'*audience* et se dit des lieux et des temps où l'on plaide, *loca et tempora ad judicia exercenda*. Le droit féodal, qui s'empara le premier de ce mot, admettait plusieurs sortes de plaids. Il distinguait les *plaids francs*, dans lesquels on instruisait les procès contre les absents; les *plaids de l'épée*, haute justice; et les *plaids inférieurs*, justice subalterne. L'aide que le vassal devait à son seigneur rendant la justice et tenant ses assises s'appelait *service du plaid*, et par suite la coutume admit ce mot pour désigner certaines redevances. Ainsi le cheval de service qui était dû au seigneur par le vassal prenait le nom de *plaid* ou *plaict;* si le vassal était mort, le cheval de redevance se nommait *plaict de morte-main*. Tout le temps que la langue française fut l'idiome juridique des tribunaux anglais, le mot plaid y fut employé. L'une des quatre principales cours de justice d'Angleterre s'appelait même *cour des plaids communs.* Elle jugeait, selon Larrey, les différends des partis, comme les parlements en France.

Le mot *plaid* sert aussi à désigner le grand manteau de laine à carreaux de diverses couleurs que portent les Ecossais et les habitants des îles Hébrides. C'est la seule partie de leur costume national qu'ils n'abandonnent pas; la plupart le portent encore, sans s'inquiéter s'il s'accorde avec le chapeau rond, le frac français et le pantalon large qu'ils ont enfin adoptés. Dans l'ancienne Ecosse, le plaid des montagnards ou manteau de tartan n'était pas le même, suivant Walter Scott, que celui dont faisaient usage les habitants des frontières. Celui-ci, d'une origine fort ancienne, était à petits carreaux noirs ou gris et s'appelait *maud;* on l'attachait sur l'épaule, et il enveloppait tout le corps, en laissant un bas libre.
ED. FOURNIER.

PLAIE (*méd.*). — On désigne sous ce nom les solutions de continuité des parties molles produites par l'action de causes mécaniques externes. Ces causes, quoique fort nombreuses, peuvent se réduire à un petit nombre de chefs principaux, savoir : les instruments piquants, tranchants, contondants, les corps mus par la déflagration de la poudre, les tractions violentes. Chacun de ces ordres de causes peut donner lieu, dans les plaies, à des circonstances spéciales auxquelles nous devrons nous arrêter, en raison de leur influence sur la marche, la gravité et le traitement de ces affections. Mais, avant de nous occuper de ces différences, disons rapidement quelques mots des phénomènes généraux dont s'accompagnent toutes les plaies. Le premier effet immédiat est une douleur généralement assez vive due à la lésion des filets nerveux; vient ensuite un écartement des lèvres de la plaie, qui varie beaucoup suivant l'espèce d'instrument vulnérant, l'étendue de la blessure et la nature de la partie lésée; enfin une hémorragie fournie par les vaisseaux divisés. Bientôt après surviennent d'autres phénomènes qui ne sont que le travail par lequel la nature cherche à réparer le désordre produit : ainsi la douleur se calme peu à peu, l'écoulement du sang s'arrête, et, au bout de trente-six à quarante-huit heures, les bords de la solution de continuité se gonflent, s'enflamment et laissent exsuder un liquide qui, se coagulant promptement, agglutine, maintient en rapport les surfaces opposées et s'organise rapidement, de manière à servir entre elles de point d'union; c'est ce liquide que l'on a désigné sous le nom de *lymphe plastique*. Cette lymphe est d'abord d'une bien faible consistance, mais elle acquiert bientôt de la solidité; il s'y forme des vaisseaux nouveaux, et, vers le cinquième ou le sixième jour, elle offre autant de résistance que les parties molles environnantes : plus tard elle devient même d'un tissu plus solide qu'elles et constitue la cicatrice proprement dite, qui, une fois formée, conserve ses caractères propres, sans que la partie puisse jamais reprendre à la longue sa structure primitive (*voy.* CICATRISATION). — Tels sont, en résumé, les phénomènes que présente une plaie simple et dans les meilleures conditions de guérison : on dit alors qu'elle guérit par *première intention*. Mais il faut, pour que les choses se passent ainsi, le concours d'un certain nombre de circonstances favorables, parmi lesquelles nous citerons en première ligne l'affrontement exact des bords de la plaie, par lequel les parties similaires se trouveront en rapport, c'est-à-dire les muscles avec les muscles, la peau avec la peau, etc.; la non-désorganisation des lèvres de la solution de continuité et l'absence de tout corps étranger dans leur interstice. Dans les cas contraires, la plaie subit un travail plus long et plus compliqué; il y a suppuration : c'est là ce qu'on appelle réunion par *seconde intention*. Certaines circonstances entraînent inévitablement cet ordre de phénomènes; tels sont principalement l'écartement des bords de la plaie, une perte considérable de substance, la contusion violente des parties lésées, et à plus forte raison leur désorganisation. Dans tous ces cas, la plaie reste sèche et grisâtre pendant les deux ou trois premiers jours, ensuite ses bords se tuméfient pour devenir douloureux et d'une grande densité; puis de toute la surface dénudée suinte un liquide grisâtre, ténu et adhérent aux parties; celles-ci prennent insensiblement une coloration rouge ou rosée, et fournissent un liquide blanc, épais et crémeux; c'est le *pus*. Après l'établissement du travail de suppuration, le gonflement ainsi que la douleur des parties diminuent, et, au bout de cinq ou six jours, on voit survenir en grand nombre, au fond de la plaie, des bourgeons charnus d'une couleur vermeille, d'abord peu saillants, mais qui ne tardent pas à s'élever en prenant de la consistance. Tous les points blessés en fournissent de semblables, qui finissent par combler le vide en se touchant; alors on les voit se recouvrir d'une pellicule très-fine, premier degré d'organisation de la cicatrice. Mais là ne s'arrête pas le travail organique; les bourgeons charnus paraissent doués d'une grande force de rétraction qui déprime les bords de la solution de continuité vers son centre, et

cela avec tant de force que la peau en est froncée.

La série des phénomènes précédents constitue la marche régulière des plaies, mais une foule d'accidents peuvent venir la déranger : tels sont l'hémorragie, les douleurs excessives, l'inflammation trop vive, la gangrène, les convulsions, le tétanos, le croupissement du pus, la suppression de la suppuration et sa résorption, et enfin la pourriture d'hôpital, complications plus ou moins funestes, imprimant aux plaies une gravité qu'elles étaient loin de présenter d'abord, au point de mettre souvent les jours du malade en danger. — Examinons maintenant les modifications qu'apportent dans les plaies les instruments qui les ont produites.

Les plaies par *instruments piquants* s'accompagnent d'une hémorragie peu considérable; mais la douleur est, en revanche, très-vive, surtout lorsque le corps vulnérant n'est point acéré et présente une surface inégale, comme les épines, les échardes, etc., dont l'action est de déchirer. Quand la plaie est profonde et étroite, lorsqu'un vaisseau sanguin considérable a été blessé, le sang s'épanche en dedans et peut causer de grands ravages avant de se manifester à l'extérieur. Les plaies par piqûre s'accompagnent encore plus fréquemment que les autres d'accidents nerveux dus à la déchirure incomplète des nerfs : aussi la prudence conseille-t-elle au médecin de tenir son jugement en suspens, pendant les premiers jours, sur cette espèce de liaison. Un de leurs accidents les plus ordinaires est la présence d'une partie de l'instrument vulnérant qui s'y est brisé, et dont l'étroitesse de l'ouverture ne permet pas toujours de reconnaître la présence; mais ce corps étranger détermine bientôt une violente inflammation et la production d'abcès quelquefois fort rebelles. —Les plaies par *instruments tranchants* sont beaucoup plus communes que les précédentes. Légères et de peu d'étendue, elles forment ce que l'on appelle communément les *coupures*. Rapprocher les lèvres de la plaie et les maintenir à l'abri du contact de l'air sont les seules précautions nécessaires pour ces accidents légers. Ces plaies offrant une incision d'une plus grande étendue s'accompagnent toujours d'un plus ou moins grand écartement des parties, bien supérieur à l'épaisseur de l'instrument vulnérant, et d'autant plus marqué que l'action de ce dernier s'est exercée plus perpendiculairement à la direction des fibres musculaires et que celles-ci sont plus longues : ainsi une plaie des parties molles de la cuisse ou du bras dans la direction transversale sera toujours largement béante ; mais l'action de l'arme tranchante ne se borne pas toujours à une plaie simple et peut même aller jusqu'à séparer, en totalité ou en partie, une fraction de membre. On remarque que la forme du tranchant exerce une grande influence sur l'effet produit : une arme à tranchant convexe, par exemple, agira beaucoup plus efficacement que si la même partie était concave ou même plane. On sait les prodiges que les Orientaux opèrent, à cet égard, avec leurs cimeterres. La marche des blessures qui nous occupent est celle que nous avons tracée à propos des plaies en général ; observons, toutefois, que ces genres d'accidents, jugés d'abord fort graves, à cause de l'hémorragie qui les accompagne, de l'écartement considérable de leurs bords et de la vue des chairs mises à nu, toutes circonstances qui frappent profondément l'imagination des spectateurs, sont néanmoins, toutes choses égales d'ailleurs, assez favorablement disposés à la guérison ; les surfaces peuvent aisément être mises en contact et les parties affrontées avec exactitude ; l'inflammation se maintient d'ordinaire en des bornes convenables et la guérison s'en opère conséquemment avec rapidité : ce sont, pour ainsi dire, les seules plaies dans lesquelles la réunion par première intention soit fréquente. — Les plaies par *arrachement* résultant toujours de la déchirure des tissus par une violence assez forte pour surmonter leur somme de résistance, et les divers tissus offrant une densité fort différente pour chacun, il en résulte que ces sortes de plaies doivent toujours être fort irrégulières, à bords frangés et inégaux : aussi rien de plus hideux que leur aspect, et cependant l'expérience démontre qu'elles n'offrent pas, toutes choses égales d'ailleurs, plus de gravité que les autres. Elles se rapprochent beaucoup des *plaies contuses*, dites aussi *plaies par écrasement :* celles-ci résultent de l'action directe sur nos organes de corps orbes avec une grande vitesse ou agissant par un poids considérable ; ainsi, des pierres, des bâtons, des massues, les coups d'un pied armé de sabots ou de souliers ferrés, le passage d'une roue de voiture, la chute d'un corps très-pesant, etc.,

seront autant de causes de plaies contuses. Quelquefois ces plaies sont nettes, régulières, mais le plus souvent, au contraire, inégales, anfractueuses, d'une coloration violacée et bleuâtre, due à l'épanchement du sang au milieu des tissus blessés. Mais, de toutes les lésions de cette espèce, les plus importantes, sans contredit, sont les plaies par *armes à feu.* Du reste, l'action des projectiles mis en mouvement par la poudre à canon varie beaucoup, suivant le volume de ces derniers, leur densité et surtout d'après la vitesse dont ils sont animés : aussi trois éléments essentiels entrent-ils dans l'appréciation de l'effet d'une arme à feu, l'arme proprement dite, l'élément de projection et le projectile lui-même. Dans les armes de guerre, ces trois conditions sont combinées d'une manière invariable pour chacune en particulier : ainsi un réceptacle spacieux suppose toujours un projectile et une quantité de poudre proportionnée en rapport. — Indépendamment de tous les caractères des plaies contuses offerts, comme nous l'avons déjà dit, par les plaies d'armes à feu, ces dernières présentent encore des phénomènes qui leur sont propres ; ainsi leur surface est ordinairement sèche et noirâtre, et les blessures ne saignent nullement ou très-peu ; leur circonférence est livide et violacée. Longtemps on a cru que le desséchement et la coloration spéciale étaient ici dus à une véritable brûlure effectuée par la haute température du projectile ; mais c'est une erreur, et l'on sait positivement, de nos jours, que l'ensemble de ces phénomènes résulte exclusivement de l'attrition considérable des tissus transformant les bords de la plaie en une véritable escarre gangréneuse. Un autre résultat de l'action des armes de guerre est la commotion de la partie blessée et quelquefois de l'économie toute entière : dans ce dernier cas, l'effet va jusqu'à porter une atteinte profonde au principe de la vie. Mais, que la stupeur soit locale ou générale, elle offre cela de particulier qu'elle enlève aux parties leur sensibilité à un degré tel, que l'on peut pratiquer sur elles des opérations ordinairement fort douloureuses, à l'insu, pour ainsi dire, des malades. En même temps, il y a refroidissement partiel ou général et diminution manifeste dans toutes les fonctions de la vie. Cette commotion, lorsqu'elle est moins considérable, s'étend toujours aux parties environnantes et produit un effet d'autant plus manifeste que la blessure est plus grave, les parties frappées plus consistantes et chargées de fonctions plus indispensables dans l'économie. Combien de fois n'a-t-on pas vu des boulets amputer des membres sans que les blessés s'en aperçussent dans l'instant ?

Toutes les plaies contuses deviennent, au bout de quelques jours, le siége d'une inflammation très-vive, capable même d'occasionner parfois la gangrène, et toujours assez intense pour amener une suppuration abondante; aussi, dans ce genre de plaies, la réunion immédiate est-elle constamment impossible. Il ne faut pas non plus perdre de vue que les parties contuses devront inévitablement suppurer, être le siége d'un travail d'élimination, et que c'est alors seulement qu'il y aura tendance à la formation d'une cicatrice. Les plaies d'armes à feu se compliquent souvent encore de la présence, au milieu des chairs, de corps étrangers, de la balle, de la bourre, des fragments de vêtement, etc., qui tous, par leur séjour, peuvent donner lieu à des accidents plus ou moins graves, tels qu'une vive inflammation, des abcès, des fistules, etc.; aussi est-il de la plus haute importance de s'assurer de leur présence, et d'en effectuer aussitôt l'extraction lorsque les circonstances le permettent. Mais cette recherche pouvant être difficile et pénible, on doit tâcher de s'éclairer par les circonstances de l'accident et tous les moyens accessoires possibles. Ainsi l'on visitera soigneusement les habits des blessés pour voir si la balle ne s'y trouverait pas retenue, ou si quelque morceau de leur étoffe n'aurait pas été emporté. Nous avons vu une balle pousser devant elle, sans les déchirer entièrement, quelques parties d'étoffe, et se trouver expulsée en déshabillant le malade. L'existence de deux ouvertures sur le corps prouve la sortie du projectile, mais n'exclut pas la possibilité de la présence de la bourre ou de quelques fragments étrangers. Une particularité des plaies faites par des balles est que l'ouverture d'entrée n'est pas semblable à celle de sortie; la première se trouve ordinairement beaucoup plus petite, plus régulière, à bords enfoncés, tandis que la seconde paraît beaucoup plus large que le projectile qui l'a produite, inégale et à bords renversés en dehors, différence entre les ouvertures d'entrée et de sortie résultant de la perte d'impulsion qu'éprouve la balle en surmontant la résistance des tissus. Du reste, rien de plus bizarre que le trajet suivi quelquefois par le projectile, ce qu'il faut attribuer à l'obliquité suivant laquelle il vient frapper le corps et à la rencontre de parties osseuses. Ainsi nous avons vu une balle, entrée par la fosse iliaque droite, ressortir par le milieu de l'os de la hanche opposée, sans avoir blessé profondément aucun des organes importants contenus dans le bassin, et nous avons donné des soins à un autre malade frappé sous le sein gauche d'une balle qui ressortit par le milieu de l'épaule du même côté, sans avoir pénétré dans le poumon. Nous avons encore vu une seule balle donner lieu à trois ouvertures par suite de sa division, après avoir pénétré dans l'intérieur du corps, en deux parties, suivant chacune un trajet différent pour venir se faire jour à l'extérieur par une ouverture spéciale. Mais de ce que le blessé ne présentera qu'une seule plaie, il n'en faudra pas conclure que nécessairement la balle y séjourne, puisque nous avons vu que des fragments d'étoffes peuvent opérer sa sortie, et qu'il peut arriver, en outre, que son propre poids ou quelque mouvement du sujet amènent le même résultat. Si, toutefois, la plaie est profonde, cette supposition n'est plus admissible, et l'on a tout lieu de croire à la présence du corps étranger. — Les boulets ont quelquefois, en outre, une manière d'agir fort remarquable; lorsqu'ils viennent à frapper la peau obliquement, il n'est pas rare de voir les chairs broyées, les os des membres réduits en esquilles sans que les téguments aient subi de désorganisation. D'autres fois, le cœur, les poumons, le foie, les intestins sont détruits sans que les parois de la poitrine ou du ventre paraissent blessées. Autrefois on attribuait ces effets à ce que l'on appelait le *vent du boulet*, et l'air brusquement refoulé par le passage du projectile était la cause supposée de ces désorganisations intérieures sans lésions superficielles; mais on sait pertinemment de nos jours que l'obliquité du choc et l'affaiblissement considérable de la force d'impulsion du projectile en sont la cause. — Nous dirons encore quelques mots des *plaies envenimées*. Elles sont principalement remarquables par la complication d'un véritable empoisonnement; aussi la blessure extérieure n'est-elle que secondaire en elle-même, et la gravité réelle dépend-elle surtout de l'animal qui l'a faite. Les moins graves de ces plaies sont celles des abeilles; mais encore leur nombre peut-il occasionner des symptômes graves, et l'on cite même des cas de mort survenus à leur suite. Les vipères sont, pour ainsi dire, dans nos climats, les seuls animaux dangereux, mais on s'est beaucoup exagéré les conséquences funestes de leurs blessures. La morsure des animaux enragés sera l'objet d'un article spécial. On doit encore considérer comme plaies envenimées celles résultant d'instruments empreints de matières toxiques, et principalement les piqûres opérées en disséquant ou dans les autopsies cadavériques, surtout si les individus ont succombé à une affection gangréneuse, comme la pustule maligne, le charbon. C'est aux mots VENIN, VIPÈRE, CHARBON, etc., qu'il sera question de ces différents cas; contentons-nous de dire ici, d'une manière générale, que la cautérisation est, dans tous, le premier soin à donner.

Dans le traitement des plaies, une bonne position de la partie blessée est de la plus haute importance; sans elle tous les autres moyens peuvent devenir infructueux. Cette position doit être telle que les surfaces opposées se trouvent en contact et que la partie ne soit pas dans une situation déclive qui ne manquerait pas d'amener un engorgement funeste. Le pansement doit ensuite être aussi simple que possible; s'il y a lieu de réunir, par première intention, on aidera la position par des bandelettes agglutinatives et autres moyens contentifs, soutenus, au besoin, par un bandage unissant. La plaie doit-elle, au contraire, suppurer, le pansement se composera de charpie sèche ou enduite de cérat et d'un appareil simple : dans tous les cas, le repos le plus absolu est indispensable. Lorsque les plaies offrent quelque étendue, il faut s'attendre au développement de symptômes fébriles et s'efforcer, à l'avance, d'en modérer l'intensité par un régime adoucissant : diète absolue dans le principe, boissons émollientes ou acidulées. L'appareil sera, pendant les trois ou quatre premiers jours, arrosé avec de l'eau fraîche : cette méthode, malheureusement trop négligée dans la pratique civile, par suite de la répugnance et des préjugés des malades, ne saurait cependant être trop recommandée. Nous avons vu, par son secours, obtenir la guérison, par première intention, de plaies d'une grande étendue et compliquées de circonstances qui ne permettaient pas d'espérer, au premier abord, cet heureux résultat, et, alors même que l'on ne parvenait pas à guérir par première intention, les accidents consécutifs étaient modérés et la marche de la maladie évidemment simplifiée. — La levée du premier appareil ne doit avoir lieu que vers le troisième ou le quatrième jour en été, et le quatrième ou le cinquième en hiver; à cette époque, la suppuration a décollé les parties de linge et la charpie, dont l'enlèvement se fait alors sans aucune douleur, ce qui, certainement, n'aurait pas lieu si l'on y procédait, comme autrefois, au bout de vingt-quatre ou trente-six heures. Les pansements suivants se font, en général, chaque jour, à moins que des circonstances spéciales n'engagent à les éloigner davantage. C'est, du reste, une erreur fort répandue que de regarder les pansements fréquents comme favorables à la cicatrisation; des expériences décisives ont mis hors de doute qu'ils s'opposaient à la prompte guérison, aussi bien que l'habitude de laver et d'essuyer avec soin la surface suppurante. Des chirurgiens militaires ont obtenu de brillants succès en supprimant tout à fait les pansements pour ne lever l'appareil qu'au bout de vingt ou trente jours, ou même six semaines, alors qu'ils pensaient que la cicatrisation était formée; mais ce procédé est fort pénible pour les malades à cause de l'odeur infecte que répandent les pièces d'appareil imbibées de pus, et, en outre, ne permet pas de reconnaître la formation de clapiers purulents auxquels il est important de donner une prompte issue. Les plumasseaux de charpie qui doivent toucher immédiatement la plaie seront, dans le principe, enduits d'une légère couche de cérat dont l'effet est adoucissant comme topique, et, de plus, empêche l'adhésion au pourtour des plaies, et, par suite, les tiraillements et les déchirures; vers l'époque de la guérison; au contraire, alors que les plaies sont inertes et que le travail de la cicatrisation languit, on trouve de l'avantage à remplacer le cérat par des substances plus irritantes. Les plaies n'offrent, en général, de danger que par leurs complications ou l'abondance excessive de la suppuration qu'elles occasionnent et à laquelle les forces du malade ne peuvent suffire. L. DE LA C.

PLAIES D'ÉGYPTE. — On appelle ainsi les calamités publiques et les châtiments

prodigieux par lesquels Dieu punit l'obsti-
nation de Pharaon et des Egyptiens qui ne
voulaient pas permettre aux Israélites de
sortir de l'Egypte où ils gémissaient dans la
servitude la plus cruelle. —La première plaie
fut le changement des eaux du Nil en sang.
Dieu punissait ainsi les ennemis de son peuple de la barbare cruauté par laquelle ils
avaient rendu, en quelque sorte, les eaux
du Nil des eaux de sang, lorsqu'ils noyèrent
dans ce fleuve tous les enfants mâles des
Israélites. — La seconde plaie fut une quantité innombrable de grenouilles dont l'Egypte
fut remplie et qui infestèrent même le palais
de Pharaon. — Moïse frappa la terre avec
la verge qu'il tenait à la main, et une troisième calamité affligea tout le territoire des
Egyptiens ; la poussière se changea en une
nuée de moucherons qui tourmentaient cruellement les hommes et les animaux. Dieu, qui
avait bien voulu jusque-là permettre aux
magiciens de contrefaire les prodiges opérés
par Moïse en cette occasion, reprit, à ce
troisième miracle, les droits de sa toute-
puissance. Les magiciens furent forcés d'a-
vouer qu'ils étaient vaincus. Ils s'écrièrent :
Le doigt de Dieu est ici, et ils ne purent imiter l'œuvre du chef d'Israël. — La quatrième
plaie fut une multitude de mouches fort
dangereuses qui se répandirent dans tout le
pays : l'air et la terre en étaient infestés.
— La cinquième fut une peste subite qui fit
périr tous les troupeaux des Egyptiens, sans
nuire à ceux des Israélites. — A la sixième
plaie, des ulcères pestilentiels attaquèrent
les hommes et les animaux : ce fléau sévit
fortement contre les magiciens de Pharaon
et les empêcha de se présenter devant ce
prince. — La septième plaie fut une grêle
épouvantable, unie aux éclairs et au bruit
terrible du tonnerre ; elle frappa de mort les
hommes et les animaux qui étaient dans les
champs, épargnant cependant le seul pays
de Gessen, habité par les enfants d'Israël.
—Une nuée de sauterelles ravagea les fleurs,
les fruits et les moissons, et détruisit tout
ce que la grêle n'avait pas atteint : ce fut le
huitième fléau.—Celui qui lui succéda fut plus
effrayant encore : des ténèbres épaisses enve-
loppèrent, pendant trois jours consécutifs,
toute l'Egypte, à la réserve du seul quartier
des Israélites.— La dernière et la plus cruelle
de ces calamités fut la mort de tous les
premiers-nés des Egyptiens. Ces infortunés
furent tous frappés, dans la même nuit, par

l'ange exterminateur, depuis l'enfant premier-né de Pharaon jusqu'au premier-né du
dernier des esclaves et des animaux. Cette
terrible calamité vainquit enfin la résistance
de ce prince, il laissa partir les Israélites. —
Pour qu'on pût se rappeler plus facilement
l'ordre et le nombre des plaies de l'Egypte,
un auteur les a exprimées par les cinq vers
suivants :

Prima rubens unda est, ranarum plaga secunda ;
Inde culex terris, post musca nocentior istis ;
Quinta pecus stravit ; anthraces sexta creavit ;
Post sequitur grando, post bruchus dente nefando ;
Nona tegit solem, primam necat ultima prolem.

Il est facile de démontrer que les plaies
de l'Egypte n'ont pas été, comme certains
écrivains l'ont prétendu, des événements
naturels dont Moïse aurait habilement profité
pour tromper Pharaon et lui enlever le peuple d'Israël.

1º Ces faits sont l'accomplissement d'une
prophétie faite à Abraham plus de quatre
siècles auparavant et énoncée en ces termes
au livre de la *Genèse*, c. xv, v. 14 : « J'exer-
« cerai mes jugements sur la nation qui tien-
« dra votre peuple dans l'esclavage, et les
« enfants d'Israël emporteront les richesses
« de leurs ennemis. » Aussi, aux premiers
prodiges faits en leur présence, les Hébreux
reconnurent que le jour de leur délivrance
était arrivé.

2º Ces faits ne doivent pas être considérés
isolément et sans aucun rapport avec les circonstances dans lesquelles ils ont été opérés.
Il faut les envisager dans leur réunion, dans
la manière dont il ont été produits, et ne pas
oublier leur destination ni le but que se
proposait leur auteur. Un ou deux de ces
fléaux pouvaient, en effet, affliger l'Egypte
sans qu'on eût dû conclure de là l'existence
d'un miracle ; mais tous ces désastres fon-
dant à la fois sur un peuple, arrivant tous
précisément à l'instant prédit par l'homme
extraordinaire qui se dit l'envoyé de Dieu,
naissant au mouvement de la baguette qu'il
tient à la main, cessant dès qu'il adresse au
ciel sa prière, épargnant les Hébreux et leurs
possessions situées au milieu du territoire
des Egyptiens, si rigoureusement et si universellement frappés, voilà des faits qu'il est
impossible de ranger dans la catégorie d'é-
vénements naturels ; ce sont de vrais prodiges, à la vérité desquels de vains sophismes
ne pourront jamais porter atteinte. (*Voy.* les
articles MOISE, MIRACLES, MAGIE,

Les magiciens qui ont imité les miracles de Moïse ont-ils, par l'intervention du démon, opéré de véritables prodiges? Quelques interprètes de la sainte Ecriture l'ont pensé; mais d'autres, en plus grand nombre, ont crû, avec plus de vraisemblance, que leurs opérations magiques ne dépassaient pas les limites de l'adresse et de la subtilité naturelle. Le récit de l'Ecriture semble militer en faveur de cette opinion; il y est dit, *Exod.*, c. VII, v. 11 et 17, c. VIII, v. 2, qu'*ils contrefirent* les œuvres de Moïse par des *enchantements* et des *pratiques secrètes*. (*Voy.* MAGIE.)   L'abbé A. M. TOUZÉ.

PLAIN-CHANT (*mus.*), chant ecclésiastique, chant des hymnes, des antiennes, des psaumes, des répons, des proses et de quelques autres pièces de l'office divin. Tous les peuples ont senti le besoin d'exalter par leurs chants la grandeur de Dieu; les accords de la harpe, de la cythare, du psalterium, du tympanum, mariés au son éclatant de la trompette de corne et des cymbales retentissantes, se mêlaient au chant des Hébreux chantant l'hymne à Jéhovah : *Cantate Domino, psallite Domino in cythará et voce psalmi, in tubis ductilibus et voce tubæ corneæ; laudate eum in sono tubæ, laudate eum in psalterio et cytharâ, laudate eum in tympano et choro, laudate eum in chordis et organo, laudate eum in cymbalis bene sonantibus, laudate eum in cymbalis jubilationis* (ps. 150).— Les païens célébraient aussi par des chants la gloire de leurs dieux; les Grecs et les Romains avaient emprunté à l'Inde, à l'Egypte, à la Judée la harpe, le trigone, la cynuare, dont les accords, unis aux sons du chélys, du phormiüm, de la lyre, invention d'Apollon, accompagnaient les hymnes consacrées à Jupiter, aux dieux de l'Olympe, aux demi-dieux des temps héroïques et fabuleux. Les premiers chrétiens chantèrent aussi les louanges du Créateur : on dit qu'ils empruntèrent à la Grèce antique ses mélodies les plus pures, et que, sur ces créations, ils composèrent leurs saints cantiques, ainsi qu'ils élevèrent des autels sur les débris des temples païens. Cependant il faut croire que, inspirés par la religion nouvelle, ils auront, dans leur ardeur brûlante, enfanté quelques-uns de ces chants sublimes, dignes de s'élever jusqu'au trône du Créateur, avec l'encens du tabernacle. Mais cette belle musique allait tomber aux mains des barbares; ces suaves mélodies, qui faisaient pleurer saint Augus-

tin (*quantum flevi in hymnis et canticis suave sonantibus*), allaient disparaître avec les derniers vestiges de la civilisation. Ce fut, dit-on, au IVᵉ siècle de l'ère chrétienne que saint Ambroise, archevêque de Milan, inventa le plain-chant : cela veut dire, sans doute, que, le premier, il donna une règle et des formes au chant ecclésiastique. Ce chant fut appelé *ambrosien*, du nom de son auteur. Au VIᵉ siècle, saint Grégoire le Grand voulut restaurer ce chant, dont la trace se perdait de jour en jour; on l'appela *chant grégorien* : c'est celui dont on se sert encore aujourd'hui dans la plupart des églises. Mais, hélas! pour arriver jusqu'à nous, il lui a fallu traverser bien des siècles, et les premiers chrétiens auraient de la peine à reconnaître leur œuvre. Les belles mélodies grecques étaient déjà fort altérées au temps de saint Grégoire; les siècles futurs se chargèrent de les gâter encore : alors le plain-chant perdit le rhythme que saint Ambroise avait su lui conserver; avec le rhythme et la cadence disparut toute énergie, et les chants les plus passionnés se changèrent en psalmodie monotone. Saint Bernard atteste que le chant grégorien fut corrompu même à Rome. Et par quel miracle, en effet, aurait-il pu se conserver dans sa pureté? Les chantres savaient à peine lire; d'ailleurs les livres avaient disparu; la tradition, les souvenirs seuls restaient : un chantre apprenait par cœur à son élève ce qu'il avait pu retenir de la leçon que son maître avait confiée à sa mémoire. — Les choses en étaient là lorsque Pépin monta sur le trône de Childéric. — Le pape Etienne III, que menaçait le roi des Lombards, étant venu en France pour demander des secours au roi, Pépin profita de cette circonstance pour se faire sacrer dans l'église de Saint-Denis. Le pape Etienne voulut célébrer la solennité du sacre avec toute la pompe du catholicisme; il appela à Paris ses chantres et ses chapelains, et fit avec eux un long séjour à l'antique abbaye, afin que la chapelle de Pépin fût instruite du chant et des cérémonies romaines; mais ses pieux essais furent infructueux. Cette pièce curieuse, que nous lisons dans l'*Histoire de la chapelle des rois de France*, ne saurait laisser aucun doute à cet égard :

« ... Cette réformation de chant ne dura « guère ny à la cour, ny parmy les églises « de France. Bientôt après la mort du roi « Peppin, Charles, son fils, y rencontra un « aussi grand désordre que jamais, et cela

« fut cause que l'empereur demanda au pape
« Adrien Ier des chantres pour instruire les
« prêtres de France. Le moine de saint Gal
« dit que le pape lui envoya douze chantres
« et des mieux chantans, en l'honneur des
« douze apôtres ; que ces chantres du pape,
« partant de Rome, comme les Grecs et les
« Romains ont toujours été envieux de la
« gloire des François, complotèrent ensem-
« ble de diversifier tellement le chant, que
« jamais les François ne pourraient appren-
« dre une même harmonie, si bien qu'estant
« arrivés à la cour de Charles, après avoir
« été honorablement reçus, ils enseignèrent
« les François avec tant de corruption, que
« l'empereur, les trouvant tous si différens
« et discordans, s'en plaignit au pape, le-
« quel, les ayant fait appeler à Rome,
« condamna les uns au bannissement et
« les autres à tenir prison perpetuelle. »
Alors Charlemagne envoya auprès du pape
des clercs de sa chapelle pour apprendre le
chant. Les deux antiphoniers donnés par
Etienne au roi Pépin, et déposés l'un à
Saint-Denis, l'autre à Soissons, avaient disparu. Pour aider la mémoire et la tradition,
on plaçait au-dessous ou au-dessus d'une ligne des points qui indiquaient que l'intonation devait monter ou descendre ; un trait
indiquait un silence, une liaison. Quelques
livres, ouvrages informes de copistes inha-
biles, ne laissaient voir aucune trace de note
ou de clef ; tout était abandonné à l'inexpé-
rience de chantres ignorants. Cependant ces
points ont servi de base à la notation qui est
maintenant adoptée par toutes les nations
européennes. Il serait difficile de fixer aujourd'hui l'époque précise où les notes du
plain-chant ont été imaginées ; mais on doit
tenir pour certain que les Grecs et les Romains se servaient, pour exprimer les diverses intonations de leur échelle musicale, des
lettres de l'alphabet diversement combinées
ou tronquées. Pour retrouver la trace des
notes avec leurs noms, il faut remonter aux
manuscrits du XIe siècle ; mais rien ne prouve
que cette invention ne date pas d'une épo-
que plus reculée. On attribue communément
l'invention des syllabes *ut, re, mi, fa, sol, la,*
dont on fait usage aujourd'hui, à un moine
italien nommé Gui d'Arezzo, qui les aurait
tirées de l'hymne à saint Jean, dont les paroles sont :

Ut queant laxis *resonare* fibris
Mira gestorum *famuli* tuorum,

solve polluti *labii* reatum,
Sancte Joannes.

Cinq siècles plus tard, un Flamand ajouta
le nom de *si* aux six premiers, et compléta
la série qui forme la gamme, nom tiré d'une
note grecque appelée *gamma* et représentée
par le gamma, troisième lettre de l'alphabet.
— Au reste, il est bon de remarquer que, à
cette époque, il n'y avait pas de système uniforme de signes pour écrire la musique : chaque maître avait le sien ; il le transmettait à
ses élèves, et l'on ne pouvait guère passer
d'un canton dans un autre sans être obligé
d'en étudier un nouveau. Chaque diocèse,
chaque église, chaque couvent chantait à sa
manière. Certains couvents, voulant donner
à leur chant l'empreinte de la monotonie du
cloître, s'avisèrent de psalmodier sur deux
notes. Au XVIIe siècle, une foule d'ecclésiastiques composèrent du plain-chant, firent
un usage anormal des principales cordes to-
nales, introduisirent des intervalles inusités,
et inventèrent un rhythme mondain en opposition à la gravité du chant romain. Enfin, vers
le milieu du XVIIIe siècle, un plain-chant
plus orné, mais moins simple et moins beau
que le chant grégorien, s'introduisit dans les
églises de Paris et prit le nom de *plain-chant
parisien.* — Ce n'est donc qu'horriblement
mutilé que le plain-chant a pu pénétrer jusqu'à nous ; beaucoup d'hymnes, et des plus
belles, ont été défigurées. Tel que les temps
nous l'ont transmis, le plain-chant offre encore des fragments précieux de l'ancienne
mélodie. Les hymnes *Ad cœnam agni providi,
Vexilla Regis, Ut queant laxis, Christe Re-
demptor omnium, Conditor alme siderum,
Pange lingua, Ave maris stella, Salve Regina,
Rorate, Cantate Domino, Veni sancte, Lauda
Sion;* les antiennes *Veniet ecce Rex, Leva Je-
rusalem...,* sont des chefs-d'œuvre de style
religieux.— Le plaint-chant se note sur quatre lignes, dont la réunion s'appelle une *portée.* La portée sur laquelle on écrit la musique est composée de cinq lignes : cette cinquième ligne a été ajoutée, parce que l'étendue de l'échelle musicale est beaucoup plus
grande que celle du plain-chant, qui se renferme presque toujours entre les huit notes
de la gamme. — La clef est un signe qui se
met au commencement des portées, pour indiquer le degré d'élévation ou de gravité des
notes qui y sont placées. Le plain-chant fait
usage de deux clefs : la clef d'*ut,* qui se pose
sur la troisième et la quatrième ligne, rare-

ment sur la deuxième, et la clef de *fa*, qui ne se pose que sur la troisième. La musique emploie une troisième clef, la clef de *sol* : cette clef, destinée aux voix et instruments aigus, ne pouvait convenir à la gravité du chant d'église. — Le plain-chant ne connaît que deux espèces de notes : la longue ou carrée, à laquelle on ajoute quelquefois une queue, et la brève, qui est en losange. Le rhythme étant banni du plain-chant, on n'avait pas besoin de ces divisions en moitié, tiers, quart, sixième, huitième, trente-deuxième, soixante-quatrième de mesure, que la musique représente au moyen des blanches, noires, croches, doubles, triples, quadruples croches. — De même qu'il n'y a que deux formes de notes pour exprimer la durée d'une intonation, de même aussi il n'y a que deux signes pour exprimer la durée d'un silence; ces signes sont la grande et la petite barre. Toujours pour cause d'absence du rhythme, la nécessité de la division en pause, demi-pause, soupir, quart, huitième de soupir ne se fait pas sentir dans le plain-chant comme dans la musique. — Le guidon indique où sera située la note suivante dans l'autre ligne. Le bémol se place sur le *si* pour l'abaisser d'un demi-ton. Le point placé entre deux notes brèves augmente la précédente et diminue la suivante. On lie deux brèves ensemble au moyen d'un trait qu'on appelle *liaison*. Enfin le dièse, placé devant une note, élève d'un demi-ton l'intonation de cette note. — Dans toute pièce de musique, la terminaison se fait sur la première note de l'échelle du mode, et la basse doit finir sur cette note essentielle, qu'on appelle *tonique*. Dans le plain-chant, au contraire, toutes les notes de la gamme naturelle, à l'exception de la septième, *si*, peuvent être prises pour finale ou note de repos. Les tons sont au nombre de huit : quatre appelés *authentiques* ou *impairs*, quatre nommés *pairs* ou *plagaux*. Les premiers furent, dit-on, apportés par saint Ambroise ; ils ont leur finale à un degré l'un de l'autre, *re, mi, fa, sol*; ils correspondent, le premier, au mode dorien des Grecs ; le deuxième, au mode phrygien ; le troisième, au mode éolien ; le quatrième, au mode mixto-lydien. On prétend que les quatre tons plagaux furent ajoutés à ceux-ci par saint Grégoire ; ils correspondent aux modes hyperdorien, hyperphrygien, hyperéolien et hypermixto-lydien de la musique grecque. Pour moduler, il faut avoir soin de passer successivement d'un ton authentique au ton plagal correspondant, et de revenir de celui-ci au ton authentique qui lui correspond : c'est de là qu'est venue la dénomination d'*impairs* pour les premiers, et de *pairs* pour les seconds. Outre sa finale, chaque ton a encore une note remarquable, qui est la dominante, sur laquelle se fait toute la psalmodie. Tout mode impair ou authentique a sa dominante à la quinte de la tonique, excepté le troisième, qui a sa dominante à la sixte. Tout mode pair ou plagal a sa dominante à la tierce au-dessous de celle du mode impair qui lui correspond, excepté le huitième, qui a pour dominante la seconde au-dessous de la dominante de l'authentique qui lui correspond. Voici, du reste, le tableau des huit tons dans l'ordre qui doit suivre toute bonne modulation :

1er ton, auth., finale D, dominante A, à la quinte de la finale *re, la*;

2e ton, plag., finale D, dominante F, à la tierce de la finale *re, fa*;

3e ton, auth., finale E, dominante C, à la sixte de la finale *mi, ut*;

4e ton, plag., finale E, dominante A, à la quarte de la finale *mi, la*;

5e ton, auth., finale F, dominante C, à la quinte de la finale *ut, sol* ou *fa, ut*, sans *b*;

6e ton, plag., finale F, dominante A, à la tierce de la finale *ut, mi* ou *fa, la*, sans *b*;

7e ton, auth., finale G, dominante D, à la quinte de la finale *sol, re*;

8e ton, plag., finale G, dominante C, à la quarte de la finale *sol, ut*;

Outre ces huit tons réguliers, il en est plusieurs autres nommés tons irréguliers, dont l'usage est beaucoup moins fréquent.

PLAINE (*accept. div.*), du latin *planities*. — On donne ce nom aux différentes parties des continents ou des îles dont la surface est sensiblement horizontale, unie ou sillonnée d'ondulations peu profondes, larges, étendues et bien distinctes des vallons ou des vallées. «Elles sont rarement d'une horizontalité parfaite, dit Malte-Brun; la rondeur de la terre rend cela impossible à l'égard de toute *plaine* d'une étendue considérable ; presque toujours elles sont inclinées vers quelque point de l'horizon.» Cependant cette déclivité n'étant pas toujours assez sensible pour l'écoulement des eaux, les plaines deviennent d'immenses marais fangeux. C'est pour cette raison que la vaste *plaine* de la Mitidja en Afrique est on ne peut plus malsaine ; sa position trop horizontale conserve d'immenses amas d'eaux d'où s'exhalent bientôt des vapeurs insalubres. On rencontre des plaines dans toutes les diverses espèces de terrains, sous tous les climats, à toutes les hauteurs. Lorsqu'une *plaine*, cependant, s'élève à plus de 400 mètres au-dessus du niveau de la mer, elle devient *plateau*. Les *plaines* présentent tous les degrés de fécondité, mais souvent elles ne sont couvertes que d'une végétation stérile et parasite : alors elles prennent, suivant les divers pays, les noms de *steppes*, *savanes*, *landes*, *pampas*, *llands*; quand elles sont tout à fait stériles, ne présentant, sur leur vaste surface, ni eau ni végétation, on les appelle *déserts*. — Dans la langue héraldique, on nomme *plaine* la pointe de l'écu, quand il est coupé en carré et qu'il reste sous le champ une partie peinte d'un autre émail. La plaine était quelquefois un signe de bâtardise, parce que les enfants légitimes descendant des bâtards, ayant ôté la barre, le filet ou traverse que portaient leurs pères, devaient couper la pointe de leur écu d'un autre émail, ce qui formait une *plaine*. — Pendant la révolution, on nommait *Plaine* le parti opposé à celui de la *Montagne*, parce que les membres de cette partie de l'assemblée, toujours plus calmes et plus modérés, siégeaient sur les gradins les moins élevés de la salle des séances ; leurs adversaires prenaient place, au contraire, sur les gradins supérieurs. La *Plaine*, qu'on nommait aussi le *Marais*, succomba dans sa lutte contre la Montagne.　　　　　ED. F.

PLAINTE (*jurispr.*). — La plainte a une grande analogie avec la dénonciation, quoiqu'il n'existe pas entre ces deux expressions une identité parfaite : la dénonciation est l'avis d'un fait criminel donné par une personne quelconque aux agents de l'autorité judiciaire ; la plainte est la dénonciation d'un crime ou délit, émanée de la personne qui en a été victime. Elle peut être portée devant le juge d'instruction ou le procureur du roi, devant les officiers de police judiciaire du lieu où le crime ou délit a été commis, ou devant les officiers du domicile ou de la résidence du prévenu. Si le juge d'instruction devant lequel la plainte a été portée n'appartient à aucune de ces trois catégories, il la renvoie devant le juge compétent, qui en ordonne la communication au procureur du roi, pour être par lui requis ce qu'il ap-

partient. Les plaintes adressées au ministère public doivent être par lui transmises au juge d'instruction avec son réquisitoire ; celles présentées à ses officiers auxiliaires sont par eux envoyées au procureur du roi et transmises par lui au juge d'instruction, aussi avec son réquisitoire. Les plaintes sont rédigées par les plaignants ou leurs fondés de procuration spéciale, ou par le procureur du roi, s'il en est requis. Elles sont signées, à chaque feuillet, par cet officier, les plaignants ou leurs fondés de pouvoir : si ces derniers ne savent ou ne veulent signer, il en est fait mention. La procuration demeure annexée à la plainte, dont le plaignant peut se faire délivrer une copie, mais à ses frais. — La plainte est fréquemment le point de départ, l'origine d'une instruction criminelle ; cependant une poursuite peut exister indépendamment de toute plainte ; car l'exercice de la vindicte publique ne peut être soumis à la volonté des particuliers. La plainte peut même intervenir après l'instruction commencée, par une personne qui veut déclarer, devant le juge d'instruction, qu'elle entend se porter partie civile. La qualité de plaignant n'entraîne en aucune façon la qualité de partie civile ; les plaignants ne sont réputés partie civile que lorsqu'ils le déclarent formellement soit par la plainte, soit par acte subséquent, ou lorsqu'ils prennent, par l'une ou par l'autre, des conclusions en dommages-intérêts. Les plaignants peuvent se porter partie civile, en tout état de cause, jusqu'à la clôture des débats ; ils peuvent se départir dans les vingt-quatre heures, excepté, bien entendu, le cas où le jugement a été rendu ; car, alors, la partie civile qui a succombé ne manquerait jamais, pour éviter les frais, de se désister. Le désistement n'empêche pas le plaignant d'être tenu des dommages-intérêts envers le prévenu lésé par le fait seul de la plainte.

PLAISANCE (*géogr.*), seconde ville du duché de Parme. — Les Romains, pour assurer leurs conquêtes dans la Gaule cisalpine, fondèrent, l'an 535 de Rome, deux villes le long du Pô, c'est-à-dire Plaisance et Crémone. Dès son origine, ils envoyèrent à Plaisance une colonie, et ses habitants jouirent après des droits de citoyens de Rome ; elle fut comptée dans la tribu Voltinia et plus tard élevée au rang de municipe. Près de cette ville, Annibal défit les Romains ; ensuite Plaisance fut assiégée par Asdrubal et sut lui résister ; mais en l'an 553 de Rome, elle fut presque détruite par Amilcar. Toutefois elle se rétablit et augmenta même en puissance. Sous Auguste, qui divisa l'Italie en onze régions, Plaisance fut comprise dans la huitième. Selon les opinions les plus probables, ce ne fut que vers la moitié du IVe siècle de l'ère chrétienne que l'on eut quelque trace de l'église plaisantine. — Lorsque les barbares envahirent l'Italie, Plaisance passa par beaucoup de vicissitudes jusqu'à ce qu'elle fût soumise aux rois lombards ; ceux-ci, à leur tour, furent détruits par Charlemagne, et, dans le partage que ce prince fit de ses Etats entre ses fils, Plaisance fut assignée à Pépin. Elle obéit ensuite, tantôt aux empereurs francs, tantôt aux princes et aux ducs qui se disputaient la possession de l'Italie. Mais, lorsque la puissance impériale commença à s'affaiblir, Plaisance, comme les autres villes lombardes, s'érigea en république. Menacée d'être détruite par Frédéric Barberousse, l'exterminateur de Milan, elle se rendit à lui, mais fit ensuite partie de la ligue lombarde contre ce prince et fut comprise dans la paix de Constance dont les préliminaires furent dressés dans une de ses églises. Lorsque la guerre s'alluma entre Othon et Frédéric II, Plaisance se déclara pour le premier et brisa la puissance de Frédéric. Cependant les discordes intestines ne cessèrent pas et en peu de temps lui firent perdre la liberté en se donnant (1254) à Obert Pallavicino ; ensuite elle eut tour à tour beaucoup de dominateurs et, entre autres, un de ses citoyens, Albert Scotto ; dans le courant de deux siècles, elle ne fit que changer de maîtres, et fut tour à tour au souverain pontife, aux Français et à d'autres dominateurs de villes italiennes, mais le plus souvent elle appartint aux ducs de Milan, jusqu'à ce que, rendue par Jules II à l'Eglise, elle passa à ses successeurs Léon X, Adrien VI et Clément VII. A Clément VII succéda Alexandre Farnèse sous le nom de Paul III, qui donna en 1545 à son fils Pierre-Louis l'investiture de Parme et Plaisance, les érigeant en duché. Pierre Louis, favorisé du peuple, devint insupportable aux nobles, ce qui, joint aux craintes qu'inspirait à ces derniers la construction d'une forteresse qui faisait soupçonner d'avance les intentions du duc, fut la cause d'une conjuration dans laquelle il périt le 10 septembre 1547. Alors

don *Ferrante Gonzaga* s'empara de Plaisance au nom de l'empereur Charles-Quint ; mais le successeur de celui-ci, Philippe II, la rendit au duc Octave, fils de Pierre-Louis, qui fut obligé d'y entretenir une garnison espagnole. Octave fit prospérer le pays en lui procurant des avantages positifs. Cependant une conjuration fut ourdie, qui eut pour résultat la punition des conjurés. Alexandre, ayant succédé, dans le duché, à son père Octave, rendit célèbre son nom par des exploits guerriers dans la Flandre et en France. Ranuce, premier de ce nom, vécut constamment tourmenté de craintes, soit à cause du triste sort de Pierre-Louis, soit à cause de l'attentat contre Octave et d'une conjuration contre lui-même : en effet, les *Sanvitali de Parme*, avec plusieurs autres nobles, disent les historiens, conspirèrent (1611) contre lui ; il en tira une terrible vengeance. Edouard, son fils, lui succéda. Il consuma la vigueur de ses sujets dans des guerrés ruineuses et les chargea d'impôts insupportables ; mais ces dommages furent en partie réparés par son successeur Ranuce II. François, qui vint après lui, essuya de grandes vexations à cause de la guerre de la succession d'Espagne à la mort de Charles II. Antoine, qui régna après le décès de son frère François, mourut en 1731, et c'est en lui que s'éteignit la ligne masculine des Farnèses. Dès l'année 1718, le traité de la quadruple alliance entre l'empereur et les rois d'Espagne, de France et d'Angleterre avait pourvu à la succession des Etats de Parme et Plaisance dans les enfants d'Elisabeth Farnèse, reine d'Espagne, et cette succession fut confirmée dans des traités postérieurs. — Le souverain pontife protesta inutilement contre ces arrangements, qui empiétaient, disait-il, sur les droits de l'Eglise. L'infant don Carlos, fils de Philippe V et d'Elisabeth, prit possession de ces Etats ; mais, ayant fait peu après la conquête du royaume de Naples, il fit transporter dans sa nouvelle capitale tout ce qu'il y avait de beau et de riche aux palais des Farnèses dans les deux duchés. Ce fut alors que Parme et Plaisance, d'après les traités, passèrent sous la domination de l'Autriche. Marie-Thérèse, ayant succédé ensuite à son père l'empereur Charles VI, garda Parme et céda Plaisance au roi de Sardaigne Charles-Emmanuel III, qui la garda jusqu'à la paix d'Aix-la-Chapelle, par laquelle la couronne des trois duchés de Parme, Plaisance et Guastalla fut placée sur la tête de don Philippe de Bourbon, frère de don Carlos. Don Ferdinand, dernier duc de la race des Bourbons, succéda à son père Philippe en 1765, et régna jusqu'en octobre 1801. Plaisance, occupée par les républicains français en 1796, eut sa part des malheurs de la guerre. Peu de jours après la mort du duc, le résident de la république française auprès de lui, Moreau de Saint-Méry, prit possession des trois duchés d'après le traité d'Aranjuez (1801) et en fut nommé administrateur général. Parme et Plaisance furent réunies ensuite à l'empire français, et, à la chute de celui-ci, en 1814, données ensemble avec Guastalla à l'impératrice Marie-Louise, qui y règne encore. — L'université de Plaisance date de 1248 par privilége du pape Innocent IV; confirmée (1399) par Jean Galéas, duc de Milan, elle acquit de la renommée, grâce à ses savants professeurs. — La ville de Plaisance se trouve au milieu d'une vaste et agréable plaine, sur la rive droite du Pô, à 45° 2' 44'' de latitude et à 7° 21' 24'' de longitude du méridien de Paris, dans une enceinte de 4 milles et demi italiens. Elle a à peu près 30,000 habitants, des rues spacieuses, de beaux palais et de belles églises entre lesquelles se distinguent celle *delle Benedettine* (fermée), la *cathédrale, Saint-Sixte, Saint-Augustin* (fermée) et la *Madonna di Campagna*. Les meilleures peintures de ces églises sont de *Pordenone*, du *Guercino* et de *Lodovico Caracci*. Les deux statues équestres en bronze d'Alexandre et de Ranuce Farnèse que l'on voit sur la place sont très-estimées, surtout à cause de la beauté de la fonte. Les plus beaux de ses palais sont celui du Commun et la *Cittadella*, superbe résidence non achevée des Farnèses. Cette ville fut la patrie du pontife Grégoire X, du fameux jurisconsulte *plaisantin*, des médecins *Guillaume de Paliceto* et *Jules Casserio*, de *Lauren-Valla*, de *Ferrante Pallavicino*, de *Melchior Gioja*, de *Jean-Dominique Romagnosi*.

PLAISIR. — Ce mot a des acceptions diverses, et, pour cela, la définition n'en est point aisée. Le plaisir, soit qu'il se rapporte à une impression de l'âme ou à une excitation des sens, est déterminé par un accident passager : ce sentiment ressemble à du bonheur; il n'est pas le bonheur. Le bonheur est un état de durée; le plaisir est une jouissance fugitive : c'est cette différence qui trompe l'homme dans la poursuite des félicités. Comme il trouve le plaisir sous sa main, il le prend pour du bonheur : c'est un bonheur furtif; il laisse l'âme vide et souvent désolée. Aussi est-ce, au simple point de vue de la condition humaine, une admirable disposition du christianisme de détourner l'homme du plaisir. Fuir le plaisir, c'est le plus souvent aller au bonheur. — Il est une sorte de plaisir que la religion n'éloigne pas de l'homme, c'est le plaisir qui se rattache à des goûts de l'esprit : comme ces goûts ont un caractère de permanence, le plaisir qui en est produit peut ressembler à du bonheur; tel est le plaisir qui naît du goût des arts ou de la culture des lettres. Encore faut-il que ce plaisir ne soit pas un caprice, ou bien ne devienne pas une passion. Le plaisir, pour être vrai, a besoin d'être réglé. — Il y a un plaisir intime de l'âme sur lequel les moralistes ont disputé, c'est le plaisir que donne la vertu. L'homme, en faisant le bien, se rend témoignage de la liberté de ses actes, et ce témoignage est une satisfaction de la conscience. Il y a des moralistes qui disent : cette satisfaction est de trop; la vertu y perd de son mérite et de sa grâce. Odieux moralistes! Si l'homme se complaît en ses actes pour s'en faire un droit superbe à ses yeux comme aux yeux d'autrui, sa vertu en est altérée, sans nul doute : nous lui supposions une pensée de sacrifice, il était captivé par une pensée de vanité. La censure s'attaque à bon droit à cette faiblesse! Mais laissons à la vertu la jouissance d'elle-même. C'est une sorte d'égoïsme, disent les austères; oui, mais c'est un égoïsme qui se sacrifie. Quand l'amour-propre se borne à la poursuite de ce plaisir, il est bien près de ressembler à de l'héroïsme. — Epicure fit du plaisir un calcul appliqué à tous les actes de la vie; de là une école de matérialisme, où la vertu n'aurait de réalité qu'en ce qu'elle serait une sensation. La vertu n'est pas un système, elle n'est pas davantage un caprice; elle est un devoir, et le plus souvent ce devoir coûte au plaisir; c'est ce qui fait sa liberté et sa grandeur. — Le plaisir qui ne se rapporte qu'aux sens est une jouissance grossière : on lui donne le nom de *volupté*. Ce plaisir énerve l'homme et, l'énervant, elle l'abrutit. Le voluptueux est facilement criminel; non qu'il ait la volonté du crime, mais il n'en a point la haine. C'est ce qui explique les multitudes d'hommes devenus malfaiteurs et meurtriers, croyant n'être que vicieux. C'est pourquoi il est de si bonne et de si prévoyante morale de fortifier l'âme contre l'amour des plaisirs, même des plaisirs permis. — Parlerai-je de ce qu'on a appelé le *plaisir des dieux*, du plaisir de la vengeance? Le ciel païen, peuplé de passions et de vices, pouvait s'épanouir à un plaisir de cette sorte. Dans le christianisme, la haine est un supplice, la vengeance une lâcheté : le plaisir chrétien, c'est le pardon. — Il y a des plaisirs qui ne sont qu'un exercice : on dit les plaisirs des champs, les plaisirs de la chasse ou de la pêche; on dit aussi, dans un ordre d'exercice plus élevé, les plaisirs de la causerie, les plaisirs de la retraite et de l'étude. — Autrefois on parlait du *bon plaisir;* c'était le plaisir du roi. On a donné à ce mot un sens odieux, comme s'il eût signifié le caprice de la puissance. Chaque âge a son bon plaisir. Le bon plaisir des temps modernes est dans la volonté de ceux qui font les lois. La langue a peu changé; seulement le bon plaisir s'est déplacé, ce qui n'a guère adouci la nécessité de lui obéir.   L.

PLAN (*géom.*). — Le plan est à la surface ce que la ligne droite est à la ligne en général ; on le définit : *une étendue en longueur et en largeur telle, qu'une ligne droite peut s'y appliquer exactement dans tous les sens.* L'étendue, ayant essentiellement trois dimensions, un plan et, en général, une surface, n'a d'existence que dans la pensée du géomètre, qui considère l'étendue sous deux de ses dimensions, en faisant abstraction de la troisième. C'est par une opération semblable de notre esprit qu'il nous arrive journellement d'isoler certains modes tels que la couleur, la forme et le goût de la substance à laquelle ils appartiennent, pour les étudier plus à loisir. La géométrie s'occupant spécialement des polyèdres ou solides déterminés par les intersections de divers plans, on a dû préalablement étudier ces derniers et établir dans des théorèmes fondamentaux, soit leurs propriétés intrinsèques, soit les différentes relations qu'ils peuvent avoir entre eux et avec la ligne droite. Les limites et le but de cet article ne nous permettent d'en donner au lecteur qu'un aperçu rapide.

Propriétés intrinsèques du plan. — On peut évidemment faire passer une infinité de plans par une droite donnée, mais on ne peut en imaginer qu'un seul qui passe par trois points, non en ligne droite, d'où on conclut que *trois points non en ligne droite, et par conséquent les deux côtés d'un angle, les trois côtés d'un triangle et deux parallèles déterminent un plan.* De même qu'on peut considérer. la ligne droite comme la trace d'un point qui serait mû constamment dans une même direction, de même on peut imaginer le plan comme étant la trace d'une droite dont tous les points seraient mus simultanément suivant une direction uniforme.

Propriétés relatives des plans entre eux et avec la ligne droite. — 1° De ce que deux plans ne peuvent avoir trois points communs non en ligne droite, sans se confondre, il s'ensuit que *l'intersection de deux plans est une ligne droite.* 2° Une droite est perpendiculaire à un plan lorsqu'elle est perpendiculaire à deux droites qui se croisent à son pied dans ce plan : condition qui entraîne comme conséquence nécessaire la perpendicularité de cette même droite à toutes les droites possibles tracées dans ce plan et passant par son pied. Une droite est parallèle à un plan lorsqu'on peut l'imaginer indéfiniment prolongée sans le rencontrer jamais. 3° L'espace compris entre deux plans qui se coupent est un *angle dièdre* (angle à deux *faces*), lequel a pour mesure l'angle compris entre deux perpendiculaires abaissées dans ces deux plans à un même point de l'intersection commune. 4° Deux plans sont dits parallèles lorsqu'ils peuvent se prolonger indéfiniment dans tous les sens sans se rencontrer jamais, condition qui se trouve remplie pour deux plans simultanément perpendiculaires à une même droite. 5° On démontre sur les *angles dièdres* formés par l'intersection de deux ou plusieurs plans passant par une même ligne droite, comme aussi sur les diverses espèces d'angles qui résultent de l'intersection de deux plans parallèles par un plan sécant, des propositions correspondantes en tout point à celles qu'on établit sur les angles formés par des lignes droites dans les circonstances analogues. 6° Lorsque trois ou plusieurs plans qui se coupent se rencontrent en un même point, leur ensemble ou plutôt l'espace anguleux qu'ils comprennent constitue ce qu'on appelle un angle solide, lequel est *trièdre* (à trois *faces*), ou *polyèdre* (à plusieurs *faces*), suivant que le nombre des plans constituants est égal ou supérieur à trois. (*Voy.* POLYÈDRE.) — 7° Terminons en fixant l'attention des amateurs de ce genre de recherches sur une singulière analogie du plan considéré comme élément du prisme (*voy.* ce mot), avec la ligne droite considérée comme élément du triangle et du polygone. On peut démontrer sur les faces latérales du prisme triangulaire et sur la somme des angles qu'elles forment entre elles des propositions analogues à à celles qu'on démontre sur les côtés et sur les angles des triangles. On prouverait même, en considérant chaque arête du prisme triangulaire comme un sommet, et chaque parallélogramme latéral comme un côté pouvant être pris pour base, que le volume d'un tel prisme est égal au produit de sa base par sa demi-hauteur, proposition tout à fait semblable à celle qui apprend à évaluer l'aire d'un triangle. La comparaison se poursuivrait entre les polygones et les prismes polyangulaires; nous laisserons au lecteur le soin de la continuer. (*Voy.* CYLINDRE.)

PLAN INCLINÉ (*arts mécaniques*). — Le plan incliné est une des cinq machines simples qui forment les premiers éléments de la mécanique pratique. — Tout plan incliné à l'horizon constitue cette machine dont nous allons rapidement étudier les lois. — Si nous faisons abstraction du frottement ou de l'adhérence, il est visible qu'un corps quelconque, auquel diverses forces sont appliquées, ne peut être en équilibre sur un plan que lorsque la résultante générale des forces qui le sollicitent est perpendiculaire au plan; car, si cela n'était pas, la résultante pourrait se décomposer en deux forces, l'une perpendiculaire au plan et l'autre tangente à ce même plan, laquelle ferait mouvoir le corps. D'après cela, pour qu'un point pesant puisse être en équilibre sur un plan incliné, il faut que la résultante de toutes les forces qui le sollicitent, abstraction faite de la gravité, soit dans un plan vertical, perpendiculaire au plan incliné, c'est-à-dire perpendiculaire à l'intersection du plan incliné avec le plan

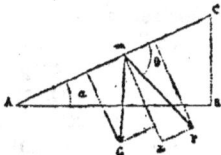

horizontal; car, si cela n'était pas, il serait impossible de composer la résultante des forces autres que la gravité avec cette der-

nière, de manière à obtenir une résultante finale perpendiculaire au plan incliné. — Cela posé, représentons le plan incliné coupé par le plan vertical dont il vient d'être question; et soient A B l'intersection du plan horizontal et A C celle du plan incliné; soit de plus *m* un point matériel sollicité par son poids G et par d'autres forces dont P est la résultante, et soient enfin α l'angle du plan incliné sur l'horizon et θ l'angle de la force P avec le plan incliné. Pour que l'équilibre soit réalisé, il faut, si l'on décompose P et G chacune en deux forces élémentaires, l'une parallèle et l'autre perpendiculaire au plan, que les deux composantes parallèles au plan agissent sur le point *m* en sens contraire et soient égales; or, d'après les notations adoptées, la composante de P en P cos θ égalant celle de G en G sin α, il faut donc que l'on ait :

$$P \cos \theta = G \sin \alpha.$$

Telle est l'équation d'équilibre la plus générale. Si la force P devient horizontale, l'angle θ devient égal à l'angle α, et l'on a :

$$P \cos \alpha = G \sin \alpha$$

ou

$$P = G \frac{\sin \alpha}{\cos \alpha} = G \tang \alpha;$$

et, si la force P devient parallèle au plan, l'angle θ devient nul, le cosinus θ égal à l'unité, et l'on a :

$$P = G \sin \alpha.$$

Maintenant, si nous remarquons que, en prenant A B pour rayon, B C sera la tangente de l'angle α, et que, en prenant A C pour rayon, la même ligne B C sera le sinus du même angle, et enfin, si nous appelons A B la base du plan que nous désignerons par *b*, si nous appelons A C la longueur que nous désignerons par *l* et si nous appelons enfin B C la hauteur du plan que nous désignerons par *h*, dénominations qui se trouvent justifiées, à simple vue, par la figure, les deux équations précédentes deviennent :

$$P = G \frac{h}{b} \text{ et } P = G \frac{h}{l}.$$

Ces équations traduites en langage ordinaire indiquent que, 1° pour retenir un point pesant sur un plan incliné au moyen d'une force horizontale, il faut que cette force soit au poids du point comme la *hauteur* du plan incliné est à sa *base*, et que, 2° pour retenir le même point par une force parallèle au plan, il faut que cette force soit au poids comme la *hauteur* du plan est *à sa longueur;* d'où il suit que la force horizontale nécessaire pour retenir un point pesant sur un plan incliné est plus faible que le poids du point, tant que *h* est plus petit que *b*, ou tant que l'angle *α* est plus petit que 45°, qu'elle lui devient égale lorsque l'angle *α* atténue 45°, et qu'elle est plus grande lorsque l'angle *α* dépasse cette limite, et que la force parallèle au plan nécessaire pour y retenir le point pesant est toujours plus faible que le poids, et d'autant plus faible que l'angle *α* est plus petit.

Quant à la pression exercée sur le plan, elle se trouve donnée par la somme de deux composantes de G et de P perpendiculaires au plan, lesquelles sont G cos *α* et P sin *θ*, de telle sorte que, en désignant cette pression par *π*, on a :

$$\pi = G \cos \alpha + P \sin \theta.$$

Le seul cas à considérer est celui où P devient parallèle au plan ; alors l'angle *θ* devient nul et son sinus aussi, de telle sorte qu'il ne reste plus que

$$\pi \; G \cos \alpha, \text{ ou } \pi = G \frac{b}{l}.$$

c'est-à-dire que la pression exercée sur le plan est alors égale au poids du point, diminué dans le rapport de la *base* du plan à sa *longueur.*

Tout ce que nous venons de dire, en l'appliquant à un point, pour plus d'exactitude mathématique, se trouve vrai pour un corps quelconque, avec cette restriction que la force qui tend à retenir le corps sur le plan incliné contre l'action de la gravité soit appliquée en un point du corps tellement disposé qu'elle ne le fasse pas se renverser sur sa base ou prendre un mouvement de roulement. Cette dernière condition se trouve satisfaite lorsque, en composant la force avec le poids du corps, la résultante vient percer le plan incliné en un point de la base par laquelle le corps y repose.

Tout ce que nous venons de dire pour le cas de l'équilibre s'applique, abstraction faite du frottement, lorsqu'il s'agit de faire mouvoir un corps sur un plan incliné, et en prenant le cas le plus simple et le plus naturel, c'est-à-dire celui où la force destinée à faire mouvoir le corps est parallèle au plan, il résulte de ce qui a été dit plus haut que le rapport de cette force avec celle nécessaire pour élever le corps verticalement sera le même que celui qui existe entre la hauteur du plan et sa longueur, de telle façon que cette force pourra être indéfiniment diminuée, en amoindrissant l'angle *α'* du plan avec l'horizon.

Lorsque l'on fait intervenir le frottement, lequel apparaît toujours dans les cas de pratique, les résultats que nous avons trouvés ci-dessus doivent être légèrement modifiés. Ainsi il résulte de l'intervention de ce phénomène qu'un corps pesant peut très-bien rester en équilibre sur un plan faiblement incliné, sans qu'aucune force étrangère l'y retienne ; l'équilibre ne cessera que lorsque l'angle acquerra une certaine valeur, toujours variable avec la nature du plan et du corps qui y repose et avec l'état plus ou moins poli des surfaces en contact ; cet angle où le glissement tend à se produire se nomme l'angle du *frottement.* Il résulte bien évidemment aussi de ce qui précède que, avec l'intervention du frottement, il faut une force moindre que celle que nous avons trouvée, pour retenir un corps sur un plan incliné, et une force plus considérable pour l'y faire mouvoir. Enfin une autre conséquence intéressante, qui en peut être également déduite, c'est que, pour faire remonter un corps le long d'un plan incliné, il y a une position de la force plus avantageuse que celle du parallélisme au plan ; en effet, en élevant davantage la direction de la force au-dessus de ce plan, on diminue un peu l'énergie de son action ; mais, d'autre part, on tend à soulever le corps et à diminuer son frottement ; en appliquant le calcul à cette question, on trouve, par des moyens simples, mais dont le développement ne peut cependant pas trouver place ici, que la position la plus avantageuse, pour la force, est de lui faire faire, avec le plan et vers le haut, un angle égal à l'angle de frottement.

Ce qui précède sert à montrer les immenses ressources que l'on peut trouver dans le plan incliné pour élever un corps à une certaine hauteur avec une force beaucoup moindre que son poids ; aussi cette machine simple reçoit-elle, à chaque instant, sous nos yeux, des applications nombreuses. Le plan incliné sert, en outre, dans les machines composées, à changer la direction d'un mouvement rectiligne et à lui donner une vitesse déterminée. Enfin l'on en trouve dans le *coin* (*voy.* ce mot) l'application la plus heureuse et la plus frappante. L. L. V.

PLANAIRES et PLANARIÉES (*zool.*). — L'étude des animaux inférieurs, soit par suite de l'imperfection des instruments d'optique, soit à cause de la difficulté de les trouver et de les conserver, a été négligée pendant bien longtemps; ce n'est même que depuis un assez petit nombre d'années que les zoologistes, voyant tout le parti que l'on pouvait tirer des études sur les classes inférieures du règne animal, se sont attachés spécialement à leur recherche et à leur anatomie. Ainsi les planaires et les planariées, en général, ne sont, pour ainsi dire, connues que depuis les travaux de Dugès et de Desmoulins, c'est-à-dire depuis une vingtaine d'années tout au plus. — C'est à Muller (zool. danoise) que l'on doit la création du genre planaire. Cet auteur y faisait entrer tous les animaux aplatis (d'où leur nom) d'une nature gélatineuse, contractile, presque toujours de petite dimension et de nature assez diverse, dans l'intérieur desquels il ne connaissait pas d'organes proprement dits. Ces petits êtres, tous essentiellement aquatiques, soit qu'ils habitent les eaux douces ou la mer, ont depuis été étudiés par tous les zoologistes, mais au point de vue extérieur seulement. Ce sont les auteurs dont nous avons cité les noms et auxquels nous joindrons MM. Fock et Baër, puis M. Ehrenberg, et, tout récemment, M. de Quatrefages, qui ont étudié anatomiquement ces animaux et nous ont fait connaître leur organisation intime. M. Ehrenberg s'est particulièrement occupé de mieux classer que ne l'avaient fait ses prédécesseurs les animaux compris d'abord dans le genre planaire. Il s'est appuyé pour cela sur les recherches anatomiques faites jusqu'à ce moment. A son exemple, avant d'exposer la classification nouvelle des planariées, nous croyons devoir donner quelques détails sur leur structure intime. — Le corps de ces animaux, soit à la vue simple, soit étudié sous un faible grossissement, paraît constitué par une substance gélatineuse homogène; mais, sous un grossissement plus fort, et en étudiant suffisamment ce que l'on voit, on reconnaît que le corps des planaires est entouré d'une sorte d'enveloppe cutanée formée de plusieurs couches de cellules et sur laquelle s'étend comme un vernis une substance transparente, d'une très-faible épaisseur. Celle-ci porte de toute part un grand nombre de cils vibratiles au moyen desquels l'animal exécute dans l'eau, où il est plongé, une assez grande variété de mouvements. En avant, sur la partie correspondant à la tête des animaux plus élevés, l'on distingue, en nombre très-variable, des petites taches constituant, suivant toutes les apparences, les yeux des planariées et des êtres voisins. De plus, dans différents genres, cette même partie présente des prolongements plus ou moins prononcés, analogues, jusqu'à un certain point, avec les tentacules de plusieurs espèces de mollusques; des prolongements semblables existent même quelquefois sur d'autres parties du corps. Si maintenant nous pénétrons dans l'intérieur du corps pour y découvrir les organes fondamentaux destinés à entretenir l'individu et à propager l'espèce, nous constaterons d'abord que le système nerveux, dans lequel réside essentiellement la vie, est ici considérablement réduit : un ganglion plus ou moins bilobé, à la partie antérieure du corps, et quelques filets se perdant bientôt dans les organes, constituent tout ce que nous pouvons en apercevoir. Nous ne voyons donc ici ni ganglions particuliers, comme chez les mollusques, ni chaîne longitudinale et noueuse comme chez les articulés supérieurs. — L'organe de la nutrition, l'appareil digestif, est, dans les planariées, d'une structure singulière et bien remarquable. La bouche d'abord, ou, pour mieux dire, l'ouverture faisant communiquer cet appareil avec le liquide ambiant, est placée sous le ventre soit au milieu, soit plus près de l'extrémité antérieure; elle est, de plus, munie d'une sorte de trompe et communique, par un court œsophage, avec la cavité stomacale généralement ample, mais de forme très-variable. Dans tous les cas, chez les planariées, celle-ci se ramifie, dans l'intérieur de tous les organes, en un grand nombre de petits canaux soit libres, soit anastomosés entre eux, de manière à simuler un réseau très-compliqué. L'aliment une fois introduit dans l'estomac, après avoir subi une décomposition suffisante, pénètre dans les divisions de l'appareil digestif, éprouvant, sans doute, en chemin d'autres modifications qui le rendent assimilable et porte ainsi aux organes les éléments réparateurs. En effet, dans les animaux dont nous parlons, le système respiratoire ainsi que l'appareil de la circulation ne sont nullement représentés.

Indiquons maintenant, à l'aide de ces données anatomiques, la classification proposée par M. Ehrenberg et admise aujourd'hui par tous les naturalistes. Ce célèbre zoologiste a séparé les planaires anciennes et quelques animaux voisins de la classe des vers où on les avait placés et proposé d'en former une classe particulière à laquelle il a donné le nom de TURBELLARIA. Cette classe comprenant tous les animaux organisés plus ou moins, comme nous venons de l'indiquer, est divisée en deux ordres, celui des *dendrocœlés*, présentant un appareil digestif ramifié comme nous l'avons fait connaître, et celui des *rhabdocœlés*, à intestin simple, muni de deux ouvertures distinctes. Cette différence anatomique est, on le voit, des plus dignes de remarque; mais cette organisation était inconnue de Muller, qui avait, par suite, mêlé, dans son genre planaire, des animaux de l'un et de l'autre de ces ordres. Les dendrocœlés ne constituent, dans l'ouvrage de M. Ehrenberg, que la famille des planariées, divisée suivant que les êtres qui y sont compris manquent d'yeux ou en présentent soit deux, soit trois, soit quatre, soit un plus grand nombre, et suivant qu'ils ont ou non, à la partie antérieure, des prolongements tentaculiformes. Il arrive ainsi à distinguer les genres suivants : typhloplana, planoceros, monocelis, planaria, ne comprenant plus que des espèces sans prolongements en forme de tentacules et munies de deux yeux; tricelis, tetracelis, polycelis et stylochus. A ces genres il convient d'en ajouter plusieurs autres établis par M. de Quatrefages pour des espèces très-remarquables de la Méditerranée, savoir : prosthiostomum, proceros et éolidiceros. Ce dernier genre est certainement l'un des plus intéressants de toute la classe à cause des prolongements existant sur le dos de l'animal et qui le font quelquefois ressembler à un mollusque du genre éolide. — L'ordre des rhabdocœlés est divisé en trois sections suivant que les deux ouvertures de l'intestin ne sont aucunement terminales, qu'une d'elles seulement présente ce caractère ou que les deux sont chacune à une extrémité du corps. La première section comprend, deux familles et quatre genres; la deuxième section, quatre familles et dix genres; la troisième enfin, deux familles et neuf genres. — Quant à la place que les planariées doivent occuper dans l'échelle animale, il semble aujourd'hui constant, lorsque l'on suit les dégradations successives des organes dans l'embranchement des annelés, que les êtres dont nous parlons doivent se placer, non plus dans la classe des vers avec les intestinaux comme le faisaient Lamarck et Cuvier, mais à la suite des hirudinées, en plaçant cependant entre les deux, comme intermédiaires, divers autres types plus élevés de la classe des turbellariés, tels que les pristomes et les némertes.   E. DUCHARTRE.

PLANCHE (*accept. div.*). — Ais ou pièce de bois de sciage large et peu épaisse dont on se sert surtout en menuiserie. La *planche* ordinaire des menuisiers a 12 pouces de largeur sur 13 lignes franc sciées d'épaisseur. On nomme *planches d'entrevous* celles qui n'ont que 9 pouces de largeur et 9 pouces d'épaisseur. Elles servaient surtout autrefois à être mises sur les solives des planchers quand le bois était apparent. La planche *de trappe* a plus de force; elle porte jusqu'à 16 pouces de largeur sur 2 pouces d'épaisseur. Le mot *planche* vient du grec πλάξ, *tabula*, d'où est venu le mot latin *planca*, dont Pline et Festus se sont servis pour désigner la même chose. — Au moyen âge, lorsque la gravure sur métal n'était pas encore découverte, les graveurs travaillaient sur de légères *planches* de bois qui servirent même, avant la découverte des caractères mobiles par Guttemberg, à l'impression des premiers livres nommés *donats;* de cet usage des tablettes de bois dans la gravure, le nom de *planche* resta aux feuilles de cuivre ou d'acier sur lesquelles les graveurs travaillèrent depuis, et, par suite même, aux estampes tirées sur ces *planches*. — En horticulture, on nomme *planche* un espace cultivé, plus long que large, et dans lequel se trouvent des fleurs. — En terme de labour, le champ est coupé en *planches* lorsqu'il est divisé par la charrue en compartiments planes, allongés et égaux entre eux. — Les ciriers nomment *planche à pain* une planche partagée en deux rangées de cinq trous, qui, percés chacun jusqu'à la moitié de son épaisseur, servent à donner la forme de pain à la cire qu'on y verse.

PLANCHER (*archit., archéol.*). — Construction horizontale de charpente ou de maçonnerie qui sépare les étages d'un bâtiment ou recouvre l'étage supérieur, soit au-dessous du comble, soit comme support d'une terrasse. On donne aussi le nom de *plancher* à l'aire de l'étage inférieur, quelle que soit sa nature (*voy.* PAVÉ); cependant on ne s'en sert point quand il s'agit d'un grand édifice : on ne dit pas le *plancher* d'une église. — Le *plancher* reçoit plusieurs appellations ou dénominations de la manière dont il est construit ou revêtu : ainsi on donne le nom de *plancher creux* à celui dont les entrevous, c'est-à-dire les intervalles entre les solives, restent vides, tandis que les deux faces supérieure et inférieure sont recouvertes par des lattes jointives, recouvertes elles-mêmes, celles du dessous, d'un enduit de plâtre ou de mortier de bourre (dit aussi *blanc en bourre*), formant plafond uni ; celles de dessus, d'une fausse aire de plâtre d'une certaine épaisseur, servant à recevoir le carreau : de *plancher enfoncé* à celui dont les solives demeurent apparentes en dessous ; de *plancher hourdé* à celui dont la charpente est recouverte d'ais ou de lattes maçonnés, pour recevoir les lambourdes d'un parquet ou d'un dallage ; de *plancher plein* à celui dont les entrevous sont remplis par de la maçonnerie. L'énorme poids de ce dernier genre de plancher l'a fait abandonner depuis longtemps. On a de même renoncé à l'ancien système de charpente , qui consistait à faire passer

FIGURE 1.

d'un mur à l'autre (*voy*. fig. 1) d'énormes poutres de 18 à 20 pouces et plus d'équarrissage, espèces de ponts servant d'appui, dans toute leur longueur, au bout de deux travées opposées de solives, dont l'autre bout allait s'appuyer également sur une autre poutre faisant le même service, ou se sceller dans l'épaisseur du mur. Si fortes que fussent ces énormes traverses, inévitablement apparentes au-dessous des plafonds, il n'était pas rare de les voir céder au poids considérable qui leur était imposé, dès qu'elles acquéraient une certaine longueur ; et, d'autre part, les entailles multipliées, pratiquées, à chaque étage , dans les murs pour le scellement des solives, affaiblissaient ceux-ci d'une manière nuisible à la solidité. Enfin l'augmentation

toujours croissante des constructions, les nombreux défrichements de forêts, l'aménagement à courtes périodes de celles demeurées sur pied ne permettant plus de se procurer, sans beaucoup de difficultés et de dépenses, des bois d'un équarrissage et d'une portée un peu considérable, comme l'exigeait ce système de construction, la nécessité de parer à tous ces inconvénients a conduit à l'adoption d'un système à la fois plus économique, moins compromettant pour la stabilité des murs, et qui offre, de plus, l'avantage d'éviter les disgracieuses saillies des poutres sur les plafonds. — Le système nouveau se compose, ainsi qu'on le voit par la fig. 2, de

FIGURE 2.

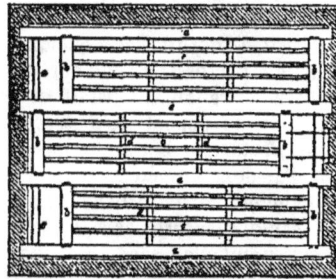

solives d'enchevêtrures *a*, de 8 à 9 pouces d'équarrissage, les seules qui soient scellées dans les murs ; de chevêtres *b*, disposés en chevauchement l'un par rapport à l'autre, pour éviter de trop affaiblir les enchevêtrures par la coïncidence des mortaises : ces chevêtres sont alternés de manière que les bois de remplissage soient tous de même longueur. Pour prévenir la rupture des tenons, le chevêtre est relié à la solive d'enchevêtrure, à chacun de ses bouts, par un étrier de fer. Les remplissages sont faits par des solives *c*, débitées à trois dans une solive égale aux solives d'enchevêtrure, qu'on pose de champ, à distances égales de 9 pouces, et qu'on bande, si leur portée le rend nécessaire, par un ou deux rangs d'étrésillons *d*, poussés avec force dans une légère coulisse. Lorsque le chevêtre est trop éloigné de la muraille, on place le long de celle-ci un faux chevêtre *e*.

On comprend d'un seul coup d'œil tous les avantages de ce système, le seul dont les principes sont en usage aujourd'hui : économie dans l'équarrissage des bois , meilleure distribution des charges et des résistances, ménagement des murs, suppression des saillies des anciennes poutres sur les plafonds. On manque à peu près de renseignements sur le système de construction des planchers de séparation des anciens dans les maisons d'habitation. Quant à celui des édifices, s'il faut voir, en effet, des bouts de poutres ou de solives dans les triglyphes et les modillons de la décoration des ordres, il aurait été extrêmement simple et se fût uniquement composé de pièces de bois de brin, portant des deux bouts sur les murs opposés, sans traverses de soutenement, puisque ces membres décoratifs n'en indiquent aucun. C'est, en effet, l'idée que donnent le peu de vestiges qui ont échappé aux incendies et aux ravages du temps. — Pour les planchers de l'étage inférieur des maisons, du rez-de-chaussée (sans cave), comme nous dirions, Vitruve nous apprend qu'on creusait d'abord le sol à quelque 5 ou 6 palmes de profondeur; qu'après avoir bien battu la terre on emplissait ce creux de mortier ou de ciment qu'on recouvrait de charbon fortement battu et entassé dans le ciment. Par-dessus on étendait une épaisse chape d'un enduit composé de chaux, de cendre et de sable, bien dressée à la règle, et, lorsque cet enduit était sec, on le polissait avec la pierre à aiguiser les couteaux. — Il est parlé du revêtement des planchers aux articles Marqueterie, Mosaïque, Parquet, Pavé. — On trouve, dans tous les temps et dans tous les pays civilisés, des traces de l'usage de couvrir les planchers de tapis; les Grecs et les Romains en faisaient venir de l'Inde, qui, dès la plus haute antiquité, a toujours joui du privilége de produire les plus beaux tissus et de les animer des plus belles couleurs. Sous les climats hyperboréens, les tapis de peaux molles rivalisent avec les tapis tissés. Ailleurs, ce sont les nattes plus ou moins grossières, plus ou moins élégantes. Au moyen âge, même après les croisades et les reflets des goûts orientaux qu'elles concoururent à répandre dans l'Occident, nous voyons nos rois faire couvrir de paille, de joncs ou de ramée les planchers de leurs appartements, et l'on peut croire que, dans ces temps où les guerres distrayaient si souvent des soins de l'agriculture, la paille était un objet d'un certain prix, puisque l'un de ces rois croit faire une libéralité à l'Hôtel-Dieu de Paris en le gratifiant de la vieille paille qu'on retirerait de ses appartements. — L'usage de

joncher les planchers s'était étendu jusqu'au sol des églises que l'on couvrait de paille ou de verdure aux grandes fêtes, usage que nous retrace encore ce qui se fait le jour de la Fête-Dieu aux endroits par où le saint sacrement doit passer. — On couvrait également de paille (feurre ou fouarre) le plancher des écoles sur lequel s'asseyaient les écoliers pour écouter les leçons des maîtres; une des rues du vieux Paris a conservé son nom pris de cette ancienne coutume.

Un dernier mot sur la construction des planchers. Les voûtes plates sont proprement des planchers en pierre; leur poids immense, la poussée qu'ils exercent sur les murs ne permettent de leur donner qu'une médiocre étendue, à moins que la portée ne soit divisée et soutenue par des colonnes rangées en files ou distribuées en quinconce, ce qui produit alors autant de planchers séparés. — On a fait aussi des planchers d'une seule pièce ou formés de ciment. Il en existe deux remarquables en France : l'un nous vient des Romains et se voit au vieux palais des Thermes, à Paris. Ce plancher, qui recouvre une pièce souterraine, servit, pendant longues années, de lieu de passage pour des voitures chargées, sans que l'on se doutât qu'elles passaient sur le vide. Lorsque l'état des choses fut reconnu, on n'aperçut rien sur cette simple plaque de ciment, de quelques centimètres seulement d'épaisseur, qui indiquât qu'elle eût aucunement souffert de ces ébranlements au bout de tant de siècles, tant les Romains savaient imprimer un cachet d'éternelle durée à tout ce qui sortait de leurs mains.

Le second exemple se voit sous les combles de la cathédrale de Dol. L'ouvrage exécuté par le moyen âge n'est pas moins hardi et d'une conservation moins parfaite que celui du palais des Thermes : il est vrai qu'il n'a pas servi à porter des voitures; mais il sert de passage aux ouvriers et aux matériaux pour les travaux qui se font aux parties supérieures de l'église. Il y a peu d'années, ces deux merveilles de construction étaient encore inconnues des architectes et des savants; l'auteur de cet article est le premier qui ait signalé celle de Dol. J. P. Schmit.

PLANCINE. (*Voy.* Pison.)

PLANCUS (Lucius Munatius), né en 73 avant J. C., fut tour à tour du parti d'Antoine et du parti d'Octave ; mais, s'étant enfin attaché à la fortune du dernier, il fut trois fois consul. Déjà, auparavant, il avait été proconsul en Gaule, où il avait rétabli, sinon fondé, la ville de Lyon, 45 ans avant J. C.; il était ami de Cicéron, et onze de ses lettres à ce grand homme ont été conservées. Horace, qui le comptait parmi ses protecteurs, lui avait adressé l'ode *Laudabunt alii*..... Son frère, *Plotius Plancus*, est célèbre par un trait de courage et d'humanité rare : proscrit par les triumvirs et contraint de se cacher, il sortit de sa retraite et s'offrit volontairement aux bourreaux, afin qu'on cessât la torture qu'on faisait subir à ses esclaves fidèles et refusant de le trahir.   ED. F.

PLANÈRE, *planera* (*bot.*).—Genre de plantes de la famille des ulmacées, de la pentandrie-digynie dans le système de Linné. Il est formé d'arbres et d'arbrisseaux qui croissent dans l'Amérique septentrionale et dans les parties de l'ancien continent comprises entre la Grèce et la mer Caspienne. Leurs feuilles sont alternes, ovales, dentées en scie sur leurs bords, un peu rudes; leurs fleurs, petites et nullement brillantes, sont hermaphrodites ou polygames par avortement, fasciculées, celles des fascicules inférieurs mâles, celles des fascicules supérieurs hermaphrodites ou plus rarement femelles. Leur périanthe est simple, presque campanulé, à quatre ou cinq divisions; leurs étamines sont au nombre de quatre ou cinq; leur ovaire est à une seule loge renfermant un seul ovule suspendu et surmonté de deux styles qui portent le stigmate à leur côté intérieur. Le fruit est une capsule coriace, qui ne s'ouvre pas à la maturité et qui renferme une seule graine. Ce genre renferme une espèce très-intéressante, la PLANÈRE DE RICHARD, *planera Richardi*, Mich., vulgairement nommée *zelkoua, orme de Sibérie*, grand et bel arbre de l'Amérique septentrionale et du Caucase, qui commence à se répandre dans nos contrées, où on ne saurait, au reste, trop recommander sa culture, à cause de son bois qui, sous plusieurs rapports, l'emporte notablement sur celui de l'orme. Ses rameaux jeunes sont pubescents ; ses feuilles ovales, oblongues, pubescentes à leur face inférieure, sont bordées de crénelures obtuses. Il ressemble assez à l'orme, mais il s'en distingue par son écorce lisse et unie, ainsi que par les caractères tirés de ses feuilles et de son fruit. Jusqu'à présent on l'a multiplié surtout en le greffant sur l'orme ou bien par marcottes, ses graines n'étant pas arrivées à l'état parfait. On cultive encore une autre espèce du même genre, la PLANÈRE A FEUILLES D'ORME, *planera ulmifolia*, Mich., qui croît naturellement dans l'Amérique septentrionale.

PLANÉTAIRE (*astron.*).—Ce mot comprend tout ce qui se rapporte aux planètes. Le *planetarium* ou *machine planétaire* sert à représenter les mouvements apparents des diverses planètes. La plus ancienne machine planétaire connue est une sphère construite en Chine sous le règne de Hoang-Ti, qui vivait 2,697 avant J. C. Aucun écrivain ne fait mention de machine analogue construite par les Chaldéens et les Egyptiens, quoique ces peuples cultivassent l'astronomie depuis leur enfance. Les machines planétaires ont été faites tour à tour d'après les divers systèmes en vigueur ; il y en a de nos jours une variété presque infinie, et l'on a parfois réuni sur un même instrument la représentation des divers systèmes astronomiques. — L'*année planétaire* est le temps employé par une planète à faire sa révolution autour du soleil ou de la lune. — Le *jour planétaire* est celui auquel, selon les anciens, présidait une planète. La semaine était partagée par eux entre les sept planètes ; les jours portent encore les noms de quelques planètes dans la plupart des langues (*voy.* SEMAINE). — Les *heures planétaires* sont, selon les anciens astrologues, celles où chaque planète domine plus fortement ; on a construit des tables pour ces heures.

PLANÈTES (*astr.*).—Au milieu de ce nombre infini de points étincelants dont la voûte céleste est parsemée et qui gardent entre eux une position à peu près constante, treize astres toujours visibles, quand ils ne sont pas plongés dans les rayons du soleil, se meuvent autour de lui suivant des lois fort compliquées dont la recherche est un des principaux objets de l'astronomie; on leur a donné le nom de *planètes*, d'un mot grec πλανάομαι, qui signifie *errer*, pour les distinguer des étoiles fixes. En observant avec quelque attention les phénomènes célestes, on parvient facilement à distinguer les planètes des étoiles, parce que celles-ci conservent continuellement entre elles leurs positions respectives, au lieu que les planètes douées d'un mouvement propre se déplacent d'une manière sensible, quoique lente. La lumière des planètes, quelquefois moins vive, n'est point vacillante. Les étoiles sont des corps lumineux par eux-mêmes ; les planètes sont, au contraire, des corps opaques qui ne devien nent visibles que parce qu'ils réfléchissent, comme la lune, la lumière du soleil. Observées au moyen d'un télescope, les planètes, à cause de leur proximité, offrent un diamètre sensible, tandis que les étoiles ne sont, pour nos lunettes les plus puissantes, que des points sans dimension. On rencontre toujours les planètes dans le voisinage de l'écliptique, celles du moins qui sont connues de temps immémorial.

Le système planétaire, d'après les découvertes les plus récentes, se compose de treize planètes principales, circulant continuellement dans des ellipses dont le foyer commun est le soleil : six seulement étaient connues des anciens, *Mercure, Vénus, la terre, Mars, Jupiter* et *Saturne;* les sept autres, *Vesta, Junon, Cérès, Pallas, Astrée, Uranus,* et celle qui, jusqu'à présent, porte le nom de *le Verrier,* sont dues aux observations modernes. Outre ces planètes, il existe encore des corps célestes dits *planètes secondaires, satellites* ou *lunes,* qui circulent à l'entour des grandes planètes, comme la lune à l'entour de notre globe. On compte aujourd'hui dix-huit planètes secondaires : quatre font leur révolution autour de Jupiter; sept autres ont *pour pivot* de leurs orbites Saturne; six enfin tournent autour d'Uranus, et une circule à l'entour de la terre. Il est présumable que notre système planétaire est beaucoup plus étendu; les rayons du soleil nous empêchent, sans doute, d'apercevoir quelques astres perdus dans ses feux, tandis que d'autres échappent à nos regards à cause de leur trop grand éloignement. Nous disions, dans notre article ASTRONOMIE, publié il y a quelques années, que, sans doute, on découvrirait une planète au delà d'Uranus, parce que les perturbations de cet astre faisaient pressentir qu'il obéissait à une force jusqu'à cette époque inconnue : le calcul et l'observation sont venus confirmer nos prévisions. — Une comparaison familière empruntée à Herschell donnera une idée assez exacte des diverses proportions de la partie du monde qui nous environne. Représentons-nous, dit-il, une plaine bien unie, d'une étendue d'environ trois quarts de lieue en tous sens; nous en ferons le grand plan de l'écliptique, que toutes les planètes rencontrent sans jamais s'en éloigner, sinon d'une très-petite quantité, soit en dessus, soit en dessous, nous pourrons donc nous figurer qu'elles roulent toutes dans leurs orbites comme des

boules qui marcheraient sur un plan bien lisse. Maintenant, en mettant au milieu de notre plaine une boule de 60 centimètres de diamètre, une citrouille par exemple, nous en ferons notre soleil; Mercure, qui est la planète la plus voisine, tournera sur un cercle distant de ce soleil de 24 mètres, et sa grandeur relative sera celle d'un grain de moutarde; Vénus, représentée par un petit pois, tournera dans son orbite à une distance du soleil de 44 mètres; la terre, figurée par un pois un peu plus gros, tournera à 61 mètres; et la lune, semblable à un grain de chènevis, fera son mouvement circulaire à l'entour de la terre, à environ 6 ou 7 centimètres d'elle; Mars, comme une forte tête d'épingle, roulera à 23 mètres du centre. Les cinq petites planètes, Junon, Cérès, Vesta, Pallas et Astrée, semblables à des grains de sable, seront éloignées de 145 à 169 mètres du soleil; Jupiter, gros comme une orange moyenne, exécutera sa révolution dans un rayon de 317 mètres; Saturne, comme une toute petite orange, se trouvera à une distance de 582 mètres; Uranus, figurée par une grosse cerise, tournera dans un éloignement de 1,170 mètres. Quant aux comètes, au moment où elles sont voisines du soleil et des planètes, elles produiraient, dans ce tableau, l'effet tantôt d'une plume légère emportée par le vent, tantôt d'un jet de fumée. En réduisant l'univers entier à la même proportion, il faudrait faire au moins 40,000 kilomètres ou 10,000 lieues dans tous les sens avant de rencontrer l'étoile la plus rapprochée de notre point central.

Chaque planète est désignée par un caractère symbolique employé dans la plupart des ouvrages d'astronomie et dans les calendriers. Le signe de Mercure, ☿, est le haut du *caducée,* attribut du dieu Mercure; celui de Vénus, ♀, un *miroir* antique avec son manche; celui de la Terre, ♁, une *boule* surmontée d'une croix; celui de Mars, ♂, une *flèche* avec son *bouclier;* le signe de Jupiter, ♃, un *Z* barré : c'est, en grec, la première lettre du mot *Zeus,* nom de Jupiter; celui de Saturne, ♄, une *harpa* ou faux latine, emblème du temps; Uranus a pour signe distinctif, ♅, un *H,* première lettre de Herschell, nom que cet astre porta pendant longtemps; Vesta se distingue par un *autel,* ⚶; Junon par ⚵; Cérès, ⚳, par une *faucille;* Pallas par ⚴. — On donne le nom de *planètes inférieures* à Mercure et à Vénus, parce que

que, lorsqu'on les voit de la surface de la terre, ces planètes ne s'éloignent jamais du soleil au delà de certaines limites et semblent osciller continuellement autour de lui, ce qui a fait reconnaître depuis longtemps qu'elles sont plus rapprochées du soleil que notre globe. Les autres planètes sont appelées *planètes supérieures*; on les aperçoit dans le ciel à toutes les distances possibles du soleil. On nomme *élongation* les écarts et les digressions des planètes inférieures.

Les planètes ayant entre elles un grand nombre de propriétés communes, et la terre étant une planète, il est assez naturel de penser qu'elles sont habitées. Il est reconnu que, pour s'attirer régulièrement, il faut que les corps soient homogènes ou de même nature; toutes les planètes s'attirent régulièrement, donc elles sont homogènes ou de même nature. L'analogie nous apprend encore que, partout où il y a des terres, il se trouve des habitants; elle nous apprend donc aussi que, puisqu'il existe d'autres planètes comme la nôtre et quelques-unes beaucoup plus belles, il doit y avoir des êtres : le plus de chaleur ou de froid qu'on y éprouve ne milite pas plus contre cette existence que la croyance des anciens contre celle des habitants des zones torrides et glaciales, qu'ils regardaient comme inhabitables et qui sont cependant habitées, malgré la rigueur de leur climat; ainsi doivent être les planètes, malgré leurs situations plus ou moins extrêmes. Mais il n'est pas nécessaire de supposer des êtres conformes et organisés comme nous; le Créateur est infini dans son œuvre, et l'on peut admettre l'existence d'êtres différents de nous et doués même d'une intelligence supérieure à la nôtre.

D'après le système de Copernic, aujourd'hui admis généralement comme vrai, le soleil doit être regardé comme à peu près fixe au centre du système planétaire, et les planètes circulent autour de lui dans cet ordre : *Mercure, Vénus, la terre, Mars, Vesta, Junon, Astrée, Cérès, Pallas, Jupiter, Saturne, Uranus* et la planète de *M. le Verrier*. Kepler, un des plus grands astronomes des temps modernes, reconnut une secrète harmonie entre les propriétés des nombres et les grands principes de la nature; il avait déjà avec bonheur appliqué cette idée à la recherche du mouvement des corps célestes. Il crut donc que les distances des planètes au soleil devaient suivre une certaine proportion, et il reconnut qu'en prenant le nombre 4 et l'ajoutant aux différents termes de la progression 3, 6, 12, 24, 48, 96, 192, 384 on obtiendrait 4, 7, 10, 16, 28, 52, 100, 196, 388, qui sont, à peu de chose près, les distances relatives des planètes au soleil. Il existait cependant une lacune qui fut comblée plus tard par la découverte des petites planètes dites *astéroïdes*, dont nous parlerons plus loin. La donnée de Kepler fut reprise par Bode, et l'on donna le nom de cet astronome à cette loi, qui n'est cependant pas *mathématiquement exacte* (*voy.* BODE). Si cette loi de Bode se trouvait aussi exactement démontrée que les trois autres lois de Kepler, il en résulterait que l'on pourrait en déduire immédiatement les temps des révolutions des planètes. Kepler reconnut encore que les planètes décrivent autour du soleil non des cercles, mais des ellipses, dont cet astre occupe un des foyers; que les rayons vecteurs décrivent des aires proportionnelles aux temps; c'est-à-dire que la marche des planètes n'a pas toujours la même rapidité : plus la planète s'éloigne du soleil, plus le mouvement se ralentit; plus elle s'en rapproche, plus il s'accélère; de plus, les carrés des temps périodiques des planètes sont entre eux comme les cubes de leurs distances moyennes au soleil. En effet, Jupiter est cinq fois et demie plus éloigné du soleil que la terre : si l'on cube ce nombre, on aura à peu près 144; il met 12 fois plus de temps pour accomplir sa révolution : si l'on carre ce nombre, on aura aussi 144; mais l'on trouve une parfaite égalité quand on fait le calcul rigoureusement. D'après cette loi, que l'on peut traduire ainsi : les racines cubiques des carrés des temps de deux planètes sont entre elles comme la distance de la première planète au soleil est à la distance de la seconde; il suffit de connaître la distance d'une seule planète, ainsi que le temps de sa révolution sidérale pour pouvoir immédiatement trouver la distance d'une autre planète quelconque, pourvu qu'on ait exactement observé la durée de sa révolution. Ainsi la distance de la terre au soleil et le temps de sa révolution étant connus et sachant que Jupiter met 12 ans environ à tourner autour du soleil, on carre ce nombre (12×12=144) et on en extrait la racine cubique, qui est à peu près 5 $\frac{1}{4}$; c'est le nombre de fois dont Jupiter est plus éloigné du soleil que la terre. Saturne emploie 30 ans à accomplir sa révolution : le carré de 30 est 900, dont la racine cubique est environ 9.½; c'est la distance de cette planète au soleil, en prenant celle de la terre pour unité. Si l'on veut réduire cette distance en kilomètres, il ne faut que multiplier 157 millions, distance de la terre au soleil, par 9 ½. Quant à la distance d'une planète dont la révolution autour du soleil est moins longue que celle de la terre, de Vénus, par exemple, on dira : le carré de 365, temps de révolution de la terre, est au carré de 224, durée de la révolution de Vénus, comme le cube de 157 millions, la distance de la terre au soleil, est à un quatrième terme dont la racine carrée sera la distance de Vénus au soleil. Le même calcul s'applique aux satellites. — Quand on réfléchit à la justesse et à la simplicité de ces lois admirables, quand on pense qu'elles ont évidemment guidé Newton dans la découverte de l'attraction, que Kepler avait annoncée, on ne peut s'empêcher de reconnaître, dans les lignes ci-dessous tracées par ce grand homme, l'enthousiasme d'une puissante imagination éblouie par la découverte subite des plus sublimes vérités : « Enfin, dit-il, après dix-« huit mois, une première lueur m'a éclairé, « et dans ce jour ineffable j'ai entrevu les « purs rayons de l'éternelle vérité. Le sort « en est jeté : j'écris ce livre; qu'il soit lu « par mes contemporains ou par la postérité, « n'importe. Il peut bien attendre un lecteur « pendant un siècle, puisque Dieu lui-même « a bien attendu six mille ans avant de trou-« ver un contemplateur tel que moi. »

On pourrait déduire également de la troisième loi de Kepler la vitesse des planètes ou le nombre de kilomètres qu'elles parcourent par minute. Ces vitesses sont en raison inverse des racines carrées des distances. Si l'on prend donc les racines carrées des nombres 4, 7, 10, 16, 28, 52, 100, etc., etc., on aura 2; 2, 6; 3, 1; 4; 5, 3; 7, 2; 10; 14; etc. Les rapports inverses donneront les vitesses relatives : ainsi la vitesse de Mercure sera à celle d'Uranus comme 14 est à 2; on calcule, en effet, que ces planètes parcourent, par

seconde, la première 49421 mètres, et l'autre 7033. On voit que Mars doit avoir la moitié de la vitesse de Mercure et Saturne le cinquième.

Un des phénomènes les plus remarquables du système du monde, c'est le sens uniforme dans lequel les planètes font leurs révolutions autour du soleil; on ignore la cause de cette uniformité de mouvement, et le calcul des probabilités, dit M. Quetelet dans son cours d'astronomie, enseigne que, selon Lacroix et Laplace, dans leurs calculs des probabilités, il y a 1 contre 4,095 à parier pour la probabilité d'une plus grande facilité de mouvement d'occident en orient que dans le sens contraire. — Le mouvement apparent du soleil et celui de la lune, quoique non uniformes, sont bien près de l'être; car tout ce que l'on y remarque, c'est une légère accélération et un petit retard, qu'il faut attribuer à l'ellipticité de leurs orbites. Mais le cas est bien différent pour les planètes : tantôt elles avancent rapidement, puis se relâchent de leur vitesse apparente ; tantôt elles arrivent à une halte momentanée, et, après cela, suivent un mouvement opposé et rétrograde avec une rapidité d'abord croissante, qui diminue ensuite jusqu'à ce que le mouvement rétrograde cesse tout à fait. Vient après cela une autre *station* ou moment de repos apparent ou d'indécision, suivie immédiatement du mouvement d'origine ou direct. Cependant la quantité du mouvement direct fait plus que compenser celle de rétrogradation, et, par l'excès de la première sur la dernière, le progrès graduel de la planète d'occident en orient se trouve maintenu : ainsi, en supposant (fig. 1) le zodiaque déroulé sur une surface plane et prenant l'écliptique E C pour ligne fondamentale, le chemin d'une planète, tracé sur le papier d'après l'observation journalière, offrira l'aspect P Q R N S, etc.; le mouvement de P en Q étant direct, en Q stationnaire, de Q en R rétrograde, en R de nouveau stationnaire, de R en S direct, et ainsi de suite.

FIGURE 1.

Au milieu de l'irrégularité et de l'oscillation de ce mouvement, on aperçoit un trait remarquable d'uniformité. Toutes les fois

que la planète traverse l'écliptique, comme au *point N*, on dit, comme pour la lune, qu'elle est dans son nœud; et, comme la terre se trouve nécessairement dans le plan de l'écliptique, la planète ne peut, *en apparence* ou *uranographiquement*, être située dans le cercle céleste, ainsi appelé, sans être *réellement* et *matériellement* située dans ce plan. Le passage visible d'une planète par son nœud est donc un phénomène qui indique, dans son mouvement réel, une circonstance tout à fait indépendante de la station où nous la voyons ; or il est aisé de constater, par l'observation, quand une planète passe du côté septentrional au côté méridional de l'écliptique : nous n'avons qu'à convertir ses ascensions droites et ses déclinaisons en longitudes et latitudes, et le changement de latitude septentrionale en méridionale, deux jours de suite, nous apprendra quel *jour* le passage a eu lieu ; tandis qu'une simple proportion, basée sur son mouvement en *latitude* dans l'intervalle, suffira pour fixer l'heure et la minute précises de son arrivée à l'écliptique, et, leurs dates étant ainsi fixées, nous trouvons généralement que l'intervalle de temps écoulé entre les passages successifs de chaque planète par le *même nœud*, *ascendant* ou *descendant*, est toujours le même, soit que la planète, au moment de ce passage, ait un mouvement direct ou rétrograde, rapide ou lent. Nous voyons donc par là que les mouvements des planètes sont sujets à de certaines lois et à des révolutions fixes ; nous déduisons également, de ce que nous venons de dire, que les irrégularités et les complications apparentes de ces mouvements peuvent être dues à ce que nous ne les voyons pas de leur centre naturel et à ce que nous mêlons à leurs propres mouvements ceux d'une espèce parallactique, dus à notre changement de lieu, qui s'opère en vertu du mouvement de translation de la terre à l'entour du soleil.

On distingue trois espèces de révolutions planétaires : la *révolution tropique* s'accomplit quand un spectateur, supposé au centre du soleil, voit la planète revenir à l'un des points équinoxiaux ; la *révolution sidérale*, quand il la revoit près d'une même étoile ; enfin la *révolution synodique* s'accomplit quand le spectateur, du centre de la terre, revoit la planète en conjonction avec le soleil. On nomme aussi *révolution anomalistique* celle qui a lieu par rapport à l'abside.

Les planètes font le tour entier du ciel avec des circonstances bien différentes : deux d'entre elles, Mercure et Vénus, accomplis-

sent évidemment cette révolution comme satellites du soleil, dont elles ne quittent jamais le voisinage, au delà d'une certaine limite ; on les voit tantôt à l'orient, tantôt à l'occident de ce corps céleste : dans le premier cas, elles sont visibles à l'horizon occidental presque aussitôt après le coucher du soleil, et on les appelle *étoiles du soir* : Vénus surtout paraît quelquefois dans cette situation avec un éclat éblouissant, et, dans des circonstances favorables, on peut remarquer qu'elle jette une ombre assez prononcée. Lorsque ces planètes sont à l'occident du soleil, elles se lèvent avant lui et paraissent, à l'horizon oriental, comme des *étoiles du matin* : elles n'atteignent cependant pas la même *élongation* ; Mercure n'arrive jamais à une distance angulaire du soleil supérieure à environ 29°, tandis que Vénus étend ses excursions, de part et d'autre, à près de 47°. Après s'être éloignées du soleil, du côté de l'orient, à leurs distances respectives, ces deux planètes restent, pendant quelque temps, pour ainsi dire, immobiles, *par rapport à cet astre*, et sont entraînées avec lui dans l'écliptique par un mouvement égal au sien propre ; mais, peu à peu, elles commencent à s'en approcher, c'est-à-dire que leur mouvement en longitude diminue et que le soleil les dépasse. Plus cette diminution augmente, plus leur séjour au-dessus de l'horizon, après le coucher du soleil, devient court, et ces planètes finissent par se coucher avant que l'obscurité soit devenue assez forte pour permettre de les apercevoir : pendant quelque temps elles cessent donc d'être visibles, excepté dans les occasions fort rares où on les observe passer sur le disque du soleil comme des taches noires, petites, rondes, bien tranchées, d'un aspect bien différent de celui des taches solaires. Ces phénomènes se nomment *passages* et arrivent lorsque la terre se trouve passer par la ligne de leurs nœuds, tandis qu'elles sont dans cette partie de leurs orbites. Après être restées invisibles pendant quelque temps, elles commencent ensuite à paraître de l'autre côté du soleil, ne se montrant d'abord que quelques minutes avant son lever, et graduellement de plus en plus en s'en éloignant ; leur mouvement en longitude devient enfin rapidement rétrograde. Avant d'atteindre, cependant, leur plus grande élongation, elles deviennent tout à fait stationnaires ; mais leur éloignement du soleil continue à avoir lieu, par la marche progressive de celui-ci, le long de l'écliptique, qui les laisse encore derrière lui jusqu'à ce que, ayant renversé leur mouvement, qui devient alors direct, elles aient acquis assez de vitesse pour commencer à aller rejoindre cet astre : c'est le moment de leur plus grande élongation occidentale ; ainsi se maintient une espèce de mouvement oscillatoire, tandis que le progrès général le long de l'écliptique continue.

FIGURE 2.

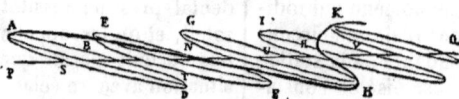

Supposons (fig. 2) que P Q soit l'écliptique et A B D l'orbite d'une de ces planètes, de Mercure, par exemple, vue de côté par un œil situé, à fort peu de chose près, dans son plan ; S, le soleil, centre de l'orbite ; et A, B, D, S, les positions successives de la planète, dont B et S sont dans les nœuds. Si le soleil était, en apparence, immobile sur l'écliptique, on verrait simplement la planète osciller d'A en D, et de D en A, et passer alternativement en avant et en arrière du soleil ; et, si l'œil se trouvait exactement dans le plan de l'orbite, elle passerait sur son disque dans le premier cas, et serait cachée par l'astre dans le second. Or, comme le soleil n'est point ainsi stationnaire, mais se trouve transporté, en apparence, le long de l'écliptique P Q, supposons qu'il parcoure les espaces S T, T U, U V, tandis que la planète, dans chaque cas, accomplit un quart de sa révolution, son orbite sera, en apparence, transportée avec le soleil dans les positions successives représentées dans la figure ; et, tandis que son mouvement réel autour du soleil la porte dans les points respectifs B, D, S, A, son mouvement apparent dans le ciel semblera avoir pris la direction de la ligne en zigzag A N H K. Sur cette ligne, son mouvement en longitude aura été direct dans les parties A N, N H, et rétrograde dans les parties H R K ; tandis que, aux tournants du zigzag H, K, elle sera restée stationnaire. Les deux seules planètes, Mercure et Vénus, dont les mouvements sont tels que nous venons de les décrire, se nomment *planètes inférieures* ; les points de leur plus grand éloignement du soleil s'appellent leurs *plus grandes élongations orientale* et *occidentale* ; et les points où elles en approchent le plus, leurs *conjonctions inférieure* ou *supérieure*, la première lorsque la planète passe entre la terre et le soleil, la seconde lorsqu'elle est derrière cet astre.

Nous venons de tracer le chemin apparent d'une planète inférieure, en considérant son orbite en section, ou telle qu'on la voit d'un point situé dans le plan de l'écliptique ; mais *considérons maintenant son orbite telle qu'on la voit d'une station au-dessus du plan de cette orbite*. Supposons donc (fig. 3) que S représente le soleil, *a b c e* l'orbite de Mercure, et que A B C D soit une partie de celle de la terre, la direction du mouvement, la même dans l'une et l'autre, étant celle de la flèche. Lorsque la planète est en *a*, si la terre est en A dans la direction d'une tangente *a* A à l'orbite de cette planète, il est évident qu'elle paraîtra à sa *plus grande élongation* du soleil, l'angle *a* A S, qui mesure leur intervalle apparent, vu de A, étant alors plus grand que dans toute autre situation de *a* sur sa propre droite : or, cet angle étant connu par l'observation, il fournit un moyen facile de déterminer, au moins par approximation, la distance de la planète au soleil, ou le rayon de son orbite, en la supposant une circonférence ; car le triangle S A *a* est rectangle en *a*, et, par conséquent, nous avons

$$S a : S A :: \sin S A a : \text{rayon},$$

FIGURE 3.

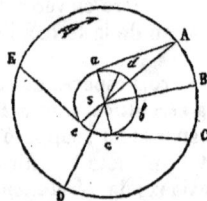

proportion par laquelle les rayons S *a*, S A des deux orbites sont directement comparés. Si les orbites étaient toutes deux des circonférences exactes, ce serait là un moyen de procéder parfaitement rigoureux ; mais tel n'est pas le cas, comme cela est prouvé par l'inégalité des valeurs qui résultent de S *a*, obtenues dans des temps différents ; il devient donc nécessaire d'admettre une excentricité de position et une déviation de la forme circulaire exacte dans les deux orbites pour expliquer cette différence. Négligeant toutefois, pour le moment, cette inégalité, on peut obtenir une valeur moyenne de S *a* par la répétition fréquente de ce procédé dans toutes les variétés de situation des deux corps. Les calculs étant exécutés, on en conclut que la distance moyenne de Mercure au soleil est d'environ 57,935,336,400 mètres, et celle de Vénus, déduite de la même manière, à peu près de 109,433,413,200 mètres, le rayon de l'orbite de la terre étant de 152,884,915,500 mètres.

Les révolutions sidérales des planètes peuvent se déterminer avec beaucoup d'exactitude en observant leurs passages par les nœuds de leurs orbites, et, lorsqu'un fort léger moûvement de ces nœuds est mis en ligne de compte, cette précision n'est limitée que par l'imperfection des méthodes employées pour observer. On trouve ainsi que la révolution sidérale de Mercure est de 87 j. 13 h. 15′ 43″ 9, et celle de Vénus 224 j. 16 h. 4′ 8″. Ces révolutions, toutefois, sont bien différentes des intervalles auxquels coïncident les apparitions successives des deux planètes à leurs élongations. On voit Mercure dans son plus grand éclat comme étoile du soir, à des intervalles moyens d'environ 116 jours; et Vénus à des intervalles moyens de près de 584. Ceci s'explique par la différence existant entre les révolutions sidérales et les révolutions synodiques. Si la terre était immobile en A, tandis que la planète s'avancerait dans son orbite, l'intervalle d'une révolution sidérale qui la ramènerait en *a* reproduirait aussi une élongation semblable. Mais, pendant ce temps, la terre s'est avancée dans son orbite dans la même direction vers E, et, par conséquent, la plus grande élongation du même côté du soleil aura lieu, non dans la position *a* A des deux corps, mais dans quelque position plus avancée *e* E. La détermination de cette position dépend d'un calcul exactement semblable à celui que nous avons indiqué plus haut, et nous n'avons, par conséquent, qu'à faire connaître les révolutions synodiques qui résultent de ces planètes, et sont respectivement de 115 j. 877 et 583 j. 920. Dans cet intervalle, la planète aura décrit toute une révolution, plus l'arc *a e*, et la terre seulement l'arc A C E de son orbite.

Pendant cette durée, la *conjonction inférieure* aura lieu lorsque la terre aura occupé certaine position intermédiaire, B, et que la planète sera arrivée en *b*, point qui est entre le soleil et la terre. La plus grande élongation de l'autre côté du soleil arrivera lorsque la terre sera parvenue en C, et la planète en *c* où la ligne de jonction C *c* est tangente à la circonférence intérieure. Enfin la conjonction supérieure aura lieu lorsque la terre arrivera en D et la planète en *d* sur la même ligne prolongée de l'autre côté du soleil. Les circonférences étant entre elles comme leurs rayons, si nous calculons les circonférences des orbites de Mercure, de Vénus et de la terre, et si nous les comparons avec les temps dans lesquels leurs révolutions s'accomplissent, nous trouverons que les vitesses avec lesquelles elles se meuvent dans leurs orbites sont très-différentes; celle de Mercure étant d'environ 176,059,050 mètres par heure, celle de Vénus 128,831,740 mètres et celle de la terre 109,562,158 mètres. Il suit de là qu'à la conjonction inférieure, ou en *b*, chaque planète se mouvra dans la même direction que la terre, mais avec une plus grande vitesse; elle laissera, par conséquent, la terre derrière elle, et le mouvement apparent de la planète ou de la terre fera le même effet que si la planète était immobile, et que la terre se mût dans une direction contraire à celle qu'elle suit en réalité; dans cette situation, le mouvement apparent de la planète doit donc être contraire au mouvement apparent du soleil, et, par conséquent, rétrograde. D'autre part, à la conjonction supérieure, le mouvement réel des planètes se faisant dans un sens opposé à celui de la terre, le mouvement relatif sera le même que si les planètes étaient immobiles et que la terre s'avançât avec leurs vitesses réunies dans sa propre direction : le mouvement apparent sera donc direct.

Considérons maintenant les *planètes supérieures* ou celles dont les orbites renferment de tous côtés celles de la terre. Plusieurs circonstances prouvent ces faits : 1° elles ne sont pas, comme les *planètes inférieures*, renfermées dans certaines limites d'élongation, mais elles se montrent à toutes les distances du soleil, même dans la région opposée du ciel, ou, comme on dit, en *opposition*, ce qui ne pourrait avoir lieu si la terre ne se plaçait alors entre elles et le soleil. 2° On ne les voit jamais en *croissant* comme Vénus ou Mercure, ni même demi-pleines. Celles, au contraire, que, d'après la petitesse de leur parallaxe, nous jugeons les plus éloignées de nous, savoir : Jupiter, Saturne, Uranus et la planète de M. le Verrier, ne paraissent jamais autrement que rondes ; ce qui prouve naturellement que nous les voyons toujours dans une direction peu éloignée de celle dans laquelle les rayons du soleil les éclairent, et que, par conséquent, nous occupons une station qui n'est jamais extrèmement éloignée du centre de leurs orbites, ou enfin, que l'orbite de la terre est entièrement renfermée dans les leurs et d'un diamètre comparativement petit. Une seule d'entre elles, Mars, offre une *phase* perceptible, mais la partie éclairée du disque n'est jamais moindre de 7 huitièmes du tout. Pour comprendre ce phénomène, jetons les yeux sur la figure 4 ci-dessous, dans laquelle E est la terre, à sa plus grande élongation apparente du soleil, vue du point M, sur la planète de Mars. Dans cette position, l'angle SME, compris *entre* les lignes SM et EM, est à son maximum : ainsi un spectateur placé sur la terre est en état de voir une plus grande portion de l'hémisphère obscure de Mars que dans toute autre situation. L'étendue de la phase fournit donc une mesure certaine, quoique assez grossière, de l'angle SME, et, par conséquent, de la proportion de la distance SM de Mars, à SE, celle de la terre au soleil, par où l'on reconnaît que le diamètre de l'orbite de Mars ne peut être moindre qu'une fois et demie celui de l'orbite de la terre. Les phases de Jupiter, de Saturne, d'Uranus et de la planète de M. le Verrier étant imperceptibles, il s'ensuit que leurs orbites doivent renfermer non-seulement celle de la terre, mais aussi celle de Mars.

FIGURE 4.

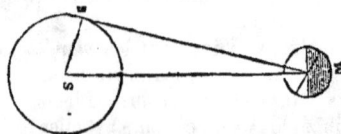

Toutes les planètes supérieures sont rétrogrades dans leurs mouvements apparents lorsqu'elles sont en *opposition* et un peu avant et après ; mais elles diffèrent beaucoup entre elles, tant pour l'étendue de l'arc de rétrogradation que pour la durée de leur mouvement rétrograde et la vitesse de ce mouvement lorsqu'elle est la plus grande.

L'expansion et la rapidité sont plus considérables dans le cas de Mars que dans celui de Jupiter, de Jupiter que de Saturne, et ainsi de suite. La vitesse angulaire avec laquelle une planète semble rétrograder se détermine facilement en observant son lieu apparent dans le ciel de jour en jour ; et ces observations, faites vers le temps de l'opposition, nous font trouver les grandeurs relatives de leurs orbites en les comparant à celles de la terre, dans l'hypothèse que leurs temps périodiques sont connus ; car, d'après ces derniers, leurs vitesses angulaires moyennes sont aussi connues, étant en raison inverse des temps. Supposons donc (fig. 5) que E e soit une fort petite portion de l'orbite de la terre et M m une partie correspondante de celle d'une planète supérieure, décrite le jour de l'opposition autour du soleil S, jour auquel les trois corps sont sur une seule ligne droite S E M X. Les angles E S e et M S m sont donnés : or, si e m est prolongé jusqu'à la rencontre de S M, continuée jusqu'en X, l'angle e X E, qui est égal à l'angle alterne X e y, est évidemment la rétrogradation de Mars ce jour-là, et aussi, par conséquent, un des éléments donnés. E e et l'angle E X e étant donc donnés dans le triangle rectangle E e X, le côté E X se calcule aisément et nous fait connaître S X ; nous avons donc, dans le triangle S m X donné, le côté S X et les deux angles m S X et m X S, d'où l'on déduit aisément les autres côtés S m, m X : or S m n'est autre chose que le rayon demandé de l'orbite de la planète supérieure que, dans ce calcul, on suppose circulaire comme celle de la terre, supposition qui n'est pas tout à fait exacte, mais cependant l'est assez pour fournir, par une approximation satisfaisante, les dimensions de son orbite, et finira, l'opération étant souvent répétée, par donner une valeur moyenne de son diamètre assez rapprochée de la vraie. Pour appliquer ce principe à la pratique, il est nécessaire de connaître les temps périodiques des différentes planètes que l'on peut obtenir directement en observant les intervalles de leurs passages à l'écliptique.

FIGURE 5.

En jetant les yeux sur la liste des **distan-**

ces planétaires et les comparant avec les temps périodiques, on est frappé d'une certaine corrélation : la révolution est d'autant plus longue que la distance est plus grande ou que l'orbite a un plus grand diamètre. L'ordre des planètes, en commençant par le soleil, est le même, soit qu'on les range selon leurs distances ou selon le temps qu'elles emploient à compléter leurs révolutions. Néanmoins, lorsque l'on examine le nombre qui les exprime, on trouve que le rapport entre les deux séries n'est pas celui d'un simple accroissement *proportionnel*. Les révolutions s'accroissent plus que dans la proportion de leurs distances : ainsi la révolution de Mercure est d'environ 88 jours et celle de la terre de 365, ce qui établit un rapport de 1 : 4. 15, tandis que leurs distances sont dans le rapport moindre de 1 : 2. 26; la même remarque s'applique à toutes les planètes. De plus, la raison de l'accroissement des temps n'est pas aussi rapide que celle des carrés des distances. Le carré de 2. 26 est 6. 5536, nombre beaucoup plus grand que 4. 15. Un rapport intermédiaire d'accroissement entre la simple proportion des distances et celles de leurs carrés est donc clairement indiqué par la suite des nombres. Kepler trouva ce rapport exprimé dans cette loi : Les carrés des temps périodiques de deux planètes quelconques sont entre eux comme les cubes de leurs distances moyennes au soleil. Prenons pour exemple de cette loi la terre et Mars, dont les révolutions sont dans la proportion de 3652564 à 6869796, et les distances au soleil dans celle de 100000 à 152369, et l'on trouvera, en faisant le calcul, que

$$(3652564)^2 : (6869796)^2 :: (100000)^3 : (152369)^3.$$

Certaines planètes offrent des phases comme la lune : Mercure et Vénus nous en donnent un exemple, et on peut expliquer facilement ce phénomène en considérant leurs orbites telles que nous les avons supposées ci-dessus. En effet, il suffit presque de jeter les yeux sur la figure (fig. 6) pour faire voir que, pour un spectateur situé sur la terre E, une planète inférieure, éclairée par le soleil, paraîtra *pleine* à la conjonction supérieure A; plus de moitié pleine, comme la lune au premier et dernier quartier, entre ce point et les points B C de sa plus grande élongation; demi-pleine en ces points et sous la forme d'un croissant entre ceux-ci et la conjonc-

tion inférieure D. A mesure qu'elle approche de ce dernier point, le croissant doit s'amincir jusqu'à ce qu'il s'évanouisse tout à fait et qu'ainsi la planète devienne invisible, à l'exception des cas dont nous avons déjà parlé, où elle passe sur le disque du soleil. Tous ces phénomènes, exactement conformes à l'observation, furent prédits comme conséquences nécessaires du système de Copernic avant l'invention du télescope.

FIGURE 6.

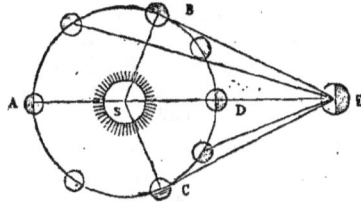

La variation d'éclat de Vénus dans différentes parties de son orbite est très-remarquable; elle est due à deux causes : la première qui résulte de la variété de proportion entre la surface visible éclairée et tout son disque, la seconde provient de la variété angulaire du diamètre ou toute la grandeur apparente du disque même. Les passages de Vénus sur le soleil sont très-rares et ont lieu alternativement à des intervalles de 8 et de 113 ans environ. Comme phénomènes astronomiques, ils sont d'une très-grande importance, puisqu'ils fournissent le moyen le plus exact que l'on ait de déterminer la distance du soleil ou sa parallaxe. Sans entrer dans les minutieux calculs de ce problème (*voy.* PARALLAXE), nous devons en expliquer ici le principe simple et frappant, soient (fig. 7) E la terre, V Vénus, S le soleil et C D la portion de l'orbite de Vénus qu'elle décrit en traversant le disque du soleil. Supposons deux spectateurs A et B aux extrémités opposées de ce diamètre de la terre qui est perpendiculaire à l'écliptique; pour éviter la complication dans notre démonstration, faisons abstraction de la rotation de la terre et supposons que A B conservent cette situation pendant tout le temps du passage; cela posé, toutes les fois que le spectateur placé en A verra le centre de Vénus projeté en *a* sur le disque du soleil, celui placé en B le verra projeté en *b*. Si donc l'un ou l'autre spectateur pouvait tout à coup se transporter de A en B, il verrait Vénus déplacée sur le disque de *a* en *b*, et, s'il avait les moyens de marquer rigoureusement la marche des points sur le disque par des mesures micrométriques ou autres, il pourrait déterminer la mesure angulaire de *a b* vu de la terre. Or, puisque A V *a*, B V *b* sont des lignes droites et font, par conséquent, des angles égaux de chaque côté de V, *a b* sera à A B comme la distance de Vénus au soleil est à la distance de la terre, à peu près comme 2 ½ est à 1; *a b* occupe donc sur le disque solaire un espace deux fois et demie aussi grand que le diamètre de la terre, et sa mesure angulaire est, par conséquent, égale à environ deux fois et demie le diamètre apparent de la terre à la distance du soleil, ou, ce qui revient au même, à cinq fois la parallaxe horizontale du soleil. Ainsi toute erreur commise en mesurant *a b* n'affectera que 1 ⅕ de cette erreur la parallaxe horizontale qui en a été déduite. Il ne s'agit donc absolument que de déterminer la largeur de la zone P Q R S, *p q r s*, comprise entre les deux points où le centre de Vénus rase de part et d'autre le disque du soleil, depuis son entrée d'un côté jusqu'à sa sortie de l'autre. Tout le travail des observateurs en A et B se réduit donc à constater ces deux instants avec tous les soins et toute la précision possibles, chacun à sa propre station, et à signaler le segment décrit par la planète sur le disque du soleil. Dans ce but, chaque spectateur note d'abord le moment du premier contact extérieur du disque en P, ensuite quand la planète est tout juste à son immersion complète et que le bord entamé du disque est à son premier contact intérieur en Q, et enfin il doit faire les mêmes observations à la sortie en R et S. La moyenne entre les contacts intérieur et extérieur donne l'entrée et la sortie du centre de la planète. (*Voy.* ASTRONOMIE, VÉNUS.)

FIGURE 7.

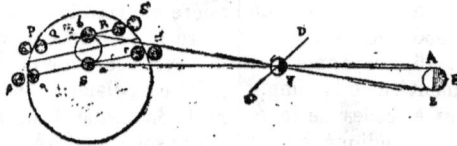

L'orbite de Mercure est très-elliptique, son excentricité étant d'environ un quart de la distance moyenne : c'est ce qu'on voit d'après l'inégalité de ses plus grandes élongations du soleil, observées en différents temps et qui varient entre les limites de 16° 12′ et 28° 48′; et, au moyen de mesures exactes des élongations de Vénus, il n'est pas difficile de faire voir que l'orbite de cette dernière planète est légèrement excentrique, et que l'une et l'autre décrivent réellement des ellipses qui ont le soleil pour foyer commun.

Avant de pouvoir soumettre au calcul l'état du système planétaire à un moment donné, il faut six données ou éléments du mouvement elliptique : 1° la donnée de la révolution sidérale, 2° le demi-grand-axe de l'orbite, 3° l'excentricité, 4° la longitude moyenne de la planète à une époque donnée, 5° la longitude du périhélie à la même époque; 6° la position des nœuds; mais, dès que ces éléments sont connus, il est aisé de déterminer les positions apparentes de chaque planète, telles qu'on les verrait du soleil ou qu'on les voit de la terre à un moment quelconque. La première s'appelle le lieu *héliocentrique*, et la seconde le lieu *géocentrique* de la planète. Commençons par les lieux héliocentriques : soient (fig. 8) S le soleil, BNAP l'orbite elliptique de la planète, dont le foyer S est occupé par le soleil, et dont A est le périhélie; représentons par *p a* N γ la projection de l'orbite sur le plan de l'écliptique entrecoupant la ligne des équinoxes S γ en γ, qui, par conséquent, est le point d'origine des longitudes. S N sera la ligne des nœuds, et, si nous supposons B au sud et A du côté du nord de l'écliptique, et que la direction de mouvement de la planète soit de B en A, N sera le nœud ascendant et l'angle γ S N la longitude

FIGURE 8.

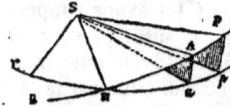

du nœud. De même, si P est le lieu de la planète dans un moment quelconque et s'il est projeté, ainsi que le périhélie A, sur l'écliptique aux points *p*, *a*, les angles γ S *p* et γ S *a* seront les longitudes héliocentriques respectives, et la dernière est un des éléments donnés; enfin l'angle $p\,S\,P$ est la latitude héliocentrique de la planète. Or, connaissant l'instant du passage de la planète au périhélie et le temps qu'elle met à aller de A en P, de l'autre l'aire totale de l'ellipse et le temps de sa révolution périodique, le principe de proportionnalité des aires aux temps donnera la grandeur de l'aire A S P. Ce sera ensuite un problème de simple géométrie que de déterminer l'angle correspondant A S P ou ce que l'on nomme *anomalie vraie* de la planète. L'équation de ce problème est du genre de celles que l'on qualifie de *transcendantes*, et l'on a, pour la résoudre, un grand nombre de méthodes plus ou moins compliquées (*voy.* EQUATIONS); elle n'offre d'ailleurs aucune difficulté particulière, et, dans la pratique, le calcul se fait très-aisément à l'aide des tables construites pour chaque planète. — L'anomalie vraie étant obtenue, il s'agit de trouver la distance angulaire de la planète au nœud ou l'angle N S P; or les longitudes du périhélie et du nœud (qui sont respectivement $\gamma\,a$ et $\gamma\,n$) étant données, leur différence a N est aussi donnée. On connaît pareillement l'inclinaison du plan de l'orbite sur l'écliptique, ou l'angle N du triangle sphérique rectangle A N a. On peut donc calculer le côté N A ou l'angle N S A, lequel, ajouté à A S P, donne l'angle N S P : celui-ci peut être considéré comme la mesure de l'arc N P ou de l'hypoténuse du triangle sphérique rectangle P N p, dont on connaît, en outre, l'angle N, en sorte qu'on obtient aisément les deux autres côtés N p et P p. Le dernier mesure l'angle p S P ou la latitude héliocentrique de la planète; le second mesure l'angle N S p ou la distance en longitude de la planète au nœud, en y joignant la longitude du nœud ou l'angle connu γ S N, on aura la longitude héliocentrique de la planète. Quelque compliqué que puisse paraître ce calcul, étant bien compris, il s'achève facilement et très-vite à l'aide des tables trigonométriques.

Le lieu géocentrique d'une planète diffère du lieu héliocentrique en raison de la parallaxe due au mouvement de la terre dans son orbite; si les planètes étaient à la distance des étoiles, ce mouvement ne produirait que des déplacements insensibles, et les lieux des planètes, par rapport aux étoiles, seraient les mêmes, vus du soleil ou de la terre. L'évaluation de cette parallaxe orbiculaire doit nécessairement dépendre des rapports entre les trois côtés du triangle formé par le soleil, la terre et la planète, et des angles de ces triangles. Supposons donc (fig. 9) que S désigne le soleil, T la terre, P la planète, S γ la ligne des équinoxes, γ T l'orbite de la terre, P p une perpendiculaire abaissée de la planète sur l'écliptique; et soit menée S Q parallèle à T p. L'angle γ S T représentera la longitude héliocentrique de la terre et sera donné par les tables du soleil; γ S p et P S p seront les longitudes et latitudes héliocentriques de la planète et se trouveront comme nous l'avons indiqué plus haut, les rayons vecteurs S P, S T seront déterminés par les dimensions connues des orbites et par les longitudes héliocentriques de la planète et de la terre; l'objet du problème sera de calculer l'angle P T p, ou la latitude géocentrique et l'angle χ S Q, qui mesure la longitude géocentrique de la planète. En premier lieu, dans le triangle S P p, rectangle en p, le côté S P et l'angle P S p, qui sont connus, feront trouver S p et P p; ensuite on connaîtra, dans le triangle S T p, le côté S p, le rayon vecteur S T et l'angle T S p, qui est la différence des longitudes héliocentriques de la terre et de la planète; on trouvera donc l'angle S p T et le côté T p. L'angle S p T sera égal à son alterne p S Q ou au déplacement parallactique en longitude, et p S Q $+ \gamma$ S p sera la longitude géocentrique cherchée. Le côté T p donnera la latitude géocentrique P T p, moyennant la résolution du triangle rectangle P T p, dont les côtés T p et P p sont déjà connus.

FIGURE 9.

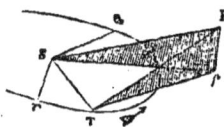

Nous avons vu, au mot TERRE, les effets de la pesanteur et de l'attraction : il y a, dans toutes les planètes, une pesanteur semblable à celle que l'on éprouve à la surface de la terre; leur figure ronde suffit d'abord pour le démontrer. Ainsi la matière de la terre n'est pas la seule qui soit douée de cette faculté de retenir et d'attirer les corps environnants : de là il était naturel de conclure qu'il y a dans la nature, en général, une force attractive, et que, partout où il y a de la matière, il y a attraction. On conçoit, d'après cela, comment a dû se découvrir cette fameuse loi de l'attraction universelle. Ce fut Newton qui, avec les premières idées de l'attraction, écrivit le livre des *Principes* et arriva, par la force de ses calculs et la logique de ses raisonnements, à reconnaître que les planètes tournaient autour du soleil, et que les satellites tournaient autour de leurs planètes respectives en vertu de cette même puissance. Anaxagore avait reconnu qu'un corps en mouvement continue à se mouvoir en ligne droite s'il ne rencontre aucun obstacle, et qu'un corps mû circulairement s'échappe par la tangente aussitôt qu'il cesse d'être contraint et assujetti à tourner dans un cercle. Les planètes s'échapperaient donc par la tangente, c'est-à-dire continueraient leurs courses indéfiniment en ligne droite si elles n'étaient retenues par cette force centrale ou par cette attraction qui les empêche de s'éloigner, et qui, comme la corde d'une fronde, les maintient dans leurs orbites. Newton compare la force que la terre exerce sur les corps avec celle qui retient la lune dans son orbite ou qui l'empêche de s'échapper en ligne droite par la force centrifuge. Les corps terrestres descendent sur la terre avec une vitesse de 15 pieds dans la première seconde; mais l'orbite de la lune ne se courbe en obéissant à la force attractive de la terre que $\frac{1}{240}$ de pied dans le même intervalle de temps, c'est-à-dire 3,600 fois moins; or la lune est 60 fois plus loin que nous du centre de la terre, et le carré de 60 est juste 3,600 : ainsi la force diminue comme le carré de la distance augmente, et ce résultat explique la descente des corps graves sur la terre et la persévérance de la lune à tourner autour de notre planète. D'après cette observation, quand on connaît la courbure de l'orbite de la lune pendant une seconde relativement à la chute des corps graves sur la terre pendant le même espace de temps, il est facile de trouver la distance de ce satellite, puisque la racine carrée de cette courbure représente le nombre de demi-diamètres qui la séparent de la terre. *Exemple :* la courbure de la lune est 3,600 fois plus petite que n'est la chute des corps à la surface de la terre; cherchant la racine carrée de 3,600, nous trouvons 60 : c'est le nombre de demi-diamètres de la terre qui séparent la lune de cette planète. Réciproquement, si l'on connaît la distance de la lune, on en conclura

aisément le *sinus verse* ou l'écartement de la tangente de son orbite dans une seconde; car cet écartement n'est autre que l'espace parcouru en une seconde par les corps qui tombent sur la terre, divisé par le carré du nombre de demi-diamètres de la terre. *Exemple :* les corps graves parcourent 15 pieds en une seconde à la surface de la terre; en divisant 15 par 3,600, carré du nombre de demi-diamètres qui séparent la lune de la terre, on trouve $\frac{1}{240}$ de pied : c'est la courbure de la lune pendant une seconde. — La même force diminue plus que n'augmente la distance : à une distance dix fois plus grande, l'attraction est 100 fois plus petite, parce que le carré de 10 est 100 ; c'est ce qu'on entend quand on dit que *l'attraction agit en raison inverse du carré de la distance*. Nous allons faire une opération qui servira à prouver quelle est la courbure de l'orbite de la lune pendant une seconde. Nous venons de dire que cette courbure est de $\frac{1}{240}$ de pied par seconde; or cet écartement de la tangente croît comme le carré des temps : en 60 secondes ou une minute, il sera donc 3,600 fois plus grand, ou de 15 pieds ; en une heure, il sera encore de 3,600 fois plus grand, ou 54,000 pieds ; en vingt-quatre heures ou un jour, il sera de 476 fois 54,000 pieds, ou de 1,850 lieues ; en sept jours, il sera 49 fois plus considérable, ou de 90,000 lieues : c'est, en effet, la grandeur du rayon de l'orbite de la lune ; en traçant un cercle, on voit clairement qu'elle doit se courber de cette quantité dans le quart du temps de sa révolution autour de la terre.

FIGURE 10.

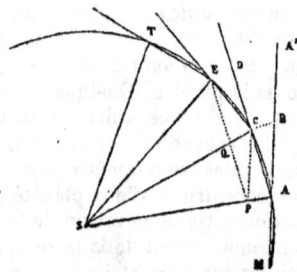

Pour concevoir l'effet de la force attractive, supposons un globe lancé par M dans l'espace ; il décrira uniformément la droite M B. Mais imaginons qu'arrivé en A il reçoive un choc qui le porte vers S, en sorte qu'il soit animé de deux forces, l'une selon A A', l'autre selon A S. Suivant les principes de la dynamique, ce mobile prendra une route AC intermédiaire qu'on détermine ainsi : prenez les parties A B et A P telles que, si le mobile n'eût été sollicité que par l'une ou l'autre impulsion , il eût décrit ces parties dans des temps égaux : achevez le parallélogramme A B C P ; le mobile, par l'action simultanée des deux forces, décrira la diagonale AC et parviendra en C dans le même temps qu'il eût employé pour arriver soit en B, soit en P. Mais, si au point C il éprouve une nouvelle impulsion vers S, le mouvement changera encore ; un second parallélogramme D Q donne la direction CE. Une troisième impulsion produit un troisième changement et le mobile décrit E F et ainsi de suite. Le corps parcourra donc un polygone régulier en vertu d'une impulsion primitivement modifiée par une suite d'impulsions dirigées vers le centre S et exercées à des intervalles de temps égaux ; mais, si ces impulsions dirigées vers le centre S s'exercent continuellement, on est conduit, conformément à la première loi de Kepler, à la notion du mouvement curviligne. S'il arrivait que les forces centrales vinssent à cesser tout à coup, le mobile s'échapperait par la tangente, en reprenant le mouvement rectiligne et uniforme. Le calcul et l'expérience ont prouvé que l'attraction augmente en raison inverse du carré des distances, c'est-à-dire que, si, à une distance trois fois moindre, la puissance attractive est neuf fois plus grande, on a reconnu également que la force centrifuge ou d'impulsion augmente en raison inverse du cube de la distance ; en d'autres termes, qu'à une distance trois fois plus rapprochée la force impulsive est 27 fois plus considérable. On conçoit donc alors facilement que la planète se rapprochera du soleil jusqu'au point où , l'arc de son orbite devenant perpendiculaire au rayon vecteur, la vitesse se sera accrue dans une proportion supérieure à celle de l'attraction, et qu'alors la planète s'éloignera du soleil pour commencer à s'en rapprocher lorsque l'attraction, en agissant en sens inverse de la force impulsive, et diminuant dans une proportion moindre qu'elle, deviendra à son tour prépondérante. Lorsque la masse d'un corps céleste est connue , il est facile, en le comparant à un autre, de trouver quelle doit être sa puissance attractive. Par exemple, la masse du soleil est 354,936 fois plus consi-

dérable que celle de la terre, et son rayon 111 fois plus grand : en divisant 354,936 par le carré de 111, on a pour quotient à peu près 28 ; cela veut dire que l'attraction du soleil sur les corps placés à sa surface est 28 fois plus grande que celle de la terre sur les corps terrestres, et qu'au lieu de parcourir 15 pieds dans la première seconde ils en parcourent 428. Si l'on cherche les dérangements que la force du soleil cause à la lune, il suffit de chercher le rapport qu'il y a entre la force du soleil pour tirer la lune de son orbite et celle de la terre pour l'y retenir , ou la quantité dont la force du soleil peut contrarier celle-ci. On fera cette proportion : la force du soleil sur la lune est à la force de la terre sur la lune comme la masse du soleil , divisée par le carré de sa distance à la lune, est à la masse de la terre divisée par le carré de sa distance à la lune. Il faudra également tenir compte de la rapidité de la lune autour du soleil , emportée qu'elle est par la révolution annuelle de la terre, qui parcourt 415 lieues par minute, tandis que la rapidité de la lune autour de la terre n'est que de 14 lieues ; or on sait que, pour balancer une vitesse deux fois plus grande, il faut une force attractive quadruple. — Lorsqu'il s'agit des troubles qu'une planète éprouve par l'attraction d'une autre, on emploie les mêmes expressions. Par exemple, la masse du soleil, qui est 1, retient la terre dans son orbite à une distance qui est également 1. Jupiter trouble cette action avec une masse qui est environ 1,000 fois plus petite que celle du soleil : ainsi sa masse ou sa force peut s'appeler $\frac{1}{1000}$, et, comme il agit à une distance 5 fois plus grande que le soleil , il faut rendre encore cette force 25 fois plus petite, ce qui réduit à $\frac{1}{25000}$ la force de Jupiter relativement à celle qu'y exerce le soleil : c'est cette force que l'on cherche dans le calcul intégral en résolvant le problème des trois corps, c'est-à-dire que l'on cherche combien le mouvement de la terre doit être altéré par une force qui est à chaque instant $\frac{1}{25000}$ de celle qui retient la terre dans son orbite, mais dont la direction varie continuellement.

La masse des planètes, c'est-à-dire leur quantité de matière ou leur force attractive, se déduit de l'attraction, et l'on en conclut aisément leur densité ou leur pesanteur spécifique. Cette découverte, qui paraît d'abord fort singulière, est cependant une suite naturelle de la loi de la gravitation, puisque la force attractive est un indice certain de la quantité de matière. Prenons pour termes de comparaison la masse ou la force attractive de la terre, dont les effets nous sont connus et familiers, et cherchons quelle est la masse de Jupiter par rapport à celle de la terre. Le premier satellite (*voy.* ce mot) fait sa révolution à une distance qui est, à un dixième près, la même que celle de la lune à la terre. Si ce satellite tournait autour de Jupiter dans le même espace de temps que la lune tourne autour de la terre, il s'ensuivrait évidemment que la force de Jupiter, pour retenir ce satellite dans son orbite, serait égale à celle de la terre pour retenir la lune dans le sien, et que la masse de Jupiter serait la même que celle de la terre (n'oublions pas que l'attraction agit en raison directe des masses et en raison inverse du carré des distances) : dans ce cas, il faudrait que la densité de la terre fût 1,470 fois plus grande que celle de Jupiter, puisqu'elle produirait le même effet avec un volume 1,470 fois moindre; mais, si le satellite tourne 16 fois plus vite que la lune, il faut, pour le retenir, 256 fois plus de force, car la force centrale est comme le carré de la vitesse : or 256 est environ 5 fois plus petit que 1,470; donc le volume de Jupiter est 5 fois plus grand que sa quantité de matière réelle et effective par rapport à celui de la terre : ainsi la densité de la terre est 5 fois plus grande que celle de Jupiter. En calculant rigoureusement, on ne trouve que 4, parce que la distance du premier satellite à Jupiter est plus grande que celle de la lune à la terre. — Telle est la méthode employée par Newton pour le calcul des masses et des densités planétaires: plus un satellite est éloigné de sa planète et tourne rapidement, plus aussi il indique de force et de matière dans la planète principale qui le retient. Voici l'expression générale de la règle qui sert à trouver la masse d'une planète, en prenant celle du soleil pour unité : la *masse* d'une planète est à la *masse* du soleil comme le *cube* de la distance d'un des satellites divisé par le carré de sa révolution sidérale est au cube de la *distance* de la terre au soleil divisé par le carré de sa révolution. *Exemple :* le quatrième satellite de Jupiter est à 429,000 lieues de cette planète, et il fait sa révolution en 16 jours 18 heures; en cubant la distance de ce satellite et en divisant ce résultat par le carré de

sa révolution, on obtient un nombre qui est à peu près la 1,054e partie de celui obtenu par le cube de 34 millions de lieues (distance de la terre au soleil) divisé par le carré de 365, durée de sa révolution sidérale. Cette fraction $\frac{1}{1054}$ est la masse de Jupiter comparée à celle du soleil. On aurait pu prendre pour terme de comparaison toute autre planète que la terre, le quotient eût été exactement le même. Cette force ou cette masse d'une planète étant divisée par son volume, exprimé de même en prenant pour unité le volume du soleil, donne la densité cherchée de la planète par rapport au soleil.

On peut comparer les densités des planètes avec des objets familiers : le bois est dix fois plus léger que le fer, c'est la densité de Saturne comparée à celle de la terre; la pierre est quatre fois plus légère que le cuivre, c'est à peu près la densité du soleil relativement à celle de la terre. Les densités de Mercure, de Vénus et de Mars ne peuvent se trouver par la méthode précédente, puisque ces planètes n'ont point de satellites qui puissent nous indiquer l'intensité de leurs attractions; ce n'est que par les perturbations qu'elles font éprouver aux corps qui les approchent qu'on peut en faire un calcul approximatif. Mais, en voyant, dans les trois planètes dont les densités nous sont connues, une augmentation de densité, à mesure qu'on approche du soleil, il semble que cet accroissement progressif doit avoir lieu également pour les autres planètes. Kepler, avant que la découverte des lois de l'attraction eût appris à calculer la pesanteur spécifique des planètes, avait pressenti, par des idées de convenance et d'harmonie, que leurs densités devaient être en raison inverse des distances : par exemple, Jupiter est 5 fois plus éloigné du soleil que la terre, et sa densité environ 5 fois moindre. Le tableau ci-joint prouve que ce rapport, qui d'ailleurs n'est qu'approché, est interrompu en arrivant à Uranus, dont la densité surpasse celle de Saturne. La densité de la lune est à peu près les $\frac{7}{10}$ de la terre; elle se déduit de son volume, qui est le 49e, et de son intensité sur les marées, estimée 68 fois plus faible.

Densité des planètes par rapport à la terre.

Le soleil,	0,25484	prouvé par l'observation.
La lune,	0,742	*idem.*
Mercure,	2,583	
Vénus,	1,8273	
Mars,	0,6506	

Jupiter,   0,2580 prouvé par l'observation.
Saturne,   0,10422 *idem.*
Uranus,   0,2204
Le Verrier,   »   (planète de M.)

Lorsque l'on connaît la masse et le diamètre d'une planète, il est aisé de trouver l'effet de la pesanteur à sa surface, c'est-à-dire la force accélératrice des corps graves vers cette planète ; car cette force est en raison de la masse et en raison inverse du carré du rayon ; en un mot, elle n'est autre chose que la vitesse des corps terrestres sous l'équateur (15 pieds), multipliée par la masse de la planète et divisée par le carré de son rayon en prenant pour unité la masse et le rayon de la terre. Exemple : les corps terrestres parcourent 15 pieds en une seconde en tombant sur la terre ; en multipliant 15 par la masse de Jupiter, qui est 256, et en divisant le produit par 121, carré de son rayon, qui est 11, on obtient pour quotient 32 ; c'est le nombre de pieds parcourus en une seconde par les corps qui tombent à la surface de Jupiter : telle est la solution de quelques-uns des problèmes astronomiques, inabordables avant la découverte des lois de Kepler et de celles de l'attraction, qui en sont la conséquence.

Nous avons vu que les corps planétaires devraient décrire rigoureusement des orbites elliptiques, s'ils n'étaient sollicités que par l'action du soleil ; mais leurs mouvements sont continuellement troublés, d'une manière assez faible il est vrai, par les actions des corps voisins qui les attirent aussi, en raison de leurs masses et en raison inverse du carré de leurs distances. Les effets de ces forces perturbatrices doivent être estimés, si l'on veut établir des tables qui fassent connaître avec exactitude les mouvements des corps planétaires ; mais cette évaluation, dans l'état actuel de la science, dépasse les pouvoirs de l'analyse, et l'on doit se contenter d'approximations suffisantes pour la pratique. — Les perturbations sont de deux espèces ; on les nomme *inégalités séculaires* ou *périodiques :* les premières affectent le mouvement elliptique et croissent avec une lenteur extrême ; les autres dépendent des positions respectives des corps célestes et redeviennent les mêmes toutes les fois que ces corps rentrent dans les mêmes circonstances où ils étaient d'abord (*voy.* PERTURBATION). Voici un tableau des variations séculaires des différents éléments des planètes ; il est calculé pour 1801, au temps moyen de Paris.

A l'aide de ce tableau et de la table des éléments des planètes (placée ci-contre), on peut retrouver les éléments principaux tels qu'ils doivent être à une époque donnée.

Tableau des variations séculaires des éléments elliptiques des planètes.

PLANÈTES.	VARIATIONS SÉCULAIRES.				
	de l'excentricité.	de l'inclinaison de l'orbite.	de la longitude du nœud.	du périhélie.
☿ Mercure.	0,000003867	18″,183	— 13′,038	10′,726
♀ Vénus.	0,000062711	— 4,552	— 31,164	— 4,460
⊕ Terre.	0,000041632	»	»	19,630
♂ Mars.	0,000090176	— 0,152	— 38,808	26,374
♃ Jupiter.	0,000159350	— 22,608	— 26,293	11,0643
♄ Saturne.	0,000312402	— 15,513	— 37,774	32.2245
♅ Uranus.	0,000025072	3.133	— 59,966	3,977

PLANÈTES INFÉRIEURES. — *Mercure* ☿.
Cette planète est tellement perdue dans les rayons voisins du soleil, qu'on ne peut pas l'observer aussi bien que les autres astres, d'autant plus que Mercure est la plus petite des grandes planètes. A peine sait-on qu'il a une atmosphère considérable et très-nuageuse qui doit servir à tempérer l'éclat éblouissant des rayons solaires. Mercure, suivi à travers un puissant télescope, laisse voir des phases tout à fait analogues à celles de la lune ; Schræter dit avoir découvert dans cette planète des montagnes dont la hauteur serait double de celle des plus élevées de notre globe. Mercure tourne sur lui-même à peu près en vingt-quatre heures ; quelquefois il vient à passer entre la terre et le soleil sous la forme d'une tache noire qui décrit la corde de ce disque. Le dernier phénomène de ce genre a eu lieu le 8 mai 1845 ; les autres passages au XIX° siècle auront lieu le 9 novembre 1848, le 12 novembre 1861, le 5 novembre 1868, le 6 mai 1878, le 8 novembre 1881, le 10 mai 1891, et le 10 novembre 1894. (*Voy.* MERCURE.)

TABLE DES ÉLÉMENTS DES PLANÈTES.

	SOLEIL.	MERCURE.	VÉNUS.	LA TERRE.	MARS.	VESTA.	JUNON.	CÉRÈS.	PALLAS.	ASTRÉE.	JUPITER.	SATURNE.	URANUS.	LE VERRIER.
Diamètre, celui de la terre étant 1	109,25	0.31	0,95	1,00	0,56	0,03	0,18	0,20	0,26		11,00	9,76	4,23	
Id., celui du soleil étant 1	1,00	0,003	0,009	0,009	0,005	0,003	0,001	0,002	0,003		0,100	0,091	0,050	
Id., en 1000 kilomètres	1391	4,3	12,1	12,1	7,1	0,4	2,3	2,5	3,4		140	124	53,9	
Superficie, celle de la terre étant 1	119,36	-0,12	0,9	1,00	0,32	0,001	0,03	0,04	0,07		121,12	95,17	17,92	
Id., celle du soleil étant 10000	10000	0,1	0,7	0,8	0,3	0,001	0,03	0,03	0,05		105	72	15	
Volume, celui de la terre étant 1	1304100	0,04	0,8,5	1,00	0,18	0,00004	0,005	0,008	0,017		1333	925	76	
Id., celui du soleil étant 1000000	1000000	0,03	0,7	0,7	0,12						1100	600	60	
Aplatissement				1 : 300							1 : 13	1 : 11		
Masse, celle de la terre étant 1	355000	0,16	0,92	1,00	0,13						340	95	17	
Masse du soleil, celle de la planète étant 1	1	2025810	405871	3550x0	2546320						1054	3512	21,000	1/1300
Densité, celle de la terre étant 1	0,25	3,64	1,07	1,00	0,70						0,25	0,20	0,25	
Densité, celle de l'eau étant 1	1,22	17,7	5,2	4,9	3,3						1,1	0,5	1,0	
Chute des corps à la surface dans la première en mètres	139,68	4,58	5,46	4,91	2,05						12,09	4,01	4,74	
Diamètre apparent vu de la terre, { maximum	32'34",6	11",6	65",6		27",5	0",5	3",3	2",3	4",2		46",2	21",5	4",3	
{ minimum	31'30",0	4",0	9",6		3",7	0",2	0",7	0",9	1",0		29",9	15",5	3",5	
Vitesse moyenne par " du mouvement de translation en mètres		49574	35228	30811	24961	20013	18854	18524	18510		13519	9975	7033	
Vitesse moyenne par " du mouvement de rotation en mètres		163,7	464,5	461,9	259,2						12691,5	10882,1	7032,8	
Espace angulaire parcouru sur l'orbite du soleil en 88 jours		360o	143,9	89o,7	46o,1	23o,9	19o,9	18o,8	18o,8		7o,3	2o,9	1o,0	
Chute vers le soleil en 1" de temps en millimètres		19,2	5,4	2,9	1,1	0,45	0,45	0,45	0,45		0,11	0,023	0,007	
1/2 grand axe, ou distance moyenne au soleil		0,38710	0,72333	1,00000	1,52369	2,3652	2,6704	2,7672	2,7683	2,5075	5,20116	9,53781	19,18348	36,15100
Distance au soleil en mill. { maximum		72	113	157	258	398	448	462	533		843	1554	3105	
lions de kilomètres. { minimum		55	111	152	214	313	308	394	373		765	1392	2829	
Distance à la terre en mill. { maximum		222	259		400	533	652	600	657		963	1652	3141	
lions de kilomètres		74	37		52	170	141	230	156		585	1193	2578	
Excentricité		0,2056	0,0068	0,0168	0,0932	0,1838	0,2541	0,0785	0,2440	0,2043	0,0482	0,0562	0,0467	0,107,61
Inclinaison de l'orbite sur le plan de l'écliptique		7o,0',00	3o,23'.47		1o,51',06	7o,7',78	13o,4',43	10o,37'.50	34o,37'.47	5o49'9"	16,18',85	2o,29',63	0o,46'43'	
Longitude du périhélie en 1810		74o30'.23	128o44'20	99o39'.37	332o25o'.82	280o,19'.60	53o,16',9	146o,44',0	121o22',0	135o23'04	116,17',80	89o,19'.48	167o,29',82	284o48'
Variation tropique séculaire du périhélie		4o,09238	1o,50217	0o,98508	0o.52407	0o,27120	0o,25591	0o.21414	0o,21460		0o,08313	0o,03350	0o,01177	
Longitude du nœud ascendant en 1810		46o'4'.02	74o57'.30		48o2',8	103o,10',2	171o,9',83	80o,56',82	172o,33'9	148o16'33"	98o,30'.07	112o,0',92	73o,53'.58	
Variation tropique séculaire du nœud		1o,18	0o,88		0o,75	1o,39	1o,39	1o,39	1o,39		0',96	0o,77	0o,39	
Durée de la révolution { sidérale en jours		87,9693	224,7008	365,2561	686,9706	1327,7	1593,8	1684,1	1682,5	1525,5	4332,5863	10758,9608	30688,7127	79205,387
{ tropique en jours		87,5684	224,6955	365,24225	680,7297	1327,4	1593,6	1681,1	1682,2		4330,6405	10746,7,24	30589,3573	
{ synodique en jours		115,87	583,92		779,88	508,9	474,9	466,5	466,5		398,8	378,0	369,7	
Époque 1810		203432,32	236o18',25	99o29',03	340o29',58	105o,44',90	95o,21',20	61o,12',53	49o',0'.38		25o,24'03	244o,37',33	167o,29',98	
Mouvement tropique diurne		4o,09238	1o,50217	0o,98508	0o.52407	0o,27120	0o,22591	0o.21414	0o,2.400		0o,08313	0o,03350	0o,01177	
Durée de la rotation de l'axe	25 j., 5	24 h. 5'5	23 h. 21',8	23 h. 56',07	24 h. 39',3						9 h. 55',7	10 h. 16',0		
Chaleur comparative, la terre étant 0		7 fois ¼	2 fois ~	0	1/2 fois ~						48 fois ~	90 fois ~	360 fois ~	
Pesanteur		12,346	18,525	15,1038	5,860						42,314	15,734	4,193	

37

Vénus ♀ est la plus belle des planètes et se distingue par la supériorité de son lustre; quoique son diamètre apparent surpasse celui de toute autre planète, elle est la plus difficile de toutes à voir d'une manière nette dans les télescopes; le grand éclat de la partie éclairée produit des scintillations de lumière. Vénus présente des phases comme Mercure et comme la lune, passant par toutes les formes intermédiaires entre celles d'un croissant fort mince et d'un disque complet; elle est douée d'une atmosphère analogue, pour la densité et l'étendue, à l'atmosphère terrestre. Schræter a cru apercevoir dans cette planète des montagnes colossales, auprès desquelles le Chimborazo et le Dhavalagiri seraient des monticules. Cassini avait cru reconnaître à Vénus, en 1666, un mouvement de rotation sur elle-même en 23 h. 18′; Schræter avait assigné une durée de 23 h. 21′ à cette rotation. Cependant Bianchini avait prétendu que la durée de ce mouvement était de 24 h. environ; mais, d'après une suite d'observations minutieuses faites par les astronomes du collége des jésuites, à Rome, dans le cours de l'année 1839, on a reconnu comme exacte la donnée de Schræter. Vénus s'interpose quelquefois entre nous et le soleil, sur le disque duquel elle paraît comme une tache ronde : ces passages sont très-rares et très-importants pour les astronomes, auxquels ils donnent le moyen le plus exact que l'on connaisse de mesurer la distance du soleil à la terre. Les deux dernières observations datent de 1769 et de 1772; les passages de ce siècle auront lieu le 9 décembre 1874, le 6 décembre 1882. (*Voy.* VÉNUS.)

PLANÈTES SUPÉRIEURES. — *Mars* ♂ est la première des *planètes supérieures*, par opposition aux deux planètes précédentes, qui sont appelées *inférieures*, comme étant situées entre la terre et le soleil. Mars présente une lumière obscure et rougeâtre qu'on attribue à une atmosphère épaisse et nébuleuse; mais il résulte de l'observation faite par M. James South, le 28 novembre 1832, que cette atmosphère ne peut être que fort rare et peu dense. C'est la planète qui a, dit-on, le plus d'analogie avec notre globe. On distingue très-nettement sur cette planète des contours qui peuvent séparer des continents et des mers; la figure ci-dessous représente Mars tel qu'il a été observé par Herschell le 16 août 1830 avec un télescope à réflexion de 6 mètres de foyer. La forme légèrement allongée de cette figure indique une des phases qui sont beaucoup moins sensibles que pour Vénus, à cause du plus grand éloignement. Mars tourne sur lui-même en 24 h. 39′ 21″; ses pôles semblent être, comme ceux de la terre, entourés de glace : la figure représente, à sa partie supérieure, une de ces taches brillantes dont l'existence coïncidait précisément avec l'hiver de l'hémisphère dont le centre de cette tache est le pôle. (*Voy.* MARS.)

FIGURE 11.

Jupiter ♃ présente l'apparence d'une brillante étoile dont l'éclat surpasse quelquefois celui de Vénus; c'est la plus grosse des planètes : cependant son volume est de 905 fois moindre que celui du soleil. Jupiter tourne sur lui-même dans la période étonnante de 9 h. 55′ 8″; son disque paraît toujours croisé dans certaines directions par des bandes ou zones obscures, comme on le voit dans la

FIGURE 12.

figure qui représente Jupiter, tel qu'Herschell l'a observé à Slough le 23 septembre 1832 avec son nouveau réflecteur. Ces bandes varient dans leurs positions et dans leurs grandeurs, mais jamais dans leur direction générale, qui est parallèle à l'équateur, autour duquel elles sont plus larges et plus nombreuses; assez souvent on y aperçoit des subdivisions et des embranchements, ou des taches sombres qui rappellent l'idée des nuages. Suivant Schræter, on voit souvent ces taches se mouvoir avec une vitesse de 100 à 130 mètres par seconde, triple de celle de nos plus forts ouragans. (*Voy.* JUPITER.)

Saturne ♄, vu au télescope, offre le spectacle étonnant d'un globe entouré d'une espèce d'anneau mince et large. La figure que nous donnons montre Saturne tel qu'il a été vu, dans le courant du mois de juin 1838, par les astronomes du collége romain. On remarquera à la surface des bandes analogues à celles de Jupiter, mais moins caractérisées; la surface de l'anneau porte aussi des bandes obscures qui le partagent comme en cinq anneaux concentriques. Herschell le père, qui n'avait aperçu qu'une seule de ces bandes, pensait que l'anneau se composait réellement de deux parties distinctes, et les observateurs du collége romain semblent adopter une opinion analogue pour les nouvelles bandes signalées par eux. M. Arago considère comme beaucoup plus vraisemblable que les traits noirs pris pour des intervalles vides doivent être comparés aux bandes de Jupiter et de Saturne lui-même. Ce qui vient à l'appui de cette opinion, c'est que, avec l'excellente lunette de Cauchoix, les astronomes de Rome ont vu le nombre de bandes augmenter jusqu'à cinq et disparaître ensuite en partie, sans qu'on puisse trouver une raison suffisante à cette disposition dans la position de la planète; cepen-

FIGURE 13.

dant Smith cite une observation de Clarke de laquelle il résulterait que la division principale de l'anneau est due à un vide à travers lequel on peut apercevoir des étoiles dans certaines circonstances. (*Voy.* SATURNE.)

Uranus ♅ fut découverte par Herschell le père le 13 mars 1781; cette planète ne nous paraît, dans les meilleurs télescopes, que comme un petit disque rond, d'un éclat uniforme, sans anneaux, bandes ni taches discernables. Son diamètre apparent est d'environ 4'' et ne varie jamais beaucoup, à cause de la petitesse de l'orbite de la terre en comparaison de cette planète. Herschell le père y a constaté un aplatissement sensible qui indique une rotation très-rapide de la planète sur elle-même. (*Voy.* URANUS.)

La planète indiquée mathématiquement par M. le Verrier, et découverte dans le ciel par M. Gall, le 23 septembre 1846, n'a pas encore été assez étudiée pour pouvoir en parler avec des détails plus complets que ceux contenus à l'article CORPS CÉLESTES; cependant nous désirons que cette planète reçoive un nom mythologique, ainsi qu'on l'avait proposé, pour éviter de voir plus tard le nom de le Verrier remplacé par celui de Janus ou de Neptune, comme le nom d'Uranus a été substitué à celui d'Herschell.

Planètes astéroïdes. — *Cérès* ♀ fut découverte par Piazzi, à Palerme, le 1er janvier 1801 : ainsi ce ne fut que deux cents ans après que Kepler eut déclaré qu'il devait exister une lacune entre Mars et Jupiter, que ses conjectures se trouvèrent réalisées. Le 28 mars de l'année suivante (1802), Olbers, à Bremen, fit la découverte de Pallas ♀, et cinq ans après, à pareille époque, le même astronome annonça l'existence d'une quatrième planète nouvelle qu'on nomma *Vesta* ♀; Harding avait découvert, le 1er septembre 1804, la troisième des astéroïdes, qu'il nomma *Junon* ♀, et M. Henck a donné le nom d'*Astrée* à une cinquième planète découverte par lui le 13 décembre 1846. Ces planètes sont si petites, qu'elles sont fort difficiles à observer; suivant Herschell, leur diamètre apparent, lorsqu'elles sont le plus rapprochées de nous, n'atteint pas une seconde entière. Schræter assigne un diamètre d'environ 437 kilomètres à Vesta, de 2,282 à Junon, de 2,593 à Cérès, de 3,348 à Pallas. Cérès et Pallas sont souvent comme enveloppées dans une vaste atmosphère qui s'étendrait à plus de 700 kilomètres de leur surface; d'autres fois elles sont nettement terminées et brillent d'une lumière pure. Schræter dit avoir remarqué que cette atmosphère se contracte quelquefois de la moitié de son volume. On ne sait encore rien de la rotation des petites planètes sur elles-mêmes. (*Voy.* CÉRÈS, JUNON, PALLAS, VESTA.)

PLANÈTES SECONDAIRES. — On nomme *satellites* ou *suivants* des planètes secondaires : ils sont, comme les grandes planètes, des globes opaques réfléchissant la lumière du soleil et tournant, de l'occident en orient, autour de leur planète, qu'ils accompagnent dans son mouvement annuel. On en compte 18 : la Terre en a un, Jupiter 4, Saturne 7, Uranus 6. Tous ces globes secondaires présentent, par rapport aux globes dont ils dépendent, des changements qu'on nomme *phases* ou *apparences* diverses.

Satellite de la terre. (*Voy.* LUNE et TERRE.)

Satellites de Jupiter. Au moyen d'instruments d'optique d'une force moyenne, on aperçoit facilement, dans le voisinage de Jupiter, quatre petits globes qui circulent autour de cette planète. Les éclipses (*voy.* ce mot) auxquelles ils donnent lieu ont fait juger que ce sont des corps opaques, ainsi que l'astre central, duquel ils s'écartent très-peu : ce fut Galilée qui découvrit les satellites de Jupiter. Le *premier* et le *quatrième* paraissent être à peu près grands comme *Mercure*, et le *second* ainsi que le *troisième*, comme notre lune. On a donné à ces satellites les noms d'*Hébé*, de *Ganymède*, de *Thémis* et de *Métis*. Les satellites observent les lois de Kepler dans le système planétaire, en petit, qu'ils forment avec leur astre central : ainsi les orbites sont des ellipses très-peu excentriques, dont l'astre central occupe un des foyers ; les aires décrites par les rayons vecteurs sont proportionnelles aux temps employés à les décrire ; le carré des temps des révolutions des satellites de chaque système respectif est proportionnel aux cubes des distances à l'astre central ; de plus, le mouvement de ces satellites se fait dans le même sens que celui des planètes : on a cru leur reconnaître un mouvement de rotation diurne. Voici le tableau où se trouvent réunis les principaux éléments ainsi que les masses des satellites. (*Voy.* JUPITER, SATELLITES.)

TABLE DES ÉLÉMENTS DES SATELLITES DE JUPITER.

Désignation des satellites	I.	II.	III.	IV.
	j. h. m.	j. h. m.	j. h. m.	j. h. m.
Durée des révolutions tropiques	1 18 27,35	3 13 13,70	7 3 42,55	16 16 32,15
Distance moyenne au centre de { en rayons de l'orbite de la terre	0,00258	0,00110	0,00654	0,015
Jupiter { en rayons de Jupiter	5,698	9,066	14,462	25,436
Inclinaison des orbites sur celle de Jupiter	3o,18	3o,46'	3o,26	2o,36
Longitude du nœud ascendant sur l'elliptique	314o40'	313o,45	314o,24'	316o,39'
Vrai diamètre en kilomètres	4148	3408	6000	4153
Diamètre apparent { du centre de Jupiter	33'16''	17'13''	19',0''	7'32''
{ moyen vu de la terre	1'',4	1'',4	2'',0	1'',4
Masse, celle de Jupiter étant 1	0,00002	0,00002	0,00009	0,00004
Densité, celle de Jupiter étant 1	0,7	1,7	1,2	1,7
Chute des corps à la surface dans la première seconde en mètres	0,26	0,52	0,65	0,62
Chute vers Jupiter en une seconde en mètres	3,64	1,43	0,55	0,19
Chemin parcouru dans 1 heure sur l'orbite en kilomètres	65190	51855	40743	31153

L'observation a fait reconnaître, à l'égard des satellites de Jupiter, les deux résultats suivants : en comparant les temps des révolutions, on s'aperçoit que la durée de la révolution du premier satellite est environ la moitié de celle du deuxième, qui n'est elle-même qu'environ la moitié de la révolution du troisième satellite. Nous avons dit que les satellites tournaient, d'occident en orient, à l'entour de Jupiter : tantôt ils passent derrière l'ombre portée par la planète et disparaissent momentanément, tantôt ils passent sur le disque de la planète elle-même ; dans ce dernier cas, il arrive souvent qu'on observe le satellite comme une tache brillante sur une bande obscure; parfois, au contraire, il paraît comme une tache obscure, de dimension plus petite que l'ombre qu'il projette sur le disque de la planète. Ce fait curieux, observé par Schræter et Harding, indique, pour certains satellites, des taches obscures d'une grande étendue sur la surface ou dans l'atmosphère de ces corps. Les trois premiers satellites ne peuvent pas être éclipsés simultanément, et l'on ne connaît qu'une seule observation, faite par Molineux, le 2 novembre 1681 (vieux style), où Jupiter ait été vu sans satellites.

Satellites de Saturne. Les orbes des six premiers satellites de Saturne paraissent être dans le plan de l'anneau, tandis que l'orbe du septième s'en écarte sensiblement. L'observation de ces petits corps est très-difficile, à cause de leur grand éloignement, et il a fallu toute la perfection des instruments d'optique pour parvenir à les reconnaître. On voit encore se confirmer ici les lois de Kepler : en prenant pour unité le rayon de l'équateur de la planète, on trouve, pour les distances moyennes des satellites de Saturne et pour les temps de leurs révolutions, les valeurs suivantes. (*Voy.* SATURNE.)

TABLE DES ÉLÉMENTS DES SATELLITES DE SATURNE.

Désignation des satellites.....	I.	II.	III.	IV.	V.	VI.	VII.
	j. h. m.	j. h. m.	j. h. m.	j. h. m.	j. h. m.	j. h. m.	j. h. m.
Durée de la révolution tropique.................	0 23 37,5	1 8 53,1	1 21 18,4	2 17 44,8	4 12 25,2	15 22 41,2	79 7 53,7
Distance moyenne { en rayons de l'orbite terrestre. au centre de Saturne.......... { en rayons de Saturne.......	0,00132 3,185	0,00170 4,088	0,00201 4,833	0,00259 6,222	0,00361 8,666	0,00832 20,000	0,02416 58,050
Inclinaison de l'orbite sur celle de Saturne........	28°,34'	28°,34'	28°,34'	23°,34'	28°,34'	28°34'	22°,42
Diamètre en kilomètres........ ....'....	—	—	770	770	1896	5037	2871

A une époque où l'anneau de Saturne disparaissait dans les télescopes ordinaires, en 1789, Herschell, le père, muni d'un télescope réflecteur de 1 mèt. 20 c. d'ouverture, a vu les satellites de Saturne enfilés comme les grains d'un chapelet, le filet de lumière très-mince auquel se réduisait l'anneau s'éloigner, pour un temps très-court, de l'extrémité de ce filet, puis se dérober de nouveau aux regards.

Satellites d'Uranus. Herschell, au moyen de son grand télescope, a reconnu six satellites à Uranus, lesquels se meuvent autour de cette planète dans des orbes presque circulaires et perpendiculaires au plan de l'écliptique. L'observation de ces satellites est très-difficile ; aussi les autres astronomes n'ont pu observer d'une manière satisfaisante que le *second* et le *quatrième*. Ces deux satellites présentent des particularités qu'on ne rencontre pas dans les autres corps célestes de notre système planétaire ; c'est, outre la forte inclinaison de leurs orbites, d'avoir un *mouvement rétrograde* : ainsi leur mouvement étant projeté sur l'écliptique, il est d'orient en occident au lieu d'être en sens contraire, comme celui des planètes et des autres satellites connus. On a calculé les durées des révolutions des quatre autres satellites d'après leurs plus grandes élongations et d'après les lois de Kepler, suivant lesquelles le carré du temps des révolutions est comme les cubes des moyennes distances à l'astre central.

TABLE DES ÉLÉMENTS DES SATELLITES D'URANUS.

Désignation des satellites.........	I.	II.	III.	IV.	V.	VI.
	j. h. m.	j. h. m.	j. h. m.	j. h. m.	j. h. m.	j. h. m.
Durée des révolutions tropiques....................	5 21 25	8 17 1	10 23 4	13 11 5	38 1 49	107 16 40
Distance moyenne au centre { en rayons de l'orbite terrestre.... d'Uranus............{ en rayons d'Uranus...........	0,00237 13,131	0,00308 17,039	0,00358 19,861	0,00411 22,776	0,00823 45,550	0,01608 89,043

Nous terminerons ce long article par jeter, avec M. Quetelet, un coup d'œil rapide sur notre système planétaire ; nous verrons le soleil se mouvoir continuellement autour de son axe et se diriger dans l'espace selon une ligne dont les éléments nous sont encore inconnus. Autour de cet astre, le plus considérable et le plus influent de notre système, circulent, dans des ellipses, 13 planètes principales, qui se dirigent toutes dans l'ordre des signes du zodiaque, qui ont toutes un mouvement de rotation sur elles-mêmes dirigé dans le même sens ; autour de plusieurs de ces planètes circulent, à leur tour, 18 satellites ou planètes secondaires qui parcourent aussi des ellipses, mais qui semblent assujettis à la condition de présenter toujours la même face vers leur astre central. De temps en temps, quelques comètes qui paraissent étrangères à notre système et qui se meuvent en tous sens et dans toutes les directions viennent se jeter au milieu de ces astres, mais toujours en suivant des trajectoires dont l'observation et le calcul démêlent bientôt toutes les circonstances. Pendant que tous ces corps se meuvent avec la plus parfaite harmonie et en suivant des lois immuables, dont plusieurs ont été reconnues par l'observation et l'analyse, il s'établit entre eux des actions et des réactions infinies, que l'on a pu apprécier également par des approximations bien suffisantes. C'est ainsi que l'on a reconnu de petites altérations dans les excentricités et les inclinaisons des orbites; on a pu même estimer la pesanteur des astres, comme si on les avait mis dans des balances, et l'on a assigné quelle est la pesanteur à leur surface et quel serait le temps qu'emploierait un corps pour y tomber d'une certaine hauteur. L'astronomie a pu expliquer avec le même bonheur des phénomènes qui se renouvellent journellement sur notre globe; ainsi l'on n'ignore plus la vraie cause des marées, les effets de la réfraction astronomique, de l'aberration des étoiles et une foule d'autres phénomènes moins sensibles encore et qui semblaient devoir échapper pour toujours à l'attention la plus minutieuse: mais la véritable observation ne fait que de naître; c'est elle seule qui, par les documents utiles qu'elle amasse, pourra révéler, par la suite des temps, des secrets que nous n'avons pu connaître encore.

Notre système planétaire n'est peut-être qu'une très-faible partie d'un système dont notre imagination est incapable de comprendre l'immensité et dont le centre ne nous sera jamais connu; car, plus nous pénétrons dans le sanctuaire de la nature, plus nous rencontrons de preuves de cette puissance infinie qui s'est jouée dans les ouvrages de la création, *ludens in orbe terrarum* (*Prov.*, cap. VIII, v. 23), de cette providence admirable qui a tout fait avec poids et mesure, *omnia in mensura, et numero et pondere disposuisti* (*Sap.*, cap. XI, v. 21); mais les causes premières de la gravitation et du mouvement imprimé à la matière, et cette multitude de phénomènes désignés sous la dénomination mystérieuse de *lois de la nature*, que nous n'avons pas même l'espoir de faire jamais entrer dans le domaine de nos investigations, nous avertissent assez de l'impuissance où

nous sommes de pénétrer les secrets que la toute-puissance divine s'est réservés : *quis investigabit magnalia ejus* (*Eccl.*, cap. XVIII, v. 3). AD. V. DE PONTÉCOULANT.

PLANIMÈTRE (*techn.*). — Instrument spécialement destiné aux ingénieurs des ponts et chaussées et aux géomètres des opérations cadastrales. Le planimètre, dont l'invention date de 1834, n'est encore que peu répandu dans la pratique. Perfectionné par M. Lausanne, il a reçu le nom d'*arithmoplanimètre*, et, sous cette nouvelle forme assez compliquée, s'accompagne d'une machine à calculer.

PLANIMÉTRIE (*géométr.*). — C'est la partie de la géométrie qui s'occupe de la mensuration des surfaces et de la reproduction, sur le papier, des figures construites sur le terrain. (*Voy.* GÉOMÉTRIE, ARPENTAGE.)

PLANISPHÈRE (*astr.*). — On entend par ce mot la projection de la sphère et de ses divers cercles sur une surface plane; cette projection est principalement en usage dans la construction des cartes célestes et géographiques (*voy.* CARTE et PROJECTION). On nomme également *planisphère* un instrument qui sert à trouver, à une latitude donnée, la position de la voute étoilée, plus facilement que par le moyen des cartes célestes. Cette machine fort simple consiste dans un disque de carton sur lequel sont figurées les étoiles visibles dans notre latitude, et qui tourne sur un second disque, entouré d'un premier cercle dans lequel l'année se trouve divisée par jour, et d'un second contenant les vingt-quatre heures du jour; un troisième disque échancré tourne sur le même pivot. Son échancrure est opérée de manière que la portion qu'elle laisse à découvert sous le disque inférieur soit précisément celle qui est visible pour la latitude demandée. Ces disques et ces cercles sont gradués régulièrement : on opère en rapportant le disque qui contient le tracé des étoiles au jour de l'année, et le disque échancré à l'heure du jour; on reconnaît alors la portion des cieux visible à ce jour et à cette heure. A. D. DE P.

PLANORBE, *planorbis* (*moll.*). — Bruguières a, le premier, réuni en un seul genre très-intéressant les animaux et les coquilles connus depuis sous le nom de *planorbes*. Ce nom, du reste, exprime assez bien la forme de ces coquilles. Elles sont toutes, et c'est là un de leurs principaux caractères, en forme de disque ou orbe aplati et même un peu concave sur chacune de ses faces. Leur enroulement se fait de telle manière que l'avant-dernier tour échancre l'ouverture qui, par suite, a la forme d'un croissant. — Quant à l'animal, il présente certaines particularités des plus curieuses : ainsi, par exception à la règle, qui place à droite des gastéropodes les ouvertures respiratoires, génératrices et anales, celles des planorbes sont situées au côté gauche du corps. Il y a donc ici renversement des organes les plus importants. Les exemples de semblable disposition sont très-rares chez les mollusques et ne se trouvent constants, chez les gastéropodes, que dans le genre physe, assez voisin de celui des planorbes. — Le corps des mollusques de notre genre est allongé, comprimé et très-fortement enroulé. Leur tête porte deux tentacules sétacés à la base interne desquels sont les yeux. La bouche est, comme celle des limaçons, armée supérieurement d'une dent cornée en forme de demi-croissant. Dans la bouche se trouve une langue assez longue, hérissée de petites dents au moyen desquelles le mollusque triture ses aliments. Le pied est ovale et assez court. — Il est presque inutile de faire remarquer que la coquille des planorbes suit l'irrégularité du corps du mollusque, qu'elle est, par conséquent, sénestre comme ce dernier. La coquille n'est, en effet, qu'une sorte de moule extérieur. — Les animaux du genre qui nous occupe habitent les eaux douces de presque toute la surface du globe. Ce genre de vie, joint à leur mode de respiration, qui a lieu au moyen d'une poche pulmonaire, les a fait classer parmi les pulmonés inoperculés aquatiques. Ils sont très-abondants dans certains pays; en France notamment, nous en avons plusieurs espèces dont une, le planorbe corné, est fort commun dans la Seine, d'où l'on en retire beaucoup mêlés avec le sable. — Il y en a aussi de fossiles dans les terrains supérieurs.

PLANTAGENET (FAMILLE DES). — Le premier Plantagenet qui parvint à la couronne d'Angleterre fut le roi Henri II, petit-fils, par les femmes, de Guillaume le Conquérant et fils de Geoffroy V, comte d'Anjou. Les Plantagenet ont gouverné l'Angleterre trois cent trente et un ans et ont fourni aux annales de ce pays une suite de quatorze rois. La période pendant laquelle ils ont présidé aux destinées de la Grande-Bretagne est sans contredit la plus dramatique et la plus agitée de l'histoire du peuple anglais. Chez aucune autre nation, dans le même espace de temps, on ne saurait trouver plus de crimes, de gloire, de revers et de grandeurs; la guerre civile, la puissance et la misère visitent tour à tour la malheureuse Angleterre. Cette race finit comme elle a commencé, par des crimes domestiques : le premier roi qui lui appartienne, après avoir passé sa vie en lutte avec ses fils, meurt de chagrin; le prince en qui elle s'éteint, Richard III, expire sous le poids de l'exécration publique et de ses crimes.

De quelque manière que l'histoire juge ces princes, elle doit reconnaître qu'ils ont préparé la grandeur de l'Angleterre au moyen âge. Henri II, par son mariage avec Éléonore de Guienne, était suzerain de tout le midi de la France; bientôt après, roi d'Angleterre et duc de Normandie, il y ajouta la Bretagne : quand il mourut, il possédait en France plus de provinces que le roi de France lui-même. Cet état de choses ne tarda pas à donner naissance à cette longue hostilité des deux nations qui traversa tout le moyen âge et pendant laquelle la France eut à subir les défaites de Crécy, d'Azincourt et de Poitiers; mais bientôt la rivalité des deux maisons d'York et de Lancaster et la guerre sanglante des *deux roses* causèrent à l'Angleterre, sous les derniers Plantagenet, plus de maux que les Edouard ne lui avaient donné de gloire.

Le caractère dominant de l'histoire d'Angleterre, à partir de 1154, c'est l'organisation de la conquête, la prépondérance que les coutumes et les lois normandes acquièrent sur les lois et les coutumes saxonnes; la langue des vaincus est abandonnée; les grands et les nobles ne parlent que le français. Les deux Guillaume avaient donné l'impulsion; Henri II, par la force même des choses, marcha sur leurs traces. Ses possessions continentales amenaient en Angleterre un grand nombre de Poitevins, d'Angevins, de Normands, qui contribuaient à fortifier, par leur présence, le mouvement tendant à absorber les vaincus. Un moment on put croire que les Saxons avaient abdiqué; eux-mêmes s'empressaient d'adopter le français et les habitudes normandes; la littérature anglaise s'était faite française : les poëmes du *Bon* et du *Brut* sont les témoignages les plus considérables de cette influence. Mais les guerres des maisons d'York et de Lancaster vinrent arrêter ce mouvement et en empêcher les développements ultérieurs ; quand l'ordre se rétablit, l'œuvre d'assimilation s'était réglée.

Les bornes de cet article ne permettent pas de rendre compte des événements de l'histoire d'Angleterre sous chacun des rois de la dynastie des Plantagenet ; nous nous bornerons à en donner la liste avec la date de leur avénement.

Henri II (1154).—Richard Cœur de Lion (1189). — Jean sans Terre (1199). — Henri III (1216). — Edouard Ier (1272). — Edouard II (1307). — Edouard III (1317). — Richard II (1377). — Henri IV (1399). — Henri V (1413). — Henri VI (1422). — Edouard IV (1461). — Edouard V (1483). — Richard III, mort en 1485.

PLANTAGINÉES, *plantagineæ (bot.)*. — Famille de plantes dicotylédones, ainsi nommée du nom du genre plantain qui la forme presque en entier. Elle se compose de plantes herbacées vivaces, rarement sous-frutescentes, dont la *tige* est le plus souvent raccourcie et réduite à l'état de souche souterraine de laquelle partent de longs pédoncules radicaux terminés par l'inflorescence. Chez la plupart de ces plantes, les *feuilles* sont toutes radicales, réunies en rosette ; chez les autres, elles sont portées sur toute la longueur de la tige et alternes ; chez toutes, elles sont simples, marquées de fortes nervures, entières, dentées ou incisées. Les *fleurs* sont le plus souvent hermaphrodites, plus rarement monoïques, dioïques ou polygames, réunies en épi serré et plus ou moins allongé ; elles présentent l'organisation suivante : *calice* persistant, vert, à quatre divisions très-légèrement inégales, scarieuses à leur bord ; *corolle* scarieuse, de forme tubuleuse ou urcéolée, insérée sur le réceptacle, à limbe le plus souvent quadrifide, persistante autour du fruit qui parfois la déchire à mesure qu'il grossit par le milieu de ses lobes ; quatre étamines alternes aux lobes de la corolle, insérées sur le milieu du tube de celle-ci dans les fleurs hermaphrodites ; *pistil* à ovaire libre, le plus souvent creusé de deux loges qui renferment chacune un, deux ovules, plus rarement un grand nombre : cet ovaire est surmonté d'un *style* simple que termine un stigmate presque toujours indivis. Le *fruit* de la plupart des

plantaginées est une capsule à deux loges renfermant une, deux ou plusieurs graines, qui s'ouvre transversalement et en boîte à savonnette (pyxide) à sa maturité ; ces graines contiennent, dans l'axe d'un albumen charnu, un embryon droit, allongé, dont la radicule est éloignée du hile ou lui est contiguë et parallèle (embryon amphitrope).—Les plantaginées sont disséminées sur presque toute la surface du globe, mais elles abondent surtout dans la région méditerranéenne et dans l'Amérique septentrionale ; elles croissent principalement le long du rivage des grands lacs, de la mer et autour des habitations ; dans les contrées intertropicales, elles sont rares et ne se trouvent qu'à d'assez grandes hauteurs. P. DUCHARTRE.

PLANTAIN, *plantago* (*bot.*). — Grand genre de plantes de la famille des plantaginées, à laquelle il donne son nom et qu'il forme presque en entier de la tétrandrie-monogynie dans le système de Linné. Il se compose de plantes pour la plupart herbacées et acaules, plus rarement caulescentes ou même sous-frutescentes, dont les fleurs sont hermaphrodites, réunies en épi serré, accompagnées chacune d'une bractée. Leur calice est partagé profondément en quatre divisions ; leur corolle est hypogyne, scarieuse, persistante, à limbe divisé en quatre lobes ; leurs quatre étamines ont les filets longs, saillants et très-grêles ; leurs autres caractères reproduisent ceux que nous avons assignés à la famille même. Plus de vingt espèces de plantains appartiennent à la Flore française ; les plus communes d'entre elles sont le PLANTAIN LANCÉOLÉ, *plantago lanceolata,* Lin., qui se trouve dans tous les prés et dans la plupart des lieux cultivés, que distinguent ses feuilles oblongues-lancéolées, rétrécies à leurs deux extrémités, marquées de fortes nervures ; ses pédoncules radicaux ou ses hampes sont pubescents, dressés ou ascendants, de deux à six fois plus longs que les feuilles ; ils se terminent par un épi de fleurs serré, ovale. Le PLANTAIN MAJEUR, *plantago major*, Lin., qui se trouve dans les prés, dans les lieux secs et le long des chemins ; ses feuilles, en rosette radicale, sont grandes, ovales, à sept nervures, entières ou à peines dentelées ; ses fleurs forment un épi serré, allongé, et chacune d'elles est accompagnée d'une bractée ovale, aiguë, un peu plus courte que le calice. Enfin on trouve communément aussi le PLANTAIN CORNE DE

CERF, et sur les bords de l'Océan et de la Méditerranée le PLANTAIN MARITIME, *plantago maritima*, Lin., etc. — La souche et la racine des plantains, ainsi que leurs feuilles, sont légèrement amères et un peu astringentes. Le plantain majeur et le plantain lancéolé étaient autrefois employés dans le traitement de diverses maladies et même contre les fièvres intermittentes, mais aujourd'hui ces plantes sont à peu près sans usages; cependant on se sert de l'eau distillée de la première, à titre de collyre résolutif. Le plantain corne-de-cerf était usité dans la médecine des anciens comme remède contre la rage; il est inutile de dire que ses effets contre cette terrible maladie ont été reconnus entièrement nuls. Deux espèces du même genre ont plus d'importance à cause de leurs graines qui servent pour lustrer et apprêter les étoffes de soie; ce sont les PLANTAINS PSYLLIUM et DES SABLES, *plantago psyllium*, Lin., et *P. arenaria*, Waldst. et Kit. Ces plantes croissent dans le midi de l'Europe; leurs graines sont l'objet d'un commerce qui ne manque pas d'importance.

PLANTATION (*agricult., horticult.*). — Les plantations sont un objet de première importance dans la grande comme dans la petite culture; elles comprennent toutes les plantes cultivées, mais s'appliquent plus particulièrement aux végétaux ligneux destinés à former des vergers agrestes, des bordures, des haies, des forêts, des allées, des promenades, des avenues, des groupes ou massifs d'arbres d'agrément, des lignes ou des quinconces d'arbres fruitiers en plein vent, en quenouille, en espalier, en contre-espalier, en boule, en touffe, etc. Pour les plantations en bordure et en *plein vent* des vergers agrestes, le produit est la principale considération, et on doit, à cet égard, tenir compte de la situation, des usages, des ressources et des débouchés du pays. Sous ce rapport ces plantations forment trois classes: 1° celles productives de bois, très-utiles dans les contrées où le bois est rare, sur les rives des cours d'eau et des fossés, dans les terrains humides ou inondés, autour des prairies fréquentées par les bestiaux, sur les lisières des terres qui, naturellement très-sablonneuses, se dessécheraient trop si ces plantations ne diminuaient l'ardeur du soleil et ne les abritaient contre les vents. Ces plantations en bordures peuvent former ou des *haies*, ou des *oseraies*, ou des *taillis* (voy. ces

mots), ou des *têtards* : ceux-ci sont des arbres qu'on étête à une plus ou moins grande hauteur, et dont les rejets sont coupés rez tronc tous les trois, quatre ou cinq ans, pour faire des échalas, des fagots, etc. ; les saules, les peupliers, les frênes, pour les lieux humides, les ormes, les chênes et bien d'autres indiqués à leur article spécial, reçoivent cette utile destination. 2° Les bordures productives de *fourrages* sont plantées avec les nombreuses espèces d'arbres qui peuvent donner les meilleurs produits de ce genre (*voy.* ce mot). 3° Les plantations productives de fruits sont les plus importantes : ce qui les concerne s'applique à celles des vergers, des bordures, des jardins, en ayant égard à leur destinée future, comme *pleins-vents*, *espaliers*, *contre-espaliers*, *quenouilles*, etc., (*voy.* ces mots). — Dans la plantation des *bois* et *forêts*, comme dans celle des *haies*, on ne peut opérer qu'avec de jeunes plants qui sont mis en terre dans des fosses longitudinales, à des distances plus ou moins grandes, selon que la plantation doit former une futaie ou un taillis; pour les haies, le plant doit être placé très-serré. Il serait facile et très-avantageux, au lieu d'avoir des haies simplement défensives, de les rendre fouragères ou fruitières, en les composant de végétaux susceptibles de donner ces produits dans cette disposition. — Les plantations des chemins et des routes, des allées, des grandes lignes, des avenues, des promenades et des boulevards, des groupes et des arbres isolés dans les jardins d'agrément doivent être composées d'arbres déjà formés et bien dirigés, incapables de nuire à l'ensemble. Un grand nombre de végétaux fruitiers, forestiers ou d'agrément peuvent y concourir, ensemble ou séparément, en raison de la nature du sol, de l'exposition, etc. Cette diversité donne beaucoup plus d'utilité ou d'agrément à ces plantations, qui, en France, ne sont pas assez variées, parce qu'elles sont rarement dirigées par des hommes compétents.

Après avoir exposé succinctement l'objet des plantations, venons à la pratique de l'art du planteur. Le succès des plantations dépend de diverses conditions auxquelles on néglige souvent de se soumettre; la première est de bien connaître la nature du sol, sa profondeur et l'état du sous-sol, ce qui devra principalement guider dans le choix des arbres; car un arbre greffé sur tel sujet languira dans un terrain où il aurait, au contraire, prospéré s'il eût été greffé sur un autre. Presque tous les arbres ont une préférence marquée pour certaines sortes de terres, et leur réussite est toujours plus complète lorsqu'on peut, à cet égard, se soumettre à leurs exigences ; la disposition des racines pivotantes ou traçantes est une des plus importantes conditions de succès, un sous-sol imperméable et situé à peu de profondeur ne pouvant permettre une végétation prospère aux arbres dont les racines affectent la première forme. Le choix des arbres dans leur apparence physique offre également une grande importance et bien des difficultés ; car on se préoccupe peu de l'avenir des arbres dans les pépinières où ils sont élevés ; leur première éducation y est fort négligée, et il en résulte bien des déceptions pour les planteurs. On doit choisir des arbres jeunes et vigoureux, à écorce lisse, et surtout bien veiller à ce qu'ils aient été arrachés avec soin et en ménageant toutes les racines, particulièrement le chevelu. — Les plantations n'ont généralement lieu que pendant la suspension de la végétation, et il faut des précautions toutes particulières pour les opérer à d'autres époques dans des cas exceptionnels. L'époque la plus favorable est aussitôt après la chute des feuilles dans les terres légères ; dans les terres froides et humides, il est préférable de ne planter qu'en février ou mars. Les trous destinés à recevoir des arbres doivent avoir été faits assez longtemps à l'avance, être larges et profonds, et permettre aux racines de s'y étendre à l'aise. Dans les terres très-légères, on doit mettre au fond des gazons retournés, et dans les sols humides, au contraire, y placer des plâtras ou de petites pierres ; pour les plantations importantes, il est bon de mêler de la bonne terre et même du fumier à la terre extraite du trou ; on ne doit pas planter par une forte gelée, non plus que par la pluie ou dans une terre détrempée. Si au moment d'opérer une plantation, ou lors de la réception des arbres, les trous pour les recevoir n'étaient pas prêts, il faudrait avoir soin de les mettre en jauge par rangées de manière à pouvoir les retirer un à un au moment de la plantation. Avant de planter, on visite les racines avec soin et l'on coupe nettement l'extrémité de toutes celles qui auraient été rompues, sans en retrancher aucune, et en conservant tout le chevelu.

Quant aux rameaux et à l'extrémité de la tige, les planteurs et les physiologistes ne sont point d'accord sur le traitement qu'on doit leur faire subir au moment de la plantation : les uns les taillent très-court et les retranchent presque entièrement, tandis que les autres soutiennent qu'ils sont nécessaires pour puiser dans l'atmosphère, lors du développement des feuilles, les gaz qui entretiennent la végétation. Chacune de ces opinions s'appuie sur de nombreux exemples, dont nous ne pouvons ici discuter le mérite. — Pour opérer la plantation d'un arbre, on le place au milieu du trou, en l'alignant sur ses voisins, s'il doit faire partie d'une ligne de plantation, et en le tenant bien d'aplomb pendant qu'un ouvrier fait, à l'aide d'une bêche, glisser de la terre fine et meuble entre les racines ; pour remplir les vides, on soulève l'arbre doucement de temps en temps, en le secouant, tout en lui conservant sa position verticale. On ne doit enterrer les arbres que jusqu'au collet, et, pour ceux qui sont greffés rez terre, on ne doit pas les enterrer par-dessus la greffe. Lorsque l'arbre est placé à la profondeur convenable, on couvre les racines de bonne terre, et on la foule légèrement avec le pied pour bien fixer l'arbre ; enfin on achève de remplir le trou en laissant une cuvette au pied de l'arbre dans les terrains secs, et, au contraire, en bombant la terre dans les sols humides. — Plusieurs procédés et même des appareils assez dispendieux ont été proposés pour la transplantation des grands arbres ou des végétaux précieux, ce qui offre toujours de grandes difficultés et de grandes dépenses ; nous citerons seulement le procédé qui consiste à cerner l'arbre d'un fossé profond avant les gelées ; lorsque, la gelée étant survenue, la motte qui renferme les racines de l'arbre est bien solide, on la sépare du terrain en dessous, et on en opère l'enlèvement par des moyens mécaniques appropriés. On peut aussi gâcher du plâtre autour de la motte et, lorsqu'il est pris, enlever, pour ainsi dire, le végétal qu'il s'agit de transplanter comme dans un pot. On comprend, d'après cela, que les jeunes arbres qui sont livrés en pots ou en mannequins doivent être plantés, autant que possible, sans détruire la motte, et même avec le panier qui ne tarde pas à pourrir et ne gêne nullement le développement des racines. — En principe général, plus les arbres sont jeunes, plus est assurée leur reprise lors de leur plantation ou de leur transplantation; ils deviennent aussi plus beaux, plus vigoureux et durent plus longtemps. On ne doit guère planter des arbres d'un âge au-dessus de 6 ans, quoique les végétaux présentent à cet égard une capacité très-différente, les chênes, par exemple, reprenant quelquefois difficilement au-dessus de l'âge de trois ans, tandis que les tilleuls, les peupliers peuvent, presque sans danger, être transplantés à 15 ou 20 ans. C. BAILLY DE MERLIEUX.

PLANTE (*bot.*). — (*Voy.* VÉGÉTAL, BOTANIQUE.)

PLANTIGRADE (*zool.*), c'est-à-dire *marchant sur la plante.* — On donne ce nom, en général, aux animaux qui, dans la progression, appuient toute l'extrémité du membre sur le sol; mais, parmi les animaux carnassiers, un groupe particulier a reçu de Cuvier et de Blainville la dénomination de *plantigrade.* Il comprend, pour le dernier de ces naturalistes, les ours et les genres voisins, *mydano*, *panda*, *blaireau*, *kinkajou*, *arctitis* ou *ictides*, *raton* et *coati;* mais observons qu'il n'est pas exclusivement séparé des autres carnassiers par le seul caractère d'être plantigrade; et, d'un autre côté, l'on peut trouver dans certains genres, le plus généralement digitigrades, quelques espèces en tout ou partie plantigrades; tels sont, entre autres, les *mélogales* et les *gloutons*, que leurs autres caractères font placer parmi les *mustela.* Il y a pareillement des mammifères plantigrades dans d'autres ordres que dans celui des carnassiers; tels sont les quadrumanes, et l'homme lui-même est plantigrade. Presque tous les insectivores offrent la même particularité. On ne peut guère citer comme plantigrades, parmi les oiseaux, que les manchots, qui appuient sur le sol par le tarse aussi bien que par les doigts.

PLANTIN (CHRISTOPHE), fameux imprimeur, naquit à Mont-Louis, près de Tours, en 1514. Il apprit l'art d'imprimer, à Caen, chez Robert Macé, et bientôt, plus habile que son maître et instruit, d'ailleurs, dans les belles-lettres, il alla s'établir à Anvers, où il porta l'imprimerie au plus haut point de perfection. Philippe II lui donna le titre d'*archi-imprimeur*, et le chargea, de 1569 à 1572, de la réimpression de la Bible polyglotte d'Alcala. Alors Plantin ne faisait pas marcher moins de treize presses à la fois,

et 200 florins suffisaient à peine pour payer, chaque jour, les nombreux ouvriers qu'il occupait. Il amassa de grandes richesses, dont il fit un noble usage en achetant des livres et se formant une magnifique bibliothèque. Plantin mourut en 1598, à l'âge de 75 ans.

PLANTULE (*bot.*). — On nomme ainsi l'embryon de la graine après que la germination l'a allongé et développé en une petite plante.

PLANUDE (*biog.*), moine grec qui vivait vers l'an 1327, est l'auteur de la vie d'Esope, pleine de contes absurdes, que la Fontaine a traduite et placée en tête de ses fables; c'est lui qui réunit pour la première fois les épigrammes qui forment l'*Anthologie grecque.* Il traduisit en latin plusieurs ouvrages grecs et réciproquement; sa traduction en prose grecque des *Métamorphoses d'Ovide* a été publiée pour la première fois en 1822 dans la collection des classiques latins de Lemaire.

PLAQUE (*accept. div.*). — Ce mot, dérivé du grec πλάξ, *toute chose unie*, sert à désigner une tablette ou feuille plus ou moins large, plus ou moins épaisse. — On applique, pour garnir le fond des cheminées, de grandes *plaques* de fonte, ornées autrefois de figures ou d'armoiries en relief, mais qu'il est d'usage de laisser unies aujourd'hui. — Les armuriers donnent le nom de *plaque* à la partie de la garde d'une épée qui couvre la main; ils appellent *plaque de couche* la platine de fer ou de cuivre qui couvre le bout de la crosse d'un fusil. — Pour les émailleurs, une *plaque* est un corps de verre ou d'émail façonné à la flamme de la lampe; pour les horlogers, la *plaque d'une pendule* est cette pièce sur laquelle on fixe, d'un côté, le cadran, tandis que, de l'autre, on l'attache au mouvement à l'aide de quatre faux piliers. — Le mot *plaque* désigne encore une sorte de chandelier propre à être fixé contre la muraille et consistant en une plaque de métal qui, dans sa partie inférieure courbée à angle droit, porte une bobèche. — La marque du marteau qu'on applique sur les arbres pieds corniers pour tirer des alignements de l'un à l'autre s'appelle encore *plaque.* — Il est aussi des sortes de *plaques* qui servent de décorations et d'insignes : ainsi chaque ordre a sa plaque, que les principaux chevaliers portent appliquée sur leurs habits (*voy.* DÉCORATION). — A Paris, les commissionnaires, les charbonniers, etc., portent, attachée à leur poitrine par une chaîne de laiton, une *plaque* de cuivre dans laquelle est entaillé à jour le numéro sous lequel ils sont inscrits aux registres de la police. — Une ancienne monnaie, ayant cours en France et en Flandre, se nommait aussi *plaque;* elle était d'argent fin et, selon Leblanc, d'une valeur de 15 deniers. Les ducs de Bourgogne firent battre les premières plaques, et, sous Charles VII, l'usage s'en répandit en France : il s'était conservé jusqu'au règne de Louis XIV, et les plaques que ce roi faisait fabriquer à Tournai étaient d'argent fin, aussi bien que les gros tournois, et pesaient de 68 à 69 grains. Les *plaques* avaient aussi cours en Angleterre, où on les appelait *placks.* ED. F.

PLAQUÉ (*ind.* et *comm.*). — On désigne sous ce même nom les produits de deux industries différentes, dont l'une, le *doublé* sur cuivre, reproduit les plus grandes pièces d'orfévrerie, surtout de table, ornements d'église, etc., tandis que l'autre, le *plaqué* sur fer ou acier, se borne à la fabrication de couverts, de lames de couteaux et de divers articles de voiture et de sellerie. Indépendamment de cette différence dans la nature même des métaux et dans la destination qui leur est donnée, il en existe une fort grande dans la manière dont l'un et l'autre sont recouverts d'argent. Pour le premier, on emploie le *laminage*, et, pour le second, la soudure à l'étain. Le titre, c'est-à-dire la quantité relative d'argent employée, est facultatif pour les fabricants, et il arrive même, la plupart du temps, que le *poinçon* qui l'indique est complétement illusoire; telle pièce, par exemple, poinçonnée au titre du *dixième*, ne renferme pas un *cent quarantième* d'argent. (*Voy.* ORFÉVRERIE)

PLAQUEMINIER, *diospyros* (*bot.*), genre très-intéressant de la famille des ébénacées, de la polygamie-diœcie, dans le système de Linné. Il se compose d'arbres et d'arbrisseaux répandus surtout dans la zone intertropicale des deux continents, dont quelques-uns se trouvent dans l'Amérique septentrionale et même dans la région méditerranéenne. Leurs feuilles sont alternes, très-entières; leurs fleurs en petit nombre et portées sur des pédoncules axillaires, polygames et pourvues d'un calice le plus souvent à quatre divisions, quelquefois à trois ou six, d'une corolle gamopétale, hypogyne, urcéolée, à divisions en même nombre que celles du calice : dans les mâles,

cette corolle porte, à sa base, des étamines en nombre double ou quadruple de celui de ses lobes, et elle entoure un simple rudiment de pistil; dans les femelles, les étamines sont plus ou moins avortées; mais le pistil est bien développé et présente un ovaire de huit à douze loges, avec deux ou plusieurs styles, soudés entre eux à leur base et terminés chacun par un stigmate simple ou bifide. A ces fleurs succède une baie à plusieurs loges, accompagnée par le calice persistant. — Plusieurs espèces de plaqueminiers ont de l'intérêt à cause des qualités de leur bois, que distingue généralement une très-grande dureté; de là certaines d'entre elles portent le nom vulgaire d'*arbre de fer*. Mais le plus estimé de tous ces bois est celui d'ébène, bien connu pour sa belle couleur noire uniforme et pour son grain fin et serré, qui permet de le sculpter sous les formes les plus délicates et de lui donner un très-beau poli : ce bois provient de plusieurs espèces, dont les principales sont le PLAQUEMINIER ÉBÉNIER, *diospyros ebenum*, Retz, qui croît naturellement dans l'île de Ceylan, où il forme un bel arbre et qu'on cultive parfois dans nos contrées en serre chaude; il se distingue par ses feuilles ovales, lancéolées, acuminées et par ses bourgeons hérissés; le PLAQUEMINIER FAUX ÉBÉNIER, *diospyros ebenaster*, Retz, qui croît naturellement dans les forêts de l'Inde, particulièrement près de Calcutta, et qui se distingue du précédent par ses feuilles coriaces, ovales-oblongues, et par ses bourgeons glabres; le PLAQUEMINIER A BOIS NOIR, *diospyros melanoxylon*, Roxb., qui se trouve, comme le précédent, dans les Indes, et qui diffère des deux précédents par ses feuilles oblongues-lancéolées, aiguës à leur base, obtuses au sommet, glabres à l'état adulte, mais pubescentes dans leur jeunesse, de même que les bourgeons; le PLAQUEMINIER COTONNEUX, *diospyros tomentosa*, Roxb., etc. Le bois d'ébène a été fort estimé de toute antiquité : les anciens le tiraient de l'Ethiopie; aujourd'hui il nous arrive de l'Inde, de l'île de France, de Bourbon et de la côte de Mozambique. — Plusieurs autres espèces de ce genre donnent des fruits très-acerbes avant leur maturité, mais qui, plus tard, passant à l'état de fruits *blets*, s'adoucissent au point de devenir comestibles; c'est dans cet état qu'on mange ceux de diverses espèces dont quelques-uns sont même très-estimés : tel est, entre autres, le PLAQUEMINIER

KAKI, *diospyros kaki*, Linn., espèce du Japon qu'on cultive assez souvent en Europe, en pleine terre dans le Midi, en orangerie sous le climat de Paris ; dont les feuilles sont ovales, très-aiguës à leurs deux extrémités, pubescentes à leur face inférieure, et les rameaux cotonneux : ses fruits sont d'un rouge-cerise et ont un goût excellent; on les connaît sous le nom de *figues caques :* tel est encore le PLAQUEMINIER LOTUS, *diospyros lotus*, Linn., espèce de l'Afrique septentrionale qui s'est naturalisée en Italie et dans quelques parties du Languedoc, et qu'on cultive fréquemment en France en pleine terre : elle forme un arbre d'environ 10 mètres de hauteur, à feuilles ovales-oblongues, marquées, en dessous et vers leur extrémité, de points verts saillants et un peu calleux qui la font aisément reconnaître; ses bourgeons sont hérissés à l'intérieur : tel est enfin le PLAQUEMINIER DE VIRGINIE, *diospyros virginiana*, Lin., bel arbre de l'Amérique du Nord, qu'on cultive de même que le précédent, et dont les feuilles sont ovales, un peu obtuses, glabres et luisantes, marquées d'un réseau de veines, à pétioles pubescents, dont les bourgeons sont glabres. Cette espèce se recommande aussi par les bonnes qualités de son bois, qu'on emploie pour des ouvrages de tour et pour des brancards de voitures ; de plus, son écorce amère astringente est employée quelquefois contre la diarrhée, la dyssenterie, même contre les fièvres intermittentes. — Il est enfin quelques espèces de plaqueminiers dont l'écorce renferme assez de tanin pour qu'on s'en serve avec avantage dans le tannage des peaux. P. DUCH.

PLASMA, mot latin qui signifie *formation, création*. Depuis quelques années on emploie ce mot, en physiologie générale, pour désigner la partie liquide des sucs nutritifs de l'économie animale (*liquor sanguinis et lymphæ*) : ainsi le chyle, la lymphe et le sang, qui constituent trois *formes* du suc nourricier, se composent de deux parties, l'une actuellement liquide, le plasma ; l'autre solide, les corpuscules microscopiques : tel est, du moins, ce que l'on observe dans les liquides encore en circulation.—Lorsqu'on abandonne ces liquides à eux-mêmes hors des vaisseaux qui leur sont destinés, on les voit se coaguler en partie, et le caillot s'entourer d'une certaine quantité de sérosité : or celui-ci appartient essentiellement au plasma ; mais le caillot se compose à la fois de globules microscopiques et d'une portion du plasma, devenue solide soit par l'action de l'air, soit par un commencement de décomposition cadavérique. Le plasma du sang, par exemple, compte essentiellement et constamment dans sa partie constituante les substances solides suivantes : 1° de la fibrine; 2° de l'albumine; 3° de la caséine selon Gmelin ; 4° de la graisse; 5° une petite proportion de substance animale, mal définie ; 6° du pigment biliaire (Lecanu, Denis); 7° de l'urée (Marchand); 8° de la substance colorante ; 9° enfin différents sels inorganiques. (*Voy.* les articles CHYLE, LYMPHE, SANG.)   Dr B.

PLASMA (*min.*).—Nom donné par Werner à une variété d'agate ou de calcédoine compacte, translucide, à cassure esquilleuse, d'un vert d'herbe entremêlé de blanc et de jaune brunâtre. On peut juger de l'estime que les anciens avaient pour cette variété de calcédoine par le grand nombre d'objets taillés formés de cette substance, que l'on rencontre dans les ruines de Rome antique.

PLASTIQUE (*philos.*). — Certains philosophes ont supposé entre l'âme et le corps, pour expliquer leur union, une substance intermédiaire chargée, selon quelques-uns, de présider au développement des organes, ce qui a fait donner à cette substance le nom de *médiateur plastique.* D'autres philosophes ont supposé dans la nature entière un agent semblable que l'on a appelé *nature plastique,* parce que, suivant cette théorie, cet agent serait chargé de présider à la formation et au développement des corps. Cette opinion fut émise chez les anciens par les stoïciens et les stratoniciens principalement. Cudworth parmi les modernes a reproduit la même opinion, en supposant que les phénomènes de la nature sont l'œuvre d'un agent vivant et spirituel, mais privé d'intelligence, lequel aurait été créé par Dieu pour opérer les mouvements de la nature. Mais à quoi bon cette explication qui n'explique rien? et pourquoi ne pas admettre que la puissance divine, après avoir créé l'univers, détermine incessamment et règle les phénomènes de détails qui s'accomplissent à chaque instant dans la nature ?

PLASTIQUE (*arts*), de πλάσσειν, *pétrir.*— Pris dans son acception générale, ce mot désigne l'art de reproduire, à l'aide d'une matière molle et ductile, à consistance de pâte épaisse, la forme d'objets pris dans les divers règnes de la nature, depuis l'homme jusqu'au rocher : c'est là proprement la *plastique d'art*. L'imagination, en inventant de nouvelles formes ou en accolant bizarrement celles déjà existantes, a créé la *plastique d'ornement*, dont, à part certaines conventions, elle règle seule les détails. — La plastique, dont les produits offrent, en apparence, avec ceux de la sculpture, dont elle est sœur, la plus parfaite analogie, arrive au même résultat par une route tout opposée : l'une, en effet, obtient les formes par soustraction de matière ; c'est par addition que l'autre procède. Ici se présente une réflexion toute naturelle, à savoir, que, des deux sœurs, la plastique est assurément l'aînée. L'homme, en effet, dut être amené plutôt à façonner entre ses doigts une matière se prêtant à toutes les formes (il avait l'argile) qu'à tailler péniblement, à l'aide d'outils imparfaits (avait-il des outils), un bloc de pierre, de marbre ou même de bois, dans lequel chaque partie enlevée l'était d'une manière irrémédiable.

Les premiers essais plastiques durent avoir un but d'utilité et donner naissance à la *céramique* (*voy.* POTERIE, § 1), dont l'extension fit bientôt un art tout à fait distinct, beaucoup plus important par le nombre et la variété de ses produits que la plastique proprement dite ; on ne vit même dans cette dernière, à une certaine époque, qu'une branche des arts céramiques. Considérée sous ce point de vue, elle comprenait tous les ouvrages autres que les vases ustensiles; en un mot, que les diverses poteries destinées aux usages domestiques, telles que statues, figures, ornements, bas-reliefs, corniches, etc., façonnés d'abord ou moulés en terre, et soumis ensuite à la cuisson. — Prise en ce sens et généralement, la plastique avait une grande vogue dans l'antiquité, ainsi que l'attestent les divers monuments qui sont parvenus jusqu'à nous : on en trouve des traces fréquentes dans l'ancienne Egypte, en Chine, dans l'Amérique et le Pérou. Partout, dans l'ancien et le nouveau monde, on a découvert une quantité de figures, de débris de mausolées et de divers ornements d'architecture. Nous citerons une statue de nymphe ou bacchante d'un fini précieux, découverte à Rome il y a une vingtaine d'années; une de Jupiter également fort belle, que possède le musée de Naples, avec plusieurs autres d'un mérite inférieur. — Les anciens coloriaient presque toujours en vert, bleu ou rouge leurs productions plastiques : des tra-

ces évidentes de cette coloration, du reste fort imparfaite, se représentent dans les creux de la plupart de celles que l'on a été à même d'observer.

Quand la civilisation, détruite dans une grande partie de l'ancien monde par les invasions des barbares, eut jeté de nouvelles racines, les terres cuites, celles d'art surtout, reprirent faveur, et l'on vit apparaître au XIVe et au XVe siècle, principalement en Italie, des ouvrages remarquables en ce genre. En France, à part quelques statues exécutées vers la fin du XVIe siècle par Germain Pilon, et les gracieuses terres cuites de Clodion au XVIIIe, leur production a toujours été fort restreinte. De nos jours, cette division de la plastique, appliquée presque exclusivement à l'ornementation, se borne, à peu de chose près, à suppléer la pierre dans les sculptures monumentales, et rend en ce sens de grands services ; elle joint, à un travail aussi beau, une durée et une solidité au moins égales et une grande infériorité de prix. Ce n'est guère que dans les Indes, en Espagne et un peu en Italie que l'on exécute encore en terre cuite, et en assez grande quantité, des figurines et des groupes, le plus souvent coloriés, qui, parfois, ne manquent pas d'un certain mérite. Nous nous garderons bien de rattacher aux terres cuites d'art toutes ces figures peintes et plus ou moins grotesques et maniérées de bergers et de bergères dont se peuplèrent nos jardins à une certaine époque; celles qui, de nos jours, les ont remplacées sont ordinairement en plâtre, si ce n'est dans ces résidences les plus somptueuses, et ne sont le plus souvent que la caricature des œuvres antiques ou modernes qu'elles ont la prétention de reproduire. — Bien peu d'artistes aujourd'hui finissent assez leurs ébauches pour en faire des *terres cuites;* ils se contentent de traduire leur pensée par un premier jet, souvent préférable, il est vrai, comme esprit et couleur, à l'œuvre terminée de la sculpture, mais, à coup sûr, imparfait de forme. Les objets destinés au moulage, ou qui doivent être coulés en bronze, sont seuls nécessairement finis. (*Voy.* MODÈLE et MODELAGE.)

PLASTRON (*accept. div.*). — Ce mot, formé de l'italien *piastrone* (emplâtre), désigne d'abord le *pectoral* de la cuirasse et aussi la pièce de cuir rembourrée et matelassée dont se servent les maîtres d'escrime pour amortir les coups qu'on leur porte. On a en-

suite employé figurément le mot *plastron*
pour désigner l'homme en butte à des railleries continuelles et sur lequel les mauvais
plaisants tirent comme au plastron. Celui qui
prend volontiers sur son compte les répri-
mandes méritées par un autre est aussi un
plastron. — Ce mot s'entend encore pour la
pièce de buffle que les cordonniers se mettent
sur la poitrine afin de préserver leurs habits,
et pour le morceau de bois garni d'une plaque de fer percée de trois trous à moitié d'é-
paisseur, que les serruriers s'appliquent sur
la poitrine afin de faire tourner, dans l'un ou
l'autre de ces trous, l'extrémité inférieure du
foret mû au moyen de l'archet. — Le *plastron* est, en terme d'architecture, certain ornement de sculpture en forme d'anse, avec
des enroulements. — Pour les marins, c'est
la pièce de bois appliquée intérieurement
sur l'étrave d'une embarcation et sur laquelle
sont cloués les abouts des bordages. — Enfin on nomme *plastron* le sternum des tor-
tues, qui, très-développé en longueur et en
largeur, forme, au-dessous du corps, une surface aplatie ou convexe dans les femelles, et
concave chez les mâles ; des os intermédiaires
unissent, sur les côtés, le plastron et la carapace.

PLATA. (*Voy.* RIO.)

PLATANE, *platanus* (bot.). — Genre de
plantes de la famille des platanées à laquelle
il donne son nom. Ses caractères sont les
mêmes que ceux de cette famille qu'il forme
à lui seul jusqu'à ce jour. On en cultive communément deux espèces, dont l'une surtout
est l'un des arbres les plus répandus dans
nos allées et nos promenades, surtout dans
les départements méridionaux. Cette espèce
est le PLATANE D'ORIENT, *platanus orientalis*, Lin., grand et bel arbre qui atteint, par
l'effet de l'âge, des proportions énormes ;
parmi les plus gros qui aient existé, nous citerons le fameux platane de Lycie dont parle
Pline, dont le tronc creux offrait une cavité
de 91 pieds de diamètre, dans laquelle le
consul Licinius Mutianus coucha avec dix-
huit personnes de sa suite, et celui dont
parle De Candolle (*Physiol. végét.*, p. 995),
d'après un voyageur moderne : celui-ci se
trouve dans la vallée de Bujukdéré, à 3 lieues
de Constantinople ; il a 30 mètres de haut ;
son tronc mesure 50 mètres de circonférence
et présente, à l'intérieur, une cavité de
27 mètres de pourtour. Le tronc du platane
d'Orient présente un aspect assez singulier,

à cause des grandes plaques qui se détachent, chaque année, de son écorce et qui
laissent à nu des couches plus intérieures,
de couleur plus claire que la leur. Ses feuilles sont palmées, à cinq ou sept lobes dentés
ou sinués eux-mêmes, grandes, fermes, longuement pétiolées, pubescentes dans leur
jeunesse ; ses têtes de fleurs et de fruits, pendantes à l'extrémité des rameaux, sont plus
petites que dans le platane d'Occident. Ce
bel arbre se recommande non-seulement par
ses dimensions et sa beauté, qui le rendent
très-avantageux pour les plantations d'agrément, mais encore par son bois, qui est assez dur et de bonne qualité, propre à la
charpente, à la menuiserie et même à l'ébénisterie ; il a l'avantage d'être rarement attaqué par les insectes. De plus, cet arbre est
très-rustique et résiste très-bien au froid de
nos hivers ; il s'accommode aussi à peu près
de tous les terrains et de toutes les expositions ; cependant il réussit et se développe
mieux dans les lieux frais ou ombragés, dans
les terres légères. Sa multiplication est facile
et se fait également par semis de graines
mises en terre immédiatement après leur
maturité, par marcottes et par boutures, auxquelles on laisse tenir un morceau de bois
de l'année précédente. La seconde espèce,
que l'on cultive assez fréquemment, mais
beaucoup moins que la précédente, à laquelle elle est inférieure sous plusieurs rapports, est le PLATANE D'OCCIDENT ou DE
VIRGINIE, *platanus occidentalis*, Lin., arbre
de l'Amérique septentrionale, qui se rapproche du précédent par la plupart de ses
caractères à tel point, que la distinction des
deux est souvent difficile. Ses feuilles sont
encore plus grandes, rétrécies en coin à leur
base, divisées en trois lobes peu profonds,
dentés eux-mêmes sur leurs bords, et pubescentes à leur face inférieure. Ses têtes de
fruits ont environ 3 centimètres de diamètre.
Au reste, sa culture et sa multiplication se
font de même manière que pour le précédent ;
cependant il demande un terrain plus frais.
Le duvet des feuilles de ces deux platanes et
les poils de leurs têtes de fruits se détachent
facilement et volent dans l'air, de manière
à s'introduire dans les voies respiratoires et
à déterminer ainsi des irritations et même
des incommodités fâcheuses. Cet inconvénient a été signalé depuis quelques années ;
il semble de nature à contre-balancer, jusqu'à
un certain point les avantages évidents qui

peuvent résulter de la culture de ces arbres.

PLATANÉES, *plataneæ* (*bot.*). — Petite famille de plantes récemment établie pour le seul genre platane, et qui a été détachée, par suite, de la grande famille des amentacées de A. L. de Jussieu. Elle se compose de grands et beaux arbres, à *feuilles* alternes, pétiolées, marquées de lobes et de nervures également palmées, dépourvues de stipules, présentant cette particularité remarquable que la base de leur pétiole est dilatée et creusée d'une cavité conique dans laquelle est logé le bourgeon. Les *fleurs* sont monoïques, les mâles et les femelles séparées sur des rameaux distincts, portées en grand nombre et très-serrées sur un réceptacle globuleux. Les *fleurs mâles* sont dépourvues de périanthe et formées uniquement d'étamines nombreuses, à filet très-court, à anthère biloculaire, dont les deux loges s'attachent à un connectif élargi et tronqué au sommet. Les *fleurs femelles* sont également dépourvues de périanthe et se composent de nombreux *ovaires* serrés, les uns fertiles, à un ou au plus deux ovules suspendus, à *style* un peu latéral, allongé-subulé, portant le *stigmate* sur un de ses côtés, les autres stériles, entremêlés aux premiers. A ces dernières fleurs succèdent de petits *fruits* coriaces, accompagnés, à leur base, de poils articulés, et renfermant une seule *graine* oblongue-cylindrique, suspendue, dont l'embryon est logé au centre d'un albumen charnu et se distingue par une longue radicule cylindrique, infère. — Les platanées croissent naturellement dans les parties de l'Asie qui avoisinant la Méditerranée et dans l'Amérique septentrionale.

PLATANISTE. — On nommait ainsi une île ombragée de platanes et formée par l'Eurotas, la rivière de Mégalopolis et un canal de communication. C'est là que les jeunes Spartiates venaient se livrer à leurs exercices gymnastiques. On y parvenait par deux ponts, dont l'un était orné de la statue d'Hercule, la force; l'autre de la statue de Lycurgue, la loi. L'île du Plataniste se voit encore un peu au-dessous de Magoula (l'ancienne Mégalopolis). C'est un terrain de forme triangulaire, dont un côté est baigné par l'Iré (l'Eurotas), tandis que les deux autres sont fermés par des fossés pleins de joncs, où coule, pendant l'hiver, la rivière de Magoula. On trouve dans cette île quelques mûriers, des sycomores, mais plus un seul platane. ED. F.

PLAT-BORD (*accept. div.*), ais, espèce de madrier en bois de bateaux qu'on jette sur des chevalets ou sur des boulins pour faire un chemin, un plancher d'échafaud, ou pour tout autre service provisoire. — Dans les constructions navales, l'extrémité supérieure des allonges des membres et le sommet de la muraille sont recouverts d'un fort bordage portant le nom de *plat-bord*, fixé horizontalement dans le sens de sa moindre épaisseur.

PLATEAU (*bot.*). — On nomme ainsi, dans les bulbes ou oignons, la portion ordinairement aplatie en dessous, convexe en dessus, de laquelle partent les racines d'un côté et le bulbe proprement dit de l'autre. Le plateau n'est autre chose qu'une tige extrêmement raccourcie, comme le bulbe lui-même n'est qu'un gros bourgeon souterrain pour l'ordinaire, enveloppé par des bases de feuilles le plus souvent engaînantes et emboîtées l'une dans l'autre. Cette manière de voir est établie positivement par les analogies les plus fortes; de plus, son exactitude est démontrée par un assez grand nombre de faits dans lesquels on voit le plateau cesser de former une sorte de disque et s'allonger sensiblement, de manière à prendre déjà l'aspect d'une tige courte, mais néanmoins de longueur très-appréciable, comme dans l'*allium senescens*, l'*allium angulosum* et quelques autres.

PLATEAU (*accept. div.*), du grec πλατύς, *étendu*. — On donne ce nom aux bassins d'une balance destinés à recevoir les objets qu'on veut peser. Le plat de tôle ou de bois vernissé sur lequel on sert le thé, le café, le chocolat, et en général tous les rafraîchissements, se nomme aussi *plateau*. — En agriculture, ce mot sert à désigner la planche attachée à un long manche dont on se sert pour plomber la terre; pour les jardiniers il se dit des cosses de pois encore jeunes et tendres, *siliquæ teneræ*, dans lesquelles les pois ne sont pas tout à fait formés. — Les botanistes nomment *plateau* 1° le disque mince qui, dans les bulbes, produit inférieurement les racines et qui représente la tige, en ce sens qu'il émet des feuilles en dessus et des racines en dessous; 2° le corps charnu interposé entre l'ovaire et les autres organes floraux dans certaines synanthérées. Enfin c'est le nom vulgaire du nénuphar (*voy.* ce mot). — Le mot *plateau* a un sens très-étendu et très-important pour les géographes.

« En petit, dit Malte-Brun, c'est un mont ou un pic tronqué ; en grand, c'est une plaine élevée au centre des monts qui lui servent de base, et du périmètre de laquelle s'échappent, dans tous les sens, des cours d'eau et des chaînes de montagnes. » On trouve des *plateaux* dans toutes les contrées ; les uns conservent le même niveau dans une grande étendue, d'autres ont une pente inclinée, ou même, loin d'offrir des plaines unies et régulières, renferment dans leur étendue des plaines, des montagnes et des vallées. Les *plateaux* les plus vastes se trouvent en Afrique et en Asie ; le centre de cette dernière partie du monde n'est même qu'un immense *plateau* dont le Thibet occupe la partie méridionale et dont les grandes chaînes de l'Altaï et de l'Himalaya sont les bords.—Enfin, en langage stratégique, *plateau* s'emploie pour désigner un terrain élevé, plat et uni, sur lequel on peut placer avec avantage un corps de troupes ou une batterie de canons.

PLATE-BANDE (*archit.*). — La plate-bande, considérée comme membre d'architecture, est une moulure plate et carrée, ayant peu de saillie, comme celle qui, dans l'entablement dorique, passe sous les triglyphes et couronne l'architrave. Elle règne quelquefois isolée sur les murailles d'un édifice, soit pour séparer deux ordres superposés, soit pour marquer la division réelle ou feinte des étages d'une maison d'habitation. (*Voy.* Bande, Bandeau, Corniche.) — La *plate-bande* se montre aussi, comme ornement de détail, dans les tableaux ou dans les embrasements d'une porte ou d'une fenêtre, où sa face, encadrée d'une légère moulure, peut être non-seulement sculptée de feuillages, de postes et autres ornements, mais même devenir convexe. On appelle également *plate-bande* la face plate et lisse qui se voit entre deux moulures sur les compartiments des plafonds, ainsi que la bordure, peinte ou non, qui circonscrit un vitrail. Les édifices romano-gothiques, depuis le milieu du XIIe siècle jusqu'à la fin de la première partie du XIIIe, montrent quelquefois une *plate-bande* verticale plus ou moins large appliquée sur le cylindre de la colonne. — En construction, la *plate-bande* est originairement une pierre droite et équarrie posée en plafond sur deux points d'appui comme une architrave, le linteau d'une porte, d'une fenêtre, etc. Les matériaux de grande dimension dont les anciens disposaient leur permettaient de faire leurs

plates-bandes d'une seule pièce. Lorsque ces matériaux manquent, comme chez nous, ou bien sont trop peu résistants pour les exposer sans danger, au-dessus du vide, à la pression d'un poids considérable, on fait les plates-bandes de plusieurs morceaux ou *claveaux* taillés en forme de coins, c'est-à-dire ayant la partie supérieure un peu plus forte que la partie inférieure, ce qui ne leur permet pas de glisser, les porte, au contraire, à presser les uns sur les autres, en augmentant d'autant les conditions de stabilité. Souvent même, pour plus de sûreté, chacun de ces claveaux offre une saillie appelée *crossette*, qui s'arrête sur une saillie correspondante, mais en sens inverse, ménagée sur le claveau qui précède. Enfin, lorsque la surcharge semble l'exiger, on achève de consolider la *plate-bande* par des ancres, des goujons ou même des linteaux de fer qui se dissimulent dans l'épaisseur de la construction. — On donne le nom de *douelle* à la face inférieure du claveau, et au plafond formé par la plate-bande entière le nom générique de *soffite*, qui désigne plus spécialement la face de tout membre vu en dessous. — Lorsqu'on parle de pavé, la *plate-bande* se dit de toute dalle, tranche de marbre ou bande formée n'importe par quelles combinaisons régulières, servant d'encadrement ou bien à tracer des compartiments. La bande prolongée d'encadrement régnant le long des murs prend aussi le nom de *frise*. (*Voy.* ce mot.) J. P. Schmit.

PLATE-BANDE (*hortic.*). — Les plates-bandes sont les parties de terrain qui encadrent les carrés où sont cultivés les légumes dans les jardins potagers, ou bien qui se trouvent occupés par des gazons, des quinconces d'arbustes ou de fleurs, des massifs à dessins variés dans les jardins d'agrément du style géométrique. On nomme encore plates-bandes les pièces de terre longues et étroites disposées pour y cultiver des légumes, des fleurs, des arbustes, et celles qui longent les murs. — Les plates-bandes ont une largeur qui varie de 1 mèt. à 2 mèt. 60 cent. ; la mesure ordinaire est de 1 mèt. 30 cent. à 2 mèt. Dans les jardins potagers, elles sont généralement plantées d'arbres fruitiers en contre-espaliers, en quenouilles, en pyramides, en vases, en touffes ; dans les intervalles on place de petits légumes tels que pois et haricots nains, salades, etc. ; quelquefois, sur le devant, du côté de l'allée, on y met des fleurs de saison ; on les borde quelquefois aussi de fleurs ou de buis, mais le plus ordinairement de fraisiers, d'oseille, de persil et autres plantes aromatiques et d'assaisonnement ; ces bordures retiennent les terres et dessinent le contour des platesbandes. Celles qui sont au pied des murs exposés au midi sont réservées pour la culture des primeurs, pour celle des melons, etc.; on y place souvent des costières ou des châssis. — Dans les anciens parterres, les plates-bandes avaient généralement leur milieu occupé par un rang d'arbustes à fleurs, souvent taillés en boules ou autrement, et par de grandes plantes vivaces ; les côtés étaient plantés de plantes vivaces moins élevées et de plantes annuelles dont les fleurs devaient se succéder sans interruption pendant le printemps, l'été et l'automne. A cet effet, beaucoup de ces plantes devaient être élevées dans une autre partie du jardin et mises en place à l'époque où la floraison approchait. Les plates-bandes des parterres sont toujours bordées de buis, de gazon, quelquefois de statices, de petits œillets, de violettes et d'une foule d'autres plantes qui dessinent leurs contours.

PLATÉE (*géogr. anc.*), ville de l'ancienne Grèce, située, dans la partie méridionale de la Béotie, sur les limites de la Mégaride et de l'Attique, tout près du mont Cythéron et des sources de l'Asopus. Cette ville, suivant Strabon (liv. IX), tirait son nom du mot πλάτη, qui désigne, en grec, la partie la plus large d'une rame, parce que les Platéens avaient été les meilleurs rameurs de la Grèce (*remigationis quœstu victitantes*), à une époque où un vaste lac, desséché et comblé plus tard, baignait les murs de leur ville. C'est près de Platée que le Spartiate Pausanias et l'Athénien Aristide, commandant l'armée des Grecs, forte de 110,000 hommes, défirent les 300,000 Perses laissés en Grèce par Xercès, sous la conduite de Mardonius, qui fut tué dans le combat. L'expulsion définitive des Perses fut le résultat de cette belle victoire, dont le gain fut dû principalement au courage héroïque des Platéens : aussi, de l'avis de tous les Grecs, le prix de la valeur leur fut-il décerné. Quant au butin de la bataille, la dixième partie en fut attribuée à Pausanias et le reste distribué aux soldats. Plus tard, la ville de Platée eut beaucoup à souffrir pendant les guerres de Sparte contre Athènes et contre Thèbes; elle fut même prise et détruite par les Thébains, et les habitants, craignant le sort de ceux d'Orchomènes, mis à mort ou condamnés à l'esclavage, cherchèrent un refuge à Athènes (Diod. de Sicile, l. XV, ch. 37-79). Alexandre fut leur vengeur : après avoir ruiné Thèbes, il releva Platée, réparant ainsi, sur un point de la Béotie, les désastres accomplis sur un autre. Cette ville est aujourd'hui détruite; le village qui en tient la place se nomme *Cocla*.

PLATÉENS (JEUX). — On les appelait aussi *jeux de la liberté* : ils se célébraient, tous les cinq ans, à Platée, en commémoration de la victoire remportée sur Mardonius. Jupiter *Eleutherios* (libérateur), dont le temple s'élevait tout près de là, présidait à ces fêtes, qui, pour cette raison, avaient pris encore le nom d'*Eleuthéries*. Des athlètes couraient armés autour de l'autel du dieu, et celui qui l'emportait dans cette course gagnait un prix considérable. Cette fête ne doit pas être confondue avec les cérémonies du sacrifice que toute la Grèce, assemblée à Platée, venait offrir, chaque année, sur l'autel de Jupiter. ED. F.

PLATE-FORME (*artillerie*). — On désigne sous ce nom des planchers horizontaux ou un peu inclinés qu'on place vis-à-vis les embrasures pratiquées dans les épaulements ou parapets (*voy.* ce mot), pour supporter les affûts des pièces de canon et en rendre la manœuvre plus facile. — Dans les affûts de côte, ce sont des madriers ajustés bout à bout, en figure circulaire, ayant pour centre la cheville ouvrière du châssis d'affût ; leurs joints et leurs extrémités portent sur d'autres bouts de madriers : c'est sur cet assemblage, qui répond aux roulettes du châssis, que se fait le mouvement de l'affût. Les plates-formes des affûts de place sont construites d'après les mêmes principes.—La plate-forme ordinaire de siège se compose d'un plancher de quatorze madriers de 3^m,20 de long sur 0^m,32 de large, posés jointivement, l'un contre l'autre, sur trois poutrelles de 4^m,70 de long et 0^m,14 d'équarrissage, enterrées à fleur du sol et parallèlement à la directrice de l'embrasure; elle s'appuie, à sa partie antérieure, contre une pièce de bois de 2^m,60 de longueur et de 0^m,20 d'équarrissage, qu'on appelle *heurtoir* et qui a pour but d'empêcher les roues de la pièce de dégrader le talus intérieur de l'épaulement. Les plates-formes sont horizontales pour les batteries à ricochet, et relevées de 0^m,16 en arrière pour les batteries de plein fouet. Pour les pierriers et les mortiers, elles sont horizontales, ont 2ᵐ,40 sur 2 mètres, et sont composées d'un plancher formé de onze poutrelles de 0ᵐ,21 d'équarrissage, reposant sur cinq gîtes de même force. Leur centre est éloigné de 3ᵐ,60 à 3ᵐ,45 du pied du talus intérieur, afin de permettre de lancer les bombes sous l'angle de 30°, qui est un minimum.   L. LE BAS.

PLATINE (*chim.*), métal découvert par Wood, en 1741. Pur, il est solide, presque aussi blanc que l'argent, brillant, très-ductile et très-malléable, assez tendre pour être coupé par des ciseaux et même se laisser rayer avec l'ongle, mais devenant fort dur par la présence d'un peu de métal étranger, surtout d'iridium ou d'osmium, et d'une très-grande ténacité : sa pesanteur spécifique est de 21,53 lorsqu'il n'a point été forgé. — La chaleur de nos plus violents foyers de forge est insuffisante pour le fondre, résultat que l'on n'obtient qu'au moyen d'un feu alimenté par un courant de gaz oxygène. Un phénomène assez remarquable est la propriété qu'a le platine d'absorber les gaz à la manière du charbon; mais il faut, pour cela, qu'il se trouve en état de division extrême : ainsi le métal forgé ou même en masse poreuse se montre réfractaire à cet égard; l'effet n'est bien évident que pour le métal réduit en ce que l'on appelle *noir de platine*. Pour se le procurer en cet état, on traite à chaud du chlorure de platine bien pur par une dissolution concentrée de potasse caustique; la poudre très-lourde et d'un noir de velours qui se dépose est le métal très-divisé. —Le platine n'a d'action chimique sur le gaz oxygène et sur l'air à aucune température; une forte décharge électrique le transforme, à la vérité, en une poudre brune que plusieurs chimistes ont regardée comme un oxyde, mais à tort, puisque ce produit n'est que le métal fort divisé. Il existe cependant deux oxydes de platine, mais qui ne se forment pas directement; l'un et l'autre jouent, d'ailleurs, le rôle de bases faibles. Le protoxyde est formé de 100 de métal et de 8,107 d'oxygène, ce qui donne pour sa composition en proportions et en atomes : 1 de platine 1233,42 + 1 d'oxygène=Pt O. Les corps combustibles le réduisent avec une extrême facilité, quelques-uns même avec détonation; plusieurs acides le dissolvent et le colorent en vert terne. C'est par la digestion du protochlorure de platine avec une dis-

solution de potasse caustique qu'on l'obtient; il se dépose à l'état d'hydrate sous forme de poudre noire, dont une partie reste dans la liqueur, en lui communiquant une teinte verte souvent assez foncée pour former une sorte d'encre. — Le *bioxyde* est très-difficile à se procurer pur à cause de son extrême tendance à s'unir aux alcalis. Le procédé le moins défectueux consiste à précipiter, par la soude caustique, la moitié de l'oxyde de l'azotate de bioxyde de platine. Le précipité est un bioxyde hydraté rougeâtre et floconneux comme l'hydrate de peroxyde de fer. Chauffé dans une cornue, ce produit ne tarde pas à se déshydrater en devenant noir, et à laisser dégager ensuite tout son oxygène. Les corps combustibles le réduisent très-facilement comme le protoxyde. Il se dissout dans plusieurs acides qu'il colore en jaune ou en roux ; il forme avec les bases alcalines et terreuses des combinaisons insolubles; composition en proportion et en atomes : 1 de platine, 1233,42 + 2 d'oxygène, 200 = Pt O². — Suivant quelques auteurs, il existerait encore un troisième oxyde formé de 100 de platine pour 12 d'oxygène, et qui dès lors tiendrait, à peu de chose près, le milieu entre les deux précédents, et s'obtiendrait en traitant le platine fulminant par l'acide azotique; mais l'existence de ce corps n'est pas encore assez bien démontrée pour qu'on puisse l'admettre.

Les métalloïdes unis jusqu'à présent au platine sont le bore, le silicium, le phosphore, le soufre, le sélénium, le fluor, le chlore, le brôme, l'iode et peut-être l'hydrogène: quelques chimistes parlent, en outre, d'un carbure, mais à tort, puisque M. Boussingault a démontré que le produit supposé tel n'était qu'un siliciure. — L'alliage de potassium et de platine une fois mis en contact avec l'eau, le potassium se dissout en s'oxydant et donne lieu à un dégagement de gaz hydrogène dû à la décomposition de l'eau, tandis qu'en même temps le platine se dépose en paillettes noires regardées par quelques auteurs comme un *hydrure de platine*. Mais telle est-elle bien la nature de ce produit, et ne serait-ce pas plutôt du platine mêlé à du charbon hydrogéné provenant de ce que le potassium ou le fer employé aurait été carburé?—Le platine, fortement chauffé avec du charbon et du borax ou de la silice, donne naissance à de l'oxyde de carbone d'une part, et à du *borure* ou du *sili*-

ciure métallique. Ces composés sont solides, aigres, durs et plus fusibles que le platine. — Suivant M. Edmond Davy, il existerait deux *phosphures* de platine : 1° un *protophosphure*, obtenu en chauffant le phosphore et le platine dans un tube de verre vide d'air ; la combinaison aurait lieu au-dessous de la chaleur incandescente et s'accompagnerait d'un grand dégagement de lumière : composition, 100 de platine, puis 21,21 de phosphore ; 2° un *deutophosphure*, composé de 100 de métal sur 42,42 de phosphore, et dont la préparation consisterait à chauffer peu à peu jusqu'au rouge, dans une cornue de verre, un mélange de 3 parties de chlorhydrate ammoniacal de chlorure de platine et de 2 de phosphore. Quoi qu'il en soit, le phosphore s'unit très-directement avec le platine pour donner un produit solide très-dur et très-aigre, d'un blanc d'acier, d'un tissu grenu, bien plus fusible que le métal pur, décomposable en grande partie par un grand feu, se transformant, par l'action du gaz oxygène ou de l'air, et à l'aide de la chaleur, en acide phosphorique et en platine pur. — Le soufre, comme tous les corps précédents, s'unit très-facilement au platine ; il suffit, pour cela, de les exposer ensemble à une haute température : cette combinaison peut avoir lieu suivant deux proportions donnant ; 1° un *protosulfure* ; ce corps s'obtient en chauffant au rouge, dans un creuset de terre, un mélange de 1 de platine très-divisé et de 2 de soufre. Le calorique en vaisseaux clos le fond seulement sans le décomposer, mais avec le contact de l'air il y a dégagement de gaz sulfureux et réduction du métal : composition 100 de platine pour 16,309 de soufre, ce qui donne, en proportions et en atomes, 1 de platine 1233,42 + 1 de soufre 201,16 = $Pt\,S$. 2° Le *bisulfure* = $Pt\,S^2$ s'obtient en versant peu à peu une dissolution de bichlorure de platine dans une dissolution de sulfhydrate alcalin : le produit desséché est noir ; chauffé dans un vase clos, il abandonne la moitié de son soufre en passant à l'état de protosulfure. — Le *sélénium* a pareillement une grande tendance à s'unir au platine ; aussi, pour obtenir la combinaison des deux corps, suffit-il de les chauffer ensemble dans un tube de verre ; le produit calciné avec le contact de l'air se décompose promptement ; le sélénium s'oxyde et se volatilise, tandis que le métal reste à nu. — Le chlore donne avec le platine deux composés : 1° un *protochlorure* qui s'obtient en évaporant la dissolution de platine dans l'eau régale et en exposant le résidu, qui est du bichlorure, à une chaleur de 200°, jusqu'à ce qu'il ne se dégage plus de chlore : le produit est une poudre d'un gris verdâtre, insoluble dans l'eau et décomposable au degré de la chaleur rouge. 2° Le *bichlorure* se prépare en dissolvant à une douce chaleur le platine en éponge, dans l'eau régale, et faisant évaporer la dissolution jusqu'à siccité. Ce produit a une saveur fort styptique et très-désagréable : privé d'eau et en masse, il est d'un brun noirâtre ; soumis à l'action du feu, il passe d'abord à l'état de protochlorure, puis se décompose complétement. L'eau le dissout facilement ainsi que l'alcool. Sa tendance à jouer le rôle d'acide est très-grande ; aussi fait-il partie d'un très-grand nombre de chlorures doubles. — On obtient un *bromure de platine* en dissolvant le métal dans un mélange d'acide bromhydrique et azotique ; sa dissolution est d'un brun rougeâtre et se prend, par l'évaporation, en une masse cristalline brune ; ce produit s'unit, comme le précédent, aux bromures alcalins. Le fluor et l'iode se combinent également avec le platine pour donner, comme les corps précédents, des produits sans usages importants dans les arts.

Alliages. — Le platine s'allie facilement à un grand nombre de métaux. L'alliage de platine et de potassium n'est d'aucun usage dans les arts ; celui de platine et de zinc est très-cassant, très-fusible et donne lieu à un grand dégagement de lumière au moment de sa formation ; celui de platine et d'antimoine est très-cassant, très-dur, à grains fins et décomposable, à une haute température, par l'air qui en oxyde et volatilise tout l'antimoine. Le platine et le plomb s'unissent si facilement, que, si l'on fait fondre du plomb dans un creuset de platine, on trouve beaucoup de ce dernier métal dans le plomb refroidi. L'alliage de platine et de cuivre s'obtient facilement : il est aigre et d'un rouge clair à parties égales ; ductile, d'une couleur rose et à grain fin lorsqu'il ne contient que $\frac{1}{16}$ de platine ; jaune d'or lorsqu'il résulte de 7 parties de platine sur 16 de cuivre, plus une partie de zinc. L'argent encore se combine facilement avec le métal qui nous occupe ; quelques centièmes seulement de ce dernier rendent l'argent moins blanc et moins ductile. L'or et le platine ne peuvent se combiner qu'à une haute température. Parties égales de platine et de fer donnent un alliage susceptible d'un beau poli, d'une densité de 9,862, ne se ternissant pas à l'air, ce qui le rend très-propre à la confection des miroirs, et fusible à la chaleur d'un fourneau ordinaire. L'alliage de platine et d'arsenic, dans la proportion de 2 du premier pour 20 de l'autre, est blanc, très-cassant, fusible un peu au-dessus de la chaleur rouge, sans action sur l'air à la température ordinaire, mais en absorbe l'oxygène à l'aide de la chaleur pour se transformer en acide arsénieux qui se volatilise et en platine pur.

Action des oxydes et des acides. Calciné au contact de l'air et avec un hydrate de potasse ou de soude, le platine s'oxyde sensiblement; la lithine l'attaque d'une manière plus prononcée encore. A quelques exceptions près, les acides qui attaquent l'or exercent la même influence sur lui. Quoi qu'il en soit, les acides sulfurique, azotique, chlorhydrique et fluorhydrique sont, isolément, sans aucune action, tandis que leur réunion, sous forme d'eau régale, le dissout très-bien. Disons encore que, allié à l'argent, le platine devient soluble dans l'acide azotique, tandis qu'il n'en est pas ainsi pour l'or.

Sels. L'un et l'autre des oxydes de platine peuvent, en s'unissant avec certains acides, former des sels; ceux au deuxième degré d'oxydation sont jaunes ou jaunes-rougeâtres. Leurs dissolutions donnent, avec le chlorure de potassium, un précipité jaune de chlorure double de platine et de potassium, soluble dans beaucoup d'eau; avec une dissolution de chlorhydrate d'ammoniaque, un précipité jaune de platine uni au chlorhydrate ammoniacal qui ne se dissout que dans une très-grande quantité d'eau; avec la dissolution d'un sel de soude, il n'y a nul précipité, par suite de la transformation en sels doubles solubles; avec la potasse et la soude caustiques, décomposition très-incomplète, parce qu'il se forme des sels doubles; avec l'acide sulfhydrique, les sulfures et les sulfhydrates alcalins, précipité noir de bisulfure; avec le zinc, le fer, le cuivre, etc., réduction du métal; avec un cylindre de phosphore, réduction analogue; avec les sels de protoxyde de fer, nul précipité; avec les mêmes sels unis, de plus, à une dissolution de mercure, précipité de platine uni à ce métal; enfin, avec le protochlorure d'étain, couleur rouge très-intense et précipité jaune si les dissolutions sont neutres. Ajoutons que tous les sels de bioxyde de platine sont réduits à une haute température, c'est-à-dire que le platine est mis en liberté. Quant aux différentes espèces de ces sels en particulier, on ne connaît guère que le chlorhydrate et les combinaisons doubles qu'il forme avec la potasse, la soude et l'ammoniaque. Le *chlorhydrate* est toujours le produit de l'art; on peut l'obtenir en cristaux bruns, mais le plus souvent il est sous forme d'un liquide jaune quand il est affaibli, brun s'il est concentré, d'une saveur styptique désagréable et rougissant l'infusion de tournesol : il s'obtient par la dissolution du métal purifié dans l'eau régale. — Le *chlorhydrate de platine et de soude* est également le produit de l'art; il cristallise en prismes aplatis, souvent très-longs, d'une couleur jaune orangée et parfois rouge, du reste très-soluble dans l'eau. — Le *chlorhydrate de platine et de potasse* est aussi le produit de l'art, d'un jaune serin et peu soluble dans l'eau. — Le *chlorhydrate de platine et d'ammoniaque* est, comme le précédent, d'un jaune serin; on peut l'obtenir cristallisé, et alors il est rougeâtre. Tous ces produits sont également sans usage dans les arts; on sait, de plus, qu'il existe un *sulfate de platine* jaune orangé et un azotate de la même couleur, très-acide et très-soluble dans l'eau. — Les sels de *protoxyde de platine* ont encore été moins étudiés que les précédents; ils sont d'un vert brunâtre; la potasse y forme un précipité noir soluble dans un excès d'alcali et colorant la liqueur en vert. Le chlorhydrate d'ammoniaque ne les trouble pas; c'est par cette propriété surtout qu'on les distingue des sels de bioxyde.

État naturel. — Le platine n'existe dans la nature que combiné avec beaucoup de fer et de petites quantités de palladium, de rhodium, d'iridium et d'osmium; il se rencontre presque toujours en paillettes ou petits grains, rarement en masse ou pépites : il a pour gisement des sables aurifères. C'est dans ceux du fleuve *Pinto* qu'on l'a rencontré pour la première fois; depuis, il a été découvert dans beaucoup d'autres endroits, au Brésil, au Mexique, en Colombie, à Saint-Domingue, en Sibérie, sur le penchant oriental des monts Ourals; il a même été rencontré, il y a peu de temps, en France. Les principales mines exploitées sont celles du Choco à la Nouvelle-Grenade, de Matto-Grosso au Brésil et des monts Ourals. On lave d'abord leurs produits à grande eau pour en séparer les sables; on procède ensuite à l'extraction de l'or, et le minerai restant après est versé dans le commerce. Mais le platine est loin d'y être pur et se trouve en mélange avec 1° de petites quantités de grains d'osmiure d'iridium; 2° du fer chromé et du fer titané; 3° quelquefois avec de petites paillettes d'or alliées à l'argent, avec de petites hyacinthes, un peu de mercure et de sable.

L'extraction du platine est facile à concevoir et à exécuter en petit dans les laboratoires et consiste à dissoudre le minerai dans l'eau régale, à verser une dissolution de chlorhydrate dans la liqueur convenablement concentrée et à calciner le sel double (chlorhydrate de platine et d'ammoniaque) qui se forme; par ce moyen, le chlorhydrate ammoniacal et l'acide du sel de platine se dégagent, tandis que celui-ci reste en masse poreuse, d'un blanc gris mat, connue sous le nom de *platine en éponge*. Mais si cette opération n'offre aucune difficulté, il en est tout autrement pour celle du platine forgé ou en masse; aussi cette préparation ne se fait-elle que dans quelques ateliers seulement, où la plupart des fabricants tiennent en secret leurs procédés spéciaux. Wollaston est le seul qui ait publié le sien après s'en être servi pendant longtemps à Londres. 1° On prend de l'acide chlorhydrique très-concentré, que l'on étend d'un poids d'eau égal au sien, puis on le mêle avec l'acide azotique du commerce dans des proportions telles que la quantité d'acide chlorhydrique soit équivalente à 150 de base, et celle de l'acide azotique à 40. Ce mélange peut attaquer 100 parties de minerai de platine; mais, pour éviter les pertes d'acide, il faut opérer sur un excès de minerai de 20 pour 100 au moins. 2° Le platine et l'acide sont mis en digestion pendant trois à quatre jours consécutifs en augmentant graduellement la chaleur; la liqueur est ensuite décantée et laissée en repos jusqu'à ce qu'une certaine quantité d'*osmiure d'iridium*, tenue en suspension, se soit complétement précipitée; alors on ajoute à la dissolution 41 parties de sel ammoniac dissoutes dans cinq fois leur poids d'eau. Le premier précipité obtenu de la sorte pèsera 165 parties et donnera 66 de platine pur. 3° Mais l'eau mère contient encore environ 11 parties de platine, plus beaucoup de fer, un peu de palladium, d'iridium, d'osmium, de rhodium et de plomb.

Pour dégager le platine restant, on le réduit en plongeant dans la liqueur des barreaux de fer bien décapés qui précipiteront tous les métaux, le fer excepté. On dissoudra de nouveau le précipité dans une quantité convenable d'eau régale semblable à la précédente, pour mêler à la liqueur 1 partie d'acide chlorhydrique sur 32 parties d'eau régale employées, et l'on ajoutera le sel ammoniac qui précipitera le plomb et le palladium. 4° Ce nouveau produit (chlorhydrate de platine et d'ammoniaque) sera soigneusement lavé et pressé pour en exprimer, autant que possible, les dernières eaux de lavage; puis on le fera chauffer dans un pot de plombagine en l'exposant seulement jusqu'au degré de chaleur nécessaire pour volatiliser le sel ammoniacal et l'acide du sel de platine comme nous l'avons déjà dit, et de telle manière que les particules du métal adhèrent le moins possible les unes aux autres : de cette précaution indispensable dépend le succès du procédé. 5° On divisera ensuite entre les mains le résidu sortant du creuset en une poudre assez fine pour traverser un tamis de linon; les fragments réfractaires seront broyés dans un mortier et avec un pilon de bois, les mêmes instruments en métal pouvant donner aux parties une cohérence qui, par la suite, pourrait les empêcher d'arriver à l'adhérence nécessaire; enfin, pour avoir une poudre plus fine encore, on lave celle obtenue, et l'eau décantée dépose une boue ou pulpe métallique, uniforme et très-propre à être convertie en lingot. Une forte compression exercée dans un cylindre de cuivre légèrement conique donnera à la poudre assez de consistance pour que sa masse puisse être maniée sans danger de la rompre : alors enfin on la chauffe jusqu'au rouge blanc, et l'on arrive ensuite à la forger.

Usages. Le platine est employé pour faire des creusets, des capsules, des cornues, des tubes, etc., propres aux opérations de chimie; on l'utilise encore pour la lumière des canons de fusil et revêtir le fond des bassinets; on en fait surtout de grandes chaudières pour les besoins des arts, entre autres pour la concentration de l'acide sulfurique. L'infusibilité du platine et son inattaquabilité par un grand nombre d'acides et la plupart des autres corps les rendent fort utiles sous ce rapport. Le platine est moins réfractaire, toutefois, qu'on ne l'avait supposé d'abord.

Enfin ce métal est devenu de nos jours un objet de luxe employé dans la bijouterie et l'orfévrerie. L. DE LA C.

PLATINE (*techn.*).— On donne ce nom, dans les armes à feu, au mécanisme servant à communiquer le feu à la charge. Depuis son origine jusqu'à nos jours, cette pièce essentielle a subi de nombreuses et importantes modifications (*voy.*, à l'article ARMES, la division ARMES PORTATIVES DE JET [2ᵉ catégorie]). La plus récente consiste dans l'invention des *platines à percussion*, adoptées depuis longtemps déjà pour les armes à feu portatives de guerre ou de chasse, et plus récemment, pour les grosses bouches à feu de la marine.

PLATINE (BARTOLOMEO SACCHI, dit) naquit, en 1421, dans un village situé entre Cremone et Mantoue, Piadena, dont il prit le nom latin de *Platina*. Il suivit d'abord le métier des armes, qu'il quitta pour s'attacher avec succès à l'étude des lettres. Protégé par le cardinal Bessarion, il obtint du pape Pie II quelques bénéfices, et la place d'abréviateur apostolique. Paul II lui enleva cet emploi, et Platine s'en plaignit en termes si vifs et si amers, qu'il fut mis en prison et soumis à la torture. Délivré au bout de quelques mois à la prière du cardinal François de Gonzague, il fut de nouveau inquiété comme complice d'une conspiration et comme hérétique. Reconnu innocent sur les deux points, il fut dédommagé de toutes ses persécutions par Sixte IV, qui le rétablit dans toutes ses charges et lui donna, en outre, la direction de la bibliothèque qu'il venait de fonder au Vatican. Platine vécut jusqu'à 60 ans dans ce centre de ses plus chères études; il mourut en 1481 On a de lui un grand nombre d'ouvrages. Le premier qu'il composa avant son emprisonnement, sous Paul II, est son livre *De honesta voluptate*, qui n'est autre chose qu'un traité érudit sur la cuisine, imprimé plusieurs fois et traduit en français par Didier Christol. Platine écrivit ensuite l'*Histoire des papes* depuis saint Pierre jusqu'à Sixte IV, sur l'invitation duquel il avait entrepris ce grand travail et à qui il le dédia. Sannazar, trompé sur la date de la publication de ces deux ouvrages de Platine et attribuant à tort la priorité au dernier, avait fait une épigramme dans laquelle il le raillait d'être déchu au point de se faire l'historien de la cuisine après avoir été celui des papes. Mais cette erreur, partagée par Scaliger et

par tous les biographes, a été relevée par Ménage (*Menagiana*, III, p. 16). Outre l'*Histoire des papes*, publiée pour la première fois à Venise en 1479 (in-fol.) et traduite en français par Louis Coulon (1651, in-4), on a de Platine un livre *contre les amours*, un dialogue de *la vraie noblesse*; le *Panégyrique du cardinal Bessarion*; un traité *De pace Italiæ componenda et de bello Turcis inferendo*; enfin l'*Histoire de Mantoue et de la famille de Gonzague.* ED. FOURNIER.

PLATONICIEN, PLATONISME (*hist.*). — Le mot *platonisme* désigne la philosophie de Platon; les philosophes qui l'ont professée sont appelés *platoniciens*. Le platonisme est consigné dans les écrits de Platon : il a subi des modifications plus ou moins notables dans les enseignements des *académies* et dans les commentaires des néoplatoniciens. Cet article est exclusivement consacré à l'exposition du platonisme tel qu'il semble résulter des écrits de Platon. Il est question du platonisme des académies et de l'école d'Alexandrie aux articles ACADÉMIE, ALEXANDRIE, NÉOPLATONISME. Les platoniciens célèbres de toutes les époques ont chacun un article spécial.

L'exposition du platonisme présente de graves et de nombreuses difficultés. Platon semble accumuler les nuages pour cacher ses véritables sentiments sur les principes fondamentaux de sa philosophie. D'abord il n'expose point sa doctrine sous une forme systématique; il introduit dans ses dialogues des interlocuteurs; la conversation s'engage, et une suite continuelle d'interrogations et de réponses amène la conclusion. De plus, les personnages que Platon met en scène soutiennent des opinions diverses, contradictoires, et il ne désigne pas clairement celui qui reproduit sa pensée avec fidélité. On rencontre dans ses écrits d'autres causes d'obscurité : tantôt les vérités sont cachées sous des mythes, il faut les interpréter; tantôt ce sont des allégories poétiques qui doivent être ramenées au sens littéral. Ici les subtilités de la métaphysique fatiguent, troublent l'intelligence; là l'esprit se perd dans les figures et dans les nombres; quelquefois les mots sont une source d'incertitude et d'erreur. Platon exprime une même idée par des termes différents et donne à un même mot des significations diverses ou contraires (Jacob, Bruckeri, *Hist. critic.*). Les ténèbres mystérieuses dont il se plaît à environner la connaissance des choses divines ne doit pas nous surprendre. Il déclare , dans le *Timée*, que *c'est une grande affaire de découvrir l'auteur et le père de l'univers, et qu'il est impossible de le révéler à tout le monde quand on l'a découvert.* La lumière qui jaillit de cette vérité lui paraît trop vive pour des yeux vulgaires; les intelligences d'élite, lorsqu'elles remplissent les conditions qu'il énumère, peuvent seules la contempler. Une autre circonstance lui commandait la réserve sur la nature de la Divinité. Le souvenir de la mort de Socrate était récent. Platon, à l'imitation des prêtres d'Egypte et de certains philosophes, ses prédécesseurs, paraît avoir eu une doctrine secrète et une doctrine publique. La première était pour les adeptes, elle était communiquée de vive voix, tout entière et sans voile; la seconde,. destinée à la foule, consignée par écrit, était partielle et servait d'introduction à la première : la fin de plusieurs dialogues et surtout du *Philèbe* le démontre clairement. (De Gerando, *Hist. comp. des syst. de phil.*).

Ces causes d'obscurité dans les écrits de Platon en rendent nécessairement l'interprétation difficile et expliquent la diversité des opinions que l'on a soutenues sur sa doctrine. Sa langue doit être étudiée avec soin ; les textes doivent être rapprochés les uns des autres, et, malgré ces précautions et ces efforts, l'exposition de ses principes les plus élevés n'est fondée quelquefois que sur de simples conjectures. Il importe surtout de ne pas donner aux expressions de Platon des sens qui supposent des doctrines inconnues à son époque. On n'a point évité cet écueil, quand on a cru trouver dans ses écrits les mystères du christianisme (Dacier, *Doct. de Platon*) ou les abstractions de la philosophie moderne (M. Cousin, *Traduct. de Platon*, argument). Diogène Laërce réduit à trois les règles qu'il donne pour interpréter les ouvrages de Platon : « Il faut, dit-il, voir premièrement ce que dit Platon ; deuxièmement, s'il le dit dans la vue d'atteindre le but qu'il s'est proposé, ou par voie de comparaison, et si c'est pour établir quelque vérité ou pour réfuter des objections ; troisièmement, s'il parle à la lettre. » (*Vie de Platon.*)

La théorie des idées est le fondement du platonisme. C'est par les idées que Platon s'élève jusqu'à Dieu et explique la formation de l'univers ; c'est de cette source que dérivent, pour lui, la théologie, la cosmogonie, la physique , la métaphysique , la logique, la morale, la politique. Il faut donc commencer par l'exposition de Platon sur les idées. Platon se replie sur lui-même par la réflexion et interroge son âme dans laquelle *résident l'intelligence et la vie.* Il sent que cette âme est enchaînée à un corps ; les organes de ce corps sont les instruments *par lesquels et non avec lesquels* l'âme éprouve des sensations qui ont pour objet les *choses sensibles ;* ces sensations donnent lieu à des opérations de l'entendement qui compare, juge, généralise. Alors apparaissent nécessairement des idées que les sens n'ont point apportées, qui ne sont perçues que par l'intelligence : les *rapports,* l'*espèce,* le *genre,* l'*égalité,* l'*unité ,* l'*être.* D'autres idées absolues, les idées du juste, du beau, du bien, s'éveillent encore comme des *souvenirs* et s'imposent irrésistiblement. à la raison. Ces idées forment une échelle : les rapports sont au dernier degré ; l'idée du *bien* occupe le sommet.

Les sensations et les idées déterminent Platon à distinguer deux mondes , le monde visible et le monde idéal. Dans le premier, les choses sensibles ne sont permanentes ni dans leur qualité, ni dans leur quantité; elles s'engendrent continuellement et n'ont jamais de subsistance. On doit dire de ces choses, prises ou individuellement ou collectivement, qu'*elles deviennent, agissent, périssent et se métamorphosent.* Dans le second monde , les idées absolues sont immuables, universelles, indépendantes du temps et de l'espace. Les nombres, intermédiaires entre les idées et les choses sensibles, sont placés dans le monde idéal ; les idées sont de deux sortes : les unes pures, et dont le concept est sans aucun mélange d'image : telles sont les idées du bon , du juste, du beau, etc. ; les autres mixtes, et dans le concept desquelles il entre nécessairement l'idée du triangle, du cercle, etc. Il y a aussi deux sortes d'êtres matériels, les corps, les images ou les ombres de ces corps. A ces quatre espèces différentes d'objets correspondent quatre espèces de connaissances : l'*intelligence*, connaissance des idées pures; la *connaissance raisonnée*, connaissance des idées mixtes ; la *foi*, connaissance. des corps et de tout ce qui leur appartient ; enfin la *conjecture*, connaissance des images ou des ombres des corps. Les deux premières sortes de connaissances sont appelées *sciences ;* les deux dernières sont désignées par le mot *opinion*. Platon met au plus haut degré la *pure intelligence*, au second la *connaissance raisonnée*, au troisième la *foi*, au quatrième la *conjecture*. L'*opinion*, dans certains cas, a autant de certitude que la *science;* mais elle renferme quelque obscurité, parce qu'elle ne nous instruit que de l'existence des choses et non de leur essence; l'*opinion* est souvent erronée; Platon en donne la raison.. « Lorsque l'âme, dit-il, se sert du corps pour considérer quelque objet, soit par la vue, soit par l'ouïe ou par quelque autre sens, alors elle est attirée par le corps vers ce qui change sans cesse; elle s'égare et se trouble; elle a des vertiges comme si elle était ivre, pour s'être mise en rapport avec des choses qui sont dans cette disposition. » (*Phédon.*) Le monde visible et le monde idéal ont chacun leur soleil. L'idée du bien est le soleil du monde intelligible; les yeux de l'âme seule peuvent le contempler : cette contemplation prononcée n'est pas sans danger pour elle. « Il pourrait lui arriver ce qui arrive à ceux qui regardent une éclipse de soleil; il y en a qui perdent la vue, s'ils n'ont pas la précaution de regarder dans l'eau ou dans quelque autre milieu l'image de cet astre. » (*Ibid.*) C'est peut-être pour faire prendre cette précaution à ses lecteurs que Platon emploie fréquemment les mythes et les symboles. Alors il ne fait pas contempler le beau dans sa source, il le montre dans des images.

Une controverse, qui n'est pas encore terminée, s'est élevée sur la nature des idées de Platon. Parmi les philosophes anciens et modernes, les uns prétendent que ces idées sont des substances immatérielles, existantes par elles-mêmes, distinctes de la Divinité, types éternels dont les images multiples se reproduisent dans les choses périssables (les Pères de l'Eglise, M. Th. Henri Martin, *Etudes sur le Timée de Platon*); les autres philosophes soutiennent, au contraire, que ces idées désignent tantôt les attributs qui constituent la nature de la Divinité et qui en sont inséparables, et tantôt les pensées de Dieu dans le sens psychologique du mot français, et qu'ainsi ces idées sont à la fois subjectives et objectives (Fénélon, *Vie de Platon;* Tennemann, *Manuel*). Nous avons adopté la dernière interprétation; nous allons donner les raisons qui la justifient et qui combattent l'interprétation contraire.

Première raison. Platon attribue les mêmes effets à *Dieu* et aux *idées* et leur accorde les mêmes perfections. En effet, il affirme que les *idées* sont la *cause exemplaire* du monde. Il dit aussi que *Dieu* a voulu que toutes les choses fussent, autant que possible, *semblables à lui-même* (*Timée*). Dans le *Timée*, *Dieu* est appelé *la plus parfaite des causes;* dans la *République* (liv. VI), l'*idée du bien* reçoit la même qualification; dans la *République* (*ib.*), *les êtres intelligibles ne tiennent pas seulement du sien leur intelligibilité, mais encore leur être et leur essence;* dans la *République* (liv. X), *Dieu est l'auteur des essences;* dans le *Timée*, *Dieu est l'auteur et le père de l'univers;* dans la *République* (liv. VII), *l'idée du bien est l'auteur du monde visible et du monde idéal.* — *Deuxième raison.* En parlant du *modèle divin*, Platon fait observer qu'il est *bienheureux* (*Théétète*). Ce mot *bienheureux* suppose nécessairement, dans le *modèle divin*, la *personnalité.* Or elle ne se trouve point dans les *idées* considérées comme substances distinctes de la Divinité, mais elle existe dans le *Dieu* de Platon, au sujet duquel il est dit dans le *Sophiste :* « Mais quoi, par Jupiter ! nous persuadera-t-on si facilement que, dans la réalité, le mouvement, la vie, l'âme, l'intelligence ne conviennent pas à l'être absolu; que cet être ne vit ni ne pense, et qu'il demeure immobile, immuable, sans avoir part à l'auguste et sainte intelligence? » Donc, quand les *idées* sont présentées, dans Platon, comme le *modèle* du monde, elles désignent la *divinité.* — *Troisième raison.* Il est certain que, dans Platon, ces mots : l'*être absolu*, le *beau absolu*, le *bien absolu*, désignent la Divinité. Or l'*être absolu* ne peut pas exister sans avoir l'*idée* de son existence; Platon ne l'ignorait pas. Donc, dans sa pensée, *Dieu* et son *idée* n'étaient pas séparés *substantiellement;* il ne les distinguait que par *abstraction.* Platon donnait à Dieu des noms divers, suivant le point de vue sous lequel il considérait sa nature; il le nommait *père*, *auteur*, quand il voyait en lui l'*ouvrier* qui avait formé le monde; et, quand il le signalait comme la *cause exemplaire* et comme la *cause finale* de l'univers, il se servait de ces expressions : les *idées*, l'*idée du bien.* Berkeley nous semble avoir reproduit fidèlement la doctrine de Platon sur Dieu lorsqu'il a dit : « La forme (l'idée) qui produit, l'intelligence (le père) qui arrange, la bonté (le bien) qui perfectionne toutes choses, c'est l'Etre suprême.»(*Recherches*, etc.)

« Le principal traité de métaphysique de Platon, dit Fleury, est le *Parménide*, intitulé *Des idées*, et toutefois je n'y ai point trouvé, ni en aucun autre, cette doctrine des idées séparées de Dieu que l'on attribue à Platon ; mais j'ai vu , en plusieurs endroits de ses écrits, que l'objet de la véritable science est non pas la chose singulière et périssable que nous voyons..., mais l'original immatériel et éternel sur lequel chaque chose a été faite, ce qui n'est, en effet, que la connaissance divine, première cause des créatures. » (*Discours sur Platon.*)

D'après les philosophes qui prétendent que les idées de Platon sont des substances immatérielles, distinctes de Dieu, il admet trois principes éternels, Dieu , les idées et la matière. Dans l'opinion que nous avons embrassée , Platon n'en reconnaît que deux, Dieu et la matière. Avant la formation du monde, la matière, suivant ce philosophe, était une masse informe et infinie , qui avait pour réceptacle le lieu ou l'espace ; il l'appelle *génération*. Il y avait dans ce chaos une essence divisible et incorporelle et l'essence corporelle avec ses quatre genres nécessaires. L'espace imperceptible aux sens est perçu par une sorte de raison *bâtarde*. « Platon, dit Berkeley, observe que nous rêvons, pour ainsi dire, quand nous pensons au lieu, et que nous le touchons comme on voit les ténèbres, comme on entend le silence. » (*Recherches*, etc.) La matière informe ou le chaos était soumise à un mouvement irrégulier ; car, dans la philosophie de Platon, Dieu n'est pas la cause première du mouvement. Dieu, en formant le monde , suivit ce principe : *qu'il faut faire le meilleur*. Il assujettit donc le mouvement irrégulier à des lois ; mais ces lois avaient à lutter contre la nécessité. La résistance qu'oppose la nécessité, c'est le mal. Dieu démêla les quatre éléments et en fit sortir la terre, l'eau, l'air et le feu ; il y mit de l'ordre sans détruire les lois nécessaires : ainsi le monde a été formé par l'union de *la raison à la nécessité*. Dieu façonna les êtres composés d'après un modèle ; ils sont les images des *idées*. Les êtres composés deviennent, agissent, périssent et se métamorphosent ; ils n'ont pas une véritable existence. Leurs formes successives qui constituent leurs modes d'exister dérivent d'une participation à la nature des idées : cette participation est inexplicable.

Platon a dit qu'elle s'opère par la présence des *idées*; mais il n'indique pas de quelle manière cette présence a lieu. Dieu a engendré le monde en y mettant de l'ordre *par les idées et par les nombres* (*Timée*); Dieu pourrait le détruire, mais il ne le détruira point. Il l'a fait semblable à lui-même, un, parfait. Le caractère d'éternité ne pouvant s'adapter entièrement au monde qui a commencé, Dieu résolut de faire une image mobile de l'éternité. Cette image, c'est le temps : Dieu, pour le produire, fit naître le soleil, la lune, et les cinq autres astres-planètes. Le monde a la forme sphérique ; il est un grand animal et comprend tous les animaux. Dieu lui donna une âme ; il la composa avant de la former lui-même. Platon nous fait connaître les trois éléments que Dieu fit entrer dans la composition de l'âme du monde : le premier élément est une substance indivisible, immuable appelée le *même ;* le second élément est une substance divisible et corporelle nommée l'*autre ;* le troisième élément est un mélange des deux premières substances désigné par le mot *essence*. Ces trois natures mêlées ensemble dans certaines proportions formèrent l'âme du monde ; c'est du même mélange que sont sorties les âmes des dieux et des hommes. Les âmes des dieux ont animé les divers corps célestes ; telle est l'origine des dieux. Platon ne se montre pas contraire à un autre ordre de divinités, aux dieux populaires ; Platon donne simplement le caractère de la vraisemblance à son exposition de l'origine des dieux et du monde, parce que, dit-il, les choses matérielles qui n'ont pas une existence réelle, font partie de cette exposition ; il l'avait fait précéder d'une invocation divine. Dieu déclare, aux divinités dont il est le père, qu'elles seront immortelles , moins par les liens de leur nature indissoluble, que par l'effet de sa volonté bienveillante.

Platon a indiqué la preuve de l'existence de Dieu tirée de l'*aspect de cet univers, du soleil, de la lune, des astres et de tous les mouvements célestes;* il pose aussi le principe que tout ce qui naît doit nécessairement venir de quelque cause. On trouve, dans le *Philèbe* et dans le livre x de la *République*, le germe de la démonstration de Dieu, par Clarke.

Dans la théologie de Platon , ce n'est pas Dieu qui a formé l'homme ; ce soin fut confié aux dieux qui *sont nés :* ils veillent aussi sur les hommes en particulier. Mais la providence divine gouverne l'univers en général. Le mélange qui forma l'âme de l'homme était moins pur que celui qui forma l'âme des dieux, et ce dernier même, resté au fond du vase, était inférieur à celui qui forma l'âme du monde. Le monde est le plus ancien des dieux qui *ont commencé*.

D'après les symboles philosophiques de Platon, l'âme a un principe numéral. Il la divisait en trois parties : il plaçait la partie raisonnable dans la tête, l'irascible dans le cœur et la concupiscible dans le foie. La première était immortelle; les deux autres ne l'étaient pas. La partie de l'âme placée dans le *cœur* était une âme *mâle*, la partie de l'âme placée dans le *foie* était une âme *femelle*. Platon disait que, du milieu du corps, l'âme l'embrasse circulairement de toutes parts, et qu'elle est partagée par des intervalles harmoniques qui leur font former deux cercles conjoints, l'un *unique*, l'autre *divisé*. Le premier de ces cercles est celui par lequel l'âme se meut elle-même et a rapport aux choses *spirituelles;* le second est celui par lequel elle meut le corps et a rapport aux choses *sensibles*. La connaissance n'est qu'une simple *opinion* lorsqu'elle est acquise par l'élévation du cercle *divisé* qui est de la nature de *l'autre;* elle est une *science* lorsqu'elle est acquise par l'élévation du cercle *unique* qui est de la nature du *même*. La *science* est à *l'opinion* ce qu'est *l'être* à la *génération*, c'est-à-dire à la matière qui reçoit la forme. L'allégorie du guide et des deux coursiers, l'un généreux, l'autre mauvais, indique la division de l'âme en trois parties et signale la cause qui rend difficile la direction de l'attelage (*Phèdre*). Dans la philosophie de Platon, le mal moral est une maladie, l'ignorance ou la folie en sont les causes; mais la cause immédiate, c'est le mauvais état du corps dont les parties en désordre contrarient le mouvement régulier des cercles de l'âme, et produisent l'ignorance et la folie. La constitution physique, l'éducation et l'action des objets extérieurs contribuent à nous rendre vicieux ou sages. L'homme vicieux doit être traité comme un malade. L'éducation physique ou morale et les bons exemples peuvent habituer le corps et les deux âmes mortelles à l'obéissance, et l'âme immortelle au commandement.

Platon semble ne pas donner une idée exacte de la simplicité de la substance immatérielle, lors même qu'il en parle sans employer les symboles. Il dit que l'âme est divine et humaine, qu'elle a trois parties;

cependant il déclare *que notre âme est très-semblable à ce qui est divin, immortel, intelligible, simple, indissoluble, toujours le même et toujours semblable à lui-même;* et il en conclut qu'*il convient à l'âme de demeurer toujours indissoluble ou à peu près* (*Phédon*). Platon donne d'autres preuves de l'immortalité de l'âme : il établit que l'âme est un principe *de vie*, et, par conséquent, elle ne doit *pas périr;* il croit qu'elle existait avant d'être unie au corps, et il trouve la preuve de cette préexistence dans la connaissance des idées du beau, du juste, du bon, que l'expérience ne donne point à l'âme et qui s'éveille en elle comme un souvenir. Par la connaissance de ces idées, l'âme participe en quelque sorte à la nature divine; elle les a contemplées avant d'être unie au corps; elle est destinée à les contempler encore après en avoir été séparée. « L'âme, disait Platon, est une vie immortelle enfermée dans une prison périssable; la mort est une sorte de résurrection; aussi l'âme du sage mourant s'ouvre-t-elle aux vérités sublimes. » (*Phédon*.)

L'âme qui obéit aux sens, qui se souille de vices altère la pureté de sa nature. Platon admettait, dans l'autre vie, des supplices éternels et des purifications successives. Le philosophe qui s'est nourri de la pensée du vrai et du bon mérite seul, après la mort, de les contempler dans leur source. Platon rapporte les destinées des âmes dans l'autre vie, tantôt en se conformant aux traditions populaires, tantôt en suivant les théories des philosophes sur les purifications. Cependant, la croyance à l'immortalité de l'âme ne lui paraît qu'une espérance; les preuves sur lesquelles il fonde cette espérance sont comme une nacelle plus ou moins sûre où il s'embarque pour traverser la vie : il désire trouver, pour ce voyage, un vaisseau plus solide, un raisonnement *divin*. Il conclut que, *malgré l'incertitude, la chose vaut la peine qu'on hasarde d'y croire*. Ces paroles et le dilemme que Platon met dans la bouche de Socrate (*Apologie*) ont quelque analogie avec la considération dont Pascal se sert lorsqu'il veut déterminer les athées à suivre les préceptes et à pratiquer les vertus du christianisme.

La philosophie de Platon est théorique et pratique : « La division de la philosophie, dit Tennemann, en logique (dialectique), métaphysique (physiologie ou physique) et morale (politique) a été tout au moins amenée par Platon, qui exprime clairement et les principales attributions de chacune de ces sciences et leurs relations entre elles. » La philosophie, d'après Platon, est la science proprement dite ; la science est la connaissance de l'universel, du nécessaire, de l'absolu, ainsi que des rapports et de l'essence des choses. Sa dialectique est l'art de chercher la vérité par la conversation et le discours familier. Elle apprend, dit Fleury, « à parler juste et à répondre précisément à ce que l'on demande. Elle montre que, pour poser nettement la question et conduire droit ce raisonnement, il faut faire des divisions exactes et de deux membres. » (*Discours sur Platon.*) La morale de Platon ne repose pas sur la loi du devoir ; il la fait consister dans la tendance à la perfection. La vérité, l'harmonie, la beauté constituent la perfection. La divinité en est le siége, la source et la règle : la vie entière de l'homme doit être consacrée à se rapprocher de ce modèle. Mais « c'est surtout dans la morale, dit encore Fleury, que Platon excelle ; elle est également élevée et solide. Rien de plus pur quant à ce qui regarde le désintéressement, le mépris des richesses, l'amour des autres hommes et du bien public. Rien de plus noble quant à la fermeté du courage, au mépris de la volupté et de l'opinion des hommes ; et à l'amour du véritable plaisir et de la souveraine beauté. » (*Discours sur Platon.*) Platon unit si intimement la morale à la politique qu'elles ne sont pour lui qu'une seule et même science ; la même loi gouverne l'état social et le cœur de l'homme. La liberté et l'unité sont la fin à laquelle tendent les institutions sociales ; l'éducation des citoyens est l'objet le plus essentiel des lois. La théorie politique de Platon est l'application de l'idéal moral à la société humaine. Platon place le principe de l'art dans la région des idées ; la beauté physique est un reflet de la beauté divine ; l'élévation vers cette beauté est un hymne sublime. « Quand, de ces beautés inférieures, dit-il, on s'est élevé jusqu'à la beauté parfaite et qu'on commence à l'entrevoir, on n'est pas loin du but de l'amour..... Celui qui dans les mystères de l'amour s'est avancé jusqu'au point où nous en sommes, par une contemplation progressive et bien conduite, verra tout à coup apparaître à ses regards une beauté merveilleuse ; beauté éternelle non engendrée, non périssable, exempte de décadence comme d'accroissement....., de laquelle toutes les autres beautés partici-

pent. Je le demande, quelle ne serait pas la destinée d'un mortel à qui il serait donné de contempler le beau sans mélange, dans sa pureté et simplicité, non plus revêtu de chairs et de couleurs humaines, et de tous ces vains agréments condamnés à périr ; à qui il serait donné de voir face à face, sous sa forme unique, la beauté divine..... O mon cher Socrate ! ce qui peut donner du prix à cette vie, c'est le spectacle de la beauté divine. » (*Le Banquet.*) La physique de Platon n'est presque qu'un tissu d'erreurs ; elles sont le résultat de la méthode qu'il a suivie en l'étudiant. Il *a voulu expliquer toute la nature par des convenances.* Sa métaphysique est quelquefois inintelligible ; les notions d'*être* et de *substance* n'y sont pas rigoureusement déterminées. Dans la langue de Platon, le *fini* est l'*absolu*, et l'*infini* exprime ce qui est susceptible d'augmentation et de diminution ; le mélange du *fini* et de l'*infini* est l'application de la *forme* à la *matière*.

Il est facile de s'en convaincre, la philosophie de Platon est remarquable par son unité ; elle repose tout entière sur la théorie des idées. En effet, *sa métaphysique* définit la science la connaissance de l'*universel ;* sa *logique* repose sur la *généralisation,* qui a pour terme l'*être ;* c'est l'*être* qui est le fondement de la *certitude ;* le *Dieu* de sa théologie est l'*être nécessaire ;* sa morale consiste dans la tendance à la *perfection,* qui renferme les *idées d'harmonie, de vérité, de beauté.* Sa *politique* a le même fondement que sa *morale.* Dans sa *physique,* les objets extérieurs sont les *images des idées.* Platon a profité des théories des philosophes qui l'avaient devancé ; il s'est approprié, en les modifiant, les pensées de Parménide, de Pythagore, d'Héraclite, de Socrate, etc. Il ne faut point cependant attribuer à ce dernier philosophe les sentiments que Platon lui prête dans ses dialogues. « Dieux immortels ! s'écriait Socrate en parlant de Platon, que ce jeune homme m'en a fait dire à quoi je n'ai jamais pensé ! » On croit que Platon a été initié par les hiérophantes d'Egypte aux traditions orientales. Les Pères de l'Eglise ont soutenu, mais sans en donner des preuves décisives, que Platon avait eu connaissance des livres de Moïse.

Diogène Laërce a distingué les écrits de Platon en deux grandes classes qui portent pour titre ; l'une *Dialogue d'instruction,* l'autre

Dialogue de recherches; chacune de ces classes se subdivise en deux genres qui comprennent chacun deux espèces. Les dialogues de la première classe ont pour objet ou la spéculation, ils sont alors *physiques* ou *logiques;* ou bien l'action, ils sont alors *moraux* ou *politiques.* Ceux de la seconde classe ont pour objet soit l'exercice de l'esprit, et alors leur but est ou de faire *accoucher* l'esprit, suivant l'expression de Socrate, ou de le faire explorer; soit la discussion, et alors ils ont pour but ou l'attaque ou la défense. Les dialogues ont trois titres : le nom d'un personnage, le sujet et le genre de dialogue. Il est certain que ces titres ne sont pas tous de Platon. Les dialogues ont été classés de diverses manières, d'abord par *tétralogies*, ensuite trois à trois, enfin par *syzygies.*

Le plan et la conduite de chaque dialogue varient suivant les sujets et les occasions, mais ils forment chacun un drame bien conçu et bien conduit; les incidents de ces drames, ménagés avec art, tiennent l'esprit en suspens, excitent l'intérêt et servent merveilleusement à dérouler la chaîne non interrompue de l'induction. Les dialogues offrent des modèles de tous les genres de style, depuis le simple récit jusqu'à la description poétique. Les images, les symboles, les mythes y sont répandus dans de justes proportions. Le *Phèdre* et le *Phédon* sont des chefs-d'œuvre d'éloquence. Le langage de Socrate dans le *Criton* saisit et élève l'âme. Il n'est peut-être aucune *Provinciale* qui puisse soutenir le parallèle avec l'*Euthydème.* Le style de Platon, selon le témoignage d'Aristote, tenait, pour ainsi dire, le milieu entre l'élévation de la poésie et la simplicité de la prose. Cicéron le trouvait si noble, qu'il n'a point fait difficulté de dire que, si Jupiter avait voulu parler le langage des hommes, il ne se serait pas exprimé autrement que Platon. Panætius avait coutume de l'appeler l'Homère des philosophes. Le style de Platon n'est pas cependant exempt de reproches. Dacier, malgré son admiration pour ce philosophe, en convient. (*Style de Platon.*) Pascal a rendu sensible l'impuissance du génie de l'homme lorsqu'il a dit : « Les païens en foule adorent Dieu et mènent une vie angélique. Les filles consacrent à Dieu leur virginité et leur vie; les hommes renoncent à tous plaisirs. Ce que Platon n'a pu persuader à quelque peu d'hommes choisis et si instruits, une force secrète le persuade à cent milliers d'hommes ignorants, par la vertu de peu de paroles. » (*Pensées*, tome II.) Abbé FLOTTES.

PLATON (*biogr.*). — Platon naquit à Athènes vers l'an 430 avant Jésus-Christ. Son nom propre était Aristoclès. Il était fils d'Ariston et de Perictione, et comptait parmi ses ancêtres Codrus et Solon. La nature l'avait comblé de ses dons les plus précieux et les plus variés : son imagination était brillante et féconde; sa sensibilité était exquise; son esprit étendu, ferme, pénétrant, se complaisait dans la géométrie. Les qualités physiques ne lui manquèrent pas non plus. Une éducation bien dirigée développa tous ces dons heureux; il joignit de bonne heure à l'étude de la grammaire les exercices de la gymnastique; il cultiva les arts, s'occupa de peinture et de musique; il s'adonna à la poésie, et s'essaya dans les genres lyrique, épique, dramatique. On dit qu'il osa comparer sa poésie à celle d'Homère, et que, vaincu dans cette comparaison, il jeta au feu tous les vers qu'il avait faits en s'écriant : *A moi, Vulcain! Platon a besoin de ton aide.* Dans sa première jeunesse, il avait recueilli de la bouche de Cratyle les leçons de philosophie d'Héraclite; sa vocation fut fixée à vingt ans, lorsqu'il eut entendu Socrate. Il fut pendant huit ans son disciple ardent et assidu. Son zèle pour la philosophie ne l'empêcha point d'aspirer à suivre la carrière politique; il y renonça quand il s'aperçut qu'il ne pourrait point donner la liberté à sa patrie et arrêter la décadence des mœurs. Lorsque la calomnie eut traduit Socrate devant le tribunal qui devait le condamner à mort, Platon, indigné, s'élança vers la tribune et voulut défendre son maître; on lui imposa silence. Rendu chez lui, il se livra à sa douleur; sa santé en fut tellement altérée, qu'il fut privé de la satisfaction de consoler Socrate dans sa prison. Le crime dont Athènes se rendit coupable envers *le plus sage des Grecs* lui rendit cette ville odieuse; il l'abandonna et se retira à Mégare avec les autres disciples. Euclide, dans cette ville, l'initia à l'art de la dialectique fondée sur la méthode des géomètres. C'est de cette époque que date cette suite de voyages qu'il entreprit, véritables pèlerinages philosophiques qui pouvaient seuls alors faire participer les sages aux connaissances répandues chez les divers peuples; il parcourut l'Italie, il fréquenta les philosophes de l'école pythagoricienne et fut admis à leurs pratiques secrètes. Hermogène lui fit connaître le système de Parménide. Il se rendit à Cyrène et se perfectionna sous Théodore dans l'étude des mathématiques. Il visita ensuite l'Egypte et fut instruit par les prêtres dans ces doctrines anciennes dont les Egyptiens étaient si fiers et au sujet desquelles il disait aux Grecs : *Vous serez toujours des enfants, et il n'y a pas de vieillards parmi vous.* Platon fit trois voyages en Sicile. Dans le premier, qui eut lieu sous Denys l'ancien, il se proposait uniquement sa propre instruction. Sa courageuse éloquence, qui proclama les droits de la justice, jeta dans l'âme de Dion des semences de vertu et irrita le vieux tyran. Denys se vengea ; Platon, à son retour, fut vendu comme esclave, mais il fut racheté par Annicéris, philosophe cyrénaïque. Denys craignait que Platon ne publiât sa perfidie ; celui-ci répondit *qu'il était trop occupé de l'étude de la philosophie pour se souvenir de Denys.* Platon entreprit son second voyage en Sicile sur l'invitation de Denys le jeune et sur les instances de Dion. De grands honneurs l'attendaient à Syracuse, mais il s'aperçut bientôt qu'il ne pourrait pas maintenir sur le trône la sagesse et la justice, et il fit tous ses efforts pour se soustraire à un brillant esclavage. Les instances de Denys le jeune déterminèrent Platon, dans un âge assez avancé, à entreprendre un troisième voyage. Son zèle pour la défense de l'opprimé lui attira la colère du tyran, et ce ne fut pas sans peine qu'il obtint de retourner en Grèce. A la mort de Denys le jeune, les amis de Dion lui demandèrent des conseils ; il leur traça un plan de gouvernement. D'autres peuples s'adressèrent à lui pour obtenir des lois ; il les refusa aux uns, parce qu'ils aimaient trop les richesses, aux autres parce qu'ils n'aimaient pas assez l'égalité.

Platon, au retour de ses premiers voyages, fonda son école dans un gymnase ombragé (l'Académie), voisin de la ville, et près duquel il possédait un jardin. Cette école fut, pendant de longues années, une pépinière de sages. Platon ne s'était point marié ; sa santé, naturellement vigoureuse, avait été altérée par ses voyages sur mer, et par les dangers qu'il avait courus. Néanmoins sa vie fut presque exempte d'infirmités ; sa sobriété et sa tempérance le préservèrent du fléau commun, lorsque la peste ravageait Athènes au commencement de la guerre du Péloponèse : il mourut vers l'an 348, dans sa 81e année.

Les Athéniens, les étrangers, ses disciples, rendirent à sa mémoire de grands honneurs ; on lui éleva des statues, on lui dressa des autels, on frappa des médailles pour reproduire ses traits : ces témoignages de l'admiration publique ont disparu, mais Platon s'est érigé dans ses écrits un monument glorieux qui ne saurait périr. On a dit avec vérité que l'on pourrait composer une bibliothèque des auteurs qui ont écrit sur ce philosophe. Le *divin* Platon a eu la destinée des personnages des temps héroïques. Des mythes ont embelli son berceau et sa vie. « Apollon aurait été son véritable père ; des abeilles du mont Hymette auraient déposé leur miel dans sa bouche pendant sa première enfance ; il se serait vu lui-même en songe avec un troisième œil ; la veille du jour où son père le présenta à Socrate, ce philosophe aurait vu un jeune cygne, s'élevant de l'autel consacré à l'Amour, venir se reposer dans son sein et s'élever ensuite aux cieux, charmant les dieux et les hommes par la douceur de son chant. Platon fut appelé le *Cygne de Socrate.* Ne l'a-t-il pas été, en effet, dans le *Phédon,* où il lui fait tenir un langage qui retrace si bien les accents du cygne au moment suprême ! Les ouvrages de Platon sont ou des dialogues, ou des lettres. On a contesté l'authenticité de quelques dialogues et de plusieurs lettres contenus dans les éditions de ses œuvres. FL.

PLATONIQUE. (*Voy.* AMOUR PLATONIQUE.)

PLATRE (*chim., ind.*).— Nom de la matière plastique obtenue par une dessiccation du sulfate de chaux hydraté natif, qui lui fait perdre son eau de cristallisation et lui laisse la faculté de cristalliser de nouveau et de faire une prise avec l'eau. — Le sulfate de chaux hydraté se présente sous la forme d'une pierre lamelleuse, transparente, blanche à l'état de pureté, le plus souvent jaunâtre, en masses grenues ou fibreuses, plus ou moins translucides. La variété qui se présente en longs cristaux, sous forme de fers de lances et composés de lamelles diaphanes superposées, facile à cliver, est connue vulgairement sous le nom de *pierre à Jésus.* — Le plâtre se rencontre dans les parties supérieures des terrains secondaires et dans les terrains tertiaires. Dans les premiers, il forme des couches puissantes, intercalées de lits calcaires ; parmi les seconds, il se trouve en dépôts, accompagnés d'argile ou de marne. C'est ainsi qu'il existe aux environs de Paris, à Montmartre par exemple, où il constitue presque uniquement la colline qui porte ce nom. — Cette énorme quantité de sulfate de chaux disséminé dans le terrain de Paris est ce qui rend les eaux des puits de cette ville également impropres au savonnage et à la cuisson des légumes, et légèrement purgatives. — Tout le monde sait comment on emploie le plâtre pour les constructions. Pour le moulage on se sert de plâtre pulvérisé très-fin, impalpable même et tamisé. Ainsi préparé, le plâtre est susceptible de prendre les empreintes les plus délicates ; il acquiert, de plus, la propriété de se solidifier beaucoup plus rapidement. Le plâtre fin, gâché avec une solution de colle forte, et dans lequel on introduit ensuite, avant qu'il ait fait prise, diverses substances colorées, constitue la base de la fabrication du *stuc*. — Il sert encore à la fabrication de quelques produits chimiques ; mais les principaux emplois du plâtre consistent dans les divers enduits qui recouvrent ou cimentent les matériaux des constructions et dans l'amendement des terres : cet usage ne date que du siècle dernier. — Considéré comme engrais minéral, le plâtre (eu égard aux circonstances des temps et des lieux) a le triple avantage de donner de la vigueur à de nombreuses espèces de plantes utiles, en diminuant les effets dissolvants de l'eau, d'arrêter le développement de beaucoup de végétaux nuisibles, principalement des plantes marécageuses ; il est surtout favorable au développement des légumineuses et en particulier des luzernes. Il peut être utile, dans tous les terrains, pour fixer le carbonate d'ammoniaque des engrais, qui, sous son influence, se transforme en sulfate. — Le plâtre peut être employé cru, cuit ou encore à l'état de plâtras, et même ce dernier état est préférable, parce qu'alors le plâtre a absorbé des matières animales et des sels utiles eux-mêmes à la végétation. Dans tous les cas, il doit être écrasé le plus fin possible et passé au crible ; l'automne et le printemps sont les saisons les plus favorables à son emploi. On sème le plâtre à la volée, comme le grain, mais en quantité double ou triple ; il convient de choisir un moment où l'air soit tranquille, afin d'éviter que le vent le disperse d'une manière inégale : l'approche d'une rosée abondante ou d'une pluie fine offre une circonstance très-favorable à la première action du plâtre. — Le *plâtre cru* est un objet d'exportation pour les pays qui, comme l'Angleterre, ne possèdent pas de dépôts aussi convenables que ceux des environs de Paris à la fabrication du plâtre des mouleurs et des constructeurs. Il se vend au cent de moellons, ou aux 100 kil., ou bien au mètre cube ; en poudre, on le paye au double mètre cube. — Le *plâtre cuit* est livré en vrac ou en sac, au muid, divisé en trente-six sacs et équivalant à 9 hectolitres.   PAYEN.

PLATYRHINQUE, *platyrhincos*, Desm. (*ornith.*). — Ce genre d'oiseaux, de l'ordre des passereaux, famille des muscicapidées de Lesson, doit son nom à la forme du bec deux fois plus large que le front et très-déprimé jusqu'à la pointe ; celle-ci est recourbée et échancrée ; la base du bec est garnie de soies longues et assez abondantes ; les narines s'ouvrent vers le milieu du bec et sont, en partie, fermées par une petite membrane couverte de plumes. — L'espèce type de ce genre, le platyrhinque brun, habite le Brésil. Il est à peu près de la taille d'un rossignol, d'une couleur brun jaunâtre, à ailes et queue brunes ; sa gorge est blanchâtre. — On a décrit encore plusieurs autres espèces appartenant au même genre et qui sont également du Brésil. Tous ces oiseaux vivent d'insectes, qu'ils attrapent avec une grande facilité à cause de la forme de leur bec.

PLATYRRHININS (*mamm.*). — En étudiant comparativement les singes de l'ancien et du nouveau continent, Geoffroy Saint-Hilaire remarqua une différence importante dans la disposition du nez de ces animaux, différence assez persistante pour permettre d'appuyer sur elle une division de ces singes, en l'étayant toutefois de caractères également essentiels, mais moins facilement perceptibles. Il choisit donc l'organisation du nez pour base de sa classification et forma, à cette occasion, le mot *platyrrhinins*, pour désigner en masse tous les singes du nouveau monde. Ce mot, du reste, rappelle bien le trait d'organisation dont nous parlons, étant formé de deux mots grecs qui signifient *large membrane*. C'est, en effet, dans l'épaisseur de la membrane du nez, séparative des deux ouvertures ou narines, que réside le caractère. Tandis que, chez les singes de l'ancien continent, cette membrane, ce cartilage, pour mieux dire, est mince et permet aux narines de s'ouvrir sur le devant, celui des singes du nouveau monde, étant très-épais, fait ouvrir les deux narines sur les côtés de l'organe.

Une différence aussi singulière devait nécessairement coïncider avec d'autres dissemblances d'organisation. C'est ce qui a lieu, en effet. Ainsi les platyrrhinins ne nous présentent jamais ces callosités, parfois très-fortes, que l'on observe aux fesses des singes de l'ancien continent ou catarrhinins; ils n'ont jamais les espèces de poches buccales (abajoues) que l'on trouve souvent chez ces derniers et au moyen desquelles ils font provision de nourriture, lorsqu'ils vont en maraude et que le temps leur manque pour achever leur repas à leur aise. Leur vision est aussi quelque peu différente, étant dirigée obliquement de haut en bas, au lieu d'être horizontale, comme chez l'homme et les catarrhinins. — A ces caractères négatifs s'en joignent d'autres tirés de l'organisation de la queue, du nombre des dents, de la disposition des griffes, enfin des différences anatomiques. La queue d'abord, chez un grand nombre, nous offre une disposition des plus remarquables, qui permet à l'animal de l'employer comme une cinquième main et de l'enrouler autour des corps avec force et rapidité, ce qui constitue la *queue prenante*. Aussi les espèces munies de cette sorte de queue ne craignent pas de s'élancer du haut d'un arbre, assurées qu'elles sont de pouvoir s'arrêter dans leur chute, lorsqu'une branche sera à portée de leur queue. Si l'on réunit donc la facilité de se maintenir au moyen de leur queue à celle de serrer les corps étrangers tant avec leurs pieds qu'avec leurs mains organisés de même, on concevra la grande facilité que ces curieux animaux doivent avoir et ont, en effet, à grimper sur les arbres. Aussi habitent-ils toujours l'intérieur des forêts de l'Amérique méridionale, vivant sans cesse sur le haut des arbres et ne descendant presque jamais à terre. — Les dents de beaucoup de singes platyrrhinins sont en nombre différent de celles des animaux de la même famille originaires de l'ancien continent. Ceux-ci ont un système dentaire analogue à celui de l'homme; les platyrrhinins, au contraire, ceux au moins dont les ongles sont aplatis comme les nôtres, ont quatre molaires de plus, trente-six dents en tout. Mais, chez ceux dont les ongles prennent la forme de griffes, le nombre des molaires redevient le même que dans notre espèce (cinq de chaque côté), et le nombre total des dents descend à trente-deux. Il est vrai que, dans ce cas, la forme

des molaires change et qu'elles se hérissent de pointes aiguës, comme chez les insectivores, tandis que les tubercules de leur couronne étaient mousses dans le premier cas. — Nous ne pouvons ici, sans sortir des bornes que la nature de cet ouvrage nous impose, parler avec détail des différences anatomiques que l'on peut trouver entre les singes des deux continents; nous nous bornerons à cette observation que, chez les platyrrhinins, les gros intestins sont moins boursouflés que chez les autres, et que leur cœcum est plus long et plus grêle que celui des catarrhinins. — Au milieu du grand nombre de singes qui peuplent les forêts de l'Amérique, il était indispensable de rechercher quelques divisions qui pussent faciliter leur étude. Nous exposerons ici celles admises par Geoffroy Saint-Hilaire, divisions, du reste, adoptées par presque tous les naturalistes, parce qu'elles sont à la fois claires et naturelles. La première de ces divisions est celle en trois tribus, comprenant chacune un plus ou moins grand nombre de genres. Ces trois tribus ont reçu de Geoffroy les noms d'*hélopithèques*, *géopithèques* et *arctopithèques*. — La tribu des hélopithèques ou des *sapajous* est très-nombreuse en espèces; elle comprend tous les singes américains à queue prenante, ce qui constitue leur caractère essentiel. Ces animaux ont tous les ongles aplatis et trente-six dents, leurs molaires étant au nombre de six à chacun des côtés de leurs mâchoires. Ces caractères, on le voit, sont faciles à vérifier. Celui tiré de la queue est le seul qui paraisse difficile à distinguer sur les peaux empaillées; mais toute hésitation cesse, lorsque l'on sait que cette faculté de la queue de pouvoir s'enrouler autour des corps correspond toujours à un dénudement du côté interne de cet organe. Ceux à queue non prenante ont, au contraire, des poils tout autour, même au côté interne. — Notre première tribu des hélopithèques renferme cinq genres qui sont ceux des hurleurs ou alouates (*stentor*), des atèles (*ateles*), des ériodes (*eriodes*), des lagotriches (*lagotrix*) et des sajous ou sapajous proprement dits (*cebus*). Les premiers de ces animaux, les hurleurs, sont très-remarquables par une disposition particulière de leur os hyoïde arrivé ici à son maximum de développement. Cet os, chez les animaux dont nous parlons, prend la forme d'une sorte de boîte à parois minces, largement ouverte par derrière, en forme de demi-ellipsoïde, et ayant 2 pouces environ dans son diamètre antéro-postérieur, 1 et demi dans son diamètre transversal et 2 dans son diamètre vertical. Le tout est logé entre les deux branches de la mâchoire inférieure, qui prennent, à cet effet, un grand développement, et caché à l'extérieur par une barbe abondante dont le menton de ces animaux est garni. Grâce à cette organisation extraordinaire, les hurleurs poussent des cris effrayants, susceptibles d'être entendus à plus d'une demi-lieue à la ronde. — Les atèles et les ériodes, détachés du premier de ces genres, sont remarquables par l'absence complète ou à peu près, de pouce aux mains antérieures et par la longueur de leurs membres, qui leur a valu le nom de *singes-araignées.* — Les lagotriches nous présentent, comme les hurleurs, cinq doigts à toutes les mains, mais ils ne sont nullement doués de l'organe particulier que nous avons dit exister chez ces derniers singes. Enfin les sajous ou sapajous sont dignes d'intérêt, parce que, chez eux, la queue commence à n'être que très-imparfaitement prenante, ce qui établit un point de transition de cette tribu à celle des géopithèques.

Comme on peut le penser d'après ce que nous venons de dire en passant, les singes de la deuxième tribu, SAGOUINS ou *géopithèques,* ont la queue conformée à l'ordinaire, c'est-à-dire non prenante. De cela seul, sachant combien les mœurs des animaux sont en relation avec leur constitution physique, nous pouvons conclure, sans crainte d'erreur, que les géopithèques ont une vie différente des premiers, qu'ils ne quittent point la terre, comme, du reste, le nom de la tribu l'indique assez. Ils se cachent toujours dans les broussailles ou dans les crevasses des rochers. De plus, leurs yeux étant organisés pour la vision nocturne, ils ne sortent guère de leurs retraites qu'à l'heure du crépuscule. Les genres compris dans la tribu des géopithèques sont les suivants : callitriches (*callithrix*), nyctipithèques (*nyctipithecus*), sakis (*pithecia*) et brachyures (*brachyurus*). Tous ces singes ont des caractères communs que nous ne pouvons indiquer ici sans entrer dans de trop longs détails. Nous ferons seulement observer que leur tête est petite, arrondie et leur museau court; mais les callitriches ont la queue plus longue que le corps et de grandes oreilles, les nyctipithèques, au contraire, des oreilles ou nulles, ou très-

petites et de très-gros yeux, fort rapprochés; les sakis, des oreilles de grandeur moyenne, bordées, et une queue plus courte que le corps; enfin les brachyures, comme le nom l'indique très-bien, une queue très-courte, moindre de moitié que celle des sakis. Ces derniers singes sont encore remarquables par leur longue chevelure et leur barbe épaisse et très-développée.—Enfin la dernière tribu, celle des arctopithèques ou des OUISTITIS, comprend un assez grand nombre de petits singes, de forme élégante et d'un pelage agréablement coloré. Chez eux le nombre des dents est moindre que chez ceux des deux tribus précédentes : il n'est ici que de trente-deux; mais ce caractère, comme nous avons déjà eu l'occasion de le faire remarquer, coïncide avec une modification essentielle dans la forme des ongles qui sont comprimés et recourbés de manière à imiter de véritables griffes. Les pouces des pattes postérieures ressemblent seuls à ceux des autres singes. Leurs dents incisives nous offrent aussi un caractère facile à saisir en ce qu'elles sont procllives et obliques. Enfin leurs pouces, ceux des membres pectoraux surtout, ne présentent plus ce caractère auquel les quadrumanes ou les singes, en général, doivent leur nom. Ce doigt cesse ici d'être opposable, ce qui fait ressembler leurs extrémités plutôt à des pattes qu'à des mains. De ces caractères et de plusieurs autres encore que nous pourrions énumérer, il résulte clairement que les ouistitis sont bien placés à la fin des quadrumanes; ils forment, à certains égards, le passage de ces animaux aux rongeurs avec certains desquels ils ont des ressemblances remarquables. La plupart des naturalistes ont divisé les ouistitis en deux sous-tribus ou genres : celle des *jacchus* ou *hapales,* dont les incisives inférieures sont inégales et cylindriques, et celle des tamarins (*midas*), qui ont les mêmes dents taillées en bec de flûte. BOITARD.

PLATYSOMES (ent.), ordre des coléoptères, section des tétramères. — Cette famille présente les caractères suivants : tous les articles des tarses entiers; corps parallélipipède déprimé; tête triangulaire ou cordiforme, de la largeur du corps, rétrécie postérieurement de manière à simuler un cou; mandibules saillantes, surtout dans les mâles; labre petit; palpes courts; corselet presque carré; antennes filiformes. Ces insectes vivent dans l'écorce et même dans le bois des arbres, auxquels ils nuisent beaucoup. Le genre qui sert de type à cette famille est le genre *cucuje*, dont la langue est bifide et les articles des antennes en forme de cône renversé; les yeux sont petits et saillants; la tête dépasse un peu le corselet; les élytres sont beaucoup plus larges que lui et arrondies à leur extrémité. Ce genre, établi par Fabricius, renferme un petit nombre d'espèces; la plus grande est le cucuje déprimé, qui se trouve surtout en Allemagne. Cet insecte est long de 6 lignes; le corselet et les élytres sont rouge sanguin velouté; les antennes et les parties inférieures du corps sont noires. Le genre *parandre* appartient également à la famille des platysomes, bien qu'au premier coup d'œil les animaux qui le composent semblent avoir cinq articles à tous les tarses, mais l'avant-dernier n'est qu'une espèce de nœud sans mobilité, analogue à celui que l'on remarque à la base du dernier article du tarse dans la famille des longicornes. Les autres genres de la famille des platysomes sont les *passandres*, les *dendrophages* et les *hémipèples*.   A. G.

PLAUTE (*hist. litt.*), l'un des deux seuls poëtes comiques de Rome dont les œuvres nous soient parvenues. Il s'appelait Accius de sa famille, et avait, en naissant, reçu le nom de Marcus; c'était, dit-on, mais les preuves du fait ne sont pas fort probantes, un homme roux, au gros ventre, aux jambes lourdes, au teint brun, à la tête forte, à l'œil perçant, au visage enluminé, aux pieds énormes : cette dernière infirmité lui valut le surnom de Plautus, sous lequel nous le connaissons. Était-il libre, était-il esclave? on l'ignore; mais la dernière supposition est la plus probable. Ce que Plaute fit enfant, ce qu'il devint jeune homme, on l'ignore également; il se mêla probablement à toutes les fêtes populaires, à ces drames de carrefour des religions antiques, et dut probablement d'échapper, en faisant le métier de baladin, à cet esclavage qui lâchait si difficilement sa proie. Nous le retrouvons à Rome à dix-sept ans, non pas acteur secondaire et perdu dans les rangs d'une troupe de cabotins, mais directeur, acteur et auteur à la fois comme notre Molière, et vendant ses pièces aux édiles. La concurrence n'était guère redoutable; l'an 539 de Rome, le poëte, l'acteur et la troupe furent acceptés et la ville conviée à entendre une comédie nouvelle, imitée du grec et que l'on prétend être les *Ménechmes*. Le fait peut sembler douteux, car cette comédie indique un art de l'intrigue et une étude de mœurs qui ne sont guère le fait d'un jeune homme.—Plaute avait acquis la gloire, mais la fortune lui fit défaut. Décors et costumes avaient été fort négligés jusque-là; il entreprit de réformer ce côté de l'art, qui a bien aussi son prix; mais une pièce n'était guère jouée qu'une fois à cette époque; les dépenses étaient considérables et le gain médiocre. Plaute essaya du commerce : il ne retira de cette tentative que cette connaissance approfondie des fourberies mercantiles qu'on admire dans ses comédies. Quant à la richesse, il s'en éloigna de plus en plus au lieu de s'en rapprocher; il prit des engagements, et, n'y pouvant faire honneur, il en fut réduit à se remettre comme esclave au service de ses débiteurs. Il fut employé à tourner la meule d'un moulin. Cette misérable condition ne l'abattit pas complétement; le corps succombait sous le travail, mais l'âme conservait sa liberté. Tout en tournant sa meule, Plaute rhythmait des vers; il raillait ses infortunes et les ridicules de ses oppresseurs; il se délectait à composer *l'Insolvable*, *la Corde*, le *Satyrion*. Ces comédies sont perdues pour nous; mais la trace de cette époque de la vie de Plaute revit dans celles qui nous sont parvenues. — Le succès de ces ouvrages lui permit de payer ses dettes et de reprendre sa vie de directeur de théâtre : depuis lors, rien ne troubla plus sa gloire; ses œuvres se succédèrent rapidement et arrivèrent, dit-on, à cent vingt. Ce chiffre, qui paraît énorme au premier abord, cesse d'étonner quand on se rappelle que la plupart de ces pièces ne sont autre chose que des traductions ou des arrangements des poëtes grecs, des échos de Ménandre, Diphile, Philémon et d'une foule d'autres, appropriés aux mœurs et au goût des Romains. Au reste, beaucoup de comédies furent placées sous le nom de Plaute, déjà célèbre, qui ne sont pas de lui : Varron n'en comptait que vingt-trois d'authentiques; nous en possédons vingt et une. — Plaute mourut l'an de Rome 570.

Longtemps il fut de mode de sacrifier Plaute à Térence. Plaute, disait-on, est incorrect; sa plaisanterie est souvent grossière et indécente; il ne sait peindre que des fripons, des usuriers, des marchands d'esclaves et des courtisanes. Térence est plus fin, plus délicat, plus correct et de meilleur ton.

Ceux qui parlent ainsi disent vrai ; mais ils ne voient qu'un côté de la vérité, Térence a moins de défauts que Plaute, mais il a moins de qualités, et ses qualités sont presque toutes négatives, c'est-à-dire de celles qu'on remarque le moins à la scène. Il peint délicatement, mais il manque de force et de comique. Nulle part on n'y trouve cette verve, cette vivacité de Plaute, cette force comique qui crée des types plaisants, cette gaieté communicative qui naît tour à tour de la situation et du mot, et va flageller le vice ou le ridicule. Qu'Horace ait censuré Plaute, cela se conçoit, il appartenait à une génération nouvelle qui s'occupait déjà beaucoup plus de la bienséance que de la pensée, du poli que de la vigueur. On faisait déjà de la littérature aristocratique et grecque ; Plaute a fait de la littérature populaire et nationale. Il a emprunté ses sujets à la Grèce ; mais le détail fait ses œuvres purement romaines ; il n'y reste guère de grec que le costume ; encore ne l'est-il pas toujours et n'est-il pas rare de le voir nommer une place romaine au lieu d'une place d'Athènes. Pour plaire au peuple romain, peu artistique encore, Plaute s'est mis à sa portée, comme Molière l'avait fait pour plaire au parterre français : il a des bouffonneries et des obscénités ; mais il rachète ce sacrifice au goût de la foule par une vigoureuse peinture de caractères, par l'art de grouper les scènes, par la vie donnée à tous ses personnages. On reconnaît, dans ces pages, cette société mêlée et bouleversée par les guerres civiles et ces guerres étrangères qui apportaient à Rome tant d'éléments nouveaux. Avec Plaute on assiste à l'introduction de l'art et du plaisir dans cette vieille société romaine si gourmée, si rigide, si impitoyable à la faiblesse physique ou morale.

Lors même que Plaute aurait perdu toute valeur littéraire, il faudrait le rechercher *comme historien* : aucune histoire, aucun tableau, aucune dissertation ne nous retrace Rome comme ses comédies ; nous assistons tour à tour, avec lui, à toute la partie non officielle de la vie des Romains. Tite-Live nous montre les sénateurs au sénat, en grande tenue, pour ainsi dire ; Plaute nous les fait voir dans la vie privée, dans l'intérieur, dans leurs rapports avec les esclaves et les femmes. Regardez : voici tour à tour le vieil Avare, l'Usurier, le Liber-

tin en cheveux blancs, le Soldat fanfaron, le Marchand de jeunes filles, les Esclaves fourbes et fripons s'étourdissant, à force de dépravation, sur le joug de fer qui pèse sur eux ; il y a là des ivrognes, des parasites gourmands, des témoins, des accusateurs à vendre, des femmes à acheter, toute une vie misérable traversée par les passions basses et égoïstes. Si la matrone n'apparaît que rarement dans ce pêle-mêle, c'est parce que jusqu'aux Césars elle vécut à peu près complètement étrangère à la vie commune. La matrone est une femme de charge dont le mari ne s'occupe guère que pour savoir si elle a filé sa tâche de laine ou fait manger les enfants. On regarde avec raison comme une immoralité la présence de tant de courtisanes dans les comédies de Plaute, mais il n'avait pas le choix ; l'usage, qui ne permet guère, chez nous, de produire les femmes vénales sur la scène, interdisait à Rome d'y produire des citoyennes. Toutes ses femmes, du reste, ne sont ni méprisables, ni méprisées ; plus d'un candide visage apparaît çà et là dans cette corruption ; plus d'une jeune fille traverse pure le limon qui l'environne. Plaute, le plus souvent, s'est proposé le comique ; quelquefois pourtant il est grave et touchant. Il est peu de petits drames où il y ait plus de doux intérêt, d'attendrissante simplicité que dans le *Câble ;* Térence n'eût pas fait mieux. Dans le *Captif,* on trouve un maître dévoué et un esclave reconnaissant. Quelques scènes de larmes se rencontrent encore çà et là dans d'autres comédies et reposent l'âme, que pourrait fatiguer le spectacle de toute cette corruption, de toutes ces friponneries. Plaute n'est pas très-varié, sans doute, et nombre de ses pièces ont un air de famille ; quelques-unes cependant ont un caractère très-tranché. *Amphitryon* ne ressemble en aucune façon aux *Ménechmes,* ni les *Ménechmes* à *Epidicus* ou au *Rudens.* Presque toutes ont été imitées plusieurs fois dans toutes les langues, mais surtout en italien, en espagnol et en français. Molière a imité de Plaute l'*Amphitryon* et l'*Avare,* sans compter un grand nombre de scènes éparses çà et là dans ses comédies. Regnard et Rotrou lui ont pris leurs *Ménechmes* et leur *Retour imprévu. Casina* a fourni l'idée des *Folies amoureuses* et une partie du *Mariage de Figaro.* Corneille a pris son Matamore du *Miles gloriosus,* et Baron une partie de son *Homme à bonnes fortunes.* Andrieux a tiré son *Trésor* du *Trinummus*, etc., etc. On a critiqué la latinité de Plaute, mais des Latins, qui savaient mieux leur langue que nous, en faisaient grand cas ; Cicéron le citait comme un maître en fait de plaisanterie et d'urbanité ; saint Jérôme ne se lassait pas de le feuilleter et prenait grand plaisir à l'expliquer aux enfants. — Les éditions de Plaute sont fort nombreuses, ainsi que les traductions dans toutes les langues. Une des plus justement estimées est la traduction française de M. Naudet. **J. Fleury.**

PLAUTIA (Loi). — Plébiscite qui, chez les Romains, dépouillait le possesseur des choses acquises par lui avec violence. **C.**

PLAUTIEN (Fulvius Plautianus). naquit en Afrique de parents obscurs. Soldat, il fut exilé, à cause de son insubordination, par Pertinax, lieutenant en Afrique. Ce fut alors qu'il s'attacha à Sévère, originaire du même pays, peut-être son parent, et devint son favori. A l'avènement de ce prince à l'empire, il fut nommé préfet du prétoire et profita de cette place élevée pour satisfaire ses goûts dépravés et exciter les instincts sanguinaires de son maître. Des complots imaginaires servirent de prétexte à des proscriptions nombreuses ; les biens des proscrits augmentèrent sa fortune. Son influence, sa faveur devinrent immenses ; Rome lui éleva des statues, et les provinces imitèrent ce lâche exemple. Mais, dans un moment de refroidissement, Sévère en ayant fait abattre quelques-unes, la haine générale fit explosion et toutes les autres statues furent renversées. Ce fut pour Plautien, rentré en grâce, une nouvelle occasion de répandre le sang. Enfin ces excès eurent un terme. Caracalla, qui avait épousé sa fille et qui le détestait, l'accusa près de Sévère, son père, d'aspirer à l'empire. Appelé sur-le-champ devant l'empereur, il allait se justifier, lorsque, dans un mouvement de fureur, Caracalla se jeta sur lui pour le poignarder. Sévère arrêta son fils ; mais alors le jeune prince donna ordre à un des soldats de tuer Plautien, qui fut égorgé sans que Sévère tentât de s'y opposer (205 ap. J. C.).

PLAUTIUS (Aulus) fut gouverneur de la Grande-Bretagne pendant le règne de Claude, et, pour prix de ses victoires, qui achevèrent la conquête de cette vaste contrée, il obtint les honneurs de l'ovation ; et jamais, depuis lui, le triomphe ne fut décerné à un simple particulier. C'est en consi-

dération de ses services que Claude accorda la vie à son neveu Plautius Lateranus, l'un des amants de Messaline, et qui, privé plus tard de cette protection, eut la tête tranchée pour sa complicité dans la conjuration de Pison. **Ed. F.**

PLÉBÉIENS (familles plébéiennes) (*hist. rom.*). — Les plébéiens, en latin *plebeii*, étaient le troisième des ordres en lesquels était divisé le peuple romain, d'une manière générale : les deux autres étaient, comme on sait, les patriciens et les chevaliers, *patricii et equites*. Le mot *plebeii* vient de *plebs*, qui s'appliqua, dans les derniers temps de la république romaine, plus particulièrement aux classes tout à fait inférieures de la société, mais d'abord avait signifié, ainsi que le mot *populus*, dont on le trouve souvent synonyme, la masse des citoyens qui ne faisaient point partie du sénat ou qui ne descendaient pas des premiers sénateurs, tiges des familles patriciennes. Le mot *populus* resta une expression noble, tantôt employée pour signifier le corps entier de la nation, tantôt applicable seulement aux citoyens autres que les membres du sénat, que distinguait leur illustration ou leur fortune. La formation d'un ordre privilégié dans un état naissant semble naturelle et, pour ainsi dire, nécessaire ; c'est une sorte de remède aux abus de la force individuelle ; c'est la protection du faible assurée et maintenue par le nombre : aussi est-ce presque constamment ainsi que commencent toutes les nationalités. Les services importants que rend cette aristocratie primitive l'entourent d'un prestige qui se continue dans sa postérité et subsiste presque aussi longtemps que la nationalité qu'elle a fait naître. Toutefois l'exercice du pouvoir, dans la jeunesse d'une nation, est prompt à se changer en tyrannie ; la classe protectrice devient facilement oppressive, et celle des protégés le jouet de la première : c'est précisément ce qu'on voit à Rome dès les premiers siècles de son existence, malgré les devoirs mutuels solennellement consacrés des patriciens et des plébéiens sous la dénomination de *patronage* et de *clientèle*. On sait que tout plébéien était tenu de se choisir un *patron* parmi les patriciens et que, s'il devait à celui-ci d'user de tous ses moyens, de sa fortune même, pour l'aider dans tout ce qu'il entreprenait et faire triompher ses intérêts, et d'avoir pour lui toute la déférence d'un inférieur, le patron, à son tour, devait à son *client* de le défendre en toute occasion où ses biens ou son honneur étaient menacés; de veiller à l'établissement avantageux de ses enfants, et de le secourir dans le malheur. Comment se fitil que, dès le troisième siècle de la fondation de Rome, les deux ordres se trouvèrent en un tel état d'hostilité, que la plus grande partie des plébéiens quittèrent Rome et se retirèrent sur le mont Sacré, prêts à y fonder un nouveau gouvernement? Les historiens sont d'accord pour rejeter tout le malheur de cette circonstance sur la tyrannie des patriciens, devenue intolérable pour le peuple. On sait que cette séparation ne s'accomplit pas, grâce à de prudentes concessions des patriciens. Il sortit de cette lutte célèbre nombre d'institutions protectrices des classes plébéiennes, qui entrèrent dans la législation romaine. Nous citerons les principales, savoir : la magistrature essentiellement plébéienne des *tribuns du peuple*, parallèle à celle des consuls et comme sa rivale; la faculté reconnue aux familles plébéiennes de contracter des mariages avec des familles patriciennes et l'admission successive des plébéiens aux charges les plus élevées de l'Etat, telles que le consulat, la préture, la dictature, la censure, l'édilité curule, la questure et jusqu'au souverain pontificat. Il résulta de cette faculté obtenue par les plébéiens d'être admis aux plus importantes fonctions réservées auparavant aux seuls patriciens, la formation d'une aristocratie de second ordre qui se transmit, ainsi que la première, par descendance. Ces sages concessions, à dire vrai, rétablirent l'équilibre entre les deux ordres, et Rome ne fut jamais plus unie et plus forte que lorsqu'elles eurent reçu leur plein et entier effet; c'est peut-être à cela que les Romains durent de sortir victorieux des guerres puniques, où ils coururent tant de dangers. Les membres de l'aristocratie plébéienne prenaient le titre de *nobiles*, et jouissaient, ainsi que les patriciens, du droit de faire porter devant leur cercueil, à la cérémonie de leurs funérailles, leurs portraits et ceux de leurs ancêtres (*jus imaginum*). Les hommes du peuple qui parvenaient, les premiers de leur famille, aux fonctions curules, étaient appelés *novi*, hommes nouveaux ou parvenus. Cicéron, qui était de ce nombre, se dit lui-même *homo per se cognitus*, homme qui ne doit qu'à lui sa distinction.— Les mariages entre les plébéiens et les patriciens, autorisés par la loi *canuleia* et le droit d'*adoption*, donnèrent naissance à des familles à la fois patriciennes et plébéiennes. On pouvait sortir d'une famille patricienne pour tomber, par dégénération, dans une famille plébéienne, et monter au contraire d'une famille plébéienne dans une patricienne par le droit d'adoption; de là beaucoup de confusion dans les généalogies romaines. Les familles nobles d'origine plébéienne étaient nombreuses; nous citerons ici les principales, que nous prendrons surtout parmi celles qui portent le titre de *consulaires*, en raison de ce qu'elles comptaient parmi leurs ancêtres des consuls : c'étaient les familles Acilia, Ælia, Anicia, Antonia, Asinia, Atilia, Cæcilia, Cassia, Claudia, Curia, Decia, Domitia, Duilia, Fabricia, Flaminia, Flavia, Gabinia, Herennia, Hostilia, Junia, Licinia, Livia, Marcia, Maria, Mummia, Octavia, Oppia, Papiria, Poppia, Petronia, Plautia, Pompeia, Porcia, Rutilia, Sempronia, Sextia, Terentia, Trebonia, Tullia, Ventidia, Vatinia ; presque toutes donnèrent à la patrie plusieurs grands hommes.

La transformation d'une corporation militaire, dont l'origine remontait aux premiers temps de Rome, en ordre politique (l'ordre équestre), où la fortune donnait spécialement le droit d'être admis, put être, sous certains rapports, favorable aux plébéiens, en créant pour ceux qui ne comptaient pas d'aïeux illustres une distinction spéciale et même des priviléges, comme les droits exclusifs d'être juges des procès et d'affermer les revenus de l'Etat. Cependant il est à croire que cette institution, qui anoblissait la richesse, ne fit qu'accroître la déconsidération dont étaient généralement frappées les classes manouvrières, habitant particulièrement les villes, et y porta comme conséquence la démoralisation. Le fait est qu'à partir du moment où l'ordre équestre acquit une telle importance, que des patriciens mêmes ne dédaignèrent pas d'en faire partie, le peuple des cités ne fut plus qu'une tourbe d'hommes négligeant le travail pour ne s'occuper que de soutenir tel ou tel parti politique dont les chefs s'efforçaient de les gagner par tous les moyens possibles de corruption. — Les plébéiens des campagnes, dits *plebs rusticana*, petits propriétaires ou fermiers des patriciens et des riches, conservèrent seuls quelques droits à l'estime, car on les trouve, dans les écrivains romains, avec les épithètes honorables d'excellents, sages et dignes de louanges (*optimi*, *modestissimi*, *laudatissimi*), tandis que la population ouvrière des villes, *plebs urbana*, dont Salluste dit qu'elle vivait du malheur public (*alebat eos malum publicum*), se faisant nourrir aux dépens de l'Etat, se partageant d'énormes quantités de blé acquises à grands frais pour son seul usage, errait toute la journée sur les places publiques, escortant les chefs de parti, les hommes séditieux, à la voix desquels elle commettait les plus indignes actions. Cicéron les désigne par les expressions les plus humiliantes, telles que *concionalis hirudo ærarii*, sangsue du trésor public, *misera ac jejuna plebecula*, populace misérable et famélique, *fæx et sordes urbis*, lie et sentine de la ville. Il est fâcheux que ces mêmes expressions se trouvent à côté de celles-ci, *mercenarii*, *operæ conductæ*, gens de salaire, ouvriers, manœuvres, etc., avec une intention évidente de mépris pour le travail des mains, pour toute situation purement industrielle. — Cette condition faite à la multitude romaine par l'excès du luxe et de l'orgueil des classes élevées devait porter ses fruits; celle-ci devint la maîtresse d'une ville où le désordre était permanent. Le despotisme, couronné dans la plupart des empereurs, fut en grande partie son ouvrage; l'aristocratie se vit horriblement décimée; la réaction alla jusqu'à rendre les affranchis supérieurs aux hommes libres, et la nationalité romaine ne fut longtemps qu'un nom avant de s'éteindre sous les coups des barbares, fondateurs de nationalités nouvelles, destinées à passer par les mêmes phases. BOUTRUCHE.

PLEBISCITE (*jurispr.*). — On appela de ce nom, dans le droit romain, les décrets votés par les plébéiens seuls. Les plébiscites étaient proposés par un magistrat du peuple, un tribun par exemple, et votés dans les assemblées par tribus. Pendant les premiers siècles de la république, les patriciens, qui ne prenaient point part à ces assemblées, refusèrent de considérer les plébiscites comme obligatoires à leur égard; mais, après de longues luttes, les plébéiens triomphèrent encore sur ce point, et la loi *Hortensia*, rendue en 468 de Rome, ordonna que les plébiscites auraient la même autorité que les lois votées dans les comices. Depuis cette époque, ils se confondirent presque avec elles, et portèrent le plus souvent le même nom.

PLÉCOTE, *plecotus*, Geoff.; *macrotus*, Ch. Bonap. — Genre de mammifères de l'ordre des carnassiers chéiroptères ou chauves-souris et de la famille des vespertilions. (*Voy.* CHÉIROPTÈRES, famille des *vespertilions*, v° OREILLARD.)

PLECTOGNATHES (*poiss.*). — Les poissons composant l'ordre des plectognathes servent, pour ainsi parler, de passage des poissons osseux aux chondroptérygiens ou poissons cartilagineux. Comme chez ces derniers, le squelette des plectognathes ne prend que tardivement sa consistance définitive; mais alors, il est vrai, les caractères qu'il présente le rapprochent des poissons ordinaires. Un autre caractère qui doit faire rapprocher les plectognathes des chondroptérygiens, c'est l'imperfection de leur mâchoire. Chez eux, en effet, l'os intermaxillaire forme seul la mâchoire et est soudé avec le maxillaire de manière à être entièrement immobile. Ajoutons que l'arcade palatine n'a, elle aussi, aucune mobilité. — Au reste, pour le surplus des caractères distinctifs, ils consistent surtout dans l'absence de côtes complètes, ces os ne se trouvant ici qu'à l'état rudimentaire, et dans la privation de vraies ventrales. Le corps est entouré d'une peau épaisse qui cache entièrement les opercules et les rayons. Aussi plusieurs auteurs ont-ils nié, à tort, leur existence. L'ouverture des branchies, par suite même de cette épaisseur de la peau, est réduite à une simple fente. Le canal intestinal est volumineux, mais dépourvu des cœcums, qui très-communément, chez les poissons ordinaires, se trouvent à l'estomac. Tous ont une vessie natatoire considérable. Cet ordre contient un assez grand nombre de poissons, tous d'une physionomie particulière, que Cuvier range dans deux familles très-bien caractérisées, celles des *gymnodontes* et des *sclérodermes*. Ce qui donne aux poissons contenus dans la première de ces familles le caractère bizarre dont nous parlions, c'est principalement l'armature de leur bouche. Chez eux, en effet, l'on ne trouve rien qui ressemble aux dents ordinaires. Au lieu de cela, leurs mâchoires sont armées d'une sorte de gros bec, d'un ivoire compact, faisant saillie hors de la bouche, comme celui d'un oiseau. En outre, certains d'entre eux jouissent de la singulière faculté d'avaler de l'air et d'en remplir leur jabot, qui, étant d'une dimension considérable, les fait ressembler, lorsqu'il est gonflé, à des ballons hérissés de pointes. C'est même là pour eux un excellent moyen de défense à cause des épines qui se relèvent alors de toute part, épines dont la piqûre est, dit-on, dangereuse. — Quant au deuxième type des poissons de notre ordre, il présente aussi des particularités extérieures bizarres. Ainsi beaucoup d'entre eux ont le corps revêtu de plaques osseuses disposées comme les pavés dans nos rues et constituant une sorte de cuirasse qui ne leur permet que fort peu de mouvements. — Voici la liste des genres que comprend l'ordre des plectognathes; première famille : GYMNODONTES, genres *diodons*, *trétrodons*, *moles*; deuxième famille : SCLÉRODERMES, genres *balistes*, *monacanthes*, *alutères*, *triacanthes* et *coffres*.

PLÉIADES (*astr.*). — C'est ainsi que se nomme un agglomérage d'étoiles, dont *Alcyon*, la plus brillante, semble être, selon Mædler, le pivot autour duquel toutes les autres étoiles du firmament font leur révolution. Ce groupe est si serré qu'il est très-difficile de dire de combien il se compose. Dès les premiers temps de l'astronomie, des doutes existaient sur le nombre de ces étoiles; les uns en comptaient sept, comme Hyginus. Aratus, dans son poème astronomique, dit :

« *Septem* illa esse feruntur,
« Quamvis sint oculis hominum *sex* obvia signa. »

Ovide, plus tard, écrivait :

« *Pleiades* ante genu *septem* radiare feruntur :
« Sed tantum apparet sub opaca *septima* nube. »

et, dans le quatrième livre des *Fastes*, il ajoutait :

« Pleiades incipiunt humeros relevare paternos;
« Quæ septem dici, sex tamen esse solent. »

Riccioli prétendit compter neuf étoiles dans ce groupe, et Mæstlin, mathématicien allemand, dit en avoir aperçu quatorze à l'œil nu. Mais on a adopté généralement le nombre six, qui sont les n°s 17, 19, 20, 23, 25 et 26 du catalogue de Flamstead. Cette différence dans le nombre des étoiles fait supposer qu'une d'elles, jadis visible, a maintenant diminué de grandeur, au point d'échapper au télescope ou même entièrement disparu. Les Pléiades sont situées sur le dos du Taureau, au-dessous de Persée; mais il paraît qu'Aratus avait donné une autre position à son Taureau céleste, car, dans son *Astronomie*, les Pléiades sont fixées sur les genoux. — Il paraîtrait, si l'on en croit les commentateurs de la Bible, que ce groupe d'étoiles était connu de Job et que ce saint personnage l'a cité deux fois; voici la traduction qu'ils donnent du texte hébraïque : « *Numquid conjungere valebis micantes stellas Pleiades, aut gyrum Arcturi poteris dissipare?* » — « *Qui facit Arcturum et Orionem et Pleiades in interiora hausti* » (Job, IX, 9; XXXVIII, 31). — Les Latins les nommaient *vergiliæ*, de *ver*, le printemps, parce que ce groupe se lève vers l'équinoxe de cette saison et se couche en automne. — Les Pléiades sont connues vulgairement sous le nom de *la Poussinière*. — Si nous croyons les récits faits dans les poëmes astronomiques de l'antiquité, les Pléiades, filles d'Atlas et de Pléione, qui devait le jour à l'Océan et à Thétis, étaient au nombre de sept, nommées *Maia*, *Electre*, *Taygète*, *Astérope*, *Mérope*, *Alcyone* et *Céléno*. Aimées par les dieux ou les héros les plus célèbres, elles en eurent des enfants, en tout, dignes de leurs pères et devenus, par suite, chefs de plusieurs peuples. Elles furent métamorphosées en étoiles, parce que leur père avait voulu, dit-on, connaître le secret des dieux; d'autres auteurs croient qu'elles durent leur nom à celui qui les découvrit le premier; d'autres enfin pensent qu'on nomme ces étoiles *Pléiades*, πλειάδες, de πλεῖν, *naviguer*, parce qu'elles paraissent en mai, temps propre à la navigation.　　　　A. D. DE P.

PLÉIADES POÉTIQUES (*hist. litt.*). —C'est en Égypte, dans la ville d'Alexandrie, qu'on voit apparaître la première pléiade poétique; elle se groupe autour de Ptolémée Philadelphe, qui la protège et en forme une sorte d'académie. Le plus célèbre des membres de cette association fut Callimaque, poëte fécond du second rang, élégant, coloré, mais sans grande chaleur, imitateur habile des hymnes lyriques de la première époque, poëte de renaissance, mais moins original que Théocrite. Nous retrouvons une pléiade au moyen âge, c'est celle des sept *maintenors del gay saber*, à Toulouse, qui se réunissait le 1er de mai pour couronner les meilleurs ouvrages en vers envoyés au concours; le prix était une *violette d'or*; c'est là l'institution des jeux Floraux, à laquelle Clémence Isaure prit une si grande part d'action et d'argent. Au XVIe siècle, une autre constellation poétique se leva à l'horizon toulousain; elle se composait de sept jeunes dames amoureuses de poésie et d'art. La plus célèbre fut Johanne Perle, qui fut chargée par la poétique assemblée de complimenter François Ier, lors de son passage à Toulouse. La pléiade masculine tomba en désaccord avec la pléiade féminine; il s'agissait de savoir dans quelle proportion les dames seraient admises aux concours des jeux Floraux. Un débat solennel eut lieu; le testament de Clémence Isaure fut exhumé, et les dames l'emportèrent. — La pléiade la plus célèbre est celle des poëtes français de la renaissance. A cette époque, nos écrivains s'étaient épris d'un ardent amour pour le grec, pour les poëtes alexandrins surtout, avec lesquels ils avaient le plus de rapports. On ne jurait que par l'*Anthologie*, le pseudo-Anacréon, Théocrite, Callimaque, Apollonius de Rhodes; les savants renouvelaient les fêtes et la langue de la Grèce, qu'ils s'efforçaient, bon gré, mal gré, de faire entrer dans les mœurs et le langage français. Jodelle traduisait des tragédies grecques, Ronsard, Baïf, du Bellay, Remy Belleau, Pontius de Thyard, Daurat s'en inspiraient et gâtaient souvent, par ce mélange pédantesque, ce qu'il y avait en eux d'originalité propre et de gracieux coloris. La pléiade de la renaissance fut la première académie. Charles IX ne dédaignait pas de présider quelquefois aux séances qu'elle tenait à Saint-Victor. La pléiade ne se renouvela qu'à demi et disparut dans les guerres civiles. — Une dernière pléiade fut tentée au XVIIe siècle; les poëtes latins d'alors, sentant qu'ils ne jetaient pas assez de lumière séparés, tentèrent de se réunir en constellation; mais la difficulté fut de s'entendre sur les sept qui devaient entrer *in docto corpore* et de déterminer l'étoile capitale, la *lucidissima Pleiadum*. Voici les noms qui furent mis en avant : les pères Rapin, Commire et de la Rue; Santeuil, Ménage, du Perrier et Petit. — Toutes les pléiades poétiques ont été composées de sept noms, comme la constellation primitive qui porte le même nom

PLEIN (*accept. div.*). — Le *plein*, en physique, est l'opposé du *vide*, d'où les partisans du système de Descartes, qui soutiennent le plein absolu, ont été appelés *pleinistes*. — En termes de blason, un écu *plein* est celui qui n'a qu'un seul émail, sans aucune pièce ou meuble. — On appelle *plein*, en parlant de la mer, le moment où la *marée* atteint sa plus grande hauteur. — Dans les caractères graphiques, le *plein* est la partie la plus large

du trait; brusquement terminée dans certaines parties des lettres gothiques, par exemple, elle s'amoindrit progressivement dans d'autres, et se fond avec le *délié*.— On nomme encore *plein* une sorte de jeu de trictrac, etc.

PLEIN-VENT (*horticult.*). — On désigne sous ce nom les arbres à fruit abandonnés, ou à peu près, à leur croissance naturelle; leur place est dans les grands jardins fruitiers et même d'agrément, dans les vergers agrestes, sur le bord des chemins. — Pour obtenir des arbres en plein vent une belle végétation et une longue durée, en outre des soins qu'exige leur *plantation* (voy. ce mot), il faut faire choix de sujets vigoureux et greffés sur *francs*; la tête de l'arbre doit être portée par une tige droite et élevée, surtout pour les plantations où la grande culture doit exploiter le sol, comme dans les vergers et sur les routes; lorsqu'il en est ainsi, ces arbres, souvent très-productifs, ne causent qu'un bien léger tort aux récoltes ordinaires du champ, pourvu qu'ils ne soient pas placés à des distances trop rapprochées, et qu'on ait eu soin de proscrire les espèces dont les branches se courbent vers la terre, comme cela se rencontre surtout chez les pommiers. Les arbres en plein vent exigent à peine quelques soins dans leur direction pendant les premières années de la plantation; il suffit ensuite de labourer une ou deux fois par an la terre autour de leur pied, de détruire les branches gourmandes qui en sortent souvent ou poussent le long de la tige du sauvageon, de débarrasser l'arbre du bois mort, du gui, des lichens ou mousses parasites, d'enlever, en saison convenable, les chenilles et autres insectes qui viennent souvent les infester. Lorsque l'arbre commence à dépérir, il est souvent avantageux de le rajeunir, ce qui s'opère en rabattant l'arbre sur toutes les grosses branches, afin d'en faire pousser de nouvelles : cette opération doit se faire avec prudence et discernement, et s'accompagner de travaux de culture et d'engrais qui puissent stimuler en même temps la croissance des racines.—Les *noyers* et les *châtaigniers* sont les pleins-vents qui atteignent les plus grandes dimensions et doivent être séparés par de plus grands espaces. On rencontre aussi des *poiriers* et *pommiers* d'espèces non greffées, qui vivent des siècles et parviennent à une très-grande taille; mais les espèces greffées en bonnes variétés de fruits ne dépassent pas des dimensions moyennes, de même que les diverses espèces de *cerisiers*, et, dans le Midi, les *amandiers* et les *oliviers*. Les *pruniers* et les *abricotiers*, les *cognassiers*, etc., demeurent encore moins élevés, de même que les *péchers*, qui ne sont guère cultivés en plein vent que dans les contrées méridionales, leurs fruits étant alors moins beaux, moins bons et la durée de l'arbre bien moindre que lorsqu'il est tourmenté par la taille et planté en espalier. B. DE M.

PLÉNICORNES (*mamm.*). — La division des ruminants en inermes ou sans cornes, et en plénicornes et tubicornes, c'est-à-dire à cornes entourées d'une gaîne cornée, est tellement naturelle qu'elle a été adoptée par tous les zoologistes; seulement les uns, comme Latreille, en ont fait une famille bien distincte, les autres une simple division. Quoi qu'il en soit et quelque dénomination que l'on adopte, les ruminants à cornes pleines ou plénicornes sont caractérisés par l'absence de dents canines, ce qui les distingue des inermes ou chameaux et chevrotins, et par la présence de bois dont, comme on le sait, l'organisation diffère beaucoup d'avec celle des cornes proprement dites des autres animaux du même ordre : ajoutons que, chez eux, le sexe mâle, à une exception près, est le seul dont la tête soit ornée de bois ; les femelles, celles des rennes exceptées, n'en présentent nullement. — Les plénicornes comprennent deux sous-divisions, dont nous avons déjà fait connaître les caractères principaux : ce sont celle des cervinées, ou à cornes caduques, propres au mâle seulement, et celle des camélopardinées, ou à cornes persistantes, se retrouvant également dans les deux sexes. Chacune de ces divisions ne renferme qu'un seul genre : la première, le grand genre CERF, l'un des plus nombreux et des plus difficiles à débrouiller ; la deuxième, le genre GIRAFE (*camelopardalis*, Lin.), formé lui-même d'une seule espèce, à savoir, la *girafe ordinaire camelopardalis girafa*. (*Voy.* CORNES.)

PLÉNIPOTENTIAIRE. — Ce titre désigne, en diplomatie, un agent muni de pouvoirs qui l'autorisent à engager son gouvernement envers un gouvernement étranger. Quelque étendus que soient ces pouvoirs, et bien que le gouvernement qui les confère y insère ordinairement la promesse de ratifier les engagements pris en son nom, cette promesse n'est pas obligatoire d'une manière absolue. Cependant le refus de la ratification constituerait un mauvais procédé s'il n'était expliqué par de très-graves motifs. Il ne faut pas confondre le *plénipotentiaire* avec le *ministre plénipotentiaire*. Le premier n'a qu'une commission spéciale et temporaire. Le second est un agent résidant en permanence auprès d'un gouvernement étranger et accrédité pour défendre, en général, les intérêts de son pays, transmettre les communications de cabinet à cabinet, etc. Il occupe, dans la hiérarchie diplomatique, un rang très-élevé et qui vient immédiatement après celui d'ambassadeur. Le titre d'*envoyé extraordinaire* est joint assez habituellement à celui de *ministre plénipotentiaire*, mais il n'ajoute rien ni à la position, ni aux attributions du diplomate qui en est revêtu. DE VIEL-CASTEL.

PLESSIMÈTRE, de πλῆξις, *percussion*, et de μέτρον, *mesure*; instrument qui sert à mesurer, par la percussion, les viscères thoraciques et abdominaux. — On a proposé plusieurs objets pour remplacer le plessimètre. Les uns, comme M. Louis, emploient une plaque de caoutchouc, les autres une pièce de monnaie; le plus grand nombre se sert tout simplement du doigt medius de la main qui ne percute pas. Le plessimètre le plus fréquemment employé consiste en une plaque d'ivoire arrondie, un peu plus large qu'une pièce de 5 francs, présentant deux espèces d'oreilles qui servent à la porter dans les différents points de la partie que l'on percute. L'épaisseur de la plaque est de 1 ligne environ; quelquefois elle est entourée d'un rebord saillant creusé d'un pas de vis, qui sert à fixer le plessimètre sur le stéthoscope. Ordinairement la plaque est nue, de là une très-grande difficulté pour les élèves dont les ongles viennent frapper directement sur une plaque sonore et produire un bruit artificiel qui trouble les résultats de la percussion. Aussi M. Grisolles a-t-il cherché à obvier à cet inconvénient en faisant coller sur la partie supérieure de la plaque une lamelle de caoutchouc destinée à amortir le bruit dont je viens de parler. M. Piorry a fait ajouter à son plessimètre, et depuis quelques années seulement, une division par centimètres et millimètres destinée à mesurer sur-le-champ la dimension des organes dont on vient de faire la délimitation. Cette innovation nous paraît très-commode. Pour se servir du plessimètre, on l'applique, avec la main gauche, sur le point que l'on veut examiner ; on le tient un peu fortement appuyé contre la poitrine ou l'abdomen, et l'on frappe avec l'extrémité des doigts de la main droite. On obtient alors des sons plus ou moins variés qui servent à fixer le diagnostic. (*Voy.* l'art. PERCUSSION.)

PLESSIS-LES-TOURS (*géogr.*), château bâti, à 1 kilom. S. de Tours, par Louis XI, qui en fit une résidence royale : ce prince y fonda également une collégiale et un couvent de minimes, le premier que cet ordre ait possédé en France. C'est à Plessis-les-Tours que fut renfermé le cardinal de la Balue, et que Louis XI, sur la fin de ses jours, vint cacher les inquiétudes et les soucis dont il était dévoré. Il y mourut en 1483. Aujourd'hui, il ne reste plus que des ruines de ce château.

PLÉTHORE (*méd.*), de πληθώρα, *réplétion, plénitude.* — On donnait autrefois ce nom à la surabondance réelle ou présumée de certains liquides dans l'économie, et l'on admettait ainsi des pléthores *sanguine, lymphatique, bilieuse,* etc. La pléthore sanguine était elle-même partagée en quatre espèces principales : la pléthore vraie ou absolue (*plethora ad vasa*), la pléthore apparente ou fausse (*plethora ad volumen*), la pléthore relative à l'espace (*plethora ad spatium*), la pléthore relative aux forces (*plethora ad vires*) ; enfin on la distinguait encore en locale et en générale. Aujourd'hui les médecins n'admettent plus généralement que la pléthore sanguine, en rejetant même comme tout à fait vaines les distinctions scolastiques à l'aide desquelles les espèces précédentes avaient été établies. — La pléthore sanguine se reconnaît à la vive coloration rouge de la face, à l'injection des vaisseaux de la cornée opaque, à la teinte rosée de toute la périphérie du corps, à la dureté et à la plénitude du pouls, à un sentiment pénible de pesanteur des membres, enfin à la propension au sommeil, à l'état d'embonpoint et à la fermeté des chairs. C'est l'état habituel de beaucoup de personnes que, pour cette raison, l'on désigne communément par l'épithète de *pléthoriques*. A ce degré, la pléthore ne doit pas être considérée comme un état maladif, mais elle constitue déjà une forte disposition aux inflammations, aux congestions et aux hémorragies morbides. Plus considérable, elle devient une véritable maladie et se manifeste alors par une coloration plus foncée et une sorte de gonflement de la face, une

injection plus vive du globe oculaire, des pesanteurs et des douleurs de tête, des vertiges, des tintements d'oreille, du trouble dans la vue, de la somnolence, un sommeil lourd et souvent interrompu par des cauchemars, des bouffées de chaleur montant à la figure, des palpitations, etc. Enfin tous ces accidents peuvent s'accroître au point de donner lieu aux symptômes de la fièvre inflammatoire des auteurs.

Certains individus naissent avec une disposition extrême à la pléthore, et, sans l'influence des causes qui la produisent d'ordinaire, placés même en des conditions hygiéniques toutes contraires à son développement, sont pléthoriques toute leur vie ; tels sont les hommes à tempérament sanguin bien prononcé, dont l'état qui précède n'est que l'exagération ; aussi la pléthore se rencontre-t-elle beaucoup plus fréquemment chez les hommes que chez les femmes, dans l'adolescence et à l'âge adulte que pendant les autres époques de la vie ; l'état de grossesse y prédispose ; enfin le printemps en favorise le développement ; mais elle surviendra plus particulièrement chez tous les individus et à tout âge sous l'influence des circonstances suivantes : l'usage prolongé d'aliments excitants et trop substantiels, un régime trop exclusivement animal, des repas trop copieux, l'abus du vin, le séjour dans les endroits élevés, au milieu d'un air vif et sec, le défaut d'exercice et le séjour trop prolongé au lit, la suppression d'un exutoire ou d'une hémorragie habituelle, ou l'omission d'une saignée à laquelle le corps est accoutumé ; enfin à la suite de l'amputation d'un membre. Toutes ces causes arrivent au même résultat, soit en augmentant la quantité du sang, soit en ajoutant sans cesse de nouveaux éléments, soit en activant ou favorisant la sanguification, soit enfin en diminuant les dépenses auxquelles l'économie était accoutumée de fournir. Mais ne font-elles qu'accroître la masse du sang, sans apporter aucun changement à sa composition ? Augmentent-elles la proportion de sa fibrine et de sa matière colorante, relativement au sérum ? lui communiquent-elles seulement des propriétés plus excitantes comme le veulent certains auteurs ? Ces questions sont encore indécises. On a seulement constaté que, en général, le sang soustrait par la saignée aux sujets pléthoriques présentait un caillot lourd et se tenant au fond du vase au lieu de surnager le sérum, et d'un volume plus considérable que dans l'état ordinaire.

Les inflammations auxquelles la pléthore prédispose ou qu'elle fait naître sont ordinairement franches, faciles à apprécier sous le rapport de leur intensité réelle, parce que les symptômes qu'elles provoquent sont l'expression assez fidèle de ce degré lui-même; de plus, elles marchent en général rapidement et d'une manière régulière vers la guérison. — Faible ou forte, prédisposition ou maladie, la pléthore réclame toujours une certaine attention. Est-elle peu considérable, il suffira, pour la dissiper, de boissons délayantes prises en grande quantité, d'un régime végétal et d'un exercice régulier; l'intensité en est-elle plus marquée au point de produire un plus ou moins grand nombre des symptômes signalés, il faut, en outre, recourir à la saignée générale, préférablement aux sangsues, à moins qu'il ne s'agisse de rappeler une hémorragie spéciale ou de la suppléer. Les purgatifs répétés sont encore un moyen des plus efficaces; mais ce qui précède ne s'applique qu'à la pléthore accidentelle. Celle tenant au tempérament même des sujets ne doit jamais recourir à la saignée que dans les cas d'absolue nécessité, afin d'éviter l'habitude d'une perte de cette nature, devenant de plus en plus impérieuse, et dont l'omission pourrait avoir un jour des conséquences graves; un régime débilitant, l'exercice, les boissons aqueuses, les purgatifs fréquents et répétés seront les moyens ordinaires.

PLEURÉSIE (*méd.*). — On donne ce nom et celui de *pleurite* à l'inflammation de la plèvre (*voy.* ce mot); elle existe souvent en même temps que l'inflammation du poumon et prend alors le nom de *pleuropneumonie*. La pleurésie peut être aiguë ou chronique, exister sur les deux côtés de la poitrine à la fois ou sur un seul, ce qui la fait dire simple ou double; elle est avec ou sans épanchement de liquide dans la cavité de la plèvre. Ce dernier cas est de beaucoup le moins fréquent. Enfin elle est dite *tuberculeuse* quand elle est due à la présence de tubercules placés à la superficie du poumon, et *consécutive* quand elle survient comme maladie intercurrente pendant le cours d'une autre affection qu'elle complique. On donne encore le nom de *pleurésies latentes* à celles qui se développent sourdement et qui ne se traduisent à l'extérieur par aucun des symptômes communs aux inflammations.

Dans la pleurésie *aiguë*, le malade éprouve du frisson au début et ne tarde pas à ressentir un point de côté. Cette douleur a presque toujours pour siége la région mammaire, et donne aux malades la sensation d'un fer qui leur traverserait la poitrine en arrêtant leur respiration dès qu'ils veulent en étendre un peu le mouvement: celle-ci est fréquente, brève et accompagnée d'un sentiment d'oppression. La fièvre s'établit dès le commencement de l'affection, le pouls est habituellement rapide, dur et concentré, tandis que, dans la pneumonie, il est développé et large. La fièvre disparaît presque toujours longtemps avant la cessation des symptômes locaux. La pleurésie s'accompagne assez constamment d'une petite toux suivie de peu d'expectoration. Les crachats consistent en de petites mucosités blanchâtres, à moins que la maladie ne soit compliquée de catarrhe. Les mouvements des côtes sont moins étendus du côté malade, et, dans les cas où l'épanchement est considérable, les espaces intercostaux sont élargis et paraissent même distendus. En même temps le sujet conserve presque toujours le décubitus dorsal, dans le but de ne point reposer sur le côté malade et de ne point se coucher non plus sur le côté sain, dont les fonctions doivent, par une plus grande activité, suppléer à celles du côté malade, et qui, dans le dernier cas, se trouveraient entravées par le poids du liquide épanché. Les signes locaux tirés de la percussion et de l'auscultation, fort remarquables, appartiennent aussi bien à la forme chronique qu'à la forme aiguë. Ainsi, toutes les fois qu'il y aura un liquide épanché dans la plèvre, la *percussion* de la poitrine donnera un son mat dans tous les points occupés par l'épanchement: le siége de ce phénomène varie suivant les attitudes du malade parce que le liquide tombe toujours dans le lieu le plus déclive; aussi, quand le sujet est assis, on le trouve à la partie inférieure. Néanmoins cette mobilité du liquide n'a pas lieu quand il est incarcéré par des adhérences, ce qui rend le siége de la matité invariable. L'*auscultation* de la poitrine fait constater l'absence du bruit respiratoire dans la partie occupée par l'épanchement, si ce n'est dans les points très-rapprochés du poumon et quand ce dernier organe n'est que peu comprimé par un épanchement médiocre; encore, alors, le bruit respiratoire de ce côté de la poitrine est-il très-affaibli. L'auscultation de la voix vers le lieu où existe le liquide offre un autre phénomène auquel on a donné le nom d'*égophonie* ou *voix de chèvre*, résultant de ce que les vibrations déterminées par la parole du malade arrivant à l'oreille de l'observateur à travers un liquide qu'elles font osciller, la voix offre alors un caractère tremblotant, comparé avec justesse à la voix de mirliton ou de polichinelle. — Quant aux caractères anatomiques, le plus souvent, ainsi que nous l'avons dit, il y a un épanchement de liquide dont la quantité varie, et le plus ordinairement constitué par une sérosité citrine, d'autres fois purulent ou sanguinolent. Le poumon refoulé par lui vers le médiastin et en haut contre la colonne vertébrale est alors affaissé, diminué de volume, mais non altéré dans sa contexture, ainsi qu'on peut s'en assurer sur le cadavre quand on l'insuffle. La plèvre enflammée laisse, en outre, exsuder à sa surface une pseudo-membrane albumineuse par laquelle sont parfois réunis les deux feuillets de la plèvre de façon à souder, pour ainsi dire, le poumon à la paroi costale. Quelquefois, au lieu de ces adhérences intimes, il s'en forme de lâches à l'aide de brides celluleuses qui permettent du mouvement au poumon. En d'autres occasions, la fausse membrane sécrétée se détache à mesure de sa formation sous forme de flocons albumineux qu'on trouve dans le liquide de l'épanchement. Quant à la plèvre elle-même, elle n'éprouve aucune altération anatomique : la rougeur qu'elle laisse apercevoir appartient au tissu cellulaire sous-jacent qui paraît injecté de sang. Enfin, quand la pleurésie se guérit, à mesure que l'épanchement se résorbe, le poumon reprend de l'ampliation, mais souvent il ne revient pas à son volume primitif, et attirant à lui les parois costales par l'intermédiaire des adhérences formées, il détermine un rétrécissement plus ou moins marqué de ce côté de la poitrine. — Lorsque la pleurésie est sans épanchement, la sécrétion seule de la fausse membrane a lieu; alors on ne trouve plus de matité à la percussion, ni aucun des signes stéthoscopiques que nous avons signalés; mais on entend souvent, dans ce cas, un bruit de frottement dû au mouvement de la fausse membrane, dans les mouvements respiratoires. — La pleurésie survient, dans la grande majorité des cas, à la suite d'un refroidissement du corps; la répercussion de la transpiration cutanée surtout en est la cause la plus fréquente. Quelquefois elle se développe parce que des tubercules pulmonaires superficiels ont amené une irritation chronique de la plèvre, et alors l'épanchement se forme lentement et quelquefois d'une manière latente : c'est cette remarque qui aujourd'hui porte à considérer la plus grande partie des pleurésies chroniques comme tuberculeuses. Dans de certains cas, c'est sous l'influence du travail de l'accouchement, et surtout de ses suites, que la pleurésie prend naissance; dans ce cas, les auteurs donnent à la maladie le nom de *pleurésie puerpérale*. — Le traitement de la pleurésie est très-simple : au début, pendant la période fébrile, il convient de pratiquer une saignée, après laquelle on peut, si le cas paraît le réclamer, faire une application de sangsues sur le côté affecté, mais il faut promptement abandonner les émissions sanguines qui ne conviennent que pendant la période inflammatoire très-courte, et qui, prolongées davantage, enlèveraient au sujet une force nécessaire même à la résolution complète de la phlegmasie : c'est alors qu'on tire un grand parti des vésicatoires, appliqués successivement, s'il le faut, sur différents points du côté malade; ils agissent comme résolutifs et hâtent la résorption de l'épanchement. Il faudrait arriver d'emblée à ce moyen si l'on reconnaissait une pleurésie chronique et latente; en même temps, il convient d'employer alternativement les boissons diaphorétiques et diurétiques qui tendent à faire dépenser à l'économie, par les sueurs et les urines, une quantité de liquide à laquelle il est naturel d'espérer que l'épanchement pourra contribuer : ainsi l'infusion de bourrache ou de fleurs de mauve, le chiendent nitré seront les boissons habituelles. La chaleur et le repos au lit agiront aussi en favorisant cette diaphorèse ou transpiration insensible. Quant à l'opération de l'empyème, pour évacuer le liquide contenu dans la cavité pleurale, il est bien rare qu'elle trouve sa place en pareil cas ; ce moyen est tout à fait irrationnel quand il s'agit d'une pleurésie aiguë et lors même qu'il est question d'une pleurésie chronique, il remédie rarement au mal d'une manière satisfaisante et expose, à titre d'opération, à des dangers consécutifs graves : il est cependant des cas où la ponction du thorax doit être pratiquée; on la fait alors en se conformant aux règles tracées à l'article Empyème. DE LAMARRE.

PLEUREURS, PLEUREUSES (*hist. anc.*). — Les peuples gaulois et, selon toute apparence, les peuples germains avaient cette coutume : quand un homme était mort, les vieilles femmes de la tribu s'assemblaient autour du cadavre, poussant de grands cris et s'arrachant les cheveux. Les hommes se mêlaient ensuite à la cérémonie ; on passait la nuit près du lit mortuaire en répétant des chants bizarres et en accomplissant certains rites superstitieux.. L'enterrement se faisait de la même façon, et les mêmes cris, les mêmes démonstrations se renouvelaient sur la tombe. Cet usage subsiste encore chez les peuplades galliques de la haute Ecosse ; mais, comme il n'est point particulier à cette race, on en trouve aussi des traces en Corse, en Orient et même chez les Indiens. Le temps n'en a pas effacé dans toutes nos provinces les derniers vestiges. Telle est, du reste, selon toute apparence, l'origine des *pleureurs* et des *pleureuses*. Les vieilles femmes gauloises, les *caillachs*, comme on les nomme dans les highlands, n'étaient pas toujours aussi affligées qu'elles paraissaient l'être, lorsqu'elles chantaient le *coronach* ou chant funèbre. Il est vraisemblable qu'elles se réjouissaient parfois, au fond du cœur, de la mort du voisin ou du chef qu'elles ensevelissaient, ce qui ne les empêchait nullement de se frapper la poitrine et de s'arracher les cheveux en signe de deuil. Nos pères n'étaient pas dupes de ces simagrées ; cependant ils s'en contentaient et ne manquaient pas de régaler, après les funérailles, les gens qui avaient donné au défunt de si bruyantes marques de regret. Ceux qui savaient le mieux contrefaire la douleur ne durent pas se borner à exercer leurs talents dans le cercle étroit de leur quartier ou de leur village ; les riches familles les appelaient de très-loin aux obsèques de leurs proches, et, au besoin, ils y allaient d'eux-mêmes, attirés par l'odeur du repas, sinon par celle du cercueil. Quelque chose de semblable arriva en Judée, au témoignage de Fleury : « Ceux qui suivaient le convoi, dit-il, étaient en deuil et lamentaient à haute voix, comme il paraît à l'enterrement d'Abner. *Il y avait des femmes qui faisaient le métier de pleurer en ces occasions.* (*Mœurs des Israélites*, ch. XIX.) — Dès les premiers temps du christianisme, le clergé tenta, non pas d'abolir tous ces usages funèbres, car ils ont, au fond, quelque chose de respectable et de touchant, mais de les épurer, de les sanctifier. Il conserva la veille des morts ; il substitua aux expressions déréglées de la douleur charnelle des cantiques d'espérance : mais la barbarie est tenace ; au moyen âge il y avait encore des pleureuses et des pleureurs, reste vivant des *caillachs* gauloises et de leurs lamentables compagnons. C'était, comme à Jérusalem, un métier et quelquefois un métier héréditaire, car il y avait là des secrets de tradition. Les pleureurs passaient la nuit dans la chambre mortuaire, avec les membres de la famille qui croyaient devoir rendre au défunt ce triste et dernier devoir ; ils savaient par cœur et récitaient l'office des trépassés, mais ils mêlaient aux prières chrétiennes des exercices qui rappelaient évidemment le paganisme. De temps en temps ils poussaient de longs sanglots ; en certains lieux, dans le Forez, par exemple, ils allaient encore, au XVIIe siècle, se camper, à une certaine heure, devant la porte et entonner de vieux refrains qui, par malheur, ne sont pas arrivés jusqu'à nous. Un poëte contemporain, fort célèbre dans le pays, et dont les ouvrages, écrits en patois, sont un monument très-original et très-curieux, Chapelon, en faisant allusion à cette coutume, donne à entendre que ces refrains n'étaient pas fort édifiants. Voici la traduction de ce passage ; c'est une vieille caillette qui parle auprès du lit d'un moribond : « Enfants, dit-elle, nous jouerons cette nuit à la savate ; il nous faudra cinq ou six pots de vin. A minuit nous aurons le régal : alors nous irons tour à tour, *selon l'usage*, chanter à la porte notre chanson ; après cela nous ferons le réveillon. » La vieille femme qui tient ce langage est une *pleureuse ;* elle était, comme les gens de sa profession, à l'affût des enterrements ; elle venait offrir ses services aux héritiers, même avant que le malade eût fermé les yeux. C'était, sans doute, par crainte de la concurrence. Mais ces chants profanes, ces libations nocturnes, ces larmes feintes n'étaient qu'une partie des occupations des pleureurs. Dans les campagnes, dans les lieux où la religion luttait encore contre certains préjugés de l'idolâtrie, les pleureurs, et c'était là le fin du métier, avaient une multitude de recettes magiques pour assurer le repos des vivants et des morts ; ils savaient de quelle manière il fallait placer le corps du défunt, disposer les chandeliers ou les meubles du *logis*, ouvrir ou fermer la porte. Il est à présumer que quelques-unes de leurs chansons étaient, dans l'opinion du vulgaire, douées de la même vertu. Quoi qu'il en soit, les personnes assez éclairées pour apprécier à leur valeur ces grossières momeries ne laissaient pas d'avoir recours au ministère des pleureurs. L'orgueil, à défaut de la superstition, les soutenait; on se faisait honneur d'ajouter, aux marques d'une affliction réelle, ce deuil d'apparat, ces sanglots de commande et dont tout le monde connaissait le tarif. Dans les châteaux, on habillait de neuf et tout de noir les pleureurs et pleureuses; on les tenait probablement quittes de chansons et de pratiques superstitieuses; mais on exigeait qu'ils eussent la mine longue, les yeux rouges et qu'ils poussassent de longs soupirs à l'approche des étrangers. Comme la vanité, l'ingratitude y trouvait son compte. Quand on avait le cœur et les yeux secs, on était heureux de trouver sous sa main des gens dont la sensibilité exercée était toujours prête, et qui, n'ayant pas à pleurer pour eux-mêmes, pleuraient pour les autres par procuration. Cependant, lorsqu'on voulait être sûr d'être pleuré pour son argent, on ne s'en rapportait pas toujours aux neveux et aux collatéraux, et l'on avait soin d'allouer soi-même, par testament, des gages aux pleureurs. M. Monteil a trouvé, dans ses savantes recherches, une quittance du XIVe siècle, provenant, je crois, de la famille Polignac; il s'agit d'une somme de quelques deniers reçue par deux pleureurs qui avaient assisté aux funérailles d'un sire de Polignac. La France a payé jadis de grosses sommes aux pleureurs et pleureuses qui figuraient aux obsèques royales; cette triste parodie a petit à petit disparu de nos mœurs. On ne voit plus, aujourd'hui, aux enterrements des grands, du moins j'aime à le croire, que des douleurs sincères et des larmes désintéressées. A. C.

PLEUROBRANCHES, Cuv. (moll.). — Genre de mollusques appartenant à la classe des gastéropodes et à l'ordre des tectibranches de Cuvier. Ces animaux sont entièrement nus, c'est-à-dire sans coquille. Ils ont un large pied et un manteau très-grand; entre les deux et en arrière du côté droit sont les branchies, composées d'une double série de lamelles en forme de panache. Leur bouche est à l'extrémité d'une petite trompe au-dessus de laquelle est une sorte de voile se rattachant des deux côtés avec le pied. Leur tête porte deux tentacules tubuleux fendus antérieurement. En dedans du manteau l'on trouve quelquefois un test rudimentaire. On connaît un assez grand nombre de pleurobranches, mais il règne encore cependant une assez grande incertitude sur les caractères qui les distinguent; la cause en est surtout dans la difficulté de conserver ces animaux avec leurs couleurs.

PLEURODYNIE (méd.), de πλευρά, côte et ὀδύνη, douleur; expression servant autrefois à désigner toutes les douleurs dont la poitrine était le siége, mais qui, de nos jours, ne se dit plus que de l'irritation douloureuse et le plus souvent rhumatismale des muscles thoraciques. Elle a pour caractère essentiel une douleur locale, subite, vive, lancinante et pongitive, augmentant par la pression, les mouvements du tronc ou des bras, par les efforts de la toux ou l'ampliation de la poitrine dans l'acte respiratoire; elle alterne souvent avec d'autres douleurs rhumatismales ayant leur siége dans un point quelconque de l'économie. Ses causes sont fort diverses, mais les plus ordinaires lui sont communes avec les rhumatismes en général, les vicissitudes atmosphériques, les variations brusques de température, etc. Citons comme plus spéciales les efforts quelconques exercés par les muscles de la poitrine, comme la lutte, l'action de lever ou porter un fardeau. Les hommes y sont plus sujets que les femmes, les adultes et les vieillards plus que les jeunes gens. Sa marche peut être aiguë ou chronique, et, comme tous les rhumatismes en général, elle se borne rarement à une seule atteinte, et se renouvelle parfois sous l'influence de la cause la plus légère. — La pleurodynie diffère d'elle-même suivant les muscles du thorax qu'elle affectera plus spécialement: ainsi tantôt ce seront les inspirateurs, tantôt les expirateurs, d'où sa manifestation plus vive durant telle ou telle période de la respiration; tantôt enfin elle a un siége plus ou moins étendu ou différent suivant les parois de la poitrine. Quant à son diagnostic, il résultera de l'examen de la poitrine et des conséquences rationnelles que l'on en tirera. La pleurésie est la seule affection locale avec laquelle il soit possible de la confondre même pour les personnes étrangères à la médecine. Observons, à cet égard, que la pleurodynie simple est, en général, exempte de toux et de fièvre; que la douleur qui la constitue augmente par la pression, les mouvements des bras, du tronc et surtout du thorax, tandis que dans la pleurésie il y a toux et fièvre, souvent coloration de la face du côté correspondant à la maladie. Mais ce qui ne laisse aucun doute pour le médecin, c'est le résultat constamment négatif de l'auscultation et de la percussion dans la pleurodynie, tandis que, dans l'autre affection, l'on observera, par ces moyens d'investigation, de la matité, de l'égophonie, etc. (*Voy.* Auscultation et Percussion.) — Quant au traitement, c'est une application particulière de celui du rhumatisme en général : le sujet est-il jeune et vigoureux, large application de sangsues sur le point douloureux, et même saignées du bras ; mais, le plus souvent, il suffit de cataplasmes très-chauds, de boissons sudorifiques, telles qu'une infusion de fleurs de sureau ou de tilleul, secondés par la chaleur du lit et la diète ; que si la douleur résiste à ces premiers moyens, c'est le cas de recourir aux ventouses scarifiées, aux cataplasmes rubéfiants et aux vésicatoires volants. Lorsque la maladie présente un caractère tout à fait chronique, les bains de vapeurs, les douches de Baréges, etc., en un mot, tous les moyens rationnellement indiqués contre les rhumatismes chroniques, devront être employés et variés avec persévérance.

PLEURONECTES (*poiss.*). — La symétrie des organes, surtout chez les êtres supérieurs de la série animale, constitue l'un des caractères les plus essentiels et les plus constants que l'on puisse citer. Les pleuronectes seuls font exception à cette règle de la symétrie, et cela d'une manière très-remarquable. Chez eux, les parties constituantes de la tête éprouvent des modifications telles, que les principaux organes en sont reportés sur un seul côté ou, tout au moins, tendent à prendre cette direction. Ainsi les yeux, au lieu d'être, comme à l'ordinaire, situés l'un à droite, l'autre à gauche de ce plan qui passerait par le milieu du corps, se trouvent, tous les deux à la fois, tantôt d'un côté, tantôt de l'autre. C'est même là ce qui donne à ces animaux l'aspect bizarre qu'ils présentent. — La bouche, elle aussi, se contourne d'une manière très-prononcée et grimace, par suite, sensiblement. Une autre bizarrerie provenant, chez eux, de l'absence de symétrie dont nous parlions, c'est que les deux côtés de leur corps sont colorés d'une manière toute différente. Ainsi, tandis que le droit, par exemple, présente des teintes très-

brunes, le côté opposé est ou blanc, ou, du moins, d'une teinte claire. — Enfin, dans leur port même, nous trouvons ici une exception à la règle générale. Ces poissons, en effet, au lieu de nager, comme tous les autres, dans une position verticale, s'inclinent sensiblement d'un côté, de manière à ce que le plan qui passerait par le milieu de leur corps forme à peu près un angle de 40 ou 50 degrés avec l'horizon. On voit donc par là qu'il y a en tout défaut de symétrie, déviation des règles ordinaires. — Les pleuronectes constituaient, pour Linné et son école, pour Lacépède même, un seul grand genre parfaitement caractérisé, mais peut-être trop vaste ; aussi l'a-t-on aujourd'hui élevé au rang de famille, que l'on a ensuite subdivisée comme nous allons l'indiquer. — Cette famille se trouve naturellement placée dans la catégorie des poissons ayant les rayons de leurs nageoires mous et articulés, des malacoptérygiens en un mot, et dans l'ordre des subbrachiens, caractérisé par leurs nageoires ventrales fixées sous les pectorales, par conséquent, très-avant. Le corps des pleuronectes est très-comprimé latéralement, et tout autour, sur les bords de l'espèce de disque qu'il forme, règnent des nageoires de grande dimension. Ainsi la dorsale s'étend quelquefois de la queue jusqu'à la bouche, et l'anale, de l'anus, qui est très en avant, jusqu'à la même nageoire de la queue, mais en dessous. Il y a même presque continuation entre la ventrale et l'anale. C'est donc une sorte de bordure qui entoure tout le corps. Quant aux viscères abdominaux, ils sont renfermés dans une cavité très-petite, se prolongeant, il est vrai, quelquefois des deux côtés de la queue. Celle-ci forme, en définitive, la plus grande partie du corps. — Le canal intestinal des pleuronectes n'est que médiocrement allongé et ne fait que peu de sinuosités. Chez eux, les cœcums, dont l'estomac des poissons est souvent garni, ne se trouvent que dans un état rudimentaire. La vessie natatoire manque toujours ici, ce qui explique leurs habitudes dans les eaux où ils vivent. En effet, tous les pleuronectes affectionnent les fonds vaseux ou sablonneux sur lesquels ils posent leur corps pendant le repos. Leur natation, qui n'est pas, du reste, très-vigoureuse, s'effectue au moyen de leur queue, qui, large et aplatie, leur permet de frapper l'eau avec force et, par suite, de s'élever très-rapidement.

La chair des pleuronectes est remarquable, en général, par sa bonne qualité. Aussi sont-ils l'objet de pêches importantes. Toutes les côtes de France sont abondamment peuplées de poissons de cette famille, qui ne contient, du reste, qu'un nombre de genres assez restreint. Ces genres, tels qu'ils ont été admis par G. Cuvier, sont les suivants : les PLIES, *platessa*, Cuv., les FLÉTANS, *hippoglossus*, Cuv., les TURBOTS, *rhombus*, Cuv., les SOLES, *solea*, Cuv., les MONOCHIRES, *monochir*, Cuv., et les ACHIRES, *achirus*, Lacép.

PLEUROPTÈRES, ou **CHATS-VOLANTS**, *galeopithecus*, Pall. ; genre de mammifères de l'ordre des carnassiers chéiroptères et de la famille des pseudolémuridées ; ils se distinguent des chauves-souris parce que les doigts de leurs mains, tous garnis d'ongles tranchants, ne sont pas plus allongés que ceux des pieds ; il en résulte que la membrane qui occupe les intervalles des membres et s'étend jusqu'à la queue ne leur sert pas d'ailes, mais simplement de parachute. (*Voy.* CHÉIROPTÈRES, famille des CHATS-VOLANTS.)

PLEUROTOME (*moll.*). — Tant que l'on s'est uniquement servi, pour classer les mollusques, des caractères tirés de la coquille, on est facilement tombé dans deux exagérations également à éviter : ou, comme Linné, on a établi des genres énormes, renfermant quelquefois des animaux très-dissemblables, ou, au contraire, à l'exemple de Denis de Montfort, on a multiplié à l'infini les coupes génériques. C'est ce qui explique pourquoi notre genre a long-temps fait partie des rochers de Linné, puis des fuseaux de Bruguières. Lamark ayant, lui, une tendance à multiplier les genres, ne manqua pas de séparer les pleurotomes dont le caractère principal, très-marqué dans certaines espèces, devait nécessairement le frapper. En effet, chez ces mollusques, la coquille porte, sur le bord droit, une échancrure très-caractéristique. Le canal de la coquille dans lequel se loge le siphon amenant l'eau aux branchies est long et droit, souvent comme chez les fuseaux. Quant à l'ensemble du test, il est assez allongé, turriculé et porte souvent, habituellement même, des séries de petites éminences. La columelle est lisse et sans plis aucuns. L'opercule est corné. — Les mollusques compris dans ce genre ne sont encore que bien incomplétement connus. Ils sont tous zoophages, munis, par conséquent, d'une trompe avec laquelle ils sucent le sang des animaux dont ils se nourrissent : il est superflu d'ajouter qu'ils respirent au moyen de branchies, puisqu'ils font partie de l'ordre des pectinibranches. Ils sont, de plus, dioïques, c'est-à-dire que l'on trouve des individus mâles et d'autres femelles, au lieu d'être, comme les limaçons de nos jardins, à la fois l'un et l'autre. — Les familles du règne animal n'étant pas encore parfaitement arrêtées, tant s'en faut, le genre pleurotome est diversement placé suivant la classification adoptée par chaque auteur : ainsi Cuvier la met dans la famille des rochers, Lamarck dans les canalifères, et Blainville dans ses siphonostomes. — Les pleurotomes sont assez répandus dans presque toutes les mers du globe. Nos côtes en nourrissent plusieurs espèces, surtout celles de la Méditerranée. — On en retrouve beaucoup à l'état fossile, principalement dans les terrains tertiaires.

PLÈVRES (*anat.*), *pleuræ*. — On nomme ainsi deux membranes séreuses qui recouvrent les poumons, l'une le poumon droit, l'autre le poumon gauche. Ainsi que les autres séreuses, elles constituent un sac sans ouverture dont les deux feuillets tapissent la surface d'organes contigus. Les plèvres sont minces, transparentes, et cependant denses et résistantes ; leur surface externe est assez solidement adhérente aux parois pectorales, et davantage encore à la surface des poumons ; leur face interne est libre et contiguë avec elle-même, polie et constamment lubrifiée par un peu de sérosité sécrétée par elles pour faciliter le glissement du poumon sur les parois pectorales dans l'acte de la respiration. En se rapprochant l'une de l'autre, les deux plèvres interceptent la cavité de la poitrine en forme d'*x* et donnent ainsi lieu à deux espaces triangulaires que l'on nomme *médiastins*. Le médiastin *antérieur* loge supérieurement le thymus ; inférieurement, il est beaucoup plus large, et l'on peut considérer le cœur avec le péricarde comme y étant contenus. Le médiastin postérieur donne passage à l'artère aorte, à l'œsophage, au canal thoracique et à la partie inférieure de la trachée ; conséquemment les plèvres tapissent toutes les parties que nous venons d'énumérer et, en outre, la face supérieure du diaphragme. Les vaisseaux sanguins des plèvres sont fournis par les artères et les veines intercostales, ainsi que la mammaire interne ; ses nerfs proviennent principalement des intercostaux. L'inflammation des plèvres prend le nom de *pleurésie*. (*Voy.* ce mot.)　　　　　　　DE LAMARRE.

PLEXUS (*anat.*), de *plectere*, entrelacer. — Mot latin passé dans notre langue pour désigner un réseau plus ou moins serré de vaisseaux sanguins ou de filets nerveux; mais c'est plus particulièrement pour le dernier cas qu'il s'emploie. Les plexus nerveux appartiennent, les uns au système des nerfs encéphaliques, les autres au nerf trisplanchnique ou grand sympathique; quelques-uns, comme le plexus pharyngien, paraissent formés tout à la fois par ces deux espèces de nerfs réunis. Les plexus représentent des réseaux complexes, à mailles plus ou moins lâches, formant des anastomoses nombreuses et variées d'où émanent d'autres branches allant se rendre à des organes spéciaux ou à d'autres plexus. Les principaux plexus du corps humain sont : 1° *pour les nerfs encéphaliques*, le plexus *cervical*, situé au niveau des deuxième, troisième et quatrième vertèbres cervicales, provenant des branches antérieures des trois premières paires cervicales, et communiquant en dedans avec les ganglions cervicaux supérieur et moyen; le plexus *brachial* formé par la réunion et l'entrelacement des branches antérieures des quatre derniers nerfs cervicaux et du premier dorsal, et logé dans la partie supérieure du creux de l'aisselle, d'où il envoie des branches nombreuses; le plexus *lombaire* formé par la réunion des branches antérieures des cinq nerfs lombaires, et situé sur les parties latérales du corps des seconde, troisième et quatrième vertèbres des lombes; le plexus *sciatique* ou *sacré*, particulièrement formé par la branche antérieure du cinquième nerf lombaire et par celles des quatre premiers nerfs sacrés; il occupe la partie latérale et postérieure de l'excavation du bassin. — 2° Le nerf grand sympathique constitue, par un assemblage de ganglions et de filaments entrelacés et anastomosés une foule de fois, le *plexus solaire*, couché sur la colonne vertébrale, sur l'aorte sur les piliers du diaphragme, et caché par l'estomac; il paraît essentiellement destiné à l'aorte, à laquelle il distribue toutes ses divisions en accompagnant exactement ses branches par autant de plexus secondaires ayant reçu les noms de plexus *sous-diaphragmatiques, cœliaque, mésentérique supérieur, mésentérique inférieur, rénaux* ou *émulgents, spermatique* et *hypogastrique*.

PLICATULE (*moll.*). — Ce genre, démembré des spondyles par Lamark, ne comprend encore qu'un assez petit nombre d'espèces toutes exotiques. Comme les spondyles et beaucoup d'autres acéphales, les plicatules vivent fixées sur les corps sous-marins par leur valve inférieure. Elles diffèrent surtout des spondyles en ce qu'elles manquent du prolongement solide nommé *talon* dans le premier genre, dans lequel cette partie est souvent très-remarquable de développement. La charnière des plicatules présente deux fortes dents striées sur chaque valve. Le ligament, tout à fait intérieur, est logé dans une fossette médiane, ce qui ajoute à sa solidité. — La forme générale de ces coquilles est assez irrégulière. Les valves, presque semblables, sont sensiblement équilatérales, anguleuses au sommet, arrondies et ondulées inférieurement. — On en connaît plusieurs espèces à l'état fossile.

PLIE, *platessa* (*poiss.*). — Ce genre appartient à l'ordre des malacoptérygiens - subrachiens, c'est-à-dire à cet ordre de poissons dont les rayons des nageoires sont mous et ramifiés et dont les ventrales sont au-dessous des pectorales. Il est compris dans la famille des pleuronectes de G. Cuvier. Les espèces qui le composent faisaient autrefois partie du genre pleuronecte, réunissant alors tous les poissons plats. Les caractères distinctifs de ce genre, peut-être un peu superficiel comme beaucoup de ceux compris dans les familles vraiment naturelles, consistent dans la présence, à chaque mâchoire, d'une rangée de dents tranchantes, obtuses, et, le plus souvent aux pharyngiens, de dents en pavés; leur nageoire dorsale ne s'avance que jusqu'au-dessus de l'œil supérieur et laisse, ainsi que l'anale, un intervalle nu entre elle et la queue. La plupart de ces poissons ont les yeux du côté droit du corps. Ce côté est, du reste, celui qui regarde le ciel, celui, par conséquent, où la présence de ces organes était utile. C'est aussi le côté le plus fortement coloré, le côté inférieur présentant toujours une teinte blanchâtre qu'explique assez l'absence de la lumière. — Notre genre contient plusieurs espèces toutes bonnes à manger, quoiqu'à des degrés différents, et qui, par suite, doivent avoir plus d'intérêt pour nous que celles dont l'utilité est exclusivement scientifique. — En première ligne nous trouvons la *plie franche*, la meilleure de toutes, reconnaissable tant aux cinq ou six tubercules qui se voient, en ligne, entre les yeux, qu'aux taches aurore disséminées sur le côté droit du corps. Cette espèce, assez commune sur les fonds sablonneux de l'Océan, est abondante sur les marchés de Paris. — Nous citerons ensuite la *limande*, espèce plus petite que la plie, mais cependant fort estimée. Sa couleur est plus pâle que celle de cette dernière espèce, et ses écailles plus rudes, ce qui lui a valu son nom, qui rappelle assez la ressemblance que l'on trouve entre sa peau et une lime. Les taches que l'on remarque sur le côté droit de ce pleuronecte, au lieu d'avoir une jolie teinte aurore comme celles de la plie, sont ou brunâtres ou, plus souvent, pâles, un peu jaunâtres. — On peut encore citer le *flet* (*pleur. flessus*), dont un caractère facile à vérifier consiste dans la présence, à la base, des rayons de la nageoire du dos et de l'anale, d'un petit bouton âpre très-remarquable. Sa chair est moins estimée que celle des deux autres espèces. Elle remonte souvent dans les fleuves et pousse même très-avant.

PLINE L'ANCIEN (*Caius Plinius secundus*) naquit la neuvième année du règne de Tibère, qui répond à l'an 23 de J. C. Eusèbe, dans sa chronique, et l'auteur d'une Vie de Pline, attribuée à Suétone, le font naître à Côme ; et ce renseignement a d'autant plus d'autorité qu'on sait que la famille *Plinia* était établie à Côme et possédait de grands biens aux environs : c'est près de Côme qu'est située la maison de campagne dite encore à présent *Pliniana*, et dont la fontaine singulière a été décrite par Pline le jeune (*Epist.* IV, 30). Quelques savants ont cru qu'il était né à Vérone, parce que Pline, dans la dédicace de son *Histoire naturelle*, donne au poëte Catulle, qui était de cette ville, le titre de *conterraneus meus ;* mais cette expression *militaire* (*castrense verbum*, dit Pline), ne signifie rien autre que *mon pays* (homme *du même pays*); et, en effet, Vérone appartient à la même contrée que la ville de Côme : il n'y a donc réellement pas de contradiction entre ces deux renseignements. — Il est à présumer que son enfance et sa première jeunesse se passèrent dans sa ville natale ; cependant il a dû venir de bonne heure à Rome, où il entendit le grammairien Apion. La description qu'il donne des pierreries de Lollia Paulina, qui eut le titre d'impératrice, a fait juger que, malgré son extrême jeunesse, il fut admis à la cour de l'empe-

reur Caïus dit Caligula ; mais rien n'empêche de croire qu'il n'ait vu l'impératrice, comme les autres Romains, parée de ses joyaux, dans quelque cérémonie publique. Quelques années après (en 42), il fut témoin du combat livré par ordre de Claude à un grand cétacé qui était venu s'échouer et se laisser prendre vivant dans le port d'Ostie. — Pline se livra d'abord au barreau et suivit quelques affaires ; ensuite il servit sous Claude, à l'armée de Germanie, en qualité de commandant de la cavalerie ; et, sous Néron et Vespasien, il exerça plusieurs emplois publics, par exemple, celui de procurateur en Espagne, et celui de préfet de la flotte de Misène, ce qui suppose qu'il possédait quelques connaissances nautiques. — Mais il est surtout remarquable comme l'un des hommes les plus doctes de son temps. Son amour pour l'étude était insatiable ; à la campagne, il y consacrait tout son temps ; à Rome, il y donnait tous les instants que lui laissaient ses fonctions publiques. A table, au bain, en voyage, il était toujours occupé à lire, à entendre lire son lecteur, à prendre des notes, ou à faire des extraits de ses lectures ; car il disait souvent qu'il n'y a si mauvais livre dont on ne puisse tirer quelque profit. Aussi ses lectures furent immenses, comme les extraits qu'il en avait tirés ; il avait acquis toutes les connaissances qu'il était possible de posséder à cette époque ; il put être alors, ce qu'il ne serait plus possible d'être de nos jours, *un homme encyclopédique*, c'est-à-dire *sachant* tout ce qu'on *savait* de son temps. — Cet insatiable désir de savoir dut être un obstacle à ce que ses productions aient été aussi nombreuses qu'elles auraient pu l'être, si l'activité de son esprit n'eût pas été en partie absorbée par l'étude. Au témoignage de Pline le jeune, son neveu, les écrits qu'il avait laissés furent au nombre de cinq, indépendamment de son histoire naturelle ; ce sont 1° *De jaculatione equestri* (ou de l'art de lancer le javelot à cheval), en **i** livre ; ouvrage qui paraît avoir été composé pendant les guerres de Germanie. 2° *De vita Pomponii secundi*, **ii** livres ; ouvrage composé pour honorer la mémoire de ce général, sous les ordres duquel il avait servi, et qui lui avait donné des marques d'une vive affection. 3° *De bellis Germaniæ*, en **xx** livres. Un songe qu'il eut en Germanie, où il vit Drusus qui lui recommandait sa mémoire, lui fit entreprendre cet ouvrage, où il décrivit en détail les guerres faites en Germanie par les Romains. 4° *Studiosus*, en III livres, qu'il paraît avoir composé à Côme, pour l'éducation de son neveu, dont il s'occupait avec un zèle éclairé. C'était une sorte de *traité des études*, ou un traité complet de l'éducation physique et morale de l'orateur. 5° *Dubius sermo*, en VIII livres, livre de grammaire, qui traitait sans doute des mots d'une acception difficile et douteuse. 6° *Histoires*, en XXXVII livres. Cet ouvrage considérable était une histoire *contemporaine* qui continuait celle d'Aufidius Bassus, laquelle finissait au règne de Tibère. 7° Enfin son *Histoire naturelle*, en XXXVII livres, qui paraît avoir été son dernier ouvrage, celui où il consigna l'expérience de toute sa vie et déposa toutes les connaissances qu'il avait acquises dans ses lectures et dans ses voyages. C'est le seul qui nous soit resté, et qui nous permette de juger à la fois de son talent et de l'étendue de ses connaissances. — Le plan de cet ouvrage est immense. Pline ne s'est pas proposé seulement d'écrire ce que nous entendrions par une *histoire naturelle*, c'est-à-dire un traité des trois règnes de la nature, les animaux, les plantes et les minéraux; il embrasse, en outre, l'astronomie, la physique, la géographie, l'agriculture, la médecine et les arts; il y mêle aussi des réflexions relatives à la philosophie et à l'histoire, en sorte qu'on a eu raison d'appeler cet ouvrage l'*Encyclopédie de son temps*; mais il faut le dire, c'est une encyclopédie fort *superficielle* dans presque toutes les parties. Pline savait beaucoup, comme tous ceux qui ont la prétention de tout lire, mais il ne savait presque rien à fond; et il a souvent parlé de ce qu'évidemment il savait très-peu. Son ouvrage n'en est pas moins un des plus *précieux* que le temps nous ait conservé, parce qu'il renferme une foule innombrable de détails et de faits qui seraient perdus pour nous, si Pline ne les y avait pas réunis. — Le premier livre est entièrement consacré à donner la table de son livre et les noms des auteurs sur lesquels il s'appuie; c'est donc simplement un *index*; le second traite de la *cosmographie*, à savoir, du monde, des éléments, des astres et des météores; dans les *quatre* suivants, il présente une géographie du monde alors connu; le septième a pour objet les principales races d'hommes, et des traits caractéristiques de l'espèce humaine, des grands caractères qu'elle a pro-

duits et de ses inventions principales; les quatre suivants traitent de l'histoire des animaux, de leurs mœurs, de leurs qualités et propriétés utiles et nuisibles. La botanique occupe dix livres entiers : Pline y fait contre les plantes, leur culture, leur emploi dans l'économie domestique et les arts. Cinq livres sont ensuite consacrés à faire connaître les remèdes que l'on tire des animaux. Les cinq derniers traitent des métaux et de leur exploitation, des minéraux en général et des différentes espèces de pierres ordinaires et précieuses; à ce propos, il parle des statues et des pierres gravées, comme, à propos des couleurs, il énumère les tableaux les plus célèbres, mêlant à ce sujet une sorte d'histoire de l'art.

Tel est, en résumé, le cadre rempli par notre auteur : malheureusement il ne l'a pas été comme l'aurait pu faire ce vaste esprit, s'il avait donné plus de soin aux détails et mis plus de critique dans le choix ou la disposition de ses matériaux; le vrai et le faux s'y trouvent mêlés en quantité presque égale. Pline n'a point été un observateur attentif, ni un homme de génie comme Aristote; il n'est le plus souvent qu'un compilateur, et un compilateur prenant de toutes mains, comme tous ceux qui, n'ayant point acquis par eux-mêmes une connaissance des choses, ne peuvent apprécier exactement les témoignages qu'ils invoquent. Quand on compare ses extraits d'Aristote et de Théophraste avec les livres qui nous restent de ces auteurs, on s'aperçoit qu'il ne comprend pas toujours les auteurs qu'il cite, et même qu'il était fort loin d'y prendre ce qu'ils disaient de plus utile et de plus important; il s'attache de préférence aux choses singulières, et les plus incroyables ne sont pas celles auxquelles il croit le moins; il rapporte, sans aucun signe de doute, quelquefois avec une confiance parfaite, les contes les plus absurdes des voyageurs grecs sur les hommes sans tête, sans bouche, avec un seul pied ou de grandes oreilles. A côté des lions et des éléphants et des tigres, il met tranquillement les animaux les plus fabuleux, les mantichores à tête humaine et à queue de scorpion, les chevaux ailés, le catoblépas (de χάτω, en bas, et de βλέπω, je regarde), dont la vue donne la mort, et autres animaux impossibles. Quant à la partie médicale du livre de Pline, elle est remplie de puérilités : si on l'en croyait, il n'y aurait pas une maladie pour laquelle la nature n'eût préparé plusieurs excellents remèdes. Ces recettes imaginaires ont malheureusement exercé une fâcheuse influence sur la médecine depuis la renaissance des lettres, et il n'y a pas bien longtemps qu'elles en ont été définitivement bannies. — Ce n'est donc qu'avec la plus grande précaution qu'il faut lire l'ouvrage de Pline, en ce qui concerne l'histoire naturelle, la géographie et la médecine ; on peut même dire que, sous ce rapport, il a perdu une grande partie de son intérêt ; il ne le conserve qu'à l'égard des détails de mœurs et d'usages ; des procédés des arts , de quelques détails historiques qu'on ignorerait sans lui. La partie relative aux arts est, à tous égards, la plus curieuse. Pline en suit l'histoire ; il en décrit les productions principales, il nomme les artistes les plus célèbres ; il indique souvent l'époque où ils ont vécu, et décrit les procédés qu'ils employaient. — Etudiée avec toutes les précautions et les réserves nécessaires, l'*Histoire naturelle* de Pline nous offre une mine des plus riches, étant formée, comme il le dit lui-même, des extraits de plus de deux mille volumes, dus à des auteurs de tout genre, dont le plus grand nombre sont entièrement perdus, dont les autres ne nous sont connus que par des fragments. — Quant au style, celui de Pline a d'incontestables qualités et des défauts qu'il faut bien reconnaître ; il est précis, nerveux, souvent plein d'énergie et de vivacité. L'immense variété des objets qu'il traite l'a mis dans la nécessité de recourir à une foule de termes qui ne sont pas connus d'ailleurs, et sans la connaissance desquels la latinité serait pour nous bien incomplète. Les défauts de son style sont la prétention, l'emphase et la recherche. A force de vouloir dire les choses d'une façon originale et neuve , il tombe souvent dans l'obscurité et l'amphigouri ; il est même bon nombre de ses phrases dont on cherche en vain le vrai sens, quoiqu'on ait la certitude morale qu'elles n'ont point été altérées par les copistes. Ce qu'on peut louer sans restriction , c'est la noblesse des sentiments de Pline, son amour pour la vertu, son horreur pour la cruauté et pour les vices qu'il avait sous les yeux. Il est vrai qu'on doit avouer qu'il était sans aucune religion et ne reconnaissait d'autre Dieu que le monde, qu'il était *panthéiste*, mettait en doute l'immortalité de l'âme, ainsi que les peines et les ré-

compenses après la mort , ce qui résulte clairement de son deuxième livre ; mais on doit dire , à sa décharge, que telle était , de son temps, l'opinion de beaucoup d'esprits élevés, qui , dans l'impossibilité de croire désormais aux absurdités du paganisme, repoussaient toute religion positive et se rejetaient sur la contemplation de la nature, qu'ils considéraient comme le seul Dieu du monde. Quant à l'immortalité de l'âme, reconnue par tant de philosophes anciens, elle fut niée formellement ou mise en doute par d'autres. Cicéron la nie publiquement dans son plaidoyer pour Cuentius (c. 61); Salluste met la même doctrine dans la bouche de César , parlant en plein sénat (*Bell. Catil.*), et Sénèque élève des doutes, qu'il exprime d'une manière touchante. (*Epist.*)

On a vu plus haut que ce grand ouvrage est le dernier de ceux que Pline avait composés : en effet, d'après la dédicace à l'empereur Titus, consul pour la sixième fois, on voit qu'il dut être terminé en l'année 77 ou 78; or ce fut l'année suivante, le 9 des calendes de septembre (23 août) de l'an 79, qu'eut lieu la fameuse éruption du Vésuve, qui engloutit les villes d'*Herculanum*, de *Pompeï* et de *Strabia*, et causa la mort de Pline, alors commandant de la flotte chargée de garder seule la partie de la Méditerranée à l'ouest de l'Italie. Pline se trouvait à Misène, près de Naples, où il s'occupait à étudier ; on vint l'avertir de ce phénomène extraordinaire. A l'instant, il fit appareiller des bâtiments de la flotte, à la fois pour porter des secours et pour observer de plus près les accidents divers de cette éruption si nouvelle pour tous. Dans son désir de se rendre compte de tous les phénomènes, il s'approcha beaucoup trop du théâtre de l'éruption, et il périt suffoqué par les exhalaisons sulfureuses ou étouffé par les cendres. Ainsi périt Pline, à l'âge de 56 ans. Le récit de sa mort nous a été conservé dans une lettre admirable de Pline le jeune adressée à Tacite qui le lui avait demandé pour en enrichir son histoire (*Epist.* VI, 16) ; nous y renvoyons nos lecteurs.

L'*Histoire naturelle* de Pline est un des ouvrages latins qui ont été le plus souvent réimprimés depuis la renaissance des lettres. L'édition *princeps* est de 1469, et il n'en existe plus qu'un très - petit nombre d'exemplaires , dont un se trouve à la bibliothèque Mazarine. La plus célèbre est celle du P. Hardouin, jésuite, Paris, 1685 : elle est remarquable non-seulement par la critique du texte, établi sur la comparaison des manuscrits, mais encore par les commentaires où le P. Hardouin a déployé une immense érudition et une grande sagacité. Ces commentaires sont encore d'un grand prix, excepté en ce qui touche l'histoire naturelle; car, à cet égard, selon Cuvier, le travail de Hardouin ne vaut guère mieux que celui de Pline. Son édition, plusieurs fois reproduite, l'a été sous un format très-commode par Franz, *Lipsiæ*, 1778-1791, en 10 vol. in-8°, avec des observations nouvelles; elle l'a été aussi dans la collection de Lemaire, où elle est enrichie de très-précieuses notes de Cuvier. L'édition de Sillig, *Lipsiæ*, 1831-1836, en 5 vol. in-8°, est purement critique, mais, sous ce rapport, d'une grande utilité. Quant aux traductions françaises, on compte celle de Poinsinet de Sivry, 12 vol. in-4° (Paris, 1771-1782), et, plus récemment, celle d'Ajasson de Grandsagne, faisant partie de la collection Panckoucke; on y trouve de bonnes notes de Cuvier, de Marcus et d'autres savants; mais la traduction elle-même fourmille de contre-sens et mérite peu de confiance. Parmi les travaux dont Pline a été l'objet, on distingue 1° les *Exercitationes plinianæ in Solinum* de Saumaise, Paris, 1629, Utrecht, 1689, livre d'une érudition prodigieuse; 2° les *Disquisitiones plinianæ* (2 vol. in-fol., Parme, 1763, 1767), par le comte della Torre Rezzonico, où tout ce qui concerne la vie et les écrits de Pline est traité avec beaucoup d'érudition et de critique. LETRONNE.

PLINE LE JEUNE (*biogr.*). — Parmi toutes les biographies célèbres qui ont illustré les derniers efforts de l'éloquence et de la liberté de Rome, on ne saurait oublier celle de Pline le jeune. Son esprit, ses rares talents, ses vertus, son courage, sa violente passion pour tout ce qui tenait à la gloire des lettres ont brillé d'un éclat d'autant plus vif, dans ces époques de servitude, que jamais les Romains n'avaient été sur le point d'oublier davantage les beaux-arts, la philosophie, la liberté, leurs droits, leurs coutumes et leurs devoirs. Comme il s'était préparé, de bonne heure, aux arts et aux sciences de la liberté sans redouter les incroyables dangers que cette science, toute romaine, amenait avec elle, il ne fut pas pris à l'improviste lorsque cette résurrection du génie

de Rome, grâce à Trajan, ne trouva plus, pour la servir, que des novices ou des esprits impatients de la liberté, par la même raison qui les avait faits patients dans la servitude. Ainsi sa fidélité même aux anciennes institutions le rendit cher à un empereur qui, lui aussi, de son côté, avait appris à obéir afin de mieux savoir commander. Parce que notre Pline s'était tenu debout sur le seuil du sénat, il eut l'honneur de voir les portes de cette assemblée auguste s'ouvrir devant lui; parce qu'il avait suivi de près les grands modèles d'autrefois, il eut la joie d'être compté parmi les guides d'une société débarrassée, pour un instant, des délateurs et des bourreaux, ces gardes du corps de la tyrannie; soldat, il avait été honoré par les soldats de ces tristes armées, où la vertu passait pour suspecte; avocat, il avait osé parler librement, dans le silence de Domitien empereur; juge, il avait obéi à sa conscience sur ce tribunal qui était une embûche à l'innocent, un rempart au coupable; aussi bien, pendant que les plus honnêtes gens de son temps se contentaient de solliciter le pardon et l'indulgence, il allait tête levée, précédé et suivi de ce noble orgueil de l'honnête homme qui ne mérite que des louanges et des respects.

Ce fut sur les bords heureux du lac de Côme que vint au monde Pline le jeune. Au sortir de l'enfance, il fut envoyé à Rome pour se former à la sévère discipline des belles-lettres que venait de remettre en honneur Quintilien, cet homme qui n'a pas eu son égal au monde dans l'art d'enseigner, d'honorer et de faire aimer les belles-lettres. A cette école savante, que protégea l'empereur Vespasien, que Domitien se vit forcé de respecter, à ce point que Domitien lui-même y envoya les princes ses fils, Quintilien attirait les plus beaux esprits de ce vaste empire, qui se mourait faute de doctrines.

Parmi les amis de sa jeunesse dont Pline s'est souvenu (il n'a oublié personne), il faut placer le philosophe Artémidore. Artémidore, proscrit et chassé de Rome par cet édit de Domitien qui bannissait les philosophes témoins austères, témoins importuns de tant d'esclavage, ne trouva de refuge que dans l'amitié de Pline. En dépit de sa dignité de préteur et malgré le double danger de déplaire au tyran, Pline lui tendit une main secourable; et, comme Artémidore, tout proscrit qu'il était, ne voulait pas quitter la ville sans avoir payé ses dettes qui étaient considérables, Pline se chargea des dettes du philosophe. Certes le danger était grand d'agir ainsi ; Pline était déjà suspect à ce pouvoir timide et jaloux, le plus grand nombre de ses amis avaient été envoyés en exil ou au supplice ; Sénécion, Rusticus, Helvidius avaient porté leurs têtes au bourreau ; Mauricus, Gratillus, Arius, Fannius étaient partis pour l'exil. On trouva plus tard le nom de Pline, inscrit par la main furieuse et lâche de Domitien, sur les tablettes sanglantes de ses proscriptions ; mais il préférait la mort à la honte de se montrer ingrat. L'historien C. Fannius honorait la jeunesse de Pline d'une estime toute particulière, et souvent, quand ils étaient seuls, Fannius lisait, à son jeune ami, quelque terrible passage de son *Histoire de Néron*. Tel était le malheur des temps, que ces rares et généreux courages n'avaient guère que des tyrannies à attendre, et, pour le soulagement passager de ces tyrannies pesantes, deux ou trois bons princes qui, dans les intervalles cléments, venaient calmer ces irritations et ces misères. Trente-neuf meurtres seulement jusqu'à Tacite, dans la maison des Césars ! C'est beau cependant de voir, dans le fort de ces misères, l'école de Quintilien s'attacher, plus que jamais, aux sincères et dangereuses majestés de la parole. A peine échappés à la férule du maître, les élèves abordaient, pleins de zèle pour l'Etat et de passion pour la gloire, les nobles charges dans lesquelles l'éloquence était encore nécessaire ; ils tenaient à honneur de faire partie de cette *milice civile* qui, à défaut des libertés perdues, défendait les droits que le peuple romain avait mis en réserve, héroïques souvenirs d'un passé qui ne pouvait plus revenir. Le barreau avait remplacé la tribune politique, mais ces hardis enfants de l'éloquence retrouvent souvent, au barreau même, les hauteurs difficiles, le vieux sentier au milieu des chênes nourris par les vents et les pluies d'orage, qui naguère conduisait à cette tribune dominatrice où la tête de Cicéron avait laissé son empreinte de sang et de génie. A peine entrés dans cette carrière glissante de tous les devoirs et de tous les honneurs, le premier soin de ces intrépides athlètes, c'était, comme on disait encore, de s'appliquer à l'éloquence.

Dans les lettres de notre Pline on retrouve,

à chaque pas, les traces vivantes de ces études, de ces essais, de ces combats : *disputatio fori* ; il fut tout de suite cet homme de toutes les heures, dont la porte est ouverte depuis le premier chant du coq jusqu'à l'heure la plus avancée de la nuit. Quintilien, son maître, l'avait dit assez souvent à ses disciples : « L'avocat et le général ont le « même devoir ; vous vous levez avant le « jour pour répondre à des plaideurs, lui « pour conduire les soldats au rendez-vous « qu'il a désigné ; vous préparez votre plai- « doyer, il sait disposer sa bataille ; vous « protégez l'honneur, la fortune de vos « clients, pendant qu'il veille sur la fortune « et sur l'honneur des cités. »

On y trouve aussi l'histoire de ses premières causes, de ses premiers triomphes, de ses plus anciennes amitiés et ses travaux de chaque jour ; il y ajoutait mille travaux littéraires ; il lisait, il causait, il écrivait. Un certain sentiment, dont il ne pouvait pas se rendre compte, le poussait à étudier l'histoire et à suivre, dans leur sillon lumineux, les grands écrivains qui, les premiers, avaient débrouillé les origines italiques et l'enfance des premiers peuples latins. Son amitié pour ce grand tragédien qu'on appelle Tacite, ses liaisons avec Suétone, le Dangeau funèbre du palais des Césars, l'intérêt immense des événements et des hommes, seulement depuis Actium, le conseil de ses amis et cette admirable façon de prolonger son nom dans l'avenir, tout le portait à cette étude sévère : « Je n'ai jamais mieux senti, que ces jours passés, la force, la hauteur, la majesté, la divinité de l'histoire. » Or voilà ce qui était arrivé, en effet. Tacite lisait à quelques amis une de ces pages vengeresses qui ont été le plus cruel supplice des tyrans. Tout à coup, de ce cercle d'amis, un homme se détache et, se mettant à genoux devant l'historien, le conjure de ne pas aller plus loin ! « Tous « ceux qui n'avaient pas rougi de faire ce « qu'ils entendaient rougissaient d'enten- « dre ce qu'ils avaient fait ! » — La réflexion est de Pline. — Tacite ferma le livre, mais à quoi bon ! le crime reste et aussi l'histoire.

Mais l'histoire ! elle appartient à Suétone, à Tacite. Pline le jeune l'a compris, il laisse à Tacite ses grandes enjambées à travers la voie Appienne, la reine des routes, et ses longues méditations sur les bords de ce Tibre ensanglanté, dans les rues de cette Rome encombrée de vices et de statues, sur les ruines de ce Capitole, la tête éclatante du monde romain ; quant à lui, il veut vivre, tout entier, par l'éloquence, pour l'éloquence. Seulement, si de temps à autre on veut lui permettre de revoir, de retoucher ses plaidoiries et de les lire à ses amis, ou, pour parler comme les Parisiens de Rome, si on veut lui permettre de *mettre toutes ses imaginations en tempêtes* par un beau temps, il s'estimera le plus heureux des hommes.

Rien n'est plus charmant à suivre que ce jeune homme dans les premiers essais de son génie en fleur ; jamais un jour plus serein n'a brillé, à son aurore, d'une lumière plus doucement commencée, et, par ce qui nous reste de ses jeunes efforts, on peut juger de ce qu'étaient encore les oreilles des hommes de ce temps-là. On l'aimait pour son urbanité, pour sa politesse, pour son grand art de plaire aux plus honnêtes gens. Son opinion était l'opinion de tous ces citoyens romains de naissance : que celui qui aime mieux être honnête homme que de le paraître a rarement la fortune favorable ; ce qui veut dire : celui qui néglige la réputation de la vertu néglige bientôt la vertu elle-même.

Pline le jeune a écrit des vers. — On ne doit le juger que dans sa prose. Il a laissé plus d'un fragment de ses plaidoiries. Il faut le chercher dans ses *Lettres familières.* Dans ces récits, écrits au courant d'une plume qui se hâte lentement, il est impossible d'être tour à tour plus élégant, plus gai, plus dramatique, et ces pages, d'une prose admirable, valent, à notre avis, les plus beaux vers.

Chez ces grands Romains, plus la dignité était grande, plus les études étaient complètes ; l'éloquence et tout ce qui tient aux arts de la parole était un devoir des empereurs. « Il appartient aux Césars, disait le « maître de Marc-Aurèle à son disciple, de « soutenir, dans le sénat, les intérêts pu- « blics, de soumettre au peuple assemblé la « plupart des affaires, d'expédier sans re- « lâche des lettres par toute la terre, de « convoquer à son tribunal tous les rois du « monde, de réprimer par des édits les torts « des alliés, de louer les bonnes actions, « d'enchaîner la sédition et d'épouvanter « l'audace ; tous ces labeurs du prince, c'est « la parole qui les accomplit....., et tu ne « voudrais pas cultiver cette puissance, qui « doit te servir en des occasions si nom- « breuses et si grandes ! — Comment respec- « ter celui dont on se moque quand il parle,

« et qu'on méprise quand il a parlé ? »

Plus que personne, Pline le jeune devait obéir à cette loi, à cette habitude, à cette passion de la nation *porte-toge;* ses maîtres, sa jeunesse, ses habitudes, ses amitiés, son ambition, sa vie entière, tout est tourné du côté de l'éloquence. Pas un des hommes qui l'entourent ne s'est soustrait à cette passion du bien parler et du bien dire. L'autre jour, Pline a rendu les derniers devoirs à Virginius Rufus, deux fois consul, et, sur les cendres de ce vieillard de 83 ans, il célèbre le rare bonheur d'avoir entendu lire, avant de mourir, *plusieurs poëmes et plusieurs histoires à sa louange!* car, à les entendre, ces louanges de la poésie et de l'histoire effacent, et bien au delà, les parfums et les couronnes d'or des funérailles de Sylla, ou les vingt-deux mille tables servies au triomphe de César ! — Si notre Pline est attaché à son ami Arianus Maturius, c'est *parce que son goût a dirigé ses études;* aussi, de chevalier romain qu'il était, il le fait passer au sénat. S'il dote le fils de Rusticus Arulenus comme il a doté la fille de Quintilien, c'est, « par l'avance *de ses louanges, Arulenus m'a appris à mériter les éloges de l'avenir.* » Il est lié avec Maxime d'une grande amitié, pour l'avoir entendu parler en grec aux écoles d'Athènes : « On croyait entendre Callimaque ! Mais quel bonheur pour un homme né à Rome de parler le grec aussi bien qu'un Athénien ! »

A chacune de ces pages, remplies d'une grâce si charmante, d'une perfection si polie, d'une amitié fondée sur les meilleurs gages d'estime, de probité ou de talent, vous rencontrez la même passion, active, sincère, dévouée, généreuse pour tout ce qui est beau, pour tout ce qui est bon.

Croyez-le donc, après cela, quand, à chaque instant de sa vie, il vous dit qu'il aime la gloire avec passion, avec fureur ! La gloire, pour lui, c'est quelque chose comme qui dirait l'immortalité de l'âme, et il ne sait pas d'autre façon d'être immortel que d'être un homme glorieux. Dans toutes ses amitiés fondées sur l'amour du bien public, sur la passion pour les chefs-d'œuvre, sur la sagesse, sur la probité, sur l'honneur et toutes les vertus sérieuses qui sont comme l'admirable relief de cette époque de décadence où tout se perd, une amitié importante s'élève et se montre dans la vie de Pline, amitié entourée de tous les prestiges du génie et du courage ; nous avons nommé Tacite, l'immortel écrivain des *Annales*. Ses amitiés au dehors nous peuvent donner une juste idée de son dévouement à sa famille ; il aime ses parents autant qu'il aime ses amis, et l'on voit qu'il en est aimé : sa femme surtout est l'objet constant de ses meilleures déférences. Entre Pline et elle, nous voyons s'établir cette amitié inquiète, dévouée, complaisante, de toutes les journées, de toutes les heures, et, de même que les amants, à chaque coupe, redisent le nom de leurs amours, le nom de sa femme revient dans ses lettres les plus intimes. Ce sont de tendres sentiments, c'est une affection éclairée, c'est l'association la plus vraie et la plus sincère. Soit qu'il déplore, à la façon de Malherbe célébrant Rose Duperrier, la jeune fille de son ami Fundanus, *si digne de vivre et de vivre toujours*, soit qu'il félicite Servianus du mariage de sa fille avec Servius Salvator, soit qu'il écrive l'éloge funèbre de Numidia Quadratilla, morte à 80 ans, on voit que Pline pense à sa femme, on comprend qu'il l'aime d'une contenance contente et débonnaire.

Nous arrivons ainsi, par ce sentier des plus studieux labeurs et des plus sincères vertus, à ce moment solennel dans la vie de Pline le jeune, lorsque, après avoir passé par toutes les dignités romaines, soldat, avocat, juge, préteur, préfet du trésor, consul, gouverneur de Bithynie et de Pont, commissaire de la voie Emilienne, augure enfin, cet homme, d'un si bon et d'un si droit génie, qui avait été toute sa vie un modèle d'honnêteté dans les mœurs, d'égalité dans le caractère, se trouva, par ses titres, par son esprit, par ses vertus, par ses services passés, par son courage, au niveau de l'amitié de Trajan.—C'était l'usage romain d'écrire, même de leur vivant, les louanges des grands hommes. Artiste et magistrat, Pline devait tenir doublement à composer le panégyrique de cet empereur que lui demandait Rome tout entière. A vrai dire, l'entreprise était difficile, car il s'agissait de léguer à la postérité un digne éloge d'un tel prince ; mais aussi la récompense était grande : laisser après soi une œuvre de génie qui soit comme le portrait d'un grand homme, ouvrir son âme à l'espérance d'une félicité sans terme pour le genre humain, s'abandonner librement à son inspiration, sans jamais redouter d'aller jusqu'à l'impossible. Rome entière, la tête du monde intelligent, se portait en foule chez l'orateur pour écouter, à l'avance, quelques fragments du panégyrique sacré, et cette même ville, qui ne trouvait jamais le temps d'assister à ces lectures intimes, resta trois jours attentive aux premiers essais de son consul.

Le *Panégyrique de Trajan*, c'est le morceau le plus accompli qui soit sorti de la tête de Pline l'orateur. Dans ces pages, brillantes de tous les feux d'une auréole, Pline a déployé l'abondance et la grâce infinie de sa parole ; à chaque mouvement de ce grand travail, d'une perfection trop achevée peut-être, mais quel plus beau reproche ? on comprend que le monde entier écoute, attentif, cet orateur chargé d'une cause si glorieuse.

Les habiles ont reproché à ce panégyrique je ne sais quelle teinte uniforme ; pourtant plus d'un passage austère et énergique fait reconnaître l'ami de Tacite. Trajan accepta ce panégyrique comme il eût accepté, des villes reconnaissantes, la couronne de chêne ; dans sa sagesse, il trouva que le consul l'avait loué assez dignement pour qu'il en fît son conseil et pour qu'il restât son ami. Chargé du gouvernement de Pont et de Bithynie, ce vaste monument de trois dynasties que Nicomède avait légué aux Romains, il se montra digne d'avoir écrit le *panégyrique de Trajan* ; son grand secret, le voici en trois mots : *parler peu, écouter beaucoup, ne pas se mettre en colère*, et aussi garder avec soin l'honneur des mœurs. Alors s'établit, entre l'empereur et le proconsul, une correspondance admirable dont quelques parties nous ont été conservées. Pline écrit de bon sens, simplement, en peu de mots ; l'empereur envoie à Pline, écrites d'un style exact, vigoureux et sentant son empereur, des lettres couronnées de lauriers. — Ces temps heureux *où la bonne conscience enfle le courage des citoyens*, Pline les met à profit pour pousser les honnêtes gens : pour Vaconius Romanus il obtient une place au sénat ; il fait accorder à son médecin, Posthumius Marinus, le droit de bourgeoisie romaine ; d'Accius Surra il fait un préteur ; de Rosianus Geminus il fait son trésorier. Il obtint une province pour Cæcilius Clemens, une cohorte pour Gabius Bassus, une légion à son vieux centenier Nymphidius Lupus ; ils avaient fait ensemble leurs premières armes ; lui-même il profite de la paix universelle pour réparer, pour embellir le royaume confié à ses soins, car c'est la volonté de Trajan..... c'était l'usage de la Rome républicaine d'embellir les moindres parties de ce vaste empire, et rien ne coûtait à ces grands administrateurs afin de laisser, dans les villes reconnaissantes, des traces mémorables de leur passage. — Comme histoire de la *centralisation* impériale, ces lettres du proconsul et de l'empereur méritent toute l'attention des hommes politiques; Trajan, ce grand homme, chargé de la tutelle du genre humain, se montre, à chaque instant, le plus vaillant et le plus habile des administrateurs, et tout à fait digne de réunir, sur sa tête bénie, cette immense accumulation de toutes les dignités romaines.

Après tant de travaux et de fatigues, trente ans, le terme moyen d'une génération, Pline se rappela enfin ce mot d'un sage : *Avez-vous su prendre du repos, vous avez mieux fait que de prendre des villes et des empires!* — Il remit à l'empereur ce gouvernement que lui avait délégué sa confiance, et, libre de ce labeur qui l'enfermait comme dans un cercle, il revint à Rome, non pas pour y vivre de cette vie pompeuse, brillante, mémorable, si chère aux personnes consulaires, mais, au contraire, pour goûter en repos toute sa gloire, pour appartenir tout entier à l'étude, aux beaux-arts, au beau style, à l'éloquence, la passion de sa vie; à l'amitié des honnêtes gens, au respect de la jeune génération, car lui aussi il pouvait dire comme l'empereur Auguste : *Jeunes gens, écoutez un vieillard que les vieillards ont écouté quand il était jeune!* — S'il était las de Rome, il allait respirer, dans sa douce retraite de Côme, *cet air pur qui faisait sa joie;* mais là encore il menait la vie de Rome. L'étude, après avoir été la gloire de sa vie, était devenue l'ornement de sa vieillesse. « J'aurais un pied dans la tombe, disait-il, que je voudrais apprendre encore. »

Chemin faisant, ce sage, qui n'avait jamais voulu toucher le juste salaire de ses plaidoiries et qui avait si honorablement rempli les plus grandes charges, était devenu riche, mais de la plus charmante des fortunes. C'était l'usage à Rome, et dant tout l'empire, de laisser dans son testament quelque témoignage de reconnaissance et de respect pour les hommes qui avaient brillé dans les armes, dans les lettres, au sénat, et rien n'était plus glorieux que cette reconnaissance posthume d'un citoyen qui, du fond de sa tombe honorée, acquittait, de sa propre fortune, une part de la dette publique. *Ami honoré d'un legs, legato honoratus,* tel était le titre que prenaient ces sortes de légataires. Pline et Tacite, sous Domitien lui-même, réunirent le plus grand nombre de ces legs littéraires, accordés à ces deux grands soutiens de l'honneur des lettres romaines. « Vous avez pu remarquer, dit Pline à son ami, que, dans les testaments où nos deux noms sont inscrits, on ne laisse pas un legs à l'un de nous sans laisser à l'autre un legs semblable. Ainsi même l'abnégation de notre Pline trouva sa récompense; son oncle avait commencé sa fortune, le peuple romain la compléta; Trajan le paya en honneurs, comme un pareil homme voulait être payé. » — Pline mourut sept ans avant l'empereur, au moment où l'Evangile naissant venait d'accomplir, dans les catacombes et dans les supplices, le premier siècle de ces divins combats dont l'issue devait être de placer la croix sur l'autel renversé de Jupiter Capitolin. On sait que Pline, dans une de ses lettres, avait rendu témoignage aux vertus des chrétiens. J. JANIN.

PLINTHE (*archit.*), du grec *plinthos,* brique. — La *plinthe* a pour origine, en effet, les briques ou carreaux de terre cuite qu'on était dans l'usage, aux premiers temps de l'agriculture, de placer sous les colonnes, de bois, pour les mettre à l'abri de l'humidité du sol. — Dans les ordres d'architecture, la *plinthe* est la partie inférieure de la base; cependant on donne également ce nom au tailloir ou abaque du chapiteau toscan. — Dans le dorique grec, la colonne n'a point d'autre base qu'une simple *plinthe.* La *plinthe* est, en général, le premier support essentiel et indispensable de tout corps posé debout; elle se retrouve au pied d'un mur, d'un soubassement, d'un stylobate, d'un pilier. Une *plinthe* sert à porter une figure, un vase, un buste, un trépied; elle prend quelquefois, dans ces divers usages, le nom de socle (*voy.* ce mot). — La *plinthe* qui n'est point au niveau du sol peut être décorée de moulures, d'évidements ou caissons encadrant des ornements taillés en bas-relief, en creux, etc. — On donne encore le nom de *plinthe* au bandeau ou moulure plate qui règne sur un mur de face, en vue de marquer les planchers, réels ou supposés, de chaque étage, car souvent ces divisions ne sont que feintes, distribuées seulement selon l'harmonie conçue par l'architecte, et sans corrélation avec les divisions effectives de l'intérieur.   J. P. S.

PLIQUE (*méd.*), de πλεκειν, mêler, entortiller. On est convenu d'appeler de ce nom ou de celui de *trichoma* une affection chronique longtemps regardée comme particulière à la Pologne et caractérisée par l'agglutination et le développement anormal des poils, mais surtout des cheveux, et quelquefois par une altération des ongles devenus spongieux et noirâtres. Aucune affection n'a peut-être donné lieu à plus d'assertions différentes et même opposées; elle fut longtemps, entre autres, considérée comme le symptôme critique d'une maladie générale de nature particulière. Quelques médecins l'ont regardée comme contagieuse et spécialement due à l'action d'un virus *trichomatique* ou *coltonique;* d'autres ont été jusqu'à nier son existence réelle, ne voyant là qu'un feutrage des poils occasionné par la négligence des soins de toilette et par l'extrême malpropreté des sujets. Pour nous, la plique consistera dans une irritation du bulbe des poils, plus ou moins partagée par le derme suivant l'ancienneté ou l'intensité de la maladie, toujours accompagnée de l'exhalation plus abondante du liquide huileux que sécrète naturellement la peau, quelquefois du gonflement des poils eux-mêmes avec augmentation du liquide qui les remplit dans l'état normal. On ignore quelle influence les climats exercent sur sa production; toutefois elle est plus commune en Pologne que dans les autres contrées du Nord et principalement dans les endroits humides et marécageux. On cite au nombre de ses causes les plus efficaces l'habitude de se raser la tête, la malpropreté, la chaleur extrême concentrée sur le cuir chevelu et les bonnets gras dont les paysans polonais se couvrent continuellement la tête, l'impression du froid et la suppression brusque de la transpiration locale. — La plique se déclare souvent à la suite d'une fièvre aiguë, précédée de lassitudes, de douleurs comme rhumatismales dans les membres et la tête, quelquefois de vertiges, de somnolence invincible, de tintements d'oreilles, de douleurs dans les orbites, d'ophthalmies et de rhume de cerveau, fréquemment à la suite de sueurs visqueuses; d'autres fois son invasion est brusque et sans aucun prodrome. Comme toutes les maladies, celle qui nous occupe est susceptible de plusieurs degrés : dans le plus faible, les poils seront simplement entrelacés d'une manière inextricable, en masse ou en mèches séparées, sans que leurs bulbes semblent en rien participer à ce changement; mais, plus l'affection est intense, plus ces organes et la peau elle-même

acquièrent de sensibilité. Dans tous les cas, les poils atteints deviennent gras, s'agglutinent et s'altèrent; à un degré plus avancé, ils semblent gonflés par une matière gluante, rougeâtre ou brunâtre que quelques observateurs ont vue sanguinolente, et qui, produite à l'extrémité du bulbe, monte graduellement jusqu'à la partie la plus élevée des poils : ces derniers sont alors tellement sensibles, que le plus léger mouvement qu'ils éprouvent détermine aussitôt une vive douleur à la racine. De toute la surface de chaque poil transsude une humeur visqueuse d'une odeur désagréable, quelquefois fade, mais d'autres fois analogue à celle d'ail ou de souris. Lorsque cette exsudation manque, ce qui ne se voit que très-rarement, l'affection prend le nom de *plique sèche.*

Quant au diagnostic, les symptômes précurseurs de la maladie, l'altération des ongles qui l'accompagne très-fréquemment ainsi que les symptômes énumérés ne permettront jamais de la confondre avec le simple feutrage des poils. La plupart des individus pliqués ont, en outre, beaucoup de poux. Lorsque la plique est légère, sans maladie du bulbe, sans suintement actuel, siégeant à une certaine distance de la peau et séparée d'elle par un certain espace sain, il faut, sans hésiter, en débarrasser immédiatement les malades par la section; mais, lorsqu'elle est intense, accompagnée de suintement considérable, de gonflement des bulbes et des poils eux-mêmes, il y aurait certainement imprudence à la faire cesser d'une manière aussi brusque, la disparition trop prompte d'une irritation aussi considérable pouvant être suivie de l'inflammation funeste d'un organe important, du cerveau, par exemple: alors les auteurs conseillent les boissons sudorifiques, les préparations antimoniales, l'extrait d'aconit et une foule d'autres médicaments dont l'utilité nous semble pour le moins douteuse. Les bains de vapeurs paraissent très-avantageux, au contraire, et l'on seconde ordinairement leur effet par des topiques assez fortement excitants. On a recours à une excitation plus violente encore du derme dans les cas où l'invasion de la maladie locale s'accompagne d'accidents graves, et lorsque son développement se montre difficile. Il faut également y avoir recours lorsque des symptômes alarmants succèdent à sa disparition. Lorsque enfin on se décide à couper les poils pliqués, il faut attendre que leur accroissement ait à peu près cessé de faire des progrès, et que le suintement qui les agglutine ait considérablement diminué : alors même la section ne doit s'opérer qu'en plusieurs jours ; il est toujours prudent de la faire précéder de l'application d'un exutoire à la peau. Les soins de propreté sont ensuite les meilleurs moyens de s'opposer au retour du mal. **L. DE LA C.**

PLOERMEL (*géogr.*), ville de France et chef-lieu d'arrondissement, dans le département du Morbihan ; elle est située, près du confluent de *l'Ouste* et du *Duc*, à 42 kilom. N. E. de Vannes, son chef-lieu de préfecture, et sur la route de cette ville à Rennes. Ploërmel est le siège d'un tribunal de première instance et possède un collége communal et une Société d'agriculture : son commerce consiste en bestiaux, laines, chanvre et lin, toiles et lainages. Population, 5,000 habitants environ. — L'arrondissement de Ploërmel comprend huit cantons, qui sont ceux de *Guers, Josselin, Malestroit, Mauron, Rohan, Saint-Jean-Brévelay, la Trinité* et *Ploërmel*, divisés en soixante et une communes et renfermant une population d'à peu près 89,200 habitants. — Entre Ploërmel et Josselin s'élève un obélisque en marbre blanc destiné à perpétuer le souvenir du *combat des trente*. Cette ville avait autrefois un gouverneur particulier et un député aux états de la province.

PLOIÈRE (*entom.*), ordre des *hyménoptères*, section des *hétéroptères*, famille des *géocorises*, tribu des *nudicolles*. Ce genre a été établi par Scopoli aux dépens des cimex de Linné et des gerris de Fabricius, et depuis adopté par Latreille ; il offre les caractères suivants : corps linéaire ; tête allongée, petite, portée sur un cou distinct, et offrant un sillon transversal qui la fait paraître bilobée ; yeux placés sur le lobe antérieur ; antennes coudées après le premier article, longues, grêles, presque cétacées et composées de quatre articles, les deux premiers très-longs, le troisième moins, et le dernier encore plus court et en massue ; corselet allongé, rétréci antérieurement et un peu aplati en dessus, et comme composé de deux lobes ; élytres plus longues que l'abdomen, qui est convexe en dessous et formé de six segments ; pattes antérieures ravisseuses, courtes et fortes ; hanches et cuisses allongées, et ces dernières garnies de poils roides en dedans ; tarses courts et s'appliquant sur les cuisses pour retenir la proie. Ce *genre renferme un petit nombre d'espèces ;* celle qui lui sert de type est la **PLOIÈRE VAGABONDE**, *cimex vagabundus*, qui est longue de 2 à 3 lignes, jaunâtre, avec les pattes et les antennes annelées de brun, et les ailes tachetées de la même couleur ; les pattes antérieures sont très-courtes et servent à saisir la proie plutôt qu'à la progression ; elles sont suppléées par les antennes, qui sont très-développées ; le bord inférieur des cuisses de devant est garni de poils. Cet insecte se trouve dans les endroits malpropres des habitations.

PLOMB. — Ce métal paraît avoir été connu de toute antiquité. Les alchimistes, qui se sont beaucoup occupés de son étude, le désignaient sous le nom de *saturne*. Il est d'un blanc bleuâtre, éclatant quand la section est récente, mou, et se laisse entamer facilement par l'ongle. — Il tache le papier en gris ; son odeur est particulière et désagréable. Il est très-malléable et très-ductile, mais il manque de ténacité : un fil de plomb de 2 millimètres de section se brise sous un poids de 9 kilogrammes. La densité du plomb est de 11,35 ; l'écrouissage, loin de l'augmenter, semble la diminuer légèrement. Le plomb est un des métaux les plus fusibles. On fixe généralement à 334° la température à laquelle il se liquéfie ; une chaleur blanche le volatilise d'une manière sensible. Pur, il cristallise, par un refroidissement lent, en pyramides à quatre faces ou en octaèdres réguliers. Abandonné à lui-même dans les circonstances atmosphériques ordinaires, il se recouvre bientôt d'une couche noirâtre de sous-oxyde qui le préserve, pour ainsi dire, indéfiniment d'une altération subséquente. Les plombs des toitures de Notre-Dame de Paris, les plombs de Versailles sont ainsi recouverts d'une espèce de vernis de sous-oxyde à peine pondérable, et l'on reconnaît facilement que l'oxydation n'a pas pénétré dans la masse du métal. — Lorsque, au lieu d'abandonner le plomb au contact de l'eau commune qui contient toujours quelques sels en dissolution, on verse de l'eau distillée sur ce métal divisé, il se recouvre, au bout de peu de temps, d'une poussière blanche dont la quantité ne cesse d'augmenter que lorsque le plomb a complétement disparu. Cette poudre n'est autre chose qu'un mélange ou une combinaison d'hydrate et de carbonate de plomb. Il est bien remarquable de voir une trace infiniment petite d'un sel préserver le plomb de l'oxydation qu'il éprouve, lorsqu'il est soumis à la double influence de l'air et de l'eau pure. — L'acide sulfurique n'attaque le plomb que lorsqu'il est déjà très-concentré : aussi évapore-t-on toujours ce corps dans des chaudières en plomb jusqu'au moment où il marque 58 à 60° à l'aréomètre. Au delà de ce terme, le métal se transforme en sulfate. — L'acide azotique est le meilleur dissolvant du plomb; il dégage des vapeurs nitreuses lorsqu'on le met en contact avec ce métal et produit de l'azotate de plomb. L'acide acétique, sous l'influence de l'air et d'une température comprise entre 30 et 100°, transforme le plomb en carbonate ou *céruse*. Cette opération se fait sur une échelle considérable, surtout à Lille, en abandonnant des lames de plomb minces à la vapeur d'une petite quantité de vinaigre (1 à 2 0/0 du poids du plomb), au milieu du fumier dont la fermentation développe, en même temps que de la chaleur, une proportion considérable d'acide carbonique. Au bout d'un mois ou six semaines, l'expérience est terminée; presque tout le métal est transformé en céruse. L'oxygène de l'oxyde de plomb est pris à l'air et l'acide carbonique au fumier. La céruse contient, en outre, une certaine quantité d'eau.

Le plomb se combine en trois proportions avec l'oxygène. — *Sous-oxyde.* Il est formé d'un équivalent d'oxygène et de deux équivalents de plomb. Il a été découvert par M. Dulong. On l'obtient en chauffant à 300° l'oxalate de plomb, jusqu'à ce qu'il ne se dégage plus de gaz. Cet oxyde ne saurait être confondu avec un mélange atomique de plomb et de protoxyde de plomb; car il ne s'amalgame pas, quand on le chauffe, avec le mercure à l'abri de l'air et ne cède rien à une dissolution aqueuse de sucre. — *Protoxyde.* Il est formé d'un équivalent de plomb = 1294.5 et d'un équivalent d'oxygène = 100,0. On le nomme *massicot* lorsqu'il a été obtenu par la *voie sèche* sans avoir été fondu, et *litharge* quand il a subi la fusion. Ce composé a une couleur qui varie du jaune citron très-pâle au jaune rouge ou brun. Il cristallise en lames minces qu'on désigne quelquefois, selon leur couleur, sous le nom de *litharge d'argent* ou de *litharge d'or*. Il est, de plus, très-légèrement soluble dans l'eau, réductible à une température peu élevée par le charbon et par l'hydrogène. Comme l'équivalent du plomb est très-lourd et que, au contraire, celui de l'hydrogène est fort léger, il en résulte que l'oxyde de plomb est ramené à l'état métallique par une proportion relativement très-petite d'hydrogène : ainsi 1,394,5 p. de cet oxyde sont ramenés à l'état métallique par 12,5 p. d'hydrogène et donnent 1,294,5 p. de plomb. — L'oxyde de plomb se combine avec facilité à tous les acides; il absorbe même peu à peu l'acide carbonique de l'air. Aussi les litharges sont-elles souvent mêlées de carbonate de plomb. On doit le considérer comme une base énergique qui, par ses propriétés chimiques, se rapproche beaucoup des terres alcalines. On peut le préparer en chauffant le plomb à l'air ou en soumettant à la calcination le carbonate ou l'azotate; si la température est assez élevée, l'oxyde entre en fusion et cristallise par le refroidissement. — Il se combine par voie sèche et par voie humide avec les alcalis et les terres, et forme des sels que l'on peut appeler des *plombites;* les plombites de potasse et de soude sont solubles et cristallisables; le plombite de chaux peut aussi cristalliser; on l'obtient en faisant bouillir de l'oxyde de plomb avec un lait de chaux; on s'est servi, pendant un certain temps, de cette préparation pour teindre les cheveux en noir; le plomb de plombite de chaux réagit sur le soufre contenu dans les cheveux et forme du sulfure de plomb, qui est noir. Le protoxyde de plomb anhydre peut être obtenu dans des circonstances très-différentes. Chauffé au contact de l'air, il absorbe l'oxygène et se transforme en plombate de protoxyde de plomb, qui est le *minium.* D'après les observations récentes de M. Leblanc, la litharge fondue à l'air donne une certaine quantité d'oxygène qui peut aller à 50 cent. cub. par kilogramme. Cet oxygène se dégage quand la litharge se refroidit : l'oxyde de plomb partage cette propriété curieuse avec l'argent, qui peut aussi dissoudre de l'oxygène quand on le fond au contact de l'air. M. Payen a obtenu l'oxyde cristallisé en octaèdres en traitant l'acétate de plomb par un excès d'ammoniaque et abandonnant la liqueur à elle-même pendant plusieurs jours.

D'après M. Mitscherlich, les cristaux d'oxyde de plomb obtenus par cette méthode n'appartiennent pas au système régulier, mais dérivent d'un octaèdre à base rhombe.

On peut obtenir l'oxyde de plomb en poudre cristallisée d'un beau rose en saturant d'oxyde de plomb une dissolution chaude de soude caustique marquant 45° à l'aréomètre. L'oxyde de plomb se dépose, au bout de quelque temps, en petits cristaux cubiques roses. Il forme avec l'eau un hydrate blanc qu'on obtient en précipitant un sel de plomb par la potasse ou la soude.

Bioxyde de plomb. — Il est aussi connu sous les noms d'*oxyde puce* et d'*acide plombique*. C'est à Proust qu'on en doit la découverte ; il l'obtint en traitant par l'acide azotique le minium, véritable plombate de plomb $= pbo, pbo^2$. L'oxyde de plomb se dissout dans l'acide azotique et donne un azotate que l'eau dissout, tandis qu'elle laisse une poudre insoluble, qui n'est autre chose que l'acide plombique même. — L'acide plombique doit être considéré comme un oxydant énergique ; il agit vivement sur le soufre, le charbon et sur l'acide sulfureux, qu'il absorbe en produisant du sulfate de plomb. — Il décompose un *grand nombre de matières* organiques, en leur cédant une partie de son oxygène ; il transforme, par exemple, l'acide urique en *urée* et en *allantoïne*, etc. — M. Fremy a obtenu, dans ces derniers temps, des plombates en cristaux réguliers, d'une composition parfaitement définie, et il a montré que le bioxyde de plomb devait être considéré comme un acide métallique, analogue aux acides chromique, manganique, stannique, etc. Les plombates alcalins sont surtout remarquables par la beauté et la netteté de leurs formes cristallines.

Minium. — Le minium, comme nous l'avons déjà dit, appartient à la série des plombates ; c'est, à proprement parler, du plombate de protoxyde de plomb, pbo^2, pbo. Mais il paraît qu'il existe plusieurs autres composés d'oxyde de plomb et d'acide plombique, qu'on confond souvent avec le minium, dont ils présentent plus ou moins la couleur rouge. — Pour le préparer, on calcine le plomb dans un four à réverbère, jusqu'à ce qu'il soit entièrement transformé en oxyde jaune ; on évite soigneusement de faire entrer l'oxyde en fusion. — Le produit de cette opération est broyé entre deux meules et soumis à l'action d'un courant d'eau qui entraîne l'oxyde de plomb dans des caisses, où il se dépose par le repos : c'est ainsi que se prépare l'oxyde de plomb qui porte le nom de *massicot*. Comme il importe d'obte-

nir un massicot aussi divisé que possible, et que la pureté de cet oxyde varie dans le cours de l'opération, on est dans l'habitude de fractionner les produits, et l'on prépare, en général, cinq variétés de massicot, qui donnent cinq espèces de minium. — Le massicot est introduit dans les caisses en tôle, qui contiennent environ 25 kilogr. d'oxyde, et soumis, dans un four à réverbère, à une température qui ne doit pas dépasser 300 degrés : une chaleur plus élevée décomposerait le minium. — Un seul feu ne suffit pas pour transformer le massicot en minium ; on le soumet à un deuxième et quelquefois à un troisième feu. — La pureté de ces oxydes est variable : ainsi le minium, qui se produit en premier lieu, contient tous les oxydes dont les métaux sont plus oxydables que le plomb ; il contient moins d'argent que le plomb employé. — Les miniums intermédiaires contiennent peu de métaux étrangers, mais plus d'argent que les premiers ; le cuivre et l'argent reparaissent en quantités notables dans les derniers miniums : aussi doit-on donner la préférence, dans la fabrication du cristal, aux miniums intermédiaires. — On prépare aussi un minium très-estimé et qui porte le nom de *mine orange*, en calcinant à l'air le carbonate de plomb dont l'oxyde se change rapidement en minium. — Le minium est employé comme couleur ; il sert surtout à la fabrication du cristal : dans cette dernière application, on lui donne la préférence sur la litharge, parce qu'il ne contient ni oxyde de cuivre, qui colore toujours le cristal en vert, ni plomb métallique, qui, en réagissant sur les traces de carbonate de potasse toujours contenues dans le cristal, produirait des bulles d'oxyde de carbone qui, en restant dans la masse vitreuse, rendraient l'affinage du cristal presque impossible.

Le sulfure de plomb, appelé ordinairement *galène*, est le minerai de plomb le plus commun. La galène est d'un gris bleuâtre métallique très-éclatant ; elle est fragile. Les formes cristallines dérivent du cube. Sa densité est de 7,585 ; elle est moins fusible que le plomb : on ne peut la maintenir en fusion dans des creusets, parce qu'elle les traverse. — Le grillage la transforme en un mélange d'oxyde de plomb et de sulfate, avec dégagement d'acide sulfureux. — L'acide azotique l'attaque et la change en sulfate de plomb. — Plusieurs métaux, tels que le fer, le cuivre, le zinc et l'étain, s'emparent, à chaud, du soufre de la galène, et ramènent le plomb à l'état de liberté. — Le sulfate de plomb chauffé avec la galène produit de l'acide sulfureux et du plomb, selon l'équation suivante : $pbs + pboso3 = 2so^2 + 2pb.$ — La galène est presque toujours argentifère, et l'on observe, en général, qu'elle contient d'autant plus d'argent que son grain est plus fin. Les galènes à larges facettes ne contiennent presque jamais que des traces d'argent. — La galène est le seul minerai de plomb que l'on exploite : on l'emploie aussi pour vernir les poteries, sous le nom d'*alquifoux*. Pour essayer les quantités de plomb et d'argent contenues dans une galène, on en mêle 25 grammes avec 25 grammes de flux noir et 3 grammes de limaille de fer. Le mélange bien intime de ces trois substances est exposé, pendant environ une heure, à une température d'un rouge vif, dans un creuset de terre recouvert de son couvercle et luté. Après le refroidissement, on trouve au fond du creuset un culot de plomb argentifère, que l'on pèse. — Ce culot est ensuite passé à la coupelle ; il laisse un bouton d'argent qui indique la proportion de ce métal.

Caractères des sels de plomb. — Les seuls sels de plomb connus ont pour base le protoxyde ; ils sont incolores, d'une saveur sucrée d'abord, puis astringente et métallique : ce sont de violents poisons qu'on a proposé de combattre avec l'acide sulfurique très-étendu ou les sulfates alcalins. L'absorption lente de ces sels par la peau et par les organes respiratoires produit, chez les ouvriers qui fabriquent la céruse, chez les peintres, la *colique des plombiers*. — Les alcalis forment, dans les sels de plomb, un précipité blanc soluble dans un excès de réactif. Les carbonates solubles y produisent aussi un précipité blanc, mais qui est insoluble dans un excès même considérable de carbonate. L'hydrogène sulfuré et les sulfhydrates d'ammoniaque et de soude noircissent les dissolutions de plomb et en précipitent tout le métal à l'état de sulfure insoluble. Le cyanoferrure de potassium y produit un précipité blanc. — L'acide sulfurique et les sulfates solubles forment, dans les dissolutions des sels de plomb, un précipité blanc caractérisé par une grande insolubilité dans l'eau, par la propriété de noircir avec l'hydrogène sulfuré et de se dissoudre soit dans l'acide chlorhydrique, soit dans le tartrate d'ammoniaque. — C'est ordinairement à l'état de sul-

fate de plomb qu'on dose le plomb dans les analyses. Pour retirer le plomb de ses combinaisons salines, on chauffe celles-ci sur un charbon, avec du carbonate de potasse, dans la partie réductive de la flamme du chalumeau. On obtient un petit globule de plomb, qu'on reconnaît facilement à sa mollesse, à sa ductilité et à sa facile fusion. — On peut aussi le précipiter de ses sels, et particulièrement de l'acétate, en belles lames cristallines, brillantes, connues sous le nom d'*arbre de Saturne*. A cet effet, on introduit dans un vase à large ouverture une dissolution très-étendue d'acétate de plomb, dans laquelle on plonge un fil de laiton suspendu à une lame de zinc. Du jour au lendemain, le fil est entouré de cristaux volumineux de plomb, réunis de manière à simuler une espèce de végétation métallique.

Parmi les sels de plomb, il en est un assez grand nombre qui méritent de l'intérêt. — Le *chlorure* (Pb cl) peut être obtenu en versant de l'acide chlorhydrique dans une dissolution d'un sel de plomb. Il se dépose par le refroidissement des liqueurs sous forme de petites lamelles blanches, brillantes, fusibles facilement et volatiles à une température élevée. — Ce composé jouit de la propriété de former, avec l'oxyde de plomb même, des combinaisons jaunes, cristallisables, employées en peinture sous le nom de *jaune de Turner*, *jaune de Vérone*, etc. Ces oxychlorures peuvent être obtenus directement ; on les prépare aussi quelquefois en traitant le protoxyde de plomb par le sel marin, lavant le précipité et le soumettant à la fusion.

L'*iodure de plomb* est un beau sel, cristallisé en paillettes d'un jaune d'or. On le prépare en versant de l'iodure de potassium dans une dissolution chaude d'un sel de plomb. Il se dépose presque entièrement par le refroidissement. — Le *nitrate* est un sel anhydre, en cristaux octaédriques, peu solubles dans l'eau froide, beaucoup plus solubles dans l'eau bouillante. La chaleur le décompose, en dégage de l'oxygène et de l'acide hypoazotique, tandis qu'il reste dans le vase opératoire du protoxyde de plomb pur (litharge). — Il existe plusieurs azotates de plomb basiques, dont le mieux connu est formé de deux équivalents d'oxyde et d'un équivalent d'acide. — Ce corps jouit de la propriété remarquable de dissoudre, à la faveur de l'eau, des quantités très-considérables de plomb. L'acide azotique est partiellement désoxygéné dans cette circonstance, et il se forme des sels dont les acides sont· l'acide azoteux et l'acide hypoazotique. — Le *sulfate* de plomb est préparé par double échange en versant dans un sulfate soluble, par exemple, le sulfate d'alumine, de l'acétate de plomb. Ce sel est produit en grande quantité dans les fabriques de toiles peintes, lors de la préparation de l'acétate d'alumine. — On peut en retirer le plomb en le faisant chauffer avec du fer ou avec du zinc. Le sulfate de plomb jouit de la propriété de résister aux plus hautes températures sans se décomposer. — Le *phosphate* et l'*arséniate* de plomb présentent peu d'intérêt. — Le *chromate* de plomb est fréquemment employé en peinture. C'est un précipité d'un jaune très-riche et très-pur qu'on obtient en versant du chromate de potasse dans une dissolution d'acétate ou d'azotate de plomb. On se sert quelquefois de ce sel dans les analyses des matières organiques. — Il existe plusieurs *acétates* de plomb parmi lesquels il faut distinguer l'acétate neutre, sel ou sucre de Saturne et l'acétate tribasique, dont la dissolution, souvent employée dans le pansement des plaies, est connue sous le nom d'*eau de Goulard*, d'*extrait de Saturne*.

Les principaux alliages dont le plomb fait partie sont 1° la soudure des plombiers (plomb et étain); 2° l'alliage fusible de d'Arcet (plomb, étain et bismuth).

Extraction du plomb. — Le plomb se retire presque toujours de la galène argentifère; cette galène est ordinairement exploitée tout à la fois comme minerai de plomb et d'argent. Dans un petit nombre de localités seulement, on traite des galènes qui ne contiennent pas d'argent : ce sont celles qui fournissent le plomb le plus pur et le plus doux. — Le procédé d'extraction est fort simple; il est fondé soit sur l'action du fer sur le sulfure de plomb ($p\,b\,s + f\,e = p\,b + f\,e\,s$), soit sur la réduction réciproque du sulfure et du sulfate de plomb, réduction qui donne naissance à du plomb et à de l'acide sulfureux, comme l'indique l'équation suivante :

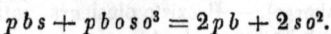

$$p\,b\,s + p\,b\,o\,s\,o^3 = 2\,p\,b + 2\,s\,o^2.$$

Après avoir purifié la galène par des lavages, on la chauffe au rouge dans un fourneau à réverbère. Le soufre brûle, ainsi qu'une partie du plomb; mais, comme on ne fait pas

entrer assez d'air pour oxyder la totalité du plomb, une partie de ce métal se dépose au fond de la masse à demi fondue. On continue à chauffer pour brûler la plus grande partie du soufre, et on augmente graduellement la chaleur pour faire entrer la masse entière en fusion, et pour que le plomb, ramené à l'état métallique, puisse gagner le fond et s'y rassembler. On enlève les scories fondues en jetant à leur surface de la chaux vive, qui les solidifie et permet de les enlever. Il ne reste plus qu'à recueillir ce plomb. — Les scories qui proviennent du grillage de la galène, contenant beaucoup de sulfate de plomb, on les fond une seconde fois avec de la chaux, qui forme du sulfate de chaux et isole l'oxyde de plomb. Celui-ci est alors réduit par les sulfures métalliques qui se trouvent dans les scories, de sorte qu'on obtient une nouvelle quantité de plomb. — La réaction précédente est indiquée par l'équation suivante :

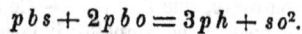

$$p\,b\,s + 2\,p\,b\,o = 3\,p\,h + s\,o^2.$$

On retire quelquefois le plomb des litharges qui proviennent de la coupellation du plomb argentifère; on met, à cet effet, dans un fourneau à foyer incliné, des couches alternatives de litharge et de poussier de charbon. Il se produit de l'acide carbonique qui se dégage, tandis que le plomb, ramené à l'état de liberté, s'écoule par une gouttière pratiquée au centre du fourneau. **PELOUSE**.

PLOMB (*méd.*). — Le plomb, à l'état de métal, n'est pas vénéneux; mais il le devient au plus haut degré par sa transformation en oxydes ou en sels : il serait, par conséquent, dangereux d'employer des vases de plomb pour les préparations culinaires, les acides contenus dans la plupart des aliments pouvant promptement donner lieu à sa formation de sels métalliques. L'eau qui a séjourné pendant longtemps dans des tuyaux de plomb, celle même qui ne fait que les traverser peut en recevoir une certaine propriété toxique; mais c'est surtout à l'état de poudre ou de vapeurs, connues généralement sous le nom d'*émanations saturnines*, que le plomb exerce une funeste influence, quoique l'on n'en trouve nulle parcelle dans l'économie. Enfin, introduites directement dans les voies digestives, les préparations saturnines produisent un empoisonnement plus ou moins grave, et certaines observations semblent établir que, même à dose médicamenteuse, elles donnent lieu parfois à des accidents analogues à ceux provenant le plus généralement des émanations, et notamment à la *colique saturnine* (*voy.* COLIQUE). Observons qu'il existe une différence bien tranchée entre les effets toxiques du plomb, sous forme d'émanations saturnines, par suite de son emploi dans les arts ou les besoins domestiques, d'une part, et, de l'autre, ceux résultant immédiatement de l'introduction à haute dose de ses préparations dans les voies digestives. Dans ce dernier cas, c'est un empoisonnement aigu dont tous les symptômes sont ceux des poisons violents; dans le second, au contraire, c'est un empoisonnement plus ou moins lent, en quelque sorte chronique, avec des effets tout à fait spéciaux. Cette dernière forme ayant été traitée en partie à l'article COLIQUE, nous n'avons pas à nous en occuper ici dans tous ses détails; disons, toutefois, que, encore bien que l'empoisonnement chronique saturnin se traduise le plus souvent par la colique, la présence du plomb dans l'économie peut, de plus, donner lieu alors à d'autres accidents graves, qui tantôt existent concurremment avec la colique elle-même, la précèdent ou la suivent, tantôt se manifestent d'une manière isolée. Citons principalement des douleurs vives dans les membres, sans tensions ni gonflement continus, mais s'exacerbant par accès comme la colique de plomb elle-même, diminuant comme elle par la pression et s'augmentant par les mouvements : ces douleurs ont reçu le nom d'*arthralgie saturnine*. La même intoxication peut encore entraîner l'abolition du mouvement volontaire, le plus ordinairement dans les muscles situés suivant le sens de l'extension des membres; ou bien encore l'abolition du sentiment : c'est l'*anesthésie saturnine*. Elle peut enfin se traduire par plusieurs accidents nerveux graves, tels que le délire, le coma, des convulsions avec ou sans la perte d'un ou de plusieurs sens : c'est l'*encéphalopathie saturnine*. On a combattu cet état d'empoisonnement chronique par un grand nombre de moyens, et surtout par les antiphlogistiques et l'alun; mais, ici comme dans la colique de plomb, le meilleur traitement consiste dans la méthode purgative modifiée suivant la nature des accidents. Il est utile d'employer, en outre, contre la névralgie saturnine, les bains de vapeur et les bains sulfureux; ces mêmes bains, aidés de l'électricité et de la noix vomique à l'intérieur,

composent le traitement de la paralysie saturnine. Quant aux accidents qui constituent l'encéphalopathie de même nature, on n'a pas encore trouvé de traitement rationnel, et toute la médication est empruntée à ce que l'on appelle la *médecine des symptômes*, sans que l'expérience ait pu faire reconnaître d'efficacité réelle à aucun de ces moyens contre une maladie si grave et si fréquemment mortelle. — L'empoisonnement aigu, inflammatoire par l'ingestion d'une grande quantité de préparations saturnines dans l'estomac n'a rien de spécial : ici le plomb agit à la manière de tous les poisons irritants; il peut enflammer, corroder même l'estomac et les intestins et déterminer la mort après avoir occasionné des nausées, des vomissements très-pénibles, des coliques, des évacuations alvines, des convulsions, etc. Le traitement de cet empoisonnement consistera dans l'administration de boissons abondantes pour provoquer les vomissements et, de plus, chargées de quelques grammes de sulfates solubles pour agir chimiquement en qualité de contre-poison. — Introduites dans les veines, les préparations saturnines agissent plus lentement que les autres poisons minéraux.

L'emploi du plomb en médecine est assez restreint de nos jours, à l'intérieur du moins. Les médecins arabes l'employaient pour cautériser les plaies des amputations; il fut également proposé en applications sur les cancers ulcérés pour en modérer les douleurs. Il n'est plus que trop rarement employé de nos jours, sous forme de lames, pour faciliter la cicatrisation des ulcères. Il était encore administré, à l'intérieur, sous forme de balles, dans les cas d'ulcères. Les *oxydes* de plomb sont d'un usage assez commun, mais à l'extérieur seulement : ainsi la litharge entre dans un grand nombre de pommades et surtout d'emplâtres, entre autres dans les emplâtres de diachylon, diapalme, etc., et tout le monde connaît les nombreuses applications du sparadrap de diachylon; formé de toile que recouvre l'emplâtre de ce nom. Le minium entre pareillement dans la confection de plusieurs pommades ou emplâtres; il sert, en outre, à la préparation de trochisques employés comme cathérétiques légers pour hâter la cicatrisation des trajets fistuleux : mais ce sont les sels de plomb qui ont reçu les plus nombreuses applications thérapeutiques. Nous nous occuperons surtout des *acétates*, qui résument à eux seuls tout ce que l'on sait à cet égard. Ces préparations semblent avoir été employées à plusieurs titres, mais le plus souvent comme astringents. Le *sous-acétate* est fréquemment en usage à ce titre et comme résolutif, mais exclusivement à l'extérieur. Ainsi l'on y a recours pour arroser les membres fracturés; recouvrir certaines tumeurs inflammatoires, quand la période aiguë est passée; pour hâter la résolution des entorses; dans les contusions, etc. ; c'est encore un des meilleurs moyens parmi tous ceux vantés contre la brûlure. Il est utile, sous forme d'injection, dans les écoulements catarrheux; en collyre, il convient contre les ophthalmies de cette nature ou scrofuleuses; en solution plus concentrée on l'emploie contre certaines hémorragies capillaires : on l'a pareillement prescrit en gargarismes et en collutoires dans les ulcères atoniques de la bouche, les stomatites couenneuses, le ptyalisme mercuriel; mais la saveur en est désagréable, et il a, de plus, l'inconvénient de noircir les dents. A l'état de dissolution aqueuse, il prend le nom d'*extrait de Saturne* ou de *sous-acétate de plomb liquide*, et fait, dans cet état, partie de la préparation dite *eau de Goulard, eau végéto-minérale*, etc. ; il entre aussi dans la préparation dite *cérat de Saturne*. — C'est encore comme astringent que l'on a donné les acétates de plomb à l'intérieur dans le traitement de la diarrhée et de la dyssenterie; contre le catarrhe pulmonaire et la phthisie s'accompagnant de sueurs excessives. Les mêmes agents ont, de plus, été donnés comme sédatifs contre les névralgies en général, les névroses du cœur, l'hystérie et même l'épilepsie. Mais une des applications les plus intéressantes de ces préparations est contre les anévrismes du cœur et des grosses artères. Disons, en terminant, que l'*acétate neutre* est un médicament assez infidèle, qui, tantôt à haute dose, demeurera sans effet, tandis que, en quantité fort minime, il sera parfois suivi d'accidents graves. Nous croyons donc devoir accorder la préférence au *deuto-acétate*, en commençant par une quantité minime (1 à 2 centigrammes), divisée même dans un excipient convenable, mais qui peut graduellement être portée jusqu'à 50 et même 60 centigrammes par jour. — Le *carbonate* de plomb est quelquefois employé à l'extérieur comme siccatif et contre les névral-

gies, sous forme de pommade. L. DE LA C.

PLOMB (*accept. div.*). — Le métal de ce nom, réunissant à la modicité comparative du prix la facilité de l'emploi et surtout la pesanteur qui le rend susceptible de recevoir une impulsion plus forte, a été, depuis longtemps déjà, utilisé comme projectile pour les armes portatives de jet. Fondu et moulé selon le calibre de l'arme à laquelle on le destine, il prend le nom de *balle* (voy. ce mot); soumis à une division progressivement plus grande et destiné spécialement aux armes de chasse, il conserve le nom de *plomb*. Le plomb à tirer ne doit pas, comme les balles, sa forme sphérique au moulage; une pareille opération serait trop dispendieuse et deviendrait impraticable pour les petits numéros, la *cendrine* ou *cendrée*, par exemple; sa préparation, encore peu connue, est toute différente et mérite qu'on lui consacre quelques détails. Le procédé par lequel on communique d'abord au métal la propriété de se granuler et qui fut longtemps un secret consiste dans l'addition d'une certaine quantité d'arsenic; on verse ensuite le mélange en fusion dans une sorte de passoire en forte tôle, à rebords élevés, toujours entourée de charbons ardents et placée au-dessus d'un réservoir rempli d'eau. Les globules de plomb s'arrondissent dans leur chute, se refroidissent, et, selon qu'ils sont plus ou moins solidifiés, en raison de la distance parcourue, ils se déforment plus ou moins au brusque contact de l'eau. Ce résultat, une fois constaté, conduisait naturellement à l'idée d'opérer à une grande hauteur, et c'est ce que l'on pratique généralement de nos jours. La première fabrique de plomb de ce genre fut, dit-on, établie, à Paris, dans la tour *Saint-Jacques-la-Boucherie*; les vieilles tours, les mines et les puits abandonnés sont donc parfaitement appropriés à cet usage. Pour séparer et classer par numéros les grains de différentes grosseurs, on les passe dans une série de cribles en tôle, en commençant naturellement par ceux dont les trous, d'un même diamètre pour chacun, sont les plus petits. Comme cette opération n'élimine pas les grains d'une sphéricité plus ou moins imparfaite, on place une poignée ou deux de plomb sur une planche à rebords que l'on incline ensuite légèrement en lui imprimant un mouvement continu d'oscillation de droite à gauche; les grains déformés restent sur la planche, tandis que les autres roulent dans une case. Comme, après le triage, beaucoup de ces derniers offrent encore de légères aspérités, on les passe au *rodoir*, sorte de tonneau traversé d'un axe en fer muni, à ses extrémités, de manivelles tournant en sens opposés. On y introduit avec le plomb une certaine quantité de *graphite* que les ouvriers employés à ce travail appellent *plomb de mer*. Cette dernière opération a le double résultat de débarrasser entièrement le plomb de ses aspérités, de le polir et de lui communiquer, par l'action du graphite, le lustre ou vernis dont il est couvert. Il est ensuite livré au commerce. — On appelle généralement *plombs* les cuvettes établies d'ordinaire, à chaque étage d'une maison, et en communication avec les tuyaux de descente, pour recevoir les eaux ménagères. — Les divers ouvriers employés dans les constructions donnent le nom de *plomb* au morceau de ce métal ou d'un autre suspendu à une cordelette, dont ils se servent pour maintenir la perpendicularité dans leurs différents travaux. — Le *plomb* est encore une expression populaire appliquée au gaz hydrogène sulfuré qui se dégage des fosses d'aisances, ainsi qu'à l'asphyxie dont peuvent être atteints ceux qui viennent à le respirer. — En termes de typographie, on appelle *plombs* les différents lingots employés dans la garniture d'une *forme*; on dit aussi *lire sur le plomb*. — Afin d'éviter dans certaines circonstances, que des marchandises en colis soient soustraites ou changées, elles sont soumises, en douane, à l'opération du *plombage*. Les *plombs*, que l'on appose en plus ou moins grand nombre, selon la nature et la disposition des colis, sont des espèces de sceaux dont un instrument *ad hoc* imprime à la fois les deux faces et la tranche. Chacun d'eux, le plombage étant facultatif pour l'expéditeur ou l'entreposeur dont il sauvegarde les intérêts, se paye de 25 à 50 centimes.   F...**D.**

PLOMBAGINE (*minér.*). — Nom d'un carbure de fer appelé *graphite* en minéralogie et *mine de plomb* dans les arts. (*Voy.* GRAPHITE.)

PLOMBAGINÉES, *plumbagineæ* (*bot.*). — Famille de plantes dicotylédones établie par A. L. de Jussieu sous le nom de dentelaires, *plumbagines* (*Genera*, p. 92). Cet illustre botaniste la rangeait parmi ses dicotylédones apétales à étamines hypogynes; elle se compose de plantes herbacées, vivaces ou frutescentes, qui habitent le littoral des mers ainsi que les terres salées et désertes du centre des continents, dans les parties tempérées des deux hémisphères, mais surtout dans la région méditerranéenne et dans la Russie d'Asie. Ces plantes ont tantôt un *rhizome* rameux dont chaque branche se termine par une rosette de feuilles, tantôt une *tige* noueuse articulée; leurs *feuilles* sont simples, entières, dépourvues de stipules; leurs *fleurs* disposées en épis unilatéraux, en panicules, ou en petites têtes entourées d'un involucre; chacune d'elles est, en outre, accompagnée de bractées au nombre de trois, rarement de deux, presque toujours scarieuses; la couleur souvent purpurine et délicate de ces fleurs, leur nombre et leur groupement font de plusieurs plombaginées des plantes d'ornement très-répandues dans les jardins; elles se distinguent par les caractères suivants : *calice* persistant, tubuleux, souvent scarieux ou coriace, à cinq plis et cinq dents, parfois à cinq sépales; *corolle* délicate, tantôt gamopétale, à limbe quinqueparti, tantôt à cinq pétales distincts et séparés; cinq *étamines* placées devant les lobes de la corolle ou les pétales, dans ce dernier cas adhérentes à l'onglet, dans le premier, indépendantes de la corolle et insérées sur le réceptacle, double caractère fort singulier sur lequel A. L. de Jussieu avait déjà appelé l'attention; *ovaire* libre, sessile, à trois, quatre, cinq carpelles, contenant dans une seule loge un ovule unique supporté sur un placenta central en forme de long filet recourbé; cinq *styles*, rarement trois ou quatre, généralement distincts, terminés par autant de stigmates. A ces fleurs succède un fruit membraneux, entouré par le calice, renfermant une seule graine renversée, dont l'embryon, à radicule courte, supère, est accompagné d'un albumen peu abondant. — Le caractère de la corolle à cinq pétales staminifères ou gamopétale indépendante des étamines fait distinguer dans cette famille les deux tribus des plombaginées vraies et des staticées. — On cultive très-communément dans les jardins plusieurs espèces de *statice* et d'*armeria*, surtout l'*armeria maritima*, Wild., vulgairement connue sous le nom de *gazon d'Olympe*, dont on fait de très-jolies bordures, ainsi qu'une espèce voisine originaire de l'Afrique septentrionale, à têtes de fleurs plus grosses et plus belles que chez la première. Le genre dentelaire, *plumbago*, fournit aussi quelques jolies espèces d'ornement, telles que la dentelaire du Cap, la dentelaire rose, etc. — Sous le rapport des propriétés médicinales, quelques espèces de ce dernier genre se distinguent par l'énergie de leur action ; ainsi notre dentelaire d'Europe, *plumbago europœa*, Lin., était autrefois usitée contre les maux de dents et contre diverses maladies de la peau ; mais aujourd'hui on ne s'en sert plus guère que dans la médecine vétérinaire. Les mendiants profitent de son action vésicante pour déterminer des ulcères superficiels. Les *plumbago rosea* et *zeylanica* sont aussi des médicaments extrêmement énergiques dont on fait assez grand usage dans les Indes.

PLOMBIÈRES (*géogr. ; eaux min.*). Petite ville dans le département des Vosges, sur le versant occidental des montagnes de ce nom, à quelques lieues d'Epinal et à 100 de Paris, dans une vallée profonde et à la hauteur de 421 mètres au-dessus du niveau de la mer. Elle doit sa célébrité aux eaux minérales qu'elle renferme. Son établissement de bains existait du temps de l'occupation romaine ; c'est aujourd'hui le plus important de l'est de la France.—Les eaux de Plombières sont thermales et salines ; le carbonate de soude et une matière organique en sont les principaux minéralisateurs. Toutes les sources se rapprochent beaucoup par leur composition ; mais la plus grande abondance de la matière organique, qui rend quelques-unes d'entre elles plus onctueuses, leur a fait donner l'épithète de *savonneuses*. Toutes sont, du reste, incolores et transparentes, d'une odeur fade et un peu fétide, sans qu'on y puisse constater la présence du soufre, d'une saveur extrêmement faible, quoique légèrement saline. Une seule source, celle dite *du Crucifix*, et qui sert le plus habituellement en boisson, a été soigneusement analysée par Vauquelin et donne les résultats suivants par litre d'eau :

Carbonate de soude	0,1269
Carbonate de chaux..	0,0287
Sulfate de soude.	0,1358
Chlorure de sodium.	0,0734
Silice.	0,0737
Matière animale.	0,0624
Total. .	0,5009

Une analyse plus récente (1833) de M. Henry a fourni des résultats très-peu différents. L'eau de Plombières laisse déposer un sédiment blanc et doux au toucher, sans saveur et se tenant facilement en suspension dans l'eau, ce qui lui donne alors une teinte laiteuse.

Il y a à Plombières huit bains ou sources principales qui sont : 1° le *grand bain*, alimenté par deux sources dont l'une à la température de 74° centigrades et l'autre à celle de 66°. Il se divise en trois bains d'une température ramenée de 44° à 55°. — 2° Le *bain neuf* ou *tempéré*, alimenté par quatre sources : deux à 54°, une à 38°, et l'eau du bassin qui reçoit la source du Crucifix à une température moyenne de 44° ; les douches y sont à 54°. — 3° Le *bain du Capucin*, encore appelé *petit bain* et *bain de la Goutte*, où l'eau sourd par le fond, est divisé en deux cases : l'une à la température de 48° et l'autre à celle de 38° seulement, parce qu'elle se trouve refroidie par le mélange d'une petite source froide. — 4° Le *bain des Dames*, peu considérable et alimenté par une seule source à 74°, est partagé en deux cases : l'une à 44° et l'autre à 41°. — 5° La *source du Crucifix* ou *bain de chêne* est surtout usitée en boisson et résulte de deux sources à la température de 60°.— 6° Les *sources savonneuses* sont froides (de 13 à 16°) et servent souvent en boisson : l'une est bue sur place, l'autre transportée par des canaux jusqu'au grand bain pour la commodité des buveurs. — 7° Les *sources ferrugineuses*, dites aussi *eaux de Bourdeille*, fontaine de *Stanislas*. — 8° Les *étuves*, dont les principales sont l'*étuve d'Enfer* et celle de *Bassompierre*.—L'eau de Plombières, transportée loin des sources, ne tarde pas à se décomposer et à prendre une odeur hépatique, provenant de ce que la matière organique réagit sur le sulfate de soude et le change en sulfure. On ne peut avoir la prétention de les imiter complétement par suite de l'impossibilité de fabriquer la combinaison de matière organique et de soude. Si, toutefois, on voulait absolument des eaux artificielles se rapprochant le plus de celles de Plombières, la meilleure formule serait la suivante : bicarbonate de soude, 0,221 gr. ; chlorure de calcium cristallisé, 0,027 ; chlorure de sodium, 0,006 ; chlorure de magnésium cristallisé, 0,011 ; sulfate de soude cristallisé, 0,005 ; sulfate de fer cristallisé, 0,012.

Les eaux de Plombières sont employées sous toutes les formes, en boisson, en bains généraux et partiels, en douches, en vapeurs. Leur action, dans l'usage externe, diffère-t-elle, quoi qu'en disent certains auteurs, de celle de l'eau simple élevée à la même température, et dont on userait avec la même régularité et la même persévérance? Le doute est permis en raison du peu de matières actives qu'elles contiennent. La peau seulement est rendue plus douce et plus onctueuse par l'effet de la matière organique qu'elles renferment. Administrées à l'intérieur, leur action doit nécessairement varier suivant leur température, la quantité ingérée et l'état propre de l'estomac et même de tout l'organisme, avec lesquels elles se trouvent en rapport, toutes conditions qui ne nous semblent pas avoir été suffisamment appréciées, pour que l'on sache bien positivement à quoi s'en tenir sur les phénomènes immédiats qu'elles déterminent suivant les circonstances. Toutefois, leur propriété générale paraît être de nature excitante propre à modifier puissamment, par la continuité de leur action, l'appareil gastro-intestinal sans l'irriter; ce sont, en effet, les moins excitantes de toutes les eaux minérales de la même classe. L'eau de la fontaine ferrugineuse est quelquefois plus difficile à digérer que celle du Crucifix ou la savonneuse, ce que quelques auteurs attribuent à la privation de l'air, mais qui pourrait fort bien dépendre de leur degré différent de minéralisation. Le traitement médical par ces eaux constitue une médication complexe puisqu'elles sont administrées en même temps sous différentes formes. Les bains sont, toutefois, celle à laquelle on semble attacher le plus d'importance. C'est principalement contre les rhumatismes chroniques, les paralysies non apoplectiques, dans les gastrites chroniques et les engorgements des viscères que ces eaux sont administrées. Pour l'usage interne, il est parfois nécessaire de les mitiger par quelque infusion aromatique ou bien par du lait. Le traitement a coutume d'être de vingt et un jours, mais le plus souvent, dans les affections chroniques, les malades subissent plusieurs traitements séparés par quelques jours d'intervalle. La saison commence le 15 mai pour finir le 15 octobre. L.

PLOMBS et **PUITS DE VENISE** (hist.). — Le palais de Saint-Marc, à Venise, est un bâtiment carré, construit en pierre et en marbre; son origine remonte au doge Ange ou Agnello Participatro, qui le commença au IXᵉ siècle. Le bâtiment construit brûla deux ou trois fois; on le rétablit; au XIIᵉ siècle, Sébastien Ziani le fit refaire, Marino Faliero y travailla, Francesco Foscari l'agran-

dit. On eût pu dire, ce nous semble, que ces travaux ne portaient point bonheur; aussi, depuis lors, ne fit-on que l'orner et l'embellir, mais sans le changer de forme et sans altérer son caractère. Ce palais a aujourd'hui encore trois façades principales; l'une domine la mer, l'autre regarde la petite place de Saint-Marc, la troisième s'élève au-dessus du canal qui conduit au pont de la Paille. C'est de ce côté, sous des revêtements de marbre à pointes de diamants, que sont creusées les prisons souterraines auxquelles on a donné le nom de *puits de Venise*. Deux corridors étroits et sombres, faiblement éclairés à droite par des ouvertures pratiquées un peu au-dessus du niveau de la mer, et bordés, à gauche, de cellules construites en grosses pierres, forment ces prisons; prisons redoutables par leur obscurité, redoutables par leur silence, où le bruit ni le jour ne pénètrent qu'à peine, où jadis tout fut préparé pour que la mort, le silence et l'ombre eussent un égal empire, mais qui depuis longtemps ne servaient plus que dans des occasions si rares et si solennelles qu'on n'en avait presque plus l'idée. — Au-dessus du palais, et dans la direction qui conduit de la mer à l'église de Saint-Marc, s'élève et se prolonge un toit à pente rapide, autrefois couvert en plomb, mais qui, depuis l'incendie de 1574, fut revêtu de lames de cuivre; les chambres situées dans la partie la plus haute du palais, et par conséquent les plus rapprochées de ce toit, sont ce qu'on appelait *les plombs*. Un corridor aussi les divise en deux zones, les unes plus obscures et plus froides, les autres plus claires et plus exposées à la chaleur de la température. — Les plombs, comme les puits, étaient des prisons d'Etat, mais diverses toutefois d'habitation, de rigueur, de destination même. C'est dans les puits que François de Carrare fut étranglé, c'est dans les plombs que l'on enferma Casanova pour ses étourderies; les temps étaient, sans doute, aussi différents que les hommes, mais les prisons ne l'étaient pas moins. Au reste, et quand la révolution de 1796 détruisit la république de Venise, on ne trouva personne dans les plombs; dans les puits il n'y avait que deux prisonniers, tous deux condamnés à mort pour de nombreux assassinats. L'inquisition d'Etat de Venise comme l'inquisition d'Espagne ou de Rome ne lançaient plus que des foudres amorties, et ce n'est pas là que les républiques nouvelles apprirent à creuser des cachots ou à faire tomber des têtes. A. DE P.

PLONGEONS, *colymbus* (ornith.), ordre des *palmipèdes*, famille des *plongeurs* ou *brachyptères*. Cette tribu offre les caractères suivants : bec lisse, comprimé, pointu ; narines latérales. Ces oiseaux, comme tous ceux de la même famille, vivent presque continuellement sur les eaux, et ne se rendent à terre qu'à l'époque de la ponte; ils se nourrissent de frai de poissons ou de petits poissons. Les jeunes diffèrent notablement des adultes, et ce n'est guère qu'à l'âge de 3 ans que leur plumage acquiert de la stabilité. Parmi les genres contenus dans cette tribu, nous citerons les *plongeons* proprement dits, dont le bec est médiocre, droit et très-pointu ; les narines concaves, à moitié fermées par une membrane; tarses comprimés; quatre doigts, trois devant, très-longs et entièrement palmés; un derrière, court et portant une membrane lâche. Ces oiseaux ne pondent que deux œufs d'une teinte brunâtre. Les espèces de ce genre sont assez peu nombreuses; l'on y remarque le GRAND PLONGEON ou IMBRIM, *colymbus glacialis*, dont la tête, la gorge et le cou sont d'un noir verdâtre à reflets verts; les parties supérieures noir moucheté de blanc; un collier rayé de blanc et de noir, échancré; le bec noir; les pieds bruns et les autres parties inférieures blanches. La mandibule supérieure est presque droite, l'inférieure est recourbée en haut. Les jeunes diffèrent des adultes en ce qu'ils n'ont ni mouchetures ni collier; ils acquièrent la taille de 28 à 29 pouces. Cette espèce se rencontre aux Hébrides, en Suède, en Norwége, en Russie; leur nourriture consiste principalement en harengs. Une autre espèce plus petite, qui ne dépasse guère 22 pouces, le CATMARIN, *col. septentrionalis*, se rencontre quelquefois, dans l'hiver, du côté de la Picardie; son plumage est brun-noirâtre dans les parties supérieures; les côtés de la tête et du cou sont gris cendré, les parties inférieures sont blanches; il porte, sur le devant du cou, une longue bande marron. Il se nourrit du frai de l'esturgeon et du congre, de petits merlans, etc.; les jeunes, de crevettes. Il niche dans les rochers.—Les GRÈBES, *podiceps*, forment un genre des *plongeons;* ils offrent une conformation des pattes qui les distingue des plongeons proprement dits, et les rapproche des poules d'eau : ainsi les doigts antérieurs ne sont pas réunis par des palmures

complètes, seulement ils sont élargis par des bordures découpées, et il n'y a de membrane complète qu'à la base ; la tête est petite; le bec droit et comprimé latéralement; les narines percées à jour; les jambes entièrement engagées dans l'abdomen; le tibia prolongé en arrière, au delà de l'articulation du genou, et donnant attache à des muscles puissants; les plumes étroites et, dans l'état de repos, cachées sous les plumes voisines; le plumage court et d'un éclat métallique. Ces oiseaux, comme les précédents, nagent avec facilité; ils plongent dès qu'un danger les menace, et leurs mouvements sont alors si rapides, qu'on prétend qu'ils évitent ainsi le plomb des armes à feu quand leur position leur permet d'apercevoir la lumière. Parmi les espèces de ce genre, la plus remarquable est le *grèbe huppé*, dont la taille égale celle du canard, au plumage brun, noir dessus, blanc argenté en dessous, ayant une bande blanche sur l'aile, et, dans l'âge adulte, une huppe érectile sur la tête et le cou orné d'une collerette rousse, bordée de noir. On avait encore rangé, parmi les plongeons, les guillemots; mais ils offraient des caractères trop tranchés pour les laisser dans cette division : nous en parlons au mot GUILLEMOT. A. G.

PLONGEUR (*industr.*). — Cette appellation, bien qu'elle puisse s'appliquer à tout homme doué de la faculté naturelle, développée par l'exercice, de descendre sous l'eau, à une certaine profondeur, et d'y rester plus ou moins longtemps, désigne plus spécialement celui qui l'utilise à titre de profession : tels sont les *plongeurs* employés pour la pêche des perles, du corail, des éponges et des coquillages de prix; ces derniers, en effet, conservent leurs belles couleurs lorsqu'ils ont été recueillis vivants, tandis que ceux que les flots roulent sur le rivage sont presque constamment frustes et les bivalves dépareillés. Ce sont des plongeurs habiles et éprouvés qui, dans les grandes villes maritimes ou traversées par des fleuves, ont pour mission, sous le nom de *sauveteurs*, de secourir les personnes en danger de se noyer ou de recueillir au moins les corps de celles qu'ils n'ont pu sauver. Les employés attachés à titre de *baigneurs* aux établissements de bains de mer doivent de même savoir parfaitement plonger ; si cette condition n'est pas toujours remplie, c'est à tort. — Pour rendre praticable la profession de plongeur, outre un apprentissage toujours

pénible, du sang-froid et une grande intré-
pidité, il faut une organisation, une aptitude
physique particulière, sans laquelle la plus
grande habitude ne peut produire que des
résultats insuffisants. On a raconté des choses extraordinaires sur cette aptitude. Le fils
d'un pêcheur, âgé de sept ou huit ans, étant
tombé à la mer dans un coup de vent, un
jour qu'il accompagnait son père, fut retrouvé plein de vie au bout de plus d'une
année et ramené dans sa famille; il la quitta
volontairement peu de temps après pour retourner à la vie de poisson. Un certain *François de la Véga*, si l'on en croit son historien,
vécut de cette même vie pendant cinq années entières. Mais, à part ces anecdotes,
que l'on peut traiter de fables sans être taxé
d'incrédulité, la possibilité pour certains individus de séjourner sous l'eau, sans y périr,
pendant quelques jours, est établie par des
faits parfaitement constatés. L'opinion émise
par Halley, qu'il est impossible au meilleur
plongeur de conserver pendant plus de deux
minutes sous l'eau sa pleine liberté d'action,
tombe dans un excès opposé. En admettant,
ce qui est vrai, que, dans les exemples sérieux d'une submersion prolongée, les individus qui l'ont supportée aient perdu connaissance pendant une notable portion de sa
durée, il n'en reste pas moins prouvé, par
des faits incontestables, que les deux minutes fixées par ce savant comme limite extrême peuvent être de beaucoup dépassées.
Il n'est pas rare de voir des plongeurs grecs
de l'Archipel, qui sont les meilleurs, il est
vrai, rester sous l'eau pendant un quart
d'heure, une demi-heure même, et employer
utilement tout ce temps. Si l'on en croit Hérodote (liv. VIII), un Macédonien du nom de
Scyllias, qui vivait sous le règne d'Artaxer-
cès-Memnon, eût parcouru sous l'eau, pour
porter aux Grecs la nouvelle du naufrage de
leurs vaisseaux, une distance de 8 stades (1 kilom. 479 mèt. environ). Les plongeurs nègres de l'Inde donneraient plus de vraisemblance à l'opinion de Halley; ils sont ordinairement obligés de remonter au bout de
trois à quatre minutes. Nous avons cité les
plongeurs grecs; les plus renommés sont
ceux de Calimnos et de Psara, qui vont chercher les éponges à plus de 25 brasses de profondeur, tandis que les plongeurs syriens ne
dépassent pas 15 ou 20 brasses. Tournefort
rapporte que, de son temps, les plongeurs
de Samos avaient une grande réputation, et

que, dans cette île, on n'eût pas marié un
garçon s'il n'était capable de plonger à une
profondeur de 8 brasses au moins; parfois
il fallait qu'il eût déjà pêché une notable
quantité d'éponges, coutume qui, du reste,
n'était pas particulière à l'île de Samos, mais
à une partie de celles de l'Archipel. — Outre
les dangers résultant de l'exercice même de
leur pénible profession, de la suffocation,
des vomissements de sang, etc., les plongeurs ont à redouter la dent du requin qu'ils
rencontrent trop souvent dans les profondeurs de la mer. C'est en vain ou qu'ils troublent l'eau à l'approche du terrible animal,
ou que, reconnaissant l'inutilité de cet expédient, ils font usage, s'ils ont conservé assez
de force et de sang-froid, du long couteau
dont ils sont ordinairement armés ; il ne se
passe guère de pêche où l'on n'ait à compter
quelque victime, dévorée ou tout au moins
affreusement mutilée. Aussi les plus intrépides plongeurs ne peuvent - ils se défendre
d'un certain effroi au début de la pêche, et
ceux de l'Inde, les plus superstitieux de
tous, ne sont-ils qu'à demi rassurés par les
chants et les jongleries de leurs bramines
et derviches que la précaution des maîtres a
réunis sur le rivage. — Quelques plongeurs
remplissent leur bouche d'huile, une fois
sous l'eau, lorsque le besoin de respirer les
presse trop vivement, la rejettent, ce qui
leur permet de reprendre un moment ha-
leine; d'autres y placent une éponge également imbibée d'huile : mais, si l'on réfléchit
à la petite quantité d'air que peuvent contenir les pores d'une éponge soumise à la pression de l'eau, on conçoit qu'un semblable
moyen ne puisse être d'un grand secours
pour celui qui l'emploie. La *cloche à plongeur*,
dont il est parlé ailleurs dans cet ouvrage
(*Voy.* CLOCHE), cet appareil si utile et même
indispensable pour certaines opérations de
sauvetage et l'exécution de travaux sous-
marins, ou tout autre appareil du même
genre, ne saurait être employée, d'une manière suivie, présentement du moins, par la
classe la plus nombreuse des plongeurs, celle
des *plongeurs-pêcheurs;* elle ne saurait jamais
l'être par les autres que dans un bien petit
nombre de cas. Pour que les maîtres pêcheurs
de perles et d'éponges substituassent l'emploi régulier de la cloche au mode de pêche
actuel, il faudrait des capitaux qui leur manquent et auxquels, d'ailleurs, ils préféreraient
donner une tout autre destination que celle

qui n'aurait pour but que de ménager-la vie des malheureux qu'ils exploitent; il faudrait, chose difficile à réaliser et , pour ainsi dire, impraticable, détruire la routine d'un usage établi depuis des siècles, et cela chez les gens les plus routiniers du monde.   F. DE B.

PLONGEURS (*ornith.*), ordre des *palmipèdes*. Cette famille, qui a reçu aussi le nom de *brachyptères*, est, par son organisation, essentiellement aquatique; aussi chez ces oiseaux le vol est-il embarrassé, la démarche pesante. La position des pattes, à la partie postérieure du corps, leur donne presque une station verticale; les ailes courtes sont, en général, impropres au vol; le plumage est lisse et serré. Les plongeurs vivent continuellement à la surface des eaux sous lesquelles ils nagent avec rapidité en s'aidant de leurs ailes. Cette famille renferme trois tribus, les *plongeons*, les *pingouins* et les *manchots*. (*Voy.* ces mots.)

PLOTIN (*hist. philos.*), célèbre philosophe de l'école d'Alexandrie, fondateur de la doctrine néo-platonicienne, né à Lycopolis, en Egypte, l'an 205 de l'ère vulgaire. Potamon et Ammonius Saccas, en érigeant, dans la célèbre école d'Alexandrie, en système de philosophie, décoré du nom pompeux d'*éclectisme*, un amas confus de dogmes mystiques, empruntés aux croyances religieuses de l'Orient, et de doctrines philosophiques, ouvrirent la voie à la formation d'une secte dont Plotin, leur disciple, devint le chef et qui prit le nom de *nouveaux platoniciens*, parce que ses partisans prétendaient que leur philosophie n'était que la conséquence et le développement de celle de Platon et ne juraient que par ce nom comme par un nom sacré. —Les doctrines de Plotin, mélange bizarre de divination, de théurgie et même d'astrologie, seraient fort difficiles à analyser ici complétement, vu les écrits longs et diffus dans lesquels le philosophe les a exposées : ces écrits ne forment pas moins de trentequatre livres, divisés en six ennéades. En résumé, Plotin regardait l'enthousiasme et l'extase comme une union étroite de l'âme avec le principe de toute intelligence, où pouvait se révéler le secret de toutes choses. Porphyre, l'un des plus célèbres de ses disciples, assure que son maître obtint quatre fois en sa vie la faveur de cette communication avec l'Etre suprême et incompréhensible, et que lui-même en a joui une fois aussi. Platon n'avait fait des idées que le type ou l'exem-

plaire des êtres : Plotin alla plus loin , il fit de l'idée l'Etre lui-même, c'est-à-dire qu'il identifia l'idée, l'objet et le sujet pensant. L'unité, suivant lui, est le principe nécessaire, la source et le terme de toute réalité, ou plutôt la réalité elle-même; l'Un n'est point l'Etre, il n'est point l'intelligence, il est encore supérieur à l'un et à l'autre : l'Un est Dieu, l'intelligence est l'unité dérivée : c'est une dualité, Dieu au second degré. L'Un, en se contemplant, produit l'intelligence ; l'intelligence, en se contemplant, produit la pensée ; la pensée, en se contemplant, produit le monde. Le monde, la pensée, l'intelligence, l'unité, tout cela est éternel. — Suivant le même philosophe, tout dans ce monde est nécessaire ; les êtres tendent à la perfection, mais l'âme humaine ne peut y arriver qu'en se perdant dans l'unité par l'extase. De longues transmigrations servent à purifier l'âme, avant qu'elle ne s'absorbe dans l'unité; cependant elle peut y parvenir ici-bas par la culture de la philosophie. — Il est facile de reconnaître dans ce système tout ce que son auteur a emprunté aux livres mystiques des *Védas*, au pythagoréisme, au platonisme et surtout à l'idéalisme pur et abstrait de la première école éléatique. Ce fut à Rome que Plotin vint fonder l'enseignement public de sa philosophie, vers l'an 243 : son éloquence le servait merveilleusement dans l'exposé de ses doctrines, qui ébranlaient surtout l'imagination. On accourait de toutes parts pour l'entendre ; une sorte de fanatisme s'attachait à sa personne : les femmes se montraient particulièrement avides d'assister à ses leçons , et il comptait des disciples jusque dans le sénat romain. Il fut comblé de faveur par plusieurs empereurs et entre autres par Gallien et par l'impératrice Salonine. Il mourut en Campanie l'an 270 de l'ère vulgaire. Ses plus célèbres disciples furent Porphyre et Amelius.   A. B.

PLUCHE (ANTOINE) (*biog.*), né à Reims, en 1688. Il se consacra de bonne heure à l'éducation de la jeunesse, et remplit pendant plusieurs années les fonctions de professeur d'humanités et ensuite celles de professeur de rhétorique dans l'université de sa ville natale. Il entra ensuite dans les ordres et fut élevé par l'évêque de Clermont à la direction du collège de la ville épiscopale. Les talents de l'abbé Pluche le portèrent bientôt sur un plus vaste théâtre où il put faire briller son érudition et ses connaissances. Simple professeur d'abord de géographie et d'histoire, Pluche vit bientôt ses ouvrages et son nom obtenir la faveur publique. Le *Spectacle de la nature*, la première de ses œuvres, eut un grand succès; on s'accorda à louer le ton agréable et instructif du dialogue, l'élégance et la clarté du style. La postérité a confirmé la vérité de ces éloges, et dans le *Spectacle de la nature* elle n'a trouvé à reprendre qu'un peu de prolixité. L'*Histoire du ciel* contient deux traités indépendants l'un de l'autre : le premier renferme des recherches savantes sur l'origine du ciel poétique, c'est presque une mythologie complète; le second, plus grave, plus philosophique, est destiné à l'histoire du ciel selon les croyances et les dogmes, ce qui valut à l'ouvrage l'honneur d'une épigramme de Voltaire qui l'appela la *Fable du ciel*. Dans la *Mécanique des langues* il proposa un moyen plus court pour apprendre les langues; c'est l'usage des versions substitué à celui des thèmes. Enfin l'abbé Pluche écrivit deux autres ouvrages, *Concorde de la géographie des différents âges*, qui ne vit le jour qu'après lui, et l'*Harmonie des Psaumes et de l'Evangile*, ou traduction des psaumes et des cantiques de l'Evangile, avec des notes relatives à la Vulgate, aux Septante et au texte hébreu, qui répandent un grand intérêt sur cette traduction. L'abbé Pluche s'était retiré, en 1749, à la Varenne-Saint-Maur, où il se consacra entièrement à la prière et à l'étude. Ce fut dans cette retraite qu'il mourut d'une attaque d'apoplexie, en 1761, à 73 ans, aimé et vénéré comme un homme de bien et comme un sage. A ceux qui cherchaient à attirer l'abbé Pluche dans les voies du rationalisme philosophique qui commençait alors à prendre son essor, il répondait avec une grande simplicité : « Il est bien plus raisonnable de croire à la parole de l'Etre suprême que de suivre les sombres lumières d'une raison bornée et sujette à s'égarer. »

PLUCHE. (*Voy.* PELUCHE.)

PLUIE. (*Voy.* MÉTÉOROLOGIE.)

PLUMATELLE (*zool.*). — Les polypiers connus sous ce nom ne présentant qu'un assez petit intérêt, si ce n'est sous le rapport exclusivement zoologique, nous les ferons connaître en quelques mots seulement. — On sait généralement ce que l'on entend par polypier : c'est presque toujours un corps pierreux percé de petites loges dans lesquelles est enfermé un animal souvent microscopique, et toujours d'une organisation des plus

simples. Ici la nature de cette espèce d'habitation n'est pas la même, car notre polypier est simplement corné ou même parfois gélatineux; il est toujours de petite dimension (1 ou 2 pouces) et adhérent aux corps submergés; ses ramifications se divisent par dichotomie, c'est-à-dire par simples bifurcations.—Quant au polype lui-même, il est nécessairement de très-petite dimension et peut rentrer entièrement dans sa loge. Sa bouche est entourée de tentacules étalés au dehors, dans l'état ordinaire, mais pouvant être ramenés à l'intérieur du polypier, comme le reste du corps. — Ces animaux se multiplient par des germes qui, détachés du polype souche, vont se fixer à leur tour. On conçoit qu'avec une organisation aussi simple rien ne rappelle ici les sexes des animaux supérieurs.

PLUMERIA (*bot.*). (*Voy.* FRANGIPANIER.)

PLUMES, PLUMAGE (*zool.*). — Il est tout à fait inutile de définir ce que l'on désigne sous le nom de *plumes;* donnons-en seulement une description sommaire, indispensable pour l'intelligence de ce qui va suivre. — Une plume se compose d'abord d'un tube corné plus ou moins long, rétréci inférieurement et ouvert à son extrémité (*ombilic inférieur*), de manière à laisser passer les vaisseaux et les filets nerveux qui, à une certaine époque, se rendent dans son intérieur. Ce tube se prolonge en une *tige*, le plus souvent solide, lisse d'un côté (*supérieur*), creusée d'un sillon longitudinal du côté opposé (*inférieur*), et garnie, à droite et à gauche, de *barbes*, sorte de lames bordées elles-mêmes de très-petits prolongements garnis de crochets (*barbules*) destinés à relier intimement les barbes les unes avec les autres. Vers le point de jonction de l'axe de la plume et du tube inférieur, l'on remarque une petite ouverture, irrégulière, vers laquelle les lignes des barbes viennent converger. C'est ce que l'on nomme l'*ombilic supérieur*. Nous devons ajouter que le tube de la plume ne finit pas brusquement, mais qu'il se continue, au contraire, plus ou moins sur le côté supérieur, et que, dans toutes les parties creuses, on voit des lames irrégulières, cornées, et que l'on a nommées *âme de la plume*.

La formation des plumes est très-difficile à expliquer, et les observations que l'on possède à ce sujet sont loin d'être suffisantes dans tous les cas. La cause en est principalement dans la presque impossibilité où l'on se trouve de se faire une idée nette de l'organe producteur considéré dans son ensemble. Aussi les explications de MM. Dutrochet, Blainville et Frédéric Cuvier sont-elles tout à fait différentes les unes des autres. Suivant ce dernier auteur, dont les observations paraissent à la fois les plus nombreuses et les plus complètes, l'organe producteur des plumes se composerait extérieurement d'un tube ou *gaîne* en forme de cylindre plus ou moins long, terminé par un cône qui tombe bientôt pour laisser sortir la plume. Cette gaîne est membraneuse et molle vers la partie inférieure, presque cornée, se détachant par plaques circulaires à l'extrémité supérieure et tombant peu à peu à mesure que l'organe croît par le bas. En dedans de la gaîne se trouve une membrane (*membrane striée externe*), puis une autre (*membrane striée interne*), rattachées l'une à l'autre par des *cloisons transverses*, dans l'intervalle desquelles les barbes « se déposent comme dans un moule. » Enfin, tout à fait au centre, se voit le *bulbe*, partie essentielle, « qui paraît donner direc« tement naissance à toutes les autres parties « de ce système comme à toutes les parties « de la plume. » Celle-ci naît dans un état de mollesse remarquable. Peu à peu elle prend de la consistance, l'extrémité conique dont nous avons parlé tombe, et la partie supérieure de la plume apparaît. Quant à la partie inférieure du bulbe, elle continue à prendre du développement jusqu'à ce que la plume soit entièrement sortie. Nous ajouterons, pour l'intelligence entière du phénomène physiologique dont nous parlons, que, lorsque toute la partie de la plume garnie de barbes est produite, la nature du bulbe change un peu; les membranes striées disparaissent et le tube se forme. Celui-ci, du reste, se compose non-seulement de la partie produite par le bulbe, mais encore des couches intérieures de la gaîne, qui se soudent ensemble pour former un seul tout. Cependant ces deux parties présentent, même après leur entière séparation d'avec le bulbe, certains caractères distinctifs. Ainsi la partie la plus extérieure, celle provenant de la gaîne, se déchire circulairement, tandis que l'autre, plus intérieure, se divise en bandes longitudinales. — Dans tout ce que nous venons de dire d'après Fréd. Cuvier, on voit que la production des plumes se fait par voie de sécrétions. L'auteur dont nous parlons l'entend au moins ainsi, et met sur la même ligne, quoiqu'à des degrés de complication divers, la production des plumes et celle des poils. Cette opinion est, du reste, généralement adoptée. Cependant un anatomiste bien connu par d'excellents travaux (M. Straus-Durckeim, *Traité théorique et pratique d'anatomie comparative*, 1844), pense que les plumes ne sont nullement le produit d'une sécrétion, comme on le croit généralement ; mais bien des corps primitivement organisés et vivants, qui se développent, par intussusception, au moyen de vaisseaux qui s'y ramifient; mais que, une fois la plume formée, les vaisseaux s'atrophient, et l'organe sèche et meurt ainsi graduellement du sommet vers la base, de manière qu'à la fin, lorsque la plume est entièrement développée, elle ne constitue qu'un corps mort, qui n'est plus susceptible de modification. «C'est, dit-il, à peu près le même développement que celui des bois des cerfs, avec cette différence que, chez ces derniers animaux, le développement a lieu par le sommet. » — Nous n'avons presque pas besoin d'ajouter que, lorsqu'il s'agit des plumes, comme les pennes du casoar à casque, privées de barbes des deux côtés, le bulbe producteur doit être bien plus simple que celui que nous avons décrit.—Si maintenant nous étudions les plumes toutes formées, nous devrons, avec les auteurs, en distinguer de plusieurs sortes. Ainsi nous aurons d'abord les *plumes proprement dites*, généralement courtes, à barbes nombreuses, le plus souvent duveteuses à la partie plus rapprochée du tuyau. Elles sont surtout destinées à préserver le corps de l'oiseau et à conserver sa chaleur intérieure. Aussi sont-elles d'autant plus abondantes et garnies de barbes que l'oiseau vit davantage dans les régions froides ou s'élève plus haut dans l'atmosphère. Certaines de ces plumes prennent des noms différents, suivant la place qu'elles occupent (huppes, aigrettes, parures, etc.), et des dimensions plus ou moins grandes, suivant leur destination spéciale (couvertures alaires, caudales, etc.) ; viennent ensuite les *pennes*, qui sont les plumes les plus fortes et, à certains égards, les plus importantes. Les pennes sont essentiellement placées à la queue et aux ailes, et prennent différents noms dans l'une et l'autre circonstance : celles des ailes sont dites *rémiges*, celles de la queue *rectrices*. Les rémiges sont elles-mêmes ou *primaires*, si elles sont implantées sur le bord de la main, c'est-à-dire à l'extrémité des ailes, ou *secondaires* lorsque leur point d'attache correspond à l'avant-bras. De la longueur relative des rémiges dépendent essentiellement la forme des ailes et la nature du vol. La deuxième rémige est-elle plus longue que la première, les ailes sont pointues, comme, par exemple, celles des faucons, ce qui ne permet pas aux oiseaux dont les ailes sont ainsi faites de voler verticalement. Ils sont obligés, pour s'élever suivant une courbe rapide, de décrire une série de zigzags. — Si, au contraire, les rémiges vont en s'allongeant à partir de la première, on a les ailes arrondies ou concaves, ce qui donne un vol court et par soubresauts. — La réunion de toutes les plumes dont le corps des oiseaux est couvert constitue leur plumage ou leur livrée. La nature de ce plumage, sa couleur générale son renouvellement donnent lieu à des observations intéressantes que nous allons énumérer ici. Et d'abord, quant à la couleur du plumage, il n'est personne qui n'ait eu occasion de remarquer combien elle diffère souvent d'un sexe à l'autre. Cette règle n'est pourtant pas sans exception, et certaines espèces présentent sur les individus mâles et femelles une coloration semblable; mais le plus souvent il n'en est pas ainsi. En général, le mâle est plus brillamment vêtu que la femelle. Chez lui se rencontrent principalement ces reflets métalliques qui éblouissent l'œil. C'est lui encore qui a, d'ordinaire, le privilége de porter ces belles aigrettes, ces plumes exceptionnellement belles, qui servent si souvent pour la toilette des dames. Les femelles, au contraire, ont le plus souvent un plumage terne, sans aucun de ces jeux de lumière dont nous parlions. Leurs couleurs sont très-fréquemment sombres et peu variées. L'âge influe aussi d'une manière remarquable sur le plumage des oiseaux. Beaucoup n'arrivent qu'après un nombre d'années plus ou moins grand à avoir leur plumage définitif. Suivant G. Cuvier (*Règne animal*), il existerait, à cet égard, une règle assez curieuse, par suite de laquelle les petits ressembleraient toujours à leur mère, lorsque celle-ci aurait un plumage particulier, moins brillant que celui du mâle, tandis qu'ils auraient un plumage à eux propre dans les cas où celui de leur père et de leur mère serait semblable. Mais cette règle, précisément à cause de sa trop grande géné-

ralité, n'est pas toujours exacte. Ainsi, comme le fait observer avec raison M. Gerbe (*Dict. univ. d'hist. nat.*), les mâles et les femelles de la pie commune, du geai, du becfigue et de plusieurs autres espèces ont un plumage entièrement semblable, ce qui n'empêche pas les jeunes de ressembler à leurs parents. Ainsi encore les jeunes rossignols de murailles sont vêtus d'une manière qui leur est propre et qui ne ressemble au plumage ni de leur père ni de leur mère. Cependant l'opinion de G. Cuvier a été adoptée par des auteurs qui se sont principalement occupés d'ornithologie, par M. Temminck entre autres. (*Voy.*, au surplus, ce qui est dit au mot COULEUR [*zool.*].)

Il nous reste à dire quelques mots du phénomène du renouvellement du plumage chez les oiseaux, c'est-à-dire des *mues* auxquelles ils sont assujettis. Chaque année, vers l'époque de l'automne, la totalité des plumes dont leur corps est couvert se détache et tombe. Mais, à mesure, de nouvelles plumes naissent pour remplacer les anciennes, et le plumage redevient ce qu'il était auparavant. Les choses ne se passent pourtant pas toujours ainsi; car, chez plusieurs espèces, le plumage d'hiver ne ressemble que peu ou même point du tout à celui qui couvrait le corps de l'oiseau pendant l'été. Il y a donc alors une seconde mue au retour de la saison chaude, mue qui coïncide avec l'époque des amours, et pendant laquelle se développent exceptionnellement des aigrettes, des plumes longues et agréablement colorées, qui ajoutent encore à la beauté du plumage. E. D.

PLUMES (*comm.* et *indust.*). Dans cet article, nous diviserons naturellement les plumes en trois catégories : 1° *plumes de parure;* 2° *plumes pour les usages domestiques, literie et plumeaux;* 3° *plumes à écrire.*

Plumes de parure. — Au premier rang se présentent les plumes d'autruche, dans lesquelles on distingue les *blanches*, les *noires* et les *grises*. Les *blanches* se subdivisent en quatre sortes, dont les trois premières, provenant des ailes, se classent en raison de leur régularité, de la souplesse de leur forme, de la richesse et du moelleux de leur duvet; la quatrième provient de la queue. Toutes se vendent au nombre dans cette proportion, qu'une plume de la première sorte en vaut deux de la seconde, quatre de la troisième et dix de la quatrième. Les plumes *noires* et *grises*, fournies les premières par le mâle, les autres par la femelle, sé tirent du corps de l'animal, du dos surtout; elles se vendent au poids, en paquets de longueurs assorties. Le *touyou* de Buffon, autruche bâtarde de l'Amérique, fournit des plumes beaucoup moins belles et moins soyeuses, connues, dans le commerce, sous le nom de *plumes de vautour;* elles se classent en *grandes blanches*, *petites blanches* et *grandes grises :* les deux premières sortes et le peu de duvet blanc qui se trouve à la base de la troisième s'emploient pour parure et plumets militaires; on fait des plumeaux avec le reste. Les plumes du *casoar*, autre espèce d'autruche, sont assez estimées, mais fort rares. Celles de la queue du *marabout*, connues pour la légèreté, le moelleux et l'abondance de leur duvet, sont *blanches* ou *grises;* les premières sont fort recherchées. Toutes ces plumes nous viennent soit de l'Asie par Damas, Alep et Calcutta, soit de l'Afrique, par l'Egypte, les Etats barbaresques et le Cap, directement, ou, pour cette dernière provenance surtout, par la voie de l'Angleterre. Entreposées en grande partie à Livourne ou à Marseille, elles y sont classées, puis expédiées généralement pour Paris, qui les prépare et les livre à la consommation. — Dans les *oiseaux de paradis*, employés pour parure, le *grand* et le *petit émeraude*, ce dernier est de beaucoup le plus recherché, à cause de son duvet plus moelleux, plus abondant, et n'offre pas, sur l'extrémité de ses membranes, la nuance grisâtre que l'on trouve dans le premier; on les classe l'un et l'autre suivant leur coloration plus ou moins riche, la régularité et l'intégrité des pointes.— Dans les *plumes de héron* proprement dites, on n'emploie, pour la parure, que celles étroites, souples, garnies d'un duvet brillant et serré et longues de 4 à 8 pouces qui se trouvent au nombre de deux à trois au plus sur la tête de chaque individu de cette espèce; on les classe en *blanches*, *noires* et *rayées;* elles sont fort rares, les premières surtout. Quant à ce que l'on nomme spécialement *aigrette*, ce sont de longues plumes soyeuses, droites, effilées, à deux rangs de barbes flexibles; leur longueur est de 5 à 15 pouces; elles servent à la confection des aigrettes des officiers supérieurs et s'emploient également pour la parure; on recherche surtout, pour ce dernier usage, une sorte plus petite à pointe frisée et courbée, et que l'on nomme *crosse*.— Les longues plumes blanches ou noires à reflets métalli-

ques de la queue de coq, les petites blanches ou noires provenant du cou et de la croupe, s'emploient pour les plumets militaires; les blanches dans leur couleur naturelle ou teintes en bleu ou en rouge. Des plumes de paon dénaturées, celles de quelques oiseaux trop rares pour être répandues dans le commerce, le duvet de dinde blanc et surtout celui de cygne (*voy.* DUVET) sont encore employés dans la parure et dans la confection des plumets.

Une description purement technologique et détaillée ne pouvant entrer dans le cadre de cet ouvrage, donnons un aperçu rapide des préparations auxquelles sont soumises, avant d'être employées, les plumes de parure, celles exotiques surtout, et particulièrement celles des diverses variétés d'autruche. Après avoir été savonnées à plusieurs reprises, pour les débarrasser de la matière huileuse dont elles sont imprégnées, ces plumes sont soigneusement rincées, puis séchées; on les teint ensuite, s'il y a lieu, puis on les lave de nouveau pour enlever le résidu des matières tinctoriales; les blanches naturelles, après avoir été passées à la craie, sont relavées dans plusieurs eaux, puis ensoufrées, opération que précède parfois la mise au bleu. Teintes ou non, toutes les plumes sont, en définitive, dressées et les franges écartées pour juger de leur largeur, puis on les frise au besoin; elles sont alors prêtes à monter. — Dans ces diverses préparations ou autrement, bien des plumes sont brisées, d'autres se présentent plus ou moins défectueuses : l'art du *plumassier* utilise tout; trouvant d'un côté ce qui lui manque de l'autre, il rajuste les nervures, les raboutit, les remplace; il rassortit les frangès, et telle plume fort belle et parfaitement uniforme au premier coup d'œil provient de dix individus différents. Ceci, du reste, n'est point une fraude, on peut toujours voir les fils qui relient le tout, et la différence du prix avec une plume entière est énorme.

Les plumassiers furent, sous le règne de Henri IV, érigés en communauté et en corps de jurande; leurs statuts, à la date de 1599, furent confirmés, en 1612, par Louis XIII, et, en 1644, par Louis XIV, etc.; ils n'avaient que deux jurés, renouvelés alternativement chaque année par élection, et qui, sortis de charge, prenaient le titre de *bacheliers*, et deux administrateurs de la confrérie. Pour être admis à la maîtrise, il fallait avoir servi en qualité de *compagnon* chez les maîtres pendant quatre ans, en sus du temps d'apprentissage, qui ne pouvait être de moins de six ans; chaque maître ne pouvait avoir qu'un apprenti à la fois, si ce n'est quand ce dernier était à la fin de sa quatrième année. Les apprentis étaient sous la surveillance spéciale des jurés. Les assemblées, présidées par les jurés, se composaient de tous les bacheliers, des deux administrateurs en fonctions, et de six maîtres les ayant exercées; les autres maîtres pouvaient également y assister, mais ils n'étaient pas convoqués.

Paris s'est, depuis longtemps, créé, pour l'industrie qui nous occupe, une spécialité hors ligne ; il approvisionne, malgré le chiffre élevé des importations dans certains pays, la plupart des magasins de modes des principales villes de l'Europe, et ses exportations annuelles pour le Brésil, New-York et la Nouvelle-Orléans, les échelles de l'Amérique méridionale et les Antilles, sont considérables. — Pour les droits de douane, les *plumes de parure* payent, à l'entrée, les *blanches brutes*, 400 fr. par 100 kilogr. par navire français et 417 fr. 50 par navire étranger et par la voie de terre; les *blanches apprêtées*, 600 fr. par navire français et 617 fr. 50 par navire étranger et par terre; les *noires brutes*, 200 fr. et 212 fr. 50; *idem*, *apprêtées*, 400 fr. et 417 fr. 50. Les autres sortes payent, par 100 kilogr., *brutes*, 100 fr. et 107 fr. 50; *apprêtées*, 300 et 317 fr. 50. Les droits de sortie sont, pour toutes les sortes indistinctement, de 25 c. par 100 kil. *brutes*, et de 2 fr. *apprêtées*.

Plumes pour les usages domestiques. — Ce sont les plumes employées dans la literie, *lits de plume* ou *couettes, traversins* et *oreillers;* dans les *coussins* de différentes sortes, et parfois dans les *couvre-pieds* et *édredons;* ces derniers étant le plus souvent remplis avec le *duvet* soit de l'*eider* qui leur a donné son nom, soit d'autres oiseaux (*voy.* DUVET). Les plumes d'oie, celles des autres volailles et même celles du gibier servent à ces divers usages ; mais les premières sont de beaucoup les plus moelleuses et les plus élastiques, et, par conséquent, les plus estimées. On les trouve généralement dans le commerce sous le nom de *plumes d'Alençon*, à cause du grand nombre d'oies élevées aux environs de cette ville et aussi parce que ceux de ses habitants adonnés à cette industrie font, sur plusieurs autres points de la France, des achats considérables de cette plume qu'ils expédient ensuite à Paris comme provenance normande.

— Il existe une grande différence entre la plume arrachée sur l'oiseau vivant, et que l'on appelle, pour cette raison, *plume vive*, et la *plume morte*, arrachée sur l'oiseau mort, recueillie dans la campagne et les ménages : cette dernière, ramassée sans aucun soin et la plupart du temps mal séchée, est généralement moins élastique et plus sujette aux vers ; elle se tasse, se pelotonne et offre, de plus, le grave inconvénient de retenir, dans le tuyau, une certaine quantité de sang dont la corruption, activée par l'action réunie de l'humidité et de la chaleur, communique à la plume une odeur insupportable et excessivement malsaine, dont on ne la débarrasse qu'à la longue, fort difficilement et quelquefois d'une manière imparfaite. La plume de bonne qualité n'a besoin, pour toute préparation, après avoir été préalablement séchée à l'étuve ou dans un four à température peu élevée, que d'être battue fréquemment et en évitant avec soin de la briser; cette opération la débarrasse des pellicules et autres petits corps étrangers qui pourraient y adhérer. Quelques personnes, pour obtenir ce même résultat, passent les plumes à la chaux ; mais, outre que ce procédé les détériore beaucoup, il les imprègne d'une poussière tenace, dont le battage ne les débarrasse jamais complètement. On conçoit parfaitement que, dans les plumes destinées à la literie ou à la confection des coussins, on doit rejeter avec soin celles dont la nervure est trop forte et le tuyau trop long. Quant à celles employées pour les *plumeaux*, nous avons vu, en parlant des *plumes de parure*, que la qualité inférieure de celles dites *de vautour* servait à cet usage; il en est de même de celles de coq et autres oiseaux, naturelles pour gros plumeaux de ménage, teintes le plus souvent de diverses couleurs pour les petits, servant à épousseter les objets les plus délicats, vases d'ornements, statuettes, etc. — On fait également, avec des plumes naturelles ou teintes, et à peu de chose près les mêmes que celles employées pour la parure, de fort jolis *écrans à main*.

Plumes à écrire. — Les plumes de cette catégorie, à laquelle se rattachent naturellement celles pour le dessin, sont, en général, fournies par les ailes de cygne, d'oie, de canard et de corbeau : l'usage des premières, trop fortes et trop épaisses, est fort restreint;

les dessinateurs choisissent de préférence celles de canard et de corbeau ; restent les plumes d'oie, qui sont presque exclusivement employées pour l'écriture. Elles se distinguent en *bouts d'aile*, plus rigides que les autres, et préférées quelquefois pour cette raison, et en *grosses plumes*. La plume, telle qu'on l'arrache de l'oiseau, est imprégnée d'une sorte de suint qui s'oppose à ce que l'encre s'y étende uniformément et l'empêche ensuite de couler sur le papier ; les Hollandais les premiers parvinrent à l'en débarrasser. Leur procédé, dont ils firent longtemps un mystère, consiste à plonger les tuyaux dans la cendre chaude ; vainement on en a cherché de nouveaux ; la dissolution de carbonate de soude ou de potasse, l'acide nitrique et l'acide sulfurique étendus d'eau qu'on avait tenté de leur substituer rendaient les plumes tellement cassantes, qu'il devenait impossible de s'en servir. Tout ce que l'on a pu faire, c'est de remplacer la cendre par du sable très-fin, chauffé à une température constante de 50 degrés environ ; après en avoir retiré les tuyaux, au bout de quelques instants, on les frotte immédiatement et avec force à l'aide d'un morceau de lainage, ce qui les rend transparentes. Ainsi préparées par la cendre ou par le sable, les plumes portent le nom de *plumes hollandées*. Pour avoir de bonnes plumes, il faut les choisir de grosseur et de rigidité moyennes, bien rondes, transparentes et nettes ; les taches blanches qui s'y rencontrent quelquefois les empêchent de bien se fendre, et il s'en détache de petites pellicules qui nuisent à la netteté de l'écriture et occasionnent même des pâtés ; celles anciennement apprêtées sont préférables aux nouvelles en ce que l'on est plus sûr qu'elles sont entièrement débarrassées de leur suint. On les reconnaît ordinairement à leur teinte jaunâtre ; indice qui peut néanmoins tromper quelquefois, attendu que certains fabricants savent fort bien communiquer à des plumes nouvelles l'apparence de la vétusté à l'aide de l'acide hydrochlorique très-étendu d'eau. — Les plumes se vendent généralement par paquets de vingt-cinq dans lesquels la qualité est indiquée par la couleur de la ficelle. — En 1836, d'après le *tableau du commerce*, l'importation des plumes à écrire, *brutes*, s'est élevée à 88,447 kilogr., évalués à une valeur de 1,061,364 fr., et ainsi répartis pour les principales provenances : 27,293 kilogr. de

la Russie, 19,954 de la Belgique, 13,783 de l'Angleterre et 8,661 de la Prusse. Celle des plumes *apprêtées* atteignait à peine le chiffre de 148 kilogr. L'exportation a offert un résultat inverse : tandis que celle des plumes *brutes* n'était que de 457 kilogr., celle des plumes *apprêtées* arrivait à 28,155 kilogr., dont les destinations les plus importantes étaient la Sardaigne pour 9,696, l'Espagne pour 6,667, les Deux-Siciles pour 3,968, la Suisse pour 2,128, la Toscane pour 2,010, le Mexique pour 752, et la Martinique pour 739. — Les plumes payent, pour les droits de douane, à l'entrée, *brutes*, 40 fr. par 100 kilogr. par navire français, et 44 fr. par navire étranger et la voie de terre ; *apprêtées*, 240 fr. et 254 ; à la sortie, les premières payent 2 fr. et les secondes 25 centimes.

Depuis plusieurs années on emploie, pour l'écriture, concurremment avec les plumes dont nous venons de parler, des *plumes métalliques* en acier, laiton, argent, platine et parfois même en or, inventées par un mécanicien du nom d'*Arnoux*. Fort imparfaites d'abord, elles furent difficilement adoptées ; mais, aujourd'hui que l'on est parvenu à leur donner une flexibilité presque égale à celle des meilleures plumes d'oie dont elles n'ont pas les inconvénients, qui sont de se dessécher et de se fendre, outre l'ennui de la taille, leur consommation est considérable. Le bec de ces plumes s'entretient facilement en passant de temps à autre dans un godet rempli de menu plomb ; il faut que le papier soit très-fin et de mauvaise qualité pour qu'elles le déchirent, ou que la personne qui s'en sert ait habituellement la main lourde, circonstance à peu près la seule, avec l'habitude, qui puisse faire préférer les plumes d'oie. Longtemps nous sommes restés tributaires des Anglais, surtout de la fabrique de Birmingham, pour les plumes métalliques ; la plus grande partie de celles répandues actuellement dans le commerce sont de fabrique française. Il se fait également, à l'imitation de celles métalliques, des plumes en écaille ou autre substance du même genre ; elles ont généralement les inconvénients des premières sans en avoir les avantages.   F...D.

PLUMIPÈDES (*ornith.*), ordre des gallinacés. — Cette dénomination a été assignée, par Vieillot, à une famille qui renferme les tétras, les lagopèdes et les gangas, tous gallinacés qui ont pour caractère commun d'avoir les tarses et souvent les pieds garnis de plumes. Mais, comme ce nom n'a pas généralement été adopté, nous renvoyons au mot Tétras, où il est traité de ces différents genres.

PLUMITIF (*procédure*). —C'est la feuille sur laquelle le greffier inscrit le dispositif des jugements et arrêts, tels qu'ils sont rendus à l'audience, et à l'instant même de leur prononcé. Cette feuille doit être signée par le président et le greffier à la fin de chaque audience, ou au plus tard dans les vingt-quatre heures qui la suivent. (Art. 36 du décret du 30 mars 1808.) — Le plumitif est déposé aux archives du tribunal, et l'on y joint les *qualités* signifiées par les avoués. Ces deux parties réunies forment la *minute* des jugements et sont à la disposition de tous ceux qui ont un intérêt à s'en faire délivrer des expéditions.

PLUMULE (*bot.*). —On donne ce nom au premier bourgeon de la jeune plante, c'est-à-dire à celui qui termine l'embryon et qu'entourent ou cachent le ou les cotylédons. Le plus souvent le petit bourgeon et les feuilles qui le forment sont extrêmement petits et comme rudimentaires; mais dans certains cas leur développement devient plus considérable, et il en résulte ces plumules compliquées qui ont donné naissance à des opinions très-diverses : telle est, par exemple, la plumule des *nelumbium;* telle est aussi celle des *ceratophyllum*, dans laquelle la nature, s'essayant, pour ainsi dire, à passer graduellement des cotylédons opposés aux feuilles verticillées de la plante, a produit plusieurs verticilles de jeunes feuilles dont le premier est seulement formé de deux de ces organes et avait été regardé comme composé de deux cotylédons qui, ajoutés aux deux réellement existants et normaux, faisaient regarder les *ceratophyllum* comme pourvus de quatre cotylédons. M. Schleiden nous paraît avoir démontré l'inexactitude de cette manière de voir. (Pour plus de détails, *voy.* Embryon et Graine.)

PLUNKETT (Olivier), primat d'Irlande, né au comté de Meath en 1629, fit ses études au collège des Irlandais, à Rome, et professa la théologie à celui de la Propagande. Nommé archevêque d'Armagh en 1669, il se distingua par sa piété et fut injustement accusé d'avoir voulu soulever les catholiques contre le roi d'Angleterre, Char-

les II ; condamné à être pendu et son corps écartelé. Cette sentence fut exécutée le 10 juillet 1681. Plus tard, son innocence fut reconnue, sa mémoire réhabilitée et ses accusateurs punis de mort. Ses *mandements* et ses *instructions pastorales* ont été imprimés à Londres en 1686, 2 volumes in-4.

PLUQUET (l'abbé François-André), savant écrivain, naquit à Bayeux le 10 juin 1716. Il prit ses grades à l'université de Paris et eut le rare bonheur de connaître les gens les plus distingués de son époque. Fontenelle le protégea, et Montesquieu, ayant à nommer un prieur dans ses terres, jeta les yeux sur lui. L'abbé Pluquet se livra d'abord aux études ecclésiastiques, qui peu à peu l'entraînèrent dans des recherches sur divers systèmes philosophiques de l'antiquité et du moyen âge. A 42 ans, il fit paraître son premier ouvrage l'*Examen du fatalisme*, où il développe, avec science et talent, les preuves de la liberté absolue. La réputation que ce livre lui mérita fit rechercher l'abbé Pluquet par Diderot et d'Alembert, qui lui proposèrent de mettre au service de l'*Encyclopédie* son savoir si vaste et son rare talent de discussion; il refusa. Le *Dictionnaire des hérésies*, que Pluquet publia peu après, vint prouver combien la pensée qui avait dicté son refus était pleine de conviction. La dissertation qui sert de préliminaire à cet ouvrage, et dans laquelle Pluquet fait un tableau général des aberrations de l'esprit dogmatique, a été comparée au fameux discours historique de Bossuet. Le *Traité de la sociabilité*, réfutation non moins logique du système de Hobbes, suivit bientôt. Une place de censeur, puis la chaire de philosophie morale au collège de France devinrent le prix de ces remarquables travaux. Les derniers ouvrages de l'abbé Pluquet furent sa traduction des *livres classiques des Chinois*, avec un excellent préliminaire touchant l'influence de la philosophie morale sur l'ordre civil dans le céleste empire, et un *Essai philosophique et politique sur le luxe*. Il mourut le 18 septembre 1790. On a encore de lui deux ouvrages posthumes, un *Traité de la superstition et de l'enthousiasme*, et un autre sur l'*Origine de la mythologie*.
Ed. Fournier.

PLUTARQUE (*biog., litt.*). — L'un des plus curieux écrivains de l'antiquité, le plus attachant peut-être, c'est Plutarque. N'allez pas lui demander de hautes idées sur la philosophie; n'exigez pas de lui de larges ta-

bleaux d'histoire ou de mœurs; ce qu'il excelle à écrire, c'est le récit; il est narrateur,
non à la manière de Suétone qui entasse les
faits sans critique et sans choix; il a le jugement qui sait choisir, l'émotion qui colore le
récit. La plupart des écrivains de l'antiquité
sont tendus et dédaignent les détails, Plutarque s'y complaît au contraire, et n'est
tendu que dans la forme; il peint l'humanité
non telle qu'elle devrait être, mais telle
qu'elle est, non idéalisée, mais telle qu'il l'a
vue par ses yeux ou par les récits dont il était
si fort avide, et il ne recule devant aucune
des circonstances qui peuvent faire connaître
l'homme de plus près. Que tous les petits faits
qu'il rapporte soient vrais, c'est ce qu'on ne
saurait admettre; non-seulement il est souvent contredit par d'autres historiens, mais
il se contredit lui-même : il est cependant
beaucoup moins occupé de sa phrase qu'on
ne l'a prétendu, et ses anecdotes ont le mérite d'être la tradition de son siècle sur les
choses passées. Ce qui a bien aussi son intérêt, il ne trompe pas sciemment, et l'on ne
peut lui reprocher d'avoir négligé quelque
recherche pour apprendre la vérité. S'il raconte trop de prodiges, c'est qu'il y croit lui-
même. Elevé dans les traditions religieuses,
prêtre païen et administrateur d'une petite
cité, il conserve le culte du passé et tient en
grande vénération les coutumes patriarcales
dans lesquelles il avait été nourri. Ses livres
contiennent de longs détails sur sa famille,
dans laquelle il nous montre plusieurs générations se transmettant de l'une à l'autre les
traditions et l'instinct de la conservation
dans les doctrines. Quelques écrivains se sont
étonnés qu'il n'ait pas parlé du christianisme
déjà florissant à cette époque et remplissant
le monde romain d'admiration. L'éducation
et les goûts de Plutarque sont une réponse
suffisante : tout ce qui était contemporain
représentait, pour lui, la décadence, il vivait
dans le passé, et c'est pour cela qu'il nous l'a
si bien raconté. Il est encore aujourd'hui des
hommes de cette école.

Un autre côté du caractère de Plutarque,
c'est son amour de la discussion pointilleuse,
de la déclamation morale, de la phrase arrondie et quelque peu prétentieuse; sa préoccupation de la symétrie. Ceci s'explique par
un autre côté de la vie de Plutarque : l'auteur des *Vies parallèles* fut longtemps rhéteur
et sophiste à Rome; c'est là qu'il déclama la
plupart des opuscules qui sont devenus des

traités de morale. Le sophiste a déteint sur
le chroniqueur : c'est le sophiste qui a inventé
ce parallélisme forcé des grands personnages
de la Grèce et de Rome, sorte de jeu d'esprit sans valeur et sans portée, quoi qu'en
ait dit la Harpe; c'est le sophiste aussi qu'on
retrouve dans une foule de traités secondaires, déclamations morales faites avec conviction et chaleur, mais sans piquant et sans
attrait, et dans toutes ces pages détachées des
philosophes et écrites en ce style un peu
lourd dont ne put jamais se débarrasser l'illustre Béotien.

Nous savons peu de choses sur la vie de
Plutarque : né vers les dernières années du
règne de Claude, dans la petite ville de
Chéronée, qu'il ne faut pas confondre avec
celle qui a donné son nom à la fameuse bataille gagnée par Philippe sur les Athéniens,
il alla étudier à Athènes sous le philosophe
Ammonius d'Alexandrie, et accepta les dogmes de Platon et de Pythagore. Il fut envoyé
ensuite par ses concitoyens en mission près
du proconsul de la province, puis à Rome,
où il se fit connaître dans la profession de
sophiste. Il resta dans cette ville vingt-deux
ans suivant les uns, quarante suivant les autres; cependant, comme il faisait ses leçons
en grec, il ne parvint jamais à bien savoir
la langue latine; de là les erreurs qui se
trouvent dans ceux de ses ouvrages relatifs
aux Romains. Il revint ensuite dans sa patrie,
où il exerça les fonctions d'archonte et de
grand prêtre d'Apollon. Il s'était marié à une
femme dont il fait l'éloge et qui lui donna
plusieurs enfants. L'époque de sa mort est
aussi peu connue que celle de sa naissance;
quelques-uns la reculent jusqu'au règne
d'Antonin, ce qui porterait à quatre-vingt-
dix ans la durée de sa vie. Un jour, dit Aulugelle, que Plutarque faisait battre de verges un de ses esclaves, celui-ci, au milieu de
ses gémissements, lui reprocha de ne pas
conformer ses actes à ses principes et d'oublier un traité qu'il avait écrit sur la douceur.
« A quoi juges-tu que j'aie de la colère, lui
répondit froidement Plutarque, mon visage
ne porte aucun des signes qui la décèlent!
Puis, se tournant vers l'exécuteur : Mon ami,
lui dit-il, pendant que je discuterai avec cet
esclave, continue de faire ton office. » Tout
païen qu'était Plutarque par le cœur, et tout
persuadé qu'il pouvait être des droits du
maître sur l'esclave, ce trait, qui serait à sa
place dans la vie de Caton, est assez peu

vraisemblable chez l'homme qui s'opposait à la vente d'un bœuf vieilli à son service.

Nous possédons au plus la moitié des œuvres de Plutarque, et la partie qui nous est parvenue ne laisse pas d'être très-volumineuse : c'est un des plus vastes répertoires d'histoire et de philosophie morale et de traditions que nous ait laissés l'antiquité. Le fond des idées est souvent à autrui; la forme en est prosaïque et un peu étroite, mais la lecture en est toujours attachante. On divise ces écrits en trois catégories : les *Vies parallèles*, les *OEuvres morales* et les *OEuvres diverses*. Ces œuvres ont été fort souvent réimprimées en grec, traduites et commentées plusieurs fois en latin et dans toutes les langues modernes. Les deux meilleures traductions françaises sont la version d'Amyot, un peu diffuse, incorrecte et infidèle, mais qui a un charme de naïveté tout particulier, et la version de Dominique Ricard, moins sèche que celle de Dacier et plus exacte que celle d'Amyot. Montaigne, J. J. Rousseau, Bernardin de Saint-Pierre faisaient leurs délices de la lecture de Plutarque. **J. FLEURY.**

PLUTON (*myth.*), fils de Saturne et de Rhée. Lorsque Jupiter eut détrôné Saturne, il partagea entre lui et ses deux frères l'empire du monde. Il garda pour lui le ciel et la terre, donna la mer à Neptune, et les enfers devinrent le partage de Pluton. L'histoire de ce dieu de la mythologie n'est pas longue à raconter : le caractère de Pluton, sans cesse enfoui dans son ténébreux royaume, haineux, jaloux, colère, désirant la mort de tous les êtres humains, afin de peupler son empire, ce caractère, disons-nous, n'avait rien qui pût exciter l'imagination des poëtes; aussi se sont-ils peu occupés de lui. Pluton était si noir et si laid, qu'il ne pouvait trouver une femme; il fut obligé d'enlever Proserpine, lorsqu'elle allait puiser de l'eau dans la fontaine d'Aréthuse, en Sicile. On le représente avec une couronne d'ébène sur la tête, des clefs dans les mains et sur un char traîné par des chevaux noirs.

PLUTONIEN (SYSTÈME). (*Voy.* GÉOLOGIE.)

PLUTUS (*myth.*), fils de Cérès et de Jasion, dieu des richesses, et, par suite, ministre de Pluton dans le sombre séjour des enfers. Les poëtes représentent Plutus aveugle. Primitivement, disent-ils, il était doué de la vue, et les biens de la terre, auxquels il commandait, n'allaient qu'aux personnes justes et qui devaient en faire un bon usage : c'était alors le bon temps de la justice sur terre, l'âge d'or de l'équité. Plus tard, Jupiter ayant frappé Plutus de cécité, le dieu des richesses ne put plus veiller à la répartition des biens, qui, tombant du ciel au hasard, devinrent indifféremment le partage des bons et des méchants. Plutus a été un des principaux personnages qu'Aristophane ait fait parler dans ses comédies.

PLUVIAL (*lit.*). — On appelait ainsi autrefois une sorte de grand manteau que portaient à la campagne, pour se garantir de la pluie, les ecclésiastiques et surtout les religieux. Plus tard, ces derniers le portèrent aux offices, usage qui fut ensuite adopté par le clergé séculier. Le *pluvial* fut alors modifié, et le vaste capuchon retombant sur les épaules, dont il était muni, fut remplacé par le recouvrement ou rabat garni de franges que l'on voit, de nos jours, à la *chape* ou pluvial que portent les chantres à la messe et aux vêpres, l'officiant quand il encense, et tout le clergé dans les processions. Le pluvial enveloppe toute la personne et se fixe par devant avec des agrafes.

PLUVIER, *charadrius* (*ornith.*), ordre des *échassiers*, famille des *pressirostres*. — Ce genre se distingue par les caractères suivants : bec médiocre, plus court que la tête, grêle, droit, comprimé et renflé à son extrémité; narines percées de chaque côté de la base du bec dans une grande membrane qui recouvre de chaque côté un sillon nasal; pieds longs ou de moyenne grandeur, ayant trois doigts dirigés en avant et un en arrière réuni à l'intermédiaire par une courte membrane; première rémige plus courte que la deuxième qui dépasse les autres; queue faiblement arrondie ou carrée. Ces oiseaux sont essentiellement voyageurs; ils se réunissent pour émigrer et volent en formant des lignes étendues, transversales et offrant peu d'épaisseur. Lorsqu'ils s'abattent pour prendre du repos, ils ont le soin d'avoir toujours des sentinelles qui veillent au salut commun. Les œufs, au nombre de trois à cinq, sont gros relativement au volume de l'oiseau; ils sont d'une teinte olivâtre, pointillés ou rayés de brun.

Le genre pluvier se subdivise en *œdicnèmes* et *pluviers proprement dits*. Vieillot avait proposé une troisième subdivision pour une espèce dont le tarse, au lieu d'être réticulé, est

écussonné, et dont les ailes sont armées d'é-
pines comme le pluvier à tête noire. Mais
les caractères distinctifs de son sous-genre
pluvian ne nous paraissent pas assez importants pour qu'on le sépare des autres espèces.
—Les *œdicnèmes* ont quelques rapports avec
les petites espèces du G. outarde et se rencontrent dans les lieux secs et pierreux. L'espèce qui sert de type à la division se trouve
en Europe, c'est l'*œdicnème ordinaire*, qui
porte vulgairement le nom de *courlis de terre*.
Sa taille se rapproche de celle de la bécasse.
Sa couleur est grisâtre, avec une sorte de
flamme brune sur le milieu de chaque plume.
Cet oiseau diffère des autres pluviers en ce
qu'il vit isolé et ne se réunit qu'au moment de
l'émigration. A ce moment, vers le mois de
novembre, des troupes de trois à quatre
cents individus quittent l'Europe pour se
rendre dans les contrées méridionales. La
nourriture de l'œdicnème est essentiellement
animale; elle se compose de mollusques,
d'insectes, de vers et quelquefois de petits
mammifères. Tranquilles et silencieux pendant le jour, c'est la nuit que ces oiseaux se
livrent au bruit et à l'agitation.

Les *pluviers proprement dits* se distinguent
par un bec renflé seulement en dessus et
dont les deux tiers de la longueur sont occupés par les fosses nasales, ce qui diminue
beaucoup sa force de résistance. Ils vivent
en société et préfèrent les bords de la mer.
Ce sont des oiseaux de passage qui ne se rencontrent en Europe que vers le printemps
ou l'automne, vers l'époque des pluies, ce
qui leur à valu leur nom. Leur nourriture se
compose d'insectes, de larves, de mollusques,
de vers de terre C'est une espèce mal déterminée de cette division qui forme avec le
crocodile l'association si singulière signalée
par Hérodote, traitée de fable ensuite et vé-
rifiée par Geoffroy Saint-Hilaire, lors de l'expédition de l'Egypte. Ainsi il est maintenant
hors de doute qu'un oiseau appartenant au
G. pluvier va jusqu'au gosier du crocodile
pour le débarrasser d'insectes, ses plus cruels
ennemis. A terre, les pluviers marchent plus
qu'ils ne volent; leur ponte est peu nombreuse. Cette division renferme un assez
grand nombre d'espèces; nous ne parlerons
que des plus importantes, surtout celles que
l'on trouve en Europe. — Le PLUVIER DORÉ,
charadrius pluvialis, dont la taille est d'un
peu plus de 10 pouces, paraît, en France,
dans le printemps et l'automne : son plu-

mage, pendant l'hiver, est noir de suie tacheté de jaune doré dans toute la partie supérieure du corps avec les parties inférieures
blanches, tandis que, pendant l'été, dans
la saison des amours, les parties supérieures sont d'un noir brillant tacheté d'un
jaune doré très-vif; le front est blanc, ainsi
que le dessus des yeux et les parties latérales
du cou, mais ces dernières sont tachetées
de noir et de jaune; la gorge, le devant
et les parties inférieures du cou, d'un noir
pur. Le pluvier doré paraît préférer pour sa
nourriture les vers de terre, qu'il fait sortir
de leur retraite en frappant doucement avec
sa patte autour du monticule qui les annonce.
— Le PLUVIER A COLLIER, *Ch. hiaticula*, est
moins grand que le précédent; sa taille ne
dépasse guère 7 pouces. L'occiput et les parties supérieures sont d'un brun cendré; la
gorge, le collier qui circonscrit son cou et le
front, d'un blanc pur, ainsi qu'une sorte de
bandeau qui se trouve sur le sommet de la
tête. Cet oiseau ne fait pas de nid; il vit solitaire sur les rivages et vole moins qu'il ne
court. A peine éclos, les petits, qui sont gris,
quittent aussitôt leur mère en courant et offrent assez de ressemblance avec les petites
souris. — Le PLUVIER A FACE NOIRE, *Ch.
melanops*, se rencontre dans les terres aus-
trales; sa taille est de 6 pouces. Son plumage
est brun dans les parties supérieures avec le
bord des plumes de couleur fauve. Le front,
les joues, le collier et un bandeau qui traverse l'œil sont noirs, les parties inférieures
blanches.— Parmi les espèces étrangères, il y
en a qui sont remarquables par un bouquet
de plumes ou des lambeaux charnus sur la
tête, comme le PLUVIER COIFFÉ, *Ch. pileatus*,
le PL. A LAMBEAUX, *Ch. bilobus*. Nous nous
contentons d'indiquer les espèces qui ne se
rencontrent pas en France. A. G.

PLYMOUTH (*géogr.*), ville d'Angleterre
située à l'extrémité occidentale du comté de
Devon. C'est à sa position maritime qu'elle
doit son accroissement et son importance,
et à des moyens de défense dus à des circonstances locales dont des ingénieurs habiles ont su tirer parti. L'entrée du port n'est
pas sans dangers, à cause des récifs et des
hauts-fonds dont il est environné; mais ils
sont si bien connus et indiqués avec tant de
soin par des bouées, qu'on peut toujours les
éviter, si ce n'est dans les temps de tempête
ou de brouillards. Le mouillage appelé *la
Sonde* peut recevoir cinquante vaisseaux de

ligne. La ville doit son nom à la petite rivière de Plym (*Plym mouth*, embouchure de la Plym). À proprement dire, Plymouth a deux ports : l'un à l'est, nommé *Catwater;* l'autre à l'ouest, appelé *Hamoaze*. C'est à l'extrémité ouest de la Sonde et sur la limite du Cornouailles qu'est le port d'Hamoaze, le point le plus important pour la marine britannique; il reçoit les vaisseaux de guerre qui ont besoin d'être réparés : sur ses quais sont des arsenaux immenses, des entrepôts, des magasins à poudre, et tout l'attirail de la guerre maritime. — L'histoire de Plymouth est fort obscure jusqu'à la conquête par les Normands : elle n'était guère alors habitée que par des pêcheurs. Depuis, la prospérité toujours croissante de cette ville excita la jalousie de la France, et, en 1389, une escadre française y débarqua et essaya de la brûler; elle y réussit en partie, mais fut bientôt repoussée, avec une perte de 500 hommes, par Hugues Courtenay. De semblables tentatives eurent lieu à diverses époques sans résultats sérieux, et ne servirent qu'à la faire fortifier davantage. Pendant les guerres civiles entre Charles Iᵉʳ et le parlement, Plymouth resta au pouvoir des troupes de ce dernier parti, et, bien qu'assiégée et réduite par la famine, elle résista pendant trois ans aux efforts des royalistes. — La ville est divisée en trois parties, ayant chacune des franchises particulières et formant, pour ainsi dire, une ville à part : l'un de ces quartiers s'appelle proprement *Plymouth*, le second *Stonehouse*, et le troisième *Devonport*. La population réunie de ces trois quartiers peut s'élever à 90,000 habitants. Plymouth reçut une charte d'incorporation en 1439 : la loi sur la réforme municipale passée en 1835 a apporté quelques changements dans son administration; elle envoie deux députés à la chambre des communes. L'église de Saint-André est un morceau curieux d'architecture, offrant plusieurs styles, ce qui lui donne un aspect bizarre aux yeux des connaisseurs. Le commerce maritime de Plymouth est très-étendu; il s'y fait des importations considérables en charpente, tabac, chanvre, suif, etc. Ses exportations consistent principalement en étain et autres produits minéraux. — Elle a de belles et nombreuses institutions charitables, maintenues par des souscriptions annuelles et par des legs. Un des amusements les plus appropriés à sa position consiste dans les *régates* ou courses en bateau, qui, dans la belle saison, forment un coup d'œil charmant.

PNEUMATIQUE (MACHINE). — La machine pneumatique, dont l'usage est de raréfier l'air contenu dans une capacité donnée, se construit actuellement, pour les laboratoires de physique ou de chimie, de la manière suivante. — Un plateau de métal ou de verre, bien plan et percé, à son centre, d'une petite ouverture, sert d'appui à un récipient dont les bords doivent être rodés avec soin, afin de s'appliquer sur le plateau sans laisser d'interstices. A cette ouverture centrale correspond un tuyau qui se recourbe horizontalement et se bifurque, lorsqu'il a dépassé les bords du plateau, en deux tuyaux secondaires placés dans le prolongement l'un de l'autre. Ces derniers, parvenus à une certaine distance du tuyau principal, se recourbent eux-mêmes verticalement vers le haut, et débouchent dans le fond de deux petits corps de pompe, où se meuvent deux pistons dont le jeu constitue l'action de la machine. — Ces pistons, percés, à leur centre, d'une ouverture cylindrique, que ferme une légère soupape de cuir, mobile de bas en haut et résistant, au contraire, aux efforts en sens opposé, sont, en outre, traversés chacun par une tige métallique très-fine qui peut s'y mouvoir à frottement et se termine, vers le bas, par un petit cône également en métal, disposé de manière à fermer exactement, en y pénétrant, l'ouverture par laquelle chacun des tuyaux secondaires débouche dans le corps de pompe respectif. Si l'on observe que, vers le haut de chaque corps de pompe, est placé un obstacle contre lequel vient butter la tige métallique qui traverse le piston, lorsque celui-ci remonte et tend à l'entraîner dans son mouvement, et si l'on ajoute que les tiges des pistons sont disposées en crémaillères qui engrènent de part et d'autre sur une roue dentée centrale, que l'on peut faire mouvoir au moyen d'un balancier à double poignée, on aura une idée assez complète de la machine pour en comprendre facilement le jeu. — Celui-ci est le même pour chacun des corps de pompe, mais il est alternatif. Or voici ce qui a lieu : lorsque le piston remonte, il entraîne la petite tige métallique qui le traverse, et le petit cône, se soulevant, rend libre l'ouverture du tuyau de communication avec le récipient, tout en restant à une fort petite distance de cette ouverture, grâce à l'obstacle contre lequel la tige butte vers le haut; en même temps la soupape du piston est fermée, et celui-ci fait le vide au-dessous de lui; une portion de l'air contenu dans le récipient pénètre alors dans le corps de pompe; mais, dès que le piston descend, le petit cône bouche l'ouverture du tuyau de communication, et l'air contenu dans le corps de pompe, refoulé par le piston, atteint une pression suffisante pour soulever la soupape et s'échappe dans l'atmosphère. Par une répétition de ce va-et-vient du piston, on expulse une nouvelle portion d'air, et, en continuant assez longtemps, on arriverait à le raréfier indéfiniment sous le récipient, si quelques imperfections inévitables de la machine ne s'y opposaient. Ces imperfections dépendent principalement de ce qu'il n'est pas possible d'annuler complétement l'espace qui reste entre la base du corps de pompe et le piston, lorsque celui-ci est au bas de sa course, et elles sont telles, dans les machines les mieux construites, qu'il reste toujours 4 ou 5 centièmes d'air sous le récipient. — Une addition très-simple faite à la machine pneumatique par M. Babinet, et qui se compose uniquement d'un robinet convenablement disposé, permet d'atteindre une raréfaction beaucoup plus considérable, allant jusqu'à 5 ou 6 millièmes. — On apprécie le résultat obtenu par le jeu de la machine, au moyen d'un baromètre tronqué placé sous une cloche de verre en communication avec le récipient. Dans les machines simples, ce baromètre contient du mercure; mais, dans celles munies du perfectionnement de M. Babinet, on remplace par de l'acide sulfurique le métal, qui ne donnerait pas des indications assez sensibles. Enfin, pour pouvoir, à volonté, faire rentrer l'air dans le récipient, on dispose un robinet dans le tuyau de communication avec les corps de pompe. — La machine pneumatique, dont le rôle, jusqu'à ces derniers temps, avait été exclusivement scientifique, prend actuellement une place importante dans la grande industrie, par l'emploi qu'on en fait pour produire la raréfaction de l'air dans les tuyaux des chemins de fer atmosphériques.

PNEUMATOSE (*méd.*), de πνεῦμα, *air*; ordre de maladies consistant dans une accumulation de gaz tantôt dans les parties en renfermant naturellement une quantité déterminée, tantôt dans celles qui physiologiquement n'en doivent pas contenir. Les pneumatoses sont presque toujours symptomatiques de conditions morbides fort diverses; il est toutefois des cas dans lesquels les gaz sont le produit d'une exhalation qu'aucune lésion appréciable ne peut expliquer. Quoi qu'il en soit, les causes de ces affections peuvent se grouper de la manière suivante : 1° introduction de l'air atmosphérique par les voies naturelles ou accidentelles; 2° décomposition de certaines substances solides ou liquides (une escarre, un fœtus, un amas de sang, etc.), d'où résulte un dégagement de fluides aériformes; 3° obstacle mécanique à la libre circulation des gaz dans les parties qui en contiennent naturellement; 4° solution de continuité par instrument vulnérant, ou bien perforation ulcéreuse d'un organe creux renfermant des gaz (l'estomac, les intestins, les poumons, etc.), qui alors pénètrent dans les parties n'en devant point contenir (le péritoine, la plèvre, etc.); 5° enfin véritable exhalation morbide de fluides aériformes. — Quelles que soient, du reste, leurs causes, les pneumatoses donnent lieu à une série de symptômes variant nécessairement selon leur siége, l'abondance du fluide aériforme et la plus ou moins grande rapidité de sa production; mais, en général, de l'instant où les gaz se trouvent accumulés en quantité considérable, la distension des cavités qui les contiennent donne lieu à un sentiment de gêne, souvent de douleurs aiguës, offrant, dans certains cas, des alternatives d'exacerbation et de rémission, parfois permanentes dans un même point, tantôt mobiles et se déplaçant en même temps que les gaz : dans ce dernier cas, elles s'accompagnent de mouvements intérieurs bruyants appelés *borborygmes* ou *gargouillements*. Notons encore une anxiété souvent très-grande, la petitesse et l'irrégularité du pouls, parfois des lipothymies et des sueurs froides. Il est rare que les pneumatoses provoquent par elles-mêmes de la fièvre, qui, quand elle survient, est bien plutôt l'effet des lésions causes premières des affections qui nous occupent; quelle que soit, du reste, la fréquence de tous les phénomènes locaux ainsi que généraux, on les voit disparaître promptement sous l'influence de l'évacuation des gaz pour faire place à un soulagement marqué.

La marche de ces maladies n'offre rien de constant. Tantôt les gaz exhalés peu à peu s'amassent avec lenteur, et les symptômes ne s'accroissent qu'insensiblement; tantôt, au contraire, ils se développent avec rapidité, et les troubles fonctionnels deviennent graves en peu de temps. Quelquefois les pneumatoses affectent une marche intermittente. On voit encore, chez certains sujets, les différentes espèces se remplacer réciproquement, l'emphysème du tissu pulmonaire, par exemple, succéder à la pneumatose de l'estomac ou des intestins, et celle-ci reparaître quand l'autre se dissipe. — La durée de ces affections n'a rien de fixe : tantôt elles se présentent sous forme aiguë; d'autres fois sous forme chronique et d'une durée, pour ainsi dire, illimitée. Il est rare, du reste, qu'elles donnent directement lieu à une terminaison fâcheuse, si nous exceptons les cas où elles occasionnent une distension telle, que des organes importants s'en trouvent comprimés au point d'être complétement entravés dans l'exercice de leurs fonctions (pneumothorax, emphysème général), et où la distension des organes creux qui les contiennent se trouve portée jusqu'à la rupture. Quant au diagnostic, il est communément assez facile; les douleurs causées par la réaction des gaz sur les parois des cavités, les bruits intérieurs produits par leur déplacement, l'émission bruyante d'une partie de ces fluides, la tuméfaction qu'amène leur présence, la sonorité des régions qui leur correspondent, les phénomènes particuliers fournis par l'auscultation et la percussion laissent rarement du doute à cet égard; mais il est souvent assez difficile de juger si la pneumatose est symptomatique ou idiopathique, et, dans le premier cas, quelle est la maladie qui lui donne lieu. Dans la tympanite intestinale, par exemple, on aura parfois de la peine à déterminer si l'accumulation du gaz tient à la nature des aliments, à un trouble de la digestion causé par un état pathologique des organes, à un étranglement interne, à un rétrécissement, etc.; les circonstances concomitantes fourniront seules alors les éléments du jugement. — Le traitement des pneumatoses devra nécessairement varier selon les causes dont elles pourront dépendre; les principales indications à remplir peuvent toutefois se rapporter aux chefs suivants : 1° favoriser la résorption des gaz par les frictions, les toniques, etc.; 2° en diminuer le volume par le froid et la compression; 3° les faire disparaître, quand leur nature sera connue, par des réactions chimiques; 4° en favoriser l'excrétion par des moyens capables de soutenir les parois et de seconder les contractions des organes musculaires creux qui les contiennent (bandages, toniques); 5° en provoquer l'expulsion artificielle par la compression exercée sur les parties infiltrées, ou leur donner issue par la dilatation des ouvertures naturelles, par l'introduction de canules dans ces voies, par l'aspiration, au moyen d'instruments appropriés, et quelquefois par la ponction des cavités fermées de toutes parts; 6° enfin prévenir leur retour par l'éloignement de toutes les causes qui les ont produites et par un régime hygiénique approprié.

De toutes les pneumatoses, celles des membranes muqueuses sont les plus communes, ce qui tient sans doute à la nature des fonctions attribuées à ces organes, tantôt constamment parcourus par l'air atmosphérique, tantôt exhalant une grande quantité de gaz même à l'état normal, tantôt en recevant une quantité notable de l'extérieur. Citons en première ligne, dans ce groupe, la pneumatose des voies aériennes, désignée sous le nom d'*emphysème pulmonaire* (*voy.* EMPHYSÈME); celle des voies digestives, la plus commune de toutes, et pour laquelle nous renvoyons à l'article VENTS (*méd.*); celles de la vessie et de l'utérus, beaucoup moins fréquentes. — Quant aux pneumatoses des *membranes séreuses*, on a trouvé, dit-on, des gaz épanchés dans l'arachnoïde, tant cérébrale que rachidienne. Mais quel est le mode de production de ces fluides? peuvent-ils se former pendant la vie? Dans cette dernière supposition, il est évident qu'ils pourraient donner lieu à des symptômes de compression, mais ce n'est là qu'une pure hypothèse, et tout ce qui concerne ce genre de pneumatose est encore fort obscur. Il n'en est pas de même de l'accumulation des gaz dans les *plèvres*, état morbide dont il sera question d'une manière spéciale au mot PNEUMOTHORAX. — La pneumatose du *péricarde*, désignée sous le nom de *pneumo-péricarde*, est un phénomène beaucoup plus rare; elle pourrait être le résultat d'une perforation ulcéreuse ou traumatique faisant communiquer le péricarde avec le poumon. Il est quelques cas fort rares dans lesquels les gaz paraissent se former directement dans son intérieur. Leur signe le plus certain est alors un son tympanique à la région précordiale, avec absence, dans la même étendue, du murmure respiratoire; les symptômes fonctionnels seraient des palpitations, de l'oppression. La nature de la maladie une fois précisée, on aurait à mettre en usage les moyens propres à favoriser la résorption des gaz, et, si leur épanchement n'était que la complication d'une autre lésion du péricarde, à agir directement contre cette dernière. Ici l'accumulation des fluides aériformes peut-elle être assez considérable pour compromettre par elle seule la vie du malade, et, dans ce cas, faudrait-il recourir à la ponction de l'organe? L'expérience ne nous fournit rien de positif à cet égard.

La pneumatose directe du *péritoine* était autrefois regardée comme très-fréquente parce que, dans la plupart des distensions tympaniques de l'abdomen, le siége en était rapporté à cet organe. Mais un examen plus rigoureux et plus exact des faits est venu démontrer que, dans l'immense majorité des faits, l'accumulation des gaz se faisait dans les intestins; produite à l'intérieur de la séreuse elle-même, elle constituerait la *tympanite péritonéale*. On conçoit un épanchement gazeux dans le péritoine par suite d'une perforation du canal digestif, et pourtant on ne rencontre pas ordinairement de gaz mêlés aux liquides que contient alors la cavité séreuse; ceux qui s'y rencontrent après la mort sont presque toujours le résultat de la décomposition putride.—L'accumulation de gaz dans la *tunique vaginale* constitue l'une des variétés de la maladie connue sous le nom de *pneumatocèle*, et n'offre rien de spécial. — Les pneumatoses des *capsules synoviales* sont des affections encore mal connues; Laennec croyait que les *pneumarthroses* succédaient fréquemment au rhumatisme articulaire et plus particulièrement au genou, mais cette opinion n'est appuyée d'aucune observation évidente. Les pneumatoses du *tissu cellulaire* ont reçu le nom spécial d'*emphysème*. (*Voy.* ce mot.) L. DE LA C.

PNEUMOBRANCHES (*rept.*). — La nature procède essentiellement par gradations insensibles, et, si parfois nous apercevons des transitions brusques d'un type d'animaux à un autre, c'est souvent ou faute d'observations suffisantes ou parce que peut-être certains êtres intermédiaires ont disparu où ne sont pas encore découverts. A certains égards, les animaux compris dans l'ordre des pneumobranches doivent être regardés comme de ces êtres de transition dont nous parlons ici. Pour passer des reptiles proprement dits aux poissons, il a fallu que des modifications importantes eussent lieu surtout dans l'appareil respiratoire; aussi voyons-nous la nature, procédant peu à peu à cette modification, nous offrir successivement les têtards des batraciens ordinaires munis de branchies au moyen desquelles ils respirent dans l'eau qu'ils habitent d'abord, mais ne gardant ces organes qu'un certain temps, et plus loin les êtres compris dans l'ordre qui doit nous occuper ici, êtres dont les branchies persistent toute la vie, simultanément avec les poumons. Que le genre de vie de l'animal devienne plus aquatique encore, et les poumons disparaîtront pour ne laisser subsister que les branchies. Sous ce rapport, l'ordre des pneumobranches est l'un des plus intéressants à étudier. — Cet ordre, créé par Latreille, ne comprend qu'une seule famille, divisée seulement en deux genres; ceux-ci renferment un très-petit nombre d'espèces et portent les noms de sirène (*siren*) et de protée (*proteus*). La forme générale de ces animaux est allongée, celle des espèces du genre sirène surtout; leur peau est nue, c'est-à-dire sans écailles; leurs branchies sont extérieures, situées des deux côtés de la tête et supportées par des arceaux cartilagineux dépendant de l'os hyoïde. Les poumons sont comme à l'ordinaire. D'après cela, il est facile de conclure que ces animaux sont autant aquatiques que terrestres; ce sont même, à proprement parler, les seuls êtres véritablement amphibies. — Tous habitent les eaux douces soit dans l'ancien, soit dans le nouveau monde; ils paraissent tous fuir la lumière qui, lorsqu'elle est trop vive, agit d'une manière fâcheuse sur leurs organes respiratoires. Ainsi un protée ayant été exposé au grand jour, M. Bory de Saint-Vincent dit avoir vu les branchies devenir de couleur rose par suite du sang qui y affluait avec trop d'abondance; il est même probable que l'action continuant, il aurait pu en résulter une sorte d'étouffement. — Le premier des deux genres déjà nommés, le genre protée, a été créé par Laurenti pour une espèce de reptile pneumobranche originaire des lacs souterrains de la Carniole et de l'Autriche, prise auparavant pour un têtard de salamandre. Le corps de ce protée (*Panguinus*) est allongé et terminé par une queue comprimée en nageoire; il est supporté par quatre pattes munies, les antérieures, de trois doigts et les postérieures de deux seulement; sa longueur totale est d'environ

1 pied et sa grosseur à peu près comme le doigt; il a le museau allongé, déprimé; ses deux mâchoires sont garnies de dents; les yeux, qui sont extrêmement petits, disparaissent entièrement sous la peau chez les adultes. Sa couleur est blanchâtre. — Le genre sirène, genre exclusivement américain, comprend trois espèces, dont les deux pattes antérieures seules se sont développées : la paire postérieure n'existe pas même à l'état rudimentaire; il en est de même des os du bassin. Ici encore l'œil est très-petit et la bouche peu fendue; la mâchoire inférieure porte seule des dents tout autour; la supérieure en est dégarnie, mais le palais en a plusieurs rangées. La forme du corps de ces animaux est à peu près celle d'une anguille; aussi Gmelin les avait-il réunis dans le genre murène. — L'espèce principale de ce genre, la sirène lacertine, Lin., atteint jusqu'à 3 pieds de long; elle est noirâtre et à queue comprimée en nageoire obtuse; elle habite les rivières de la Caroline ainsi que tous les marais de ce pays, où elle se cache dans la vase; elle se nourrit de vers et d'insectes. Garden lui attribue une sorte de chant analogue à celui d'un jeune canard, mais son assertion est formellement contestée à cet égard par Barton. — Nous devrions comprendre dans le même ordre le genre monobranche de Harlan, créé pour une espèce habitant les lacs de l'Amérique septentrionale, et qui, dit-on, atteint jusqu'à 3 pieds de longueur. On devrait également y ranger les axolots s'il était démontré que leurs branchies persistassent toute leur vie.

PNEUMODERMES (*moll.*). — Ces mollusques constituent un genre intéressant de la classe des ptéropodes, famille des clios ou à tête distincte. Ils sont toujours de petite taille, sans coquille où ils puissent se retirer, et ne sont, par suite, protégés que par leur peau contre le choc des corps environnants. Il est vrai que, vivant habituellement loin en mer, ils ont moins à craindre, sous ce rapport, que les mollusques littoraux. — Leur forme générale est celle d'un cylindroïde à l'une des extrémités duquel est la tête, terminée par une sorte de trompe et portant deux tentacules en faisceaux; leurs nageoires sont à la jonction de la tête et du corps. Entre les nageoires se trouve un petit appendice ou pied rudimentaire, dont l'utilité ne doit pas être grande, à moins qu'il ne serve de suçoir. — Leurs branchies sont disposées

en forme de croix suivant MM. Quoy et Gaimard, ou en manière de deux C adossés de cette façon (ꝯC) et séparés par deux petites barres d'après Rang. — Ces animaux sont monoïques, c'est-à-dire que chacun est à la fois mâle et femelle. L'orifice des organes de la conservation de l'espèce de même que l'anus sont situés au côté droit du corps.

PNEUMONIE (*méd.*).—On entend par ce mot l'inflammation du tissu du poumon; c'est à cette maladie qu'on donnait autrefois le nom de *fluxion de poitrine*. Beaucoup de personnes étrangères à l'art de guérir la confondent avec une autre affection, la phthisie pulmonaire, dont elle diffère essentiellement : la pneumonie est une inflammation franche, vive du tissu du poumon, et qui, une fois guérie, ne laisse plus de traces, tandis que la phthisie pulmonaire est caractérisée par la déposition de matière tuberculeuse dans les poumons accompagnée d'un état de langueur chronique et de dépérissement général. — Les symptômes de la pneumonie sont les suivants : le malade éprouve généralement de l'oppression, il a un sentiment de chaleur et de malaise, de la fièvre (80 à 140 puls. par min.), un point de côté ou une douleur sous le sein du côté malade, surtout si la pneumonie est compliquée de pleurésie (*voy.* ce mot), ce qui arrive dans la majorité des cas; elle prend alors le nom de *pleuropneumonie*, qui indique à la fois l'inflammation du poumon et celle de la plèvre. Il y a une toux assez fréquente, accompagnée d'une expectoration dont les caractères indiquent la période à laquelle la maladie est arrivée : nous reviendrons tout à l'heure aux signes fournis par la nature des crachats. En percutant la poitrine, on entend un son plus mat dans le lieu qui correspond au siége de la maladie. En pratiquant l'auscultation (*voy.* ce mot) en cette même place, on perçoit un bruit différent du murmure vésiculaire pur que fait entendre la respiration dans l'état de santé. Laennec, le célèbre inventeur de l'auscultation, a donné à ce bruit anormal le nom de *râle crépitant*, parce qu'il ressemble assez à celui qu'offre le sel qui décrépite sur des charbons ardents quand on l'y fait tomber. Ce râle crépitant, qui est le signe pathognomonique ou autrement dit essentiellement distinctif de la pneumonie, existe pendant tout le temps que la maladie est à sa première période, celle d'*engouement*. Lorsqu'elle arrive à la seconde période, celle d'*hépatisation*, il disparait pour faire place à ce qu'on nomme la *respiration bronchique ;* et la voix donne une résonnance particulière nommée *broncho-phonie ;* celle-ci existe encore lorsque la maladie parvient à la troisième période, celle de *suppuration.* Pendant les deux premières périodes, les crachats sont plus ou moins mêlés de sang, ce qui les rend tantôt rouges, tantôt couleur de rouille ; pendant la troisième, ils deviennent couleur jus de pruneaux ou gris-jaunâtres ; ils sont, en outre, durant toute la maladie, très-visqueux et fortement adhérents au vase qui les contient et remplis de petites bulles d'air.

Ainsi que nous venons de le dire, la pneumonie offre trois degrés ou périodes : dans la première, celle d'engouement, le poumon est gorgé de sang et encore perméable à l'air, deux conditions pour que le râle crépitant ait lieu. Si on examine alors le poumon sur le cadavre et qu'on vienne à l'inciser, on voit que sa substance est ramollie, plus rouge, et qu'en pressant les bords de cette incision il s'écoule un sang écumeux. Dans la seconde période, celle d'hépatisation, la substance de l'organe, encore rouge, est devenue plus dense, quoique toujours friable ; elle paraît grenue quand on l'incise et se rapproche de l'aspect que donne le tissu du foie. Le parenchyme du poumon étant devenu plus dense et, par conséquent, meilleur conducteur du son, il transmet à l'oreille de l'auscultateur le bruit du souffle que produit l'air en traversant les bronches ; cette respiration bronchique remplace le murmure vésiculaire normal, puisque les cellules aériennes ne sont plus perméables à l'air. Dans la troisième période, celle de suppuration, le poumon est grisâtre et toujours imperméable à l'air et contient, dans son parenchyme, des gouttelettes de pus qui s'en écoulent quand on l'incise. Quelquefois même on y trouve des foyers purulents et des parties gangrénées. — La maladie ne parcourt pas nécessairement ces trois périodes ; réprimée de bonne heure, on la borne souvent avant qu'elle atteigne la troisième et même la seconde ; mais, quand elle est plus avancée, il se produit un phénomène des plus remarquables. Avant de revenir à l'état sain, le tissu du poumon repasse par celui où il était dans la première période de la maladie, et on retrouve, à l'auscultation, le râle crépitant qui la caractérise. On l'a, pour cette raison, nommé *râle crépitant de retour* (*rhonchus cre-*

pitans redux). Ainsi, à mesure que la maladie marche vers la résolution, elle fait en arrière le chemin qu'elle avait fait en avant et en suivant la même route. — Quand la maladie se résout, la viscosité des crachats diminue ; cette viscosité, au plus fort de l'inflammation, est telle qu'on pourrait quelquefois retourner complétement le crachoir sans que rien tombât de celui-ci. En même temps l'amélioration se fait remarquer dans la coloration de l'expectoration, qui devient simplement muqueuse et finit par disparaître ainsi que la toux. Cette dernière persiste quelquefois longtemps parce qu'il reste encore de l'irritation dans les bronches.

La pneumonie peut exister à la fois des deux côtés de la poitrine, on l'appelle alors *pneumonie double ;* mais le plus ordinairement elle est simple. Elle affecte plus souvent la partie postérieure et inférieure du poumon que sa partie antérieure et supérieure. Dans le premier cas, la pneumonie s'accompagne souvent de vomissements, et, dans le second, de délire. Quoique ces phénomènes aient par eux-mêmes une certaine gravité, ils doivent être considérés comme sympathiques et dus au voisinage de l'estomac quand la pneumonie existe à la partie inférieure, et au voisinage du cerveau quand elle siége à la partie supérieure. Il est rare qu'elle frappe à la fois tout un poumon : elle est presque toujours bornée à une portion de son étendue.

La pneumonie est assurément une affection grave ; elle s'adresse à un des organes les plus importants de l'économie, celui dont la fonction doit être incessante, auquel on ne saurait donner aucun repos, puisque la respiration ne saurait être interrompue sans que la mort s'ensuivit, un organe éminemment vasculaire et sur lequel l'inflammation a nécessairement une prise considérable ; cependant, si elle est combattue dès le début par un traitement énergique manié par un praticien prudent et habitué à l'auscultation, il y a tout lieu d'espérer qu'on pourra la guérir.

La pneumonie est d'une gravité bien différente aux diverses époques de la vie ; très-dangereuse dans la première enfance, elle l'est bien moins dans la jeunesse et dans l'âge mûr, et devient très-grave dans la vieillesse, surtout quand le sujet a passé 70 ans. M. Chomel, entre autres, a remarqué que cette maladie était constamment suivie de mort chez toutes les femmes septuagénaires de l'hôpital de la Vieillesse. On doit aussi avoir égard aux tempéraments et à la force du sujet. Chez les individus faibles, usés, cachectiques, ou chez ceux qui sont éminemment pléthoriques, la maladie est bien plus à redouter. Enfin le danger de la pneumonie est d'autant plus considérable qu'elle occupe une plus grande étendue du tissu pulmonaire : ainsi elle est plus grave quand elle est double que quand elle est simple, et, toutes choses égales d'ailleurs, quand elle a son siége au sommet des poumons que quand elle existe à leur base.

La pneumonie étant une inflammation vive, prompte dans sa marche et menaçant un organe essentiel, on lui a, de tout temps, opposé un traitement actif dont les émissions sanguines ont formé la base. Les médecins du siècle dernier la combattaient par la saignée, à laquelle ils joignaient généralement l'emploi des purgatifs dont ils attendaient un double effet, celui d'une dérivation sur l'intestin, et, de plus, l'expulsion de ce qu'ils appelaient l'*humeur peccante*. D'autres doctrines ayant ensuite prévalu, les purgatifs furent abandonnés, et on se borna aux émissions sanguines et aux délayants. On vit que la saignée était indiquée dans cette phlegmasie plus qu'en toute autre, et qu'elle était beaucoup plus efficace quand on la répétait au début d'une manière assez rapprochée. Aux émissions sanguines générales on joignit les saignées locales, et on appliqua des sangsues sur le côté de la poitrine qui était affecté. Enfin, dans ces derniers temps, quelques médecins, s'exagérant l'utilité des saignées nombreuses et rapprochées, imaginèrent de les multiplier et de les rapprocher encore et donnèrent à leur méthode le nom de *méthode des saignées coup sur coup*. Sans chercher à faire ici l'examen critique de cette méthode considérée dans son application générale, nous pouvons dire que les sujets qui ont été trop abondamment saignés dans la pneumonie se rétablissent difficilement et ont des convalescences interminables. Il y a donc deux excès à éviter, celui de faire trop peu de saignées, en laissant prendre à l'inflammation une violence qui enlève le malade, et celui de le saigner trop et de lui enlever la force nécessaire pour se guérir. Frappé des inconvénients des saignées nombreuses, un médecin italien, Rasori, imagina d'employer, à l'intérieur, un médica-

ment qui agit pour combattre l'inflammation, et qui, pour cette raison, mérite le nom de *contro-stimulant* (*voy.* CONTRO-STIMULISME). Nous voulons parler de l'émétique ou tartre stibié administré non plus à dose vomitive (5 centigrammes-1 grain), mais à haute dose (30 centigrammes-6 grains), et plus même dans les cas extrêmes, jusqu'à 60 centigrammes et au delà en 24 heures. Administré de cette manière, l'émétique agit comme la saignée, en déprimant les forces et diminuant l'énergie de la circulation. En pareille circonstance, l'effet du tartre stibié est d'autant plus considérable qu'il est mieux *toléré*, c'est-à-dire qu'il ne détermine ni selles ni vomissements; néanmoins, dans les cas nombreux où ces évacuations ont lieu, il jouit encore d'une grande force contro-stimulante. Pour arriver à obtenir la *tolérance*, on l'administre à dose très-fractionnée; ainsi on met 30 centigrammes d'émétique dans 120 grammes d'infusion aromatique, à prendre par cuillerée de deux heures en deux heures. On peut même, afin d'obtenir plus facilement cette tolérance, ne porter la dose qu'à 20 centigrammes et ajouter à la potion 20 grammes de sirop diacode. L'administration de ce médicament a besoin d'être dirigée avec prudence; on doit en diminuer immédiatement la dose, dès que l'inflammation diminue, et le supprimer bientôt tout à fait. Malgré les avantages immenses qu'offre le tartre stibié donné comme contro-stimulant, il serait imprudent de se borner à son emploi dans le traitement de la pneumonie. En général, on fait plusieurs émissions sanguines rapprochées au début; ainsi, pour peu que la pneumonie soit grave, on pratiquera, dans les trente-six premières heures, deux saignées entre lesquelles des sangsues seront appliquées sur le point correspondant à la maladie, quitte à revenir même encore aux émissions sanguines si la pneumonie n'était pas immédiatement enrayée. C'est alors qu'on devra commencer l'administration du tartre stibié. Cette association des deux médications se nomme *méthode mixte*. Dès que la maladie commence à décliner, il convient d'appliquer un vésicatoire sur le point affecté pour résoudre le reste de l'inflammation; on le supprime dès que les signes d'auscultation indiquent la terminaison complète de l'affection pulmonaire. Pendant tout le cours de la pneumonie, les boissons doivent être adoucissantes; la diète sera observée et le corps maintenu dans une atmosphère d'une chaleur égale et tempérée. Après le retour complet à la santé, ces précautions contre le froid doivent encore être prises dans une certaine mesure, car l'expérience a prouvé qu'un sujet qui a déjà eu une pneumonie est plus exposé qu'un autre à en contracter une nouvelle. DE LAMARE.

PNEUMOTHORAX (*méd.*), de πνεῦμα, air, et θόραξ, *poitrine.* Cette expression, qui, dans le sens étymologique, comprend toute accumulation de gaz dans la poitrine, est spécialement consacrée, de nos jours, pour désigner les épanchements aériformes de la cavité des plèvres, soit que les gaz y existent seuls, ou bien encore qu'ils soient accompagnés d'une certaine quantité de liquide : dans le premier cas, l'affection conserve le nom de *pneumothorax*, et, dans le second, elle prend plus spécialement celui d'*hydro-pneumothorax;* néanmoins la première de ces expressions est souvent appliquée à l'un et à l'autre de ces phénomènes. — L'épanchement gazeux de la plèvre est rarement une affection primitive et essentielle, mais presque toujours la conséquence de lésions traumatiques ou d'altérations morbides variées. Citons, en première ligne, les plaies des parois thoraciques avec perforation de la plèvre costale sans lésion pulmonaire : l'air provient, dans ce cas, de la masse atmosphérique ; d'autres fois une blessure du poumon, par une fracture de côté, par exemple, le fera provenir, au contraire, de celui qui remplit cet organe ; dans les plaies pénétrantes de la poitrine, l'air pourra venir simultanément de ces deux origines. Nous rapprocherons encore de ces cas ceux où l'épanchement gazeux se fait, sans une cause vulnérante, dans l'emphysème vésiculaire du poumon, par suite de la rupture d'une ou plusieurs cellules dont l'air passe sous la plèvre et finit par déchirer cette membrane ; mais, dans l'immense majorité des cas, le pneumothorax est un accident consécutif à la phthisie pulmonaire et se produit par l'intermédiaire d'une petite caverne tuberculeuse, déjà ouverte dans une bronche, et dont la paroi externe, très-rapprochée de la surface du poumon, vient à se rompre, d'où résulte une communication entre la cavité pleurale et l'air inspiré. Une gangrène simultanée de la plèvre et du point correspondant sur la surface du poumon, un foyer purulent siégeant ou parvenu vers la superficie de ce

dernier organe, un cancer du poumon avec ulcération de la portion correspondante de la plèvre agiront de la même manière. Nous rapprocherons encore de ces cas le cancer de l'estomac et du côlon transverse, dont le travail ulcératif est arrivé jusqu'à la plèvre en traversant le diaphragme, la rupture d'une hernie intestinale diaphragmatique, la perforation de l'œsophage dans la cavité séreuse qui nous occupe. Dans une autre série de faits beaucoup moins rares, le pneumothorax sera consécutif à une pleurésie chronique avec épanchement purulent, le gaz se dégageant des liquides eux-mêmes ; il pourra se produire encore dans certains cas d'épanchements hémorragiques, par suite de la décomposition du sang ; enfin, selon Laennec, la formation de gaz à l'intérieur des plèvres pourrait avoir lieu, dans la pleurésie aiguë, à une époque voisine de l'épanchement et sans que le liquide ait eu besoin, pour cela, de subir aucune altération chimique, les fluides aériformes étant sécrétés ici, comme cela se voit pour plusieurs autres membranes, par une véritable exhalation morbide. (*Voy.* PNEUMATOSE.)

Le pneumothorax n'étant le plus souvent qu'une maladie consécutive, ses symptômes devront nécessairement varier, pour les détails, suivant les différentes causes dont il résulte ; mais, en général, il s'accompagnera d'une grande oppression, brusquement développée dans les cas de perforation, graduellement, au contraire, quand l'affection résultera d'une exhalation de gaz sans lésion matérielle. Mais, quel qu'ait été le début, la dyspnée devient communément assez grande pour obliger le malade à garder la position assise ; l'examen de la poitrine fait constater une altération notable dans sa forme ; le côté malade est dilaté, les côtes y sont redressées et écartées les unes des autres, souvent avec diminution dans l'ampleur des mouvements respiratoires de ce côté, par suite de la distension permanente de ses parois. Cette apparence, il est vrai, peut résulter également d'un épanchement liquide ; mais ici la percussion, au lieu de donner un son mat, comme dans l'autre cas, fait entendre un son même plus clair que dans l'état physiologique, et, comme les fluides aériformes tendent à se répandre uniformément dans toute la plèvre, l'augmentation de sonorité a bientôt lieu dans toute l'étendue du côté malade, si ce n'est pour les points où le poumon aurait contracté des adhérences. Cependant le bruit respiratoire diminue en proportion de l'augmentation de cette résonnance tympanique et cesse même d'être entendu dans toute la hauteur du côté malade, si ce n'est près de la racine des bronches et dans les points où des adhérences de la plèvre auraient maintenu le poumon en contact avec les parois pectorales. Lorsqu'il existe à la fois des liquides et des gaz, le son clair n'existe que dans la partie la plus élevée, tandis qu'il y a de la matité dans la plus déclive, et cela dans une étendue proportionnée au rapport réciproque des deux épanchements. Un autre signe propre à ces épanchements mixtes est le bruit de fluctuation produit en secouant brusquement le thorax. Quand le pneumothorax s'accompagne d'une perforation du poumon, avec passage libre de l'air des bronches dans la cavité pleurale, l'auscultation fait entendre de la *respiration amphorique* (voy. AUSCULTATION); la voix et la toux prennent également ce caractère. — A ces phénomènes locaux se joignent des symptômes généraux dont l'intensité variera suivant la quantité des fluides épanchés et leur formation plus ou moins rapide. Dans les cas graves, sentiment de souffrance générale et de vive anxiété, face pâle, traits profondément altérés, pouls faible et fréquent, sueur froide.

La marche du pneumothorax doit nécessairement être des plus variables Dans les cas, par exemple, où il y a simple exhalation, elle peut être lentement croissante, tandis que, dans ceux de rupture de la plèvre, les accidents acquièrent promptement le plus haut degré d'intensité; aussi la durée de l'affection n'offre-t-elle rien de fixe. La terminaison la plus habituelle est la mort, résultant à la fois de la compression du poumon et des progrès de la maladie première. La guérison n'est cependant pas impossible: dans ces cas, pour ainsi dire exceptionnels, les malades entrent en convalescence par la diminution graduelle des fluides épanchés; mais alors il persiste, comme dans la pleurésie chronique, un rétrécissement de la poitrine. Les moyens dont l'art dispose ici sont fort bornés et souvent dirigés contre les circonstances accidentelles. La perforation de la plèvre s'accompagne-t-elle de douleur vive avec inflammation locale, application de sangsues, concurremment avec les topiques calmants ou émol-lients et les préparations béchiques ou narcotiques à l'intérieur, dans le double but de modérer la souffrance et de calmer la toux, pour diminuer les mouvements imprimés à la poitrine; s'agit-il d'un pneumothorax traumatique chez un sujet vigoureux, saignées générales et locales avec applications froides sur la poitrine pour s'opposer au développement de la phlegmasie du poumon lui-même; ces premières indications remplies, chercher à favoriser l'absorption des fluides épanchés par les dérivatifs extérieurs et les purgatifs. La ponction de la poitrine a quelquefois été suivie de succès. **L.**

PNYX (*hist. anc.*). — Colline et vaste place d'Athènes, sur laquelle se trouvait la tribune aux harangues. Le pnyx était situé entre la colline du musée et celle de l'aréopage, mais de telle sorte que de sa tribune on pouvait voir les flottes de la république remplir le Pirée et couvrir la mer de leurs voiles. C'est Pisistrate qui avait choisi pour les rostres d'Athènes cette position si favorable : les trente tyrans la trouvèrent dangereuse, et ne voulurent pas que les orateurs, parlant en vue de ce port et de cette mer, témoins de la puissance d'Athènes, pussent rappeler au peuple son ancienne gloire; ils changèrent donc la place de la tribune, et Plutarque nous apprend que celle qu'ils firent construire fut située derrière et au-dessous du pnyx de Pisistrate. C'est du haut de cette tribune nouvelle que retentit l'énergique parole de Démosthène. Les nombreux bouleversements qui couvrirent Athènes de ruines avaient enseveli le pnyx sous des monceaux de terres et de décombres; mais des fouilles entreprises par lord Aberdeen en 1822 ont fait retrouver ce curieux monument. On peut donc revoir encore la tribune de pierre avec ses trois larges degrés, et cette enceinte demi-circulaire que les Athéniens appelaient *perische-næma* à cause des cordages qui l'entouraient pour garantir les approches du pnyx. C'est près de là que se tenait la tourbe des oisifs et des nouvellistes, le peuple *pnycéen*. Un mur en terrasse termine cette enceinte du *perischenæma*, formée de terres rapportées. « Ce mur, qui existe encore, dit un voyageur, est un des exemples les plus étonnants de construction cyclopéenne ou pélasgique : on reste stupéfait en voyant la prodigieuse grosseur de ces pierres et la perfection de leur assemblage. » ED. FOURNIER.

PO (*géogr.*), *Padus*, l'ancien *Eridan* : c'est le fleuve le plus considérable de l'Italie, dont il arrose la partie septentrionale qu'il divise en deux parties nommées, pour cette raison, par les anciens, Gaule *cispadane* et Gaule *transpadane*. Le Pô prend sa source au mont Viso, dans l'ancien marquisat de Saluces, passe à Turin, d'où il prend une direction presque constante de l'ouest à l'est, puis à Pavie, où il commence à marquer les limites entre le Piémont, les duchés de Parme et de Modène, et les Etats du pape et le royaume lombardo-vénitien; après un cours de 585 kilomètres à travers ces différents pays, il se jette dans l'Adriatique, non loin de Ferrare, par plusieurs embouchures, dont les principales sont le *Pô di-Maestro* et le *Pô-di-Goro*. Ce fleuve, dont le lit, naturellement plus élevé que les terres adjacentes, est encore exhaussé par les masses de sable qu'il charrie sans cesse, est sujet à de fréquents débordements, et la navigation en est fort difficile. De beaux travaux d'endiguement y ont cependant été exécutés pendant la trop courte occupation de l'Italie par les Français, et son cours, à partir de Plaisance, est bordé d'une ligne de digues dont une partie, dit-on, fut construite par les Etrusques. Les affluents du Pô sont, au nord, les deux *Doria*, la *Sesia*, l'*Agonia*, le *Tésin*, l'*Olona*, l'*Adda*, l'*Oglio*, le *Mincio*; au sud, la *Stura*, le *Tanaro*, la *Trebia*, la *Lenza*, la *Secchia*, le *Panaro*. La vallée du Pô est d'une grande fertilité : mûriers, vignes, céréales, pâturages, tout y prospère. — Sous la domination française, de 1797 à 1814, il y eut, en Italie, les départements du *Pô*, du *Haut-Pô* et du *Bas-Pô* : le premier, comprenant une partie du Piémont, avait pour chef-lieu *Turin;* le second, chef-lieu *Ferrare*, était pris sur les Etats de l'Eglise; le troisième, chef-lieu *Crémone*, renfermait une partie du duché de Milan : ces trois départements, après avoir été d'abord compris dans la république cisalpine, le furent ensuite dans le royaume d'Italie.

POCHADE (*beaux-arts, peint.*).—Les artistes désignent par ce mot une peinture faite tout à coup, à la hâte, non sans esprit et sans sentiment, ce qui est toujours indispensable, mais à laquelle on se dispense de mettre la précision dans le détail des formes. Un peintre qui veut s'assurer de l'effet général auquel sera soumis l'ensemble d'une composition, ou faire l'essai des différents tons de couleurs qui doivent entrer dans l'harmonie de son ouvrage, fait une *pochade* pour s'assurer que l'effet de la lumière et l'opposition des tons satisferont son goût et protégeront sa pensée principale. La *pochade* a donc pour objet l'étude préliminaire de ce qui se rapporte plus particulièrement à la distribution de la lumière et au coloris; tandis que, dans l'*esquisse* ou le *croquis*, l'artiste s'occupe davantage de la combinaison heureuse des lignes, de la disposition relative des groupes entre eux et même du mouvement de chaque figure.

Communément on entend par *pochade* une peinture faite avec esprit, mais heurtée et exécutée avec promptitude. Cette manière de traiter l'art n'a commencé à être adoptée que lorsqu'un long usage de la peinture à l'huile avait conduit les artistes à *empâter* les couleurs, ce qui n'a eu lieu que depuis les Carrache.

Au surplus, comme cela se voit d'ordinaire, on arrive facilement, en cherchant l'histoire d'un mot, à savoir ce qu'il exprime d'une manière précise. Celui très-français *pocher*, venant de *poche*, *tumeur*, *gonflement*, veut dire faire une meurtrissure avec enflure. *Pochade* veut donc dire une peinture informe, vague, résultat de coups de pinceau donnés brutalement et presque à l'aventure. A toutes les grandes époques de l'art, la *pochade* a été sinon inconnue, au moins inusitée, et l'on ne pourrait citer aucune production si légère ou si rapidement exécutée qu'elle pût être de Raphaël, de Michel-Ange, de Léonard de Vinci ou d'André del Sarte, à laquelle on pût donner cette qualification. Le beau temps de la *pochade* date de 1720, à la décadence de l'école de le Brun, et malheureusement il semblerait que quelques artistes de nos jours, abusant de leur facilité, s'efforcent de la remettre en crédit et en honneur.   DE LÉCLUSE.

POCHE (*accept. div.*). — Ce mot désigne ordinairement une sorte de petit sac en étoffe quelconque, fixé à un vêtement d'homme ou de femme, et servant à placer des objets de petite dimension et de certaine nature que l'on veut porter sur soi. — On appelle quelquefois *poche* le *jabot* des oiseaux. — Quand on chasse le lapin au furet, on tend à l'entrée des terriers une sorte de filet qui porte le nom de *poche;* on s'en sert également, avec quelques modifications, pour prendre les perdrix et les faisans. —

La *poche* est encore un instrument de musique de la famille du violon, plus petit que ce dernier, dont il donne l'octave à l'aigu; il est à quatre cordes; sa forme diffère de celle du violon en ce que, au lieu d'être aplatie et à peu près égale aux deux extrémités du corps de l'instrument, elle offre une sorte de cylindre dont le diamètre diminue insensiblement vers le manche. Quelques poches cependant étaient de très-petits violons; on les appelait aussi *pochettes*. Cet instrument, dont se servaient les maîtres de danse pour leurs leçons en ville et qu'ils plaçaient effectivement dans la poche, n'est plus en usage de nos jours et ne se trouve chez quelques luthiers que comme objet de curiosité. — Les verriers donnent le nom de *poche* à une sorte de grande cuiller en fer dont ils se servent pour transvaser le verre en fusion.

PODAGRE. (*Voy.* GOUTTE.)

PODESTAT, *potestas.* —Tel était le titre du principal magistrat dans les villes libres de l'Italie. Il était officier de police, rendait la justice et surveillait l'administration intérieure de la ville. Ses fonctions répondaient à peu près à celles de préteur dans l'ancienne république romaine. Il y eut à Florence, à Gênes et à Venise des *podestats* célèbres. **J. D.**

PODIUM. (*Voy.* THÉATRES.)

PODLACHIE (*géogr.*), pays situé entre le Niémen, le Bug, le Narev, et qui appartient à la Russie; il se trouve compris aujourd'hui dans les trois gouvernements de Lublin, d'Augustow et de Grodno, dont les deux premiers font partie du nouveau royaume de Pologne. Le sol y produit surtout des grains, les forêts abondent en gibier, les fleuves sont fort poissonneux. C'est dans ce pays qu'on voit la célèbre forêt de Bialovieza, qui renferme encore des bisons. La population est, pour la plupart, d'origine slave. Parmi ses villes les plus considérables, on remarque Bialystok, Biala, Lukow, Siedlcé, Tykocin.

La Podlachie, habitée jadis par un peuple d'origine letonne nommé *Jadzwinges* (Yadzwingues), ne fut réunie à la Pologne qu'au XIII° siècle, époque où sa population embrassa le christianisme. Ensuite on la voit envahie par les Lithuaniens et les chevaliers croisés, mais elle resta depuis le XV° siècle aux Polonais, qui en firent un palatinat du même nom.

PODOCARPE, *podocarpus*(*bot.*).—Genre de plantes de la famille des taxinées (*voy.* CONIFÈRES), de la monœcie-monadelphie, dans le système de Linné, établi par l'Héritier pour des végétaux que les botanistes antérieurs rangeaient parmi les ifs. Les découvertes des voyageurs modernes l'ont enrichi de quelques nouvelles espèces. Tel qu'il est en ce moment, il se compose d'arbres disséminés sur les hautes montagnes de l'Amérique méridionale, sous le tropique et au delà, au cap de Bonne-Espérance, dans les Indes orientales, à la Nouvelle-Zélande. Leurs feuilles sont roides, lancéolées, étroites, très-entières et toujours vertes. — Leurs fleurs sont dioïques; les *mâles* réunies en chatons filiformes, agrégés, composées uniquement d'anthères nombreuses, sessiles sur un axe commun, s'ouvrant pour laisser sortir le pollen par une valvule demi-circulaire qui se détache de la base au sommet; les *femelles* solitaires à l'aisselle des feuilles et présentant un disque en forme de calice, charnu, plein, à trois lobes inégaux, dont le postérieur porte un ovule unique et entièrement nu. A ces fleurs succède une graine dure entourée par le disque qui s'est accru et a gagné en épaisseur. — Chez une espèce qui croît naturellement dans les montagnes de l'Inde, le *podocarpus neriifolia*, Don., ce fruit est comestible; dans la Nouvelle-Zélande, le bois d'une autre espèce, le *podocarpus totarra*, Don., est employé avec beaucoup d'avantage, par les naturels, à la fabrication des pirogues; il se recommande, en effet, par sa légèreté en même temps que par sa dureté et son incorruptibilité : aussi la propriété de ces arbres est-elle une des parties les plus importantes du patrimoine dans les familles des Nouveaux-Zélandais, et devient-elle souvent la cause de leurs querelles et de leurs guerres.

PODOLIE (*géogr.*), un des gouvernements de la Russie d'Europe, situé entre ceux de Volhynie, de Kiovie, de Kherson, la Bessarabie et la Gallicie autrichienne : on évalue son étendue à 400 kilomètres sur 180, et sa population, qui, presque toute, est d'origine slave, à 1,500,000 habitants. Son sol, très-fertile, abonde surtout en grains et en légumes. La principale de ses villes est *Kamienien-Podolski*, chef-lieu du gouvernement et siège d'un évêché catholique romain. L'industrie et le commerce y sont encore bien arriérés. — La Podolie, ancienne province du grand-duché de Kiovie, fut tour à tour

soumise aux Mongols ou Tatars, aux Lithuaniens et aux Polonais. Sous la domination de
ces derniers, elle formait un palatinat du
même nom; mais, en 1676, elle fut cédée
aux Turcs, qui ne la rendirent qu'après la
paix de Carlowitz (1699). Depuis le partage
de la Pologne, ce pays tomba, pour la plus
grande partie, sous la domination de la
Russie, qui le possède encore aujourd'hui.
(*Voy.* RUSSIE, POLOGNE.)

PODOPHYLLE, *podophyllum* (*bot.*). —
Genre de plantes de la famille des berbéridées, de la polyandrie-monogynie, dans le
système de Linné. Il ne renferme qu'un petit nombre d'espèces habitant l'Amérique
du Nord et les montagnes de l'Asie moyenne:
ce sont des plantes herbacées, vivaces, dont
le rhizome horizontal émet, chaque année, une
tige droite, terminée par deux feuilles opposées ou alternes, pourvues d'un long pétiole,
peltées, à contour général réniforme, irrégulièrement partagées en lobes dentés eux-
mêmes plus ou moins profondément. Leurs
fleurs sont blanches, portées sur un court
pédoncule, et se distinguent par un calice à
trois sépales, une corolle à six et neuf pétales, étalés, insérés sur un seul rang; des étamines au nombre, tantôt de six, opposées
aux pétales, tantôt de douze et dix-huit, à
anthères extrorses; un ovaire uniloculaire à
ovules nombreux portés, en plusieurs rangées, sur un placenta pariétal, unilatéral;
un stigmate presque sessile, pelté, crépu sur
ses bords : à ces fleurs succède une baie
charnue, uniloculaire, couronnée par le stigmate persistant. — On cultive dans nos jardin le PODOPHYLLE PELTÉ, *podophyllum peltatum*, Lin., plante de l'Amérique septentrionale, que caractérisent ses deux grandes
feuilles peltées, à cinq et sept lobes, et ses
fleurs blanches à neuf pétales, dont trois plus
étroits, lesquelles se développent au mois de
mai. Les Américains la nomment *mandrake*,
may-apple : ses parties herbacées sont narcotiques et vénéneuses; son rhizome renferme une substance résineuse, gommeuse
et extractive-amère, qui en fait un purgatif
entièrement analogue, pour ses effets, au ja-
lap. Ses baies, connues des Américains sous
le nom de *wild-lemons*, sont très-acides, mais
inoffensives. Cette plante est rustique sous
nos climats; elle demande une terre douce
et fraîche. On la multiplie par graines et rejetons.

PODOPHYLLÉES (*bot.*).— De Candolle

avait établi sous ce nom une famille de plantes qui empruntait son nom au genre *podophylle* (*voy.* ce mot), et qui renfermait, en
deux tribus distinctes, d'un côté les *podophyllum* et *jeffersonia*, de l'autre les *cabomba*
et *hydropeltis*. Aujourd'hui les botanistes
n'admettent pas ce groupe et rapportent
aux berbéridées les deux premiers de ces
genres, tandis qu'ils font avec les deux derniers la famille des cabombacées.

PODOSPERME (*bot.*). — L. C. Richard
a donné ce nom au support de la graine,
c'est-à-dire à cette sorte de filet généralement court, quelquefois allongé (*magnolia*)
qui fixe la graine au placenta dans l'ovaire
et le fruit. C'est ce que la plupart des botanistes nomment le *funicule* ou le *cordon om-
bilical*. (*Voy.* GRAINE.) — Ce même nom
désigne encore un genre de plantes de la famille des composées-chicoracées, de la syngénésie-polygamie égale, dans le système de
Linné, et qui a été formé par De Candolle
aux dépens des scorsonères, desquelles il
se distingue par ses graines portées sur une
sorte de pédicelle creux et renflé, par son réceptacle marqué de tubercules pointus, visibles après la chute des graines, par son aigrette presque sessile. Trois de ces espèces
appartiennent à la Flore française, et parmi
elles la plus répandue et la plus connue est
le PODOSPERME LACINIÉ, *podospermum laci-
niatum*, DC. (*scorsonera laciniata*), Lin., qui
croît assez communément sur les bords des
champs, surtout dans nos départements méridionaux.

PODOSTEMMÉES, *podostemmeæ* (*bot.*).
— L. C. Richard a établi sous ce nom, emprunté au genre *posdostemon*, une famille
distincte pour des plantes que l'on confondait
avec les naïadées et les joncaginées, mais qui
s'en distinguent nettement par leur embryon
dicotylédoné. Ce sont des végétaux herbacés,
de petite taille, qui croissent au sein ou à la
surface des eaux tranquilles dans les parties
tropicales de l'Asie et de l'Amérique, à Madagascar, sur les côtes de la mer Rouge et
aux Philippines : certaines d'entre elles ressemblent étonnamment, pour l'aspect général et le port, à des mousses ou des jonger-
mannes; d'autres, avec leurs feuilles divisées en nombreux segments déliés et avec
leurs capsules marquées extérieurement de
côtes saillantes et surmontées de deux styles,
pourraient être prises, au premier coup d'œil,
pour des ombellifères; d'autres, enfin, res-

semblent assez bien à des *fucus*. Dans les eaux où elles croissent, elles se fixent par de très-petites *racines* aux rochers et aux troncs d'arbres submergés. Leurs *feuilles* sont alternes, souvent décurrentes et se confondent en quelque sorte dans le bas avec la tige et les rameaux, très-délicates, entières ou laciniées. Leurs *fleurs* sont petites, solitaires ou groupées en épi distique ou en grappe : chacune d'elles est d'abord enfermée dans une spathe simple, tubuleuse, qui se rompt irrégulièrement, ou formée de deux, trois ou plusieurs folioles ; elles sont tantôt nues, tantôt pourvues d'un *périanthe* à deux, trois ou plusieurs folioles distinctes ; elles présentent une, deux ou plusieurs *étamines* hypogynes, à filets distincts ou soudés entre eux à leur base, parmi lesquels il en est ordinairement qui manquent d'anthère. Leur *pistil* se compose d'un ovaire globuleux ou elliptique, tantôt divisé intérieurement en deux ou trois loges dans lesquelles les ovules sont portés sur des placentas très-renflés, situés à l'angle interne, tantôt uniloculaire, ses cloisons restant incomplètes et les placentas sont alors pariétaux ; les *styles* sont au nombre de deux ou trois, entiers ou bifides, persistants. Le fruit qui succède à ces fleurs est une capsule marquée, à l'extérieur, de côtes longitudinales, surmontée par les styles persistants, qui renferme un grand nombre de *graines* très-petites, dressées dans les fossettes que présentent les placentas, sans *albumen*, à *embryon* droit, dicotylédoné. — Aucune de ces plantes n'a d'usage connu.   P. D.

PODURELLES (*entom.*), ordre des *aptères* ou *thysanoures*. Cette famille offre les caractères suivants : palpes peu ou point apparents ; antennes courtes, composées de quatre articles seulement, mais dont le dernier est quelquefois annelé ou formé de plusieurs autres ; abdomen sans appendices latéraux terminé par une queue fourchue qui est appliquée sous le ventre dans l'état de repos, et qui se détend brusquement et joue le rôle d'un ressort quand l'animal veut sauter. Le saut de ces insectes est assez étendu, mais ils n'avancent pas vite, parce qu'ils retombent ordinairement sur le dos et sont obligés de se retourner pour sauter de nouveau. Ces animaux vivent les uns sur les arbres, les autres sous les pierres ou à la surface des eaux dormantes. La famille des *podurelles* se divise en deux genres : les *podures* et les *smynthures*.

POECILOPES (*crust.*). — Cuvier, dans son *Règne animal*, réunit sous cette dénomination les deux ordres *xyphosures* et syphonostomes, auxquels Latreille, dans les *Familles naturelles*, donne le nom d'*édentés*. Voici les caractères communs de ces deux ordres : organes masticateurs consistant soit en des appendices maxilliformes à la base des pieds, soit en un siphon extérieur ou caché ; absence de mandibules, ou, si elles existent, elles sont transformées en filets déliés et font partie du suçoir ; branchies toujours postérieures ; presque toujours un *test*, mais qui ne recouvre que le dos.

POÉKILORGUE ou **POIKILORGUE** (*mus.*), sorte de piano à anches métalliques mises en vibration par un soufflet que l'on fait mouvoir avec le pied. Inventé par un Viennois, Antoine Hæckel, il porta d'abord le nom de *phys-harmonica*, puis, en se modifiant plus ou moins, ceux d'*éol-harmonica*, de *piano à vent*, d'*œrophon*, de *poékilorgue*, etc. En se perfectionnant, cet instrument est devenu le *piano-orgue expressif*, l'*harmonium*. (*Voy.* ORGUE, PIANO et HARMONIUM.)

POÊLE (*accept. div.*), sorte de fourneau de terre ou de fonte destiné à chauffer un appartement. Les Romains en avaient de deux espèces. Les uns, semblables à nos calorifères, consistaient en un fourneau souterrain bâti en long dans un gros mur et répandant la chaleur dans les chambres à l'aide de tuyaux allant d'étages en étages. Pline le jeune nous apprend dans ses lettres qu'un poêle ainsi disposé échauffait sa maison d'hiver. Les anciens avaient même appliqué l'usage de la vapeur à ces sortes de poêles ou calorifères. On le verra par la description exacte consignée dans ces vers de Sidoine Apollinaire :

> Sinuata camino
> Ardentis perit unda globi, fractoque flagello
> Spargit lentatum per culmina tota vaporem.

Les autres poêles en usage à Rome étaient portatifs et en tout semblables à ces brasiers (*brasero*) que les Italiens et les Espagnols allument dans leurs appartements pendant les soirs d'hiver. Au moyen âge, on trouvait les poêles chez les étuvistes et dans tous les lieux où se tenaient de nombreuses assemblées ; on donnait même le nom de *poêles* aux vastes chambres échauffées par ces appareils ; ainsi, dans l'Alsace, on nomme encore *poêles* des bouchers, *poêles* des maçons, etc., les salles où ces maîtrises se réunissaient autrefois. Les poêles se trouvaient aussi dans les hôtels et dans les palais; on les y appelait *chauffe-doux*.

L'industrie des poêles a fait de grands progrès chez nous. Au commencement de ce siècle, on avait, d'après les conseils de Guyton-Morveau et autres savants, modelé leur forme et réglé leur genre de construction sur ceux de la Suède et des autres pays du Nord; on les bâtissait donc tout entiers en briques et en faïence, de telle sorte qu'il suffisait de les chauffer une fois pour que la chaleur s'y maintînt pendant tout un jour; mais, depuis quelque temps, on abandonne les poêles ainsi construits pour en revenir aux poêles de fonte. C'est surtout dans les établissements publics que les poêles de briques, conservés encore dans les maisons particulières, ont cédé la place à ces derniers. En 1820, Tilorier inventa le système des *poêles fumivores*. On donne également le nom de *poêle* 1° à un ustensile de cuisine fait de tôle, de fer battu ou de cuivre, et nécessaire pour frire ou pour fricasser; 2° à la chaudière dans laquelle les chandeliers font fondre leur suif; 3° au vase de fonte qu'emploient les chaudronniers pour faire fondre l'étain. — Le mot *poêle* désigne encore le voile que l'on suspend sur la tête des mariés pendant la bénédiction nuptiale. Ainsi employé, ce mot vient du latin *pallium* (manteau), dont on a fait le vieux mot *paille*, puis *pouaille*, qui, selon Borel, signifiait *pavillon, dais, ciel-de-lit*. — La grande pièce d'étoffe noire ou blanche sur laquelle se dessine une large croix et dont on recouvre le cercueil pendant la cérémonie funèbre se nomme aussi *poêle*, avec la même étymologie que ci-dessus. ED. F.

POÈME (*littérat.*). — Le poëme est la forme de la poésie. Manifestation de ce qu'il y a de plus capricieux dans l'homme, l'imagination, il prend les formes les plus diverses : tantôt il élève notre âme vers le ciel et contemple les grandeurs de Dieu; il peint les transports de l'admiration, les fureurs de la haine, les voluptés de l'amour; tantôt il retrace la vie des héros, déroule les annales du monde, redit les grandes choses des siècles passés ou sonde les mystères des siècles à venir; il s'égare en riants mensonges sur les traces des bergers de l'âge d'or, ou bien, laissant de côté le beau de ce qui existe, il n'en veut voir que le laid et le discordant, et nous égaye aux dépens de nos ridicules et de nos faiblesses : d'autres fois encore il disserte sur les phénomènes du monde sensible

ou intellectuel, donne des préceptes aux travailleurs et aux artistes; il rit, chante et pleure tour à tour, se plie à tous les caprices, à toutes les passions, se contourne en stances régulières, s'antithèse en dialogues, s'aiguise en épigrammes; toute la nature physique, morale, intellectuelle s'y réfléchit en riants ou vigoureux tableaux, et l'âme émue s'arrête et s'étonne à l'aspect de cette reproduction de la réalité qui n'est pas la réalité, mais son image agrandie sans cesser d'être vraie.

Au premier abord, il peut sembler facile d'établir une classification des différents poëmes; mais cette facilité s'évanouit quand on en vient aux détails; les limites sont nettement fixées dans les larges manifestations de l'art, mais, quand on les veut suivre, elles se confondent; comme tous les autres produits de la nature, les poëmes se lient les uns aux autres sans transition brusque, et, en dépit des rhéteurs, les genres rentrent tous par quelque côté les uns dans les autres.

Au début des sociétés, c'est le sentiment qui domine; le premier élan poétique de l'homme est une prière ou un chant de triomphe, un hymne de guerre ou une élégie d'amour : plus tard, les sens ont leur tour; c'est l'action ou le récit qui l'emportent; puis l'intelligence se développe et la poésie devient philosophique; mais, à aucune époque, ce mouvement n'est exclusif, et, tout en suivant certaines proportions, les genres apparaissent presque tous à la fois. — Nous dirons quelques mots de chacun d'eux, renvoyant, pour de plus longs détails, aux articles qui en traitent.

I. Le poëme primitif, celui dont tous les autres émanent, c'est le poëme lyrique. Dès qu'il s'est trouvé sur la terre, faible, exposé à tous les dangers, mais fort par l'intelligence, l'homme a dû reconnaître une puissance directrice supérieure à la sienne : il a prié; il a chanté son triomphe sur les dangers et les forces cachées de la nature dont il faisait ses dieux; il a chanté ses haines ou ses amours, ses amitiés ou ses guerres; il a rhythmé des chansons pour accompagner ses danses, sacrées ou profanes; il a marié ses chants aux sons des instruments, et il est résulté de cette union une forme précise et revenant régulièrement semblable après de certains intervalles : c'est la strophe, le verset, le couplet. Le chant lyrique s'appelle *psaume* ou *cantique* chez les Hébreux, *hymne* où *ode* chez les Grecs. Les livres sacrés sont remplis des chants lyriques les plus sublimes, qui prennent tous les tons, depuis l'enthousiasme à la pensée des grandeurs de Dieu, l'orgueil éclatant de la victoire, jusqu'aux notes les plus sourdes de l'abattement et de la tristesse avec les captifs assis sous les saules dans la terre étrangère. L'hymne est le chant religieux des Grecs, rapide et mystérieux dans les débris d'Orphée, conteur chez Homère, élégant et harmonieux chez Callimaque. L'ode célèbre chez Pindare les victoires des athlètes, chez Anacréon l'amour, le vin et les plaisirs. Le chœur tragique, coupé en strophes, antistrophes et épodes, participe à la fois de l'hymne, de l'ode guerrière et de l'ode voluptueuse : sublime et gigantesque chez Eschyle, harmonieux et coloré chez Sophocle, attendrissant et parfois satirique chez Euripide, partout élégant, vigoureux et paré de cette poésie amoureuse de la forme qui caractérise le génie grec.

Le seul Horace, chez les Latins, cherche à rappeler à la fois Pindare et Anacréon : il célèbre les triomphes d'Auguste, la paix, la campagne, le vin et les faciles amours; il chante aussi les fêtes des dieux, mais par exception; l'ode est déjà chez lui un travail de l'esprit et non un produit de l'enthousiasme. Le Romain ne chante pas, il se bat et discute; puis, quand il est las d'avoir fait des lois et préparé le monde pour la venue d'un libérateur inconnu, il ne sait que se précipiter en d'ignobles voluptés, se courber devant les prétoriens, ces loups-cerviers du sabre, qui jouaient alors le rôle que se font aujourd'hui les financiers.

Le christianisme réveilla dans les cœurs l'élan lyrique : Synesius, saint Clément d'Alexandrie, saint Grégoire de Nazianze chantent les merveilles et les bienfaits de la rédemption. La préoccupation de la matière persiste encore cependant chez les Grecs; Synesius rappelle souvent Anacréon et Sapho, les jeunes filles au voluptueux sourire et les charmes séducteurs des amants. L'hymne chrétien est plus grave chez les Latins; dans la poésie savante cependant, il conserve toujours quelque chose de profane, et l'inspiration vraie ne se trouve que dans les *proses* populaires, ainsi nommées, soit parce qu'elles renonçaient au mètre factice des Grecs appliqué à la langue latine, soit parce qu'on les chante comme prélude (προσόδος) à l'Evangile. (*Voy.* PROSE [*littérat.*] et RHYTHME.)

Les *canzone* de Pétrarque et des poëtes italiens ne sont autre chose que des odes d'un rhythme moins varié; l'ode est aussi fréquente dans la poésie provençale, mais elle y a plus de grâce que d'élévation, excepté dans les *sirventes*. Abandonnée pendant le moyen âge, l'ode reparaît à la renaissance, mais pédantesque, froide et hérissée de mots et de réminiscences de la Grèce : l'*ode anacréontique*, au contraire, est, à cette époque, pleine de grâce et d'une délicatesse que les Grecs n'eussent pas désavouée, avec un certain parfum chrétien de plus. Malherbe rendit à l'ode sa dignité simple, son élévation, son harmonie; les chœurs des tragédies sacrées de Racine montrèrent jusqu'où pouvait s'élever chez nous la poésie lyrique religieuse. J. B. Rousseau mania l'ode avec une merveilleuse souplesse; Lefranc de Pompignan, Lebrun, inégal souvent, sublime quelquefois, dans des essais estimables, tentèrent de souder l'ode à notre civilisation; mais, malgré leurs efforts et ceux de quelques grands poëtes contemporains, l'ode, chez nous, a toujours quelque chose de froid, de factice, et nous doutons fort que les littérateurs qui en font le plus de cas puissent, malgré leur grande admiration, en lire deux de suite avec plaisir.

Mais, si nos poëtes sont inférieurs dans l'ode enthousiaste, ils retrouvent leur supériorité dans la chanson de tout genre. Notre langue, longtemps rebelle à la musique, est aussi parvenue à se briser dans les morceaux destinés au chant, et à l'élégance un peu faible et gracieuse de Quinault on est arrivé à joindre une prosodie aussi souple et peut-être plus que celle de l'Italie; on est arrivé aussi à naturaliser chez nous le sonnet, autre poëme semi-lyrique, apporté d'Italie, dont nous avons parlé ailleurs. (*Voy.* ODE, HYMNE, PSAUME, CHANSON, VAUDEVILLE, COUPLET, BALLADE, ROMANCE, SIRVENTE, SCOLIES.)

La poésie lyrique exprime le sentiment dans sa forme la plus impétueuse, et elle s'associe ou doit s'associer au chant; la poésie élégiaque a moins d'enthousiasme et elle est faite pour être lue. L'élégie peut se répandre en invectives satiriques; mais, le plus souvent, elle retrace les fureurs, les jalousies ou les tendres ravissements de l'amour : tantôt sous forme d'*héroïde*, elle redit les douleurs d'une amante abandonnée, elle place dans la bouche d'un personnage connu ou inconnu, le récit de ses infortunes ; d'autres fois, elle pleure, avec les Hébreux, sur les bords de l'Euphrate, elle déplore les malheurs de Messine ou de Jérusalem, la disgrâce de Fouquet, ou les souffrances des vaincus ; quelquefois elle s'élève à des contemplations plus élevées, et plane sur le monde, interroge la nature et demande au passé les secrets de l'avenir. Les anciens l'écrivaient en distiques ; les modernes lui ont laissé plus de liberté et ne lui assignent aucune forme spéciale. (*Voy.* ELÉGIE.)

II. Les poëmes qui s'adressent particulièrement aux sens et retracent une action sont, ou mis dans la bouche du poëte (*poëmes narratifs*), ou dans la bouche des personnages qui y figurent (*poëmes dramatiques*).

A. Le poëme narratif par excellence est l'*épopée*, vaste récit où le poëte retrace les événements passés, non pas tels qu'on les a vus, mais tels qu'ils ont dû s'accomplir dans le double monde du ciel et de la terre. L'historien raconte les phénomènes ; le poëte épique remonte aux causes, il les explique, il les interprète ; il a pénétré les secrets de la Providence, il sait qu'une puissance invisible mène l'homme, il raconte les pensées, les pactes de cette puissance, en vers dignes du sujet : tantôt, comme Homère, il peint non-seulement la colère d'Achille pernicieuse aux Grecs, mais il montre la divinité luttant pour ou contre chaque armée, et Jupiter le tonnant cherchant en vain à régner sur l'aristocratie indomptée des dieux et des déesses qui veulent prolonger les combats. Ailleurs, ce sont les longues erreurs d'Ulysse sur les mers et dans des contrées fabuleuses ; la conquête de la Toison d'or, les origines de la nation italique et la cause de ces longues haines de Carthage et de Rome. Le monde moral change, une religion se substitue à une autre ; les dieux d'Homère déjà vieillis pour Virgile ont disparu ; le poëte épique s'empare de la nouvelle croyance, il nous montre l'enfer cherchant à lutter contre le ciel pour empêcher les chrétiens de conquérir la ville sainte ; il ouvre, pour nous, la sombre porte de l'autre vie, et nous mène dans le ciel, dans le purgatoire et dans cet enfer au seuil duquel il faut laisser l'espérance. (*Voy.* EPOPÉE.)

Ces poëmes se sont incarnés dans un homme : au moment où la conception s'en trouvait dans les esprits, un poëte s'est rencontré avec une langue formée et leur a donné la forme épique ; mais, en plus d'une histoire, on aperçoit des éléments épiques qui n'ont pu être réunis de manière à former un tout harmonieux et facile à embrasser d'un coup d'œil ; telles sont les immenses épopées de l'Inde, allongées à chaque siècle, qui embrassent tant de générations et d'allégories bizarres difficilement explicables aujourd'hui ; puis, dans de moindres proportions, ces poëmes scandinaves, si pleins de sang et de terreur, ces Niebelungen, recueillis en Allemagne, et enfin ce Romancero espagnol, peinture vive et populaire, écrite au jour le jour, de l'époque la plus poétique de l'Espagne, celle qui commence à l'invasion des Maures et finit à la découverte de l'Amérique ; on peut aussi rattacher à cette catégorie ces chants que Macpherson a transformés et publiés au dernier siècle sous le nom d'Ossian. (*Voy.* NIEBELUNGEN, ROMANCERO, OSSIAN.)

L'épopée existe aussi chez nous au moyen âge, dans ces poëmes et romans chevaleresques que toute l'Europe nous a empruntés, mais la forme poétique nous a fait défaut ; en s'en emparant, les Italiens y ont ajouté un grain de ce scepticisme qui était alors dans tant d'esprits, réaction contre l'enthousiasme du moyen âge, et ils en ont tiré ces bizarres poëmes, moitié plaisants, moitié sérieux, où l'imagination se joue si gracieusement en capricieuses arabesques.

La littérature romane abonde aussi en chroniques versifiées, telles que le *roman de Rou*, où Robert Wace raconte l'histoire des premiers ducs de Normandie ; plusieurs de ces ouvrages ont été publiés, mais ces longues séries de vers de huit syllabes monorimes ou à rimes plates méritent rarement le nom de poëmes. On trouve chez les anciens plusieurs *poëmes historiques* du même genre ou à peu près, mais fort supérieurs par la forme ; le plus remarquable est la *Pharsale* de Lucain. On peut nommer encore la *Guerre civile* de Pétrone, la *Guerre punique* de Silius Italicus et quelques autres poëmes prétendus épiques, fort inégaux, du reste, en mérite : l'*Italie délivrée* de Trissin, l'*Araucana* de Al. de Ercilla, la *Henriade* de Voltaire : le premier et le troisième de ces ouvrages sont défigurés par une fausse application de la mythologie, qui gâte l'histoire sans la rendre poétique ; les deux derniers contiennent des morceaux d'une grande beauté ; le premier n'est qu'un calque froid et pâle de l'*Iliade*.

Dans tous ces ouvrages, l'homme est subordonné aux grands événements qui fondent ou renversent les empires; c'est de l'histoire poétiquement interprétée; c'est la suite du sentiment antique qui sacrifiait partout l'homme à la masse, le citoyen à la cité; avec le christianisme et l'invasion des barbares, la personnalité humaine se développa, et il en naquit un nouveau genre littéraire, le *roman* en prose (*voy.* ce mot), auquel répond le roman en vers, ou le poëme qui s'occupe non plus du peuple, de la ville, mais de l'individu. Il ne nous reste des Grecs, en ce genre, que quelques épisodes détachés et le poëme de *Héro et Léandre;* mais les Latins ont déjà un grand poëme composé d'une suite d'événements individuels : ce sont les *Métamorphoses, perpetuum carmen,* dit l'auteur, qui glane sans ordre dans toutes les traditions grecques et latines, depuis le chaos jusqu'au règne d'Auguste. Mais le roman-poëme n'a acquis de grandes proportions que chez les modernes; c'est à ce genre que se rattachent la *Reine des fées* de Spencer, les poëmes contemporains de Gœthe, de Byron, les récits grecs d'André Chénier.

Ces ouvrages ne sont, au reste, que des *contes* plus étendus que les poëmes auxquels on réserve ce nom : le mot *conte* indique aussi d'ordinaire un récit plaisant; on trouve cependant dans les *fabliaux,* — la partie la plus vivace de notre poésie au moyen âge, et qui ne sont autre chose que nos contes, — des récits sérieux et même pathétiques; il est vrai que c'est là l'exception et que ces contes sont toujours inférieurs aux récits comiques dont les trouvères et les troubadours amusaient nos aïeux. (*Voy.* FABLIAU, CONTE.)

Une autre forme qui joue un grand rôle au moyen âge, c'est la forme allégorique : procédant du christianisme, elle est d'abord mystique et profonde; mais elle se décolore peu à peu et finit par ces personnifications abstraites des passions dont Voltaire a refroidi sa *Henriade.* C'est ce genre d'allégories qui fit, à l'origine, l'immense vogue du *roman de la Rose,* et qui est cause sans doute aussi du profond oubli où ce poëme est tombé depuis.

La renaissance fit complétement oublier le roman de *la Rose,* malgré les efforts de Marot qui le rajeunit et en donna une nouvelle édition; il avait été précédé par un autre roman d'un genre analogue, le roman du *Renard,* épopée-apologue dont nous avons parlé ailleurs. (*Voy.* RENARD.)

Les *apologues* d'Esope nous sont parvenus en prose; ceux des nations orientales sont en prose mêlée de vers : chez les nations modernes, la fable forme d'ordinaire un petit poëme. Il est inutile de rappeler que c'est une sorte de composition allégorique où les animaux, les végétaux endossent les vices des hommes afin de les faire paraître plus ridicules, et que la Fontaine est le roi du royaume de l'apologue, comme Molière l'est de celui de la comédie. (*Voy.* FABLE.)

Un autre genre léger de l'antiquité, mais qui a toujours eu peine à s'acclimater chez nous, c'est la pastorale, souvenir confus de l'Eden et du premier état du bonheur de l'homme, transplanté d'abord dans les riantes vallées de l'Arcadie et sur les beaux rivages de la Sicile. La pastorale redit les mœurs, les soucis, les amours des bergers; quelquefois même elle s'élève plus haut et rend dignes d'un consul les forêts et les bois; c'est tour à tour un récit, un dialogue, un tableau, une leçon d'agriculture, une élégie, une allégorie ou une ode, voire même une comédie; la pastorale forme donc à elle seule toute une littérature, et ce n'est que par un côté qu'on la rattache aux poëmes qui racontent. (*Voy.* BUCOLIQUE, PASTORALE.)

Nous avons vu dans divers poëmes le comique prendre place à côté du sérieux. Il arrive quelquefois que pour raconter un sujet ridicule le poëte prend le ton héroïque; le plaisant naît alors du contraste entre le ton et la chose. Tassoni a fait un long poëme sur une guerre qui avait pour prétexte un seau enlevé; Homère, ou un autre poëte sous son nom, a célébré en vers héroïques la guerre des rats et des grenouilles; Boileau a redit les longs débats des chantres de la Sainte-Chapelle au sujet d'un pupitre; Garth a raconté les débats des médecins et des apothicaires; Pope les suites de l'enlèvement d'une boucle de cheveux; et Lope de Vega a chanté la guerre des chats. Les Italiens, qui ont toujours excellé dans cette plaisanterie superficielle, mais vive et inattendue, qui fait rire sans faire penser, ont surtout réussi dans le poëme héroï-comique, et ils en ont un grand nombre d'excellents. L'écueil de ces travestissements, c'est que la monotonie du plaisant n'amène la fatigue et l'ennui. Boileau ne l'a évité que par la correction du style et la poésie qu'il a répandue autour de son trop maigre sujet.—Il en est de même de la parodie qui raconte de grands événements en style comique : il faut beaucoup d'esprit pour qu'un long poëme de ce genre ne devienne pas ennuyeux; le second problème cependant est moins difficile à résoudre que le premier.

B. Le poëme dramatique diffère du poëme narratif en ce que le poëte s'y efface complétement derrière les personnages. Il peut être sérieux, plaisant ou mixte.

Le poëme dramatique sérieux par excellence, c'est la *tragédie*, qui contient le développement dialogué d'une action pathétique ou sublime, où l'intérêt va toujours croissant jusqu'à un dénoûment, qui peut être heureux ou funeste.

La tragédie grecque diffère beaucoup de la tragédie moderne. En Grèce, c'est presque toujours un tableau qui se déroule lentement et poétiquement jusqu'à une catastrophe prévue; la pensée du poëte s'y trouve représentée par le chœur, qui fait entendre ses chants lorsque le théâtre est abandonné par les personnages de l'action : chez les modernes, l'intérêt de la tragédie n'est pas seulement dans le tableau de la lutte de l'homme contre un destin inflexible, il est encore dans l'action même dont la catastrophe est imprévue; le drame est surtout la lutte de l'homme contre les obstacles intellectuels, de l'intérêt et de la volonté des uns contre l'intérêt et la volonté des autres; ce que nous y cherchons, c'est la passion se développant dans toute son énergie, s'exaltant en présence des obstacles; c'est l'âme humaine enfin dans ses plus sublimes élans, dans ses plus insondables profondeurs.

La comédie peint l'âme humaine du côté opposé; elle s'attache aux vices, aux travers, aux ridicules. Elle a aussi fort varié depuis son origine : chez Aristophane, c'est une bizarre fantaisie satirique, un cadre à épigrammes contre les hommes et les événements du temps, quelque chose qui ressemble, pour le fond, à nos vieilles comédies italiennes ou à nos vaudevilles fantastiques, plus la poésie ; nous voulons voir aujourd'hui dans le poëme comique une action suivie, ayant un commencement, un milieu et une fin, qui contienne, autant que possible, le développement d'un caractère au point de vue du mesquin et du ridicule, rarement de l'odieux (*voy.* COMÉDIE). Le proverbe est une comédie moins développée, terminée par une maxime populaire qui en est le résumé.

Le mot *drame* indique toute action scénique; mais il s'applique particulièrement à un genre d'ouvrages intermédiaire entre la tragédie et la comédie. Chez les Grecs, il n'y avait guère que deux classes, les citoyens et les esclaves : évidemment ces derniers ne pouvaient jouer que des rôles très-secondaires sur la scène et servir tout au plus les intérêts de leurs maîtres. La tragédie latine se calqua sur la grecque, et, quand nous eûmes une tragédie française, c'était sous Louis XIV, c'est-à-dire alors que la cour seule était supposée avoir de l'esprit et que le goût de la gravité et de l'étiquette prédominait. Sous l'empire de ces diverses causes, la tragédie resta purement sérieuse et sans aucun mélange d'élément comique ou familier, et ne dut faire parler que de grands personnages, des rois ou des courtisans; on outra même chez nous ce sentiment de la dignité tragique au point que les valets durent s'exprimer avec autant d'emphase que les maîtres. Cela pouvait être observé tant qu'on ne prenait ses sujets que chez les Romains, le peuple grave par excellence; mais, quand on s'adressa au moyen âge et qu'on voulut importer les costumes sévères et dignes des Romains au milieu de cette société de barbares, mêlée, agitée en tous sens, où la dignité est purement exceptionnelle, on se trouva singulièrement dépaysé; on en conclut que ce Shakspeare, qu'on avait d'abord tant raillé de mêler le plaisant au pathétique, avait pris le seul mode convenable de faire revivre cette époque, et l'on arriva à la conception du *drame historique*, qui représente une action grande et pathétique, mais avec une liberté complète sur le rang et le ton des personnages, sur les lieux et la durée de l'action.

Le drame historique, comme la tragédie et l'épopée, s'occupe des grandes infortunes publiques, des bouleversements d'États; le *drame bourgeois* ou populaire s'occupe d'infortunes privées; on en trouve le modèle chez les anciens, dans quelques comédies de Térence, où le pathétique remplace le comique : c'est ce que, au dernier siècle, on appela *comédie larmoyante*, et qu'il a bien fallu accepter en dépit des longues et minutieuses critiques de la routine. (*Voy.* DRAME et COMÉDIE.)

Le *mélodrame* (*voy.* ce mot) n'est que le drame populaire où l'intérêt repose sur le développement d'un fait, et non sur celui d'une idée ; son nom lui vient de ce que, dans l'origine, il était entremêlé de danses et de musique.

Au moyen âge, les comédies s'appelaient *sotties* ou *moralités* (*voy.* ces mots) ; la tragédie et le drame étaient représentés par les *mystères* retraçant la vie et les miracles des saints, joués primitivement dans les églises avec un sermon pour prologue et pour épilogue ; les *mystères* s'appellent, chez les Espagnols, *autos sacramentales;* on en a un grand nombre de Lope de Vega et de Calderon. (*Voy.* MYSTÈRES [*litt.*].)

Quelquefois l'auteur dramatique s'élance au delà des limites du vrai dans les champs de la vie surhumaine ; il accepte les créations intermédiaires dont l'imagination populaire peuple l'espace : chez les anciens, il s'empare des satyres et autres divinités des bois, et il les fait agir et se mêler aux actions humaines (*voy.* SATYRES [*litt.*]) ; chez les modernes, il s'empare de la gracieuse croyance des fées, des gnomes, des rois des eaux ; il anime les fleurs, il fait sortir des divinités des rochers, et donne aux animaux le langage et les passions des hommes, ou bien il attribue à la magie la puissance d'arrêter et de donner la vie. Shakspeare, Tieck aiment à se jouer dans ce monde gracieux de l'imagination en répandant autour d'eux des flots de poésie ; d'autres n'y cherchent que le prétexte d'un spectacle qui étonne les yeux, c'est alors une *féerie;* d'autres, enfin, réalisent l'idéal poétique qu'ils ont rêvé par un ballet-pantomime, où la grâce des danses et l'expression de la musique remplacent la parole.

La tragédie, le drame historique, bourgeois ou fantastique, et la comédie sont souvent chantés ; la tragédie et le drame lyrique prennent le nom d'*opéra;* ils sont entièrement composés d'airs, de chœurs et de récitatifs : dans l'*opéra-comique*, qui correspond aux autres genres, la parole alterne avec le chant.

Au-dessous de ces genres, et participant de tous, se trouve le *vaudeville.* Dans l'origine, ce ne fut qu'une chanson sur un air connu ; plus tard on composa des pièces presque entièrement de ces couplets en y ajoutant quelques scènes improvisées ; puis le Théâtre-Français ayant fait défendre la parole aux acteurs de ces petites comédies, on abaissait du cintre du théâtre les couplets écrits en grosses lettres, et le public les chantait lui-même. Peu à peu, le goût du spectacle et de la musique

se développant, on fit de la musique exprès pour ces pièces, ce fut l'*opéra-comique*, mais on continua à faire des comédies avec des couplets sur des airs connus, c'est le *vaudeville;* le vaudeville est souvent une comédie, mais seulement esquissée, un drame, mais où l'attendrissement se tient dans certaines limites, un opéra-comique dont la musique est puisée dans les opéras en vogue ; d'autres fois c'est une simple fantaisie, un prétexte à épigrammes sur les événements du jour, quelque chose qui ressemble à la comédie d'Aristophane et probablement à ces *atellanes* (*voy.* ce mot) que le peuple romain préférait à la poésie savante.

III. On pourrait supposer à priori que les *poëmes didactiques*, qui s'adressent plus spécialement à l'intelligence, ont dû apparaître les derniers ; ce serait une erreur ; les trois faces de l'âme humaine se développent à la fois : la poésie didactique semble même avoir, à quelques égards, précédé la poésie narrative. Consultez les anciens, ils vous diront qu'on écrivit d'abord en vers les lois, les préceptes de la morale, les observations de la science. Aux époques de civilisation naissante correspondent, en effet, divers poëmes didactiques : la science entourée de mystères et d'obscurités est encore de la poésie ; aussi voyons-nous la Grèce naissante nous léguer les *Travaux et les jours* d'Hésiode, les *Pierres précieuses* d'Orphée ; Rome, peu philosophe encore, produit l'ouvrage de Lucrèce. Le moyen âge nous fournit quelques poëmes semblables ; la science semble alors trop précieuse pour qu'on ne l'enchâsse pas dans la mesure du vers. L'âge suivant, plein d'inspirations, riche de découvertes, oublie les sciences pour des sujets plus poétiques ; mais les époques de décadence, celles où les grammairiens dominent et réduisent en préceptes ce qui a été instinctivement pratiqué par les grands poëtes, retournent à la poésie savante, qui, un peu froide et de convention, convient fort à ces heures de calme et de critique. La plus grande partie des poëmes didactiques que nous possédons remontent à ces époques : la *Chasse* et la *Pêche* d'Oppien, les *Phénomènes* d'Aratus, les *Dionysiaques* de Nonnus, les *Géorgiques*, l'*Art poétique* d'Horace, les *Astronomiques* de Manilius, la *Coltivazione* d'Alamanni, les *Abeilles* de Ruccellaï ; les poëmes latins modernes de Rapin, de Vanière, et toute cette immense quantité d'ouvrages poétiques qui inondent le XVIIIe

siècle et le commencement du XIXᵉ, où le poëte décrit mal pour le plaisir de décrire, prône un système philosophique ou littéraire que son vers maniéré ne peut rendre intelligible, ou, d'un ton lamentable, prèche le plaisir et produit le dégoût et l'ennui.

A la poésie raisonneuse se rattachent la *satire*, qui ridiculise les vices des contemporains, et l'*épître*, qui met la morale en vers énergiques et colorés. Les Grecs avaient leurs *silles*, qui paraissent s'être fort rapprochés de la satire; Horace semble l'inventeur de l'épître, causerie familière dans laquelle, chez nous, ont excellé en des genres différents Boileau et Voltaire. L'auteur des *Vous* et des *Tu*, est le roi de l'épître badine et de toute cette poésie *légère* et sensuelle qui effleure les objets, se joue en traits d'esprit, va semant autour d'elle les *épigrammes* et les *madrigaux*, de cette menue et gracieuse monnaie qui transportait d'aise la brillante société du XVIIIᵉ siècle. — A côté de cette poésie riante, de cette joyeuse débauche de l'esprit, plaçons comme contraste la *poésie gnomique* qui, dédaigneuse des ornements, se contente d'exprimer en vers précis et colorés les vérités de la morale et du bon sens. La Grèce nous a légué plusieurs poëmes de ce genre; tels sont les Sentences de Théognis, de Phocylide, les Vers dorés de Pythagore, etc. (*Voy.* EPIGRAMME, MADRIGAL, etc.)

De la poésie, dans sa manifestation la plus élevée, l'ode, nous sommes descendus à la poésie gnomique, qui ne s'occupe que de renfermer une vérité pratique dans un mètre concis : ici la difficulté vaincue a un but, celui de rendre plus faciles à retenir des préceptes utiles; faisons encore un pas, et ce qui est ici secondaire deviendra le principal, la difficulté vaincue constituera tout le mérite de l'œuvre. On aimait fort ces tours d'adresse au moyen âge; aussi est-ce de cette époque que datent le chant royal, la ballade, celle que Marot fit fleurir et qu'il ne faut pas confondre avec la ballade des peuples du Nord, la *sextine* dont nous avons parlé au mot STANCE, le *rondeau*, le *rondeau redoublé*, le *triolet* (*voy.* ces mots), et telles autres formes bizarres dans lesquelles il est fort difficile qu'une pensée tienne à l'aise. On est allé plus loin encore; on a imposé à la versification une multitude de difficultés pour avoir le plaisir de les surmonter. Quelques-unes de ces combinaisons de mots et de lettres ont été rapportées à l'article AMUSEMENTS DE L'ESPRIT : nous nous contenterons d'y ajouter deux ou trois exemples des vers nommés *récurrents*.

Le distique suivant peut être lu indifféremment :

Retro recurro, metra scando dum talia justis
Supplico, virgo, tibi sacra ; repelle probra.

ou bien :

Probra repelle, sacra tibi, virgo, supplico justis
Talia dum scando metra, recurro retro.

Dans le vers suivant les mots sont les mêmes, soit qu'on commence à lire par l'une ou l'autre des extrémités de la ligne :

Metra sile vana, si vi sana velis artem.

Il en est de même de ce vers grec inscrit sur l'un des bénitiers de l'église de Sainte-Sophie à Constantinople :

Νιφον ανομηματα, μη μοναν οψιν.

On voit que ces prétendus vers n'ont plus aucune espèce de rapport avec la poésie. (*Voy.* ce mot.)　　　J. FLEURY.

POEPHAGOMYS (*mamm.*). — Genre de mammifères créé par Fréd. Cuvier pour une petite espèce découverte au Chili, près de Coquimbo. Cet animal, de l'ordre des rongeurs, se rapproche des genres gerbille et mérion par la forme de la tête. Sa physionomie générale rappelle les campagnols dont une espèce (le rat d'eau) est très-commune en France. — Le pelage du pœphagomys noir, seule espèce de notre genre, a 4 pouces de longueur; sa queue a 17 lignes environ; c'est à peu près la taille du rat d'eau. Ses poils sont soyeux, son œil est assez grand, ses membres sont terminés par cinq doigts libres, à ongles longs, minces et crochus, excepté toutefois le pouce, qui a un ongle plat. Il a de fortes moustaches de chaque côté du museau.

POÉSIE (*littérat.*). — Des trois manifestations de la puissance intellectuelle de l'homme, l'une, les sciences, s'adresse à l'intelligence; l'autre, les arts mécaniques, correspond aux sens; la troisième, l'art proprement dit, relève surtout du sentiment. Ce n'est pas cependant que les autres facultés de l'âme humaine ne trouvent leur satisfaction dans l'art; mais elles n'y figurent qu'en seconde ligne. Au reste, si la prédominance du sentiment sépare profondément l'art des mathématiques et des travaux où la force physique a la plus large part, l'âme humaine, après cette distinction faite, reparaît dans sa triple virtualité; les arts plastiques, l'architecture, la sculpture, la peinture répondent aux sens, la musique au sentiment, la poésie à l'intelligence. Ces correspondances ne sont cependant pas absolues, et les arts empiètent souvent l'un sur le domaine de l'autre.

A ne considérer la vie des hommes et la vie des sociétés qu'au point de vue des sens, tout est mesquin, isolé; les événements se succèdent sans se lier, joyeux parfois, plus souvent tristes et douloureux. Laissez le sentiment intervenir, laissez l'imagination apparaître, l'horizon s'élargit, les faits s'appellent entre eux; ce qu'il y a de contingent dans chacun se distingue de ce qu'il y a de nécessaire; l'homme ni les sociétés ne vivent plus au hasard; tout se range sous des lois constantes dans la vie de l'esprit comme dans celle du corps; l'action divine se révèle dans tous les actes des hommes et dirige tout vers une fin à elle connue.

Le souffle de la poésie transforme et élève tout ce qu'il touche. Par elle le sentiment vulgaire devient sublime, la nature s'idéalise. Le vent n'est plus un simple déplacement de l'air, c'est une puissance mystérieuse qui soulève la vague et féconde les fleurs. Les champs, les bois, la nature entière ont, par elle, des voix mystérieuses; les sentiments doux ou amers, la pudeur ou la haine, l'amour ou la vengeance trouvent chez elle un langage concis et tour à tour délicat ou terrible, qui va remuer l'âme en ses replis secrets. Tous les sentiments, toutes les vagues impressions, toutes les aspirations et les idées qui flottent dans l'espace, la poésie s'en empare. Elle prend ce qu'il y a de plus éthéré dans les rêves des hommes pour en composer son miel. Elle ne dédaigne même pas le côté mesquin et ridicule des événements, mais elle le dépouille de ce qu'il a de grossier et d'individuel; elle l'exagère en l'idéalisant, et elle en fait la poésie comique, qui s'égaye des travers et se complaît à mesurer la distance entre ce qui est et ce qui devrait être.

«La poésie, a dit un grand poète, est l'incarnation de ce que l'homme a de plus intime dans le cœur, de plus divin dans la pensée, de ce que la nature visible a de plus magnifique dans les images, de plus mélodieux dans les sons. Elle est à la fois sentiment et sensation, esprit et matière : la prose s'adresse à l'idée, la poésie à l'idée et à la sensation à la fois...» Elle est le rêve de la vie, le monde vu à travers l'ivresse de l'enthousiasme : l'ivresse physique n'est que la jouissance poétique grossière, à l'usage des âmes peu élevées. Mais plus la sensation de la poésie est vive, plus elle doit être courte; prolongée, elle épuise, elle accable.

Dans l'inspiration, le poëte plane entre le monde humain et le monde surnaturel; il ne reproduit pas, il transforme, il crée. L'artiste qui ne vise qu'à la reproduction matérielle ne sera jamais un grand artiste; longtemps l'imitation sembla aux critiques l'idéal de l'art, mais les grands poëtes devançaient la critique qui prétendait leur imposer des lois. Les peuples, au reste, ne s'y sont pas trompés; dès l'origine, le poëte est dans toutes les langues un faiseur (ποιητης), un trouveur (trouvère, troubadour), un créateur qui se réfléchit dans son œuvre et ne reproduit ce qui l'entoure qu'après se l'être profondément assimilé.

La poésie, à ce point de vue, est la sœur de la science; l'une et l'autre sondent les secrets de la nature et créent d'après ses lois; l'une est absolue, elle résulte de l'expérience; l'autre, au contraire, n'a que des affirmations relatives, elle procède de l'intuition : mais toutes deux sont condamnées à suivre la marche de l'esprit humain; seulement, comme le prix de la poésie est tout dans la forme, elle est susceptible de perfection à toute époque et reste immuable, tandis que la science n'arrive à la perfection qu'après de longs tâtonnements et des revirements nombreux, celle de demain renversant celle d'aujourd'hui.

Homère, Dante ont enfermé dans leurs poëmes tout le savoir de leur siècle; leur savoir a pâli, leur poésie brille toujours du même éclat. La science ayant pris un vol immense, la poésie n'a pu la suivre que de loin; mais, aujourd'hui encore que leurs domaines sont séparés, elle se fait quelquefois l'avant-courrière de sa sœur; elle recueille dans l'air toutes les aspirations, tous les bruits précurseurs; elle ne prédit pas, mais elle pressent ce qui doit s'accomplir et du doigt indique la route. Plus d'une fois ses magnifiques aperceptions ont été le signal des grandes découvertes expérimentales.

Le poëte est un instrument sonore, impressionnable à tous les phénomènes intellectuels qui s'accomplissent; il est le clavier qui résonne à toutes les émotions, la cloche qui

Sous le manteau sacré tour à tour chante et pleure,
Pour célébrer l'hymen, la naissance et la mort.

Mais, trop souvent, il achète cette exquise sensibilité au prix de bien des froissements, de bien des douleurs. Qu'on lise l'histoire, on verra toujours que les grands poëtes ont été d'illustres infortunés.

La forme des vers n'est pas essentielle à la poésie, mais la mélodie, le rhythme forment à la pensée une sorte d'accompagnement musical qui lui imprime plus de force, dispose à la rêverie et à l'ivresse poétique, but de l'art. Cet accompagnement est, d'ailleurs, si naturel, qu'on le trouve chez tous les peuples : les sauvages mêmes en ont le vague instinct.

Le caractère d'un peuple s'empreint toujours profondément dans sa poésie ; c'est là qu'il faut chercher la nature des sentiments qui ont dominé à chaque époque. Dans l'Inde, la poésie est diffuse et vague comme les idées philosophiques ; le panthéisme confus des croyances s'y traduit dans le désordre de ces immenses épopées auxquelles chaque siècle rattache de nouveaux volumes ; le sentiment de l'unité circonscrite fait complétement défaut. C'est le contraire dans la Grèce : là les symboles se ramènent, en définitive, à la forme humaine, et la poésie y est surtout remarquable par la pureté des lignes, la grâce des contours, l'harmonie d'un ensemble facile à embrasser des yeux et de l'esprit. La matière, la forme, dans l'Inde, sont sacrifiées à la pensée ; la pensée, dans la Grèce, se subordonne à la matière, à l'ensemble des formes : tout y est joie, gaieté, ivresse des sens.

Rome prend aux Grecs leur poésie ; mais cette poésie se transforme au passage du détroit : de folâtre elle devient grave et sévère comme les vieux Romains. Elle rit peu et ne se joue plus en ces gracieux caprices qu'elle affectionnait dans la langue hellénique ; mais l'idéal s'élève ; la forme est moins pure, mais un sentiment d'unité supérieur se fait jour. Le dôme, symbole de l'unité, apparaît dans le Panthéon, qui en est la figure matérielle.

Mais, bien avant les Grecs et les Romains, un peuple possédait, dans ses croyances, cet idéal religieux où aspiraient les philosophes, et sa poésie avait cette profondeur, cette grandeur, ce sublime auxquels les autres peuples n'avaient que rarement atteint. Le caractère large et inspiré de la poésie hébraïque comparée aux littératures profanes suffirait seul pour démontrer que là était le peuple de Dieu.

Importé dans l'Occident, le christianisme renouvelle le monde et brise les formes antiques. Dans tout ce mouvement de peuples, de langues et de croyances, la poésie s'arrête incertaine et hésite sur sa voie ; mais l'élan est donné, elle s'assimile les doctrines de Jésus, et traîne Dante dans les cercles infinis du ciel et de l'enfer. La poésie croyante du moyen âge se résume dans ce mystérieux poëme, comme l'idéal de l'art proprement dit dans la cathédrale gothique. Le culte de la forme matérielle a fait place au culte de l'idée ; on se préoccupe moins de l'harmonie matérielle de lignes que du sentiment qui résulte de leur combinaison.

Mais la nature humaine n'est pas assez forte pour se maintenir à cette hauteur ; une réaction s'exerce au nom de la matière. Boccace, Arioste s'en font l'écho, et le Tasse, malgré ses efforts, ne peut remonter à l'idéal primitif. Le mouvement a lieu dans le même sens en Espagne. Le *romancero*, les drames de Calderon résument la fierté sauvage, le sentiment exagéré de l'honneur et de la vengeance, le caractère profondément religieux de l'Espagne ; puis, à partir de Philippe II, l'idéal baisse ; la poésie se réduit à des recherches de mots, et la raillerie seule subsiste, symptôme de scepticisme et de décadence. La poésie s'est quelque peu relevée en Italie, mais elle sommeille toujours en Espagne.

La poésie anglaise est aussi fille du christianisme ; elle a pris de lui sa grandeur et sa majesté, mais elle reste profondément empreinte de ce sentiment qui a si puissamment servi les progrès de la réforme en Angleterre, l'individualisme. Chez les peuples du Midi, le sentiment de l'unité prédomine ; chez les Anglais, c'est celui de la diversité. La littérature des premiers est synthétique et féconde en types ; la littérature anglaise se plaît à la peinture des nuances et des excentricités. La bourgeoisie est puissante de bonne heure à Londres, elle acquiert une large place dans les œuvres des poëtes ; chez les autres peuples, le personnage ridicule, le repoussoir du tableau, c'est la bourgeoisie riche, ignorante et vaniteuse ; en Angleterre, où la richesse est tout, le repoussoir c'est l'homme du peuple, le pauvre; la fortune va de pair avec la noblesse.

La poésie grave apparaît au nord et au midi avant la poésie sceptique; le mouvement se fait, en France, dans le sens opposé : la poésie grave produit ces magnifiques cathédrales gothiques, ces gracieuses légendes chevaleresques et religieuses que les autres peuples nous empruntent, mais le metteur en œuvre littéraire fait défaut : la langue manque de souplesse et surtout de dignité ; elle n'est propre qu'à la satire. Nos poésies plaisantes du moyen âge ne le cèdent à celles d'aucun peuple, mais les grandes inspirations, chez nous, attendent, contrairement à la loi générale, la prédominance du principe monarchique. La poésie française y a gagné cette harmonie de l'ensemble, cette heureuse pondération des forces poétiques qu'aucune littérature n'a possédée depuis la Grèce, mais elle y a perdu en élévation, en originalité. Il est pourtant un genre dans lequel aucune littérature ne peut lutter avec nous, c'est celui qui est dans la tradition du moyen âge, la poésie frondeuse, légère, libertine, satirique, et la comédie, qui en est la plus haute expression.

La poésie savante de l'Allemagne est la dernière en date : au XVIIIᵉ siècle, l'Allemagne oublia sa littérature du moyen âge, son grand poëme de Niebelungen, pour accepter l'influence française qu'elle a secouée depuis. Ce qui caractérise la poésie allemande, c'est un amour profond de la nature et un grand penchant vers le mysticisme. Le panthéisme de ses livres de philosophie imprègne sa poésie populaire. La nature, pour l'Allemagne, est un grand tout formé d'êtres divers, tous frères entre eux ; homme, animal, plante, minéral, agglomération d'êtres, tout vit d'une même vie, tout chante un même hymne d'amour. Ainsi les trois principales littératures de l'Europe moderne ont, dans leurs écarts, personnifié chacune un système de philosophie : l'Angleterre, l'individualisme, protestantisme ou rationalisme ; la France, le scepticisme et le matérialisme ; l'Allemagne, le panthéisme.

On dénie à la poésie contemporaine de la France d'être la peinture de la société ; c'est un tort : la poésie contemporaine est vague et nuageuse, mais les idées philosophiques, politiques, religieuses sont dans le même cas. L'aspiration vers l'avenir, les regrets du passé, le dégoût du présent fermentent dans

tous les esprits; toutes les traditions sont admises, tous les systèmes sont acceptés; l'intelligence flotte entre ces instincts opposés qui les poussent les uns vers la satisfaction des sens et de la matière, les autres vers le dévouement et le sacrifice. La poésie reproduit ce vaste mouvement; la direction, l'unité lui manquent comme à la société; mais qu'on ne s'y trompe pas, dans cette agitation il y a de la vie; c'est l'enfantement d'où naîtra une société plus brillante et plus belle. Dieu ne peut pas abandonner le monde au chaos intellectuel non plus qu'il ne l'a abandonné au chaos matériel ; il le renouvellera et lui rendra l'unité.

Quant à la poésie, il n'est pas à craindre qu'elle meure ; langue instinctive et mystérieuse, elle continuera à faire l'amour des âmes sensibles, la consolation des âmes souffrantes, le lien sympathique entre la terre et le ciel; elle pourra se renouveler et briser ses vieux moules comme elle l'a déjà fait de quelques-uns, elle devra suivre les progrès des mœurs, des sentiments et des idées ; mais, de même qu'on la vit à genoux, au début des choses, porter à Dieu la prière émue de l'humanité, de même on la verra pousser le dernier cri de douleur sur les débris du monde quand Dieu le brisera. J. Fl.

POGGIO ou **LE POGGE** (*litt.*).—Le célèbre écrivain connu sous ce prénom s'appelait Poggio Bracciolini. Né en 1789, dans le territoire d'Arezzo, il entra d'abord dans l'Eglise, mais ne dépassa pas les ordres mineurs, ce qui ne l'empêcha pas d'être, une partie de sa vie, rédacteur des lettres pontificales sous divers papes : il assista comme tel au concile de Constance, mais protesta contre l'exécution de Jérôme de Prague et fut même jusqu'à consigner dans sa lettre les principaux traits de l'apologie que cet hérésiarque avait faite de son maître Jean Hus. Une autre fois, il fit un dialogue où il traitait fort mal les frères franciscains de l'observance ; ceux-ci réclamèrent; il leur répondit par un dialogue fort violent contre l'hypocrisie, et dans lequel étaient attaqués tous les moines en général. Ce sont ces écrits qui ont fait placer le Pogge parmi les esprits forts et lui ont fait attribuer quelques ouvrages impies. Ses éditeurs ont exclu ce dernier dialogue de ses œuvres.—C'était l'époque où l'on retrouvait les ouvrages de l'antiquité enfouis dans la poussière des bibliothèques. Poggio se livra à cette recherche avec une ardeur

toute fiévreuse, ne s'épargnant ni fatigues,
ni luttes, ni dégoûts. On peut lire dans
ses lettres les épisodes dramatiques de ses
recherches; il parvint à conquérir tout ou
partie des écrits de Quintilien, Vitruve,
Silius Italicus, Manilius, Lucien, Calpurius,
Ammien Marcellin, Végèce, Frontin, Nonnius
Marcellus, Columelle, Priscien le grammairien, un grand nombre de discours de Cicéron, et quelqu'un qui travaillait sous ses
ordres découvrit douze des comédies de
Plaute. Il traduisit du grec en latin, pour les
vulgariser, Diodore de Sicile, la *Cyropédie*, etc.
Las des récriminations que soulevaient sa
conduite peu régulière et ses écrits satiriques,
il voulut se retirer en Angleterre, mais le
repos qu'il y trouva n'était pas celui qu'il
cherchait; c'est en Italie qu'on découvrait les
livres; personne en Angleterre ne partageait sa passion bibliologique, il se hâta de
revenir et de reprendre ses fonctions de secrétaire du pape. Il défendit énergiquement
Nicolas V contre l'antipape, le duc de Savoie;
il défendit aussi Cosme de Médicis, qui avait
été son protecteur; celui-ci, devenu puissant, exempta Poggio et ses enfants des charges publiques. A 55 ans, Bracciolini se maria
à une jeune fille qui n'en avait que 18. Ses
protecteurs le rappelèrent de la campagne, où
il s'était retiré, pour le faire chancelier de
la république; il profita de cette position
pour écrire, en latin, l'histoire de sa patrie,
de 1435 à 1455, mais la mort, qui le frappa
en 1459, ne lui permit pas d'achever cette
histoire, sa meilleure production. De tous
ses ouvrages philosophiques, on ne peut citer que celui qui a pour titre : *De varietate
fortunæ*. Mais le plus connu de tous ses
écrits et le seul qui ait été traduit en français
est son recueil de *Contes*. Poggio rapporte que,
sous le pontificat de Martin V, les officiers
de la chancellerie romaine se réunissaient
dans une salle commune, pour s'entretenir
des nouvelles du jour, et deviser librement
sur toutes choses : ce sont, dit-il, ces entre-
tiens qu'ils a recueillis et qu'il publia sous
le titre de *Facéties*. Il faut croire qu'il profita de l'occasion pour mettre au jour une multitude de contes licencieux et orduriers pour
lesquels il avait toujours montré une certaine
propension, ou bien il faudrait supposer que
les mœurs d'alors étaient fort relâchées et li-
bertines, car, si l'on y trouve quelques faits
curieux et précieux, on y rencontre encore
plus d'anecdotes immorales, de railleries

contre la pudeur, le clergé, les choses saintes.
On comprend difficilement comment un homme grave, arrivé à 70 ans, a pu se complaire en
ces récits et compromettre la réputation qu'il
s'était acquise par ses grands travaux d'érudition. Il paraît cependant que ses contemporains ne se souvinrent que de ce qu'il avait
fait de bien, car on lui éleva une statue après
sa mort. Molière et la Fontaine ont souvent
puisé dans les *Facéties* de Pogge.   FLEURY.

POIDS (*archéol.*).—L'usage des poids est
de la plus haute antiquité : Europe veut que
les Sidoniens en aient été les premiers inventeurs; mais d'autres témoignages prouvent
que des peuples plus anciens avaient recours
aux divers systèmes de mesure et de pesée
pour les besoins du commerce, dont l'é-
change et l'estimation réglaient pourtant encore les transactions ordinaires. Plusieurs
bas-reliefs des monuments égyptiens nous
montrent quelles espèces de poids étaient en
usage dans l'ancienne Egypte, et de quelle
manière on s'en servait. Le plus souvent ce
sont de petites figures représentant un bœuf,
un veau ou une chèvre, qu'on voit posées
sur l'un des bassins d'une balance, tandis
que sur l'autre sont placés quelques-uns de
ces anneaux d'or ou d'argent qui étaient, en
Egypte, les monnaies de la plus haute valeur.
Ce système de pesée, qui semble inintelligible,
a été ingénieusement expliqué par M. Cham-
pollion. Selon lui, les formes de bœuf, de
veau ou de chèvre n'avaient été affectées aux
petites figures du premier bassin que parce
que leur valeur primitive était égale à celle
des animaux qu'elles représentaient. Lorsqu'on disait donc qu'une armure ou un vase
valait deux bœufs ou deux veaux, on voulait
indiquer un poids d'or ou un nombre d'anneaux capable de contre-balancer deux fois
le poids constant et déterminé de la figure
du bœuf ou du veau. Chez les Hébreux, le
pied naturel, pris du talon à l'extrémité du
gros orteil, servait, comme on sait, d'unité
de longueur, le cube de ce pied déterminait
l'unité de volume (*epha*), et le poids de l'eau
contenue dans ce volume désignait l'unité des
poids ou le talent (18 *kilogrammes*); ce poids,
dont l'étalon de pierre était déposé dans le
temple sous la garde des prêtres, s'appelait
le *poids du sanctuaire;* on croit qu'il ne différait en rien du poids ordinaire ou profane.
« Cependant, est-il dit dans le *Dictionnaire
de Trévoux*, beaucoup de savants soutiennent que cette différence est réelle, et c'est

par ce moyen qu'ils prétendent expliquer plusieurs endroits de l'Ecriture sainte qui ne pourraient être expliqués autrement. » Chez les Grecs, le volume cubique du pied rempli d'eau était aussi l'unité de poids (18 *kilogrammes*). Mais une autre mesure, l'*amphore*, qui n'était pas moins en usage, modifiait cette unité et la portait à 19 kilogrammes et demi pour le poids du talent. A Athènes, elle s'élevait bien plus haut encore; le talent y atteignait le poids de 27 kilogrammes et la valeur de 60 mines (environ 5,560 francs). Les poids fractionnaires étaient la *drachme* (4 *grammes* 50 *centigrammes* à Athènes), l'*obole* (0,75), le *chalque* (0,094), et enfin le *sitaire* (0,063). L'étalon de ces divers poids était déposé à Athènes, dans le temple d'Hercule. Chez les Romains, le système des poids et mesures offre une classification méthodique que nous ne rencontrons chez aucun peuple de l'antiquité. L'unité de poids est l'*as* ou *libra*, qui se partage en 12 onces (*uncia*), chacune de 24 scrupules (*scripulum*), ce qui donne pour un *as* 288 scrupules. Comme chez les Hébreux et chez les Grecs, l'étalon de ces poids était sacré à Rome; on le gardait dans le temple de la déesse Ops, et ce n'est que sous le règne de Justinien qu'un édit de l'empereur ordonna de déposer les poids dans les Eglises chrétiennes. Le système romain des poids et mesures prévalut longtemps dans les Gaules; Charlemagne fut le premier qui lui substitua une règle nouvelle. La livre de 12 onces, dont il voulut rendre l'usage général dans tout son empire en en faisant tout ensemble l'unité des poids et des valeurs numéraires, était un emprunt fait au système des Arabes; mais, quelle que fût la sévérité des lois qui en ordonnaient l'usage exclusif, ce nouveau poids ne put s'établir en France : chaque province s'en tint, pour toutes les espèces de mesure, au système en vigueur chez les peuples qui l'avaient visitée. Le *marc*, poids et monnaie d'origine germanique, resta ainsi en usage dans toute la France septentrionale. Au Xe siècle, le *poids de marc* de 8 onces ou d'une 1/2 livre était seul connu à Paris; tandis qu'au contraire l'ancienne livre romaine, la *livre soutive* (*libra subtilis*), comme on l'appelait, continuait à être employée dans les provinces du Midi. De cette diversité des poids dans toutes les parties de la France naissait une confusion que l'on comprendra mieux encore, quand on saura que, loin d'être communs à tous les commerçants

d'une province, les poids n'étaient souvent pas les mêmes pour tous les marchands d'une même ville. Ainsi, à Lyon, le *poids de la ville* était de 14 onces par livre, tandis que le *poids de la soie* était de 15 onces; à Rouen, le *poids de vicomte* était différent du poids de marc de 4 livres sur 100. De tels abus réclamaient une réforme qui fut inutilement tentée par plusieurs rois. Les ordonnances successivement rendues par Philippe le Long, Louis XI, François Ier, Henri II, Charles IX et Henri III, pour établir dans tout le royaume un seul poids et une seule mesure, restèrent sans exécution. Ces idées de réforme furent reprises au XVIIIe siècle, et prévalurent alors en dépit de quelques contradicteurs, parmi lesquels on s'étonne de trouver Montesquieu. (Voy. *Esprit des lois*, liv. XXIX, chap. XVIII.) Enfin un décret de la convention, rendu le 5 octobre 1793 et régularisé par la loi du 4 frimaire an II, vint consacrer pour toute la France l'uniformité des poids et l'établissement du système métrique et décimal. Ed. F.

POIDS et **MESURES** (*admin.*). — De toutes les réformes dues au régime de centralisation inauguré par la révolution de 1789, l'uniformité des poids et des mesures est une de celles dont l'utilité et les heureux résultats sont le moins contestables. La diversité des poids et des mesures, chez un peuple, est tout aussi peu naturelle que la diversité de langage et présente tout autant d'inconvénients que la diversité de législation; car il peut y avoir autant de malentendus avec la diversité des poids et des mesures qu'avec la pluralité des langues, et la législation est la mesure des droits et des capacités légales, comme les poids et mesures servent à déterminer la pesanteur et la capacité des choses. Aussi trouve-t-on dans l'histoire plus de tentatives pour arriver à l'uniformité des poids et des mesures que d'essais d'une législation uniforme. Charlemagne est, dit-on, le premier qui ait formé le dessein de réduire les poids et les mesures à un étalon unique : ce dessein resta à l'état de projet; mais, lors même qu'il eût été réalisé de son temps, le régime féodal, qui, sous ses successeurs, morcela le royaume des Francs, aurait bientôt fait disparaître les traces de cette tentative. Plusieurs siècles après, Philippe le Long essaya vainement la même réforme : tous les ordres de l'Etat se soulevèrent contre elle; la noblesse et le clergé, qui y voyaient une entreprise de l'autorité royale sur leurs droits et priviléges, se liguèrent avec les bourgeois des villes qui ne comprirent pas de quelle utilité elle pouvait être pour le commerce. Louis XI, François Ier, Henri II, Charles IX, excités par les réclamations des états généraux, Henri III, firent, dans le même but, des ordonnances qui ne furent jamais exécutées. Louis XIV lui-même échoua dans des tentatives semblables, malgré sa toute-puissance; et ce fut tout au plus si, aidé par Colbert, il réussit à obtenir l'exécution d'un édit du 21 août 1671, qui avait pour but de rendre uniformes les poids et les mesures dans tous les ports et arsenaux de France. Ces résistances, dont il ne faut pas trop s'étonner, trouvaient leur point d'appui dans le défaut d'unité d'une administration qui, soumise à l'empire et à l'influence des usages locaux, n'obéissait que difficilement à l'impulsion centrale. Elles devaient donc perdre une grande partie de leur force et de leur énergie sous le régime vigoureux de la centralisation administrative et de l'unité de législation; et cependant la réforme des poids et des mesures, commencée dès le début de la révolution française, a mis près de cinquante ans à s'accomplir. Dès le 8 mai 1790, l'assemblée nationale rendit un décret par lequel il posait le principe de l'uniformité des poids et des mesures, dont le modèle invariable aurait pour base unique la longueur d'une section déterminée du méridien terrestre. L'Académie des sciences fut consultée, et, le 26 mars 1791, l'assemblée nationale rendit un nouveau décret par lequel, « considérant que, pour parvenir à établir l'uniformité des poids et des mesures, il est nécessaire de fixer une unité de mesure naturelle et invariable, et que le seul moyen d'étendre cette uniformité aux nations étrangères et de les engager à convenir d'un même système de mesures est de choisir une unité qui, dans sa détermination, ne renferme rien d'arbitraire ni de particulier à la situation d'aucun peuple du globe; considérant, de plus, que l'unité proposée par l'Académie des sciences réunit toutes ces conditions..., » elle adoptait la grandeur du quart du méridien terrestre pour base du nouveau système de mesures et prescrivait, en conséquence, les opérations scientifiques nécessaires pour déterminer cette base. — Le résultat de ces opérations, auxquelles l'assemblée législative imprima une nouvelle activité et qui eurent lieu sous

la direction de M. Delambre, fut consigné dans un rapport de l'Académie des sciences à la convention nationale, en date du 25 novembre 1792, suivi d'une loi du 1er août qui établissait un nouveau système des poids et des mesures, bientôt après notifié et complété par la loi du 18 germinal an III, qui est aujourd'hui la loi fondamentale de la matière.—D'après cette loi, l'unité de mesure de longueur est le *mètre*, égal à la dix-millionième partie du quart du méridien terrestre, compris entre le pôle boréal et l'équateur; l'unité de mesure de superficie est l'*are*, égal à un carré de 10 mètres de côté; l'unité de mesure de solidité est le *stère*, égal à 1 mètre cube, et de mesure de capacité pour les matières sèches ou liquides, le *litre*, dont la contenance est celle du cube de la dixième partie du mètre; l'unité de poids est le *gramme*, représentant le poids absolu d'un volume d'eau pure, égal au cube de la centième partie du mètre et à la température de glace fondante; l'unité de monnaie est le *franc*. (*Voy.* MONNAIES.)

Le mètre se divise en dix parties égales; chacune de ces parties prend le nom de *décimètre*: le décimètre se divise à son tour en dix parties dont chacune, se trouvant la centième partie du mètre, prend le nom de *centimètre*. Il en est de même du centimètre, qui se divise également en dix parties dont chacune, représentant la millième partie du mètre, a reçu le nom de *millimètre*. De même que le mètre se divise par 10, par 100, par 1,000, de même aussi il se multiplie par les mêmes nombres et fournit alors le *décamètre*, égal à 10 mètres, l'*hectomètre* à 100, le *kilomètre* à 1,000 et le *myriamètre* à 10,000. D'après le même principe, on a déterminé la dénomination des autres mesures et des poids. Ainsi le *décilitre* est une mesure de capacité dix fois plus petite que le litre, tandis que le *décalitre* est une mesure dix fois plus grande, et l'*hectolitre* cent fois plus grande. De même le *décigramme*, le *centigramme* et le *milligramme* représentent des poids dix fois, cent fois et mille fois plus petits que le gramme, tandis que le décagramme, l'hectogramme et le kilogramme représentent des poids dix fois, cent fois, mille fois plus forts.

Voici, au surplus, un tableau des poids et des mesures qui met sous les yeux leur nomenclature complète, et l'indication de leurs rapports avec quelques-unes des anciennes mesures auxquelles ils correspondent.

Mesures de longueur.

Le mètre (3 pieds 11 lignes 296 mill. de ligne); le myriamètre égal à 10,000 mètres (à peu près 2 lieues; 2,250); le kilomètre, à 1,000 mètres; l'hectomètre, à 100 mètres; le décamètre, à dix mètres; le décimètre, au dixième du mètre; le centimètre, au centième du mètre; le millimètre, au millième du mètre.

Mesures de surface ou *mesures agraires.*

L'are égal à cent mètres carrés; l'hectare, à cent ares ou mille mètres carrés (1 arpent : 1,958029); le centiare, au centième de l'are ou au mètre carré.

Mesures de capacité pour les liquides et les matières sèches.

Le litre égal au décimètre cube (pinte de Paris : 1,0737) (boisseau : 0,07687); le kilolitre, à mille litres; l'hectolitre, à cent litres; le décalitre à dix litres; le décilitre, au dixième du litre.

Mesures de solidité.

Le stère égal au mètre cube (corde ou double voie : 0,26048); le décastère à dix stères; le décistère au dixième du stère.

Mesures de pesanteur ou *poids.*

Le gramme égal au poids de 1 centimètre cube d'eau distillée à la température de quatre degrés centigrades; le kilogramme, à mille grammes (en livres : 2,04288); l'hectogramme, à cent grammes; le décagramme, à dix grammes; le décigramme, au dixième du gramme; le centigramme, au centième du gramme; le milligramme, au millième du gramme.

Chacune de ces mesures a, pour la facilité du commerce, son double et sa moitié; ainsi, par exemple, il y a le double litre et le demi-litre; le double hectogramme et le demi-hectogramme.

Tel est l'ensemble du nouveau système de poids et de mesures, qui a reçu le nom de *système métrique décimal :* il a le double mérite d'être rationnel, parce qu'il prend dans la nature un point de départ invariable, et d'être clair, parce qu'il se prête à toutes les divisions et à toutes les multiplications nécessaires pour la détermination des valeurs et des quantités.

Cependant, comme on ne renonce jamais facilement à d'anciennes habitudes, même pour en prendre de meilleures, il y eut nécessité de ménager la transition entre les anciennes mesures et les nouvelles; et la loi du 3 germinal elle-même, pour rendre le remplacement des anciennes mesures plus facile et moins dispendieux, voulut qu'il fût exécuté par parties et à différentes époques, qui devaient être déterminées par la convention nationale. En conséquence, plusieurs lois ou arrêtés successifs des 1er vendémiaire an IV, 23 pluviôse an VI, 19 germinal, 28 messidor et 11 thermidor an VII, 19 frimaire et 7 floréal an VIII, prescrivirent successivement l'usage des diverses espèces de poids et mesures dans la plupart des localités. Ce ne fut pas tout, et, pour tenir compte des répugnances mal raisonnées qui protégeaient les anciennes dénominations, un arrêté du 13 brumaire an IX, développé et complété par un décret du 13 février 1812, autorisa l'emploi provisoire d'instruments de pesage et de mesurage en rapport avec ceux qui étaient anciennement en usage et dont on avait conservé la dénomination, mais qui étaient composés de fractions ou de multiples des unités légales, c'est-à-dire du mètre pour les mesures et du gramme pour les poids.

Mais une loi du 4 juillet 1837 a abrogé le décret du 12 février 1812, en lui laissant toutefois une existence transitoire jusqu'au 1er janvier 1840. En conséquence, à partir du 1er janvier 1840, tous les poids et mesures autres que les poids et mesures établis par les lois constitutives du système métrique décimal ont été interdits, de même que toutes dénominations autres que les dénominations légales. C'est donc seulement depuis le 1er janvier 1840 que le système métrique décimal promulgué en l'an III est en pleine vigueur. Pour assurer l'exécution des dispositions qui prescrivent l'usage exclusif des poids et mesures métriques, la loi agit tantôt par voie préventive, tantôt par voie répressive. Ainsi, d'une part, toute fabrication d'anciens poids et mesures est interdite en France, ainsi que toute importation des mêmes objets venant de l'étranger, à peine de confiscation et d'une amende du double de la valeur des objets confisqués (L. 18 germ. an III, art. 24).—Quant aux poids et mesures et aux instruments de pesage et de mesurage, neufs ou rajustés, ils ne peuvent être mis en vente et il ne peut en être fait usage que lorsqu'ils ont été marqués d'un poinçon qui en constate l'exactitude (ord. 17 avril 1839, art. 14). A cet effet, il y a dans chaque arrondissement communal un bureau de vérification des poids et mesures, pourvu de l'assortiment nécessaire d'étalons vérifiés et poinçonnés au dépôt des prototypes établi près le ministère de l'agriculture et du commerce. C'est aux agents de ce bureau que doivent être présentés les poids et mesures pour être vérifiés et poinçonnés avant d'être livrés au commerce (ord. 17 avril 1839, art. 6, 7, 10 et 11).

Indépendamment de cette vérification primitive, les poids et mesures dont les commerçants font usage ou qu'ils ont en leur possession sont soumis à une vérification périodique, pour reconnaître si leur conformité avec les étalons n'a pas été altérée. Cette vérification se fait tous les ans dans certaines communes et tous les deux ans dans d'autres, selon la détermination des préfets (*ibid.*, art. 13 et 19). Elle a lieu ordinairement à domicile; mais elle peut avoir lieu aux siéges des mairies, lorsque, sur la proposition des préfets, le ministre du commerce juge que l'opération y sera plus facilement exécutée (*ibid.*, art. 20). Quant aux marchands ambulants ou colporteurs, ils sont obligés de se présenter dans les trois premiers mois de chaque année ou de l'exercice de leur profession à l'un des bureaux de vérification dans les ressorts desquels ils colportent leurs marchandises (*ibid.*, art. 21). La loi défend non-seulement l'usage, mais encore la simple détention de tous poids et mesures autres que ceux qui sont établis par les lois constitutives du système métrique décimal. En conséquence, ceux qui ont dans leurs magasins, boutiques, ateliers et maisons de commerce, ou dans les halles, foires et marchés, des poids et mesures autres que ceux qui sont légalement reconnus, sont punis, comme ceux qui les emploient, d'une amende de 11 à 15 francs, de la confiscation des instruments de poids et mesures différents de ceux que la loi a établis, et, selon les circonstances, d'un emprisonnement de cinq jours au plus, lequel emprisonnement pendant cinq jours doit toujours avoir lieu en cas de récidive (L. 4 juillet 1837, art. 3 et 4; cod. pén., art. 479, n° 6; 480, 481, 482).

Mais il faut remarquer qu'on ne répute pas instruments de pesage les formes ou moules servant à la fabrication de certaines marchandises qui se vendent à la pièce ou au paquet, telles que les pains de certaines espèces, les bougies, chandelles, etc. (ord.

17 avril 1839, art. 31). On ne considère pas non plus comme mesures de capacité ou de pesanteur les vases et futailles servant de récipient aux boissons, liquides ou autres matières (*ibid.*, art. 32); et il est permis de vendre à la pièce et sans rapport avec les mesures légales les liqueurs ou les vins venant de l'étranger ou d'un cru supérieur à celui des vins de vente courante (*ibid.*, art. 29). Il a d'ailleurs été jugé avec raison que la vente de farines en sacs d'une contenance arbitraire ne constitue pas le délit de vente à faux poids, lorsqu'il n'existe pas de règlement de l'autorité compétente qui range les sacs au nombre des mesures (cassation, 18 mai 1837; Devill., 37, 707). Les lois sur les poids et mesures n'ont, au surplus, aucune application aux usages de la vie domestique. Ainsi la détention par un individu non assujetti à la vérification d'un vase en métal dont la capacité est arbitraire, et qui sert à transporter l'eau puisée à la fontaine, ne constitue pas une contravention aux lois relatives à l'observation des mesures légales (cass., 19 avril 1835; Dall., 35, 2, 224).

Les préfets, par des arrêtés qui ne sont exécutoires qu'après avoir été approuvés par le ministre du commerce, dressent, pour chaque département, le tableau des professions qui doivent être assujetties à la vérification. Ce tableau indique l'assortiment des poids et mesures dont chaque profession est tenue de se pourvoir. Si un assujetti se livre à plusieurs genres de commerce, il doit être pourvu de l'assortiment des poids et mesures fixé pour chacun d'eux, à moins que l'assortiment exigé pour l'une des branches de son commerce ne se trouve déjà compris dans l'assortiment exigé pour l'une des autres branches. S'il ouvre, dans une même ville, plusieurs magasins, boutiques ou ateliers distincts ou placés dans des maisons différentes et non contiguës, il doit pourvoir chacun de ses magasins, boutiques ou ateliers, de l'assortiment exigé pour la profession qu'il exerce (ord. 17 avril 1839, art. 15 et 33). Cependant il a été jugé, mais longtemps avant l'ordonnance du 17 avril 1839, qu'un règlement municipal ordonnant aux individus d'une certaine profession de se pourvoir de poids et de mesures n'est obligatoire qu'autant que ces poids et ces mesures sont nécessaires au débit des objets de cette profession, et, par suite, on a considéré sans effet légal l'arrêté qui prescrit aux tisserands de se pourvoir de poids et de balances, les tissus fabriqués par les tisserands ne se débitant qu'à la mesure linéaire (Devill., coll. nouv., 8, 1, 236); mais il est permis de douter que, aujourd'hui et en présence de l'attribution expresse que les préfets ont reçue de l'ordonnance de 1839, cette jurisprudence pût encore être suivie et que les tribunaux fussent autorisés à se refuser à l'application d'un arrêté préfectoral approuvé par le ministre du commerce.

C'est aux vérificateurs des poids et mesures à constater les contraventions prévues par les lois et règlements concernant le système métrique des poids et mesures; ils peuvent procéder à la saisie des instruments de pesage et de mesurage dont l'usage est interdit, ou qui ne sont pas poinçonnés. Leurs procès-verbaux font foi en justice jusqu'à preuve contraire; et, à cet effet, ils prêtent serment devant le tribunal de l'arrondissement où ils exercent (loi du 4 juillet 1837, art. 7; ord. 17 avril, 1839, art. 35).

Pour rechercher et constater les contraventions, les vérificateurs sont toujours en droit de faire, soit d'office, soit sur la réquisition des maires et du procureur du roi, soit sur l'ordre du préfet et des sous-préfets, des visites extraordinaires et inopinées chez les assujettis (ord. 17 avril 1839, art. 20). Néanmoins ces visites ne peuvent avoir lieu que pendant le jour ou pendant tout le temps que les lieux de visites sont ouverts au public (ibid., art. 26).— On a déjà vu que non-seulement la loi défend au commerce la détention et l'usage de poids et de mesures autres que les poids et mesures métriques, mais qu'elle défend encore toutes dénominations de poids et mesures non métriques, dans les actes publics, les affiches, les annonces, les actes sous seing privé, les livres de commerce et autres écritures privées produites en justice; cette contravention est punie d'une amende de 20 fr. contre les officiers publics et de 10 fr. contre les autres contrevenants (loi 4 juillet 1837, art. 5). L'amende à prononcer contre les notaires est de 100 fr. (loi 25 ventôse an II, art. 17); ces amendes sont perçues pour chaque acte ou écriture sous signature privée : quant aux registres de commerce, ils ne donnent lieu qu'à une seule amende pour chaque contestation dans laquelle ils sont produits (loi 4 juillet 1837, art. 5). Il est pareillement défendu aux juges et arbitres de rendre aucun jugement ou dé-

cision en faveur des particuliers sur des actes, registres ou écrits dans lesquels les dénominations interdites auraient été insérées, avant que les amendes encourues n'aient été payées. — Ces amendes sont poursuivies par le receveur de l'enregistrement et des domaines auquel les vérificateurs des poids et mesures sont tenus de signaler toute contravention sur les dénominations légales. — Le système métrique français pour les poids et mesures est adopté en divers pays, tels que le grand-duché de Bade, la Belgique, et Lausanne. Il y a tout lieu de croire que, avec le temps, il sera adopté par toutes les nations civilisées.   G. MASSÉ.

POIGNARD. (Voy. ARMES.)

POIGNET (anat.).—Le poignet est cette partie du membre supérieur comprise entre l'avant-bras et la main. Ses limites ont été diversement déterminées; pour nous, il commencera, supérieurement, au niveau de la tête du cubitus pour finir, en bas, au niveau de l'articulation de la main avec le carpe. Il contient donc pour parties solides propres les deux rangées des os du carpe, formées, la supérieure, et de dehors en dedans, par le scaphoïde, le semi-lunaire, le pyramidal et le pisiforme; l'inférieure, et dans le même sens, par le trapèze, le trapézoïde, le grand os et l'os crochu. Les articulations que l'on y rencontre sont au nombre de cinq : celle du radius avec le cubitus, ou radio-cubitale inférieure; celle de l'avant-bras avec le carpe, ou radio-carpienne; celle de la première rangée du métacarpe avec la seconde, ou médio-carpienne; celle des os d'une même rangée du carpe entre eux; enfin l'articulation de la rangée inférieure du carpe avec l'extrémité supérieure des os du métacarpe, ou carpo-métacarpienne; mais cette dernière est généralement rapportée à la main. Le poignet offre à peine des fibres charnues; en avant et en bas quelques-unes appartenant aux muscles de la main, et en haut quelques autres faisant partie du carré pronateur; mais on y trouve en grand nombre des tendons appartenant aux muscles de l'avant-bras et allant se fixer plus inférieurement. Parmi les artères, nous citerons la radiale et la cubitale, d'où partent différentes branches, parmi lesquelles en est une appelée artère dorsale du carpe. Les veines n'offrent rien de particulier à la face palmaire, mais sur le dos du poignet elles sont grosses et nombreuses : l'une, interne et plus considérable, est connue sous le nom de *salva-telle*, et se continue avec la cubitale; une autre, externe, vient des deux premiers doigts, sous le nom de *céphalique du pouce*, pour se jeter dans la radiale. Les nerfs sont fournis par le radial et le cubital.

Les inflammations de la peau, des veines, ainsi que les autres maladies générales, n'offrent rien de particulier dans la région qui nous occupe, mais doivent seulement inspirer plus d'attention que dans la continuité des membres, par suite du voisinage des articulations auxquelles elles se transportent facilement et des adhérences qu'elles peuvent déterminer entre les divers tissus et les tendons interposés, adhérences qui, comme il est facile de le concevoir, ne manqueraient pas de troubler les fonctions de la main. Mais il résulte de la constitution du poignet, par suite des os nombreux qui le composent, des articulations multiples qu'il présente et des tendons nombreux qui le traversent, que les maladies des systèmes tendineux, synovial et osseux y sont beaucoup plus fréquentes et variées que partout ailleurs. Les luxations proprement dites de l'avant-bras sur le carpe pris en masse sont révoquées en doute par un grand nombre de médecins, qui regardent ce déplacement comme toujours précédé d'une fracture dans la partie inférieure du radius. Mais les luxations de l'extrémité inférieure du cubitus, quoique rares, ne peuvent assurément être contestées, tant en avant qu'en arrière : nous en dirons autant de celles de certains os du carpe les uns sur les autres, et du premier os du métacarpe sur le carpe. Quant aux autres métacarpiens, ils sont trop solidement attachés, et leurs mouvements sont trop bornés pour qu'il puisse en résulter une luxation complète. Il n'y a jamais que tiraillement du carpe ou diastasis plus ou moins prononcé. — Signalons parmi les fractures celle de l'extrémité inférieure du radius. Les tumeurs synoviales sont assez fréquentes dans cette région; on le conçoit. Les opérations principales dont celle-ci peut être le siége sont des résections et l'amputation du poignet.

POILS, PELAGE (*zool.*). Tous les prolongements filiformes que l'on trouve sur le corps des animaux en général ne méritent pas également la dénomination de *poils*. Un poil est toujours et essentiellement produit par un corps producteur, à la différence de tels et tels prolongements filiformes que l'on observe surtout chez les animaux inférieurs. Ceux-ci sont, pour la plupart, des prolongements de l'épiderme dont ils continuent à faire partie. Le poil, au contraire, considéré dans son ensemble, est indépendant des tissus au milieu desquels il prend naissance. — Etudions d'abord les poils sous le rapport anatomique.

Si l'on suit, à l'aide du scalpel, un poil suffisamment fort pour que l'on puisse sans peine le détacher des tissus au milieu desquels il est implanté, on verra, à sa base, un petit corps charnu, de couleur variable, mais généralement rougeâtre, en forme de poire, dont la partie renflée est la plus profonde, et la portion rétrécie dirigée vers l'extérieur. C'est ce corps que l'on a nommé *bulbe* du poil; c'est au dedans de lui que le poil est produit, c'est par lui que sa racine est protégée. Le bulbe est donc la partie la plus importante du système pileux des animaux. Il se compose d'une tunique extérieure, charnue, se continuant avec le derme; plus intérieurement, d'une membrane qui entoure immédiatement les racines du poil qu'il accompagne même dans une certaine longueur. Enfin, tout à fait à l'intérieur et dans la partie faisant cul-de-sac, se trouve un petit corps conique, rougeâtre, destiné spécialement à sécréter le poil. Aussi celui-ci, à son origine, est-il creusé d'une sorte de cavité conoïde dans laquelle pénètre le corps dont nous parlons. C'est là le point où se fait la production. Pour se faire une idée, en grand, de la constitution de cette partie du poil des animaux, il suffit d'examiner un piquant de porc-épic, sorte de poil d'une dimension considérable. — Examinons maintenant un poil indépendamment du bulbe producteur. Il se présentera à nous comme un filet plus ou moins volumineux et plus ou moins flexible, dont la forme sera celle d'un cône extrêmement allongé ou même d'un petit cylindre, si le poil est long, comme, par exemple, un des cheveux de la tête, ou celle d'un cône très-appréciable, en admettant que nous regardions un poil naturellement court et dont l'extrémité supérieure n'aura pas été coupée (*cils*). Ce corps, quelle que soit sa forme, se compose de deux parties bien distinctes ; d'une enveloppe de la même nature que la corne constituant précisément le poil, et d'un canal intérieur contenant ce que l'on a nommé la *moelle* du poil. La première de ces parties, l'enveloppe cornée, se compose elle-même d'un nombre plus ou moins considérable de filaments agglutinés les uns avec les autres en un corps généralement unique. Dans certaines circonstances cependant, ces filaments se détachent, se désunissent, et il en résulte un poil bifurqué à son extrémité, qui pourra même quelquefois ressembler à une sorte de pinceau en miniature. Malpighi a compté dans une soie de porc plus de vingt de ces filaments. Au reste, tout le monde sait qu'il n'est rien de plus facile que de diviser en plusieurs filets un crin de cheval, par exemple. Les cordonniers font même usage de cette facilité avec laquelle les soies de porc se divisent pour les fixer aux fils avec lesquels ils cousent nos chaussures. — Cette partie des poils est généralement incolore et ne paraît de telle ou telle couleur que par suite de sa transparence qui permet d'apercevoir la teinte de la moelle. — Quant à celle-ci, les renseignements que l'on possède sont trop insuffisants, dans tous les cas, pour qu'il n'existe pas beaucoup de doutes sur sa nature. Souvent c'est une sorte de graisse colorée ; d'autres fois l'on ne trouve dans l'intérieur du poil qu'une série de petites cloisons transversales analogues à celles dont est garnie la cavité du tuyau des plumes. Suivant Gauthier, qui s'est spécialement occupé des poils, de leur mode de production, de leur nature, ce que nous nommons *moelle* ne serait que les débris du corps producteur que nous avons dit s'introduire à la base du poil dans une cavité conique creusée à cet effet. Quoi qu'il en soit, ce serait, d'après l'opinion générale, ce serait, avons-nous dit, la moelle qui donnerait aux poils les couleurs qu'ils présentent ; mais, sans aucun doute, l'enveloppe cornée doit ici jouer un rôle. Ainsi, quand il s'agit d'un poil, d'un cheveu blanc, dans beaucoup de cas, sans doute, cela tient à la disparition de la moelle; mais, dans beaucoup d'autres, nous croyons devoir admettre que la coloration est produite, au moins en grande partie, par l'enveloppe cornée : tel est le cas où le poil présente successivement des anneaux blancs et colorés. — L'implantation des poils sur l'enveloppe cutanée des animaux donne lieu à quelques observations importantes : par exemple et en première ligne, l'obliquité de cette implantation. En effet, en examinant la partie encore renfermée dans l'épaisseur de la peau, nous voyons qu'elle se dirige de dedans en dehors, suivant un angle plus ou moins aigu,

quelquefois presque parallèlement à la surface extérieure. De plus, cette obliquité est telle que le poil est presque toujours dirigé d'avant en arrière. Il résulte de cette disposition que l'animal, en courant, n'éprouve pas l'incommodité que produirait, sans aucun doute, le redressement des poils.—L'implantation des poils est plus ou moins profonde dans telle ou telle partie du corps. Généralement, elle est telle que le bulbe se trouve situé sous la peau, dans le tissu cellulaire, en contact avec la face interne du derme ; mais, quelquefois, cette implantation est plus superficielle et a lieu dans le chorion même.

Nous avons dit précédemment que la forme des poils est d'ordinaire celle d'un cône allongé, ou bien celle d'un cylindre; mais dans certains animaux nous en trouvons dont la forme est différente : ainsi on en voit d'aplatis chez plusieurs rats, de moniliformes, c'est-à-dire comme un chapelet, avec des renflements et des rétrécissements successifs, aux moustaches de plusieurs phoques. Nous citerons enfin au nombre de ces exceptions la péramelle de Dorey, dont les poils sont aplatis et un peu en fer de lance. Nous ne parlerons pas des modifications connues de tout le monde, telles que les poils laineux, soyeux, ondés, etc.; ces variétés d'aspect non plus que les différences de finesse et de grosseur ne sont ignorées de personne. Les poils, quels que soient leur nombre et leur forme, sont l'apanage à peu près exclusif des mammifères ; aussi M. de Blainville a-t-il, à cause de cela, proposé pour eux la dénomination de *pilifères*, qui, soit dit en passant, ne nous semble pas susceptible d'être adoptée. Sans doute les mammifères sont bien à peu près les seuls parmi les animaux chez lesquels on trouve des poils proprement dits ; mais d'abord il est certains d'entre eux, les cétacés, par exemple, chez lesquels ces productions sont loin d'être abondantes et faciles à remarquer. De plus, nous trouvons, sur différentes parties du corps de plusieurs autres animaux, des prolongements cornés qui, s'ils ne sont pas absolument semblables aux poils des mammifères, s'en rapprochent au moins beaucoup. Ainsi à la base du bec d'un assez grand nombre d'oiseaux trouve-t-on des poils très-développés. On sait encore que les dindons ont sur le devant du cou un faisceau de poils très-abondant. — Considérés dans leur ensemble sur le corps d'un mammifère, les poils constituent le pelage de cet animal ; ce pelage présente, lui, des variations sans nombre quant à la couleur, à la longueur des poils, à leur abondance, etc. Il est à ce sujet quelques règles bien simples qu'il nous suffira de rappeler ; et d'abord plus un climat est froid, plus les poils des animaux qui doivent le supporter sont abondants et garnis, à leur base, d'une sorte de duvet composé lui-même d'autres poils extrêmement fins. Sous la zone torride on trouve des mammifères chez lesquels les poils ne présentant aucune utilité manquent presque tout à fait. L'éléphant a sa peau à peu près nue, et ce n'est pas le seul que nous pourrions citer. On sait, au contraire, que les fourrures sont d'autant plus recherchées que les animaux qui les produisent habitent plus vers les pôles. A l'égard de la couleur il se passe quelque chose d'analogue, mais en sens inverse; la coloration dans les climats glacés du Nord est uniforme et presque toujours peu ou point brillante ; elle ne devient remarquable que lorsque l'on examine les animaux destinés à vivre sous le soleil ardent des tropiques.—Au reste, quel que soit le pelage d'un animal, il éprouve, à différentes époques de la vie, des modifications remarquables. A un moment donné, les poils se renouvellent en partie, et ceux qui existaient d'abord sont remplacés par d'autres dont la coloration est parfois toute différente. L'exemple de l'hermine, brune en été, d'un beau blanc en hiver, est un des plus frappants que l'on puisse citer. Ces changements dans le pelage constituent la mue des mammifères, qui, dans beaucoup de cas, n'est pas moins remarquable que celle des oiseaux.— Quant à l'utilité des poils à la surface du corps des animaux, elle ne saurait être mise en doute; outre leur action pour retenir la chaleur intérieure, ils servent à adoucir les frottements et à préserver la peau du contact trop rude des corps étrangers : ils sont, de plus, très-hygrométriques, ce qui, dans beaucoup de cas, doit servir à faire prévoir à l'animal les changements de temps. Enfin, et ceci est d'une grande importance, il paraît clairement résulter des observations et des expériences de Gaultier, que la bulbe des poils jouerait un rôle important dans le phénomène de la coloration. Après avoir fait disparaître chez un nègre sa couleur caractéristique sur un point donné, au moyen d'un vésicatoire, il a vu ensuite de petites

lignes noires irradier de chacun des pores par où sortent les poils, se joindre, s'anastomoser; ce qui, peu à peu, a rendu à ce point de la peau sa couleur primitive. E. D.

POILS (*bot.*). — Les organes des plantes sont fréquemment revêtus de poils différant entre eux par leur couleur, leur abondance, leur consistance, leur organisation. Dans l'état le plus simple, ils consistent uniquement dans un prolongement généralement conique d'une cellule de l'épiderme. On peut aisément les suivre à divers degrés de leur développement, et on les voit alors sous la forme d'une petite éminence qui devient de plus en plus prononcée, et finit par acquérir une assez grande longueur, mais dont la cavité est unique et continue; c'est là le cas le plus simple. Plus ordinairement, lorsque le poil a acquis une certaine longueur, sa cavité se divise par des cloisons, c'est-à-dire qu'il se forme une série de cellules alignées bout à bout en un filament plus ou moins long, dont la base est, comme précédemment, une des cellules de l'épiderme. Enfin, dans d'autres circonstances, on observe encore un nouveau degré de complication, et l'on voit plusieurs séries parallèles de cellules se réunir en un seul poil, qui tantôt reste conique, tantôt, au contraire, prend la forme de lames d'apparences très-variées.—Quelle que soit leur organisation anatomique, les poils restent souvent simples et indivis; ailleurs, ils se bifurquent et reçoivent alors le nom de *poils en Y*, ou bien ils se ramifient de diverses manières. Parmi ces poils rameux, les uns émettent, à l'extrémité d'une tige unique, un certain nombre de rameaux plus ou moins dressés (poils en pinceau) ou étalés horizontalement en étoile (poils étoilés); les autres se ramifient irrégulièrement à diverses hauteurs, de manière à ressembler à des arbres en miniature. Parmi les poils étoilés, il en est chez lesquels les rayons nombreux de la petite étoile se soudent entre eux et forment ainsi une sorte de disque fixé par son centre; ce sont les poils écailleux (*hippophae*).— Dans beaucoup de plantes, l'organisation des poils se complique par l'addition d'une glande qui, le plus souvent, les termine sous la forme d'un petit renflement (poils capités), ou par laquelle ils sont eux-mêmes portés. On nomme, en général, ces poils *glanduleux*; dans beaucoup de circonstances, leur glande sécrète un liquide visqueux dont l'existence se manifeste clairement sur la surface des organes, qui en deviennent gluants. Parmi ceux qui reposent sur une glande, il en est de très-remarquables qu'on a nommés *poils en navette* ou *malpighiacés;* ils sont fixés par leur milieu et s'étalent horizontalement en deux branches aiguës. — Parmi les sortes de poils les plus remarquables, il faut compter ceux de l'ortie, dont la cavité, dilatée à sa base, renferme un liquide caustique auquel est due en partie la sensation brûlante produite par leur piqûre. — Les poils abondent surtout à la surface des organes jeunes, sur les plantes des lieux secs et très-exposés au soleil; ils diminuent ou disparaissent même par les progrès du développement de la plante, par la culture, etc. — On donne le nom de *cils* aux poils ordinairement courts et roides qui naissent sur le bord des feuilles et autres organes foliacés. — L'abondance plus ou moins grande des poils sur les parties d'un végétal est indiquée, dans le langage descriptif, par diverses dénominations : ainsi l'on dit qu'un organe est *pubescent* lorsqu'il ne porte qu'un léger duvet; *velu* et *poilu*, quand il porte des poils longs et médiocrement abondants; *cotonneux* et *laineux*, quand les poils longs, très-nombreux et entremêlés y forment comme une couche de coton ou de laine; *hérissé* et *hispide*, quand les poils sont roides et le rendent rude au toucher, etc. P. DUCHARTRE.

POINCIANE ou **POINCILLADE**, *poinciana* (*bot.*). — Genre de plantes de la famille des légumineuses-papilionacées, tribu des cæsalpiniées, de la décandrie-monogynie, dans le système de Linné. Il se compose d'un petit nombre d'espèces qui croissent dans les parties tropicales de l'Asie et de l'Amérique. Ce sont des arbrisseaux ou de petits arbres, presque toujours épineux, dont les feuilles sont pennées avec foliole impaire, dont les grandes et belles fleurs orangées ou jaunes, avec de longues étamines en houppe rouge, se font remarquer par leur rare élégance et forment, à l'extrémité des branches, des grappes d'un brillant effet. Ces fleurs se composent d'un calice irrégulier à cinq divisions profondes, réfléchies; dont l'inférieure est plus grande et concave; d'une corolle à cinq pétales, dont le supérieur est plus grand et de forme différente; de dix étamines très-longues, ascendantes, toutes fertiles, à filets libres, hérissés à leur partie inférieure. A ces fleurs succède un légume étroit et allongé, comprimé, divisé intérieu-

rement par des resserrements, dans l'intervalle des graines, en plusieurs loges qui renferment chacune une graine. — On cultive en serre chaude la POINCIANE TRÈS-BELLE, *poinciana pulcherrima*, Lin., magnifique arbuste épineux de l'Inde, où il atteint 3 ou 4 mètres de hauteur; de sa souche s'élèvent plusieurs tiges qui portent de grandes feuilles à folioles ovales-oblongues, échancrées au sommet, et se terminent par une très-belle grappe pyramidale de fleurs orangé mêlé de rouge vif, ou jaunes dans une variété. On cultive également, mais seulement en serre tempérée, la POINCIANE DE GILLIES, *poinciana Gilliesii*, arbrisseau de l'Amérique méridionale, moins haut que le précédent, à feuilles bipennées, formées de nombreuses folioles oblongues, petites, ponctuées en dessous, dont les fleurs, également en grappe terminale, sont grandes, très-belles, jaunes, avec l'aigrette d'étamines très-longue et d'un beau rouge-pourpre. Ces deux plantes se multiplient de boutures et de graines. P. DUCHARTRE.

POINÇON, POINÇONNAGE (*techn.*).— On nomme *poinçons* divers instruments employés dans les arts pour percer ou faire des empreintes. — Dans la première classe se trouve le poinçon à broder, petit instrument d'acier pointu, muni d'un manche et employé pour ouvrir des trous dans les étoffes; dans la seconde rentrent les divers poinçons dont on fait usage pour former, sur les ouvrages d'or ou d'argent, des empreintes qui attestent leur origine ou leur nature, et indiquent que le titre en a été contrôlé. Les poinçons de cette dernière espèce ne sont autre chose que de petits prismes d'acier, portant, à l'une de leurs extrémités, un chiffre, des lettres ou un objet quelconque gravé en creux ou en relief, et disposés, de l'autre, de manière à pouvoir recevoir le choc d'un marteau ou d'une presse à percussion. — Il y a des pays où la fabrication des ouvrages d'or et d'argent n'est soumise à aucun contrôle; mais en France il n'en est pas ainsi : tous les objets de cette nature sont soumis, par l'administration, à un poinçonnage spécial fait par des agents *ad hoc*, après les essais convenables; ces agents sont responsables de leurs opérations, et, quand un poinçonnage est reconnu erroné, l'essayeur est frappé d'amende par l'administration, sans préjudice de l'indemnité qu'il doit à la partie plaignante. — Ce ne sont pas seulement les objets fabriqués en France qui sont soumis au poinçonnage, on y assujettit également les ouvrages importés de l'étranger, et les lingots d'or ou d'argent. Les seuls objets qui échappent à cette formalité, quelle que soit leur origine, sont les ouvrages de bijouterie en pierres ou perles fines ou fausses, sur lesquels on ne pourrait appliquer le poinçon sans détériorer la monture. Les poinçons diffèrent pour les diverses classes d'objets d'orfévrerie et de bijouterie dont les titres légaux ne sont pas les mêmes; il y en a d'autres pour le doublé et le plaqué, pour les objets dorés et argentés par les nouveaux procédés galvanoplastiques, aussi bien que pour les ouvrages en métaux de composition.—La loi du 19 brumaire an VI, qui sert de base à la législation dont nous venons de relater les principaux points, frappe de dix années de galères la fabrication des faux poinçons. — Indépendamment de cette garantie administrative, la loi veut que tout fabricant ait des poinçons spéciaux approuvés par l'administration, et dont il marque tous les ouvrages qui sortent de ses ateliers; le but du législateur, en soumettant les fabricants à cette formalité, est de fournir, en cas de fraude sur le titre des objets, le moyen de remonter à son auteur.   V.

POINSINET (Antoine - Alexandre-Henri de), né à Fontainebleau en 1735, mort en 1769, composa un grand nombre de pièces pour divers théâtres. Son opéra d'*Ernelinde*, imité de l'italien, ne réussit que grâce à la musique de Philidor, mais il y a de l'esprit dans ses opéras-comiques du *Sorcier* et de *Tom Jones*. Sa petite comédie épisodique le *Cercle*, restée au répertoire du Théâtre-Français, est un croquis vrai, spirituel et piquant de la société d'alors; on disait de lui, après cette pièce, qu'*il avait écouté aux portes*. La présomption et la bonhomie de Poinsinet l'exposèrent à une foule de plaisanteries qui le firent surnommer le *petit Poinsinet* et le *Mystifié*. Il voyagea en Italie et en Espagne, et se noya dans le Guadalquivir.

POINSINET DE SIVRY (Louis), né à Versailles en 1773, mort à Paris en 1804. Il publia, au sortir du collége, un recueil de petits vers à Eglé, ou *Egléides*. Le succès de ce recueil lui fit croire qu'il était destiné à donner Anacréon à la France; il traduisit en vers les principaux morceaux de ce poëte, et divers petits ouvrages de Sapho, Bion,

Moschus, Tyrtée et Homère, en prenant soin, comme il le dit, de faire, de ces écrivains, d'agréables courtisans du XIXᵉ siècle et des hommes de bonne compagnie. Cette traduction, intitulée les *Muses grecques*, eut jusqu'à cinq éditions; mais l'auteur fut moins heureux pour la grotesque traduction qu'il fit d'Aristophane, mi-partie vers et prose. Sa tragédie de *Briséis*, quoique froide et incolore, fut très-applaudie et l'auteur appelé sur le théâtre. Outre cette pièce insérée dans le répertoire du Théâtre-Français, Poinsinet de Sivry fit représenter, mais sans succès, une tragédie d'*Ajax*, et en publia une autre, *Caton d'Utique*, imitée de l'opéra de Métastase. On a encore de cet écrivain un opéra-comique, une dissertation pour prouver que la Gaule est le pays le plus anciennement peuplé, parce que ce fut là qu'on découvrit d'abord l'usage du feu; un précis de l'histoire romaine et de l'histoire d'Angleterre en vers techniques, et, de plus, diverses traductions, une, entre autres, de l'histoire naturelle de Pline, 12 vol. in-4° : il fut aidé, dans ce travail faiblement exécuté, par divers littérateurs. Poinsinet, dans sa vieillesse, vivait tellement oublié, que, à une reprise de *Briséis*, en 1798, quelqu'un du parterre ayant demandé l'auteur, on répondit qu'il était mort il y avait plus de vingt ans.   J. F.

POINT (*accept. div.*). — En terme de grammaire, le *point* (.) est un des signes de *ponctuation*. Il existe, dans l'écriture hébraïque, une sorte de *points* que l'on nomme *points-voyelles* (voy. MASSORETH).—En musique, un *point* (.) placé après une note, en augmente de moitié la valeur : ainsi une ronde pointée vaudra une ronde et une blanche; une blanche pointée, une blanche et une noire, etc. Le même signe (.) placé sur une note indique qu'elle doit être *détachée*, c'est-à-dire marquée par un coup de langue ou d'archet, etc. Le *point d'orgue*, qui se marque ainsi ⌒, indique un temps d'arrêt ou repos dans la mesure, pendant lequel l'exécutant, instrumentiste ou chanteur, s'arrête ou, le plus souvent, cherche à faire briller son talent par des traits de fantaisie. Le même signe, placé au-dessus de deux traits perpendiculaires coupant la portée, indique la fin d'un morceau et se nomme alors *point final*. — Le *point de côté*, en terme de médecine, est une douleur plus ou moins vive, mais circonscrite, affectant l'un des côtés de la poitrine; c'est également le nom

vulgaire donné à la *pleurésie* (*voy.* ce mot).
— Faire son *point*, pour les marins, c'est réduire, à midi, sur l'*estime* corrigée, s'il y a lieu, par les observations astronomiques et à l'aide du quartier de réduction ou des sinus, la route faite depuis vingt-quatre heures et déterminer la longitude et la latitude du lieu où l'on se trouve. — Dans les ouvrages de tapisserie, de couture et de broderie, le mot *point*, accompagné d'une désignation spéciale : *gros point, petit point, point des Gobelins ; point devant, arrière-point ; point à jour, quadrillé*, etc., indique une disposition particulière donnée aux fils dans le travail, soit à l'aiguille ou au métier. *Point*, dans le commerce des dentelles, se dit de l'espèce particulière fabriquée en tel ou tel endroit ; on dit : *point d'Angleterre, point de Venise, point d'Alençon*, etc. — Il y a, en astronomie, les *points cardinaux*, au nombre de quatre, le *nord*, le *sud*, l'*est* et l'*ouest* ; le grand cercle de l'écliptique coupe celui de l'équateur en deux points qui sont les *points équinoxiaux* ; les *points solsticiaux* sont les deux points de l'écliptique les plus éloignés du plan de l'équateur ; le point de l'écliptique, situé dans le méridien, est le *point culminant* ; cette dernière expression s'applique également, surtout dans les sciences physiques, à la partie la plus élevée d'un ensemble ; on dit ainsi le *point culminant* d'une chaîne de montagnes, d'une terre, etc. ; les *apsides* portent aussi le nom de *points de la plus grande* et *de la plus petite distance* ; le *zénith* et le *nadir*, celui de *points verticaux*.

Le *point de partage*, en terme d'hydraulique, est celui d'où l'eau, arrivée en masse, se distribue ensuite, par des conduits séparés, en différents endroits. Son élévation doit être calculée en conséquence, à l'aide d'un nivellement déterminé par ce que l'on appelle *points de sujétion*, qui sont la hauteur précise d'où part l'eau, combinée avec celle où elle doit arriver. — Dans la science de l'optique, on nomme *point radieux* ou *rayonnant* celui d'où partent les rayons lumineux ; *point de réflexion* celui d'où un rayon est réfléchi par une surface polie quelconque ; *point de réfraction* celui où il se brise sur une surface réfringente ; *point de concours* celui où se rencontrent les rayons convergents ; *point d'incidence* celui d'une surface où tombe un rayon ; celui où le rayon commence à diverger est le *point de dispersion*. — En terme de blason, on appelle *points équipollés*

les carrés, au nombre de neuf ou de quinze et d'émail différent, qui divisent un écu ; le *point-champagne*, que l'on appelle aussi *plaine*, est une marque déshonorante, beaucoup plus commune dans le blason anglais que dans le nôtre, et qu'un gentilhomme était autrefois forcé d'ajouter à l'écu de ses armes lorsqu'il avait tué un ennemi demandant quartier. — Le *point d'appui*, en terme de mécanique, est le point fixe sur lequel une machine quelconque prend appui dans l'exécution de son mouvement. — Le *point*, dans les mesures de surface, est la douzième partie d'une ligne ; le *point typographique*, sur lequel on règle la force du corps de caractère, a une valeur double.

POINT (*math.*). — Le point, en mathématiques, est une abstraction. Pour bien comprendre ce qu'on entend par ce mot, il faut rappeler que l'étendue existe avec trois dimensions, longueur, largeur et hauteur ou profondeur. Souvent on fait abstraction de la troisième dimension, et on ne considère plus l'étendue qu'en longueur et en largeur, ce qui constitue les *plans*, et, dans ce cas, l'étendue est limitée par des *lignes* (*voy.* PLANS, LIGNES). Souvent aussi on ne considère l'étendue qu'en longueur, et ce sont les lignes qui expriment ces longueurs qu'on évalue et qu'on mesure. Or, de même que les lignes marquent les limites, les extrémités des plans, le *point* marque les extrémités des lignes. Un point, soit qu'on l'indique sur un tableau avec du crayon, soit qu'on le marque sur du papier avec de l'encre, présente les trois dimensions, longueur et largeur, car sans cela on ne le verrait pas, et épaisseur ou hauteur, puisqu'il est formé par une couche d'encre ou de crayon. Ce qu'il faut voir en lui, ce n'est pas sa représentation, sa figure, mais seulement la place qu'il occupe, la limite qu'il indique ; on ne peut donc le concevoir que par abstraction.   L. J. F.

POINT DE VUE (*beaux-arts*). — Il a été question déjà de ce mot aux articles PAYSAGE, PERSPECTIVE, mais dans des acceptions spéciales, dès lors nécessairement restreintes, qu'il est indispensable de compléter. — L'auteur d'une œuvre d'art (je prends ici le mot *art* dans le sens le plus étendu qu'on lui donne aujourd'hui) qui ne sait se choisir un *point de vue* ne fera qu'une œuvre vaine. On aime, on veut, quand on écoute un orateur, quand on assiste à une représentation dramatique, quand on regarde un tableau, quand on ouvre un livre, savoir d'avance ou au moins pouvoir découvrir quel est le *point de vue* sous lequel la chose a été conçue, parce que cette connaissance est presque toujours un élément indispensable pour juger l'œuvre et sa portée. Telle serait inexplicable, incompréhensible, confuse, si l'auditeur, le spectateur, le lecteur ne pouvait parvenir à concevoir le *point de vue* choisi par l'auteur. Prenons pour exemple un paysage que le peintre a pu, par accident, envisager d'un lieu inaccessible pour tout autre. Certainement personne, même parmi les gens du pays, ne s'y reconnaîtra, n'en pourra apprécier la vérité ; ce ne sera pour tout le monde, l'auteur seul excepté, qu'un tableau d'invention ; le but de l'artiste sera donc manqué. Et si au lieu du domaine de la nature nous abordons le domaine des idées, s'il est question d'un poëme quelconque, d'un discours, l'incertitude du *point de vue* de l'écrivain ou de l'orateur peut laisser le lecteur ou l'auditeur exposé à tirer les plus fausses, quelquefois les plus dangereuses conséquences de ce qu'on a voulu lui démontrer. C'est peut-être le point de vue trop longtemps mal déterminé de l'auteur qui a empêché le *Festin de Pierre* d'être mis au premier rang parmi les chefs-d'œuvre de Molière. S'il est indispensable que le public, le spectateur appelé à juger d'un ouvrage, puisse en saisir le *point de vue*, il ne l'est pas moins que l'auteur, de son côté, se rende exactement compte du *point de vue* soit moral, soit local où se trouvent placés naturellement, ou par force, ceux pour qui il travaille. Les ouvrages d'art sont plus sensiblement que tous les autres soumis à cette loi ; néanmoins ce que les artistes oublient trop souvent de faire avant de composer ou d'exécuter qui son tableau, qui sa statue, cet autre avant d'arrêter l'ordonnance de son édifice, pour une localité qui leur est étrangère, c'est de se renseigner exactement sur les dispositions, l'étendue et les autres circonstances de cette localité. Ne considérant que la chose en elle-même et du *point de vue* qu'ils prennent dans leur atelier, il en résulte assez volontiers, soit que le style ou les artifices de la composition ne répondent pas à sa destination, soit que le travail est tantôt trop fini pour l'éloignement dans lequel sera vu l'objet, tantôt trop heurté ou trop large, eu égard au *point de vue* trop rapproché du spectateur. Voilà d'où vient que tant d'œuvres admirées dans l'atelier

perdent toute valeur dès qu'elles en sont sorties.

Il est indispensable que le *point de vue perspectif* d'un tableau concorde avec celui du spectateur ; sans quoi, toute la perspective se déforme, se tord, se renverse. Supposons une salle, une chapelle où l'on aura peint sur l'une des parois, à 3 pieds au-dessus de la tête des spectateurs, un tableau où se voient les faces horizontales de meubles, de marches d'escaliers, le pavé d'une galerie qui finit vers l'horizon. Il est patent que si tous ces objets existaient en réalité à la place où ils sont figurés, si au lieu d'un tableau c'était une espèce de scène ouverte, leurs surfaces réelles, au lieu d'être vues par-dessus et de paraître s'élever en s'éloignant, seraient vues en dessous et sembleraient descendre pour aller se confondre dans la ligne horizontale parallèle à l'œil qui les regarde, ou, pour parler plus clairement aux lecteurs étrangers à la science de la perspective, ces surfaces leur seraient absolument cachées. Il en serait de même pour les personnages dont le bord de la scène masquerait, à mesure qu'ils seraient plus reculés, les jambes, la poitrine, enfin la tête. Pour que le spectateur pût apercevoir ces surfaces ou ces personnages, dans la réalité, il faudrait ou que les objets fussent extrêmement inclinés en avant, ou que leur surface supérieure, au lieu d'être horizontale, se dressât en talus, en pupitre, et le sol en amphithéâtre. C'est l'apparence que tend à leur donner, en effet, cette discordance du *point de vue conventionnel* avec le *point de vue naturel*. Les objets secondaires posés sur une table n'y restent fixés que par un prodige ; les personnages ne tiennent pas pied sur un sol en pente rapide, c'est à donner le vertige. Les peintres qui ont le malheur de choisir de semblables sujets de compositions essayent d'atténuer ces inconvénients en abaissant extrêmement le *point de vue* de leur tableau ; mais quoi qu'ils fassent, tant qu'il sera au-dessus de l'œil du spectateur, cette transaction insuffisante basée sur une règle fausse ne produira toujours que des effets faux.

Un autre moyen employé pour échapper, autant que possible, à ces invraisemblances choquantes consiste à incliner les peintures elles-mêmes ; mais, outre que cela n'est praticable que pour des tableaux mobiles, l'effet n'en est pas moins ridicule, parce qu'alors personnages et édifices, perdant la verticalité que l'aplomb imperturbable des lignes de l'architecture réelle rappelle toujours, ont l'air de vouloir fondre sur vous.

La sculpture n'est pas moins assujettie que la peinture aux propriétés et aux exigences du *point de vue*, quoiqu'elle ne fasse pas usage, comme elle des grandes lignes perspectives. Ce sculpteur célèbre de l'antiquité les comprenait parfaitement lorsqu'il fit sa statue de Minerve à la bouche béante, accueillie par les huées de la foule, jusqu'à ce que, placée sur son piédestal, ce qu'on avait pris pour une difformité, remis en proportion par la perspective, finit par être considéré comme une heureuse combinaison du génie. Ces observations me dispensent de celles que le lecteur fera de lui-même, par application aux peintures ou aux sculptures historiques traitées sur des plafonds comme des tableaux ou des bas-reliefs faits pour être attachés à une paroi verticale. L'autorité des exemples les plus illustres ne peut suffire pour faire prévaloir des erreurs fâcheuses contre la puissance de la raison. L'architecte qui compose une façade dans les mêmes conditions, d'après les mêmes principes, pour une rue étroite et pour une vaste place, se trompe nécessairement au moins dans un cas sur les deux; car ici, le *point de vue*, très-rapproché, obligeant de lever la tête pour voir les parties supérieures, son édifice manquera d'ensemble; les saillies de son architecture, vues de dessous, dévoreront les parties verticales placées au-dessus, qui, d'autre part, s'écraseront en se raccourcissant par l'effet de la perspective naturelle, ou qui disparaîtront tout à fait; et là, comme les points de vue éloignés seront, sans aucune comparaison, les plus nombreux, son édifice, vu généralement à trop grande distance, deviendra maigre, pauvre et sans caractère. Il arrive aussi quelquefois que des accidents de localité ne permettent d'apercevoir un édifice dans son ensemble que d'un *point de vue accidentel* (voy. PERSPECTIVE). Alors, s'il offre beaucoup de saillies verticales prononcées, elles s'entasseront les unes sur les autres en dissimulant les espaces, et la façade ainsi exposée perdra une partie plus ou moins considérable de son ampleur, peut-être une foule de détails les plus essentiels à son caractère et à sa beauté. Les proportions de même que le style architectoniques doivent donc varier avec le *point de vue* commun ou forcé où le spectateur doit se

trouver généralement placé. J. P. SCHMIT.

POINT D'HONNEUR. (*Voy.* HONNEUR.)

POINT D'ORGUE (*mus.*). (*Voy.* POINT [*accept. div.*].)

POINTAGE, TIR (*pyrobalistique*). — Pointer une bouche à feu, c'est la disposer, après l'avoir chargée, de manière à assurer la justesse de son tir. Le pointage des canons et des obusiers diffère un peu de celui des mortiers et des pierriers. Pour les premiers on commence par mettre la ligne de mire dans le plan vertical passant par le pointeur et le milieu de l'objet à battre; puis, au moyen de la vis de pointage, si l'on tire de but en blanc, on hausse ou baisse la pièce de manière que cette ligne de mire naturelle passe exactement par le centre du but. Mais si, au lieu de tirer de but en blanc, on veut tirer au delà ou en deçà, il faut se servir de la hausse graduée fixée à la culasse, au moyen de laquelle on obtient toutes les lignes de mire artificielles désirables, en visant par les divisions de la hausse et le guidon de la bouche du canon. La théorie du tir apprend à calculer avec précision les hauteurs de hausse à prendre suivant les différentes distances; mais le pointeur peut consulter des tables de tir toutes faites. — La charge ordinaire est du tiers du poids du boulet, la poudre étant supposée celle dont 91 grammes 78 centigrammes chassent le globe de l'éprouvette à 200 mètres; car, comme chacun sait, le plus ou le moins de force de la poudre influe beaucoup sur les portées. Il faut remarquer que, lorsqu'on veut tirer en deçà du but en blanc, on doit placer la hausse portative à la bouche du canon en la mettant, bien entendu, en rapport avec la distance, soit au moyen des tables de tir, soit par un calcul direct; la ligne de mire se trouvant alors relevée, le projectile la recoupe, à la deuxième fois, plus près de la bouche de la pièce, c'est-à-dire en deçà du but en blanc. — Le pointage des mortiers et pierriers se fait assez facilement en plaçant leur axe dans le plan vertical du tir, au moyen d'un fil à plomb et d'un piquet placé sur l'épaulement; mais on n'arrive à faire tomber la bombe sur le point donné qu'au moyen d'un tâtonnement que facilitent les tables de tir, et l'on s'estime heureux quand, sur dix bombes tirées à la distance de 600 mètres, on en fait tomber une dans un cercle de 3 mètres de rayon. Sous l'angle de tir de 42°, qui est un maximum, il ne faut pas moins de 1 kilogramme un quart de poudre pour porter une bombe de 12° à 912 mètres.

Le viser est aux armes à feu portatives ce que le pointage est aux bouches à feu de l'artillerie, c'est-à-dire 1° que, si le but qu'on doit atteindre est placé précisément à une distance du tireur égale à la portée de but en blanc de l'arme qu'on a entre les mains, il suffira d'aligner la génératrice ou plan supérieur du canon sur le centre de ce but ; 2° que, si le but se trouve au delà de la portée de but en blanc, il faut viser au-dessus d'une quantité qui augmentera avec la distance du tireur au but ; 3° enfin que, si l'objet à atteindre est situé en deçà du but en blanc, il faudra, au contraire, viser, au-dessous du but, d'une quantité qui augmentera en raison directe du rapprochement de l'objet. — Pour nous résumer, disons que le pointage et le viser sont, au tir des armes à feu, ce que l'application la plus simple et la plus vulgaire d'un art est à la théorie la plus savante de cet art. Donc, pour rendre ce que nous avons déjà dit plus clair et réellement profitable,

il devient indispensable, sans nous jeter dans les calculs balistiques, d'indiquer au moins ici les principes essentiels et pratiques du tir. Nous dirons donc d'abord, en général, pour les canons comme pour les fusils, 1° que le plan de tir est un plan vertical supposé passer par l'axe du canon ; 2° que l'angle de tir se trouve dans le plan de tir et est formé par l'axe du canon avec le plan horizontal passant par la bouche de la pièce ; 3° que la hauteur du but est sa distance au plan horizontal ; 4° que la trajectoire est une ligne courbe parcourue par un projectile depuis sa sortie du canon jusqu'à sa chute ; 5° que la ligne de mire naturelle est une ligne droite M située dans le plan de tir, et qui s'appuie sur la culasse et sur le bourrelet ou guidon, tandis que la ligne de mire artificielle s'appuie sur la hausse et le bourrelet ou guidon ; 6° enfin que le but en blanc est le plus éloigné des deux points de rencontre T et B de la ligne de mire avec la trajectoire, et que, conséquemment, la portée de but en blanc est la distance de la bouche de l'arme

à ce deuxième point B (voy. la figure). — Ces définitions bien posées, on peut dire que, pour bien tirer une arme à feu quelconque, la première chose à connaître est sa portée de but en blanc naturelle, c'est-à-dire celle produite par une charge capable de donner l'effet utile sans compromettre l'arme et le tireur. Cette portée pour les canons de tout calibre, la ligne de mire étant horizontale et la charge de poudre normale étant égale au tiers du poids du projectile, varie depuis 690 mètres pour le gros jusqu'à 500 mètres pour le petit. Les portées maximum pour ces pièces sont de 3,000 à 1,200 mètres. Le but en blanc de l'obusier est situé à 230 mètres environ de la bouche de la pièce. Nous avons déjà dit que, pour tirer au delà et en deçà avec ces pièces, on se sert d'une hausse fixe ou portative. — La portée de but en blanc du fusil de rempart déterminée par la hausse fixe est à 200 mètres ; mais, si on relève la visière mobile ou hausse, sa partie supérieure donne la hauteur nécessaire pour frapper juste à 400 mètres. Pour les distances plus considérables, on laisse la hausse relevée, et l'on dirige la ligne de mire maxima, au-dessus du but, d'une quantité que l'usage seul

peut enseigner. La balle de ce fusil perce encore, à 600 mètres, une planche de sapin de 5 centimètres d'épaisseur ; tirée sous l'angle de 3° 19', la balle, après avoir ricoché, peut être portée jusqu'à 1,000 et 1,200 mètres. Les expériences de tir des armes à feu portatives, avec la balle cylindro-conique et le fusil à tige, donnent déjà aujourd'hui à 1,000, 1,100, 1,200 et même 1,300 mètres, des résultats tels, qu'ils peuvent amener de grandes et sérieuses modifications non-seulement dans le tracé de la fortification, dans l'attaque et la défense des places, mais encore dans le rôle de l'artillerie, surtout sur les champs de bataille. Avec toutes ces armes, nous l'avons déjà dit, pour toucher en deçà du but en blanc, il faut tirer plus bas que ce but.

Dans le fusil d'infanterie, la portée du but en blanc s'évalue en pas, pour plus de simplicité ; elle est de 150. On exerce les soldats à tirer d'abord à cette portée horizontalement sur le but ; puis successivement aux distances de 210, 270 et 300 pas ; en leur expliquant qu'ils doivent, à chaque distance nouvelle, relever la ligne de mire de 0^m,162 pour atteindre au même but, et qu'ils l'atteindront infailliblement s'ils épaulent bien, sans changer de direction, et s'ils appuient ferme et sans à-coup sur la détente.

Le fusil de chasse ordinaire porte sa balle avec justesse à 65 mètres, et sa charge de menu plomb seulement de 20 à 30, suivant leur grosseur. Le pistolet d'arçon a son but en blanc à 25 ou 30 mètres. On essaye maintenant au polygone de Vincennes un nouveau pistolet à balle cylindro-conique dont le but en blanc est de 75 mètres, et qui peut porter sa balle encore avec efficacité à une distance de 300 mètres. Ce pistolet est pourvu d'une visière mobile, sa bouche est renforcée par un bourrelet; le bout de la baguette est foré, pour servir à mesurer la charge : c'est là, suivant nous, un inconvénient pour la cavalerie ; on y remédiera sans doute. Les connaissances qui précèdent sont indispensables pour arriver à tirer juste; mais ce qui ne l'est pas moins, c'est d'exercer son œil à juger des distances sans instruments, en plaine comme en pays de montagnes, quel que soit l'état de l'atmosphère; chose difficile et qui demande beaucoup de pratique: car c'est vainement qu'on lira dans les tables que, pour porter un boulet de 12 à 600 mètres, la charge étant de 1^k,50, il faut élever la hausse de 2 millim., ou bien baisser la ligne de mire naturelle de 2^m,78 au-dessous du but pour atteindre à 200 mètres, si, préalablement, le tireur n'a pas bien apprécié sur le terrain même la distance qui le sépare du but à frapper. Il ne faut pas conclure de ce que nous venons de dire que la portée de but en blanc est unique et résulte du tir horizontal: elle augmente ou diminue avec l'angle de mire, toutes choses étant égales d'ailleurs ; car il est toujours possible, dans la limite de la portée des armes, de prendre un angle de mire tel, que l'on puisse atteindre un point donné de but en blanc. Néanmoins, en général, on entend par portée de but en blanc la portée la plus efficace d'une arme. LEBAS.

POINTE (accept. div.), de *pungere*, piquer, en vieux français, *poigner* ou *poindre*, — Le mot *pointe* désigne généralement l'extrémité aiguë d'un corps quelconque; on dit la *pointe* d'une épée, d'une aiguille, d'un pieu, etc. Quelquefois l'application s'étend à des objets n'ayant qu'une acuité apparente ou relative; ainsi la *pointe* d'un clocher, d'un obélisque, etc., ou même la *pointe* d'un *cap*, d'un *promontoire*. Souvent le mot *pointe* s'emploie, absolument parlant, comme synonyme de ces deux derniers, ou pour désigner simplement la partie d'un continent ou d'une île regardant un point cardinal ou ses subdivisions. On dit *doubler* la *pointe est*, *sud*, *nord-ouest*, etc., de telle ou telle terre; *pointe*, dans ce cas, est synonyme de *côte* : lorsqu'on dit la *pointe* d'une digue, d'une jetée, etc., il s'emploie pour *extrémité avancée*. — En terme de manège, on appelle *pointes* les angles que fait un cheval hors de la piste circulaire, dans les voltes surtout, quand il n'est pas suffisamment dressé ou quand le cavalier n'emploie pas les moyens nécessaires pour le bien *arrondir*. — Dans l'art héraldique, la *pointe* est la partie inférieure de l'écu, et aussi une pièce partant de bas en haut, plus étroite que le *chapé* et occupant seulement le tiers de la pointe de l'écu; elle diffère du *giron*, qui se termine au centre de ce dernier. Il y a la *pointe en bande* ou *en barre*, placée dans la même disposition que la bande ou la barre; la *pointe en fasce*, qui est mouvante de l'un des flancs de l'écu ; et la *pointe renversée*, qui, partant du chef en contre-bas, en occupe les deux tiers, diminuant jusqu'à la pointe de l'écu qu'elle ne touche pas. — Les marins désignent souvent sous le nom de *pointes* les différents airs de vent tracés sur le compas de route; ils disent : *naviguer à tant de pointes*. — En terme de chorégraphie, on appelle spécialement *pointe* l'extrémité du pied soulevée et ne reposant en quelque sorte que sur l'orteil; on dit d'un danseur ou d'une danseuse qu'ils *gardent bien* ou *mal leurs pointes*, *qu'ils ont* ou *n'ont pas de pointes*, *de belles pointes*, pour exprimer le plus ou moins de facilité, de vigueur et de grâce qu'ils déploient en gardant cette position. — Une *pointe* est, dans la toilette des femmes, une pièce d'étoffe triangulaire, en laine, soie, etc., qui se place sur le cou, parfois sur la tête; c'était aussi le nom d'une sorte de coiffure de deuil, formant un angle sur le front, et qu'elles portaient autrefois. — En temps de guerre, qu'un parti plus ou moins nombreux, détaché d'une armée d'invasion, pénètre brusquement dans une partie du pays ennemi non encore occupé par cette dernière, pour faire des vivres, effrayer les populations, ou pour tout autre motif, ce parti *fait une pointe*. Cette expression s'applique également à un mouvement exécuté par l'armée entière en dehors de sa ligne d'opération. — Dans le commerce de la quincaillerie, on appelle *pointe* une espèce particulière de clou en fil de fer à *tête* plate, *ronde* ou *perdue* : les premières sont les plus usitées et servent à une foule d'usages ; les secondes sont employées particulièrement par les serruriers ; les ébénistes et les parqueteurs, etc., emploient celles à *tête perdue*. Les *pointes*, que l'on appelle encore *clous d'épingle*, des sortes les plus variées, se fabriquent depuis longtemps et sur une grande échelle à *l'Aigle* et à *Rugles*. D'autres fabriques ont été établies plus récemment en différents endroits, à Paris entre autres, et ont remplacé les anciens moyens de fabrication par des procédés mécaniques économisant considérablement la main-d'œuvre. — Par une sorte d'analogie basée sur la définition générale du mot *pointe*, *partie aiguë*, on a donné ce nom à des saillies ou jeux d'esprit, soit en vers, soit en prose, et roulant plus souvent sur des mots que sur une pensée. Un madrigal, un sonnet même, quand l'on faisait encore des sonnets et des madrigaux, finissaient presque toujours par une *pointe*, qui en était en quelque sorte le résumé, l'*affabulation* ; il en était de même, et surtout, de l'épigramme qui nous est restée et à laquelle la *pointe* est nécessaire ; on la retrouve encore dans le couplet de nos jours, et particulièrement dans le couplet de vaudeville, où les autres vers ne sont souvent qu'accessoires de celui qui la renferme. La *pointe* n'est pas née d'hier ; les écrits de Sénèque en fourmillent, et elle signale la décadence de la littérature latine postérieurement au siècle d'Auguste. Chez nous, quand l'Italie nous eut envoyé ses *concetti* avec ses marchandes princesses, on vit la *pointe* envahir le discours sérieux et jusqu'à l'éloquence de la chaire. Aujourd'hui le bon goût l'a reléguée dans la littérature légère et la conversation d'intimité.

POINTE-A-PITRE (*géogr.*), ville de la Guadeloupe située par 63° 50′ longit. O. et 16° 15′ latit. N., et dans une position des plus favorables au commerce, sur la côte S. O. de la *Grande-Terre*, à 50 kilomètres N. E. de la ville de *Basse-Terre*, chef-lieu administratif de l'île. La Pointe-à-Pitre, construite en pierres sur un plan régulier et bien entendu, a des rues droites, larges et la plupart bordées de trottoirs : plusieurs forts la défendent, et son port, l'un des plus remarquables des Antilles, sous le double rapport de l'étendue et de la sécurité, mais d'un accès difficile, a de fort beaux quais et des magasins immenses. Siége d'un tribunal de première instance ressortissant à la cour royale de Basse-Terre, elle possède également une banque établie en 1827. Population, 20,000 habitants environ, dont les deux tiers blancs et hommes de couleur et le reste esclaves. — Cette ville, fondée en 1763, et connue longtemps sous le nom de ville du *Morne-renfermé*, est fort malsaine, à cause des marais qui l'entourent et que, du reste, l'on travaille activement à combler. Les ouragans y exercent des ravages assez fréquents ; en 1780, un incendie la dévora presque entièrement, et tout récemment, en 1843, un effroyable tremblement de terre l'a bouleversée de fond en comble. Secourue efficacement par la mère patrie, elle a repris, à peine relevée de ses ruines, une nouvelle activité. (*Voy.*, pour le commerce, l'article GUADELOUPE.)

POIRÉ. (*Voy.* CIDRE.)

POIREAU ou **PORREAU**, *allium porrum*.—Dans quelques départements du Nord, et notamment en Normandie, le porreau est souvent désigné sous le nom impropre de *poirée* (*voy.* ce mot), plante qui n'a rien de commun avec l'espèce d'ail qui fait le sujet de cet article. Le porreau est une plante bisannuelle, potagère, de la famille des phodèles, section des alliacées et de l'hexandrie-monogynie ; elle est originaire des contrées méridionales de l'Europe et particulièrement des îlots de l'archipel grec, d'où elle a été introduite en France vers 1562. D'un bulbe cylindrique, oblong, composé de tuniques blanches, engaînantes, concentriques, s'élève une tige ou hampe, roide, haute de 0ᵐ,65 à 1ᵐ,60, selon la bonté du sol dans lequel on cultive la plante, garnie de feuilles radicales, longues, lancéolées, vertes, lisses, glauques, pointues et creusées en gouttière. Vers le commencement de l'été, on voit au sommet entièrement nu de cette hampe une boule ou tête ronde, très-grosse, composée de fleurs petites, nombreuses ou lilacées. Si nous les examinons en détail, chacune d'elles est composée d'une corolle ou périgone à six divisions oblongues, et de six étamines dont trois ont leurs filaments à trois pointes et un ovaire supère surmonté d'un style simple. Le porreau est une de nos plantes *potagères* les plus estimées ; on commence à le semer, à Paris, sur couche et sous châssis, depuis la fin de septembre jusqu'au commencement de janvier. Vers le mois de mars, on repique le plant, qui porte le nom de *porrette*, à 13 ou 14 centimètres de distance, ayant soin de l'enfoncer profondément dans le sol, afin d'avoir beaucoup de blanc, partie la plus estimée du porreau : ce semis procure des sujets bons à manger dès le mois de juin. C'est là une culture trop peu connue, qui fait arriver sur les marchés de Paris du porreau dit de *printemps* ou *nouveau*, dès la fin de mai ou le commencement de juin, époque à laquelle manque celui qui a été cultivé, comme nous le dirons plus loin. La culture adoptée dans le Nord consiste à semer, en février ou mars, dans une terre fumée d'ancienne date, préparée par des labours fréquents et peu profonds, puis terreautée avec de la fiente de pigeon ou de volaille, s'il est possible. Il faut environ 1 kilogr. de graine par are. La germination de celle-ci se fait attendre près d'un mois; il faut arroser au besoin, et ne jamais laisser le sol se durcir par la sécheresse lorsque le plant est poussé. On commence à repiquer en place dès le mois de juin : c'est ce que les habitants du nord nomment *remuer la porrée*. Le plus communément on attend le mois d'août et même celui de septembre pour faire les grandes plantations. Le repiquage du porreau en cette saison se fait de 15 à 20 centimètres de profondeur, dans une terre bien fumée; on coupe les racines (*cheveux* du porreau) à 10 millimètres environ de leur insertion sous le plateau, et les feuilles à peu de distance de leur séparation d'avec la tige. On fait les trous avec un plantoir; mais on ne *borne* pas, c'est-à-dire qu'on laisse les trous ouverts; le temps et l'eau des arrosements se chargent de les remplir. Le porreau ainsi cultivé est susceptible d'atteindre un volume qui dépasse souvent celui d'un barreau de chaise, et qui atteint quelquefois celui du poignet, notamment dans la variété dite *porreau de Rouen*, qui est plus courte, plus trapue, plus rustique que la variété commune ou porreau long. On sème quelquefois aussi, en septembre, du porreau qu'on ne repique pas; il a peu de blanc, et est bon à employer vers le mois de juin; son goût est très-alliacé. C'est ainsi qu'autrefois cette plante se cultivait partout, et nous avons vu avec surprise que le porreau était encore, dans un très-grand nombre de provinces, cultivé sur place, c'est-à-dire sans remuer ou repiquer. On sème alors quelques graines de mâche parmi ces chétifs porreaux.—Les cendres lessivées, les fientes de volailles font un excellent engrais

pour la plante qui nous occupe. Dans beaucoup de départements du Nord, on barbouille le pied du porreau dans une sorte de mortier clair de bouse de vache avant de le planter. Nous pouvons assurer que c'est là une précaution au moins inutile. Le porreau, pour porter graine, se laisse sur la place où il a été repiqué; il monte au printemps, fleurit en juin ou juillet. La fleuraison passée, on peut arracher les plantes et les exposer au soleil; elles mûrissent ainsi parfaitement. La graine se conserve bonne pendant deux ans. En mars, afin de retarder le porreau qui monte à cette époque, on l'arrache et on le met en jauge; il peut ainsi aller jusqu'au moment où le nouveau vient remplacer l'ancien. Les hannetons sont très - friands du porreau, son chevelu blanc effrite considérablement la terre, qui ne produit plus à moins de recevoir de nombreuses fumures. —L'histoire rapporte que Néron mangeait les porreaux assaisonnés avec de l'huile pour conserver sa voix, et il n'y a pas longtemps encore que l'on faisait chez nous un fréquent usage du sirop de porreau pour remédier à l'extinction de la voix. V. PAQUET.

POIRÉE (*bot.* et *hort.*). — Plante du genre betterave, nom auquel nous renvoyons pour connaître les caractères botaniques. La *poirée* est une de nos bonnes plantes potagères, très-facile pour la culture; on la connaît, dans tous nos jardins, sous les noms de *bette-poirée, carde-poirée, poirée à carde* ou simplement *poirée* ou *carde*. Les botanistes la désignent sous les noms latins de *beta cycla*. On dit cette plante originaire du midi de l'Europe; une variété à feuilles rougeâtres nous est venue de Portugal, vers 1570; son introduction dans nos jardins remonte aux temps les plus reculés, et il n'est pas douteux que la betterave champêtre ou betterave à sucre (*beta vulgaris*), qui a joué un si grand rôle depuis 1747, et surtout depuis un demi-siècle, ne soit une espèce perfectionnée de notre bette-poirée, absolument comme notre excellente carotte est une variété, améliorée par la culture, de notre carotte sauvage ou des buissons. La *bette-poirée* a la racine cylindrique, un peu ligneuse et quelquefois ramifiée, surtout dans les sols calcaires. De cette racine bisannuelle s'élance, l'année qui suit celle de la semence, une tige droite, haute de 1 mètre à 2 mètres, garnie de larges feuilles ovales, ondulées, crispées, à limbe d'un beau jaune beurre frais, portées sur de gros et larges pétioles très-épais. Les fleurs sont petites, verdâtres, insignifiantes et disposées en longs épis comme dans les autres betteraves. La *poirée blonde*, dont la graine est grosse, hérissée, se sème en rayon, en avril ou mai, dans un terrain bien préparé par des labours. On terreaute ou on paille, on arrose, on bine et on sarcle. Six semaines ou deux mois après le semis, on peut couper les jeunes feuilles, qui repoussent promptement ; on les cueille alors avec la main, et feuille à feuille, comme l'oseille, en ménageant le cœur de la plante, destiné à stimuler le développement de nouvelles feuilles. Si on veut avoir de la poirée en hiver, il faut couvrir les planches de châssis. Cette culture est celle par laquelle on obtient des feuilles pour adoucir l'acidité de l'oseille dans les potages. Dans la plupart des départements, les feuilles de la poirée sont recherchées pour mettre sur les vésicatoires. Dans ce cas, il est souvent utile d'en élever pour l'hiver. —La *poirée à carde* ou *commune* se sème en juin en pépinière, puis on la repique en planches nouvellement labourées, ou entre les *rangs* d'autres plantes qui lui feront bientôt place ; dans l'un ou l'autre cas, la distance entre chaque pied ne doit pas être moindre de 50 à 60 centimètres ; on arrose copieusement pendant l'été. A l'automne, lorsque les gelées sont à craindre, on couvre le plant avec de la longue litière à peu près comme les artichauts ; on découvre lorsque le temps est doux, et on enlève les pailles au printemps ; puis on nettoie les bettes de toutes les feuilles pourries et des corps étrangers. En mai, les feuilles sont très-belles ; on peut alors arracher les plantes, ôter le limbe des feuilles et vendre ou faire consommer les pétioles, qui sont ce que l'on nomme les *cardes* proprement dites.   **V. PAQUET.**

POIRIER (*bot.*), *pirus*, Tourn., Linn.— L'étymologie de ce nom paraît provenir d'un mot celtique *peren*. Horace, Pline et Virgile ont écrit le nom latin *pirus* et non *pyrus*, comme nous le faisons aujourd'hui, peut-être à tort, mais en nous conformant à l'orthographe des lexiques et à l'usage généralement adopté par tous les botanistes. Les caractères génériques sont : arbre de seconde grandeur, de forme pyramidale, de la famille des *rosacées*, section des pomacées et de l'icosandrie-pentagynie, à feuilles alternes, simples, longuement pétiolées, non glanduleuses comme dans le genre pommier, lisses

et luisantes dans toutes les variétés domestiques, coriaces, rarement attaquées par les insectes, mais fréquemment perforées par un champignon parasite du genre *œcidium*, à peine dentées et presque toujours ondulées ou pliées en gouttière. Les fleurs, toujours blanches ou légèrement carnées à l'extrémité des pétales, sont disposées en corymbes terminaux ou latéraux de quinze à vingt et portées sur de longs et forts pédoncules. Leur calice est monophylle et adhérent à l'ovaire (poire ou melonide) et à cinq divisions ; la corolle est à cinq pétales orbiculaire sinsérés sur le calice ; vingt étamines tapissent le tube calicinal ; les styles, ordinairement au nombre de cinq, quelquefois de deux ou trois seulement, sont lisses, distincts, grêles, longs et terminés chacun par un stigmate simple ; les *fruits* qui succèdent aux fleurs sont à cinq loges contenant chacune deux graines (pepins) à testa cartilagineux ; ils affectent généralement la figure si connue sous le nom de *piriforme ;* il y a cependant des exceptions, puisque nous voyons des poires globuleuses, turbinées, et d'autres qui affectent, à s'y méprendre, la forme d'une pomme.

Le POIRIER COMMUN ou POIRIER VRAI, *pirus communis*, Linn., le type du genre, est un arbre indigène en France et dans une grande partie de l'Europe, susceptible de produire une tige de 12 à 15 mètres dont le diamètre peut dépasser 1 mètre et même 1 mètre et demi, ainsi que la Normandie nous en fournit de nombreux exemples. A l'état sauvage, le poirier est épineux ; plusieurs espèces cultivées conservent encore ce caractère du type, même dans nos jardins, et à beaucoup plus forte raison dans les champs. Son bois est recouvert d'une écorce rugueuse, crevassée et gercée sur le tronc et les grosses branches, et très-lisse sur les jeunes rameaux ; ceux-ci sont garnis d'yeux plus allongés et plus saillants que chez le pommier dont nous parlerons en son lieu. Le poirier aime un sol profond, substantiel, frais sans être humide. Les racines s'enfoncent davantage que celles du pommier, aussi réussit-il moins bien dans les sols calcaires ; sa forme, plus pyramidale, plus élancée, permet de le planter un peu plus serré que le pommier, dont les branches poussent horizontalement. On élève le poirier en semant du marc de poires écrasées pour faire le poiré, mais on obtiendrait des arbres plus vigoureux si on arrachait des sauvageons dans nos bois, ou si on se donnait la peine de ramasser les fruits de ceux-ci et d'en semer les pepins. Dans les cultures jardinières, on greffe presque exclusivement le poirier sur cognassier; c'est une faute. En effet, si le poirier greffé sur cognassier se met plus tôt à fruit que ceux greffés sur franc, ceux-ci ont l'avantage de vivre plus longtemps, de produire plus constamment, une fois qu'ils sont en rapport; enfin ils résistent mieux aux sécheresses, vivent dans les terres maigres et légères où le coignassier périt ou languit, et leurs fruits sont de meilleure garde que ceux provenant d'arbres sur cognassier. Duhamel du Monceau, l'un de nos plus célèbres arboriculteurs-pomologistes, pense, et donne même comme positif, que la majeure partie des variétés de poires est le résultat de la greffe sur cognassier, et que celles dues à la greffe sur franc sont peu nombreuses. Ceci est une erreur : nous fixons et propageons, par la greffe, une variété obtenue de semis, mais le cognassier ou le franc ne donne, n'améliore ou n'altère aucunement cette variété; il la conserve, voilà tout. On s'étonne qu'un homme de la trempe de Duhamel ait émis une idée aussi contraire aux lois de la physiologie végétale.

Nous diviserons les espèces ou variétés du poirier en deux sections, celles qui appartiennent à la grande culture et servent à faire le poiré (*voy.* CIDRE). Ces variétés se cultivent en plein vent, dans les champs ou dans les prairies, comme les pommiers; leur nombre est très-considérable, nous citerons les plus connues et les meilleures. Dans la haute Normandie, nous trouvons les poires de jaunet, neuf broc, ou neuf boc, le carisi rouge ou pochon, le carisi blanc, le petit carisi, la croix-mare, de roulet, de clair, de Georges, de fer, de cochon, de longue queue, de Patoulet ou de Patelet (le gros, le petit, le blanc, le gris), de petite et de grosse épine, de rougin, de rougegorge, de sanglier blanc, ou de sauge, la saugière ou poire de saugier, le blanc long, le grisard, de coq ou sabot, petite avoine, de Guillot, de Bertelot, moque-friand, de Girot, petit longuet, de four, de Rouesle, de vente, de rougeron, de fosse, de silaurie, de kian, la blanc-collet. Dans la basse Normandie, on cultive plus particulièrement les poires de Michel, de troche, de rouge Vigny, de Cannevière, de foin, de Rouelle ou Roile, la verte de la Moricière, la belle de Rubercy,

la Béziers, la branche de fournet, la comerie ou conerie, la Gaubert, la Gontier, la hautricot, la Raguenet, la Ponctiarde, de crapeau, d'hiverne (la rouge et la blanche), le plant blanc, le blanc-bocage, le trompe-gourmand, la grosse grise de vigne, de chemin, de billon, à petite tête, boudais, poire de chien, ou du chien (il est impossible d'énumérer toutes les espèces qui portent ce nom); la véritable poire de chien est moyenne, petite même, grise et allongée, très-bonne, se fourrant ou blossissant dès la fin d'août; de Trochet, gros lontricot, de branche ou court-pendu, petit longuet, petit paronnet ou ramparonnot, de martiné, d'oignonet, de Lucas, de robine, d'Ectot, de cimarin, d'ivoie, de chêne, de catillon. Dans la Picardie on trouve les poires de bigarre, la grosse voirie. Dans la Bretagne, la Pissouse, la courte queue, la courette, la jaune, la petite kraye ou krayotte, la poire d'eau, la frottin, la ribotte, la normande, l'étrangle (nom qu'elle tient de son âpreté), la mouillée, la rouge, la queue blanche, la rousse, la trouvette, la gouaux-rouse. Tels sont les noms imposés aux principales poires cultivées pour faire le poiré; la récolte et le brassage sont les mêmes que pour les pommes; les poires tiennent davantage à l'arbre, se conservent plus longtemps en tas. Le poirier n'offre aucun avantage sur le pommier pour la fabrication des boissons, mais sa récolte alterne avec celle des pommes : ainsi, lorsque celles-ci font défaut, on est presque certain de récolter des poires et *vice versâ*. Les poiriers réclament, dans la jeunesse, la protection des armures; des engrais mis au pied tous les trois ou quatre ans, vers l'automne, en enlevant 15 ou 18 centimètres de terre sur une circonférence de plusieurs mètres et en mettant de bon fumier gras dont les sucs nutritifs sont entraînés, par les pluies d'automne, jusqu'aux racines les plus profondes, assurent un grand luxe de végétation pour les années suivantes; et on entretient la fertilité de son plant sans l'épuiser. Le poirier de nos vergers et de nos jardins s'élève moins parce que nous le traitons en conséquence; il est plus délicat, il exige des soins, veut être assujetti à une taille raisonnée et soumis à des palissages bien entendus; quelques espèces même sont capricieuses sur les expositions, la nature du sol, les courants d'air. C'est de bonne heure, à l'automne, qu'il faut fouiller le sol dans lequel on se propose de planter le poirier. Si le défonçage du terrain est, dans le plus grand nombre de cas, une excellente pratique à mettre en usage pour assurer le succès des plantations, que l'on ne perde pas de vue, néanmoins, qu'une couche de bonne terre d'une épaisseur de 50 à 80 centimètres, reposant sur un sous-sol de mauvaise qualité, perdrait beaucoup par un défonçage qui attaquerait le tuf ou l'argile dont le mélange dans la couche labourable produirait le plus mauvais effet, sans procurer la moindre amélioration dans le sous-sol. Quand on se borne à faire des trous pour planter le poirier, il faut les ouvrir plus grands que plus petits, et éviter de mettre les arbres en terre avant d'avoir remué le fond et les parois de chaque trou, précaution sans laquelle les racines ne tarderaient pas à être gênées dans leur développement, absolument comme celle d'un arbuste dans un pot, car le piétinement de l'ouvrier qui fait une ouverture dans un sol humide ou seulement frais produit une sorte de moule à brique qui se durcit à l'air et joue le rôle d'un vase de terre dans lequel on emprisonne une fleur. Dans les terres fortes et fraîches, le poirier ne doit pas s'enterrer plus profondément qu'il ne l'était dans la pépinière, et la greffe des nains ne doit jamais être couverte; dans le Midi, c'est le contraire.

Les meilleures variétés à cultiver en espalier, à l'exposition du levant, sont le *doyenné d'hiver*, excellente poire qui convient aux terres légères; le *beurré d'Argenson*, qui mûrit en automne; la *bergamote Sylvange*, dont le parfum délicat et la finesse de la chair en font une poire de premier ordre; le *besi de la Motte*, qui mûrit en automne; la *royale d'été*, qui mûrit dès le commencement de juillet. Pour les expositions du levant et du couchant, préférons le *beurré aurore* ou *capiaumont*, il mûrit en octobre; le *beurré Chaumontel*, le *beurré d'Amboise*; le *beurré d'Aremberg*, excellente poire d'hiver; le *beurré d'Hardempont*, qui ne le cède pas en qualité au précédent; le *beurré de Cambronne* ou *glou-morceau*, fruit d'automne; le *beurré de Flandre*, qui mûrit en hiver; le *Colmar*, qui est une de nos bonnes poires, dans les terres fortes et substantielles; la *crassane*, *crasane* ou *bergamote-crassane*, ou *cresane*, sorte de nos poires d'automne; le *saint-germain*, poire délicieuse, fondante, froide, et qui se conserve fort tard. Les *beurrés gris*, *incomparable*, *magnifique* ou *Diel*, les *passe-Colmar*, la *suprème*

grise, sont des variétés très-estimées et qui le méritent; la *bergamote de Hollande*, qui se recommande par sa longue conservation, pourrait être cultivée en plein vent ainsi que la *bergamote de Pâques*; la *bergamote de Soulers* ou de *Bajie* se conserve très-tard et est assez bonne; la *duchesse d'Angoulême* ou simplement *duchesse* est un beau et bon fruit du mois d'octobre; la *poire Gendeseim* convient aux pyramides, ainsi que la *Léon-Leclerc*; la *Louise bonne* est une poire normande excellente, juteuse et fort belle; le *bon-chrétien d'hiver* est le fruit par excellence; il a le désavantage de ne venir que sur des arbres qu'il faut se contenter de voir en feuilles seulement pendant près de huit ou dix ans, mais une fois à fruits, ils en ont annuellement. Tous les *bon-chrétien* des catalogues marchands ne valent pas ensemble celui d'hiver seul. La *marquise d'hiver* est un bon fruit, ainsi que la *poire madotte*; celle des *trois tours*, remarquable par son volume; la *cuis-dame*, que l'on écrit et prononce *cuisse-madame*, mais à tort, est un gros fruit d'été, qui donne beaucoup quand l'arbre est fort; le *doyenné crotté*, le *captif de Sainte-Hélène* sont de bonnes poires; le *doyenné gris* ou *roux* doit se trouver dans tous les jardins; la *bonne ente* ou *sublime gamotte*, le *besi de Quesçois*, la *virgouleuse*, la *Saint-Marc*, la *poire Sageret*, celle de *Sarrazin* et *Bénoist* sont encore des variétés qui aiment l'exposition ci-dessus; le *rousselet* est une poire délicieuse. Pour l'exposition du nord, et comme espèces qui y viennent mieux qu'ailleurs, nous signalons la *poire de Bruxelles*, le *beurré gris*, le *doré*, la *poire bishops-stumbs*, le *besi d'Alençon*, la *poire Févé*, la *bergamote d'Angleterre*, le *bon-chrétien Napoléon*, la *duchesse de Berry* ou *belle angevine*, la *poire espadone*, la *grosse de Bruxelles*, la *poire Chaptal*, la *gille-ô-gille* ou *gros gobet*, ces trois dernières sont des fruits à compotes. Comme espèces exclusivement bonnes à être élevées en quenouilles, chandelles ou pyramides, nous mettons en première ligne la *poire Alexandre*, le *beurré Adam*, ceux d'*Audusson*, de *Mortefontaine*, de *Bolwiller*, de *Thoüin*, d'*Anjou*, les *bergamotes de Bussy*, la *vraie brune de Roscoff*, les *besis de Montigny* et *sans pareil*, les *oranges*, et notamment la *rouge* et la *tulipée*; le *doyenné Boussoch*, variété encore nouvelle; les *Louises bonnes*, l'une dite *inconnue* et l'autre de *Jersey*; l'*incomparable hacon*; la *poire d'Amiens*, la *poire Hessel*, la *poire Célestin*, celle dite de *Florence*, le *Saint-André*, le *besi des vétérans*, l'*urbaniste*, la *Shakspeare*, jolie petite poire qui mûrit à l'automne ; le *passe-Colmar de Vienne*, sorte de beurré très-bonne ; le *roi Louis d'été*, le *robin musqué*, petit fruit du courant de septembre ; le *pater noster* ou *pater-note*, excellent fruit d'hiver. Pour les plantations en plein vent, nous signalons le *sucré vert*, petit fruit couleur olive, qui mûrit en septembre ou octobre ; la *belle des chartreux*, fruit d'octobre, arbre très-fécond ; le *bon-chrétien d'été* ou *gracioli*, le *gros blanquet*, le *payenché*, le *citron des carmes* ou *Madeleine*, petite poire ronde et verte qui mûrit en juillet ; la *sanguinole*, qui mûrit en septembre ; l'excellente *poire de râteau*, qui se conserve tard, et sert à faire des compotes ou se cuit au four. Voici maintenant l'ordre de maturité des poires dont on peut indistinctement élever les arbres en quenouilles, chandelles ou pyramides, ou les livrer au plein vent. En juin, le *petit muscat* ou *sept en gueule*, l'*amiré Joannet* ou *petit Saint-Jean*, le *muscat Robert*. En juillet, le *doyenné d'été*, la *poire de deux fois l'an*, le *bourdon musqué* ou *orange d'été*. En août, le *beurré d'été* ou *franc réal d'été* ou *milan blanc* ; la *grise bonne* ou *poire aux mouches* ou *rude épée*, *Jargonnelle*, *Mabille*, de *groseillier*, etc. En septembre nous citerons en première ligne le *beurré d'Angleterre* ou *phinois*, les poires *William*, *Wilhelmine*, *rousselet musqué*, *rousselet de Reims*, la meilleure de nos poires d'automne ; la *réveillette* ou *révillet*, la *plomb-gastel*, la *poire-pomme*, la *poire de Neille* (et non de *nelle* comme on l'écrit par ignorance), la *frangipane*, le *beurré Bosc*, l'*épine d'été*, la *poire à queue de vis*, nouvelle espèce figurée dans le *Journal d'horticulture pratique* de cette année ; le *beurré de Beaumont*, la *jalousie de Fontenay-Vendée*, le *beurré romain*. En octobre, l'*archiduc Charles* ou *Charles d'Autriche*, la *poire sans pepins* (qui en a quelquefois) ; la *lucrative*, l'*ananas*, le *beurré Bosc*, qui n'est pas le même fruit que celui cité pour mûrir en septembre ; le *beurré d'Isambert*, fruit délicieux, mais dont l'arbre est sujet aux chancres ; la *calebasse Bosc*, poire plus volumineuse que bonne ; la *noisette d'Angleterre*, la *Louise bonne d'Avranches*, la *grosse verte longue d'Angers*, le *Saint-Michel-archange*, etc. En novembre et décembre, nous aurons l'*angélique de Bordeaux*, le *beurré Picquery*, excellent fruit, surtout en Normandie, où il commence à être répandu ;

les *délices d'Hardempont*, la *Marie-Louise Delcourt*, le *nec-plus-muris*, qui se conserve quelquefois jusqu'en mars ; le *doyenné Sieulle*, l'*épine d'hiver*, etc., etc. Pour l'hiver et le printemps, mentionnons les *beurrés bronzé* et *de Malines* ou *bonne de Malines*, le *beurré gris d'hiver* ; on en connaît une variété nouvelle dite *beurré gris d'hiver nouveau*, elle n'est pas préférable à l'ancienne ; la *bergamote de Parthenay*, la *belle de Berry* ou *poire de curé*, fort beau fruit, mais de médiocre qualité ; la *javardelle*, la *poire au vin* ou *chille de vin*, qui a goût de pêche ; le *certeau*, la *poire Brissac*, la *bergamote suisse*, etc., etc. Enfin citons comme poires à compotes, à cultiver en quenouilles ou en plein vent, la *bergamote d'Angleterre de Noisette* (hiver), le *trésor d'amour* (automne), le *trésor d'hiver*, le *franc réal* (hiver), la *poire de tonneau* (automne), la *belle Audibert* (hiver), la *frangipane* (septembre et octobre), la *bellissime d'hiver*, le *blanc perlé* ou *perné* (hiver). Pour espalier, la *bergamote double fleur* (printemps), la *bellissime d'automne*, le *bon-chrétien* (hiver et printemps), la *poire-calebasse* (automne), celle *d'Angora* (hiver), excellente variété, très-rare ; la *poire Chaptal* (fin d'hiver), la *poire d'Hardempont*, le *râteau gris*, variété du râteau cité plus haut (hiver), *Saint-Lezin* (octobre), *Louis-Philippe* (fin d'hiver et commencement de printemps), le *Tarquin*, et le *Tarquin des Pyrénées*, fruit excellent, le dernier surtout. L'époque de maturité que nous avons indiquée est pour le nord de la France ; il va sans dire que les arbres à fruits d'été, cultivés dans le Midi, mûriront quinze jours au moins avant la date par nous signalée. Un arbre greffé sur franc ou sur cognassier, planté dans un sol froid ou dans un terrain calcaire, peut également retarder ou avancer ses fruits d'une quinzaine de jours, et même davantage. Enfin les arbres *sur-greffés*, c'est-à-dire greffés d'abord avec une espèce au-dessus de laquelle on en greffe une seconde, une troisième, etc., avanceront ou retarderont l'époque de la maturité de leurs fruits suivant que les greffes intermédiaires entre la dernière seront plus nombreuses ou d'espèces qui entrent plus tôt ou plus tard en végétation.—Le bois du poirier est très-bon pour la menuiserie, il réunit toutes les qualités de celui du pommier, on en fait des oreilles de charrue ; l'ébénisterie l'emploie pour imiter l'ébène ; les luthiers pour faire des flûtes, bassons et autres instruments. On dit que les anciens Grecs fabriquèrent des statues avec le bois du poirier sauvage. Pausanias parle d'une statue de Junon assise, faite d'un seul morceau de tronc de poirier par le sculpteur Pirasus d'Argos, laquelle décorait le temple de Tirynthes. Les propriétés médicales de la poire sont passées de mode.

Le poirier épuise moins le sol que le pommier ; ses racines pénètrent plus avant ; elles vont chercher leur nourriture où celles du pommier ne peuvent pas atteindre ; ses branches, s'élevant pyramidalement, laissent au soleil et à l'air un accès plus libre ; aussi le préfère-t-on au pommier dans les vergers et les jardins. Le *tingis*, ou tigre, ou puceron du poirier, attaque quelquefois la tige et les branches de cet arbre précieux ; mais il est loin de produire les dégâts du puceron lanigère sur le pommier, et les matinées froides le font ordinairement disparaître. On a voulu attribuer à l'épine-vinette, puis à la sabine, le développement sur les feuilles du poirier de l'*œcidium cancellatum*, petit champignon microscopique qui chamarre, en automne, les arbres d'un roux ou d'un rouge très-bizarre ; mais c'est une erreur : les variations seules de l'atmosphère sont la cause de la présence du champignon en question. Le poirier reprend de greffe sur le pommier, et *vice versâ;* mais cette ente ne dure pas plus de trois ou quatre ans : c'est une preuve de la non-affinité qui existe entre les deux genres, tandis que le cognassier, qui paraît, au *facies*, beaucoup plus éloigné du poirier que le pommier, sert de sujet au premier de ces deux arbres. L'aubépine et presque tous les aliziers ou *cratægus* de Linné peuvent également servir pour greffer le poirier ; et, si on se sert d'intermédiaire, c'est-à-dire en interposant entre le sujet et la variété plus délicate ou capricieuse une variété plus complaisante, il n'est pas difficile de créer un arbre généalogique de presque toute la famille des *pomacées.* Lorsque nous voyons un vieux poirier dont les rameaux s'effilent, deviennent verdâtres, dont les feuilles jaunissent et les fleurs coulent, arrachons-le. Les racines ont nécessairement rencontré une terre qui ne leur convient pas, l'arbre ne peut plus que languir; mais que jamais la serpe ne mutile les vieux poiriers dont le feuillage est vert et l'écorce saine, le bois fût-il réduit en poussier et l'intérieur de l'arbre creux comme une caisse de tambour ; c'est de ces vieux vétérans de l'enfance du jardinage que nous ob-

tenons les meilleurs fruits et que nous sommes certains d'en avoir tous les ans. Nous avons taillé en Normandie, pendant sept années de suite, un poirier de beurré que nous estimons avoir plus de 400 ans ; il a été très-mal conduit dans sa jeunesse, les branches sont loin d'avoir été palissées selon les principes en vigueur de nos jours. Il couvre la vingtième partie de l'étendue d'un espalier exposé au levant et un peu au midi ; il produit en poires, à lui seul, en dix ans, pour une valeur d'argent égale à celle des autres dix-neuf vingtièmes de l'espalier en sept ans. Il est vrai que le propriétaire n'a planté que des nouveautés éphémères d'une variété très-contestable.

Le POIRIER DU MONT SINAI, *pyrus sinaica*, Thoüin, *P. persica*, Pers., introduit en France vers 1820 par le botaniste Lemonnier, est un arbre de 6 à 7 mètres, à bourgeons pubescents et blancs, à feuilles ovales, oblongues, finement crénelées et pubescentes en dessous, glabres et un peu luisantes en dessus ; aux fleurs blanches en corymbes, qui paraissent en juin, succèdent des fruits globuleux, sans qualité. — POIRIER A FEUILLES DE SAULE, *pyrus salicifolia*, Lin. — Arbre de la taille du précédent, à bourgeons cotonneux, blancs, à feuilles linéaires, aiguës, entières, blanches et tomenteuses en dessous. En mai ou juin, on voit paraître de petites fleurs blanches brièvement pédicellées, en corymbes. Cette espèce nous est, dit-on, venue de la Russie en 1780 ; ce qu'il y a de certain, c'est qu'on la trouve dans les bois du midi de la France, en Sibérie et sur le mont Caucase. Les fruits de ce poirier sont petits et turbinés, très-acerbes : on pense qu'on pourrait les améliorer par les semis ; mais à quoi bon cette peine, puisque nous ne pouvons jamais en espérer une poire supérieure à celle de nos vergers ? — Le POIRIER DE BOLLWYLLERIE, *pyrus bollwylleriana*, DC., *P. bollweria*, Lin., est un arbrisseau de 4 à 5 mètres de hauteur, originaire d'Allemagne, d'où il a été importé en 1786, à feuilles ovales et très-grossièrement dentées, duveteuses en dessous, ainsi que les rameaux ou jeunes bourgeons. Les fleurs sont blanches, en corymbes comme chez les espèces précédentes. On dit ses fruits jaunes-rougeâtres, de forme conique et de grosseur moyenne, ayant la chair douceâtre et même sucrée. — POIRIER A FEUILLES D'AMANDIER, *pyrus sylvestris*, Magn., *P. salicifolia*, Loisel.-Desl., *P. amygdaliformis*,

Wild. — Arbrisseau de 5 mètres, rarement plus, à rameaux épineux et tomenteux, ainsi que les feuilles, qui sont entières, oblongues, aiguës, portées sur un très-long pétiole, et comme veloutées en dessus, dans leur jeunesse surtout, et devenant lisses en vieillissant; fleurs blanches paraissant en mai. Cet arbrisseau, indigène au midi de l'Europe, est connu et déterminé depuis 1810. —Le POIRIER A FEUILLES DE CHALEF, *pyrus elæagnifolia*, Pall., *P. orientalis*, Horn., est remarquable par ses feuilles. Il est originaire de la Sibérie. Nous le cultivons depuis 1806. Les *pyrus amelanchier* de Willdenow, *botryapium* de Linné, appartiennent au genre amélanchier; les *pyrus chamæmespilus* de Lindley, *arbutifolia* de Linné, *spuria* de De Candolle, *hybrida* de Mænschi, *sorbus* de Gærtner, *domestica* de Smith, *americana* de De Candolle, *aucuparia* de Gærtner, *microcarpa* de De Candolle, *pinnatifida* et *hybrida* de Smith, appartiennent réellement aux genres *sorbier* et *arbousier*. Le *pyrus terminalis*, Ehrh., est un alizier; enfin le *pyrus* ou *malus cydonia* a été traité sous le nom de *cognassier*. Quant aux autres *pyrus*, il en sera traité à l'article POMMIER. Disons encore que les *pyrus polocria*, Lin., *pyrus Michauxii*, Bosc, sont des espèces botaniques, et les *P. liquescens, rufescens, pompeiana, pyraster* et cent autres noms semblables que l'on trouve, accompagnés de toute une longue phrase latine, dans les anciens auteurs, appartiennent au *pyrus communis;* mais il était d'usage alors de latiniser jusqu'aux noms des sous-variétés de fruits. Ainsi les mots latins *pompeiana* ou *boni christiani* s'appliquent à notre bon-chrétien d'hiver; le *pyrus volema* désignait notre poire de livre; les noms *pyrus favonia* comprennent toutes les poires muscates de nos jours.   V. PAQUET.

POIS, *pisum* (bot., agr. et hort.). — Genre de plante de la famille des papilionacées, section des vesces et de la diadelphie-décandrie de Linné, avec les caractères suivants : calice turbiné à cinq divisions aiguës, foliacées; corolle papilionacée, à étendard cordiforme, arrondi au sommet, à ailes coniques et à carène comprimée en forme de croissant; dix étamines dont neuf ont des filaments réunis en un seul corps, le dixième étant libre; ovaire supère, comprimé, avec un style triangulaire, terminé par un stigmate velu, qui se change en cosse ou gousse oblongue, comprimée d'abord, puis presque

cylindrique, à deux valves, à une loge et à plusieurs graines de forme et de volume variables, vertes dans la jeunesse (petits pois verts), puis jaunâtres, globuleuses, marquées d'un ombilic obrond et brun. — Les pois cultivés sont au nombre de plus de cinquante variétés, dont les tiges s'élèvent depuis 15 à 20 centimètres jusqu'à 1m,50 et même 2 mètres de hauteur. Nous allons parler d'abord du pois cultivé dans les champs comme fourrage ou comme légume sec destiné à l'approvisionnement des halles et marchés. — Le *pois gris*, ou *pois bisaille*, ou *pois brebis* présente de très-grands avantages pour l'élève et l'engraissement des bêtes à laine, dont il rend la chair aussi blanche que délicate. Le pois gris se sème au printemps, à la volée, plutôt épais que clair, dans un sol labouré par plusieurs *airures* de charrue et de herse. On met environ 2 hectolitres de semence par hectare. Les semaillés en ligne sont, dit-on, très-utilisées en Angleterre; mais elles n'ont eu aucun succès en France, où les cultivateurs sèment souvent *sous raie*, c'est-à-dire avant de donner le dernier labour; la charrue recouvre mieux la graine que ne le fait la herse, ce qui met le semis à l'abri de la voracité des pigeons et des autres gros oiseaux, qui sont très-friands des pois. Les sols sablo-argilo-calcaires ou argileux sont ceux qu'affectionne le pois; les engrais lui conviennent peu, mais les marnes et les gypses lui font prendre un grand développement; c'est un excellent assolement pour préparer le sol à recevoir du froment, surtout dans les fonds argileux. Le pois, étant aussi une plante essentiellement étouffante, puisqu'elle se couche sur le sol, le nettoie de toutes les mauvaises herbes qui pullulent dans les autres céréales. On fait la récolte des pois, soit en les fauchant, soit en les coupant avec une faucille; on choisit pour cette moisson le moment où la moitié des gousses, ou à peu près, est arrivée à maturité, condition sans laquelle les graines se perdraient par un temps sec, ou pourriraient par un temps humide, si on attendait que toutes fussent parfaitement mûres pour détacher la plante du sol. Les *fanes*, nommées *pesat* ou *besat* en Normandie, *chalaye* en Auvergne, produisent d'ailleurs un fourrage plus succulent quand on les coupe lorsque la plante est encore en sève. Les pois se battent au fléau ou avec de simples gaules; ils s'égrènent très-facilement. Le pois *gros vert* normand, le plus recherché de tous pour faire les purées, se cultive comme le pois gris : c'est un des plus connus en France et en Angleterre ; il est même admis dans nos jardins. Les larves des bruches (*bruchus*) attaquent la partie farineuse des pois et mangent de préférence les cotylédons de l'embryon, ce qui fait que les *pois percés*, comme disent les cultivateurs et les jardiniers, lèvent également : cela est vrai, mais les plantes qui proviennent de pois rongés par les bruches sont moins vigoureuses que les autres.

Les pois cultivés dans les jardins se divisent en deux grandes sections ou races, ceux sans parchemin ou mange-tout, et ceux à parchemin ou à écosser. — Les *pois mange-tout* ou *pois goulus* ont les gousses aussi tendres que le grain même, ce qui permet de les manger sans les écosser. Les variétés connues font un aliment sain et agréable lorsqu'elles sont jeunes ; elles augmentent en qualité nutritive en vieillissant : les cosses sont plus larges, plus courbées, plus plates que dans les pois à parchemin. Le *pois corne de bélier* est une des bonnes espèces ; il produit abondamment, s'élève très-haut et convient particulièrement dans les terres fortes, où il rend beaucoup. Le *pois turc* ou *couronné*, qu'il ne faut pas confondre avec le *pois Pâquet*, est une excellente variété, à cosses très-nombreuses, tendres et sucrées, qui présente un singulier phénomène de végétation, un renflement considérable de la tige vers le sommet ; il a une sous-variété à fleurs rouges très-jolies. Le *pois sans parchemin à cosse blanche* est plus curieux que productif. Le *pois en éventail* se recommande par sa très-petite taille, pour être semé près des espaliers ; il est tardif, ce qui permet aussi de l'utiliser pour conserver en été la fraîcheur au pied des arbres fruitiers. Le *pois nain hâtif* nous est venu de Hollande il y a quelques années ; on le cultive dans le Nord sous le nom de *pois à la poule ;* sa petite taille le fait admettre sous les châssis, où il vient très-promptement. Le *pois sans parchemin nain ordinaire* ou *gros pois à la poule* est la meilleure variété pour le paysan ; les cosses sont petites, nombreuses et tendres. Le *pois sans parchemin à grandes cosses blanches* est une sous-variété du *pois corne de bélier* aussi estimée que le type et s'élevant davantage encore ; c'est elle qu'on cultive à Nantes sous le nom de *pois sans parche.* Le *pois géant mange-tout* est une nouvelle variété très-re-

marquable par la dimension de ses cosses : c'est elle qui alimente les marchés de Paris à l'arrière-saison des pois ; le peuple seul recherche cette espèce dont le grain est trop gros pour être délicat. Le *pois sans parchemin à fleurs rouges* est une excellente variété pour les fermes ; il donne beaucoup, croît vite et se conserve frais très-longtemps. Le *pois sans parchemin à cosses jaunes* ne diffère des autres que par la couleur de ses valves ; il ne convient qu'aux collectionneurs. — Les *Pois à écosser* ou à *parchemin* sont connus aussi sous les noms de *pois Michaux* ou *pois de Paris.* Les valves de la cosse sont coriaces et filandreuses, ce qui oblige à les ouvrir pour en extraire le grain, seule partie mangeable. Le nombre des variétés et sous-variétés de cette race de pois est plus considérable encore que dans la précédente. Nous mettrons en tête le *pois ridé* ou de *Knight*, qu'un grènetier de Paris a fait venir d'Angleterre vers 1810 : c'est le meilleur des pois pour écosser, mais il est tardif, très-grand et à gros grains, ce qui rebute quelques gourmets ; et cependant, fussent-ils comme des balles à pistolet, ces pois sont encore plus tendres que les *petits pois au sucre* que l'on sert dans les meilleurs restaurants de Paris. Pour les fermes, pour le peuple, le pois ridé (nom qu'il tire de son grain qui est ridé comme un pois ayant trempé une heure dans de l'eau chaude) est donc le meilleur et le plus productif ; le *pois Pâquet* est la plante la plus curieuse et la plus productive que l'on connaisse encore dans cette série. La tige, arrivée à 60 ou 70 centimètres de hauteur, se gonfle au sommet ; sa grosseur égale, dépasse même quelquefois celle du petit doigt ; de nombreuses gousses naissent sur ce renflement, d'où partent ensuite quatre ou cinq ramifications dont le développement est en tout pareil à celui de la tige principale. Ce pois doit se semer à 30 ou 35 centimètres de distance. Le *pois d'Auvergne* est une variété à longues cosses très-arquées et très-fournies en graines. Le *pois de Marly* se recommande par l'abondance de ses produits et la finesse de sa saveur ; il est tardif, s'élève beaucoup et ne paraît sur les marchés qu'à une époque où les personnes riches dédaignent les petits pois. Le *pois de Clamart* est une variété tardive très-estimée. Le *pois prince Albert* est petit, maigre de grain et frêle de tige ; nous ne le connaissons que depuis deux ou trois ans; il ne vaut pas le *pois Michaux de Hollande* ou *pois de Paris* proprement dit, la seule variété cultivée pour primeur aux environs de la capitale : c'est à elle que nous devons les premiers petits pois qui nous annoncent le retour du beau temps. Le pois prince Albert avait été annoncé comme devant être plus précoce que le Michaux, mais cela n'est pas. Le pois *doigt de dame* ou *lady's finger* est une variété tardive qui se rapproche du pois ridé. Le *pois à gousse violette* est plus curieux que bon. Le *pois de Ruelle* est une variété perfectionnée du *pois de Paris;* le *carré blanc* et le *carré à œil noir* sont des pois tardifs, sucrés, délicieux, mais ils ne conviennent pas aux terrains gras, dans lesquels on les voit s'emporter en feuilles et en tiges sans donner de gousses; le *pois Dominé*, du nom de celui qui l'a fait connaître, est productif et bon pour les sols frais; le *pois sans pareil* est une variété à gros grain, tendre et estimée; les *pois-fève* et *pois géant* sont des variétés tardives qui s'élèvent considérablement, ce qui oblige à leur donner de très-grandes rames, ainsi qu'à toutes celles dont il a été question dans cette série. — Voici maintenant une race perfectionnée; les *pois à écosser nains*. Le *pois nain de Bretagne* est le plus petit de tous; il est recherché pour les bordures à cause de sa taille qui dépasse rarement 0^m,16 ou 18. Le *nain de Hollande* s'élève un peu plus que le précédent, mais ses cosses sont petites et ses grains peu nombreux. Le *pois Lévéque* est une variété peu distincte du *pois nain hâtif*, que l'on préfère pour les cultures forcées dont nous parlerons plus loin. Le *pois ridé nain* est loin d'avoir les qualités du pois ridé dont nous avons parlé plus haut, ainsi que la similitude de nom pourrait le faire supposer.

Un sol neuf récemment défriché convient aux pois, mais, comme c'est celui qui se présente le moins communément, il faut choisir dans les jardins celui qui a produit une sole ayant nécessité l'emploi d'engrais consommés; on peut y mettre des cendres, de la suie, mais pas de fumier, parce que le gaz ammoniac qui se dégage des pailles fortement imprégnées d'urine fait grand mal aux fleurs des pois. Le terrain doit être convenablement préparé pour ne pas être trop sec ni trop humide; on le divise par planches de 1^m,33 de largeur, sur une longueur arbitraire, séparées par un sentier de 0^m,30 à 0^m,40, puis on y trace trois lignes ou rayons profonds de 0^m,03 ou 0^m,04; on y sème, à 0^m,3 de distance, un pois ou deux et même trois ensemble, mais alors on distance un peu plus. Quelquefois on sème par pochets ou touffes de sept à huit graines, espacés de 0^m,18 à 0^m,22. Ce semis commence vers la fin de mars et se continue jusqu'en mai. Lorsque les pois sont levés et suffisamment hauts pour que le vent ou les pluies puissent les coucher, on les bine et on les butte, puis on les rame si leur espèce ou race s'élève beaucoup. Si on pince avec les ongles l'extrémité des tiges lorsque les pois commencent à fleurir, on accélère la fructification en empêchant les plantes de s'emporter en hauteur; ce moyen ne convient qu'aux habitants des grandes villes qui ont avantage à hâter une culture pour faire place à une autre. Un hectare de terrain produit environ 3,000 litres de pois verts, comme on les vend à Paris et ailleurs; mais, dans certaines années peu favorisées par le temps, le rendement est quelquefois réduit de moitié : c'est donc une culture dont les produits sont très-aléatoires. Mais on devrait semer des pois partout où les fumiers manquent, récolter les premières gousses pour payer les frais de main-d'œuvre et d'ensemencement, puis enterrer les chaumes en vert; on donnerait ainsi à la terre une excellente fumure qui permettrait de lui confier une autre semaille. Voici maintenant les cultures exceptionnelles du pois : en novembre et même dès le mois d'octobre, quelques jardiniers sèment des pois Michaux sur une costière ou plate-bande, au midi. Lorsque l'hiver n'est pas rigoureux et qu'on a eu le soin d'abriter d'un paillasson le jeune semis, on le préserve suffisamment des neiges et des petites gelées, ce qui permet de manger des pois un mois ou deux plus tôt que si on n'avait semé qu'en mars. Si, au lieu de paillassons, on place un châssis contre le mur, on obtient encore de plus heureux résultats. Les pois de primeur ont été une culture considérable dans un temps; mais, depuis que de belles routes sillonnent la France en tous sens, la culture des pois de primeur a éprouvé une rude concurrence par l'arrivée, dans le Nord, des pois qui viennent naturellement et à peu de frais dans le Midi. Quoi qu'il en soit, décrivons cette culture hâtive qui n'est pas encore tout à fait abandonnée, même à Paris. En novembre on sème sur costière, à bonne exposition, des pois hâtifs; on les recouvre très-peu de terre, on terreaute, puis on met des châssis dessus, avant et après avoir fait le semis. Lorsque les pois paraissent à la surface du sol, on les charge d'une petite couche de 3 à 4 centimètres d'épaisseur de terre fine ; dans le courant de décembre, on place des châssis sur des planches de terre dans lesquelles on ôte l'épaisseur d'un bon fer de bêche de terre qui se met contre les châssis, en dehors, c'est ce que l'on nomme accot, puis on dresse et on laboure dans l'intérieur ; on trace des lignes et on y plante, après les avoir arrachés avec précaution, par pochets ou touffes de trois ou quatre, les pois semés en novembre. Lorsqu'ils sont repris, on donne de l'air chaque fois qu'il fait beau, en soulevant le châssis de 5 ou 6 centimètres, du côté du midi ; dès que les pois ont 25 centimètres de hauteur, ou à peu près, on les couche à plat vers le derrière des châssis, et on les maintient dans cette position avec une latte ou un peu de terre que l'on met sur les tiges ; l'extrémité se redresse très-promptement, ramenée qu'elle est par la lumière et la chaleur qui attirent toujours les plantes. Lorsque le temps le permet, on donne de l'air comme précédemment, et à la floraison on pince toutes les tiges au-dessus de la troisième ou quatrième fleur. Il faut arroser avec prudence, dans la crainte d'exciter une végétation trop forte, qui ferait couler les fruits. On obtient ainsi, non sans quelque peine, sous le climat de Paris, des pois en avril, mais sans le secours d'aucune couche ni chaleur souterraine, comme pour les autres cultures forcées. Ces petits pois sont, quoi qu'on en dise, bien supérieurs aux petits pois conservés par procédés. Le pois assujetti à une culture forcée se contente de la chaleur solaire, quand il y en a ; les émanations d'une couche de fumier ou de tannée les feraient périr, et le calorique qui se dégage d'un tuyau de poêle leur est également contraire. — Le *pisum elatum*, DC., est une espèce botanique annuelle, originaire d'Ibérie : nous la cultivons depuis 1827. Le *pisum thebaicum*, DC., et le *pisum Jomardi* sont originaires de l'Egypte, d'où nous les avons reçus en 1819. Le *pisum maritimum* appartient à l'Angleterre, le *pisum arvense* à la France, et le *pisum americanum* au pays qui lui a donné son nom. — Par extension et un peu par analogie dans la forme du grain ou des fleurs, on a donné le nom de *pois* à des plantes qui n'appartiennent pas au genre *pi-*

sum : ainsi le *pois chiche* est le *cicer arietinum;* le *pois à fleur*, ou *odorant*, ou de *senteur*, est une *gesse;* le *pois anglais*, notre *haricot* commun ; les *pois à bouquets*, *pois au lièvre*, *pois vivaces*, *pois grecs*, sont diverses espèces du genre *lathyrus;* le *pois doux* des Antilles est le *mimosa fagifolia;* le *pois de sucre* ou *sucrin*, le *mimosa inga*, les *pois de sept ans*, *pois d'angole*, *pois du Congo*, sont les graines du *cytise cajan;* le *pois-café*, les semences du *lotus tetragonolobus* et du lupin, avec lequel on falsifie le café; le *pois-asperge* est un dolic, le *pois de terre*, l'*arachis hypogæa*, le *pois guénique*, les fruits osseux du *guilandina* ou *bonduc*, le *pois choncres* ou *pois-sabre*, le *dolichos ensiformis*, le *pois à gratter*, le *mucuna urens*, etc.   V. PAQUET.

POISON (*méd., jur.*). — Légalement parlant, un poison est toute substance pouvant donner la mort, quelle que soit, d'ailleurs, la manière de l'employer (code pénal, art. 301). Mais le vague d'une pareille définition ne saurait convenir en médecine; aussi désignerons-nous sous le nom de *poison*, avec la plupart des auteurs de notre époque, toute substance qui, prise intérieurement ou appliquée d'une manière quelconque sur un corps vivant et à *petite dose*, détruit la santé ou anéantit complétement la vie. Cette définition, il est vrai, ne satisfait pas à la loi, qui voudrait une limite bien tranchée entre le médicament et le poison; mais la chose est impossible; le but que l'on s'est proposé ne sera-t-il pas, dans bien des cas, le seul élément propre à faire distinguer entre elles ces deux espèces d'agents? Ainsi le médicament est donné dans l'intention de modifier en bien l'état de maladie; le poison, au contraire, modifie en mal l'état de santé, si même il ne détruit complétement l'existence; mais, dans la plupart des cas, ce seront absolument les mêmes substances, ne différant matériellement que par les doses employées : or la loi ne tient précisément nul compte de la dose, et il suffit à son texte qu'une substance propre à donner la mort ait été donnée pour constituer le crime d'empoisonnement. Les circonstances dans lesquelles les substances sont employées sont encore d'un poids immense en médecine; ainsi le tartre émétique a été porté à la dose de 4 et même de 6 grammes dans certaines phlegmasies du poumon sans amener d'inflammation des voies digestives, ce qui n'eût pas manqué d'avoir lieu dans l'état de santé. Nous avons pareillement vu donner l'acétate de plomb à la dose de plus de 1 gramme par jour dans un cas de phthisie pulmonaire, tandis que, dans une autre circonstance, il a suffi de trois pilules de 5 centigrammes de ce sel, prises à douze heures d'intervalle, pour amener un ensemble de phénomènes morbides digne d'éveiller l'attention de l'autorité. L'acétate de morphine a été prescrit à la dose énorme de 4 grammes par jour dans un cas d'anévrisme du cœur sans provoquer d'accidents, tandis que 5 centigrammes seulement, pris dans l'état de santé, suffisent, en général, pour amener du narcotisme, etc. Enfin les substances vénéneuses pour les animaux ne le sont quelquefois pas pour l'homme, et *vice versâ*. Les cochons, par exemple, mangent impunément de la jusquiame ; les chèvres, de l'aconit et de la ciguë aquatique, du tithymale ; les cailles s'engraissent d'ellébore ; les éléphants trouvent dans la coque du Levant une nourriture agréable, etc., tandis que le persil devient, au contraire, un poison énergique pour les perroquets.

Les auteurs ont beaucoup varié dans la classification des poisons : la plus naturelle serait, sans doute, celle qui les distinguerait en minéraux, végétaux et animaux ; cette classification ne serait, toutefois, d'aucune utilité pratique. La plus féconde en résultats, sous ce rapport, est la suivante, tirée des différents modes spéciaux d'action des poisons sur l'économie vivante : 1° poisons *irritants* ; 2° poisons *narcotiques* ; 3° poisons *narcotico-âcres* ; 4° poisons *septiques* ou *venins*.
— Les poisons peuvent, comme tous les corps de la nature, exister à l'état solide, liquide ou gazeux, et il en est qui se présentent à la fois sous ces trois états différents ; mais il est, de plus, utile de mentionner comme une modification possible de ce dernier état, peut-être même comme une forme toute spéciale, celui connu sous le nom d'*état miasmatique*. Ici nul agent saisissable à l'aide de nos sens et de nos moyens d'appréciation physique ou chimique ordinaires ; cependant la présence réelle de l'agent ne saurait être révoquée en doute, puisqu'elle se manifeste par des effets physiologiques. Citons, par exemple, certains métaux, le mercure entre autres, qui, pris à l'état solide, ne sont nullement délétères, tandis qu'ils le deviennent à l'état miasmatique. Les émanations qui s'exhalent de certains végétaux

rendent le fait encore plus évident ; il suffira de s'arrêter sous quelques arbres pour être pris d'une sorte d'ivresse, et l'atmosphère entourant certains autres fait naître des éruptions toutes spéciales sur la peau.
— Tous les règnes de la nature fournissent des poisons, mais c'est dans le règne animal que s'en rencontre le moins grand nombre. Certaines substances toxiques produisent leurs effets délétères, quel que soit le point de l'économie vivante avec lequel elles se trouvent en contact ; l'acide hydrocyanique est dans ce cas. On doit établir, en thèse générale, toutefois, que l'empoisonnement peut s'effectuer par trois voies différentes : la peau, les membranes muqueuses et le tissu cellulaire. On peut encore poser, en général, que tous les poisons sont absorbés et pénètrent ainsi en plus ou moins grande abondance dans le torrent de la circulation, quel que soit le point de l'économie avec lequel ils se sont primitivement trouvés en contact. Mais, pour certains d'entre eux, cette absorption n'est pas le phénomène principal, l'élément essentiel des accidents auxquels ils donnent lieu. On peut, sous ce rapport, établir cinq modes d'action distincts : le premier comprendra les poisons qui agissent directement sur l'organe où ils sont appliqués en le stimulant, l'enflammant et le désorganisant plus ou moins profondément. La mort survient alors par suite de l'inflammation locale qui réagit sur certains organes et principalement sur le système nerveux en vertu de sympathies naturelles ; ce n'est pas alors directement que le poison la produit en agissant sur les organes essentiels à la vie, mais seulement par l'intermédiaire de l'altération des parties avec lesquelles il s'est trouvé primitivement en rapport immédiat. Un grand nombre de substances irritantes, astringentes et surtout corrosives agissent de cette manière ; citons, entre autres, l'acide sulfurique, la potasse, la soude, etc. — Un second mode d'action des poisons est composé : 1° action directe et irritante sur les parties en rapport immédiat ; 2° action irritante sur certains organes qui, dans ces sortes d'empoisonnements, se trouvent constamment affectés, quel que soit d'ailleurs le lien de l'application de la substance toxique. Ainsi l'émétique déposé dans le tissu cellulaire détermine constamment une inflammation des poumons et des intestins ; le sublimé corrosif donnera toujours

lieu à une inflammation des valvules du cœur et de la membrane interne de cet organe. La mort, dans ce cas, aura donc lieu 1° sous l'influence de l'irritation locale déterminée par le contact immédiat du poison; 2° sous celle de l'irritation des organes secondairement enflammés. On a peine à concevoir que des poisons appliqués sur le système cellulaire, par exemple, exercent leur influence préférablement sur tel organe plutôt que sur tel autre, quand nous ne connaissons pour voie de transmission de ces agents délétères que la circulation sanguine ou lymphatique commune à tous; mais ici peu nous importe l'explication, le fait existe, et nous devons le constater. Un autre mode d'action, composé comme le précédent, comprend les substances agissant comme irritants sur les organes avec lesquels elles se trouvent en contact et comme stupéfiants sur le système nerveux en général; c'est en raison de cette double influence que les poisons de cette nature ont été groupés sous la dénomination de *narcotico-âcres*. Tels sont en première ligne la noix vomique, la fève de Saint-Ignace, la fausse angusture, le tabac, etc. Observons toutefois que ces deux modes d'action ne sont pas toujours bien tranchés et que parfois les substances vénéneuses rangées dans cette classe agissent comme irritants locaux et généraux, car au lieu de narcotisme on aura souvent des convulsions et des secousses tétaniques. — Un autre mode d'action des poisons est le résultat de l'influence que certains d'entre eux exercent sur le système nerveux sans aucune altération locale des organes sur lesquels ils sont primitivement appliqués; cet effet consiste dans un état d'anéantissement, d'engourdissement, d'insensibilité même de tout le système sensitif; citons au premier rang l'acide hydrocyanique et l'opium. On pourrait objecter que, dans l'empoisonnement par ces dernières substances, les membranes du cerveau sont quelquefois affectées de phlegmasie, et que des phénomènes de véritable arachnitis accompagnent beaucoup d'empoisonnements de ce genre; mais ce ne sont là que des symptômes consécutifs ne traduisant en aucune façon l'espèce d'action directe et primitive exercée par la substance vénéneuse. — Enfin un cinquième mode d'action diffère des précédents en ce qu'il s'exerce sur les liquides de l'économie; il est le résultat de certains gaz sur nos humeurs, tels que l'hydrogène sulfuré, le gaz acide nitreux, et des liqueurs sécrétées par certains animaux ou insectes et connues généralement sous le nom de *venins* : il se rapporte aux poisons septiques et putréfiants. On a nié l'influence réelle de ce mode d'action; cependant on ne peut guère se refuser à admettre l'altération du sang par l'hydrogène sulfuré, par le gaz acide nitreux, etc., en un mot, un véritable empoisonnement du sang, analogue à celui du même liquide par le pus dans la phlébite.

Certaines circonstances peuvent modifier les effets résultant de l'action des poisons, et nous citerons comme les principales 1° le lieu de l'application; ainsi les effets d'un poison corrosif seront beaucoup plus marqués s'il est appliqué sur une membrane muqueuse que sur la peau. L'action sera encore beaucoup plus prononcée à l'égard des substances susceptibles d'être absorbées quand elles se trouveront placées à la partie interne des membres, généralement pourvue d'un plus grand nombre de vaisseaux absorbants, lorsqu'elles seront dissoutes et non solides, ou bien encore quand elles seront déposées sur des plaies et dans le tissu cellulaire. 2° La quantité de substance vénéneuse administrée doit évidemment modifier ses effets. 3° Nous en dirons autant du véhicule dans lequel elle se trouve déposée : ainsi quelques poisons, des plus énergiques par eux-mêmes, seront transformés en des matières inertes ou beaucoup moins actives par leur mélange avec certaines substances; tel est le sublimé corrosif à l'égard de l'albumine, l'émétique incorporé à une décoction de quinquina, le beurre d'antimoine en mélange avec les matières végétales liquides, le nitrate d'argent avec une dissolution de sel commun, etc. 4° L'état de vacuité ou de plénitude de l'estomac est encore une circonstance de la plus haute importance dans l'appréciation de l'énergie des poisons, et cela se conçoit facilement, puisque dans le second cas la matière toxique se trouve inévitablement en contact immédiat avec les organes, qui dans le premier s'en trouvent garantis par les matières préalablement ingérées. 5° La facilité avec laquelle le vomissement peut s'opérer est ici d'une influence incontestable et suffit pour expliquer comment il est si difficile d'empoisonner par l'oxyde d'arsenic les rats et les chats. 6° Nous rappellerons ici l'état de santé ou de maladie des sujets dont nous avons déjà signalé l'influence. 7° Celle du climat est également incontestable; ainsi l'expérience prouve, chaque jour, que les Hollandais, les Allemands et tous les peuples du Nord sont beaucoup moins sensibles à l'action des substances données à dose thérapeutique, et conséquemment à celle de poison. 8° Enfin l'habitude naturalise en quelque sorte notre économie aux poisons en l'accoutumant insensiblement à résister à leur action délétère. L'antiquité nous cite Mithridate à cet égard ; les auteurs contemporains parlent, entre autres cas, d'une femme qui buvait impunément de l'eau-forte.

Quoiqu'il soit assez difficile de classer d'une manière absolue les divers poisons d'après leur mode d'action, nous rangerons les symptômes auxquels ils peuvent donner lieu dans les quatre groupes suivants, en rapport avec la division que nous avons adoptée.— *Poisons irritants* : saveur acide, âcre et caustique, cuivreuse ou métallique ; chaleur de la bouche et de la gorge; sentiment de brûlure dans la région épigastrique; nausées, vomissements, éructations fréquentes, soif vive, constipation opiniâtre ou selles abondantes ; sensibilité excessive le long de l'œsophage et à la région épigastrique; peau froide et couverte de sueur; pouls petit, fréquent et serré; respiration difficile et accélérée. Souvent survient ensuite tout l'ensemble de phénomènes accompagnant l'inflammation violente du tube digestif. — *Poisons narcotiques* : coma profond, collapsus des membres, insensibilité de la peau, pupilles dilatées et parfois contractées, respiration lente, peau froide, pouls faible et lent, quelquefois contraction instantanée des membres. — *Poisons narcotico-âcres* : pour certains d'entre eux, mouvements convulsifs et tétaniques des membres; agitations horribles ; proéminence des yeux, saillant, pour ainsi dire, hors des orbites; tuméfaction, avec coloration violacée, des lèvres, des joues et du nez; immobilité momentanée du thorax. Cet état dure quelques instants seulement et cesse tout à coup, mais pour reparaître bientôt sous forme d'accès devenant de plus en plus longs et se terminant le plus souvent par la mort. Dans les intervalles, état de stupeur, regard fixe et roideur des membres. D'autres substances appartenant à cette classe méritent mieux le nom qu'elles ont reçu, puisqu'elles donnent alternativement lieu à un véritable état comateux et à une excitation générale du système nerveux.

—*Poisons septiques*. Ici, comme dans la classe précédente, deux espèces distinctes constituées par des matières gazeuses et des produits liquides provenant d'animaux venimeux : les effets résultant des premières sont quelquefois une mort instantanée, et fréquemment une suspension passagère des fonctions de la vie. Alors lassitude générale, abattement profond avec incapacité d'exécuter le moindre mouvement, respiration lente et difficile, affaiblissement extrême du pouls, syncope. Longtemps après le rétablissement des fonctions, les malades conservent encore le plus souvent une faiblesse extrême. Parmi les symptômes produits par les venins, une partie quelconque du corps, primitivement blessée, devient le siége d'une douleur aiguë avec gonflement et couleur rouge livide; la tuméfaction gagne de plus en plus les parties voisines, et bientôt se manifestent, en raison de l'infection générale, des syncopes, des nausées, des vomissements, des mouvements convulsifs, et la mort vient terminer plus ou moins promptement cet ordre de symptômes en raison de l'absorption plus ou moins rapide du venin.

Les altérations des tissus varieront à l'infini, suivant l'espèce de poison introduite; la classe des irritants provoquera seule des phénomènes tranchés, sous ce rapport : ainsi tache jaune sur toutes les parties touchées, cautérisation plus ou moins profonde des cavités, excoriation et même perforation des organes creux, épaississement ou ramollissement de la muqueuse digestive, quelquefois les signes d'une simple irritation et même absence complète de lésions matérielles locales.

Il est du devoir des gouvernements de prendre toutes les précautions possibles dans le but d'éviter les dangers résultant de l'emploi des substances vénéneuses. Aussi trouvons-nous, dans notre ancien droit, des dispositions formelles à cet égard (déclaration du roi du 25 avril 1777). Depuis, une loi du 21 germinal an XI a régi la matière, jusqu'à ce qu'une loi nouvelle, en date du 19 juillet 1845, ait abrogé la précédente. D'après cette nouvelle loi, les contraventions aux ordonnances royales portant règlement d'administration publique pour la vente, l'achat et l'emploi des substances vénéneuses sont punies d'une amende de 100 à 3,000 francs et d'un emprisonnement de six jours à deux mois, sauf application, s'i y a lieu, de l'art. 463 du code pénal relatif à l'abaissement des peines, d'après l'admission des circonstances atténuantes. Les tribunaux peuvent, dans tous les cas, prononcer la confiscation des substances saisies en contravention. Une ordonnance royale du 29 octobre 1846, venue depuis réglementer la matière, conserve la liberté du commerce des poisons, mais assujettit toute personne qui désire se livrer à cette industrie à une déclaration préalable devant le maire de la commune, en indiquant le lieu de son établissement. Les chimistes, les fabricants ou manufacturiers employant des substances vénéneuses sont également assujettis à cette déclaration. Les commerçants ne peuvent vendre ces substances qu'aux consommateurs ayant rempli la même formalité et sur la demande écrite et signée de l'acheteur. Tous les achats ou ventes de cette nature doivent, en outre, être transcrits sur un registre spécial, coté et paraphé par le maire ou le commissaire de police. L'emploi doit être soigneusement surveillé dans les établissements par les propriétaires et constaté sur un registre. La vente des substances vénéneuses ne peut être faite pour l'usage de la médecine que par les pharmaciens et sur la prescription d'un médecin ou d'un vétérinaire breveté, signée, datée et énonçant, *en toute lettre*, la dose, ainsi que le mode d'administration du médicament. Les pharmaciens doivent, en outre, transcrire chaque prescription, avec les énonciations précédentes, sur un registre établi, comme nous l'avons dit précédemment, et ne les rendre que revêtues de leur cachet et après avoir indiqué le jour de la livraison, ainsi que le numéro d'ordre du registre de transcription. De plus, avant de livrer la préparation, le pharmacien doit y apposer une étiquette indiquant son nom, son domicile, et rappelant la destination interne ou externe du médicament. L'arsenic et ses composés ne peuvent être livrés par les pharmaciens, pour d'autres usages que la médecine, que combinés avec des substances étrangères, et seulement à des personnes connues et domiciliées. Enfin les substances vénéneuses doivent toujours être tenues dans un endroit sûr et fermant à clef. L. DE LA C.

POISSARDE (*hist.*). — On donne ce nom à toutes les marchandes de poisson, et par extension à toutes les marchandes de la halle aux manières effrontées et aux allures grossières. On n'est point d'accord sur l'éty-molologie de ce mot. Voici ce qu'en dit Jacques Sylvius (*Isagoge in linguam gallicam*), «*picare*, poisser, *et indè* poissard, *pro fure*, proferunt,» Selon d'autres, ce mot vient de *poisson*, et l'on dit *poissarde* pour marchande de poisson, comme on dit *harengère* pour marchande de harengs. S'il en était ainsi, il nous semble que le nom de *poissarde* n'eût jamais dû être injurieux aux femmes de la halle, et que les auteurs du dictionnaire de Trévoux, qui penchent tacitement pour l'opinion de Jacques Sylvius, n'auraient pas dit : «*poissarde*, mot injurieux que se disent les harengères les unes aux autres pour se reprocher leur vilenie et malpropreté. » — Autrefois, suivant l'auteur du *Tableau de Paris*, les poissardes, qui prenaient le titre de *dames de la halle*, avaient le droit d'être introduites jusque dans la grande galerie de Versailles, à l'époque de l'avénement ou du mariage du roi, et là elles étaient admises à le complimenter lui-même. Les gazettes du temps ont inséré la harangue que les orangères du Pont-Neuf présentèrent ainsi à Louis XVI en 1779. Les poissardes étaient ensuite retenues au château, et on leur donnait, au grand commun, un dîner splendide, dont un des premiers officiers de la maison du roi leur faisait les honneurs.

POISSONS (*ichthyol.*). — Les animaux réunis sous ce nom sont au nombre de ceux qu'il importe le plus de bien connaître, à cause du rôle immense qu'ils jouent dans la nature et des avantages considérables que l'homme peut en retirer. La variété de leur organisation doit exciter au plus haut degré la curiosité du physiologiste. Beaucoup de questions qui se rapportent aux mammifères ou aux ovipares ne peuvent être résolues philosophiquement qu'en tenant compte des modifications que la nature a fait subir à l'organisation dans la structure des poissons. La philosophie de l'étude générale des espèces montre au zoologiste les ressources infinies de la puissance créatrice, qui a caché en quelque sorte l'unité la plus complète dans la plus grande diversité des formes ou des combinaisons d'organes semblables. La prodigieuse fécondité des poissons, la rapidité de leur développement appellent souvent l'attention de l'économiste, lorsqu'il réfléchit aux divers produits que fournissent ces animaux et à la nourriture abondante qu'ils procurent. Ces considérations appellent même l'attention de l'homme d'État sur ces vertébrés et sur la pêche, car des flottes entières sont armées tous les ans afin de les poursuivre jusque dans leurs retraites les plus cachées. C'est la pépinière des matelots de toutes les populations maritimes. Plusieurs nations ont dû leur richesse et leur puissance aux encouragements qu'elles ont donnés à la pêche et à son commerce.

Les zoologistes donnent le nom de *poissons* à ce grand groupe d'animaux vertébrés et à *sang rouge* qui respirent pendant toute leur vie par des branchies et ne subissent pas de métamorphose. Toute leur organisation montre qu'ils sont uniquement destinés à vivre dans l'eau. Cette classe est une des plus nombreuses et contient des espèces qui ont toutes entre elles beaucoup d'analogie; c'est ce qui la rend très-naturelle. Aussi les naturalistes, même les plus anciens, qui ont basé leur méthode de classification sur les caractères tirés de l'organisation, ont-ils constamment fondé la classe des poissons sur les bases que nous reconnaissons aujourd'hui. Mais si, au lieu de s'en tenir aux caractères précis tirés des organes des animaux, les hommes se laissent aller à grouper les êtres par leur ressemblance extérieure, ou déduisent leurs rapports d'habitudes qui paraissent les mêmes, alors on voit réunir sous le nom de *poissons* des animaux qui appartiennent à des classes tout à fait différentes. C'est ainsi que pendant longtemps des naturalistes à qui d'ailleurs la science doit de bons travaux, c'est ainsi que le plus grand nombre des hommes qui n'ont pas étudié les sciences naturelles, donnent le nom de *poissons* aux animaux qui vivent dans le sein des eaux, et qu'ils réunissent sous cette dénomination générale les baleines et les autres cétacés, et souvent aussi les animaux sans vertèbres qui appartiennent à l'embranchement des mollusques. Ces dernières erreurs sont encore trop répandues dans le monde. Nous allons présenter d'une manière succincte, pour tâcher de les combattre, les détails de l'organisation, qui montrent comment les poissons se distinguent des autres animaux qui vivent avec eux dans les eaux douces ou marines.

Le corps d'un poisson a le plus ordinairement la forme d'un fuseau. Une perche, une carpe, un maquereau nous en donnent une idée générale. Elle varie dans tous les sens, et tellement que le type primitif semble être tout à fait effacé. Le corps prend le maximum d'allongement dans toute la famille des anguilles; le museau seul est pointu, le tronc est plus ou moins régulièrement cylindrique; la queue est quelquefois conique, mais le plus souvent comprimée. D'autres poissons ont le corps tellement raccourci, que la hauteur verticale est plus considérable que la longueur. Il y en a même quelques-uns, comme la *môle* ou le *poisson-lune*, qui semblent n'avoir plus de queue du tout. Chez d'autres poissons, le corps est déprimé, et la hauteur n'est plus qu'une très-faible fraction de la longueur; les raies en offrent l'exemple. Il ne faut pas confondre avec cette forme celle que la nature a donnée aux poissons de la famille des turbots, des limandes ou des soles, et que les naturalistes réunissent sous la dénomination de *pleuronectes*. Le corps peut paraître aussi déprimé que celui des raies, si on ne l'examine que superficiellement. Mais, si on étudie l'organisation de ces animaux, on reconnaît assez promptement qu'ils sont comprimés de droite à gauche. Nous venons de signaler les différences les plus grandes que nous offre la forme extérieure du corps d'un poisson. On peut se représenter entre ces extrêmes toutes les nuances imaginables pour arriver à la plus grande variation.

La peau de l'animal est mince, et parée des couleurs les plus variées et les plus riches. Ce luxe dans la coloration d'animaux qui vivent souvent dans les retraites les plus profondes, où la lumière peut à peine pénétrer, qui, par conséquent, ne peuvent pas jouir entre eux de la beauté de leur parure, est un sujet de réflexions pour le philosophe, surtout quand il agite les questions qui traitent des causes finales. Pour en revenir à la peau, cet organe sécrète un mucus très-abondant qui l'enduit et la lubrifie. Des pores, des cryptes muqueuses sont dispersés d'une manière régulière, symétrique, variable d'une espèce à une autre sur différentes parties de l'animal; leur abondance comme leur régularité montrent avec quel soin la nature a élaboré cette sécrétion. Enfin, dans le plus grand nombre des espèces et outre le mucus épais dont je viens de parler, la peau se trouve recouverte et protégée par des écailles. Ces productions sont de nature cornée; et, de plus, disposées par couches superposées, dont la différence peut être appréciée par l'étude des stries d'accroissement, que des grossissements plus ou moins consi-

dérables font apercevoir. Ces écailles sont logées dans des sortes de bourses formées par
des replis de la peau. La portion de l'écaille
qui y reste enfermée et que l'on peut nommer
la *portion radicale*, pour la distinguer de celle
qui est imbriquée, a généralement des stries
différentes de celles de la partie libre. Ces
écailles ne sont point colorées; elles sont recouvertes le plus souvent d'un pigment argenté ou doré, qui se détache facilement sous
forme d'une poussière dont certaines industries ont su tirer parti. Les couleurs brillantes
du poisson existent donc toujours sur la peau
molle de l'animal. Les variations de forme et
même de nature des écailles, leur présence,
leur grandeur et, par conséquent, leur
nombre semblent varier entre toutes les limites possibles. Les écailles sont si minces
et si petites dans l'anguille, et le mucus
qui les recouvre est si épais, qu'on ne les
aperçoit que par un examen anatomique
très-attentif. Il n'y a pas de doute cependant que ces organes existent, et même en
plus grand nombre que dans la plupart des
autres poissons. On peut donc, sans craindre
d'établir un paradoxe, dire que l'anguille est
un des poissons les plus écailleux. Mais il
y a quelques espèces d'anguilliformes, et,
entre autres, la célèbre murène des Romains, dont la peau est entièrement dépourvue d'écailles. Ces écailles deviennent quelquefois si grandes, qu'un petit nombre suffit
pour couvrir les flancs d'un poisson assez
long : tantôt elles sont très-minces; tantôt
l'épaisseur de leur corne fait que le corps est
en quelque sorte cuirassé. Souvent ces corps
se changent en sorte de boucliers osseux, im-
briqués à la manière des écailles, ainsi que
les ostéoglossums en fournissent des exemples.
Souvent aussi ces boucliers sont placés à la
suite l'un de l'autre sans se recouvrir, ainsi
que les esturgeons en offrent des exemples.
Quelquefois ces boucliers deviennent très-petits et se touchent comme des compartiments
de mosaïque, arrangés avec une admirable
régularité : la peau devient alors entièrement
solide. D'autres fois, ces boucliers osseux se
prolongent en épines saillantes, qui hérissent
le corps de piquants roides et poignants, mais
qui se raccourcissent quelquefois assez pour
ne former que des râpes plus ou moins fines
dont l'industrie a su tirer aussi de nombreux
avantages. Si nous examinons les différentes
parties du corps du poisson, nous pouvons y
distinguer une tête, un tronc dans lequel l'a-

natomiste pourra reconnaître la queue, en
donnant ce nom à la portion du corps qui est au
delà de la cavité viscérale. Il n'y a pas, entre la
tête et le tronc, cet étranglement que l'on désigne, dans les mammifères ou dans les oiseaux,
sous le nom de *cou*. Le plus souvent même,
la partie la plus renflée du corps est la ceinture osseuse qui suit immédiatement la tête.
Cette partie de l'animal est grosse et renflée,
non-seulement parce qu'elle se compose de
la face et du crâne, mais parce que, autour de
ces parties, la nature a attaché les organes de
la respiration et les différentes pièces osseuses
qui doivent recouvrir les branchies, ainsi que
tous les muscles destinés à mouvoir ces divers
appareils. Les organes de la respiration ayant
été ainsi avancés et réunis en quelque sorte
à la tête, il n'y a plus de cavité thoracique à
chercher dans le tronc des poissons : aussi
les viscères contenus dans la grande cavité du
corps de ces animaux sont ceux de la digestion, de la génération et de la dépuration
urinaire. Il y a souvent, en outre, un organe propre à certaines espèces de poissons, mais qui manque fréquemment; c'est la
vessie natatoire. Tout le reste du tronc est
formé par les faisceaux des fibres musculaires, qui servent à la locomotion du poisson. Les quatre membres des animaux vertébrés sont remplacés dans les poissons, quand
ils existent, par les nageoires qui ont reçu
le nom de *nageoires paires*. La première paire
est insérée sur des os qui forment la grande
ceinture osseuse, au devant de laquelle se
trouve la fente des ouïes ; les os qui la composent peuvent être comparés à ceux qui constituent l'épaule des autres animaux vertébrés, et surtout des reptiles. C'est pour cette
raison qu'on les a appelées *nageoires pectorales*. La paire postérieure est attachée à des os
libres, qui ont été comparés à ceux du bassin.
Ces nageoires analogues aux membres abdominaux ont reçu le nom de *ventrales*. La première paire, ou les pectorales, ne varie jamais
de position, mais il arrive quelquefois qu'elle
manque tout à fait. Cette nageoire est quelquefois si petite, qu'elle ne doit avoir aucune
fonction; on l'aperçoit à peine. Dans d'autres cas, elle est si grande qu'elle peut, en
s'étendant, servir d'aile au poisson, qui sort
alors pour très-peu de temps, il est vrai,
du milieu du liquide où la nature l'a placé,
et se transporte par le vol à travers les airs,
à la manière des oiseaux : ce sont les poissons que les navigateurs désignent sous le

nom de *poissons volants*, et qui appartiennent à des genres et à des familles différents. La ventrale varie beaucoup plus que la pectorale; beaucoup plus souvent que celle-ci, elle n'existe pas du tout. Son insertion se fait très-souvent sous la nageoire pectorale, très-souvent encore assez loin et en arrière; quelquefois aussi au devant d'elle. Cette variation a donné lieu à des distinctions dans ces différentes sortes d'animaux désignés par les noms de *poissons apodes*, de *poissons thoraciques, abdominaux* ou *jugulaires*. Les variations dans la présence comme dans la position de ces ventrales sont si grandes, que le naturaliste ne peut en tirer que des caractères génériques; car, dans une même famille naturelle, on rencontre des poissons apodes avec des poissons thoraciques, jugulaires ou abdominaux. Le corps du poisson porte aussi d'autres expansions cutanées, soutenues par des rayons mobiles qui peuvent, en se redressant ou en s'abaissant, étendre ces replis de la peau, et qui ont reçu, comme les organes précédents, le nom de *nageoires*, et on les désigne par l'épithète de *verticales*. Celle qui est sur le dos de l'animal se nomme *dorsale;* celle qui est sous la queue, immédiatement derrière la cavité abdominale, est l'*anale;* une troisième, à l'extrémité de la queue, prend le nom de *caudale*. Le nombre des nageoires du dos ainsi que leur forme varient presque autant que toutes les autres parties du poisson, car il ne serait pas difficile de citer des espèces qui n'ont point de dorsale et d'en trouver d'autres qui les ont multiples. Le bichir du Nil, une des jolies découvertes ichthyologiques de M. Geoffroy, ne doit son nom de *polyptère* qu'à la multiplicité de ses dorsales. Il y a de même des poissons qui manquent d'anale; d'autres en ont plusieurs, mais ces nageoires sont presque toujours en moindre nombre que celles du dos, lorsque l'une et l'autre sont multiples. Il y a aussi un petit nombre de poissons qui n'ont pas de caudale. Quand cette nageoire existe, elle est toujours unique, tantôt arrondie, tantôt plus ou moins profondément fourchue. Il est à remarquer que les lobes de cette nageoire sont d'autant plus longs, ou que la fourche est d'autant plus profonde, que le poisson qui la porte nage avec plus de rapidité. On peut faire la même remarque sur la forme de la queue des oiseaux, qui est constamment fourchue chez les meilleurs voiliers : les hirondelles parmi nos passe-reaux, les frégates, les hirondelles de mer, de l'ordre des palmipèdes, sont des exemples à citer pour justifier cette remarque. Qnand la caudale existe, le plan dans lequel elle se développe est toujours vertical; c'est un caractère zoologique constant, et qui distingue les poissons de tous les mammifères jusqu'à présent connus qui habitent le même milieu. Parmi tous les vertébrés de la classe dont nous parlons, on ne connaît encore aucune exception à cette règle. Les nageoires sont soutenues par des stylets osseux, mobiles, appelés *rayons*, dont certains sont fibreux et composés d'une seule pièce, et d'autres formés de petits compartiments articulés à la suite les uns des autres comme des pièces de mosaïque. On a donné aux premiers le nom de *rayons osseux* ou de *rayons épineux*, ou, ce qui est souvent plus juste, de *rayons simples*. Il arrive quelquefois que ceux-ci sont tellement flexibles qu'on les distingue à peine, à cause de leur mollesse, de la membrane épaisse qui les enveloppe; mais, le plus souvent, ces rayons simples sont poignants comme de vraies épines. La seconde sorte de rayons a été nommée *rayons mous, branchus*, ou, ce qui est, selon nous, le seul nom qu'ils devraient recevoir, *rayons articulés*. Le plus ordinairement ils conservent, à cause du grand nombre de leurs pièces articulées, une certaine flexibilité qui mérite bien, par opposition aux rayons épineux, l'épithète par laquelle on a désigné leur mollesse. Cependant, lorsque les pièces sont très-courtes et fortement soudées les unes à la suite des autres, ces rayons peuvent devenir osseux, rigides et souvent beaucoup plus forts et plus poignants que les rayons simples et épineux. Le plus généralement, ces rayons articulés se séparent, à l'extrémité libre, en plusieurs filets, suite de la division successive de chacun d'eux; c'est là ce qui justifie l'épithète de *branchus* donnée à ces rayons. Il faut bien remarquer, cependant, qu'un grand nombre d'espèces de poissons ont des rayons articulés qui ne se subdivisent jamais. Un certain nombre de poissons ont la dorsale composée de rayons simples et de rayons articulés. Il arrive assez souvent que le dos porte deux nageoires. Dans ce cas, la première dorsale n'est soutenue que par des rayons simples, et la seconde par des rayons mous, précédés d'un ou de deux rayons épineux; mais nous ne connaissons pas de poisson qui ait une dorsale entièrement composée de rayons simples sans rayons articulés. Il y a, au contraire, un assez grand nombre de poissons dont la dorsale n'est soutenue que par des rayons articulés, quoiqu'un ou deux de ceux-ci soient tellement rigides qu'on pourrait les confondre facilement avec des rayons épineux. L'anale est souvent composée de rayons simples et de rayons articulés; mais il n'y a pas, comme pour la dorsale, de première nageoire soutenue par des rayons épineux, qui soit distincte d'une seconde anale à rayons mous. Il faut aussi remarquer que, à un très-petit nombre d'exceptions près, il n'y a que trois rayons épineux à l'anale. Il y a aussi un assez grand nombre d'espèces de poissons dont l'anale n'est soutenue que par des rayons articulés. Les nageoires pectorales et ventrales se développent aussi par l'écartement de rayons articulés semblables à ceux des nageoires impaires. Il faut remarquer que presque tous les poissons qui ont, à la dorsale et à l'anale, des rayons simples ont la ventrale précédée d'un rayon épineux, et que, dans le plus grand nombre de ces espèces, cette nageoire n'a que cinq rayons. Sur plus de trois mille espèces de poissons connus parmi ceux qui ont des nageoires dorsales épineuses, il n'y en a peut-être pas cent qui aient plus de cinq rayons à la ventrale; un petit nombre d'espèces en ont moins. Pour terminer ce qui regarde les parties extérieures du poisson, il faut dire encore qu'il y a, le long des flancs, mais à une hauteur variable et suivant une direction qui ne l'est pas moins, une ligne composée de pores tantôt simples, tantôt tubuleux; les tubes s'allongent quelquefois tellement qu'ils se touchent et ne forment qu'une petite élévation linéaire : c'est ce que l'on appelle la ligne latérale du poisson. Quelquefois aussi les tubulures sont ramifiées et comme branchues; enfin, ce qui est plus rare, la ligne latérale est quelquefois recouverte de boucliers osseux, pliés en chevron et constituant une forte carène sur les côtés du corps de l'animal. Cette ligne latérale est tracée généralement depuis l'os temporal jusqu'à l'extrémité de la queue, sans se prolonger sur la caudale. Quelquefois aussi elle s'arrête à la fin de la dorsale; souvent elle s'interrompt à cet endroit pour reparaître par un second trait tiré sur le milieu de la hauteur du tronçon de la queue. Il y a quelques poissons chez lesquels la ligne latérale est si courte, qu'elle ne dépasse pas les deux ou trois premières

rangées d'écailles; cette grande brièveté en a quelquefois fait nier l'existence. Ce qu'il y a de remarquable, c'est qu'une branche du nerf de la huitième paire suit cette ligne presque sous la peau dans toute son étendue. On peut aussi remarquer que, très-souvent, les fibres musculaires sont colorées, le long de la ligne latérale, tout autrement que dans les autres parties du corps.

Nous avons dit que la tête du poisson porte sous elle l'ensemble des organes respiratoires et circulatoires. L'eau qui entre par la bouche sort de chaque côté du corps par deux grandes fentes que l'animal ouvre et ferme en exécutant des mouvements isochrones, réguliers, comparables à ceux que nous exécutons dans l'acte de la respiration. Les pièces mobiles, qui ouvrent ou qui ferment la fente des ouïes, constituent l'appareil operculaire, lequel est composé de plusieurs pièces osseuses et de membranes qui recouvrent les branchies. On donne ce dernier nom aux organes respiratoires des poissons. Les branchies sont formées d'une espèce de cannelure osseuse courbée en arc, dont les deux branches sont inégales; la plus petite est attachée à la base du crâne, soit médiatement, soit par l'intermédiaire de quelques autres pièces. L'extrémité antérieure vient s'attacher à l'os de la langue. La gouttière de cet arc est sur la partie convexe et postérieure de l'os. Cet arc branchial porte un nombre considérable de petits chevrons formés de lames osseuses très-minces placées à côté l'une de l'autre comme les dents d'un peigne, c'est même ce qui les a fait appeler *peignes des branchies*. Il y a quelquefois, dans la concavité de l'arc branchial, des pièces plus ou moins hérissées, auxquelles on a donné le nom de *raclures des branchies*. Une muqueuse assez épaisse entoure l'arc osseux, et s'étend, en s'amincissant beaucoup, sur les peignes branchiaux. L'artère pulmonaire s'engage dans la cannelure de l'arc branchial, y donne autant de branches qu'il y a de lames pectinées, et se ramifie en nombreuses artérioles qui viennent s'aboucher aux racines des vésicules pulmonaires. Toutes ces veines donnent dans un grand tronc engagé le long de l'artère pulmonaire dans la cannelure de l'arc branchial, et constituent la grande veine pulmonaire de la branchie. Un rameau nerveux, branche de la huitième paire, suit aussi les deux vaisseaux et vient se ramifier sur la muqueuse branchiale. Telle est la constitution d'une branchie de poisson. On en compte quatre de chaque côté, qui laissent, par conséquent, quatre grandes fentes au fond du gosier de l'animal. Il n'est pas rare de trouver une petite branchie supplémentaire à la face interne de l'opercule. Les peignes des branchies sont souvent bifides à leur extrémité, et, quand la fente descend jusque près de l'insertion de la lame pectinée, il semblerait que le nombre des branchies soit doublé. On voit que la nature a ainsi subdivisé ces lames pour augmenter la surface de la muqueuse mise en contact avec l'eau. Les branchies, comme nous venons de le dire, tiennent en avant à la langue et à son hyoïde. Dans l'espace ogival que les deux branchies laissent entre elles, se trouve un peu en dessous la cavité du péricarde dans laquelle est renfermé le cœur. Cet organe est composé d'une grande oreillette à parois minces, très-peu musculaires, qui recouvrent un ventricule généralement trièdre. Des valvules sont placées à l'orifice auriculo-ventriculaire pour régler le passage du sang de l'oreillette dans le ventricule, et de celui-ci dans l'artère pulmonaire qui en sort, sans qu'il puisse y avoir retour du sang dans l'oreillette. L'artère pulmonaire a, près de son origine, ses parois épaissies et renflées, ce qui lui a fait donner le nom de *bulbe de l'aorte.* Elle s'avance entre les deux branchies, en donnant à droite et à gauche les quatre branches qui vont s'engager chacune dans l'arc branchial correspondant. On conçoit, par l'examen de ces parties, le mécanisme de la circulation chez les poissons. Le sang veineux du corps, ainsi que celui qui sort par la veine hépatique, vient se rendre dans de grands sinus veineux placés de chaque côté de la tête ou sur la base de la ceinture pectorale ; ces sinus veineux versent le sang dans l'oreillette, qui pousse le sang veineux dans le ventricule chargé de le chasser à son tour dans les ramifications vasculaires de la branchie. Le cœur du poisson est donc l'analogue des cavités droites du cœur d'un mammifère. Les branchies, traversées constamment par l'eau qui contient en dissolution une quantité d'oxygène assez considérable, et variable suivant la nature des eaux, font respirer le sang et le changent en sang artériel. Les quatre veines pulmonaires de chaque côté se réunissent sous la base du crâne en une espèce de petit sinus donnant naissance à un vaisseau unique, qui suit la colonne vertébrale dans toute sa longueur. Le vaisseau qui passe sous le corps des vertèbres est la grande aorte du corps : celle-ci se ramifie pour donner les intercostales, les axillaires et, en général, tous les vaisseaux qui distribuent le sang nourricier dans toutes les parties du corps. Le sang des poissons est rouge comme celui de tous les animaux vertébrés ; il a peu de sérum ; ses globules sont très-petits. Pour compléter la description des organes respiratoires, il faut parler de l'appareil operculaire : il se compose généralement de quatre pièces osseuses ; l'une, l'opercule, est articulée avec le mastoïdien ; au devant d'elle existe le préopercule, au-dessous est le sous-opercule, et entre ces trois os et la branche de la mâchoire inférieure existe l'inter-opercule. L'os hyoïde, qui supporte la langue et donne attache aux arceaux branchiaux, a de chaque côté deux larges cornes osseuses, qui s'articulent avec l'opercule par une petite pièce intermédiaire. Les cornes de l'hyoïde reçoivent un certain nombre de petits osselets comprimés et arqués, que l'on appelle les *rayons branchiostéges.* Toutes ces pièces sont renfermées dans une membrane formée d'un repli de la peau ou de la muqueuse interne, entre lesquelles s'entre-croisent les faisceaux musculaires destinés à les mouvoir ; cette membrane branchiostégé remonte le long du bord de l'opercule et vient s'appuyer sur la ceinture humérale. La forme et le nombre de toutes ces pièces semblent avoir dû supporter toutes les modifications que l'imagination puisse concevoir. Il y a des poissons qui n'ont pas d'opercule ; il y en a qui n'ont que trois pièces à l'appareil operculaire, parce que le sous-opercule a disparu ; les silures en offrent un exemple. Les bords de ces différents os sont tantôt lisses, tantôt dentelés ; quelques-unes de ces dentelures se prolongent fréquemment en fortes épines dirigées le plus souvent vers la queue de l'animal, mais quelquefois aussi recourbées de telle façon que la pointe est dirigée vers le museau : quant au nombre des rayons branchiostéges, on peut les voir varier depuis 0 jusqu'à 30 et plus. Les organes de la digestion, dans les poissons, se composent d'un canal digestif, en général assez court, mais quelquefois aussi enroulé sur lui-même de manière à prendre une longueur considérable. On trouve presque toujours, à l'entrée du pharynx, des plaques osseuses nommées les *os pharyngiens ;*

leur surface est hérissée de dents destinées à retenir la proie, mais qui ont aussi quelquefois des couronnes tuberculeuses qui les rendent propres à la mâcher. L'œsophage est généralement court et très-large; quelquefois il n'y a pas de dilatation pour marquer l'estomac; souvent aussi l'estomac est un sac conique, pointu ou arrondi vers le fond, assez large, à parois minces ou musculeuses et qui donnent naissance à une branche récurrente ou montante. A l'extrémité de cette branche, une valvule marque le pylore; le duodenum qui la suit est entouré de cœcums dont le nombre varie presque à l'infini, et que les physiologistes regardent comme destinés à remplir les fonctions du pancréas, glande qui n'existe jamais chez les poissons. L'intestin grêle, après avoir fait des replis variables, se porte vers l'extrémité postérieure de la cavité abdominale, et se dilate quelquefois pour former le gros intestin, dans lequel on ne peut reconnaître que le rectum; si le diamètre n'en est pas plus gros que celui de l'intestin grêle, la valvule de Bauhin en marque toujours l'origine. Le velouté de l'intestin a des rides ou des replis variables suivant les différentes espèces; le foie des poissons est généralement assez gros; sa consistance est molle; on sait qu'il fournit toujours une grande quantité d'huile. La sécrétion bilieuse est abondante; la vésicule du fiel est généralement assez grosse; le canal cholédoque verse la bile dans le duodenum à une distance variable du pylore. On trouve aussi dans ces animaux une rate unique. Les reins sont le plus souvent très-gros et fort développés dans les poissons; attachés de chaque côté de l'épine, ils occupent souvent presque toute la longueur de la cavité abdominale; ils versent l'urine, par des uretères assez longs, dans une vessie simple ou fourchue, qui s'ouvre dans un petit tubercule caché au fond du cloaque, derrière le rectum.

Pour terminer ce qui regarde l'étude des organes de la digestion chez les poissons, il faut dire quelques mots des dents de ces animaux et des os qui les portent. On peut dire que généralement, dans les poissons, la bouche est grande. On conçoit qu'il devait en être ainsi chez des animaux obligés d'engloutir une proie qu'ils n'ont pas d'autre moyen de retenir. Cette bouche est formée, comme dans tous les animaux vertébrés, par deux mâchoires mobiles verticalement l'une sur l'autre. Dans le plus grand nombre des poissons, les intermaxillaires sont très-développés et bordent l'arc supérieur de l'ouverture de la bouche. Les os peuvent, en se portant en avant, agrandir l'ouverture orale. Quand ils sont ainsi développés, les maxillaires placés derrière eux ne touchent pas même au cercle de la bouche; mais il arrive quelquefois que les premiers de ces deux os sont petits et que les maxillaires concourent à border la bouche. Les truites et les harengs nous offrent un exemple de cette disposition. Dans ce cas seulement, les maxillaires portent des dents comme les intermaxillaires quand la gueule en est armée. Dans l'autre disposition, il n'y a que des dents intermaxillaires. La mâchoire inférieure est formée de plusieurs pièces osseuses, ainsi que cela a lieu dans les animaux ovipares. C'est sur le dentaire que se développent les dents : elles croissent, comme dans tous les animaux, par la sécrétion du bulbe des dents logées entre les deux lames de l'os comme dans une sorte d'alvéole; mais l'accroissement les fait bientôt sortir et affleurer le bord de l'os avec lequel elles finissent par se souder. Si les dents qui se développent ainsi sont nombreuses et serrées l'une contre l'autre, si leur accroissement et leur renouvellement se succèdent avec autant de rapidité que l'exercice les détruit, les dents alors se soudent non-seulement avec l'os, mais se confondent entre elles et ajoutent comme une seconde mâchoire formée par la réunion de ces dents. Les diodons ou les tétrodons, les scares offrent un exemple de cette singulière dentition. Quant à la forme des dents, elle varie considérablement, ainsi que leur insertion sur quelques-uns des os de la face ou du crâne, qui soutiennent, avec les précédents, la muqueuse de la bouche. Ces os sont le vomer, les palatins, les ptérygoïdiens, l'os de la langue. On en voit quelquefois sur le sphénoïde, sur les côtés internes des joues ou en dedans des branches de la mâchoire inférieure. Il y a donc, dans les poissons, à considérer, avec les dents maxillaires supérieures ou inférieures, les dents vomériennes, palatines, ptérygoïdiennes, linguales ou hyoïdiennes, pharyngiennes; et l'on rencontre, dans cette classe d'animaux, les diverses combinaisons que l'on peut imaginer en plaçant alternativement des dents sur chacune de ces pièces. Leur forme varie autant que leur position. Il y en a qui sont rondes, d'autres sont coniques; elles sont placées sur un seul rang ou sur plusieurs; les rondes, serrées les unes contre les autres, forment ce qu'on appelle les *dents en pavé*. Les dents coniques peuvent être longues et crochues et recevoir le nom de *canines*; elles peuvent être fines comme des soies : les premières, sur plusieurs rangs, font ce que l'on appelle des *dents en herse*, si elles sont longues; *en râpes* ou *en limes*, si elles sont courtes et plus ou moins fines. Fines et serrées les unes contre les autres, elles prennent le nom de *dents en velours*. De nombreux intermédiaires existent entre toutes ces dénominations. Il y a des poissons qui n'ont aucune dent, comme il y en a d'autres qui en ont sur tous les os que nous avons nommés. Les lèvres sont plus ou moins épaisses, plus ou moins charnues; elles portent souvent des appendices charnus ou des barbillons, tantôt très-courts, tantôt plus longs que le corps, et dans lesquels certains physiologistes ont cru voir un rudiment d'organes du toucher.

Nous venons de décrire ce qu'il y a de plus général dans les formes extérieures du poisson ou dans ses fonctions de nutrition. Disons maintenant quelques mots de ses fonctions de relation. L'intelligence paraît à peine exister dans ces animaux. Toute l'activité de leur vie ne semble employée qu'à satisfaire des appétits gloutons, ou à perpétuer les individus de leur espèce avec une fécondité qui quelquefois surprend et étonne l'imagination. Cependant l'on peut remarquer que les poissons que nous élevons dans nos viviers peuvent apprendre à reconnaître et à conserver le souvenir d'un bruit qui les appelle. Ils ont aussi la conscience d'une certaine mesure du temps; car, si on leur donne la nourriture à une heure déterminée du jour et à une place fixe, on les voit revenir à cet endroit tous les jours à la même heure, y attendre ce qu'ils sont habitués à recevoir; ils s'éloigneront, après un certain temps d'attente, si l'objet de leur appétit ne leur est pas donné, mais ils reviendront le lendemain. Il y a aussi quelques facultés instinctives chez certains poissons. On connaît un assez grand nombre d'espèces qui se construisent des nids, et qui veillent, soit par la sollicitude des deux sexes, soit par celle du mâle, au développement des petits. Ces habitudes n'avaient point échappé à Aristote. D'autres poissons, profitant d'une organisation particulière, peuvent se servir de

leur bouche, allongée en tube inextensible ou quelquefois rétractile, pour lancer de l'eau à la hauteur de plus de 1 mètre audessus de la surface, afin d'attraper par ce moyen les insectes qui volent au-dessus de l'eau. Toutefois nous croyons qu'il faut ranger parmi les récits exagérés par l'amour du merveilleux ces prétendues habitudes que l'on attribue à la baudroie et à quelques autres poissons pourvus de filaments ou de barbillons. Ces organes, attachés à des pédoncules plus ou moins longs, flottent à quelque distance du poisson et attirent autour de lui, comme un appât, de petits individus qu'il engloutit en se précipitant dessus. Cette sorte de pêche me paraît être une conséquence simple de l'organisation du poisson, sans qu'il y ait de sa part un acte de volonté qui lui ferait tendre et préparer ses amorces. L'intelligence et les facultés instinctives sont donc très-peu développées chez ces animaux. Leur cerveau est très-petit, ne remplit pas la cavité du crâne et se compose d'une série de tubercules disposés en avant, par paire, et dont quelques-uns sont creux et ont, par conséquent, une sorte de ventricule. Un dernier tubercule impair et analogue au cervelet recouvre la moelle allongée, laquelle est suivie d'une moelle épinière enfermée, comme c'est l'ordinaire chez les animaux vertébrés, dans le canal osseux de la colonne vertébrale; les nerfs qui en sortent sont nombreux et ont deux racines. Un grand sympathique réunit tous les nerfs intercostaux et se renfle en ganglion à chacune de ses anastomoses, soit avec ces branches nerveuses, soit avec les rameaux de la huitième paire et même de la cinquième.

Les sens, chez les poissons, à l'exception de celui de la vue, ne paraissent pas très-développés. On retrouve chez eux un nerf olfactif ou de la première paire, puis un nerf de la seconde ou l'optique. L'œil reçoit ensuite le nerf de la troisième paire, et, sur les muscles droits ou obliques, ceux de la quatrième et de la sixième. Le nerf de la septième existe pour l'oreille; celui de la cinquième paire, comme nerf de la sensibilité, vient s'anastomoser avec tous ceux-ci et compléter le réseau nerveux qui embrasse les sens. Nous avons dit que le pneumogastrique ou nerf vague fournit, comme à l'ordinaire, aux branchies, organe de la respiration, aux viscères de la digestion et de plus à la ligne latérale. La langue ne reçoit pas de nerf grand hypoglosse. La neuvième paire manque donc chez les poissons. La distribution des nerfs qui sortent du cerveau rentre tout à fait dans le plan que la nature a suivi chez tous les animaux vertébrés. L'odorat, la vue et l'ouïe sont donnés aux poissons par des organes analogues à ceux des autres classes, et sont placés de même. L'œil est contenu dans une orbite formée, en dessus, par les frontaux, et dont le cercle est complété, en dessous, par une série d'osselets propres aux poissons et que l'on nomme les *sous-orbitaires;* leur nombre et leur grandeur changent beaucoup d'une famille à l'autre. La position, la direction ou la grandeur des yeux varient à l'infini : généralement ils sont placés sur les côtés de la tête, mais quelquefois ils sont en dessus et regardent le ciel. Chez d'autres espèces, ils sont placés si bas que l'animal semble ne pouvoir regarder que le fond de l'eau. Une famille entière, celle des pleuronectes, que nous avons déjà citée à cause de ses anomalies, offre la position la plus extraordinaire et certainement unique dans toute la classe des vertébrés : les deux yeux, placés l'un au-dessus de l'autre, sont du même côté de la tête. Dans certains poissons, les yeux sont excessivement petits; dans d'autres, le diamètre de l'œil est plus considérable que celui d'aucun autre œil d'animal vertébré. Il n'y a point de véritables paupières dans les poissons. La peau se continue en passant au devant de l'œil ; cette conjonctive est transparente lorsqu'elle passe sur la cornée; le plus ordinairement elle y fait un repli, mais souvent aussi, comme dans l'anguille, la peau est étendue au devant du globe sans se replier, et, dans quelques espèces, la conjonctive conserve assez d'épaisseur et même d'opacité pour cacher le vestige de l'œil et faire croire alors que le poisson est privé d'yeux. Quelquefois le repli de la conjonctive est épais et adipeux ; c'est ce qu'on appelle la *paupière adipeuse* du maquereau ou du hareng; beaucoup d'autres poissons en ont une semblable. Il n'y a point de glande lacrymale ni aucun autre des organes appartenant à l'appareil de la sécrétion des larmes. La cornée est généralement peu convexe ; la chambre antérieure est petite ; le cristallin est volumineux et sphérique. Le corps vitré est moins gros que dans les animaux qui vivent dans l'air. Quant aux autres enveloppes de l'œil, il est facile d'en compter cinq chez les poissons. La sclérotique est

épaisse et fibreuse, soutenue par deux pièces cartilagineuses qui s'ossifient quelquefois, ainsi que cela a lieu dans le thon ou dans l'espadon. La cornée est lamelleuse. Sous la sclérotique existe quelquefois une couche épaisse de nature celluleuse et graisseuse, au-dessous de laquelle, et plus intérieurement, est une membrane très-mince, presque sans consistance, qui se continue sur le devant de l'iris et lui donne la belle couleur qui rend presque toujours l'œil des poissons si éclatant. La pupille n'est point contractile. Pour suppléer à cette absence de contractilité, les espèces qui ont les yeux verticaux sont pourvues d'une petite lamelle à bords découpés et frangés, qui s'étend du bord interne du cercle de la pupille au devant du cristallin. Elle peut, en s'étalant, arrêter l'intensité d'une lumière trop vive. Derrière l'iris se trouvent la choroïde et une vraie ruyschien ; enfin vient la rétine. Entre la choroïde et la ruyschien il existe, dans les poissons osseux seulement, un corps rouge en forme de fer à cheval, placé autour du nerf optique, mais à quelque distance et sans le toucher. Sans nous étendre sur d'autres particularités de détail de la structure merveilleuse de l'œil des poissons, nous dirons qu'on devrait croire que leur vue est plus imparfaite qu'elle ne l'est réellement ; car les expériences journalières de la pêche prouvent que les poissons reconnaissent leur proie à une assez grande distance, et qu'ils la reconnaissent si bien par la vue, que des mouches artificielles les trompent facilement.

L'oreille des poissons est beaucoup plus simplifiée que celle des autres animaux vertébrés. Ils n'ont point d'oreille externe, point de fenêtre ovale. L'organe paraît réduit à un labyrinthe beaucoup moins compliqué que celui des mammifères ou des oiseaux. Rien ne peut ressembler, chez eux, au tympan, à ses osselets et à la trompe d'Eustache. On trouve, dans le labyrinthe, les trois canaux semi-circulaires, dont les extrémités sont renflées en ampoule; un est horizontal, les deux autres sont verticaux, et s'unissent chacun par une de leurs extrémités à une seule ampoule, ainsi que c'est l'ordinaire chez tous les animaux vertébrés. Un sac membraneux, rempli d'un liquide gélatineux d'une admirable transparence et contenant des corps très-durs qu'on appelle *pierres de l'oreille,* complète ce labyrinthe. Les pierres sont formées de carbonate de chaux; aucun vaisseau ni aucune trace d'organisation ne se montrent en elles; il y en a souvent deux, quelquefois trois dans le labyrinthe de l'oreille des poissons. Leur forme constante pour chaque espèce varie de l'une à l'autre, de sorte que, avec un peu d'exercice, il n'est pas difficile de déterminer l'espèce d'un poisson par la seule inspection de ces pierres de l'oreille. Le labyrinthe est toujours complétement fermé et ne communique pas avec l'extérieur; c'est une erreur de croire ou de répéter, avec certains anatomistes, que l'oreille interne peut communiquer avec la vessie natatoire, que l'air de la vessie pourrait passer directement de l'intérieur de cet organe dans l'oreille du poisson. On voit donc que les oreilles des poissons sont moins parfaites que celles des autres animaux vertébrés : cependant ils entendent et donnent souvent la preuve d'une grande finesse dans le sens de l'ouïe; ils s'habituent si bien à se laisser appeler pour recevoir leur nourriture et à reconnaître le son que l'on emploie pour cela, que l'on assure que les Romains avaient fini par apprendre aux poissons le nom par lequel on désignait chaque individu.

Les narines des poissons consistent en deux petites fosses creusées au devant du museau, tapissées d'une membrane pituitaire relevée par des plis réguliers; elles ne sont point percées en arrière de manière à être traversées par l'eau pendant la respiration du poisson. Chaque narine a deux ouvertures placées l'une au devant de l'autre; souvent l'une d'elles est entourée d'une sorte de papilles qui s'élèvent quelquefois en un petit tube plus ou moins filiforme. Ces narines, d'ailleurs, peuvent s'ouvrir ou se fermer à la volonté du poisson, de sorte que, quand il nage, il n'est pas toujours obligé de faire passer continuellement l'eau par la cavité des narines. Il est certain que les odeurs attirent ou repoussent les poissons; mais il est probable que leur membrane pituitaire très-délicate peut servir aussi à reconnaître les substances mêlées à l'eau, dissoutes dans ce liquide, et suppléer à l'imperfection des organes du goût, puisque nous n'observons pas, chez les poissons, de nerf de la neuvième paire.

Il n'y a presque rien à dire de général sur le tact des poissons; on conçoit que la forme de leur corps et la nature des téguments s'opposent au développement ou à la perfection de ces sensations.

Avec une intelligence si peu développée et aidés par des sens aussi obtus, on conçoit que les poissons, destinés à vivre dans l'eau, n'aient pas eu des moyens de translation, second acte des fonctions de relation, extrêmement variés. Le squelette des poissons ne présente de grande complication que dans le nombre considérable des pièces qui entrent dans la composition de la tête pour constituer soit le crâne, soit la face, ou pour soutenir l'appareil de la respiration, qui entre pour beaucoup dans le développement considérable qu'a pris la tête d'un poisson. On peut, en général, retrouver dans le crâne et dans la face de l'animal les os que nous observons dans la plupart des autres ovipares; mais il est impossible de ne pas admettre qu'un certain nombre, comme les sous-orbitaires, ne soit des pièces ichthyologiques dont les analogues n'existent pas dans les autres classes d'animaux. On trouve encore un plus grand nombre d'os formés pour satisfaire aux conditions de la vie d'un poisson, dans l'appareil de la respiration et dans ses annexes. Vouloir rechercher ou retrouver les os de la poitrine d'un animal à poumons aériens dans les pièces qui entourent les branchies, parce que celles-ci sont les organes de respiration du poisson, c'est donner à l'anatomie comparée une extension que la raison repousse, parce qu'on est obligé de comparer ensemble des organes qui n'ont d'autre ressemblance que le résultat de leurs fonctions. N'est-il pas de toute évidence que la fonction des opercules est de mettre en mouvement l'eau qui doit servir à la respiration? c'est là la véritable fonction de cet appareil. Il est vrai qu'il garantit aussi la branchie en la recouvrant; mais souvent la peau est uniquement employée à cet usage. On n'a pas craint cependant de considérer l'appareil operculaire, soit comme un développement de certaines parties de la mâchoire inférieure, soit comme un développement de quelques pièces des organes des sens des autres animaux vertébrés. On conçoit que la description détaillée de tous les os qui entrent comme condition d'existence des poissons dans la composition de ces appareils serait ici superflue. Nous avons indiqué, d'ailleurs, les principaux en traitant plus haut de chacun de ces organes. L'occipital s'unit à la première vertèbre par un condyle creux et conique; le corps de la vertèbre correspondante est creusé d'une cavité semblable et symétrique ; les deux cônes se réunissent par leur base. Ce mode d'articulation a lieu pour toutes les vertèbres, dont le nombre est aussi variable que celui de la longueur de la colonne vertébrale. Chaque vertèbre abdominale porte une apophyse épineuse et , sur chaque côté, une apophyse transverse ; celles-ci reçoivent les côtes qui entourent et protégent les viscères abdominaux, et sont retenues par les muscles latéraux. Les vertèbres coccygiennes, c'est-à-dire celles qui sont au delà de la cavité abdominale, ont une apophyse épineuse supérieure et une autre apophyse inférieure au-dessous du corps de la vertèbre. La base de cette nouvelle apophyse est percée d'un petit trou traversé par l'aorte de la même manière que la moelle épinière passe, au-dessus du corps de la vertèbre, par le trou de l'apophyse épineuse supérieure. Pour soutenir les rayons mobiles des nageoires verticales, il existe une série de petits osselets nommés les *interépineux de la dorsale* ou de *l'anale*, qui s'articulent sur les apophyses épineuses des vertèbres et donnent attache aux muscles destinés à mouvoir les rayons des nageoires.

Quant aux muscles, on sait que, dans les poissons, ils se réduisent presque uniquement, pour le tronc, aux muscles longs du dos, dont les faisceaux de fibres, disposés en chevron, ne sont retenus que par un tissu cellulaire assez lâche, qui, dans quelques espèces, se détruit si facilement par la cuisson, que la chair s'enlève comme par écailles et qu'elle paraît feuilletée. Ces muscles à fibres courtes, très-gros, très-volumineux par rapport au volume du corps du poisson, exécutent des mouvements qui paraissent d'autant plus énergiques et plus faciles que le poisson est suspendu en équilibre dans l'eau, le poids de son corps étant à peu près égal à celui du volume d'eau qu'il déplace. Toutefois il s'y tient en équilibre par l'action de sa force musculaire, soutenue par l'énergie vitale de l'animal ; car, si quelque trouble est apporté à son économie intérieure, on le voit bientôt perdre l'équilibre et se tenir sur le côté. Il existe dans la tête du poisson un nombre considérable de muscles destinés à mouvoir les mâchoires, les barbillons, les opercules, les branchies, la membrane branchiostége ; mais l'on conçoit que la description de tous ces muscles nous entraînerait dans des détails trop minutieux.

Quoique le poisson soit un animal à sang rouge, que le sang soit distribué dans toutes les parties du corps de manière à les abreuver et à les nourrir, il faut remarquer que la chair des poissons est le plus généralement blanche. C'est la couleur propre de la fibre musculaire de l'animal. On trouve cependant certains poissons dont la chair est plus rouge ; telle est celle du saumon. Quelques muscles ont les fibres d'une couleur presque noire ; telles sont celles des faisceaux sous la ligne latérale du thon ou du maquereau. Dans la carpe, ces fibres sont brunes. Cette observation est une des meilleures preuves à donner que la couleur de la chair des mammifères ou des oiseaux ne dépend pas, comme on l'a répété trop souvent, de la quantité de sang rouge dont elle est abreuvée. Les nombreux exemples qu'il y aurait à citer pour traiter cette intéressante question nous entraîneraient beaucoup trop loin. La rapidité de la natation de certains poissons est extrêmement remarquable, et presque comparable à celle du vol des oiseaux.

Nous avons parlé, jusqu'à présent, des organes qui entretiennent la vie de l'individu; il nous reste à dire un mot des organes chargés de la conservation de l'espèce. Comme dans les animaux vertébrés, les sexes existent séparés chez les poissons ; les femelles sont ovipares, très-rarement ovovivipares. L'organe dans lequel les œufs se développent est formé de deux grands sacs à parois très-minces qui ont l'ovaire attaché à leur face dorsale ; des replis internes de cette membrane soutiennent les œufs qui parfois flottent en houppes plus ou moins divisées dans l'intérieur de l'organe. Lorsque les ovules et les œufs se développent, ils descendent dans le bas du sac de l'ovaire, et sortent, lorsqu'ils sont suffisamment développés, par la simple pression des muscles abdominaux. Les œufs, séparés les uns des autres, vont s'attacher sur les corps plongés dans l'eau, généralement à une petite profondeur, pour que l'influence de la lumière et de la chaleur les fasse éclore promptement ; quelquefois aussi ces œufs sortent réunis par une matière glaireuse et gluante en une espèce de réseau, ainsi que cela a lieu pour la perche, poisson qui offre, en outre, une anomalie remarquable, celle de n'avoir qu'un seul ovaire. Chez d'autres poissons, le sac ovarien n'est pas complétement fermé, la membrane ne forme qu'un simple repli, et alors les œufs tombent dans la cavité abdominale ; tel est le cas des truites, des anguilles et de beaucoup d'autres espèces encore. Enfin, chez d'autres poissons, les œufs séjournent dans le fond du sac ovarien, ils y sont fécondés sans qu'il soit facile de se rendre compte du moyen que la nature emploie pour opérer cette fécondation. Alors ces œufs se développent, et les petits sortent tout formés du ventre de la mère ; les familles les plus diverses offrent, avec de grandes modifications, des exemples de ce mode de reproduction. Les mâles concourent à la fonction qui nous occupe par deux glandes formées de nombreux vaisseaux spéciaux dont l'ensemble prend communément le nom de *laitances*. Dans le plus grand nombre des cas, le mâle, attiré par un instinct secret, laisse écouler la liqueur qui remplit ses laites sur les œufs que la femelle a abandonnés. Généralement la ponte n'a pas lieu d'une seule fois, et l'émission de la liqueur se répète aussi souvent que la femelle répand ses œufs ; il ne paraît pas, dans ce cas, qu'il y ait concours simultané des deux sexes. Le mâle et la femelle abandonnent les petits qu'ils ont procréés sans jamais les reconnaître ; mais, dans les espèces vivipares ou dans celles qui, construisant des nids, veillent au développement de leur progéniture, il faut qu'il y ait réunion des individus pendant le temps au moins que dure la saison du frai. Le nombre des œufs émis et probablement fécondés par certaines espèces est quelquefois prodigieux ; il dépasse un million dans la morue, trois ou quatre cent mille dans les carpes. Dans les espèces où le nombre des individus est si grand que leur réunion forme des lits qui ont 2 ou 3 kilomètres de longueur sur plusieurs mètres d'épaisseur, ainsi que les harengs en sont un exemple journalier, le nombre des œufs pondus par une femelle atteint encore un chiffre de trente à quarante mille. Mais, comme tous les poissons sont presque généralement carnassiers et qu'ils se nourrissent, pour la plus grand nombre, de poissons, on conçoit que la voracité de ces animaux compense leur prodigieuse fécondité.

Après avoir parlé des divers organes que nous observons chez tous ces animaux, nous dirons maintenant quelques mots d'organes que la nature n'a pas donnés à toutes les espèces, et qui offrent quelques particularités notables. L'un de ces organes est la vessie natatoire ; c'est un grand sac à parois fibreuses, composées de deux et quelquefois de trois membranes superposées ; elle est toujours placée dans le haut de la cavité abdominale, au-dessus d'un repli du péritoine qui la sépare de la grande cellule contenant les viscères de la digestion et ceux de la reproduction. Cette vessie est tantôt simple, tantôt divisée en plusieurs loges, ou quelquefois garnie d'appendices frangés qui font varier son extérieur, d'une espèce à l'autre, presque autant que les espèces elles-mêmes. Elle est tantôt renfermée dans son repli péritonéal, sans avoir aucune communication avec l'extérieur ; mais souvent aussi cette vessie communique avec l'intestin soit en s'ouvrant, par un canal appelé pneumatique, dans le haut de l'œsophage, soit que le conduit donne dans l'estomac. Cette vessie se remplit d'air ou plutôt de gaz très-varié ; quelquefois elle ne contient que de l'azote avec des traces d'oxygène ou d'acide carbonique dont les proportions semblent varier dans les différents individus d'une même espèce ; quelquefois elle contient 15 ou 20 pour 100 d'oxygène, ainsi que le brochet en fournit la preuve. Dans les anguilles, la proportion de gaz oxygène est encore plus considérable ; nous l'avons trouvée d'environ 50 pour 100. Nous avons vu ces variations, dans les proportions de la combinaison des divers gaz extraits de la vessie des poissons, exister sur les individus d'espèces semblables que nous tirions du même réservoir où nous les avions laissés vivre pendant quelque temps, afin d'être bien sûr qu'ils étaient dans les mêmes conditions vitales. Ce que nous pouvons certifier par les nombreuses recherches que nous avons faites, c'est que jamais la vessie ne communique avec l'intérieur du crâne, ni avec une autre partie du corps du poisson que l'œsophage ou l'estomac. Il paraît impossible de douter que les gaz contenus dans cet organe ne soient pas une sécrétion de l'animal, mais il est difficile de savoir comment elle s'opère. On trouve, dans les espèces dont la vessie ne communique pas avec l'extérieur, des corps rouges que l'on a considérés comme les organes sécrétoires de ces produits gazeux ; on ne voit rien de semblable dans les carpes ni dans tous les cyprins qui peuplent en si grande abondance nos eaux douces. A la vérité, tous ces poissons ont une vessie qui communique avec le canal intestinal ; mais l'anguille, qui a ces corps rouges, a un conduit pneumatique s'ouvrant de la vessie dans l'œsophage. La fonction de la vessie est tout aussi difficile à déterminer; on répète généralement qu'elle sert à la natation, à tenir le poisson en équilibre dans l'eau; les expériences faites anciennement par M. de Humboldt, et celles beaucoup plus variées que nous avons répétées à ce sujet, prouvent évidemment le contraire. La présence de cet organe varie de la manière la plus extraordinaire. Dans deux espèces de poissons qui se ressemblent tellement à l'extérieur qu'il est très-difficile de les distinguer, comme, par exemple, le maquereau de l'Océan et celui de la Méditerranée, celui-ci a une vessie natatoire, et le premier en est dépourvu. Nous pourrions citer beaucoup d'autres exemples analogues. Nous avons vu dans les scorpènes cette vessie de grandeur à remplir plus du tiers de la cavité abdominale, et, chez d'autres espèces de la même famille, s'atrophier tellement qu'elle n'est plus qu'un petit point brillant, gros comme une tête d'épingle, que l'on ne reconnaît dans le tissu cellulaire qu'à l'éclat argenté et métallique de ses parois. Les individus que nous disséquions avaient cependant 20 centimètres au moins de longueur. En citant ces faits, notre but a été de rectifier des erreurs; c'est tout ce que nous pouvons apporter, dans ce moment, à la science.

Un autre organe plus rare parmi les poissons, mais non moins curieux et non moins surprenant dans ses effets, est celui qui donne à certaines espèces une puissance électrique : les torpilles dans le sein des mers, les gymnotes dans les eaux douces de l'Amérique équinoxiale, les silures dans les fleuves de l'Afrique, sont des exemples de poissons appartenant à des familles les plus disparates, et qui au moyen d'organes différents parviennent à foudroyer, quand ils le veulent, les espèces qui les touchent ou qui passent à une certaine distance d'eux; et, chose remarquable, plongés dans un milieu aussi parfait conducteur de l'électricité que l'eau, ils parviennent à diriger suivant leur volonté l'action de leur batterie électrique.

Les poissons ont pour séjour habituel l'eau; les eaux douces, saumâtres ou marines en nourrissent des milliers d'espèces. Généralement celles de mer sont distinctes des espèces fluviales; cependant nous voyons un grand nombre d'entre elles être obligées de passer successivement, par des migrations régulières et déterminées, de l'eau de la mer dans celle des fleuves, ou *vice versâ*, et, comme on trouve des exemples de ces changements d'habitation dans toutes les familles de la classe des poissons, il est impossible de distinguer par un caractère particulier un poisson marin d'un poisson d'eau douce.

Leurs nombreuses espèces sont distribuées sur la surface de la terre de manière à remplir les immenses bassins que la nature leur a donnés, sans se disperser au delà de certaines limites. Ainsi il y a très-peu d'espèces de poissons qui soient cosmopolites. Si on l'a fréquemment établi avant nous, c'est que l'on confondait sous la même dénomination spécifique des espèces différentes. Il n'y a guère de poissons qui traversent les grands bassins des mers et qui habitent à la fois sur deux côtes opposées. Si nous prenons l'Atlantique pour exemple, nous trouvons les espèces américaines différentes des espèces africaines; mais, si nous suivons les côtes, quelque grande que soit leur étendue, nous retrouvons les mêmes espèces à des distances souvent considérables. C'est ainsi que les baies du cap de Bonne-Espérance nourrissent un grand nombre d'espèces de la Méditerranée. Une autre remarque importante à faire sur le séjour des espèces de poissons peut porter sur les profondeurs auxquelles les espèces paraissent descendre. De même qu'en nous élevant sur les montagnes nous voyons différentes hauteurs déterminées par des espèces de plantes de familles différentes, mais constantes pour les mêmes régions alpines, de même aussi nous pouvons concevoir que, à mesure que nous descendons dans les profondeurs de l'Océan, nous trouvons des espèces distinctes occupant des hauteurs diverses. Les morues et les différents gades paraissent s'enfoncer dans les abîmes les plus profonds. Les poissons de la famille des harengs occupent habituellement une zone un peu plus élevée. Nos nombreux poissons littoraux se tiennent presque à la surface de la mer, et au-dessus d'eux vivent toutes les espèces de nos fleuves, dont quelques-unes s'élèvent même assez haut dans les eaux alpines du globe. Ces remarques ont de l'intérêt lorsque nous jetons un coup d'œil rapide sur les poissons fossiles, dont les formes s'éloignent de plus en plus de celles qui sont propres aux familles actuellement vivantes à la surface de notre planète, au fur et à mesure que nous les découvrons dans les terrains les plus anciens. Les fossiles de nos calcaires grossiers ressemblent, de la manière la plus frappante, aux grandes perches du Nil ou du Gange. Traversons les différentes couches, la forme ichthyologique change de plus en plus, nous arrivons au milieu de ces familles entièrement effacées du sein des eaux actuelles.

Telles sont les considérations générales que nous offre la classe des poissons, lorsque nous essayons de les représenter dans un cadre beaucoup trop étroit pour contenir un sujet aussi vaste. Si l'on se rappelle ce que nous avons dit, en commençant cet article, de la grande ressemblance qui existe entre tous ces êtres, dans lesquels cependant la diversité des détails de conformation semble avoir été épuisée, l'on comprend qu'une classification dans une classe aussi nombreuse et aussi naturelle soit extrêmement difficile, car il faut tenir compte 1° de la nature et du nombre des nageoires comme organes du mouvement; 2° de la forme si variée des dents implantées sur des os nombreux, donnant lieu, par conséquent, à des combinaisons très-diverses, afin de faire entrer, dans les rapprochements qui constituent la méthode naturelle, l'emploi des caractères tirés des organes de la digestion, avec l'emploi des caractères tirés de ces deux grandes fonctions de la locomotion ou de la digestion; 3° des variations des pièces de l'appareil operculaire, qui tient aux organes de la respiration. Aussi l'emploi et la combinaison des caractères tirés de ces différents organes ont donné lieu à l'établissement de plus de soixante familles, dont l'énumération deviendrait ici trop longue et fastidieuse lorsque l'on ne peut pas discuter la valeur des caractères sur lesquels elles sont fondées. Ce ne serait qu'une simple liste de noms, qu'il faudrait augmenter encore, si l'on venait à exposer les différentes méthodes imaginées par l'addition de caractères tirés de la forme ou de la structure des écailles de poissons vivants ou fossiles, que le zoologiste doit entreprendre de classer. Nous pensons donc qu'il convient de traiter de chacune de ces familles dans des articles rédigés sous les noms qu'elles portent et auxquels nous renvoyons. VALENCIENNES.

POISSONS FOSSILES. (*Voy.* ICHTHYOLITES.)

POISSON VOLANT (*astr.*). — Constellation sud ajoutée par Bayerus et située entre le pôle sud et le navire Argo. On y compte neuf étoiles, dont nous donnons les principales.

Principales étoiles de la constellation du Poisson volant.

Caractères des étoiles.	NUMÉROS DES CATALOGUES.		Grandeur des étoiles.
	de	de la Société roy. de Londr.	
γ	La Caille 635	901	5
α	Id. 829	1110	5
η	Id. 769	1039	5
β	Id. 768	1040	5
δ	Id. 646	914	5

POISSON AUSTRAL (*astr.*). — C'est une des anciennes constellations; il était nommé par excellence, dans Eratosthène, le *grand Poisson;* il est placé à l'extrémité du Verseau, dont il semble boire l'eau. Il passe pour avoir, autrefois, sauvé la vie à Isis, et c'est en reconnaissance de ce service qu'il fut placé lui et ses enfants, les Poissons du zodiaque, au nombre des constellations. Théon l'appelle le *poisson du Capricorne* (Théon, p. 146); effectivement il se replie sous le Capricorne, et c'est peut-être même ce qui fait représenter le Capricorne avec une queue de poisson en réunissant ainsi les deux symboles. Cette constellation est située dans la partie la plus australe, se levant en partie avec les Poissons zodiacaux; elle se trouve entre le cercle antarctique et le tropique d'hiver, entre le Capricorne et le Verseau. Le Poisson austral regarde l'orient et la queue de la baleine qui le suit. Les Hébreux le nomment *dag,* et les Arabes *haut.* Les Egyptiens avaient placé la fête d'Isis vers le lever des deux constellations des Poissons et du Poisson austral, parce qu'à cette époque se pratiquait l'ouverture des digues. *Thaut* ou *thoth,* ou par corruption *haut,* signifiait épanchement des eaux; ce qui fait dire à Philon que *messarie,* la crue du Nil, a produit *tou-haut,* l'épanchement des eaux où se promènent les Poissons.—Postellus reconnaissait dix-sept étoiles à cette constellation, Bayerus douze seulement; aujourd'hui on en compte trente-deux, dont une de première grandeur nommée *Fomalhaut.* (*Voy.* ce mot.)

Principales étoiles de la constellation du Poisson austral.

Caractères des étoiles.	NUMÉROS DES CATALOGUES			Grandeur des étoiles.
	de		de la Société roy. de Londr.	
α	Flamsteed.	24	2741	1
ε	Id.	18	2705	3
β	Id.	17	2689	3·
ι	Id.	9	2577	4
θ	Id.	10	2587	4
γ	Id.	22	2728	5

POISSONS (LES) (*astr.*). — C'est ainsi que l'on nomme la dernière constellation du zodiaque. Elle consiste dans la représentation de deux poissons nageant dans une situation diamétralement opposée, unis ensemble par un cordon aboutissant à leurs extrémités et passant sous le *Bélier :* on les représente ainsi ⟨image⟩. En caractère typographique, on les désigne par ce signe)(. Les poissons ne sont pas l'un près de l'autre; le poisson supérieur est placé tout près d'Andromède, et l'autre sous l'aile de Pégase. Cette constellation, située entre les cercles de perpétuelle occultation et de perpétuelle opposition, n'est visible que pendant une partie de son cours. Elle a reçu des anciens différents noms; les Grecs l'ont nommée Τωθ, Θωυθ; les Coptes *Thout*, les Arabes *Thohout*. On a basé sur elle l'origine de plusieurs fables astronomiques; mais il existe dans les historiens mythologistes une grande confusion entre cette constellation et celle du Poisson austral, comme on peut s'en convaincre en lisant les savantes annotations de Grotius sur le poëme astronomique d'Aratus. La fable raconte que les poissons vivaient dans l'Euphrate; qu'ils y trouvèrent un œuf d'un volume énorme qu'ils roulèrent vers le rivage, où il fut couvé par une colombe; après quelques jours d'incubation, Décerto, déesse syrienne, sortit de cet œuf. Elle se rendit si célèbre par sa justice, sa bienfaisance, sa sagesse, que Jupiter lui promit de lui accorder telle faveur qu'elle lui demanderait; elle demanda donc de donner l'immortalité aux deux poissons. En conséquence de cette tradition, les Syriens s'abstenaient de manger la chair des poissons et vénéraient spéciale-

ment les colombes. Une autre tradition dit que Vénus, accompagnée de Cupidon, fut surprise sur le bord de l'Euphrate par Typhon, et, dans son effroi, se précipita dans les eaux avec son fils, en se transformant elle et lui en poissons. Pour immortaliser cette délivrance, leur image fut placée au ciel, et Ovide dit que Vénus et Cupidon se sauvèrent sur le dos des deux poissons.

Les Poissons du zodiaque étaient, selon les anciens, la fabuleuse postérité du *Poisson austral* (*voy.* ce mot), après lequel ils se montrent au méridien; fait sur lequel sa paternité était fondée. — Le plus brillant des poissons est placé au nord, et sa tête a la forme de celle d'une hirondelle. Cette constellation est composée, selon Postellus, de trente-huit étoiles; selon Bayerus, de trente-sept, dont une de troisième grandeur située au nœud du cordon : on en compte aujourd'hui cent seize.

Principales étoiles de la constellation des Poissons.

Caractères des étoiles.	NUMÉROS DES CATALOGUES			Grandeur des étoiles.
	de		de la Société roy. de Londr.	
β	Flamsteed.	4	2732	5
γ	Id.	6	2777	4
d	Id.	41	23	6
♌	Id.	63	81	4
ε	Id.	71	103	4·
η	Id.	99	166	4
ο	Id.	110	189	5
α	Id.	113	218	3
♍	Piazzi.	286	6	7
♍	Id.	311	122	6

POISSON (*accept div.*). — Un ancien usage encore en vigueur de nos jours porte le nom de *poisson d'avril.* Comme chacun y a pris part, ou tout au moins le connaît parfaitement, nous nous dispenserons d'expliquer en quoi il consiste ; chose fort difficile, d'ailleurs, puisque les plaisanteries du 1er avril comportent tous les genres possibles de mystification. Quant à l'origine de cet usage, elle est fort obscure : les uns y voient une allusion aux humiliations endurées par Jésus-Christ, que l'on promena de tribunal en tribunal, et font alors du mot *poisson* une corruption de *passion;* les autres disent que, sous le règne de Louis XIII, un prince lorrain, prisonnier dans le château de Nancy, étant parvenu à s'évader le 1er avril, en traversant la Meuse à la nage, ses compatriotes prétendirent qu'on avait donné aux Français un poisson à garder : telle serait l'origine, beaucoup plus moderne, du *poisson d'avril.* D'autres, enfin, la trouvent tout simplement dans la déception éprouvée par beaucoup de gens qui, dans les pêches assez fréquentes au mois d'avril, croyant prendre beaucoup de poisson, ne prennent rien ; nous laissons au lecteur à se prononcer à ce sujet. — On donnait autrefois le nom de *poisson* ou *roquille* à la huitième partie de la *pinte de Paris* ou quart de *chopine* (anciennes mesures); sa capacité était de 6 pouces cubes.

POISSON (*biogr.*) (SIMÉON-DENIS), l'un des plus célèbres mathématiciens de notre époque, naquit à Pithiviers, le 21 juin 1781. Ses études se portèrent d'abord vers l'histoire naturelle et la chirurgie; mais son goût instinctif pour les sciences mathématiques le fit bientôt entrer dans la seule voie où son génie devait se développer et rencontrer la gloire. A 17 ans, Poisson fut reçu à l'école polytechnique, où ses étonnants progrès fixèrent bientôt sur lui l'attention de Lagrange et de Laplace. La suppléance au cours d'analyse professé par Fourier à l'école polytechnique ne tarda pas à lui être accordée, et trois ans après, en 1805, il fut fait professeur titulaire; il n'avait que 25 ans. En 1812 il fut nommé membre de l'Institut et professeur de mécanique à l'Académie des sciences de Paris : c'est dans l'exercice de ce haut emploi qu'il rendit surtout d'éminents services à l'enseignement des mathématiques; de nombreux honneurs en furent la récompense. Poisson fut membre de toutes les sociétés savantes de l'Europe, et, quand il mourut, il était pair de France et commandeur de la Légion d'honneur. Les travaux de cet illustre professeur embrassent tout le domaine immense des sciences mathématiques et physiques; car l'un des premiers il sut rapprocher dans une même étude ces deux fractions de la science et mériter ainsi le titre de *géomètre-physicien.* C'est lui qui compléta les idées de Laplace sur la capillarité des corps, en basant sur ses phénomènes un traité complet de physique mathématique. Poisson, abordant avec non moins de

succès la science astronomique, étendit les limites du système de Lagrange touchant les inégalités à longue période ou *inégalités séculaires* des planètes. Par un mémoire présenté à l'Institut en 1808, il établit sur des bases inébranlables, et non plus seulement sur de simples approximations, le théorème de Lagrange. Les travaux de Poisson sur la *mécanique* et sur la théorie mathématique de la chaleur ne sont pas moins importants; enfin, au commencement de 1838, le grand mathématicien a clos dignement, par son ouvrage sur le *calcul des probabilités*, une carrière si bien remplie en vue des progrès de la science. Poisson est mort en 1840. Pithiviers, sa ville natale, a ouvert une souscription pour l'érection d'une statue en son honneur. ED. F.

POISSY (*géog.*), petite ville de France et chef-lieu de canton dans le département de Seine-et-Oise, située sur la Seine à 15 kil. N. O. de Versailles, son chef-lieu d'arrondissement. Un marché considérable qui s'y tient tous les jeudis, pour le gros bétail destiné à l'approvisionnement de la capitale, lui donne une certaine importance. Son commerce propre consiste principalement en grains, poisson, produits chimiques et chapellerie commune. On remarque dans cette ville un fort beau moulin et un pont d'une grande longueur ; elle a une maison de détention et un hospice. Population, 3,000 habitants environ. — Poissy, *Pinciacum*, est fort ancien ; les rois de France y avaient un château avant la construction de celui de Saint-Germain-en-Laye; et l'on voit, dès 869, Charles le Chauve y tenir un parlement. Plus tard, saint Louis y vit le jour (1215); ce fut également à Poissy que se tint, en 1561, le fameux colloque de ce nom (*voy.* COLLOQUE); il fut, en 1589, pris et pillé par Biron.

POISSY (CAISSE DE). (*Voy.* CAISSE.)

POITIERS (*hist.* et *géogr.*), chef-lieu du département de la Vienne, siège d'un évêché, d'une cour royale et d'une école de droit. Cette ville, dont l'aspect est triste, a peu d'industrie et ne fait qu'un commerce très-restreint; aussi ne renferme-t-elle que 23,000 habitants, quoiqu'elle occupe une surface très-étendue. Elle est très-ancienne; dès le temps de l'indépendance gauloise, il paraît que les *Pictones* l'avaient pour capitale ; elle était alors connue sous le nom de *Limonum*. Elle eut ensuite un rang assez élevé dans la Gaule romaine, et fut surtout illustrée à cette époque par le génie et les vertus de son saint évêque Hilaire, l'Athanase de l'Occident, qui y était né. Tombée sous le joug des Visigoths, lors de l'invasion barbare, elle fut réunie à l'empire franc, par suite des victoires de Clovis. Sainte Radegonde, veuve de Clotaire Ier, y fonda peu après le fameux monastère de Sainte-Croix. Aux premiers temps de la féodalité, Poitiers devint la résidence ordinaire des ducs d'Aquitaine, et partagea ensuite toutes les vicissitudes du comté de Poitou dont il était la capitale. Tour à tour anglaise et française, cette vieille cité ne fut définitivement réunie à la couronne qu'en 1372, quand du Guesclin enleva le Poitou aux Anglais. Dans le siècle suivant, Charles VII y demeura longtemps, et le parlement royal y siégea tant que Paris fut occupé par les étrangers. Pendant les guerres de religion, Poitiers sembla d'abord pencher pour les protestants, qui s'en emparèrent en 1562, mais il fut repris l'année suivante, et fut vainement assiégé par Coligny en 1569. La population, qui était complétement rentrée dans le catholicisme, donna plus tard une entière adhésion à la Ligue. Dans les temps modernes, cette ville n'a plus joué de rôle politique, et l'historien a très-rarement l'occasion de s'en occuper. — L'université de Poitiers, fondée sous Charles VII, était surtout célèbre pour l'étude du droit. Quant à l'évêché, qui comprend aujourd'hui les deux départements de la Vienne et des Deux-Sèvres, il s'étendit longtemps sur tout le Poitou et même au delà; les deux évêchés de la Rochelle et de Luçon n'en furent démembrés qu'au XIVe siècle. Parmi les évêques qui ont occupé ce siége, sans parler de saint Hilaire, on remarque Fortunat, dont l'histoire est liée à celle de sainte Radegonde, et Gilbert de la Porrée, fameux docteur du XIIe siècle, qui fut accusé d'hérésie. Ce dernier était né dans sa ville épiscopale, qui plus tard donna aussi le jour à la Quintinie, le grand horticulteur. Poitiers renferme quelques beaux monuments du moyen âge, qui sont surtout intéressants au point de vue archéologique; l'église Notre-Dame, entre autres, est un des plus précieux modèles du style roman que nous possédions en France. — La position de Poitiers entre les deux bassins de la Garonne et de la Loire, et sur la communication la plus facile et la plus directe qui conduise de l'un à l'autre, fait de cette ville un point stratégique de quelque importance et a amené dans ses environs plusieurs combats célèbres, entre autres celui de Vouillé, dont il est question au mot CLOVIS, et les deux grandes batailles dites de Poitiers dont nous allons parler.

Première bataille de Poitiers. — En 732, les soldats mahométans, maîtres de l'Espagne, franchirent en masse les Pyrénées navarroises pour conquérir les Gaules; ils traînaient avec eux leurs femmes et leurs enfants : on évalue leur nombre total à plus de 400,000 âmes; c'était plutôt l'émigration d'un peuple qu'une armée. Leur chef se nommait Abd-el-Rhaman, il était gouverneur de toute l'Espagne : c'était un musulman fanatique et l'un des plus célèbres capitaines de l'islam; il avait fait prêcher la guerre sainte dans toutes les mosquées et avait appelé à son aide les meilleurs guerriers de l'Afrique. — Les Aquitains, qui voulurent résister, ayant été écrasés sur les bords de la Dordogne, les mahométans continuèrent leur invasion victorieuse, en ravageant et incendiant tout le pays. Ils venaient de brûler les faubourgs de Poitiers, et s'avançaient vers Tours, dans l'espoir de détruire et de piller la fameuse abbaye de Saint-Martin, quand en route ils rencontrèrent les Francs, commandés par Charles Martel, dont le duc d'Aquitaine, après sa défaite, s'était décidé à implorer le secours. Le mahométisme, qui en un siècle s'était étendu de la mer des Indes à l'Atlantique, allait enfin rencontrer une digue infranchissable. — On ignore l'endroit précis où se livra la bataille : il est probable que ce fut vers le confluent de la Vienne et du Clain. Les deux armées, ou plutôt les deux mondes, se trouvèrent en présence. D'un côté, c'était l'immense multitude des cavaliers arabes, montés sur leurs agiles chevaux, armés de lances, de javelots, d'arcs, et aussi prompts à la retraite qu'à la charge; de l'autre, c'était une masse profonde d'infanterie, portant le bouclier, le javelot et la pique. Ces ennemis, aussi opposés d'apparence physique que de foi, restèrent sept jours sans oser en venir aux mains. Enfin Abd-el-Rhaman, qui avait réuni dans un camp tous ses bagages et la foule des non-combattants, mena ses cavaliers à l'attaque, un samedi de la fin d'octobre; les Francs, qui n'étaient que trente mille, les attendaient. On vit alors un grand exemple de la puissance d'une brave infanterie; « les nuées des cavaliers orien-

« taux vinrent se briser contre les murs de
« glace des fantassins du Nord, » comme le
raconte un chroniqueur contemporain, Isidore de Béja. Abd-el-Rhaman fut tué, et Charles dut à ses exploits, dans cette journée, son
glorieux surnom de Martel ; « car, disent les
« chroniques de Saint-Denis, comme li
« martiaus débrise et froisse le fer et l'acier
« et tous les autres métaux, aussi froissait-il
« et brisait-il tous ses ennemis. » On avait
combattu toute la journée ; le lendemain au
matin, les *Européens* (cette expression est remarquable sous la plume d'Isidore de Béja)
s'attendaient à recommencer la lutte ; devant
eux s'étendait le camp arabe, dont toutes les
tentes étaient drapées, mais ce camp était
vide ; les mahométans avaient profité de la
nuit pour s'enfuir. Ils avaient éprouvé des
pertes énormes ; les exagérations mêmes des
chroniqueurs, qui ne parlent pas de moins
de 385,000 Sarrasins restés sur le champ de
bataille, montrent quelle profonde impression
la victoire des chrétiens avait laissée dans
l'esprit des populations. Quant aux historiens
arabes, ils ne désignent le lieu du combat
qu'en l'appelant le *pavé des martyrs*. Malheureusement les Francs, arrêtés par la crainte
de quelque embûche, ne poursuivirent pas
les vaincus ; ils furent d'ailleurs bientôt rappelés dans le Nord, que les barbares de la
Germanie menaçaient toujours d'une invasion nouvelle, et, grâce à ces circonstances,
les débris de l'armée mahométane purent
regagner l'Espagne, mais ce fut pour répandre chez tous les croyants le renom de ces
terribles Francs, chez qui ils avaient trouvé,
disaient-ils, le nombre et la vigueur, le courage et la fermeté. — C'est alors, sans doute,
que les Arabes érigèrent à Narbonne une
statue qui avait le bras levé, et au pied de
laquelle était cette inscription : « O enfants
« d'Ismaël, n'allez pas plus loin ; sinon, vous
« serez exterminés. »

— *Deuxième bataille de Poitiers*, autrement
de *Maupertuis*. — En 1354, les Anglais, sous
la conduite du prince de Galles, dit le *prince
Noir*, partirent de Bordeaux, qui était leur
capitale sur le continent, traversèrent tranquillement, en pillant tout le pays, les provinces montagneuses du centre de la France
et arrivèrent ainsi jusque sur les bords de la
Loire. Le roi Jean, pendant ce temps, était
entré en Normandie, où les Anglo-Navarrois
lui faisaient la guerre. Ce ne fut qu'au commencement d'août qu'il se décida à marcher

contre le prince de Galles et à convoquer
tous ses vassaux. Aussitôt, de toutes les provinces de France, les gentilshommes se hâtèrent de se rendre à cet appel, dans l'espérance de se venger de leurs défaites passées
et des brigandages des ennemis. Ils savaient
d'ailleurs que le roi avait assez d'argent pour
bien payer les troupes, les états généraux
de 1355 lui ayant accordé, dans ce but, plusieurs taxes nouvelles. L'armée, qui s'assembla sur les confins du Blaisois et de la Touraine, se trouva bientôt très-nombreuse ;
Froissart l'évalue à 50,000 soldats, dont
20,000 hommes d'armes : le roi, accompagné
de ses quatre fils, vint se mettre à la tête de
cette multitude. — A l'annonce de l'approche
des Français, le prince de Galles, qui était
alors à Vierzon, s'était décidé à retourner en
arrière ; il perdit pourtant quelques jours
encore au siége de Romorantin, et ce fut ce
retard qui amena la bataille. Les deux armées, qui ignoraient leur position respective, se dirigeaient toutes deux sur Poitiers,
et les Français entraient déjà dans cette ville,
quand quelques chevaliers vinrent tomber
par hasard au milieu des Anglais. Aussitôt le
roi Jean s'empressa de ramener toutes ses
troupes en arrière et de les loger dans la
campagne. Quant au prince de Galles, voyant
que les Français étaient devant lui et qu'il
ne pouvait plus sortir du pays sans combattre, il se résolut, de son côté, à la bataille.
Son armée était très-faible ; elle ne montait
pas, selon Froissart, à plus de 8,000 combattants, dont la moitié environ était des
Gascons ; mais, comme à Crécy, la discipline
et l'habitude de la guerre compensaient en
partie cette infériorité numérique, et, comme
à Crécy encore, les Anglais surent se donner
les avantages d'une formidable position défensive. — On a longtemps discuté sur le
lieu où s'est livrée la bataille de Poitiers ; il
paraît actuellement établi que ce fut à deux
lieues au sud-est de la ville, sur un terrain
ondulé qui s'étend entre la route de Limoges
et un petit ruisseau. Les Anglais s'étaient postés sur les pentes d'un vallon, au milieu de
vignes. Ils n'avaient pas élevé de retranchements ; ils s'étaient seulement couverts de
haies épineuses, épaisses et fortes, qui longeaient un chemin par où il fallait passer
pour arriver jusqu'à eux ; leurs archers se
répandirent des deux côtés de ces haies, en
arrière desquelles se formèrent les gens d'armes, tous à pied. Ainsi fortifiés sur leur

front, les Anglais protégèrent également leurs flancs et leurs derrières, en y rangeant leurs charrois et leurs bagages pour gêner les approches. Tous ces arrangements avaient été conseillés par le chevalier Jean Chandos, qui était de *sens très-imaginatif*, et qui ne quitta pas le prince de Galles jusqu'à la fin de la bataille. — Or, le dimanche étant venu, le roi de France, après avoir *fait chanter messe* et avoir communié avec ses quatre fils, commença aussi à ranger par les champs sa grande armée, qu'il divisa en trois *batailles*. Le duc de Normandie, fils aîné du roi, qui fut depuis Charles V, et qui n'avait que vingt ans, fut placé dans la première avec deux de ses frères ; le duc d'Orléans, frère du roi, fut chargé de diriger la seconde, et, quant au roi lui-même, il se réserva le commandement de la dernière. Ces trois batailles étaient disposées sur une ligne oblique, un peu en arrière les unes des autres. Tous les hommes d'armes français avaient mis pied à terre, sauf trois cents cavaliers choisis, la fleur de l'armée, et un petit corps d'Allemands. Les trois cents cavaliers devaient, sous la conduite de deux maréchaux de France, prendre la tête de l'attaque, disperser les archers anglais et ouvrir le chemin au reste de l'armée ; les Allemands devaient les soutenir. — Tous les préparatifs étaient faits ; on allait commencer le combat, quand survint le cardinal de Périgord, qui venait faire une dernière tentative pour réconcilier ces chrétiens prêts à s'entr'égorger. Cette tentative resta inutile ; mais l'intervention du cardinal nous fut funeste ; il obtint, en effet, que l'attaque fût remise au lendemain, et les Anglais profitèrent de ce retard d'un jour pour se mieux couvrir, pour fortifier les haies qui leur servaient de retranchements et pour creuser des fossés ; ils firent de leur position une espèce de vaste redoute. — Ce ne fut donc que le lundi, 19 septembre 1356, que commença le combat. Vers les sept heures du matin, les deux maréchaux et leur troupe entrèrent à cheval dans le chemin qui conduisait aux Anglais ; mais, à peine étaient-ils engagés entre les deux haies, que, des deux côtés, les archers commencèrent à tirer et à transpercer les hommes, et surtout les chevaux, de leurs longues flèches barbues. Ainsi blessés, ces chevaux se cabrent sans avancer, se jettent de côté ou tombent à terre ; le défilé devient tout d'un coup impénétrable ; quelques chevaliers seulement parviennent

jusqu'au bout et vont se faire tuer dans les rangs des hommes d'armes anglais ; les autres restent sur la place ou se replient en arrière sur les cavaliers allemands et sur la première bataille, où ils jettent le trouble. Au même moment, six cents cavaliers que les Anglais avaient détachés sur leur droite et cachés derrière un pli de terrain descendaient un coteau pour prendre cette première bataille en flanc. A cette vue, le désordre s'empare de toute la foule ; les chevaliers courent reprendre leurs chevaux, entraînent le dauphin avec eux et désertent le champ de bataille. — La première division française, un tiers de l'armée, étant ainsi défaite sans combat, le prince de Galles mit à profit ce bonheur inattendu. Sur le conseil de Chandos, il fit promptement remonter ses hommes d'armes à cheval, et, quittant sa position, se mit à chevaucher en avant. Ce mouvement offensif allait lui assurer une pleine victoire. La seconde division de l'armée française venait, en effet, de suivre le triste exemple de la première ; emportée par une terreur panique, encore *toute saine et tout entière*, elle avait quitté son poste avant d'être attaquée et s'était retirée en arrière. Les Anglais, ne trouvant plus devant eux que des corps isolés, purent les rompre aisément, et, en continuant leur pointe, ils arrivèrent jusqu'à la troisième bataille, celle que commandait le roi, la réserve, qui était encore intacte. — Là commença enfin une lutte plus sérieuse. Malheureusement les Français étaient à pied ; ayant raccourci leurs piques pour monter plus facilement à l'assaut de la position anglaise, ils n'auraient pu s'en servir s'ils avaient repris leurs chevaux. Troublés par la défaite des deux premiers corps, ils n'avaient pas d'ailleurs préparé leur ordre de bataille ; ils étaient divisés en plusieurs bandes qui combattaient à l'aventure ; ils n'avaient pas d'archers pour les soutenir. Ces désavantages ne leur permirent qu'une résistance assez longue et assez sanglante, mais définitivement malheureuse. Rejetés jusque sous les murs de Poitiers, ils y furent écrasés ; beaucoup furent tués ; le reste s'enfuit ou fut fait prisonnier. Les habitants de la ville avaient fermé leurs portes pour empêcher les vainqueurs d'entrer avec les vaincus. — Cependant le roi, qui, à la tête des siens et à pied comme eux, avait soutenu le choc des Anglais, n'avait point voulu faire un pas en arrière. Au milieu de cette déroute, il était resté ferme à son poste, le visage tourné vers l'ennemi, abattant avec une hache d'armes quiconque était assez osé pour l'approcher; son plus jeune fils, Philippe, qui n'avait que quinze ans, combattait à ses côtés. Le roi, ce jour-là, sauva, à force de bravoure, l'honneur de l'armée qu'il avait si mal commandée. Il ne se rendit qu'à la fin de la journée, quand il n'y avait plus un Français qui résistât. Le prince de Galles accueillit son captif avec respect, non pas seulement comme le roi, son suzerain, mais comme chevalier qui *avait conquis ce jour-là le plus haut renom de prouesse et avait passé les mieux faisans de son côté.* — On évalue la perte totale des Français à 7,000 hommes environ, dont 2,000 hommes d'armes; il y eut aussi plus de 2,000 chevaliers ou écuyers qui furent pris. — Les Anglais ne profitèrent pas aussitôt de leur victoire; sans même assiéger Poitiers, ils s'empressèrent d'aller triompher à Bordeaux; mais la perte de la bataille n'en fut pas moins une source d'affreuses calamités pour notre patrie que la captivité du roi plongea dans la guerre civile, et qui ne sortit, après quatre ans, des angoisses de l'anarchie que pour subir les dures conditions du traité de Brétigny. H. FEUGUERAY.

POITOU (*géog.*), grande province de France que la Bretagne et l'Anjou bornaient au nord; la Touraine, le Berry et la Manche, à l'est; l'Angoumois, la Saintonge et l'Aunis, au midi; et l'Océan, à l'ouest. Les premiers habitants du Poitou furent les *Pictavi* ou *Pictones*, peuples de la Celtique qui occupaient déjà ce territoire quand César vint dans les Gaules. Leurs possessions n'étaient pas resserrées dans les limites du Poitou actuel, elles s'étendaient jusqu'à la Loire d'un côté, et de l'autre jusqu'au delà de la Rochelle. Strabon, qui visita le pays des *Pictones*, dit que le sol en est léger, sablonneux, bon pour le millet, mais peu propre à la culture du blé et des autres grains. C'est aussi le sentiment de Ptolémée, surtout pour la partie du Poitou qui longe l'Océan et qui alors était inculte et déserte. César soumit cette importante province et la comprit dans la seconde Aquitaine. Elle resta sous la domination des Romains jusqu'au milieu du ve siècle, époque où elle fut conquise par les Visigoths. Clovis la leur enleva après la bataille de Vouglé au commencement du vie siècle. Elle resta attachée au domaine des rois francs jusqu'à la fin de la première

race. C'est alors qu'en 748 elle eut des comtes particuliers qui un siècle après, lorsque la puissance des Carlovingiens, les plus mortels ennemis de leur indépendance, commença à déchoir, prirent le titre de ducs d'Aquitaine. Eudes fut le premier, en 845, et Guillaume X le dernier. Eléonore, héritière de ce duc, apporta le Poitou en dot, d'abord à Louis VII, roi de France, son premier mari, puis à Henri II, roi d'Angleterre, qui l'épousa lorsque Louis VII l'eut répudiée, en 1150. La possession de cette province et de la Guienne fut alors la cause de longues guerres entre l'Angleterre et la France. Tour à tour conquis par Philippe-Auguste sur Jean sans Terre, puis donné en apanage par saint Louis à son frère Alphonse, et réuni ensuite à la couronne en 1271, le Poitou fut enfin définitivement rendu aux Anglais par le traité de Brétigny, en 1360; mais en 1369 du Guesclin y reparut avec une armée, et une conquête nouvelle de cette belle province fut le gain de sa victoire à Chizé. Charles V en disposa alors en faveur de son frère Jean, duc de Berry. Plus tard le Poitou devint l'apanage du prince Jean, fils de Charles VI, et ce n'est qu'à sa mort, en 1416, qu'on le réunit à la couronne. Pendant la longue possession de la France par les Anglais, le Poitou fut encore une fois leur conquête, et Charles VII ne le leur enleva qu'en 1441; mais là s'arrêtèrent les vicissitudes de cette province si ardemment disputée; elle fut annexée à la couronne pour n'en plus être séparée. — Le Poitou se divisait en deux parties bien distinctes, le haut et le bas Poitou. Le premier s'étendait vers l'est, et comptait parmi ses principales villes *Poitiers*, *Châtellerault*, *Montmorillon*, *la Trimouille*, *Saint-Savin*, *Loudun*, *Richelieu*, *Mirebeau*, *Thouars*, *Lusignan*, *Rochechouart*, *Vivonne*, *Parthenay*, etc. Le bas Poitou comprenait *Niort*, *Saint-Maixent*, *Fontenay-le-Comte*, *Maillezais*, *Luçon*, *Beauvais-sur-Mer*, *les Sables-d'Olonne*, *la Garnache*, *Morlaque*, etc. Trois départements ont été formés par le Poitou: celui de la Vienne à l'est, des Deux-Sèvres au milieu, et à l'ouest celui de la Vendée.

POITRAIL (*charp.*), grosse pièce de bois équarrie, posée en manière d'architrave sur des pieds-droits, ou jambes étrières pour supporter un mur de face. Le poitrail peut être composé de plusieurs pièces assemblées en longueur ou en épaisseur et reliées par des colliers ou des boulons de fer. J. P. S.

POITRINE (*méd.*). C'est au mot THORAX que la poitrine sera considérée sous le point de vue anatomique; nous n'avons donc à émettre ici que des considérations purement médicales. Rappelons, toutefois, que les organes principaux logés dans cette cavité sont les bronches et le poumon, le cœur et les gros vaisseaux qui en partent ou bien y aboutissent, l'aorte entre autres, l'œsophage, et enfin la plèvre qui tapisse ses parois et recouvre en tout ou partie la plupart des organes qui précèdent. La texture délicate et compliquée de ces derniers, la continuité de mouvement qu'exigent leurs fonctions, l'importance de celles-ci, tout concourt à rendre les maladies idiopathiques, dont la poitrine est le siége, des plus fréquentes, des plus diverses et des plus graves. Indépendamment de ces maladies directes, les affections générales de l'économie affectent toujours plus ou moins les fonctions des organes thoraciques, qui, de plus, se trouvent, en outre, sympathiquement liés à toutes les affections primitives et locales ayant leur siége dans les autres régions du corps.· — Jusqu'à la fin du dernier siècle, l'histoire des maladies des organes thoraciques, comme celle de la plupart des affections internes, a été couverte de beaucoup d'obscurité, et leur traitement n'était, le plus souvent, dirigé que d'après des données générales et vagues. L'anatomie pathologique, en faisant connaître les altérations des organes dans leurs différents degrés et dans toutes leurs périodes, en permettant d'établir la concordance des symptômes avec les altérations, a commencé à jeter du jour sur ces affections; mais c'est à dater surtout du moment où l'on a fait l'application des procédés mécaniques de la percussion et de l'auscultation que le diagnostic des maladies de la poitrine a marché vers une précision et une certitude qui, de nos jours, ne le cèdent en rien à celles de la chirurgie dans les maladies externes. — Les affections de la poitrine appartiennent soit aux parois mêmes de cette cavité, soit aux organes qu'elles renferment; nous n'aurons à nous occuper ici que des maladies chirurgicales et externes, toutes les autres ayant été ou devant devenir l'objet d'articles spéciaux auxquels nous renvoyons (*voy.* BRONCHITE, POUMON, PNEUMONIE, PHTHISIE, PLEURÉSIE, ANÉVRISME, COEUR, ASTHME, PNEUMOTHORAX, etc.). Quant aux névralgies intercostales et au rhumatisme des parois thoraciques communément appelé PLEURODYNIE, c'est à ce mot ainsi qu'à celui de NÉVRALGIE qu'il en sera question ; c'est encore à l'article ANGINE DE POITRINE qu'il a été question de ces spasmes instantanés et si douloureux dont le siége paraît être dans le thorax.

La plupart des éruptions générales ont aussi leur siége sur la peau de la poitrine ; quelques-unes d'entre elles affectionnent même particulièrement cette région; quelques autres ne s'y montrent jamais. On y voit, surtout vers la base, des taches lenticulaires rosées pendant le cours des fièvres typhoïdes; l'érésipèle, la roséole, la rougeole, la scarlatine, l'urticaire s'y montrent comme dans toutes les autres régions du corps. La miliaire, mais surtout les sudamina symptomatiques des fièvres graves s'observeront fréquemment, surtout sous les clavicules, vers les aisselles et à la base du cou. On y rencontre aussi la varicelle, l'eczéma, diverses espèces d'herpès et surtout le zoma. La gale ne se montre généralement que dans les régions axillaires. Les bulles peuvent y avoir leur siége; parmi les maladies papuleuses, on y voit la variole, mais généralement bien moins confluente qu'au visage et aux extrémités; l'ecthyma peut s'y manifester, et parfois l'on y voit descendre l'impétigo. Mais il est une sorte d'acné, désignée dans les auteurs par l'épithète de *disseminata*, qui paraît y faire son siége de prédilection, occupant le plus ordinairement les épaules ainsi que la région du sternum. — Les *maladies chirurgicales* de la poitrine sont des lésions traumatiques comprenant les plaies et les contusions, des abcès développés en divers points, les fractures et les luxations des diverses pièces osseuses, les maladies organiques de ces mêmes os, comme la carie, la nécrose, etc. Signalons encore des tumeurs de natures diverses. Nous n'avons pas à nous occuper ici des luxations et des fractures des différentes pièces osseuses des parois thoraciques, pas plus que de leurs altérations organiques; les contusions sont insignifiantes si elles ne s'accompagnent pas de fractures qui seules méritent alors attention. Il a été question, au mot ANÉVRISME, des tumeurs de cette espèce se développant souvent dans la poitrine. Quelle qu'en soit, du reste, la nature, les *tumeurs* situées dans l'intérieur de cette cavité ne tardent pas, en raison de leur situation et de l'étendue de leur développement, à gêner le cours du sang ou l'exercice de la respiration : de là l'essoufflement, la dyspnée, les palpitations et toutes les conséquences de leur action matérielle sur les organes qu'elles compriment. La science ne possède malheureusement aucune ressource pour s'opposer à leur marche, dont la rapidité plus ou moins grande entraîne plus ou moins promptement la perte du sujet. — Les *plaies* de poitrine sont fréquentes par suite de la position et de l'étendue de cette partie du corps ; elles sont toujours plus ou moins graves, en raison des organes importants et nombreux qu'elles peuvent intéresser. Les lésions des artères mammaire interne et intercostales peuvent compliquer les plaies qui n'intéressent que les parois seulement de la poitrine ; mais pénètrent-elles dans l'intérieur de la cavité, la lésion de la plèvre, celle du poumon, du cœur ou des gros vaisseaux les rendent souvent mortelles, quelquefois même instantanément, par suite des hémorragies foudroyantes qu'elles entraînent (*voy.* Plaies). Les *abcès* de la poitrine siégent dans ses parois ou dans son intérieur. Dans le premier cas, lorsqu'ils affectent le tissu cellulaire sous-cutané, leur marche naturelle est de se faire jour à l'extérieur et n'offre rien de particulier ; mais, en d'autres circonstances assez rares, il est vrai, c'est plus profondément, sous l'un des muscles plats qui recouvrent cette cavité, qu'ils siégent : le liquide peut alors, si l'on ne lui donne promptement issue, cheminer entre les muscles avec lesquels il se trouve en contact et occasionner, de la sorte, des ravages plus ou moins graves ; d'autres fois, ils peuvent s'ouvrir à l'intérieur de la cavité. Les abcès situés dans la poitrine peuvent affecter les différents organes ; mais les seuls que nous ayons à mentionner d'une façon spéciale sont ceux occupant le *médiastin antérieur* : ils résultent parfois de violences exercées sur le sternum, de la nécrose ou de la carie de cet os. Quelle qu'en soit l'origine, une fois formés, ils tendent généralement vers l'extérieur, mais quelquefois ils suivent une marche inverse, et dès lors deviennent fort graves par les ravages et les accidents qu'entraînent la présence matérielle et la nature irritante du liquide formé : le cœur et le poumon sont comprimés, souvent même irrités. La première indication à remplir, une fois la présence du pus manifeste, sera donc de lui donner issue à l'extérieur ; on a même

conseillé la trépanation du sternum, en cas d'impossibilité d'obtenir autrement ce résultat. — Les opérations spéciales dont la poitrine peut être le siége sont la ponction ou paracentèse des espaces intercostaux, appelée *empyème*, et la ligature des artères sousclavières.

POIVRE (*biog.*). (Pierre), né à Lyon en 1719 , mort en 1806, fit ses études chez les missionnaires de Saint-Joseph et fut envoyé comme missionnaire en Chine. Un Chinois qu'il avait rencontré dans l'Inde lui avait donné une prétendue lettre de recommandation ; il la remit et fut emprisonné : c'était une délation. Poivre apprit la langue du pays, parvint à se justifier, et, après avoir prêché l'Evangile et fait d'amples collections d'histoire naturelle, il revenait en France lorsque le navire qu'il montait fut attaqué et pris par les Anglais. Poivre eut le poignet droit coupé dans l'action. Obligé, par suite, de renoncer au ministère ecclésiastique , il fut emmené à Batavia, puis rendu à la liberté et à sa patrie, mais après de nombreuses traverses. La compagnie des Indes le chargea, sur sa demande, de conquérir pour nos colonies des arbres à épiceries fines, muscadiers, girofliers, etc., dont la culture était soigneusement concentrée par les Hollandais dans les seules Moluques. Il réussit à naturaliser ces plants à l'île de France et de Bourbon, dont il fut nommé gouverneur en 1767. La compagnie des Indes venait d'être dissoute, et tout était en désordre dans les îles ; il y rétablit la concorde, développa l'agriculture, naturalisa diverses plantes étrangères , et détruisit plusieurs causes d'insalubrité de ces îles. Mais il eut avec divers habitants des démêlés qui le ramenèrent en France où Turgot lui fit une pension de 12,000 livres. Poivre a laissé quelques ouvrages intéressants sur les sciences naturelles et sur ses voyages ; le plus considérable est le *Voyage d'un philosophe*, in-12.

POIVRE (*méd.*). — Nom générique par lequel on désigne les semences de plusieurs espèces du genre *poivrier* (*voy.* ce mot), offrant pour caractère commun une odeur et une saveur caractéristiques connues de tout le monde. Les espèces principales sont les suivantes : I. Le *poivre noir*, fruit du *piper nigrum*, Lin., qui nous vient de l'Inde où on le cultive, particulièrement dans les îles de Java, Sumatra, Bornéo et Malacca. Tel que nous le donne le commerce, il est rond et de la grosseur d'un petit pois, de couleur verte noirâtre à l'extérieur, et, comme on le récolte toujours avant son entière maturité pour éviter qu'il ne se perde en se détachant spontanément de la plante, ridé à la surface; l'intérieur en est d'un blanc jaunâtre. On prépare avec cette espèce une sorte commerciale désignée sous le nom de *poivre blanc* et qui n'en diffère que pour avoir été privée, par l'action de l'eau chaude, de son péricarpe, ou partie extérieure et charnue. La *mignonnette* n'est autre chose que le poivre blanc concassé. — L'analyse chimique a fait reconnaître dans le poivre noir 1° une matière spéciale que sa forme cristalline avait d'abord fait prendre pour un alcali, mais à tort, puisqu'elle ne peut se combiner avec les acides, à laquelle on a donné le nom de *pipérin;* d'une odeur aromatique analogue à celle de l'anis, mais sans aucune saveur; 2° une huile volatile, concrète et très-âcre, de laquelle semblent résulter la saveur et les propriétés actives du poivre; 3° une autre huile balsamique; 4° une matière gommeuse, de l'amidon de l'extractif et plusieurs autres matières sans importance. — Le poivre est un aromate presque universellement employé pour rehausser la saveur de nos préparations culinaires. Mêlé en petite quantité avec les aliments, il excite l'action de l'estomac, et par là favorise la digestion quand cet organe est dans son état normal; mais les sujets dont l'estomac est irrité ou irritable doivent soigneusement s'en abstenir. C'est principalement avec les substances végétales peu sapides et très-aqueuses, comme les choux, les navets, etc., qu'il faut surtout y recourir. Les pays chauds, par le grand affaiblissement qu'y éprouve, en général, l'économie, en rendent aussi l'emploi nécessaire. — Comme médicament, toutes les espèces de poivre, sans exception, mais principalement le poivre noir, sont susceptibles de rendre de grands services; ce dernier, réduit en poudre et appliqué sur la peau, en forme de bouillie, l'irrite, l'échauffe, et, si le contact dure assez longtemps, provoque la formation de phlyctènes, absolument comme le ferait la farine de moutarde, et même beaucoup plus rapidement. Donné à l'intérieur, son action est éminemment excitante, à petite dose (de 20 à 60 centig.); mais, poussé plus loin, il irrite aussitôt les organes avec lesquels il se trouve en contact, particu-

lièrement le pharynx et l'estomac, dont il détermine l'inflammation. Aussi cette substance est-elle presque inusitée en médecine de nos jours; son usage a, toutefois, été renouvelé depuis peu dans le traitement des fièvres intermittentes et avec succès, dit-on. La dose est de 6 à 10 grains entiers de poivre, une, deux et même quatre fois par jour, sans nul égard à l'instant du retour de l'accès. 70 à 80 grains suffiraient, en *général*, pour la guérison, moins sujette aux rechutes que par le quinquina, soutiennent les partisans de ce moyen. Le poivre noir a encore été préconisé, dans ces derniers temps, pour le traitement de la blennorrhagie, à l'instar du cubèbe, dont nous allons parler bientôt. Enfin le poivre entre dans un grand nombre de préparations officinales telles que la thériaque, le mithridate, etc., etc. — II. Le *poivre cubèbe* est le fruit du *piper cubeba*, Lin.; il se présente sous forme de petites baies sèches, à surface noirâtre et ridée contenant une amande jaune et dure, portées sur des pédoncules assez longs, d'où le nom de *poivre à queue* sous lequel on le désigne souvent; la saveur en est, comme celle de tous les autres poivres, âcre et piquante, quoique cependant moins forte que celle du poivre noir et un peu plus aromatique : il se récolte aux grandes Indes, principalement à Java et aux Philippines. L'analyse chimique lui donne pour composition 1° une huile volatile très-âcre ; 2° du *cubebin*, matière grasse, neutre et jouissant des caractères des résines cristallisables; sans odeur ni saveur, insoluble dans l'eau, soluble dans l'alcool ou les éthers et se distinguant du pipérin, surtout par sa composition élémentaire ne renfermant point d'azote; 3° une résine balsamique molle et âcre; 4° de l'extractif. — Le poivre cubèbe n'est que rarement employé comme condiment loin des pays où il se récolte, et l'on n'en usait que très-peu comme médicament avant le commencement de notre siècle, encore n'était-ce que comme tonique, stomachique et carminatif; mais, depuis lors, il a été importé chez nous, par les médecins anglais, comme spécifique contre les écoulements blennorrhagiques, qu'il arrête comme par enchantement à leur début, et en agissant même comme sédatif sur l'inflammation aiguë du canal de l'urètre. La dose en est de 3 à 4 grammes, deux ou trois fois par jour, en poudre ou sous forme d'électuaire; on l'associe fort souvent au copahu dans les mêmes cas. — III. Le *poivre bétel* a donné son nom à une préparation masticatoire fort en usage parmi les Orientaux et à laquelle nous renvoyons (*voy.* BÉTEL). — IV. Le *poivre long*, fruit du *piper longum*, Lin., tire son nom de ce que l'on emploie tout l'épi ou chaton et nous vient également des Indes. Il est moins âcre et moins aromatique que le poivre noir et fait aussi partie de quelques préparations pharmaceutiques telles que la thériaque et le diascordium. — Indépendamment des espèces qui précèdent, généralement répandues, on emploie encore, dans certaines contrées, le *poivre méthystique, piper methysticum* (Forster), avec lequel les insulaires de la mer du Sud préparent une boisson enivrante, connue sous le nom de *cava* ou *kava*; le *poivre décumane, piper decumanum*, Lin., *nodosum*, Martens, très-estimé des Brésiliens, qui l'appellent *saborandi*.

Diverses plantes ou fruits sont encore connus vulgairement sous le nom de *poivre*, quoique n'appartenant pas à ce genre; savoir : *poivre à lait;* plusieurs espèces de champignons dont le suc est blanc, piquant et fortement poivré, l'agaric conique entre autres. — *Poivre d'eau*, la persicaire, *polygonum hydropiper*, Lin. — *Poivre de Guinée :* c'est le canang aromatique, *uvaria aromatica*, Lin. — *Poivre de la Jamaïque*, espèce du genre myrte, *myrtus pimenta*, Lin. — *Poivre d'Espagne*, le mollé du Pérou, *sachinus molle*, Lin., dont les graines sont culinaires. — *Poivre des Maures, poivre d'Ethiopie*, l'unone d'une seule couleur, *unona œthiopica*, Desm. — *Poivre des murailles*, l'orpin brûlant; *sedum acre*, Lin. — *Poivre des nègres* ou du *Japon*, le fagarier de la Guyane, *fagaria guyanensis*. L. DE LA C.

POIVRIER, *piper* (*bot.*).— Grand genre de plantes de la famille des pipéracées à laquelle il donne son nom et qu'il forme presque à lui seul, de la triandrie-digynie dans le système de Linné. Les travaux des botanistes modernes, et particulièrement de M. Miquel, sur les végétaux qui le composent, ont pour résultat d'y établir de nombreuses sections que les uns regardent comme de simples sous-genres, les autres comme des genres distincts et séparés. Il nous est entièrement impossible d'entrer ici dans l'examen de ces sections et d'en discuter la valeur; aussi regarderons-nous simplement le groupe des poivriers comme formant encore un genre unique. Ainsi envisagé, ce groupe se compose de végétaux herbacés; sous-frutescents ou frutescents, qui habitent, pour la plupart, les régions tropicales; parmi eux, les uns sont dressés, les autres grimpants, quelques-uns rampants et un très-petit nombre acaules; leurs feuilles sont opposées, alternes ou verticillées; leurs fleurs petites, et nettement brillantes, réunies en spadices ou chatons opposés aux feuilles ou placés à leur aisselle, tantôt solitaires, tantôt groupés par deux ou plusieurs; elles sont accompagnées de bractées peltées ou décurrentes, et présentent deux ou plusieurs étamines, à anthères extrorses; un ovaire creusé d'une seule loge à ovule unique, basilaire; un stigmate sessile, en tête ou déprimé, indivis ou trilobé, et pubescent. À ces fleurs succède une baie monosperme. — Le nombre des espèces officinales de ce genre est considérable; aussi ne pouvant songer à les décrire toutes, nous contenterons-nous de donner quelques détails relativement aux plus importantes d'entre elles et d'indiquer celles qui fournissent des produits usités en diverses contrées.— Les poivriers, en général, se distinguent par leurs propriétés aromatiques et piquantes à un haut degré, qu'ils doivent à une résine âcre particulière, à une huile essentielle et à une substance cristalline *sui generis* qui a reçu le nom de *pipérine*, et dont la découverte est due à M. OErsted. Ces substances se trouvent distribuées de manières très-diverses, chez leurs différentes espèces, prédominant tantôt dans la racine et tantôt dans le fruit; dans celui-ci, surtout, avant sa parfaite maturité. De plus, chacune d'elles est en quantité plus ou moins forte relativement aux autres dans telle ou telle espèce, d'où résultent des degrés très-divers d'énergie et des actions différentes. Généralement, elles sont beaucoup moins abondantes dans les espèces herbacées, qui, par suite, sont beaucoup moins énergiques ou qui, même, deviennent entièrement inactives. —La plus importante des espèces de poivriers est le POIVRIER NOIR, *piper* (*peperi*, Miq.) *nigrum*, Lin., arbuste qui croît spontanément dans les Indes orientales, à tige ligneuse, sarmenteuse, à feuilles grandes, alternes, ovales, glabres, dont les fleurs sont réunies en spadices grêles, extra-axillaires, pendants, longs de 10 à 15 centimètres. Cette espèce est cultivée dans toute l'Asie tropicale pour son fruit, qui constitue le *poivre noir* du commerce et des officines (voy. POIVRE). Parmi les espèces asiatiques, celle qui se rapproche le plus, par ses propriétés, du poivrier noir est le *piper trioicum*, Roxb.; parmi les américaines, il en est aussi dont on recueille le fruit pour l'employer de la même manière; ce sont surtout les *piper longifolium*, Ruiz et Pav., *citrifolium*, Lam., *crocatum*, Ruiz et Pav., et *amolago*, Lin. Les *piper sylvaticum*, Roxb., *peepuloides*, Roxb., et *chaba*, appartiennent au genre ou sous-genre *chavica* de M. Miquel. C'est également parmi les *chavica* de M. Miquel que rentrent les *piper betel*, L., et *siriboa*, L., qu'on cultive fréquemment dans les Indes orientales pour leurs feuilles bien connues sous le nom de *bétel*. Dans les îles de la mer du Sud, le *piper methysticum*, Forst., *macro-piper methysticum*, Miq., porte le nom de *cava*. Depuis peu d'années, on a introduit dans la thérapeutique anglaise la racine de ce *piper* à titre de sudorifique. Une autre espèce de poivre très-importante est le POIVRE CUBÈBE, *piper cubeba*, Lin., que les Malais nomment *kumukus*. Il croît spontanément dans les îles de Java et de Nusa-Kambangan, et, de plus, est cultivé dans les autres îles des mers de l'Inde. Ses baies arrivent en Europe en grande quantité sous le nom de *cubèbe* ou *poivre à queue*; elles sont noirâtres, ridées, plus grosses que celles du poivre noir, munies de leur pédicule; elles renferment une substance particulière qu'on a nommée *cubebin*. Au reste, sous ce nom de *cubèbe*, on porte et l'on emploie en Europe les fruits de divers poivriers différents de celui que nous venons de nommer, tels que le *piper caninum*, Blume, et quelques autres. Autrefois on retirait de la Guinée une sorte de poivre à laquelle on donnait ce nom; mais on ignore entièrement aujourd'hui de quelle espèce il provenait et quelles étaient ses propriétés. — Parmi les poivriers américains, soit ligneux, soit herbacés (pépéromies), un grand nombre figure encore au nombre des plantes médicinales. Ainsi l'infusion des *piper heterophyllum*, Ruiz et Pav., *churumaya* et *carpunaya*, R. et P., des *peperomia cristallina*, *rotundifolia*, R. et P., etc., est un médicament très-usuel dans la médecine populaire des Péruviens; dans cette même partie de l'Amérique, on emploie comme diurétique la racine des *piper peltatum*, L., et *umbellatum*, L., et comme antisyphilitique l'infusion du *piper elongatum*, Vahl. Les feuilles des *piper* (*peperomia*) *capensis*, L.,

et *hispidulum*, Swartz, sont usitées comme stomachiques. **P. DUCHARTRE.**

POIX, nom générique par lequel on désigne diverses substances résineuses qui, en raison de leur couleur et de leur composition, reçoivent, en outre, différentes appellations spéciales : *poix blanche* dite de *Bourgogne*, *poix noire*, *poix-résine*, *poix jaune*; c'est au mot TÉRÉBENTHINE que nous renvoyons pour leur étude chimique et leur préparation. Quant au mouvement commercial de ces produits, la France en a exporté, en 1836, la quantité de 169,231 kilog., représentant une valeur de 30,462 fr. répartie entre les villes hanséatiques, la Suisse, la Hollande, l'Angleterre, etc., tandis qu'elle n'en a reçu que 90,588 kilogr., d'une valeur de 9,058 fr.

POIX (FAMILLE DE). — Cette famille tirait son nom d'une ville et d'une terre considérable, avec titre de principauté, situées dans la Picardie, à 8 lieues d'Abbeville, dont les premiers seigneurs, du nom de Tyrel, se qualifiaient princes de Poix. Le plus ancien titre que l'on trouve avec cette qualité est de l'an 1159. Les membres de cette famille qui s'éteint dans le XVIIe siècle présentent peu d'intérêt. Le nom de Poix ne devient célèbre que lors de l'acquisition de cette seigneurie par le comte Adrien - Maurice, duc de Noailles, qui prend le titre de *prince de Poix* et le transmet à ses descendants. (*Voy.* NOAILLES.)

POIX (*géog.*), petite ville de France et chef-lieu de canton dans le département de la Somme. Elle est située, sur la rivière du même nom, à 26 kilomètres S. E. d'Amiens, son chef-lieu d'arrondissement. Population, environ 1,500 habitants.—Poix fut, en 1652, érigé en un duché-pairie du nom de Créquy, qui s'éteignit en 1687; il porta ensuite le titre de principauté sans qu'aucun acte le lui eût conféré. (*Voy.* POIX [princes de].)

POL (COMTES DE SAINT-), famille ancienne et illustre à laquelle la petite ville de Saint-Pol-sur-Ternoise (Pas-de-Calais) avait donné son nom. Le premier comte de Saint-Pol fut ROGER, dont on retrouve le nom dans une charte de 1031. Il mourut en 1067, et sa postérité mâle s'étant éteinte avec HUGUES IV, que l'empereur Baudouin avait fait son connétable, GAUCHER, seigneur de Châtillon-sur-Marne, qui avait épousé Elisabeth, fille de Hugues, commença la seconde dynastie des comtes de Saint-Pol. Cette deuxième race posséda le comté jusqu'à ce que, en 1360, GUI V étant mort, sans postérité, en Angleterre, où il était resté en otage pour la délivrance du roi Jean, sa sœur Mahault hérita de son domaine. GUI DE LUXEMBOURG, qu'elle avait épousé en 1354, devint ainsi comte de Saint-Pol, sous le nom de *Gui VI*, et ce titre se perpétua dans sa famille. Son fils WALERAN devait surtout le rendre fameux. On sait que ce fut l'un des plus ardents défenseurs de la cause des Bourguignons en France et le plus terrible adversaire des Armagnacs, contre lesquels il organisa, à Paris, la milice féroce des *écorcheurs*. Le duc de Bourgogne lui fit donner l'épée de connétable que le roi lui redemanda quand Jean sans Peur, chassé de Paris en 1413, l'eut entraîné dans sa disgrâce. Waleran refusa de rendre l'épée et s'enfuit dans le Brabant, où il mourut en 1417. Vers 1430 naquit LOUIS de Luxembourg, qui devait devenir si célèbre sous le nom de *connétable de Saint-Pol*; il s'attacha d'abord à la cause des Anglais, et ne fit sa paix avec le roi de France qu'après l'assemblée d'Arras; mais tournant aussitôt ses armes contre ses anciens alliés, ce fut lui qui aida le plus efficacement à chasser les Anglais de la Normandie. Louis XI, qui, n'étant encore que Dauphin, l'avait attaché à sa fortune, fit de Saint-Pol l'un de ses plus chers favoris. A Montlhéry il lui donna le commandement de son avant-garde, et, craignant bientôt que les offres magnifiques du duc de Bourgogne ne lui enlevassent un si bon serviteur, il le fit connétable. Saint-Pol signala son nouveau titre par la prise des villes de la Somme. Cependant un lien d'intrigues secrètes l'attachait encore au duc de Bourgogne, et, servant ce prince par de sourdes menées en même temps qu'il le combattait ouvertement pour le service du roi, il les trahissait l'un et l'autre. Les deux princes ne furent pas longtemps ses dupes, et lorsque, dans le traité de Soleure (13 septembre 1475), ils se promirent de tirer vengeance de leurs ennemis communs, le comte de Saint-Pol fut le premier qu'ils convinrent de se livrer. Se voyant perdu, le connétable crut pouvoir se sauver par une troisième trahison. Il invoqua l'aide du roi d'Angleterre, Edouard, à qui il promit de livrer les villes de la Somme; mais on l'arrêta auparavant. Condamné à mort par arrêt du parlement, le 19 décembre 1475, il fut décapité en place

de Grève. Cette famille, que devait illustrer FRANÇOIS DE SAINT-POL, l'un des plus braves compagnons de François Iᵉʳ en Italie, et l'homme le plus digne d'effacer, par ses services, l'ignominie de son aïeul, finit par s'allier, au XVIIᵉ siècle, avec la famille d'Orléans-Longueville, et s'éteignit avec elle en 1694, dans la personne de Charles-Louis, abbé de Longueville.   ED. F.

POLAIRE (ÉTOILE), nom généralement adopté pour désigner de notre temps la dernière étoile de la queue de la petite Ourse; elle fut ainsi nommée par les premiers observateurs qui remarquèrent que le ciel paraissait tourner autour du point qu'elle occupe. Elle est, en effet, si près du pôle que le petit cercle qu'elle décrit est presque insensible, de sorte qu'on voit toujours cette étoile vers le même point du ciel. La polaire est de troisième grandeur; c'est l'α de la constellation de la petite Ourse; elle porte le numéro 1 dans le catalogue de Flamstead et le 115 dans celui de la Société astronomique

de Londres. Il est très-facile de la reconnaître. Tout le monde a remarqué dans le ciel la constellation de la grande Ourse, vulgairement appelée le *chariot de David*: si on prolonge une droite I, G, passant par les deux étoiles α et β de cette constellation (*voy.* la figure) nommées les *gardes* ou vulgairement les *roues de derrière du chariot*, sa direction rencontrera l'étoile polaire, située dans le voisinage du pôle boréal O (*voy.* POLE), dont elle n'est éloignée que d'un degré et demi environ. Elle arrive à peu près au méridien inférieur en même temps que la première des trois étoiles de la queue de la grande Ourse, la plus voisine du quadrilatère. La petite Ourse est également facile à distinguer : elle a presque la même figure que la grande Ourse ; elle lui est parallèle, mais dans une situation renversée. Elle présente aussi sept étoiles principales ; l'étoile polaire ne sera pas toujours la plus près du pôle, elle ne sera jamais non plus exactement au pôle, et elle s'en écarte même chaque jour davantage ; cela vient de ce que le cercle qu'elle décrit par son mouvement propre s'exécute à l'entour du pôle de l'elliptique ou du zodiaque, et non pas à l'entour des pôles du monde. Cette étoile était très-anciennement connue ; les Chinois l'appelaient le *roi*, les Arabes *rucchabah* (*voy.* OURSE *petite*) ; les Italiens la nomment *tramontane*.　　　　AD. PONTÉCOULANT.

POLARISATION DE LA LUMIÈRE

(*phys.*). *Polarisation rectiligne, circulaire, elliptique.* — Dans le cours de ses recherches, Huygens s'aperçut le premier que, lorsqu'on faisait passer à travers un second rhombe d'Islande les rayons obtenus par la double réfraction, les deux rayons auxquels chacun d'eux donnait naissance avaient des intensités bien différentes. Leur clarté relative dépend de la position du second rhombe par rapport au premier : dans deux positions, l'un de ces rayons s'évanouit ; ces deux positions sont précisément celles dans lesquelles les sections principales des deux cristaux sont parallèles ou perpendiculaires. Lorsque les sections sont parallèles, le rayon qui, dans le premier cristal, a suivi les lois de la réfraction ordinaire, est réfracté ordinairement, tandis que le rayon extraordinaire est de nouveau réfracté extraordinairement. C'est le contraire quand les deux sections principales sont perpendiculaires ; dans ce cas, le rayon ordinaire subit la réfraction extraordinaire, et le rayon extraordinaire se réfracte ordinairement. Dans toute position intermédiaire, chacun des rayons réfractés par le premier cristal se divise en deux autres, d'intensités inégales et proportionnelles au carré du cosinus de la distance angulaire qui sépare la section principale de la position de plus grande intensité. — Il résulte évidemment de cette observation inattendue que les rayons réfractés obtenus à l'aide du premier rhombe sont doués de propriétés nouvelles qui les distinguent totalement des rayons lumineux ordinaires ; on dirait qu'ils ont acquis des *côtés* ou des *pôles* par lesquels ils sont plus ou moins transmissibles. Leur réfraction ultérieure dépend de la position, par rapport à ces côtés ou à ces pôles, de certaines faces planes situées dans l'intérieur du cristal. Telle est la conséquence que Newton tira le premier de l'observation d'Huygens : « Ce fait, disait-il, suppose dans les côtés du rayon une vertu de disposition qui a des rapports de correspondance ou de sympathie avec une vertu ou disposition corrélative du cristal ; c'est ainsi que les pôles de deux aimants se correspondent mutuellement. » Quoique le fait découvert par Huygens fût de nature à exciter le plus vif intérêt et eût paru à Newton d'une importance assez grande pour qu'on dût en conclure l'existence dans les rayons lumineux de propriétés merveilleuses qu'on n'avait pas même soupçonnées, il resta pendant plus de cent ans un fait isolé dans la science, et l'on ignora jusqu'au commencement de ce siècle les propriétés que la lumière acquiert dans un degré plus ou moins grand, lorsqu'on lui fait subir une modification quelconque. — Mais en 1808, Malus dirigea par hasard un prisme doublement réfringent vers les fenêtres du palais du Luxembourg, alors qu'elles réfléchissaient les rayons du soleil couchant, et il fut tout étonné de voir, en tournant le prisme, que l'image ordinaire de la fenêtre disparaissait presque dans deux positions opposées, tandis que, dans deux autres positions situées à 90 degrés des premières, c'était l'image extraordinaire qui s'évanouissait. Frappé de l'analogie qui existait entre ce phénomène et le fait observé par Huygens, Malus crut que le passage à travers l'atmosphère communiquait à la lumière les propriétés acquises en traversant un rhombe d'Islande. Abandonnant bientôt cette idée, il s'assura que la réflexion était la véritable cause du phénomène qu'il avait observé ; et, en étudiant avec le plus grand soin les circonstances nécessaires à sa production, il arriva à cette proposition fondamentale : « Lorsque la lumière est réfléchie sous certains angles par la surface du verre, de l'eau ou d'un milieu transparent quelconque, elle revêt les mêmes caractères que si elle avait subi la double réfraction. Si le rayon ainsi réfléchi vient tomber sur un prisme doublement réfringent, un des deux faisceaux dans lesquels il est divisé s'évanouit dans deux positions du rhombe, c'est-à-dire lorsque la section principale du cristal est parallèle ou perpendiculaire au plan de réflexion. Dans les positions intermédiaires, les deux rayons passent par tous les degrés d'intensité. » Un rayon de lumière semble donc acquérir des pôles quand il est réfléchi sous un certain angle par un milieu transparent ou quand il a subi la double réfraction, et l'on dit alors qu'il est *polarisé*. Le *plan de polarisation* est celui dans lequel le rayon a dû se réfléchir pour être polarisé, et on le détermine expérimentalement par ses relations avec la section principale d'un cristal doublement réfringent, puisque le rayon subit la seule réfraction ordinaire quand la section principale est parallèle au plan de polarisation.

— En général, lorsqu'un rayon de lumière, venu directement d'un corps lumineux par lui-même, est réfléchi par une surface sous un certain angle, l'intensité du rayon réfléchi restera la même, que la surface soit au-dessus ou au-dessous, à la droite ou à la gauche du rayon incident. Mais si, au lieu d'un rayon direct, on fait réfléchir un rayon polarisé par une des méthodes que nous avons indiquées, le côté par lequel le plan se présente n'est plus indifférent; l'inclinaison du rayon réfléchi reste toujours la même quel que soit ce côté, mais son intensité sera très-différente; le rayon qui est réfléchi avec l'intensité maximum, quand la nouvelle surface se présente par un côté sous un certain angle, sera entièrement transmis si elle se présente par le côté opposé, toutes les autres circonstances restant les mêmes. — Le rayon polarisé retient indéfiniment ses pôles ou côtés, et, tant qu'il ne sera pas modifié par une nouvelle réfraction ou réflexion, il conservera dans tout le reste de sa route certaines relations avec l'espace environnant. On le distingue d'un rayon non polarisé à l'aide des caractères suivants : 1° il n'est pas divisé en deux faisceaux par un cristal doublement réfringent dans deux certaines positions de la section principale de ce cristal; il subit la seule réfraction ordinaire ou la seule réfraction extraordinaire, suivant que la section principale est parallèle ou perpendiculaire au plan de polarisation. Dans toute autre position du cristal, la réfraction est double et l'intensité des rayons réfractés varie avec cette posi-

tion. 2° Il n'est pas réfléchi par la surface polie d'un milieu transparent, si cette surface se présente à lui sous un certain angle, et de telle sorte que le plan d'incidence soit perpendiculaire au plan de polarisation; tandis qu'il est partiellement réfléchi, si la surface réfléchissante se présente sous un autre angle et dans un autre plan d'incidence. 3° Il n'est pas transmis par une plaque de tourmaline dont l'axe est parallèle au plan de polarisation, tandis qu'il est transmis avec une intensité croissante lorsque l'axe du cristal tourne. Ces propriétés, qui sont essentielles au rayon polarisé et qui lui appartiennent exclusivement, le feront partout reconnaître.

Malus trouva que toutes les surfaces réfléchissantes, à l'exception des métaux, polarisent la lumière et que l'angle de polarisation variait avec les diverses substances. Il n'alla pas plus loin; il était réservé à M. Brewster de découvrir qu'il existe une liaison nécessaire entre les pouvoirs polarisants et réfringents d'une substance donnée; il démontra, en 1811, que l'indice de réfraction est la tangente de l'angle de polarisation : dès lors, quand l'indice de réfraction est connu, on peut trouver immédiatement l'angle de polarisation, et réciproquement. — Malus observa que, lorsqu'un rayon rencontre une surface sous un angle plus grand ou plus petit que l'angle de polarisation, il se revêt seulement en partie des propriétés déjà décrites : aucun des deux rayons dans lesquels un rhombe d'Islande le partage ne s'évanouit entièrement; leur intensité varie seulement entre certaines limites d'autant plus resserrées que l'angle de polarisation diffère plus de l'angle d'incidence. Il semble donc qu'une portion du rayon réfléchi a subi les modifications exprimées par le mot de *polarisation :* cette portion polarisée croîtrait à mesure que l'angle d'incidence approche de l'angle de polarisation; l'autre portion du rayon resterait à l'état de lumière commune. Suivant Malus, la lumière partiellement polarisée se composerait de lumière commune et de lumière entièrement polarisée. — Si de la lumière partiellement polarisée est réfléchie par une seconde surface dans le même plan et sous le même angle, le rayon réfléchi contiendra une plus grande quantité de lumière polarisée, et, en multipliant suffisamment les réflexions successives, la lumière finira par être complétement polarisée. Ce fait fut découvert par M. Brewster, qui prouva que la lumière peut être polarisée sous toute incidence par un nombre suffisant de réflexions. Le nombre des réflexions doit être d'autant plus grand que l'angle d'incidence diffère plus de l'angle de polarisation. Lorsqu'un rayon de lumière commune tombe sur une plaque de verre, il est toujours en partie réfracté, et l'on trouve que cette portion transmise est partiellement polarisée. La quantité de lumière polarisée dans le rayon réfracté croît avec l'incidence ; elle est nulle sous une incidence perpendiculaire, et d'autant plus grande que la lumière tombe plus obliquement. Le plan de polarisation ne coïncide pas d'ailleurs avec le plan d'incidence, comme dans le cas de la réflexion, il lui est au contraire perpendiculaire. — Le rapport entre la lumière polarisée par réfraction et la lumière polarisée par réflexion est simple et constant ; ces deux portions sont toujours d'égale intensité. Cette loi vraiment remarquable a été découverte par M. Arago et peut s'énoncer comme il suit : si un rayon de lumière ordinaire tombant sur une surface réfléchissante est en partie réfléchi et en partie transmis, les portions réfléchies et transmises contiennent une égale quantité de lumière polarisée, et leurs plans de polarisation sont perpendiculaires entre eux. Dès lors, toutes les fois qu'un rayon de lumière rencontre la surface d'un milieu transparent, une partie de ce rayon est toujours partagée en deux autres d'égale intensité et polarisées, l'une dans le plan d'incidence, l'autre dans le plan perpendiculaire : la première de ces portions est réfléchie, tandis que l'autre est réfractée. Si le rayon transmis est reçu par une seconde lame parallèle à la première, la portion de lumière polarisée qu'il contient subit un second fractionnement : il en sera de même à chaque nouvelle lame, et, par conséquent, si le nombre des lames est assez grand, la lumière transmise sera entièrement polarisée. Un rayon est donc polarisé par une série de transmissions, comme il l'était par une série de réflexions successives ; il y a cependant une différence notable entre l'action de ces deux causes, c'est que le plan de polarisation qui, pour le rayon successivement réfléchi, coïncidait avec le plan d'incidence est, pour le rayon transmis, normal à ce même plan ; ce fait a été découvert par Malus. M. Brewster, en étudiant

avec détail les lois de ces phénomènes, a reconnu qu'un rayon transmis à travers un certain nombre de plaques, toujours dans le même plan d'incidence, était complétement polarisé, lorsque la somme des tangentes des angles d'incidence était égale à une certaine constante ; on en conclut que, si toutes les plaques parallèles et, par conséquent, tous les angles d'incidence sont égaux, la tangente de l'angle de polarisation complète sera en raison inverse du nombre des plaques. Il résulte encore des mêmes principes que, lorsque le rayon qui rencontre une pile de glace, sous l'angle de polarisation, a traversé un certain nombre de plaques, son intensité n'éprouve plus de diminution dans les transmissions subséquentes. En effet, aussitôt que le rayon transmis est complètement polarisé, son plan de polarisation devient perpendiculaire au plan d'incidence, et dès lors aucune portion de ce rayon ne pouvant être réfléchie par les plaques suivantes, il traversera ces plaques sans rien perdre, quel que soit leur nombre. Il n'en est pas ainsi lorsque le rayon rencontre la plaque sous un autre angle que l'angle de polarisation, et, par suite, l'intensité de la lumière transmise à travers une plaque épaisse est la plus grande, lorsque l'angle d'incidence est égal à l'angle de polarisation.

Il existe des cristaux qui, semblables à une pile de plaques transparentes, ont la faculté de polariser la lumière qu'elles transmettent ; ainsi le rayon de lumière commune qui traverse une plaque de tourmaline sort polarisé dans un plan perpendiculaire à l'axe du cristal. Cette propriété dépend, en partie du moins, du pouvoir absorbant du cristal doublement réfringent, en ce sens que l'absorption du rayon polarisé varie avec la position, par rapport au cristal, de son plan de polarisation. Une tourmaline, par exemple, absorbe le rayon dont le plan de polarisation est parallèle à l'axe, plus rapidement que le rayon dont le plan de polarisation serait perpendiculaire à ce même axe. Tout rayon de lumière commune qui traverse ce même cristal est partagé en deux nouveaux rayons polarisés, le premier dans un plan passant par l'axe, le second dans un plan perpendiculaire à l'axe ; le premier de ces rayons est plus vite absorbé, de sorte que, si la plaque est suffisamment épaisse, le dernier rayon apparaîtra seul dans la lumière transmise. La tourmaline est d'une extrême utilité dans toutes les expériences de polarisation ayant pour objet la lumière ; elle ne donne pas seulement le moyen de mettre la polarisation en évidence, elle fournit, de plus, de la lumière polarisée. Malheureusement, le rayon émergent n'est jamais complétement polarisé, et son intensité est considérablement affaiblie par l'absorption. La polarisation déterminée par la double réfraction est la plus complète de toutes, et, de plus, l'intensité du rayon polarisé ainsi obtenu est aussi la plus grande possible ; elle est presque la moitié de l'intensité du rayon primitif. L'intensité de la lumière réfléchie par une lame de verre sous l'angle de polarisation est à peine le douzième de la lumière incidente.

Tel est l'ensemble des faits relatifs au phénomène de la polarisation par réflexion ou par réfraction simple. Ne semble-t-il pas, d'après ce que nous venons de dire, qu'un rayon de lumière peut en quelque sorte être comparé à une baguette ronde ou à un cylindre incliné d'une manière invariable dans un plan tangent à une surface quelconque, et qui peut tourner autour de son axe sans changer de relation à l'égard de ce plan ? Le rayon polarisé, au contraire, ne pourrait-il pas être comparé à une règle plate dont la relation avec le plan change continuellement si on le fait tourner ? La transmission ou la non-transmission d'un rayon semblable aplati peut se comparer à la facilité avec laquelle une règle présentée de champ passe entre les barreaux d'une grille, et à l'impossibilité de la faire passer si on la présente dans la direction transversale. Le rayon polarisé ne peut pas être transmis par une tourmaline qui lui serait perpendiculaire, si l'axe de la tourmaline se trouve dans le plan de polarisation, ce qui s'explique très-bien en poursuivant la comparaison déjà employée, si l'on admet que la règle aplatie, image du rayon polarisé, est perpendiculaire au plan de polarisation ; alors, en effet, cette règle rencontrerait transversalement les fibres de la tourmaline placée comme nous l'avons dit, ce qui indiquerait suffisamment que ce rayon ne pourra pas la traverser.

Arrivons à l'explication comparée des phénomènes dans les deux systèmes. C'est vraiment quelque chose d'étrange que de voir la théorie des ondulations régner en souveraine et sans rivale dans cette branche même de l'optique que Newton lui opposait comme la plus formidable des objections. « Ne

sont-elles pas évidemment erronées, s'écriait-il, ces vaines hypothèses dans lesquelles on admet que la lumière est le résultat de pressions ou vibrations propagées dans un milieu fluide ? car des pressions ou vibrations excitées par le corps lumineux dans un milieu homogène seraient évidemment semblables à elles-mêmes sur toutes les faces ou côtés, tandis qu'il est certain qu'un rayon lumineux jouit de propriétés différentes, suivant le côté par lequel on l'attaque. » En énonçant cette objection, Newton avait en vue, sans doute, ce mode de mouvement ondulatoire dont il avait scruté les lois avec tant de sagacité. — Lorsque le son se propage dans l'air, dans l'eau, ou dans un autre milieu homogène, les vibrations des particules d'air ou d'eau s'exécutent dans la direction suivant laquelle l'onde se propage ; et, si les vibrations éthérées qui constituent la lumière étaient de même nature, l'objection de Newton semblerait insurmontable : en effet, si les particules de l'éther vibrent dans la direction même du rayon, comment concevoir qu'un semblable rayon aura des relations différentes avec les diverses parties du milieu ambiant ? Tout alors ne devrait-il pas être réellement identique au-dessus ou au-dessous, à la droite ou à la gauche du rayon ? Mais en sera-t-il encore de même si les vibrations de l'éther sont transversales ou perpendiculaires à la direction du rayon ? N'est-il pas évident qu'il n'y a plus, dans ce cas, de symétrie ; que le rayon supposé, par exemple, horizontal est, par rapport aux molécules situées au-dessus ou au-dessous de son plan, dans des conditions tout à fait différentes de celles sous lesquelles il se présente aux molécules situées à droite ou à gauche ? Il est comme indifférent aux premières, tandis qu'il tend à pénétrer les secondes, à les mettre en mouvement. Dans le système des vibrations ou ondulations, la polarité d'un rayon est donc un fait nécessaire, naturel, et qu'on touche du doigt, tandis que cette même polarité est une assertion gratuite, un mystère dans l'hypothèse de l'émission : aussi ne nous arrêterons-nous pas aux explications si incomplètes, si insuffisantes qu'on a prétendu donner des phénomènes de la polarisation dans le système de Newton. Ce seul principe, que les vibrations des molécules de l'éther s'exécutent dans le plan de l'onde perpendiculairement au rayon, suffit à rendre compte des

faits les plus compliqués en apparence. —
Si le déplacement d'une molécule est très-
petit comparativement à la distance qui sépare les molécules de l'éther, la force résultant de l'attraction exercée par les particules
voisines, et qui tend à ramener la première
molécule à sa position d'équilibre, sera proportionnelle au déplacement; et dès lors, en
vertu des lois bien connues de la dynamique,
la trajectoire décrite par la molécule sera une
ellipse dont le centre sera la position d'équilibre. Les vibrations des molécules d'éther
sont donc, en général, elliptiques, et la nature particulière dn rayon dépend de la
direction et de la grandeur relative de ces
axes. Si ces axes, situés, comme nous l'a-
vons dit, dans le plan même de l'onde,
ont constamment la même direction, la lumière sera polarisée; elle sera, au contraire, de la lumière commune si les axes
changent perpétuellement de direction. —
La grandeur relative des axes de l'ellipse
déterminera le genre de polarisation, qui
sera circulaire si, les axes étant égaux, la trajectoire devient un cercle; rectiligne, si le
plus petit axe s'évanouissant, la trajectoire
est une ligne droite; elliptique, enfin, dans
tous les autres cas. Les caractères de ce dernier mode de polarisation varient indéfiniment en s'éloignant ou se rapprochant des
limites extrêmes qui sont la polarisation circulaire, et la polarisation rectiligne qu'on
nomme aussi *polarisation plane*, parce que
les vibrations des molécules sont alors concentrées dans un plan qui est comme le fond
de l'onde.

Polarisation circulaire et chromatique. —
Nous réunirons sous ce titre l'ensemble des
phénomènes qui se manifestent lorsqu'un
rayon polarisé est transmis à travers des substances douées d'une structure cristalline.
Parmi tous les phénomènes d'optique, ceux-
ci sont probablement les plus magnifiques.
Nous avons déjà dit que, lorsqu'un rayon
de lumière polarisé par réflexion rencontre,
sous l'angle de polarisation, une seconde surface réfléchissante, il n'est pas réfléchi, si le
second plan d'incidence est perpendiculaire
au premier. La première surface réfléchissante ou le premier plan réflecteur a reçu le
nom de *plaque polarisante* ou *plan réflecteur;*
la seconde a été appelée *plan analysant*
ou *analyseur*. Cela posé, si entre les deux
plans on interpose une plaque prise dans
une substance doublement réfringente et

qu'on oblige le rayon polarisé à traverser la
plaque, la faculté de se réfléchir lui est instantanément rendue, et une certaine quantité
de lumière plus ou moins abondante, suivant la nature du cristal interposé, sera
réellement réfléchie. On dit, dans ce cas,
que le rayon a été dépolarisé par le cristal.
Dans ces expériences, la lumière réfléchie
est blanche; mais, si la plaque cristalline in-
terposée est assez mince, elle se revêt des
plus splendides couleurs, et ces couleurs varient avec l'inclinaison de la plaque par rapport au rayon polarisé. Le mica et le sulfate
de chaux sont éminemment propres à la production de ce brillant phénomène, parce
qu'on les amène facilement, par le clivage, à
une ténuité convenable. Si l'on dispose une
plaque mince de l'une de ces deux substances, de sorte qu'elle reçoive perpendiculairement le rayon polarisé, et qu'on la tourne
dans son propre plan, la lumière variera seulement d'intensité sans changer de couleur.
D'autre part, si l'on fixe le cristal et qu'on
tourne le plan analyseur de manière à faire
varier l'angle que le second plan de réflexion
fait avec le premier, le rayon passera à travers toutes les nuances de même teinte, de
la couleur qu'il avait à la couleur complémentaire, de sorte qu'on pourra constater,
à chaque instant, que la lumière réfléchie
dans une position donnée de l'analyseur est,
sous le double rapport de la couleur et de
l'intensité complémentaire, de la lumière
qui était réfléchie dans une première position distante de la seconde de 90°. Cette
curieuse relation sera rendue plus évidente,
si l'on substitue au plan analyseur un prisme
doublement réfringent; car alors les deux
rayons réfractés par le prisme ont pour plan
de polarisation, l'un la section principale du
prisme, l'autre un plan perpendiculaire à
cette même section, de sorte qu'ils sont absolument dans la même condition que les
deux rayons réfléchis par l'analyseur dans
des positions situées à 90° l'une de l'autre.
On voit à la fois, de cette manière, les deux
couleurs complémentaires, et il est facile de
les comparer. Il y a plus, la comparaison
peut être faite immédiatement, si l'on dispose l'appareil de telle sorte que les deux
images colorées empiètent l'une sur l'autre,
car alors, quelles que soient leurs teintes
considérées isolément, on verra que la portion où elles se superposent est absolument blanche, ce qui est le caractère dis-

tinctif des couleurs complémentaires. —Si l'on place entre deux tourmalines croisées à angle droit une plaque mince de sulfate de chaux de 1,259 millim. à 0,421, la surface paraîtra revêtue des couleurs les plus brillantes. Si son épaisseur est partout la même, sa teinte sera parfaitement uniforme; mais, si elle a différentes épaisseurs, chaque épaisseur présente une couleur différente. Si l'on fait tourner la lame, les couleurs deviennent plus ou moins brillantes sans changer de nature, et l'on trouve que, dans deux positions, les couleurs disparaissent. Si, en laissant la plaque mince immobile dans la position où la couleur est plus brillante, on fait tourner la seconde tourmaline à partir de 0°, l'éclat diminue graduellement et disparaît. Au delà l'on voit apparaître une seconde couleur complémentaire de la première. Une plaque de $0^m,0101$ ne produit point de couleurs; la surface ou pourtour des tourmalines croisées reste obscure; une plaque de $0^m,45$ donne un blanc composé de toutes les couleurs. Des plaques d'une épaisseur intermédiaire entre $0^m,03149$ et $0^m,46228$ donnent toutes les couleurs de la table de Newton. Si l'on forme un coin de sulfate de chaux dont l'épaisseur varie de l'une de ces limites à l'autre, on observe à la fois toutes les couleurs de Newton en bandes parallèles. Une portion de sulfate concave ou convexe donnerait les mêmes couleurs en lames concentriques. On peut tracer sur une plaque de sulfate de chaux, à différentes profondeurs, des traits réguliers et irréguliers, de manière que le minéral présente plusieurs épaisseurs et donne, par conséquent, plusieurs couleurs formant un ensemble régulier. On peut encore, sur une plaque de verre, coller tour à tour diverses petites lames dont on a d'avance déterminé la couleur. Si, après avoir tracé en relief, comme nous venons de le dire, un chiffre ou un dessin quelconque sur une lame de sulfate de chaux, on remplit les vides d'un baume ou fluide de même pouvoir réfringent, on aura un objet illisible ou invisible dans la lumière ordinaire, visible seulement dans la lumière polarisée. — Si, dans la pince à tourmaline ou dans un autre appareil semblable, on place une plaque de cristal à un axe taillé perpendiculairement à l'axe, on voit un système brillant d'anneaux colorés, coupés généralement par une croix noire rectangulaire, dont les bras

se rencontrent au centre des anneaux. Les couleurs de ces anneaux sont généralement celles de la table de Newton. Si l'on fait tourner la seconde tourmaline, on voit, dans les azimuts 0°, 90°, 180° et 270°, le même système d'anneaux ; mais, dans les azimuts intermédiaires 45°, 135°, 225° et 315°, on voit des anneaux de couleurs complémentaires. La superposition de ces deux systèmes reproduirait de la lumière blanche. Si l'on se sert de lumière homogène, on trouve que les plus petits anneaux sont produits par le rouge, les plus grands par le violet. Ils sont d'une grandeur intermédiaire dans les couleurs intermédiaires, mais toujours de la couleur de la lumière dont on se sert, et séparés par des anneaux noirs. Les systèmes d'anneaux produits par les cristaux positifs, comme le zircon, la glace, etc., quoique, à l'œil, ils ne diffèrent en rien des cristaux négatifs, possèdent des propriétés différentes. Si l'on combine un système d'anneaux formés par la glace ou le zircon avec un système d'anneaux de même diamètre formés par du spath d'Islande, on trouve que les deux systèmes se détruisent, l'un étant positif et l'autre négatif, ce qui vient nécessairement des deux sortes opposées de double réfraction que possèdent les deux cristaux. Taillées perpendiculairement à la ligne moyenne et placées dans les mêmes circonstances, les substances à deux axes laissent voir deux séries d'anneaux colorés. Les deux systèmes présentent généralement les mêmes couleurs que les plaques minces ou que les anneaux de cristaux à un axe. Les couleurs commencent au centre de chaque système ; mais, à une certaine distance correspondante, par exemple au sixième anneau, les deux courbes, au lieu de se former séparément autour de leur pôle respectif, s'unissent pour former une courbe unique qui embrasse à la fois les deux pôles. Les deux systèmes d'anneaux sont d'ailleurs traversés par une bande noire. — Si l'on diminue l'épaisseur de la plaque cristalline, les anneaux augmenteront, et ce sera maintenant, par exemple, le cinquième anneau qui entourera à la fois les deux pôles. A une épaisseur moindre encore, le quatrième anneau embrassera les deux pôles, et ainsi de suite, jusqu'à ce que ces mêmes pôles soient entourés à la fois par tous les anneaux. L'apparence alors ne peut se distinguer de celle qui caractérise les cristaux à un axe que par la forme elliptique des anneaux, et même les anneaux peuvent devenir circulaires, si la plaque est taillée perpendiculairement à un des axes de double réfraction. Les lignes noires se sont élargies et s'étendent indéfiniment sur le prolongement l'une de l'autre. Ces lignes noires représentent les traces des plans de polarisation ou les lignes neutres suivant lesquelles il n'y a pas de lumière transmise. Dans les cristaux à un axe, ces deux plans de polarisation sont rectangulaires entre eux. Pour les substances à deux axes, chaque système ne possède qu'un plan de polarisation indiqué par la ligne noire. Pour quelques substances dont les axes sont fort rapprochés, on peut voir les deux systèmes à la fois; alors les deux anneaux sont réunis par une courbe extérieure dont les branches se croisent et qui se confond avec une lemniscate; les deux systèmes d'anneaux sont elliptiques, et la trace des lignes neutres forme les deux branches d'une hyperbole. Les anneaux colorés sont également visibles quand les deux plaques de tourmaline sont parallèles entre elles, au lieu d'être perpendiculaires; mais les anneaux sont complémentaires de ceux qu'on obtient par des plaques perpendiculaires; la croix et la base se dessinent en blanc. — Dans la lumière homogène, les anneaux sont des courbes de même couleur que la lumière employée, séparées par des intervalles sombres. Dans la lumière blanche, les systèmes d'anneaux sont superposés; l'ensemble devient irrégulier. Les deux centres, ou les moitiés du premier ordre de couleur, sont disposés en longs spectres formés de rouge, de vert, de violet; les extrémités de tous les anneaux sont rouges en dehors et blanches en dedans.

Polarisation rotatoire ou mobile. — Si un rayon polarisé d'une couleur simple traverse une plaque de spath d'Islande, de béril, ou de tout autre cristal uni-axe, dans la direction de son axe, il n'éprouve aucun changement; mais s'il traverse de la même manière une plaque de cristal de roche, son plan de polarisation sera modifié à la sortie; dans quelques cristaux il aura tourné de gauche à droite, dans d'autres il aura tourné en sens opposé. On dit que le cristal est *dextrogyre* ou *lévogyre*, suivant que la rotation a lieu dans le premier sens ou dans le second. Les phénomènes de la polarisation rotatoire ont été étudiés par M. Biot avec une très-

grande habileté et un grand succès; il les réduisit aux lois suivantes : 1° pour différentes plaques prises dans le même cristal, la rotation du plan de polarisation est toujours proportionnelle à l'épaisseur de la plaque; il en est de même à très-peu près pour des plaques taillées dans différents cristaux. 2° Si deux plaques sont superposées, l'effet produit sera à très-peu près le même que si l'on avait employé une seule plaque, dont l'épaisseur serait la somme ou la différence des deux premières, suivant que leurs pouvoirs rotatifs seront ou non de même nature. 3° La rotation du plan de polarisation est sensiblement différente pour les différents rayons du spectre; elle croît avec la réfrangibilité. Pour une plaque donnée, l'arc qui mesure la rotation est en raison inverse du carré de la longueur d'onde : ainsi l'arc décrit par l'action d'une plaque, ayant 1 millimètre d'épaisseur, est de 11° 1/2 pour le rouge extrême du spectre, de 30° pour le rayon de réfrangibilité moyenne, de 44° pour le violet extrême.

M. Biot d'abord, et M. Seebeck, ont découvert presque simultanément que plusieurs liquides, et même des vapeurs, possédaient la même propriété que le quartz, et imprimaient au plan de polarisation du rayon transmis une rotation proportionnelle à l'épaisseur de la masse traversée. On met ce phénomène facilement en évidence en faisant passer un rayon polarisé à travers un long tube rempli du liquide en question, fermé à ses extrémités par des plaques de verres parallèles, et en analysant le rayon émergent à l'aide d'un prisme doublement réfringent. L'huile de térébenthine, l'huile de citron, une solution de sucre dans l'eau, une solution de camphre dans l'alcool, et beaucoup d'autres fluides, sont doués de la propriété rotatoire. L'huile de térébenthine est dextrogyre; les autres liquides que nous avons nommés sont lévogyres. Ces fluides ne perdent pas leur pouvoir rotatif par leur dilution dans d'autres liquides qui ne jouissent pas du même pouvoir; l'on a découvert qu'ils le conservaient encore quand ils passaient à l'état de vapeur : ils possèdent cette propriété à un degré plus faible que le quartz, de sorte que le rayon, pour subir la même déviation dans son plan de polarisation, doit traverser une plus grande épaisseur de fluide. Ainsi une plaque de cristal dont l'épaisseur est de 1 millimètre fait décrire au plan de polarisation du rayon rouge un arc de 18°; une couche d'huile de térébenthine de même épaisseur imprimerait une rotation d'un quart de degré. — M. Biot, a trouvé encore que si l'on mêle plusieurs liquides doués du pouvoir rotatif, la rotation produite par leur mélange est toujours la somme ou la différence des rotations qu'ils produiraient isolément, suivant qu'ils sont de mêmes noms ou de noms contraires ; cette loi s'étend même quelquefois au cas où les liquides se combinent chimiquement. De ces faits et d'un grand nombre d'autres, M. Biot concluait que le pouvoir rotatif est inhérent aux dernières particules des corps. Cette manière de voir est combattue par des faits non moins certains. Le quartz perd son pouvoir rotatif quand il perd sa structure cristalline. M. Herschel a observé que le quartz tenu en dissolution dans la potasse ne dévie plus le plan de polarisation ; M. Brewster a étendu cette observation au quartz fondu.

Polariscopes ou *instruments à l'aide desquels on met en évidence les phénomènes de la polarisation.* — Nous ne décrirons ici que les plus usuels de ces instruments. Le plus simple de tous se compose d'une plaque tourmaline suffisamment épaisse, taillée parallèlement à l'axe, qu'on fait tourner dans son plan, et à travers laquelle on regarde. Quand le rayon incident est complétement polarisé, la lumière disparaît lorsque la section principale de la plaque est parallèle au plan de polarisation ; dans le cas où la polarisation n'est que partielle, on n'observe que des changements d'intensité. Le polariscope de M. Arago se compose d'un tube portant, à l'une de ses extrémités, un prisme biréfringent, et, à l'autre, une plaque de cristal de roche, taillée perpendiculairement à l'axe, à faces parallèles, et ayant environ 5 millimètres d'épaisseur. Quand on regarde à travers le tube, en plaçant la plaque de cristal du côté de l'œil, on voit deux lunules ou surfaces circulaires qui sont les images de l'ouverture produites par la double réfraction. Si ces lunules sont incolores, la lumière qui entre dans l'appareil n'est pas polarisée ; mais, si les lunules sont colorées, la lumière sera polarisée au moins partiellement. Cet instrument est d'autant plus sensible que les couleurs complémentaires des lunules contrastent et se font ainsi mieux ressortir l'une l'autre.

On coupe en deux parties une plaque de cristal de roche taillée parallèlement à une des faces qui terminent le cristal, de 1 à 2 millimètres d'épaisseur ; on les superpose de manière que les arêtes qui étaient contiguës soient perpendiculaires ; à cet ensemble des demi-plaques on fixe une tourmaline de manière que sa section principale divise en deux parties égales l'angle formé par les sections principales des plaques : le tout, assujetti dans un disque de liège, forme le polariscope de M. Savart. Quand, à travers cet appareil, on regarde un champ de lumière polarisée, on aperçoit de très-belles bandes colorées hyperboliques, mais dont les parties centrales sont sensiblement rectilignes; le maximum d'éclat a lieu quand les bandes sont parallèles ou perpendiculaires au plan primitif de polarisation ; mais, dans le premier cas, la partie centrale des franges est occupée par une bande blanche comprise entre deux bandes noires, et, dans le second cas, par une bande noire comprise entre deux bandes blanches. Pour reconnaître le plan de polarisation, on fait donc tourner l'appareil jusqu'à ce que l'on aperçoive les franges au maximum d'éclat, et que la bande centrale soit blanche; la direction des franges sera celle du plan de polarisation de la lumière.

Polarisation de l'atmosphère. — Si l'on dirige vers le ciel le polariscope chromatique de M. Arago, ou le polariscope à franges de Savart, on reconnaît que l'intensité de la polarisation est très-grande vers le zénith, qu'elle va en croissant jusqu'à 90 degrés du soleil; après quoi, elle diminue progressivement jusqu'à une distance de 150 degrés de cet astre, du moins s'il est peu élevé au-dessus ou peu abaissé au-dessous de l'horizon. En ce lieu la polarisation est insensible : ce point, placé dans le vertical du soleil à environ 30 degrés du point opposé à cet astre, a été désigné sous le nom de *point neutre;* M. Arago, qui le découvrit, attribue avec raison son existence à l'influence de la lumière réfléchie par les diverses parties illuminées de l'atmosphère. Imaginons, en effet, un plan passant par le soleil et l'œil de l'observateur : la lumière venant du soleil et qui arrive à l'œil, suivant une certaine droite située dans ce plan, a été réfléchie par les molécules aériennes situées sur son trajet; elle doit donc être polarisée dans un plan passant par le soleil. Ce qui confirme cette explication, c'est que le point neutre se déplace et sort du vertical quand la régularité du phénomène est troublée par des nuages qui occupent un côté de l'atmosphère. Au delà du point neutre la polarisation recommence à croître, mais elle change de sens; au lieu de coïncider avec le vertical du soleil, le plan de polarisation lui est perpendiculaire. En se plaçant au haut de l'observatoire, M. Arago vit distinctement cette polarisation rectangulaire dans une portion de l'atmosphère que le soleil n'éclaire pas directement; elle est nécessairement le résultat des réflexions secondaires de la lumière diffuse, et doit nécessairement exister même dans la région éclairée directement par le soleil : son influence peut, par conséquent, et doit neutraliser en partie ou totalement la polarisation directe; et telle est la véritable explication du point neutre. M. Arago a reconnu, il y a bien longtemps, que, à mesure que l'astre descend au-dessous de l'horizon, le point neutre s'élève au-dessus de ce plan avec une régularité telle, qu'en déterminant sa position on peut assez bien en déduire celle du soleil lui-même. M. Babinet a découvert un second point neutre, dont la théorie est la même, et qui est placé au-dessus du soleil quand celui-ci est près de l'horizon, à peu près à la même hauteur que le point neutre de M. Arago : il s'abaisse sensiblement à mesure que le soleil descend au-dessous de l'horizon. M. Brewster enfin a trouvé sous le soleil, quand il s'approche de l'horizon, un troisième point neutre, qui est parfaitement indiqué par la théorie qui explique les deux autres. Remarquons enfin que tous ces points se déplacent plus ou moins sous l'influence des circonstances qui font varier l'illumination directe ou secondaire de la masse d'air observée, telle que la plus ou moins grande transparence de l'air, la présence des nuages, le voisinage de la mer ou des montagnes, le reflet des grandes nappes d'eau, et la lumière du sol plus ou moins éclairé, surtout quand il est couvert de neige.

Polarisation observée sans polariscope. — M. Haidinger, le célèbre minéralogiste et cristallographe de Vienne, a fait récemment une brillante découverte en constatant dans tout faisceau de lumière polarisée la présence de deux houppes colorées rectangulaires, l'une d'un jaune orangé tendre dont l'axe coïncide avec la trace du plan de polarisation, l'autre violette. Voici comment on peut mieux se représenter cette importante apparition : prenons de petites branches d'osier

d'un jaune orangé pâle, rassemblons-les en grand nombre et serrons-les fortement par le milieu; cet ensemble dessinera, le plus parfaitement possible, la houppe jaune. A droite et à gauche du milieu plus resserré du faisceau, concevons deux petits amas de lumière violette : le phénomène auquel donne naissance la lumière polarisée sera alors complétement représenté. Les houppes apparaissent partout dans le rayon polarisé par réflexion, par réfraction simple ou double, par absorption, etc., etc. Voici le procédé que l'on peut suivre pour les voir avec éclat dans le ciel bleu. On fixe d'abord un point situé à 45 degrés, vers la droite, par exemple, du vertical passant par le soleil auquel on tourne le dos, puis on ferme les yeux pour les reporter immédiatement sur un second point à 45 degrés vers la gauche. Quand on a répété deux ou trois fois cette manœuvre, l'impression des faisceaux orangé et violet est devenue si intense, qu'ils sautent aux yeux. On peut encore se contenter de fixer le même point, pourvu que l'on incline rapidement la tête tantôt à droite, tantôt à gauche : l'axe de la houppe violette est situé généralement, comme cela doit être, dans le grand cercle passant par le soleil et l'œil de l'observateur. Que sont ces faisceaux colorés qui caractérisent si nettement la lumière polarisée? La couleur invariable de la houppe orange nous a vivement frappés; nous croyons y retrouver celle qui dans le spectre correspond, d'après les expériences de Fraunhofer, au maximum d'intensité; le faisceau violet a la teinte du rayon d'intensité minimum. Voici, dès lors, quel serait l'effet ou l'essence de la polarisation : quand par la réflexion ou la réfraction sous certains angles, quand par l'action de certaines absorptions, le rayon de lumière blanche, de cylindrique qu'il était, est devenu plan et polarisé, l'œil percevrait immédiatement, d'abord le rayon composant, dont l'intensité est la plus grande, puis, par contraste, peut-être le rayon d'intensité minimum. F. M.

POLATOUCHE, *sciuropterus*, Fr. Cuv., genre de mammifères de l'ordre des rongeurs et de la famille des écureuils. Leur occiput est saillant, les frontaux allongés, et la capacité du crâne comprenant les trois cinquièmes de la longueur de la tête; la partie antérieure du profil de cette partie est droite jusqu'au milieu des frontaux, où elle prend une direction très-arquée, sans dépression intermédiaire. Leur système dentaire est le même que celui des écureuils; leur queue est aplatie, distique, et leur taille petite. Ils ont la peau des flancs très-dilatée, étendue entre les jambes de devant et de derrière, en manière de parachute. Vingt-deux dents; deux incisives à chaque mâchoire, les inférieures très-comprimées; cinq ou quatre molaires en haut, et quatre en bas.

L'ASSAPANICK , *sciuropterus volucella* , Less.; *sciurus volucella*, Pall.; *pteromys volucella*, Desd.; l'ASSAPAN, Fr. Cuv.; le PO-LATOUCHE, Buffon : ce dernier auteur, ayant confondu cette espèce avec le polatouka, lui a donné le nom que porte cette dernière en Russie, tandis que l'assapanick n'habite que le Canada et les Etats-Unis, jusqu'en Virginie. Cet animal n'a que 4 pouces et demi (0,122) de longueur environ, non compris la queue, qui est presque aussi longue que le corps. Son pelage est d'un gris roussâtre en dessus, blanc en dessous; la membrane des flancs est simplement lobée derrière les poignets. Cet animal, timide, triste, nocturne comme tous ceux de son genre, passe la journée à dormir dans un nid de foin ou de feuilles sèches qu'il s'est fait au fond d'un trou d'arbre, et n'en sort que la nuit pour se mettre en quête de sa nourriture, qui consiste en graines et en bourgeons de pins et de bouleaux. Alors seulement il devient très-vif et d'une agilité surprenante. Grâce à la membrane qui s'étend entre ses pattes, il peut franchir, d'un arbre à l'autre, une distance prodigieuse de plus de quarante à cinquante pas, si l'on s'en rapporte aux voyageurs. Il vit par petites troupes et ne quitte jamais les arbres pour descendre sur la terre. Son naturel est doux, tranquille; il s'apprivoise facilement; mais, ainsi que tous les rongeurs que j'ai pu étudier, il ne s'attache jamais, mord quand on le contrarie, et, quoique devenu familier, il perd rarement l'occasion de reconquérir sa liberté; aussi est-on obligé de le conserver dans une cage. On le nourrit de pain, de fruits et de graines, mais il refuse les amandes et les noix, si recherchées par les écureuils. En 1809, cet animal s'est reproduit à la Malmaison, chez l'impératrice Joséphine, et la femelle a mis bas trois petits. La ménagerie de Paris en a conservé quelques-uns; ils se tenaient contamment blottis, pendant le jour, dans un lit qu'ils se faisaient avec leur litière.

Le POLATOUKA, *sciuropterus volans*, Less., *sciurus volans*, Lin., *pteromys sibiricus*, Desm.,

le POLATOUCHE, Buff., est plus grand que le précédent; son pelage est d'un gris cendré en dessus, blanc en dessous; ses membranes des flancs n'offrent qu'un lobe arrondi derrière les poignets; sa queue est moitié moins longue que son corps. On en connaît une variété entièrement blanche. Ce joli petit animal a les mêmes mœurs que le précédent, mais sa vie est solitaire. On le trouve dans les forêts de pins et de bouleaux de tout le nord de l'Europe.

Le SIK-SIK, *sciuropterus sabrinus*, Less.; *sciurus hudsonius*, Lin.; *pteromys sabrinus*, Shaw : il est un peu plus petit que l'écureuil commun; son pelage est d'un brun roussâtre en dessus et sur la tête; une raie noire s'étend sur les flancs; il est blanchâtre en dessous; sa queue, plus courte que le corps, est d'un brun roussâtre, bordée de noir; ses moustaches sont très-longues et noires. On ne le trouve que dans les forêts les plus froides de l'Amérique ssptentrionale, sur les bords du lac Huron et dans les montagnes Rocheuses. Est-ce un sciuroptère? BOITARD.

POLE, POLARITÉ (accept. div.). — Le mot *polarité*, du grec πολειν, *tourner*, désigne la faculté d'avoir ou de pouvoir acquérir des pôles : or le sens que l'on attache au mot *pôle* dans les sciences n'étant pas toujours le même, il devient indispensable d'entrer dans quelques explications à son égard.

— Dans l'origine, à l'époque où le ciel était censé tourner autour de la terre, on donna le nom de pôle aux deux points autour desquels semblait passer l'axe de cette rotation. Plus tard, lorsque le mouvement de notre globe fut admis, et sa figure mieux connue, on appliqua le même nom aux deux points de sa surface par lesquels est censé passer l'axe du monde; mais, afin de ne pas confondre ces pôles avec les premiers, on les nomma *pôles de la terre*. Les pôles sont éloignés de l'équateur de 90 degrés : l'un se nomme pôle *arctique, septentrional, boréal* ou *pôle nord*, c'est celui qui est élevé au-dessus de notre horizon; l'autre se nomme pôle *antarctique, méridional, austral* ou *pôle sud*. Les pôles de la terre portent respectivement les mêmes noms que les pôles célestes auxquels ils correspondent (*voy.* l'article SPHÈRE). Les pôles de l'écliptique sont éloignés des pôles de l'équateur d'une quantité égale à l'inclinaison de l'écliptique; le *zénith* et le *nadir* sont les pôles de l'horizon; l'est et l'ouest sont ceux du méridien.

— Le pôle se reconnaîtra, dans une belle nuit, lorsque, regardant au nord, à une certaine hauteur, plus grande que la moitié du ciel pour Paris, on observera le centre de tous les mouvements des étoiles autour d'un point sensiblement immobile, placé vers l'extrémité de la queue de la petite Ourse, près de l'étoile polaire. (*Voy.* POLAIRE.)

On entend par *pôles*, en géométrie, les *points* où une *surface de révolution* est rencontrée par son axe. — Dans une sphère où tout diamètre peut être pris pour axe, les pôles n'ont donc pas de position absolue : deux points quelconques de la surface de la sphère en ligne droite avec le centre peuvent être appelés *pôles ;* mais ils ne recevront ce nom qu'autant qu'on avertira préalablement que cette ligne droite est choisie pour axe.— Le plus souvent, quand on considère la sphère, on commence par la supposer coupée par un plan mené par le centre, et alors on dit des points où le diamètre perpendiculaire à ce plan perce la surface de la sphère que ce sont les pôles de la circonférence de grand cercle, obtenue par l'intersection de la sphère et du plan. La propriété essentielle des pôles est d'être également éloignés de tous les points de la circonférence de grand cercle et aussi de tous ceux des petits cercles qu'on nomme *les parallèles de la circonférence de grand cercle.* — Si on imagine que la sphère tourne autour de sa ligne des pôles, ces points demeurent immobiles pendant le mouvement ; si, de chaque point de la droite, tracée dans le plan de la courbe, on mène deux tangentes à cette courbe, et qu'on joigne les deux points de contact, on aura des sécantes qui se rencontreront toutes *au même point.* — Réciproquement, si, par un point pris dans le plan d'une courbe du second degré, on trace différentes sécantes, et que, par les points où chaque sécante rencontre la circonférence, on mène deux tangentes, les points d'intersection de ces tangentes, ainsi prises deux à deux, seront tous sur *une même ligne droite.* La droite ainsi obtenue est appelée *la polaire* du point choisi, et le point s'appelle le *pôle* de la droite. — Il existe aussi des *surfaces polaires* — On appelle encore *pôles* les points qui répondent aux droites appelées *polaires* dans les courbes du second degré. — Enfin on appelle aussi *pôle*, dans l'analyse appliquée à la géométrie, le point choisi pour *origine* des *coordonnées polaires* (*voy.*

COORDONNÉES). — Jusque-là le sens étymologique est conservé, mais il n'en est plus ainsi dans quelques autres circonstances où l'on a cru pouvoir donner au mot *pôle* une acception détournée ; ainsi une aiguille aimantée, mobile sur un pivot et abandonnée à elle-même, se fixe dans une direction déterminée, pour y revenir constamment toutes les fois qu'on la dérange, si aucun obstacle ne contre-balance l'action des forces qui la sollicitent ; et, quelle que soit la cause qui produise cet effet, les choses se passent réellement comme si les deux extrémités de l'aiguille étaient attirées et repoussées par des puissances dont les centres d'action répondraient à deux points situés à l'intérieur du globe et auxquels on a donné le nom de *pôles magnétiques.* De plus, si l'on présente l'un à l'autre deux barreaux aimantés, on voit que les extrémités qui tendent à se diriger vers les mêmes points du globe se repoussent, tandis, au contraire, que celles qui prendraient naturellement des directions opposées s'attirent ; il est, en outre, facile de s'assurer que ces forces attractives et répulsives émanent de deux points placés à une très-faible distance des extrémités de chaque barreau : or ces centres d'action ont également été nommés *pôles magnétiques* du barreau ou de l'aiguille. Lorsque la *lumière* rencontre la surface de certains corps, ou lorsqu'elle pénètre dans l'intérieur de la plupart des substances cristallisées, elle éprouve des modifications que nous expliquons, en supposant que les molécules lumineuses ont des pôles sur lesquels les différents corps agissent par attraction ou répulsion, suivant que la lumière incidente est favorablement disposée pour éprouver l'une ou l'autre de ces actions (*voy.* POLARISATION). — Les actions chimiques auxquelles donne lieu l'électricité galvanique semblent aussi indiquer une sorte de *polarité électrique.* On donne, en conséquence, le nom de *pôle* aux deux extrémités de la pile distinguées en pôle négatif et en pôle positif, selon la nature du fluide qui s'y manifeste. (*Voy.* ELECTRICITÉ.)
X.

POLÉMARQUE (*hist. anc.*), de πόλεμος, *guerre,* et ἀρχός, *chef.*— Les archontes, sans que l'on sache par suite de quelles révolutions, avaient été portés au nombre de neuf, pour exercer le pouvoir une année. Les trois premiers d'entre eux avaient les attributions conférées jusque-là au chef de l'Etat (*voy.*

'Archonte); le troisième était le *polémarque*, sorte de ministre de la guerre, de général en chef des armées. Dans les expéditions importantes, il prenait le nom d'*archistratége*, généralissime. Il avait sous lui, dans l'infanterie, dix *stratéges* ou généraux qu'il devait consulter avant de rien entreprendre, et dix *taxiarques* ou lieutenants généraux; dans la cavalerie, deux *hippiarques*, généraux, et vingt *philarques*, maréchaux de camp. Les fonctions du polémarqué n'étaient point, toutefois, exclusivement militaires; il eut aussi des attributions civiles et judiciaires, et dans la suite il fut purement magistrat. Comme le *préteur pérégrin*, à Rome, le polémarque fut le juge des étrangers et des simples habitants. Il devait être fils et petit-fils de citoyens, et avoir servi dans l'armée; sa personne, comme celle de tout magistrat, était inviolable. Chez les Éoliens, on nommait aussi polémarque le garde chargé de veiller aux portes de la ville. (Schlosser, *Histoire universelle de l'antiquité*; Cantie, *Histoire universelle*.)

POLÉMOINE, *polemonium* (botan.). — Genre de plantes de la famille des polémoniacées, à laquelle il donne son nom, de la pentandrie-monogynie, dans le système de Linné. Les espèces dont il se compose sont des herbes qui croissent dans les parties moyennes de l'Europe et de l'Asie, ainsi que dans l'Amérique du Nord. Ses caractères consistent dans une corolle en roue, à tube court, à limbe quinquélobé; dans des étamines dont le filet est dilaté à sa base, et dont les anthères sont incombantes. Nous n'en signalerons que l'espèce la plus remarquable, le POLÉMOINE BLEU, *polemonium cæruleum*, Lin., vulgairement connu dans nos jardins sous le nom de *valériane grecque*. C'est une plante herbacée, vivace, des parties moyennes et méridionales de l'Europe, dont la tige droite s'élève à environ 6 ou 7 décimètres et porte des feuilles sessiles ailées. Ses fleurs sont bleues, blanches dans une variété, assez grandes et assez nombreuses pour produire de l'effet; elles se succèdent de mai jusqu'en juillet; Sa culture est des plus faciles, car elle s'accommode de toute nature de sol et se multiplie sans la moindre difficulté, soit par division des touffes, soit par graines. En Russie elle est regardée comme une espèce médicinale importante; et on la range parmi les prétendus spécifiques de l'hydrophobie.

POLÉMON, philosophe athénien, né dans un bourg du mont OEta, était fils de Philostrate. Sa jeunesse se passa dans la débauche et les excès de tout genre; mais, un jour, au sortir d'une orgie, étant entré, encore couronné de fleurs, avec ses compagnons, dans l'école de Xénocrate au moment où ce philosophe discourait sur la tempérance, il s'opéra peu à peu dans son âme un changement complet; venu pour railler Xénocrate, il devint un de ses plus fidèles disciples, et ne pensa plus désormais qu'à l'imiter. Plus tard, dans la première année de la 116e olympiade, il lui succéda, et mourut dans un âge avancé, laissant d'assez nombreux écrits. Il avait coutume de dire qu'un philosophe doit se montrer tel, moins par son ardeur pour les disputes de la dialectique que par sa conduite privée, afin de n'être pas pour les peuples qui le consultent un objet de stérile admiration.

POLÉMONIACÉES (*bot.*), famille de plantes dicotylédones monopétales qui fournit à nos jardins plusieurs plantes d'ornement très-répandues. Elle se compose de végétaux herbacés pour la plupart, rarement sous-frutescents, à *feuilles* alternes, entières ou divisées, sans stipules. Leurs *fleurs* sont complètes et régulières, le plus souvent réunies en corymbe ou en panicule, et présentent l'organisation suivante : *calice* libre, gamosépale, à cinq divisions; *corolle* régulière, tubuleuse, en entonnoir, à limbe divisé en cinq lobes égaux ou très-légèrement inégaux, plans et étalés; cinq *étamines* insérées sur le tube ou à la gorge de la corolle, alternes aux lobes de celle-ci, à anthères biloculaires; *ovaire* libre, entouré à sa base d'un disque charnu plus ou moins apparent, divisé intérieurement en trois loges, rarement en cinq, dans lesquelles se trouvent un ou plusieurs ovules : cet ovaire est surmonté d'un style simple que termine un *stigmate* à deux ou cinq divisions aiguës, étalées ou recourbées en dessous. A ces fleurs succède une *capsule* le plus souvent à trois, très-rarement à cinq lobes, s'ouvrant par trois ou cinq valves dont la ligne médiane porte une faible portion de la cloison qui est restée presque en entier fixée à l'axe central. Les graines sont tantôt solitaires dans chaque loge, et alors dressées, tantôt nombreuses, et dans ce cas disposées sur deux rangs; elles renferment un embryon droit, situé dans l'axe d'un embryon charnu et de même longueur que lui. — Les polémoniacées croissent surtout dans les parties de l'Amérique situées en dehors des tropiques, particulièrement dans les pays qui longent l'océan Pacifique. On en cultive fréquemment aujourd'hui plusieurs espèces appartenant aux genres *polémoine*, *phlox*, *gillia*, *collomia*, *cantua*. A la suite de la famille des polémoniacées M. Endlicher place le genre *cobée*, dont la place définitive n'est pas encore parfaitement déterminée. (*Voy.* COBÉE.)

POLICE (*admin.*). — Chez les Grecs, la signification du mot *polis* (ville, cité) s'étendait à toute l'économie publique en général; et le mot *politeia*, dont nous avons formé *police*, signifiait l'ensemble des lois ayant pour objet de régler les rapports et la conduite des citoyens en vue de leur bonheur commun, quelle que fût d'ailleurs la forme du gouvernement. Le sens étymologique de ce mot, appliqué au maintien de l'ordre chez les peuples policés des temps modernes, offrirait une notion vague, confuse et peu d'accord avec la division des pouvoirs, que les progrès mêmes de notre civilisation ont rendue nécessaire. On pourra se former une idée nette et claire du véritable sens qu'il faut attacher aujourd'hui au mot *police*, après que nous aurons passé rapidement en revue les vicissitudes des principaux établissements formés à différentes époques sous cette dénomination. — La règle des mœurs est un des premiers éléments d'ordre et de prospérité pour une société, pour une nation quelconque; c'est l'objet d'un grand nombre de préceptes de la part des législateurs de l'antiquité. On en voit de nombreux exemples dans les lois de Moïse, dans les lois de l'Egypte et de la Grèce. L'exécution de ces dispositions était ordinairement confiée aux juges et aux magistrats chargés de veiller à l'observation des lois en général. C'est à Rome, sous l'empire d'Auguste, que la police devint une institution spéciale, lorsque les fonctions, exercées jusqu'alors principalement par les préteurs et les édiles, furent concentrées dans un magistrat suprême de nouvelle création, connu sous le nom de *præfectus urbis*, ayant sous ses ordres des magistrats inférieurs, *curatores urbis*. Les patriciens, qui avaient d'abord montré de la répugnance pour ces emplois, les demandèrent bientôt avec empressement, et l'empereur doubla, à leur sollicitation, le nombre des arrondissements ou quartiers de la capitale. Les employés, chargés de faire des rapports au nouveau préfet, se multiplièrent également dans les provinces et s'introduisirent, sous des noms différents, dans les plus importantes branches de l'administration, et particulièrement dans le service des postes (*voy.* POSTES). Le système de police prit ensuite une grande étendue, parce que le besoin de répression se faisait sentir de plus en plus, à mesure que la civilisation païenne approchait de sa ruine. En vain les empereurs, et particulièrement Constantin, Théodose et Justinien, essayèrent de corriger les mœurs par la sévérité de leurs lois et de leurs règlements; la corruption et le désordre ne firent qu'augmenter, jusqu'à ce que l'empire d'Occident s'écroulât, entraînant dans sa chute les institutions politiques du monde ancien.— Tant que les différentes contrées de l'Europe occidentale furent ravagées et pillées tour à tour par mille hordes barbares, l'établissement d'une police régulière fut une chose impossible; cependant les nouveaux venus se distribuaient les terres conquises, et, après y avoir fixé leur demeure, ils cherchaient naturellement à s'y maintenir en sûreté, et, par conséquent, à régler réciproquement leurs rapports. A cet effet, ils se divisaient en sections ou en compagnies, et se réunissaient, drapeaux déployés, dans un camp, pour délibérer en commun, sous l'autorité de leurs chefs qui furent d'abord leurs capitaines et leurs juges; ensuite, dans l'oisiveté de la paix, on nomma des magistrats chargés spécialement d'administrer la justice et de maintenir l'ordre; mais ces magistrats eurent souvent à se plaindre de la turbulence de leurs justiciables : c'est ce que l'on voit dans tous les codes barbares, et particulièrement dans les codes des Lombards, où l'on remarque généralement un chapitre sur les émeutes contre le juge : *De seditione contra judicem*. Du reste, rien ne ressemblait alors à un système de police tel qu'on le conçoit aujourd'hui. Les différents pouvoirs se trouvaient alors confondus et souvent concentrés dans une seule et même personne, et il n'y avait point d'administration distincte, composée de fonctionnaires et d'agents spécialement et exclusivement chargés de maintenir la tranquillité publique, de prévenir le crime et de découvrir les coupables. Les membres de chaque section, formés en groupes de dix en dix, de cent en cent, devaient veiller au maintien de l'ordre parmi eux. Chacun d'eux, ayant des droits et des devoirs égaux, exerçait également la police, c'est-à-dire une sorte d'inspection ou de surveillance sur son voisin, et partageait avec lui une responsabilité solidaire envers la communauté et son chef. — Charlemagne, par la puissance de son génie, montra, comme par un soudain rayon de lumière, les germes d'un ordre de choses qui ne devait éclore que longtemps après lui. On remarque dans ses *Capitulaires* des mesures caractéristiques d'une civilisation nouvelle, ayant pour base le développement du commerce et d'une libre industrie ; on y voit des dispositions très-précises relativement à la police des grains et des denrées de première nécessité, dont il cherche à déterminer le prix avec le plus grand soin. Après la mort de Charlemagne, tout retomba dans la confusion et dans la barbarie. Cependant, deux siècles après, l'ordre commençait à renaître, et, parmi les hommes venus du nord, les chefs normands se faisaient remarquer par de très-sévères règlements de police, dans la partie de la France à laquelle ils donnèrent leur nom. La volonté de ces chefs y était tellement respectée que l'on y jouissait d'une complète sécurité, et que personne n'osait toucher à l'or qui se trouvait sur son chemin, pendant que les autres contrées étaient infestées de brigands. Guillaume le Conquérant avait hérité de l'esprit d'ordre de ses ancêtres, et il serait difficile d'imaginer, dans les temps modernes, des mesures plus propres à l'établissement d'une bonne administration que celle qu'il prit dans le pays qu'il venait de conquérir, lorsqu'il nomma des officiers chargés de faire une sorte d'enquête ou une inspection générale du royaume, et qu'il fit dresser un tableau complet de la masse des terres, de leur état de culture, de la population et de la condition des habitants. Cette grande mesure de police administrative, commencée vers la fin du XIᵉ siècle et suivie avec une rare persévérance, fut achevée dans l'espace d'environ six ans ; mais, en général, la première institution d'une police régulière ne se montra sur le continent européen qu'après la formation des villes et pendant leur développement au moyen âge. Les règlements de police intérieure prirent néanmoins un caractère différent, selon les diverses circonstances, l'état plus ou moins avancé de chaque pays, la marche plus ou moins inégale de notre civilisation. Le système de police des villes d'Italie fut d'abord calculé sur une base assez large ; par leur culture, elles tenaient alors en Europe le premier rang ; elles embrassaient, pour ainsi dire, le commerce du monde, et l'industrie y était généralement libre.

Dans les Pays-Bas et dans la Flandre, où les villes se formèrent également de bonne heure, on avait principalement en vue l'industrie des manufactures, et les corporations d'arts et métiers imprimaient aux lois d'ordre intérieur, qui étaient leur ouvrage, l'esprit de fabrique. Les magistratures formées au sein de chaque corporation, composées d'un petit nombre de membres choisis pour veiller aux intérêts communs, furent appelées *jurandes*, et leurs présidents *chefs de jurande*. On voit, par leurs règlements, que l'exercice de toute industrie était sévèrement interdit à tous ceux qui n'appartenaient pas à une corporation. On s'attachait à multiplier les formalités et à rendre de plus en plus difficiles les épreuves indispensables pour être admis dans ces associations. Dans tous les cas, personne ne pouvait appartenir à deux corps à la fois. Il fallait, du reste, pour tous ceux qui n'étaient pas membres d'une corporation, une permission spéciale pour entrer dans une ville et pour y séjourner. Cette police intérieure était dictée par le même esprit qui portait les villes les plus puissantes, c'est-à-dire leurs jurandes, à dicter des lois aux autres villes moins considérables, pour leur défendre, par exemple, la fabrication des draps de laine d'une certaine dimension, ou pour d'autres semblables motifs. — Les villes de l'Allemagne commencèrent un peu plus tard, et ce furent d'abord les villes hanséatiques qui se formèrent en corps de marchands. Leurs règlements d'ordre municipal sont empreints d'un esprit commercial borné, ayant pour but de s'emparer exclusivement de tout le commerce de la Baltique ; aussi ces villes se réunirent-elles, en 1417, pour adopter, d'un commun accord, dans leur juridiction respective, les règlements les plus exclusifs. Il fallait, sous les peines les plus sévères, tout acheter, tout vendre sur leurs marchés privilégiés, tout déposer dans leurs magasins et dans leurs entrepôts, tout charger, tout transporter sur leurs navires. Tout capitaine étranger qui aurait été convaincu d'exporter du blé d'un port autre que ceux de la Hanse, ne devait plus trouver de fret et ne pouvait plus être reçu dans aucun port hanséatique, de sorte que, par exemple, un Suédois qui aurait exporté des blés de la Suède commettait, aux yeux de ces marchands, un crime capital. — Une police régulière municipale commença à s'établir de bonne heure en Suisse, dans la ville de Zurich. Les empereurs d'Allemagne en avaient fait une station où, se trouvant placés comme au centre des pays soumis à leur juridiction, ils appelaient souvent à paraître devant eux les habitants des différentes contrées, et particulièrement les Lombards. Ce fut par ce motif que Zurich eut des auberges, dans un temps où ces établissements étaient encore presque inconnus dans le reste de l'Europe. Les villes de la Suisse, au milieu d'un pays entrecoupé de montagnes, se formèrent comme en autant de districts ou de cantons : la première ville du canton exerçait naturellement une influence prépondérante, et les règlements qu'elle adoptait étaient généralement reçus dans les villes secondaires. L'industrie y fut d'abord libre, comme en Italie, mais par des causes différentes ; car les deux pays étaient loin de se trouver dans les mêmes circonstances. On ne saurait en donner une meilleure preuve que, d'un côté, l'usage introduit dans les villes italiennes d'appeler chez elles des magistrats étrangers pour les gouverner, et, d'un autre côté, le principe consacré par les statuts des villes suisses que nul citoyen ne pouvait être obligé de paraître et de répondre devant un juge étranger. — Dans les autres contrées où les villes ne jouissaient pas de la même indépendance, elles n'en faisaient pas moins des règlements de police intérieure, sous l'autorité des seigneurs ou des rois : c'est ainsi que, jusqu'à la formation des grandes nations modernes, l'ordre municipal fut pendant longtemps le seul lien de la société civile et la source principale des garanties de sûreté personnelle et de propriété que les temps permettaient d'introduire. Mais ces garanties étaient bien faibles encore, même dans les villes les plus renommées par leur indépendance. Dans les plus beaux temps de Florence, l'autorité municipale établissait un impôt général sur des informations secrètes et en confiait le recouvrement à des officiers notoirement corrompus. Ensuite les vicissitudes des temps, en affaiblissant la puissance des villes, les portèrent à des règlements de police locale inefficaces, absurdes et souvent ridicules. Lorsque les corporations de toute sorte s'établirent en Suisse, on alla jusqu'à défendre aux habitants d'acheter du pain, du vin et d'autres denrées hors de l'enceinte de leur ville, et on répondit aux citoyens qui demandaient à pouvoir acheter où ils trouveraient un meilleur marché, que celui qui aurait l'audace de renouveler une pareille demande serait relégué hors de la ville pendant cinq ans, payerait une amende de 10 marcs d'argent ou subirait une peine corporelle. Du moment où la magistrature des villes porta son attention sur la culture du sol qui formait partie de leur territoire, l'industrie agricole fut soumise à une police rurale extrêmement sévère : on publia les règlements les plus minutieux sur la manière de cultiver les terres, de planter les arbres, de faire les récoltes. Mais les lois somptuaires, qui passèrent successivement de Florence aux autres villes d'Italie et à l'étranger, devinrent l'objet favori des conseils municipaux. On arriva au point de défendre toute dorure aux voitures, d'interdire, à ceux qui feraient des invitations, donneraient des bals ou des soirées, d'offrir à leurs hôtes plus de deux sortes de rafraîchissements ; on défendit également de faire usage de chocolat, de sucre, de candis, de tenir des laquais et de s'en servir pour porter la queue aux dames. On ne croirait pas à de tels écarts, s'ils n'étaient confirmés par les écrivains les plus distingués et les plus dignes de foi, depuis Villani jusqu'à Muller. Ces mesures de police intérieure, qui exciteraient aujourd'hui un sourire de pitié, furent prises et sanctionnées par les sénats et par les cours suprêmes de justice, dans la confiance qu'elles seules auraient pu rétablir l'ordre économique et ramener la sécurité et l'abondance. Nous n'irons pas plus loin à ce sujet : ce serait un volume à la fois curieux et instructif que celui dans lequel on réunirait toutes les mesures de police éparses dans les statuts des corporations et des villes, et particulièrement des villes de l'Italie, de la Flandre, de l'Allemagne et de la Suisse ; ce serait peindre les reflets de la civilisation moderne dans ses commencements et dans ses progrès jusqu'à la formation des grands corps de nation. Ici la police municipale ne joue plus qu'un rôle secondaire et se rattache à la police générale de l'Etat. A ce dernier point de vue, nous allons maintenant prendre en considération l'établissement de la police dans les principaux Etats du monde civilisé.

En France, nous avons vu Charlemagne occupé à régler le prix des céréales : c'était un point capital pour le maintien de l'ordre public; aussi la police du marché des grains fut la première à s'établir régulièrement et à prendre le caractère d'une institution d'utilité publique. Il s'était formé des confréries ou des corporations de marchands, et le commerce des denrées qui se transportaient alors principalement par eau se faisait sous l'inspection des membres de ces corporations connus sous la dénomination de *jurés de la marchandise de l'eau*, présidés d'abord par des chefs qualifiés du nom de *prévôts*, et agissant ensuite sous la direction d'un magistrat suprême qui prit le nom de *prévôt des marchands*, et fut appelé, ainsi que les autres magistrats de son temps, à exercer cumulativement des fonctions judiciaires et administratives. Auprès de cette nouvelle magistrature s'établit un bureau de ville où l'on traitait toutes les affaires particulières et secrètes. Vers la même époque, le grand Châtelet devint le siége de la juridiction municipale de Paris, dont le chef s'intitulait également *prévôt*. Le prévôt de Paris, placé sous l'immédiate dépendance des rois, eut à sa disposition, pour l'exécution de ses ordres, des compagnies de sergents, des compagnies d'ordonnance, et les soldats du guet. Parmi les dix sections dans lesquelles se divisait la cour du Châtelet, il y avait une chambre de police où se faisaient les rapports journaliers et périodiques sur les contraventions à l'ordre public. Un peu plus tard, les parlements, dès que la noblesse et le clergé eurent cessé d'en faire partie et qu'ils ne furent plus composés que de gens de robe, s'étant transformés en véritables cours de justice, furent portés par l'esprit de corps à vouloir exercer une haute surveillance sur l'administration de la police. Trois autorités de police se trouvèrent donc en présence, le prévôt des marchands, le prévôt de Paris et les parlements. On appelait du prévôt des marchands au parlement, du prévôt de Paris au roi. Bien que l'autorité du prévôt de Paris faiblît devant l'autorité croissante du parlement, la cour du Châtelet était encore organisée, vers le milieu du XVIIᵉ siècle, comme une haute cour de justice. L'intervention de trois autorités dans les affaires de police ne pouvait qu'amener des conflits déplorables contraires à l'ordre public, dont le maintien devenait plus urgent que jamais. Ce besoin amena, en 1667, la création d'un lieutenant de police dont les attributions devaient embrasser toutes les branches de sûreté générale. Les halles et marchés, les rues

et places publiques, les métiers et leurs corporations, la réunion d'assemblées illicites ou tumultueuses, l'imprimerie, la librairie, le colportage de livres et gravures, le vagabondage, la mendicité devaient être également l'objet de sa surveillance. Le prévôt de Paris n'était pas un obstacle à cette nouvelle création; ce n'était plus qu'un vain titre depuis que la nomination de ses deux lieutenants, qui concentraient toutes les affaires dans leurs mains, avait été attribuée par Louis XII à la couronne. Mais, pour faire cesser tout contraste, il aurait fallu supprimer le bureau de ville et circonscrire l'autorité des parlements, deux choses qui ne pouvaient se faire sans danger; aussi la source des conflits ne fut-elle pas tarie sous l'empire de cette institution dont nous allons suivre rapidement la marche jusqu'au moment où elle fut supprimée en 1789. Le premier lieutenant de police, M. de la Reynie, eut d'abord une rude tâche à remplir par suite de la révocation de l'édit de Nantes. Les circonstances devinrent de plus en plus difficiles, à cause des querelles qui agitaient les esprits. La répression des délits de librairie et d'imprimerie et la recherche des écrits clandestins donnèrent lieu à des mesures de rigueur et rendirent nécessaire l'augmentation des employés subalternes. On reconnut, en 1739, le besoin d'épurer la police d'une foule d'agents qui l'avilissaient aux yeux du public; mais l'épuration ne pouvait être complète: de 1747 à 1754, le peuple, exaspéré contre ces agents, se livra à des excès, et le parlement dut intervenir pour calmer l'effervescence populaire. La lieutenance de M. de la Sartine fut une des plus remarquables; elle dura de 1759 à 1774 : l'habileté de ce lieutenant lui fit une grande réputation à l'étranger. L'impératrice de Russie, Catherine II, s'adressa à M. de Sartine pour être initiée dans les secrets de son administration, bien qu'elle fût peut-être elle-même dans le cas de lui donner des leçons. Cependant, malgré l'influence toujours croissante du lieutenant de police, le bureau de ville existait et agissait encore, et on était loin de s'entendre surtout lorsqu'il était question de prendre des mesures d'ordre dans des circonstances extraordinaires. Tout le monde connaît les fâcheux événements arrivés en 1770, sous la lieutenance de M. de Sartine lui-même, à l'occasion des fêtes pour le mariage du Dauphin. Les successeurs de M. de Sartine, de 1774 à

1789, ne furent pas plus heureux que lui ; enfin M. Thiroux de Crosne donna, en 1789, sa démission : ce fut le dernier lieutenant de police, et l'institution tomba avec lui. Sous quelque point de vue que l'on veuille considérer cette institution, il n'en est pas moins vrai que plusieurs lieutenants ont fait des efforts dignes d'éloge pour introduire dans le pays d'utiles améliorations. On ne veut pas parler de ces règlements contre le vagabondage, la mendicité, les mauvaises mœurs ; règlements dont la publication toujours renouvelée, à des époques très-rapprochées, ne fait que constater l'existence du mal et la difficulté d'y apporter un remède ; ni de ces ordonnances qui défendaient de jouer aux quilles et au volant dans les rues, pendant que l'on tenait impunément de nombreuses maisons de jeu où se ruinaient tous les jours des pères de famille. Mais il ne faut pas oublier que René de Hérault, de 1725 à 1739, commença l'éclairage de la ville, qu'il fit placer une inscription au coin des rues pour en indiquer le nom, et qu'il introduisit l'usage de l'arrosement des rues dans les grandes chaleurs ; que, de 1754 à 1759, le lieutenant de police Bertin, économiste distingué de son temps, fonda le premier une école vétérinaire, publia plusieurs règlements de salubrité publique et donna un plus grand développement au système d'éclairage introduit par René de Hérault. De 1789 à 1793, on créa un comité permanent et des comités de district, et on parut vouloir rendre à l'autorité municipale l'exercice entier de la police ; mais bientôt il fallut subir l'influence des temps, et l'application des principes qu'on avait proclamés devint impossible au milieu de la révolution et de la guerre. En 1795, le Directoire essaya de réorganiser un service général régulier, mais les attributions des diverses autorités n'étant pas nettement déterminées, il en résulta une confusion qui ne cessa qu'à la création de la préfecture de police, le 17 février 1800, telle qu'elle existe à peu près aujourd'hui. En principe, la loi française déclare que la police est instituée pour le maintien de l'ordre et de la tranquillité publique, de la liberté, de la propriété et de la sûreté individuelle ; la vigilance est son caractère, la société en masse est l'objet de sa sollicitude. Elle se divise en police *administrative* et en police *judiciaire*.

La police administrative est chargée du maintien de l'ordre dans toute l'étendue du royaume, et généralement dans chaque partie de l'administration. Elle s'exerce, dans toute la France, par le ministre de l'intérieur ou, sous ses ordres, par les préfets, les sous-préfets, les maires, dans les départements et dans les communes, et, à Paris, sous la direction spéciale d'un préfet de police. Elle se subdivise en police générale et en police municipale, et chacune de ces branches admet d'autres divisions relativement à l'objet qu'on a en vue. La description des attributions de la préfecture de police, qui embrasse également la police générale et la police municipale, pourra nous donner une juste idée de cette nouvelle institution. L'autorité du préfet de police, résidant à Paris, s'étend à tout le département de la Seine, et même aux sept communes de Saint-Cloud, de Meudon et de Sèvres, bien qu'elles soient situées dans le département de Seine-et-Oise. Dans toute l'étendue de cette juridiction, le préfet de police concentre en lui-même les attributions des préfets dans les autres départements. Au point de vue de la police générale, il délivre et vise les passe-ports et les cartes de séjour aux étrangers qui restent plus de trois jours à Paris ; il a l'inspection de tous les établissements publics ayant pour but le soulagement des pauvres ; il fait arrêter les vagabonds et les mendiants, et il surveille les prisons de la métropole ; il fait exécuter les règlements sur les hôtels, les maisons meublées et autres établissements semblables, dans l'intérêt des mœurs ; il est chargé de prévenir les coalitions d'ouvriers, les rassemblements tumultueux, de faire observer les lois sur la presse, la librairie et les gravures, de veiller à la distribution de la poudre à canon et des armes. C'est à lui à régler l'ordre des spectacles, à maintenir la tranquillité et la décence dans les édifices destinés au culte, à prescrire les arrangements convenables à l'occasion de fêtes publiques. La *haute police* fait partie de la police générale ; elle a particulièrement pour objet les actes qui, tout en n'étant pas précisément contraires aux lois en vigueur, sont jugés comme dangereux à la sûreté publique ; elle porte sur les cas présumés de dangers que la loi n'aurait pas prévus. C'est ordinairement le ministre de l'intérieur qui l'exerce au moyen du préfet de police et éventuellement par le conseil d'Etat. Il y a néanmoins une branche de la haute police que la loi a clairement définie ; c'est celle qui prend sous sa surveillance les coupables sortant de prison après l'expiration de leur peine et qui veille sur leur conduite pendant un temps déterminé ; c'est même quelquefois une partie de la punition à laquelle certains criminels peuvent être condamnés par jugement, selon le code pénal. Elle consiste à défendre aux libérés tout séjour dans certaines villes principales, à exiger d'eux une déclaration du lieu où ils entendent établir leur domicile, et d'où ils ne peuvent s'absenter qu'avec la permission du maire : cette sorte de surveillance dure d'ordinaire de cinq à dix ans. — Les attributions de la police municipale sont plus nombreuses encore que celles de la police générale. Le préfet de police préside à la petite voirie, c'est-à-dire aux rues et passages qui ne sont ni de grands chemins, ni la continuation de grands chemins.

Cette distinction entre la petite et la grande voirie admet néanmoins une exception : toutes les rues de la capitale étant assimilées aux grandes routes, ce qui concerne leur construction, leur entretien, leur alignement appartient, par conséquent, au préfet de la Seine. C'est, du reste, la préfecture de police qui surveille à tout ce qui a rapport aux boutiques et aux magasins, à la construction des échafaudages, à la démolition des édifices qui tombent en ruine, à la capture des animaux dangereux, et généralement à la libre circulation et à la propreté des rues. C'est au préfet de police de faire procéder à la vérification des poids et mesures, de régler les mercuriales et l'ordre des marchés, de donner les dispositions relatives à la tenue des bains et autres établissements assujettis à un régime spécial. Il est également chargé d'assurer à la ville la provision d'eau qui est nécessaire et de la préserver des incendies. Une des institutions les plus utiles soumises à l'autorité du préfet de police, c'est le conseil de salubrité établi en 1802, et auquel se rattache un illustre nom, celui de Cadet de Gassicourt. Ce conseil, composé d'abord de trois membres, ensuite de sept, s'assemble régulièrement deux fois par mois : on a dû en sentir l'importance surtout lors de l'invasion du *choléra ;* mais il n'a jamais cessé de se rendre utile, et l'on compte aujourd'hui plus de quatre mille rapports, publiés par ses soins, sur toutes les questions qui touchent à l'hygiène publique (*voy.* HYGIÈNE). Il n'est pas besoin de dire que cette branche de police veille à l'exercice de la médecine,

de la chirurgie, de la pharmacie, et à la vente des drogues, herbes et substances dangereuses. Enfin on ne saurait imaginer une partie quelconque du bien-être matériel de la société qui ne se trouve sous la vigilance du préfet de police. — Les moyens dont il peut disposer pour faire exécuter ses ordres consistent en un corps nombreux de commissaires, d'inspecteurs, d'officiers de paix ; il a d'ailleurs sous sa dépendance les sapeurs-pompiers et une garde municipale instituée à Paris, en 1830, en remplacement de la gendarmerie. — Le préfet de police est, comme le préfet de la Seine, membre du corps municipal de la ville de Paris, et il a, comme lui, voix consultative. Il adresse, chaque année, au conseil municipal l'état présumé des dépenses de son administration, et il réclame, sur le budget de la ville, une allocation de crédit, sous l'approbation du ministre de l'intérieur, qui autorise ensuite les ordonnances de payement. Une loi promulguée en 1818 porte que le préfet de police doit produire chaque année et rendre public, par la voie de l'impression, le compte de son administration. — La *police rurale* est une des principales branches de la police municipale dans les départements ; elle veille à la sécurité des propriétaires, des cultivateurs et des habitants de la campagne ; elle empêche les dégâts dans les bois, dans les terres, dans les récoltes. Elle a également pour objet la tenue du bétail, l'exercice de l'art vétérinaire, les irrigations, les desséchements de marais ; elle embrasse enfin toutes les classes qui s'adonnent à la culture du sol et tous les intérêts agricoles. — Il y a aussi une *police maritime* proprement dite, qui s'exerce particulièrement dans les ports de mer, dans les chantiers, dans les arsenaux où se trouvent établis des tribunaux maritimes spéciaux, appelés à juger des contraventions et des délits commis dans le cercle de leur juridiction exceptionnelle. — La *police judiciaire* peut être considérée comme une des branches de l'administration de la justice, ayant principalement pour objet de découvrir les coupables des crimes que la police administrative n'a pu empêcher. Elle cherche des témoins, elle s'assure de la personne des accusés, elle fait procéder à l'arrestation des criminels, elle veille à ce qu'ils subissent la peine à laquelle ils ont été condamnés. — On appelle *police correctionnelle* celle qui a pour but la découverte et la punition des délits connus autrefois sous le nom de *petits-criminels*, étant quelque chose de plus qu'une simple contravention de police, mais n'ayant pas assez de gravité pour y appliquer la solennité du jury. — Telle est l'organisation de la police en France, et un système analogue est plus ou moins suivi dans presque tous les autres Etats du continent de l'Europe. On est généralement d'accord sur les principes qui doivent servir de base à cette institution; cependant les formes ne sont pas partout les mêmes. — En Belgique, il n'y a point d'établissement central; les autorités locales sont principalement chargées du maintien de l'ordre, de la formation et de l'exécution des règlements de police. On a publié néanmoins, en 1836, une loi sur la surveillance des condamnés libérés, portant les mêmes dispositions que la loi française. En Prusse il n'y avait pas non plus, à proprement parler, une administration de police établie comme en France et comme dans quelques autres pays de l'Allemagne; mais on a formé dans les villes des bureaux spéciaux pour veiller aux constructions, à l'approvisionnement de l'eau nécessaire aux habitants et à la vente des denrées alimentaires. Le gouvernement prussien attache une grande importance à la police médicale et aux règlements hygiéniques; mais ici, comme dans d'autres Etats allemands, on entre parfois dans des détails très-minutieux : on peut en citer un exemple dans le Hanovre, où le gouvernement prescrit, entre autres choses, le nombre des piqûres à faire dans la vaccination.

L'établissement de la police en Angleterre porte ce cachet particulier qui tient à la forme du gouvernement et à la position spéciale du pays. Les anciens Saxons s'étaient formés en groupes ou en compagnies; chaque compagnie, composée de cent hommes, élisait un officier chargé spécialement de veiller au maintien de l'ordre pendant la nuit; et ces officiers furent introduits, sous la dénomination de *hauts constables* et de *petits constables*, dans les villes et dans les paroisses : à un cri d'alarme, tout le monde devait les aider à arrêter les malfaiteurs, de paroisse en paroisse, de ville en ville, de comté en comté. Cette loi n'a jamais été abrogée; mais elle est tombée peu à peu en désuétude. C'était aussi un ancien usage, chez les hommes libres, *francs tenanciers*, d'une province, d'élire, parmi les plus probes et les plus influents d'un comté, *de probioribus*

et potentioribus comitatus, des magistrats conservateurs de la paix. Sous le règne d'Edouard III, les élections furent supprimées, et la couronne eut la nomination de ces fonctionnaires, qui prirent alors le nom de *juges* et qui commencèrent à exercer réellement des fonctions judiciaires et à juger des délits et des contraventions aux lois. Les attributions des juges de paix ont été ensuite tellement augmentées par les statuts modernes, que la conciliation ou la simple conservation de la paix est peut-être aujourd'hui la moins importante de leurs fonctions. Chez un peuple extrêmement susceptible sur le point de la liberté individuelle, rien n'était plus difficile que d'établir une police efficace et fortement organisée. Vers la fin du XVIIIᵉ siècle, on était encore, en Angleterre, à ne pouvoir entreprendre le plus petit voyage sans risquer d'être dévalisé par des voleurs de grand chemin. En 1806, d'importantes publications à ce sujet attirèrent l'attention du public et du parlement. Le tableau était sombre, le désordre effrayant. Plusieurs enquêtes furent faites, par ordre du parlement, de 1812 à 1828, sur la police de la capitale, qui devait donner l'impulsion aux améliorations à introduire dans le royaume uni. Une nouvelle division d'arrondissements ou de quartiers fut adoptée en 1828; mais, chaque magistrat agissant par lui-même d'une manière indépendante, toute combinaison devenait impossible, et l'on détruisait souvent, d'un côté, ce que l'on faisait de l'autre. Enfin un acte passé sous Georges IV, ayant pour objet d'améliorer la police de Londres, établit un bureau central et neuf bureaux principaux, dont chacun peut disposer d'une force de cent cinquante-cinq hommes. Chaque bureau fait imprimer, tous les jours, un rapport à l'usage des magistrats, et une gazette officielle de police est distribuée à toutes les autorités du royaume. Ces bureaux se subdivisent en sections; chaque section est marquée par une lettre de l'alphabet, et des maisons d'arrêt se trouvent à sa portée. La dépense totale, pour la police de Londres, s'élève à plus de 30 millions de francs. On fournit à cette dépense au moyen d'une taxe qui se perçoit avec la taxe des pauvres, et le trésor n'y contribue que pour 1 million et demi. Dans les villes principales de la province, on a introduit le même système que dans la capitale; dans les autres villes, la police rentre dans les attributions de l'autorité municipale, qui a sous ses ordres un nombre plus ou moins grand de constables : dans les campagnes, la police se fait encore généralement, d'après les anciennes lois, par les constables et les juges de paix. Quelques nouvelles dispositions ont été prises néanmoins en 1829, et une loi de police très-sévère, faite dans ces derniers temps, sur le vagabondage, autorise les magistrats à punir le vagabond du délit qui lui est imputé, alors même qu'on ne pourrait pas en fournir directement la preuve. Le bureau central a beaucoup fait pour la découverte du crime et pour l'arrestation des coupables ; mais ses efforts pour empêcher le crime et pour le prévenir n'ont pas eu le même succès. La loi ne lui accorde, d'ailleurs, aucun pouvoir général de surveillance personnelle, et les commissaires de police n'osent pas délivrer des mandats d'arrêt. Les juges continuent à exercer des attributions qui appartiennent proprement aux officiers de la police administrative. Les inconvénients qui résultent de cet état de choses sont l'objet de continuelles publications. On exprime généralement le désir que les magistrats ne sortent pas de la sphère de leurs fonctions judiciaires ; on se plaint de l'altération des denrées surtout à Londres, et on demande que la vente en soit mieux réglée et mieux surveillée. Une nouvelle commission a été créée, par le gouvernement, en 1836, et une enquête a été ordonnée sur le meilleur moyen d'organiser une police forte et active dans toute l'étendue du royaume uni. On a également soulevé la question d'une loi de surveillance pour les libérés, à l'instar de la loi française. On voit que, du moment où un principe de centralisation a été adopté, la police anglaise s'est successivement rapprochée de celle des autres pays. — Dans les Etats-Unis de l'Amérique du Nord, il n'y a pas d'établissement central pour l'exercice uniforme d'une police générale; mais il y a, dans chaque province qui prend le nom d'Etat, une police provinciale. La législature de chaque Etat s'occupe souvent d'objets d'une nature locale, et ses règlements sont obligatoires pour toutes les communes. On remarque, particulièrement dans les statuts de Virginie, un des Etats les plus considérables de l'Union, un grand nombre de dispositions qui, chez les peuples de l'Europe, seraient censées être exclusivement du ressort de la police municipale.

Dans la série des faits que nous venons d'exposer, on peut retracer la nature des institutions de police à différentes époques. Chez les anciennes républiques, la police se confond avec la politique ; elle embrasse toute la législation intérieure et toute la conduite publique des citoyens. Dans l'empire romain, la police change de caractère; elle devient le principal instrument du pouvoir des empereurs. Les barbares, en s'établissant dans les contrées qu'ils ont envahies, cherchent à conserver les terres qu'ils se sont partagées et à maintenir l'ordre parmi eux au moyen des règles d'une discipline militaire. Ces règles se modifient ensuite, à l'introduction du système féodal, mais ce n'est qu'après la formation des communes ou des villes que les règlements de police commencent à offrir des garanties de sûreté personnelle et de propriété, qu'ils portent généralement sur le travail, l'industrie, le commerce, c'est-à-dire les bases de la civilisation moderne. Mais ces villes n'occupent encore qu'un petit espace; elles ne sont que des fractions de la grande société qui va renaître : agissant dans une sphère bornée, elles n'ont souvent encore que des intérêts partiels, et elles finissent par se perdre dans ce mouvement général qui donne lieu à la fondation des grands Etats. Par le développement progressif des rapports sociaux, les institutions de police sont ramenées vers le but d'un bonheur commun ; elles se rattachent à l'administration et lui servent d'intermédiaire pour arriver à la justice. Un système de police bien constitué a quelque chose qui le rapproche d'un bon système économique de famille. De même que les membres d'une famille, les membres d'un Etat doivent se conformer, dans leur intérêt commun, à la règle des mœurs et à certaines convenances qui ont leur fondement dans l'ordre naturel et dans l'organisation même de l'homme doué de conscience et de raison. L'observation de ces règles exige l'intervention de l'autorité dans une foule de circonstances que la législation la plus parfaite ne saurait prévoir. C'est principalement sous ce rapport qu'une bonne police devient un grand bienfait, et c'est à ce point de vue qu'elle a été dernièrement définie, dans un ouvrage allemand, « *l'éducation morale d'un peuple ayant pour objet de le conduire à savoir se diriger lui-même.* »

POLICE SANITAIRE. — Ces mots rappellent, en général, tous les règlements qui ont rapport à l'hygiène publique. Nous avons déjà fait mention de la police médicale et du conseil de salubrité institués auprès de la préfecture de police à Paris, et qui embrassent toutes les questions hygiéniques; nous avons ici à considérer la police sanitaire dans le sens qu'on lui attribue ordinairement : il s'agit des mesures prescrites pour empêcher que la peste ou une grave maladie épidémique qui règne à l'étranger ne s'introduise dans l'État par le contact médiat ou immédiat des personnes et des marchandises qui arrivent par terre ou par mer. Dans ce but, on a été naturellement porté à défendre toute communication pendant un certain temps, d'abord généralement fixé à quarante jours, et, par ce motif, désigné sous le nom de *quarantaine* (voy. QUARANTAINE); ensuite on a donné plus ou moins d'étendue à cette mesure de précaution, selon l'état sanitaire réel ou présumé de chaque contrée.

Les pays étrangers ont été divisés en pays *sains* et en pays *non sains* ou réputés comme tels, soit parce qu'ils sont actuellement désolés par quelque maladie pestilentielle, soit parce qu'ils y sont habituellement sujets, soit parce qu'ils entretiennent de fréquentes relations avec d'autres pays infectés ou suspects. En conformité de cette décision, on a établi trois régimes sanitaires : le régime de *patente brute* et celui de *patente suspecte* qui entraînent une quarantaine de rigueur avec les purifications d'usage; et le régime de *patente nette*, pouvant donner lieu à une quarantaine d'observation, surtout lorsqu'on arrive d'un pays où la police sanitaire n'est pas soigneusement exercée. Telles sont les bases principales du système sanitaire en France : elles ont été consacrées dans une loi fondamentale publiée le 3 mars 1822; et une ordonnance royale du 7 août suivant a donné, en vertu de cette loi, les dispositions nécessaires pour son exécution. Une législation sanitaire fondée sur ces bases demande d'abord que l'état sanitaire de tout ce qui se présente aux frontières ou sur les côtes soit vérifié. Cependant les communications par la voie de terre entre les États civilisés du continent de l'Europe, où la police sanitaire s'exerce de manière à rassurer réciproquement les esprits, sont généralement libres. Ce n'est que par suite de quelque événement extraordinaire qu'elles peuvent être restreintes par le gouvernement et même par les autorités locales, s'il y a urgence. Dans ce cas, on exige, pour les personnes et pour les marchandises, des bulletins de santé, et les voyageurs, les conducteurs et les voituriers ne peuvent se permettre aucune communication avant d'être admis à libre pratique. Mais l'attention du législateur s'est principalement portée sur les arrivages par la voie de mer. Tout capitaine de navire doit être muni d'une patente de santé qui se délivre en France par les administrations sanitaires, et à l'étranger par les autorités compétentes du pays, ou par les consulats de France partout où ils sont établis s'il s'agit d'un navire français. Ces patentes doivent être visées dans tous les lieux de relâche; elles doivent être soigneusement conservées, et on doit tenir à bord de chaque bâtiment un journal où sont notées les maladies qui ont pu se manifester et sont marqués les décès qui ont pu avoir lieu pendant le voyage. Toute communication est défendue à un navire quelconque arrivant dans un port français, avant qu'il ait été admis à libre pratique; il n'y a d'exception que pour les bateaux pêcheurs, les bâtiments des douanes et les navires qui font le petit cabotage d'un port français à un autre sur les côtes de l'Océan, et, sur celles de la Méditerranée, pour les bâtiments des douanes qui ne sortent pas de l'étendue de leur direction. Sur les côtes de l'Océan et de la Manche, les quarantaines pour les régimes de patente brute et de patente suspecte sont moins longues que sur les côtes de la Méditerranée qui reçoivent les navires de pays peu avancés en civilisation, du Levant, de l'Égypte et des États barbaresques, où toute précaution hygiénique est à peu près inconnue. Sous les régimes de patente brute et de patente suspecte, la quarantaine ne peut être subie que dans les ports et rades désignés par le gouvernement : les simples quarantaines d'observation, sous le régime de patente nette, peuvent avoir lieu généralement dans tous les ports. La police sanitaire, qui faisait d'abord partie des attributions du ministère de l'intérieur, appartient aujourd'hui au ministère du commerce; elle s'exerce sur les divers points du royaume, sous la surveillance des préfets, par des intendances ayant une juridiction déterminée, ou par des commissions sanitaires. Ces autorités peuvent faire des règlements locaux sous l'approbation du ministre auprès duquel se trouve établi un conseil supérieur de santé. Les intendances et les commissions sanitaires ont sous leurs or- dres des employés et des secrétaires, des of- ficiers de lazaret, des médecins, des inter- prètes, des gardes de santé et des agents sa- nitaires préposés à la surveillance des côtes. L'intendance sanitaire de Marseille jouit d'une organisation spéciale qui lui est con- servée. En exécution des règlements de santé, les membres des commissions et des intendances exercent, concurremment avec les capitaines des lazarets, une sorte de po- lice judiciaire ; ils sont aussi appelés à exer- cer les fonctions de juges dans les cas prévus par la loi.

Cependant la rigueur du système sanitaire a été adoucie, et les dispositions contenues dans la loi et dans l'ordonnance de 1822 ont reçu, depuis 1830, de nombreuses modifica- tions : ainsi, par exemple, on a révoqué, en 1839, la mesure qui prescrivait, pour les arri- vages des pays sujets à l'apparition de la fiè- vre jaune, le régime de patente suspecte ; on a réduit les quarantaines, pour le régime de patente brute, à cinq ou à quinze jours sur les côtes de l'Océan ; à dix ou à vingt jours sur celles de la Méditerranée ; on a supprimé la défense à tout capitaine de navire d'embar- quer sur son bord aucun passager qui ne se- rait pas muni d'un bulletin de santé. D'au- tres adoucissements ont été introduits par de nouvelles mesures et par des décisions par- ticulières, et on attend avec empressement que toutes ces dispositions, réunies comme en un seul code, viennent faire connaître dans toute son étendue le véritable état pré- sent de la législation sanitaire en France. — Une marche analogue à celle que l'on vient de signaler a été suivie dans les autres pays, et l'ancien système sanitaire a subi partout de grands changements. — On a mis en doute la nature contagieuse des maladies pestilen- tielles ; on a d'ailleurs contesté, dans tous les cas, l'opportunité, l'utilité et l'efficacité de la plupart des règlements sanitaires. Il ne nous appartient pas de juger de ces règle- ments au point de vue médical, ni d'aborder la question de la contagion (*voy.* PESTE, CON- TAGION). Au point de vue économique, un cri presque général s'est fait entendre de la part des commerçants contre les quaran- taines : on s'est d'abord récrié sur les abus qui se sont glissés, au préjudice du commerce et de la navigation, dans les administrations sanitaires de presque tous les Etats ; mais, tout abus cessant, l'exercice de la police sa-

nitaire des quarantaines n'en exige pas moins des frais très-considérables. Dans des circon- stances données, la différence de ces frais dans les différents ports de mer peut sérieu- sement compromettre les intérêts commer- ciaux d'une nation. Si les tarifs de quaran- taine, les droits de magasinage, les frais de médecin et de chirurgien, les rétributions allouées aux gardes, et un grand nombre d'autres articles de dépense, ne sont pas ré- glés, toute proportion gardée, d'une manière à peu près égale, dans les ports qui se trou- vent en concurrence pour des branches simi- laires de commerce ; si dans ces ports les la- zarets ne sont pas également commodes et convenables, s'ils ne sont pas également propres à la conservation des personnes et des marchandises et d'un accès facile, il est évident que le cours des opérations commer- ciales sera détourné au profit du port qui présente plus de facilités et où le régime sa- nitaire est moins dispendieux, et au préju- dice du port qui se trouve dans le cas con- traire. Quant à l'emplacement des lazarets, on peut rencontrer de grands obstacles dans la nature des lieux ou dans l'énormité de la dépense : c'est ce qui a motivé, par exemple, la disposition de la loi française qui force les navires, sous le régime de patente brute et suspecte, à subir la quarantaine dans cer- tains ports, dont le nombre est extrêmement limité. Mais, indépendamment de ces diffi- cultés, la différence des frais d'administra- tion est elle seule une puissante cause de perturbation. On ne saurait mieux en donner une idée qu'en rappelant ici un calcul fait, il y a quelques années, des frais sanitaires de deux ports qui se trouvent en concurrence sur la Méditerranée. Ces frais, pour une même quantité, deux cents balles de laine venant de Barbarie, s'élevaient, dans un de ces ports, à 677 francs, et, dans l'autre, à 1,732 francs. On pourra maintenant appré- cier l'influence qu'une telle disproportion peut exercer sur la direction du commerce, dans les intérêts respectifs de deux pays qui, par leur position naturelle, se trouvent réciproquement en concurrence. Encore, en dehors des frais, on doit mettre en ligne de compte les formalités et les actes, plus ou moins multipliés, exigés par les administra- tions sanitaires, et qui, par les ennuis et les pertes de temps qu'ils causent, sont souvent même plus lourds que les tarifs les plus éle- vés. En admettant, par conséquent, l'opportunité des quarantaines, on n'aurait jamais à perdre de vue le principe que ce régime sanitaire ne doit jamais être plus onéreux au commerce que le régime suivi par les autres puissances commerciales, partout où l'on se trouve en concurrence avec elles. Mais ce principe, une fois admis, nous conduit plus loin, à mesure que les principaux Etats se relâchent de leurs rigueurs sanitaires, au point que, dans l'hypothèse où toute quarantaine serait supprimée chez eux, on peut se demander si le commerce ne serait pas à peu près anéanti dans les pays ou l'ancien système sanitaire continuerait à être en vigueur. Il y a plus ; dès ce moment, le maintien de ce système ne pouvait avoir d'efficacité qu'au moyen d'un isolement difficile à obtenir et moralement impossible. La question médicale, celle de la contagion, est sans doute une très-grave question, absolument parlant ; elle est d'ailleurs naturellement la base de toute législation sanitaire, au point de vue du commerce extérieur. Mais on n'a qu'à prendre en considération la position relative des corps politiques, dans le monde civilisé, pour se convaincre que cette question, résolue dans le sens de la non-contagion, par une seule des grandes puissances industrielles, commerciales et maritimes, se trouverait résolue, dans le fait, par la force même des choses, pour les autres Etats sous le rapport de la contagion comme sous celui du commerce. Vu la rapidité avec laquelle se parcourent aujourd'hui les distances, la contagion pourrait nous atteindre en quelques heures, et l'établissement d'un cordon sanitaire qui aurait pour effet de nous isoler des pays voisins où l'on aurait adopté le principe de la non-contagion serait, dans l'état actuel de l'Europe, une mesure funeste et illusoire. On voit que la police sanitaire tient aux grands intérêts des nations, et qu'elle offre aujourd'hui plus que jamais un problème aussi délicat que difficile à résoudre. DE LENCISA.

POLICE CORRECTIONNELLE (jurisprud.). — Espèce de *police judiciaire* qui correspond aux délits, de même que la *simple police* répond aux contraventions. Toutes deux sont dans la dépendance de l'action publique , bien qu'à cette action puisse se joindre une action privée tendant à obtenir l'indemnité d'un dommage causé. — En droit romain, les délits privés, tels que le vol, ne pouvaient donner lieu qu'à une action privée que la partie lésée suivait à ses

risques et périls s'il lui semblait bon. La législation anglaise admet les mêmes principes. Il en est autrement en droit français.

Organisation. — En France, la procédure criminelle était régie, avant 1789, par les ordonnances de 1539 et 1670. Dans la première, l'instruction était secrète, l'accusé était privé d'un défenseur et obligé de récuser les témoins aussitôt après la notification de leurs noms et qualités; dans la deuxième, abrogative de la précédente , l'accusé était astreint au serment de dire la vérité, et pouvait se faire assister d'un conseil, à l'exception du cas où il s'agissait d'accusations capitales. Cette partie de la législation subit de grandes modifications. — La loi du 24 août 1790 posa les règles générales qui servent encore de bases à la législation actuelle. Le 16 septembre 1791, fut décrété un code d'instruction criminelle sanctionné le 29 suivant. A la suite vinrent un code pénal des 25 septembre et 8 octobre 1791; une instruction en forme de loi du 29 septembre 1791 sur l'application du droit nouveau ; enfin une loi du 19 juillet 1791 sur la procédure en matière de police correctionnelle et municipale. — Ces codes furent remplacés par le code des délits et des peines du 3 brumaire an IV, qui maintenait en grande partie celui de l'assemblée nationale et refondait les lois d'instruction criminelle. La loi du 7 pluviôse an IX compléta les dispositions. — Le 7 germinal de cette année, un arrêté nomma six commissaires pour rédiger un nouveau projet de code criminel, qui comprenait à la fois, en 1169 articles, le droit pénal et l'instruction criminelle. Après avoir été soumis aux cours d'appel et à la section de législation du conseil d'Etat, la discussion en commença le 5 juin 1804, et resta suspendue du 20 décembre de cette année au 8 janvier 1808. Enfin l'organisation judiciaire fut établie par la loi du 20 avril 1810, et les codes pénal et d'instruction criminelle mis en vigueur à partir du 1er janvier 1811; divers changements ont été apportés par les lois des 27 mai 1819, 25 mars 1822, et notamment par celle du 28 avril 1832. Déjà la charte de 1814, en déclarant que nul ne pourrait être distrait de ses juges naturels, abrogeait implicitement l'article 553 et suivants du code d'instruction criminelle; mais une loi du 20 décembre 1815 avait excepté les juridictions prévôtales pour les crimes politiques. Les lois précitées rendirent à la charte son plein effet, et fixèrent définitivement la législation pénale.qui nous régit.

Compétence. — Les tribunaux correctionnels connaissent 1° des délits en général, tels que les détermine l'art. 179 du code d'instruction criminelle, à savoir de tous les actes punis d'une peine excédant cinq jours d'emprisonnement et 15 fr. d'amende ; 2° des délits forestiers poursuivis à la requête de l'administration ; 3° des appels des jugements rendus par le tribunal de simple police. Par exception, il leur est interdit de connaître des délits de la presse et de certains délits commis par les fonctionnaires désignés en l'art. 10 de la loi du 20 avril 1810, savoir : les grands officiers de la légion d'honneur, les généraux commandant une division ou un département, les évêques et archevêques, les présidents de consistoire, les membres de la cour de cassation, de la cour des comptes.et des cours royales, et les préfets.

Composition du tribunal. — Suivant le code de police du 19 juillet 1791, les tribunaux correctionnels étaient composés de trois juges de paix ou de deux juges de paix et d'un assesseur, ou d'un juge de paix et de deux assesseurs. Le code du 3 brumaire an IV, art. 169, tout en conservant le même nombre de juges, exigea la présidence d'un juge du tribunal civil. L'art. 7 de la loi du 27 ventôse an VIII, confirmé par l'art. 180 du code actuel, attribue la police correctionnelle à une section du tribunal civil. C'est ainsi qu'à Paris trois chambres sur huit du tribunal civil de première instance sont affectées au service de la police correctionnelle. Les juges doivent être au moins au nombre de trois en premier ressort et de cinq en appel.

Procédure. — Suivant le code du 3 brumaire, le tribunal en matière correctionnelle n'était saisi par la partie civile qu'après que celle-ci avait fait·viser la citation au directeur du jury, lequel s'assurait préalablement de la compétence. De nos jours, d'après l'art. 64 du code d'instruction criminelle, la partie peut, à ses risques et périls (art. 191), citer directement et sans entrave le prévenu devant le tribunal correctionnel. Ce tribunal peut, en outre, être saisi soit par le renvoi qui lui serait fait de l'action, suivant les art. 130 et 160 du code d'instruction criminelle, soit, à l'égard des délits forestiers, par le conservateur, inspecteur ou garde général, et, dans tous les cas, par le procureur du roi, sauf à

se conformer , lorsqu'il n'y a qu'une simple dénonciation, aux articles 45, 53, 54, 64, 70, 91, 127 et 130 du code précité. Enfin l'article 230 fournit un cas spécial dans lequel ce tribunal est saisi par la cour royale. La partie qui veut saisir directement le tribunal envoie à·l'inculpé une citation par le ministère d'un huissier où elle fait élection de domicile, dans la ville du tribunal, et énonce ses griefs. — La preuve des délits se fait comme celle des contraventions. Ainsi c'est à l'art. 154 du code d'instruction criminelle qu'il faut s'en référer pour apprécier l'autorité que l'on doit accorder aux procès-verbaux , et c'est l'art. 156 qu'il faut consulter pour mesurer l'étendue et la nature de la preuve testimoniale. Il en résulte qu'en général les témoins doivent être entendus à l'audience, et que les enquêtes doivent être publiques. Une déposition écrite n'est permise que de·la part des militaires en activité de service (loi du 18 prairial an II), des princes et de quelques hauts fonctionnaires, à moins qu'une ordonnance spéciale ne prescrive la déposition à l'audience (art. 510 et suivants du code d'instruction criminelle) des fonctionnaires publics dans le cas où l'instruction s'opère dans un autre lieu que celui de l'exercice de leurs fonctions (art. 514 du même code), des préfets dont le témoignage serait nécessaire hors de leurs départements (décret du 4 mai 1812), enfin de toutes personnes qui se trouvent dans une impossibilité physique de se rendre à l'audience.

Peines. —Les peines correctionnelles sont 1° l'emprisonnement à temps ; 2° l'interdiction à temps de certains droits ; 3° l'amende : de plus, ces peines peuvent entraîner la surveillance temporaire de la haute police dans certains cas. On peut observer que le législateur a laissé aux juges, en cette matière, moins de latitude que dans les jugements criminels. La plupart des délits ont une fixation de pénalité, ou bien le *maximum* un peu distant du *minimum*. — La nature de cet ouvrage ne nous permet pas de nous étendre davantage sur les détails. — (*Voy.* les mots FONCTIONNAIRES PUBLICS, PROCUREUR DU ROI, INSTRUCTION JUDICIAIRE, APPEL, etc.) P. VÉRY.

POLICHINELLE (*art. dram.*). — Tous les enfants connaissent Polichinelle, son nez en·bec d'oiseau , sa double bosse, son chapeau plat et sa voix nasillarde; tous l'ont applaudi alors qu'il se querelle avec le com-

missaire de police, coupe le cou à son propriétaire et pend ses créanciers. Personne
n'ignore que ce type, qui est aujourd'hui
abandonné aux marionnettes, a longtemps
fait la gloire de la comédie italienne impro-
visée, conjointement avec Arlequin, Pierrot,
Pantalon, le Docteur et Colombine. Polichinelle, ou, pour parler plus correctement, Pulcinella, est un enfant de Naples, et le peuple de cette ville est plus fier de cette création bouffonne que des grands hommes
sortis de son sein; les spectacles où figure le
célèbre *poulet* (car tel est le sens du mot
italien) sont tellement suivis, qu'un jour un
prédicateur n'eut, dit-on, d'autre moyen de
rappeler un auditoire qui le quittait pour applaudir le bouffon, que de comparer le Sauveur à cette idole du peuple et de s'écrier en
montrant le crucifix : Voilà le vrai Polichinelle.

Au reste, si le nom est nouveau, la chose
ne l'est pas. Il existe, dans tous les cabinets
d'antiques, des statuettes de bronze représentant un personnage des farces atellanes,
Maccus, et il est impossible, en comparant
les deux types, de méconnaître la filiation;
c'est, dans les deux personnages, les mêmes
traits, le même nez, la même allure joviale
et étourdie : tous deux sont évidemment la
copie humanisée du jeune coq, avec sa fatuité bruyante, son humeur querelleuse et
ses mœurs quelque peu relâchées. Aussi paraît-il que le nom de Maccus, qu'on lui donnait jadis, signifiait, en osque, un jeune coq;
dans ce cas, le nom moderne Pulcinella ne
serait qu'une traduction. La voix criarde de
ce personnage est rendue au moyen d'un
morceau de bois nommé *pratique*, que l'acteur se met dans la bouche, non sans danger
de l'avaler. Polichinelle paraît dans les opéras-comiques de le Sage et de Piron; mais
Gherardi a exclu du *Théâtre italien* qu'il a
publié les scènes où il figure, parce que, dit-
il, elles n'ont jamais amusé personne. Il est
probable alors qu'écrivains et comédiens
avaient, comme les acteurs des parades fo-
raines, perdu le sens original de cette création; car la fatuité en amour et la sottise
étourdie sont de toutes les époques, et peuvent toujours fournir d'excellents traits à la
satire.   J. Fl.

POLIGNAC (FAMILLE DE). — Elle paraît
tirer son nom de l'ancien château de Polignac, situé dans le Velay sur une grande et
vaste roche qui était autrefois consacrée à

Apollon. Ce castel, suivant certains généa-
logistes, s'appelait *Apollianique;* de là serait venu, par corruption, le nom de Polignac. *Sidoine Apollinaire* parle de ce château comme de sa maison paternelle. Les
vicomtes de Polignac descendraient donc
d'un Apollinaire, vicomte de Velay. On ne
voit figurer le nom de Polignac dans aucune
charte avant le IIᵉ siècle. D'après *Piganiol
de la Force*, dans ses recherches sur cette
maison, celui dont le nom apparaît le premier est Armand, vicomte de Polignac, qui
fonde l'église de son château en 1062. Un
de ses fils, Etienne Polignac, surnommé *Bri-
se-fer* à cause de sa force extraordinaire, fut
évêque de Clermont en 1064; son petit-fils,
Hercule, vicomte de Polignac, après s'être
croisé au concile de Clermont, porta le grand
étendard de l'Eglise en terre sainte, et se fit
tuer à Antioche en 1098. A partir de là, cette
famille vit dans l'obscurité; elle n'en sort
qu'au XVIIᵉ siècle, à la naissance du cardinal *Melchior de Polignac*, dont la vie est assez célèbre pour que nous en parlions. Après
avoir fait de brillantes études, il suivit le
cardinal de Bouillon à Rome, comme con-
claviste, lors de l'élection du pape Alexandre VIII. Son esprit, ses manières nobles et
polies, ses études sérieuses et profondes lui
gagnèrent l'estime de Sa Sainteté, si bien
qu'il pacifia les querelles suscitées entre les
cours de Versailles et de Rome par la déclaration de 1682. Plus tard, envoyé en Pologne auprès de Sobieski, comme ambassadeur, il parvint, à la mort de ce héros et grâce
à son habileté, à faire élire roi, en 1696, le
prince de Conti, que sa lenteur seule à arriver priva d'un trône qui lui fut ravi par une
faction opposée. Rappelé pour une faute qui
n'était pas la sienne, il s'enferma dans une
abbaye, et ne reparut aux affaires qu'en
1076, époque à laquelle il fut envoyé de nouveau à Rome pour y seconder du crédit qu'il
s'y était acquis les négociations du cardinal
de la Trémouille. Au congrès d'Utrecht, il répondit aux ministres bataves qui menaçaient
de le chasser de leur pays : « Nous n'en
sortirons pas; nous traiterons de vous chez
vous et sans vous. » En 1713, l'abbé de Polignac fut décoré du chapeau de cardinal
à Anvers. Après la mort de Louis XIV,
comme il était lié avec la duchesse du
Maine, il fut compromis dans la conspiration de Cellamare et envoyé en exil.
Mais ses talents étaient appréciés; il fut

bientôt rappelé et envoyé, pour la troisième fois, à Rome, où il termina les différends suscités par la bulle *Unigenitus*. Le cardinal était comblé d'honneurs et de dignités : il avait remplacé Bossuet à l'Académie française en 1704; puis élu à celle des sciences en 1715, et à celle des inscriptions et belles-lettres en 1717, archevêque d'Auch, primat d'Aquitaine et du royaume de Navarre en novembre 1725, prélat commandeur des ordres du roi en 1733; il mourut le 20 novembre 1741. — Le cardinal de Polignac fut auteur de l'*Anti-Lucrèce*, chef-d'œuvre de la poésie latine moderne. On dit que, en passant à Rotterdam, il eut plusieurs conférences avec Bayle, qui lui citait toujours des vers de *Lucrèce;* que c'est alors que l'idée lui vint de composer un poëme dans lequel il réfuterait le philosophe latin dans sa propre langue. Ce poëme ne fut imprimé que vingt ans après sa mort par les soins de le Beau. (*Anti-Lucretius sive de Deo et natura libri* IX. Paris, 1747, 2 vol. in-8°, trad. par P. J. Bougainville, Paris, 1749, 2 vol. in-8°.)

POLISTE (*entom.*), ordre des *hyménoptères*, section des *porte-aiguillon*, famille des *diploptères*, tribu des *guêpiaires sociales*. Ce genre offre la plus grande analogie avec les guêpes proprement dites, dont il a été séparé par Latreille. Ses caractères sont les suivants : mandibules presque aussi larges que longues, tronquées au bout; division intermédiaire de la lèvre en forme de cœur; abdomen ovalaire ou pédiculé. Ce genre renferme un assez grand nombre d'espèces; nous ne parlerons que de deux, à cause de quelques particularités intéressantes que présentent leurs mœurs. La *poliste française*, plus petite que la *guêpe commune*, fixe son nid contre les branches des arbres : il est fait d'une espèce de papier gris foncé, et forme un seul gâteau divisé en un nombre plus ou moins grand de cellules qui diminuent de grandeur du centre à la circonférence. La *poliste cartonnière*, habitant les contrées de l'Amérique méridionale, suspend aux arbres, par une sorte de tuyau, son nid qui a l'apparence d'une boîte de carton formée par deux cônes superposés.

POLITIEN (*litt.*), célèbre érudit et poëte du XVᵉ siècle. Son nom était Ange degli Ambrogini, d'autres disent Bassi. Celui qu'il prit est tiré du lieu de sa naissance, Monte-Pulciano, d'où *Politianus*. Dès son enfance, il montra une aptitude prodigieuse pour l'é-

tude de la poésie, et, n'étant encore qu'écolier, il traduisit Homère en vers latins; cette traduction s'est perdue, mais on a imprimé de piquantes et élégantes épigrammes qu'il écrivait en grec et en latin de 13 à 17 ans. Les Toscans venaient de remporter une victoire sur les Vénitiens; des joutes furent données en réjouissance. Luca Pulci, frère de l'auteur du *Morgante*, les célébra dans un petit poëme; peu après, Julien de Médicis en donna de nouvelles. Politien, qui à 17 ans avait fini ses études, se fit le poëte de ces secondes joutes; il adressa le commencement de son poëme à Laurent de Médicis, poëte aussi, qui s'empressa de l'appeler auprès de lui; il le fit chanoine, lui confia l'éducation de ses fils, au nombre desquels était Jean de Médicis, qui fut depuis le pape Léon X. Divers travaux empêchèrent, sans doute, Politien de continuer son poëme, et Julien de Médicis, qui en était le héros, ayant été assassiné quelques années après, l'ouvrage est resté inachevé. Telle est, du moins l'explication plausible que donne Ginguené de ce fait, sur lequel les contemporains ont gardé le silence. D'après ce que nous en avons (le 1ᵉʳ chant en tiers environ du 2ᵉ), il est impossible de reconstruire le plan du poëme, puisque le principal personnage ne fait que se préparer au combat; mais ce que l'on y admire, c'est la richesse des images, le brillant coloris, l'énergie du style et la perfection de l'octave, forme inventée par Boccace, et qui sous la plume de Politien a déjà toute la beauté qu'on lui voit chez l'Arioste et chez le Tasse. Plus d'un des passages de ces *Stances* a passé dans le Roland et la Jérusalem, et l'on y trouve l'original des îles d'Alcine et d'Armide. L'*Orfeo* que Politien écrivit en deux jours est le plus ancien ouvrage dramatique de l'Italie, et il succède immédiatement aux mystères. C'est une sorte d'opéra en cinq actes, le 1ᵉʳ pastoral, le 2ᵉ nymphal, le 3ᵉ héroïque, le 4° infernal, et le 5ᵉ bacchanal; très-faible sous le rapport dramatique, il contient de charmants cantilènes et dithyrambes, entre autres celui du 5ᵉ acte. Politien a fait encore des poésies lyriques parmi lesquelles on distingue un fort beau canzone, et plusieurs poëmes bucoliques latins vraiment dignes de la langue de Virgile. Par tous ses ouvrages, Politien appartient à la classe des poëtes amoureux de la forme et du style plutôt qu'à celle des poëtes inspirés; il se fit érudit et philosophe pour plaire à ses protecteurs, et publia en latin une histoire plus élégante que fidèle de la conjuration de Pazzi, des traductions d'Hérodien, d'Epictète et de divers poëtes grecs. Ses lettres sont curieuses pour les mœurs de l'époque. Il a été fait plusieurs éditions de ses œuvres complètes à Bologne, Venise, Lyon, Bâle, in-4°, in-f° et in-8°. Né en 1454, il mourut en 1494.

POLLAJUOLO (SIMON, surnommé IL CRONACA) naquit à Florence en 1454. Il eut pour maître son parent Antoine Pollajuolo, fameux sculpteur romain; mais ce qui le forma surtout, ce fut l'étude sévère des marbres antiques : la vue de ces chefs-d'œuvre excitait en lui un tel enthousiasme, que les Florentins le surnommèrent l'*antiquaire* (*il Cronaca*). Tous les palais, comme celui de Philippe Stozzi le Vieux, à Florence; tous les monuments, comme l'église du Mont-Miniate, dont Pollajuolo fut l'architecte, portent l'empreinte de son goût ardent pour l'antiquité. La sacristie de l'église du Saint-Esprit, à Florence, dont on vante les proportions et l'élégance, est le chef-d'œuvre de ce maître. Il mourut en 1509, après s'être signalé parmi les plus fanatiques sectateurs de Savonarole. ED. FOURNIER.

POLLEN (*bot.*). — On donne le nom de pollen, ou poussière fécondante, à la matière pulvérulente qui est d'abord renfermée dans la partie supérieure de l'étamine ou dans l'anthère, et qui en sort, en général, au moment de l'épanouissement de la fleur. Examiné à l'œil nu, le pollen, à sa sortie de l'anthère, se montre sous l'aspect d'une poussière à grains très-fins, le plus souvent jaune, plus rarement colorée de teintes différentes. En général, médiocrement abondant dans les fleurs hermaphrodites, c'est-à-dire pourvues à la fois d'étamines et de pistils, il existe, au contraire, en grandes masses dans les plantes à fleurs unisexuées, et par là se trouve assuré le grand phénomène de la fécondation dans ces cas où son accomplissement est entouré de difficultés beaucoup plus grandes; aussi on voit le pollen former comme un petit nuage autour des pins et des sapins en fleur, ou, entraîné par la pluie, se déposer sur la terre sous la forme d'une matière jaune qui a fait croire fréquemment à l'existence de pluies de soufre. La fécondation des ovules et, par suite, le développement du fruit et de la graine étant dus uniquement au pollen, on conçoit sa haute importance et, par suite, l'intérêt que présente son étude.

Nous allons esquisser à grands traits les particularités les plus importantes de son histoire. — Tant que les moyens d'observation ont été peu perfectionnés, le pollen a été mal connu. Les connaissances positives à son égard datent uniquement de ces dernières années, et sont dues aux importants perfectionnements qu'a reçus récemment le microscope. Ces connaissances sont le fruit des travaux d'un grand nombre de savants, parmi lesquels on peut citer surtout, en France, MM. Ad. Brongniart, Guillemin, Mirbel; en Italie, M. Amici; en Angleterre, M. Rob. Brown; en Allemagne, MM. H. Mohl, Purkinje, Meyen, Fritzsche, etc., etc. Elles forment aujourd'hui une masse imposante de faits et d'observations répandus dans un grand nombre d'ouvrages et de mémoires spéciaux difficiles à réunir, et desquels nous allons extraire l'exposé suivant. — Déjà, dès le XVIIe siècle, les deux pères de l'anatomie végétale, Malpighi et Grew, avaient reconnu que les grains du pollen, examinés à la loupe, se montrent sous des formes très-diverses. Dans le XVIIIe siècle, Needham, Badcock reconnurent que ces grains, fort improprement comparés à une poussière, jetés sur l'eau, absorbent ce liquide, se gonflent et crèvent en produisant un jet liquide d'apparence particulière. Peu après (1761), Kœlreuter alla plus loin et considéra chaque grain comme une vésicule formée d'une sorte d'écorce élastique assez épaisse, et d'une membrane interne mince et délicate, sous lesquelles était renfermé un noyau celluleux. Cette dernière idée était sans fondement; mais les observations modernes ont pleinement confirmé l'opinion du savant allemand relativement à l'existence de deux vésicules emboîtées l'une dans l'autre pour former la grande majorité des grains de pollen. En effet, dans le plus grand nombre des cas, chaque grain est formé de deux membranes, une extérieure et une intérieure. La première est plus épaisse et plus résistante, colorée, souvent marquée, à sa surface, de lignes saillantes, de granulations, de sortes de petites épines; c'est elle qui donne au pollen ses formes si diverses. Quant à la seconde, elle est toujours lisse, mince, appliquée contre la membrane externe, à laquelle elle adhère même quelquefois, soit en un certain nombre de points, soit dans presque toute ou même toute son étendue; mise en contact avec l'eau, elle l'absorbe rapidement, et par là elle se gonfle au point de faire saillie de diverses manières à travers la membrane externe. Enfin la cavité circonscrite par ces deux membranes est remplie par un liquide entremêlé de granules et de gouttelettes d'huile, auquel on donne le nom de *fovilla*. Parmi ces granules il en est de deux sortes, les uns d'une petitesse extrême, les autres de proportions notablement plus fortes. C'est principalement sur ces derniers que s'est fixée l'attention; on a reconnu en eux des mouvements qui ont porté quelques observateurs à leur attribuer une sorte d'animalité; mais il semble assez bien prouvé que ces mouvements, ainsi que ceux des granules plus petits, ont une cause purement physique, et sont uniquement de la nature de ceux qu'on observe dans toutes les molécules en suspension dans un liquide et qu'on a nommés *mouvements browniens*. M. Fritzsche propose de nommer la membrane externe du pollen *exine*, et l'interne *intine*; de plus, il admet que, dans certains cas, la membrane externe se replie intérieurement pour former une seconde membrane qu'il nomme *intexine*; que, dans d'autres cas, la membrane interne se replie extérieurement pour former une nouvelle membrane plus externe qu'elle-même et qu'il nomme *exintine*. Mais cette nomenclature n'a été adoptée par personne à notre connaissance; l'idée sur laquelle elle repose est loin d'être positivement établie; d'ailleurs M. Fritzsche est à peu près le seul auteur qui admette des pollens à quatre membranes; ceux à trois membranes sont eux-mêmes peu nombreux.

L'étude de la membrane externe du pollen présente plusieurs points intéressants et soulève des questions importantes: 1° les formes générales des grains déterminées par elle présentent des variétés extrêmement nombreuses et dont on peut prendre une idée en parcourant les planches des mémoires de MM. H. Mohl, Purkinje, Fritzsche, etc. Nous devons nous borner ici, faute de figures, à rappeler les principales de ces formes. Chez un grand nombre de monocotylédones, le grain de pollen est ovoïde, aigu à ses extrémités, un peu aplati sur une face qui est creusée d'un sillon longitudinal; en un mot, il ressemble à un grain de blé. La forme la plus commune chez les dicotylédones est celle d'un corps ovoïde, émoussé à ses deux extrémités, marqué, dans sa longueur, de trois sillons équidistants. Plus rarement, avec une

forme générale analogue, on observe six sillons, dans un petit nombre de cas quatre, ou, au contraire, un plus grand nombre. Un pollen souvent décrit et figuré est celui des œnothérées, court et presque discoïde, à trois angles mousses: celui des zostérées, remarquable par sa simplicité, est allongé en tube, quelquefois même comme rameux; mais les plus curieux sont certainement les pollens reproduisant des solides géométriques. Ainsi celui des *basella* est cubique; ceux des chicoracées présentent plusieurs faces planes hexagonales, quadrilatères, etc.; d'autres approchent plus ou moins de la forme sphérique ou présentent un grand nombre de facettes égales pentagonales, hexagonales, etc. — 2° La surface du pollen est tantôt lisse, tantôt relevée de saillies et d'aspérités diverses; dans ce dernier cas, on observe généralement à la surface du grain une matière visqueuse. De là Guillemin divisait tous les pollens en *lisses* ou non visqueux, et *non lisses* ou visqueux, classification commode, mais un peu trop absolue. La nature de ces saillies diverses a été étudiée avec soin par M. Fritzsche, qui s'est aidé, pour cela, de l'action de l'acide sulfurique concentré. Par là il a vu que, lorsqu'elles forment des lignes saillantes ou des sortes de petits murs perpendiculaires au grain, cas très-facile à observer chez le *cobœa*, elles sont entièrement analogues à une palissade dont les pieux seraient réunis à leur extrémité par une traverse plus ou moins épaisse. Lorsque ce sont de simples épines isolées, elles reposent aussi sur une base formée également comme de petits pieux perpendiculaires à la surface du grain et rapprochés en faisceau. Ces résultats ont été confirmés par Meyen. — 3° Les lignes saillantes à la surface des grains de pollen la divisent souvent en grandes aréoles polygonales; mais souvent aussi ces aréoles deviennent de plus en plus petites, et les lignes en saillie qui les forment sont de moins en moins saillantes. Il résulte de là que la membrane externe du grain de pollen paraît formée d'un grand nombre de cellules plates, réunies en membrane, de plus en plus petites, et qui finissent par ne plus ressembler qu'à de simples granulations. Cette apparence a été regardée comme la réalité par M. H. Mohl. Cet habile observateur admet, en effet, que, dans les pollens ainsi organisés et qu'il nomme *pollens celluleux*, la membrane externe est formée de cellules réduites quelquefois à un état rudimentaire et paraissant alors de simples grains, rattachées les unes aux autres par de la matière intercellulaire parfois assez abondante pour les tenir à distance. Il regarde dès lors la membrane externe du pollen comme une membrane composée, et le grain lui-même comme comparable, pour sa composition anatomique, à un ovule. Cette manière de voir a été combattue et réfutée d'abord par M. de Mirbel, ensuite par MM. Meyen et Fritzsche, et aujourd'hui, comme - avant M. H. Mohl, on s'accorde à regarder chaque grain de pollen comme constituant, non un organe composé, mais une cellule unique. — La membrane externe du pollen à l'état de développement complet ne se montre pas uniforme dans toute son étendue; elle présente ordinairement des *plis* ou *bandes* et des *pores*. Les bandes sont des lignes plus ou moins larges qui s'étendent dans la longueur du grain de pollen, où la membrane externe est entièrement ou presque entièrement lisse et beaucoup plus mince que dans le reste de son étendue; leur nombre varie beaucoup dans les différents pollens. Presque toujours peu ou pas apparentes dans le pollen sec où elles occupent les plis, elles le deviennent beaucoup dans celui que l'humidité a gonflé et distendu. C'est le plus souvent dans l'étendue même de ces bandes que sont situés les pores. Ceux-ci sont de petits cercles où la membrane externe est très-amincie, manque même probablement quelquefois, et par lesquels la membrane interne ressort et fait saillie lorsque le grain est gonflé par l'humidité. Parfois les pores prennent de plus fortes dimensions, et alors la membrane externe; y conservant sa solidité et son apparence, se rompt seulement sur la circonférence de ces petits cercles et s'enlève sous l'effort de la membrane interne en une sorte de couvercle ou d'*opercule*. Ces grands pores operculés s'observent, par exemple, très-bien chez le *cobœa*. Dans quelques plantes, surtout dans les passiflores, ils deviennent très-grands et occupent une grande partie de la surface du grain.

C'est en combinant le nombre des membranes qui forment les grains avec celui de leurs bandes ou plis et de leurs pores, que M. H. Mohl a établi une classification des pollens, dont nous allons indiquer, en deux mots, les coupes principales. Le savant allemand distingue tous les pollens en trois grands groupes : A, pollens à une seule membrane (exemple , asclépiadées); B , pollens à deux membranes (la presque totalité); C, pollens à trois membranes (l'if et quelques autres conifères). Cette troisième section est certainement plus nombreuse que ne l'admet M. H. Mohl. Parmi les pollens à deux membranes, l'auteur distingue 1° ceux qui n'ont ni plis ni pores; exemple : laurier, renoncule des champs, *strelitzia*, balisier, *tribulus*, etc.; 2° ceux à plis longitudinaux; à un pli, beaucoup de monocotylédons, magnolia à grandes fleurs, tulipier, gingko; à deux plis, forme rare; à trois plis, forme des plus communes; à plus de trois plis, six chez plusieurs labiées, un plus grand nombre chez beaucoup de rubiacées; 3° ceux à pores; à un pore, graminées; à deux pores, colchique; à trois pores, onagrariées, urticées, dipsacées, etc.; à quatre pores, passiflore, balsamine; à plus de quatre pores, courge, malvacées, *ipomœa*, *cobœa*; 4° ceux à plis et à pores; à trois plis et trois pores, forme très-fréquente chez les dicotylédons; à plus de trois plis avec autant de pores, la plupart des borraginées, polygalées, à de six à neuf plis, dont trois seulement renferment un pore, lythrariées, mélastomacées. — En contact avec l'eau, ou, mieux encore, avec une surface simplement humide, le pollen absorbe le liquide; il se gonfle, se distend de manière à devenir généralement globuleux et à effacer ses plis, qui se montrent, dès lors, sous l'apparence de bandes. Le gonflement, dont la membrane interne est alors le siège, continuant, cette membrane réagit fortement sur l'externe; lorsque celle-ci ne présente pas de pores, elle se rompt, soit aux plis, soit en leur absence, irrégulièrement, et souvent alors la membrane interne ressort fortement par l'ouverture, ou même sort et s'isole entièrement. Dans les cas, beaucoup plus fréquents, où il existe des pores, la membrane interne pénètre dans ceux-ci, fait, en quelque sorte, hernie par leur ouverture et s'allonge au dehors sous la forme d'un boyau qui, se rompant bientôt à son extrémité, laisse sortir la *fovilla* sous la forme d'un jet de liquide huileux en apparence. Lorsque le pollen est appliqué sur la surface du stigmate qu'humecte une humeur particulière dans la fleur épanouie, l'action de cette humidité locale détermine de même, et même beaucoup plus sûrement et plus régulièrement, la sortie du boyau pollinique, qui s'insinue dans l'intervalle des cellules stigmatiques et, s'allongeant ensuite dans des proportions quelquefois étonnantes, arrive, à travers le tissu conducteur du style, jusque dans la cavité de l'ovaire, aux ovules qu'il féconde. C'est là le phénomène important de la fécondation végétale.—La découverte du boyau pollinique, l'une des plus belles des temps modernes, a été faite, presque simultanément, par M. Amici en Italie, et par M. Ad. Brongniart en France. — L'histoire du développement du pollen dans les loges de l'anthère est l'un des points les plus importants et les plus intéressants de la physiologie végétale. Elle a été mise en lumière, dans ces dernières années, surtout par les beaux travaux de M. de Mirbel et de plusieurs autres observateurs français et allemands. Nous allons la résumer en peu de mots. — Dans l'origine, l'anthère est formée d'un tissu cellulaire homogène ; mais bientôt, au centre de ce qui deviendra ses logettes, se montre un tissu à cellules plus grandes, qu'entoure quelquefois une couche de tissu particulier formée de cellules juxtaposées et dirigées de dedans en dehors. Chacune de ces cellules centrales continue de s'agrandir ; elle renferme un liquide granuleux, dont les granules ne tardent pas à se distribuer en quatre groupes distincts et séparés. Chacun de ces groupes se régularise, s'arrondit; bientôt il s'entoure d'une enveloppe membraneuse ; par suite, après un intervalle de temps assez court, il existe quatre petites cellules distinctes, renfermées dans chacune des grandes cellules primitives : or celles-ci sont les *utricules mères* ou les *utricules polliniques*, et les quatre premières sont autant de grains de pollen. A mesure que ces grains grandissent, que leurs deux membranes se distinguent et revêtent leurs caractères propres, l'utricule pollinique s'amincit; enfin elle s'oblitère ou se rompt, et les grains de pollen flottent, dès lors, librement dans la cavité de l'anthère. Le plus souvent, toute la matière qui formait les utricules polliniques est résorbée et disparaît; mais, quelquefois aussi, elle se conserve en partie, et elle persiste sous la forme de filaments irréguliers, presque gélatineux ou élastiques, qui relient les grains de pollen, comme on le voit dans plusieurs œnothérées. Ailleurs, les quatre grains d'une même utricule pollinique restent définitivement reliés en un seul groupe, et ces petits groupes s'isolent les uns des autres, comme on le voit surtout très-bien chez les

leschenaultia, ou bien ils sont reliés lâchement les uns aux autres, en une sorte de grappe, par des filaments élastiques résistants; c'est ce qu'on voit dans la presque totalité des orchidées de nos pays, ou ophrydées. Enfin tous les grains d'une même loge d'anthère restent parfois définitivement soudés en une seule masse cohérente, et de là résultent les *masses polliniques* céracées, si communes dans la vaste famille des orchidées et dans celle des asclépiadées. — Tous les pollens chez lesquels les grains sont plus ou moins rattachés les uns aux autres sont réunis sous la dénomination commune de pollens *composés*, par opposition aux pollens *simples*, dont les grains sont constamment isolés. P. D.

POLLENTIA (*géogr.*), ville de l'ancienne Ligurie, sur le Tanaro, au sud-ouest d'*Asti* et d'*Alba*, et à 10 lieues environ de Turin, dut, dans l'origine, son nom à la beauté de ses laines noires (*pullæ*). Elle devint célèbre, au ve siècle, par la victoire que remporta sous ses murs (403) le général romain Stilicon sur Alaric, roi des Wisigoths ; elle fait aujourd'hui partie, sous le nom de *Polenza*, des Etats du roi de Sardaigne.—Une autre POLLENTIA, aujourd'hui la *Pollenza*, et fondée, dit-on, par le consul *Metellus Balearicus*, est située au fond d'une baie vaste et sûre, dans la partie N. E. de l'île de Minorque, à 10 kilomètres O. d'Alcudia. Commerce de draps, vins, huiles; pop., un peu plus de 7,200 hab.

POLLICITATION (*jurispr.*).—C'est la simple promesse non encore acceptée par la personne à qui elle est faite. Telle est la définition qu'en donne le Digeste, loi 3, au titre De pollicitationibus. Elle ne produit pas d'obligation dans notre droit actuel. Ce point était contesté dans l'ancienne jurisprudence, et a été jugé en des sens contradictoires par les arrêts des parlements. Cette divergence venait de ce que, en droit romain, la pollicitation opérait un lien juridique, de même que les contrats dans le cas exceptionnel et limitatif, où le pollicitant avait fait une promesse à sa ville avec un juste sujet, par exemple, en considération d'honneurs à lui rendus, ou sans juste sujet, mais avec un commencement d'exécution. — Jusqu'à l'acceptation, elle n'engendre qu'un droit fixe d'enregistrement.

POLLION (*hist. rom.*). — Plusieurs personnages de Rome ont porté ce nom : 1° POLLION (*C. Asinius*), homme d'Etat et orateur romain, issu de l une des branches de la famille *Asinia*, fut l'ami de César, d'Antoine, d'Auguste, et le protecteur éclairé de Virgile, qui devait l'immortaliser dans sa ivᵉ églogue, où il l'appelle la gloire de son siècle (*decus hoc œvi*). C'est dans la Gaule cisalpine, dont il était consul en l'an 40 avant J. C., que Pollion avait connu et accueilli Virgile. Il passa de ce gouvernement dans la Dalmatie, où sa victoire sur les Parthiniens et la prise de Salone lui méritèrent les honneurs du triomphe. Sur la fin de sa vie, et après avoir tour à tour aidé de ses services la cause de César, puis celle de Pompée, et enfin le parti d'Antoine, Pollion quitta les affaires et les hauts emplois. Il se voua aux lettres et se fit plus que jamais le patron des poëtes. Il fonda une riche bibliothèque qu'il rendit publique, à l'imitation de celle qu'Auguste avait ouverte sur le mont Palatin. Il se fit même poëte, historien, et composa plusieurs tragédies et des écrits philosophiques ; mais son plus célèbre ouvrage était l'*Histoire des guerres civiles* en sept livres, depuis le consulat de Métellus jusqu'au passage du Rubicon. De tous ses écrits on n'a conservé que trois de ses lettres à Cicéron. Pollion mourut l'an 3 de notre ère. — 2° POLLION (*Vœdius*) n'est célèbre que pour la faveur que lui accordait Auguste et pour le luxe de ses dépenses. C'est lui qui voulut faire jeter en pâture à ses murènes l'esclave maladroit qui avait brisé un vase de cristal, et qu'Auguste punit de cette barbarie en faisant combler ses viviers. — 3° POLLION (*Trebellius*) vécut à Rome sous le règne de Constance-Chlore, dans les premières années du ivᵉ siècle de notre ère. Ce fut l'un des écrivains de l'*Histoire auguste*. Il composa les *Vies des empereurs depuis les Philippe*, mais il ne nous reste de ses ouvrages que la fin du règne de Valérien, les vies des deux Gallien, celles des trente tyrans qui se disputèrent tour à tour l'autorité sous ces princes, et enfin la vie de Claude le Gothique, aïeul de Constance. Le style de Pollion est déclamatoire, ses histoires sont incomplètes ; néanmoins il est à consulter pour les détails précieux qu'on ne trouverait pas ailleurs. Ce qui nous reste de lui a été imprimé dans le recueil des *Historiæ augustæ scriptores*.

POLLUX (*astr.*). (*Voy.* GÉMEAUX.)

POLLUX (*myth.*). (*Voy.* CASTOR.)

POLLUX (*JULIUS*), fameux grammairien, rhéteur et sophiste grec, naquit à Naucratis, en Égypte, et florissait vers l'an 180 de no-

tre ère. Marc-Aurèle, qui estimait sa science, le choisit pour être l'un des maîtres de son fils Commode ; et ce prince, reconnaissant à son tour, fit Pollux professeur d'éloquence à Athènes à la place d'Adrien de Tyr. Le seul ouvrage qui nous soit resté de ce savant lexicographe est son grand dictionnaire de la langue grecque, qu'il dédia à l'empereur Commode sous le titre d'*Onomasticon*. Ce gigantesque vocabulaire n'est pas disposé par ordre alphabétique, mais par séries d'idées analogues ; il se divise en dix livres partagés en nombreux chapitres. Le principal mérite de l'*Onomasticon* de Pollux est de décrire, dans leurs plus minutieux détails, les usages et les mœurs des Grecs ; mais il faut aussi lui tenir compte de ce qu'il a précédé de quatre siècles le grand dictionnaire grec d'Hesychius : il servit non-seulement de base à cet excellent lexique, tant estimé de Casaubon, mais encore à tous les vocabulaires qu'on a publiés pour l'intelligence de l'idiome grec. Imprimé à Venise en 1502, l'*Onomasticon* le fut une seconde fois à Florence, en 1520 (in-fol.) ; mais la meilleure édition est celle d'Amsterdam (1706), 2 vol. in-fol., en grec et en latin, avec des notes. — Un autre Pollux, historien byzantin qui vivait sous l'empereur d'Orient Valens, vers l'an 364, a laissé *Historia physica seu Chronicon ab origine mundi usque ad Valentis tempora*, Munich, 1792. ED. F.

POLO (MARCO), célèbre voyageur vénitien, né vers 1250 et mort en 1323. Dès 1271, il suivit son père dans une longue excursion en Asie, et visita la Tartarie, la Chine, diverses contrées de l'Inde, la Perse et l'Asie Mineure. La *relation* de ces voyages est un des monuments géographiques les plus précieux que l'on possède. Elle a été traduite en toutes les langues de l'Europe, ainsi qu'en latin ; la meilleure traduction française est celle qui forme le tome Iᵉʳ du *Recueil des voyages et mémoires de la Société de géographie*, 1824, in-4°.

POLOGNE (*hist.*). — Dans la partie orientale du continent européen, sur cette immense plaine qui s'étend des pieds des monts Carpathes jusqu'aux bords de la Baltique, et de la rive droite de l'Oder jusqu'aux bouches de la Dzwina et du Dniéper, habite un peuple nombreux, vaillant, célèbre dans les annales de l'Europe, le peuple polonais ; il s'est développé sur cet immense espace, y a fleuri, puis est déchu, tombé, et enfin il renaissait lentement à une vie nouvelle, lorsque la chute de Varsovie, en 1831, effaça de nouveau son existence politique en ne lui laissant que sa vitalité organique et la conscience de sa mission au sein de la race slave et de l'orient européen. Apôtre armé du christianisme occidental, ce peuple a, pendant dix siècles, propagé la domination de l'Eglise catholique et des lettres latines jusqu'au centre des contrées envahies par la barbarie turque et mongole, et la civilisation caduque de Byzance. — L'histoire de la Pologne est une des plus originales parmi celles qui racontent la vie des peuples modernes, une des plus remplies d'événements, une des plus fécondes en enseignements de tout genre. Commençant par l'ébauche d'une espèce de démocratie naïve et patriarcale, elle présente successivement les tableaux d'abord des conquêtes et des gouvernements monarchiques, puis des particularités du régime féodal entées sur la démocratie primitive et appuyée sur la hiérarchie de l'Eglise romaine, puis une démocratie nobiliaire alliée à quelques réminiscences de la Rome antique, dégénérant ensuite en une oligarchie licencieuse et turbulente, opprimant tout un peuple de cultivateurs chrétiens et de petite bourgeoisie juive. La législation politique et civile de ce pays est un alliage des traditions slaves, des lois romaines et germaniques, des coutumes scandinaves et des canons de l'Eglise, mais fondu en un *tout* nouveau et curieux à étudier. Les vertus qui caractérisent toute la vie de cette nation sont le dévouement, l'enthousiasme, le courage, la bienveillance, ses vices, la nonchalance, la dissipation, la discorde et la licence.

On distingue dans l'histoire de la Pologne cinq périodes, offrant chacune sa physionomie particulière. La première, qui commence avec l'origine de la dynastie des Piastes, embrasse l'introduction du christianisme, et s'arrête au partage féodal de la monarchie entre les descendants de Boleslas III (860-1139) : on l'a dénommée *la Pologne conquérante*. La seconde, dite la *Pologne en partage*, finit à l'avénement de Casimir le Grand (1139-1333). La troisième, embrassant les deux tiers du XIVᵉ siècle, tout le XVᵉ et presque tout le XVIᵉ, est la période de la *Pologne florissante* (1333-1587). Le fait principal de cette période, c'est l'union de la Pologne et de la Lithuanie, le règne de la dynastie des Jagellons. La quatrième, la *Pologne en décadence*,

commence avec le troisième roi électif, Sigismond III Wasa, et finit avec le troisième démembrement du royaume (1587-1795). Enfin la cinquième période est celle de la *Pologne sous la domination étrangère*.

Comme celle de toutes les nations anciennes et modernes, l'histoire de la Pologne a son époque fabuleuse et héroïque ; mais cette époque même est pour elle précédée d'une histoire générale de la race slave primitive, dont la nationalité polonaise ne s'est détachée que par un développement graduel. (*Voy.* **SLAVE.**)

L'histoire de la Pologne, à part les traditions poétiques et fabuleuses, ne commence à acquérir quelque certitude que vers la fin du IXᵉ siècle, époque à laquelle le duc de Bohême Borzyvoï se fit chrétien. C'est alors que le christianisme pénétra aussi dans la Pologne dont la nationalité ne ressortait pas encore aussi distinctement que celle de la Bohême du fonds commun de la race slave. La date officielle de son introduction en Pologne est l'année 965, dans laquelle le duc Miecislas épousa une princesse bohême nommée Dombrovka. Avec elle, et à sa suite, les missionnaires bohêmes vinrent prêcher l'Evangile. La religion chrétienne, protégée par le prince et par sa propre supériorité sur les simples croyances des anciens Slaves, fit des progrès rapides, et, aussitôt qu'elle se fut affermie au milieu de ce peuple nouveau, celui-ci, à son tour, embrassa avec enthousiasme la mission de la propager dans les autres contrées de l'Orient. A partir de ce moment, la vie nationale de la Pologne devient une longue croisade contre les infidèles et les schismatiques : aussi les chevaliers polonais ne vont-ils pas en Palestine, comme leurs frères de l'Occident, pour reconquérir le tombeau du Sauveur ; ils ont à leur porte des Prussiens et des Lithuaniens, encore plongés dans l'idolâtrie, à convertir ; ils luttent avec les Mongols, les Tatares et les Turcs mahométans. Cette propagande et cette défense armée de la religion, c'est là le trait caractéristique de l'histoire de la Pologne jusqu'au XVIIIᵉ siècle. Le véritable fondateur de l'Etat en Pologne est le fils de Miecislas et de Dombrovka, Boleslas Iᵉʳ, dit *le Vaillant* ou *le Grand*. Ce roi joue, au sein de la Slavonie, un rôle qui offre quelque analogie avec celui de Charlemagne, au sein du monde latin et germanique ; il est guerrier, législateur et administrateur. Ami de l'empereur d'Allemagne Othon III, contemporain des papes Grégoire V et Silvestre II et de leurs successeurs jusqu'à Jean XIX, rival de Hugues Capet, de Basile III, empereur d'Orient, et de Vladimir, premier prince chrétien de la Russie, Boleslas 1er de Pologne est une des principales figures historiques de la fin du xe et du commencement du xie siècle. Les guerres avec les princes de Bohême, de Hongrie et de Russie, mais surtout avec le successeur d'Othon III, l'empereur Henri de Bavière, répandent sa gloire dans tout le centre et l'orient de l'Europe. Ses expéditions en Prusse convertissent une partie de ce peuple, encore païen, à la foi du Christ ; ses conquêtes touchent, d'un côté, à la Saale et à l'Elbe, et, de l'autre, au Dniéper ; elles atteignent le Danube au midi et l'embouchure de l'Ossa dans la Vistule au nord. Il est presque sur le point de fonder une monarchie universelle des Slaves ; mais cette monarchie, offrant tous les caractères d'une dictature militaire, est essentiellement transitoire. Le fait capital qui en est resté, c'est la fondation de la nationalité polonaise. Les troupes nombreuses qui combattaient sous les ordres de ce conquérant exigeaient une organisation régulière ; une jeunesse valeureuse exercée aux manœuvres entourait sa personne et servait de modèle à son armée : de là l'ordre équestre et l'origine de cette noblesse polonaise qui, plus tard, présidera seule aux destinées du pays.

Le besoin de la propagation de la foi catholique et de l'instruction classique fit appeler en Pologne les missionnaires italiens et bohêmes de l'ordre savant des Bénédictins. Des couvents de ces religieux furent fondés en 1008 et 1009 à Siéciéchow, à Tynieç et à Lysa-Gora. Enfin c'est sous ce règne que furent jetées les premières bases d'un conseil législatif et d'une organisation judiciaire. — La mort de Boleslas, en 1025, laissa le royaume entre les mains de son fils Miécislas II, prince indolent, qui perdit les fruits de la plupart des victoires de son père. Sa femme Rixa, fille d'Ezon, comte palatin du Rhin, gouvernait le pays en y semant le désordre par ses intrigues. Elle fut régente du royaume après le court règne de son faible époux et pendant la minorité de son fils Casimir ; redoutant les chefs nationaux, elle distribuait tous les emplois importants à ses favoris allemands. Devenue l'objet d'une haine universelle, et craignant une insurrection du peuple, elle s'enfuit en Saxe, enlevant les trésors de la couronne. Alors la Pologne tomba dans une anarchie complète : le jeune roi Casimir, craignant la fureur populaire, se sauva en Hongrie et de là rejoignit Rixa, qui le confina dans l'abbaye de Brunviller, et, selon quelques chroniqueurs, à Liége ; d'où le surnom de *moine* qui lui est donné dans certaines chroniques. Ramené en Pologne par une députation nationale, ce roi rétablit l'ordre et la religion fortement ébranlés pendant la régence, et son éloignement reconquit la plupart des provinces envahies par les Bohêmes et les Russiens, et restaura le pouvoir royal entamé par la révolte du peuple et les empiétements des seigneurs ; ce qui lui a valu, dans l'histoire, le titre de *restaurateur*. C'est à partir des années qui précédèrent le retour de ce prince que l'influence du féodalisme allemand commença à se faire remarquer en Pologne. Le peuple des campagnes, qui jusqu'alors vivait sous une espèce de régime patriarcal, commence à s'affaisser sous la double oppression des seigneurs voulant imiter les comtes, les margraves de l'empire, et du clergé étranger qui le pressure avec la dîme ecclésiastique. Son indépendance native ne supporte cependant qu'avec peine ce nouveau servage féodal. Il se révolte, fait main basse sur ses oppresseurs et menace, dans un instant de fureur, de faire périr la foi chrétienne et les premiers éléments de civilisation dans le même cataclysme. Mais le christianisme et la civilisation triomphent, et le peuple, après avoir assouvi sa vengeance, rentre de nouveau dans l'ordre, relève lui-même les autels, se range sous le pouvoir royal ; par malheur, il ne sait pas se soustraire aux exigences toujours croissantes d'une aristocratie terrienne, qui dès ce moment commence à lever la tête. — Le règne du fils et successeur de Casimir, Boleslas le Hardi (1058 à 1081), est une suite de guerres et de conquêtes comme le règne de son illustre aïeul ; les Hongrois, les Bohêmes, les Russiens, les habitants de la Prusse éprouvent tour à tour la force de son bras. Il rétablit un roi de Hongrie sur son trône, distribue les duchés entre différents princes russiens, prend la ville de Kief, recouvre les provinces perdues sous le règne indolent de son grand père, Miécislas II ; mais, se laissant emporter par la fougue de la jeunesse et les conseils des courtisans, il ternit sa gloire par le meurtre de l'évêque de Cracovie. La connaissance de ce meurtre, étant parvenue à Rome, provoqua une excommunication formelle du roi par le pape. Le célèbre Grégoire VII, qui occupait alors le saint-siége, délia les sujets de leur vœu d'obéissance envers le monarque, qui se vit contraint de quitter son royaume et mourut en exil. Son frère, Wladislas Herman ou Germain, lui succède, mais sans oser prendre le titre de roi; son gouvernement (1081-1102) n'est signalé que par des révoltes continuelles des Prussiens, des Poméraniens, des Russiens, ainsi que par les luttes et les intrigues fomentées par le palatin de Cracovie.—Boleslas III, *Bouche-de-travers*, parvenu au trône, fut engagé dans des guerres continuelles dont il sortit presque invariablement vainqueur. Son frère Zbigniew, révolté contre lui, suscitait des ennemis de tous côtés. Les Bohêmes et les Allemands firent alors et à plusieurs reprises la guerre à la Pologne, mais ils expièrent cruellement leurs attaques : les premiers battus jusque dans les faubourgs de Prague (1108) ; les autres, ayant l'empereur Henri V en tête, par une déroute complète à Hundsfeld en Silésie (1109). Mais le fait historique le plus remarquable de ce règne est la conquête et la conversion au christianisme de toute la Poméranie, depuis les bords de la Netzé jusqu'aux rives de la mer Baltique (1124). — Avec la mort de Boleslas III (1139) finit la première époque de l'histoire de Pologne. Ce roi, inspiré des idées féodales du temps, partagea le royaume en quatre fiefs, qu'il distribua entre ses fils, Wladislas, Boleslas, Miécislas et Henri, en laissant au cinquième, nommé Casimir, le soin de se créer lui-même un apanage.

La seconde époque (1139 à 1333) est celle de la *Pologne en partage.* Wladislas II, doté de la plus belle portion du royaume, avec Cracovie, et du titre de suzerain sur ses frères, forme, sous l'inspiration de sa femme, Agnès d'Allemagne, le projet de déshériter ces derniers. Assiégés à Posen, les jeunes princes, d'accord avec le clergé et le peuple, repoussent l'agresseur et le rejettent en Allemagne. Wladislas détermine l'empereur Frédéric Barberousse à embrasser sa cause. La Lechie est envahie, et le traité de 1157 arrache à la Pologne, au profit des fils de Wladislas, la Silésie, qui, depuis, germanisée par ses princes, cessa de faire partie du royaume. Un des frères de Wladislas, Boleslas IV (le Frisé), ne paraît sur le trône

que pour combler de priviléges les évêques, les palatins, les castellans et autres grands qui lui ont donné la couronne. Miécislas III, dit le Vieux, s'aperçoit de la faute commise par son frère ; il veut relever la dignité et la puissance de la royauté ; mais l'aristocratie, née de la veille, se trouve déjà assez forte pour déposer ce prince. Appelé par les grands à succéder à son frère, Casimir II est forcé de partager avec eux le pouvoir souverain. Un sénat, établi à ses côtés, discute et statue sur les affaires intérieures et extérieures du pays : le prince ne peut, sans son consentement, ni déclarer la guerre, ni conclure la paix, ni proclamer une loi, ni même exercer son pouvoir de juge suprême ; et, à mesure que l'autorité royale décroissait ainsi et que celle des grands augmentait, les charges qui pesaient sur le peuple augmentaient dans la même progression. Casimir essaya d'y mettre un frein. Réunis, par ses soins, à Lenczyça, en 1180, en synode général, les évêques prennent quelques mesures pour garantir les biens du clergé et des paysans contre la rapacité des seigneurs ; mais la mort du prince, à qui la reconnaissance publique venait de décerner le titre de *Juste*, empêcha l'accomplissement de son œuvre. Les germes de discorde et de division jetés dans le pays ne firent que grandir sous les règnes de Leszek le Blanc et de Boleslas V, dit le *Pudique.* Les princes qui gouvernaient les trente duchés que renfermait, à cette époque, la Lechie étaient en guerre permanente : exploités par les grands, obérés de dettes, ils échangeaient, contre l'argent qu'ils se procuraient au moyen des emprunts, leurs faveurs et les revenus des provinces entières. C'est ainsi que l'Allemagne entra en possession de Lubusz, de Santok, de la Lusace et des territoires situés près de l'embouchure de la Warta et sur l'Oder.

D'un autre côté, les Tartares, maîtres de la Russie, portèrent leurs excursions jusqu'en Hongrie et en Silésie, dévastant les belles plaines de la Pologne et décimant les populations. La conquête de la Podlachie par les chevaliers teutoniques couvrit, il est vrai, un instant ces contrées contre les Tartares et les Lithuaniens ; mais cet ordre guerrier ne tarda pas à devenir lui-même un voisin dangereux pour la Pologne. Ajoutons à cela un envahissement calme, pacifique, mais persévérant des provinces limitrophes à l'Allemagne, par des populations allemandes, pour la plupart industrieuses, aimant le travail et sachant tel ou tel métier, mais apportant aussi avec elles leurs habitudes, leurs usages, leurs mœurs et une langue étrangère, et nous comprendrons à combien de dangers se trouvait exposée la Pologne et combien elle avait besoin d'un bras fort pour l'empêcher de se précipiter dans l'abîme au bord duquel elle se trouvait placée. Ce bras fut celui de Wladislas Lokiétekon ou le Bref. Appelé deux fois au trône et forcé, à deux reprises différentes, d'y renoncer, enfin devenu, en 1305, héritier de toute la Lechie, ce prince force le roi de Bohême de renoncer au titre usurpé de *souverain de la Pologne*, reconquiert la principauté de Dantzick et la Poméranie, rétablit ses droits sur Cracovie et sur Posen, où des émeutes imprudentes venaient de mettre en question son pouvoir royal. Possesseur de la Pologne entière, il releva le titre de roi en se faisant couronner, à Cracovie, en 1319, sous le nom de *Wladislas I*er. Tranquille au dehors, il se consacra ensuite à l'organisation intérieure du pays : il abaissa le pouvoir des grands en appelant à participer à leurs prérogatives toute la noblesse, c'est-à-dire toute la milice, et en imposant à tous les nobles, le clergé excepté, l'égalité de l'impôt et des charges. Il proclama ensuite le règne de la loi et de la volonté nationales en convoquant, à Chenciny, la première diète législative (1331). Ces réformes étaient sages sans doute, et pourtant elles portaient dans leur sein le germe de la dissolution future de l'Etat. L'aristocratie, que Wladislas cherchait à abattre, ne fit que se transformer en oligarchie, et la petite noblesse, élevée en masse à la dignité de corps législatif, ne tarda pas à se servir de ce privilége pour disputer, à son tour, aux rois, jusqu'à l'ombre de leur puissance. Lutte entre l'oligarchie et la démocratie nobiliaire, tel est le spectacle auquel nous assisterons à partir de ce moment jusqu'à la chute de la Pologne.

Cependant la troisième époque, celle de la *Pologne florissante*, fut digne de ce nom. Couronné en 1333, Casimir Ier, fils de Wladislas, gouverna le pays en grand roi pendant près de trente-huit années. Obligé d'abandonner aux chevaliers teutoniques la Poméranie et Dantzick, en échange de la possession tranquille de la Kuïavie et du territoire de Dobrzyn, forcé de laisser aux rois de Bohême la Silésie, pour prix de leur renonciation à la couronne de Pologne et au duché de Varsovie, Casimir répara ces pertes en incorpo-

rant à ses Etats, par suite d'un héritage, le duché de Halicie ou Gallicie, puis la Podolie et la Volhynie conquises sur les princes russiens subjugués par les Tartares. Moins heureux dans ses expéditions contre les Lithuaniens, il ne les força pas moins à lui céder, par le traité de 1366, le duché de Luçk en qualité de fief. Guerrier loyal et vaillant, Casimir s'illustra bien plus encore comme législateur. Le code des lois qu'il promulgua à la diète de Wisliça, en 1347, a régi la Pologne pendant plusieurs siècles, et resta jusqu'à l'époque du démembrement la première base de la législation polonaise. Sentiment de justice ou habileté politique, Casimir a voulu que ces lois fussent surtout favorables au peuple. Autant il cherchait à diminuer les prérogatives de la noblesse, autant il s'efforçait de relever et d'améliorer la position des paysans. Ce fut en effet à cette époque que la propriété et la liberté individuelles des hommes appartenant à cette classe furent reconnues et garanties par la loi. En leur permettant, sous certaines conditions, de quitter leurs maîtres, de s'établir où bon leur semblait, de vendre leurs biens ou d'en disposer par testament, Casimir voulait élever les *cmethones* (paysans) à la dignité d'un véritable ordre dans l'État : aussi, surnommé *grand* par la postérité, fut-il connu de son vivant sous le nom du *roi des paysans*. La bourgeoisie fut aussi redevable de beaucoup au génie de Casimir. Il modifia les anciennes lois teutoniques qui l'avaient régie jusqu'alors, l'affranchit de l'appel à la cour de Magdebourg, institua des tribunaux supérieurs, l'associa, en un mot, au mouvement national. La prospérité et l'illustration de plusieurs villes datent de son règne : Cracovie, capitale du royaume, prit sa place parmi les plus célèbres cités de l'Europe à cette époque. L'université qui venait d'y être fondée ajouta un lien de plus entre la Pologne et le monde civilisé, où par son rang politique elle s'était élevée si haut. — Cette initiation de la Pologne à la vie européenne, Casimir la rendit encore plus intime par deux actes d'une haute importance; il légua de son vivant, en 1332, la couronne à son neveu Louis, de la maison d'Anjou, roi de Hongrie, et maria, en 1363, sa petite-fille avec l'empereur Charles IV.

Cependant les prévisions du roi, qui espérait, par cette double alliance, rehausser la grandeur et la puissance de la Pologne, faillirent être trompées. A peine fut-il descendu dans la tombe (1370), que son successeur adoptif, Louis de Hongrie, violant les promesses et les engagements pris par la convention de Koszycé, en 1374, de maintenir la Pologne complétement indépendante de la couronne de Hongrie, envahit la Halicie. Une guerre rendue inévitable entre les deux pays ne fut arrêtée que par la mort du roi. La couronne de Pologne passa, en 1384, sur la tête de la fille de Louis, Hedwige d'Anjou. Cette princesse chassa les Hongrois de la Halicie et joignit à sa couronne le grand-duché de Lithuanie, en épousant Jagellon, baptisé sous le nom de Wladislas.—Agrandie et pacifiée du côté de l'ouest, la Pologne trouva dans Wladislas II un prince d'une volonté capable de contenir les chevaliers teutoniques qui ne cessaient de la menacer au nord, et de déjouer toutes les intrigues de l'empereur Sigismond, voisin remuant et peu sûr, sur la frontière de l'est. Engagés par ce dernier dans une guerre difficile et battus, en 1416, près de Grunewald, les chevaliers consentirent à conclure, en 1422, la paix qui a valu à la Pologne l'acquisition de la Samogitie. Sigismond fit encore quelques tentatives pour soulever Witold, qui, à titre de cousin de Wladislas, gouvernait la Lithuanie; mais la mort de Witold, survenue en 1436, renversa tous ces projets. Rassuré du côté de la Lithuanie et de l'Allemagne, Wladislas voulut, avant de mourir, assurer la couronne à son fils et resserrer les liens qui unissaient déjà la Pologne à la Lithuanie. A cet effet, il concéda, en réunissant les deux nations en diète générale à Horodlo, aux boyards lithuaniens les libertés et les priviléges de la noblesse polonaise, confirma dans les diètes suivantes rassemblées à Czerwinsk et à Warta le statut de Wisliça, et proclama plus tard, dans la diète réunie en 1436 à Brzestz-Litewski, la fameuse loi : *Neminem captivabimus nisi jure victum aut in crimine deprehensum.* En échange de tous ces priviléges, la nation accepta pour successeur et roi son fils Wladislas. Jagellon mourut en 1432. Wladislas III, proclamé en même temps roi de Hongrie, s'illustra par les guerres contre les Turcs et périt à la bataille de Varna. Sous le règne de son fils Casimir le Jagellonien, les frontières de la Pologne s'étendirent à l'est par l'acquisition d'une partie de la Silésie, au nord-est par l'incorporation du duché de Ploçk et au nord par celle de la Poméranie, de Dantzick et de la Prusse occidentale. Le reste de la Prusse avec Kœnigsberg ne resta entre les mains de l'ordre des chevaliers teutoniques que comme fief de la couronne de Pologne. Casimir fut moins heureux du côté de la Lithuanie. Il vit ce pays tour à tour en révolte contre lui ou envahi par les Turcs et les Moscovites; il se laissa enlever, en 1475, la ville de Perékop, à l'entrée de la Crimée, en 1484 les deux ports de la mer Noire, Kiliia et Bialygrod (Akkerman); en 1460, il perdit la suzeraineté sur Pskof et, en 1479, sur Nowogorod-la-Grande. Débordé à l'intérieur par les prétentions croissantes de la noblesse, tiraillé par le sénat et les diètes représentatives dans lesquelles il venait de placer, en les rendant régulières, toute l'omnipotence parlementaire, Casimir s'éteignit en 1492, en laissant à son fils un sceptre lourd à porter. Aussi le règne de Jean-Albert, qui n'a duré que cinq ans, et celui de son frère Alexandre, qui en a duré six, n'ont-ils été, au dehors qu'une suite de malheurs, au dedans qu'une lutte constante entre la royauté et la noblesse.

Dans cette lutte, la noblesse acquit assez de prépondérance pour que, sous le successeur d'Alexandre, Sigismond Ier, troisième fils de Casimir, elle osât donner le premier exemple d'une révolte à main armée, suivie d'un appel à l'invasion étrangère. Coupable d'assassinat sur un grand du royaume, Glinski, riche patricien de Lithuanie, souleva le peuple de cette contrée : battu par l'armée royale, il se sauva à Moscou, et bientôt reparut devant les murs de Smolensk à la tête des Moscovites. Les armées royales se couvrirent de gloire à la bataille d'Orsza; mais la ville de Smolensk resta entre les mains de l'ennemi. Sigismond en prit sa revanche du côté de la Prusse qu'il parvint à arracher en majeure partie à l'ordre des chevaliers teutoniques. Il signa, en 1533, une paix avantageuse avec les Turcs, et, plus tard, avec le czar de Moscou. La fin de son règne fut marquée par une nouvelle révolte de la noblesse; mais, malgré ces discordes, l'état intérieur de la Pologne était florissant. Le commerce, l'industrie, les arts et les lettres prirent un grand essor; le roi encouragea et suivit ce mouvement; il donna à la Lithuanie un code des lois connu sous le nom de *statut lithuanien;* il chercha à doter d'un code pareil le royaume de Pologne, en réunissant dans un seul corps les différentes lois de ce pays, lorsque la mort l'en empêcha en 1548. Sigismond-Auguste, proclamé roi quelques années auparavant, continua dignement la pensée et la gloire du règne paternel. C'était le *siècle d'or* de la Pologne : puissance politique, éclat littéraire, prospérité intérieure, tel est l'aspect du pays jusqu'en 1572, époque de la mort du dernier rejeton de la grande et illustre dynastie des Jagellons. Au milieu d'une guerre presque générale, la Pologne était tranquille intérieurement ; l'union avec la Lithuanie fut consolidée ; les deux pays ne devaient constituer désormais qu'une même république gouvernée par un même roi, élu en commun par les deux nations. Par un traité avec Gothard Kettler, grand maître des chevaliers porte-glaive, la Livonie fut reconnue province polonaise. Les Moscovites furent refoulés dans leurs limites. La Pologne n'attendait pour consolider sa grandeur que de voir se réaliser les projets de réformes administratives dont le roi s'occupait activement, lorsque la mort vint le frapper. — Avec lui s'éteignit la race des Jagellons, et, la couronne étant déclarée élective, on s'occupa, dans *la diète de convocation*, de régler le mode et les formalités dans lesquels se ferait le choix d'un nouveau roi. La noblesse profita de cette occasion pour mettre le comble à ses prérogatives. La diète décréta que tous les nobles sans distinction seraient admis à l'exercice de ce droit électoral ; elle décréta, en outre, plusieurs lois dites *cardinales,* en vertu desquelles les Etats se réservaient à l'avenir non-seulement toute la puissance législative, mais une large participation dans l'exercice du pouvoir exécutif. Le roi ne pouvait désormais, sans leur consentement, ni déclarer la guerre, ni faire la paix, ni nommer son successeur, ni *même se marier.* On lui prescrivait de convoquer les diètes tous les deux ans, et on déclarait à l'avance que, s'il manquait à ses serments, tous ses sujets seraient déliés du serment de fidélité et d'obéissance.

C'est sous de pareilles conditions que Henri de Valois, duc d'Anjou, accepta, en 1573, la couronne de Pologne ; 200,000 nobles, armés et réunis dans la plaine de Wola, près de Varsovie, avaient pris part à cette élection. Mais Henri, qui se trouvait à Paris, ne fut pas plutôt arrivé à Cracovie, que, en apprenant la mort de son frère le roi de France Charles IX, il rebroussa chemin. Le trône fut déclaré vacant, et une nouvelle élection, qui eut lieu en 1576, déféra la couronne à Etienne Batori, duc de Transylvanie. La prise de Polock et de Witebsk sur les Moscovites, l'institution des tribunaux d'appel pour la noblesse, la création de l'Académie de Wilna et plusieurs autres actes non moins glorieux ont signalé ce règne, le dernier de cette époque.

Avec Sigismond III, prince royal de Suède, issu, par sa mère, des Jagellons et proclamé, par la noblesse, en 1587, roi de Pologne, commença la quatrième époque, celle de *la Pologne en décadence.* A la puissance des grands, qui ne connaîtra bientôt plus de bornes, sont venues se joindre les dissensions religieuses. Tiraillé entre ces deux influences, pendant la guerre avec les Moscovites, Sigismond manqua de faire asseoir sur le trône des czars son fils Wladislas, à qui l'ennemi vaincu offrait la couronne ; il se contenta, par un traité conclu en 1619, d'ajouter à la Pologne Smolensk et le duché de Sévérie. Entraîné par l'empereur d'Allemagne dans la guerre de trente ans, il se laissa surprendre par les Turcs et perdit la Moldavie. La guerre avec la Suède, entreprise par Sigismond dans le but de reconquérir cette couronne, ne servit qu'à détacher de la Pologne la Livonie avec Riga et une partie de la Prusse. La mort de Sigismond, survenue en 1648, n'arrêta pas le cours de ces malheurs. Wladislas IV Wasa, son fils, reprit, il est vrai, Smolensk aux Russes et la Prusse aux Suédois ; mais il souleva contre la république les Cosaques, que les injustices et les vexations exercées sur ce peuple par la noblesse avaient disposés à la révolte. Héritant, avec la couronne, de la guerre que Wladislas fut obligé de leur déclarer, son frère Jean-Casimir Wasa, après des efforts sanglants, longs et stériles, se vit condamné à voir ce peuple vaillant et allié jusqu'alors se séparer de la Pologne et passer sous la domination des czars de Moscou. Les Suédois reprirent, par le traité d'Oliva, la Livonie. La guerre se ralluma aussi avec les Moscovites, et, au milieu de toutes ces calamités, le pays eut à supporter des troubles et des agitations intérieures incessantes. — Le *liberum veto,* appliqué pour la première fois en 1652, par un nonce d'Upita, changea les diètes en véritables assemblées de factieux. L'usage antique de délibérer le sabre au côté augmenta l'anarchie; les dissensions parlementaires dégénérèrent en déplorables scènes de désordre et donnèrent quelquefois lieu à de véritables guerres civiles. La bataille de Montwy, où le roi fut battu par le grand maréchal Lubomirski, condamné par la diète, à l'instigation de la reine Marie-Louise de Gonzague, n'est pas le seul exemple de cette fatale dissolution dans laquelle entrait la Pologne. L'élection de Michel Wiszniowiecki, qu'il fallut soutenir le sabre à la main contre le parti du prince de Condé d'Enghien, et les élections des rois qui succédèrent à Michel, n'étaient plus qu'un champ ouvert à l'intrigue, au désordre, au triomphe de la ruse ou de la force. Pendant ce temps, les ennemis extérieurs devenaient de plus en plus nombreux et menaçants. La Moscovie acquit, sous le règne de Jean-Casimir, Smolensk, Sévérie, Czernichof, une partie de l'Ukraine et Kieff. Les Turcs prirent, sous le règne de Michel, la forteresse de Kamiéniéç et occupèrent une partie de la Pódolie. — Jean Sobieski, élevé au trône en 1674, sanctionna les traités qui prononçaient sur ces pertes : il écrasa les Turcs à Vienne, et en Pologne, sans que les divisions intestines et l'influence fatale de sa femme Marie-Casimire, de la famille de la Grange d'Arquien, lui permissent de tirer de ces victoires le moindre profit. Cependant la gloire de Jean Sobieski couvrit, au moins pour un moment, d'un nouveau lustre la nation et son roi. La victoire de Vienne, en 1683, devint le triomphe commun de tous les chrétiens. — Une guerre intérieure s'éleva, après la mort de ce roi, entre les partisans du prince de Conti, candidat à la couronne protégé par la France, et ceux de l'électeur de Saxe, et se prolongea, malgré l'élection de ce dernier, jusqu'en 1700. Elle ne fut apaisée que pour impliquer la Pologne dans une autre plus désastreuse encore, la guerre avec la Suède. Vaincu, détrôné, chassé du royaume, Auguste II n'y rentra qu'en s'appuyant sur les Saxons et les Moscovites, qui n'en sortirent qu'après avoir servi au czar Pierre le Grand à se poser comme *médiateur* entre le roi et la noblesse, confédérée à Tarnogrod, pour obtenir l'évacuation des troupes étrangères. A peine Auguste II fut-il mort, que l'armée russe reparut de nouveau, et, cette fois, pour s'opposer ouvertement au rétablissement sur le trône de Stanislas Leszczynski, que là Russie ve-

nait de chasser et qu'elle craignait maintenant d'autant plus qu'il était, par le mariage de sa fille avec Louis XV, devenu l'allié de la France. L'influence de la cour de Saint-Pétersbourg ne fit que grandir sous le règne d'Auguste III, électeur de Saxe. La faction moscovite, à qui ce roi devait son élévation, prétendit, après sa mort, être appelée à régénérer et à gouverner la Pologne, sous le nom d'un roi sorti de son sein et créé par sa volonté.

Ce fatal rôle échut à Stanislas Poniatowski, ancien amant de Catherine et fils de la princesse Constance Czartoryska. A ce double titre, Poniatowski ne pouvait être qu'un instrument de la Russie et de la faction russe, à la tête de laquelle se trouvaient les deux princes Czartoryski, Michel, le chancelier de Lithuanie, et Auguste, le palatin de Ruthénie. Tant que ce parti s'occupa de réformes administratives, la Russie le laissa faire; mais, dès qu'il voulut toucher à la constitution du pays, dans le but de l'épurer des abus introduits par les deux siècles d'anarchie, la cour de Saint-Pétersbourg s'y opposa formellement. Le projet d'abolir le *liberum veto* et celui d'augmenter l'impôt et l'armée furent repoussés par l'ambassadeur russe Repnin. La diète, dont les Czartoryski se croyaient maîtres, fut dissoute par la même volonté. Naguère protégé par Repnin contre le parti républicain, le parti monarchique fut livré à la haine de ses adversaires comme antinational. Pour le poursuivre, une confédération générale se forma à Radom. Les troupes russes, qui devaient appuyer cette confédération, entrèrent en Pologne. La diète, formée par les confédérés, sous la protection des baïonnettes de Soltykoff, Numers et Kretschetnikoff, généraux russes, s'ouvrit, à Varsovie, le 5 octobre 1767. Plusieurs patriotes, qui voulurent dévoiler l'abîme sur lequel se plaçait la Pologne, furent arrêtés, dans la nuit du 13 au 14 octobre, et transportés, sous l'escorte des Cosaques, au fond de la Moscovie. Débarrassé de tout obstacle, Repnin fit voter, le 21 février 1768, une constitution connue sous le nom de *lois cardinales en matière d'Etat*. Cette constitution consacrait le *liberum veto* et tous les abus qui n'avaient jusqu'alors que force d'usage. La ruine était imminente : la confédération de la noblesse, formée dans la petite ville de Bar, tenta de prévenir la catastrophe; elle voulut sauver la liberté, la religion et l'indépendance nationales; la France prit le parti des confédérés; la Turquie déclara, de son côté, la guerre à la Russie ; le trône de Pologne fut proclamé vacant. Tout semblait favoriser les patriotes, lorsque la mort d'un des plus fermes soutiens de la confédération, du grand général Braniçki, et la disgrâce du ministre Choiseul, en France, vinrent anéantir tous les projets. L'Autriche et la Prusse firent avancer leurs troupes et envahirent les frontières de la Pologne; la confédération se dispersa ; le premier partage de la Pologne, préparé à Saint-Pétersbourg, s'accomplit. La diète, convoquée par les Russes et ouverte sous les baïonnettes de Repnin, sanctionna ce partage, dans sa séance du 19 avril 1773.

Par ce partage, la Prusse acquit la Prusse-Royale, moins Dantzick et Thorn, et une partie de la grande Pologne, jusqu'à la rivière Noteç ou Netzé; l'Autriche s'appropria la Russie-Rouge, une partie de la Podolie et une partie de la petite Pologne, jusqu'à la Vistule ; la Russie s'empara de Poloçk, Witebsk et Mscislaw, jusqu'à la Dzwina et le Dnieper : le restant du territoire fut solennellement garanti à la Pologne par les trois puissances copartageantes.

Cet événement fit ouvrir les yeux à la Pologne sur sa déplorable situation; les patriotes sentirent le besoin d'y porter remède. La diète *constituante*, ouverte en 1788, entra dans la voie des réformes salutaires, indispensables. Elle vota, le 3 mai 1791, une constitution sage et monarchique. La Prusse et l'Angleterre, qui voyaient avec inquiétude l'agrandissement de la Russie, encourageaient la Pologne; la cour de Saint-Pétersbourg s'élevait, au contraire, contre ces innovations. La Russie venait de terminer la guerre avec la Turquie et la Suède; elle se rapprocha de la Prusse, trouva quelques traîtres polonais qui levèrent, à Targowiça, l'étendard de la révolte, et marchant derrière cette confédération à laquelle s'était joint le roi lui-même, elle proclama et consomma le second partage de la Pologne. Par ce partage, la Russie porta ses frontières jusqu'au centre de la Lithuanie et de la Volhynie, et la Prusse prit le reste de la Grande Pologne et une par tie de la Petite. Le reste fut encore garanti à la Pologne comme la première fois ; l'Autriche n'eut rien celle-ci : c'était un avertissement qu'il y aurait bientôt un troisième partage. Il ne tarda pas, en effet, de s'accomplir : dans les premiers jours du mois de mars 1793, l'ordre de licencier les troupes polonaises et de désarmer les arsenaux ayant été donné, l'insurrection éclata. Thadé Kosciuszko, proclamé généralissime, battit les Russes à Raçlavicé le 4 avril. La Lithuanie s'étant soulevée de son côté, on espérait triompher de la Russie, lorsque les troupes prussiennes, violant le traîté tout récent, entrèrent en Pologne. Pendant six semaines Kosciuszko défendit Varsovie contre l'ennemi supérieur en nombre; mais il fut forcé d'abandonner la capitale et d'accepter, le 10 octobre 1794, la bataille de Maciéyowicé : cette bataille fut décisive. Kosciuszko, gravement blessé, tomba entre les mains des Russes en s'écriant : « *Finis Poloniæ !* » L'armée, ralliée sous les ordres de Thomas Wawrzeçki, combattit encore sous les remparts de Praga, mais la prise de ce faubourg, suivie d'un massacre horrible, et la capitulation de Varsovie achevèrent ce drame sanglant. Le 18 novembre, l'armée fut dissoute. Dans les premiers jours de janvier 1795, le faible roi Stanislas reçut l'ordre de se rendre à Grodno. Le 25 novembre de la même année, il signa l'acte d'abdication et mourut le 12 février 1798 à Saint-Pétersbourg, deux ans après la mort de Catherine II. — Par le dernier partage, les frontières de la Russie, de l'Autriche et de la Prusse vinrent se toucher aux rives de la Piliça, de la Vistule, du Bug et du Niémen.

Par cet acte d'odieuse violence et d'hypocrisie, la Pologne disparaissait de la carte de l'Europe; mais ses droits restaient sacrés et imprescriptibles dans les cœurs de tous les vrais patriotes. Pendant qu'un grand nombre d'entre eux allaient peupler les déserts de la Sibérie et les cachots d'Olmutz et de Glogau, d'autres, échappant à la tyrannie des spoliateurs, se rassemblaient à Paris et à Venise, emportant avec eux leurs aigles et l'espoir de reconquérir leur patrie. Telle fut l'origine des légions polonaises, avec lesquelles commence la cinquième époque de l'histoire de la Pologne. La proposition de former ces légions ayant été acceptée par le Directoire en France, le général Dombrowski se rendit à Milan, fit, le 9 janvier 1797, une convention avec le gouvernement républicain de la Lombardie, publia, le 20 du même mois, une proclamation à ses compatriotes, et vingt jours après compta douze cents Polonais sous les rmes. Au mois d'avril, leur nombre s'éleva à cinq mille hommes. Les préliminaires de paix entre la France et l'Autriche, signés le 18 avril à Léoben, empêchèrent cette petite armée de pénétrer en Pologne, comme c'était le projet de Dombrowski. A la fin de l'année 1797, elle comptait sept mille cent quarante-six hommes, et formait deux corps dont le premier était commandé par le général Kniaziewicz, et le second par le général Wielhorski. Elle entra en campagne au commencement de l'année 1798, dans les guerres entreprises par la France contre le pape et le roi de Naples. Les victoires de Mantoue, de Civita-Castellana, de Magliano, de Calvi, et la prise de Gaëta, de Sezza, de Cascano, de Naples et de Capoue servirent de témoignage au courage et au dévouement des Polonais; malheureusement ils en ont été mal récompensés. La deuxième légion fut sacrifiée presque entière aux Autrichiens par la convention du 28 juillet 1799. Quant à la première, commandée par Dombrowski, elle fut, après s'être couverte de gloire sur l'Adige et la Trebia, anéantie presque entièrement dans la bataille de Novi. La république Cisalpine, qui avait ces légions à sa solde, disparut-elle-même à la suite de cette guerre.

Le 18 brumaire, rappelant à la tête du gouvernement français le général Bonaparte revenu d'Egypte, reléva aussi le drapeau polonais. Deux nouvelles légions furent formées au commencement de 1800 : la première, commandée par Dombrowski, fit partie de l'armée d'Italie ; la seconde fut attachée au corps du bas Rhin, et, plus tard, à l'armée de Moreau. Elles partagèrent l'une et l'autre les dangers et la gloire des deux campagnes, et cependant le traité signé, le 26 janvier 1801, à Lunéville, ne fit pas seulement mention de la Pologne. Mais là ne devaient pas s'arrêter les malheurs des Polonais. Réunies, en 1801, à Milan, les deux légions furent, en 1802, envoyées à Saint-Domingue, où la fièvre jaune et les armes des nègres les eurent bientôt presque entièrement exterminées. L'épée victorieuse de Napoléon abattait pendant ce temps la puissance de la Prusse et de l'Autriche, et allait frapper la Russie. La Pologne devint alors, aux yeux de l'empereur des Français, une alliée naturelle. Le 27 novembre 1806, il entra à Posen, et, dans la nuit du 18 au 19, à Varsovie : il annonça hautement que l'heure du rétablissement de la Pologne était sonnée. Une commission suprême du gouvernement fut organisée ; des

levées furent ordonnées ; les débris des légions revenant de Saint-Domingue, de l'Allemagne et de l'Espagne accoururent se joindre à l'armée nationale. La bataille de Friedland couvrit le nom polonais d'un nouvel éclat, et cette fois, le calcul de la politique venant en aide, Napoléon ne resta pas en arrière de reconnaissance. Le traité de Tilsitt, signé le 7 juillet 1807 avec la Russie et, deux jours après, avec la Prusse, créa le grand-duché de Varsovie, qui fut concédé au roi de Saxe, Frédéric-Auguste, et organisé en état constitutionnel. La guerre d'Espagne de 1808, dans laquelle les *légions de la Vistule* firent des prodiges de valeur, fut suivie, en 1809, de celle avec l'Autriche. La Pologne répondit, cette fois, en masse à l'appel de son libérateur. Le général en chef prince Joseph Poniatowski, neveu du dernier roi, les généraux Zaionczek, Dombrowski, Sokolniçki s'immortalisèrent dans cette campagne, et la paix, conclue le 14 octobre 1810 à Vienne, ajouta au duché de Varsovie les départements de Cracovie, de Radom, de Lublin et de Siedlcé. L'année 1812 paraissait devoir compléter la reconstitution de la Pologne. Un article secret du traité conclu entre la France et l'Autriche proclamait la restitution de la Gallicie, qui devait être échangée contre l'Illyrie ; l'abaissement de la Russie aurait fait le reste : les événements en ont décidé autrement. La campagne de Russie brisa l'empire français et changea le sort de la Pologne. Mais, depuis la bataille de Mojaisk jusqu'à l'abdication de l'empereur à Fontainebleau, les aigles et les espérances des Polonais restèrent attachées aux aigles et aux espérances des Français. Le congrès de Vienne de 1815 transforma, après en avoir détaché quelques parties, l'ancien duché de Varsovie en royaume de Pologne actuel, dont nous allons donner une esquisse statistique et administrative.

Territoire. — Le royaume de Pologne tel que l'a constitué le congrès de Vienne en 1815 est situé entre les 50° 4' et 55° 6' de latitude nord et entre 15° 10' et 21° 48' longitude est du méridien de Paris. Sa plus grande longueur du sud au nord, entre Tarnogrod, sur la frontière de la Gallicie, à Kovno, dans l'empire russe, est de 120 lieues; sa largeur de Brestz, en Lithuanie, à Pyzdry, sur la frontière de la Silésie, embrasse 109 lieues. Sa superficie comprend 2,270 milles carrés de Pologne de 15 au degré. Les frontières politiques de ce royaume sont, au nord, la Prusse occidentale et orientale et en partie la Russie (gouvernement de Kovno); au sud, la Gallicie autrichienne; la Silésie prussienne et le grand-duché de Posen, à l'est; l'empire de Russie (la Lithuanie et la Volhynie), à l'ouest. Le pays compris dans ces limites est généralement plat, et va, s'inclinant en pente douce, du sud au nord. Les plus grandes élévations se trouvent dans la partie méridionale, dans les anciens palatinats de Cracovie et de Sandomir; ce sont les premiers contre-forts des Carpathes. Le *Mont-Chauve* (Lysa-Gora), la plus haute des montagnes du pays, s'élève à 1,908 pieds de Paris au-dessus de la mer Baltique. La montagne de *Sainte-Croix*, la plus élevée après celle-ci, a 1,815 pieds au-dessus du même niveau. Un grand fleuve qui mérite réellement ce nom traverse le royaume dans toute sa longueur, c'est la *Vistule* (Visla). Son cours, depuis sa source qui se trouve dans la haute Silésie autrichienne jusqu'à sa double embouchure dans la Baltique, est évalué à 105 milles géographiques ou 175 lieues. Ce fleuve est navigable dans tout le parcours depuis Cracovie jusqu'à l'embouchure; la navigation en est malheureusement obstruée, surtout dans la saison des petites eaux, par de nombreux bas-fonds. Le second fleuve, qui porte ses eaux à la mer Baltique, mais qui baigne seulement les frontières nord-est de la Pologne, est le Niémen, qui prend sa source dans le gouvernement de Minsk; le cours en est estimé à 122 lieues, dont 52 seulement appartiennent en commun à la Pologne et à la Lithuanie. Il est navigable pour les gros bateaux à partir de la ville de Grodno. Les affluents principaux de la Vistule sont, du côté gauche, la Piliça et la Bzura; du côté droit, le Viéprz, le Boug et la Narèv. Les deux dernières rivières sont navigables dans la plus grande partie de leur parcours. La Varta prend sa source à quelques lieues au nord de Cracovie, et, après une course de 70 lieues, entre dans le grand-duché de Posen. Elle reçoit comme affluent, de gauche, la petite rivière de Prosna, qui forme la limite actuelle du royaume et du grand-duché. Dans la région nord-ouest se trouvent quelques lacs dont le plus considérable est *Goplo :* la majeure partie en est enclavée dans le territoire du grand-duché. Un seul canal, celui d'Augustovo, forme une communication artificielle entre les eaux du Niémen et de la Narèv, affluent de la Vistule. La ligne navigable créée par ce çanal, construit par le corps du génie polonais, a 35 lieues d'étendue.

Population. — Le nombre des habitants, en 1830, s'élevait, d'après les rapports officiels, à 4,137,634 individus. Dans l'année suivante, 1831, après la guerre de l'insurrection, elle était descendue à 3,914,666; différence en moins, 222,968 individus. Douze années de paix, malgré les nombreux obstacles qu'a rencontrés le développement normal des ressources du pays, ont fait cependant monter le chiffre de la population, en 1843, à 4,700,374, dont 2,313,649 individus du sexe masculin, et 2,386,725 du sexe féminin. En 1844, la population a atteint le chiffre de 4,770,290 habitants, dont 2,348,467 hommes, et 2,421,823 femmes. La différence de 73,356 en plus, pour le chiffre des femmes, s'explique non par la différence entre les naissances des enfants des deux sexes, laquelle est plutôt en faveur des mâles, mais par l'émigration, l'exil et le recrutement forcé, qui n'ont atteint pour la plupart que des hommes. — Plus des trois quarts de cette population consistent en Polonais de races slave et lettonne, et de religion catholique. D'après le recensement de 1830, le nombre des habitants appartenant à cette catégorie s'élevait à 3,211,357; en admettant l'accroissement de 22 pour 100, qui est la proportion dans laquelle s'est augmentée la population totale, le chiffre pour 1844 serait de 3,817,855. Après les Polonais viennent les juifs, qui remplissent principalement les petites villes: le chiffre de cette partie de la population, en 1830, était de 410,062; en 1845, il approchait de 480,000, c'est-à-dire dépassait 10 pour 100 de la population totale. Les Rousniaks ou Russiens, de race slave et professant la religion grecque unie avec l'Eglise latine, figuraient dans le recensement de 1830 pour 216,983 : leur nombre s'est élevé dans la même progression; en 1844, il a atteint près de 260,000. Les Allemands, pour la plupart artisans et ouvriers dans les villes, professant la religion luthérienne, formaient, en 1830, une population de 212,698 individus, et de 272,000 en 1844; ceux de religion calviniste, les mennonites et les frères moraves comptaient pour 3,242 en 1830, et pour environ 4,000 en 1844. Il y avait 4,504 Russes de la secte des vieux croyants et du rite gréco-russe en 1830 ; ce chiffre a dû augmenter dans une proportion plus forte que les autres catégories à cause de l'émigration des marchands filippons, des bourlakes ou travailleurs voyageurs, employés surtout dans les travaux de terrassement, et enfin à cause de l'occupation du pays par une garnison russe et l'emploi à poste fixe d'un certain nombre de fonctionnaires de cette nation. Nous n'avons pas le chiffre officiel de cette catégorie d'habitants en 1844 ; mais nous ne croyons pas être loin de la vérité en l'évaluant à 50,000 individus.—Enfin, pour compléter ce tableau, il faut ajouter environ 400 Tartares mahométans et près de 300 Bohémiens ou zigans bouddhistes. — En somme, sur le chiffre total de 4,770,290 que présente la population du royaume de Pologne en 1844, plus de 4,000,000 sont des Polonais d'origine slave ou lithuanienne et de religion catholique du rite romain ou grec-uni. Les 770,000 restants consistent principalement en juifs et en Allemands. Ce fait statistique prouve que, malgré une certaine admixtion des races étrangères, la nationalité polonaise de ce royaume repose sur une large base ethnographique.

Classes sociales. — Le royaume de Pologne, ayant été formé de la majeure partie du grand-duché de Varsovie, retint aussi la législation civile introduite dans le grand-duché par l'empereur Napoléon ; cette législation n'est autre que le code français. Or, comme le code n'admet pas de différences entre les habitants du pays devant la loi civile et que la constitution octroyée par l'empereur Alexandre, en 1815, avait garanti cette même égalité devant la loi politique, il s'ensuivit que les classes dont se composait l'ancienne société en Pologne avaient légalement disparu. Le titre de noble devint purement honorifique. La noblesse supporta comme les autres classes les charges publiques, et fut soumise à la conscription militaire ; mais, à partir de 1831, le statut organique décrété par l'empereur Nicolas a conféré à la noblesse de Pologne les prérogatives de la noblesse de l'empire de Russie, c'est-à-dire l'exemption de l'impôt personnel, du recrutement militaire et des peines corporelles. Les nobles seuls ont droit à certaines fonctions publiques. — Du reste, tant que le code civil du royaume ne sera pas profondément altéré et qu'il étendra sa protection bienfaisante sur les habitants de toutes les conditions, les priviléges de la noblesse n'empêcheront point les bourgeois et les paysans d'acquérir des propriétés foncières et de s'enrichir par le commerce et l'agriculture. La *bourgeoisie*, en Pologne, se divise en deux classes : les chrétiens et les juifs. Les premiers, sauf dans quelques grandes villes, s'occupent principalement à faire valoir leurs champs et exercent quelques métiers. La plupart des artisans et des ouvriers de fabrique sont d'origine allemande et professent le protestantisme. — Les bourgeois chrétiens, d'après la nouvelle législation politique du royaume, fournissent les recrues à l'armée russe; leur temps de service est de quinze ans. Les bourgeois des villes ont le privilége d'élire leur conseils municipaux, mais la charge de président ou bourgmestre est à la nomination du gouvernement. — Les *juifs* forment la grande majorité de la bourgeoisie dans les petites villes et dans les bourgades, et constituent environ la moitié de toute la population urbaine de ce royaume. Ils sont soumis à une législation politique exceptionnelle : ainsi il leur est défendu d'acquérir des domaines habités par les paysans chrétiens. Dans certaines grandes villes, ils ne peuvent demeurer que dans des quartiers qui leur sont spécialement désignés ; le séjour dans plusieurs petites villes, surtout dans l'ancien palatinat de Cracovie, leur est même complétement interdit. On leur a défendu récemment de résider dans un rayon de quelques lieues le long de la frontière, afin de les empêcher d'exercer la contrebande. Une autre mesure administrative leur défend le débit des spiritueux dans les villages. — Les juifs de Pologne forment un peuple à part et ne se marient qu'entre eux; ils parlent un jargon qui est un allemand corrompu mêlé à quelques mots d'hébreu. Jusqu'à ces derniers temps, ils portaient un costume particulier qui se ressentait de son origine asiatique et rappelait, par certains détails, l'ancien costume polonais et aussi le costume allemand des deux derniers siècles. Un ukase récent vient de leur prescrire l'usage des vêtements modernes tels que les porte le reste de la population. Les juifs ne sont point soumis au service militaire ; mais, en échange de cette exemption, ils payent une taxe en argent. Ils concourent, avec les autres bourgeois, aux élections des officiers municipaux. Leurs enfants ont droit de fréquenter les écoles publiques concurremment avec les chrétiens, mais un petit nombre profite de ce privilége.

Les paysans. — La classe la plus nombreuse, car elle forme environ les trois quarts de la population générale, mais aussi la plus pauvre et, depuis longtemps, la plus opprimée, est celle des paysans. Dans la société primitive et démocratique des Slaves, le paysan était un cultivateur libre ; le servage n'a commencé qu'avec l'influence du féodalisme en Pologne, c'est-à-dire vers le XIIe siècle ; cependant, encore dans le XIVe, sous le règne de Casimir le Grand, le paysan (*cmetho*) avait le droit d'abandonner la terre de son seigneur et de s'établir sur les terres d'un autre propriétaire noble. Mais, à partir de la mort de ce roi, le cultivateur devint de plus en plus dépendant dé son seigneur et maître. Depuis le XVe jusque vers la fin du XVIIIe siècle, il était serf attaché à la glèbe, corvéable à gré et merci, et le seigneur exerçait, à son égard, toute juridiction civile et correctionnelle. La constitution du 3 mai 1791 changea, la première, cet état de choses ; elle autorisa les propriétaires nobles à passer des contrats ou conventions librement consentis par leurs paysans, et plaça ces derniers sous la protection de la loi. Les dispositions bienfaisantes de cette constitution et celles du décret du 7 mai, proclamé par l'illustre chef de l'insurrection de 1794, Kosciuszko, n'ont pu recevoir leur pleine exécution, à cause des démembrements de la Pologne accomplis en 1793 et 1795. Les gouvernements prussien et autrichien introduisirent quelques améliorations dans la condition des paysans, sans abolir complétement le servage. Cette abolition fut décrétée par la constitution de 1807, octroyée par Napoléon au grand-duché de Varsovie. Une ordonnance, émanée du gouvernement de cet Etat, prescrivit que les contrats entre les propriétaires et les paysans, considérés dorénavant comme fermiers, seraient renouvelés tous les trois ans. L'introduction du code Napoléon comme loi civile du pays mit le sceau à cet affranchissement de la classe des cultivateurs. Le paysan, dès lors, pouvait changer de résidence quand bon lui semblait, avec l'autorisation du commissaire d'arrondissement, à défaut de celle du propriétaire ; et, lorsque ce dernier avait un recours à exercer contre le cultivateur, il devait s'adresser aux tribunaux. — Telles étaient les prescriptions en vigueur jusqu'à l'époque de la promulgation de la constitution de 1815 par l'empereur Alexandre. Cette loi cardinale, qui a renouvelé la déclaration de l'égalité de tous les habitants devant la loi, et qui a maintenu en vigueur le code civil dans toutes ses principales dispositions, assura également aux paysans les droits de citoyens. Cependant, par la force des choses, les rapports entre les propriétaires et les paysans continuaient toujours sur le pied de seigneurs à sujets. Le propriétaire noble exerçait une juridiction patrimoniale comme maire nommé par le gouvernement, de la commune dont toutes les terres lui appartenaient. Le paysan continuait à payer la location de sa chaumière, de son jardin et des champs qu'il tenait à bail, avec des journées de travail ou corvées employées à la culture des terres appartenant directement au château, et avec des redevances en argent et en nature. Les conditions de ce bail n'étaient jamais l'objet d'un contrat spécial fait séparément avec chaque fermier partiel, mais se trouvaient consignées dans un acte collectif nommé *Inventaire du domaine*, où étaient spécifiés d'un côté l'avoir, c'est-à-dire les bâtisses et les champs concédés au paysan, de l'autre les *devoirs* et les charges qu'il avait à remplir à l'égard du seigneur. Cet état de choses, évidemment vicieux, a duré jusqu'au dernier ukase publié sur cette matière par l'empereur Nicolas le 7 juin 1846. Ce nouvel acte législatif a été rendu dans le but avoué d'améliorer la condition des paysans en Pologne ; mais il est douteux qu'il puisse l'atteindre.

Division administrative. — Le royaume de Pologne était divisé, avant l'ukase du 7 mars 1837, en huit palatinats, savoir : Masovie, Kalisch, Cracovie, Sandomir, Lublin, Podlachie, Plock et Augustowo. L'ukase précité a changé le nom des *palatinats* en celui de *gouvernements* ou *goubernies*. Enfin un autre ukase, de l'année 1844, a réuni le gouvernement de Kalisch à celui de Masovie, le gouvernement de Cracovie à celui de Sandomir, le gouvernement de Podlachie au gouvernement de Lublin, et laissé intacts ceux de Plock et d'Augustowo. Les gouvernements sont divisés en arrondissements ou districts, ceux-ci en municipalités et en communes rurales. Le nombre des villes et bourgades est de 450, celui des villages et colonies de 22,600. Les villes les plus peuplées du royaume sont Varsovie, capitale, qui, en

1835, comptait 129,705 habitants, et dont la population actuelle dépasse 140,000 ; Lodz, dans le gouvernement de Varsovie, 20,000 habitants ; Lublin, 14,200 ; Kalisch, 12,000 ; Płock, 11,600 ; Kalwarya, 6,900 ; Radom 6,700 ; Cszentochowa, 6,500 ; Zgiérz, 5,800 ; Ozorkow, 5,200 ; etc.

Gouvernement, administration. — La constitution octroyée par l'empereur Alexandre, en vertu d'un engagement pris par l'acte du traité de Vienne du 3 mai 1815, a été abolie, en 1831, par l'empereur Nicolas, et remplacée par un statut organique qui donne au gouvernement du royaume ou *czarat* de Pologne une forme purement monarchique. Toutes les garanties constitutionnelles, celles de liberté individuelle, de liberté de la presse, de représentation nationale ont été supprimées. Le statut contient, il est vrai, une organisation des Etats en assemblées provinciales ; mais les articles relatifs à cette institution n'ont jamais été mis à exécution. Tout le pouvoir législatif réside donc dans la personne de l'empereur et roi ; les projets de lois et ordonnances, c'est-à-dire des ukases, sont élaborés par le département des affaires polonaises, faisant partie du conseil de l'empire de Russie et siégeant à Saint-Pétersbourg. Ces projets approuvés par l'empereur sont communiqués à l'administration locale du royaume par le ministre secrétaire d'Etat du royaume, résidant également à Saint-Pétersbourg. Ce ministre présente aussi à l'approbation du czar les rapports du conseil d'administration et du conseil d'Etat du royaume, et il est le seul organe par lequel les décisions royales parviennent à la connaissance de ces derniers. On a formé aussi, depuis 1832, à Saint-Pétersbourg, une commission législative pour la révision des codes polonais. Le ministre de l'instruction publique de l'empire de Russie est aussi le chef suprême de ce département dans le czarat de Pologne. — L'administration locale supérieure du royaume est exercée par le lieutenant du roi gouverneur général du royaume, et un conseil d'administration présidé par ce même fonctionnaire et composé 1° des trois directeurs généraux chefs de trois commissions gouvernementales, savoir, commission de l'intérieur, de l'instruction publique et des cultes, commission de la justice et commission des finances ; 2° du contrôleur général du royaume, président de la cour des comptes ; 3° et enfin des personnes nommées spécialement par l'empereur membres de ce conseil. — Le conseil d'Etat, qui a les mêmes attributions à peu près que le conseil d'État en France, est composé de différents chefs de service et d'autres personnes nommées par le roi. Les conseillers d'Etat ainsi que les maîtres de requête sont en service ordinaire ou extraordinaire. L'administration des provinces ou goubernies est confiée aux gouverneurs civils accompagnés d'un conseil goubernial, dit autrefois *commission palatinale*, et d'une chambre des finances. Les arrondissements sont administrés par des commissaires délégués. — Les villes ont des municipalités électives, avec un président de municipalité ou un bourgmestre nommé par le gouvernement à leur tête. Les communes rurales sont régies par des maires nommés par le gouvernement, et qui sont presque invariablement les seigneurs mêmes des villages où ils exercent leur autorité.

Justice. — Les lois civiles et commerciales du pays sont les codes français introduits dans le grand-duché de Varsovie par Napoléon. Ils ont cependant subi de nombreuses modifications. Le code pénal et celui d'instruction criminelle sont calqués sur les codes prussien et autrichien. La commission pour la révision des codes, siégeant à Saint-Pétersbourg, s'occupe de la refonte de cette législation, pour la rapprocher de celle de l'empire russe. La justice est administrée par des tribunaux de différents degrés. Il y a dans chaque district un juge de paix chargé de concilier les parties et de juger en premier ressort les affaires dans lesquelles l'objet en litige ne dépasse pas la valeur de 500 florins de Pologne : il prononce aussi dans les affaires de simple police. Les affaires civiles plus importantes sont portées devant les tribunaux de première instance ; il y en a un dans le chef-lieu de chaque gouvernement. Ces tribunaux jugent aussi les affaires commerciales dans les provinces. Il y a à Varsovie une cour d'appel pour tout le royaume et un tribunal de commerce composé de juges électifs. L'ancienne cour suprême, qui jugeait comme cour de cassation, a été remplacée en 1843 par deux départements du sénat de l'empire siégeant à Varsovie, le neuvième et le dixième : celui-ci pour les affaires criminelles, l'autre pour les affaires civiles. La justice criminelle est distribuée par quatre cours spéciales et dont ressortissent les tribunaux de police correctionnelle établis dans chaque arrondissement. Les présidents des municipalités dans les villes et les maires dans les communes rurales ont le pouvoir de correction paternelle sur les gens du peuple.

Cultes. — Les quatre cinquièmes des habitants du royaume professent la religion catholique romaine. Le clergé de cette Eglise est composé d'un archevêque de Varsovie, primat du royaume, et de sept évêques diocésains, dont le gouvernement spirituel s'étend sur chacun des anciens palatinats; ils sont nommés par le pape sur la présentation de l'empereur. Varsovie possède un grand séminaire, dit académie théologique; il y a un séminaire diocésain près de chaque évêché. Le nombre de couvents d'hommes est de 156, avec 1,768 religieux; les 29 cloîtres de femmes contiennent 354 nonnes. Les grecs-unis, au nombre de 260,000, ont un évêque à Chelm, dans le gouvernement de Lublin. Les grecs-russes n'avaient, avant 1830, aucun établissement supérieur dans le royaume; depuis cette époque, un évêque de ce rit a été établi, et l'Eglise catholique romaine des piiaristes, à Varsovie, a été convertie en cathédrale gréco-russe. Une église de ce culte a été également érigée dans chaque chef-lieu du gouvernement. Les protestants, luthériens et calvinistes ont à Varsovie un consistoire qui administre les affaires de leur culte; ils possèdent environ quarante temples dans le royaume, dont un très-beau dans la capitale. Les juifs, très-nombreux en Pologne, ont des synagogues dans toutes les villes où ils résident. Varsovie possède une école des rabbins entretenue par le gouvernement; une commission avait été instituée du temps du régime constitutionnel pour travailler à la réforme de la population israélite.

Instruction publique. — Avant l'insurrection de 1830, Varsovie possédait une université avec cinq facultés où étaient enseignés la théologie, le droit, les sciences, la médecine et les lettres : cet établissement de hautes études a été supprimé. Aujourd'hui le royaume possède 10 gymnases, dont 2 à Varsovie, 186 institutions particulières, plusieurs écoles d'arrondissement et écoles des métiers, et environ 800 écoles primaires, en tout 1,036 établissements avec 1,910 professeurs et employés, et 60,865 élèves.

Langue et littérature. — La langue polonaise, qui est le dialecte le plus cultivé de l'ancienne langue slave, est issue de la même souche que le bohème, le slovaque de la Hongrie, l'illyrien et le russe. Elle a beaucoup d'analogie avec le premier de ces dialectes; elle est riche, harmonieuse, se prête à toutes les inflexions et à toutes les transpositions comme le latin, auquel elle ressemble sous le rapport de la construction. Le concours des consonnes, qui effraye tant les étrangers à la vue d'un livre imprimé, se fond dans la prononciation, dans des sons qui n'ont rien de dur pour l'oreille. Les sons gutturaux sont moins fréquents que dans la langue allemande; la prosodie consiste dans la prolongation de la pénultième. La littérature polonaise, dont les premiers vestiges remontent au xie siècle, ne présente d'abord que des auteurs écrivant en latin; cette époque dure jusqu'au xvie siècle. On y trouve les noms des chroniqueurs Martin Gallus, Vincent Cadlubconis, Mathieu Choléva; des physiciens et des naturalistes comme Vitellio (Ciolek), Grégoire de Sanok, et surtout le grand auteur d'un nouveau système du monde, Nicolas Kopernik; les historiens Kromer et Dlugosz; les poëtes latins Dantiscus, Janicius; le théologien Hoski ou Hosius, cardinal et président du concile de Trente. — La seconde époque littéraire, où la langue polonaise devient la langue des poëtes, des orateurs et des savants, commence vers la moitié du xvie siècle avec Rey de Naglovicé. L'astre brillant de cette période littéraire est le poëte Jean Kochanowski, auteur d'élégies tendres, d'une pièce dramatique imitée du théâtre antique, intitulée le *Congé des ambassadeurs grecs*, et traducteur des psaumes de David en vers rimés. Cette même famille des Kochanowski produit, au xviie siècle, des traducteurs du Tasse et de Virgile; plus tard Morsztyn traduit Corneille et Racine, d'autres poëtes nationaux s'exercent dans le genre idyllique; mais les talents les plus distingués se produisent surtout dans l'éloquence sacrée et politique, de ce nombre sont Orzechowski, Gorniçki, Skarga. Vers la fin du xviie siècle, la langue et la littérature se corrompent par l'envahissement du latin. L'influence de la langue et de la littérature françaises fait une réaction heureuse au commencement du xviiie siècle. Stanislas Leszczynski, qui fut roi un instant et patriote éclairé toute sa vie, contribue puissamment à cette réaction. A partir de ce moment commence la troisième époque de l'histoire littéraire de la Pologne, celle de a régénération littéraire. Krasiçki, Trembeçki, Karpinski sont les poëtes les plus distingués du règne malheureux de Stanislas-Auguste; Naruszewicz est le plus savant historien qui parût dans cette période. Les partages successifs de la Pologne arrêtent la vie politique, mais nullement la vie intellectuelle du pays morcelé. Niemcewicz, Felinski, Wenzyk, Louis Osinski brillent dans la poésie dramatique et lyrique. L'influence du romantisme crée une nouvelle école de poëtes, en Pologne, dont le plus éminent est notre contemporain Miçkiewicz.

Les sciences ont eu de dignes représentants dans les deux Sniadeçki, l'un astronome, l'autre chimiste et médecin ; la science de l'histoire et du droit cite, dans notre siècle, avec éloge les noms de Czaçki, Bandkie, Lelewel et Macieiowski. — Maurice Mochnaçki et Louis Mieroslaski sont les plus éloquents narrateurs de l'insurrection de 1830. — Michel Wisziewski est l'auteur le plus estimé de l'histoire littéraire de la Pologne. — Dans les beaux-arts, la Pologne compte quelques talents dignes de mention ; tels sont les peintres Smuglewicz, Czechowicz, Orlowski ; l'architecte Gucéwicz ; le graveur Oleszszynski : les musiciens Kurpinski, Elsner ont composé des chants et des opéras comiques empreints d'un vif sentiment national ; les exécutants contemporains Lipinski, Choppin, Sowinski, Kontski sont connus du public européen.

Finances.—Depuis que, avec l'abolition du régime constitutionnel, la publicité a disparu des actes du gouvernement; nous n'avons pas de données certaines sur les recettes et les dépenses du royaume. En 1830, le budget des recettes s'élevait à la somme de 80 millions de florins (48 millions de francs) ; il doit dépasser 100 millions en 1846. Les principales sources des revenus étaient et sont encore l'impôt foncier, les domaines et forêts, l'impôt sur le sel, la régie du tabac, l'impôt sur la viande et les boissons, la douane, les patentes et le timbre. Les dépenses, en 1830, se montaient à 79 millions de florins. En 1828, il y avait un excédant de 7,470,000 florins de recettes sur les dépenses, et cependant, en 1829, le gouvernement, qui avait déjà mis en vente les biens nationaux, contracta encore un emprunt de 42 millions avec la maison Fraenkel et Cᵢᵉ, de Varsovie. Un autre emprunt de 150 millions fut contracté, en 1835, avec la maison Epstein.

—Les frais de guerre de la Turquie et de la Pologne peuvent seuls expliquer l'emploi de ces sommes. Le royaume possède plusieurs établissements de crédit; à la tête desquels figure la banque de Pologne, fondée, en 1827, au capital de 30 millions de florins, mais que, depuis, elle a plus que doublé. La société du crédit foncier, qui émet des bons sur hypothèques d'immeubles dits *lettres à gage*, portant 4 p. 100 d'intérêt, est une des institutions qui ont rendu le plus de service au pays, et a permis de liquider une grande partie des dettes qui obéraient les fortunes particulières.

Agriculture. — La Pologne a été de tout temps un pays essentiellement agricole, et fut toujours considérée comme le grenier de l'Europe ; mais, depuis que la Gallicie et les provinces méridionales, la Volhynie, la Podolie et l'Ukraine, en ont été détachées, la production des céréales dans le royaume excède à peine les besoins de la consommation intérieure. D'un autre côté, c'est au développement de l'agriculture que ce royaume doit principalement l'accroissement de sa population. La région la plus fertile s'étend le long de la frontière autrichienne, dans les anciens palatinats de Cracovie et de Sandomir. Le froment y donne, sans beaucoup d'efforts, de 10 à 15 grains. Dans la région du centre et surtout celle du nord-ouest, le sol, étant moins fertile, exige plus de soins et d'engrais. Grâce aux efforts de beaucoup de propriétaires éclairés, les méthodes perfectionnées d'assolement ont remplacé, dans beaucoup d'endroits, la culture triennale, autrefois généralement adoptée. Cependant la production est encore loin d'avoir atteint sa dernière limite. Sur 250,000 *wlokas* ou 4,165,000 hectares de terres labourables, la production annuelle dépasse à peine 10 millions d'hectolitres de grains de toute sorte, tels que froment, seigle, orge, avoine, millet, sarrasin. Cette production serait même insuffisante pour nourrir la population, si, d'un autre côté, les vastes prairies (46,000 wlokas ou 749,000 hectares) et les vaines pâtures ne permettaient d'élever un grand nombre de bestiaux. Cette branche d'économie rurale a pris, dans les dernières années, un grand développement. Voici les chiffres, pour 1844, que donne un recensement officiel : chevaux 545,000; race bovine, 1,363,000; moutons mérinos, 912,000; moutons de race du pays améliorés, 1,694,000 ; moutons de race ordinaire, 1,279,000; chèvres, 12,000; porcs, 878,000. Le nombre des bestiaux serait encore plus considérable si des épizooties fréquentes ne les décimaient. — Le jardinage est dans un état assez prospère ; presque toutes les plantes potagères et les arbres fruitiers du nord de la France sont cultivés avec soin, et donnent d'abondants produits. — Les forêts constituent une des principales richesses dans un pays où le bois, à cause du climat, est un objet de première nécessité. Les forêts occupent plus de 3 millions d'hectares, et, malgré les dévastations commises pendant une longue suite d'années, leur aménagement a beaucoup gagné depuis que les forêts de l'Etat ont été soumises à une administration régulière et vigilante, c'est-à-dire depuis environ vingt-cinq ans. L'arbre le plus commun est le sapin sauvage; cependant les autres espèces de bois tels que. le sapin noir, le bouleau, l'aune, le mélèze, le tremble, et surtout le chêne, dont la qualité a été reconnue supérieure à celle du chêne d'Amérique pour les constructions navales, abondent dans les forêts de la Pologne. Varsovie a une école théorique pour l'économie forestière; il y avait une école pratique pour les gardes forestiers à Bodzentyn, dans l'ancien palatinat de Cracovie. — Le gibier qui remplissait autrefois les vastes forêts de la couronne et des particuliers est devenu bien plus rare avec les progrès de la culture; les bêtes de la grosse espèce, telles que l'ours, le bison, l'élan, ont presque complétement disparu. On trouve encore le chevreuil, le sanglier, le lièvre, le loup, le renard, le blaireau, la martre, la loutre, etc. — Les pêcheries d'eau douce sont très-nombreuses, les rivières et les lacs abondent en poissons de toute sorte; quelques espèces remontent de la mer jusqu'à 100 lieues de distance dans la Vistule, tels que l'esturgeon et le saumon. —L'élève des abeilles est très-répandue, surtout dans la région du sud et dans le gouvernement d'Augustow. Le miel et la cire font un objet important du commerce. L'hydromel est encore une des boissons favorites du peuple. — Parmi les insectes, celui dont les produits étaient autrefois l'objet d'un commerce assez considérable est le kermès ou cochenille polonaise (*coccus polonicus*) ; mais l'importation de la cochenille américaine en a diminué l'importance.

Industrie manufacturière. —En examinant l'état actuel de l'industrie manufacturière,

on voit avec peine que l'ancienne prospérité, surtout des fabriques des draps et tissus de laine, qui étaient renommées dans toute la Russie et même jusqu'en Chine, a décliné considérablement, et que cette décadence, loin de s'arrêter, suit une pente fatale. Ainsi, en 1829, les produits de ces fabriques s'étaient élevés à plus de 7 millions d'aunes de Pologne (de 576 millimètres); les mêmes fabriques, en 1843, n'ont produit que 2,217,957 aunes de draps, et 2,130,362 aunes en 1844. Outre les draps, ces fabriques ont fourni, en 1844, 84,385 châles et mouchoirs de cou, 28,145 aunes de tapis et 808,991 d'étoffes légères, tricots, etc.; en tout 3,051,883 aunes de tissus de laine. Comparée à la production de 1829, celle de 1844 a donc diminué de plus de la moitié. Ce mouvement rétrograde s'est fait en même temps remarquer dans les qualités. La cause principale de cette décadence est l'affaiblissement de l'exportation en Russie et en Chine, dû à des règlements fiscaux hostiles au commerce de lainages polonais. — D'un autre côté, il y a une activité croissante dans les produits de fabriques des cotonnades. Les chiffres de 1844 sont 22,724,953 aunes de tissus, qui se vendent à la mesure ; 461,850 pièces de tissus que l'on vend à la pièce; 233,361 pièces de petit volume; 153,072 paires de bas, gants, etc. ; 2,216,700 livres d'articles vendus au poids. — Les manufactures de tissus de lin, depuis l'introduction de la filature et du tissage mécaniques par feu Girard dans la colonie appelée *Girardow*, du nom de cet industriel, ont pris un développement remarquable. En 1844, ces manufactures ont produit 613,405 aunes de toile de qualité supérieure, 1,552,281 aunes de qualité moyenne, 26,800 de toile teinte et imprimée, 1,253,544 des tissus autres que toile, 30,544 aunes de tissus pour linge de table et 41,988 de toile d'emballage. — On a essayé, depuis une vingtaine d'années, la fabrication des tissus de soie. M. Pascalis, un des principaux négociants de Varsovie, avait établi, le premier, une manufacture de ces tissus dans le voisinage de la capitale. En 1843, les fabriques de soieries avaient fourni 64,900 aunes et 5,393 pièces d'étoffes de soie ; en 1844, cette production n'a été que de 41,780 aunes et 3,750 pièces de soieries. — L'industrie sétifère ne sera jamais, en Pologne, qu'une industrie de serre chaude : c'est pour cela qu'il est à regretter qu'on s'en occupe plutôt que de développer l'industrie véritablement indigène des lainages. — Les fabriques de verres ont produit, en 1844, environ 152,000 *soixantaines* d'objets en verres (bouteilles, verres, carafes, etc.) de différentes qualités. — Les tanneries et mégisseries, qui sont nombreuses et donnent des produits qui se recommandent par leurs bonnes qualités, ont fourni, cette même année, 552,308 pièces de cuir. — Une industrie très-active, en Pologne, est celle des spiritueux. Le débit de l'eau-de-vie de grains et de pommes de terre est un monopole du gouvernement dans les villes, et celui des seigneurs dans les bourgades et villages qui leur appartiennent. Ce reste des droits féodaux, aussi pernicieux qu'immoral, disparaîtra un jour, il faut l'espérer, avec une organisation meilleure de la propriété en Pologne. — Les distilleries et les brasseries ont livré à la consommation, en 1844, 105,410 garnièces (de 4 litres) de spiritueux et 553,386 garnièces de bière et de porter. — Les papeteries ont fourni, dans la même année, 194,188 rames de papier de différentes qualités. — L'industrie minière avait autrefois une importance qu'elle a perdue depuis que les mines de sel de Viéliczka sont passées entre les mains de l'Autriche, et que les mines de plomb argentifère et de cuivre, à Olkusz et à Miedziana-Gora, ont été épuisées. Dans l'état actuel du pays, on extrait encore du plomb dans les environs de Kielcé, et de la galène près d'Olkusz et dans d'autres localités de l'ancien palatinat de Cracovie. On en extrayait, année commune, 2,000 quintaux de plomb et 60 à 84,000 quintaux de galène. Les usines de Konstantinow fournissent 40,000 quintaux de zinc. L'usine de Bialogon a été transformée en fabrique de machines à vapeur. — Mais l'exploitation la plus importante est celle des mines de houille et de fer. Les houillères, dans les environs de Bendzina, fournissent annuellement de 700 à 800,000 quintaux de charbon ; celles de Slawkow, de 120 à 130,000 ; les autres mines produisent de 30 à 40,000 quintaux. — Les mines de fer sont les plus abondantes dans l'ancien palatinat de Sandomir. Les mines et forges appartenant tant au gouvernement qu'aux particuliers produisent de 300 à 400,000 quintaux de fonte et de fer.

Commerce. — Le commerce intérieur du royaume se fait encore dans des grandes foires qui ont lieu périodiquement dans toutes les principales villes et bourgades. Les plus considérables sont des foires à laine, à Varsovie ; les foires des bestiaux, à Lenczna et à Vlodava ; celles de chevaux, à Lovicz. — Le commerce d'exportation se fait surtout par Dantzick pour les céréales et les bois, par la frontière russe pour les draps et les métaux ; la laine s'exporte principalement par Dantzick et par la frontière de la Silésie prussienne. Les autres objets exportés sont les cuirs, le suif, le lin, l'eau-de-vie, le zinc, les voitures, les chaussures. — Les chiffres de ce commerce pour 1844 sont les suivants : laine, 36,267 quint. ; céréales, froment, 881,028 korzetz (de 1,28 hectolitre) pour la valeur de 3,103,464 roubles argent ou 12,500,000 fr. ; 572,500 korzetz de seigle pour la valeur de 972,922 roubles argent ou 3,791,688 fr., et environ 125,000 korzetz d'autres grains pour la valeur de 216,000 roubles ou 864,000 fr. — L'exportation du bois de construction a été, en 1844, de 136,123 pièces de bois de construction, 103,169 du bois non équarri, et 7,700 toises de bois de chauffage ; le tout pour la valeur de 845,000 roubles ou 3,400,000 fr. — Il a été exporté, en 1844, 35,833 quintaux de zinc pour la valeur de 200,000 roubles ou 800,000 fr. — L'abolition des lois céréales et la modification des droits sur l'importation du bois en Angleterre donneront probablement un essor considérable à ces deux branches de commerce en Pologne. Le chiffre général du commerce d'exportation, en 1844, a été de 6,758,695 roubles argent ou environ 27 millions de fr. ; celui du commerce d'importation lui était supérieur d'environ 12 millions de fr. (en 1839). La balance était surtout en faveur du commerce russe. Le commerce d'exportation se fait en partie par la Vistule et ses affluents au moyen des grands bateaux plats nommés *galary*, en partie par voie de terre. Les communications par eau laissent beaucoup à désirer ; la Vistule est remplie de bas-fonds et aurait besoin d'être encaissée dans des digues, et son chenal devrait être approfondi dans maints endroits. C'est là l'obstacle qui jusqu'à présent s'opposait à l'établissement d'une navigation à la vapeur sur ce fleuve L'année dernière, un Français, nommé Ch. Guibert, a reçu le privilége exclusif d'établir et d'exploiter un service des bateaux à vapeur sur la Vistule et ses affluents. Les bateaux seront probablement construits sur le modèle de ceux de la Loire. — Les transports par terre se font dans des chariots à quatre roues traînés par des chevaux ou des bœufs. — Les grandes routes sont mac-adamisées, bien construites et entretenues avec soin. Il y a six grandes chaussées ou routes royales qui mènent vers six points principaux sur les frontières. Ce sont celles de Kalisch, avec embranchement sur Posen, de Cracovie, d'Oustiloug, de Brestz, de Kovno, et la route qui, par Ploik, mène à la frontière de Prusse, cette dernière encore non terminée. — Un chemin de fer, dont la construction a été entreprise par le gouvernement, doit joindre Varsovie à la Silésie autrichienne et prussienne, et par suite à Vienne et à Berlin. Une section de ce chemin, de la longueur totale de 31 milles de Pologne ou environ deux cent soixante kilomètres, vient d'être ouverte de Varsovie à Czenstockova; les travaux sur une autre section, celle de Czenstockova à la frontière autrichienne, près de Cracovie, sont déjà fort avancés. — Pour compléter ce tableau historique, statistique et administratif du royaume de Pologne, nous devons dire quelques mots sur les emblèmes politiques et la situation militaire. — Le royaume de Pologne, depuis 1831, reste confondu en grande partie avec les autres gouvernements généraux de l'empire de Russie. La langue russe y est devenue officielle, la monnaie de l'empire a seule cours légal. Les armes de la Pologne, l'aigle blanc en champ de gueules, les ordres de chevalerie, celui de l'Aigle blanc et de Saint-Stanislas (ce dernier divisé en quatre classes), ont été annexés aux emblèmes et aux décorations de l'empire russe. Les couleurs et la cocarde nationales (blanche et cramoisie) ont été supprimées. L'armée nationale a été dissoute. Les derniers débris en ont été incorporés dans les régiments russes ou ont émigré à l'étranger. Le corps d'armée russe qui occupe le royaume de Pologne est commandé par le lieutenant du roi gouverneur général; les forteresses de Zamostz, de Modlin et Novo-Géorgiewk, de Bobrowsinki ou Ivangrod, et la citadelle de Varsovie, ont des garnisons tirées de l'armée impériale. L'émigration polonaise à l'étranger compte environ 8,000 hommes, dont plus de 5,000 en France et le reste en Angleterre, en Belgique, en Suisse, en Espagne et aux États-Unis. DE CHONSKI.

POLTROT (JEAN), seigneur de Méré, né, près d'Aubeterre, en Angoumois, vers 1537, avait passé sa première jeunesse en Espagne : de retour en France, il embrassa le calvinisme. Il passait pour homme d'exécution, et c'est en cette qualité que Soubise, qui était un des grands seigneurs de sa province, et auquel il s'était attaché, le recommanda à Coligni, pendant la première guerre de religion. Peu après, Poltrot, s'étant rendu au camp des catholiques, y fut bien accueilli par le duc François de Guise, qui y commandait et auquel il se présenta comme un transfuge. La ruine complète du parti protestant semblait imminente; la prise de Rouen et la bataille de Dreux l'avaient accablé; presque toutes les villes qu'il avait surprises dans le premier moment lui avaient été enlevées; Orléans, enfin, son dernier boulevard, était assiégé et allait être obligé de se rendre. Les choses en étaient là, quand, le 18 février 1563, le duc de Guise, en retournant, le soir, à son logis, sans autre compagnie que deux gentilshommes, fut mortellement frappé, par derrière, d'un coup de pistolet d'arçon, tiré à quelques pas de distance. L'assassin, qui était bien monté, s'enfuit aussitôt, sans même qu'on le poursuivît; mais il avait perdu la tête; il s'égara dans la nuit, et, le lendemain matin, il vint se faire prendre tout près d'Orléans, dont il se croyait bien loin : cet assassin était Poltrot. — Nous n'avons à raconter ici, ni les derniers instants du duc de Guise, qui mourut en héros chrétien, ni la révolution que sa mort amena dans la politique; mais il est intéressant de s'assurer si cet assassinat, le premier de tant d'assassinats politiques qui déshonorèrent cette époque, était le fait d'un homme isolé, ou si le parti protestant, au contraire, doit en porter plus ou moins la responsabilité. — Poltrot était peut-être un fanatique de bonne foi; il raconta lui-même que, avant de tirer sur le duc de Guise, il avait prié Dieu, si ce dessein venait d'en haut, de lui donner la force de l'exécuter; ou de lui ôter cette pensée de l'esprit, si c'était une inspiration du démon. Mais, malgré cette exaltation, il n'avait pas fait le sacrifice absolu de sa vie, qui aurait pu seul couvrir son crime de quelque apparence d'héroïsme : il avait d'abord cherché à s'enfuir; une fois pris, il manqua de fermeté et se mit à dénoncer les siens. Interrogé devant la reine mère et tous les membres du conseil privé, Poltrot déclara hautement que plusieurs chefs huguenots, et surtout Coligni, l'avaient sollicité de tuer le duc de Guise; qu'il avait d'abord refusé, mais qu'il s'était ensuite laissé convaincre par Théodore de Bèze et par un autre ministre; qu'il s'était donc rendu, dans ce but, au camp du roi et qu'il avait même acheté son bon cheval avec l'argent que Coligni lui avait donné. Toute cette confession, fort détaillée, fut répétée, le lendemain, par Poltrot, qui la signa, après avoir prêté serment de dire la vérité. Mais il faut ajouter que, quelques semaines après, le jour de son exécution à Paris, le 18 mars, au moment d'être écartelé, il tergiversa longtemps, rétracta d'abord ses aveux, puis les renouvela contre Coligni seul et se rétracta de nouveau, jusqu'à ce qu'enfin, au milieu de son supplice, il accusa encore Coligni et d'Andelot. Où trouver la clef de ces contradictions? Etait-ce l'esprit de parti qui luttait contre le remords dans l'âme du condamné? Personne, assurément, ne saurait aujourd'hui pénétrer au fond de ce mystère; mais il y a, contre l'innocence de Coligni, une présomption plus grave encore que la déposition de Poltrot, c'est la réponse même que Coligni, de concert avec la Rochefoucauld et de Bèze, fit à l'interrogatoire de l'assassin, qu'on venait de publier. C'est à propos de cette réponse que Pasquier a si bien dit que « tous ceux qui voulaient du « bien à l'amiral auraient souhaité ou que du « tout il se fût tu, ou qu'il se fût mieux dé- « fendu. » Coligni, il est vrai, dans cette pièce, nie absolument avoir poussé Poltrot à commettre un assassinat; mais il avoue l'avoir envoyé comme espion dans le camp catholique et lui avoir donné de l'argent, déclarant, d'ailleurs, qu'il n'avait pas d'abord approuvé les attentats sanglants, mais que, depuis qu'il y avait été exposé lui-même, il n'avait plus détourné de leurs projets ceux qui parlaient d'aller tuer le duc de Guise jusque dans son camp. Coligni reconnaissait même que Poltrot, étant venu lui faire un rapport, « s'était avancé jusqu'à lui dire qu'il « serait aisé de tuer ledit seigneur de Guise; « mais le seigneur amiral n'avait pas insisté « sur ce propos, d'autant qu'il l'estimait pour « chose du tout frivole. » Quant à de Bèze, qui repoussait complétement les accusations de Poltrot, il voyait, dans la mort du duc de Guise, « un juste jugement de Dieu, mena- « çant de semblable ou plus grande punition « tous les ennemis jurés de son saint Evan- « gile. » Si donc Poltrot n'était pas un agent de Coligni, ce qu'il est impossible de déter-

miner, il semble au moins établi que les chefs huguenots le laissèrent faire et l'approuvèrent. — La masse du parti ne fut pas plus sévère : convaincus de la prédestination absolue des hommes, les calvinistes ne pouvaient voir dans Poltrot qu'un instrument de la Providence. Firent-ils davantage? Aveuglés par la haine que leur inspirait la victime, honorèrent-ils l'assassin comme un de leurs martyrs? On l'a prétendu; mais le fait ne paraît pas exact. Le *Martyrologe de Genève* (édition de Goulart, 1614) dit seulement, comme de Bèze, que « le duc de Guise fut tué par un « juste jugement de Dieu, se servant, pour « cet effet, de la main de Poltrot. » Il serait pourtant possible qu'on eût été plus explicite auparavant et que Poltrot eût été expressément inscrit sur le rôle presque officiel des martyrs du protestantisme; malheureusement nous n'avons pu nous en assurer, n'ayant trouvé dans aucune bibliothèque de Paris les premières éditions du *Martyrologe*: on serait, sans doute, plus heureux à Genève. H. F.

POLYADELPHIE (*bot.*). — Dans le système de Linné, la dix-huitième classe porte le nom de *polyadelphie*. Elle se compose des plantes à fleurs hermaphrodites dans lesquelles les étamines sont soudées, par les filets, en plus de deux faisceaux. Cette classe est peu nombreuse; elle se composait uniquement, dans le *genera* de Linné, des cacaotiers, des orangers, des mille-pertuis et d'un genre voisin.

POLYANDRIE (*bot.*). —Dans le système de Linné, la treizième classe porte le nom de *polyandrie*. Elle se compose des plantes à fleurs hermaphrodites, pourvues d'étamines nombreuses (plus de douze), libres et distinctes, et insérées sur le réceptacle. Telles sont les renoncules et les anémones de nos jardins.

POLYANTHE. (*Voy.* TUBÉREUSE.)

POLYBE (*biogr.*), l'historien le plus profond de l'antiquité grecque. — Il naquit à Mégalopolis, en Arcadie, vers l'an 548 de Rome, 204 ans avant Jésus-Christ. Son père, Lycortas, homme d'Etat habile et l'un des chefs de la ligue achéenne, fut son maître en politique, et Philopœmen lui enseigna l'art de la guerre. D'abord ambassadeur en Egypte auprès des généraux romains, puis commandant de la cavalerie achéenne, et enfin emmené comme otage à Rome, il y vécut dans la plus intime amitié avec le jeune Scipion-Emilien, qui, après lui avoir fait rendre sa liberté, le fit son compagnon de guerre et son conseiller le plus chéri aux siéges de Numance et de Carthage. C'est ainsi, c'est à la suite d'un vainqueur que Polybe franchit les Alpes, visita les Gaules et l'Espagne et traversa même l'Atlantique, examinant partout les monuments, étudiant les mœurs et les coutumes, interrogeant en tous lieux les traditions. Revenu à Rome, il se fit ouvrir, grâce à l'influence de Scipion, toutes les archives de la république; il lui fut même permis d'étudier à loisir les *libri censuales*, registres précieux conservés au Capitole; et, quand il eut longuement butiné dans ces riches trésors des fastes romains, il retourna en Grèce : c'est alors seulement que l'historien, se croyant mûr pour l'histoire, se proposa d'écrire ce qu'il avait vu et étudié.

Toutes les œuvres historiques de Polybe sont perdues, à l'exception de son *Histoire générale*, encore ne possédons-nous de cet ouvrage que cinq livres complets sur quarante qui le composaient. Ce grand travail comprenait le récit de tout ce qui s'est passé dans le monde alors connu pendant l'espace de cinquante-trois ans, c'est-à-dire depuis le commencement de la seconde guerre punique (an de Rome 535) jusqu'à la réduction du royaume de Macédoine en province romaine (587). Cet ouvrage méritait donc ainsi son titre d'*Histoire universelle* (Ιστορία καθολική), non par rapport aux temps, dit Rollin, mais par rapport aux lieux. Les deux premiers livres de ces annales sont une continuation à l'histoire de Timée et une introduction aux trente-huit qui doivent suivre. Polybe y décrit, dans un récit rapide, les événements accomplis depuis la prise de Rome par les Gaulois jusqu'à la première expédition des Romains en Sicile, et aussi ce qui eut lieu depuis cette époque jusqu'à la deuxième guerre punique. L'historien y donne raison des progrès de la grandeur romaine et en explique les moyens et les causes; il prend surtout à tâche de démontrer que Rome ne doit pas sa puissance à une fatalité aveugle, mais à son opiniâtre constance, et, comme l'a dit Montesquieu, « à la réalité de ce projet d'envahir tout, si bien formé, si soutenu, si bien fini. » Polybe n'a qu'un seul guide, la vérité; jamais il ne dément cette phrase qu'il ne cessait de répéter et qui pourrait servir d'épigraphe à tous ses ouvrages : « Comme les animaux ne sont d'aucun usage quand on leur a crevé les yeux, l'histoire sans la vérité n'est rien. » Chaque récit de Polybe est nourri de faits tous décisifs et importants; sa manière de raconter est ainsi toujours concise et intéressante. L'explication des causes y trouve cependant aussi une large place à côté de la narration des événements, et c'est en cela surtout, c'est par le caractère politique et raisonneur qu'il sait ainsi donner à l'histoire, que Polybe décèle toute la profondeur de ses vues et la sagacité de son génie. Il peint d'un seul mot les hommes et leurs passions, les gouvernements et leurs fautes; et, pénétrant au fond des institutions et des lois, il démêle d'un seul regard les causes qui les ont fait naître et celles qui doivent les détruire. On a reproché à Polybe des digressions. « Elles sont longues et fréquentes, je l'avoue, dit Rollin, mais elles sont remplies de tant de faits curieux et d'instructions utiles, qu'on doit non-seulement lui pardonner ce défaut, si c'en est un, mais même lui en savoir gré. » Le reproche qu'on lui a adressé à propos de la dureté et des incorrections de son style est plus légitime. Polybe écrit trop en homme de guerre peu soucieux de polir l'âpre rudesse de ses phrases; il néglige trop, pour n'être attentif qu'aux choses elles-mêmes, ce charme de diction, cet atticisme de langage qui en rend si bien le récit agréable. Il altère d'ailleurs presque toujours la pureté de sa langue maternelle par des locutions barbares apprises dans les pays qu'il habita longtemps, et par l'abus trop fréquent des termes techniques de l'école d'Alexandrie. Il ne faudrait point cependant pousser aussi loin que Denys d'Halicarnasse le mépris du style de Polybe, et prétendre, avec ce rhéteur, qu'il n'est point de patience à l'épreuve de la lecture de ses ouvrages.

Après six années de séjour dans sa ville natale, Polybe mourut, âgé de 82 ans (121 ans avant J. C.). Outre la grande histoire dont nous venons de parler, les autres ouvrages qu'il avait composés et que nous avons perdus sont : la *Vie de Philopœmen*, en dialecte alexandrin, et une *Histoire de la guerre de Numance*, dont parle Cicéron dans une lettre à Luceius. Quant à son traité de la *milice romaine*, Rollin a tort d'en faire un ouvrage particulier, puisque ce n'est que la réunion des deux chapitres qui ont seuls survécu au VIᵉ livre de son *Histoire universelle*; quelques fragments, souvent assez étendus, de douze autres livres de cette histoire **nous sont** aussi parvenus; les principaux sont ceux que l'empereur Constantin Porphyrogénète avait fait insérer dans ses *Pandectes politiques* sous le titre d'*Ambassades* et de *Traité des vices et des vertus.* — Casaubon publia, en 1609, une excellente édition de Polybe grec et latin; et le bénédictin dom Vincent Thuillier en fit paraître une traduction française avec les savants commentaires du chevalier Folard (Paris, 1747, 5 vol. in-4°). **Ed. Fournier.**

POLYCARPE (Saint), converti fort jeune au christianisme, fut, avec saint Ignace, depuis évêque d'Antioche, au nombre des disciples de saint Jean l'évangéliste. Vers l'an 76 de J. C., cet apôtre l'ordonna évêque de Smyrne; il fut, de plus, chargé de la conduite de toutes les églises de l'Asie. Sa haute piété et ses vertus, auxquelles les païens et les juifs eux-mêmes ne pouvaient s'empêcher de rendre hommage, le rendaient digne d'une semblable mission, et le zèle qu'il y déploya pour la conversion des infidèles et la destruction des hérésies naissantes ne se démentit jamais. Dans les églises d'Asie, la solennité de Pâques était toujours célébrée suivant la tradition hébraïque, c'est-à-dire le quatorzième jour de la lune de mars, quel que fût celui de la semaine auquel il se rapportât; dans celles d'Egypte, à Rome et dans tout l'Occident, on ne la célébrait, au contraire, que le dimanche. Saint Polycarpe vint à Rome, l'an 158, pour s'entendre avec le pape Anicet, sur ce point de discipline, vivement controversé quarante ans plus tard, sous le pape Victor; les deux prélats, ne pouvant s'accorder, convinrent que chacun continuerait à suivre l'usage de son Eglise. Ce fut dans ce voyage de Polycarpe à Rome que l'hérétique Marcion, lui ayant demandé s'il le connaissait, en reçut cette foudroyante réponse : « Oui, je te connais; tu es le fils de Satan. »

Vers l'an 167, lorsque la persécution suscitée sous Marc-Aurèle était dans sa plus grande violence, les païens de Smyrne, assistant un jour aux jeux du cirque, demandèrent à grands cris que l'on amenât Polycarpe : celui-ci s'était retiré dans une maison à quelque distance de la ville; des soldats l'en arrachèrent et le conduisirent devant le proconsul. Là le saint vieillard, qui déjà dans le trajet avait résisté aux instances et aux menaces de deux magistrats venus au-devant de lui pour l'engager à renier sa foi, confessa de nou-

veau Jésus-Christ avec une inébranlable constance; les païens irrités demandèrent qu'il fût livré aux bêtes, mais, les combats étant en ce moment terminés, on décida de le brûler vif. Saint Polycarpe avait vécu près d'un siècle, il eut à remercier Dieu de couronner ainsi par un glorieux martyre une vie qui allait bientôt s'éteindre. Ses ossements furent recueillis par les fidèles de Smyrne, qui adressèrent à ceux de Philadelphie, ainsi qu'aux autres Eglises, la relation de ce qui s'était passé en cette circonstance. *Voy.* Eusèbe, *Histoire ecclésiastique*, t. IV, chap. 14; Ittig., *Bibliotheca patrum apostolicorum græco-latina*, Leipsick, 1699, in-oct.; et Cotelier, *Patres ævi apostolici :* ces deux derniers ouvrages renferment également une épître adressée par saint Polycarpe aux fidèles de Philippes en Macédoine; épître qui, pendant les premiers siècles du christianisme se lisait publiquement dans les églises à l'office divin. — La mémoire de saint Polycarpe est célébrée le 26 janvier.

POLYCLÈTE, né vers 432 avant l'ère chrétienne, exerça à Smyrne et à Argos l'art de la sculpture si important et si perfectionné chez les Grecs. Il modela la statue d'un garde du roi de Perse avec une si admirable perfection, qu'on la surnomma la *règle, canon.* On lui attribue une Junon colossale, destinée au temple d'Argos, et il est l'auteur d'un livre sur les proportions du corps humain.

POLYCRATE (*hist. anc.*), roi de Samos, vivait au VI° siècle avant l'ère chrétienne, au temps de Pythagore, d'Anacréon et de Cyrus. Il fut l'allié d'Amasis, roi d'Egypte, et le protecteur des arts. Sa vie offre une suite des plus brillants succès; mais elle se termina d'une manière cruelle. Il méditait la conquête de l'Ionie, quand un satrape de Cambyse, Oronte, l'attira à sa cour sous les dehors de l'amitié, s'empara de sa personne et l'attacha à une croix élevée sur le mont Mycale, en face de Samos. **P. V.**

POLYDORE (*hist. anc.*), roi de Lacédémone. — On raconte de lui un trait de ruse dans la longue guerre entre Sparte et Messine. Il feignit une querelle avec Théopompe, général et roi avec lui, et sépara son corps d'armée d'avec le sien. Les Messéniens cherchèrent à en profiter pour attaquer Théopompe; mais Polydore, revenant sur ses pas, les environna et les défit.

POLYDORE VIRGILE (*biogr.*), historien philologue, né, vers 1470, à Urbin, dans les Etats du pape, entra d'abord dans les ordres et enseigna les belles-lettres à l'université de Bologne. Chargé, par le pape Alexandre VI, d'aller recevoir en Angleterre *le denier de saint Pierre*, il plut tellement au roi Henri VII, que ce prince le retint près de lui. Son successeur Henri VIII ne fut pas moins favorable à Polydore, qu'il créa archidiacre de Wels (1507); mais, en 1550, ce dernier, auquel le climat froid et humide de l'Angleterre devenait plus nuisible à mesure qu'il avançait en âge, fut forcé de quitter ce pays et de retourner en Italie, où il mourut cinq ans plus tard (1555). — On a de Polydore Virgile : *Proverbiorum libellus*, 1498-1506, in-4°; *De inventoribus rerum*, 1499, in-4°, et Amsterdam, 1671, in-12; *De prodigiis libri* III, 1531, in-8°, et *Angliæ historiæ libri* XXVI, ouvrage dédié à Henri VIII, 1534, in-folio. Le latin de cet historien est pur, son récit marche bien; mais, en dépit d'une érudition évidente, il est souvent superficiel et parfois inexact.

POLYÈDRE (*géom.*). — Ce nom, qui vient des deux mots grecs, πολύς, *nombreux*, et ἕδρα, *base*, ou par extension, *plan, face*, représente tout solide compris sous un ensemble de plusieurs plans polygonaux, contigus entre eux par chacun de leurs côtés. — Chaque intersection de deux plans contigus est une *arête* du polyèdre; d'où l'on peut déjà conclure que le nombre de ces *arêtes* est égal à la demi-somme des côtés formant le périmètre des polygones constituants. — Chaque point commun à trois ou à plus de trois plans polygonaux consécutifs s'appelle un *sommet* du polyèdre, et l'ensemble de ces plans constitue un de ses *angles solides*.

Outre son nom générique et les noms spéciaux tels que *prisme, parallélipipède, cube, pyramide*, servant à représenter certaines formes déterminées qu'il peut affecter, le polyèdre reçoit encore différents noms, aussi d'étymologie grecque, formés de manière à désigner le nombre des plans qui le déterminent : ainsi on l'appelle *tétraèdre*, de τέσσαρες, *quatre*, lorsqu'il est déterminé par l'assemblage de quatre plans; *pentaèdre*, de πέντε, *cinq*, lorsque ses plans constituants sont au nombre de cinq; *hexaèdre*, de ἕξ, *six*, lorsqu'il en assemble six; et ainsi de suite. — Tout polyèdre peut être *concave* ou *convexe*, et parmi les polyèdres convexes certains peuvent être *réguliers*. La géomé-

trie ne s'occupe guère des polyèdres concaves que pour en faire connaître la définition et la mensuration. Elle étudie les polyèdres convexes non réguliers sous la dénomination générale de *polyèdres*, et établit à part la théorie des polyèdres réguliers, auxquels elle conserve cette dénomination explicite.

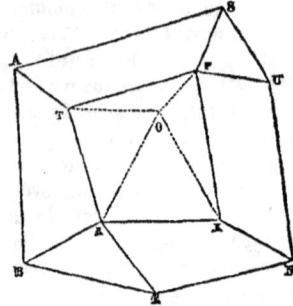

POLYÈDRE CONCAVE. — Un polyèdre est dit concave lorsqu'il est traversé intérieurement par une ou plusieurs de ses faces qu'on imagine prolongées : tel est le solide ABENVSKPTRO; les faces TOR, TOP, POK, KOR, qui composent l'angle solide O, forment cet angle dans l'intérieur du polyèdre, qu'elles couperaient évidemment si on les supposait prolongées.

Le procédé général de mensuration, pour le polyèdre concave, est le même que pour le polyèdre convexe. (*Voy.* plus bas.)

POLYÈDRE CONVEXE EN GÉNÉRAL. — Un polyèdre convexe est celui qui, ayant tous ses angles saillants, ne saurait être coupé intérieurement par aucune de ses faces même prolongées indéfiniment : tel serait le solide ABENVSKPTR, les quatre sommets KPTR étant supposés déterminer un plan quadrilatéral qui couronne le polyèdre, et tous les angles étant d'ailleurs saillants. Etudions rapidement 1° les propriétés absolues, 2° les propriétés relatives du polyèdre convexe.

Propriétés absolues. — I. On démontre en géométrie que, étant donné un polyèdre convexe quelconque, il est impossible de faire varier les inclinaisons de ses plans de manière à ce qu'il en résulte un second polyèdre convexe formé avec les mêmes plans semblablement disposés. Ce curieux théorème sert de base à plusieurs propositions fondamentales, comme nous aurons tout à l'heure occasion de le remarquer.

II. On peut facilement se rendre compte

que tout polyèdre est décomposable en un certain nombre de pyramides. Il suffit, en effet, pour opérer cette décomposition, de mener des diagonales d'un sommet quelconque à tous les sommets situés hors de l'angle solide qu'on a choisi pour point de départ. On pourrait par le même procédé, modifié suivant les circonstances, décomposer aussi en pyramides un polyèdre concave.

III. La méthode générale de mensuration d'un polyèdre consiste à le décomposer comme il vient d'être dit, puis à ajouter les volumes des pyramides constituantes, dont la somme donne la valeur du polyèdre.

Propriétés relatives. — IV. Deux polyèdres sont égaux, et peuvent coïncider par la superposition, lorsqu'ils sont compris sous les faces homologues d'un même nombre de plans égaux, chacun à chacun, et semblablement disposés. En effet, le seul obstacle à l'égalité absolue de ces deux solides ne pourrait venir que d'une différence dans les inclinaisons de quelques-uns de leurs plans : or, d'après le premier théorème énoncé plus haut, cette différence ne saurait exister.

V. On appelle symétriques deux polyèdres compris sous les faces réciproquement inverses d'un même nombre de plans égaux, chacun à chacun, et *homologuement* assemblées. Ainsi, par exemple, supposons qu'après avoir construit un polyèdre convexe, avec un certain nombre de planchettes assez minces pour être considérées comme des plans, on retourne ensuite ces mêmes planchettes, et qu'on les assemble de nouveau comme si on voulait reconstruire le polyèdre précédent : les deux polyèdres qu'on obtiendrait ainsi successivement seraient symétriques l'un de l'autre. — Il résulte de la position en sens inverse des plans que deux polyèdres symétriques peuvent toujours se juxtaposer par l'identification de deux quelconques de leurs plans homologues. Les parties corrélatives des deux polyèdres paraissent alors semblablement disposées; mais cette correspondance de disposition disparaît dès qu'on imagine les deux solides placés parallèlement sur un même plan. — Un édifice et son image réfléchie dans l'eau d'une rivière adjacente peuvent donner une idée exacte de deux polyèdres symétriques juxtaposés comme il vient d'être dit.

VI. On appelle *semblables* deux polyèdres compris sous les faces homologues d'un même nombre de plans semblables chacun à chacun et semblablement disposés. — En partant de cette définition et en s'appuyant sur le théorème I, énoncé plus haut, on démontre que deux polyèdres semblables ont les angles solides homologues égaux. — En effet, un polyèdre étant donné, on peut toujours en construire un second ayant, outre les conditions de la définition, ses angles solides égaux aux angles solides correspondants du polyèdre proposé (la démonstration de cette proposition ne saurait trouver place ici ; disons seulement qu'elle consiste à assembler, soit dans l'intérieur, soit autour du polyèdre proposé, les plans semblables qui doivent former le second polyèdre, de manière à ce que chacun soit parallèle à son homologue). Or, d'après le théorème I, ce second polyèdre est le seul qui puisse résulter de l'assemblage actuel des plans qui le déterminent. — Il suit de ce qui précède que, dans deux polyèdres semblables, les arêtes et les diagonales homologues sont proportionnelles et forment, deux à deux, si elles sont contiguës, des angles égaux. — Pour les arêtes, cela est évident, puisque, si on place la base du plus petit polyèdre au milieu de celle du plus grand, de manière à ce que ces deux bases aient leurs côtés parallèles chacun à chacun, les arêtes homologues seront parallèles, et que, d'ailleurs, d'après la définition, elles appartiennent à des polygones semblables. Mais les diagonales homologues, joignant des arêtes homologues, déterminent des triangles semblables ; elles sont donc proportionnelles aux autres côtés de ces triangles, et, par là même, entre elles. — On conclurait facilement des notions précédentes que les pyramides homologues dans lesquelles se décomposeraient deux polyèdres semblables seraient semblables chacune à chacune, pour avoir les arêtes homologues proportionnelles et des bases semblables.

POLYÈDRES RÉGULIERS. — Sont réguliers d'une régularité *absolue* les polyèdres dont toutes les faces sont des polygones réguliers égaux et dont tous les angles solides sont égaux entre eux. — En s'appuyant 1° sur ce principe, que l'angle d'un polygone régulier est représenté par la formule $\dfrac{2n-4}{n}$,

l'angle droit étant pris pour unité, et *n* désignant le nombre des côtés; 2° sur cet autre principe, que la somme des angles plans qui composent un angle solide est plus petite que quatre angles droits, on démontre qu'il ne peut y avoir que cinq polyèdres réguliers, savoir : trois composés de triangles équilatéraux, qui sont le *tétraèdre* ou *polyèdre à quatre faces*, dont chaque angle solide assemble trois angles plans ; l'*octaèdre* ou *polyèdre à huit faces*, dont chaque angle solide assemble quatre angles plans, et l'*icosaèdre* ou *polyèdre à vingt faces*, dont chaque angle solide assemble cinq angles plans ; un composé de carrés, qu'on nomme *hexaèdre* ou *polyèdre à six faces* (*voy.* Cube) ; enfin un formé avec des pentagones, qu'on connaît sous le nom de *dodécaèdre* ou *polyèdre à douze faces*, et dont chaque angle solide assemble trois angles plans. — Outre cette régularité absolue, le prisme et la pyramide sont susceptibles d'une régularité *relative*, qui consiste dans certaines conditions particulières à leurs formes respectives. Le cube est le seul prisme qui réunisse la régularité *absolue* à la régularité *relative*; et, parmi les pyramides, trois seulement ont cette double régularité : ce sont les trois tétraèdres réguliers mentionnés plus haut. E. PION.

POLYEN (*litt.*), historien grec. Né en Macédoine, il vint à Rome, où il exerça la profession d'avocat, sous Antonin et Verus. On a de lui un recueil de stratagèmes ou ruses de guerre en huit livres, comprenant neuf cents anecdotes, dites mémorables, exemples de vertu et de modération. Cet ouvrage est très-varié, mais il est plus confus que celui de Frontin ; il fut publié pour la première fois par Casaubon, en 1539 ; la meilleure édition est celle de Coray, 1809, in-8°. Les *Ruses de guerre* de Polyen ont été traduites en français par le père Lobineau, qui y a joint des notes, et les a publiées en 1739, 2 vol. in-12 avec la traduction de Frontin par d'Ablancourt. Il en parut une édition in-18 l'année suivante.

POLYEUCTE (SAINT), né à Méitine, en Arménie. Converti, dit-on, au christianisme par Néarque, son ami, il confessa la foi pendant une persécution, sous Valérien, et eut la tête tranchée (259). Néarque écrivit les actes de son martyre. — Corneille a fait, de ce saint, le héros de l'une de ses meilleures tragédies. L'Eglise fête sa mémoire le 23 février.

POLYGALE, POLYGALA (*bot.*). — Grand genre de plantes de la famille des polygalées, à laquelle il donne son nom, de la diadelphie-octandrie dans le système de Linné. Il se compose d'herbes, de sous-arbrisseaux et d'arbrisseaux répandus dans les parties tempérées de l'hémisphère boréal, dans l'Asie et l'Amérique intertropicales, au cap de Bonne-Espérance. Ce sont des végétaux à feuilles alternes, rarement opposées ou verticillées, simples, entières ; à fleurs en grappe, souvent assez grandes et assez brillantes, particulièrement chez les espèces frutescentes, pour les faire figurer avantageusement dans les jardins. Ces fleurs se distinguent par leur calice à sépales persistants, dont les deux intérieurs sont plus grands, colorés et portent le nom d'ailes ; par leurs pétales, au nombre de 3-5, adhérents au tube staminal, et dont l'inférieur est en forme de carène. A ces fleurs succède une capsule comprimée, elliptique, obovale ou en cœur renversé, renfermant dans chacune de ses deux loges une seule graine pourvue, à son hile, d'une caroncule souvent pileuse. —Les nombreuses espèces de polygales ont été réparties, par De Candolle, en huit sous-genres différents dont nous ne pouvons donner ici les caractères. Parmi ces espèces il en est qui ont de l'importance comme plantes médicinales : tel est surtout le POLYGALE DE VIRGINIE, *polygala Senega*, Lin., herbe vivace de l'Amérique du Nord, dont la tige ne s'élève pas au delà de 2 décimètres ; dont les feuilles sont sessiles, ovales-lancéolées ; dont les petites fleurs en grappes terminales se distinguent par leurs sépales antérieurs et postérieurs presque égaux, par leur pétale en carène imberbe. Sa racine, ou plutôt son rhizome, volumineux proportionnellement aux proportions de la plante, contourné, est revêtu d'une écorce grisâtre, résineuse, dont la saveur est d'abord douce, ensuite âcre et amère. Cette partie constitue un médicament important, qui paraît devoir ses propriétés à un alcaloïde découvert par M. Dulong d'Astaford, qui lui a donné le nom de polygaline ou sénégine. Le polygala de Virginie est un excitant énergique qui, à doses modérées, agit comme diurétique et diaphorétique, tandis que, à fortes doses, il produit des vomissements et des déjections alvines. Pendant longtemps on a cru, à tort, qu'il avait une action spéciale sur les poumons. Aujourd'hui on l'emploie avec avantage dans les affections rhumatismales, dans les catarrhes pulmonaires à leur déclin, dans quelques hydropisies, etc. Les Américains le regardent comme un remède souverain contre la morsure des serpents venimeux, propriété importante si elle était réelle, mais dont les recherches faites en Europe n'ont pas confirmé l'existence. — On substitue assez souvent au polygala de Virginie notre POLYGALE COMMUN, *polygala vulgaris*, Lin., qui agit néanmoins avec beaucoup moins d'énergie. Une autre de nos espèces indigènes, le POLYGALE AMER, *polygala amara*, Lin., espèce commune dans presque toute la France, est encore usitée en médecine. Elle doit son nom à son amertume très-prononcée; elle agit comme tonique, mais en même temps elle produit des évacuations alvines : on en fait également usage contre les maladies des poumons; on l'emploie soit en décoction, soit en poudre. Quant aux espèces de polygala cultivées dans les jardins, elles sont au nombre de cinq ou six, dont les plus répandues sont le POLYGALE A BELLES FLEURS, *polygala speciosa*, Curt., le POLYGALE A FEUILLES DE MYRTE, *polygala myrtifolia*, Linn., le POLYGALE A FEUILLES DE BUIS, *polygala chamœbuxus*, Linn., etc.

POLYGALÉES (*bot.*), famille de plantes dicotylédones polypétales, qui emprunte son nom au plus important de ses genres, celui des *polygala*. Elle se compose d'herbes ou de sous-arbrisseaux, ou même d'arbrisseaux, quelquefois susceptibles de s'enrouler autour des corps et dont quelques-uns renferment un suc laiteux. Leurs feuilles sont éparses, simples, entières, dépourvues de stipules; leurs fleurs, souvent assez brillantes, sont parfaites, irrégulières, et présentent les caractères suivants : *calice* plus ou moins irrégulier, à cinq sépales, dont les trois extérieurs, placés l'un devant, deux autres derrière, sont égaux ou très-peu inégaux, dont les deux autres, situés sur un rang plus intérieur, sont beaucoup plus grands, colorés et pétaloïdes, et ont reçu le nom d'*ailes*. *Corolle* à trois ou cinq pétales insérés sur le réceptacle, alternes aux sépales, généralement soudés à leur partie inférieure par l'intermédiaire du tube staminal; l'antérieur est plus grand, concave, de forme souvent singulière, muni fréquemment d'une sorte de crête; il renferme et recouvre les organes reproducteurs. Les *étamines* sont au nombre presque toujours de huit, à filets soudés en tube fendu par devant, terminés par des anthères uniloculaires qui s'ouvrent au sommet par un pore. *Ovaire* libre, comprimé, à deux loges placées l'une en avant, l'autre en arrière, contenant chacune un seul ovule

suspendu; du sommet de cet ovaire part un style souvent courbé et épaissi vers le sommet, indivis ou divisé en deux dents entre lesquelles est souvent placé le stigmate. Le *fruit* est une capsule comprimée, à deux loges qui renferment chacune une graine pourvue presque toujours d'un albumen charnu.—Les polygalées sont très-disséminées à la surface du globe.— La plupart d'entre elles renferment une substance amère qui les rend un peu toniques, et en même temps une matière extractive particulière, âcre, à laquelle on a donné le nom de polygaline ou sénégine, qui, lorsqu'elle est abondante, les rend émétiques. La plupart des espèces médicinales de cette famille appartiennent au genre polygale; nous en avons parlé dans l'article relatif à ce genre. Nous nous bornerons à signaler ici le *badiera diversifolia*, DC., arbrisseau des Antilles, qui se rapproche du gaïac par son odeur et ses propriétés; le *monnina polystachya*, Ruiz et Pav., plante très-estimée des Péruviens pour l'écorce de sa racine très-astringente, fort utile contre la dyssenterie; enfin le *krameria triandra*, Ruiz et Pav., espèce également péruvienne, fortement astringente, dont l'extrait est porté par le commerce en Europe, et renferme un acide particulier, l'acide kramérique. — On cultive dans les jardins plusieurs polygalées frutescentes, à titre de plantes d'ornement.

POLYGAMIE (*hist. et mor.*).—Il s'agit ici de la première des lois qui président au mariage et de la constitution même de la famille. Nous touchons aux entrailles de la société. La paix du ménage, l'union des enfants, leur éducation, la dignité de l'épouse, le respect pour la femme, les vertus domestiques, tous ces biens dépendent de la manière dont le mariage est réglé sur ce point. —A l'origine, Dieu dit : Il n'est pas bon que l'homme soit seul; faisons-lui *une* aide qui soit semblable à lui; et Dieu créa *une* femme, et il fut dit que l'homme quitterait son père et sa mère pour s'attacher à sa femme, et qu'ils seraient *deux* dans une seule chair (*Gen.*, chap. II, v. 18-24). Voilà la loi qui fut donnée dès le commencement; mais les hommes ne tardèrent pas à la violer. La Genèse mentionne, avant le déluge, le double mariage de Lámech, cinquième descendant de Caïn (chap. IV, v. 18). Les épouses et les concubines se multiplièrent bientôt dans les maisons des riches et des puissants; le mal s'étendit chez la plupart des peuples, et la monogamie primitive fut généralement remplacée par la polygamie. On comprend sans peine d'où vint ce changement. La polygamie, qui a eu pour fruit la dégradation d'une moitié du genre humain et la perversion de la famille, a évidemment sa racine dans la luxure. Une autre cause, toutefois, qui tient au fond même des mœurs antiques, a pu contribuer aussi à la produire. On sait quel prix, dans les civilisations antérieures au christianisme, les hommes attachaient à la perpétuité et à l'accroissement de leur race : n'avoir pas de fils était une honte et une faute, comme en avoir beaucoup était un titre d'honneur et un signe de la protection divine. Le commandement de croître et de multiplier, que Dieu avait donné à l'humanité, régnait dans tous les esprits. Or, sous l'empire de cette idée, il a pu arriver que les hommes aient recouru à la polygamie, soit pour obvier à la stérilité d'une épouse, soit pour augmenter le nombre de leurs rejetons. C'est ainsi peut-être que la pluralité des femmes fut justifiée d'abord.

Quoi qu'il en soit, une revue rapide de la législation des principaux peuples va nous montrer comment cette funeste institution s'est étendue sous toutes les latitudes et dans tous les temps, et quelle importance elle a encore aujourd'hui dans les destinées de l'humanité. Nous ferons seulement, auparavant, une distinction nécessaire entre la polygamie absolue et complète, qui suppose plusieurs épouses jouissant des mêmes prérogatives et mises sur le même rang, et la polygamie incomplète, qui admet seulement dans la maison conjugale, au-dessous d'une épouse unique, des concubines plus ou moins nombreuses. Ces concubines sont presque toujours des esclaves achetées à prix d'argent, tandis que la première femme est de la même condition que le mari ; leur position est très-inférieure à celle de l'épouse ; leur union n'est pas accompagnée des mêmes cérémonies, et leurs enfants ne sont pas, d'ordinaire, traités aussi favorablement que ceux qui sont issus d'un mariage solennel. Mais, dès que le concubinage est autorisé par la loi, il y a polygamie. — La pluralité des femmes se trouve fréquemment dans l'Ancien Testament. Noé et ses trois fils n'avaient chacun qu'une épouse (*Gen.*, chap. VII, v. 13); mais, dans les temps postérieurs, la plupart des patriarches de la race d'Abraham furent polygames. Abraham lui-même, outre sa femme Sara, et Agar,

suivante de Sara, eut des enfants de Cétura; Nachor, frère d'Abraham, outre sa femme Melpha, eut une concubine nommée Roma; Esaü épousa d'abord deux Chananéennes, et ensuite une fille d'Ismaël, qui était sa cousine germaine; Jacob eut au moins deux femmes, Lia et Rachel, qui étaient sœurs, et deux concubines, Zelpha et Bala, qui étaient les servantes de ses femmes. — La polygamie, ainsi autorisée par les exemples des ancêtres de la race élue, ne fut pas proscrite par la loi mosaïque. On ne trouve pas qu'elle y ait été expressément permise, mais elle y est pourtant supposée et n'y est jamais prohibée. C'est un des points nombreux où la loi ancienne se trouve en désaccord évident avec la loi évangélique; Moïse avait toléré chez les Juifs, à cause de la dureté de leur cœur, (Matt., XIX, 8), ce que Jésus-Christ devait défendre plus tard. David, outre plusieurs femmes que l'Ecriture ne nomme pas, quoiqu'elle désigne leurs enfants, en eut huit dont elle a conservé les noms, et Salomon, qui, malgré la défense du Seigneur, s'attacha avec passion à des étrangères, eut jusqu'à sept cents femmes, qui étaient comme des reines, et trois cents, qui étaient comme des concubines (III, *Rois*, XI, 3.) Il ne faudrait pourtant pas conclure de ces exemples que la polygamie ait été d'un usage fréquent en Israël; toute l'Ecriture prouve le contraire : ce n'est pas chez un peuple habituellement polygame qu'eût été tracé le portrait de la femme forte, tel qu'il se trouve à la fin du livre des *Proverbes*, ni qu'eussent été enseignées sur le mariage les pures et saintes maximes qu'on lit dans Tobie, et que l'Eglise répète encore aux époux en consacrant leur union. Il y avait d'ailleurs peu de riches en Israël; les conditions y étaient presque égales; chacun y possédait un champ qu'il cultivait lui-même, et, dans un tel état social, la polygamie, qui a toujours été le privilége des riches, ne pouvait être qu'une exception. — Les docteurs juifs ont longtemps discuté sur la pluralité des femmes : quelques-uns l'ont condamnée absolument; c'était l'avis des sadducéens; mais cette opinion fut rejetée, et il y a même des talmudistes qui ont posé en principe qu'il est licite à tout homme d'avoir cent femmes à la fois, pourvu qu'il les nourrisse, les habille et s'acquitte envers elles de ses devoirs conjugaux. En général, les rabbins n'ont pas été aussi loin; leur règle ordinaire est qu'il faut se borner à quatre femmes; les rois peuvent en avoir davantage, mais ne doivent pas dépasser le nombre de dix-huit. Par une exception remarquable, le souverain sacrificateur n'en devait avoir qu'une seule. Depuis leur dispersion, les Juifs se sont le plus souvent conformés aux usages des peuples parmi lesquels ils vivaient ; en Orient, ils ont continué de pratiquer la polygamie, et se sont soumis à la monogamie en Occident. L'empereur Théodose leur défendit, en 393, par une loi qui a été insérée au code, d'avoir plus d'une femme à la fois ; mais cette loi ne fut pas exécutée. — Les femmes des Juifs n'étaient pas toutes du même rang ; outre les épouses proprement dites, sur le nombre desquelles on discutait, il y avait les concubines ; mais les unes et les autres étaient légitimes, et leurs enfants avaient des droits égaux dans la succession du père ; le droit d'aînesse seulement paraît avoir été réservé aux fils des épouses.

En passant de l'histoire sacrée à l'histoire profane, la polygamie nous apparaît plus ou moins répandue chez la plupart des peuples de l'Orient avec lesquels les Juifs étaient en relation. — Si peu connues que nous soient les lois de l'Assyrie et de la Babylonie, nous savons que les concubines étaient nombreuses en ces pays, surtout dans les palais des rois ; mais on doute que la polygamie y fût absolue : l'histoire, du moins, ne donne jamais aux rois qu'une véritable épouse. « Quand Sardanapale veut mourir, il s'étend sur un des lits avec sa femme ; ses concubines se couchent sur les autres (Athénée, XII, 7). » On n'a pas non plus d'exemple d'une seule reine qui, l'étant devenue, ait cessé de l'être. Ajoutons que le mariage se faisait sous de religieux auspices, et qu'une loi obligeait les deux sexes, avant de le contracter, de couper leur chevelure et de l'offrir aux dieux (Pastoret, *Histoire de la législation*).—Pour les Perses, on n'a pas les mêmes doutes. « Les Perses, dit Hérodote (1, 135), « épousent chacun plusieurs jeunes vierges ; « mais ils ont encore un plus grand nombre « de concubines. » Darius, fils d'Hystaspe, avait six épouses du premier rang. — Au rapport de Strabon, les Mèdes auraient fait mieux encore ; ils n'auraient pas seulement admis la polygamie, ils l'auraient prescrite. Voici ce que dit à ce sujet ce grand géographe dans la seconde moitié de son livre XI : « Chez tous les Mèdes, la coutume était que « les rois eussent plusieurs femmes, et il ne

« leur était pas même permis d'en avoir « moins de sept. » Il ajoute, il est vrai, que « les femmes s'honoraient de même d'avoir « plusieurs maris et regardaient comme un « malheur d'en avoir moins de cinq ; » assertion assurément très-invraisemblable et qui infirme beaucoup la valeur de son témoignage. —Chez les différents peuples de la Syrie, les coutumes paraissent avoir été semblables à celles des Juifs, et il est probable qu'il en était aussi de même à Carthage, qui était, comme on sait, une colonie phénicienne. — Venons-en à l'ancienne Egypte. Ici nous nous trouvons entre deux témoignages contradictoires. Diodore de Sicile affirme expressément (1, 80) que, « chez les Égyptiens, les « prêtres n'ont qu'une seule femme, mais « que les autres citoyens en prennent autant « qu'ils veulent. » Hérodote, au contraire, antérieur de plus de quatre siècles à Diodore, après avoir dit que les habitants du Delta ont les mêmes lois que les autres Égyptiens, ajoute (11, 92) que « chacun d'eux n'a qu'une « seule femme, comme en Grèce. » Ces deux passages sont inconciliables ; toutefois, si la polygamie était tolérée dans l'ancienne Égypte, comme l'analogie des contrées voisines et des civilisations analogues suffirait seule à le faire présumer, il faut bien qu'elle n'y ait pas été habituelle, sans quoi l'assertion d'Hérodote serait incompréhensible : en tout cas, elle ne devait pas être admise dans la caste sacerdotale.

En résumé, le monde oriental antique a été généralement polygame ; le monde græco-romain, au contraire, a été monogame. Cette opposition, qui a certainement influé beaucoup sur les destinées postérieures des peuples, comme nous le verrons tout à l'heure, ne saurait être attribuée, quoi qu'on en ait dit, au climat, qui est à peu près aussi ardent à Athènes et à Rome que dans les montagnes de la Perse et de la Médie ; elle provient sans doute des traditions primitives des populations : on pourrait aussi l'expliquer par la différence des constitutions politiques. Il y a une affinité naturelle entre la polygamie et le despotisme. Ce sont les monarques absolus qui ont toujours le plus abusé de la pluralité des femmes et qui ont corrompu leurs sujets par des exemples trop fidèlement suivis. Partout où un homme est considéré comme la loi vivante, ses caprices et ses passions sont souvent pris pour la règle du juste et de l'honnête : c'est là l'histoire de l'Orient ; mais dans les tribus et les cités de l'Italie et de la Grèce, où la forme monarchique n'a jamais été qu'un accident, il n'y avait pas d'hommes assez puissants pour changer la loi dans l'intérêt de leurs appétits personnels. — Quoi qu'il en soit, il n'y a aucune trace de polygamie dans le droit romain. Le *concubinatus* était un mariage véritable, qui différait des *justæ nuptiæ* plutôt par la qualité des contractants que par les effets civils; l'une de ces unions excluait l'autre. Au premier abord, le droit hellénique paraît moins sévère; les citoyens grecs, en effet, avaient souvent des concubines, mais les enfants provenus de ces unions étaient regardés comme illégitimes et n'avaient pas les droits des enfants issus d'un mariage légal. Le concubinage était un commerce libre, comme nous en voyons encore tant de tristes exemples dans nos cités chrétiennes; il était usité dans les mœurs, mais n'était pas autorisé par la loi. On a prétendu, il est vrai, qu'au centre même de la civilisation grecque, à Athènes, il avait été licite d'avoir à la fois deux femmes légitimes, et que Socrate et Euripide avaient même usé de ce privilége. Cette opinion s'appuie sur deux passages, l'un de Diogène de Laërce (Vie de Socrate, 10), et l'autre d'Aulugelle (XV, 20). « Aristote, est-il dit dans le premier, rap- « porte que Socrate épousa deux femmes... ; « quelques-uns veulent qu'il les eut l'une « après l'autre; d'autres, comme en particu- « lier Satyrus et Jérôme de Rhodes, croient « qu'il les eut toutes deux à la fois. Ils disent « que les Athéniens, ayant dessein de repeu- « pler leur ville épuisée d'habitants par la « guerre et la contagion, ordonnèrent que, « outre que chacun épouserait une citoyenne, « il pourrait procréer des enfants du com- « merce qu'il aurait avec une autre personne, « et que Socrate, pour se conformer à cette « ordonnance, contracta un double mariage.» Quant à Aulugelle, il attribue la haine d'Euripide pour la compagnie des femmes « à « ce que, en vertu d'un décret rendu par les « Athéniens, ce poëte avait en même temps « deux femmes dont il était grandement fa- « tigué. » On ne peut pas nier absolument que quelque décret analogue à celui que mentionnent Diogène et Aulugelle ne soit sorti des capricieuses délibérations de l'*agora* athénienne; mais il est impossible d'admettre, sur la foi d'écrivains postérieurs et obscurs, et malgré le silence de Platon et de Xénophon, que Socrate en ait profité.

En tout cas, il n'y eut là qu'une anomalie passagère, qui ne saurait changer le caractère du droit grec. Si la polygamie s'introduisit parfois dans ce droit, ce ne fut pas dans le centre de la Grèce; ce fut dans les pays frontières, où l'esprit grec se corrompait par les mélanges étrangers, et surtout dans les palais des tyrans et des rois. A Syracuse, Denys l'ancien fut bigame, au rapport de Diodore, qui le raconte sans paraître s'en étonner. Beaucoup de rois de l'Asie Mineure eurent des sérails, comme ceux de Babylone et de Persépolis. De même, en Macédoine, Philippe et d'autres rois eurent plusieurs femmes, ou du moins des concubines légales, et Alexandre lui-même était déjà marié, quand il contracta une union politique avec la fille de Darius, et fit épouser les plus illustres héritières des pays conquis à plusieurs milliers de ses soldats, dont beaucoup, sans doute, avaient laissé leurs femmes en Macédoine.

En dehors de la civilisation græco-romaine, chez les autres peuples européens, la polygamie ne fut jamais en usage dans la masse des nations; mais elle était loin d'y être inconnue. Chez les Celtes, avant qu'ils fussent absorbés dans l'unité romaine, elle était pratiquée par les chefs; César l'indique, quand il raconte (*Comm.*, VI, 19) qu'à la mort d'un noble gaulois, si l'on craignait qu'il eût péri victime de quelque attentat domestique, on soumettait *ses épouses* à la torture (*de uxoribus quæstionem habent*). Les coutumes des Germains étaient à peu près semblables. Tacite a dit (*Germ.*, XVIII) « qu'ils étaient presque « les seuls des barbares qui se contentassent « d'une seule femme, hormis un très-petit « nombre de grands, qui, non par esprit de « débauche, mais à cause de leur noblesse, « en avaient beaucoup. » Peut-être la polygamie, ou au moins le concubinage légal, était-il plus fréquent en Germanie que ne l'avoue Tacite, qui aimait à rehausser les vertus des barbares pour faire honte à ses concitoyens de leurs vices. Chez les Scandinaves du moins, qui n'étaient qu'une fraction des Germains, le mari n'avait le plus souvent qu'une seule épouse, mais il y joignait beaucoup de concubines, et ni les lois ni les mœurs ne s'opposaient à ces unions (Geyer, *Hist. de Suède*).— Dans l'histoire, les chefs germains nous apparaissent aussi presque toujours environnés d'un cortége de femmes, et l'on sait combien l'Eglise eut de peine à soumettre à la discipline commune ces conquérants grossiers, qui regardaient la polygamie comme un attribut de leur dignité.

Elle y parvint toutefois, et les populations germaines se soumirent aux règles sévères qu'avaient déjà embrassées les populations grecques et romaines. La nouvelle alliance avait rectifié et perfectionné l'ancienne : non-seulement la polygamie avait été proscrite, mais aussi le divorce; et la famille chrétienne avait été fondée sur l'indissolubilité du lien conjugal. Cette salutaire sévérité parut bien dure, sans doute, pour les cœurs corrompus de Rome et d'Athènes, mais là du moins elle n'eut qu'à modifier, et non à bouleverser la constitution de la famille; tandis que, chez les peuples entièrement polygames, l'adoption du christianisme entraîne une révolution radicale, qui doit briser toutes les traditions et tous les usages, et pénétrer jusqu'au foyer domestique. Aussi le christianisme, dans sa propagation, n'a-t-il jamais rencontré d'obstacle plus grand que la polygamie, si grand même que jusqu'ici il a le plus souvent reculé devant lui. Dans les provinces orientales de l'empire romain, ce premier théâtre de la prédication chrétienne, la pluralité des femmes, il est vrai, était admise en bien des lieux; mais l'esprit grec avait envahi ces provinces depuis plusieurs siècles, lors de l'avénement de J. C.; les coutumes s'étaient déjà transformées, et les conquêtes des soldats d'Alexandre avaient ainsi préparé et facilité les conquêtes apostoliques.

Ce fut précisément dans ces contrées que Mahomet vint plus tard restaurer le vieux droit, et rétablir l'empire du sensualisme au milieu des populations qui avaient donné à l'Eglise ses premiers apôtres et ses plus grands docteurs. La loi mahométane, en général, peut être considérée comme une nouvelle édition de la loi juive; le Coran n'est le plus souvent qu'une copie incomplète et fautive des dogmes enseignés et des institutions fondées par Moïse. Les règlements juifs sur le mariage, entre autres, ont été presque complétement adoptés par Mahomet. Le nombre des femmes, quoi qu'on en ait dit, n'est pas limité par le Coran. Le passage suivant, sur lequel s'appuient les partisans de l'opinion contraire, ne saurait être regardé comme décisif. « Si vous craignez de tomber dans l'injustice, est-il dit (IV, 3), n'épousez que « peu de femmes, deux, trois ou quatre, « parmi celles qui vous auront plu; si vous « craignez encore d'être injustes, n'en épou-

« sez qu'une seule ou une esclave. Cette conduite vous aidera facilement à être justes. » On voit que la limitation du nombre des épouses n'est que conditionnelle, et que les paroles du Coran sont loin d'être expresses, comme on l'a prétendu. Il ne s'agit pas ici d'un précepte, mais d'un conseil, que Mahomet avait emprunté aux rabbins, et qui, dans la pratique, n'a pas été suivi; Mahomet lui-même ne s'y était pas conformé; les auteurs les plus accrédités portent à quatorze le nombre de ses femmes. Il est vrai qu'en sa qualité de prophète il s'était attribué des priviléges que n'avaient pas les autres croyants : « O prophète, dit le Coran (XXIII, 47 et 48), « il t'est permis d'épouser les femmes que tu « auras dotées, les captives que Dieu a fait « tomber entre tes mains, les filles de tes « oncles et de tes tantes paternels et maternels qui ont pris la fuite avec toi, et toute « femme fidèle qui livrera son cœur au prophète, si le prophète veut l'épouser. C'est « un privilége que nous t'accordons sur les « autres croyants. Nous connaissons les lois « du mariage que nous avons établies pour « les croyants; mais ne crains pas de te rendre coupable en usant de tes droits. » — On ne pourrait donc pas tirer de l'exemple de Mahomet une règle commune à tous les mahométans; mais on ne peut pas non plus conclure de l'énumération des priviléges accordés au prophète que ses sectateurs doivent se borner à quatre femmes. En fait, d'ailleurs, comme en droit, les mahométans ne se croient pas astreints à suivre cette règle. Si un très-petit nombre d'entre eux la viole, si la plupart même se contentent d'une ou de deux femmes, c'est pour éviter la dépense d'une maison coûteuse : il est plus économique et il semble plus agréable d'avoir des concubines, dont le nombre est illimité, de l'aveu de tous les commentateurs, et auxquelles on n'est pas obligé de constituer une dot en les épousant, ni d'assurer un douaire en les répudiant, comme aux épouses légitimes. Ces concubines sont ordinairement des esclaves achetées au marché; leurs enfants sont assimilés, quant à tous les droits civils, aux enfants issus d'un mariage légitime.

Il nous reste à parler des peuples qui sont restés en dehors de l'histoire classique, et notamment des Indous et des Chinois. — Les lois indiennes ne limitent pas le nombre des femmes; mais il est dans l'esprit de ces lois que chaque Indou prenne dans sa propre caste une épouse qui l'assiste dans les actes de religion, et qui est la première femme. S'il a plusieurs épouses de sa caste, c'est la plus ancienne qui, dans la règle, doit occuper ce rang. A défaut d'épouses de la même caste, une femme de la caste la plus proche pourra remplir les rites religieux; mais la femme *soudra* sera toujours incapable de ce pieux office. En général, la supériorité, les honneurs et les habitations des femmes sont réglés d'après l'ordre des castes. Quant aux successions, les enfants dont la mère est d'une caste inférieure à celle du père ont toujours une part moins considérable que leurs frères. Outre les épouses, la loi indienne parle aussi des concubines, qui sont généralement des *soudras*. — En Chine, l'unité du mariage est moins complétement violée. Un Chinois ne peut avoir qu'une *tsi* ou épouse, à laquelle il s'unit avec des cérémonies, qu'il ne peut renvoyer que par une répudiation solennelle et qui est ordinairement d'un rang égal au sien. Mais, en outre, les Chinois riches prennent presque toujours des *tsiei* ou concubines, dont le nombre n'est pas limité. Les concubines vivent dans une entière dépendance de la femme légitime, qui est la seule maîtresse de la maison, et leurs enfants sont même censés appartenir à cette dernière. Ces enfants ont, dans la succession du père, des droits presque aussi étendus que les enfants issus d'une union solennelle. Les concubines sont traitées comme des esclaves femelles; ordinairement on les achète à prix d'argent et on les renvoie quand on veut. C'est surtout pour ne pas être exposé à voir s'éteindre sa postérité qu'un Chinois honnête prend une ou plusieurs *tsiei*; s'il a des fils de sa femme légitime, il fera mieux de ne pas avoir de concubines. En somme, il n'y a donc, à la Chine, qu'une polygamie incomplète. Le Japon suit à peu près les mêmes lois. Quant à la presqu'île au delà du Gange, elle est partagée entre les coutumes indoues et les coutumes chinoises.

Dans les autres parties du monde, les mœurs des peuples non chrétiens ressemblent beaucoup à celles dont nous venons de parler. La polygamie la plus désordonnée paraît s'étendre à peu près chez tous les nègres de l'Afrique, que cette analogie dispose favorablement pour la religion musulmane. Jusqu'à ces dernières années, le concubinage a été pratiqué sur une grande échelle par les nobles de toute l'Océanie, depuis la Nouvelle-Zélande jusqu'à Sandwich. La pluralité des femmes est aussi admise chez les Mongols; elle se retrouve jusque sur les rivages de la mer Glaciale, chez les idolâtres de la Sibérie. En Amérique, elle existe encore dans les tribus restées indépendantes, chez les Araucans du Chili entre autres. — Lors de la découverte de ce dernier continent, les nobles et les chefs de la plupart des peuples avaient plusieurs femmes : il en était ainsi, par exemple, dans les Antilles; mais il y avait des exceptions. Dans le Pérou intérieur, au rapport des missionnaires, la polygamie était presque inconnue à plusieurs nations qui n'avaient pas subi complétement le joug des Incas; elle était aussi très-rare chez les sauvages de l'Amérique du Nord, où la pénurie des subsistances rendait très-difficile l'entretien de plusieurs femmes. Quant aux deux grands empires du Mexique et du Pérou, il suffit de dire que, dans le premier, outre deux femmes de rang égal, filles de rois, qui portaient un titre analogue à celui d'impératrice, Montezuma n'avait pas moins de trois mille concubines, et que, dans le second, l'empereur, outre sa propre sœur qu'il devait épouser et qu'on appelait la *coya*, avait des femmes nombreuses de deux rangs différents, celles qui étaient du sang des Incas et dont les enfants pouvaient hériter du pouvoir souverain, et celles qui n'étaient pas de la race divine et dont la lignée était inadmissible au trône.

En résumé, la polygamie à ses différents degrés a donc été la loi la plus ordinaire de tous les peuples du monde, sous tous les climats et dans tous les temps, voilà pour le passé; et aujourd'hui elle est admise, sans aucune exception notable, chez tous les peuples non chrétiens; elle n'est proscrite que là où l'Evangile est souverain, voilà pour le présent. La monogamie est ainsi devenue un signe distinctif de la civilisation chrétienne. Musulmans, bouddhistes, brahmanes, idolâtres, tous les hommes qui ne sont pas baptisés croient licite d'avoir à la fois plusieurs femmes ou au moins plusieurs concubines; les deux tiers du genre humain (500 millions d'hommes sur 750) sont formellement de cet avis, que les lois sanctionnent ainsi que la religion. L'autre tiers, les 250 millions de chrétiens, professe la croyance opposée. C'est la minorité, mais la minorité souveraine, qui a pour elle le savoir et la force, comme elle a le dépôt de la vérité.

Montesquieu, qui a donné, pour excuser la polygamie, quelques raisons que nous examinerons bientôt, l'a pourtant condamnée expressément, en reconnaissant « qu'elle « n'est point utile au genre humain, ni à « aucun des deux sexes, soit celui qui « abuse, soit celui dont on abuse, et « qu'elle n'est pas utile non plus aux en- « fants (*Esprit des lois*). » Tout cela est vrai : énervés par l'usage immodéré de faciles plaisirs, les hommes sont les premiers à souffrir de la polygamie qu'ils ont inventée, et quant aux femmes, victimes de la tyrannie masculine, à quel état de dégradation et d'abaissement ne descendent-elles pas? Ce serait peine perdue de chercher chez un peuple polygame ces mères de famille qui font l'honneur des pays chrétiens; ces femmes vigilantes chargées du gouvernement de la maison, partageant les peines et les joies de l'époux, exerçant sur les enfants une tutelle éclairée : plus rien de tout cela. L'union conjugale n'étant plus une société où il y ait quelque égalité entre les conjoints, la femme se trouve réduite à n'être qu'un instrument de plaisir, et elle tombe, par conséquent, dans la servitude. Après l'avoir attaquée dans son honneur et sa dignité, il faut bien l'enfermer, la surveiller, pour s'assurer d'une fidélité que sa parole ne garantit pas. Elle vivra donc dans le sérail, attendant les caprices de son seigneur et maître; elle y vivra à côté de ses rivales, dévorée par les tourments d'une jalousie impuissante, et elle y traînera une existence oisive et frivole, sous les yeux de l'eunuque. Le sérail et l'eunuque, la polygamie en effet veut tout cela, et la pauvreté de l'époux, dans les classes pauvres, affranchit seule la femme de ces extrémités. Parlerons-nous enfin des enfants? Hélas ! nous savons trop bien, par expérience, combien la concorde est rare dans les familles, quand le père ou la mère ont eu des enfants de plusieurs mariages. Qu'on juge donc, d'après cela, de ce qui doit advenir de l'union fraternelle, sous l'empire de la polygamie, quand dans chaque famille il y a à la fois plusieurs lits, et que les animosités des frères sont attisées par les rivalités de leurs mères. L'unité morale de la famille se trouve brisée, et, pour y maintenir quelque ordre, il n'y a plus de ressource que dans le pouvoir absolu, que la loi doit confier au père, comme on le confie aux monarques dans les Etats fatigués de l'anarchie. Et ce pouvoir absolu, sans con-

trôle et sans limites, qui est une conséquence forcée de la polygamie, penserait-on, par hasard, qu'il soit suffisamment tempéré par la tendresse paternelle? Ce serait une grave erreur. Quand il y a dans une famille beaucoup d'enfants de différents lits, il est impossible que le père ait également pour eux tous une vive affection, et que sa sollicitude, divisée et comme éparpillée sur tant de têtes, ait la même force que chez nous, où elle se concentre dans un seul ménage. Non, la polygamie n'est utile à personne; Montesquieu a raison. En sapant la famille dans sa base, qui est la réciprocité des devoirs, elle n'opprime un sexe que pour le malheur de tous les deux. Ajoutons qu'elle éteint toute pudeur et jusqu'à la notion même de la chasteté, qu'elle corrompt les mœurs publiques, qu'elle ne prévient pas même l'adultère, et, comme l'expérience l'a prouvé, qu'elle mène à ces amours infâmes que la nature désavoue; c'est Montesquieu lui-même qui en a fait la remarque. C'est encore lui qui a montré qu'entre elle et le despotisme politique il y a un lien nécessaire, comme nous l'avons déjà constaté plus haut. « Dans tous les temps, « dit-il, on a vu, en Asie, marcher d'un pas « égal la servitude domestique de la femme « et le gouvernement despotique. » Il aurait pu dire aussi que la polygamie empêche l'établissement de toute monarchie régulière où le droit de succession soit clair et solide. Un shah de Perse, Feth-Aly, mort il y a quelques années, a laissé cinquante fils et cinq cents petits-fils qui se sont disputé sa succession les armes à la main. Comment accorder les droits de tant de princes? comment éviter les guerres civiles? Cet inconvénient est si bien senti dans toutes les monarchies de l'Orient, que, pour y remédier, on a pris partout la coutume d'égorger régulièrement tous les frères du prince régnant et tous ceux qui peuvent avoir une prétention quelconque à la couronne; c'est le seul moyen qu'on ait trouvé d'assurer la paix de l'Etat. — La polygamie enfin, quoi qu'on en ait dit et cru dans un temps où l'on ignorait les lois qui régissent le mouvement de la population, la polygamie ne contribue nullement à peupler les Etats; elle tendrait plutôt à les dépeupler, comme on peut le voir aujourd'hui dans tout l'Orient, où les deux systèmes sont en présence et où, malgré l'hostilité du pouvoir, les familles chrétiennes s'accroissent et se multiplient sans cesse, et se substituent insensi-

blement aux familles mahométanes qui s'é-
teignent.

Après avoir énuméré les suites funestes de
la polygamie, il nous reste à examiner si elle
est tolérable et peut être nécessaire dans les
climats chauds que la Providence aurait condamnés à la subir. Montesquieu l'a soutenu ;
mais on sait combien ce grand publiciste a
exagéré l'action que le climat exerce sur la
civilisation : à l'entendre, les idées, la morale, le droit seraient, le plus souvent, subor-
donnés à des circonstances fortuites et à des
influences extérieures, comme les plantes et
les animaux. Or c'est à ce point de vue tout
matérialiste qu'il a essayé une apologie in-
directe de cette polygamie dont il avait si
bien montré les terribles inconvénients.
L'histoire, pourtant, ne semble pas favorable
à son hypothèse ; car, outre que la polygamie
s'est étendue à peu près indifféremment sous
toutes les latitudes, nous ne voyons pas que
le christianisme et le mahométisme, qui ont
lutté et qui luttent encore sous le même ciel,
et qui ont été successivement établis sous
des zones bien diverses, se soient jamais ac-
commodés au climat ; c'est, au contraire, le
climat qui a été, pour ainsi dire, forcé de se
plier aux religions. Quoi qu'il en soit, examinons les raisons de Montesquieu. Selon lui,
la polygamie serait peut-être nécessaire sous
les latitudes basses ; d'abord à cause de la
courte durée de la fécondité chez les femmes,
et surtout à cause de la disproportion numérique des deux sexes. Nous nous arrêterons
peu sur le premier motif : de ce que les femmes des pays chauds sont nubiles de bonne
heure et vieillissent de même, il ne s'ensuit
nullement que les hommes doivent avoir
plusieurs épouses, d'autant moins qu'ils sont
soumis eux-mêmes à des conditions physiologiques semblables, et que la puberté et la
vieillesse ne sont guère moins hâtives chez
eux que dans l'autre sexe. Cette précocité
de développement, d'ailleurs, est autant l'effet du régime et de l'éducation que du climat,
comme l'ont reconnu les physiologistes modernes, et, par conséquent, elle peut disparaître, en grande partie, avec le temps et par
le changement des coutumes. La première
raison alléguée par Montesquieu est donc
tout à fait vaine ; la seconde paraît plus sérieuse : « Suivant les calculs qu'on a faits en
« divers endroits de l'Europe, dit-il, il y naît
« plus de garçons que de filles ; au contraire,
« les relations de l'Asie et de l'Afrique nous

« disent qu'il y a beaucoup plus de filles que
« de garçons. La loi d'une seule femme en
« Europe et celle qui permet plusieurs fem-
« mes en Asie et en Afrique ont donc un cer-
« tain rapport au climat. » Voilà toute l'ar-
gumentation. Examinons : que le nombre
des naissances ne soit pas parfaitement égal
dans les deux sexes, c'est, en effet, ce
que la statistique moderne a constaté. En
France, où il y a pourtant plus de femmes
que d'hommes, mille cinquante-huit environ
contre mille, il n'en est pas moins établi que,
de 1811 à 1843, sur plus de vingt-cinq millions de naissances, il y a eu dix-sept naissances mâles pour seize féminines. Ce rapport est à peu près le même dans toute l'Europe, et il ne paraît pas que le climat le
modifie beaucoup. Les recherches les plus
attentives n'ont, du moins, constaté aucune
différence appréciable, sous ce rapport, entre nos départements les plus septentrionaux
et les plus méridionaux. Or rien ne prouve
que ce rapport se trouve renversé dans les
pays chauds, et qu'il naisse, entre les tropiques, plus de filles que de garçons. Montesquieu ne l'a avancé que sur la foi de relations de voyages très-suspectes, et dont aucune statistique régulière n'a jusqu'ici corro-
boré le témoignage. Supposé, d'ailleurs, que
le fait soit exact, il est très-probable que la
disproportion des deux sexes reste toujours
renfermée dans d'étroites limites. Même en
admettant une influence spéciale du climat,
on ne voit pas, en effet, pourquoi, dans les
pays les plus chauds, le nombre des naissances féminines excéderait *de beaucoup* celui des masculines, puisque dans les pays les
plus froids, en Suède, par exemple, ces dernières n'excèdent les premières que de *très-*
peu. L'assertion de Montesquieu n'est donc
pas prouvée ; mais le serait-elle, et le nombre des femmes serait-il, en certains pays,
double de celui des hommes, qu'il n'en résulterait rien encore pour la légitimité de la
polygamie. Cette disproportion de sexes
pourrait, au contraire, être attribuée à la
polygamie elle-même. Plusieurs naturalistes
ont, en effet, reconnu que la proportion des
produits femelles augmente d'autant plus
chez les animaux qu'on abandonne plus de
femelles à un seul mâle. Un membre de l'A-
cadémie des sciences, entre autres, M. Girou
de Buzareingues, a fait sur ce point des expériences qui semblent décisives, et dont il n'y
a aucune raison de ne pas étendre les con-

clusions jusqu'à l'homme. On voit que, si ses données statistiques sont exactes, Montesquieu a vraiment joué de malheur d'alléguer pour excuse de la polygamie un désordre qui ne provient que d'elle-même.

En résumé, il nous semble que l'influence du climat sur la polygamie se borne à ceci, que, dans les pays chauds, qui sont généralement plus fertiles, l'abondance des subsistances et le petit nombre des besoins permettent à beaucoup de gens d'entretenir plusieurs femmes, et que ce luxe est, au contraire, interdit à la grande majorité des habitants, dans les pays froids, où l'on a tout à la fois plus de besoins et moins de ressources.

Nous croyons devoir, en terminant cet article, ajouter quelques mots sur une coutume qui a des rapports étroits avec la polygamie, quoiqu'elle lui soit complétement opposée; nous voulons parler de la polygamie inverse, ou *polyandrie*, dont on a eu tort, selon nous, de nier l'existence. Il nous semble avéré qu'au Thibet les femmes peuvent avoir plusieurs maris; les auteurs chinois confirment entièrement ce fait singulier que le père Duhalde, dans sa description de la Chine, avait déjà fait connaître, mais que, depuis, Pallas avait révoqué en doute. Seulement, il faut bien le remarquer, cet usage n'est suivi que par des frères qui prennent une seule épouse pour eux tous. Cette particularité explique jusqu'à un certain point une coutume aussi étrange, et qui blesse de tant de façons nos idées chrétiennes. C'est sans doute pour ne pas briser des communautés de biens, pour n'avoir pas à partager des héritages, que les Thibétains ont admis une aussi funeste constitution de la famille. On a quelquefois, du moins, agi de même, et dans le même but, chez les Spartiates. Comme, malgré toutes les précautions de Lycurgue, l'égalité qu'il avait établie entre les familles des citoyens se trouvait souvent détruite, soit par l'accumulation de plusieurs héritages sur une seule tête, soit par la multiplication des familles qui amenait le partage et l'insuffisance des patrimoines, et comme tous les expédients auxquels on avait recours, la distribution de terres vacantes, les colonisations, n'avaient été que des remèdes insuffisants pour s'opposer aux progrès du mal et pour empêcher la multiplication des citoyens indigents, il arriva souvent que plusieurs frères, dans la même famille, prirent pour eux tous une épouse commune. C'est ce que Polybe atteste expressément (*excerpta Vatic.*, XII, 6). Selon César, les Bretons auraient également suivi cet usage, et en auraient même poussé l'odieux beaucoup plus loin. « Chez « eux, dit-il, les épouses sont communes dans « chacune des sociétés de dix ou douze mem-« bres dans lesquelles entrent tous les ci-« toyens; et cette communauté a lieu surtout « entre les frères, et entre les pères et les « fils. » (L. V, § XIV.)   H. FEUGUERAY.

FIN DU TOME DIX-NEUVIÈME.

PARIS. — IMPRIMERIE DE Mme Ve BOUCHARD-HUZARD, RUE DE L'ÉPERON, 7.